古文观止

清康熙年间选编的一部供学塾使用的文学读本

（清）吴乘权 吴调侯／编著

辽海出版社

肆

目　　录

卷十　宋文(续)

卷十一　宋文

卷十二　明文

相州昼锦堂记

欧阳修

【原文】

韩琦像，图出自清·顾沅辑《古圣贤像传略》。

仕宦而至将相，富贵而归故乡，此人情之所荣，而今昔之所同也[1]。盖士方穷时，困厄闾里，庸人孺子，皆得易而侮之[2]，若季子不礼于其嫂，买臣见弃于其妻[3]。一旦高车驷马[4]，旗旄导前而骑卒拥后，夹道之人，相与骈肩累迹，瞻望咨嗟，而所谓庸夫愚妇者，奔走骇汗，羞愧俯伏，以自悔罪于车尘马足之间，而莫敢仰视。此一介之士得志当时，而意气之盛，昔人比之衣锦之荣者也。

惟大丞相卫国公则不然。公，相人也。世有令德，为时名卿[5]。

自公少时，已擢高科[6]，登显仕，海内之士闻下风而望余光者，盖亦有年矣。所谓将相而富贵，皆公所宜素有，非如穷厄之人侥幸得志于一时，出于庸夫愚妇之不意，以惊骇而夸耀之也。然则高牙大纛，不足为公荣[7]；桓圭衮冕，不足为公贵[8]。惟德被生民而功施社稷，勒之金石，播之声诗，以耀后世而垂无穷，此公之志，而士亦以此望于公也，岂止夸一时而荣一乡哉！

公在至和中，尝以武康之节来治于相，乃作昼锦之堂于后圃。既又刻诗于石，以遗相人。其言以快恩仇、矜名誉为可薄，盖不以昔人所夸者为荣，而以为戒。于此见公之视富贵为如何，而其志岂易量哉！故能出入将相，勤劳王家，而夷险一节。至于临大事，决大议，垂绅正笏[9]，不动声气，而措天下于泰山之安，可谓社稷之臣矣。其丰功盛烈，所以铭彝鼎而被弦歌者[10]，乃邦家之光，非闾里之荣也。

余虽不获登公之堂，幸尝窃诵公之诗，乐公之志有成，而喜为天下道也，于是乎书。尚书吏部侍郎、参知政事欧阳修记。

【注释】

①仕宦：做官。

②易而侮之：轻慢而侮辱。

③季子不礼于其嫂：苏秦遭到他嫂子的无礼对待。季子：苏秦的字。买臣见弃于其妻：朱买臣被其妻离弃。买臣：字翁子，西汉吴县人。

④高车驷马：指高官显宦乘坐的马车。驷马：四匹马拉的车子。

⑤世有令德，为时名卿：世代都有美德，做过有名的公卿。令：美，善。

⑥已擢高科：已考中进士。高科：指当时级别最高的考试，即礼

部主持的进士考试。韩琦不到二十岁即中进士。

⑦高牙大纛：即牙旗与仪仗大旗。牙：牙旗，高级官员衙署前的装饰。纛：仪仗队的大旗。

⑧桓圭衮冕：高级官员的服色。

⑨垂绅正笏：表现大臣安然的气度。垂绅：衣带下垂。正笏：正拿手板。笏：手板，官员上朝时拿手板用以记事或指画。

⑩铭彝鼎：铭刻在钟鼎之上。被弦歌：谱成乐歌。

【译解】

做官做到大将军或者宰相，富贵以后回到家乡，这是在人们心情上认为光荣的事情，而且是现在和从前都一样的。当读书人不得志的时候，艰难困苦地呆在家乡，平常的人甚至孩子们都可以轻视他，欺侮他。像苏秦被他的嫂嫂不以礼相待，朱买臣被他的妻子抛弃那样。突然有一天发迹了，乘坐用四匹马拉的高大车子，前边有旗帜引导，后边有骑兵护卫，街道两旁的人挤在一起，肩并肩、脚跟脚地抬头观看，连声赞叹。那些所谓平常的男人和无知的妇女，奔走相告，惊骇流汗，害羞得低头跪倒，表示自己的懊悔，责怪自己的错误。这是一个穷读书人得意于当时，因而意气扬扬的情况，从前的人把这叫作衣锦还乡。

大丞相魏国公却不是如此。公是相州人。世代有美德，好几位祖先是当时著名的官员。公在年轻时就已经考中进士，逐步登上显赫的高位。全国的读书人在下面倾听名声、仰望馀辉的时间，大概也好几年了。上面所说的做官做到将相，富贵回到家乡，都是公应该本来具备的。不像穷困的人，侥幸在一时得意，出于平常男子和无知妇女的意料，因此大吃一惊从而夸耀这件事情。然而，大将的牙旗和宰相的大纛，不足以显示公的光荣；大臣们手里拿的桓圭和身上穿的衮衣，不足以显示公的高贵，只有德泽普及到人民，功勋建立在国家，然后在金石上镌刻它，在诗歌中播唱它，光泽传到后代，而且一直传下去，没有尽期。这才是公的志向，读书人也按照这个志向对公寄予殷切希望。何止在一个时期内夸耀、在一个乡里中光荣呢？

公在至和年间，曾经用武康军节度使的名义来管理相州，就在官署的后园中建造了一座昼锦堂。随后又在石碑上刻了诗，把它留给相州人。他的诗中认为，满足于报答恩仇，夸耀自己的名誉，都是可鄙的。原来他不是把夸赞作为光荣，而是引以为戒。从这里可以看出公的看待富贵是怎样的了，他的志向哪能容易估量呢？所以，他能够出将入相，勤奋劳苦地为王家办事，无论太平或者危险的时候都一样。做到面对大事，决定大策，从容镇定，不动声色，却把天下处置得好比泰山那样的安定，可以说是国家的重臣了。他的丰功伟绩，用来铭刻在彝鼎上、谱写到乐章中的，是国家的光彩，不仅仅是乡里的荣耀啊。我虽然不能登上公建造的昼锦堂，幸而曾经私下读过公的诗，高兴地看到公的志向逐渐实现，因而愉快地向天下人说说公的事迹。就这样，我写下了这篇文章。

【赏析】

古人把富贵而归故乡，比作白昼穿锦，无比荣耀。韩琦功绩显赫，名重一时，却不以威风排场为荣，而志在“德被生民而功施社稷”，为此，他在回家乡担任知州时特建“昼锦堂”，以表其志，以此告诫，从而“勒之金石，播之声诗，以耀后世垂无穷”。对此，欧阳修极为赞叹。他在本文中紧扣“昼锦”二字层层发挥，引史实作证，用苏秦、朱买臣等炫耀富贵的庸俗行为作陪衬，盛赞韩琦的不同凡俗的品行与心态。

正是非韩公其人，不足以当“邦家之光”；非欧阳其文，不足以显韩公之志。二者融合，相得益彰，从而构成了这篇“所谓天下莫大之文章”。（清·吴楚材、吴调侯《古文观止》）

丰乐亭记

欧阳修

【原文】

修既治滁之明年夏，始饮滁水而甘，问诸滁人，得于州南百步之近。其上丰山，耸然而特立，下则幽谷，窈然而深藏，中有清泉，滃然而仰出①。俯仰左右，顾而乐之。于是疏泉凿石，辟地以为亭②，而与滁人往游其间。

宋太祖赵匡胤像，图出自明·天然撰《历代人物像赞》。

滁于五代干戈之际，用武之地也。昔太祖皇帝，尝以周师破李景兵十五万于清流山下，生擒其将皇甫晖、姚凤于滁东门之外，遂以平滁。修尝考其山川，按其图记，升高以望清流之关，欲求晖、凤就擒之所，而故老皆无在者。盖天下之平久矣。自唐失其政，海内分裂，豪杰并起而争，所在为敌国者，何可胜数！及宋受天命，圣人出而四海一。向之凭恃险阻，划削消磨[3]，百年之间，漠然徒见山高而水清。欲问其事，而遗老尽矣。今滁介于江、淮之间，舟车商贾、四方宾客之所不至，民生不见外事，而安于畎亩衣食[4]，以乐生送死，而孰知上之功德，休养生息，涵煦百年之深也？

修之来此，乐其地僻而事简，又爱其俗之安闲。既得斯泉于山谷之间，乃日与滁人仰而望山，俯而听泉，掇幽芳而荫乔木，风霜冰雪，刻露清秀，四时之景无不可爱[5]。又幸其民乐其岁物之丰成，而喜与予游也。因为本其山川，道其风俗之美，使民知所以安此丰年之乐者，幸生无事之时也。夫宣上恩德，以与民共乐，刺史之事也，遂书以名其亭焉[6]。庆历丙戌六月日，右正言、知制诰、知滁州军州事欧阳修记。

【注释】

①滃然：水势盛大的样子。仰出：由地面向上涌出。

②辟地：清理地方。

③划削消磨：铲除消灭。

④畎亩：田地。

⑤“掇幽芳”四句：写四季景色。掇：采取。幽芳：指春。荫乔木：指夏。风霜冰雪：指秋冬。刻露：指秋冬山岩暴露之状。

⑥遂书：于是写了这篇碑记。名：命名。

【译解】

我治理滁州后的第二年夏天，才喝到滁州的泉水，觉得甘甜，向滁州人讯问泉水的所在地，就在距离滁州城南面一百步的近处。它的上面是丰山，高耸地矗立着；下面是深谷，幽暗地潜藏着；中间有一股清泉，水势汹涌，向上涌出。我上下左右都看过，很爱这里的风景。于是，我就叫人疏通泉水，凿开石头，拓出空地，造了一座亭子，同滁州人在那里游玩。

滁州在五代混战的时候，是个互相争夺的地区。过去，太祖皇帝曾经率领后周兵在清流山下，击溃李景的十五万军队，在滁州东门外面活捉了他的大将皇甫晖、姚凤，就此平定了滁州。我曾经考察过滁州地区的山水，查核过滁州地区的图籍，登上高山来眺望清流关，想寻找皇甫晖、姚凤被捉的地方。可是，当时的人都已经不在，因为天下太平的时间长久了。

自从唐朝的政局败坏了，国家四分五裂，英雄们全都起来争夺天下，到处成为敌国的，哪能数得清呢？到了大宋朝接受天命，圣人出现，全国就统一了。以前的凭借险要的割据势力都被削平消灭，在一百年之间，静静地只看到山高水清；要想问问那时的情形，可是留下来的老年人已经死光了。如今，滁州处在长江、淮河之间，是乘船坐车的商人和四面八方的旅游者都不到的地方，百姓活着不知道外面的事情，安于耕田种地和穿衣吃饭，欢乐地度过一生，死后被人送进坟墓。有谁晓得这是皇帝的功德，让百姓休养生息、滋润化育到一百年之久呢！

我来到这里，喜欢这地方僻静，而且政事简单，又喜爱它的风俗安宁闲适。在山谷之间找到这泉水以后，就经常同滁州人在这里抬头望丰山，低头听泉声；春天采摘幽香的山花，夏天托庇在乔木下乘凉，到了秋冬两季，经过风霜冰雪，山水更加清楚地显露出明净秀美，一年四季的景色，没有什么不可爱的。这里的百姓喜庆年景的丰收，高兴同我一起游玩。因此我根据这里的山水，称道这里风俗的美好，使百姓知道为什么能够安享这丰收年景的欢乐，为什么能幸运地生活在这太平无事的时代。

以宣扬皇上的恩德，来和百姓共同欢乐，这是州官的事情。因此，我写下这篇文章，给这座亭子命名。

【赏析】

此文是欧阳修被贬到滁州为所建造的丰乐亭而写。虽然作者仕途上失意，但为能远离风波而感到庆幸。文章的主旨是歌颂宋王朝统一中国，结束战乱，使人民能休养生息的功德。文章运用今昔对比的手法，既描述此时滁州山高水清，民乐岁丰，又回顾百年前这里战乱的往事，在记叙中反复抒发感慨，写得很有感情。

金圣叹在评述此文时说道："记山水，却纯述圣宋功德；记功德，却又纯写排徊山水。寻之不得其迹，曰：只是不把圣宋功德看得奇怪，不把徘徊山水看得游戏。此所谓心地淳厚，学问真到文字也。"

醉翁亭记

欧阳修

欧阳修像，图出自清·孔继尧《吴郡名贤图传赞》。

【原文】

环滁皆山也[1]。其西南诸峰，林壑尤美[2]，望之蔚然而深秀者[3]，琅琊也[4]。山行六七里，渐闻水声潺潺，而泻出于两峰之间者，酿泉也。峰回路转，有亭翼然临于泉上者，醉翁亭也。作亭者谁？山之僧曰智仙也。名之者谁？太守自谓也。太守与客来饮于此，饮少辄醉，而年又最高，故自号曰醉翁也。醉翁之意不在酒，在乎山水之间也。山水之乐，得之心而寓之酒也[5]。若夫日出而林霏开[6]，云归而岩穴暝，晦明变化者，山间之朝暮也。

野芳发而幽香，佳木秀而繁阴，风霜高洁，水落而石出者，山间之四时也。朝而往，暮而归，四时之景不同，而乐亦无穷也。

至于负者歌于途，行者休于树，前者呼，后者应，伛偻提携[⑦]，往来而不绝者，滁人游也。临溪而渔，溪深而鱼肥，酿泉为酒，泉香而酒洌，山肴野蔌[⑧]，杂然而前陈者，太守宴也。宴酣之乐，非丝非竹[⑨]，射者中，奕者胜，觥筹交错，起坐而喧哗者，众宾欢也。苍颜白发，颓然乎其间者，太守醉也。

已而夕阳在山，人影散乱，太守归而宾客从也。树林阴翳[⑩]，鸣声上下，游人去而禽鸟乐也。然而禽鸟知山林之乐，而不知人之乐；人知从太守游而乐，而不知太守之乐其乐也。醉能同其乐，醒能述以文者，太守也。太守谓谁？庐陵欧阳修也。

【注释】

①环滁皆山：滁州四周群山环绕。滁：滁州（今安徽滁县）。

②林壑：树木山谷。

③蔚然：草木茂盛的样子。深秀：幽深秀丽。

④琅琊：山名，在滁县西南十里。

⑤得之心而寓于酒：心里领略了山水之乐，又借饮酒以寄托、抒发这种乐趣。寓：寄托。

⑥林霏：山林中的雾气。

⑦伛偻提携：老人小孩。伛偻：腰背弯曲的样子，指老人。提携：搀手领着走，指小孩。

⑧山肴野蔌：山产野味。山肴：山里得来的鱼肉等荤菜。野蔌：野菜。

⑨非丝非竹：没有音乐。丝、竹：即管弦乐器。

⑩阴翳：阴影浓密。翳：遮盖。

【译解】

环绕着滁州的都是山。滁州西南方的许多山，林木山谷格外优美。望上去草木茂盛并且幽深秀丽的，那就是琅琊山。沿着山路走六、七里，渐渐地听到水声潺潺，一抬头就看到有一股泉水从两座山峰之间倾泻出来，那是酿泉。山峰回环，道路盘绕，那里有座亭子像鸟儿展翅那样高踞在酿泉上面的，是醉翁亭。建造亭子的是谁？是琅琊山开化寺中的和尚智仙。给它命名的是谁？是滁州太守用自己的别号命名的。太守和客人到这里来喝酒，太守稍微喝了一点儿就醉了。而且年纪又最大，所以自己给自己起个别号叫‘醉翁”。醉翁的心思并不在酒上，而是在山水之间。他对游山玩水的乐趣，是领会在心里而寄托在酒中。

有时太阳出来，树林中的雾气消散；有时云雾积聚在山间，岩洞昏暗；这些阴暗明亮、变化不测的景象，是山里的早晨和晚上。

野花开放了，闻到阵阵幽香；树木长高了，成为一片浓荫；天高气爽，霜色洁白；水位低落，石头显露，这就是山里的四季。早晨出去，傍晚归来，四季的景色不同，乐趣也就没有穷尽。

至于背负东西的人在路上唱歌，行路的人在树下休息，前边的人呼唤，后边的人答应，弯腰曲背的老人和被人搀扶着的孩子，来来往往，络绎不绝，这是滁州人在这里游赏。

到溪边捕鱼，溪水深，鱼很肥；用泉水酿成酒，泉水香，酒清澈；野味和蔬菜，错杂地摆在前面，这是太守在举行宴会。宴会的快乐，不是音乐，而是投壶的人投中了，下围棋的人胜利了，酒杯酒筹在人们手里递来递去，交互错杂；有的人坐着，有的人站起来，嘴里不停地呼喊，这是客人们在尽情欢乐。苍老的脸庞，雪白的头发，倒在客人中间的，这是太守喝醉了。

不久，傍晚的太阳挂在山上，人们的影子散乱地留在地上，这是太守回归、客人们跟着走了。树荫覆盖着，鸟的叫声忽上忽下，这是游人离开以后鸟儿在欢乐。可是，鸟儿只知道山林中的欢乐，却不知道人们的欢乐；人们只知道跟着太守游玩而欢乐，却不知道太守是为着人们的欢乐而欢乐啊。喝醉酒后能够和人们共同欢乐，酒醒以后能够写文章描述欢乐情景的，是太守；太守是谁？是庐陵欧阳修。

【赏析】

本文是欧阳修被贬到滁州后所写一篇山水游记。据《琅琊山志序》：“琅琊为滁胜区，自晋元帝游息于是名而以立，自唐刺史李幼卿与僧法琛建开化禅院而寺以兴。”本文的出现使琅琊山更成为文人墨客所向往的地方。本文通过叙述自己与游客在醉翁亭中畅饮的欢快情景和亭外变化多姿的自然景色，表达了“与民同乐”的思想情怀和初见政绩之后的喜悦心情。本文在结构上逐层推进，环环相扣，语言精炼，骈散结合，错落有致。实乃千古名篇。

对于此篇有文赞曰：“文中之画。昔人读此文谓如游幽泉邃石，入一层才见一层，路不穷兴亦不穷，读已令人神骨翛然长往矣。此是文章中洞天地。”（见［明］茅坤《唐宋八大家文钞》卷四十九）

秋声赋①

欧阳修

【原文】

欧阳子方夜读书，闻有声自西南来者，悚然而听之②，曰：异哉！初淅沥以萧飒，忽奔腾而砰湃③，如波涛夜惊，风雨骤至。其触于物也，鏦鏦铮铮，金铁皆鸣。又如赴敌之兵，衔枚疾走④，不闻号令，但闻人马之行声。余谓童子："此何声也？汝出视之。"童子曰："星月皎洁，明河在天，四无人声，声在树间。"

《唐诗画谱》插图

余曰："噫嘻悲哉！此秋声也！胡为而来哉？盖夫秋之为状也，其色惨淡，烟霏云敛；其容清明，天高日晶；其气慄冽，砭人肌骨；其意萧条，山川寂寥。故其为声也，凄凄切切，呼号愤发。丰草绿缛而争茂[⑤]，佳木葱茏而可悦，草拂之而色变，木遭之而叶脱。其所以摧败零落者，乃其一气之余烈[⑥]。夫秋，刑官也，于时为阴。又兵象也[⑦]，于行用金。是谓天地之义气，常以肃杀而为心。天之于物，春生秋实。故其在乐也，商声主西方之音[⑧]，夷则为七月之律。商，伤也，物既老而悲伤，夷，戮也，物过盛而当杀。

嗟乎！草木无情，有时飘零。人为动物，惟物之灵。百忧感其心，万事劳其形，有动于中，必摇其精[⑨]。而况思其力之所不及，忧其智之所不能，宜其渥然丹者为槁木，黝然黑者为星星[⑩]。奈何以非金石之质，欲与草木而争荣？念谁为之戕贼，亦何恨乎秋声！”

童子莫对，垂头而睡，但闻四壁虫声唧唧，如助余之叹息。

【注释】

①秋声赋：本赋作于宋仁宗嘉祐四年，当时作者五十三岁，任翰林学士、给事中，充御试进士详定官。本文是宋代散文赋的代表作品。

②悚然：惊惧的样子。

③砰湃：同“澎湃”，波涛汹涌声。

④衔枚疾走：古代行军令士兵嘴里衔着一种形如筷子的小棍，防止讲话，以保证部队的肃静。疾走：快速行军。

⑤绿缛：浓绿而稠密。

⑥摧败零落：指草木之摧折、残败、凋零、坠落。一气：秋气。余烈：余威。

⑦兵象：战争之象征，古代征伐，多在秋天进行，所以秋天象征刀兵。

⑧商声主西方之音：古代以五音配四时，商声属秋，西方：秋天的方位。

⑨必摇其精：必定消耗人的精气。

⑩黝然：黑色的样子。星星：形容点点白发。

【译解】

欧阳子正在夜里读书，忽然听见从西南方向传来的一种声音，吃惊地听着它，心里想："奇怪呀！"听着听着，觉得开始时淅沥、萧飒，突然，奔腾砰湃，好像波浪在夜间掀起，狂风暴雨急骤地来到。当它接触到物体时，鏦鏦铮铮，既像许多金属器具一齐响起来了；又像奔赴战场杀敌的士兵，嘴里含着枚片急步前进，不听见号令，只听见人马的行走声。我对书童说："这是什么声音呀？你出去看看。"书童回来说："星星和月亮都很皎洁，银河挂在天空；四面没有人声，声音出在树林当中。"

我感叹着说："哎呀，可悲啊！这是秋天的声音，为什么要来呢？秋天的情景是这样的，它的色彩凄凉暗淡，烟消云散；它的面貌清爽开朗，天空高旷，阳光明净；它的气候寒冷，刺进人的肌肤筋骨；它的意境冷落，山水寂静。所以它发出来的声音，开始时凄凉轻微，到后来呼啸号叫，蓬勃振奋。本来嘛，碧绿繁密的草，似乎在竞争茂盛；葱茏挺拔的树十分可爱。但是，如果草让秋风吹拂过就颜色改变，树一碰上它就叶子脱落；秋风能够摧残草木使之零落的原因，是一股肃杀之气的无穷威力。秋天是刑官执法的时候，在季节上属于阴，秋天又是打仗的象征，在五行里属于金；这叫做天地之气，常常把严厉杀伐作为它的核心。大自然对于植物，春天促它们生长，秋天使它们结实。所以秋天在音乐上是商声，代表西方的音调，夷则是属于七月的音律。商，就是伤的意思，植物老了就会衰败；夷，就是杀的意思，植物过了旺盛期就会被杀戮。唉！草木是没有思想感情的，到了一定的时候就会枯槁脱落。人作为动物，是万物中的精灵，许多忧愁使他的心受到刺激，无数事情使他的身体感到疲累，内心受到刺激，一定会动摇他的精神。何况还妄想他力所不及的东西，忧虑他智慧做不到的事情，当然会使自己的丰腴红润的面庞变成枯干的木头，乌黑而发亮的头发变成花白。怎么可以拿并非金石般的素质，想同草木去争荣？想一想是什么残害了自己的身心，对秋声也就没有什么怨恨了！

书童不能回答，低下头打盹。只听见四面墙脚下虫声唧唧，如同陪伴我叹气。

【赏析】

本文是一篇借肃杀秋景来抒发惆怅心情极具代表性的赋文。在文中作者把秋色写得可见可闻，活灵活现，由秋风的来临，联想到万物的凋零，继而联想到人生岁月的易逝，抒发出对于世事艰辛、人生道路坎坷的感叹。欧阳修是北宋古文运动的领袖，提倡散文，反对骈文。他把这一革新精神融入赋体，变向来的骈体赋为自由舒卷的散文赋。本篇在句法上，整齐而富于变化、参齐而不散乱。多属散行，间插适量的偶句，既富于文采，自然流畅。在韵节上，或密或疏，如行云流水，随意而止，毫无滞涩之弊，表达了作者思想感情的波折与自我解脱，体现了散赋的重要特点成为散文赋的典范。

清人金圣叹给予此文以相高的评价："赋每伤于徘偭。如此又简峭，又精练，又径直，又波折，真是后学作文之点金神丹也。"（见［清］金圣叹《天下才子必读书》卷十三）

祭石曼卿文

欧阳修

石延年像，图出自清·孔继尧《吴郡名贤图传赞》。

【原文】

维治平四年七月日①，具官欧阳修②，谨遣尚书都省令史李敭③，至于太清④，以清酌庶羞之奠⑤，致祭于亡友曼卿之墓下，而吊之以文，曰：

呜呼曼卿！生而为英，死而为灵，其同乎万物生死，而复归于无物者，暂聚之形；不与万物共尽，而卓然其不朽者，后世之名。此自古圣贤，莫不皆然。而著在简册者，昭如日星⑥。

呜呼曼卿！吾不见子久矣，犹能仿佛子之平生。其轩昂磊落⑦，突兀峥嵘⑧，而埋藏于地下者，意其不化为朽壤，而为金玉之精。不然，生长松之千尺，产灵芝而九茎[9]。奈何荒烟野蔓，荆棘纵横，风凄露下，走磷飞萤[10]。但见牧童樵叟，歌吟而上下[11]。与夫惊禽骇兽，悲鸣踯躅而咿嘤[12]。今固如此，更千秋而万岁兮，安知其不穴藏狐貉与鼯鼪[13]？此自古圣贤亦皆然兮，独不见夫累累乎旷野与荒城[14]！

呜呼曼卿！盛衰之理[15]，吾固知其如此，而感念畴昔，悲凉凄怆，不觉临风而陨涕者[16]，有愧乎太上之忘情[17]。尚飨[18]！

【注释】

①维：发语词。治平：宋英宗（赵曙）年号。四年：公元1067年。七月日：七月某日。

②具官：唐宋以后，在公文函牍等底稿上，常用“具官”代表需写明的官爵等级。

③尚书都省：官署名。即尚书省。令史：官名，属尚书省的一种低级办事员。李敭（yì）：人名。

④太清：乡名。故址在今河南商丘市南。欧阳修《石曼卿墓表》：“既卒之三十七日，葬于太清之先茔。”

⑤清酌：祭奠时所用的酒。庶馐：多种佳肴。

⑥简册：指史籍。昭：明亮。

⑦轩昂：指气度非凡。磊落：指胸襟开阔，光明正大。

⑧突兀峥嵘：山势高耸貌。这里比喻才华出众。

⑨灵芝：菌类植物。古人称之为为瑞草。有九茎的灵芝，更被视为祥瑞之物。

⑩磷：磷火。俗称鬼火。

⑪上下：指来回走动。

⑫踯躅：徘徊不前。咿嘤：象声词，指鸟鸣叫声。

⑬狐貉（hào）：狐狸和狗獾。鼯（wú）：鼠名。飞鼠。鼪（shēng）：兽名，又称“鼬”（yòu），善捕鼠，黄鼠狼一类动物。

⑭累累：重迭的样子。这里指旷野坟冢很多。

⑮盛衰：指生与死。

⑯陨（yǔn）涕：掉泪。

⑰太上：最上的人，也指上圣之人。忘情：指忘掉人世间喜怒哀乐之事。这句指自己面对圣人超脱人世的情感而感到惭愧，即做不到那样。

⑱尚飨（xiǎng）：飨，同享。旧时蔡文套语，即希望亡者来享用祭品。

【译解】

大宋治平四年七月某日，具官欧阳修恭恭敬敬地派尚书都省令史李敭到太清乡，拿美酒嘉肴等祭品，在亡友石曼卿的墓前举行祭礼，并且写了一篇文章悼念他，说：哎哟曼卿！您活着是杰出的人才，死后一定成为神灵！那跟万物一样出生、死亡又回到乌有境界的，是暂时由气血骨肉等凝聚的身形；而那不跟万物一道完结永垂不腐朽的，是留传到后代的声名。从古以来的圣贤都是这样的；那记载在史册上的，同太阳和星星一样明亮。

哎曼卿！我不看见您很久了，似乎还能够看到您过去的一生。那开朗昂扬的风度，光明坦白的胸襟，崇高的品德，优异的才情，尽管埋藏在地下，料想它们必定不会化作腐烂的土壤，而会变成金玉的精英。否则，会长出苍松，高达千尺；或者生出灵芝，多达九茎。然而无可奈何，您墓前一片荒烟野草，灌木丛生，阴风凄厉，寒露降临，游动着星星磷火，飞舞着点点流萤；只看到放牧的孩子和打柴的老人边唱边行，上上下下，以及那些受惊的鸟兽徘徊不前，发出悲哀的声音？现在已经这样，再过千秋万岁以后，怎么会知道墓穴中不深藏着狐貉与鼯鼪？这也是从古以来的圣贤都如此的，难道没有看到那接连不断的空地和荒坟！

哎哟曼卿！一个人从壮盛到老死的规律，我本来晓得它是这样的。但是缅怀过去，心里免不了悲哀凄凉，忍不住迎风落泪，实在有愧于古代圣人，我可做不到象圣人那样能够忘情。唉！请您来享用祭品吧！

【赏析】

这是作者为悼念诗友石曼卿而写的一篇祭文。作者避免了一般祭文的呆板格式，内容不是为死者作平生概括，而是通过三呼曼卿，先称赞其声名不朽，“少亦以气自豪，读书不治章句，独慕古人奇节伟行非常之功，视世俗屑屑无足动其意者。”写此篇文章时，距曼卿之死已历二十六年。这时，欧阳修受到御史彭思永、蒋之奇的诬陷，深感宦海风波。

本篇就是在这样的情况下中写成，用以祭奠一生不为世用的亡友曼卿，一掬知己之泪，故感情尤其深挚哀婉。

这篇祭文虽仅三百余字，但情感至真至切。在生与死、形与名、情与理的诉说中，声情并茂，曲折尽致。“胸中自有透顶解脱，意中却是透骨相思。于是一笔已自透顶写出去，不觉一笔又自透骨写入来。不知者乃惊其文字一何跌荡，不知非跌荡也。”（金圣叹语）。文章笔力纵横，情调凄婉，是古代祭文中为人传诵的一篇佳作。

泷冈阡表

欧阳修

【原文】

呜呼！惟我皇考崇公，卜吉于泷冈之六十年，其子修始克表于其阡，非敢缓也，盖有待也。

修不幸，生四岁而孤[①]。太夫人守节自誓，居穷，自力于衣食，以长以教[②]，俾至于成人。太夫人告之曰："汝父为吏廉，而好施与，喜宾客，其俸禄虽薄，常不使有余，曰'毋以是为我累'。故其亡也，无一瓦之覆，一垅之植，以庇而为生。吾何恃而能自守邪？吾于汝父，知其一二，以有待于汝也。自吾为汝家妇，不及事吾姑，然知汝父之能养也；汝孤而幼，吾不能知汝之必有立，然知汝父之必将有后也。吾之始归也，汝父免于母丧方逾年，岁时祭祀，则必涕泣曰：'祭而丰不如养之薄也。'间御酒食，则又涕泣曰：'昔常不足而今有余，其何及也！'吾始一二见之，以为新免于丧适然耳。既而其后常然，至其终身未尝不然。吾虽不及事姑，而以此知汝父之能养也。汝父为吏，尝夜烛治官书，屡废而叹。吾问之，则曰：'此死狱也，我求其生不得尔。'吾曰：'生可求乎？'曰：'求其生而不得，则死者与我皆无恨也，矧求而有得邪。以其有得，则知不求，而死者有恨也。夫常求其生，犹失之死，而世常求其死也。’回顾乳者抱汝而立于旁，因指而叹曰：‘术者谓我岁行在戌将死，使其言然，吾不及见儿之立也，后当以我语告之。’其平居教他子弟，常用此语，吾耳熟焉，故能详也。其施于外事，吾不能知；其居于家无所矜饰而所为如此，是真发于中者邪。呜呼！其心厚于仁者邪，此吾知汝父之必将有后也。汝其勉之！夫养不必丰，要于孝；利虽不得博于物，要其心之厚于仁。吾不能教汝，此汝父之志也。”修泣而志之，不敢忘。

先公少孤力学，咸平三年，进士及第，为道州判官，泗、绵二州推官，又为泰州判官。享年五十有九，葬沙溪之泷冈。太夫人姓郑氏，考讳德仪，世为江南名族。太夫人恭俭仁爱而有礼，初封福昌县太君，进封乐安、安康、彭城三郡太君。自其家少微时，治其家以俭约，其后常不使过之，曰：“吾儿不能苟合于世，俭薄所以居患难也。”其后修贬夷陵，太夫人言笑自若，曰：“汝家故贫贱也，吾处之有素矣，汝能安之，吾亦安矣。”

自先公之亡二十年，修始得禄而养。又十有二年，列官于朝，始得赠封其亲。又十年，修为龙图阁直学士、尚书吏部郎中，留守南京，太夫人以疾终于官舍，享年七十有二。又八年，修以非才，入副枢密，遂参政事。又七年而罢。自登二府，天子推恩，褒其三世，故自嘉祐以来，逢国大庆，必加宠锡。皇曾祖府君累赠金紫光禄大夫、太师、中书令。曾祖妣累封楚国太夫人。皇祖府君累赠金紫光禄大夫、太师、中书令兼尚书令。祖妣累封吴国太夫人。皇考崇公累赠金紫光禄大夫、太师、中书令兼尚书令。皇妣累封越国太夫人。今上初郊，皇考赐爵为崇国公，太夫人进号魏国。

于是小子修泣而言曰：“呜呼！为善无不报，而迟速有时，此理之常也。惟我祖考，积善成德，宜享其隆，虽不克有于其躬，而赐爵受封，显荣褒大，实有三朝之锡命。是足以表见于后世，而庇赖其子孙矣。”乃列其世谱，具刻于碑。既又载我皇考崇公之遗训，太夫人之所以教而有待于修者，并揭于阡，俾知夫小子修之德薄能鲜，遭时窃位，而幸全大节，不辱其先者，其来有自。

熙宁三年，岁次庚戌，四月辛酉朔，十有五日乙亥，男推诚保德崇仁翊戴功臣、观文殿学士、特进、行兵部尚书、知青州军州事兼管内劝农使、充京东路安抚使、上柱国、乐安郡开国公，食邑四千三百户、食实封一千二百户修表。

【注释】

①四岁而孤：四岁时就没有了父亲。

②以长以教：抚养与教育。

【译解】

唉！我的先父崇国公择地安葬在泷冈后的六十年，他的儿子修才能够在他的墓道上建立墓表，这不是敢于拖延，而是因为有所等待。

修不幸，出生四岁就失去父亲。母亲立誓守节，处境贫苦，在生活上自食其力；边抚养我，边教育我，使我长大成人。母亲经常告诫我说："你父亲做官，清廉而爱好施舍，喜欢交朋友。他的俸禄虽然少，但常常不让它有馀，说：'不要因此成为我的累赘！'所以他死的时候，没有留下一间可以遮蔽风雨的屋，一垅可以种植庄稼的，让我们依赖它们来过活。那么，我凭什么能够自己苦守呢？我对你父亲的事情，约略知道一些，因而在你身上有所期待。自从我做你家的媳妇，已经赶不上侍奉我的婆婆，然而知道你的父亲是能够孝养双亲的。你失去父亲时年纪幼小，我不可能预先晓得你一定会有所建树，可是晓得你的父亲一定会有好后代。我刚嫁到你家的时候，你的父亲除去为母亲穿的孝服正好过了一年。逢时过节祭祀时，就必定掉下眼泪，说；‘死后祭祀的丰厚，总不及生前奉养的菲薄。’有时喝点酒吃点肉，就又落泪，说：‘从前经济上时常不够，如今却有多馀，但怎么来得及奉养双亲呢?’我起初看到一、二次，认为这是新除孝服才这样罢了。可是后来他经常这样，直到他逝世前没有不是这样的。我虽然赶不上侍奉婆婆，然而因此晓得你的父亲是能够孝养双亲的。你的父亲做官时，曾在夜

《唐诗画谱》插图

里点了蜡烛批阅公文，一再停手叹气。我问他为什么？他就说：‘这是一件死罪案子。我想给罪犯寻找一线生机，可是找不到。’我问道；‘生机能找吗?’他说，‘找过罪犯的生机找不到，那么被判死刑的犯人和我就都没有遗恨了；何况确有经过寻找因而能活的呢！因为有时能找到，所以知道不去找寻就判决犯人死刑是会有遗恨的。经常为罪犯寻求生机，还有错误地被处死的，可是世上做官的人却经常在找判处罪犯死刑的根据呢。’说完，回头看到乳母抱着你站在旁边，就指着你一边叹气说：‘算命的人说我到戌年就要死。倘使他的话说对了，我就赶不上看见儿子成人了，以后要把我的这些话告诉他。’他平时教育别的子弟，经常用这番话，我耳朵里听熟了，所以能够详细地讲给你听。他在外面干的事情，我不能了解。他在家

里，没有什么浮夸做作，他所做的事情就是如此，这是真正从内心发出来的呢！唉！他的心是注重在仁的方面的啊！这就是我晓得你的父亲必定有好后代的依据。你好好努力吧！奉养父母不一定要丰厚，主要在于孝顺；做好事虽然不能普遍到万物，只要他的心注重在仁道这一方面就行了。我不能教你别的，只能说说你父亲的愿望啊。”修忍不住落下泪来，牢记这番教诲，不敢忘记。

先公从小死了父亲，努力学习。咸平三年考中进士。相继做过道州判官和泗、绵二州推官，又做过泰州判官。享年五十九岁，安葬在沙溪的泷冈。我的母亲姓郑，她的父亲名德仪，世代是江南的著名家族。母亲为人，恭敬、节俭、仁慈而且坚守礼法。先封为福昌县太君，后进封为乐安、安康、彭城三郡太君。从家境贫穷的时候起，就用勤俭节约的方法来管理家务，以后经常不让开支超过原先的用度，说：“我儿子在社会上不能随便迎合人家，省吃俭用是渡过困境的好方法啊。”以后修降职到夷陵县，母亲说说笑笑，像往常一样，还说：“你家本来穷苦，我处在这种环境已经习以为常了。你能够安于这种处境，我也安心了。”

自先公逝世后二十年，修才领到俸禄来奉养母亲。又过了十二年，升了官，在皇帝身边任职，方才能够得到皇上的恩典追赠和加封自己的尊亲。又过了十年，修做了龙图阁直学士，尚书省吏部郎中，留守南京。母亲因病在官邸逝世，享年七十二岁。又过了八年，修凭着不高明的才能，蒙皇上恩德升任枢密副使，就此参与国家大政。又过了七年，免去官职。自从进入二府，皇上推广恩德，封赠我的三代。自从嘉祐以来，碰到国家有大喜事，一定给予光荣的赏赐。曾祖父连续追赠到金紫光禄大夫、太师、中书令。曾祖母连续加封到楚国太夫人。祖父连续追赠到金紫光禄大夫、太师、中书令兼尚书令。祖母连续加封到吴国太夫人。先父崇国公连续追赠到金紫光禄大夫、太师，中书令兼尚书令。先母连续加封到越国太夫人。当今皇上第一次举行祭天仪式时，先父被赐爵为崇国公，先母进封号叫魏国太夫人。

想到这里，小子修边掉泪边说道：唉！做了好事是没有得不到好报的，不过或迟或早，有一定的时间，这在情理上是正常的。我的祖先积累好事，养成美德，应当享受那隆厚的报答。虽然他们不能亲身享有，可是被赏爵位，接受封赠，贵显光荣，嘉奖广博，确实有三朝皇帝的恩赏命令。这就足够显示到后代，来庇荫他们的子孙了。于是排列我家的世代谱系，统统刻在碑上。随后又记录了先父崇国公的遗训，先母的教导和对修有所等待的缘故，一并在墓碑上刻明白，使后来的人了解小子修德行薄，才能少，碰上时机，窃取高官，侥幸地保全大节，不使自己的祖先蒙受耻辱，它是有来由的。

熙宁三年，岁次庚戌，四月初一辛酉，十五日乙亥，儿子推诚保德崇仁翊戴功臣、观文殿学士，特进、兼兵部尚书，知青州军州事，兼管内劝农使、充京东路安抚使、上柱国、乐安郡开国公，食邑四千三百户，食实封一千二百户修谨撰墓表。

【赏析】

本文是欧阳修在他父亲死后六十年所作的墓表。泷冈在今江西永丰县的凤凰山，欧阳修的父亲死后埋葬在这里。在表文中，作者盛赞父亲的孝顺与仁厚，母亲的节俭与安于贫贱。本文用具体的琐事、琐谈表现父母生前美德，不尚空泛的溢美之辞，父母生前对欧阳修影响很大。“窃时遭位”承朝廷恩宠，并“幸全大节”，此皆来自祖考善德之功。因此“载我皇考崇公之遗训，太夫人之所以教，而有待于修者，并揭于阡”，从而了结了父母的遗愿。

本文言辞清新质朴，率意写出，而又“情至排恻，能达到不能达到之隐”，而清人吴楚材也作了如下评价：“善必归亲，褒崇先祖。仁人孝子之心，率意写出。不事藻饰，而语语入情。只觉动人悲感，增人涕泪。此欧公用意合作也。（见［清］吴楚材、吴调侯《古文观止》卷十）

管仲论

苏洵[1]

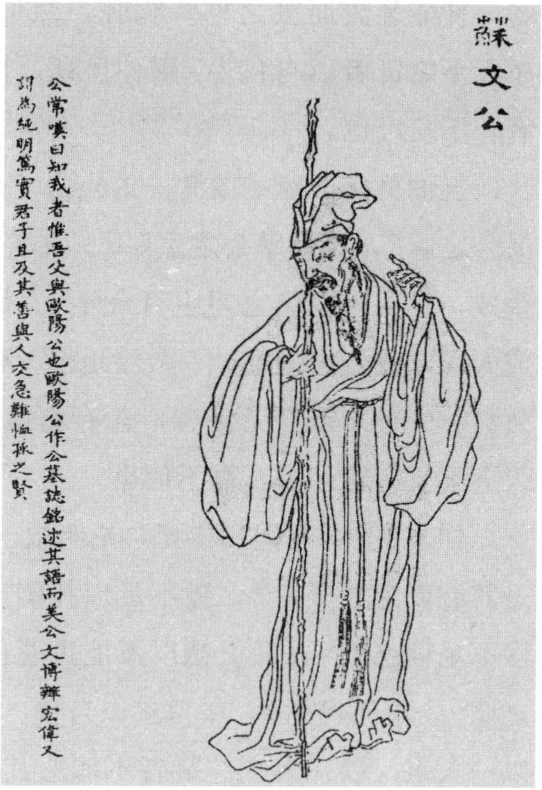

苏洵像，图出自清·上官周《晚笑堂画传》。

【原文】

管仲相威公[2]，霸诸侯[3]，攘夷狄[4]，终其身齐国富强，诸侯不敢叛。管仲死，竖刁、易牙、开方用[5]，威公薨于乱[6]，五公子争立[7]。其祸蔓延[8]，讫简公[9]，齐无宁岁。夫功之成[10]，非成于成之日，盖必有所由起[11]；祸之作，不作于作之日，亦必有所由兆[12]。故齐之治也[13]，吾不曰管仲，而曰鲍叔[14]。及其乱也，吾不曰竖刁、易牙、开方，而曰管仲。何则[15]？竖刁、易牙、开方三子，彼固乱人国者[16]，顾其用之者[17]，威公也。夫有舜而后知放四凶[18]，有仲尼而后知去少正卯[19]。彼威公何人也？顾其使威公得用三子者，管仲也。

仲之疾也，公问之相[20]。当是时也，吾意以仲且举天下之贤者以对[21]，而其言乃不过曰竖刁、易牙、开方三子非人情不可近而已[22]。呜呼，仲以为威公果能不用三子矣乎[24]？仲与威公处几年矣[25]，亦知威公之为人乎？威公声不绝于耳，色不绝于目[26]，而非三子者[27]，则无以遂其欲[28]。彼其初之所以不用者[29]，徒以有仲焉耳[30]。一日无仲，则三子者，可以弹冠而相庆矣[31]。仲以为将死之言，可以絷威公之手足耶[32]！夫齐国不患有三子，而患无仲。有仲，则三子者，三匹夫耳[33]。不然[34]，天下岂少三子之徒哉[35]？虽威公幸而听仲[36]，诛此三人，而其余者，仲能悉数而去之耶？呜呼，仲可谓不知本者矣。因威公之问[37]，举天下之贤者以自代[38]，则仲虽死，而齐国未为无仲也。夫何患三子者，不言可也。

五伯莫盛于威、文[39]；文公之才，不过威公，其臣又皆不及仲，灵公之虐[40]，不如孝公之宽厚[41]。文公死，诸侯不敢叛晋，晋袭文公之余威，犹得为诸侯之盟主百余年[42]。何者[43]？其君虽不肖[44]，而尚有老成人焉。威公之薨也，一败涂地[45]，无惑也。彼独恃一管仲[46]，而仲则死矣。夫天下未尝无贤者，盖有有臣而无君者矣[47]。威公在焉，而曰天下不复有管仲者，吾不信也。

仲之书[48]，有记其将死，论鲍叔、宾胥无之为人[49]，且各疏其短[50]。是其心以为数子者[51]，皆不足以托国[52]，而又逆知其将死[53]，则其书诞谩不足信也[54]。吾观史鳍以不能进蘧伯玉[55]，而退弥子瑕[56]，故有身后之谏[57]。萧何且死[58]，举曹参以自代。大臣之用心，固宜如此也。夫国以一人兴，以一人亡。贤者不能悲其身之死，而忧其国之衰。故必复有贤者而后可以死。彼管仲者，何以死哉？

【注释】

①苏洵（1009～1066）：字明允，宋眉州眉山（今四川眉山县）

人。精通六经、百家学说，能文章。曾官至秘书省校书郎。曾与他人合编《太常因革礼》一百卷，书成后未及上报即病逝。苏洵著作以史论和政论为主，风格纵厉雄奇，尤其擅长策论。被列为“唐宋古文八大家”之一，与其子苏轼、苏辙合称“三苏”。有《嘉祐集》。

②管仲相威公：管仲辅佐齐桓公。管仲，名夷吾，春秋初期齐国人，著名的政治家。经鲍叔牙推荐，为齐桓公卿。相（xiàng），辅佐，辅助。威公，即齐桓公。桓公，姓姜名小白，宋人避钦宗讳，改桓为“威”。春秋时期第一个霸主。

③霸诸侯：称霸诸侯。

④攘：排除。夷：古代对东方各民族的蔑称。狄：我国古代的北方民族，秦、汉以后，为中原人对北方各族的泛称之一。

⑤竖刁：齐桓公的宠臣。他为进齐官而自阉。易牙：又名雍巫，善于烹调。曾杀儿煮羹而献给齐恒公以博得齐桓公的信任。开方：本是卫国公子，抛家离国侍奉齐恒公。

⑥薨（hōng）：周代诸侯死称“薨”。后世袭用。

⑦五公子：指公子无亏、公子元、公子潘、公子商人、公子雍。

⑧蔓延：像蔓草一样地延伸。

⑨讫（qì）：通“迄”，到。简公：即齐简公，名壬。公元前 484 年至前 481 年在位。为田常所杀。

⑩夫（fú）：发语词，用于句首，起引出议论的作用。

⑪盖：起承接上文的作用。所由起：引起的原因。

⑫所由兆：所出现的迹象。兆，迹象。

⑬治：与“乱”相对，安定之意。

⑭而：表示转折。鲍叔：即鲍叔牙。齐国大夫，以知人善任而著名。他和管仲非常要好，史称“管鲍”。

⑮何则：为什么。则，同“者”，无义。

⑯固：固然。

⑰顾：不过，但是。

⑱而后：同“然后”，这才。放：放逐，流放。四凶：《书经·尧典》作“共（gōng）工、驩（huān）兜、三苗、鲧（gǔn）”。

⑲仲尼：孔丘的字。去：除去。少正卯：春秋时鲁国大夫。孔子任鲁国司寇时，少正卯被杀。

⑳仲之疾也，公问之相：管仲病重时，齐桓公问他：“哪个可以接任你做宰相?”

㉑以：以为，认为。且：将要，将会。举：推举、推荐。

㉒乃：却。

㉓而已：罢了。

㉔果：果然。矣乎：语气词连用，相当于“了吗”。

㉕几年：多少年。

㉖不绝于耳：声音在耳朵中不能停止。不绝于目：一直停留在眼睛里。

㉗而：连词，表假设关系。犹：如果、假如。

㉘遂：顺。

㉙所以：……的原因，……的缘故。

㉚徒：只不过。以：由于。焉耳：罢了。

㉛弹冠而相庆：《汉书·王吉传》“吉与贡禹为友，世称‘王阳在位，贡公弹冠’，言其取舍同也。”后来就用这比喻做好当官的准备。弹冠：弹去帽子上的灰尘。

㉜縶（zhì）：这里是束缚的意思。

㉝匹夫：普通平民。

㉞不然：不是这样。

㉟岂：难道。徒：同一类的人。

㊱虽：即使，就是。

㊲因：顺着。

㊳以：同“而”。自代：即“代自”，代替自己。

㊴五伯（bà）：同“五霸”。《荀子·王霸》指齐桓公、晋文公、楚庄王、吴王阖闾、越王勾践。”于：比。威、文：即齐桓公和晋文公。

㊵灵公：名夷皋，文公之子。春秋时期有名暴君。虐：残暴、暴虐。

㊶孝公：即公子昭，齐恒公之子。宋襄公立之，为孝公。

㊷犹得：还能，尚且能。

㊸何者：同“何则”，为什么。

㊹不肖：不贤，品行不好。

㊺一败涂地：语出《史记·高祖本纪》，一旦失败就肝脑涂地。

㊻彼：指代齐桓公。恃（shì）：依靠，依赖。

㊼盖：大概，或许。

㊽仲之书：即《管子》一书。似后人所写，或杂有后人的著作。

㊾宾胥无：齐桓公时期贤大夫。

㊿各疏其短：疏，指出，指明。短，用作名词，短处，缺陷。

51是其心以为是数子者：在他的心里认为的这几个人。

52托国：托付治理国家的大任。

53逆知：预料。逆，预先。

54则：表承接关系。诞谩：荒诞无稽。足：值得，能够。

55史䲡（qiú）：春秋时卫国的大夫，字子鱼，也称史鱼。进：进献，推荐。蘧（gú）伯玉：名瑗，卫国人，卫灵公的大夫，有名的贤臣。

56退：撤消或降低职务。弥子瑕：卫灵公宠幸的臣子。以善于奉承而著称。

⑰身后之谏：《孔子家语·困誓》记载，史鳝病重快死时，嘱咐儿子：尸体要停在窗下。儿子遵照他的遗嘱办理。卫灵公来吊丧，对此十分奇怪，史鳝之子就跟灵公说明原委，灵公顿悟，于是令其儿子按大夫礼治丧。灵公回去后就用了蘧伯玉，罢斥了弥子瑕。

⑱萧何：汉初丞相。且：将要，快要。

【译解】

管仲辅佐齐桓公，称霸诸侯，排斥夷狄，直到他死，齐国富强，诸侯不敢背叛。管仲死后，竖刁、易牙、开方被桓公重用，桓公在动乱中死去，五个儿子抢着要继承君位；从此，那祸乱不断扩大，直到简公时候，齐国没有安定的一年。

功业的成就，并不是在成就的那一天成就的，必定有它的起因，祸乱的发生，并不是在发生的那一天发生的，必定有它的迹象。所以齐国的安定，我不认为是管仲的功劳，而认为是鲍叔的功劳；到了动乱的时候，我不认为是竖刁、易牙、开方的罪过，而认为是管仲的罪过。为什么呢？因为竖刁、易牙、开方三个人，他们固然是搅乱国家的人，但是任用他们的是齐桓公。众所周知，有了帝舜这才晓得流放共工等四个坏人；有了孔仲尼这才晓得除掉少正卯。那齐桓公是怎样的人呢？回想当年，使齐桓公能够信用这三个人的却是管仲啊！

管仲病重的时候，齐桓公询问他接替相位的人。在这个时候，我认为管仲应当用推举天下贤人的话来回答，可是他却只不过说竖刁、易牙、开方三个人的行为不近人情、不能信用罢了。唉！管仲认为只要他的一句话，桓公就真的能够不用那三个人了吗？管仲和桓公相处多少年了，也晓得桓公的为人了吧？桓公是个音乐在耳朵中不能停止，女色在眼睛里不能断绝的人，如果没有这三个人，就

管仲像，图出自《三才图会》。

没有什么办法满足他的欲望。起初他们不被重用的原因，只是有个管仲罢了，一旦没有了管仲，那么三个人就可以弹去帽子上的灰尘互相庆贺了。管仲认为自己快要死时说的话，可以束缚桓公的手脚吗？其实齐国不怕有这三个人，就怕没有管仲。有了管仲，这三个人不过是三个普通的人罢了。否则，天下像这三个人一样的人物难道还少吗？就是桓公幸而听信了管仲，杀掉这三个人，但是其余的那些人，管仲能够尽数除去他们吗？哎呀，管仲可以说是不懂得治本的了。假如乘桓公询问的时机，推荐国内的贤人来替代自己，那么管仲虽然死了，齐国却不能说没有管仲那样的人。为什么要怕这三个人呢，不说他们也行啊。

春秋五霸，没有比齐桓公、晋文公更强盛的了。晋文公的才能不超过齐桓公，他的臣子又都不及管仲。晋灵公残暴，不如齐孝公的宽大、忠厚。但是，晋文公死后，各国都不敢叛离晋国，晋国承袭文公留下的威力，还能够做各国的盟主一百多年。为什么呢？因为晋国的君主虽然不成才，但还有一些老成可靠的臣子在啊！桓公死后，齐国一败涂地，用不着疑惑，因为他只靠一个管仲，可是管仲已经死了。

天下从来不曾没有贤能的人，只有有贤能的臣子却没有英明的君主。桓公在世的时候，说天下不会再有管仲的话，我是不相信的。管仲的书里记载他在将要死的时候，评论鲍叔、宾胥无的为人，而且分别指明他们的短处。这是在他的心里认为这几个人都不足以托付治理国家的重任，而又预料到自己快要死亡，可见这部书荒诞无稽，不值得相信的。我看春秋时期的史鳝，因为不能劝卫灵公进用蘧伯玉、罢斥弥子瑕，所以有死后的规劝；汉朝的萧何，在他将要死的时候举荐曹参来代替自己。大臣的用心，本来应当这样啊。一个国家，可以因为一个人而兴旺，也可以因为一个人而灭亡。贤能的人不担心自己的身体死亡，却担心他的国家衰弱。所以，一定要再找一个贤能的继任者，然后才死去。那管仲，为什么不这样做就死去呢？

【赏析】

苏洵的《管仲论》先叙述了“管仲相威公，霸诸侯，攘夷狄”的不朽业绩，后述管仲死后竖刁等三佞乱政，五公子争位，“齐无宁岁”的灾祸，由此说明贤者死时不能推荐贤人代替自己位置，因而给小人以可乘之机，留下齐国内乱的祸根。在高度专权的封建社会，一个有影响的政治家的去世往往影响政局的稳定，作者提出荐贤自代的主张是有一定理由。但其认为是完全是由于管仲临死不能荐造成齐国内乱，并站不住脚，还没有认识到社会政治经济对内乱的影响，可见作者的局限性，不免有武断之弊病。满了嘲讽、责难的语气，以此收束全文，言辞冷峻，坚劲有力，令人叫绝。

这篇史论层层推进，笔笔挥洒，层层翻驳，文句得当警策，新意频出无尽。显示了苏洵严密的逻辑思维和独到见解。

清学者也对此作了评价："通篇总是责管仲不能临没荐贤。起伏照应，开阖抑扬。立论一层深一层，引证一段紧一段。似此卓识雄文，方能令古人心服。"（见［清］吴楚材、吴调侯《古文观止》卷十）

辨奸论

苏洵

【原文】

事有必至，理有固然[1]。惟天下之静者，乃能见微而知著[2]。月晕而风[3]，础润而雨[4]，人人知之。人事之推移，理势之相因[5]，其疏阔而难知[6]，变化而不可测者，孰与天地阴阳之事[7]，而贤者有不知。其故何也[8]？好恶乱其中[9]，而利害夺其外也[10]。

山涛像，图出自清·顾沅《古圣贤像传略》。

昔者，山巨源见王衍曰[11]：“误天下苍生者，必此人也!”郭汾阳见卢杞[12]，曰：“此人得志，吾子孙无遗类矣。”自今而言之，其理固有可见者。以吾观之，王衍之为人，容貌言语，固有以欺世而盗名者，然不忮不求[13]，与物浮沉，使晋无惠帝[14]，仅得中主[15]，虽衍百千[16]，何从而乱天下乎？卢杞之奸，固足以败国[17]，然而不学无文，容貌不足以动人，言语不足以眩世[18]，非德宗之鄙暗[19]，亦何从而用之？由是言之，二公之料二子[20]，亦容有未必然也[21]。

今有人口诵孔、老之言[22]，身履夷、齐之行[23]，收召好名之士、不得志之人，相与造作言语[24]，私立名字，以为颜渊、孟轲复出[25]，而阴贼险狠，与人异趣[26]，是王衍、卢杞合而为一人也，其祸岂可胜言哉[27]？

夫面垢不忘洗[28]，衣垢不忘烷[29]，此人之至情也。今也不然，衣臣虏之衣[30]，食犬彘[31]之食，囚首丧面[32]，而谈诗书[33]，此岂其情也哉[34]？凡事之不近人情者，鲜不为大奸慝[35]，竖刁、易牙、开方是也[36]。以盖世之名[37]，而济其未形之患[38]，虽有愿治之主，好贤之相，犹将举而用之，则其为天下患，必然而无疑者，非特二子之比也[39]！

孙子曰[40]："善用兵者，无赫赫之功[41]。"使斯人而不用也[42]，则吾言为过，而斯人有不遇之叹，孰知祸之至于此哉[43]？不然，天下将被其祸[44]，而吾获知言之名，悲夫[45]！

【注释】

①理有固然：道理有本来是这样的。固，本来。然，如此。

②乃：才。见微而知著：《韩非子·说林上》："圣人见微以知萌，见端以知末。"大意是：即从事物微小的变化当中预见到发展的趋势和结果。微，小，指刚露出一点苗头。著，明显。

③月晕而风：月亮周围出现光环就会刮风。晕，围绕日、月的光圈。风，刮风。

④础润而雨：柱子的基石潮湿了就会下雨。础，柱子下部的石礅。

⑤相因：互相转换。因，因循转换。

⑥疏阔：疏远，广阔。此指茫然捉摸不定。

⑦孰与：与……比，哪一个。

⑧其故何也：那是什么缘故呢？其，那。

⑨好恶（hào wù）：喜好和憎恶。中：内心深处。

⑩夺其外：动摇了他们的行为。夺，使之丧失，耽误。这里指动摇。指外在行为。

⑪昔者：从前。者，用在时间词的后面，表示……的时候。山巨源：晋人山涛，字巨源，晋河内怀县（今河南武陟县）人。曾任史部尚书等职。“竹林七贤”之一。王衍：字夷甫，晋琅琊临沂（今山东临沂）人，据《晋书》记载，王衍小时，山涛见到他，对人说：“以后贻害天下的，恐怕就是这个人”。

⑫郭汾阳：即郭子仪，唐华州郑县（今陕西华县）人。唐代著名将领，因平定安史之乱有功被封为汾阳王。卢杞：字子良，唐州灵昌（今河南滑县西南）人。唐德宗时任宰相，为人奸诈，残害忠良。据《新唐书》记载，郭子仪每次在家会见宾客时并不屏退婢妾。只有卢杞来见，郭子仪叫婢妾回避。有人问他是什么缘故？郭子仪回答说：卢杞外貌丑陋，内心险恶，婢妾见他一定要笑，他会怀恨在心，一旦他掌权，就会报复，把我全族人杀光。

⑬不忮（zhì）不求：不忌恨不苛求。忮，忌恨。

⑭使：倘使，假使。惠帝：名衷，晋武帝（司马炎）之子，性痴呆。290～306在位，历史上出名的昏庸而愚蠢的国君。

⑮中主：平庸的君主。

⑯虽：即便，就是，纵使。

⑰败国：使国家衰亡。

⑱眩（xuàn）世：迷惑世人。眩，迷惑。

⑲德宗：唐德宗李适（kuò）。鄙暗：鄙陋昏昧。

⑳二公：指山巨源和郭汾阳。二子：指卢杞和王衍。

㉑容：或许，可能。然：这样如此。

㉒孔、老：即孔子和老子。孔子：名丘，字仲尼。春秋时的思想家、教育家。老子：即李耳，字聃（dān），春秋时的思想家。

㉓身履：亲身实践。身，亲自。夷、齐：伯夷和叔齐。相传他们是孤竹国君的两个儿子，以相互让位不食周粟等行为受到后代儒家学者的推崇。

㉔相与：共同，一道。造作言语：制造舆论。

㉕颜渊：孔子的学生，名回。孟轲（kē）：战国时的思想家，字子舆。儒家著名代表人物之一。

㉖异趣：志趣不同。

㉗岂：难道。胜（shēng）：尽。哉：吗。

㉘垢（gòu）：肮脏。

㉙浣（huàn）：洗。

㉚衣（yì）臣虏之衣：穿囚犯穿的服饰。臣虏：俘虏。这里指被俘后拘禁起来的囚犯。

㉛食犬彘（zhì）之食：吃猪狗吃的食物。彘，猪。

㉜囚首：像犯人一样头发蓬乱。丧面：面孔像居丧守孝一样。

㉝诗书：即《诗经》和《尚书》。

㉞此岂其情也哉：这难道是人的真实性情吗？也哉，“也”和“哉”连用，表示反问之中带有感叹语气，相当于“吗”。

㉟鲜（xiǎn）：很少。奸慝（tè）：奸邪。慝，恶念。

㊱竖刁、易牙、开方：三人都是春秋时期齐恒公的佞臣。恒公死后，三人作乱，齐国由此衰落。

㊲以：凭借。盖世：（才能、功绩等）高出当代任何人。

㊳济：促成，助成。未形：没有形成。

㊴非特：不只。

⑩孙子：孙武，字长卿，春秋时齐国人，杰出的军事家。著有《孙子兵法》。

⑪赫赫：显著盛大的样子。

⑫斯人：这个人。斯，此，这。

⑬至于：到。

⑭被其祸：遭受他的祸害。

⑮夫（fú）：用在句尾，表示感叹语气。

【译解】

事情有必然会到这个地步的，道理有本来是这样的。只有天下有修养的人，才能够在事物微小而不明显的萌芽时期就知道它的发展趋势和明显的结果。月亮周围起了晕就会刮风，柱子的基石潮湿了就会下雨，这是人人都晓得的事情。人事的逐步变更，情势的互相因袭，那些迂阔难以知道的，变化不能测度的，哪里比得上天地阴阳的事情？可是贤能的人也有不知道的。那是什么缘故呢？是爱憎搅乱了他们的思想，利害动摇了他们的行为啊。

从前，山巨源见到王衍，就说："将来祸害天下百姓的一定是这个人。"郭汾阳见到卢杞，就说："这个人如果得意，我的子孙就会被他杀得一个不留。"根据今天的情况来谈，那道理本来是可以预见到的。按照我的看法，王衍的为人，外貌好，会说话，固然是蒙骗世人盗窃名誉的本钱，然而他不妒忌，不妄求，随着大流进退，倘使晋朝没有痴呆的惠帝，只是一个中等的君主，就是有成百上千的王衍，从哪儿下手来搅乱天下呢？卢杞的奸邪，固然足够断送一个国家，然而他不读圣贤书，没有文才，面容不能够使人动心，说话不能够迷惑世人，不是唐德宗的鄙陋昏庸，从哪一点看中他、信用他呢？从这些道理上说来，山巨源、郭汾阳对这两个人的预料，也可能未必会有这样的结果啊。

今天，有这样一个人，嘴里诵读孔子、老子的词句，亲身实践伯夷、叔齐的行为，招致一批好名气的士人或者不得意的人，共同制造谎言，暗地起名号，自以为是颜渊、孟轲再生；可是他阴险狠毒，和一般人有不同的旨趣。这是王衍、卢杞合并成为一个人，那将来的祸害难道还用细说吗？面孔肮脏了不忘擦洗，衣服龌龊了不忘洗涤，这是人之常情啊。如今他却不是如此，穿囚犯穿的衣服，吃猪狗吃的食品，像犯人那样的头发，像守孝那样的脸面，却大谈圣贤的经书，这难道是一个人的真实性情吗？一切行为不近人情的人，极少有不做大坏事的，竖刁、易牙、开方就是这样的人。凭借他的誉满天下的好名气，来促成他的还不曾形成的祸患。虽然有希望治好国家的君主，爱好罗致人才的宰相，还会提拔他，而且信用他，那么他将成为天下的祸患，肯定是这样而毫无疑问的，这就不是王衍、卢杞二人所能比拟的了。

孙子说："善于用兵的人，并没有显赫的功勋。"倘使这个人不被重用，那么我的话是错了，这个人就会有怀才不遇的感慨，谁知道祸害会到达这个地步呢？假如不是这样，那么天下人要蒙受他的祸害，我却能够博取有预见的名气，那就太可悲了！

【赏析】

据前人考证，是南宋道学家为攻击王安而假托苏洵之名而写的，但是其真伪，一直没有定论。文中对王安石进行丑化，反映了苏洵思想的局限性。但是就其艺术特色来说，却有许多地方可值得借鉴。

虽然本文从一个人的衣着、生活习惯的"不近人情"，就断定将来必为大奸，有点牵强附会，甚至毫无道理了。

但“见微知著”，从某些自然现象、社会现象来说，的确有一定道理。后人对这方面也作评价：“介甫名始盛时，老苏作《辨奸论》，讥其不近人情。厥后新法烦苛，流毒寰宇。见微知著，可为千古观人之法。”（见［清］吴楚材、吴调侯《古文观止》卷十）

心　术[1]

苏洵

【原文】

邓艾阴平凿险图，出自清·马骀《百将图传》。

为将之道，当先治心。泰山崩于前而色不变，麋鹿兴于左而目不瞬，然后可以制利害，可以待敌。凡兵上义，不义虽利勿动。非一动之为害[2]，而他日将有所不可措手足也[3]。夫惟义可以怒士，士以义怒，可与百战。

凡战之道，未战养其财，将战养其力，既战养其气，既胜养其心。谨烽燧，严斥堠，使耕者无所顾忌，所以养其财。丰犒而优游之，所以养其力。小胜益急，小挫益厉，所以养其气。用人不尽其所欲为，所以养其心。故士常蓄其怒，怀其欲而不尽。怒不尽则有余勇，欲不尽则有余贪，故虽并天下，而士不厌兵。此黄帝之所以七十战而兵不殆也。不养其心，一战而胜，不可用矣。

凡将欲智而严，凡士欲愚。智则不可测，严则不可犯，故士皆委己而听命，夫安得不愚。夫惟士愚，而后可与之皆死。凡兵之动，知敌之主，知敌之将，而后可以动于险。邓艾缒兵于蜀中，非刘禅之庸，则百万之师可以坐缚，彼固有所侮而动也。故古之贤将，能以兵尝敌，而又以敌自尝，故去就可以决。

凡主将之道，知理而后可以举兵，知势而后可以加兵，知节而后可以用兵。知理则不屈，知势则不沮，知节则不穷。见小利不动，见小患不避。小利不患，不足以辱我技也。夫然后有以支大利大患。夫惟养技而自爱者，无敌于天下。故一忍可以支百勇，一静可以制百动。

兵有长短，敌我一也。敢问吾之所长，吾出而用之，彼将不与吾校；吾之所短，吾蔽而置之，彼将强与吾角，奈何？曰：吾之所短，吾抗而暴之，使之疑而却；吾之所长，吾阴而养之，使之狎而堕其中，此用长短之术也。善用兵者，使之无所顾，有所恃；无所顾，则知死之不足惜；有所恃，则知不至于必败。尺棰当猛虎[④]，奋呼而操击；徒手遇蜥蜴，变色而却步，人之情也。知此者，可以将矣。袒裼而按剑[⑤]，则乌获不敢逼[⑥]。冠胄衣甲，据兵而寝，则童子弯弓杀之矣。故善用兵者以形固。夫能以形固，则力有余矣。

【注释】

①《权书》：权是秤砣，有了秤砣，可以用秤来称出物的轻重。《权书》是衡量事物是非的书，共十篇。《心术》是其中的第一篇。论为将之道的。当时宋朝和契丹战争，需要好的将军，所以谈到作为将军的道理。

②为害：《古文观止》作“为利害”，从《嘉祐集》改。

③措手足：安置手足，即指行动。

④棰：鞭子。

⑤袒裼：袒开外衣，露出上身。

⑥乌获：战国时代秦国的勇士。

【译解】

做大将的方法，应当首先锻炼和培养思想上的忍耐和镇定。如果泰山在你的面前突然倒下来，你也能够脸色不变；麋鹿在你的旁边忽然窜出来，你也能够眼睛不眨。只有这样，才能掌握和控制有利或不利的形势，才能对付任何敌人。

凡用兵，都应重视正义。假如正义不在我方即使有利也不要轻举妄动。并不是怕这一次行动会失败，而是怕将来会发生连手脚都不能安放的情况。只有正义，才能激励士兵，士兵被正义所激励，就可以百战不败。

大凡作战的方法，不曾开战的时候，应该积聚军用的物资；将要打仗的时候，应该积蓄部队的力量；已经交战的时候，应该鼓励士兵的勇气；战胜以后应该锻炼、培养全军的思想感情。谨慎地做好及时报警的工作，严密地做好侦察瞭望的工作，要使农民没有什么顾忌，安心耕种，这就是积聚军用物资的方法；丰厚地犒赏慰劳士兵，使他们得到空闲休息，这就是积蓄士兵力量的方法；取得了小胜利，更要抓紧教育士兵，受到了小挫折，更要激励他们，这就是鼓励士兵勇气的方法；用人时不全部满足他们的愿望，这就是锻炼培养部队思想感情的方法。所以，士兵们经常蕴蓄着怒气，怀抱着愿望却没有全部满足。怒气不完结就有多馀的勇气，愿望不能满足，就常有所求。因此，就是打遍整个天下，士兵们也不会厌恶战争。这就是黄帝打了七十次仗，部队却没有松劲情绪的原因啊。不去锻炼培养部队的思想感情，打一仗可能胜利，但是以后就不能再用了。

凡是大将，要机智而且威严，凡是士兵就要老实。机智，就不可以测度；威严，就不可以侵犯。所以士兵们都肯交出自己的生命来听从大将的命令，怎么能够不老实呢？正因为士兵们老实，这才能够同他们一道拼死作战。

凡是军队出去，必须了解敌方的首脑，了解敌方的大将，这才可以在险地进攻。邓艾在攻打蜀国时，用绳子拴住士兵，从山顶上送下去，如果不是刘禅的昏庸，纵然有一百万的军队，也可以使他们束手就缚；邓艾是了解敌方情况后才敢轻视他们而发动进攻的。所以，古代有本领的大将，能够用一部分兵力去试探敌方的情况，而且还能够利用敌人的进攻来发现我方的情况，所以撤退或是进攻，可以正确地决定。

做好主将的方法是，只有明白事理，才可以动员士兵；了解形势，才可以统率士兵；懂得调遣，才可以指挥士兵。因为明白事理，就不会多走弯路；了解形势，就不会丧失信心；懂得调遣，就不会穷于应付。看见小的利益不行动，看见小的困难不退避，因为小的利益和小的困难是不值得白费我的本事的。这样，才有可能应付、承受大的利益和大的困难。只有善于练就本领而且懂得自爱的人，才能在天下没有敌手。所以，一次忍耐可以抵当对手的多次猛攻，一次镇静可以制服对手的多次行动。

每个军队都有他的长处和短处，这是敌我双方一样的。请问：“我们擅长的，我们就发挥它，使用它，可是他们会不同我们较量；我们短缺的，我们就遮盖它，不用它，可是他们会强迫我们比试。怎么办？”我说：“我们短缺的，我们就径直地暴露它，使他们产生怀疑因而退却。我们擅长的，我们就暗暗地培养它，使他们产生轻慢心理因而落进我们设置的圈套当中。这就是使用长处和短处的方法。”

善于用兵的人，能够使部队没有顾忌，而有所依仗。如果没有了顾忌，就会晓得打仗牺牲是不值得可惜的；如果有了依仗，就会晓得作战不至于一定失败。手里拿着一根尺把长的木棍，一旦碰上猛虎，也会奋发高呼，动手打击；一个人空着手，突然遇到四脚蛇，也会吓得改变脸色，向后倒退。这是人之常情啊。明白这个道理的，就可以统率军队了。假如赤身露体举起剑来，那么即使是古代著名的大力士乌获也不敢逼近你。假如戴了盔，穿上甲，靠在武器上睡觉，那么只要一个孩子就可以拉开弓射杀你了。所以，善于用兵的人是利用有利形势来保存力量。能够利用有利形势来保存力量，他的力量就会无穷无尽了。

【赏析】

《权书》是苏洵的一组有军事的理论，共十篇，本文是其中一篇。本篇关于战争性质的论述，可以补兵法之不足，在军事理论史上是一个发展。作为用兵策论，本文强调“治心”，即将帅的军事素养，所以标题为“心术”。本文分别从治心、尚义、养士、智愚、料敌、审势、出奇、守备等八个方面阐述了战争的思想，其中包含着一些朴素的辩证法观点，但也有“怀其欲而不尽”、“士欲愚”之类的封建糟粕。

文章每节自成段落，独成一个内容，又有内在的联系，逻辑很严密。在句式上长短不一，顺其自然，显示了行文灵活性。

后人对于此文以极高的评价：“此文绝似《孙子·谋攻》篇而文采过之。自谓孙吴之简切，无不如意。诚非诱辞也。通篇逐段自为起讫，而层次自有浅深。盖由治心而养士，由养士而审势，由审势而出奇，由出奇而守备，逐段相生而下，不复不蔓也。至于名言硕论，络绎奔赴，熟之更足增长人智识。”（见［清］过珙《古文评注》卷七）

张益州画像记①

苏洵

【原文】

至和元年秋②，蜀人传言，有寇至边。边军夜呼，野无居人。妖言流闻，京师震惊③。方命择帅，天子曰："毋养乱④，毋助变。众言朋兴⑤，朕志自定⑥。外乱不足⑦，变且中起⑧。既不可以文令⑨，又不可以武竞⑩，惟朕一二大吏，孰为能处兹文武之间⑪，其命往抚朕师⑫？"乃推曰⑬："张公方平其人。"天子曰："然。"公以亲辞⑭，不可，遂行。冬十一月，至蜀。至之日，归屯军⑮，撤守备，使谓郡县⑯："寇来在吾，无尔劳苦⑰。"明年正月朔旦⑱，蜀人相庆如他日，遂以无事。又明年正月，相告留公像于净众寺⑲，

《唐诗画谱》插图

公不能禁。

眉阳苏洵言于众曰[20]："未乱易治也，既乱易治也。有乱之萌，无乱之形，是谓将乱。将乱难治，不可以有乱急，亦不可以无乱弛[21]。惟是元年之秋，如器之攲[22]，未坠于地。惟尔张公[23]，安坐于其旁，颜色不变[24]，徐起而正之[25]。既正，油然而退[26]，无矜容[27]。为天子牧小民不倦[28]，惟尔张公。尔繄以生[29]，惟尔父母。且公尝为我言[30]：'民无常性[31]，惟上所待。人皆曰：蜀人多变，于是待之以待盗贼之意，而绳之以绳盗贼之法[32]。重足屏息之民[33]，而以碪斧令[34]，于是民始忍以其父母妻子之所仰赖之身，而弃之于盗贼，故每每大乱。夫约之以礼[35]，驱之以法，惟蜀人为易。至于急之而生变[36]，虽齐鲁亦然[37]。吾以齐鲁待蜀人，而蜀人亦自以齐鲁之人待其身。若夫肆意于法律之外[38]，以威劫齐民[39]，吾不忍为也。'呜呼，爱蜀人之深，待蜀人之厚，自公而前，吾未始见也。"皆再拜稽首曰[40]："然。"

苏洵又曰："公之恩，在尔心；尔死，在尔子孙。其功业在史官，无以像为也。且公意不欲，如何?"皆曰："公则何事于斯[41]？虽然[42]，于我心有不释焉[43]。今夫平居闻一善[44]，必问其人之姓名，与其邻里之所在，以至于其长短小大美恶之状，甚者或诘其平生所嗜好[45]，以想见其为人。而史官亦书之于其传，意使天下之人，思之于心，则存之于目。存之于目，故其思之于心也固[46]。由此观之，像亦不为无助!"苏洵无以诘，遂为之记。

公南京人，为人慷慨有大节，以度量雄天下。天下有大事，公可属[47]。系之以诗曰："天子在祚[48]，岁在甲午[49]。西人传言[50]，有寇在垣[51]。庭有武臣[52]，谋夫如云。天子曰嘻[53]，命我张公。公来自东，旗纛舒舒[54]。西人聚观，于巷于涂[55]。谓公暨暨[56]，公来于于[57]。公谓西人：'安尔室家，无敢或讹[58]。讹言不祥，往即尔常[59]。春尔条桑[60]，秋尔涤场[61]。'西人稽首，公我父兄[62]。公在西囿[63]，草木骈骈[64]。公宴其僚，伐鼓渊渊[65]。西人来观，祝公万年。有女娟娟[66]，闺闼闲闲[67]。有童哇哇[68]，亦既能言。昔公未来，期汝弃捐[69]。禾麻芃芃[70]，仓庾崇崇[71]。嗟我妇子[72]，乐此岁丰。公在朝廷，天子股肱[73]。天子曰归，公敢不承？作堂严严[74]，有庑有庭[75]。公像在中，朝服冠缨[76]。西人相告，无敢逸荒[77]。公归京师，公像在堂。"

【注释】

①张益州：名咏，字方平，自号乐全居士，北宋南京（今河南商丘县）人。官至参知政事。

②至和元年：公元 1054 年。至和：宋仁宗赵祯的年号。

③妖言：怪诞不经的流言。流闻：流传。京师：京城，京都。指北宋国都汴梁（今河南开封市）。

④毋养乱：不要酿成祸乱。毋，不要，别。

⑤朋兴：群起。朋：一齐，同时。

⑥朕（zhèn）：皇帝自称。

⑦外乱不足：边境骚乱不能得到平息。外：外部。这里指边境地区。

⑧变且中起：事变将要在内地发生。中：内，里。此处之意指内地。

⑨文令：文教政令（感化）。

⑩武竞：以武力和他竞争。

⑪孰：谁，哪一个。兹：这。

⑫其：用在谓语前面，表示命令语气。抚：抚慰。

⑬乃：于是，就。推：推举。

⑭以亲辞：用侍奉双亲的理由来推脱。

⑮归屯军：归，使动用法。使……归。屯军：驻防的军队。

⑯使谓郡县：差人对所属郡县的县官说。使谓，即“使使谓”。

⑰无尔劳苦：不用劳苦你们。尔，你们。

⑱正月朔旦：正月初一。朔：农历每月的初一。

⑲净众寺：又名万福寺（今在四川成都西北处）。

⑳眉阳苏洵：苏洵是眉州眉山（今四川眉山县）人。于：对，向。

㉑弛（chí）：松懈。

㉒攲（qí）：，倾斜，歪。

㉓惟：用于句首，表示对事物的限定。

㉔颜色：脸色。

㉕徐：缓慢，慢慢地。正：使……正。

㉖油然：温谨而自然的样子。退：退下，坐下来。

㉗无矜（jīn）容：没有居功骄傲自满的表情。

㉘牧：治理，管理。古代统治者蔑视人民，把统治人民比做放牧。

㉙繄（yī）：是。以生：即“以之生”，依靠他生存。之，指代张公。

㉚为：对，向。言：说。

㉛常性：固定不变的规律。

㉜绳：原是木工取直用的墨线，这里用如动词，借指按一定的标准去衡量。

㉝重（chóng）足：迭足而立，形容十分害怕，不敢迈步前进。屏（bǐng）息：形容由于恐惧而不敢喘气。

㉞以椹（zhēn）斧令：用刑具命令他们，使他们畏惧而服从。椹：古代刑具，即铡刀下面的砧板。

㉟夫（fú）：发语词，用于句首，引起下文议论。约之以礼：即“以礼约之”。

㊱急：使……急，逼迫。这里是使动用法。

㊲虽：即使。齐、鲁：指山东省一带，由于是孔子的故乡，号称“礼义之邦”。这里指中原一带文明地区。然：这样，如此。

㊳若夫：起连接上文的作用，有“至于”的意思。

㊴齐民：使人民统一。

㊵稽（qǐ）首：古代的一种跪拜礼。稽，叩头至地。

㊶则：同“乃”，表承接关系，语气比“乃”急促。何事于斯：为何如此。于，对。斯，这。

㊷虽然：虽然这样，那么。

㊸释：放下，心安的意思。

㊹平居：日常生活。

㊺诘（jié）：追问，进一步深问。

㊻也：用在句中，表示语气的停顿，以引起下文。固：牢固，不会忘记。

㊼属（zhǔ）：通“嘱”嘱咐。

㊽祚（zuò）：皇位。

㊾岁：岁星。古代用它来纪年。甲午：甲午年，即宋仁宗至和元年（1054）。

㊿西人：蜀人，指四川人。蜀在我国西部，也在宋时京城汴梁之西。

51垣（yuán）：城墙。这里指边境。

52庭：通“廷”。朝廷。

53嘻（xī）：叹词，表称选的声音。

54纛（dào）：古代军队或仪仗队的大旗。舒舒：形容旗帜飘扬的样子。

55于：在。涂：通“途”，道路。

56暨（jì）：果敢刚柔的样子。

57于于：行动沉着舒缓的样子。

58或：作语助词，无义。讹（é）：流言。

59往即尔常：要去做你们平常该做的事情。

60条桑：修剪树枝。

61涤（dí）场：清扫谷地。

62公我父兄：即“公乃我父兄”。乃，是。

63西囿（yòu）：蜀地的园林。囿，畜养禽兽的园地。

64骈（pián）骈：草木茂盛的样子。

65伐：敲击。渊渊：鼓声。

66娟娟：姣好的样子。

67闺（guī）闼（tà）：即闺房，旧时指女子居住的地方。闲闲：从容自得的样子。

68哇哇：象声词，小儿学语声。

69弃捐：抛弃，舍弃。

70禾麻：泛指农作物。芃（péng）芃：茂密的样子。

71仓庾（gǔ）：露天的粮仓。崇崇：高大。

72嗟（jiē）：赞叹。

73股肱（gōng）：大腿和手臂从肘至肩的部分。比喻帝王左右辅助得力的大臣。

74作：建造。严严：严肃庄重的样子。

75庑（wǔ）：厅堂周的廊屋。

76朝服：古时君臣上朝拜见皇帝时所穿的衣服。冠缨：戴帽子系帽带。

77逸荒：安逸荒废。

【译解】

至和元年的秋天，四川人传言：有强盗到边境上来了。边防军夜里惊呼起来，郊外也没有居民了；怪诞不经的邪说流传，连京城里也震动惊骇起来。朝堂上正在下令选择元帅，皇帝说：“不要酿成祸乱，也不要助成变故！虽然很多谣言一齐出现，但朕的主意已经拿定。边地骚乱不能够解决，事变将会在内地发生。这事既不可以用文的办法命令阻止，又不可以用武的办法出兵镇压，只要朕的一两个大臣。谁能处理这种文与武之间的事情，就派他去安抚朕的军队。”于是大家公推说：“张公方平就是这样的人。”皇帝说：“对。”张公因家中父母年老推辞，皇帝不允许，张公就奉命出行。这年冬天的十一月，张公到达四川。到达的那天，张公就命令戍守的部队回原来的驻地，撤去防御设施，派人告诉所属州县的长官：“强盗打来，责任在我，不用你们辛苦。”第二年正月初一早晨，四川百姓互相贺年就像往年一样，终于因此太平无事。又过了一年的正月里，四川百姓互相商议，要求在净众寺里留下张公画像作为纪念，张公不能禁止。

眉阳苏洵向大众说道：“不曾乱起来是容易处理的，已经乱起来也是容易处理的。有骚乱的苗头，没有骚乱的实迹，这叫做将要骚乱。将要骚乱是难以处理的，既不能因为有骚乱的苗头就急躁，也不能因为没有骚乱的实迹就松弛。在那至和元年的秋天，四川地方如同器物倾斜了还不曾落到地上，幸而是你们的张公镇静地坐在它的旁边，脸色不变，慢慢地把它扶起来放正。放正以后，自然而然地退下来，没有骄傲的神色。替皇帝管理百姓，不知疲倦，只有你们的张公。你们靠着他保全了生命，他就是你们的父母。而且张公曾经对我说过：‘人是没有固定的性情的，只是看上面的官府对待他们怎样罢了。人们都说四川人多变，这样，就用对待盗贼的想法去对待他们，用约束盗贼的法律去约束他们。那些迭着脚不敢走路，憋住气不敢开口的百姓，却用酷刑去役使他们。这样，百姓才下狠心把他们的父母妻儿所倚赖的身体，丢弃在盗贼的队伍，所以常常发生大乱。如果用礼教来约束他们，用法令来役使他们，四川的百姓是容易管理的。至于逼得他们走投无路因而发生变乱，即使中原地区的百姓也是如此的。我用对待中原地区百姓的办法对待四川百姓，四川百姓也就会用中原地区百姓作榜样来对待他们自身。至于用法律以外的毫无顾忌地为所欲为，来威胁平民，我是不忍这样做的。'唉！爱怜四川百姓这样的深情，对待四川百姓这样的厚道，在张公以前，我还从来不曾看见过呀。"大众都一再磕头说："是这样。"

苏洵又说："张公的恩德，铭记在你们的心上，将来你们死了，就铭记在你们子孙的心上。他的功勋事业载在史官作的史书上，没有留下画像的必要啊。而且张公的意思认为不要这样做。你们看怎么办？"大众都说："张公对这件事哪里会赞成？虽然如此，但是我们心上是放不下它的。现在如果有人在日常生活中听到了一件好事，一定要打听那个做好事的人的姓名和他乡里的所在地，甚至要打听他的个子是高还是矮，身体瘦小还是肥大，面容美好还是丑恶；更深入的，可能会打听他的平生的嗜好，以想向他的为人。史官也会在他的传里记载他的事迹，用意是使天下的人都能在心里思念着他的为人，在眼里看到他的事迹。由于在眼里能够看到他的事迹，所以在心里的思念也就不会消失。从这看来，留下画像，对百姓也不是没有帮助的。"苏洵没有什么话可驳，就写了这篇记。

张公是南京人，为人慷慨，有高尚的气节，以度量宽宏称为天下第一。如果天下发生大事，张公是可以托付的。苏洵写好《记》以后，再写了一首诗附在它的后面说：皇帝在位，岁星在甲午的那一年，四川百姓传说，强盗在边地作乱。朝廷有不少武将，谋士多得像云层那样。皇帝说："嘻！派张公去。"张公从京城出来，大旗飘扬，四川百姓聚集观看，有的在小巷里，有的在大街上。称赞张公态度果敢坚决，行动从容自得。张公晓喻四川百姓："你们要安静地住在家里，不要随便听信或者制造谣言，听信或者制造谣言是对你们不利的。你们要去做平时该做的事情，例如春天你们就去修剪桑枝，秋天你们就去打扫场地准备收获。”四川百姓叩头行礼说：“张公就是我们的父兄。”张公驻节在西园，那里的草木长得很茂盛。张公宴请他的僚属，打鼓的声音渊渊地很平和。四川百姓来观看，祝愿张公长寿。娇美的姑娘们，住在闺房里从容自得；哇哇叫唤的孩子，也已经能够学说话。从前张公还没有来的时候，人们猜想你们要丧失生命了。如今四川地方庄稼茂密，仓库里粮食堆积得很高很高。好极了！我们这里，包括妇女和孩子，全都为有这样的好年景而欢乐。可是，张公在朝堂上，是皇帝得力的大臣。皇帝叫他回去，张公怎敢不服从？于是四川百姓为了纪念张公，建筑了一座生祠，严肃庄重，有廊屋，有厅堂。张公的画像悬挂在堂中，穿朝服，系冠带。四川百姓相互告诫：不敢贪图安逸，荒废事业。张公回到京城去了，张公的画像留在生祠里。

【赏析】

《张益州画像记》是苏洵杂记体，记叙文的代表作。本文记叙了张方平处理益州军民的功绩，极力赞扬张方平处变不惊，以仁爱待人，恰当地平息了一次可能发生的动乱。表现了张方平对人民的爱护和表达了益州人民怀念他的感情，从而论述画像的必要。对于本文的写作特点，前人评述如下：前叙事，后议论。叙事古劲，而议论许多斡旋回护，尤高。末一段，写像处说不必有像，而亦不可无像。三四转折，殊为深妙。系诗一结，更见风雅遗音。（见［清］吴楚材、吴调侯《古文观止》卷之十）

刑赏忠厚之至论

苏轼

【原文】

尧、舜、禹、汤、文、武、成、康之际，何其爱民之深，忧民之切，而待天下以君子长者之道也！有一善，从而赏之，又从而咏歌嗟叹之；[①]所以乐其始，而勉其终。有一不善，从而罚之，又从而哀矜惩创之[②]，所以弃其旧，而开其新。故其“吁”“俞”之声[③]，欢忻惨戚，见于虞、夏、商、周之书[④]。成、康既没，穆王立，而周道始衰；然犹命其臣吕侯而告之以祥刑。其言忧而不伤，威而不怒，慈爱而能断，恻然有哀怜无辜之心，故孔子犹有取焉。

苏轼像，图出自明·天然撰《历代古人像赞》。

《传》曰：“赏疑从与，

所以广恩也；罚疑从去，所以慎刑也。”当尧之时，皋陶为士。将杀人，皋陶曰“杀之”，三。尧曰“宥之”，三。故天下畏皋陶执法之坚，而乐尧用刑之宽。四岳曰：“鲧可用。”尧曰：“不可，鲧方命圮族。”⑤既而曰：“试之。”何尧之不听皋陶之杀人，而从四岳之用鲧也？然则圣人之意，盖亦可见矣。《书》曰：“罪疑惟轻，功疑惟重。与其杀不辜，宁失不经。”呜呼！尽之矣！

可以赏，可以无赏，赏之过乎仁；可以罚，可以无罚，罚之过乎义⑥。过乎仁，不失为君子；过乎义，则流而入于忍人。故仁可过也，义不可过也。古者赏不以爵禄，刑不以刀锯。赏以爵禄，是赏之道行于爵禄之所加，而不行于爵禄之所不加也；刑之以刀锯，是刑之威施于刀锯之所及，而不施于刀锯之所不及也。先生知天下之善不胜赏，而爵禄不足以劝也；知天下之恶不胜刑，而刀锯不足以裁也⑦，是故疑则举而归之于仁⑧。以君子长者之道待天下，使天下相率而归于君子长者之道，故曰：忠厚之至也。

《诗》曰：“君子如祉，知庶遄已；君子如怒，乱庶遄沮。”⑨夫君子之已乱，岂有异术哉？时其喜怒，而无失乎仁而已矣。《春秋》之义⑩，立法贵严，而责人贵宽，因其褒贬之义，以制赏罚，亦忠厚之至也。

【注释】

①咏歌嗟叹：歌唱赞叹。

②哀矜：怜悯。惩创：处罚。

③吁：表示不以为然。俞：表示赞许、应允。

④虞、商、周之书：即《尚书》。

⑤鲧方命圮族：鲧违弃命令而残害同类。鲧：帝禹之父，被四岳推举，奉尧命治水。未成，被舜杀死于羽山。方命，违命。

⑥过乎义：意为苛责。

⑦裁：制裁，惩处。

⑧举而归之于仁：一律用仁厚的精神办理。举：一律，全部。

⑨“《诗》曰”四句：意为君子如果给福于贤人，祸乱将很快可以结束；君子如果怒责小人，祸乱将不流行而很快被制止。祉：给人以福，遄速。沮：被阻止。

⑩《春秋》之义：孔子作《春秋》的大义。指孔子《春秋》中对人和事褒贬的原则。

【译解】

唐尧、虞舜、夏禹、商汤和周文王、武王、成王、康王的时候，为什么爱护百姓那样的深厚，关心百姓那样的恳切，拿君子长者的忠厚之道来对待天下呢！人们做了一件好事，跟着就是奖赏他，再跟着就是歌唱他，赞美他，这是欣赏他的开头，勉励他坚持到底。人们做了一件坏事，跟着就是责备他，再跟着就是哀怜惩戒他，这是要求他抛弃过去，开创新的生活。所以那些表示不同意或者同意的声音，喜悦欢乐、悲伤、忧愁的感情，在虞、夏、商、周的书里经常出现。成王、康王死后，穆王继承了王位，周朝开始衰落。但是他还嘱咐他的大臣吕侯作《吕刑》，告诫他谨慎地使用刑罚。他的话忧愁却不悲伤，威严却不恼怒，慈爱却能够决断，有哀怜无罪者的心意，所以孔子还说《吕刑》有可取之处。

《传》说：“对被奖赏的对象有怀疑，应该从宽给与奖赏。”这是扩大恩德的方法。“对被责罚的对象有怀疑，应该从宽免除刑罚。”这是慎用刑罚的方法。在唐尧的时候，皋陶做刑官，将要处决犯人，皋陶说了三次“杀掉他。”帝尧说了三次“赦免他。”所以天下人怕皋陶执法的坚决，欢迎帝尧量刑的宽大。四岳说：“鲧可以用。”帝尧说：“不行，鲧常常违抗命令，毁灭同族。”过了一会儿又说：“试试他吧！”为什么帝尧不听从皋陶杀人的意见，却听从四岳用鲧的建议呢？那么，圣人的意思大概可以看出来了。《书经》说：“对罪行有疑惑，只能从轻；对赏功有疑惑，只能偏重。与其杀死一个无罪的人，宁可不杀，而犯不按成法的错误。”唉！这几句话完全说到家了。

可以奖赏，可以不奖赏，奖赏他是过分宽厚；可以处罚，可以不处罚，处罚他是过分严厉。过分宽厚，还不失为品德好的人；过分严厉，就会归到狠心肠一类的人。所以宽厚是可以过头些的，严厉却不可以过头。

从前，奖赏不用爵位和俸禄，刑罚不用刀和锯。奖赏人用爵位和俸禄，这样，奖赏的方法只是在爵位和俸禄给予的范围内实行；而在爵位和俸禄不给予的范围内就不实行；惩罚人用刀和锯，这样，惩罚的威力只是在刀和锯达得到的范围内实行，而在刀和锯达不到的范围内就不实行。过去的帝王知道天下人做的好事很多，赏不胜赏，而爵位和俸禄也是不够用来勉励的；知道天下人做的坏事也很多，罚不胜罚，而刀和锯也是不够用来制止的。因此，产生了怀疑的时候，就把它拿来按照仁的标准去处理，用君子长者的忠厚之道去对待天下百姓，使天下百姓都遵循并趋向君子长者忠厚之道。所以说这是忠厚到了极点了啊。

《诗经》说：“君子如果欢喜，祸乱差不多快要停止了。”“君子如果恼怒，祸乱差不多快要完结了。”君子制止祸乱，难道有什么特异的方法吗？不过适时表现他的欢喜或者恼怒而且不丢掉仁爱罢了。《春秋》一书的主旨，确定法制贵在严肃，责罚人却贵在宽厚。根据那褒贬的意义来制定赏罚的标准及其方法，也是忠厚到极点啊。

【赏析】

《刑赏忠厚之至论》是苏轼参加进士考试的论文。本文初步阐明了苏轼平生遵循的以仁政治国思想，即“以君子长者之道待天下，使天下相率而归于君子长者之道”的主张，具体内容就是要赏罚分明，宁可错赏而不可错罚，同时也主张以“君子长者之道”风化天下，才称得上“忠厚之至”。这是对儒家“重赏轻罚”“仁政”主张的宣扬，举例准确，论述有力，语言明快，因而得到了当时的主考官、古文运动领袖欧阳修的赏识。

清人储欣也对此文作了很高的评价：“风气将开，拔此大才，以扫荡廓清之烈，欧阳公力也”。

范增论

苏轼

【原文】

西楚霸王项羽像，图出自清·上官周绘《晚笑堂画传》。

汉用陈平计，间疏楚君臣[①]。项羽疑范增与汉有私，稍夺其权。增大怒，曰："天下事大定矣，君王自为之。愿赐骸骨，归卒伍。"归未至彭城，疽发背死[②]。苏子曰：增之去[③]，善矣！不去，羽必杀增。独恨其不早耳。然则当以何事去[④]？增劝羽杀沛公，羽不听，终以此失天下[⑤]。当于是去耶？曰：否。增之欲杀沛公，人臣之分也[⑥]；羽之不杀，犹有君人之度也[⑦]。增曷为以此去哉[⑧]！《易》曰："知几其神乎[⑨]？"《诗》曰："相彼雨雪，先集维霰[⑩]。"增之去，当于羽杀卿子冠军时也[11]。陈涉之得民也，以项燕、扶苏[12]；项氏之兴也，以立楚怀王孙心[13]。而诸侯叛之也，以弑义帝[14]。且义帝之立，增为谋主矣。义帝之存亡，岂独为楚之盛衰，亦增之所与同祸福也。未有义帝亡而增独能久存者也。羽之杀卿子冠军也，是弑义帝之兆也[15]。其弑义帝，则疑增之本也。岂必待陈平哉？物必先腐也，而后虫生之；人必先疑也，而后谗人之。陈平虽智，安能间无疑之主哉？

吾尝论义帝，天下之贤主也。独遣沛公入关，而不遣项羽[16]，识卿子冠军于稠人之中[17]而擢以为上将[18]，不贤而能如是乎？羽既矫杀卿子冠军[19]，义帝必不能堪，非羽弑帝，则帝杀羽，不待智者而后知也。增始劝项梁立义帝，诸侯以此服从，中道而弑之，非增之意也，夫岂独非其意，将必力争而不听也。不用其言，而杀其所立[20]，羽之疑增，必自是始矣。方羽杀卿子冠军，增与羽比肩而事义帝[21]，君臣之分未定也。为增计者，力能诛羽则诛之，不能则去之，岂不毅然大丈夫也哉！增年已七十，合则留[22]，不合则去，不以此时明去就之分[23]，而欲依羽以成功名，陋矣[24]！虽然，增，高帝之所畏也。增不去，项羽不亡。呜呼！增亦人杰也哉！

【注释】

①“汉用陈平计”二句：公元前 204 年，项羽与范增围攻荥(xuíng)阳（今河南荥阳县），刘邦使用离间计：“项王使者来，为太牢具，举欲进之。见使者，佯惊愕曰：‘吾以为亚父使者，乃反项王使者！’更持去，以恶食食项王使者。使者归，报项王。项王乃疑范增与汉有私，稍夺之权。”语出《史记·项羽本纪》。陈平：原为楚项部下，后投靠刘邦，为刘得力谋臣。间疏：离间，疏远。楚君臣：指项羽和范增。

②“增大怒”七句：引自《史记·项羽本纪》。愿赐骸骨：恳请准

予辞官回家。骸骨：指身体。归卒伍：返乡。彭城：古县名，今江苏徐州市。疽（jū）：毒疮。

③去：离去。指范增辞官归乡之事。

④然则：既然如此，那么。

⑤“增劝羽杀沛公”三句：在鸿门宴上，范增劝项羽杀掉刘邦，但项羽不听，反让刘邦逃走，范增气愤地说：“唉！竖子不足与谋。夺项王天下者，必沛公也，吾属今为之虏矣！”事见《史记·项羽本纪》。

⑥人臣：臣下。分：本分。

⑦君人：君王。度：度量。

⑧曷：通“何”。曷为：何为，为何。

⑨知几：预知事物之几微。

⑩“相彼雨雪”二句：引文出自《诗经·小雅·頍弁》。集：落下。霰：雪珠。

⑪卿子冠军：指宋义卿子为尊称。《史记·项羽本纪》：“（楚怀）王召宋义与计事而大悦之，因置以为上将军；项羽为鲁公，为次将；范增为末将；救赵。诸别将皆属宋义，号为卿子冠军。”冠军：上将。

⑫“陈涉之得民”二句：陈胜、吴广起义之初，曾用项燕的旗号来吸引民众参加。事见《史记·陈涉世家》。扶苏：秦始皇长子，秦始皇死后为秦二世所杀。项燕：战国末楚之名将，项羽的祖父。

⑬“项氏之兴”二句：项梁、项羽起义时，范增为之献计，立战国时楚怀王的孙子熊心为王，亦称怀王，以号召南方人民。事见《史记·项羽本纪》。

⑭以弑义帝：因为杀害了义帝。公元前 206 年，项羽尊怀王为义帝，但不久却暗中将他杀死。怀王死后，次年，刘邦以此号召各诸侯国讨伐项羽。

⑮“羽之杀卿子冠军”二句：项羽擅自杀掉怀王信任的宋义，说

明他不把怀王（义帝）放在眼里。

⑯独遣沛公入关：关：函谷关。公元前 207 年，项羽欲与刘邦争着人关，攻战关中要地。此事为怀王众部下反对，最后怀王决定独派刘邦入关。事见《史记·高祖本纪》。

⑰稠（chóu）人：众人。

⑱擢（zhuó）：提拔。

⑲矫：假托。这里指假借奉怀王的命令。

⑳所立：指怀王（义帝）。

㉑比肩：并肩。指项羽、范增同时义帝臣子。

㉒合：指政治主张相同。

㉓去就：离开或留下。

㉔陋：见识浅薄。

【译解】

汉王用了陈平的计策，离间疏远楚国的君臣。项羽疑心范增跟汉王有秘密关系，渐渐地夺去他的权柄。范增大为恼火，说：“天下的事情已经定局了，君王自己去治理它吧！希望赏给我一具完整的尸骨退伍回去。”范增回家乡去，还没有到彭城，背上的恶疮溃散，就此死去。

《全汉志传》版画之项梁拜范增为军师图

苏子说：范增的离开是完全正确的。假使范增不离开，项羽一定会杀死他；只不过恨他不早些离开罢了。那么范增应当借什么事情离开呢？范增曾经劝项羽杀掉刘邦，项羽不听，终于因此失去天下，应该在这时候离开吗？我说：不对！范增要杀刘邦，是臣子的本分；项羽不杀刘邦，还有君主的宽宏度量。范增为什么要借这件事离开呢？《易经》上说："能够从极微小的苗头知道事物的变化，这大概就是所谓神明吧！"《诗经》上说："看那快要下大雪的时候，先落下来的是一阵小雪珠。"范增的离开，应当是在项羽杀卿子冠军宋义的时候。

陈涉得到百姓的拥护，是因为假托自己的部队是项燕和公子扶苏的部队。项家的发迹，是因为拥立了楚怀王的孙子熊心——义帝；诸侯背叛项羽，是因为他谋害了义帝。再说，义帝的拥立，范增是定计的首要人物；义帝的生存或者死亡，难道仅仅是楚国的兴旺或者衰败吗？也是同范增的祸福相关联的。没有义帝死了，范增却独独能长久生存的情理。项羽杀宋义，是谋害义帝的预兆。他谋害义帝，就是疑心范增的根子。难道一定要等待陈平用计吗？东西一定要先腐烂，蛆虫这才能生出来；人一定要先有疑心，诽谤的话才能听进去。陈平虽然聪明机智，怎么能够离间没有疑心的君主呢？

我曾经评论过义帝，认为他是天下贤明的君主。他单派刘邦进函谷关攻咸阳，不派项羽；在许多人的中间赏识宋义，把他提拔起来做大将。不贤明能够这样吗？项羽既然假造义帝命令杀死宋义，义帝必定不能忍受。在这样的情况下，不是项羽杀死义帝，就是义帝杀死项羽，用不着等待聪明的人也能知道的啊。范增起初劝项梁拥立义帝，各国侯王因此服从；中途杀掉他，决不是范增的意思。这不但不是他的意思，而且一定经过力争却得不到项羽的听从啊。不听从他的话，杀掉他建议拥立的义帝，项羽的怀疑范增一定是从这个时候开始的。

当项羽杀死宋义时，范增和项羽肩并肩侍奉义帝，君臣的名分还没有确定。替范增设想，这时的力量上能够杀掉项羽，就杀掉他；不能够，就离开他。岂不是一位坚定果断的大人物吗？范增年纪已经七十，假使同项羽合得来就留下，合不来就离开，不在这个时候明白地作出离开或者留下的抉择，却想依附项羽来成就自己的功名，见识太浅薄了！

虽然这样，但他毕竟是刘邦畏惧的人。范增不离开，项羽不会灭亡。哎哟！范增也算是英雄豪杰了啊！

【赏析】

范增（公元前277～前204年），项羽谋士，居鄛（今安徽桐城南）人。先后为项梁、项羽的重要谋士，被项羽尊为亚父。

本文通过项羽中刘邦反间计，疏远范增，范增最后愤而离去这件事而引申发挥，认为范增早被项羽怀疑，早该离开项羽，甚至于可为义帝早早杀了项羽，而不应幼稚地可以依靠项羽来成就自己的功名而范增不明此点，可谓见识短浅。作为史论，本文认识独特，颇有惊人之论，似有翻案之笔。

作者评论古人，不作偏颇之语，而能从历史角度分析，作全面之论，故有较强说服力。

对与此文谢枋得作如下评价："此是东坡海外文字，一句一字增减不得，句句有法，字字尽心。后生只熟读暗记此一篇，义理融明，音律谐和，下笔作论，必惊世绝俗。此论最好处在方羽杀卿子冠军时，增与羽比肩事义帝一段，当与《晁错论》并观。"

留侯论

苏轼

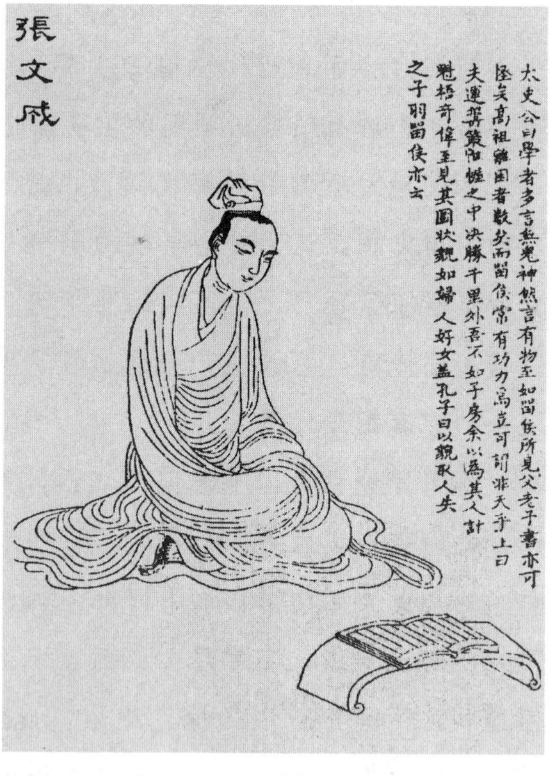

留侯张良像，图出自清·上官周绘《晚笑堂画传》。

【原文】

古之所谓豪杰之士，必有过人之节。人情有所不能忍者。匹夫见辱[①]，拔剑而起，挺身而斗，此不足为勇也。天下有大勇者，卒然临之而不惊[②]，无故加之而不怒，此其所挟持者甚大[③]，而其志甚远也。

夫子房受书于圯上之老人也，其事甚怪[④]。然亦安知其非秦之世有隐君子者[⑤]，出而试之？观其所以微见其意者，皆圣贤相与警戒之义，而世不察，以为鬼物[⑥]，亦已过矣。且其意不在书。当韩之亡，秦之方盛也，以刀锯鼎镬待天下之士[⑦]，其平居无事夷灭者[⑧]，不可胜数，虽有贲、育[⑨]，无所获施[⑩]。夫持法太急者，其锋不可犯，而其势未可乘[11]。子房不忍忿忿之心，以匹夫之力，而逞于一击之间[12]。当此之时，子房之不死者，其间不能容发[13]，盖亦危矣。千金之子[14]，不死于盗贼[15]，何哉？其身可爱，而盗贼之不足以死也[16]。子房以盖世之才，不为伊尹、太公之谋[17]，而特出于荆轲、聂政之计[18]，以侥幸于不死，此圯上老人所为深惜者也。是故倨傲鲜腆而深折之[19]，彼其能有所忍也，然后可以就大事，故曰："孺子可教也。"

楚庄王伐郑，郑伯肉袒牵羊以迎，庄王曰："其主能下人，必能信用其民矣。"遂舍之[20]。勾践之困于会稽，而归臣妾于吴者，三年而不倦[21]。且夫有报人之志，而不能下人者，是匹夫之刚也。夫老人者，以为子房才有余而忧其度量之不足，故深折其少年刚锐之气，使之忍小忿而就大谋。何则？非有生平之素[22]，卒然相遇于草野之间，而命以仆妾之役[23]，油然而不怪者[24]，此固秦皇之所不能惊，而项籍之所不能怒也。

观夫高祖之所以胜，项籍之所以败者，在能忍与不能忍之间而已矣。项籍唯不能忍，是以百战百胜，而轻用其锋[25]；高祖忍之，养其全锋而待其弊[26]，此子房教之也。当淮阴破齐而欲自王，高祖发怒，见于词色[27]。由此观之，犹有刚强不忍之气，非子房其谁全之[28]？

太史公疑子房以为魁梧奇伟，而其状貌乃如妇人女子，不称其志气[29]。呜呼！此其所以为子房欤！

【注释】

①匹夫：平常人。见辱：受到侮辱。

②卒然：突然。卒，通"猝"。

③所挟持者甚大：指胸怀广阔，志意高远。挟持，志向。

④子房：张良，字子房。汉高祖刘邦重要谋臣，因辅助刘邦建立

汉朝有功，封留侯。受书：接受兵书。书，指《太公兵法》。圯（yí）上：桥上。老人：指黄石公。《史记·留侯世家》："良尝闲从容步游下邳圯上，有一老父，衣褐，至良所，直堕其履圯下。顾谓良曰：'孺子，下取履！'良愕然，欲殴之；为其老，强忍，下取履。父曰：'履我！'良业为取履，因长跪履之。父以足受，笑而去。"后老父约见张良于桥上，张良两次迟到，受到老父的责备。第三次张良"夜未半"即往，老父喜，送他一部书，说："读此则为王者师矣。后十年兴，十三年孺子见我济北谷城，山下黄石即我矣。"说完，老父即离去。次日张良"视其书"，才知道是《太公兵法》。

⑤隐君子：隐居的高士。指圯上老人。

⑥以为鬼物：王充《论衡·自然》："或曰……张良游泗水之上，遇黄石公，授太公书。盖天佐汉诛秦，故命令神石为鬼书授人。"

⑦刀锯鼎镬（huò）句：指秦王残杀成性，以刀锯杀人，以鼎镬烹人。

⑧夷灭：灭族。

⑨贲（bēn）、育：孟贲、夏育，古代著名勇士。

⑩无所复施：无法施展本领。

⑪其势未可乘：指形势有利于秦，还没有可乘之机。《孟子·公孙丑上》："齐人有言曰：'虽有智，不如乘势'"。

⑫"一击"句：《史记·留侯世家》载"秦灭韩"，张良"悉以家财求客刺秦王，为韩报仇……得力士，为铁椎重百二十斤。秦皇帝东游，良与客狙击秦皇帝博浪沙中，误中副车。秦皇帝大怒，大索天下，求贼甚急，为张良故也。"

⑬其间不能容发：当中差不了一根毛发。比喻情势危急。

⑭千金之子：旧社会用以称富贵人家的子弟。

⑮不死于盗贼：不会死在和贼的拼搏上。

⑯不足以死：不值得因之而死。

⑰伊尹太公之谋：谓安邦定国之谋。伊尹辅佐汤建立商朝。吕尚（即太公望）是周武王的开国大臣。

⑱荆轲聂政之计：指行刺之下策。见《史记·刺客列传》。

⑲鲜腆（tiǎn）：没有礼貌。

⑳“楚庄王伐郑”六句：楚庄王攻克郑国后，郑伯屈服。楚庄王认为他能管好国家，便释放了他，并退兵，与郑议和。事见《左传》。肉袒：袒衣露体。

㉑“勾践之困于会稽”三句：《左传》哀公元年：“吴王夫差败越于夫椒，报槜李（越军曾击败吴军于此）也。遂入越。越王（勾践）以甲楯五千，保于会稽（山），使大夫种因吴太宰嚭以行成。……越及吴平。”《国语·越语下》载勾践“令大夫种守于国，与范蠡入宦于吴：三年而吴人遣之。”归臣妾于吴，谓投降吴国为其臣妾。

㉒非有生平之素：也称素昧平生（向来不熟悉）。

㉓仆妾之役：指“取履”事。

㉔油然：盛兴样子。此谓尊敬之意油然而生。

㉕轻用其锋：轻率地损耗自己的力量。

㉖弊：疲困，衰败。

㉗“当淮阴破齐”三句：《史记·淮阴侯列传》：汉四年，韩信破齐，向刘邦请封“假王”，“当是时，楚方急围汉王于荥阳，韩信使者至，发书，汉王大怒，骂曰：‘吾困于此，旦暮望若来佐我，乃欲自立为王！’”张良赶紧提醒他不能得罪韩信。刘邦顿悟，便封韩信为齐王以收买人心。

㉘非子房其谁全之：如果不是张良，谁又能来保护他呢？

㉙“太史公疑子房以为魁梧奇伟”二句：《史记·留侯世家》：“太史公曰：‘余以为其人计魁梧奇伟，至见其图，状貌如妇人好女。’”不

称：不相当。

【译解】

古时候所说的英雄人物，一定有超过平常人的气度，能忍受人之常情中那些不能忍受的事情。一个人被侮辱，拔剑奋起，挺身争斗，这不能够算勇敢。天下有一种非常勇敢的人，祸难突然临头也不吃惊，无缘无故逼迫他也不动怒，这是因为他怀抱很伟大的理想，他立下的志愿很深远啊。

张子房在桥上的老人手里接受兵书，那件事很奇怪。然而，怎么知道不是秦朝的时候有个隐居的君子出来考验他呢？看老人用来略微显露他的心思的语言，都是圣人、贤人须要共同警惕的道理。可是世上的人不明白，认为他是鬼怪，也太错误了！而且他的本意并不在兵书上面。在韩国灭亡、秦国正强盛的时候，秦国用了非常残酷的刑罚来对待天下的读书人。那些平时闭门家里坐却无缘无故遭到杀戮的，多得数也数不清。当时即使有大力士孟贲、夏育，也没有办法能够施展一下身手。一般说，执法太严峻的国家，它的锋芒是不能触犯的，而且它的势头也是不可利用的。张子房忍受不住愤怒的心情，靠一个人的力量，妄想在一椎打击之下称心如愿。在这个时候，张子房的生与死的距离，那中间简直不能容纳一根头发，也太危险了！俗话说，富贵人家的子弟不肯死在盗贼手里。为什么呢？因为他们觉得自己的生命很可爱，在盗贼手里是不值得死的。张子房凭着盖世的才能，不去考虑伊尹、太公的治世大谋，仅仅作出荆轲、聂政的暗杀下策，在死亡的边沿企图侥幸成功。这是圯上老人替他深深地惋惜的啊。因此，用傲慢羞辱的方法来重重地折服他。他如果能够有耐性，这才可以成就大事业。所以说："这个年轻人还可以教育。"

从前楚庄王攻打郑国，郑伯赤身露体、手里牵着羊来迎降。楚庄王说："郑国的君主能够忍耐，对人谦逊，必定能够信任使用他的臣民啊！"就放弃了占领郑国的念头。越王勾践在会稽山被困以后，归降吴国，同夫人一道去吴国做臣妾，经历三年也不倦怠。如果一个人有复仇的志愿，却不能暂时向仇人低头服小，这是普通人的所谓坚强勇敢。那个圯上老人，认为张子房才能有余，可就是担心他的度量不够，所以重重地磨去他的青年人的刚强锐利之气，使他能够忍住小怒去完成伟大的计划。为什么这样说呢？因为一个同他并没多年交好的人，突然在荒野之间相遇，却把奴仆婢妾的工作叫他去干，他能自然地不感到惊疑，这样的人当然是秦始皇不能使他惊恐、项籍不能使他恼怒的了。

看来，汉高祖胜利的原因，项籍失败的根由，不过在能够忍耐和不能够忍耐之间罢了。项籍只因为不能够忍耐，所以百战百胜，轻率地使用他的锋芒——精锐力量。汉高祖能够忍住性子，保养他的全部锋芒——精锐力量，来等待对方的衰弱，这是张子房教他的啊。当韩信打败齐国想要自己做齐王的时候，汉高祖非常恼火，怒气在说话和脸色上全都显现出来了。从这看来，汉高祖还有刚强不能忍耐的气度，不是张子房，谁能够成全他呢？

太史公怀疑张子房，原以为他魁梧奇伟，可是看他的画像却如同妇人女子，跟他的志向、气度不相称。唉！这大概就是张子房所以成为张子房的原因吧！

【赏析】

这是一篇立意新奇的翻案之作。作者并没有对留侯张良作全面评价，而是抓住人物的某一方面引申发挥，表达自己的独特见解。认为论张良成功的最大原因在于他放弃了以一击刺秦王的匹夫之勇，而接受了圯上老人的考验、警诫，"小忍而就大谋"，不仅成就了自己的功名，并因此而影响了高祖，遂成帝王大业。

虽然本文见解独到颇有道理，故过份强调了忍。“一篇纲目在“忍”字”。（吕祖谦语）今天看来，有其一定历史局限性。

清人林运铭对此文作了评价：“此篇以“忍小忿而成大谋”一句，发由黄石授书之意。虽未必合于当日事情，但能忍不能忍之间，实为刘、项成败之案。说得中窾。且以黄石为秦之隐君子，卓识不刊。可唤醒世人狂惑。文字之佳，又其余事耳。”

贾谊论

苏轼

【原文】

非才之难，所以自用者实难[1]。惜乎！贾生王者之佐[2]，而不能用自其才也。

夫君子之所取者远[3]，则必有所待；所就者大，则必有所忍。古之贤人，皆负可致之才[4]，而卒不能行其万一者[5]，未必皆其时君之罪[6]，或者其自取也。

汉初名臣周勃像，图出自清·顾沅辑《古圣贤像传略》。

愚观贾生之论，如其所言，虽三代何以远过[7]？得君如汉文[8]，犹且以不用死[9]。然则是天下无尧舜，终不可有所为耶[10]？仲尼圣人[11]，历试于天下[12]，苟非大无道之国[13]，皆欲勉强扶持，庶几一日得行其道[14]。将之荆，先之以冉有，申之以子夏[15]。君子之欲得其君，如此其勤也。

孟子去齐，三宿而后出昼[16]，犹曰："王其庶几召我。"君子之不忍弃其君，如此其厚也。公孙丑问曰："夫子何为不豫？"孟子曰："方今天下，舍我其谁哉？而吾何为不豫[17]？"君之爱其身，如此其至也。夫如此而不用，然后知天下果不足与有为，而可以无憾矣。若贾生者，非汉文之不能用生，生之不能用汉文也。

夫绛侯亲握天子玺而授之文帝[18]，灌婴连兵数十万[19]，以决刘吕之雌雄[20]，又皆高帝之旧将，此其君臣相得之分，岂特父子骨肉手足哉[21]？贾生，洛阳之少年，欲使其一朝之间，尽弃其旧而谋其新，亦已难矣[22]。而贾生者，上得其君，下得其大臣，如绛灌之属，优游浸渍而深交之[23]，使天子不疑，大臣不忌，然后举天下而唯吾之所欲为，不过十年，可以得志。安有立谈之间，而遽为人痛哭哉[24]！观其过湘为赋以吊屈原[25]，萦纡郁闷[26]，趯然有远举之志[27]。其后卒以自伤哭泣，至于夭绝[28]，是亦不善处穷者也。夫谋之一不见用，则安知终不复用也。不知默默以待其变，而自残至此。呜呼！贾生志大而量小[29]，才有余而识不足也。

古之人，有高世之才，必有遗俗之累[30]。是故非聪明睿智不惑之主[31]，则不能全其用。古今称苻坚得王猛于草茅之中，一朝尽斥其旧臣而与之谋[32]。彼其匹夫略有天下之半，其以此哉[33]！愚深悲生之志，故备论之。亦使人君得如贾生之臣，则知其有狷介之操[34]，一不见用，则忧伤病沮[35]，不能复振，而为贾生者，亦谨其所发哉[36]！

【注释】

①"非才"句：人人有才并不难，如何发挥出来才实在难。

②贾生：即贾谊。西汉初年政治家，文学家，洛阳人。生为古代对读书人的通称。

③所取者：所求取的东西，指功绩。远：远大。

④致：达到。

⑤卒：终于。

⑥时君：当时的君主。

⑦虽：即使。三代：指夏、商、周。远过：胜过，超过。

⑧汉文：汉文帝刘恒。公元前180年至157年在位。

⑨以不用死：因为不被皇帝重用忧闷而死。

⑩然则：既然如此，那么。为：作为。

⑪仲尼：即孔子，名丘，字仲尼。鲁国曲阜（今山东曲阜）人。儒家学派的创始者。

⑫历试于天下：指孔子为了推行自己的政治主张而周游列国。

⑬苟非：除非，如果不是。苟，如果。

⑭庶几一日：庶几，表示可能和期望。

⑮“将之”句：语出《礼记·檀弓上》。引文与原文有出入。之荆：到楚国。荆，楚国的别称。冉有：孔子的学生。子夏：姓卜名商，也是孔子的学生。孔子到楚国去之前，他先派冉有去表明自己的意思，又派子夏去重申这个意思。

⑯“孟子”句：事见《孟子·公孙丑下》孟子见齐王不采其主张，便辞去在齐国的官职，但其却在齐国的临淄停留了三天，等待齐王改悔，重新召他回去。三宿（xiù）：三个夜晚。昼：地名，在今山东省临淄县。

⑰“公孙”句：《孟子·公孙丑下》：孟子去齐，充虞（孟子的弟子）路问曰：“夫子若有不豫色然。前日虞闻诸夫子曰：‘君子不怨天，不尤人。’”曰：“……夫天未欲平治天下也，如欲平治天下，当今之世，舍我其谁也？吾何为不豫哉？”公孙丑：孟子学生。豫：喜悦。其：同“岂”，哪还有。

⑱“夫绛侯”句：汉文帝刘恒，初封代王，周勃平定诸吕叛乱，

率群臣拥立代王为天子。《史记·孝文本记》："代王驰至渭桥，群臣拜谒称臣。代王下车拜。……太尉（周勃）乃跪上天子玺符。"绛侯：即周勃，封绛侯。其事见《史记·绛侯周勃世家》。

⑲灌婴：睢阳（今河南商丘）人。封颍阴侯。连兵数十万：事见《史记·灌婴列传》："太后崩，吕禄等以赵王自置为将军，军长安，为乱。齐哀王（刘襄）闻之，举兵西，且入诛不当为王者。上将军吕禄等闻之，乃遣婴为大将，将军往击之。婴行至荥阳，乃与绛侯等谋，因屯兵荥阳，风齐王以诛吕氏事，齐兵止不前。绛侯等既诛诸吕，齐王罢兵归，婴亦罢兵自荥阳归，与绛侯、陈平共立代王为孝文皇帝。孝文皇帝于是益封婴三千户，赐黄金千斤，拜为太尉。"

⑳雌雄：胜负。

㉑"岂特"句：难道只是父子、兄弟等骨肉之情吗？指绛、灌等旧臣同皇帝的关系比父子、兄弟还亲。特：只。

㉒"贾生"句：贾谊的资历、威望比绛、灌差得很远。他想要短期内便改革旧法，推行他的新主张，是很困难的。

㉓优游：从容不迫的样子。浸渍：逐渐渗透。

㉔遽（jù）为人痛哭哉：贾谊《治安策序》："臣窃惟事势，可为痛哭者一，可为流涕者二，可为长太息者六。"遽，突然。

㉕"过湘为赋"句：贾谊因受排挤贬为长沙王太傅，"贾生既辞往行，闻长沙卑湿，自以寿不得长，又以谪去，意不自得。及渡湘水，为赋以吊屈原。"（《史记·屈原贾生列传》）

㉖萦（yíng）纡（yū）：曲折盘绕。此处比喻心绪烦乱，不安宁。

㉗趯（yuè）然：跳跃的样子。远举：高飞，此指"隐退"。

㉘"其后"句：文帝封贾谊为梁怀王太傅，怀王堕马而死，贾谊伤心而死。

㉙量：器量，胸怀。

㉚遗俗：不合时宜，见弃于人。累：忧虑。

㉛智：智慧通达。

㉜“古今”句：苻坚：晋时前秦皇帝。王猛：字景略，少年倜傥有大志，隐居华山，后被苻坚重用，官至丞相。草茅：比喻在野。斥：贬退。旧臣：指仇腾、席宝等人。

㉝“彼其”句：匹夫，指苻坚。略：夺取。天下之半；苻坚在三七〇年灭前燕，三七六年灭前凉，灭代，统一了北方，与东晋对抗。

㉞狷介：孤高，洁身自好。

㉟病沮（jǔ）：困败，颓丧。

㊱发：发言。这里泛指立身处世，即所谓“自用其才”。

【译解】

并不是具有才能难，而是自己怎样使用自己的才能的确很难。可惜呀！贾生有宰相的才能，却不善于使用自己的才能。

贾谊像

一个有本领的人追求的目标深远，就必须有所等待；要干的事业伟大，就必须有所忍耐。古时候的贤人都有能够成就功业的才能，但是有些人终究不能施展他的才能的万分之一，这不一定都是当时的君主的过失，也可能是他自己招致的。

我看贾生的议论，照他说的去做，即使是夏、商、周三朝，有什么来远远地超过他的设想呢？碰到的君主象汉文帝那样贤明，尚且因为得不到重用忧郁而死，那么，是不是天下没有尧、舜，就始终不能有所作为呢？孔仲尼是个圣人，还在天下各国中一个一个地去尝试；如果不是极其无道的国家，都想勉强扶植，希望也许有一天能够实现他的政治主张。他将要到楚国去，先叫冉求去了解情况，再叫卜子夏去进一步了解情况。君子想得到他可以辅助的君主，是这样地辛勤呀。孟子离开齐国时，在临淄地住了三夜才走，还说："大王也许要召我回去吧！"君子不忍抛弃他的君主，感情是这样地深厚呀。公孙丑问道："老师为什么不快活？"孟子说："当今天下能够治理好国家的人，除了我还有谁呢？我为什么不快活？"君子爱惜他自身，是这样地得当呀。做到这样还不被君主信用，这才知道天下的君主果真不能够跟他们有所作为，回去隐居，那就可以没有遗憾了。像贾谊这个人，并非汉文帝不能用他，而是他不能效力于汉文帝。绛侯是亲手拿皇帝玉玺把它交给汉文帝的；灌婴是联合了几十万军队，来决定刘、吕两姓胜败的，又都是汉高祖的旧时将领。这样，他们君臣之间相互交好的情分，难道仅仅是像父子兄弟之间那样的骨肉关系吗？贾生不过是一个洛阳地方的年轻人，想使汉文帝在一天之间，完全抛弃他的旧人，来请教自己这个新人，也太困难了。作

玉玺

为贾生，应该设法在上面获得皇帝的信任，在下面获得那些大臣——象绛侯、灌婴这类人的称赞，从容悠闲地逐渐深入地同他们交往，使皇帝不疑心，大臣不猜忌，这样，才能使整个国家只听从他的安排，自己就可以为所欲为，不超过十年，就可以如愿。怎么能在谈话才开始的很短时间内，迫不及待地向人家痛哭呢？看他后来过湘水时，写了一篇赋去悼念屈原，文章纡回曲折地抒发了郁闷的心情，急切地有远走高飞的意思。打那以来，终于因为自己过度悲伤，经常哭泣，弄到短命死去，这也是个不善于应付恶劣环境的人啊。计谋一次不被采纳，怎么就知道始终不再被采纳呢？不知道沉着地去等待事态的变化发展，却自己摧残自己到这个地步。唉！贾生志愿宏大，可惜气量狭小；才能有馀，可惜见识不足啊。

古代人如果有了高出世人的才能，就必定有鄙弃世俗的毛病。因此，不是聪明智慧不受蒙蔽的君主，就不能充分地使用他。从古到今，人们盛赞苻坚能在乡下平民之中识拔王猛，一下子全部罢斥了那些原来的大臣，去同他商议国家大事。苻坚是个普通的人，却占有天下一半的地方，可能就因为这个缘故吧！我深深地悲伤贾生志愿的不能实现，所以详细地评论他，好使君主碰到了像贾生那样的臣子，知道他有洁身自好的情操，如果一次不被任用，就会忧愁悲哀，走下坡路，不能再振作；而像贾生那样的人，也应当谨慎对待自己的所做所为啊！

【赏析】

这是嘉祐元年（1061年），苏轼应制科考试所献二十五篇《进论》之一。贾谊（前200～前268），西汉政论家、文学家。洛阳人，世称贾生。本文一反常人认为贾谊不得志主要是汉文帝不能用人的成论，认为贾谊不为汉文帝重用，是自己“志大而量小”，才有余而力不足，而希图一次谋划就被重用，郁闷早逝。作者深致惋惜之意。作者论贾谊，一是告诫有志之士应胸怀开阔，学会等待和利用时机，从而实现自己的抱负；二在提醒为人君者对贾谊这样的人重用。

本文论述贾谊一生造成悲剧的原因，归结到他不能自用其才，不能“忍”和“待”，是有一定道理的。另一方面也是由于当时环境所造成的。所以作者认识不免有一定局限性。对此我们应用批判的眼光对待。

晁错论

苏轼

【原文】

天下之患，最不可为者[①]，名为治平无事，而其实有不测之忧。坐观其变而不为之所[②]，则恐至于不可救；起而强为之[③]，则天下狃于治平之安而不吾信[④]。惟仁人君子豪杰之士，为能出身为天下犯大难[⑤]，以求成大功[⑥]。此固非勉强期月之间，而苟以求名之所能也[⑦]。

周亚夫像，图出自清·顾沅辑《古圣贤像传略》。

天下治平，无故而发大难之端[⑧]，吾发之，吾能收之[⑨]，然后有辞于天下[⑩]。事至而循循焉欲去之[⑪]，使他人任其责，则天下之祸，必集于我。昔者晁错尽忠为汉，谋弱山东之诸侯。山东诸侯并起，以诛错为名；

而天子不之察，以错为之说[12]。天下悲错之以忠而受祸，不知错有以取之也[13]。

古之立大事者，不惟有超世之才，亦必有坚忍不拔之志。昔禹之治水，凿龙门，决大河，而放之海。方其功之未成也，盖亦有溃冒冲突可畏之患[14]。惟能前知其当然[15]，事至不惧，而徐为之图[16]，是以得至于成功。夫以七国之强而骤削之，其为变岂足怪哉[17]！错不于此时捐其身[18]，为天下当大难之冲[19]，而制吴楚之命[20]，乃为自全之计[21]，欲使天子自将而己居守[22]。且夫发七国之难者谁乎？己欲求其名，安所逃其患？以自将之至危，与居守之至安[23]，己为难首，择其至安，而遗天子以其至危：此忠臣义士所以愤怨而不平者也。当此之时，虽无袁盎[24]，错亦未免于祸。何者？己欲居守，而使人主自将，以情而言[25]，天子固已难之矣[26]！而重违其议[27]，是以袁盎之说，得行于其间。使吴楚反，错以身任其危[28]，日夜淬砺[29]，东向而待之[30]，使不至于累其君。则天子将恃之以为无恐[31]，虽有百盎，可得而间哉？

嗟夫！世之君子欲求非常之功，则无务为自全之计。使错自将而讨吴楚，未必无功。惟其欲自固其身，而天子不悦，奸臣得以乘其隙。错之所以自全者，乃其所以自祸欤[32]？

【注释】

①不可为者：难以做到。

②变：发生，发展。所：处理。

③强为之：勉强去处理。

④狃（niǔ）：习惯。不吾信：不相信我。

⑤出身：挺身而出。犯大难：力挽狂澜的意思。

⑥成：创立，创建。

⑦期（jī）月：一周月。苟：苟且，马虎。求名；求名之人。

⑧发：触发。端：开端。

⑨收：收束，平定。

⑩有辞于天下：有理由去说服全国人民。

⑪循循焉：依次序，顺利地。去：离开，避开。

⑫“晁错尽忠为汉”六句：《汉书·爰盎晁错传》载，西汉景帝时，御史大夫晁错为景帝提出“削藩”之计。以加强中央政权。吴王濞联合胶东王等七国起兵叛乱。并以“清君侧”为口号。景帝措手无策，听信袁盎谗言，杀晁错以求息兵。但七国仍不肯罢兵。

⑬错有以取之也：晁错遭杀有咎由自取的原因。

⑭溃：崩溃，决堤。冒：涨溢。

⑮前知：预知。当然：必定（发生）。

⑯徐：从容地。图：安排。

⑰其：它，指七国。为变：发生变乱。

⑱捐其身：献出自己的生命。

⑲当：承当。冲：冲击。

⑳制吴楚之命：置吴楚等国于死地。

㉑自全：保全自己。

㉒自将：亲自带兵打仗。居守：留守后方。

㉓至危：最危险的事。至安：最平安稳当的事。

㉔袁盎：即爰盎西汉大臣。七国之乱时，他乘机进谗，促使景帝杀害了晁错。事见《汉书·爰盎晁错传》。

㉕情：指人之常情。

㉖难之：为率军出征一事感到为难。

㉗重违其议：又为违背他（晁错）的建议而感到为难。

㉘以身任其危：自己首当其冲。

㉙淬（chuì）砺：此指整顿操练部队。

㉚东向：吴楚七国叛军在西汉都城长安之东。

㉛恃之：依靠他（晁错）。

㉜所以自祸：自取祸害的原因。

【译解】

天下的祸患，最不能处理好的，是表面上太平无事，其实有着不能料到的隐患。坐着看它的变化而不替它想办法，就怕弄到不能挽救。假使起来勉强处理它，那么天下人对于当时表面上太平的安乐已经习以为常，因而不相信我。只有那些讲仁义的有大本领的杰出的人，才能够挺身而出，为天下人冒大危险，来力争完成大事业。这本来不是勉强在短时间内随便地追求名气的人能够做到的事情。天下表面上太平，无缘无故地去开一个大危险的头。如果是我开的头，我就要能够收拾它，这才对天下人有话可解释。如果是我开了头以后事情弄到头上，却退避，想离开它，让别人担负那个责任，那么天下的祸事一定会集中到我身上。

过去，晁错竭尽忠诚替汉朝办事，想法削弱山东的诸侯王。山东的诸侯王一齐起兵反叛，拿杀晁错作为幌子。景帝不了解晁错的忠心，却听信袁盎的话，用杀死晁错的办法去向诸侯王解释。天下的人可怜晁错因为尽忠报国而蒙受灾祸，不晓得晁错有自己招祸的原因呀。

古代的建立大功业的人，不仅有超出世上一般人的才能，也一定有坚忍不拔的志气。从前夏禹治理洪水，开凿龙门，疏通黄河，放洪水流入大海。当他的功业还没有完成的时候，可能也有发生洪水旁决、上冒、横冲直撞等可怕的祸事。只因为他能够预先知道洪水应该会这样，事到临头就不惊慌失措，慢慢地给出现的情况想办法，因此，能够得到成功。七国是那样的强大，急促地削减他们的土地，他们起来叛变，难道值得奇怪吗？晁错不在这个时候豁出自己的生命，替天下人挡住大祸的要冲，控制吴、楚七国的命运，竟然作出了自己保全自己的打算，要使景帝亲自领兵打仗，自己却留下来保守京城。试问，那引起七国叛乱的是谁呢？自己要追求那个好名气，又怎么能够逃避它所引起的祸事呢？拿亲自领兵打仗的极其危险的事情，同留下来保守京城的极其安全的事情相比，自己是个祸首，选择那极其安全的事情去做，却把极其危险的事情留给景帝去做，这是忠臣义士所以愤怒、怨恨而不平的原因啊。这个时候，即使没有袁盎，晁错也不可能免于被杀。为什么呢？自己要想留下来保守京城，却使皇帝亲自领兵打仗；按情理而论，景帝本来已经为这件事感到难受了，可是又难于反对他的建议，因此袁盎的坏话能够在他们君臣之间顺利进行。倘使吴、楚七国反叛时，晁错能够豁出生命来担当那艰危的重任，日日夜夜刻苦办事，对东方严密戒备，等待吴、楚七国的叛军的到来，使之不至于牵累自己的君主，那么，汉景帝将会依靠他而不感到七国叛乱这件事有什么可怕的。这样，纵使有很多袁盎，能够进行离间吗？

唉！世上的有大本领的人想要博取异乎寻常的功业，那就一定不要专作自己保全自己的打算。倘使晁错亲自领兵去讨伐吴、楚七国，不一定就不成功。正因为他想自己牢牢地保全他的生命，因而皇帝不高兴，奸臣能够趁这个空隙进行离间。晁错的自己保全自己的方法，就是他的招来祸事的原因吧！

【赏析】

晁错（前 200～前 154 年），西汉政治家。颍川（郡治今河南禹县）人。初从张恢研究申不害、商鞅的法治学说。景帝时为御史大夫。在七诸侯国以诛晁错为名叛乱时，为袁盎所谮，被杀。本文在总结晁错削蕃失败的原因时，对晁错之被杀，是惋惜的，但他认为被杀的根本原因一反历史常态不是袁盎进谗，而是咎由自取。为什么呢，作者紧紧抓住当景帝举兵平定七国之乱时，晁错欲使天子率兵讨伐而自己留守这件事进行分析，说明欲“自全”正是“自祸”的原因，它既使天子为难，亦使袁盎有机可乘。

对于此文吴楚材也作了总结：“此篇先立冒头，然后入事，又是一格。晁错之死，人多叹息，然未有说出被杀之由者。东坡之论，发前人所未发，有写错罪状处，有代错画策处，有为错致惜处，英雄失足，千古兴嗟。任大事者，尚其思坚忍不拔之义哉。”

卷十一　宋文

上梅直讲书

苏轼

【原文】

苏轼像，图选自清·上官周绘《晚笑堂画传》。

轼每读《诗》至《鸱鸮》①，读《书》至《君奭》②，常窃悲周公之不遇。及观《史》③，见孔子厄于陈、蔡之间，而弦歌之声不绝。颜渊、仲由之徒，相与问答。夫子曰："'匪兕匪虎，率彼旷野④。吾道非邪，吾何为于此？"颜渊曰："夫子之道至大，故天下莫能容；虽然，不容何病？不容然后见君子。"夫子油然而笑曰："回，使尔多财，吾为尔宰。"夫子天下虽不能容，而其徒自足以相乐如此。乃今知周公之富贵，有不如夫子之贫贱。夫以召公之贤，以管、蔡之亲、而不知其心，则周公谁与乐其富贵?[5]而夫子之所与共贫贱者，皆天下之贤才，则亦足与乐乎此矣。

轼七八岁时，始知读书。闻今天下有欧阳公者，其为人如古孟轲、韩愈之徒；而又有梅公者，从之游，而与之上下其议论。其后益壮，始能读其文词，想见其为人，意其飘然脱去世俗之乐，而自乐其乐也。方学为对偶声律之文[6]，求升斗之禄[7]，自度无以进见于诸公之间。来京师逾年，未尝窥其门。今年春，天下之士，群至于礼部，执事与欧阳公实亲试之，轼不自意，获在第二。既而闻之人，执事爱其文，以为有孟轲之风，而欧阳公亦以其能不为世俗之文也而取焉。是以在此，非左右为之先容，非亲旧为之请属，而向之十余年间，闻其名而不得见者，一朝为知己。退而思之，人不可以苟富贵，亦不可以徒贫贱[8]，有大贤焉而为其徒，则亦足恃矣。苟其侥一时之幸，从车骑数十人，使闾巷小民聚观而赞叹之，亦何以易此乐也!

《传》曰："不怨天，不尤人。"[9]盖"优哉游哉，可以卒岁。"执事名满天下，而位不过五品，其容色温然而不怒，其文章宽厚敦朴而无怨言，此必有所乐乎斯道也。轼愿与闻焉[10]。

【注释】

①《鸱鸮》：《诗·豳风》篇名。鸱鸮，即鸱鸺，猫头鹰。《毛诗序》说："《鸱鸮》，周公救乱也。成王未知周公之志，公乃为诗为遗王，名之曰《邸鸮》焉。诗托鸟言志，诉说其处境的艰难。苏轼此处也本《毛诗序》之意。

②《君奭》：《尚书·周书》篇书。奭：召公名，君：尊称。

③《史》：指《史记》卷四十七《孔子世家》。

④匪兕匪虎，率彼旷野：原诗谓身非野兽却行于旷野。孔子引用以叹息自己不得安居。兕：青野牛。率：沿，循。

⑤“夫以召公之贤”四句：意思说周公虽富贵，但处境孤立，不被人理解，富贵之乐没有人相共。

⑥方学为对偶声律之文：正在学着作近体诗文律赋等作品。是当时应进士考试的文体。对偶：修辞学上辞格之一，用两句字数、词性相同，句法相似的语句表现相反或相关的意思。声律：诗歌辞赋规定的音韵格律。

⑦升斗之禄：指微薄俸禄。

⑧苟富贵：贪求富贵。徒贫贱：只是追求贫贱。

⑨“《传》曰”以下二名：《传》，指《论语》。尤：责怪。

⑩与闻：得到了解。

【译解】

我每次读《诗经》读到《鸱鸮》章，读《书经》读到《君奭》篇，常常暗地里为周公的碰不到知心人而悲伤。等到阅读历史书，看见孔子在陈、蔡二国时被困，但弹琴、唱歌的声音不断；还跟颜渊、仲由这班学生互相问答。孔子说：“不是犀牛，不是老虎，却在那旷野里奔走，是我推行的道不对吗？我为什么落到这种地步？”颜渊说：“老师要推行的道极其远大，所以天下不能容纳；虽然这样，不能容纳有什么妨害呢？不能容纳才显得您是个有才德的人。”孔子自然而然地笑起来，说：“回，假使您发了财，我就做你的家臣。”天下的国君虽然都不能接受孔子推行的道，他和他的学生却能够自己感到满足，这样的互相和乐。这才知道周公的富贵，有不及孔子贫贱的地方。凭召公那样的贤能，凭管叔、蔡叔那样的亲近，却不能了解周公的心思，那么周公跟谁一道享受那富贵呢？孔子和跟他共处贫贱的，都是天下的贤才，那么，在这方面也就足够快乐的了。

我七、八岁的时候，才懂得读书。听说现在天下有个欧阳公，他的为人好像古时的孟轲、韩愈这一班人；又有一个梅公，跟他交游，而且同他议论古今。以后，年纪渐渐大了，才能读到他们的文章，仿佛看到他们的为人，想必他们是潇洒地脱离世俗的乐趣而自得其乐的。刚刚学做诗赋，希望获得些少的利禄，自己估量没有机会可以进见诸公。来京城已经超过一年，从来不曾登门拜见。今年春，天下读书人成群结队地到礼部应试，您和欧阳公亲自

颜渊

主持考试。自己不曾料到，录取在第二。不久听说，您喜爱我的文章，以为有孟轲的风格，欧阳公也因为我能够不写世俗崇尚的文章而录取我。因为在录取我这件事上，并不是你们左右的人替我先行介绍，也不是亲戚朋友代我请托。过去十多年中只闻名而不能见面，一旦之间成为知己。退一步想想这件事，我认为人是不能够苟且地获得富贵的，也不可能白白地贫贱的，有大贤人而去做他的学生，也就足够依靠了。如果在一旦之间侥幸取得了富贵，后边跟着几十个坐车骑马的侍从，使里弄小百姓聚集观看他，而且赞美他，又怎么能够换取这种乐趣呢？解说经义的书上说得好："不怨上天，不怪别人"；"从容悠闲，自得其乐，也能够度过所有的年月。"您名气充满天下，官阶却不过五品；您的脸色温和，一点不露怒容；您的文章宽阔、深厚、诚实、质朴，一点没有怨恨的话。这一定有乐于此道的道理。我希望听听。

【赏析】

这是一篇叙士遇知己之乐的文章，苏轼二十一岁应进士第写《刑赏忠厚之至论》欧阳修，梅尧臣对这篇文章非常赞赏。作者在信中以孔子行圣贤之道之乐来衬托自己得欧、梅赏识而成为知己之乐。作者在夸赞了欧、梅作为主考和考评官实事实是的为人的同时，也表明了自己行圣贤之道的抱负。

文章以“乐”字贯串始终，古今相比，收纵自如，作者表述私人感情，却能写得超尘脱俗，富有韵致。吴楚材、吴调侯评此文：“此书叙士遇知己之乐。遂首援周公有管蔡之流言，召公之不悦以形起，而自比于圣门之徒。长公之推尊梅公，与阴自负意，亦极高矣。细看此文，是何等气象，何等采色。其议论真足破千古来俗肠，绝妙。”

喜雨亭记

苏轼

【原文】

亭以雨名，志喜也[①]。古者有喜，则以名物，示不忘也。周公得禾，以名其书；汉武得鼎，以名其年；[②]叔孙胜狄，以名其子。其喜之大小不齐，其示不忘一也。

苏轼像，图选自《吴郡名贤图传赞》。

余至扶风之明年，始治官舍，为亭于堂之北，而凿池其南，引流种树，以为休息之所。是岁之春，雨麦于岐山之阳，其占为有年[③]。既而弥月不雨，民方以为忧。越三月乙卯乃雨，甲子又雨，民以为未足；丁卯大雨，三日乃止。官吏相与庆于庭，商贾相与歌于市，农夫相与抃于野，忧者以乐，病者以愈，而吾亭适成。

于是举酒于亭上以属客，而告之曰："五日不雨可乎？"曰："五日不雨则无麦。""十日不雨可乎？"曰："十日不雨则无禾。"无麦无禾，岁且荐饥[4]，狱讼繁兴，而盗贼滋炽，则吾与二三子，虽欲优游以乐于此亭，其可得耶！今天不遗斯民，始旱而赐之以雨，使吾与二三子，得相与优游而乐于此亭者，皆雨之赐也。其又可忘耶？

既以名亭，又从而歌之曰："使天而雨珠，寒者不得以为襦；使天而雨玉，饥者不得以为粟。一雨三日，繄谁之力？[5]民曰'太守'，太守不有。归之天子，天子曰'不然，归之造物。'造物不自以为功，归之太空。太空冥冥[6]，不可得而名，吾以名吾亭。"

【注释】

①志，即"誌"，记。

②"汉武得鼎"二句：汉武帝元狩七年（前117）夏，得宝鼎于汾水上，遂改年号为元鼎。

③"雨麦于岐之阳"二句：雨，降雨，雨水沾润。下文歌中"雨珠"、"雨玉"同。占：占卜。有年：丰年。

④岁且荐饥：此处泛指年荒收成不好。

⑤繄：语助词。

⑥冥冥；遥远浩渺。

【译解】

亭子用"雨"命名，是为了记一件喜事。古代有了喜事，就用它来命名人或事物，表示永不忘记。例如周公得到了周成王送给他的一株长得特别茁壮的禾苗，就用它命名自己的文章；汉武帝获得了宝鼎，就用它命名自己的年号；叔孙得臣战胜敌人，俘虏了敌方国君，就用他的名字来命名自己的儿子。他们的喜事大小不等，可是他们表示永不忘记是完全一样的。

我到扶风的第二年，才修建了一座地方官住的房屋，在厅堂的北面造了一座亭子，又在它的南面开凿了一个池塘，引水进来，种植树木，把它作为休息的地方。这年的春天，在岐山的南面，麦田得雨，经过占卜，那卦辞说年成很好。后来整个月不下雨，百姓为此担心。过了三个月，到四月初二才下雨，十一日又下雨，百姓还以为不够。十四日下大雨，下了三天方才停止。官吏们在官厅里共同庆贺，商人在市场上和乐歌唱，农民在田野中欢欣鼓舞。忧愁的人因而喜悦，患病的人因而痊愈，我的亭子刚好在这个时候落成。

这样，就在亭子上设宴，我向客人劝酒并且问道："再过五天不下雨，可以吗？"回答道："再过五天不下雨，就会收不到麦子。""那么，再过十天不下雨，行吗？"回答说："再过十天不下雨，就没有稻子。"如果既收不到麦子，又收不到稻子，就会接连发生灾荒，案子就会不断多起来，盗贼就会更加猖獗，那么我和诸位先生虽然想悠闲自得地在这座亭子里游乐，怎么能够做到呢？现在，老天爷不忘记这里的百姓，开始干旱，但就把大雨赐给他们，而且使我和诸位先生能够一道悠闲自得地在这座亭子里喝酒取乐，都是雨的恩赐呀。难道可以忘记吗？

我既然用它命名亭子，又接着歌唱它，说：倘使老天爷下珍珠，身上冷的人不能够拿它做衣服；倘使老天爷下宝玉，肚里饿的人不能够拿它当粮食。一场雨下了三天，是谁的力量？百姓说是太守，太守不敢占为己有；把它归功于皇帝，皇帝说不对，把它归功于上帝；上帝不认为这是自己的功劳，把它归功于太空，太空深远昏暗，不能够明白表示。于是，我就用它来命名我的亭子。

【赏析】

这篇文章是苏轼作于凤翔府判官任上。

文章开头说明命名之由，也指明了文章的主旨，扣一“喜”字而写。第二段主要写“雨”，带出“亭”，后两段写游亭之感。

文章围绕一个“喜”字来写，得雨之喜，建亭之喜，或引古代史实来烘托，或用主客问答来渲染喜中流露出的对人民生活的深切关怀，作者思路开阔，笔态摇曳，文情荡漾，短短一篇文章却能给人带来无限情味。吴楚材、吴调侯评此文：“只就‘喜雨亭’三字，分写，合写，倒写，顺写，虚写，实写，即小见大，以无化有。意思愈出而不穷，笔态轻举而荡漾，可谓极才人之雅致矣。”

凌虚台记

苏轼

【原文】

国于南山之下，宜若起居饮食与山接也[1]。四方之山，莫高于终南；而都邑之丽山者[2]，莫近于扶风。以至近求最高，其势必得，而太守之居未尝知有山焉[3]。虽非事之所以损益，而物理有不当然者[4]，此“凌虚”之所为筑也。

方其未筑也，太守陈公[5]，杖履逍遥于其下[6]。见山之出于林木之上者，累累如人之旅行于墙外而见其髻也[7]，曰：是必有异[8]。使工凿其前为方池，以其土筑台，高出于屋之檐而止。然后人之至于其上者，怳然不知台之高[9]，而以为山之踊跃奋迅而出也。公曰：是宜名“凌虚”。以告其从事苏轼；而求文以为记。

轼复于公曰[10]：物之废兴成毁，不可得而知也。昔者荒草野田，霜露之所蒙翳，狐虺之所窜伏。方是时，岂知有凌虚台耶？废兴成毁，相寻于无穷[11]，则台之复为荒草野田，皆不可知也。尝试与公登台而望：其东则秦穆之祈年橐泉也[12]，其南则汉武之长杨、五柞[13]，而其北则隋之仁寿、唐之九成也[14]。计其一时之盛，宏杰诡丽，坚固而不可动者，岂特百倍于台而已哉！然而数世之后，欲求其仿佛[15]，而破瓦颓垣，无复存者；既已化为禾黍、荆棘、丘墟、陇亩矣，而况于此台欤！

夫台犹不足恃以长久，而况于人事之得丧，忽往而忽来者欤？而或者欲以夸世而自足，则过矣⑯！盖世有足恃者，而不在乎台之存亡也。

即以言于公，退而为之记。

【注释】

①国：郡国，指州地或府地。宜若：似乎是，好像是。

②丽：附丽，附着。

③太守之居：指知府的官邸。未尝知有山焉：意谓望不到终南山景。

④“虽非”二句：这句话的意思是说太守居所没有利用终南山天然景色，虽然对人事无所损益，但是以情理言之（近山而不知观山），则不当如此。

⑤陈公：姓陈的知府，生平不详。

⑥杖履：持杖着履，出外旅游。逍遥：漫步。

⑦累累：重重叠叠的样子。髻：发髻。

⑧是：这儿。异：奇异。

⑨怳（huǎng）然：恍然。

⑩复：回复。

⑪相寻：相互更替，连续不断。

⑫祈年、橐（tuó）泉：《汉书·地理志·雍》注：“橐泉宫，孝公起；祈年宫，惠公起。”秦穆公墓在此。

⑬长杨、五柞：俱为汉宫名，长杨宫为校猎处，五柞宫为祀神处。

⑭仁寿：宫名，隋文帝时建成。九成：九成宫，是唐太宗时在原

仁寿宫的基础上改建而成的，因山有九重，改名九成。

⑮仿佛：大致的样子。

⑯过矣：错了。

【译解】

城市建在终南山的下面，似乎人们应该是在起居饮食方面，时时同山接触。四方的山，没有哪一座比终南山高；城市靠着终南山的，没有哪一座比扶风近。凭借极近的去找最高的，从情理上讲，一定能找到。可是太守住在扶风，却从来不曾知道有座终南山。这虽然不是对政事有坏处或者有好处的问题，但从事理上来讲却有不应该这样的。这就是凌虚台建造的原因。

当它还没有建造的时候，太守陈公在它的下面逍遥自在地扶杖散步，看见山峰超出在树林之上的，一个接一个地，像人们在墙外行走只看到他们的发髻那样。陈公说："这里一定有特殊的景色。"于是差遣工匠在它的前边挖掘成一个方方的池塘，用挖出来的泥土造了一座台。造到比一般房屋的檐头高出一些就停止。这样，来到台上的人仿佛不知道台的高，却以为是山峰在跳跃奔跑中突然间长出来的。陈公说："这座台应该起名叫'凌虚'。"就把这意思告诉他的从事苏轼，而且要求写篇文章把它记下来。

苏轼给陈公回答说："事物的荒废、兴起、成功和毁坏，是不可能预料的。从前这里是荒草野地，是霜、露覆盖的，狐狸、毒蛇潜伏的；当这时候，怎么会料到有凌虚台呢？荒废、兴起、成功和毁坏，在无尽期地互相循环着，这座台再度成为荒草野地也是不能预料的。曾经试着和您登台眺望，它的东边就是秦穆公的祈年宫和橐泉宫的所在地，它的南边就是汉武帝的长杨宫和五柞宫的所在地，它的北面就是隋朝的仁寿宫、后来是唐朝的九成宫。估计它们在当时的盛况，宏伟、特出、奇异和华美，坚固得不可动摇，岂只是胜过凌虚台百倍呢？然而几代以后，想寻找它们的大概的样子，就连破瓦坍墙也不再存在了，早已变成庄稼地、灌木丛、土堆或田埂了，何况这座凌虚台呢？一座台还不能依靠什么求得长久存在，更何况人事的得失，忽然去又忽然来呢？如果有人想依靠这座台在世上夸耀、自满，那就错了。因为世上有可以依靠的，但对于台的存在或者消失是没有关系的。”

我把这意见向陈公申说以后，回去就写了这篇《记》。

【赏析】

本文是苏轼任凤翔判官时，为当时的太守所筑“凌虚台”作的记。文章前半部分记了筑台的缘起，太守择地、凿池、筑台的过程及命名的原因。文章的后半部分借台子从无到有以至仿然如山，抒发了事物的废兴成毁是不能预先知道的人事之感，点出世有足恃者，却不在乎台之存亡，表现了作者历史的沧桑感和旷达的人生态度。

超然台记

苏轼

【原文】

凡物皆有可观。苟有可观，皆有可乐，非必怪奇玮丽者也。铺糟啜醨，皆可以醉；[1]果蔬草木，皆可以饱。推此类也，吾安往而不乐。

姜太公像，图出自明·天然撰《历代人物像赞》。

夫所谓求福而辞祸者，以福可喜而祸可悲也。人之所欲无穷，而物之可以足吾欲者有尽。美恶之辨战乎中，而去取之择交乎前；则可乐者常少，而可悲者常多，是谓求祸而辞福。夫求祸而辞福，岂人之情也哉？物有以盖之矣。彼游于物之内，而不游于物之外[2]。物非有大小也，自其内而观之，未有不高且大者也。彼挟其高大以临我，则我常眩乱反覆，如隙中之观斗[3]，又焉知胜负之所在？是以美恶横生，而忧乐出焉，可不大哀乎！

余自钱塘移守胶西，释舟楫之安，而服车马之劳；去雕墙之美，而蔽采椽之居；背湖山之观，而行桑麻之野。始至之日，岁比不登[4]，盗贼满野，狱讼充斥；而斋厨索然，日食杞菊，人固疑余之不乐也。处之期年，而貌加丰，发之白者日以反黑。余既乐其风俗之淳，而其吏民亦安予之拙也。于是治其园圃，洁其庭宇，伐安丘、高密之木，以修补破败，为苟全之计。而园之北，因城以为台都旧矣；稍葺而新之，时相与登览，放意肆志焉。南望马耳、常山，出没隐见，若近若远，庶几有隐君子乎？而其东则卢山，秦人卢敖之所从遁也[5]。西望穆陵，隐然如城廓，师尚父，齐威公之遗烈，犹有存者。北俯潍水，慨然太息，思淮阴之功，而吊其不终。台高而安，深而明，夏凉而冬温。雨雪之朝，风月之夕，余未尝不在，客未尝不从。撷园蔬，取池鱼，酿秫酒[6]，瀹脱粟而食之[7]。曰：“乐哉游乎！”

方是时，余弟子由适在济南，闻而赋之，且名其台曰“超然”。以见余之无所往而不乐者，盖游于物之外也。

【注释】

①餔糟啜醨：吃酒糟、饮薄酒。餔：食。糟：酒糟，酒渣。啜：饮。醨：掺了许多水的酒。

②“彼游于物之内”二句：“物之内”是受到物的限制。“物之外”是尘世之外。即不受物的拘束。

③隙中观斗：意谓眼界小不能看到物外的境界。眩：眼发花。反覆：颠倒。

④岁比不登：连年收成不好。比：相接连。登：谷类成熟。

⑤卢敖：秦朝博士卢敖，避难在此山得道。

⑥秫酒：糯米酿成的酒。

⑦瀹脱粟：意为泡糙米。瀹：泡。脱粟：糙米。

【译解】

一切东西都有可以观赏的地方。只要有可以观赏的地方，就都有可以令人欢乐的地方，并不一定要怪异、特殊，雄伟和美丽的东西。吃酒渣，喝淡酒，都可以因此使人醉；吃果子、蔬菜甚至草根、树皮，都可以因此使人饱。如果把这类事物扩大一下，那么我往哪里会不欢乐呢？

人们要追求幸福，躲开灾祸的原因，是由于幸福可以使人欢乐，灾祸可以使人悲伤。人的欲望是无穷的，事物中可以满足我欲望的却是有限的。美好、丑恶的辨别在心里斗争着，舍弃、求取的选择交错在面前。但是，可以使人欢乐的事物常常会很少，可以使人悲伤的事物却往往会很多。这就叫做追求灾祸，推开幸福。追求灾祸，推开幸福，难道是人之常情吗？那是因为有什么物蒙蔽了他们。他们活动在物的里面，却不是在物的外面活动。物本没有大小之分，如果从它的内部来看，那是没有不高而且大的。它依仗它的高大来对我，我就会时常眼花心乱，是非难辨，似乎在缝隙中看打架，又怎么看清胜败的所在呢？因此，美好、丑恶的念头交错产生，忧愁、欢乐的情绪就会出现，能够不令人大大伤心吗？

我从钱塘改任胶西，放弃了坐船的舒适，来适应乘车骑马的劳累；离开了装饰漂亮的宅子，来托庇在粗陋的房屋里；背离了有山有水的美好景色，行走在种桑麻的野地里。刚到的时候，接连几年没有收成，盗贼充满郊野，案件多得不得了，厨房里空落落地，每天只能吃到杞菊之类。人们当然怀疑我不欢乐。在这里过了整整一年，我的面貌却更加丰满，头发中间白的反而日渐黑起来。我既喜欢这里的风俗淳朴，这里的官吏和百姓也习惯于我的笨拙。在这时候，我就派人整理这里的园子，打扫这里的庭院，采伐安邱、高密两地的树木，来修补破旧败坏的地方，只作简单修缮的打算。园子的北面，有一座依着城墙建筑的台，已经破旧了，稍微修葺了一番，让它新一些。

我时常和客人们一起登台观览，在那里放纵意志，尽情享受。向南面眺望马耳山和常山，它在云雾中，忽隐忽现，有时好像很近，有时好像很远，也许那里有隐居着的有才能的人吧！那东面就是庐山，是秦代卢敖避世的地方。向西面望是穆陵，隐约地像座城，姜太公、齐桓公的遗迹还有存在的。向北面低头看到潍水，感慨地叹起气来，想到韩信的功业，悼念他的没有好结果。这座台高而且稳固，深广而且轩敞，夏天清凉，冬天温暖；碰上降雨、下雪的早晨，或者清风明月的夜晚，我从来不曾不在那里，客人们从来不曾不随着我去。时常采园里的菜，捉池中的鱼，酿高粱酒，煮糙米饭来吃，我赞叹着说："游览得多么快乐呀！"

我的弟弟子由，刚巧在济南，听到这件事就作诗歌唱它，并且给这座台起了个名字叫"超然"，来表示我随便到哪里没有不欢乐的，因为我能够消遥在物外呀！

【赏析】

文章围绕"乐"字，论述了超然物外，随遇而安的思想。作者记叙了自己在困苦环境中是如何超然自乐的，同时指出"物皆有可观"，故能"安往而不乐"，超然物外了则虽苦犹乐，若不能超然物外，则为物欲所困，乐少悲多。文章虚实相生，逐层递进，脉络清晰，后人评其为"极闲谈之意，极伟丽之文"。

放鹤亭记

苏轼

【原文】

熙宁十年秋，彭城大水[1]。

竹林七贤图，出自《程氏墨苑》。

明年春，水落，迁于故居之东，东山之麓。升高而望，得异境焉，作亭于其上。彭城之山，冈岭四合，隐然如大环，独缺其西一面[3]。而山人之亭，适当其缺。春夏之交，草木际天，秋冬雪月，千里一色。风雨晦明之间，俯仰百变。山人有二鹤，甚驯而善飞。旦则望西山之缺而放焉，纵其所如，或立于陂田[4]，或翔于云表，暮则傃东山而归[5]，故名之曰“放鹤亭”。

郡守苏轼，时从宾佐僚吏[6]，往见山人。饮酒于斯亭而乐之，挹山人而告之[7]，曰："子知隐居之乐乎？虽南面之君，未可与易也[8]。《易》曰：'鸣鹤在阴，其子和之。'[9]《诗》曰：'鹤鸣于九皋，声闻于天。'[10]盖其为物，清远闲放，超然于尘垢之外。故《易》、《诗》人以比贤人君子、隐德之士，狎而玩之，宜若有益而无损者，然卫懿公好鹤则亡其国[11]。周公作《酒诰》[12]，卫武公作《抑戒》[13]，以为荒惑败乱无若酒者，而刘伶、阮籍之徒[14]，以此全其真而名后世。

"嗟夫！南面之君，虽清远闲放如鹤者，犹不得好；好之，则亡其国。而山林遁世之士，虽荒惑败乱如酒者，犹不能为害，而况于鹤乎？由此观之，其为乐未可以同日而语也！"

山人欣然而笑曰："有是哉！"乃作《放鹤》、《招鹤》之歌曰："鹤飞去兮西山之缺。高翔而下览兮择所适。翻然敛翼，宛将集兮！忽何所见，矫然而复击。独终日于涧谷之间兮，啄苍苔而履白石。""鹤归来兮，东山之阴。其下有人兮，黄冠草履，葛衣而鼓琴。躬耕而食兮，其余以汝饱。归来归来兮，西山不可以久留。"

【注释】

①熙宁：宋神宗赵顼年号。彭城：县名，治所在今江苏省徐州市。

②云龙：山名，在江苏省徐州市云龙区。张君：名天骥，隐居云龙山，称云龙山人。扉：门扇。

③独缺其一面：指山如圆环而缺其西部的一面。

④陂：水边。

⑤傃：朝，向。

⑥宾佐僚吏：指苏轼的宾属。

⑦挹：酌酒。

⑧"虽南面之君"二句：《庄子·至乐》记髑髅梦见庄子，云：

“死无君于上，无臣于下，亦无四时之事，从然以天地为春秋，虽南面王乐不能过也。”

⑨“《易》曰”二句：语出《易·中孚》。

⑩“《诗》曰”二句：语出《诗·小雅·鹤鸣》。九皋：深泽。

⑪“然卫懿公好鹤”句：《左传·闵公二年》：“冬十二月，狄人伐卫，卫懿公好鹤，鹤有乘轩者。将战，国人受甲者皆曰：‘使鹤，鹤实有禄位，余焉能战？’……及狄人，战于荧泽，卫师败绩，遂灭卫。”

⑫周公作《酒诰》：殷纣王酗酒，妹邦地方受其影响，好酒成为风气。殷亡，武王将此地封给康叔，周公作《酒诰》告诫他。

⑬卫武公作《抑戒》：春秋时，卫武公作《抑戒》以自儆。《抑》现存《诗经·大雅》，其中有两句说：“颠覆厥德，荒湛于酒。”

⑭刘伶、阮籍：《晋书·刘伶传》：“刘伶，字伯伦，沛国人也。……初不以家产有无介意。常乘鹿车，携一壶酒，使人荷锸而随之，谓曰：‘死便埋我。’其遗形骸如此。”《晋书·阮籍传》：“阮籍，字嗣宗，陈留尉氏人。……籍本有济世志，属魏晋之际，天下多故，名士少有全者，籍由是不与世事，遂酣饮为常。文帝初欲为武帝求婚于籍，籍醉六十日，不得言而止。……籍闻步兵厨营人善酿，有贮酒三百斛，乃求为步兵校尉。”

【译解】

熙宁十年秋，彭城暴发洪水，云龙山人张君的草屋，洪水漫上他家大门的一半。第二年春天，洪水退去，山人搬家到原来住屋的东面，在东山的山脚下。山人登高眺望，找到了一块奇异的地方，就在它的上面造了一座亭子。彭城地方的山，冈岭四面围拢，隐约地像个大环，只缺它的正西一面，山人的亭子刚巧对准那个缺口。春夏两季交替的时候，草木茂盛，似乎接近天空；秋月冬雪，使广阔的大地一片洁白；

在刮风、下雨、阴暗、晴朗的天气中间，景色瞬息万变。山人有两只鹤，很驯服，而且很会飞。早晨，山人就望着西山的缺口把它们放出去，听任它们飞到什么地方。它们有时站在池塘边、田野里，有时飞翔到云层的上面，傍晚，它们就向着东山飞回来，所以给亭子起名叫“放鹤亭”。

放鹤亭

郡守苏轼时常带着幕友和下属去看望山人，在这座亭子上喝酒，感到很快乐。苏轼斟了杯酒给山人喝，并且告诉他说：“您知道隐居的快乐吗？即便是朝南坐的君主，也不能跟他交换。《易经》上说：‘鹤在山的北面叫，它的孩子——雏鹤在应和它。’《诗经》上说：‘鹤在低洼的地方叫，声音一直传到天上。’这是因为作为鸟类来说，鹤的品格清高、深沉、安静、自在，超出在尘世之外，所以《易经》和《诗经》的作者把它比作明智的人、有才能的人和身怀高尚品德的人。跟它亲昵，跟它玩耍，好像是有利而无害的。然而，卫懿公爱好鹤，就丧失了自己的国家。周公作《酒诰》，卫武公作《抑戒》，都认为荒废事业、迷惑性情、败坏和搅乱国家的，没有什么像酒那样严重的了；可是刘伶、阮籍这班人却因此保全了自身，而且名声传到后代。唉！朝南坐的君主，即便是像鹤那样清高、深沉、安静、自在的，还是不能爱好它；如果爱好它，就会丧失自己的国家。然而，在山林间逃避世俗的人，即便是荒废事业、迷惑性情、败坏和搅乱国家像酒那样的东西，爱好它尚且不能成为祸害，何况爱好鹤呢？从这看来，国君和隐士的快乐是不可以放在一起讲的。”

山人听了我的话，高兴地微笑着说：“有这样的道理吗？”于是，我作放鹤和招鹤的歌，说：“鹤飞去呀，望着西山的缺口。在高空飞翔，向下面观察，选择它们认为应该去的地方。很快地回过身体，收起翅膀，似乎打算飞下来休息，忽然看到什么东西，又昂首飞上天空，准备再作奋然一击。怎么能整天徘徊在溪涧、山谷之间，嘴啄青苔，脚踏白石？鹤归来了，在东山的北面。那下边有个人，头戴道帽，足登草鞋，身穿葛衣，正在坐着弹琴。他亲自种田过活，把那剩余的粮食喂你。归来吧！归来吧！西山不能够长久停留。”

【赏析】

这是作者政治失意后的作品。文章要论述的意思是：南面为君之乐不如丛林隐居之乐。作者指出，清闲者莫如鹤，卫懿公好鹤而亡其国，乱德者莫如酒，刘伶、阮籍则以酒怡情全真、留名后世，放鹤和饮酒这样的嗜好，可以致祸，也可以为乐，关键看你处在什么样的位置上。全文境界清旷，韵致高远。吴楚材、吴调侯有评：记放鹤亭，却不实写隐士之好鹤。乃于题外寻出酒字，与鹤字作对。两两相较，真见得南面之乐，无以易隐居之乐。其得心应手处，读之最能发人文机。

石钟山记

苏轼

【原文】

《水经》云："[1]彭蠡之口[2]，有石钟山焉。"郦元以为下临深潭，微风鼓浪，水石相搏，声如洪钟。是说也，人常疑之：今以钟磬置水中[3]，虽大风浪不能鸣也，而况石乎？至唐李渤始访其遗踪，得双石于潭上，扣而聆之，南声函胡，北音清越，桴止响腾，余韵徐歇[4]，自以为得之矣。然是说也，余尤疑之：石之铿然有声者，所在皆是也，而此独以钟名，何哉？

元丰七年六月丁丑，余自齐安舟行适临汝，而长子迈将赴饶之德兴尉，送之至湖口，因得观所谓石钟者。寺僧使小童持斧，于乱石间择其一、二扣之，硿硿焉[5]，余固笑而不信也。至暮夜月明，独与迈乘小舟至绝壁下。大石侧立千尺，如猛兽奇鬼，森然欲搏人。而山上栖鹘，闻人声亦惊起，磔磔云霄间。又有若老人咳且笑于山谷中者，或曰："此鹳鹤也。"[6]余方心动欲还，而大声发于水上，噌吰如钟鼓不绝[7]。舟人大恐。徐而察之，则山下皆石穴罅，不知其浅深，微波入焉，涵澹澎湃而为此也。舟回至两山间，将入港口，有大石当中流，可坐百人，空中而多窍，与风水相吞吐，有窾坎镗鞳之声[8]，与向之噌吰者相应，如乐作焉。因笑谓迈曰："汝识之乎？噌吰者，周景王之无射也；窾坎镗鞳者，魏庄子之歌钟也，古之人不余欺也。"

事不目见耳闻而臆断其有无，可乎？郦元之所见闻，殆与余同⑨，而言之不详；士大夫终不肯以小舟夜泊绝壁之下，故莫能知；而渔工、水师，虽知而不能言，此世所以不传也。而陋者乃以斧斤考击而求之，自以为得其实。余是以记之，盖叹郦元之简，而笑李渤之陋也。

【注释】

①《水经》：我国第一部记录河道水系的地理专著。一说为汉代桑钦著，一说为晋代郭璞著。

②彭蠡：即鄱阳湖。

③磬：与钟皆为打击乐器。

④"桴止"二句：桴：鼓槌。这两句是说，停止敲击后，其声响还徐徐扬起，余音慢慢地才消失。

⑤硿硿：形容用斧击石的声音。

⑥鹳鹤：一种与鹤、鹭相似的水鸟。

⑦噌吰形容沉重而响的声音。

⑧窾坎镗鞳：形容钟鼓撞击的声音。

⑨殆：大体上。

【译解】

《水经》说：彭蠡湖的口上，有一座石钟山。郦元认为山下面对深潭，轻风吹动波浪，湖水和石头互相磕碰，发出像撞击大钟一样的声响，所以名叫石钟山。这个说法，人们往往怀疑。因为如果把钟磬放在水里，就是有大风浪也不能发出声响啊，何况石头呢？到了唐朝，李渤探访了石钟山传说的真实情况，在深潭边上找到了两块石头，敲打石头听它们的声音，南面的一块声音低沉模糊，北面的一块声音清脆高昂，鼓槌停止敲打了，声音还在翻腾，馀声过了一段时间才慢慢地停下来。于是他自认为找到石钟山命名的原由了。然而这个说法，我尤其怀疑它。因为石头经过敲打铿铿地发出声响的，到处都这样，为什么这座山独用钟石来命名，是什么道理呢？

《唐诗画谱》插图

元丰七年六月初九丁丑日，我从齐安乘船到临汝去。大儿子迈要往饶州德兴县就任县尉，我送他到湖口，因而能够看到传说的石钟。庙里的和尚叫小童拿着斧头，在乱石间挑了其中的一、二块来敲打，硿硿硿地，我当然觉得好笑而不相信。到了那天夜里，月光明亮，独自和儿子迈乘坐小船，到陡峭的崖壁下面。高大的岩石耸立旁边，高达千尺，像凶猛的野兽、奇怪的鬼魅，阴沉沉地想要扑击人似的。山上宿窠的猛禽，听见人声也惊醒高飞，在云端里磔磔地乱叫。又有如同老年人在山谷中边咳边笑的声音，有人说：这就是鹳鹤。我心有所动，刚想回去，忽然从水上发出一种很大的声音，噌噌吰吰地象撞钟击鼓一般连续不断。船家很害怕。我慢慢地察看它，原来山下都是小石洞和石缝，不晓得它们的深浅，微小的波浪冲进小洞和裂缝，震荡撞击，才造成这种声音。小船回到两座山之间，快要进入港口，有一块大石头挡在水中，大约可坐百把人，里面空空的，有很多小洞，同风浪互相吞吐，发出窾坎镗鞳的声音，跟刚才的噌噌吰吰的声音彼此应和，就像乐队演奏那样。我就笑着对迈说；“你懂得这种音乐吗？那噌噌吰吰响的是周景王的无射钟，那窾坎镗鞳响的是魏庄子的歌钟。古代的人并没有欺骗我们呀。”

事情如果不是亲眼看见，亲耳听到，就凭主观想象断定它们有或者没有，可以吗？郦元看到听到的，可能和我相同，但是说得不详细。那些大人先生们是始终不肯在夜里把小船停泊在悬崖峭壁下面的，所以没有人能够知道真相。而渔夫船夫，虽然知道却不能讲清楚，这就是石钟山名称的由来在世上不流传的缘故啊。可是那浅见薄识的人，居然拿斧头去敲石块来寻求它，自以为得到了石钟山命名的真情实况。我所以记下这件事，是因为叹惜郦元的简略，可笑李渤的浅陋啊。

【赏析】

元丰七年苏轼自黄州移官临汝，途中游览石钟山，作了这篇游记。

作者怀疑世人所传石钟山命名的原因，亲自探访石钟山，经过实地调查而得出自己的结论。文章叙议结合批评了“事不目见耳闻，而臆断其有无”的主观作风。

文中对泛舟石钟山下的夜景描写，形象生动，淡淡几笔就渲染出夜泊绝壁之下阴森迫人的境界，读之仿佛置身其中。

潮州韩文公庙碑

苏轼

姚崇像，图出自清・上官周《晚笑堂画传》。

【原文】

匹夫而为百世师，一言而为天下法[1]。是皆有以参天地之化[2]，关盛衰之运[3]，其生也有自来，其逝也有所为。故申、吕自岳降[4]，傅说为列星[5]，古今所传，不可诬也。孟子曰：“我善养吾浩然之气。”是气也，寓于寻常之中，而塞乎天地之间[6]，卒然遇之，则王公失其贵，晋、楚失其富[7]，良、平失其智[8]，贲、育失其勇[9]，仪、秦失其辩[10]。是孰使之然哉？其必有不依形而立，不恃力而行，不待生而存，不随死而亡者矣。故在天为星辰，在地为河岳，幽则为鬼神，而明则复为人。此理之常，无足怪者。

自东汉以来，道丧文弊[11]，异端并起[12]，历唐贞观、开元之盛，辅以房、杜、姚、宋而不能救[13]。独韩文公起布衣，谈笑而麾之[14]，天下靡然从公[15]，复归于正，盖三百年于此矣。文起八代之衰[16]，而道济天下之溺[17]，忠犯人主之怒[18]，而勇夺三军之帅[19]，此岂非参天地，关盛衰，浩然而独存者乎？

盖尝论天人之辨，以谓人无所不至，惟天不容伪[20]；智可以欺王公，不可以欺豚鱼[21]；力可以得天下，不可以得匹夫匹妇之心。故公之精诚，能开衡山之云[22]，而不能回宪宗之惑[23]；能驯鳄鱼之暴[24]，而不能弭皇甫鎛、李逢吉之谤[25]；能信于南海之民，庙食百世[26]，而不能使其身一日安之于朝廷之上。盖公之所能者天也，其所不能者人也[27]。

始，潮人未知学，公命进士赵德为之师[28]。自是潮之士，皆笃于文行，延及齐民[29]，至于今，号称易治。信乎孔子之言，“君子学道则爱人，小人学道则易使”也[30]。潮人之事公也，饮食必祭，水旱疾疫，凡有求必祷焉。而庙在刺史公堂之后[31]，民以出入为艰。前太守欲请诸朝作新庙，不果。元□五年[32]，朝散郎王君涤来守是邦[33]。凡所以养士治民者，一以公为师。民既悦服，则出令曰：“愿新公庙者，听[34]。”民欢趋之，卜地于州城之南七里，期年而庙成。或曰：“公去国万里，而谪于潮，不能一岁而归[35]，没而有知，其不眷恋于潮也[36]，审矣。”轼曰：“不然，公之神在天下者，如水之在地中，无所往而不在也。而潮人独信之深，思之至，焄蒿悽怆[37]，若或见之。譬如凿井得泉，而曰水专在是，岂理也哉！”元丰七年[38]，诏封公昌黎伯[39]，故榜曰：“昌黎伯韩文公之庙”。潮人请书其事于石，因作诗以遗之，使歌以祀公。其词曰：

公昔骑龙白云乡[40]，手抉云汉分天章[41]，天孙为织云锦裳[42]。飘然乘风来帝旁[43]，下与浊世扫粃糠[44]，西游咸池略扶桑[45]，草木衣被昭回光[46]。追逐李杜参翱翔[47]，汗流籍、湜走且僵[48]，灭没倒景不可望[49]。作书诋佛讥君王，要观南海窥衡湘，历舜九疑吊英皇[50]。祝融先驱海若藏[51]，约束鲛鳄如驱羊。钧天无人帝悲伤，讴吟下招遣巫阳[52]。犦牲鸡卜羞我觞[53]，于粲荔丹与蕉黄[54]。公不少留我涕滂，翩然被发下大荒[55]。

【注释】

①“匹夫”二句：《史记·孔子世家》：“孔子布衣，传十余世，学者宗之。”《孟子·尽心下》：“圣人，百世之师也。”《礼记·中庸》：“是故君子动而世为天下道，行而世为天下法，言而世为天下则。”此以“圣人”、“君子”比喻韩愈，说他的言行可以为百代师法，可以为天下准则。

②“参天地”句：可以和天地化育万物相提并论。《礼记·中庸》：“可以赞天地之化育，则可以与天地参矣。”朱熹注：“与天地参，谓与天地并立而为三矣。”

③关盛衰之运：关系着国家盛衰命运。

④申、吕：申伯、吕侯（又称甫侯），传说因山岳降神而生下他们。《诗经·大雅·崧高》：“崧高维岳，骏极于天。维岳降神，生甫及申。维申及甫，维周之翰，四国于蕃，四方于宣。”这句说明“其生也有自来”。

⑤傅说（yuè）：殷高宗武丁的大臣，传说他死后成为天上的星宿。《庄子·大宗师》谓傅说“相武丁，奄有天下，乘东维，骑箕尾，而比于列星。”这句说明“其逝也有为”。

⑥浩然之气：心中积蓄的刚正之气。《孟子·公孙丑上》：“我善养吾浩然之气。”“其为气也，至大至刚，以直养而无害，则塞于天地之间。”

⑦晋、楚：春秋时期一度是两个最富强的国家。《孟子·公孙丑下》："曾子曰：'晋、楚之富，不可及也。'"

⑧良、平：张良、陈平，汉高祖刘邦的重要谋士。

⑨贲（bēn）、育：战国时大力士孟贲和夏育。

⑩仪、秦：指战国时纵横家张仪、苏秦，他们都以能言善辩而著称。

⑪道：指儒家的学说思想。丧：衰落。文：文风。弊：败坏，凋弊。

⑫异端：指汉魏六朝以来长期盛行的佛、老。韩愈《原道》："周道衰，孔子没，火于秦，黄老于汉，佛于晋、魏、梁、隋之间。"

⑬房：房玄龄。杜：杜如晦。姚：姚崇。宋：宋璟。这些都是贞观开元年间的贤相。

⑭麾：古代用以指挥军队的旗帜。通"挥"，指挥、号召。

⑮靡然：倾倒貌。

⑯八代：指东汉、魏、晋、宋、齐、梁、陈、隋。当时词藻华丽而文情柔靡的骈文盛行，韩愈提倡古文运动，文风因之而变。

⑰济：拯救。溺：沉没。句谓提倡儒道使天下人不受老、佛之害。

⑱忠犯人主之怒：指韩愈上《谏迎佛骨表》，劝谏唐宪宗派人到凤翔迎佛骨入宫一事。

⑲勇夺三军之帅：形容英勇过人。《论语·子罕》："三军可夺帅也，匹夫不可夺志也。"指韩愈抚镇州（治所在今河北省正定县）叛乱一事。

⑳"尝论天人"三句：曾经论述过天道与人事的区别，从这出发，虽然争权夺利的人善于使诈，无所不用其极，但上天是不容许这样做的。

㉑信不及豚鱼：《易·中孚》："豚，鱼吉，信及豚、鱼也。"这里

用以说明“天不容伪”。

㉒“能开”句：韩愈贬潮州，过衡山适逢秋雨季节，天气阴晦，韩愈默祷一番后，天就放晴了。韩愈《谒衡岳庙遂宿岳寺题门楼》诗：“我来正逢秋雨节，阴气晦昧无清风。潜心默祷若有应，岂非正直能感通！须臾静扫众峰出，仰见突兀撑青空。”

㉓不能回宪宗之惑：指谏迎佛骨宪宗不听一事。

㉔“能驯”句：《新唐书·韩愈传》：“初，愈至潮，问民族苦。皆曰：‘恶溪有鳄鱼，食民畜产且尽，民以是穷。’数日，愈自往视之。令其属秦济以一羊一豚投溪水而祝之。……祝之夕，暴风震电起溪中，数日水尽涸，西徙六十里。自是潮无鳄鱼患。”

㉕弭皇甫鎛、李逢吉之谤：韩愈贬潮州后，宪宗有悔意，宰相皇甫鎛说他狂疏，阻其回朝。另一宰相李逢吉则在韩愈和李绅之间制造矛盾，使他们两败俱伤。弭：制止。

㉖南海之民：指潮州人。庙食百世：指死后世代享受祭祀。

㉗“盖公”二句：谓韩愈能尽天道，不能屈己从人。

㉘命进士赵德为之师：韩愈有《潮州请置乡校牒》，称赞赵德“沉雅专静，颇通经，有文章，能知先王之道，论说且排异端，而宗孔氏，可以为师，”因而推荐他“专勾当州学，以督生徒。”

㉙齐民：平民。

㉚“君子”二句：语见《论语·阳货》。表现了孔子提倡礼乐教化的政治目的。

㉛刺史公堂：州官办公的厅堂。

㉜元祐：宋哲宗赵煦年号。

㉝朝散郎：文官名。王涤（dí），事迹不详。

㉞听：听从、任凭。

㉟“不能”句：韩愈于唐宪宗元和十四年（819）正月贬潮州刺

史，同年十月移袁州刺史，在潮州不满一年。

㊱“不眷恋”句：韩愈《潮州刺史谢上表》表示不愿意“居蛮夷之地，与魑魅为群”，又说“怀痛穷天，死不闭目。瞻望宸极，魂神飞去”，希望回朝廷做官。

㊲“焄（xūn）蒿”二句：《礼记·祭义》：“焄蒿凄怆，此百物之精也，神之著也。”焄：香气。蒿：雾气弥漫的样子。

㊳元丰：宋神宗赵顼年号。

㊴昌黎伯：韩愈原籍河北昌黎，所以封为昌黎伯。

㊵白云乡：神仙居住的仙乡。《庄子·天地》：“乘彼白云至于帝乡。”

㊶抉：挥，拨开。云汉：天河。天章：天上的星云。“抉云汉”、“分天章”互文见义。是说仙人用手拨开天上的星云下降人世。《诗经·大雅·棫朴》：“倬彼云汉，为章于天。”

㊷天孙：传说中天帝之孙女，即织女。

㊸“飘然”句：飘然从天上降到唐朝皇帝身边。

㊹秕糠：指异端邪说。

㊺咸池：神话中日浴之所。略：巡行。扶桑：神木名，传说日出其下。《淮南子·天文训》：“日出于旸谷，浴于咸池，拂于扶桑。”这句是说韩愈为振新儒道而努力不息。

㊻衣被：加惠。昭回：谓光辉普照。

㊼“追逐”句：言韩愈的文章可以与李白、杜甫并驾齐驱，不相上下。

㊽“汗流”句：籍、湜指张籍、皇甫湜。韩愈《调张籍》诗中有“乞君飞霞珮，与我高颉颃”语，表示愿与张籍一同追踪李、杜之意。苏轼则以为张籍、皇甫湜辈不如韩愈远甚，故云。《新唐书·韩愈传》：“至其徒李翱、李汉、皇甫湜从而效之，遽不及远甚。”

㊾“灭没”句：谓张籍、皇甫湜等如倒影似的容易灭没，难以仰望韩愈日月般的光辉。景，同“影”。

㊿九嶷（yí）：九嶷山，在今湖南宁远县境，传说虞舜死后葬于此。英皇：即女英、娥皇。传说为唐尧女儿，一同嫁给虞舜。舜外出巡视，死于苍梧，她俩寻至南方，双双投湘水而死。

张良像，图出自明·天然撰《历代古人像赞》。

51祝融：南海之神。先驱：为其开路。海若：海神。

52钧天：天之中央。帝：这里指天帝。讴吟：歌唱。巫阳：神巫名。这两句意思是说天上没有贤士，天帝感到悲伤，特意派遣神巫歌唱神曲下界招韩愈归天界。

53犦（bào）牲：牦牛，祭品。鸡卜：以鸡骨占卜。羞我觞：羞，进。进献我酒，以表诚心。

54于（wū）粲：形容色彩鲜明。荔：荔枝。蕉：香蕉。韩愈《柳州罗池庙碑》：“荔子丹兮蕉黄，杂肴蔬兮进侯堂。”

55涕滂：泪下滂沱。翩然：飞得很快的样子。大荒：神话中的仙山。韩愈有诗“翩然下大荒，被发骑麒麟”，这里借用其来，表示祝他下来享用祭品。

【译解】

一个普通人能够做千百代学习的表率，一句话可以做天下人学习的准则。这可以和天地化育万物相提并论，也关系到兴旺或者衰败的时代命运。他的降生是有来头的，他的死去是有作为的。所以，申伯、吕侯由山神下凡，传说死后成为天上的列星，从古到今传说的事，不可能都是捏造的啊。孟子说："我善于保养我的盛大正直的气质。"这股气，寄托在平常生活之中，充满在天地之间。如果忽然碰上它，那么，王、公会失去他们的尊贵，晋国、楚国会失去他们的富有，张良、陈平会失去他们的智慧，孟贲、夏育会失去他们的勇力，张仪、苏秦会失去他们的辩才。这是谁使它这样的呢？那一定有不凭借形体就站立，不依靠力量就行走，不等待出生就存在，不跟随死亡就消灭的东西了。所以，在天上是星宿，在地面是河山，在幽暗地方就是鬼神，而在光明地方就又是人。这是事理的正常现象，不值得奇怪的。

自从东汉以来，道德沦亡，文风败坏，邪门歪道一齐出现。经历了唐朝贞观、开元的兴盛时期，依靠房玄龄、杜如晦、姚崇，宋璟等名臣辅佐，还不能挽救。惟独韩文公从普通人奋起，谈笑着指挥古文运动，天下人倾倒地跟着公走。使道德文章又回到正路上来，大概到现在有三百年了。他的文章振兴了八个代的衰落，他的道德挽救了天下人的沉迷，他的忠诚曾经触冒犯过皇帝之怒，他的勇气能够折服三军的元帅。这难道不是可以和天地化育万物相提并论，关系到兴盛或者衰败的时代命运，刚正之气独自存在的伟人吗？

我曾经议论过天和人的分别，以为人是没有什么事不能做出来的，只有天不容许人作伪。人的智慧可以用它欺骗尊贵的王公，却不能够用它欺骗低微的猪鱼。人的力量可以用它取得天下，却不能够用它取得普通男女的真诚拥戴。所以，公的精神能够消散衡山的阴云，却不能够挽回唐宪宗的执迷不悟；能够驯服鳄鱼的凶暴，却不能够阻止皇甫镈和李逢吉的诽谤；能够在南海的百姓中取得信任，造祠庙，受香火，世代传下去，却不能够使自己的身体在朝堂之上有一天的安宁。

这是因为公能够适应的是天道，不能够适应的是人事呀。

先前，潮州的读书人不晓得学习圣贤之道，公推荐进士赵德做他们的老师。从此，潮州的读书人都对文章和品行专心致志地学习，逐渐影响到一般的百姓，到如今，潮州是出名的容易管理的地方。孔子的话是可信的：“有地位的人学了道，就会爱惜别人，一般的人学了道，就容易使用。”潮州人是这样信奉公的：吃喝时一定要祭奠，碰到水涝、干旱、疾病和瘟疫，凡是有所要求必定要到祠堂里去祈祷。可是祠堂在州官衙门大堂的后面，百姓以为出出进进不便当，前任州官想把这个情况向朝廷反映，并申请造一座新的祠堂，没有成为事实。元祐五年，朝散郎王君涤来管理这个地方，所有教育读书人、治理老百姓的方法，完全仿效公的做法，老百姓心悦诚服，王君就出一道命令说；“愿意修建一座公的新祠堂的来尊奉公！”老百姓高兴地赶来参加这个工程。于是在潮州的南面离城七里路选定了一块地方，立即动工，只花了一整年，新祠堂就落成了。

有人说：“公离开京城上万里路，被降职到潮州来，不到一年就调任。公死后如果有灵感，那对潮州不会深切思念是很明显的了。”我说：“不对！公的精神留在天下的，如同水在地下，没有什么地方不能到达。而且潮州人特别信仰得深厚，想念得恳切，怀着悲伤的心情去祭奠他，在香烟缭绕中好像看到他。譬如挖一眼井得到了泉，却说水是专门在这里的，这难道合乎情理吗？”元丰元年，皇帝下令封公为昌黎伯，所以祠堂的匾额上写着：“昌黎伯韩文公之庙。”潮州人请我把这件事写下来刻在石碑上，我就作了一首诗拿来送给他们，叫他们歌唱它来祭奠公。那歌辞说：

从前，公骑着龙在天上遨游，双手拨开银河和日月星辰的文采；织女替公织了一件云锦的衣裳，公穿着它轻快地趁风来到上帝的旁边。上帝派公下凡，给混乱的人间扫除道德文章方面的歪风邪气；公在西边游览了咸池，巡视了扶桑；公的教化遍及草木，反射出像星辰般的光芒。公追随李白、杜甫，和他们一起比翼飞翔；皇甫湜和张籍汗流浃背地追赶，只像倒影难望，而公的道德光辉在天上炫耀夺目。公上书斥责佛、讥刺君王，被降职到南海，中途观察了衡山、湘水，经过埋葬帝舜的九嶷山，凭吊了娥皇和女英。祝融替公在前边开路，海若躲藏起来了，管束蛟龙、鳄鱼，好像驱赶羊群一般。天上缺少人才，上帝感到悲伤，于是派遣巫阳唱着歌到下界去招公归天。

九嶷山

诚心的占卜，选了个好日子，准备了牺牲、美酒等祭品进献，还有色彩鲜明的果品，红红的荔枝，黄黄的香蕉。公不肯稍微停留一下，使我们泪下如雨；愿公轻快地披发下大荒来享用。

【赏析】

这是苏东坡应潮州太守王涤之请，为重修的潮州韩愈庙所撰的碑文。

作者站在儒家的立场盛赞韩愈的道德文章，以及其在潮州刺史任内受到人民爱戴的政绩。作者对韩愈作了很高的评价：“匹夫而为百世师，一言而为天下法”，“文起八代之衰，道济天下之溺，忠犯人主之怒，而勇夺三军之帅”。文章气势充沛，风格雄浑，全文一气呵成，磅礴澎湃，可与韩文相匹敌。吴楚材、吴调侯评此文：“韩公贬于潮，而潮祀公为神。盖公之生也参天地、关盛衰，故公之没也，是气犹浩然独存。东坡极力推尊文公，丰词琼调，气焰光彩。非东坡不能为此，非韩公不足当此。千古奇观也。”

乞校正陆贽奏议进御札子

苏轼

【原文】

臣等猥以空疏[1]，备员讲读[2]，圣明天纵[3]，学问日新。臣等才有限而道无穷，心欲言而口不逮，以此自愧，莫知所为。窃谓人臣之纳忠[4]，譬如医者之用药，药虽进于医手，方多传于古人。若已经效于世间[5]，不必皆从于己出。

伏见唐宰相陆贽，才本王佐，学为帝师[6]。论深切于事情，言不离于道德。智如子房而文则过[7]，辩如贾谊而术不疏[8]。上以格君心之非，下以通天下之志[9]。但其不幸，仕不遇时。德宗以苛刻为能，而贽谏之以忠厚[10]；德宗以猜疑为术，而贽劝之以推诚[11]；德宗好用兵，而贽以消兵为先[12]。德宗好聚财，而贽以散

唐德宗李适像，图出自《三才图会》。

财为急[13]。至于用人听言之法[14]，治边驭将之方[15]，罪己以收人心[16]，改过以应天道，去小人以除民患[17]，惜名器以待有功[18]，如此之流，未易悉数，可谓进苦口之药石[19]，针害身之膏肓[20]。使德宗尽用其言，则贞观可得而复。

臣等每退自西阁，即私相告言，以陛下神明，必喜贽议论，但使圣贤之相契，即如臣主之同时。昔冯唐论颇、牧之贤，则汉文为之叹息[21]。魏相条晁、董之对，则孝宣以致中兴[22]。若陛下能自得师，则莫若近取诸贽。夫六经三史[23]，诸子百家，非无可观，皆足为治。但圣言幽远，末学支离[24]，譬如山海之崇深，难以一二而推择。如贽之论，开卷了然，聚古今之精英[25]，实治乱之龟鉴[26]。

臣等欲取其奏议，稍加校正，缮写进呈。愿陛下置之坐隅，如见贽面。反复熟读，如与贽言。必能发圣性之高明，成治功于岁月。臣等不胜区区之意。取进止[27]。

【注释】

①猥：鄙贱。谦词。空疏：才识浅薄。

②备员：犹言充数、凑数。

③天纵：天禀，常用作对帝王溢美之辞。《论语·子罕》："固天纵之将圣。"

④纳忠：进献忠言。

⑤效：效验。

⑥伏见：私下认为，敬词。陆贽：字敬舆，唐德宗时官至宰相。为人正直，办事干练。后受人诬陷而被贬废。他写有很多奏疏，存留有《陆宣公奏议》。王佐：帝王的辅佐。帝师：皇帝的老师。

⑦子房，即张良，辅佐汉高祖刘邦定天下，封留侯。他善于智谋。然无文章传世。陆贽则有《陆宣公翰苑集》二十卷传世。

⑧贾谊：西汉初年年轻有为的政论家，曾献《治安策》，但未获重用，抑郁而死。术：方法、手段。疏：疏阔。这句话说陆贽有贾谊辩才。而治国之术则比贾谊更切实际。

⑨格：纠正。通：通晓。志：愿望。

⑩指陆贽《兴元论解姜公辅状》而言。

⑪指陆贽《奉天请教对群臣兼许令论事状》而言。

⑫指陆贽《收河中请罢兵状》而言。

⑬指陆贽《奏天请罢琼林大盈二库状》而言。

⑭指陆贽《请许台省长官举荐属吏状》而言。

⑮指陆贽《论缘边守备事宜状》而言。

⑯“罪己”句：《新唐书·陆贽传》：贽“尝为帝言，‘今盗遍天下，宜痛自咎悔，以感人心。昔成汤罪己以兴；楚昭王出奔，以一言善复国。陛下诚不吝改过，以谢天下，使臣持笔无所忌，庶叛者革心。’帝从之，故奉天所下制书，虽武人悍卒，无不感动流涕。”

⑰指陆贽《论裴延龄奸蠹一首》而言。

⑱指陆贽《驾幸梁州进献瓜果人拟官状》而言，陆贽在这个奏议中认为名位爵禄，属于天下，是国家的重器，唯以赏有功，不能滥赐。

⑲药石：治病的药物。

⑳针：古时治病的砭石针。膏肓：膏，心下。肓，膈。

㉑冯唐：西汉文帝时任中郎署长。颇、牧：指战国时赵国名将廉颇和李牧。廉颇智勇过人，屡次战胜齐、魏军队；李牧忠勇双全，坚守边境，抗击东胡、林胡、匈奴的侵扰。冯唐曾在文帝面前称道廉、李二将，汉文帝听后连连叹息，为得不到这样的名将以抵御匈奴而惋惜。

㉒魏相：西汉定陶（今属山东）人，举贤良，历任州县官，宣帝时官至宰相，经常引用西汉前期著名政治家董仲舒、晁错、贾谊等人

的言论，整顿吏治，使西汉后期的政局，有所好转，史称“宣帝中兴。”

㉓六经：即《诗》、《书》、《礼》、《易》、《乐》、《春秋》。三史：指《史记》、《汉书》和《后汉书》。

㉔末学：儒学之外的诸子杂家学问。支离：残缺，分散。

㉕精英：精华。

㉖龟鉴：借鉴。龟：古代用龟甲占卜。鉴：镜。

㉗区区：忠爱，诚挚。取进止：公文用语。意思是说这件事该如何办，请指示，以便行动。取：听取。进止：进退。

【译解】

臣等凭着空虚浅薄的才学，在翰林讲读人员中充个数目。皇上的聪明智慧是上天赋予的，学问天天更新。小臣等才学有限，可是圣贤之道没有穷尽，心里想讲清楚，口头却不能表达。因此自觉惭愧，不知道怎么办。小臣等私下认为，臣子敬纳忠言，譬如医生使用药物。药物虽然从医生手里取得，药方却多数是由古人传下来的；假使已经在社会上经过实践确有疗效，就不一定都要从自己手里创造出来。

陆贽像

臣等听说，唐朝宰相陆贽，才能本来是帝王的辅佐，学识可以做帝王的师傅。他的议论很切合事理人情，语言从不离开圣贤的道德。智慧像张良，文才却胜过张良；口才象贾谊，方法却并不粗疏。上可以纠正君王想法的错误，下可以开导天下百姓的思想。不过他很不幸，出来做官没有碰上适当的时候。唐德宗把苛细深刻当作自己的本事，陆贽却拿忠实仁厚来规劝他；德宗把猜疑嫉忌当作看待人的方法，陆贽却拿赤诚相见来规劝他；德宗喜欢出兵打仗，陆贽却认为消除战争是目前首先要做的事情；德宗喜欢搜刮钱财，陆贽却认为散发钱物给天下臣民是当前的急务。至于任用人才、倾听意见的方法，治理边地、驾驭将帅的策略，归罪自己来收拾人心，改正过错来顺应天象，罢斥奸臣来消除百姓的隐患，珍惜爵位和车服仪制来等待有功之臣。像这一类的合理建议，是不容易完全举出来的。可以说是进献了苦口的良药，针治了危害身体的重病。倘使德宗全部采纳了他的建议，那么“贞观之治”就有可能再次出现。

小臣等每次从西阁下来，就私下相互谈论，认为皇上天赋聪明，一定喜欢陆贽的议论。只要皇上这样的圣主和陆贽那样的贤臣意见相合，那就如同圣主、贤臣处在同一个时代了。过去，冯唐评论廉颇、李牧的贤能，汉文帝为不能使用他们而长长地叹气；魏相分别陈述了晁错；董仲舒回答当时皇帝的言论，汉宣帝就用这些意见获得中兴。假如皇上能够自己找寻师傅，那就不如近一点从唐朝选取陆贽。从前的六部经书和三

宋哲宗像

部史书，以及诸子百家的著作，并非没有可以效法的，而且都能够用它来治理国家。不过圣人的言论精深奥妙，后人的注释却支离破碎，好比山海的高大深广，很难凭一、二个方面来选择那些有用的东西。像陆贽的议论，一打开书就清清楚楚的。它汇集了从古到今政见的精华，确实是国家治乱的很好借鉴。小臣等想选取他的建议，稍微加以校正，抄写一部献上。希望皇上把它放在坐位的旁边，如同亲见陆贽的面一样；反复熟读它，好像同陆贽谈话一般。这样，它一定能够启发皇上神明的天资，在短时间内完成太平盛世的崇高事业。小臣等说不尽愚笨的心意，请决定用或者不用！

【赏析】

宋哲宗即位不久，旧党上台，王安石推行的新法被吕惠卿等人弄得面目全非，弊端百出，新旧党之争激烈，国无宁日。苏轼在这个时候写了这篇文章进奏，乞校正陆贽奏议，并建议哲宗反复熟读，从中得到治国的启发。作者认为“药虽进于医手，方多传于古人”，当时宋朝形势与中唐颓势有某些相似之处，陆贽的札子虽当世不为德宗所用，但已是如“经效于世间”的良药，为“世乱之龟鉴”，哲宗若能熟读，“必能发圣性之高明，成治功于岁月”。文章采用骈体写法，行文整饬，对偶工整，比喻贴切。

前赤壁赋

苏轼

【原文】

壬戌之秋，七月既望，苏子与客泛舟游于赤壁之下。清风徐来，水波不兴。举酒属客①，诵明月之诗，歌窈窕之章②。少焉，月出于东山之上，徘徊于斗、牛之间。白露横江，水光接天。纵一苇之所如③，凌万顷之茫然。浩浩乎如冯虚御风，而不知其所止；飘飘乎如遗世独立，羽化而登仙。于是饮酒乐甚，扣舷而歌之。歌曰：“桂棹兮兰桨，击空明兮泝流光。渺渺兮予怀④。望美人兮天一方。”

客有吹洞箫者，倚歌而和之。其声呜呜然，如怨、如慕、如泣、如诉；余音袅

魏太祖曹操像，图出自《三才图会》。

袅，不绝如缕。舞幽壑之潜蛟，泣孤舟之嫠妇。

苏子愀然[5]，正襟危坐，而问客曰："何为其然也？"

客曰："'月明星稀，乌鹊南飞'，此非曹孟德之诗乎？西望夏口，东望武昌，山川相缪，郁乎苍苍，此非孟德之困于周郎者乎？方其破荆州，下江陵，顺流而东也。舳舻千里，旌旗蔽空，酾酒临江，横槊赋诗，固一世之雄也，而今安在哉！况吾与子渔樵于江渚之上，侣鱼虾而友麋鹿；[6]架一叶之扁舟，举匏樽以相属；寄蜉蝣于天地，渺沧海之一粟；哀吾生之须臾，羡长江之无穷。挟飞仙以遨游，抱明月而长终，知不可乎骤得，托遗响于悲风。"

苏子曰：客亦知夫水与月乎？逝者如斯，而未尝往也；盈虚者如彼，而卒莫消长也[7]。盖将自其变者而观之，则天地曾不能以一瞬；自其不变者而观之，则物与我皆无尽也，而又何羡乎？且夫天地之间，物各有主。苟非吾之所有，虽一毫而莫取。惟江上之清风，与山间之明月，耳得之而为声，目遇之而成色，取之无禁，用之不竭，是造物者之无尽藏也，而吾与子之所共适。

客喜而笑，洗盏更酌。肴核既尽[8]，杯盘狼藉。相与枕藉乎舟中，不知东方之既白。

周瑜像，图出自清·顾沅辑《古圣贤像传略》。

【注释】

①属客：为客斟酒，劝客（进酒）。

②"诵明月"二句：明月

之诗：指《诗经·陈风·月出》。窈窕之章：指其首章。“窈纠”即“窈窕”。

③纵：任凭。一苇：小船。所如：所往。

④渺渺兮予怀：即予怀兮渺渺。渺渺：深远无穷。

⑤愀然：忧伤的样子。

⑥渔樵：捕鱼、砍柴。江渚：江边，沙洲。侣鱼虾：以鱼虾为伴。友麋鹿：以麋鹿为友。

⑦“逝者”四句：逝：流去。斯：指江水。往：消失。盈虚：月的圆缺。卒：最终。消长：消减或增加。这四句是说，流去的像这江水，但实际上它并没有消失；忽圆忽缺的像那月亮，但它始终没有增减。

⑧肴核：菜肴和果品。

【译解】

壬戌年的秋季，七月十六日，我和朋友们划着小船到赤壁的下面去游览。清凉的风缓缓地吹来，江面上波浪平静。我端起杯子劝朋友们喝酒，一边朗诵“明月”诗，高唱“窈窕”章。一会儿，月亮从东山的上面升起，在斗宿和牛宿之间逗留不前。白蒙蒙的水气罩满江面，江水的光同天色连在一起。我们听任小船漂浮，越过茫茫无边的江面。浩荡地好像腾空驾风，不晓得要飞到哪里去；轻飘地如同脱离人世，自由自在地飞升仙境。

在这时候，酒喝得很欢畅，我就敲着船弦唱起歌来。歌词说：“桂棹呀兰桨，我用它们划开清澈的江水呀，让小船在江面浮动着的月光中逆流前进。多么遥远呀，我的思念；我盼望的‘美人’呀，正在那遥远的地方。”有一个朋友吹起洞箫，按着歌声节拍伴奏。那洞箫声呜呜地，像怨恨，像思慕，像哭泣，像诉说；吹完了，耳朵里还剩下那宛转悠扬的箫声，似乎一根细长的要断而又不断的丝线。引得潜藏在深涧里的蛟龙起舞，惹得独守在空船上的寡妇抽咽。

我听得脸色改变，整整衣服，端正地坐着，问那位朋友道："为什么箫声这样悲凉啊？"朋友回答说："'月明星稀，乌鹊南飞。'这不是曹孟德的诗吗？向西望是夏口，朝东望是武昌，山水相互环绕，树木茂盛青翠，这不是曹孟德被周瑜打败的地方吗？当曹孟德打破荆州、攻占江陵、沿着长江东进的时候，战船连接千里，旗帜遮蔽天空。他面对长江喝酒，横着长矛吟诗，原来是不可一世的英雄，可是如今在哪里呢！何况我和您像渔人、樵夫一样，生活在江湖山野之间，同鱼虾做伴侣，跟麋鹿交朋友，驾着一片叶子似的小船，拿起粗劣的杯子互相劝酒。如同蜉蝣那样短暂地寄居在天地之间，渺小得就像汪洋大海中的一粒粟子。为我们一生的短促而悲哀，为长江流水的无穷而羡慕。希望拉着天仙在宇宙间遨游，跟明月一起永久存在。明知道这是不可能轻易实现，只好在悲凉的秋风中借箫声来表达这种感慨心情。"

我说；"您了解那江水和月亮吗？江水总是像这样不断地流去，可是从整个长江来说并没有流去；月亮老是那样有时圆有时缺，可是它本身始终没有丝毫增减。如果从它变化的一面看，那么天地间的万物还用不到一眨眼的工夫就变了；从它不变的一面看，那么万物和我都是无穷无尽的，还羡慕什么呢？再说，天地之间，万物都各自有主，假使不是我所有的，就是一丝一毫也不能取用。只有江上的清风和山间的明月，耳朵听到它就成为声音，眼睛看到它就成为颜色；取用它们不会被人禁止，使用它们也不会完结。这是自然界无穷的宝藏，我和您可以共同享受的。"

朋友高兴得笑起来，于是洗干净酒杯，重新斟酒喝。菜肴吃光了，空杯、空盆杂乱地放着。我和朋友们互相挤在小船里睡着了，不知不觉东方已经发白。

【赏析】

苏轼被贬黄州团练副使，西游城外赤壁，作前后《赤壁赋》。文章从夜游赤壁写起，清风、明月、秋江、夜色，如此良辰美景，泛舟赤壁，饮酒赋诗，忘怀世俗，其可乐也。紧接着通过主客回答，引出了对人生与世界的感慨，作者与朋友凭吊历史人物的兴亡，感到人生短促，变动不居，从而转入现实的苦闷中。最后作者阐发了变与不变的哲理，悟出“物与我皆无尽”，“造物者之无尽藏”，表达了旷达乐观的人生态度。文章诗情、画意、哲理兼有，运笔神妙，为千古不朽之佳文。

后赤壁赋

苏轼

【原文】

是岁十月之望[①]，步自雪堂，将归于临皋。二客从予，过黄泥之坂[②]。霜露既降，木叶尽脱。人影在地，仰见明月。顾而乐之，行歌相答[③]。

已而叹曰："有客无酒，有酒无肴，月白风清，如此良夜何？"[④]客曰："今者薄暮，举网得鱼，巨口细鳞，状似松江之鲈，顾安所得酒乎？"归而谋诸妇。妇曰："我有斗酒，藏之久矣，以待子不时之需。"

于是携酒与鱼，复游于赤壁之下。江流有声，断岸千尺。山高月小，水落石出。曾日月之几何，而江山不可复识矣。予乃摄衣而上，履巉岩[⑤]，披蒙茸，踞虎豹，登虬龙[⑥]，攀栖鹘之危巢[⑦]，俯冯夷之幽宫，盖二客不能从焉。划然长啸，草木震动，山鸣谷应，风起水涌。予亦悄然而悲，肃然而恐，凛乎其不可留也。

反而登舟，放乎中流，听其所止而休焉。时夜将半，四顾寂寥。适有孤鹤，横江东来，翅如车轮，玄裳缟衣[⑧]，戛然长鸣，掠予舟而西也。

须臾客去，予亦就睡，梦一道士，羽衣蹁跹，过临皋之下，揖予而言曰："赤壁之游乐乎？"问其姓名，俛而不答。"呜呼噫嘻！我知之矣，畴昔之夜[9]，飞鸣而过我者，非子也耶？"道士顾笑。予亦惊寤。开户视之，不见其处。

【注释】

①是岁：即元丰五年（一〇八二）。望：农历每月十五，间有十六日。

②黄泥坂：从雪堂到临皋亭必经之路。坂：同"阪"，山坡。

③行歌相答：边走边吟诗唱和。

④如此良夜何：怎样来度过这美好的夜晚呢？

⑤履巉岩：踏着险峻的岩石。

⑥登虬龙：登上像虬龙一样盘屈的古树。虬：有角的小龙。

⑦攀栖鹘之危巢：意谓攀登鹘鸟巢居的崖壁。鹘：一种猛禽。多巢居于悬崖峭壁上。

⑧玄裳缟衣：意为白色的身躯，黑色的尾巴。玄：黑色。裳：裙。缟：素丝，白色。

⑨畴昔之夜：指昨天夜里。畴昔：日前，往昔。

【译解】

这一年十月十五日，我从雪堂步行出发，打算回到临皋去。有两个朋友跟随我一起走，路过黄泥坂，看到树木经霜以后，叶子全都脱落了。我们的身影倒映在地上，抬头看看，一轮明月高挂空中。彼此回头观看，都很欣赏这夜景；于是一面走一面吟诗，相互酬答。

过了一会儿，我叹了口气，说："有好友却没有美酒，有美酒又没有佳肴；月色皎洁，晚风清凉，像这样美好的夜晚怎么度过呢？"有一位朋友回答我："今天傍晚，张网捕得一条鱼，大嘴巴，细鳞片，形状就像松江的鲈鱼，不过到哪里去弄到好酒呢？”我就回去跟妻子相商这件事。妻子说：“我有一斗好酒，藏着它已经长久了，为了等待您随时的需要。”

《唐诗画谱》插图

就这样，我和朋友们携带着酒和鱼，再一次划着小船到赤壁的下面去游赏。江水发出声响，冲刷着高峻陡绝的崖岸；山显得高了，月亮显得小了；水位低落，原本藏在水里的礁石露出来了。跟上次游览的时间相隔能有几天呢，江山却已经不再能够认识了！我就撩衣上岸，踏着险峻的山崖，拨开纷乱的山草；蹲在虎豹似的怪石上，爬上虬龙般的古树，攀登猛禽巢居的悬崖；俯视冯夷居住的深宫。可惜两位朋友不能跟我在一起赏玩！我划地一声长啸，草木被震动了，高山共鸣，深谷回响，风刮起来，水向上涌，我也不觉忧伤悲哀，严肃恐惧，害怕得不能再逗留了。于是我回到船上，吩咐船家把小船放到江心，任凭它漂流到哪里停止，我们就在那里歇息。

那时将近半夜，四面看看，觉得冷清寂寞得很。刚好有一只鹤，从东边飞来横穿江面，翅膀像车轮那样大小，尾部的黑羽如同黑色的裙子，前面的白羽如同洁白的衣衫，戛戛地拉长声音叫着，擦过我坐的小船向西边飞去。

不一会儿，朋友们辞去，我也回家睡觉。梦里看见一个道士，穿着一件衣道袍，飘飘然起舞似的，走过临皋的下面，向我拱手作揖，一边问我道：“赤壁之游快乐吗?”我问他的姓名，他低着头不回答。“噢！哎呀！我晓得你的底细了。昨天的夜里，边飞边叫地经过我坐的小船的，不就是你吗?”道士回过头去笑起来，我也陡然惊醒。开门一望，看不到道士影迹。

【赏析】

文章先叙良夜美景凑得鱼酒，乘兴游赤壁。紧接着细致描画出赤壁冬夜之景与登山泛舟情况。作者以冷峻的笔调写寂寥清冷、幽森凄清夜色，并突出孤鹤掠舟形象，给人以神秘之感。最后写作者在梦中遇见先前遇见的白鹤化成的道士，扑朔迷离。整篇文章笼罩着一层飘渺的气氛，是有一种超尘脱俗的虚无色彩。近代贺培新《文编》评苏轼前后《赤壁赋》：“东坡真仙人也。若此二篇亦文亦诗，亦阳刚亦阴柔。随笔挥洒，皆成妙谛。令人读之，但觉飘飘弃屣，迥出尘埃之外矣。”

三槐堂铭

苏轼

李德裕像，图出自清·孔继尧绘《吴郡名贤图传赞》。

【原文】

天可必乎[1]？贤者不必贵，仁者不必寿。天不可必乎？仁者必有后[2]。二者将安取衷哉[3]？吾闻之申包胥曰："人定者胜天，天定亦能胜人[4]。"世之论天者[5]，皆不待其定而求之[6]，故以天为茫茫，善者以怠[7]，恶者以肆[8]。盗跖之寿[9]，孔、颜之厄[10]，此皆天之未定者也；松柏生于山林，其始也困于蓬蒿，厄于牛羊，而其终也贯四时、阅千岁而不改者[11]，其天定也。善恶之报，至于子孙，则其定也久矣！吾以所见闻考之，而其可必也审矣[12]！

国之将兴，必有世德之臣，厚施而不食其报⑬，然后其子孙能与守文太平之主共天下之福⑭。故兵部侍郎晋国王公⑮，显于汉、周之际⑯，历事太祖、太宗⑰，文武忠孝，天下望以为相，而公卒以直道不容于时⑱。盖尝手植三槐于庭，曰：“吾子孙必有为三公者⑲。”已而其子魏国文正公⑳，相真宗皇帝于景德、祥符之间㉑，朝廷清明，天下无事之时，享其福禄荣名者十有八年。今夫寓物于人㉒，明日而取之，有得有否㉓。而晋公修德于身，责报于天㉔，取必于数十年之后，如持左契㉕，交手相付：吾是以知天之果可必也。

吾不及见魏公，而见其子懿敏公㉖，以直谏事仁宗皇帝，出入侍从将帅三十余年㉗，位不满其德㉘，天将复兴王氏也欤？何其子孙之多贤也。世有以晋公比李栖筠者㉙，其雄才直气，真不相上下；而栖筠之子吉甫，其孙德裕，功名富贵，略与王氏等，而忠恕仁厚，不及魏公父子。由此观之，王氏之福，盖未艾也㉚。

懿敏公之子巩与吾游㉛，好德而文，以世其家㉜，吾是以录之㉝。铭曰：

呜呼休哉㉞！魏公之业，与槐俱萌㉟，封植之勤，必世乃成㊱。既相真宗，四方砥平㊲；归视其家，槐荫满庭。

吾侪小人㊳，朝不及夕㊴，相时射利㊵，皇恤厥德㊶？庶几侥幸㊷，不种而获。不有君子，其何能国㊸？

王城之东㊹，晋公所庐㊺，郁郁三槐㊻，惟德之符㊼。呜呼休哉！

【注释】

①天：天道。可必乎：可以料定其必然的吗？必，必然。

②后：这里指昌盛的后代。

③安：如何。取衷：折衷。

④申包胥曰：据《史记·伍子胥列传》：伍子胥为报杀父之仇，帮

助吴国灭掉楚国。楚国大夫申包胥决心恢复楚国，派人去对伍子胥说：“吾闻之，人众者胜天，天定亦能破人。”苏轼引用这话时稍有变动。

⑤论天者：谈论天道的人。

⑥不待其定而求之：不等到天的意志表现出来就去验证它。

⑦怠：懈怠。

⑧肆：放纵。

⑨盗跖：古代著名的大盗。

⑩孔、颜：孔子、颜回。厄：穷困、困厄。

⑪终：长成以后。贯四时：四季常青。阅千岁：经历千年。

⑫审：清楚、明白。

⑬世德：世代积德。施：施舍、做善事。不食其报：指没有善报。

⑭守文：遵守成法。

⑮王公：王祜（924～987），字景叔，莘县（今属山东）人，官至兵部侍郎，追封晋国公。

⑯显于汉、周之际：王祜在五代的后汉初年名闻京师，被邺帅杜重威任为观察支使。在后周时，又担任魏县、南乐县令。

⑰历事太祖、太宗：王祜在宋太祖时，历知潞州、大名、襄州、潭州；太宗时，移知河中府、开封府。

⑱直道：正直。

⑲手植：亲手种植。三公：西汉合称互相、太尉、御史大夫为三公。宋沿袭此称呼，但并无实际职务。

⑳魏国文正公：即王祜次子王旦，字子明。宋真宗景德年间拜相，封魏国公，谥文正。

㉑景德、祥符：均系宋真宗年号。

㉒寓：寄存。

㉓否：取不到。

㉔责报：要求回报。

㉕左契：即左券、左联。古时契约分为左右两联，双方各执一联，以便日后合契作为凭证。

㉖懿敏公：即王素，字仲仪。王旦之子。曾任鄂州知州、知谏院、成都知府、渭州知州、工部尚书。死后谥懿敏。

㉗出入：出，指出任知州、知府等。人，指入朝担任谏官、工部尚书等。

㉘位不满其德：意即爵位还不够高，难以与其德行相称。

㉙李栖筠：唐代宗时人，官至给事中，后因元载的排挤，被贬为外官。其子李吉甫，唐宪宗时两次为相。其孙李德裕，唐武宗时为宰相。是唐末“牛李党争”中李派首脑人物，后被贬死崖州（今海南海口）。

㉚未艾：犹言“方兴未艾”。艾，完了，完结。

㉛巩：王巩，字定国，号清虚先生。王旦之孙。能诗，与苏轼、黄庭坚等相唱和。

㉜世：这里是继承的意思。家：指家风。

㉝录：记述。

㉞呜呼休哉：表示感叹、赞美的意思。

㉟萌：萌芽、生长。

㊱封植：封土培植。必世乃成：肯定会在后世显现出来。

㊲砥（dǐ）：磨刀石。延平：像磨刀石一样平稳，比喻形势安定。

㊳吾侪（chái）：吾辈，我们。小人：小人物。

㊴及：虑及，考虑到。

㊵相（xiàng）：观察。时：时机。射利：谋取私利。

㊶皇恤其德：那里有心思去考虑修养自己的品德。

㊷庶几：或许。表示希望。

㊸能国：能够立国。

㊹王城：指北宋京城汴京（今河南开封市）。

㊺晋公所庐：晋公王祜所建的房屋。

㊻郁郁：苍翠茂盛的样子。

㊼惟德之符：是（王家）世代积德的凭据。

【译解】

天意能够决定人事吗？贤能的人却不一定做大官，仁慈的人却不一定享高寿。天意不能够决定人事吗？仁慈的人却一定有好后代。这两种情况，该怎样求得恰如其分的解释呢？

我听得古代的申包胥说："人决定的可以胜过天，天决定的也能胜过人。"世上的人议论天意的，都不等待天的决定就去研求人事，所以认为天意是渺渺茫茫难以捉摸的。好人因而懒得做好事，坏人因而任意做坏事。盗跖的长寿，孔丘和颜回的穷困，这都是天意还没有最终决定的。松、柏生长在山林之间，它们在开始时，被蓬蒿阻碍，受牛羊糟蹋；可是它们的结果，通过四季，经历千年，并不凋落，那是天意决定的啊。做好事或者做坏事的报应，一直轮到他们的子孙身上，那是早就已经决定的了。我拿平时看到的听到的来检验上述两种情况，天意能够决定人事是很明白的了。

一个国家将要兴起，必定有世代积德的臣子，厚重地施舍恩德给人家但还没有受到应得的好报，这样，他的子孙才能和遵守成法、导致太平的君主共享天下的幸福。已经逝世的兵部侍郎晋国王公，在后汉、后周时就做官，后来又在大宋太祖、太宗两朝任职，能文能武，又忠又孝，天下人都盼望他做宰相，可是王公始终由于刚直的性格被当时个别当权者所不欢迎。他曾经亲手在院子里种了三棵槐树，发愿说："我的子孙必定有做到三公的！"后来他的儿子魏国文正公，在景德、祥符年间做了真宗皇帝的宰相。政治清明，天下太平，享受他的福禄荣誉达十八年。假如在人家那里寄存了东西，到第二天去取它，有的能拿到，有的不能拿到。晋国公自己修养品德，向天索取报答，在几十年以后，果真得到了报答，如同拿着契约对方查验后相互交割一样。我因此知道天意是真正能够决定人事的。

我来不及看见魏国公，却看见过他的儿子懿敏公，他以直言规劝帮助仁宗皇帝，在朝内担任近臣，到外面担任元帅，经历了三十多年，职位虽高，但跟他的品德还不相称。天意大概要使王家再次兴盛吧！为什么子孙有这么多的人才呢？社会上有拿晋国公比李栖筠，他们的伟大才能和刚正气度，的确不相上下。李栖筠的儿子吉甫，他的孙子德裕，功名富贵大致同王家相等；可是忠诚、恕道、仁慈和朴实赶不上魏国公父子。从这看来，王家的福禄，大概是方兴未艾吧。

懿敏公的儿子巩，同我交往，他注意修养品德，而且能写文章，来继承他的家风，我因此记下这许多事。铭辞说：唉，好啊！魏国公的功业，同三棵槐树一起蓬勃生长。培植多么勤劳，一定要经过一辈子才能成长。他当上真宗皇帝的宰相以后，全国太平，回来看看他的家，槐树荫已经遮满院子。我们一般的人眼光短，早晨看不到夜晚，老是窥测时机追求利益，没有空考虑自己的品德修养，希望或许有朝一日，能够侥幸不耕种就收获。如果没有德才兼备的人，怎么能治理好国家？王城的东面，是晋国公的府第，郁郁葱葱的三棵槐树，是王家世代积德的见证。唉，好极了啊！

【赏析】

这篇铭文是赞美王祐及其子孙的。文章以槐的“封植之勤”比喻人生品德修养之勤，以“槐荫满庭”比喻王家子孙兴旺，代有人才。作者把王家的功名富贵归结为积德而得上天报答，表现了作者宽厚仁恕的“天命论”思想。清李扶九编《古文笔法百篇》评此文：“凡铭多有叙于前，是文叙中以“天”字为骨，铭中以“德”字为骨。序中销扬功德世系，极其盛矣。铭中“吾侪小人”六句，有规勉其子孙意，乃为得体，若一味夸张，纵然切合，非名笔也。王氏勋业、功德，得此名笔益显，乃见文人之笔，尤光于史。”

方山子传

苏轼

【原文】

方山子，光、黄间隐人也。少时慕朱家、郭解为人，闾里之侠皆宗之。稍壮，折节读书，欲以此驰骋当世，然终不遇[①]。晚乃循于光、黄间，曰岐亭。阉居蔬食[②]，不与世相闻。弃车马，毁冠服，徒步往来山中，人莫识也。见其所著帽，方屋而高[③]，曰："此岂古方山冠之遗象乎?"因谓之方山子。

余谪居于黄，过岐亭，适见焉，曰："呜呼！此吾故人陈慥季常也，何为而在此?"方山子亦矍然问余所以至此者[④]。余告之故，俯而不答，仰而笑，呼余宿其家。环堵萧然[⑤]，而妻子奴婢皆有自得之意。余既耸然异之。独念方山子少时，使酒好剑，用财如粪土。前十有九年，余在岐山下，见方山子从两骑，挟二矢，游西山，鹊起于前，使骑逐而射之，不获；方山子怒马独出，一发得之。因与余马上论用兵及古今成败，自谓一世豪士。今几日耳，精焊之色，犹见于眉间，而岂山中之人哉!

然方山子世有勋阀，当得官；使从事于其间，今已显闻。而其家在洛阳，园宅壮丽与公侯等；河北有田，岁得帛千匹[⑥]，亦足以富乐。

皆弃不取，独来穷山中，此岂无得而然哉。

余闻光、黄间多异人，往往阳狂垢污，不可得而见，方山子傥见之与？⑦

【注释】

①折节：改变平日的志节行为。不遇：不得志；不被赏识。

②庵居：住草屋。蔬食：吃素。

③方屋：方形的帽顶。

④矍然：惊视的样子。

⑤环堵萧然：环堵：周围环着四堵墙壁，形容居室简陋。萧然：清静冷落。

⑥岁得帛千匹：每年收的租税，可折合一千匹帛。

⑦傥：也许，或者。

【译解】

方山子是在光州和黄州之间山里隐居的人。他年轻时向往并学习汉朝侠客朱家、郭解的为人，乡里的讲义侠的人都敬重他。年纪渐渐大了，改变从前的志向和行为，努力读书，想凭借这条道路在当代大干一场，可是始终碰不到机会。到了晚年，就隐居在光州和黄州之间山里的一个名叫岐亭的小镇上，住草屋，吃蔬菜，不同社会接触；放弃原有的车子和马不坐，毁坏原有的帽子和衣服不穿戴，平时总是步行往来。山里的人没有谁认识他，看见他戴的帽子方方地耸起，而且很高，猜测说："这莫非是古代方山冠的老式样吧！"因此都叫他方山子。

我降职外调到黄州，跨过岐亭镇，刚巧碰见他，吃惊地说："哎呀！这是我的老友陈慥季常啊。为什么在这里？"方山子也吃惊地注视我，问我为什么到这里来。我把缘故告诉了他。他低着头不回答，接着抬起头来大笑，招待我住宿在他的家里。他家里空空地只有周围有四堵墙，可是他的妻、儿和奴婢都有自得其乐的神气。

我既惶恐地觉得他很奇怪，又想到方山子年轻时纵酒任性，喜弄刀剑，用钱如同丢弃粪便和泥土那样。十九年前，我在岐山下看见方山子带领两个骑马的仆人，自己挂了两袋箭，到西山打猎游玩。一只喜鹊在前边惊飞起来，方山子叫骑马的仆人追上去射它，没有射中；方山子猛抽坐骑独个儿奔驰出去，放了一支箭就射中了那只喜鹊。于是，他就在马上跟我谈论用兵方法和古往今来成败的道理，自以为是当代杰出的人才。到今天已过去多少日子了，但精明强悍的神色，还在两条眉毛之间隐隐显露，难道他真正是个在荒山里隐居的人吗？

《唐诗画谱》插图

方山子家里世代有功勋，应当得到庇荫做官，假使能够让他从事政事，那么现在已经是个有名望、有地位的人了。再说，他的家原在洛阳，花园住宅宏伟华丽，跟公侯的府第一样；在黄河北岸还有大片土地，每年可以收取成千匹丝织品，也足够他享受富裕快乐的生活。他都放弃不要，偏偏来这荒山里受苦，这难道是一个没有自得其乐的人就这样吗？

我听说光州和黄州之间多不平常的人，他们往往装疯，弄脏自己，不能够见到他们的真面目。方山子或者见过他们吧！

【赏析】

作者为方山子作传，概括地写了他少年慕游侠，壮年折节读书而不遇，晚年归隐，突出其不慕荣利，舍弃功名而甘愿隐遁贫贱的品格。

方山子始侠而终隐，作者写侠寥寥数语便见方山子豪纵神态；写隐则是感慨淋漓，寄寓身世之叹于其中。文章叙事、描写、议论交相并用，有传有赞，纵横跌宕，变化莫测。

六国论

苏辙

【原文】

尝读六国世家①，窃怪天下之诸侯，以五倍之地，十倍之众，发愤西向，以攻山西千里之秦，而不免于灭亡。常为之深思远虑：以为必有可以自安之计，盖未尝不咎其当时之士虑患之疏，而见利之浅，且不知天下之势也。

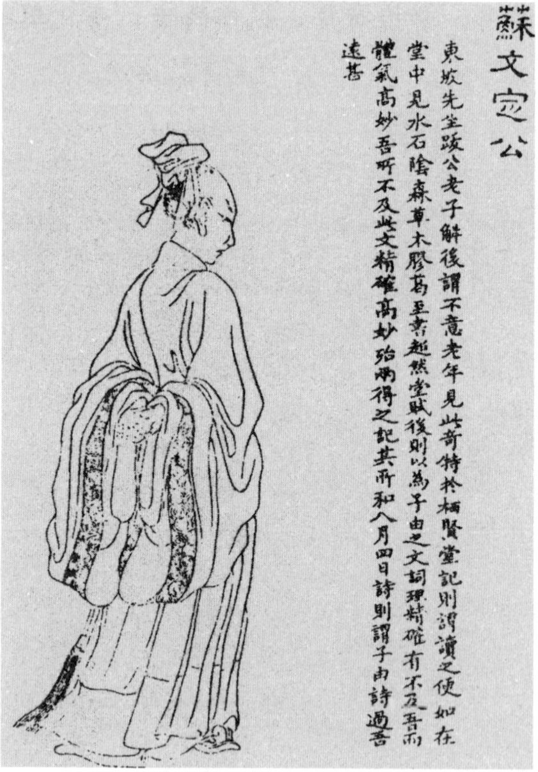

苏辙像，图出自清·上官周《晚笑堂画传》。

夫秦之所与诸侯争天下者，不在齐、楚、燕、赵也，而在韩、魏之郊。诸侯之所与秦争天下者，不在齐、楚、燕、赵也，而在韩、魏之野。秦之有韩、魏，譬如人之有腹心之疾也。韩，魏塞秦之冲②，而蔽山东之诸侯，故夫天下之所重者，莫如韩、魏也。昔者范雎用于秦而收韩，商鞅用于秦而收魏，昭王未得韩、魏之心，而出兵以攻齐之刚、寿[3]，而范雎以为忧，然则秦之所忌者，可以见矣。秦之用兵于燕、赵，秦之危事也。越韩过魏而攻人之国都，燕、赵拒之于前，而韩、魏乘[4]之于后，此危道也。而秦之攻燕、赵，未尝有韩、魏之忧，则韩、魏之附秦故也。夫韩、魏，诸侯之障，而使秦人得出入于其间，此岂知天下之势耶？委区区之韩、魏，以当虎狼之强秦，彼安得不折而入于秦哉？韩、魏折而入于秦，然后秦人得通其兵于东诸侯，而使天下遍受其祸。

夫韩、魏不能独当秦，而天下之诸侯，藉之以蔽其西，故莫知厚韩、亲魏以摈秦，秦人不敢逾韩、魏以窥齐、楚、燕、赵之国，而齐、楚、燕、赵之国，因得以自完于其间矣。以四无事之国，佐当寇之韩、魏，使韩、魏无东顾之忧，而为天下出身以当秦兵。以二国委秦，而四国休息于内，以阴助其急，若此可以应夫无穷，彼秦者将何为哉？不知出此，而乃贪疆埸[5]尺寸之利，背盟败约，以自相屠灭，秦兵未出，而天下诸侯已自困矣。至使秦人得伺其隙以取其国，可不悲哉！

【注释】

①六国世家：六国指战国时秦以外的齐、楚、燕、韩、赵、魏诸国。这六国，在《史记》中都有“世家”，故云。

②塞秦之冲：塞，阻塞，挡住。冲，要冲，军事要道。

③刚、寿：刚，故刚城，今山东省寿宁县。寿，今山东省郓城县。

④乘：乘势攻击。

⑤埸：边界。《诗·小雅·南山》：“疆埸有瓜。”

【译解】

我曾经读过《史记》上的六国世家，私下以为，天下的这些国君，凭着五倍的土地，十倍的军民，决心向西进兵，去攻打崤山以西不过千里大的秦国，却免不了被消灭。我时常为他们而深入地思考，认为他们必定有可以保全自己的办法。因而不得不责备当时的那些谋，考虑祸患的疏忽，看待利害的短浅，并且不了解天下的大势。

当时秦国同六国争夺天下的要害地方，不是在齐、楚、燕、赵四国的广大地区，而是在韩、魏二国的郊野；六国同秦国争夺天下的关键地方，也不是在齐、楚、燕、赵四国的广大地区，而是在韩、魏二国的郊野。秦国对韩、魏二国的存在，好比人有腹心的疾病一样。韩、魏二国挡住了秦国的要道，遮蔽着崤山以东的四国，所以那时天下的最重要的地方，没有哪里赶得上韩、魏二国了。

从前，范雎被秦国重用后就主张收服韩国，商鞅被秦国重用后就建议制伏魏国。秦昭王还没有得到韩、魏二国的真心降服，就出兵去攻打齐国的刚、寿两块地方，范雎为这事担忧；那么，秦国最忌的事情就可以看出来了。秦国出兵到燕、赵二国去，是秦国冒险的事情。因为秦国越过韩、魏二国去攻打别人的国都，燕、赵二国在前面抗拒它，韩、魏二国乘机在后面截击它，这在军事上是冒险的做法。然而秦国在攻打燕、赵二国的时候，不曾有韩、魏二国从后面袭击的忧患，那就是韩、魏二国归附秦国的缘故。韩、魏二国是其他国家的屏障，却让秦国人能够在它们中间随便出入，这难道可以说那些谋士是了解天下大势的吗？抛弃小小的韩、魏二国，让它们独自去抵挡强暴得像虎狼那样的秦国，它们怎么能够不折转身去投入秦国怀抱呢？韩、魏二国折转身去投入秦国怀抱，这样，秦国人就能够在二国通过他的部队到达崤山以东的各国，从而使天下普遍遭受它的灾祸。

韩、魏二国是不能够独自抵挡秦国的，天下的诸侯却依靠它们能够挡住那来自西方的侵略，所以不如团结亲近韩国和魏国，来断绝同秦国的关系。这样，秦国人就不敢越过韩、魏二国来窥伺齐、楚、燕、赵这些国家，齐、楚、燕、赵这些国家也就能够从这中间自己保全自己了。如果拿四个没有战事的国家，去帮助面对敌人的韩、魏二国，使韩、魏二国没有来自东面的后顾之忧，他们就能够为天下挺身而出，去抵挡秦国军队。用两个国家的兵力去对付秦国，四个国家在内部休养生息，来暗中援助两个国家的危急。假如这样，就可以没完没了地应付下去，那秦国还能干什么呢？不知道作出这样的安排，却贪图边境上的尺寸土地的利益，背弃誓言，撕毁协定，而且在自己营垒里互相屠杀、吞并。秦国兵还没有出来，天下各国却已经自己搞得疲惫不堪了。结果使得秦国人能够利用这个机会，来夺取他们的国家，能不令人悲伤吗！

【赏析】

六国，指战国时韩、赵、魏、齐、楚、燕六国。作者分析了六国先后被秦灭亡的历史，指出六国决策者目光短浅，不识“天下之势”，相互之间“背盟败约，以自相屠灭”，导致“秦兵未出而天下诸侯已自困矣”，从而自食恶果，相继灭亡。

全文紧扣“天下之势”，纵论六国与秦争天下中的成败得失，层层推进。而笔又一气呵成。正如金圣叹所评：“看得透，写得快。笔如骏马下坂，云腾风卷，只为留足不住故也。”（见清·金圣叹·《天下才子必读书》。）

上枢密韩太尉书

苏辙

【原文】

太尉执事①：辙生好为文，思之至深。以为文者气之所形②，然文不可学而能，气可以养而致。孟子曰：“我善养吾浩然之气③。”今观其文章，宽厚宏博，充乎天地之间，称其气之小大④。太史公行天下，周览四海名山大川⑤，与燕赵间豪俊交游，故其文疏荡⑥，颇有奇气。此二子者，岂尝执笔学为如此之文哉？其气充乎其中，而溢乎其貌，动乎其言，而见乎其文，而不自知也。

司马迁像，图选自明万历刻本《三才图会》。

辙生十有九年矣，其居家所与游者，不过其邻里乡党之人⑦，所见不过数百里之间，无高山大野可登览以自广。百氏之书虽无所不读，然皆古人之陈迹，不足以激发其志气。恐遂汩没[8]，故决然舍去，求天下奇闻壮观，以知天地之广大。过秦汉之故都[9]，恣观终南、嵩、华之高[10]，北顾黄河之奔流，慨然想见古之豪杰；至京师，仰观天子宫阙之壮，与仓廪府库城池苑囿之富且大也[11]，而后知天下之巨丽。见翰林欧阳公[12]，听其议论之宏辩，观其容貌之秀伟，与其门人贤士大夫游[13]，而后知天下之文章聚乎此也。

太尉以才略冠天下[14]，天下之所恃以无忧，四夷之所惮以不敢发[15]，入则周公、召公[16]，出则方叔、召虎[17]，而辙也未之见焉。

且夫人之学也，不志其大，虽多而何为？辙之来也，于山见终南、嵩、华之高，于水见黄河之大且深，于人见欧阳公，而犹以为未见太尉也，故愿得观贤人之光耀，闻一言以自壮，然后可以尽天下之大观而无憾者矣。

辙年少，未能通习吏事。向之来[18]，非有取于升斗之禄。偶然得之，非其所乐。然幸得赐归待选[19]，使得优游数年之间，将以益治其文，且学为政，太尉苟以为可教而辱教之[20]，又幸矣。

【注释】

①太尉执事：太尉左右管事的人。旧时在信中尊敬对方的称呼。

②文者气之所形：文章是由人的内在气质所形成的。曹丕《典论·论文》：“文以气为主，不可力强而致。”

③浩然之所：博大刚正之气。引文见《孟子·公孙丑上》。

④称（chèn）：相对称。

⑤周览四海名山大川：司马迁二十而南游江淮，上会稽，探禹穴，窥九嶷，浮于沅、湘；北涉汶、泗，讲业齐鲁之都，观孔子之遗风，乡射邹、峄；戹困鄱、薛、彭城，过梁、楚以归”（《史记·太史公自

序》)。

⑥疏荡：指文章风格流畅而有跌荡之势。

⑦邻里：《周礼地官·遂人》：“五家为邻，五邻为里。”乡党：指乡里。

⑧汩（gǔ）没：引申为无所成就的意思。

⑨秦汉之故都：秦都咸阳，西汉都长安，东汉都洛阳。

⑩恣观：纵情观览。终南：山名，在今西安市南。嵩：嵩山，在今洛阳市东南。华：华山，在今陕西省华阴县南。二者皆为五岳。

⑪仓廪（lǐn）：粮仓。府库：官府储存物资兵器的仓库。苑囿（yuàn yòu）：畜养禽兽的园林。

⑫翰林欧阳公：指欧阳修。仁宗至和元年欧阳修由龙图阁直学士升为翰林学士。嘉祐二年欧阳修担任礼部主考官，苏轼、苏辙、曾巩都是这次考中进士的。

⑬门人贤士大夫：指曾巩与梅尧臣、苏舜钦等人。

⑭太尉以才略冠天下：指韩琦凭借文武兼备。而闻名天下。

⑮惮（dàn）：畏惧。不敢发：不敢发起动乱。

⑯周公：名旦。召（shào）公：名奭（shì）。二人都是佐武王灭商的名臣，后又共同辅助成王。

⑰方叔、召虎：都是周宣王的大臣，征伐边患有功。

⑱向之来：原来的本意。

⑲待选：等待朝廷的选拔。

⑳辱教之：谦逊之辞，意谓不以教诲我为辱而教诲我。

【译解】

太尉执事：我生平喜欢作文章，对于怎样作好文章这件事想得极其深刻。认为文章是一个人气质的外貌，但是文章不能靠单纯学习就会做，气质可以靠加强修养而得到。孟子说：“我善于修养我的博大刚正的气质。”今天看他的文章，内容开阔、深厚、宏大、广博，充满在天地之间，同他的气质的大小完全相称。司马迁旅游天下，看遍整个中国的名山大川，同燕、赵之间的英雄们交朋友，所以他的文章流畅奔放，很有奇特的气概。这两个人难道曾经拿着笔学作这样的文章吗？那种正气充满在他们的胸中，于是在他们的面貌上流露出来，在他们的言语里表达出来，在他们的文章中显现出来，自己却并不知道是怎样做出来的啊。

我出生已经十九年了。我在家时所交往的人，不过是自己的邻舍或者同乡的人。看到的也不过几百里路以内，没有高山旷野可以登上游览，来开拓自己的心胸。诸子百家的著作虽然无所不读，然而都是古代人的陈旧的思想和语言，不能够激发自己的志气。我害怕就此消沉，所以断然抛开他们，访求天下奇怪的传闻和壮丽的景色，来了解天地之间的宽阔广大。经过秦朝和汉朝的故都，尽情观赏终南山、嵩山和华山的高大，向北眺望黄河的奔腾的急流，感慨地想象着古时候的英雄人物。到了京城，抬头观看皇帝宫殿的壮丽，以及粮仓、兵库、城池、花园的众多而且巨大，这才知道天下的广阔美丽。谒见了翰林学士欧阳公，听到他的议论的雄辩，看到他的相貌的清秀健壮，跟他的学生——那些贤明的士大夫交游，这才知道天下的好文章汇集在这里。太尉凭着雄才大略，为天下第一流大臣，国家有所依靠因而用不着担忧，四方夷人有所惧怕因而不敢进犯。您在朝廷就是周公、召公，出去用兵就是方叔、召虎，可是我还没有见到您啊。

再说，一个人的学习，不注意那重要的地方，就是学得多有什么用场呢？我来到这里很有收获：对于山，我看到了终南山、嵩山和华山的高峻；对于水，我看到了黄河的大而且深；对于人，我看到了欧阳公，但还认为没有见到太尉是一件恨事。所以，希望能够瞻仰您的光辉，听到您的简短的教导来充实自己，这样，才能够真正看遍天下的雄伟人物，也就没有什么恨事了。

我年纪轻，还没有能够熟习行政事务。先前来京应试的时候，不是想对微小的俸禄有所企求，偶然考中了并且做了官，也不是自己喜欢的。然而，幸亏得到朝廷恩赐，准我回乡等待选拔，使我能够有几年的空闲时间，趁此加紧进修自己的文章，并且学习治理政事。太尉假使认为我还可以教导而教导我，那么又是我的幸运了。

【赏析】

这是苏辙在中进士后为求见枢密使韩琦而呈上的一封书信。本意为求见，立意却巧妙，先从作文养气说到游历名山大川，再从名山大川的壮观说到晋见欧阳修，又由欧阳修再说到愿见韩太尉，既表达对韩的敬慕，又显不卑不亢，恰到好处，被后人称为奇文。“意只是欲求见太尉，以尽天下之大观，以激发其志气，却以得见欧阳公，引起求见太尉。以历见名山大川、京华人物，引起得见欧阳公。以作文养气，引起历见名山大川、京华人物。注意在此，而立言在彼，绝妙奇文。”（［清］吴楚材、吴调侯《古文观止》卷十一）文中提出“文者气之所形”的观点，认为作者应从游历山川、扩大交游、开拓视野中培养气质，是值得我们学习的。

黄州快哉亭记

苏辙

【原文】

江出西陵，始得平地。其流奔放肆大[①]，南合沅湘[②]，北合汉沔。其势益张。至于赤壁之下，波流浸灌，与海相若。清河张君梦得，谪居齐安，即其庐之西南为亭，以览观江流之胜，而余兄子瞻名之曰“快哉”。

苏辙像，图出自清·顾沅《古圣贤像传略》。

盖亭之所见，南北百里，东西一舍[③]。涛澜汹涌，风云开阖[④]。昼则舟楫出没于其前，夜则鱼龙悲啸于其下，变化倏忽，动心骇目，不可久视。今乃得玩之几席[⑤]之上，举目而足。西望武昌诸山，冈陵起伏，草木行列，烟消日出，渔夫樵父之舍皆可指数。此其所以为“快哉”者也。至于长洲之滨，故城之墟，曹孟德、孙仲谋之所睥睨，周瑜、陆逊之所骋骛，其流风遗迹，亦足以称快世俗。

昔楚襄王从宋玉、景差于兰台之宫，有风飒然至者，王披襟当之，曰："快哉此风！寡人所与庶人共者耶？"宋玉曰："此独大王之雄风耳，庶人安得共之！"玉之言，盖有讽焉。夫风无雌雄之异，而人有遇不遇之变。楚王之所以为乐，与庶人之所以为忧，此则人之变也，而风何与焉⑥？

士生于世，使其中不自得⑦，将何往而非病？使其中坦然，不以物伤性，将何适而非快？今张君不以谪为患，窃会计之余功⑧，而自放山水之间，此其中宜有以过人者。将蓬户瓮牖⑨无所不快，而况乎濯长江之清流，揖西山之白云，穷耳目之胜以自适也哉！不然，连山绝壑，长林古木，振之以清风，照之以明月，此皆骚人思士之所以悲伤憔悴而不能胜者，乌睹其为快也哉？

元丰六年十一月朔⑩日，赵郡苏辙记。

【注释】

①奔放肆大：奔放，指江流奔腾迅疾。肆大，形容水势浩大。

②南合沅湘：合，汇合、纳入。

③一舍：三十里。

④风云开阖：指风云变化，天气阴晴。

⑤玩之几席：玩，赏玩。几，小桌。席，坐席。

⑥风何与焉：与风有什么相干？与，参与。

⑦使其中不自得：假使他心中不如意。

⑧窃会计之余功：利用征收钱粮等公务的余暇。

⑨蓬户瓮牖：指简陋的居处。

⑩朔：每月初一叫朔。

【译解】

长江从西陵峡流出来，方才得到平坦的地形，它的水流逐渐奔放强大起来。当它同南面的沅水和湘水、北面的汉水和沔水汇合时，它的水势越发强大。到了赤壁的下面，水流越来越浩大，简直跟大海相似了。清河张君梦得，降职到齐安，在靠近他的住宅的西南方建造了一座亭子，用它来观赏江水的美景。我的哥哥子瞻给它起了个名字叫“快哉”。

在亭子上能望到的，从南到北约有一百里，从东到西约有三十里。波浪汹涌澎湃，风吹着云忽然散开忽然合拢。白天，看见来往的船只在亭子的前面忽隐忽现；夜晚，听到鱼龙在亭子的下面悲壮地号叫。景色变化迅疾，惊心骇目，不能长时间观赏。如今却能够靠在几案边，坐在位子上，玩赏这些景色，只要抬起眼皮就可以看够。向西眺望武昌的许多山，冈峦丘陵，高低起伏，草木一行行，一排排，雾气消散，太阳出来，打鱼人和砍柴人的住屋都可以指明数清。这就是起名叫“快哉”的原因啊。至于长洲的边上，故城的废墟，曹孟德、孙仲谋窥伺的地方，周瑜、陆逊奔驰角逐的场所，他们留下来的影响和事迹，也足够在社会上一般人中间夸赞为畅快的事情。

过去，楚襄王带领宋玉、景差在兰台宫玩赏，有一阵风飒飒地吹来，襄王敞开衣襟对着它，说：“这阵风畅快呀！大概是我跟百姓共同享受到的吧？”宋玉说：“这不过是大王的雄风罢了，百姓怎么能够跟大王共同享受它呢？”宋玉的话原来是含有讥讽意味的。风并没有雄雌的差异，人却有得意和不得意的区别。楚襄王觉得欢快的原因，同老百姓觉得愁苦的原因，这就是人的境遇的差别，跟风有什么关系呢？读书人活在世上，假使他的心里不能泰然自得，那么走到哪里会不愁苦呢？假使他的心里坦然，不因环境影响而伤害性情，那么走到哪里会不快乐呢？现在，张君不因为降职在外而感到愁苦，利用办公以外馀下的精力和时间，让自己在山水之间尽情游赏，这在他的心里大概是有着超越一般人的东西吧。这样，他就是在极贫困的环境中也没有什么不快乐的了，更何况在长江的清流中洗涤污垢，从西山的白云中汲取欢乐，竭尽耳目所能取得的美好景物，从而使自己畅快呢！如果不是如此，那绵延的山岭，幽深的峡谷，高大的森林，古老的树木，用清风来吹动它，用明月来照映它，这些景色都能成为诗人和思士悲伤颓废而不能忍受的原因，哪能看到它有什么快活的地方呢！

【赏析】

本文是作者在宋神宗元丰六年（1083年）谪居筠州（今江西高安）时所写的一篇脍炙人口的游记。文章借快哉亭来述说张梦得能够随遇而安的旷达胸怀，实际上也是抒发作者自己的思想感情。文中既是写人、也是在写人因为他们“同是天涯沦落人”。作者描述了快哉亭上所见的景物，说明只有像亭主人一样胸怀坦荡，不因个人遭遇而影响心境，才能“无所不快。”这实际上是作者在逆境下一种无奈的感叹与自慰。

吴楚材在评述此文时说“前幅握定《快哉》二字洗发；后幅俱从谪居中生意。文势汪洋，笔力雄壮。读之令人心胸旷达，宠辱都忘。”（见［清］吴楚材、吴调侯《古文观止》卷真十一）

寄欧阳舍人书

曾巩

【原文】

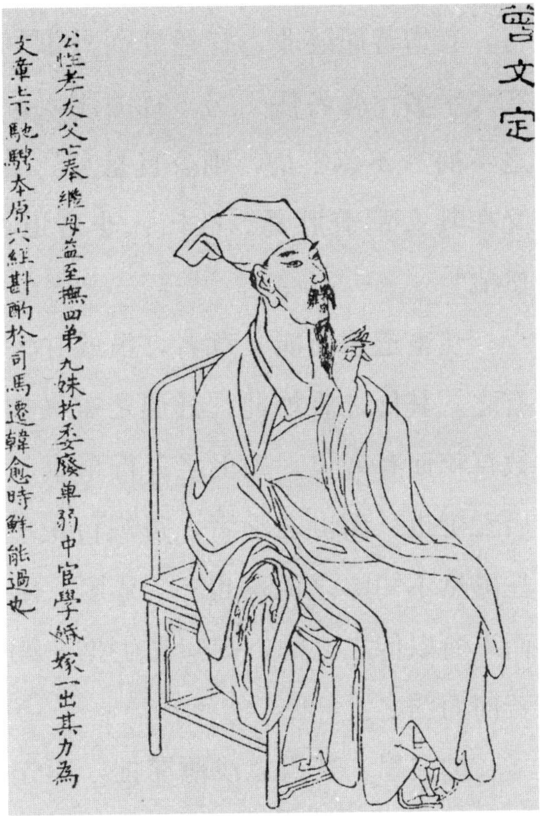

曾巩像，图选自清·上官周绘《晚笑堂画传》。

去秋人还，蒙赐书及所撰先大父墓碑铭。反复观诵，感与渐并。

夫铭志之著于世[①]，义近于史，而亦有与史异者。盖史之于善恶，无所不书：而铭者，盖古之人有功德材行志义之美者，惧后世之不知，则必铭而见之[②]。或纳于庙，或存于墓，一也。苟其人之恶，则于铭乎何有？此其所以与史异也。其辞之作，所以使死者无有所憾，生者得致其严[③]。而善人喜于见传，则勇于自立；恶人无有所纪，则以愧而惧。至于通材达识，义烈节士，嘉言善状，皆见于篇，则足为后法。警劝之道，非近乎史，其将安近？

及世之衰，人之子孙者，一欲褒扬其亲，而不本乎理。故虽恶人，皆务勒名以夸后世。立言者既莫之拒而不为，又以其子孙之所请也，书其恶焉，则人情之所不得，于是乎铭始不实。后之作铭者，当观其人。苟托之非人，书之非公与是，则不足以行世而传后。故千百年来，公卿大夫至于里巷之士，莫不有铭，而传者盖少。其故非他，托之非人，书之非公与是故也。

然则孰为其人，而能尽公与是欤？非畜道德而能文章者，无以为也。盖有道德者之于恶人，则不受而铭之，于众人则能辨焉。而人之行，有情善而迹非，有意奸而外淑[④]，有善恶相悬而不可以实指，有实大于名，有名侈于实。犹之用人，非畜道德者，恶能辨之不惑、议之不徇？[⑤]不惑不徇，则公且是矣！而其辞之不工，则世犹不存，于是又在其文章兼胜焉。故曰：非畜道德而能文章者，无以为也。岂非然哉？

然畜道德而能文章者，虽或并世而有，亦或数十年或一二百年而有之。其传之难如此，其遇之难又如此。若先生之道德文章，固所谓数百年而有者也。先祖之言行卓卓，幸遇而得铭其公与是，其传世行后无疑也。而世之学者，每观传记所书古人之事，至其所可感，则往往衋然不知涕之流落也[⑥]，况其子孙也哉？况巩也哉？其追睎祖德[⑦]，而思所以传之之繇，则知先生推一赐于巩而及其三世。其感与报，宜若何而图之？

抑又思，若巩之浅薄滞拙，而先生进之；先祖之屯蹶否塞以死[⑧]，而先生显之。则世之魁闳豪杰不世出之士，其谁不愿进于门？潜遁幽抑之士，其谁不有望于世？善谁不为？而恶谁不愧以惧？为人之父祖者，孰不欲教其子孙？为人之子孙者，孰不欲宠荣其父祖？此数美者，一归于先生！既拜赐之辱，且敢进其所以然[⑨]。所谕世族之次，敢不承教而加详焉？幸甚，不宣[10]，巩再拜。

【注释】

①铭志：墓铭与墓志。铭用韵文，志用散文。

②见：同“现”，显现。

③严：尊敬。致其严，表达他对死者的尊敬。语出《孝经·纪孝行》。

④意奸：心地奸诈。外淑：表面善良。

⑤恶：怎么，疑问助词。徇：曲从，袒护。

⑥衋然：伤心的样子。

⑦睎：仰望，仰慕。

⑧屯蹶：困顿挫折。屯，艰难。蹶，颠仆。

⑨拜：受。赐之辱：对欧阳修赐予的（碑铭）表示惭愧。辱，谦词。进：进言。

⑩不宣：不能尽述。

【译解】

去年秋天有人归来，承您赐给我一封信以及您撰写的一篇先祖父的墓碑铭，反覆阅读，不禁使我感激和惭愧的心情交织在一起。

铭志这类文章在世上出现，意义跟史书相近，但也有跟史书不同的地方。这是因为史书对于一个人的好或者坏没有什么不写上去的，不写的铭志却是由于古代的人在功业、道德、才能、行为、理想和气节等方面有突出表现，恐怕后代人不知道，定用铭志来显示他。有的安置在祠堂，有的存放在墓地，用意都是一样的。如果那个人有不好的地方，那么在铭上记载什么呢？这就是它跟史书不同的地方。铭志文章的写作，是为了让死的人没有什么遗憾，活的人能够表达他们的敬意。好人乐于被后代人传颂，就会勇于使自己成为人们学习的模范；坏人没有什么可以记载，就会因此既惭愧又惧怕。至于渊博的才学，高明的见识，正义的业绩，节烈的事情，美好的言论，善良的行为，全都在铭志文章中显示出来，就能够成为后代人学习的准则。警恶劝善的道理，不是跟史书相近，那会跟什么相近呢？

等到社会风气败坏时，作为人的子孙的，统统想要表扬他们的死去的尊长，却不根据道理。所以，就是坏人，他的子孙也都一定要给他勒碑刻铭，来向后代人夸耀。那些写铭志文章的人，既没有拒绝他们说不做，又因为是死者子孙的请求，写死者的坏事吧，那是在人情上通不过的，在这种情况下，铭志文章开始不真实了。后代写铭志的人，应当看是那样的人。假如委托的是个不适合的人，那么写的铭志就不会公正和真实，也就不能够在当代流行，在后代传诵。所以千百年来，从大小官员到普通百姓，几乎没有人没有铭志，可是传下来的大约很少，那缘故不是旁的，而是委托的是个不适合的人，写的铭志不是公正和真实的缘故啊。

既然这样，那么谁是那种适合的人，而且写的铭志能够完全做到公正和真实呢？不是具备很高的道德修养而又善于写文章的人是没有办法做到的。因为具有很高的道德修养的人，他对于坏人，就不会接受委托去写铭志；对于一般人，也能辨别他的好坏。人的表现，有动机好而事迹不好的，有内心奸邪而外貌善良的，有好坏相差极远却不能够具体指出的，有实际比名气大的，有名气比实际大的。如同用人才那样，不是具备很高的道德修养的人，怎么能够在区分他们时不被蒙蔽，在评议他们时不徇私情？假使不被蒙蔽，不徇私情，那就能够做到公正而且真实了。但是假如他的文章写得不好，那么世上还不会流传，因此，问题又在于他的文章和道德是否同样好了。所以说，不是具备很高的道德修养而又善于写文章的人是没有办法做到的，难道不是如此吗？

然而，具备很高的道德修养而又善于写文章的人，虽然可能当代就有，但也可能隔几十年才有，也可能隔一、二百年才有这样的人。铭志的流传像这样的困难，能写铭志的人要碰上他又是这样的困难。像先生的道德文章，当然是上面所说的要隔几百年才有的了。先祖父的言行是卓越的，幸亏碰到您，才能够写得那样公正和真实，这篇铭文的在当代传诵、在后代流行，是毫无疑义的了。社会上的读书人，每次观看传记文章中写的古代人的事迹，到那些值得感动的地方，就往往悲痛地不觉落泪，何况是他们的子孙呢？更何况是我呢？从自己那种追慕祖先的德行、考虑它所以流传的根由，就知道先生赐给我一人，实际上直到我家祖孙三代都蒙受恩德，我的感激和报答的心情应当怎样来设法实现呢？不过，又想到像我这样的学识浅薄，性情笨拙，先生却勉励他；先祖父的处境艰难，屡遭挫折，郁郁不得志直到逝世，先生却表扬他，那么，社会上的伟大、杰出、不是经常可以碰到的读书人，谁不愿意从您的门下进身？避世隐居的读书人，谁不对前途抱有很大希望？好人谁不肯做？坏人谁不感到既惭愧又惧怕？作父亲和祖父的人，哪一个不想教育好自己的儿子、孙子？作儿子、孙子的人，哪一个不想光耀自己的父亲、祖父？这几桩好事，应该完全归功于先生。

既拜领了您的赐予，再向您陈述我的所以这样感激的道理。来信中所说的我家族姓系统的次序，敢不接受您的教诲再作一次详细的增补呢？惭愧得很，我的心意不能在信里全部表达出来。

【赏析】

宋仁宗庆历六年，欧阳修为曾巩的祖父曾致尧写了一篇墓志铭。这是曾巩答谢的书信。文章从铭体的价值说起，批评了阿谀墓中人的不良风气，然后向欧阳修表示无限感激之情，在感谢中称颂了欧阳修的才德和影响，行文舒缓委曲而周密有致，体现了曾巩的写作风格。正如明代茅坤所评："此书纡徐百折，而感慨呜咽之气，博大幽深之识，溢于言外。"

赠黎安二生序

曾巩

苏轼像，图出自《西湖拾遗》。

【原文】

赵郡苏轼，予之同年友也①。自蜀以书至京师遗予，称蜀之士曰黎生、安生者②。既而黎生携其文数十万言，安生携其文亦数千言，辱以顾予③。读其文，诚闳壮隽伟，善反复驰骋，穷尽事理④。且其材力之放纵，若不可极者也⑤。二生固可谓魁奇特起之士，而苏君固可谓善知人者也⑥。

顷之，黎生补江陵府司法参军⑦。将行，请予言以为赠⑧。予曰："予之知生，既得之于心矣，乃将以言相求于外邪⑨？"黎生曰："生与安生之学于斯文，里之人皆笑以为迂阔[10]。今求子之言，盖将解惑于里人[11]。”予闻之，自顾而笑。

夫世之迂阔，孰有甚于予乎？知信乎古，而不知合乎世；知志乎道，而不知同乎俗。此予所以困于今而不自知也。世之迂阔，孰有甚于予乎？今生之迂，特以文不近俗，迂之小者耳，患为笑于里之人[12]。若予之迂大矣，使生持吾言而归，且重得罪，庸讵止于笑乎[13]？然则若予之于生将何言哉？谓予之迂为善，则其患若此；谓为不善，则有以合乎世，必违乎古；有以同乎俗，必离乎道矣。生其无急于解里人之惑，则于是焉必能择而取之[14]。遂书以赠二生，并示苏君以为何如也[15]。

【注释】

①赵郡：赵州，治所在河北赵县。苏轼祖籍在此地。同年：同一年中考的人。曾巩与苏轼都是嘉祐二年同科进士。

②遗（wei）：赠。称：称赞。

③既而：不久。言：指“字”。辱：谦词，称赞。顾予：给我看。

④闳壮隽伟：指文体俊美、气势雄伟。反复驰骋：指笔力纵横驰骋。穷尽事理：指所论事理详尽透彻。

⑤放纵：指才华横溢，不受约束。不可极：不可穷尽。

⑥固：实在。魁奇：非常杰出。特起：非常。苏君：指引荐二生的苏轼。

⑦顷之：不久。江陵府：治所在今湖北江陵市。司法参军：主管刑法的官吏。

⑧请予言以为赠：请让我写几句文章以作赠别。

⑨知生：对二生的了解。得之于心：在心中有所体会。以言相求于外：用文字来求得表现于外。

⑩斯文：此文。文：儒家典籍。迂阔：不合时宜。

⑪求子之言：请求先生用文章提出建议。解惑于里人：即消除乡人对自己的不解。

⑫特以：只是因为。患：怕。为笑：被嘲笑。

⑬且重得罪：更加得罪他人。庸讵：怎么。表反诘语气。

⑭是：这。指上述谓迂为善或不善两个方面。择而取之：有选择地去取舍。

⑮并示苏君：并将这篇序文转告苏轼。

【译解】

赵郡苏轼是我的同年好友。他从四川把信寄到京城给我，称赞四川的两位年轻的读书人：一个叫黎生，一个叫安生。过了不久，黎生带了他的几十万字的文章，安生也带了他的几千字的文章，来看望我。我读了他们的文章，觉得实在是内容宏大，意味深远，善于纵横驰骋，说透事理；他们的才华又是那样的奔放，似乎不能看到它的尽头。二生固然可以说是奇特杰出的人才，苏君当然也可以说是善于认识人才的了。

不久，黎生补授江陵府司法参军，快要到任上去，要求我以言相赠。我说："我了解你，已经在内心深处留下你的印象了，还需要在形式上用言语加以表达吗？"黎生说："我和安生学习这种古文，同乡的人都讥笑我们，认为我们是不合时宜，脱离现实。现在请您写篇文章，是打算给同乡的人看，解除他们的迷惑的。"

我听了他的话，想想自己，不觉好笑起来。世上不合时宜的人，有哪一个比我还厉害呢？只知道对古人的话要相信，却不知道对当代的风气要迎合；只知道对圣贤之道要立志钻研，却不知道对世俗要同流合污。这就是我到现在还穷困的原因，而且自己仍然没有觉醒啊。世上不合时宜的人，有哪一个比我更厉害呢？如今，你的不合时宜，仅仅是因为写出来的文章跟世俗崇尚的文体不接近，是不合时宜中的小问题，担心被同乡的人讥笑。像我的不合时宜可就大了，假使你拿着我的文章回去，将会加重你的过错，难道仅仅是被讥笑吗？既然如此，那么像我这样的人对于你，应该说什么呢？说我的不合时宜是对的吧，那么它的后患就是这样。说是不对吧，那么对于现时的风气有所迎合，对于古人的话必定违背；对于世俗的风尚有所苟同，对于圣贤之道必定远离了。你不要急于解除同乡人的迷惑，这样，就一定能够经过选择获得正确的东西。于是，我写下这几句话把它送给二生，并且打算给苏君看，不晓得苏君认为我的话是怎么样。

【赏析】

本文针对黎生提出其与安生两人因遵循古首，苦读圣贤之书，为文以明其志，却遭乡人嘲笑一事，提出作文要志于道，不要一味迎合今世，迁就世俗。勉励黎安二生坚持学习古文，反对只迎合流俗的俗文。文章从“迂阔”二字生发出议论，结合自己的体会娓娓而谈，字字皆从肺腑中流出，情见乎里，深得赠言之意。

文章虽内容不繁，而文笔却婉转恳切，事备理明又前后照应，有理可鉴。南宋朱熹说：“读南丰先生之文，爱其词严而理正。”刘熙载也说：“曾文穷尽事理，其气味尔雅深厚。”（二者均引从《艺概·文概》）。

而且清人也对此作了形象评价“文之近俗者，必非文也。故里人皆笑，则其文必佳。子固借“迂阔”二字，曲曲引二生入道。读之觉文章声气，去圣贤名教不远。”（见［清］吴楚材、吴调侯《古文观止》卷十一）

读孟尝君传

王安石①

【原文】

世皆称孟尝君能得士，士以故归之②，而卒赖其力，以脱于虎豹之秦③。嗟乎！孟尝君特鸡鸣狗盗之雄耳④，岂足以言得士？不然，擅齐之强，得一士焉，宜可以南面而制秦⑤，尚何取鸡鸣狗盗之力哉？鸡鸣狗盗之出其门，此士之所以不至也。

《东周列国志》版画之“孟尝君偷过函谷关”图

【注释】

①王安石（1021～1086）：字介甫，号半山，抚州临川（今江西抚州市）人。庆历二年（公元1042年）进士。曾官至中书门下平章事（宰相）。针对时弊，积

极推行新法，改革科举制度，但由于遭到保守派的激烈反对以失败而告终。最后被迫退居金陵。先封舒国公，后改荆国公，故世称王荆公。王安石是北宋著名文学家。在我国文学史上占有重要地位，位居唐宋八大家之中，著有《王临川集》。

②得士：得士的拥戴。归之：归附他。

③“而卒赖其力”二句：《史记·孟尝君传》：“秦昭王闻其贤……使孟尝君入秦，昭王即以为秦相。”因左右毁之，“秦昭王乃止，囚孟尝君，谋欲杀之。孟尝君使人抵昭王幸姬求解。幸姬曰：‘妾愿得君狐白裘。’”而孟尝君一狐白裘已献昭王。时客中有能夜为狗盗者，遂夜人秦宫取所献狐白裘转奉幸姬，幸姬求于昭王，孟尝君得出，即驰去。到函谷关，按关法鸡鸣始出客。“孟尝君恐追者至，时遇客中有能为鸡鸣者，致使民间之鸡皆鸣，遂得出关脱险。”本句即指此意。

④特：只是。鸡鸣狗盗之雄：鸡鸣狗盗之徒中的豪雄。

⑤擅：拥有。宜：应当。南面而制秦：面向南方坐着而制服秦国。

【译解】

世上的人都说孟尝君能够罗致有真才实学的人，因此有真才实学的人都去投奔他，终于依靠这些人的力量，从虎豹一样凶狠的秦国脱逃出来。

唉！孟尝君不过是个鸡鸣狗盗之流的头目罢了，怎么说得上是能够罗致有真才实学的人呢？假如不是这样，那么他凭借齐国的强大，只要得到一个有真才实学的人，应该就可以南面称王，制服秦国，还要用什么鸡鸣狗盗的力量呢？

鸡鸣狗盗之流在他的门下出现，这就是有真才实学的人不到他那里去的原因啊。

【赏析】

这篇短文是王安石读《史记·孟尝君列传》后写的一篇短小精悍的读后感。孟尝君向以广纳人才而为人称道，王安石则一反传统，指出鸡鸣狗盗之徒并不能作为国家栋梁之“士”，提出招揽人才应从政治大局着眼的主张，成为其推行新法的一项主张。全文仅八十八个字，却说理直气壮，令人信服。“文不满百字，而抑扬吞吐，曲尽其妙。”（见［清］吴楚材、吴调侯《古文观止》卷十一）

同学一首别子固

王安石

【原文】

江之南有贤人焉，字子固，非今所谓贤人者，予慕而友之[①]。淮之南有贤人焉，字正之，非今所谓贤人者，予慕而友之[②]。二贤人者，足未尝相过也，口未尝相语也[③]，辞币未尝相接也[④]，其师若友，岂尽同哉[⑤]？予考其言行，其不相似者何其少也[⑥]？曰：学圣人而已矣。学圣人，则其师若友，必学圣人者，圣人之言行，岂有二哉？其相似也适然[⑦]。

王安石像，图选自清·上官周绘《晚笑堂画传》。

予在淮南，为正之道子固，正之不予疑也[⑧]。还江南，为子固道正之，子固亦以为然[⑨]。予又知所谓贤人者，既相似又相信不疑也。子固作《怀友》一首遗予，其大略欲相扳以至乎中庸而后已[10]。正之盖亦尝云尔。夫安驱徐行，轥中庸之庭而造于其室，舍二贤人者而谁哉[11]！予昔非敢自必其有至也，亦愿从事于左右焉尔，辅而进之其可也[12]。

噫！官有守，私有系，会合不可以常也[13]。作同学一首别子固，以相警且相慰云。

【注释】

①江南：长江以南，此处指江西。子固：即曾巩，北宋著名散文家。非今所谓贤人者：不是今天一般人所说的贤才之士。友之：以之为友。

②淮南：淮河之南。正之：孙侔，字正之，擅长古文。

③相语：相互交谈。

④辞：指相互交谈及来往书信的酬答。币：币物。此指礼物。

⑤“其师若友”二句：他们所学的法和友善的，难道能完全一样吗？若：和。

⑥考：考查。何其：多么。用疑问表示程度。

⑦适然：当然。

⑧为正之道子固：向正之介绍子固的才能。不予疑：不用怀疑我的话。

⑨亦以为然：也认为我所介绍的情况是真实的。

⑩《怀友》：王安石在《答段缝书》中说：“子固有以教某也。其作《怀友》书两通（份），一自藏，一纳某家，皇皇焉求相切劘。”大略：大概、大要。相扳（pān）：相互切磋意。中庸：不偏叫中，不倚叫庸，儒家的道德标准。

⑪轥（lìn）：车轮，此为车轮辗过的意思。造：到达。这三句意指

那驾着车安稳行驶，车轮辗过了中庸的厅堂而到达客室，舍去这两位贤人还有谁呢？

⑫有至：具有极高的道德修养。从事于左右：追随左右。辅而进之：得到辅助使自己不断提高。其可也：大概是可以达到的。

⑬守：职守。系：牵连。会合：聚集在一起。

【译解】

长江的南边有一位贤人，表字子固；他不是如今世俗所说的贤人，我敬仰他，同他交了朋友。淮河的南边也有一位贤人，表字正之；他也不是如今世俗所说的贤人，我仰慕他，同他交了朋友。

这两位贤人，脚从来不曾相互往来，嘴从来不曾相互讲话，书信和礼物从来不曾相互交接。他们的老师和朋友，难道全都一样吗？可是我仔细考察他们的言行，那些不相似的地方何等少啊！一句话，他们不过都是学习圣人罢了。学习圣人，那么，他们的老师和朋友也一定是学习圣人的。圣人的言行，难道有两样吗？他们的言行相似也是应该的。

我在淮南，向正之谈起子固，正之不怀疑我的话。回到江南，对子固谈到正之，子固也以为我的话是对的。因此我又晓得我所说的贤人，他们既相似，又相信，毫不怀疑。子固作了一首《怀友》赠给我，他的大概意思是希望相互帮助一直到达中庸的境界才肯罢休。正之原来也曾经这样说过。

稳稳地前进，缓缓地行走，逐渐走向中庸的境界，然后进入它的精深微妙之处，除了这两位贤人还有谁呢？过去，我不敢自己肯定能够到达这种境界，不过希望在他们身边学着干罢了；经过他们帮助使我进入这种境界大约也是可能的。

唉！做官的有职责，私人有私事牵累，聚会不能够经常啊。于是我写了《同学一首别子固》，用它来相互鼓励，又相互安慰。

【赏析】

《同学一首别子固》是王安石向挚友曾巩的临别赠言，也是对曾巩《怀友》一文的回赠，当时，两人都年少而怀经世济时之志，他们相互倾服信赖，以期携手共进。本文扣住“同学”二字立意。同学，便是同学圣人之道，志同道合之意，作为一篇送别文章，从志同道合上立意，更显示出友谊的基础牢固。

本文笔调参差起落，在逐层推进中，又洋溢着浓厚的挚友深情。显然要比其他离惜别之作高出一等。“别子固，而以正之陪说，交互映发，错落参差。至其笔情高寄，淡而弥远，自令人寻味无穷。”（见［清］吴楚材、吴调侯《古文观止》卷十一）

游褒禅山记

王安石

【原文】

褒禅山亦谓之华山，唐浮图慧褒始舍于其址①，而卒葬之，以故

王安石像

其后名之曰“褒禅”。今所谓慧空禅院者，褒之庐冢也[2]。距其院东五里，所谓华山洞者，以其乃华山之阳名之也。距洞百馀步，有碑仆道[3]，其文漫灭，独其为文犹可识[4]，曰“花山”。今言“华”如“华实”之“华”者，盖音谬也。

其下平旷，有泉侧出，而记游者甚众，所谓“前洞”也。由山以上五六里，有穴窈然，入之甚寒。问其深，则其好游者不能穷也，谓之“后洞”。余与四人拥火以入[5]，入之愈深，其进愈难，而其见愈奇。有怠而欲出者，曰：“不出，火且尽。”遂与之俱出。盖予所至，比好游者尚不能十一，然视其左右，来而记之者已少。盖其又深，则其至又加少矣。方是时，予之力尚足以入，火尚足以明也。既其出，则或咎其欲出者，而予亦悔其随之，而不得极夫游之乐也。

于是予有叹焉。古之人观于天地、山川、草木、虫鱼、鸟兽，往往有得，以其求思之深，而无不在也。夫夷以近[6]，则游者众；险以远，则至者少。而世之奇伟、瑰怪、非常之观，常在于险远，而人之所罕至焉。故非有志者，不能至也；有志矣，不随以止也，然力不足者，亦不能至也；有志与力而又不随以怠，至于幽暗昏惑，而无物以相之[7]，亦不能至也。然力足以至焉，于人可为讥，而在己为有悔；尽吾志也而不能至者，可以无悔矣，其孰能讥之乎？此予之所得也。

余于仆碑，又以悲夫古书之不存，后世之谬其传而莫能名者[8]，何可胜道也哉！此所以学者不可以不深思而慎取之也。

四人者：庐陵萧君圭君玉，长乐王回深父，余弟安国平父，安上纯父[9]。

至和元年七月某日，临川王某记。

【注释】

①浮图：梵语，此处指僧人。址：此指山脚下。

②冢：坟墓。

③仆道：伏倒在路上。

④独其为文犹可识：只是碑上作为单个的字还可以认出来。

⑤拥火：拿着火把。

⑥夷：平坦。以：而。

⑦无物以相之：没有外物辅助他。

⑧莫能名者：不能弄清其真相。

⑨安上纯父：王安上，字纯父。

【译解】

褒禅山，也叫华山，唐朝和尚慧褒开始在这个地方定居，最后就葬在这里，因此从那以后就把这座山称为褒禅山。今天所说的慧空禅院，就是当年慧褒和尚住屋和坟墓的所在地。距离慧空禅院东面五里路，有个叫做华山洞的，因为它是在华山的南面，所以这样称呼它。离开华山洞一百多步，有块石碑倒在路旁，碑上的文字已经模糊不清，不过其中残存成字形的，还可以辨认出是“花（huā）山”。如今讲“华（huā)”，好像华实的“华”，可能是读音错了。

洞的下面平坦开阔，有一股泉水在它的旁边涌出来，洞壁上题字留念的人很多，这就是所谓前洞。从山路向上走五、六里，有一个洞，幽暗深邃，走进洞内感到身上很冷；问问它的深度，就是那些喜欢游览的人也不能走到它的尽头，人们称它作后洞。我和四个人拿着火把走进去，进洞越深，前进越困难，看到的情景却越奇妙。有个人懒得前进想要出去的，就说：“不出去，火把快要烧完了。”于是就跟他们一道退出。大约我们所到的地方，跟爱好游览的人相比还不到十分之一，可是观察洞的两旁，到过而且题字留念的人已经不多。因为洞越深，到的人就越少了。当这个时候，我的体力还能够前进，火把还能够照明。大家出来以后，就有人责怪那个要退出的人，我也懊悔自己跟着他们一道走了出来，因而不能竭尽游览的乐趣。

因此，我有些感慨。古代的人对于天地、山水、草木、虫鱼、鸟兽等经过观察，往往会有心得，这是由于他们研求问题深刻而且没有什么不思考到的。那些平坦而且近的地方，来游的人就多；危险而且远的地方，来到的人就少。然而世上的奇妙、雄伟、壮丽、怪异、不同寻常的景色，常常在危险而且远的地方，人们却很少到那里。所以，不是有坚强意志的人是不能到达的；有了坚强意志，又不随便地停止不前，但是体力不够的人，也是不能到达的；有了坚强意志和充沛体力，又不马虎、懒惰，碰到幽深昏暗看不清楚的地方，却没有像火把那样的东西去帮助他，也是不可能到达的。可是体力足够到达而停止不前，这在旁人是可以讥讽的，在自己是应当懊悔的；假如尽到了我的最大努力还不能到达的，可以不用懊悔了，谁能够讥讽他呢？这是我的心得啊。

我对于倒在地上的石碑，又有些可惜，那古代书籍的不容易保存，后代人错误地传下去不能弄清真相的事情，怎么能够说得完呢！这就是做学问的人不能不深刻地思考、慎重地选取的啊。

同我一道游览的四个人，是庐陵萧君圭，表字君玉；长乐王回，表字深父；我的弟弟安国，表字平父；安上，表字纯父。

【赏析】

本篇是游记形式的议论文，作者通过记游褒禅山华山洞的见闻，并说明其感受；一是反对浅尝辄止，提倡深入探索。二是反对道听途说，以讹传讹，主张探本索源，深思慎取。这两点虽只讲治学，但不乏普遍的思想意义，在今天仍有教育意义。

本文事中寓理，层层推进环环相扣，愈引愈深，而出必然之理，令人折服。虽为说理，而超逸之致洋溢其间，促人奋进。借游华山洞发挥学道。或叙事，或铨解，或摹写，或道故，意之所至，笔亦随之。逸兴满眼，余音不绝。可谓极文章之乐。（见［清］吴楚材、吴调侯《古文观止》卷十一）

泰州海陵县主簿许君墓志铭

王安石

【原文】

君讳平，字秉之，姓许氏，余尝谱其世家，所谓今泰州海陵县主簿者也①。君既与兄元相友爱称天下②，而自少卓荦不羁，善辩说，与其兄俱以智略为当世大人所器③。宝元时，朝廷开方略之选，以招天下异能之士④。而陕西大帅范文正公、郑文肃公争以君所为书以荐⑤。于是得召试，为太庙斋郎。已而选泰州海陵县主簿。贵人多荐君有大才，可试以事，不宜弃之州县。君亦尝慨然自许，欲有所为。然终不得一用其智能以卒⑥。噫！其可哀也已⑦。

《唐诗画谱》插图

士固有离世异俗，独行其

意[8]，骂讥笑侮，困辱而不悔。彼皆无众人之求，而有所待于后世者也，其龃龉固宜[9]。若夫智谋功名之士，窥时俯仰，以赴势利之会，而辄不遇者，乃亦不可胜数。辩足以移万物，而穷于用说之时[10]；谋足以夺三军，而辱于右武之国[11]。此又何说哉？嗟乎！彼有所待而不悔者，其知之矣[12]。

君年五十九，以嘉祐某年某月某甲子，葬真州之杨子县甘露乡某所之原[13]。夫人李氏。子男瑰，不仕；璋，真州司户参军；琦，太庙斋郎；琳，进士。女子五人，已嫁二人：进士周奉先，泰州泰兴县令陶舜元。

铭曰：有拔而起之，莫挤而止之[14]。呜呼许君！而已于斯[15]。谁或使之[16]？

【注释】

①讳（huì）：古人尊敬死者不直呼其名。许平：字秉之，终海陵县主簿。泰州海陵：今江苏泰州市。

②许元：许平四哥。字，子春。

③卓荦：卓绝超群。智略：智谋才略。为当世大人所器：被达官贵人所器重。

④宝元：宋仁宗年号（1038～1040）。《宋史·仁宗纪》："宝元二年五月癸巳，诏近臣举方略材武之士各二人。"

⑤范文正公：范仲淹。曾任宰相及陕西安抚使，溢"文正"。郑文肃公：郑戬字天休，谥"文肃"。时范任陕西路安抚经略招讨副使，郑任陕西四路都总管兼经略招讨使。故称其谓"陕西大帅"。

⑥以卒：而死去。

⑦已：语气词，用于句末，表示确定。

⑧离世异俗：超脱世俗。独行其意：凭自己意志行事。

⑨龃龉（jǔ yǔ）：本指齿参差不齐。指意见不合。固宜：本应当如此。

⑩“辩足以”二句：善辩的能力足以改造万物，却困窘在游说的时代。

⑪“谋足以”二句：高超的谋略足以折服三军，却受辱于尚武的国度里。右武：崇尚武功。

⑫其知之矣：或许知道那些善辩者也未得到重用的原故吧。

⑬杨子县：故城在今江苏仪征县。原：原野指宽平的土地。

⑭“有拔”二句：有能者提拔而起用他，又无人排挤他。

⑮而已于斯：却停止在县主簿这样的官职上。已，停止。斯，此。

⑯谁或使之：是谁使他这样的呢！或，语助词，无义。

【译解】

君讳平，表字秉之，姓许。我曾经编辑过他的家世系统，他就是世系中所说现在任泰州海陵县主簿的。君既因为同哥哥许元互相友爱被天下人称赞，又从小特出，不受世俗约束，善于辩论，同他的哥哥都因为聪明而有谋略被当代的大人先生所器重。宝元年间，朝廷开设方略科，借此招致天下有特异才能的读书人。陕西大帅范文正公、郑文肃公抢着把他所写的文章向朝廷推荐；由于这样，他就得到征召进京应考，结果做了太庙斋郎。不久，又选任泰州海陵县主簿。大臣中多数人推荐他有特异才能，可以拿比较重要的工作考验他，不应该把他弃置在州、县小官的队伍中。他也时常慷慨地自负自信，想要有所作为，可是始终得不到一次机会施展他的才能就死去。唉！真是太可悲了！

读书人当中本来有这样的人，他们厌弃世俗，不合时宜，独自照他的意旨行事，受到人们的责骂、讽刺、嘲笑、侮辱，甚至弄到穷愁困苦也不懊悔。他们没有像一般人那样的对富贵的要求，而对后世却有所期待，因此他们的受挫折、不得意是应该的。至于有智有谋、热中于功名的读书人，他们窥测时机随宜应付，来钻营权势利益的机会，却往往碰不上，也是数也数不清的。辩才能够改变一切事物，却在重用游说的时代受到穷困；计谋能够夺取军队元帅的权力，却在崇尚武力的国家遭到屈辱，这又怎样解释呢？唉！那些对后世有所期待、即使穷困也不懊悔的人，可能晓得这个道理吧！

他死的时候年纪只有五十九岁，于嘉祐某年某月某日，棺木安葬在真州的杨子县甘露乡某处的墓地。夫人姓李。儿子四个：大的叫瑰，没有做官；第二个叫璋，任真州司户参军；第三个叫琦，任太庙斋郎；第四个叫琳，是进士。女儿五个：已经出嫁的两个，大女婿是进士周奉先，二女婿是泰州泰兴县知县陶舜元。

铭辞说：有人提拔他，起用他；没有人排挤他，阻碍他。唉！许君却终止在这么小的官位上，是什么人使他这样的呢！

【赏析】

许平是个终身不得志的普通官吏。在这篇墓志铭中作者主要是哀悼许平屈居下位的悲剧。作为许平来说，本该是幸运者！既因当朝显贵推荐起而得官，仕途中又未遭人嫉妒排挤而堵住进身之阶；而其结局却又极其不幸：仅仅停留在县主簿这样的低低职位。这一极不合理的现象，又是谁造成的呢？作者以反问方式对遭遇及现实状况不满的愤慨。

卷十二 明文

送天台陈庭学序

宋濂[1]

【原文】

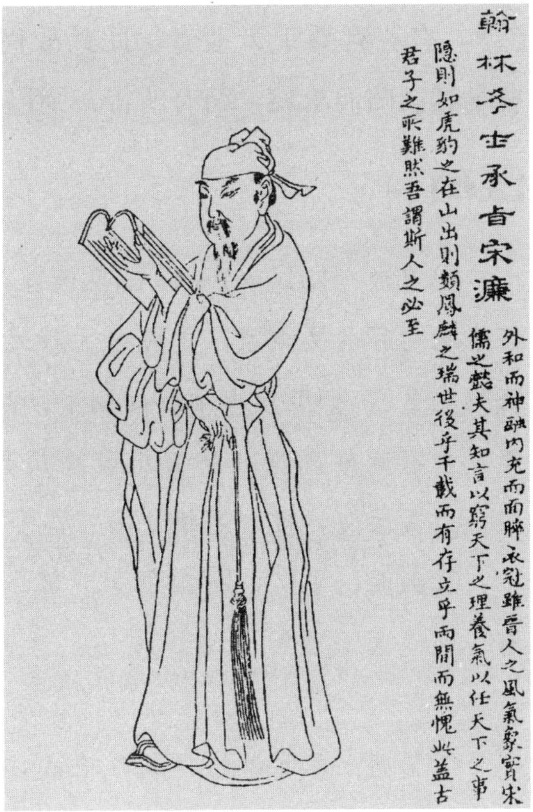

宋濂像，图出自清·上官周《晚笑堂画传》。

西南山水，惟川蜀最奇。然去中州万里，陆有剑阁栈道之险[2]。水有瞿塘滟滪之虞[3]。跨马行，则竹间山高者，累旬日不见其巅际[4]。临上而俯视，绝壑万仞，杳莫测其所穷[5]，肝胆为之掉栗[6]。水行则江石悍利，波恶涡诡[7]，舟一失势尺寸[8]，辄糜碎土沉[9]，下饱鱼鳖。其难至如此，故非仕有力者不可以游[10]，非材有文者纵游无所得[11]，非壮强者多老死于其地，嗜奇之士恨焉[12]。

天台陈君庭学[13]，能为诗，由中书左司掾屡从大将北征，有劳，擢四川都指挥司照磨[14]，由水道至成都。成都，川蜀之要地。扬子云、司马相如、诸葛武侯之所居，英雄俊杰战攻驻守之迹，诗人文士游眺饮射、赋咏歌呼之所，庭学无不历览。既览必发为诗，以纪其景物时世之变，于是其诗益工。越三年，以例自免归。会予于京师，其气愈充，其语愈壮，其志意愈高，盖得于山水之助者侈矣[15]。

予甚自愧，方予少时，尝有志于出游天下，顾以学未成而不暇；及年壮可出，而四方兵起，无所投足[16]；逮今圣主兴而宇内定[17]，极海之际[18]，合为一家，而予齿益加耄矣[19]，欲如庭学之游，尚可得乎？然吾闻古之贤士，若颜回、原宪，皆坐守陋室，蓬蒿没户，而志意常充然[20]，有若囊括于天地者，此其故何也？得无有出于山水之外者乎？庭学其试归而求焉，苟有所得，则以告予，予将不一愧而已也！

【注释】

①宋濂（1310～1381）：字景濂，号潜溪，浦江（今属浙江）人。元末明初著名文学家。先应朱元璋之聘，任江南儒学提举，后负责主修《元史》，官至学士承旨知制诰。晚年辞官回家。因长孙宋慎牵涉朝案，全家流放茂州（今四川省汶川县），中途病死于夔州。其著作颇多，尤擅散文，被刘基推许为“当今文章第一”，著有《宋学士集》。

②剑阁：县名，在四川省北部。因剑门关矗立于县北，故自古即有“剑门天下险”之名。栈道：古时在悬崖峭壁上凿孔架桥连成的道路。

③瞿塘：即瞿塘峡，长江三峡之一，两岸悬崖壁立，江中水流湍急，为四川江路的门户。滟滪（yà yù）：即滟滪堆，是长江江心突起的巨石，位于瞿塘峡口，旧时为三峡中著名险滩。

④累（lěi）：连续。旬日：十天。巅际：山顶。

⑤杳（yǎo）：深远。穷：尽头。

⑥掉栗：恐惧、颤抖。

⑦波恶涡诡：波涛汹涌漩涡诡秘难测。

⑧失势：这里指偏离航道。

⑨糜碎土沉：这句的意思是说船被撞得粉碎，像土一样沉入江底。

⑩仕有力者：指有能力的官员。

⑪材有文者：指有才能而且文才出众的人。

⑫嗜奇：指爱好奇山异水。

⑬天台：县名，位于浙江省东部。

⑭照磨：官名，主管宗卷、钱粮。

⑮侈：多。

⑯投足：落脚，指因四方战乱而无处可游。

⑰逮今：及至今日。

⑱极海之际：意谓四海之内。

⑲齿：年龄。耄（mào）：高龄，古称大约指七十至九十岁。

⑳充然：充沛。

【译解】

我国西南部的山水，惟独四川地方的最为奇特。然而，离开中原地区极远，陆上有剑阁栈道的危险，水路有瞿塘峡、滟滪堆的令人顾虑。骑着马行走，在大片竹林中间，山峰高的要接连十来天看不见它的顶端。登上高山向下面看，陡峭的山谷有几万尺深，杳杳冥冥地不能看到它的底，肝胆为它发抖、紧缩。从水路走，江里的礁石尖硬锐利，波涛凶恶，漩涡变化不测，船稍微偏离航道一点点，就会粉碎，像泥土一样散开来沉入水底，乘客掉下去让鱼类吃个够。它的难走达到如此程度。所以，不是做官而又有财力的，不能够去游览；不是有才能而且会写文章的，纵使去游览了也不会有收获；不是年富力强的，去了，多半要老死在那个地方。因而爱好奇山异水的人认为这是一桩恨事。

天台陈君庭学，能做诗，凭中书左司掾的官职屡次跟随大将向北方征讨，立了功劳，升任四川都指挥司照磨，经水路到达成都。成都是四川的要地，又是扬子云、司马相如、诸葛武侯住过的地方。过去那些英雄豪杰战斗和防守的遗迹，诗人文人们游览、喝酒、投壶、做诗和唱歌的场所，庭学没有一处不去游览。游览以后一定发抒感想写成诗篇，用它来记述那里的景物和时世的变迁。由于这样，他的诗越发写得好了。过了三年，按照旧例自己申请免职回乡，在京城和我见面。我看到他的精神越发充沛，他的说话越发豪迈，他的志气越发高尚，大约他得到山水方面的帮助很大吧。

《唐诗画谱》插图

我自己觉得很惭愧。当我年轻的时候，曾经有过游览全国的雄心大志，只是因为学业未成没有空闲的时间。等到壮年时候可以出门了，却碰上到处兵荒马乱，没有什么地方好落脚。到如今圣主出来，全国平定，直到四海的边缘，都联合成为一家，可是我的年纪越来越老了，想要像庭学那样的出门游览，还能做到吗？

然而，我听说古代的贤人，如颜回、原宪都是一年到头坐守在那间简陋的屋子里，杂草遮没了大门，他们的意气却经常很充沛，好像包罗着整个天地那样。这是什么缘故呢？只怕有超出在山水以外的东西存在吧！庭学回去试着找找它。假使有收获，就把它告诉我，我将不会只是一次惭愧就算了的啊。

【赏析】

这是一篇赠序，全文共三段。

第一段主要描写蜀地山水的奇险和游历川蜀的艰辛。

第二段主要介绍陈庭学遍游成都的缘由及收获。

第三段是写作者自己终生不能游历山川的遗憾，反衬陈庭学游历的快乐，并寄予殷勤期望。

文章短小精悍却跌宕有致，“错综见意，曲折生姿”。

吴楚材、吴调侯评此文：“先叙游蜀之难，引起庭学之能游，是正文。继叙已之不能游，与前作反衬。末更推进一步，起伏应合，如峰回路转，真神明变化之笔。”

阅江楼记

宋濂

【原文】

金陵为帝王之州[1]，自六朝迄于南唐[2]，类皆偏据一方，无以应山川之王气。逮我皇帝，定鼎于兹，始足以当之[3]。由是声教所暨，罔间朔南[4]，存神穆清，与天同体[5]，虽一豫一游，亦可为天下后世法[6]。

京城之西北有狮子山，自卢龙蜿蜒而来[7]。长江如虹贯，蟠绕其下。上以其地雄胜，诏建楼于巅[8]，与民同游观之乐，遂锡嘉名为“阅江”云[9]。

朱元璋像，图出自《续英烈传》。

登览之顷，万象森列[10]，千载之秘，一旦轩露[11]，岂非天造地设，以俟夫一统之君而开千万世之伟观者欤[12]！当风日清美[13]，法驾幸临[14]，升其崇椒[15]，凭阑遥瞩，必悠然而动遐思[16]。见江汉之朝宗[17]、诸侯之述职[18]、城池之高深、关阨之严固，必曰："此朕栉风沐雨[19]、战胜攻取之所致也。"中夏之广，益思有以保之[20]。见波涛之浩荡[21]、风帆之上下、番舶接迹而来庭[22]、蛮琛联肩而入贡[23]，必曰："此朕德绥威服[24]，覃及内外之所及也[25]。"四陲之远，益思有以柔之[26]。见两岸之间、四郊之上[27]，耕人有炙肤皲足之烦[28]，农女有捋桑行馌之勤[29]，必曰："此朕拔诸水火[30]，而登于衽席者也[31]。"万方之民，益思有以安之。触类而思，不一而足[32]。臣知斯楼之建，皇上所以发舒精神，因物兴感，无不寓其致治之思，奚止阅夫长江而已哉[33]！彼临春结绮[34]，非不华矣；齐云落星[35]，非不高矣。不过乐管弦之淫声[36]，藏燕赵之艳姬[37]，不旋踵间而感慨系之，臣不知其为何说也[38]！

虽然，长江发源岷山[39]，委蛇七千余里而入海[40]，白涌碧翻[41]，六朝之时，往往倚之为天堑。今则南北一家，视为安流，无所事乎战争矣[42]。然则果谁之力欤？逢掖之士[43]，有登斯楼而阅斯江者，当思圣德如天，荡荡难名[44]，与神禹疏凿之功同一罔极[45]，忠君报上之心，其有不油然而兴耶[46]？臣不敏，奉旨撰记，欲上推宵旰图治之功者，勒诸贞珉[47]。他若留连光景之辞，皆略而不陈，惧亵也[48]。

【注释】

①金陵：即今江苏省南京市。南朝齐谢朓《鼓吹曲·入朝曲》中有"江南佳丽地，金陵帝王州"句。

②六朝：三国吴、东晋和南朝的宋、齐、梁、陈，因都相继在今南京市建都，故称。

③逮：至、及。定鼎：旧传禹铸九鼎，以象九州，从商至周，都把它作为传国重器置于国都，故称定立国都为"定鼎"。当（dāng）：

相称。

④声教：声威教化。暨：及，至。罔同无。间（jiàn）：阻隔。朔南：泛指从南到北。

⑤存神：存养精神。穆清：太平祥和。

⑥豫、游：指娱乐巡游。法：效法。

⑦卢龙：山名，位于江宁县西北，明太祖曾伏兵于此大破陈友谅。

⑧上：指明太祖朱元璋。巅：山顶。

⑨锡：赐给。

⑩万象：宇宙间的一切景象。森列：纷呈罗列。

⑪轩露：显露。

⑫一统之君：统一全国的君主。

⑬风日：指风光景色。清美：清新秀美。

⑭法驾：指皇帝的车驾。幸临：恭称帝王亲临。

⑮崇椒：高高的山顶。

⑯悠然：深远貌。遐思：悠远的思索或想象。

⑰江汉：长江和汉水。朝宗：比喻小水流注大水。《尚书·禹贡》“江汉朝宗于海”。此处喻诸侯归顺天子。

⑱述职：陈述职守。

⑲栉（zhì）风沐雨：以风梳头，用雨洗发，形容奔波劳碌，风雨不停。

⑳中夏：即中国。益思：更加思考。有以：有所作为。

㉑浩荡：形容水势壮大。

㉒番舶：外国船只。来庭：来到朝廷觐见天子。

㉓蛮：古代泛称南方各族。琛（chēn）：珠宝。联肩：形容接连不断。

㉔德绥威服：意思是以恩德安抚，以武力征服。

㉕覃（tán）及：遍及。内外：泛指国内外。

㉖四陲：四方边界。柔：安抚。

㉗四郊：泛指郊外的田野。

㉘耕人：农夫。炙肤皲足：皮肤晒焦，足部冻裂，形容农民劳作的辛苦。

㉙捋桑行馌（yè）：采集桑叶，送饭到田头，形容农家妇女的辛苦。

㉚拔诸水火：从水深火热之中拯救出来。诸，之于的合音词。

㉛登于衽席：意思是使之过上太平安居的生活。

㉜触类而思：谓各种各样的思考。不一而足：不能一一尽举。

㉝奚：何，哪里。

㉞彼：远的指代词，犹“那”。临春、结绮：南朝陈后主曾建临春、结绮、望仙三阁，皆以沉檀香木为材，饰以金玉珠翠，瑰丽奢华。

㉟齐云、落星：皆为古楼名。齐云楼，由唐曹恭王建于苏州。落星楼，在今南京市东北临江的落星山上，三国时东吴所建。

㊱乐：意动用法，以之为快乐。淫声：淫邪的音乐。

㊲燕赵：泛指战国时燕、赵二国的所在地区，即今河北省北部及山西省东部一带。艳姬：美女。《古诗十九首·东城高又高》有：“燕赵多佳人，美者颜如玉”。

㊳不旋踵：不转脚根，形容时间极短。感慨系之：感慨随之而来。何说：即说何，说什么是好。

㊴岷山：山名，位于四川省北部，为长江、黄河的分水岭。旧时认为长江发源于此。

㊵委蛇（wēi yí）：同“逶迤”，形容绵延曲折。

㊶白涌碧翻：波浪翻滚。天堑：天然的壕沟，谓其险要可以隔绝交通。

㊷安流：平静的河流。

㊸逢掖：宽大的衣袖，代指儒学之士。

㊹荡荡：宏伟浩荡。名：形容，称说。此句说圣德广大，难以形容。

㊺神禹：对大禹的敬称。疏凿：凿山疏水。同一：同样，一样。罔极：无穷无尽。

㊸油然：自然而然地。

㊼推：称颂推许。宵旰（gàn）：宵衣旰食的省称。指天不亮就穿衣起床，天很晚才吃饭，用以称颂帝王勤于政事。图治：想办法治理好国家。勒：雕刻。贞珉：刻碑的美石。

㊽亵：亵渎。

【译解】

金陵是帝王建都的地方。但是，从六朝到南唐，大都是局部割据一个地方，没有统一全国来适应金陵山水所集中的帝王之气。直到我大明朝皇帝在这里建都，方才能够适应它。从此风声教化所到之处，不分北方和南边。皇帝保养精神，用清和之风化育万物，与和上天合成一体，就是一次娱乐，一次游玩，也可以成为天下后代人学习的准则。

京城的西北有座狮子山，

宋濂像，图出自清·顾沅《古圣贤像传略》。

从卢龙山曲折延伸过来。长江像彩虹一般横贯，环绕在它的下面。皇上因为那里地势雄壮，景色优美，就下令在山顶造一座楼，跟百姓同享游览的欢乐。于是，赐给这座楼一个美名叫做“阅江”。

登楼游览的时候，宇宙间的各种现象纷纷罗列在眼前，某些在很长时间内认为是秘密的，也一下子显露出来。这难道不是天地神灵早就安排好、来等待那统一江山的有道明君，才完全揭开千年万代的雄伟景色的吗？在风和日丽时，皇帝驾到，登上那座高山的顶峰，靠着那座高楼的阑干远眺，必定会悠然地产生深远的考虑：看到长江、汉水奔向大海，全国各地的官员都来京城汇报工作，城墙很高，护城河很深，关隘很巩固，皇上一定会说：“这是我当初不避风雨，战胜敌人，夺取天下所获得的啊。”因而想到中国幅员的广阔，更加考虑用什么方法来保有它。看到长江波浪盛大，乘风的帆船往来不断，西方各国的船只后面的紧跟前面的来朝见，南方各国的珍宝由使者们肩并肩地携带着来进贡。皇上一定会说：“这是我用恩德感化，威力慑服，广泛深入到国内外才做到的啊。”因而想到四面边境的遥远，更加考虑用什么方法来安抚那里的军民。看到长江两岸的旁边，四周原野的上面，农民们男的有烈日烤晒皮肤、严寒冻裂手脚的辛苦；女的有採桑叶养蚕、去田间送饭的勤劳。皇上一定会说：“这是我把他们从极端困苦的环境中拯救出来，又把他们安置在能够安稳地睡眠休息的和平生活中的啊。”因而想到全国人民，更加考虑用什么方法使他们安定。接触类似的事物所引起的推想，那就不是少数语言所能够概括的了。小臣知道，这座楼的建造，是皇上用它来发扬精力，通过观看景物引起感想，没有不寄托着皇上要达到太平盛世的思想，何止是看看那长江的美景就罢了呢！

那临春阁和结绮阁，不能说不华丽吧，齐云楼和落星楼，不能说不高大吧。然而它们的主人不过在那里演奏淫曲艳调，收藏燕赵的美女，在很短时间内就消失了，徒使后人为之感叹，小臣不晓得那应该怎样说啊。虽然这样，但是长江发源于岷山，蜿蜒曲折地经过七千多里才流入大海，白浪滔滔，碧波滚滚，在六朝的时候，往往依靠它做天然的壕沟。今天是从南到北成为一家，看长江是一条安静的河流，无须用来进行战争了。那么，这到底是谁的功劳呢？那些宽袍大袖的读书人中有登上这座楼，来观看这条长江的，应该想到皇上恩德像天一样，广大得令人难以指明，同神禹治平洪水的功勋，同样都是无穷无尽的。这样，尽忠皇上、报答皇上的心意，难道会不自然而然地兴起吗？

小臣不聪敏，奉旨撰写这篇记。想把皇上天不亮就起来穿衣，傍晚才吃饭，尽力谋求太平的事迹，写下来刻在美石上。至于其他像留恋美好景色的话，都省去不讲，因为怕玷污了皇上的圣意。

【赏析】

这是一篇奉旨写作的游记。名为游记，实抒颂君主之情，歌君主之德。文章充满了歌功颂德、粉饰太平的溢美之辞，但能以六朝偏安为契机，提醒朱元璋留连景物之时不忘居安思危，安抚四夷，关心民众，将对朱元璋的殷切希望巧妙地融入对朱元璋的颂扬之中，实属难得，体现了作者为国政着想的政治襟怀。文章的主脉是“颂君”，写景议论，都紧扣这一点，所以能使全文异常紧凑，与此同时语言的高度精炼也是本文得以成功的另一重要原因。

司马季主论卜

刘基[①]

【原文】

东陵侯既废[②]，过司马季主而卜焉[③]。季主曰："君侯何卜也[④]？"东陵侯曰："久卧者思起，久蛰者思启[⑤]，久懑者思嚏[⑥]。吾闻之，蓄极则泄[⑦]，闷极则达[⑧]，热极则风，壅极则通[⑨]。一冬一春，靡屈不伸；一起一伏，无往不复[⑩]。仆窃有疑[⑪]，愿受教焉[⑫]。"

季主曰："若是[⑬]，则君侯已喻之矣[⑭]，又何卜为[⑮]？"东陵侯曰："仆未究其奥也[⑯]，愿先生卒教之。[⑰]。"

季主乃言曰："呜呼！天道何亲，惟德之亲[⑱]；鬼神何灵，因人而灵。[⑲]。夫蓍[⑳]，枯草也；

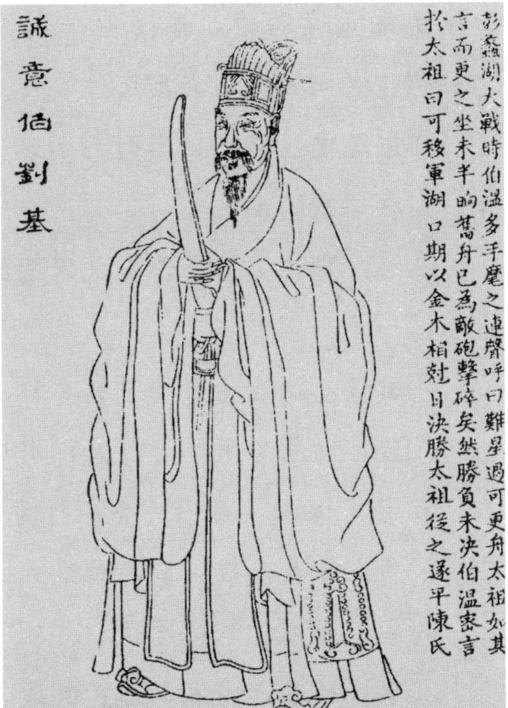

刘基像，图选自清·上官周绘《晚笑堂画传》。

龟[21]，枯骨也，物也。人，灵于物者也，何不自听而听于物乎？且君侯何不思昔者也？有昔者必有今日，是故碎瓦颓垣，昔日之歌楼舞馆也；荒榛断梗[22]，昔日之琼蕤玉树也[23]；露蚕风蝉[24]，昔日之凤笙龙笛也[25]；鬼磷萤火[26]，昔日之金缸华烛也[27]；秋荼春荠[28]，昔日之象白驼峰也[29]；丹枫白荻[30]，昔日之蜀锦齐纨也[31]。昔日之所无，今日有之不为过[32]；昔日之所有，今日无之不为不足。是故一昼一夜，华开者谢[33]；一春一秋，物故者新[34]。激湍之下[35]，必有深潭；高丘之下，必有浚谷[36]。君侯亦知之矣，何以卜为？”

【注释】

①刘基（公元1311～1375年）：字伯温，青田（今属浙江）人。著名政治家、文学家。元末进士，曾官高安县丞、浙江元帅府都事。后接受朱元璋聘请，辅助他平定天下，官御史中丞，封诚意伯，谥“文成”。有《诚意伯文集》。

②东陵侯：邵平。秦时封为东陵侯。秦灭后种瓜于长安城东，瓜美，人称“东陵瓜”。

③过：拜访。司马季主：汉楚国人，曾游学长安，卖卜东市。卜：占卜。

④君侯：此处为对邵平的尊称。何卜：即卜何。

⑤蛰：动物冬眠。启：开，引申为出来。

⑥懑（mèn）：郁闷。嚏：打喷嚏。这三句喻久废想做官。

⑦蓄：积蓄。极：引申谓最大限度。泄：发散，排放。

⑧闷：闭塞。达：通达。

⑨壅：堵塞，阻塞。通：畅通。此四句喻久废必用。

⑩靡：无。复：往复。这两句强调了事物发展的必然性。

⑪仆：对自己的谦称。窃：私下。疑：疑惑不明。

⑫愿：希望。受教：受到教诲。

⑬若是：如此，像这样。

⑭喻：知晓，明白。

⑮何卜为：即“为何卜”，为什么还要占卜呢？

⑯究：彻底弄清楚。奥：奥秘。

⑰卒：终，尽。

⑱天道何亲，惟德之亲：意为天道亲近什么人呢，唯有对有德的人亲近。

⑲鬼神何灵，因人而灵：意为鬼神有什么灵验呢，只有人相信它才产生灵验。

⑳蓍（shī）：草名，多年生草本植物，古代取其茎作占卜用。

㉑龟：龟甲，古人以龟为灵物，故灼其甲视其裂纹以占卜。

㉒荒榛断梗：杂乱而枯折的灌木草丛。

㉓琼蕤（ruí）玉树：对花和树的美称。

㉔露蚕风蝉：在室外饲养的蚕和在风中鸣叫的蝉。

㉕凤笙：笙之状如凤，故名。龙笛：管首有龙形饰物的一种笛。

㉖鬼磷：鬼火。坟地多磷火，迷信者以为是幽灵之火。

㉗金缸华烛：黄金做的灯和华丽的烛。

㉘秋荼春荠（jì）：秋天的苦菜和春天的荠菜。

㉙象白驼峰：大象的脂肪和骆驼背上的驼峰，这里用以代指名贵的菜肴。

㉚丹枫白荻：红色的枫叶和白色的荻花。

㉛蜀锦齐纨：蜀地出产的彩锦和齐地出产的白绢，此处皆代指名贵的衣料。“昔日”四句主要是说明昔日的荣华富贵都只是过眼烟云。

㉜过：过分。

㉝华：花的古字。

㉞物故：死亡。这句意思是秋天死去的草木到春天又发出新芽。

㉟激湍：激流。

㊱浚谷：幽深的峡谷。“是故”四句从自然景物变迁喻指仕途坎坷不平，吉凶难测。

【译解】

东陵侯被废黜以后，去访问司马季主，请他占卜。

季主问道：“君侯要占卜什么？”东陵侯说：“长久卧床的人总是想起来，长久关在室内的人总是想打开门窗，长久气闷的人总是想打个喷嚏。我还听说过：水积得太多就会向外流出来，气闷得太厉害就会透出来，天热极了就有可能刮风，壅塞过分就有可能凿通。有时冬天，有时春天，没有什么事物只屈曲不伸展的；有时兴起，有时倒下，没有什么事物只去不回来的。我私下有些疑问，希望向你请教。”

季主说：“如果是这样，那么君侯已经了解这个道理了，还占卜什么呢？”东陵侯说：“我还不曾彻底推求出它的秘密，希望先生最终还是教导我。”

于是，季主说道：“唉！天意亲近什么样的人呢？只亲近德行好的人。鬼神灵什么？是有人相信才灵的。那蓍是枯草，龟甲是枯骨，都是东西啊。人是比东西灵的，为什么不向自己请教，却向东西打听呢？再说，君侯怎么不想想从前呢？有从前，必定有今天。因此，今天的碎瓦坍墙，就是从前的歌楼舞馆；今天的荒树断草，就是从前的琼花玉树；今天的蟋蟀和蝉，就是从前的凤笙和龙笛；今天的磷光和萤火，就是从前的金灯和彩烛；今天的苦菜和荠菜，就是从前的象白和驼峰；今天的红枫和白荻，就是从前的四川锦缎和山东细绢啊。总之，从前没有的，今天有了不算过分；从前有的，今天没有了不算不足。所以，有时白天，有时黑夜，花开放了会凋谢；有时春天，有时秋天，东西陈旧了会更新。激流的下面，必定有深潭；高山的下面，必定有深谷。君侯也晓得这个道理，为什么还要占卜呢?”

【赏析】

这是一篇议论文，作者假托东陵侯和司马季主的问答，阐述了世事无常，盛衰有时的道理，以此警诫世人不应盲目追求荣华富贵、功名利禄。

全文共三段。第二段承上启下；剩下的第一段叙述已失去爵位的东陵侯向司马季主问卜，说明天道无常的道理；第三段是全文的重点，通过司马季主之口，说明了事物发展变化的规律，告诫世人不要盲目追求富贵功名。

吴楚材、吴调侯评这篇文章说：“通篇只说得一个循环道理。吃紧唤醒东陵处，全在“何不思昔者”一句，以下总发明此意。世之人，类多时命之感，读此可以晓然矣。

卖柑者言

刘基

【原文】

杭有卖果者，善藏柑，涉寒暑不溃①，出之烨然②，玉质而金色③。剖其中，干若败絮④。予怪而问之曰："若所市于人者⑤？将以实笾豆、奉祭祀、供宾客乎⑥？将衒外以惑愚瞽乎⑦？甚矣哉，为欺也⑧！"

刘基像，图出自·顾沅《古圣贤像传略》。

卖者笑曰："吾业是有年矣⑨。吾业赖是以食吾躯⑩，吾售之，人取之，未闻有言，而独不足子所乎⑪？世之为欺者不寡矣，而独我也乎⑫？吾子未之思也⑬。今夫佩虎符、坐皋比者⑭，洸洸乎干城之具也⑮，果能授孙吴之略耶⑯？峨大冠、拖长绅者⑰，昂昂乎庙堂之器也[18]，果能建伊皋之业耶[19]？盗起而不知御[20]，民困而不知救，吏奸而不知禁，法斁而不知理[21]，坐縻廪粟而不知耻[22]。观其坐高堂，骑大马，醉醇醴而饫肥鲜者[23]，孰不巍巍乎可畏，赫赫乎可象也[24]？又何往而不金玉其外[25]，败絮其中也哉！今子是之不察[26]，而以察吾柑。”

予默默无以应。退而思其言，类东方生滑稽之流[27]。岂其忿世嫉邪者耶[28]？而托于柑以讽耶[29]？

【注释】

①杭：杭州。藏：储藏。涉：经历。溃：腐烂。

②烨（yè）然：光亮。

③玉质而金色：形容柑子果皮光润、鲜亮。

④干（gān）：干枯。败絮：破烂的棉絮。

⑤市于人：卖给人家。

⑥以：用来。实：装满。笾豆：古时祭祀用的器皿。奉：进献。供：招待。

⑦衒（xuàn）：夸耀。惑：欺骗。愚瞽：傻子和瞎子。

⑧甚矣哉，为欺也：倒装感叹句，意为你做的欺人之举，太过分了！

⑨业是：以此为业。有年：已有许多年了。

⑩赖是：依靠这个职业。食（sì）：养活。

⑪独：唯独。足：满足。子：对对方的尊称。所：地方，此处有心意的意思。

⑫也乎：也和乎连用表示反诘语气。

⑬吾子：对对方的尊称。未之思：即未思之。

⑭虎符：虎形兵符，古时朝廷用以调兵遣将的凭信。皋比（gāo pí）：虎皮。此处代指武将的座席。

⑮恍恍（guāng guāng）乎：很威武的样子。干城之具：干，盾牌；城，城墙。喻为捍卫国家的将才。

⑯果：果真。孙吴：孙指孙膑，吴指吴起，二人皆为古代著名军事家。

⑰峨大冠：戴着大冠。峨，高高的样子，此处用为动词。绅：古时士大夫束在腰间的长带子。

⑱昂昂乎：态度轩昂的样子。庙堂之器：庙堂，此指朝廷。器，才具。

⑲建：建立。伊皋：伊为商汤的贤相，皋是虞舜的治臣。业：功业。

⑳御：制止。

㉑法：法治。斁（dù）：败坏。理：整治。

㉒坐糜：白白浪费，徒然耗费。廪粟：国家仓库里的粮食。

㉓坐高堂：居住在高屋大厦之中。醇醴：味道纯美的酒。饫（yù）：饱食。肥鲜，代指美味佳肴。

㉔孰：谁，哪一个。赫赫：气势很盛的样子。象效法。

㉕何往：即往何，到哪里。这句是说每一个人都是这样。

㉖是之不察：即不察是，不考察这些。

㉗东方生：东方朔，字曼倩，汉武帝时官太中大夫，以诙谐和善于讽喻著称。

㉘岂：难道。其：代指卖柑者。忿世嫉邪：愤恨世俗憎恨邪恶。

㉙托：假借。讽：讽劝。

【译解】

杭州有一个卖水果的人，擅长保藏柑子，经过严寒酷暑都不会腐烂。出售时柑子光洁新鲜，如同玉石般的质地，黄金般的色泽。剖开来，它的当中却干枯得像破棉絮那样。我觉得奇怪，就问他道：“你卖给顾客的柑子，是打算让顾客拿它去充实盘子，来供奉祭祀或者款待客人呢？还是炫耀好看的外表，去欺骗愚人和瞎子呢？你玩弄诈骗手段也太厉害了啊！”

那个卖水果的笑着回答我，说：“我做这个生意多年了，我靠这个生意来养活我自身。我出售它，顾客买进它，还不曾听到有什么意见，为什么独独不能满足您的需要呢？社会上玩弄诈骗手段的人不算少，难道就只有我一个人吗？您是没有考虑过这个问题吧。如今那些佩带兵符、高坐虎皮交椅的人，雄赳赳地煞像是个捍卫国家的人材，他们真的能够授孙武、吴起的韬略吗？还有那些戴着高帽子、拖着长带子的人，气昂昂地煞像是个治理国家的人材，他们真的能够建立伊尹、皋陶的功业吗？盗贼起来却不晓得怎样处理，百姓穷困却不晓得怎样救助，官吏奸邪却不晓得怎样禁止，法制败坏却不晓得怎样整顿，他们不动心，不用力，白白地浪费国家的粮食却不知道羞耻。看看那些坐在官署的大堂上、骑在高大的骏马上、喝醉美酒、吃饱鱼肉的人，哪一个不是高贵得可以使人害怕，显赫得可以令人慕效呢？其实又哪里不都是金玉他的外表，破絮是他的内容的呢？现在，您不去查究这些问题，却来查究我的柑子！”

我默默地没有什么话好反驳他。回来考虑他的话，大概他是像东方朔那样滑稽一类的人吧。难道他是愤怒世事、痛恨邪恶的人吗？他是把讽刺寄托在柑子上吗？

【赏析】

这是一篇著名的讽刺性小品文。

作者以辛辣的笔调，深刻揭露了一些官僚欺世盗名、腐朽昏庸的本质。

作者假托一个卖柑者的议论，以市场比喻官场，尖锐讽刺了元末那些尸位素餐的官僚们“金玉其外，败絮其中”的社会现实，宣泄了作者对时政的不满。文章故作辩论之词，构思巧妙，言近旨远，词锋犀利。

深虑论

方孝孺[1]

【原文】

虑天下者，常图其所难而忽其所易[2]；备其所可畏而遗其所不疑[3]。然而祸常发于所忽之中，而乱常起于不足疑之事。岂其虑之未周与[4]？盖虑之所能及者，人事之宜然[5]，而出于智力之所不及者，天道也。

方孝孺像，图出自清·顾沅《古圣贤像传略》。

当秦之世，而灭诸侯、一天下，而其心以为周之亡，在乎诸侯之强耳；变封建而为郡县[6]，方以为兵革可不复用[7]，天子之位，可以世守[8]，而不知汉帝起陇亩之中[9]，而卒亡秦之社稷[10]。汉惩秦之孤立[11]，于是大建庶孽而为诸侯[12]，以为同姓之亲可以相继而无变[13]，而七图萌篡弑之谋[14]。武宣以后，稍剖析之而分其势[15]，以为无事矣，而王莽卒移汉祚[16]。光武之惩哀、平[17]，魏之惩汉，晋之惩魏，各惩其所由亡而为之备[18]，而其亡也，盖出于所备之外。唐太宗闻武氏之杀其子孙，求人于疑似之际而除之，而武氏日侍其左右而不悟[19]。宋太祖见五代方镇之足以制其君[20]，尽释其兵权[21]，使力弱而易制，而不知子孙卒困于敌国。

此其人皆有出人之智[22]，盖世之才，其于治乱存亡之几[23]，思之详而备之审矣[24]。虑切于此而祸兴于彼[25]，终至乱亡者何哉？盖智可以谋人，而不可以谋天[26]。良医之子，多死于病；良巫之子，多死于鬼。岂工于活人而拙于谋子也哉[27]？乃工于谋人而拙于谋天也。古之圣人，知天下后世之变，非智虑之所能周，非法术之所能制[28]，不敢肆其私谋诡计[29]，而唯积至诚用大德以结乎天心[30]，使天眷其德[31]，若慈母之保赤子而不忍释[32]。故其子孙虽有至愚不肖者足以亡国[33]，而天卒不忍遽亡之[34]，此虑之远者也。

夫苟不能自结于天[35]，而欲以区区之智笼络当世之务[36]，而必后世之无危亡，此理之所必无者[37]，而岂天道哉！

【注释】

①方孝孺（公 1357～1402 年）：字希直，又字希古，明初宁海（今属浙江）人。洪武年间任汉中府教授，建文帝即位后，官翰林侍讲学士。燕王朱棣攻取南京，命其起草诏书，不从，受车裂之极刑。著有《逊志斋集》。

②图：考虑。忽：忽视。

③备：防备。遗：遗忘。

④未周：不周全，不全面。

⑤及：至，达到。人事之宜然：人的力量所能及的事。

⑥封建：指周朝分封疆土，建立诸侯国制。郡县：指秦统一中国

后，废除分封制，把国家分为郡和县，由中央朝廷统一掌管。

⑦兵革：代指武器铠甲。

⑧世守：代代相传。

⑨汉帝：指汉高祖刘邦。陇亩：草野。

⑩卒：终于，最终。社稷：社为土神，稷为谷神，社稷也是国家的代称。

⑪惩：鉴戒。

⑫建：设置。庶孽：妃妾所生之子。

⑬相继而无变：互相帮助而不会发生变乱。

⑭七国：指汉景帝时吴、楚、赵、胶西、济南、菑川、胶东等七个诸侯国，于前145年同时发动叛乱，史称“七国之乱”。篡弑：弑君而夺其帝位。

⑮武宣：指汉武帝、汉宣帝。稍：逐渐。剖析：这里指削减。

⑯汉祚：汉朝的帝位。

⑰光武：即汉光武帝刘秀。哀平：即汉哀帝刘欣、汉平帝刘衎。

⑱所由亡：灭亡的原因。

⑲“不悟”句：据载，唐贞观二十二年（648），据星象及流传于民间的《秘记》显示有女主武氏代有天下之兆，唐太宗要将认为可疑之人杀掉，为太史令李淳风谏止。其实武则天就在身边，唐太宗却没有察觉。

⑳宋太祖：即赵匡胤960～976年在位。五代：指后梁、后唐、后晋、后汉、后周。方镇：指掌握兵权、镇守一方的军事长官。

㉑指“杯酒释兵权”事。

㉒此其人：这里所列举的人。出人之智：超出常人的智慧。

㉓几（jī）：指细微的迹象。

㉔审：周祥。

㉕切：贴近、切近。兴：产生。

㉖这两句是说人的智慧只能为人事而谋虑，却算不到天意。

㉗工：擅长、善于。活人：救活他人。拙："工"的反义词。谋子：为自己子女考虑。

㉘周：遍及。法术：此处指策略、方法。制：控制。

㉙肆：不顾一切地施行。私谋诡计：同"阴谋诡计"。私，不公开。

㉚至诚：极诚挚的心意。大德：高尚的品德。

㉛眷：顾念，垂爱。

㉜赤子：婴儿。释：丢下、放下。

㉝至愚：极端愚笨。不肖：不成材。

㉞遽：立即、马上。

㉟苟：假如。

㊱区区之智：浅薄的智慧。笼络：控制。

㊲理：世间的道理。

【译解】

考虑国家大事的人，总是谋求解决那些很难处理的问题；而忽视那些容易处理的问题，防备那些认为值得害怕的事情，放掉那些认为不值得怀疑的事情。可是，祸患往往在被忽视的问题当中发生，而动乱常常在认为不值得怀疑的事情中间产生。难道是他们的考虑还不周到吗？原来思想上能够考虑到的，是人事上应当这样的；而出在人的智力所不可能到达的地方，那是天意。在秦始皇的时候，消灭了六国，统一了天下，因而秦始皇的心里认为周朝的灭亡，问题不过在于诸侯国的强大罢了，就改变分封制度为郡县制度。正当他认为从此可以不再动用兵力，皇帝的宝座可以世世代代保住时，不料汉高祖却在田野之中崛起，而且最终消灭了秦朝的政权。汉高祖鉴于秦王族的孤立，于是大封子弟为诸侯王，认为他们是同姓之亲，可以世代相传不会叛变，不料吴、楚等七国却萌发了篡国弑君的阴谋。武帝、宣帝以后，逐渐割去诸侯王的部分土地分封给他们的子孙，从而分散了他们的力量，认为这样就可以太平无事了，可是王莽终究改变了汉朝的国统。东汉光武帝把西汉哀帝、平帝时期的动乱作为警戒，曹魏把东汉末年的动乱作为警戒，晋朝把曹魏的动乱作为警戒，他们各自把前朝所以灭亡的原因作为警戒，并且作好了防备措施。可是他们的灭亡，其原因全都出在他们防备的以外。唐太宗听说姓武的要杀死他的子孙，就在那些可疑的对象中找出来除掉，可是武则天每天侍奉在他的旁边却不觉察。宋太祖看到五代地方藩镇能够挟制他们的君主，建国以后就全部解除将帅们的兵权，使地方势力薄弱，容易控制，不料子孙却因此时常被敌国打败。上面说的那些帝王都有超人的智力，盖世的才能，他们对于太平、骚乱、存在、灭亡的所以产生的苗头，可算是考虑得详尽、防备得周密的了。可是，在这方面考虑得深入仔细，祸患却从那一方面产生，终于弄到骚乱直至灭亡，这是什么道理呢？原来是智慧可以用它考虑人事，却不可以用它考虑天意。好医生的儿女，大都由于生病而死；好巫师的儿女，大都由于鬼祟而死。难道他们对于救活别人是高明的，对于救活自己的儿女反而是笨拙的吗？其实是在考虑人事上高明，而在考虑天意上笨拙啊。

古时候的圣君，他们懂得天下传到后代要起变化，不是智力能够料到的，不是法术能够控制的，因此不敢任意施展他的阴谋诡计，只是积累最高的真诚，运用最大的道德，来迎合天意，使天喜爱他的品德，好像慈母爱护婴儿那样舍不得放下。所以，他的子孙中即使有极愚蠢、不成材的足够亡国的人，天却终于舍不得马上让他灭亡。这才是考虑国家大事最深远的人啊。假如自己不能结合天意，却想依靠一点点的智力，来控制驾驭当前的事务，而且企图一定要后代没有危亡，这在情理上是必定没有的，难道符合天意吗！

武则天像

【赏析】

这是一篇非常漂亮的议论文。文章第一段通过叙述“图天下者，常图其所难、而忽其所易；备其所可畏、而遗其所不疑。然而祸常发于所忽之中，而乱常起于不足疑之事”这样一种普遍现象，然后推出文章的中心论点：“盖虑之所能及者，人事之宜然。而出于智力所不能及者，天道也。”

文章第二段对中心论点进行论证，作者以时间为线索，叙述从秦汉至唐宋，历代统治者都能总结前代覆亡的经验教训，努力改革，小心防备，但总是避免不了祸乱的产生的历史事实。得出一个结论：“智可以谋人，而不可以谋天。”

第三段作者提出自己的观点：“积至诚用大德以结乎天心”，使得“天卒不忍遽亡之”，这才真正的“虑之远者也。”并且驳斥了那种“不能自结于天，而欲以区区之智笼络当世之务，而必后世之无危亡”的荒谬看法，最后以“此理之所必无者，而岂天道哉?”的反问煞尾。全文有正面论证，亦有反面论证；有正面阐述，亦有反面驳斥，环环紧扣，层层深入，同时作者占据大量史料，经过高度概括，为文章所用，增加了文章的可读性，这些如果没有深厚的文字功底都是做不到的。

豫让论[1]

方孝孺

【原文】

士君子立身事主，既名知己[2]，则当竭尽智谋，忠告善道[3]，销患于未形，保治于未然[4]，俾身全而主安[5]。生为名臣，死为上鬼[6]，垂光百世[7]，照耀简策[8]，斯为美也。苟遇知己，不能扶危于未乱之先，而乃损躯殒命于既败之后[9]，钓名沽誉[10]，眩世炫俗[11]，由君子观之，皆所不取也。

盖尝因而论之，豫让臣事智伯，及赵襄子杀智伯[12]，让为之报仇，声名烈烈[13]，虽愚夫愚妇[14]，莫不知其为忠臣义士也。呜呼，让之死固忠矣，惜乎处死之道有未忠者存焉[15]！何也？观其漆身吞炭，谓其友曰："凡吾所为者极难，将以愧天下后世之为人臣而怀二心者也[16]。"谓非忠可乎？及观斩衣三跃，襄子责以不死于中行氏[17]，而独死于智伯，让应曰："中行氏以众人待我，我故以众人报之；智伯以国士待我，我故以国士报之[18]。"即此而论，让有余憾矣。

段规之事韩康，任章之事魏献[19]，未闻以国士待之也，而规也章也，力劝其主从智伯之请，与之地以骄其志，而速其亡也。郄疵之事智伯[20]，亦未尝以国士待之也，而疵能察韩魏之情以谏智伯，虽不用其言以至灭亡，而疵之智谋忠告，已无愧于心也。

让既自谓智伯待以国士矣，国士，济国之士也。当伯请地无厌之日[21]，纵欲荒暴之时，为让者，正宜陈力就列，谆谆然而告之曰[22]：“诸侯大夫，各安分地，无相侵夺，古之制也。今无故而取地于人，人不与，而吾之忿心必生；与之，则吾骄心以起。忿必争，争必败；骄必傲，傲必亡。”谆切恳至，谏不从，再谏之，再谏不从，三谏之，三谏不从，移其伏剑之死[23]，死于是日。伯虽顽冥不灵[24]，感其至诚，庶几复悟[25]。和韩魏，释赵围，保全智宗，守其祭祀，若然，则让虽死犹生也，岂不胜于斩衣而死乎？让于此时曾无一语开悟主心[26]，视伯之危亡，犹越人视秦人之肥瘠也[27]。袖手旁观，坐待成败，国士之报，曾若是乎[28]？智伯既死，而乃不胜血气之悻悻[29]，甘自附于刺客之流，何足道哉！何足道哉！

虽然，以国士而论，豫让固不足以当矣[30]。彼朝为仇敌，暮为君臣，靦然而自得者[31]，又让之罪人也[32]。噫！

【注释】

①豫让：事见《战国策·赵策》。豫让是春秋战国时晋智瑶（即智伯）的家臣，赵、韩、魏联手消灭智氏后，他曾入赵襄子宫中刺杀襄子，被俘获。后豫让改名换姓，漆身吞炭改变自己的面容和声音，再次谋刺赵襄子，又被捕，伏诛前，他要求赵襄子把衣服脱给他，然后朝着衣服“拔剑三跃呼天击之”。

②名：声称。

③善道（dǎo）：善加诱导。《论语·颜渊》：“忠告而善道之，不可则止。”

④销患：消除祸患。保治于未然：意即在动乱未发生之前就加强治理。

⑤俾：使。身全：生命得以保全。主安：主人平安。

⑥上鬼：上等之鬼。

⑦垂光百世：意即光采照耀于百世。

⑧简策：即简册，本指编连的竹简，后代指史籍。

⑨捐躯殒命：谓献出生命。

⑩钓名沽誉：即沽名钓誉。

⑪眩世炫俗：欺世盗名。眩，欺骗。炫，夸惑。

⑫赵襄子：素怨智伯，后私与韩、魏约定，共灭智伯而分其地。

⑬烈烈：显著的样子。

⑭愚夫愚妇：泛指普通老百姓。

⑮处死之道：面对死亡的态度。

⑯愧：使动用法，使之惭愧。

⑰中行（háng）氏：指晋卿荀寅，豫让曾为其家臣。

⑱“中行氏”二句：以众人待我：意思是象对待平常人那样对待我。国士：国中优秀、杰出的人物。

⑲段规：战国时韩人。韩康：韩康子。任章：春秋战国时魏国人，曾为灭晋出谋划策。魏献：春秋战国时晋国的卿，名魏驹，一称桓子。智伯向韩魏索地，段规和任章出谋划策，把一部分土地给智伯，使智伯气焰更加嚣张，然后伺机消灭智伯。

⑳郄疵：春秋战国时晋人。《战国策·赵策》有载：智伯统帅韩魏之兵围攻赵国，郄疵劝智伯说，让韩魏攻赵，赵亡，灾难必及韩魏，韩魏必反。智伯不听。

㉑请地：要求割地。无厌：没有满足。

㉒宜：应该。陈力就列：恪尽职守。谆谆然：忠诚恳切貌。

㉓伏剑：拔剑自刎。

㉔顽冥不灵：谓愚钝无知。

㉕庶几：或许，也许。

㉖开悟：开导以使醒悟。

㉗肥瘠：即胖瘦。因古时秦国与越国相距很远，所以两国联系不多，彼此也不会怎么关心对方的事。

㉘曾：竟然。若是：如此，像这样。

㉙不胜：不克制。血气：指感情。悻悻：恼恨的样子。

㉚固：原本。当（gāng）：充当，够资格。

㉛靦然：形容厚颜貌。自得：自己感到得意。

㉜又让之罪人：又都成了豫让的罪人。

【译解】

一个有节操有学问的人想建立功业，侍奉君主，既然称君主为知己，就应当竭尽自己的智慧能力，诚恳地告诫，亲切地劝说，消灭祸患在还没有形成的时候，安定政治在还没有发生动乱的时候，使自身安全，君主安乐，活着是名臣，死后是高尚的鬼，光辉传到后代、照耀史书，这才是值得赞美的。如果碰到了知己的君主，不能在发生骚乱之前帮助解决危机，却在已经失败之后拼掉生命来报答，骗取好名誉去迷惑和吓唬世人。这在品德

《唐诗画谱》插图

高尚、才能出众的人看来，都是毫无可取之处的。

我曾经根据这个原则来评论豫让。豫让做智伯家臣，到赵襄子杀死智伯以后，豫让替他报仇，名声显赫，就是平民百姓也没有哪一个不知道他是忠臣义士的。唉！豫让的死诚然可以说是忠心的了，但是，可惜他在处理死的方法上面还有不忠心的地方存在啊。为什么呢？我们看他用漆涂抹身体改变外貌，吞炭改变声音，他对他的朋友说："凡是我做的这些事都是极难做到的，我是打算用这些事情使天下后代做人家臣子却不忠心的人感到惭愧啊。"凭这句话，说他不忠，可以吗？到了我们看他剑斩赵襄子的衣服、几次跳起来呼喊上天的时候，赵襄子用他不死在中行氏灭亡时、偏要死在智伯被杀后这件事责备他。豫让答道："中行氏拿一般人看待我，我所以拿一般人的行为报答他；智伯拿国家杰出人才看待我，我所以拿国家杰出人才的行为报答他。"就拿这两句话来评论，豫让是有不足之处的。

段规侍奉韩康子，任章侍奉魏献子，不曾听说韩、魏两人拿国家杰出人才来看待他们，可是段规、任章尽力劝告他们的家主听从智伯的要求，给他土地来使他的性情更加骄横，从而加快他的灭亡。郄疵侍奉智伯；也不曾听说智伯拿国家杰出人才看待他，可是郄疵能够了解韩、魏两家的情况，拿这些情况来规劝智伯，虽然智伯不采纳他的话以至于灭亡，但是郄疵的计谋和忠告，已经使自己在心上没有惭愧了。豫让既然自己说智伯拿国家杰出人才看待他，那么所谓国家杰出人才，就是善于治理国家的人才呀。但是，在智伯要求别人割地给他而没有满足的时候，在智伯放纵私欲、荒淫横暴的时候，作为豫让，正应该贡献才能来尽自己的职责，恳切地劝告他说："诸侯和大夫，都要各自安于分内的土地，不要互相侵犯、抢夺，这是从古以来的规定。如今毫无缘故地向别人索取土地，假使别人不给我，我的忿怒心理就必定会产生；假使别人给了我，我的骄傲心理就会因此增长起来。忿怒，必定要争斗；争斗，必定会失败。骄，必定会瞧不起人；瞧不起人，必定会走向灭亡。”耐心诚恳地规劝他，如果规劝了不听，就再规劝他；再规劝了还是不听，就第三次规劝他；第三次规劝他仍旧不听，就该把在赵襄子面前用剑自杀的举动改到这一天。智伯就是顽劣昏庸，麻木不仁，在他的至诚之心的感动下，或者能够翻然悔悟，同韩、魏两家重新和睦，撤去对赵地的包围，从而保全智家的全族，保持智家的祭祀。假使这样，那么豫让虽然死了，还跟活着一样，难道不比剑斩赵襄子的衣服然后自杀的行为高明吗？可惜豫让在这时刻，竟然没有一句开导家主使他觉醒的话，看着智伯的危亡，如同越国人看待秦国人的肥瘦一般。袖手旁观，坐等他的成败，作为国家杰出人才对知己的报答，居然是这样的吗？智伯死后，这才禁不住感情冲动，光起火来，心甘情愿把自己附在刺客一流人物的后面，怎么值得称赞呢！怎么值得称赞呢！

狩猎纹壶

虽然这样，按国家杰出人才的标准来说，豫让固然不能当的了；可是，那些早晨还是仇敌，到晚上就变为君臣，厚着脸皮而又自以为得计的人，又是豫让的罪人了。唉！

【赏析】

这是一篇见解深刻且颇有说服力的议论文。

豫让，在历史上一直被推许为忠臣之楷模，因为他能为主尽忠而死。本文以“生为名臣，死为上鬼，垂光百世，照耀简策”为议论的基点对豫让进行评价。文章指责豫让不能在智伯败亡之前誓死进谏，防患于未然，使身全主安，而只是在智伯覆亡之后捐躯殒命，沽名钓誉。这一议论独出新意，令人耳目一新。最后以叛臣与豫让相比较，肯定了豫让的“忠”。

亲政篇

王鏊[1]

【原文】

《易》之《泰》曰[2]："上下交而其志同。"其《否》曰："上下不交而天下无邦。"盖上之情达于下，下之情达于上，上下一体，所以为"泰"[3]；下之情壅阏而不得上闻[4]，上下间隔，虽有国而无国矣，所以为"否"也[5]。

交则泰，不交则否，自古皆然。而不交之弊，未有如近世之甚者。君臣相见，止于视朝数刻[6]；上下之间，章奏批答相关接[7]，刑名法度相维持而已。非独沿袭故事，亦其地势使然。何也？国家常朝于奉天门[8]，未尝一日废，可谓勤矣。然堂陛悬绝[9]，威仪赫奕[10]，御史纠仪[11]，鸿胪举不如法[12]，通政司引奏[13]，上特视之[14]。谢恩见辞，惴惴而退，上何尝治一事、下何尝进一言哉！此无他[15]，地势悬绝，所谓堂上远于万里，虽欲言无由言也。

愚以为欲上下之交，莫若复古内朝之法[16]。盖周之时有三朝[17]，库门之外为正朝[18]，询谋大臣在焉[19]；路门之外为治朝，日视朝在焉；路门之内曰内朝，亦曰燕朝。《玉藻》云："君日出而视朝，退适路寝听政[20]"。盖视朝而见群臣，所以正上下之分[21]；听政而适路寝，所以通远近之情。汉制：大司马、左右前后将军、侍中、散骑[22]诸吏为中朝[23]；丞相以下至六百石为外朝[24]。唐皇城之北南三门曰承天，元正、冬至[25]，受万国之朝贡则御焉，盖古之外朝也。其北曰太极门，其西曰太极殿，朔望则坐而视朝[26]，盖古之正朝也。又北曰两义殿，常日听朝而视事[27]，盖古之内朝也。宋时常朝则文德殿[28]，五日一起居则垂拱殿[29]，正旦、冬至、圣节称贺则大庆殿[30]，赐宴则紫宸殿或集英殿，试进士则崇政殿。侍从以下，五日一员上殿，谓之轮对[31]，则必入陈时政利害，内殿引见，亦或赐坐，或免穿靴，盖亦有三朝之遗意焉。

盖天有三垣，天子象之[32]。正朝，象太极也[33]；外朝，象天市也；内朝，象紫微也，自古然矣。

国朝圣节、正旦、冬至大朝会则奉天殿，即古之正朝也；常日则奉天门，即古之外朝也；而内朝独缺。然非缺也，华盖、谨身、武英等殿，岂非内朝之遗制乎[34]？洪武中如宋濂、刘基，永乐以来如杨士奇、杨荣等[35]，日侍左右，大臣蹇义、夏元吉等，常奏对便殿[36]。于斯时也，岂有壅隔之患哉[37]？今内朝未复，临御常朝之后，人臣无复进见，三殿高閟[38]，鲜或窥焉[39]。故上下之情，壅而不通。天下之弊，由是而积。孝宗晚年[40]，深有慨于斯，屡召大臣于便殿，讲论天下事[41]。方将有为，而民之无禄[42]，不及睹至治之美，天下至今以为恨矣[43]。

惟陛下远法圣祖[44]，近法孝宗，尽刬近世壅隔之弊[45]。常朝之外，即文华、武英二殿，仿古内朝之意。大臣三日或五日一次起居，侍从、台谏各一员上殿轮对[46]，诸司有事咨决[47]，上据所见决之。有难决者，与大臣面议之。不时引见群臣，凡谢恩辞见之类，皆得上殿陈奏。虚心而问之，和颜色而道之[48]，如此，人人得以自尽[49]。陛下虽深居九重[50]，而天下之事，灿然毕陈于前。外朝所以正上下之分，内朝所以通远近之情。如此，岂有近时壅隔之弊哉？唐虞之时[51]，明目达聪，嘉言罔伏[52]，野无遗贤，亦不过是而已[53]。

三杨秉政图

【注释】

①王鏊（ào）（1450～1524）：字济之，吴县（今属江苏省）人。明孝宗弘治初年为侍讲学士，多方提出改革措施未被采纳，辞官。武宗正德年间累迁至户部尚书、文渊阁大学士，敢于直言，后又因不满刘瑾专权而辞官。学识渊博，以文著称。有《震泽集》、《姑苏志》等。

②《易》：《易经》，儒家经典之一。书的内容主要是对卦、爻的说明。《泰》、《否》均为其卦名。

③泰：通畅、畅达。

④壅阏（è）：壅塞、堵塞。

⑤否（pǐ）：闭塞不通。

⑥止：仅仅。视朝：上朝听政。

⑦关接：谓接触。

⑧常朝：臣子例行的朝见。

⑨堂陛：殿前台阶。悬绝：因台阶高而阻隔。

⑩威仪：帝王的仪仗及扈从。赫奕：明显盛大的样子。

⑪御史：官名，职责为纠察弹劾。纠仪：对仪表进行纠察。

⑫鸿胪：指鸿胪寺的官员，职责为朝祭礼仪的赞导。举不如法：

举报不合礼仪的事。

⑬通政司：收受、检查内外奏章和申诉文书的中央机构。

⑭特视之：只不过看看。

⑮无他：没有其他的原因。

⑯内朝：古代天子、诸侯处理政事和休息的场所，与“外朝”相对而言。内朝有二：一在路门之外，是处理政事之处，又称治朝；一在路门内的路寝，为处理政事后的休息之处，又称燕朝。

⑰三朝：即外朝、治朝、燕朝。

⑱库门：最外面的那道宫门。

⑲询谋：咨询商议。此句谓在那里与大臣共商政事。

⑳《玉藻》：《礼记》篇名。路寝：古代国君处理政事及人寝的宫室。

㉑正：匡正。分（fèn）：名分。

㉒大司马：汉武帝始设官名，为掌管全国军事的最高长官。前后左右将军：汉代称皇帝左右的大臣为大将军，前、后、左、右将军等。侍中、散骑：均为侍从皇帝左右，出入宫廷的官吏。

㉓中朝：自汉武帝始把朝官分为中朝、外朝之官，中朝即内朝。内朝由大司马等近臣组成，是国家最高权力的决策机构。外朝由丞相及所属机构组成，权力远不及内朝。

㉔石（dàn）：官俸的计量单位，秦汉以之为官位的品级，六百石大约相当明朝正四品官。

㉕元正：元旦，农历正月初一。冬至：二十四节气之一。

㉖朔望：朔日和望日，即农历每月初一和十五。

㉗常日：固定的日子。听朝：临朝处理国政。

㉘常朝：臣子对皇帝的一般的朝见。

㉙起居：每五天群臣随宰相人见皇帝，称为起居。

㉚正旦：元旦，农历正月初一。圣节：皇帝的生日。

㉛轮对：宋制，官员轮值上殿策对时政利弊，称为轮对。

㉜三垣：我国古代把天体的恒星分为三区，叫做三垣，即紫微垣、太微垣和天市垣。象：效法，仿效。

㉝太极：此处即太微。

㉞遗制：指前代留传下来的典章制度。

㉟洪武：明太祖朱元璋年号。永乐：明成祖朱棣年号。杨士奇：名寓，以字行，官至左春坊大学士、太子少傅。杨荣：字勉仁，官至谨身殿大学士、工部尚书。

㊱蹇义：字宜之，成祖时辅皇太子监国，历事五朝。夏元吉：亦作夏原吉，字惟吉，历事五朝，官至户部尚书。便殿：正殿以外的别殿，帝王休息消闲之处。

㊲壅隔：阻塞、隔断。

㊳三殿：指皇宫。閟：关闭。

㊴鲜（xiǎn）：很少。或：代词，有人。

㊵孝宗：明孝宗朱祐樘，1488～1505年在位，年号弘治。

㊶讲论：商谈议论。方将有为：正准备有所作为。

㊷禄：福气。

㊸恨：遗憾。

㊹惟：希望，愿。圣祖：指明太祖朱元璋。

㊺刬（chǎn）：同“铲”，削除。

㊻侍从：此指翰林院里的文学侍从，包括学士、侍讲学士、侍读学士等。台谏：台官和谏官。台官指御史台官员，谏官指谏议大夫、给事中等。

㊼咨决：请示报告。

㊽道（dǎo）：同“导”，开导。

㊾自尽：详尽地陈述自己的意见。

㊿九重（chóng）：指皇帝居处，因古制天子之居有九重门，故称。

51唐虞：唐尧和虞舜。

52嘉言：美善的言论。罔伏：不会被埋没。

53野无遗贤：民间没有遗而不用的贤人，即人尽其才。野，民间。亦不过是：也不过如此。

【译解】

《易经》的《泰卦》说："上面和下面的思想沟通了，他们的意见就会相同。"它的《否卦》又说："上面和下面的思想不沟通，天下就像没有国家一样。因为上面的意思能够通到下面，下面的意思能够达到上面，上下如同一个人，所以叫"泰"。相反，下面的意见被堵塞不能够让上面听到，上下隔绝，虽然有国家却像没有国家一样，所以叫"否"。上下的思想沟通了，就是"泰"；如果不沟通，就是"否"，从古以来就是如此。然而不沟通的毛病，还没有像近世这样厉害的。君臣相互见面，仅仅在皇上临朝办公的几刻时间里，上下之间，只是在臣子上奏章、皇上作批复时相互联系，依靠法令、制度相互维持着罢了。不仅是因为承袭了老办法，也是那种地势使得这样的。为什么呢？国家常常在奉天门举行朝会，从来不曾有一天停止过，可以说是认真的了。然而殿堂和台阶相隔很远，仪节显赫隆重，有御史纠察礼节，鸿胪卿检举不合制度的，通政使引领上奏，皇上只是看一下，大臣们马上谢恩告辞，诚惶诚恐地退下来。像这样，皇上何尝办过一件事，臣子何尝进献过一句话呢？这没有其他原因，仅仅是因为地势悬殊，所谓君臣在一殿，相隔远万里，大臣们即便想讲也无从讲啊。

愚以为要使上下的思想沟通，不如恢复古时候内朝的制度。本来周朝的时候有三种设朝的制度：在库门的外面设朝叫"正朝"，皇帝在那里向大臣们咨询并商议国家大事；在路门的外面设朝叫“治朝”，皇帝每天在那里坐朝办事；在路门的里面设朝叫“内朝”，也叫“燕朝”。《玉藻》说：“君主在太阳一出来时就临朝接见百官，退朝后到路寝去处理政事。”因为皇帝临朝接见大小官员，是用这种礼节来正上下的名分；处理政事到路寝去，是用这种制度来通晓远近的情况。汉朝的制度：皇帝接见大司马、左右前后将军、侍中和散骑等官员，叫“中朝”。接见丞相以下到六百石等官员，叫“外朝”。唐朝皇城的北面朝南的三个门叫“承天门”，每年元旦和冬至，皇帝接受各国使节的朝见和进贡，就在那里设朝，这就是古代的外朝。它的北面是“太极门”，它的西面是“太极殿”，每月的初一、十五两天，皇帝就在那里坐朝，接受大小官员的朝拜，这就是古代的正朝。再往北面是“两仪殿”，皇帝平时在那里坐朝办事，这就是古代的内朝。宋朝时候，皇帝平时坐朝是在文德殿；每隔五天一次，官员们向皇帝请安，是在垂拱殿。每年元旦、冬至和万寿等节日，官员们来朝贺，是在大庆殿。皇帝赏给官员们宴饮，是在紫宸殿或者集英殿。考试进士，是在崇政殿。侍从官以下的官员，每隔五天有一官员上殿朝见，叫做“轮对”，一定要进去陈述时事的得失利弊。在内殿召见大臣，有时也赏赐坐位，有时免穿朝靴。这大概也有周、汉、唐三朝留下来的上下沟通的用意。原来天上有太极、天市、紫微三垣，皇帝顺应天意，摹拟它们：正朝是摹拟太极垣，外朝是摹拟天市垣，内朝是摹拟紫微垣。从古以来就这样了。

我朝万寿节、元旦、冬至等大型的朝会都是在奉天殿举行，这就是古代的正朝。平时设朝是在奉天门，就是古代的外朝。可是内朝偏偏缺少。其实这并不是缺少，例如皇帝在华盖、谨身、武英等殿召见大臣，难道不是古代内朝的旧制度吗？洪武年间，像宋濂、刘基，永乐以来，像杨士奇、杨荣等每天侍奉在皇帝身旁；大臣蹇义、夏元吉等时常在便殿启奏政事或者回答皇帝的询问。在这个时期，难道在上下之间有阻隔的弊病吗？现今内朝制度还不曾恢复，在皇帝亲临平时朝会之后，臣子们就不得再进见，三座殿高大幽深，很少有人能够看到殿内情况。所以上下的思想堵塞，不能沟通；国家的弊病因此就积少成多。孝宗皇帝晚年，对这个问题深有感慨，多次在便殿召见大臣，商讨国家大事，正要有所作为，可是百姓没有福气，不能看到太平盛世的美好光景，全国人民至今以为这是一件非常遗恨的事。

《唐诗画谱》插图

但愿陛下远一点效法圣祖，近一点效法孝宗，全部铲除近代上下阻隔的弊病；除平时朝会之外，亲临文华、武英二殿召见大臣，仿效古代内朝的用意。规定大臣们每隔三天或者五天进宫请安一次，侍从和谏官各一员上殿轮流奏事或者回答皇上的咨询，各部门有事请求裁决，皇上就根据看到的实际情况决定它；有些一时难以决定的，就同大臣们当面商议它。不定期接见臣子们，所有谢恩、告辞之类事情，有关官员都得上殿陈奏情况，皇上虚心地询问他们，和颜悦色地指点他们。这样，人人都能把自己的意见彻底提出来。陛下虽然深居内宫，可是整个国家的事情都能鲜明而完全地摆在面前。外朝的制度是用它来端正上下的名分的，内朝的制度是用它来沟通远近情况的。如果做到这样，难道还会有近世君臣阻隔的毛病吗？相传唐、虞的时候，人民歌颂尧、舜耳聪目明，好意见不会埋没，偏僻地方也没有弃置的人才，也不过像上面说的这样罢了。

【赏析】

明朝自英宗以后，朝纲沦丧，宦官专权，到武宗时尤为严重。武宗重用宦官刘瑾、谷大用，淫乐嬉游，荒于国政，致使君臣阻隔，国事日非。针对当时这种情况，作者写了文章表奏武宗。文章首先指出，上下交通才能国泰民安，否则会国将不国；接着力陈当时上下阻隔的弊端；然后不厌其烦地列举周汉以迄本朝内朝听政、君臣交欢的情况；最后归结于希望武宗“尽铲近世壅隔之弊”、“通远近之情”。文章引经据史，熔古铸今，逻辑严密，寓意深刻，因而具有很强的说服力。

尊经阁记

王守仁[①]

【原文】

经，常道也[②]。其在于天谓之命[③]，其赋于人谓之性[④]，其主于身谓之心[⑤]。心也、性也、命也，一也。通人物[⑥]、达四海、塞天地[⑦]、亘古今[⑧]，无有乎弗具、无有乎弗同、无有乎或变者也，是常道也[⑨]。

其应乎感也[⑩]，则为恻隐、为羞恶、为辞让、为是非；其见于事也[⑪]，则为父子之亲、为君臣之义、为夫妇之别、为长幼之序、为朋友之信。是恻隐也、羞恶也、辞让也、是非也，是亲也、义也、序也、别也、信也，皆所谓心也、性也、命也。通人物、达四海、塞天地、亘古今，无有乎弗具、无有乎弗同、无有乎或变者也，是常道也。

以言其阴阳消长之行[⑫]，则谓之《易》；以言其纪纲政事之施[⑬]，则谓之《书》；以言其歌咏性情之发[⑭]，则谓之《诗》；以言其条理节文之著[⑮]，则谓之《礼》；以言其欣喜和平之生[⑯]，则谓之《乐》；以言其诚伪邪正之辨[⑰]，则谓之《春秋》。是阴阳消长之行也，以至于诚伪邪正之辨也，一也，皆所谓心也、性也、命也。通人物、达四海、塞天地、亘古今，无有乎弗具、无有乎弗同、无有乎或变者也，夫是之谓六经[⑱]。六经者非他，吾心之常道也。

是故《易》也者，志吾心之阴阳消息者也[19]；《书》也者，志吾心之纪纲政事者也；《诗》也者，志吾心之歌咏性情者也；《礼》也者，志吾心之条理节文者也；《乐》也者，志吾心之欣喜和平者也；《春秋》也者，志吾心之诚伪邪正者也。君子之于六经也，求之吾心之阴阳消息而时行焉[20]，所以尊《易》也；求之吾心之纪纲政事而时施焉，所以尊《书》也；求之吾心之歌咏性情而时发焉，所以尊《诗》也；求之吾心之条理节文而时著焉，所以尊《礼》也；求之吾心之欣喜和平而时生焉，所以尊《乐》也；求之吾心之诚伪邪正而时辨也，所以尊《春秋》也。

盖昔圣人之扶人极[21]、忧后世，而述六经也，犹之富家者之父祖，虑其产业库藏之积，其子孙者，或至于遗亡散失[22]，卒困穷而无以自全也[23]，而记籍其家之所有以贻之[24]，使之世守其产业库藏之积而享用焉，以免于困穷之患。故六经者，吾心之记籍也。而六经之实，则具于吾心。犹之产业库藏之实积，种种色色[25]，其存于其家、其记籍者，特名状数目而已[26]。而世之学者，不知求六经之实于吾心，而徒考索于影响之间[27]，牵制于文义之末[28]，硁硁然以为是六经矣[29]，是犹富家之子孙，不务守视享用其产业库藏之实积[30]，日遗亡散失，至为窭人丐夫[31]，而犹嚣嚣然指其记籍曰[32]：“斯吾产业库藏之积也。”何以异于是？

呜呼！六经之学，其不明于世，非一朝一夕之故矣。尚功利、崇邪说，是谓乱经；习训诂[33]、传记诵[34]、没溺于浅闻小见[35]、以涂天下之耳目[36]，是谓侮经；侈淫词[37]、竞诡辨[38]、饰奸心盗行、逐世垄断而犹自以为通经[39]，是谓贼经[40]。若是者，是并其所谓记籍者而割裂弃毁之矣，宁复知所以为尊经也乎[41]？

越城旧有稽山书院[42]，在卧龙西冈[43]，荒废久矣。郡守渭南南君大吉[44]，既敷政于民[45]，则慨然悼末学之支离[46]，将进之以圣贤之道，于是使山阴令吴群瀛拓书院而一新之[47]。又为尊经之阁于其后，曰：“经正则庶民兴，庶民兴斯无邪慝矣[48]。”阁成，请予一言以谂多士[49]，予既不获辞[50]，则为记之若是。呜呼，世之学者，得吾说而求诸其心焉[51]，则亦庶乎知所以为尊纪也已[52]。

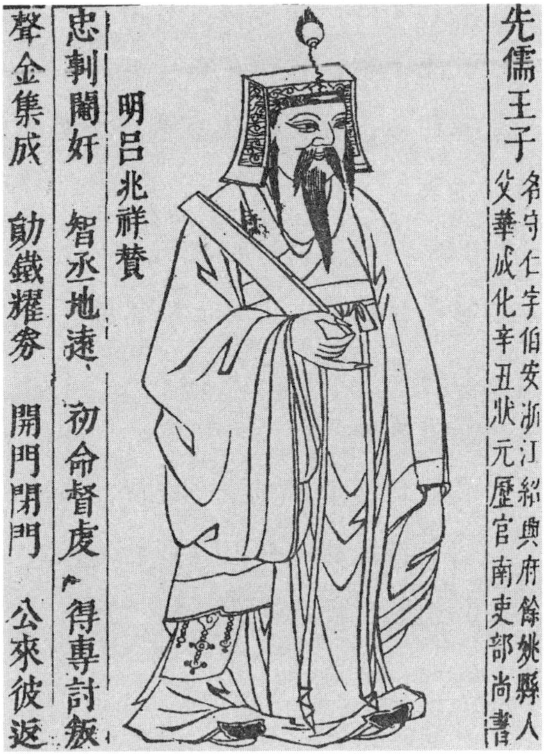

王守仁像，图出自明·吕维祺《圣贤像赞》。

【注释】

①王守仁（1472～1528）：字伯安，余姚（今浙江省余姚县）人。曾官刑部主事、左都御史等。刘瑾当权，他被贬为贵州龙场驿丞。他是明朝著名的哲学家、文学家。因曾在浙江会稽山阳明洞筑室讲学，世称阳明先生。著作有《王文成公全集》。

②经：指儒家的经典。常道：指常行的义理和法则。

③命：天命。朱熹曰：“物所受为性，天所赋为命。”

④性：人的本性。

⑤心：通称思想和意念。

⑥通人物：适用于人类及各种事物。

⑦塞（sāi）天地：谓充满天地之间。

⑧亘（gèn）古今：贯穿古今。

⑨这四句意思是：没有不具备的，没有不相同的，没有任何改变的，这就是常道。

⑩应乎感：体现在情感上。

⑪见于事：体现在事理上。

⑫阴阳：古代指自然界对立变化的两种力量。消长（zhǎng）：增减，盛衰。

⑬纪纲政事：法治及政治事务。

⑭歌咏性情：以诗歌吟咏思想感情。

⑮条理节文：礼节秩序。

⑯欣喜和平：让人愉悦、平和的乐声。

⑰诚伪邪正：真诚、虚伪、邪恶、正义。

⑱六经：即《易》、《书》、《诗》、《礼》、《乐》和《春秋》。

⑲消息：发展变化，同“消长”。

⑳时：适时。

㉑扶：匡扶，扶正。人极：即纲纪，指儒家道。

㉒或：有的。

㉓卒：最终。困穷：艰难窘迫。自全：保全自己。

㉔记籍：造册登记。贻：遗留。

㉕种种色色：各种各样。

㉖特：仅仅，只不过。名状：名称和形状。

㉗考索：研求探索。影：影子。响：回声。

㉘牵制：拘泥。文义之末：文字、句义的细微处。

㉙硁硁（kēng）然：浅陋而又固执的样子。是：近指代词。

㉚务：致力于。守视：看守。

㉛窭人：穷苦之人。丐夫：乞丐。

㉜嚣嚣然：傲慢自得的样子。

㉝训诂：此指对古书字句所作的解释。

㉞传：传授。记诵：默记背诵。

㉟没（mò）溺：沉迷。浅闻小见：浅薄的见解。

㊱涂：迷惑，蒙蔽。

㊲侈淫词：张扬邪僻荒诞的言论。

㊳辨：通“辩”。

㊴饰：粉饰，伪装。奸心：奸邪之心。盗行：鄙劣的行径。逐世：近世、近期。垄断：把持。

㊵贼经：损害、败坏经典。

㊶宁：副词，用于反问句中，可译为“难道”。

㊷越城：即今浙江绍兴。稽山：会稽山的简称。

㊸卧龙：山名，位于浙江绍兴县。

㊹郡守：此袭用旧称，称知府为郡守。南大吉：字元善，渭南（今陕西渭南市）人，正德进士，官绍兴知府，为作者门生。

㊺敷政：施政。

㊻慨然：感慨貌。悼：痛感。末学：犹后学。支离：流落他处。

㊼山阴：旧县名，今浙江绍兴县。拓：扩大。

㊽邪慝：邪恶，指行为不正而又凶恶的人。

㊾谂：规谏，劝告。多士：众多的读书人。

㊿不获辞：无法拒绝。辞：推辞。

51诸：之乎的合音词。

52庶乎：即“庶几乎”，差不多。

【译解】

经是永恒的道理。当它存在于天时就叫做命，赋予人时就叫做性，主宰人身时就叫做心。心、性、命是同一的东西。

沟通人和物，达到天下，充塞天地，横贯古今，没有什么不具备，没有什么不相同，没有什么可能变化的东西，就是永恒的道理。当它反应在人的情感上，就是哀痛怜惜，就是羞耻厌恶，就是谦虚退让，就是判断是非。它表现在伦理道德方面，就是父子之间的亲密，就是君臣之间的忠义，就是夫妻之间的区别，就是长幼之间的次序，就是朋友之间的诚信。这种哀痛怜惜，羞耻厌恶，谦虚退让，判断是非，以及亲密，忠义，次序，区别，诚信，是同一的东西，都是上面说的心，性、命。

沟通人和物，达到天下，充塞天地，横贯古今，没有什么不具备，没有什么不相同，没有什么可能变化的东西，这就是永恒的道理。拿这种观点讲那些自然现象的发展变化的，就叫做《易》；拿这种观点讲那些法制政事的措施的，就叫做《书》；拿这种观点讲那些歌唱感情的发生的，就叫做《诗》；拿这种观点讲制度品节的规定的，就叫做《礼》；拿这种观点讲那些欢喜与和平心理的产生的，就叫做《乐》，拿这种观点讲那些真假和邪正的区别的，就叫做《春秋》。这种从自然现象的发展变化，一直到真假、邪正的区别，是同一的东西，也都是上面说的心、性、命。

沟通人和物，达到天下，充塞天地，横贯古今，没有什么不具备，没有什么不相同，没有什么可能变化的东西，这就叫做“六经”。六经并非别的东西，就是我们心中存在的永恒的道理。因此，《易》是记录我们心中的矛盾变化的，《书》是记录我们心中的法制政事的，《诗》是记录我们心中的歌唱感情的，《礼》是记录我们心中的制度品节的，《乐》是记录我们心中的欢喜与和平的，《春秋》是记录我们心中的真假和邪正的。君子对于六经，能从自己心中的矛盾变化研求它的道理，然后按时推行它，这就是重视《易》；从自己心中的法制政事研求它的道理，然后及时实施它，这就是重视《书》；从自己心中的歌唱感情研求它的道理，然后按时发展它，这就是重视《诗》；从自己心中的制度品节研求它的道理，然后及时宣扬它，这就是重视《礼》；从自己心中的欢喜与和平研求它的道理，然后按时创作它，这就是重视《乐》；从自己心中的真假和邪正研求它的道理，然后及时区分它，这就是重视《春秋》。

古代圣人坚持做人的准则，担忧后代人，因而著述六经，如同财主家的父亲或者祖父担心他的产业和库存的积累，被他的子孙可能弄到遗亡散失，终于贫穷困苦，没有什么办法自己养活自己，因而记录下他家的所有财产把账册留给子孙，让他们世代保牢那些产业和库存的积蓄，并且享受它，以免将来有贫苦的灾难。所以，六经是我们心中的账册，六经的内容实质是我们心中具有的。如同产业和库存的积累，各种各样，全都保存在自己的家里，那本账册仅仅是财产的名称和数目罢了然而，社会上的一些读书人，不懂得从自己的心中去探索六经的实质，仅仅在没有根据的事理中去考查，在文句词义的细节上去纠缠，浅见固执地以为这就是六经了。这就像财主家子孙，不去竭力看守、享用那些产业和库存的积累，天天遗失、散掉，直到变成穷人、乞丐，却还要傲慢地指着那本账册说："这是我的产业和库存的积累啊。"那些读书人的做法跟这种情况有什么两样？

唉！六经这门学问，在世上不被人们正确理解，已经不是一朝一夕的缘故了。崇尚功效利益，信仰邪门歪道，这叫乱经；专学古文词句的解释，追求死记硬背，沉溺在浅狭的见闻中，来遮住天下人的耳目，这叫侮经；大谈过头的话，争相诡辩，掩饰奸邪的思想和盗贼的行径，在社会上排除异己，垄断利益，却还自以为通晓六经，这叫贼经。像这样的人，是连上面说的那本账册也割裂毁弃掉了，难道还会晓得重视六经吗？

绍兴原有一座稽山书院，在卧龙山的西山，已经荒废很长时候了。知府渭南南君大吉，对百姓施行仁政以后，就感慨地痛惜这种毫无根据的学问支离破碎，打算用圣贤的大道理来促进提高读书人。这样，他就让山阴知县吴君瀛拓宽书院，而且把它整修一新。又在它的后面造了一座尊经阁，说："六经纯正了，百姓就会振作起来走上正路，百姓振作起来走上正路，这就没有邪恶的人了。"尊经阁落成，南君请我说句话，来劝告那些读书人。我既然不能推辞，就给他写了这样一篇记文。唉！当代的读书人，如果看到我的见解就从自己心里去探索它，那么，也差不多懂得为什么要重视六经的原因了。

【赏析】

儒学至宋明演化出"陆王心学"一派，"王"即指王守仁，作为一代宗师，作者写了这篇文章阐述儒家经典的作用和意义，抨击不能正确对待儒家经典的现象。文章首先以"心"、"性"、"命"为总纲归结到一个"心"，进而提出"六经者非他，吾心之常道也"的观点；然后落实到"尊经"二字，提出"尊经"的方式应该是"求之于心"，而不应该拘于六经文字断章取义、欺世盗名，否则就成了"乱经"、"侮经"、"贼经"；最后一段点题，指出"记"的由来。全篇以"心"为主脉，以"尊经"为主旨，层层展开论述，气势充沛，如行云流水。吴楚材、吴调侯评校："六经不外吾心，吾心自有六经，学道者何事远求？返之于心，而六经之要取之当前而已足。阳明先生一生训人，一以良知良能根究心性。于此记略，已备具矣。"

象祠记[1]

王守仁

《唐诗画谱》插图

【原文】

灵博之山[2]，有象祠焉。其下诸苗夷之居者[3]，咸神而祠之[4]。宣尉安君[5]，因诸苗夷之请，新其祠屋[6]，而请记于予。

予曰："毁之乎，其新之也?"曰："新之。""新之者何居乎?"曰："斯祠之肇也[7]，盖莫知其原[8]，然吾诸蛮夷之居是者[9]，自吾父吾祖溯曾高而上，皆尊奉而禋祀焉[10]，举而不敢废也[11]。"予曰："胡然乎[12]？有鼻之祀[13]，唐之人盖尝毁之。象之道，以为子则不孝，以为弟则傲，斥于唐，而犹存于今，坏于有鼻，而犹盛于兹土也，胡然乎?"

我知之矣，君子之爱若人也[14]，推及于其屋之乌，而况于圣人之弟乎哉！然则祠者为舜，非为象也。意象之死，其在于羽既格之后乎[15]？不然，古之骜桀者岂少哉[16]？而象之祠独延于世，吾于是益有以见舜德之至，入人之深，而流泽之远且久也[17]。象之不仁，盖其始焉耳，又乌知其终之不见化于舜也[18]？《书》不云乎：“克谐以孝，烝烝乂，不格奸[19]，”“瞽瞍亦允若[20]。”则已化而为慈父。象犹不弟，[21]不可以为谐。进治于善，则不至于恶，不底于奸[22]，则必入于善，信乎象盖已化于舜矣[23]。《孟子》曰：“天子使吏治其国[24]，”象不得以有为也[25]。斯盖舜爱象之深而虑之详，所以扶持辅导之者之周也[26]。不然，周公之圣，而管蔡不免焉[27]。斯可以见象之见化于舜，故能任贤使能，而安于其位，泽加于其民，既死而人怀之也。诸侯之卿，命于天子，盖周官之制，其殆仿于舜之封象欤？吾于是盖有以信人性之善，天下无不可化之人也。然则唐人之毁之也，据象之始也。今之诸苗之奉之也，承象之终也[28]。

斯义也，吾将以表于世。使知人之不善，虽若象焉，犹可以改。而君子之修德，及其至也，虽若象之不仁，而犹可以化之也。

【注释】

①象：舜的弟弟。《史记·五帝本纪》载：“舜父瞽叟盲而舜母死，瞽叟更娶妻而生象。象傲，瞽叟爱后妻子，常欲杀舜。”

②灵博：灵博山，位于今贵州省黔西县境。

③苗夷：指我国少数民族苗族。

④咸：都、皆。神：意动用法，以之为神。

⑤宣尉：宣慰使。明清时设于西南少数民族地区的由土司世袭的官。

⑥新：使动用法，使其焕然一新。祠屋：神庙。

⑦肇：初，始。

⑧原：起源。

⑨蛮夷：此为苗人的自谦之称。我国古代对四方少数民族分别称为东夷、南蛮、西戎、北狄。

⑩溯（sù）：上溯。曾高：曾祖及高祖。禋（yīn）祀：泛指祭祀。

⑪举：奉立。

⑫胡然乎：为何如此。

⑬有鼻：亦作有庳、有卑。古地名，相传舜弟象受封此处，故址在今湖南省道县北。

⑭若人：这个人。

⑮干（gān）羽：古代舞者手执的舞具，武舞执干，文舞执羽。既格：归顺之后。

⑯骜桀（ào jié）：暴戾不驯。

⑰流泽：流传散布恩德。

⑱见化：被感化。

⑲克谐三句见《尚书·尧典》，意谓其人能以至孝之行谐和其家，使顽父嚣母傲弟皆进于善，使人在奸邪面前望而却步。

⑳此句见于《孟子·万章》，意谓瞽叟也因之真正顺理而行了。

㉑不弟：不守为弟之道。

㉒底：停留，滞留。奸：邪恶。

㉓信：果真，确实。

㉔此句见于《孟子·万章》，意谓天子派遣官吏来为他治理国家。

㉕以：以之，因此。有为：有所作为。

㉖周：周到细致。

㉗周公：周武王的弟弟姬旦。管：管叔姬鲜。蔡：蔡叔姬度。周武王死后，儿子成王幼小，周公摄政。管叔和蔡叔造谣说：周公要杀君篡国。同时，和商纣王的儿子武庚勾结起来发动叛乱。周公平定叛

乱后，处死管叔，流放蔡叔。

㉘承：敬奉。终：后期。

【译解】

灵博山上有座象的祠堂。它的下面有许多苗族人居住着，都把象作为神来祭他。宣慰使安君，根据苗族人的申请，重修那座祠堂的房屋，并且请我写一篇记。我问他：“毁掉它呢，还是重修它呢？”他说：“重修它。”“重修它？为什么呢？安君说：“这座祠堂的创建，已经没有人了解它的根由。但是我们苗族中住在这里的人，从我们的父亲、我们的祖父追溯到曾祖、高祖以上，都尊敬他，供奉他，并且祭奠他，按时举行，不敢停止。”我说：“为什么会这样呢？象在有鼻那地方的祠堂，唐朝的人曾经毁掉过它。象的为人，照做儿子的道理来说是忤逆，照做弟弟的道理来说是傲慢。他的祭祀在唐朝被排斥，在今天却还保存着；他的祠堂在有鼻那地方被毁掉，在这个地方却还兴盛。为什么会这样呢？”

我知道这个道理了：君子喜欢这个人，就会把喜欢的心情推广到在他屋上停留的乌鸦，何况圣人的弟弟呢？既然如此，那么，祭祀的是舜，而不是象。想来，象死的时候，大约在舜舞干羽、有苗归顺之后吧！如果不是这样，那么古代的倔强而又凶狠的人难道还少吗？可是象的祠堂独独能在世上延续下来。我从这里更加能看出舜的德行崇高到极点，进入人心这样的深，德泽流传的遥远而且长久。

象的忤逆、傲慢，可能他初期是这样罢了，又怎么知道他的结果不被舜所感化呢？《书经》上不是说过吗：“舜用孝心能使家庭和睦，长进、善良，不至做坏事。”又说：“他的瞎子似的父亲也变得忠诚老实了。”那就是已经转化为慈祥的父亲了。象若是还不尊敬哥哥，就不可以说家庭和睦。不断向好的方面前进，就不会向坏的方面发展；不向坏的方面发展，就必然会进入好的境界。的确是这样，象原来已经被舜感化了。孟子说："帝舜派官员去治理他的国家，象不能够有非法行为了。"这就是舜对象爱得深，考虑得详尽，支持辅导他的方法周密呀。否则，像周公那样的圣明，管叔和蔡叔还不免于犯法判罪。这就可以看出象是被舜感化了，所以，能够任用贤能的人，而且安于职守，恩德施加到百姓身上，已经逝世了，百姓还在怀念他。诸侯的卿，由天子直接任命，这是周朝的官制，也许是向舜分封象的故事学习来的吧！我在这里更加有理由相信人性是善良的，天下没有不能感化的人。

既然如此，那么，唐朝人毁掉他的祠堂，是依据象的早期表现；今天许多苗族人供奉他，是依据象的最终表现。这个道理，我准备把它向世上的人说明白，让大家知道：一个人的恶，即便如同象那样，还可以转变，而君子的修养德行，到达它的顶点时，即便有如同象那样的倔强凶暴的人，也还是可以感化他的。

【赏析】

这篇杂记是王守仁在贵州时应当地苗人之请而作的。虞舜的弟弟为众所周知的反面人物，没有人愿意纪念他，可灵博山仍然有许多人在恭恭敬敬地祭祀他，并将他的祠堂修葺一新。文章据此发表议论，推测象受到祭祀的原因：一是舜德深入人心，百姓爱屋及乌；二是不仁不善的象最终被舜德感化，并能任贤使能，泽加于民。最后点出文章立意："人性之善，天下无不可化之人。"鼓励众人努力改过从善。王守仁"心学"的核心之一是"致良知"，本文的思想与此是一致的。文章洗炼精粹，文笔生动活泼，说理深刻有力，大有可借鉴之处。

瘗旅文①

王守仁

【原文】

维正德四年秋月三日②，有吏目云自京来者③，不知其名氏，携一子一仆，将之任④，过龙场⑤，投宿土苗家⑥。予从篱落间望见之⑦，阴雨昏黑，欲就问讯北来事，不果。明早，遣人觇之⑧，已行矣。

王守仁像，图出自《三才图会》。

薄午⑨，有人自蜈蚣坡来，云："一老人死坡下，傍两人哭之哀⑩。"予曰："此必吏目死矣，伤哉！"薄暮，复有人来，云："坡下死者二人，傍一人坐哭。"询其状，则其子又死矣。明日，复有人来，云："见坡下积尸三焉。"则其仆又死矣，呜呼伤哉！

念其暴骨无主⑪，将二童

子持畚、锸往瘗之[12]。二童子有难色然[13]，予曰："噫！吾与尔犹彼也[14]。"二童闵然涕下[15]，请往。就其傍山麓为三坎[16]，埋之。又以只鸡、饭三盂[17]，嗟吁涕洟而告之[18]，曰：

呜呼伤哉！繄何人[19]？繄何人？吾龙场驿丞余姚王守仁也[20]。吾与尔皆中土之产[21]，吾不知尔郡邑[22]，尔乌乎来为兹山之鬼乎[23]？古者重去其乡[24]，游宦不逾千里[25]，吾以窜逐而来此[26]，宜也。尔亦何辜乎[27]？闻尔官吏目耳[28]，俸不能五斗[29]，尔率妻子躬耕可有也[30]。胡为乎以五斗而易尔七尺之躯[31]？又不足，而益以尔子与仆乎[32]？

呜呼伤哉！尔诚恋兹五斗而来[33]，则宜欣然就道[34]，胡为乎吾昨望见尔容，蹙然盖不胜其忧者[35]。夫冲冒霜露，扳援崖壁[36]，行万峰之顶，饥渴劳顿[37]，筋骨疲惫，而又瘴疠侵其外[38]，忧郁攻其中[39]，其能以无死乎？吾固知尔之必死，然不谓若是其速，又不谓尔子尔仆亦遽然奄忽也[40]。皆尔自取，谓之何哉！吾念尔三骨之无依而来瘗耳，乃使吾有无穷之怆也[41]。

呜呼伤哉！纵不尔瘗[42]，幽崖之狐成群，阴壑之虺如车轮[43]，亦必能葬尔于腹，不致久暴尔。尔既已无知，然吾何能为心乎？[44]自吾去父母乡国而来此[45]，三年矣，历瘴毒而苟能自全[46]，以吾未尝一日之戚戚也[47]。今悲伤若此，是吾为尔者重、而自为者轻也[48]，吾不宜复为尔悲矣。

吾为尔歌，尔听之。歌曰：连峰际天兮飞鸟不通[49]，游子怀乡兮莫知西东。莫知西东兮维天则同，异域殊方兮环海之中[50]。达观随寓兮莫必予宫[51]，魂兮魂兮无悲以恫[52]。

又歌以慰之曰：与尔皆乡土之离兮，蛮之人言语不相知兮。性命不可期[53]，吾苟死于兹兮。率尔子仆，来从予兮。吾与尔遨以嬉兮[54]，骖紫彪而乘文螭兮[55]，登望故乡而嘘唏兮。吾苟获生归兮[56]，尔子尔仆，尚尔随兮。道傍之冢累累兮[57]，多中土之流离兮，相与呼啸而徘徊兮。餐风饮露，无尔饥兮。朝友麋鹿，暮猿与栖兮[58]。尔安尔居兮，无为厉于兹墟兮[59]。

【注释】

①瘗（yì）旅文：埋葬客死他乡者的祭文。瘗：掩埋，埋葬。

②维：助词，常用于表示时间的词语之前，用以加强时间观念。正德四年：1509 年，正德是明武宗朱厚照的年号。

③吏目：官名。明代在知州下设吏目，掌管出纳文书等事。

④之任：赴任。

⑤龙场：地名，即在今贵州省修文县境内的龙场驿。

⑥土苗：指当地的苗族人民。

⑦篱落：篱笆。

⑧觇（zhān）：窥视。

⑨薄：迫近，将近。

⑩傍（páng）：旁边。

⑪暴（pù）骨无主：意思是尸体在露天之下没有人去掩埋。

⑫将（jiāng）：带领。畚（běn）：畚箕。锸（chā）：铁锹。

⑬有难色然：脸上流露出为难神态的样子。

⑭这句意思是：我和你们是同他们一样，都是漂泊在外的人。

⑮闵然：哀怜的样子。

⑯就：靠近。山麓：山脚。为：挖。坎：坑穴。

⑰盂：盛汤或饭食的一种圆口器血。

⑱嗟吁：叹息。涕洟：流泪。

⑲繄（yī）：发语词。

⑳驿丞：官名，明代在某些州县设置的掌管驿站的官吏。

㉑中都之产：出生在中原地区的人。

㉒郡邑：代指死者的籍贯。

㉓乌乎：疑问代词，为什么。

㉔这句话的意思是说：古人是不愿轻意离开自己故乡的。

㉕游宦：外出做官。

㉖窜逐：放逐、流放。宜：应该。

㉗何辜：有什么罪过。

㉘官吏目耳：不过做吏目这样的小官而已。

㉙俸：官吏的薪水。不能五斗：达不到五斗。五斗，代指微薄的官俸。

㉚率：带领。妻子：妻子和孩子。躬耕：亲自参加田间耕作。

㉛胡为乎：为什么。易：交换。

㉜益：加上。

㉝诚：如果，假如。

㉞欣然：很高兴的样子。就道：上路。

㉟蹙（cù）然：愁眉不展的样子。

㊱扳援：攀引而上。

㊲劳顿：劳苦困顿。

㊳瘴疠：即瘴气，是山林间蒸发能致病的一种湿热之气。

㊴中：内心。

㊵不谓：未料到，没想到。

㊶怆（chuàng）：悲伤。

㊷纵不尔瘗：即纵不瘗尔，即使我不来埋葬你。

㊸虺（huī）：毒蛇。

㊹为心：安心。

㊺去：离开。父母乡国：出生地，故乡。

㊻苟：勉强。自全：保全自己。

㊼戚戚：局促忧伤的样子。

㊽自为：为自己。

㊾际：接近。

㊿维天则同：只有天是相同的。维，通“唯”。异域殊方：泛指边远地区。环海之中：指中国。古人认为中国的四周是海。

51达观：对事情看得开，不计较得失。随寓：犹言到处为家。予宫：我的房屋。

52恫：哀痛。

53期：预料。

54遨、嬉：游玩。

55骖：原意为三匹马驾车，此代指驾驭。紫彪：紫色的小马。文螭（chī）：彩色的龙。螭为古代传说中的一种无角的龙。

56生归：活着回到家乡。

57冢：坟墓。累累（lěi）：一座连一座的样子。

58猿与栖：与猿同栖。

59厉：恶鬼。墟：山。

【译解】

正德四年秋天，某月初三，有一个吏目自称是从京城来的，不晓得他的姓名，带着一个儿子和一个仆人准备到任上去，经过龙场驿，借住在当地的苗族人家里。

我从篱笆中间望见他们，当时由于阴雨，天色已经昏黑，想到那里去询问他们从北方来的情况，没有实现。

第二天一早，派人去看他们，已经走了。

靠近中午的时候，有人从蜈蚣坡来，说：“有一个老人死在蜈蚣坡下面，旁边两个人在哭他，很悲哀。”我说：“这一定是那个吏目死了，可怜啊！”到了傍晚，又有人来说：“蜈蚣坡下面死的是两个人，旁边坐着一个人在哭。”我打听那里的情形，就知道吏目的儿子又死了。

《唐诗画谱》插图

过了一天，又有人来说：“看见蜈蚣坡下面有三具尸首。”吏目的仆人又死了。唉，真是使人伤心啊！我想，他们的尸体日晒雨淋，不会有人去收，就带两个差役拿着畚箕、铁锹去掩埋他们。两个差役脸上露出为难的样子。我就说：“唉！我和你们跟他们差不多啊。”两个差役听了，也伤心地掉下眼泪，愿意一道去。

我们到了那里，拣一个靠近蜈蚣坡旁山脚的地方，掘了三个坑，埋葬了他们。再拿一只鸡、三碗饭祭他们，叹气流泪祝告他们说：“唉，伤心啊！你们是什么样的人？你们是什么样的人？我是龙场驿丞馀姚人王守仁啊。我和你们都是中原地区出生的人，但是我不知道你们的家乡在哪里。你们为什么来做这座山里的鬼呢？古代人不轻易离开自己的家乡，出去做官也不超过一千里路。我因为被贬斥来到这里，是应该的，你也犯了什么罪吗？听说你的官职不过是个吏目罢了，俸禄不满五斗米，如果你率领妻子儿女亲自耕种，是完全能够获得这些收入的。为什么因为要拿五斗米的俸禄就拿你的一条命去换呢？还嫌不够，又把你的儿子和仆人加上去呢？唉，真是使人伤心啊？你果真是贪图这五斗米的俸禄而出来做官的，就应当高高兴兴地上路，为什么我昨天望见你的脸上露出忧愁的样子，好像有不能忍受的那种悲痛的事情在身上。一个人冒着风霜雨露，攀登悬崖峭壁，行走在无数山峰的顶上，肚饥口渴，筋骨疲劳困乏，还有瘴气、瘟疫从体外侵袭，忧愁、郁闷从内心折磨，难道能够不死吗？我本来料到你一定会死的，可是没有料到像这样的快，更没有料到你的儿子和你的仆人，也跟着你很快地死去啊。这都是你自己招来的，还说什么呢？我怜念你们三副尸骨没有归宿才来掩埋的，却使我产生了无穷的伤感。唉，真是使人伤心啊！就是我不来掩埋你们，那些深山中的狐狸成群结队，暗涧里的毒蛇粗壮得像车轮一样，也必定能够把你们埋葬在它们的肚里，不至于长久暴露。你们是已经没有知觉的了，可是我怎能忍心不管呢？从我离开父母生我的家乡来到这里已经三年了，经历了恶毒的瘴气，却能够勉强保全性命，因为我从来不曾有过一天的忧愁悲伤啊。如今我却这样的悲伤，这是我为你们考虑的很多，替自己考虑的很少，我不该再为你们伤心了。我向你们唱首挽歌，你们听我唱吧！

歌词说：连绵不断的山峰接近天空啊，连飞鸟也不能通过；出门的人想念家乡啊，辨不清道路的方向。辨不清道路的方向啊，只看到天空相同；不管是怎样遥远的地方啊，总是在全国范围之内。

要想得开，看得远，到处可以安身啊，何必要自己的家庭；你们的魂灵啊，你们的魂灵啊，不要悲伤，不要哀痛！

再唱一首歌来安慰你，说：我和你都是离乡背井的人啊，异乡客地的人言语不通，不能相互了解。生命的长短是不能预期的。我假如也死在这里啊，你可以领着你的儿子和仆人来跟我，我同你一道游玩。驾着神虎挽的车子或者跨着文螭啊，登上高处眺望故乡因而感叹。我假如能够活着回去啊，你的儿子和你的仆人还跟着你，不要因为没有伴侣而感到悲哀！路边的坟墓一个接着一个啊，墓中人大都是中原地区的流亡者，可以和他们在一起唱唱歌，散散步。吃些风、喝些露水就不会饿你啊，白天同麋鹿交朋友，晚上和猿猴宿在一起。希望你安静地住在你的墓穴里啊，千万不要在这个地方做恶鬼！

【赏析】

本文是作者被贬贵州龙场后为一位素不相识的客死他乡的吏目而写的祭文。要深刻理解本文，首先应了解作者当时的境遇。

明武宗正德二年（公元 1507 年），作者以兵部主事的身份上疏弹劾宦官刘谨，以解救戴铣，结果反遭陷害，被贬为贵州龙场驿丞，靠投江诈死才逃脱刘瑾的追杀，之后又漂流至海，途经福建，历尽艰辛，九死一生，好容易才来到龙场，所以当他看到吏目三人客死赴任途中时，联系自己的遭遇，触类伤怀，便去掩埋了尸体，并临穴祭奠，写了这篇沁人肺腑的祭文。

作者通过对死者的祭告，宣泄了自己的抑郁愤懑之情，同时也流露出一种乐观豁达、不屈不挠的斗争精神。全文情浓哀深，读来让人顿生喉梗鼻酸之感。

吴楚材、吴调侯评曰："先生罪谪龙场，自分一死，而幸免于死。忽睹三人之死，伤心惨目，悲不自胜。作之者固为多情，读之者能不下泪？"

信陵君救赵论

唐顺之[1]

【原文】

《东周列国志》版画之“信陵君窃符救赵”图

论者以窃符为信陵君之罪[2]，余以为此未足以罪信陵也[3]。

夫强秦之暴亟矣[4]，今悉兵以临赵，赵必亡。赵，魏之障也，赵亡，则魏且为之后；赵、魏，又楚、燕、齐诸国之障也，赵、魏亡，则楚、燕、齐诸国为之后。天下之势，未有岌岌于此者也[5]。故救赵者，亦以救魏；救一国者，亦以救六国也。窃魏之符以纾魏之患[6]，借一国之师以分六国之灾，夫奚不可者[7]？

然则信陵果无罪乎？曰：又不然也。余所诛者[8]，信陵君之心也。

信陵，一公子耳。魏，固有王也。赵不请救于王，而谆谆焉请救于信陵[9]，是赵知有信陵，不知有王也。平原君以婚姻激信陵[10]，而信陵亦自以婚姻之故，欲急救赵，是信陵知有婚姻，不知有王也。其窃符也，非为魏也，非为六国也，为赵焉耳。非为赵也，为一平原君耳。使祸不在赵，而在他国，则虽撤魏之障、撤六国之障，信陵亦必不救。使赵无平原，或平原而非信陵之姻戚，虽赵亡，信陵亦必不救。则是赵王与社稷之轻重，不能当一平原公子[11]，而魏之兵甲所恃以固其社稷者[12]，只以供信陵君一姻戚之用。幸而战胜，可也；不幸战不胜，为虏于秦，是倾魏国数百年社稷以殉姻戚[13]，吾不知信陵何以谢魏王也[14]？夫窃符之计，盖出于侯生[15]，而如姬成之也。侯生教公子以窃符，如姬为公子窃符于王之卧内[16]，是二人亦知有信陵，不知有王也。

余以为信陵之自为计[17]，曷若以唇齿之势[18]，激谏于王，不听，则以其欲死秦师者，而死于魏王之前，王必悟矣；侯生为信陵计，曷若见魏王而说之救赵[19]，不听，则以其欲死信陵君者，而死于魏王之前，王亦必悟矣；如姬有意于报信陵，曷若乘王之隙，而日夜劝之救，不听，则以其欲为公子死者，而死于魏王之前，王亦必悟矣。如此，则信陵君不负魏，亦不负赵；二人不负王，亦不负信陵君。何为计不出此[20]？信陵知有婚姻之赵，不知有王。内则幸姬[21]、外则邻国、贱则夷门野人[22]，又皆知有公子，不知有王。则是魏仅有一孤王耳。

呜呼！自世之衰，人皆习于背公死党之行[23]，而忘守节奉公之道[24]，有重相而无威君[25]，有私仇而无义愤。如秦人知有穰侯[26]，不知有秦王；虞卿知有布衣之交[27]，不知有赵王。盖君若赘旒[28]，久矣。

由此言之，信陵之罪，固不专系乎符之窃不窃也[29]。其为魏也、为六国也，纵窃符犹可；其为赵也、为一亲戚也，纵求符于王而公然得之，亦罪也。虽然，魏王亦不得为无罪也。兵符藏于卧内，信陵亦安得窃之？信陵不忌魏王，而径请之如姬，其素窥魏王之疏也[30]。如姬不忌魏王，而敢于窃符，其素恃魏王之宠也。木朽而蛀生之矣，古者人君持权于上，而内外莫敢不肃[31]。则信陵安得树私交于赵？赵安得私请救于信陵？如姬安得衔信陵之恩[32]？信陵安得卖恩于如姬[33]？履霜之渐[34]，岂一朝一夕也哉！

唐顺之像

由此言之，不特众人不知有王，王亦自为赘旒也。故信陵君可以为人臣植党之戒，魏王可以为人君失权之戒。《春秋》书："葬原仲"、"翚帅师"[35]，嗟夫，圣人之为虑深矣。

【注释】

①唐顺之（1507～1560）：字应德，江苏武进（今江苏省武进县）人。嘉靖八年（1529）进士，官至左佥都御史。他是明代著名散文家，和王慎中同为"唐宋派"领袖。文学主张上反对模拟，推崇唐宋散文。著有《荆川先生文集》。

②符：兵符，古时调动军队的凭证。国君与将帅各执一半，两者相契合，才能调动兵力、移交军权。信陵君：姓魏名无忌，战国时魏贵族。魏安釐王之弟，号信陵君，其时任魏相。他的姐姐是赵相平原君的夫人。魏安釐王十八年（前259年），秦攻赵，二十二年，赵国通过信陵君向魏国求救。安釐王派大将晋鄙救赵，但又害怕秦国，因而

按兵不动。信陵君用侯生之计，通过安魔王的宠妾如姬，窃到兵符，击杀晋鄙，夺取兵权，救赵胜秦。

③罪：怪罪。

④暴：灾祸。亟：危急，紧急。

⑤岌岌：极其危险。

⑥纾（shū）：解除。

⑦夫奚不可者：这又有什么不可以的呢?

⑧诛：指责，责备。

⑨谆谆焉：形容反复不休。

⑩平原君：名赵胜，赵国公子，战国四公子之一。婚姻：有婚姻关系的亲戚。因信陵君的姐姐是平原君的夫人，故谓。激：斥责。

⑪当（dàng）：抵得上。

⑫兵甲：代指军队。社稷：代指国家。

⑬倾：倾覆、灭亡。殉：犹陪同死亡。

⑭谢：认错，请罪。

⑮侯生：魏国隐士，名侯嬴。如姬：魏安釐王的宠妃。

⑯卧内：卧室，内室。

⑰自为计：为自己考虑。

⑱曷若：哪如。

⑲说（shuì）：说服。

⑳何为：即“为何”，为什么。

㉑幸姬：受宠爱的妃子。

㉒夷门：指侯嬴，侯嬴本是管夷门（魏都大梁东门）的人。野人：村野之人。

㉓背公死党：违背国家利益而为朋党效死尽力。

㉔守节奉公：坚守节操，一心为国家着想。

㉕重（zhòng）相：权重的丞相。威君：有权威的君主。

㉖穰侯：名魏冉，战国秦人；曾四登相位，为秦的强盛作出很大贡献，受封于穰，故称。

㉗虞卿：战国时游说之士，在赵国被封为上卿，故称。后因解救朋友魏齐，出奔大梁。布衣之交：指不拘身份地位高低的朋友。

㉘赘旒（liú）：连缀于旌旗上的飘带，比喻实权旁落的君主。

㉙专：仅仅，只是。系：犹拘囿。

㉚素：平素、常日。疏：疏忽。

㉛肃：恭敬。

㉜衔恩：接受恩惠。

㉝卖恩：用小恩惠收买他人。

㉞履霜之渐：《易经·坤卦》有“履霜坚冰至”之句，意思是说踩到了霜就知道严冬就要来临。比喻事情的发生都有一定的过程。履：踩、踏。渐：逐步。

㉟葬原仲：事见《春秋左传·庄公二十七年》：“秋，公子友如陈，葬原仲，非礼也。”公子友，即季子。如陈，私行于陈。原仲，陈国大夫。翚帅师：翚，鲁国羽父。事见《春秋左传·隐公四年》：宋、陈、蔡、魏四国伐郑，宋公派人到鲁国借兵，当时鲁隐公不答应，而翚却私自带兵前往，孙子认为这是目无国君的行为。

【译解】

评论家把偷窃兵符当作信陵君的错误，我以为这件事还不能够用它来谴责信陵君。当时那个强大的秦国的凶暴行径已很紧迫了，它用全部兵力压到赵国身上，赵国就一定灭亡。赵国是魏国的屏障；假如赵国灭亡，魏国就将步它的后尘。赵国和魏国又是楚、燕、齐各国的屏障；假如赵国、魏国灭亡，楚、燕、齐各国就会步它们的后尘。天下的形势，没有比这更加危险的了。所以援救赵国，也是为了援救魏国；援救一个国家，也是为了援救六个国家。偷魏国的兵符去解除魏国的患难，拿一个国家的军队去分担六个国家的灾祸，这有什么不可以的？

平原君及其门客，图出自《史记·平原君虞卿列传》。

那么，信陵君真的没有过错吗？我说：也不是这样。我要批评的是信陵君的用心。信陵君仅仅是一个公子而已，魏国自有国王在啊。赵国不向魏王请求援救，却反反复复地向信陵君请求援救，这说明赵国只晓得有个信陵君，不晓得还有个魏王。平原君利用亲戚关系去激信陵君，信陵君自己也由于亲戚的缘故，想迅速援救赵国，这说明信陵君只晓得有一门亲戚，不晓得还有个国王。所以，他的偷窃兵符，不是为了魏国，更不是为了六国，仅仅是为了赵国罢了。其实也不是为了赵国，仅仅是为了一个平原君罢了。倘使灾祸不在赵国，而在其他国家，那么，即便拆去魏国的屏障，拆去六国的屏障，信陵君也必定不会援救。倘使赵国没有平原君，或者有平原君却不是信陵君的亲戚，那么，即便赵国亡了，信陵君也必定不会去援救。那就是赵王和赵国的轻重，不能抵一个平原君，而魏国的军队，本来是依靠它来巩固自己的国家的，现在却只能拿它来供给信陵君的一个亲戚使用。幸亏打胜了，还可以；如果不幸打败了，自己被秦国捉去当俘虏，这是倾覆魏国几百年的江山，来给赵国殉葬，我不知道信陵君怎样来向魏王请罪？那个偷窃兵符的计策，原来是由侯生提出、如姬完成的。侯生把偷窃兵符的计策教给信陵君，如姬替信陵君从魏王的寝室偷出兵符，可见这两个人也只晓得有个信陵君，却不晓得还有个魏王啊。

我认为：如果信陵君替自己打算，倒不如拿赵国和魏国“唇亡齿寒”的形势，向魏王激切地劝告；万一魏王不听，就把自己想要到秦国军队那里去拼死的准备，在魏王的面前自杀，魏王一定会觉悟的。侯生替信陵君出谋划策，倒不如自己进见魏王劝说他援救赵国；万一魏王不听，就把自己想要为信陵君而死的准备，在魏王的面前自杀，魏王也一定会觉悟的。如姬有心报答信陵君的恩德，倒不如乘魏王空闲时，无论白天黑夜都劝他援救赵国；万一魏王不听，就把自己想要为信陵君而死的准备，在魏王的面前自杀，魏王也一定会觉悟的。这样，信陵君既不辜负魏国，也不辜负赵国；侯生和如姬两个人既不辜负魏王，也不辜负信陵君。为什么办法不从这里想呢？

信陵君只晓得有亲戚关系的赵国，不晓得还有个魏王。内里是得宠的姬妾，外面是相邻的国家，卑贱的是看守夷门的无知无识的人，又都只晓得有个信陵君，不晓得还有个魏王。那就是说魏国仅有一个孤独的国王而已。唉！自从社会风气败坏以后，人们都习惯于违背公共利益、拼命争夺小集团利益的行为，忘掉坚持节操、秉公办事的原则。朝内只有独断专行的宰相，却没有威权在手的君主；国内只有私人的仇恨，却没有正义的愤怒。例如秦国人只知道有个穰侯，不知道还有个秦昭王；虞卿只知道有个贫贱时的老朋友，不知道还有个赵孝成王。原来君主像旗帜上附属的飘带一样已经长久了。从这说来，信陵君的错误，本来不光是在兵符的偷还是不偷啊。如果是为了魏国，或者是为了六国，纵使偷窃兵符，还可以说得过去；如果是为了赵国，或者是为了一个亲戚，纵使向魏王请求兵符而且正当地得到了它，也是一种错误。

虽然如此，但是魏王也不能说没有错误。兵符藏在自己寝室内，信陵君又怎么能偷到它？信陵君不顾忌魏王，就直接向如姬请求偷窃兵符，那是他平素观察到魏王的疏忽。如姬不顾忌魏王，就敢于偷窃兵符，那是她一向依仗着魏王的宠爱。好比木头腐烂后，蛀虫才会在它的上面生出来一样。古时候贤明的君主在上面掌握大权，朝廷内外没有人敢不严肃庄重的。假如这样，那么信陵君怎么能够在赵国建立私人的交情？赵国怎么能够向信陵君私下请求援救？如姬怎么能够牢记信陵君的恩德？信陵君怎么能够向如姬讨好？严寒的到来，难道是一朝一夕的事情吗？从这一点说来，不仅是许多人不知道有魏王，连魏王也把自己看作是旗帜上的附属品了。

所以，信陵君的错误可以作为臣子植党营私的鉴戒，魏王的错误可以作为君主丧失权力的鉴戒。《春秋》记载鲁国公子友私自去陈国参加陈国大夫原仲的葬礼和公子翚迫使隐公让他领兵到宋国去这两件事。唉！可见圣人的考虑问题是非常深远的了。

【赏析】

明自中叶以后，个个皇帝都只知道荒淫享乐，不关心政事，大臣宦官们则明争暗斗，专权误国，甚至连皇帝也经常被他们利用。作者唐顺之就是在这个历史背景之下，假信陵君窃符救赵为论题，对其功过得失进行辩证分析而写的一篇议论文，文章强调了加强中央集权的重要性，抨击了目无君主的擅权行为。作者首先指出整个事件实际上是一场私人交易，并不是为赵国、魏国的国家利益着想。然后指出信陵君等人独断专行，不把魏王放在眼里，致使“人皆习于背公死党之行，而忘守节奉公之道。有重相而无威君，有私仇而无义愤”。最后指出魏王不能集中权力，反而是大权旁落。吴楚材、吴调侯有评：“诛信陵之心，暴信陵之罪，一层深一层，一节深一节，愈驳愈醒，愈转愈刻。词严义正，直使千载杨诩之案，一笔抹杀。”

报刘一丈书①

宗臣②

【原文】

数千里外，得长者时赐一书③，以慰长想④，即亦甚幸矣。何至更辱馈赠⑤，则不才益将何以报焉！书中情意甚殷，即长者之不忘老父，知老父之念长者深也。

至以“上下相孚，才德称位”语不才⑥，则不才有深感焉。夫才德不称，固自知之矣⑦。至于不孚之病，则尤不才为甚⑧。

且今之所谓孚者何哉？日夕策马候权者之门⑨，门者故不入⑩，则甘言媚词⑪，作妇人状，袖金以私之⑫。即门者持刺入⑬，而主人又不即出见，立厩中仆马之间⑭，恶气袭衣袖，即饥寒毒热不可忍，

宗臣像，图出自《宗子相集》。

不去也，抵暮，则前所受赠金者出，报客曰："相公倦⑮，谢客矣，客请明日来。"即明日，又不敢不来。夜披衣坐，闻鸡鸣，即起盥栉⑯，走马抵门⑰。门者怒曰："为谁？"则曰："昨日之客来。"则又怒曰："何客之勤也⑱！岂有相公此时出见客乎？"客心耻之⑲，强忍而与言曰："亡奈何矣⑳，姑容我入。"门者又得所赠金，则起而入之，又立向所立厩中。幸主者出，南面召见㉑，则惊走匍匐阶下㉒，主者曰："进！"则再拜，故迟不起㉓，起则上所上寿金㉔。主者故不受，则又固请㉕；主者故固不受，则又固请，然后命吏纳之。则又再拜，又故迟不起，起则五六揖㉖，始出。出，揖门者曰："官人幸顾我㉗，他日来，幸无阻我也㉘。"门者答揖。大喜，奔出，马上遇所交识，即扬鞭语曰："适自相公家来㉙，相公厚我！厚我！"且虚言状㉚。即所交识，亦心畏相公厚之矣㉛。相公又稍稍语人曰；"某也贤！某也贤㉜！"闻者亦心计交赞之㉝。此世所谓上下相孚也，长者谓仆能之乎㉞？

前所谓权门者，自岁时伏腊一刺之外㉟，即经年不往也。间道经其门㊱，则亦掩耳闭目，跃马疾走过之，若有所追逐者㊲。斯则仆之褊衷㊳，以此长不见悦于长吏㊴，仆则愈益不顾也。每大言曰㊵："人生有命，吾惟守分而已。"长者闻之，得无厌其为迂乎㊶？

【注释】

①刘一丈：作者父亲的朋友。

②宗臣（1525～1560）：字子相，号方城山人，兴化（今江苏省兴化县）人。嘉靖二十九年（1550）进士，曾官吏部员外郎。福建提学副使等职。他是明代著名散文家，为"后七子"之一，著有《宗子相集》。

③长者：对刘一丈的尊称。时：及时。

④长想：长时间的思念。

⑤何至：哪敢。辱：谦词，屈辱您之意。馈遗（kuì wèi）：赠送礼物。

⑥上下相孚，才德称位：上下级互相信任，才能和品德要与自己的职位相称。孚，信任。

⑦夫：发语词。固：本来，原本。

⑧病：缺点，毛病。尤：更以。

⑨策马：鞭打着马，此处指奔走。候：等候。权者：有权人。

⑩门者：看门的仆人。故不入：故意刁难，不让进门。

⑪甘言媚词：犹甜言蜜语。

⑫意思是说把藏在袖中的钱偷偷送给守门人。

⑬即：即使。刺：谒见时的名帖。

⑭仆马：仆人和马匹。

⑮相公：唐宋以后对宰相的尊称。

⑰盥栉（guàn zhì）：洗脸梳头。

⑰走马：形容把马赶得很快。

⑱何客之勤也：你这人怎么来得这么勤快呢？

⑲耻之：以为之耻。

⑳亡奈何：无可奈何，没有办法。亡，同“无”。姑：暂且。容：让。

㉑幸：有幸。南面：面向南，古时以面向南为尊位。

㉒惊走：惶恐地跑上前。匍匐：手足并地爬行。阶：堂阶。

㉓故迟不起：故意长时间地趴在地上不起来。

㉔寿金：寿礼。这里实际指贿赂。

㉕固请：坚持请求。

㉖五六揖（yī）：作了五六次揖。揖：躬身拱拳向人表示敬意的礼节。

㉗官人：对有官职的人的尊称。幸顾我：幸而看得起我。

㉘幸：希望。无阻：不要阻拦。

㉙适：刚才。厚我：很看重我。

㉚虚言状：夸张地叙述被接见时的情形。

㉛畏：惊羡。

㉜稍稍：偶然，偶尔。某也贤：某人有才德。

㉝心计：心中考虑。交赞：一齐赞扬。

㉞仆：作者对自己的谦称。能之乎：能够这样吗？

㉟岁时伏腊：泛指逢年过节。刺：投名帖。

㊱间：间忽，偶然。

㊲若有所追逐者：就好像后面有人追赶似的。

㊳褊（biǎn）衷：狭隘的心胸。

㊴长吏：长官。

㊵大言：扬言，这里含有自嘲意味。

㊶得无：能不。迂：迂腐不通世故。

【译解】

远在几千里以外，能够时常得到老长辈寄给我一封信，来慰籍我长久的想念，也就很幸福了；何必还要赠送我礼物，这就使我更加不知道拿什么来报答您了。您信里流露出来的情意非常深厚，从您不忘记我老父亲的情意，就知道我老父亲思念您的情意同样是非常深厚的呀。

至于拿“上下级要互相信任，才德要同自己的职位相称”等话来告诫我，那么，对于这点，我是有很深感受的。那才德同职位不相称，本来自己早就知道这个缺陷；至于上下级不能互相信任的毛病，那我更严重。

再说，今天的所谓互相信任究竟是怎么样的呢？某些人从早到晚驰马奔走，等候在当权者的门上，看门的人故意不进去通报，他就说尽甜蜜的讨好的话，做尽女人的种种姿态，把藏在袖筒里的钱偷偷地送给他。但是，即使看门的人拿了他的名帖进去禀报，主人也不一定立刻出来接见他，于是只好站在牲口棚里马群之间等着，臭气钻进衣袖，连饥饿寒冷或者酷热得不能忍受，也不敢离开。等到天黑了，那个先前接受他贿赂的看门人走出来，对客人说："相公疲劳，今天不见客了，客人请明天来吧。"就是明天吧，又不敢不来。当夜睡不稳，披着衣服坐等天亮，一听到鸡叫，马上站起来洗脸梳头，然后赶着马奔去推门。看门的人恼火地问："是谁？"他就说："是昨天来过的那个人又来了。"看门的人又发起火来，说："客人为啥这样殷勤呢？难道这时候相公会出来接见客人吗？"他心里也感到受这些讥讽斥责是可耻的，但只得勉强忍耐着，还要跟看门的人说："实在没有办法呀，姑且让我进见一次吧。"看门的人又得了他送的钱，就起身开门放他进去。他又站在从前站过的马棚里等着。很幸运，主人出来了，朝南坐着唤他进见，他就诚惶诚恐地急步向前，爬在台阶下面。主人说："到前边来！"他就再磕两个头，故意迟迟不站起来；站起来以后就献上进见的礼物。主人故意不受，他就坚决请求收受；主人故意坚持不受，他就又坚决请求收受；主人

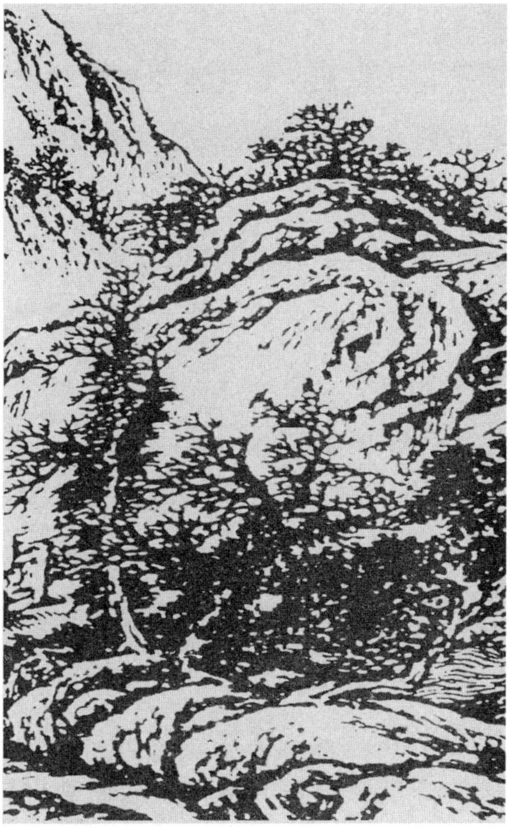

《唐诗画谱》插图

这才吩咐底下人收下礼物。于是，他又磕了两个头，又故意迟迟不站起来；站起来以后就连连弯腰作揖，方才退出去。出门的时候，又向看门的人行礼致谢，说："幸亏官人照顾我；以后再来，希望不要拦阻我。"看门的人还了礼，他大为高兴，奔出去。在马上碰到了平时交往认识的人，立即高举鞭子，得意地告诉他们说："我刚刚从相公家里出来，相公待我很好，待我很好！"并且捏造一些相公待他很好的情况。就连那些熟悉他的人，也为相公待他这样好而敬服。后来，相公碰上机会又略微告诉人们说："某人有才干！某人确实有才干！"听到的人也就在心里考虑怎样来附和着称赞他。这就是现在社会上所说的"上下级互相信任"呀。老长辈您说，我能这样做吗？

前面所讲的有权有势的人，我是在一年四季中除了逢时过节去投一张名片以外，就整年不去。有时偶尔路过他的门口，就捂住耳朵、闭起眼睛，加一鞭催马快跑过他的大门，似乎后面有什么追逐那样。这就是我的狭隘的胸怀，因此长时期不被长官所欢迎。我却更加不顾，常常夸张地说："人生自有命运，我只要安分守己就行了。"老长辈听到我的这些情况和见解，该不会讨厌我的不合时宜吧！

【赏析】

本文是一篇著名的书信体散文，作者通过给一刘姓父执的书信，极为生动地讽刺了当时上层社会的污浊和丑恶，深刻揭露了严嵩父子专擅朝政时社会政治的黑暗和腐朽。

文章以事情发展的时间顺序为脉络，运用生动俏皮的语言，画出了一组维妙维肖的官场群丑图。

作者通过漫画式的笔触，把士大夫们的干谒权贵、夤缘钻营、甘言媚词、阿谀逢迎；当权奸臣的煊赫气焰、倨傲做作和贪污纳贿，守门者的狐假虎威、敲诈勒索，都刻划得淋漓尽致、绘声绘形。

《吴山图》记

归有光[1]

归有光像，图出自·孔继尧《吴郡名贤图传赞》。

【原文】

吴、长洲二县[2]，在郡治所，分境而治[3]。而郡西诸山，皆在吴县。其最高者，穹窿、阳山、邓尉、西脊、铜井，而灵岩[4]，吴之故宫在焉，尚有西子之遗迹[5]。若虎丘[6]、剑池[7]，及太平、尚方、支硎，皆胜地也。而太湖汪洋三万六千顷，七十二峰沉浸其间，则海内之奇观矣[8]。

余同年友魏君用晦为吴县[9]，未及三年，以高第召人为给事中[10]。君之为县有惠爱，百姓扳留之不能得[11]，而君亦不忍于其民[12]，由是，好事者绘《吴山图》以为赠[13]。

夫令之于民诚重矣[14]，令诚贤也[15]，其地之山川草木亦被其泽而有荣也[16]；令诚不贤也，其地之山川草木亦被其殃而有辱也[17]。君于吴之山川，盖增重矣[18]。异时，吾民将择胜于岩峦之间[19]，尸祝于浮屠老子之宫也，固宜[20]。而君则亦既去矣，何复惓惓于此山哉[21]？昔苏子瞻称韩魏公去黄州四十余年[22]，而思之不忘，至以为《思黄州》诗，子瞻为黄人刻之于石[23]。然后知贤者于其所至，不独使其人之不忍忘而已，亦不能自忘于其人也[24]。君今去县已三年矣，一日，与余同在内庭[25]，出示此图，展玩太息[26]，因命余记之。

噫！君之于吾吴，有情如此，如之何而使吾民能忘之也！

【注释】

①归有光（1506～1571）：字熙甫，号震川，昆山（今江苏省昆山县）人。嘉靖十九年（1540）中举，中间著书讲学二十多年，八次参加会试，嘉靖四十四年才中进士，任长兴（今浙江省长兴县）知县，后调任南京太仆寺丞，修《世宗实录》。他的文学创作反对模拟，主张继承唐宋古文传统。著作有《震川先生集》。

②吴、长州：均为吴郡辖县，治所在今江苏苏州。

③分境：划分地界。治：治理，管理。

④穹窿、阳山、邓尉、西脊、铜井、灵岩：都是山名，在吴县境内。

⑤西子：西施，春秋越国美女，越国败于吴国，以西施献吴王夫差，使其迷色忘政，越遂灭吴。

⑥虎丘、天平、尚方、支硎：山名，风景胜地。

⑦剑池：池名，在虎丘山下，为风景名胜。

⑧太湖：古称震泽、笠泽、五湖，跨江苏、浙江两省，湖面两千四百多平方公里，通称三万六千顷，湖中大小岛屿四十八个，连同沿

湖山峰和半岛，号称七十二峰。

⑨同年：称同科考中的人。为吴县：官吴县县令。

⑩高第：指官吏的考绩优等。给事中：官名，时职掌侍从规谏，稽察六部之弊误。

⑪扳（bān）留：挽留。

⑫不忍：犹言不忍心离开。

⑬好事者：爱好绘画的人。

⑭诚：的确，确实。重：重要。

⑮诚：假若，如果。

⑯被其泽：蒙受到他的恩泽。荣：荣耀。

⑰被其殃：遭受他带来的灾祸。辱：耻辱。

⑱增重（zhòng）：增加光彩。

⑲择胜：选择胜地。

⑳尸祝：祭祀。浮屠老子之宫：代指称佛庙和道观。固宜：原本就是应该的。

㉑惓惓：念念不忘。

㉒苏子瞻：即苏轼，字子瞻，曾被贬谪为黄州团练副使。韩魏公：北宋大臣韩琦，封魏国公。

㉓黄人：黄州人民。

㉔这三句意思是说因此知道贤良的人对自己到过的地方，不仅使那里的人民不会忘记他，他也不会忘记那里的人民。

㉕内庭：宫禁以内。

㉖展玩：欣赏玩味。太息：大声叹息。

【译解】

吴、长洲两个县都在苏州府衙门所在地，两个县根据划分的县境各自管理。苏州府西部的许多山，都在吴县境内。它们之中最高的，有穹窿山、阳山、邓尉山、西脊山和铜井山、而灵岩山曾是春秋时吴国馆娃宫的所在地，那里还有西施的遗迹。像虎丘、剑池以及天平山、尚方山、支硎山，都是著名的风景区。太湖一片汪洋，号称有三万六千顷，七十二峰沉浸在它的当中，那是国内雄伟美丽而又罕见的景色。

我同榜考中的朋友魏君用晦，做吴县知县，不到三年，因成绩优等被召进京，升为给事中。魏君做知县时对百姓有恩德，百姓挽留他不能做到，魏君对于那些百姓也舍不得离开，因此有一位热心人描绘了一幅《吴山图》，把它作为赠别的礼物。

吴山

知县对于百姓来说，的确是重要的。知县假使好，那个地方的一山一水、一草一木，也会沾到他的恩德，显得无比光荣；知县假使不好，那个地方的一山一水、一草一木，也会遭到他的祸殃，蒙受无限耻辱。魏君对吴县的山山水水，是增添了无比光彩的。将来本县百姓如果要在各山之间选择一块风景优美的地方，在佛教或者道教的寺、观里为魏祝福，本来是应当的。可是魏早已离开了，为什么对这里的山水还恋恋不舍呢？

以前，苏子瞻说韩魏公离开黄州四十多年，还思念它，不忘记它，甚至把这种情绪写成思念黄州的诗，子瞻为黄州人把这首诗刻在石碑上。我这才知道有崇高德行的人对于他到过的地方，不仅使那里的百姓不忍心忘记他，而且自己对那里的百姓也不能忘记啊。

现在，魏君离开吴县已经三年了。一天，他和我同在宫廷里，他拿出这幅《吴山图》给我看，一边欣赏，一边感慨怀念，就嘱咐我记下这件事。唉！魏君对于我们吴县这样有感情，怎么能够使我们吴县百姓忘记他呢？

【赏析】

本文是归有光为《吴山图》所写的题记。归有光的好友魏用晦在吴县县令任内政绩显著，为百姓爱戴，调迁时百姓挽留，赠《吴山图》，数年之后，魏用晦于赏玩《吴山图》之时仍叹息不已，作者因为此事写了这篇文章。文中通过描写吴山胜景以及吴地百姓对县令的爱戴和县令对吴地百姓的情思，刻画了一位与人民有深厚感情的贤良之官的生动形象。归有光是明代著名散文家，他的作品善于用疏淡的笔墨描写一些平常小事，恬静旨远，感情真挚，本文也不例外。

吴楚材、吴调侯评此文："因令赠图，因图作记，因赠图而知令之不能忘情于民，因记图而知民之不能忘情于令，婉转情深，笔墨在山水之外。"

沧浪亭记①

归有光

苏舜卿像，图出自清·孔继尧《吴郡名贤图传赞》。

【原文】

浮图文瑛②，居大云庵，环水，即苏子美沧浪亭地也③。亟求余作《沧浪亭记》④，曰：“昔子美之记⑤，记亭之胜也，请子记吾所以为亭者⑥。”

余曰：昔吴越有国时⑦，广陵王镇吴中⑧，治园于子城之西南⑨。其外戚孙承佑⑩，亦治园于其偏。迨淮南纳土⑪，此园不废。苏子美始建沧浪亭，最后禅者居之，此沧浪亭为大云庵也。有庵以来二百年，文瑛寻古遗事⑫，复子美之构于荒残灭没之余⑬，此大云庵为沧浪亭也。

夫古今之变，朝市改易[14]。尝登姑苏之台[15]，望五湖之渺茫[16]、群山之苍翠。太伯虞仲之所建[17]、阖闾夫差之所争[18]、子胥种蠡之所经营[19]，今皆无有矣，庵与亭何为者哉[20]？虽然，钱鏐因乱攘窃[21]，保有吴越，国富兵强，垂及四世[22]。诸子姻戚，乘时奢僭[23]，宫馆苑囿，极一时之盛。而子美之亭，乃为释子所钦重如此[24]，可以见士之欲垂名于千载，不与其澌然而俱尽者，则有在矣[25]。

文瑛读书喜诗，与吾徒游[26]，呼之为“沧浪僧”云。

【注释】

①沧浪亭：在江苏苏州市城南。五代末年此处为吴越中吴军节度使孙承佑别墅，北宋诗人苏舜钦买此地临水筑亭，因有感于渔父《沧浪之水》而命名，元代园废，改为寺庵。明代复建沧浪亭。

②浮图：和尚。

③苏子美：即北宋诗人苏舜钦（1008～1048），字子美，建造沧浪亭，自号沧浪翁。

④亟：屡次。

⑤苏舜钦曾写有《沧浪亭记》。

⑥所以为亭：复建此亭的原因。

⑦吴越：五代时的吴越国。有国时：国家存在的时候。

⑧广陵王：指钱俶俶，曾为吴越国王。吴中：指今江苏吴县一带。

⑨治园：辟建园林。子城：大城里的内城。

⑩外戚：指帝王母族或妻族亲戚。孙承佑：因其姐为钱俶之妃。

⑪淮南纳土：指降归宋朝。纳土，献上土地。

⑫遗事：前人或前代留下来的痕迹。

⑬复：恢复。构：建筑。

⑭朝（cháo）市：人世，尘市。改易：改变，变化。

⑮姑苏台：台名，在苏州阊门外。相传为吴王夫差所筑。

⑯五湖：泛指太湖一带的湖泊。渺茫：形容一望无际。

⑰太伯：周太王长子。虞仲：周太王次子。传说这两人是吴国的开创者。

⑱汉《越绝书》载姑苏台为阖闾所造，《国语》及《墨子》等书载此台为夫差所造，故此句云。

⑲子胥：即伍子胥，春秋时吴国大夫，帮助吴王夺取王位，攻破楚国。种蠡：春秋时越国大夫文种、范蠡的合称，二人对复越灭吴均有很大贡献。

⑳何为者哉：又算什么呢？

㉑钱镠（852～932）：五代时吴越国的建立者。

㉒四世：四代。吴越国共历五主，故云。

㉓乘时：趁机。奢僭：奢侈豪华过度而不合礼制法度。

㉔释子：称佛家子弟。钦重：敬重。

㉕澌然俱尽：一同消亡。有在：就在这个地方。

㉖徒：门生。游：交游。

【译解】

文瑛和尚住在大云庵，四面环绕着水，就是宋朝苏子美沧浪亭的遗址。他屡次要求我做一篇《沧浪亭记》，说："从前苏子美的记文，是记沧浪亭的优美景色，今天，我是请您记下我重建沧浪亭的原由。"

我说：以前吴越王建国的时候，广陵王镇守苏州，他在子城的西南方修建了一座花园；他的亲眷孙承佑，在那座花园的旁边也建了一座花园，等到吴越国归顺宋朝献出土地后，这座花园没有毁坏。苏子美在这里开始建造了一座沧浪亭，最后是佛教徒住在那里，这是沧浪亭变为大云庵。自有大云庵以来已经二百年，文瑛访求古人遗迹，在荒废、破败和埋没的残留痕迹上重建了苏子美的亭子，这是大云庵又变为沧浪亭。

那古今的变化，连朝廷和街市都常常改变。我曾经登上姑苏台，远眺五湖的广阔浩荡，许多山峦的青翠葱郁，过去太伯、虞仲创立的吴国，阖闾、夫差争夺的楚国和越国，伍子胥、文种、范蠡经营的吴国和越国，今天都没有了，为什么还要记大云庵和沧浪亭的变化呢？虽然钱镠趁着混乱抢夺土地，占有了浙江和江苏、福建的一部分，国富兵强，一直传到第四代，他的那些儿子和亲眷，乘机挥霍，放肆地享受，争着建造住宅、花园，一时的盛况达到了顶点。可是苏子美的亭子，竟然被佛教徒这样敬重。从这里我们可以看出读书人要想留名千百年，不像冰的溶解那样消灭净尽，是另有原因的了。

文瑛也爱读书，喜欢做诗，时常跟我们一流人来往，我们都叫他做“沧浪和尚”。

【赏析】

本文是作者应佛徒文瑛的请求而写的一篇传记。文章记述了沧浪亭的历史变迁由沧浪亭而大云庵、由大云庵而沧浪亭……作者通过古今对比，归结出士人能否名垂千古并不在于一亭之存否，而在于其道德文章的结论。作者抒发了对世事变化的感慨，表现了自己淡泊名利的胸怀。

全文体现了归有光小品文疏淡别致、意近旨远的特色。

《青霞先生文集》序

茅坤①

严嵩像，图出自《绿野仙踪》。

【原文】

青霞沈君②，由锦衣经历上书诋宰执③，宰执深疾之④。方力构其罪⑤，赖天子仁圣⑥，特薄其谴⑦，徙之塞上⑧。当是时，君之直谏之名满天下。已而⑨，君累然携妻子⑩，出家塞上⑪。会北敌数内犯⑫，而帅府以下，束手闭垒⑬，以恣敌之出没⑭，不及飞一镞以相抗⑮。甚且及敌之退⑯，则割中土之战没者与野行者之馘以为功⑰。而父之哭其子、妻之哭其夫、兄之哭其弟者，往往而是⑱，无所控吁⑲。君既上愤疆场之日弛⑳，又下痛诸将士日营刈我人民以蒙国家也㉑。数呜咽歙歔[22]，而以其所忧郁发之于诗歌文章，以泄其怀，即集中所载诸什是也[23]。

君故以直谏为重于时[24]，而其所著为诗歌文章，又多所讥刺。稍稍传播[25]，上下震恐，始出死力相煽构[26]，而君之祸作矣[27]。君既没[28]，而一时阃寄所相与谗君者[29]，寻且坐罪罢去[30]。又未几[31]，故宰执之仇君者亦报罢[32]。而君之门人给谏俞君[33]，于是裒辑其生平所著若干卷[34]，刻而传之。而其子以敬，来请予序之首简[35]。

茅子受读而题之曰[36]：若君者，非古之志士之遗乎哉[37]？孔子删《诗》[38]，自《小弁》之怨亲[39]、《巷伯》之刺谗以下[40]，其忠臣、寡妇、幽人、怼士之什[41]，并列之为“风”，疏之为“雅”[42]，不可胜数，岂皆古之中声也哉[43]？然孔子不遽遗之者[44]，特悯其人、矜其志[45]，犹曰：“发乎情，止乎礼义[46]”；“言之者无罪，闻之者足以为戒”焉耳[47]。予尝按次春秋以来[48]，屈原之《骚》疑于怨[49]、伍胥之谏疑于胁[50]、贾谊之疏疑于激[51]、叔夜之诗疑于愤[52]、刘蕡之对疑于亢[53]，然推孔子删《诗》之旨而裒次之[54]，当亦未必无录之者[55]。君既没，而海内之荐绅大夫[56]，至今言及君，无不酸鼻而流涕。呜呼！集中所载《鸣剑》、《筹边》诸什，试令后之人读之，其足以寒贼臣之胆，而跃塞垣战士之马，而作之忾也[57]，固矣！他日国家采风者之使出而览观焉[58]，其能遗之也乎？予谨识之[59]。

至于文词之工不工，及当古作者之旨与否[60]，非所以论君之大者也[61]，予故不著[62]。

【注释】

①茅坤（1512～1601）：明代文学家。字顺甫，号鹿门，归安（今浙江吴兴）人。嘉靖进士，曾任广西兵备佥事、大名兵备副使等职。提倡学习唐宋古文，反对前后七子“文必秦汉”的复古主张，是“唐

宋派”主要人物。有《茅鹿门集》。

②青霞沈君：即沈炼，字纯甫，号青霞山人，会稽（今浙江绍兴）人。明嘉靖进士，先后任溧阳溧平知县、锦衣卫经历，为人刚直，嫉恶如仇，敢于直谏，为严嵩所害。

③锦衣经历：官名，在锦衣卫里职掌出纳文书。锦衣卫，明代设置的官署机构，原为护卫皇帝的亲军，后来成为臭名昭著的特务机构。诋：指责。宰执：即宰相，此指严嵩。

④疾：憎恨。

⑤方：副词，犹正，正在。力构：尽力虚构捏造。

⑥赖：全凭，依靠。仁圣：仁义圣贤。

⑦特：特别。薄：使动用法，可释为减轻。谴：罪过，罪行。

⑧徙：流放。塞（sài）上：边塞之外。

⑨已而：不久。

⑩累（léi）：绳索。累然：被捆缚。妻子：妻子和孩子。

⑪出家：离开家乡。

⑫会：恰逢、正赶上。北敌：此指元亡之后逃到塞北的蒙古诸部。数：多次。

⑬垒：御敌的保垒。

⑭恣：任凭。

⑮不及：来不及。镞：本为箭头，此代指箭。飞：使动用法，射。

⑯甚且：甚至。及敌之退：等到敌人撤退后。

⑰战没：战死。野行：在野外行走。馘（guó）：古时在战争中杀敌而割下的左耳曰馘。以馘数论功行赏。

⑱往往：到处。

⑲控吁：控诉、呼吁。

⑳疆场：此指边防守备。日弛：一天比一天松懈。

㉑菅刈（jiān yì）：原意为割草，这里用来形容滥杀。蒙：蒙蔽欺骗。国家：此指朝廷。

㉒呜咽：低声哭泣。欷歔：叹息。

㉓诸什：诸篇。

㉔为重于时：受到时人的推崇。

㉕稍稍：渐渐。

㉖出死力：下最大劲，拼命。煽构：煽动捏造。

㉗作：兴起，发生。

㉘既没：死了之后。

㉙阃（kǔn）寄：本意为委以军事重任，此代指身居边防要职的将领。谗：说坏话以陷害。

㉚寻：不久。坐罪：被治罪。

㉛未几：不久，时间不长。

㉜宰执之仇君者：仇视沈炼的宰相，此指严嵩。报罢：宣布罢免。

㉝门人：弟子。给谏：即给事中，官名，职掌侍从规谏，并稽察各部官员之职守。

㉞裒（pǒu）辑：搜集汇辑。

㉟序之首简：在书的前面作序。

㊱茅子：茅坤自称。

㊲遗：遗留。

㊳《诗》：相传《诗经》为孔子所编辑删定。

㊴《小弁》：《诗经·小雅》中的篇名。相传为周幽王太子宜臼所作，所论其受谗被逐的怨愤心情。

㊵《苍伯》：《诗经·小雅》中的篇名，相传诗作者遭人谗毁，故写此诗发泄忧愤。

㊶幽人：隐居之人。怼（duì）：怨恨。怼士，有怨恨的人。什

(shí)：《诗经》中的《雅》、《颂》部分多以十篇为一组，称之为什。如《大雅·文王之什》、《周颂·清庙之什》等。

㊷风：指《诗经》中的《国风》。疏：分列。雅：指《诗经》中的《大雅》、《小雅》。

㊸中声：中正平和之声。

㊹遽：匆忙，轻率。遗：丢弃。

㊺特：只是。悯：同情。矜：怜惜。

㊻发乎情，止乎礼义：见《毛诗序》，意思是诗歌是发自内心情感，没有超越礼义。

㊼焉耳：犹言罢了。"言之"两句见《毛诗序》。

㊽按次：依次考察。春秋：历史时代名，以《春秋》得名，指公元前722年至前481年时期。

㊾屈原：战国时楚国的大诗人。《骚》：指屈原的代表作《离骚》。疑于：类似于。

㊿伍胥：伍子胥，吴国大夫，因劝谏吴王夫差拒绝越国求和而被疏远，后受谗而被赐死，而夫差终被越国所灭。胁：胁迫。

51贾谊：西汉文学家，曾多次上疏评论时政。后被谪长沙，郁郁而死。激：激烈。

52叔夜：稽康的字。稽康是魏晋时著名文学家，崇尚老庄思想，不满现实，为司马昭所杀害。

53刘蕡：字去华，唐文宗时官应贤良对策，多次进言宦官之害，因而不被录用。亢：亢直。

54推：推论，推究。

55"然推"二句谓根据孔子删定《诗经》的宗旨来编集子，对上述诸人的作品也有值得收录的地方。

56荐绅：通"搢绅"，古代官员代称。大夫：明代高级官员称号。

㊲作之忾：激发他们的义愤。固矣：那是一定的啊。

㊳采风：上古时代朝廷设采诗官到民间搜集歌谣以观风俗民情称为采风。览观：阅读。

㊴识：记下。

㊵当（dàng）：符合。

㊶大：大节。

㊷著：记载。

【译解】

青霞沈君，因为任锦衣卫经历时上奏章狠狠批评权相，权相非常恼恨他，正尽力罗织他的罪名。幸而皇帝仁慈圣明，特别减轻了他的罪责，流放他到边区。在这个时候，沈君的敢于直言规劝皇帝的名气就传遍全国了。

不久，沈君在囚系中被迫带领妻儿，搬到边地去居住。刚巧北方敌人一再侵犯我境内，可是元帅以下将领都束手无策，关闭营垒，听任敌军随便出进，不敢放一支箭抵抗他们。甚至等到敌军撤退以后，就割下中国士兵中阵亡的和在野外行走的人的左耳朵，拿它去冒功。因而父亲哭他的儿子、妻子哭她的丈夫、哥哥哭他的弟弟的人到处都是，没有地方去控诉，去呼吁。沈君既对上面的国防措施一天天地松懈感到愤怒，又对下面的军官们天天残杀自己的人民来蒙骗国家感到痛心，常常抽咽叹气，把内心的忧郁悲愤反映在诗歌、文章中，来发泄他的胸怀，这本集子里所载的各种篇章就是如此。

沈君原本因为敢于直言规劝皇帝被舆论推重，而且他写的诗歌、文章又多数是讥讽现实的，渐渐地传开来，权相和他的走卒们全都震动惊骇，开始拼命造谣诬陷他，于是沈君被害的祸事终于发生了。沈君逝世以后，当时那些边防将领互相勾结诬陷沈君的，不久就因为犯罪被罢免。又过了不久，原来那个仇恨沈君的权相也被朝廷明令罢官。沈君的学生给谏俞君，就在这时候收集编辑了他的生平著作共若干卷刊刻传播；沈君的儿子以敬，来请我在集子前面写篇序文。

《唐诗画谱》插图

我接过集子仔细诵读，然后写下这篇序文说：像沈君这样的人，不就是古代有高尚节操的读书人的后继吗？春秋时孔子删改《诗经》，从《小弁》的埋怨父亲、《巷伯》的讽刺说坏话的人以下，直到那些忠臣、寡妇、隐士以及怀有怨恨的人的诗篇，都把它们编入“风”，还分出一部分编入“雅”，不能全部数清。这些诗歌难道都是古时候的中正和平的声音吗？然而孔子不急于删去它们的缘故，不过是可怜那些人，同情他们的想法，还说“诗歌是从感情上产生的，只要在礼义上不超越”，“说的人没有罪过，听的人却可以引为鉴戒”罢了。

我曾经按着历史的次序阅读过春秋以来的作品，觉到屈原的《离骚》近似怨恨，伍子胥的规劝近似威胁，贾谊的疏近似过激，嵇叔夜的诗近似愤怒，刘蕡的对策近似过分。然而，要是按照孔子删改《诗经》的宗旨来收集编辑它们，应当也有未必不能采用的。沈君逝世以后，国内的官吏直到今天谈起沈君，没有哪一个不鼻子发酸而流下眼泪的。唉！集子所载的《鸣剑》，《筹边》等诗篇，要是让后代的人读到它们，那足以叫奸臣胆寒，使边境战士的战马飞驰起来，从而振作战士同仇敌忾的勇气，那是肯定无疑的了。将来国家采集民歌的官员出来看到这些诗篇，难道能够抛弃它们吗？所以，我恭敬地记下我的感想。

至于集子里的诗文写得好不好，以及是否符合古代名作家的意旨，这就不是评论沈君的大节的原则了。所以我就不写了。

【赏析】

这篇序以真挚的感情介绍了沈炼生平忠勇事迹，表彰了沈炼直言敢谏、嫉恶如仇、一心为公的动人气概。吴楚材、吴调侯评此文：“先生生平大节，不必待文集始传。特后之人，诵其诗歌文章，益足以发其忠孝之志，不必其有当于“中声”也。此序深得此旨，文亦浩落苍凉，读之凛凛有生气。”

蔺相如完璧归赵论

王世贞[1]

《东周列国志》版画之蔺相如像

【原文】

蔺相如之完璧[2]，人皆称之，予未敢以为信也[3]。

夫秦以十五城之空名，诈赵而胁其璧，是时言取璧者[4]，情也[5]，非欲以窥赵也。赵得其情则弗予，不得其情则予；得其情而畏之则予，得其情而弗畏之则弗予。此两言决耳[6]，奈之何既畏而复挑其怒也[7]？

且夫秦欲璧，赵弗予璧，两无所曲直也[8]。入璧而秦弗予城[9]，曲在秦；秦出城而璧归[10]，曲在赵。欲使曲在秦，则莫如弃璧。畏弃璧，则莫如弗予。夫秦王既按图以予城，又设九宾[11]，斋而受璧[12]，其势不得不予城[13]。璧入而城弗予，相如则前请曰："臣固知王大之弗予城也，夫璧非赵璧乎？而十五城，秦宝也。今使大王以璧故，而亡其十五城[14]，丨五城之子弟皆厚怨大王以弃我如草芥也[15]。大王弗予城，而绐赵璧[16]，以一璧故，而失信于天下，臣请就死于国[17]，以明大王之失信。[18]”秦王未必不返璧也。今奈何使舍人怀而逃之[19]，而归直于秦？是时秦意未欲与赵绝耳[20]，令秦王怒[21]，而弃相如于市，武安君十万众压邯郸[22]，而责璧与信[23]，一胜而相如族[24]，再胜而璧终入秦矣。

吾故曰：蔺相如之获全于璧也[25]，天也。若其劲渑池[26]、柔廉颇[27]，则愈出而愈妙于用[28]，所以能完赵者[29]，天固曲全之哉[30]！

【注释】

①王世贞（1526～1590）：字元美，号凤洲，又号弇州山人，太仓（今江苏太仓县）人。嘉靖年间进士，官至南京刑部尚书。文学上主张“文必秦汉，诗必盛唐”，倡导复古模似的风气，与李攀龙同为“后七子”首领。

②蔺相如：战国时赵国人，赵惠文王时，秦国骗赵国说愿用十五城交换和氏璧，他奉璧入秦，当廷力争，使原璧归赵。

③信：信实。

④是时：当时。

⑤情：真情，实情。

⑥两言：三言两语。决：决定。

⑦奈之何：为什么。挑：撩拨逗引。

⑧曲直：是非。

⑨入璧：交给人家璧。

⑩出城：拿出城市。

⑪九宾：即《周礼》中的九仪，是一种很隆重的仪式。

⑫斋：古人在祭祀或举行其他典礼前清心洁身，以示庄敬。

⑭亡：通“无”，失去。

⑮厚怨：深恨。草芥：草和芥，比喻轻贱。

⑯绐（dài）：骗取。

⑰就死：赴死。

⑱明：使动用法，使之彰明。

⑲舍人：指手下随从的人。

⑳绝：绝裂。

㉑令：假使，如果。

㉒武安君：即白起，秦国名将，封为武安君，故称。邯郸：赵国国都，今河北省邯郸市。

㉓责：责问。信：信义。

㉔族：灭族。

㉕获全：得以保全。

㉖若其：至于那，表示另言他事。劲：强劲。渑池：蔺相如随从赵惠文王与秦昭王会于渑池。秦王请赵王鼓瑟，相如亦强请秦王击筑。

㉗柔廉颇：蔺相如因口舌之功，官封廉颇之上，廉颇不服，屡欲凌侮相加，但相如以国事为重，对廉颇多次退让回避，致使廉颇深受感动，负荆请罪。

㉘愈出愈妙于用：越发做得巧妙、高明。

㉙完赵：保全赵国。

㉚曲全：委屈成全。

【译解】

蔺相如替赵国保全了和氏璧，人人都称赞他，我却不敢以为这是可信的。

秦国用十五座城换璧的空话，欺骗赵国，胁逼赵国交出那块和氏璧。这时候，秦国说要骗取和氏璧倒是实情，并不是想利用它来乘机侵略赵国。如果赵国了解它的实情就不给，不了解它的实情就给；如果了解它的实情而怕它就给，了解它的实情却不怕它就不给。这不过两句话就可以决定，怎么既怕它而又挑动它的怒火呢？

再说，秦国想要赵国的和氏璧，赵国不给它和氏璧，双方都无所谓理亏或者理直。假如和氏璧送到秦国，秦国却不给赵国十五座城，理亏就在秦国；相反，秦国拿出十五座城给赵国，赵国却把和氏璧送回去，理亏就在赵国。要使理亏在秦国，那就不如丢弃和氏璧，如果恐怕丧失和氏璧，那就不如干脆不给。

现在秦王已经按照地图来给赵国十五座城，而且举行有九宾的隆重仪式，自己斋戒了五天才来接受和氏璧，那形势是不能不给赵国城的。万一和氏璧交给秦王后，秦王却不给赵国城，相如就可以向前申述说："外臣本来料到大王是不会把十五座城给赵国的。那块和氏璧不是赵国的宝物吗？十五座城却是秦国的宝物。现在假使大王因为一块和氏璧的缘故，丧失了十五座城，十五座城的百姓，都会深深地怨恨大王，认为大王抛弃自己如同抛弃一根小草那样。假使大王不给赵国十五座城，却骗得了赵国的璧，那么大王因为一块璧的缘故，就在天下人面前失去了信用。外臣愿意为国就死，来显示大王的言而无信。"这样，秦王不一定不肯归还和氏璧。如今，怎么派门客把璧藏在怀里逃归赵国，从而把理直的一方推给秦国？幸而这时秦王的意图还不想同赵国断绝关系。倘使秦王发怒，把蔺相如拉到市上去处死，派武安君统率十万大军进逼邯郸，责问关于璧和失信的问题。这样，如果秦国一次得胜，蔺相如就会被灭族；二次得胜，和氏璧就终于落入秦王的手中了。

所以我说，蔺相如能够保全和氏璧是天意。

至于后来他在渑池会上坚强不屈，在国内温和地对待廉颇，那是他的计谋愈出愈奇，而且在运用时愈来愈巧妙了。他能够保卫赵国的原因，原来是天在委曲成全他啊！

【赏析】

这是一篇翻案文章，作者否定了世人对蔺相如完璧归赵的赞誉，认为蔺的做法是不妥当的，之所以能成功，乃是出于天意。文章角度新颖、结构紧凑。

作者设身处地为蔺相如筹策，制定保国保身的万全之策，虽然不一定符合当时的实际，显得有些迂阔，但也很有道理，不失为一家之说。

清蔡铸《蔡氏古文评注补正全集》评此文："力翻成说，自出新意，真觉石破天惊。此与郭子章管蔡论可称双璧。凤洲先生在明季与李攀龙先后主文盟，海内士大夫均为折服。其论文必西汉，诗必盛唐。大历以后，书勿读，所为文由藻饰而造平淡。观此论，洗尽铅华，清言娓娓，殆晚所造乎？先生为有明钜子，不可不一读其文也。"

徐文长传

袁宏道[1]

【原文】

徐渭像

徐渭[2]，字文长，为山阴诸生，声名籍甚[3]。薛公蕙校越时[4]，奇其才[5]，有国士之目[6]。然数奇[7]，屡试辄蹶[8]。中丞胡公宗宪闻之[9]，客诸幕[10]。文长每见，则葛衣乌巾[11]，纵谈天下事，胡公大喜。是时，公督数边兵[12]，威镇东南，介胄之士[13]，膝语蛇行[14]，不敢举头。而文长以部下一诸生傲之，议者方之刘真长、杜少陵云[15]。会得白鹿[16]，属文长作表[17]，表上，永陵喜[18]，公以是益奇之，一切疏记[19]，皆出其手。文长自负才略，好奇计[20]，谈兵多中，视一世士无可当意者[21]，然竟不偶[22]。

文长既已不得志于有司，遂乃放浪曲蘖[23]，恣情山水，走齐、鲁、燕、赵之地，穷览朔漠[24]。其所见山奔海立，沙起雷行，风鸣树偃，幽谷大都，人物鱼鸟，一切可惊可愕之状，一一皆达之于诗。其胸中又有勃然不可磨灭之气、英雄失路托足无门之悲[25]，故其为诗，如嗔如笑，如水鸣峡，如种出土[26]，如寡妇之夜哭、羁人之寒起[27]。虽其体格时有卑者[28]，然匠心独出，有王者气[29]，非彼巾帼而事人者所敢望也[30]。文有卓识，气沉而法严[31]，不以模拟损才，不以议论伤格[32]，韩、曾之流亚也[33]。文长既雅不与时调合[34]，当时所谓骚坛主盟者[35]，文长皆叱而怒之[36]，故其名不出于越，悲夫！喜作书[37]，笔意奔放如其诗，苍劲中姿媚跃出，欧阳公所谓“妖韶女，老自有余态”者也[38]。间以其余[39]，旁溢为花鸟，皆超逸有致[40]。

卒以疑杀其继室[41]，下狱论死。张太史元汴力解[42]，乃得出。晚年愤益深，佯狂益甚，显者至门，或拒不纳[43]；或携钱至酒肆，呼下隶与饮[44]；或自持斧击破其头，血流被面，头骨皆折，揉之有声；或以利锥锥其两耳，深入寸余，竟不得死。周望言[45]：晚岁诗文益奇，无刻本，集藏于家。余同年有官越者[46]，托以抄录，今未至。余所见者，《徐文长集》、《阙编》二种而已。然文长竟以不得志于时，抱愤而卒。

石公曰[47]：先生数奇不已，遂为狂疾；狂疾不已，遂为囹圄[48]。古今文人牢骚困苦，未有若先生者也。虽然，胡公间世豪杰[49]，永陵英主。幕中礼数异等[50]，是胡公知有先生矣；表上，人主悦[51]，是人主知有先生矣，独身未贵耳。先生诗文崛起，一扫近代芜秽之习[52]，百世而下[53]，自有定论，胡为不遇哉[54]？梅客生尝寄予书曰[55]：“文长，吾老友，病奇于人，人奇于诗。”余谓文长无之而不奇者也，无之而不奇，斯无之而不奇也[56]。悲夫！

【注释】

①袁宏道（1568～1610）：字中郎，号石公，公安（今湖北公安

县）人。万历进士，曾任吴县县令，官至吏部郎中。他是明代著名文学家，和兄宗道、弟中道并称“公安三袁”。他在文学上主张“独抒性灵，不拘格套”，是“公安派”的代表作家。著作有《袁中郎全集》。

②徐渭（1521～1593）：字文长，一字天池，晚年又号青藤，山阴（今浙江绍兴人市）。明代中叶著名的文学家、画家、戏剧家。

③诸生：明清两代称已入学的生员，徐渭 19 岁时于山阴县应考，被录取为生员。籍甚：盛大。

④薛蕙：字君采，亳州（今安徽亳州市）人。正德进士，官吏部考功司郎中。校（jiào）越：在越地主持考试。

⑤奇：意动用法，以其为奇。

⑥国士：国中杰出的人才。目：称，评价。

⑦数奇（shùjī）：命运乖舛，时运不顺。

⑧蹶：跌倒，此处指没考中。

⑨胡宗宪：字汝贞，明绩溪（今安徽绩溪县）人。嘉靖进士，曾因杀倭立功，官浙江巡抚。后获罪被杀。中丞：明时对巡抚的称呼。

⑩诸：之于的合称词。

⑪葛衣乌巾：身穿葛布衣衫，头戴黑色头巾。当时这是乡野隐者之服。

⑫督：统领。数边兵：若干部的边防兵。

⑬介胄之士：军士。介，通“甲”，铠甲。

⑭膝语蛇行：跪着说话、爬着行进。形容畏服的样子。

⑮方：比拟。刘真长：晋人刘琰（tán），字真长，曾为司马昱幕客。杜少陵：即杜甫，号少陵野老，曾入剑南节度使严武幕。

⑯会：恰逢。白鹿：古人以白鹿为祥瑞之物。

⑰属（zhǔ）：托付，交托。

⑱永陵：明世宗朱厚熜的陵墓，这里用来代指明世宗。

⑲疏计：泛指奏表和书信公文。

⑳奇计：谓出敌不意的战术。

㉑这句话意思是说看世上的事没有能难住他的。

㉒不偶：不顺利。

㉓放浪：放纵不受拘束。曲蘖（niè）：酒曲，这里指酒。

㉔穷：尽头。朔漠：北方的沙漠。

㉕失路：不得志。托足无门：无处容身。

㉖种（zhǒmg）：种子。

㉗羁人：谓飘泊于旅途的人。

㉘体格：体裁格调。

㉙王者气：指自成一家的高雅气派。

㉚巾帼：本为妇女的头巾和发饰，此处喻指那些故作卑屈，讨好权贵的人。事人：侍奉他人。

㉛气沉：气势沉稳。法严：章法严谨。

㉜格：作品的格调。

㉝韩：唐代韩愈。曾：宋代曾巩。流亚：指同一类的人。

㉞雅：平素，向来。时调：时俗，当时的社会风气。

㉟骚坛：诗坛，诗界。主盟者：领袖。

㊱叱而怒：斥责和憎恶。

㊲书：书法。

㊳欧阳公：宋代欧阳修。妖韶：妖娆美好。余态：余留的风韵。欧阳修《水谷夜行寄子美圣俞》诗有：“譬如妖韶女，老自有余态。”

㊴余：余力。间：不经常，间或。

㊵超逸有致：超俗而有情趣。

㊶疑杀：因怀疑而杀害。继室：于原配死后而续娶的妻子。

㊷张元汴：字子荩，隆庆进士，官至翰林侍读。力解：尽力解脱。

㊸不纳：不让进门。

㊹下隶：泛指地位卑贱的人。

㊺周望：即陶望龄，字周望，号石篑。万历年间曾任国子监祭酒。

㊻同年：同科考中的人。

㊼石公：作者自称。

㊽囹圄：监狱。

㊾间世：隔世。意思是说隔代才会出现。

㊿礼数：礼节。

51人主：帝王，指明世宗朱厚熜。

52芜秽：污浊。

53百世而下：数百年之后。

54不遇：不得志，不被赏识。

55梅客生：即梅国桢，字客生，万历进士，官兵部右侍郎。

56“余谓”三句：意思是说徐文长没有一处是不奇异的，正因为如此，所以他又没有什么是顺利的。后“奇”字，读“jī”。

【译解】

徐渭，表字文长，是山阴县的秀才，名气很大。薛公蕙主持绍兴府试时，惊异他的才华，对他作了国家杰出人才的评价。然而，他命运坏，屡次参加乡试，每次都落选。浙江巡按御史胡公宗宪听说他的才名，就聘请他在幕府中当师爷。

文长每次参见的时候，老是穿粗布衣，戴黑头巾，毫无顾忌地谈论国家大事，胡公十分欣赏。这时候，胡公统率好几支边防部队，威名镇慑着东南一带，将领们参见时，都跪着讲话，像蛇一样爬着前进，不敢抬头，可是文长凭着在他部下的一个秀才的身份傲视他。一些评论家都把他比作刘真长、杜少陵。一次，刚好碰上胡公获得一只白鹿，准备作为祥瑞进贡，嘱咐文长起草奏本。奏本呈上后，嘉靖皇帝看了，很高兴。胡公因此越发惊异他。之后，所有奏本和其他文书统统交给他写。

《唐诗画谱》插图

文长自信有文才武略，喜欢出异常的计策，谈论用兵方法，多属中肯，观察当代大事，没有一件能使他合意的；但是，他到底没有碰上被识拔的机会。

文长既然已经在仕途上不得意，于是，他就任意喝酒，纵情游山玩水，跑遍齐、鲁、燕、赵的地方，一直游览到北方沙漠地带。他所看到的，如群山奔走，海浪壁立，黄沙骤起，迅雷震动，狂风呼啸，大树倒伏，以及幽深的山谷，宏伟的城市，各种各样的人物直到鱼虫禽兽，一切可惊可怕的奇形怪状，一桩桩一件件都在诗篇中表达出来。他的胸中又有一股蓬勃地不可磨灭的志气和一种英雄失意、无处安身的悲愤。

所以，他做的诗，像在恼怒，像在欢笑，像泉水在峡谷里轰鸣，像种子从泥土中钻出来，又像寡妇在夜晚悲声啼哭，出门人在寒夜起身徘徊。虽然诗的体裁格律时常有差劲之处，但构思独创，有尊严高贵的气概，不是那些像女人一样专门侍奉他人的作家所比得上的。他写的文章有卓越的见识，气势深沉，章法谨严，不因为一定的模拟而妨害自己的才华，不因为议论而损伤自己的风格，是韩愈、曾巩一类的人物。文长的诗文既然向来不同时兴的格调符合，对于当时那些所谓文坛的主持人，文长就都痛斥他们，所以他的名气不能传到浙江以外的地区。真是令人伤心啊！文长还喜欢写字，笔意奔放如同他的诗，苍劲中现出妩媚的姿态，正如欧阳公所说“娇媚的女子老了，仍然保留美好风度”。偶或凭着他的多馀的才能，在旁的文艺上表现出来，画些花鸟，都很高超雅致，别有一种意趣。结果因为怀疑他误杀了续娶的妻子，关进牢监被判处死刑。幸亏张太史元汴竭力解救，方才获得释放。

晚年，他对社会的愤恨越来越深，假装疯狂越来越厉害。官府登门访问，他拒不接待。经常带着钱到酒店去，喊一些地位低微的人同他们一起喝酒。有时自己拿斧头敲破自己的脑袋，鲜血流下来遮住脸面，头骨都折断，用手搓揉有声音发出来。有时拿锐利的锥子钻自己的两只耳朵，深入一寸多，居然没得死。

周望说：文长晚年做的诗文更加奇特，没有刻本，集子藏在家里。我有一位同年在绍兴做官，我把抄录这件事委托给他，现在还没有抄来。我见到的，仅仅是《徐文长集》和《阙编》两种罢了。但是，文长终究由于在当代不得意，含着满腔愤怒而死。

我认为：先生命运老是不好，不顺心，就变成疯病。疯病没有好转，就落进牢监。从古到今，读书人抑郁不得志，穷困苦难，没有像先生这样的。

虽然如此，但胡公是个要隔好几代才会有的豪杰，嘉靖皇帝是位英明的君主。先生在胡公的幕府里，受到礼节上的特殊优待，这是胡公了解有先生这样的人才了；奏本呈上去，皇帝高兴，这是皇帝也知道有先生这样的人才了。仅仅是先生自己没有做大官而已。

先生的诗文很突出，完全扫清了近代诗文空虚杂乱的恶习，千百年以后，自会有公正的评论，为什么说碰不到好时机呢？梅客生曾经寄我一封信，说：“文长是我的老友，他的病比他的为人奇怪，他的为人更比他的诗奇怪。”我说：文长是无论到哪儿没有人不认为奇怪的。

正因为无论到哪儿没有人不认为奇怪，这才无论到哪儿都不得意。真令人伤心呀！

【赏析】

徐谓多才多艺，性格狂放不羁，因而不容于世俗，终生郁郁不得志。本文抓住这一特点为他立传。本文简明扼要地叙述了徐文长的生平、遭遇和文艺上的成就。作者以“数奇”作为全文的主线，突出渲染了徐文长的气质、才华和命运，“无之而不奇，斯无之而不奇”是作者最后对徐文长的高度评价，字里行间，充满了袁宏道对徐文长的敬慕和叹息，客观上也批判了当时的社会制度对杰出人才的摧残。

五人墓碑记

张溥[1]

【原文】

五人者，盖当蓼洲周公之被逮[2]，激于义而死焉者也。至于今，郡之贤士大夫请于当道[3]，即除魏阉废祠之址以葬之[4]，且立石于其墓之门，以旌其所为[5]。呜呼，亦盛矣哉！

夫五人之死，去今之墓而葬焉[6]，其为时止十有一月耳[7]。夫十有一月之中，凡富贵之子、慷慨得志之徒，其疾病而死[8]，死而湮没不足道者[9]，亦已众矣，况草野之无闻者欤！独五人之皦皦[10]，何也？

予犹记周公之被逮，在丁卯三月之望[11]。吾社之行为士先者[12]，为之声义[13]，敛赀财以送其行[14]，哭声震动天地。缇骑按剑而前[15]，问："谁为哀者[16]？"众不能堪，抶而仆之[17]。是时以大中丞抚吴者[18]，为魏之私人[19]，周公之逮，所由使也[20]。吴之民方痛心焉，于是乘其厉声以呵[21]，则噪而相逐，中丞匿于溷藩以免[22]。既而以吴民之乱请于朝，按诛五人[23]，曰：颜佩韦、杨念如、马杰、沈扬、周文元，即今之傫然在墓者也[24]。然五人之当刑也[25]，意气扬扬[26]，呼中丞之名而詈之[27]，谈笑以死。断头置城上，颜色不少变[28]。有贤士大夫发五十金[29]，买五人之脰而函之[30]，卒与尸合[31]。故今之墓中，全乎为五人也[32]。

嗟夫！大阉之乱，缙绅而能不易其志者[33]，四海之大，有几人欤？而五人生于编伍之间[34]，素不闻诗书之训[35]，激昂大义，蹈死不顾[36]，亦曷故哉？且矫诏纷出[37]，钩党之捕[38]，遍于天下，卒以吾郡之发愤一击，不敢复有株治[39]，大阉亦逡巡畏义[40]，非常之谋[41]，难于猝发[42]。待圣人之出[43]，而投缳道路[44]，不可谓非五人之力也。

由是观之，则今之高爵显位，一旦抵罪[45]，或脱身以逃，不能容于远近，而又有剪发杜门[46]，佯狂不知所之者[47]，其辱人贱行，视五人之死，轻重固何如哉[48]？是以蓼洲周公，忠义暴于朝廷[49]，赠谥美显[50]，荣于身后[51]，而五人亦得以加其土封[52]，列其姓名于大堤之上，凡四方之士，无有不过而拜且泣者，斯固百世之遇也[53]。不然，令五人者保其首领[54]，以老于户牖之下[55]，则尽其天年，人皆得以隶使之[56]，安能屈豪杰之流[57]，扼腕墓道[58]，发其志士之悲哉？故予与同社诸君子，哀斯墓之徒有其石也[59]，而为之记。亦以明生死之大，匹夫之有重于社稷也[60]。

贤士大夫者，冏卿因之吴公、太史文起文公、孟长姚公也[61]。

【注释】

①张溥（1602～1641）：明代散文家。字天如，号西铭，太仓（今江苏太仓县）人。崇祯年间进士，授庶吉士。“复社”创始人之一，文章朴实豪爽，曾编《汉魏六朝百三名家集》，著有《七录斋集》等。

②蓼洲周公：即周顺昌，字景文，号蓼洲，万历进士，明熹宗时任吏部主事，文选员外郎，后辞官回家。为人刚直，不畏权贵，反对魏忠贤专权，被捕下狱，受酷刑死。

③当道：这里指当地长官。

④除：整治修理。魏阉：魏忠贤，因他是宦官，故称。废祠：废弃的生祠。魏忠贤专权时，其党羽在各地为他修建生祠，苏州生祠建

于虎丘山塘，祠未成而魏死，祠废。

⑤旌：表彰。

⑥去：距离。墓而葬：修墓安葬。墓，用为动词。

⑦止：只。十有一月：即十一个月。

⑧疾病：得重病。

⑨湮（yān）没：埋没。不足道：不值得提起。

⑩皦皦（jiǎo jiǎo）：洁白光亮这里指五人死得光明。

张溥像

⑪丁卯：明熹宗天启七年(1627)。望：农历每月十五日为望。

⑫吾社：指复社。张博等组织复社，以继承东林党为号召，故称。行为士先者：指行为可作士人的表率。

⑬声义：声张正义。

⑭敛赀财：募集财物。

⑮缇骑：(tí jì)：代指锦衣卫中魏忠贤派来捕人的爪牙。

⑯谁为哀者：你们为谁痛哭？

⑰抶（chì）：笞击鞭打。仆：倒下。

⑱大中丞：指魏忠贤的党羽江苏巡抚毛一鹭。大中丞：右副都御史的别称。明代巡抚都带右副都御史衔。

⑲私人：私党。

⑳所由使也：就是由他主使的。

㉑厉声以呵：犹大声喝叱。呵（hē），怒斥。

㉒匿：躲藏。溷（hùn）藩：厕所。

㉓按诛：问罪斩首。

㉔傫（lěi）然：聚集的样子。

㉕当刑：临刑。

㉖扬扬：昂然自若。

㉗詈（lì）：骂。

㉘不少变：一点也不改变。

㉙发：捐献。

㉚脰（dòu）：脖颈，这里代指人头。函：用为动词，用匣子装起来。

㉛卒：终于。

㉜全：指尸身齐全。

㉝缙绅：古代做官的人经常把笏版插在腰带里，所以称做官的人为“缙绅”。缙：插。绅：即腰带。不易其志：不改变他的志向。

㉞编伍：平民。古时户籍制度以五户编为一伍。

㉟诗书：泛指儒家经典。训：教诲。

㊱蹈死：身履死地，即冒着生命危险。

㊲矫诏：假托皇帝之名发布的诏书。

㊳钩党：相互牵连为同党。

㊴株治：株连惩办。

㊵逡（qūn）巡：有所顾虑而退缩。

㊶非常之谋：大阴谋，这里指弑君篡位的阴谋。

㊷猝发：立即发动。

㊸圣人之出：此指明思宗朱由检即位。

㊹投缳道路：在半路自缢而死。指魏忠贤被贬凤阳，自知难免死罪，自缢之事。缳（huán），绳套。

㊺抵罪：根据罪行加以惩治。

㊻剪发：削发为僧。杜门：闭门不出。

㊼佯狂：假装疯了。

㊽“视五人”二句意思是：和这五人的死相比，谁轻谁重呢？

㊾暴（pù）：显露。

㊿赠谥（shì）：死后追赠的封号。美显：犹美好。

(51)身后：死后。

(52)加其土封：在他们的坟上添土。

(53)百世之遇：百代难逢的遭遇。

(54)首领：头颅代指性命。

(55)户牖（yǒu）：门窗，代指家中。

(56)隶使：当奴仆使唤。

(57)屈豪杰之流：使豪杰之流屈尊。屈，使动用法。

(58)扼腕：用手握腕，表示悲愤惋惜。墓道：墓前的甬道。

(59)徒有：仅仅只有。

(60)匹夫：寻常人。有重于社稷：对国家的安危起到了重要作用。

(61)冏（jiǒng）卿：官名，太仆寺卿的别称。因之吴公：吴因之，名默，明吴江人，曾官太仆寺卿。大史：古官名，明清两朝借指翰林。文起文公：文文起，名孟震，明吴县人，曾官翰林编修。孟长姚公：姚孟长，名希孟，明长洲（江苏苏州）人，曾官翰林院检讨。

【译解】

这五个人是在蓼洲周公被捕时激于义愤而被杀害的。直到今天，府城的著名士绅向当地官长申请，就清理已经拆毁的魏监忠贤的废祠的地基来安葬他们，而且在他们的墓道上竖了一块碑，来表彰他们的功绩。唉！这也算荣耀了啊！

这五个人的被害，距离今天造坟安葬他们，为时只有十一个月罢了。在这十一个月的中间，一切富贵的人，扬扬得意的一类人物，他们因病而死，死后就默默无闻、不值得提起的，也很多了，何况那些乡间的没有名气的人呢？惟独这五个人名声显赫，这是什么道理呢？

我还记得周公之被捕，是在丁卯年三月十五日。我们社中的品行可以做读书人先驱的，为他声张正义，募集了盘缠来送他出行，哭声震动天地。那些捕人的禁卫差役拿着剑走到前边来问："放声大哭的是谁？"大家不能忍受，把他们打倒在地上。这时候，用大中丞这一官衔在苏州做巡抚的人，是魏忠贤的党羽，周公的被捕就是他主使的。苏州的百姓正痛恨他，因此乘他高声呵叱的时候，就呼喊着追他，中丞逃到厕所里躲起来才混过去。不久，他就用捏造的苏州人反叛的罪名向朝廷申报，追究处死了五个人，他们是：颜佩韦、杨念如、马杰、沈扬、周文元，就是现今一起安葬在坟墓里的。

魏忠贤

然而，这五个人在就义的时候，意气扬扬，高呼中丞的名字责骂他，从容谈笑着死去。断头挂在城上，脸色没有一点儿改变。有几位贤明的士绅拿出五十金买了这五个人的头把他装在棺木里，最后同尸体合在一块。所以现在的坟墓中，是完整的五个人。唉！在大宦官制造灾难的时候，大小官员中能够不改变自己的意志的，天下这样的大，有多少人呢？但是，这五个人在平民家庭里出生，向来没有听到过经书上的教导，却能够激昂慷慨，大义凛然，明知走向死亡也不返顾，到底是什么缘故呢？而且当时假造的圣旨纷纷出笼，搜寻东林党的大逮捕遍及天下，终究由于我们苏州人的奋起一击，不敢再搞株连根治，魏监也犹豫起来，害怕公正舆论的指责，篡国的阴谋难以突然发动，等待圣天子出来，他就在路上吊死，不能说不是这五个人的力量啊。

从这看来，那么如今身居高官要职的人，一旦要判他们应得的罪，有的脱身潜逃，不能被远近的人容留；还有削发为僧、闭门不出、假装疯狂、不晓得逃到哪里去的。他们的可耻的人格和卑贱的行径，对照这五个人的从容就义，轻重究竟怎样呢？因此蓼洲周公忠义的品行在朝堂上显示出来了，当今皇上追赠他美好光荣的谥号，在死后获得了荣誉。而这五个人也能够重建他们的坟墓，在大堤的上面刻上一排他们的姓名，凡是从四面八方来的人，没有哪一个经过这里不行礼致敬而且落泪的，这当然是百世难逢的盛事啊。否则，倘使这五个人保全他们的头颅，而在家里平安地活到老，就这样度过他们的一生，人们能够把他们当作奴仆使唤，哪里能够使英雄们低头，在坟墓前表示激动、惋惜，发抒那种志士仁人的悲痛感情呢？所以我和同社的各位先生，都可惜这座墓前仅有那块空白的石碑，我就写了这篇记，也想用它来说明死和生的大，老百姓的死有时也能对国家起重大作用。

上面讲的几位贤明士绅，是太仆寺卿因之吴公、翰林文起文公和孟长姚公。

【赏析】

本文记录和歌颂了苏州市民反抗阉党的正义斗争及其历史功绩，赞扬了颜佩韦等五人不畏强暴、见义勇为、视死如归的英雄气概。作者以“激干义而死”为文章的核心。展开多方面的对比：五人与变节的士大夫相比，突出五人死得伟大；与庸人相比，突出其死的价值；

与阉党人物比，突出其死得光明磊落。最后作者总结出“亦以明死生之大，匹夫之有重于社稷也”的结论，充分肯定市民斗争的作用。文章通篇夹叙夹议，叙述明快，议论激昂慷慨，无论是主题情感还是谋篇布局，语言运用都为后人赞赏。吴楚材、吴调侯评此文：“议论随叙事而入，感情淋漓，激昂尽致。当与史公《伯夷》、《屈原》二传并垂不朽。”

古文观止

清康熙年间选编的一部供学塾使用的文学读本

（清）吴乘权 吴调侯／编著

辽海出版社

壹

图书在版编目（CIP）数据

古文观止/（清）吴乘权，吴调侯编著. —沈阳：辽海出版社，2014.12（文化百科）
ISBN 978-7-5451-3237-3

Ⅰ.①古… Ⅱ.①吴… ②吴… Ⅲ.①古典散文—散文集—中国 Ⅳ.①H194.1

中国版本图书馆 CIP 数据核字（2014）第 259286 号

古文观止

责任编辑：段扬华　柳海松　冷厚诚
责任校对：顾　季
装帧设计：马寄萍
出 版 者：辽海出版社
地　　址：沈阳市和平区十一纬路 29 号
邮政编码：110003
电　　话：024—23284473
E-mail：dyh550912@163.com
印 刷 者：北京一鑫印务有限责任公司
发 行 者：辽海出版社
开　　本：787mm×1092mm　1/16
印　　张：80
字　　数：1280 千字
出版时间：2015 年 1 月第 1 版
印刷时间：2015 年 6 月第 2 次印刷
定　　价：498.00 元（全四卷）

前　言

《古文观止》是自清代以来最为流行的古代散文选本之一。

《古文观止》的编选者吴楚材、吴调侯为叔侄二人，均是浙江山阴（今绍兴市）人。二吴于康熙三十三年（1694）编定此选本。他们长期设馆授徒，此书是为学生编选的教材。“观止”二字，出自《左传·襄公十九年》：吴公子季札在鲁国赏周乐，至《韶》舞，赞叹：“德至矣哉！大矣”，认为无美不具，于是说：“观止矣。”二吴编定书名为观止，意在力图选编达到尽善尽美，无以超越。编者以“观止”来冠名，确有当初吴公子季札观赏舞乐时那种由衷赞叹溢于言表的心境。所以说，《古文观止》是一部形象的中国历代散文大观，也是一部活生生的古代散文发展历程。

《古文观止》所选之文上起先秦，下迄明末，大体反映了先秦至明末散文发展的大致轮廓和主要面貌。我国古代散文的发展大体上经历了以下几个阶段：一是先秦时期，春秋战国时代，百家争鸣，产生了诸子散文，《左传》与《战国策》是先秦历史散文的代表。二是两汉时期，散文进一步发展，《史记》代表了两汉散文的最高成就。三是魏晋南北朝时期，文章多讲求声律，形成骈俪文体，《水经注》、《洛阳伽蓝记》不同凡响。四是唐宋时期，中唐韩愈、柳宗元领导了古文运动，“文起八代之衰”。北宋时，欧阳修力倡古文，苏氏父子等人互相应和，古文日渐占领文坛。五是元明清时期，散文基本上继承发展了唐宋古文运动的精神。

《古文观止》全书一共有 12 卷，收入历代文章 222 篇，论说抒情，写景状物，众体兼备。书中西汉以前的文章以左丘明的《左传》为突出点，选录 34 篇，占全书的六分之一以上；《国语》、《战国策》、《公羊传》、《谷梁传》、《礼记》的文章选录有 36 篇，两者汇总计 70 篇，占全书的三分之一。编者有意强化对汉代以前文章的份量，是为了使读者更清晰、更全面、更深入地了解中国古代散文的源本，以便打好根基。对两汉的文章，编者比较重视司马迁的《史记》，汉文 31 篇，《史记》有 14 篇。唐代文章以“唐宋八大家”中的韩愈、柳宗元为主，分别选入 24 篇和 11 篇；宋文以欧阳修、苏轼为侧重点，分别选入 13 篇和 12 篇。秦文仅选李斯一篇，六朝文章选 6 篇，元代一篇未选，明代选入 18 篇。

《古文观止》篇幅适当，所选的文章以汉唐时期为多，以散文为主，兼顾骈韵二体，既有长篇大论，又有精短美文，反映出编者眼光的细致和周到。它本身的鲜明特点与突出优势使它在问世后的三百多年间，成为最流行、最通俗、最广为人知、最有影响的初学古文选本，常作为私塾及学堂的启蒙读本，几乎家家备有，风行海内。

《古文观止》虽为当时的蒙童和普通古文爱好者所选编，但一点也没有媚俗的气息，这些不朽的经典中，蕴含着丰富的历史知识、成熟的人生经验、艰深的文章美学，乃至博远的宇宙哲理。在中国浩淼的散文之海里，优秀之作实在太多了，而《古文观止》所选作品正是做到了蒙童读来不高，学人读来不低。所以，《古文观止》的流行性与通俗性、权威性至今难以动摇，仍影响巨大，是我们首选的普及性古文选本。

2011 年 5 月

目　录

卷一　周文

卷二　周文

卷三　周文

卷四　秦文

卷一　周文

郑伯克段于鄢 隐公元年

《左传》

【原文】

初，郑武公娶于申[1]，曰武姜[2]。生庄公及共叔段[3]。庄公寤生[4]，惊姜氏，故名曰寤生，遂恶之。爱共叔段，欲立之。亟请于武公[5]，公弗许。及庄公即位，为之请制[6]。公曰："制，岩邑也[7]，虢叔死焉[8]，佗邑唯命[9]。"请京[10]，使居之，谓之京城大叔[11]。祭仲曰[12]："都城过百雉[13]，国之害也。先王之制[14]：大都不过参国之一[15]，中五之一，小九之一。今京不度[16]，非制也，君将不堪。"公曰："姜氏欲之，焉辟害[17]？"曰："姜氏何厌之有[18]？不如早为之所[19]，无使滋蔓，蔓，难图也。蔓草犹不可除，况君之宠弟乎？"公曰："多行不义，必自毙[20]，子姑待之。"

既而大叔命西鄙、北鄙贰于己[21]。公子吕曰[22]："国不堪贰[23]，君将若之何？欲与大叔，臣请事之；若弗与，则请除之，无生民心。"公曰："无庸[24]，将自及。"大叔又收贰以为己邑，至于廪延[25]。子封曰："可矣，厚将得众[26]。"公曰："不义不昵[27]，厚将崩。"

大叔完聚[28]，缮甲兵[29]，具卒乘[30]，将袭郑。夫人将启之[31]。公闻其期，曰："可矣！"命子封帅车二百乘以伐京[32]。京叛大叔段，段入于鄢[33]，公伐诸鄢。五月辛丑[34]，大叔出奔共[35]。

书曰：“郑伯克段于鄢。”段不弟[36]，故不言弟；如二君，故曰克；称郑伯，讥失教也；谓之郑志[37]，不言出奔，难之也。

遂置姜氏于城颍[38]，而誓之曰：“不及黄泉，无相见也。”既而悔之。

颍考叔为颍谷封人[39]，闻之，有献于公[40]，公赐之食，食舍肉[41]。公问之，对曰：“小人有母，皆尝小人之食矣，未尝君之羹，请以遗之[42]。”公曰：“尔有母遗，繄我独无[43]！”颍考叔曰：“敢问何谓也[44]？”公语之故，且告之悔。对曰：“君何患焉？若阙地及泉[45]，隧而相见[46]，其谁曰不然[47]？”公从之。公入而赋[48]：“大隧之中，其乐也融融[49]！”姜出而赋：“大隧之外，其乐也泄泄[50]！”遂为母子如初。

君子曰：“颍考叔，纯孝也，爱其母，施及庄公[51]。《诗》曰[52]：‘孝子不匮[53]，永锡尔类[54]。’其是之谓乎。”

《东周列国志》版画之“郑庄公掘地见母”图

【注释】

①郑武公：郑国国君，名掘突，武公是死后的谥号。郑：国名，在今河南新郑县一带，姬姓。申：国名，姜姓，在今河南省南阳县。

②武姜：即武公之妻姜氏，庄公、共（gōng）叔段之母。武，表明其夫为武公；

姜，表明其母家姓姜。

③庄公：即郑伯，武公长子。共叔段：即太叔段，武公次子，名段。共，国名，在今河南省辉县市。

④寤生：逆生，即难产。寤通“牾”。

⑤亟：屡次。

⑥制：地名，又名虎牢，在今河南省荥阳县西。

⑦岩邑：险邑。邑，城邑。

⑧虢叔：东虢国君，为郑所灭。虢，国名，在今河南省荥阳县。

⑨佗：同“他”。

⑩京：地名，郑国城邑，在今河南省荥阳县东南。

⑪大叔：即太叔，叔段的尊称，大同“太”。叔段被称为太叔，是因为他是郑庄公的第一个弟弟。

⑫祭仲：即祭足，郑国大夫。祭：（zhài）地名，祭仲的食邑，在今河南省中牟县境内。

⑬都城：都，都邑；城，城墙。雉（zhì）：古时度量名称，长三丈，高一丈。

⑭制：制度、规度。

⑮参国之一：即国都的三分之一。参同“叁”。

⑯不度：不合法度。

⑰辟：同避，逃避。

⑱何厌之有：即“有何厌”的倒装。厌，满足。之，结构助词，将宾语提前，无义。

⑲所：处所。

⑳毙：跌跤。

㉑既而：不久。西鄙、北鄙：边境二邑。鄙，边境的城邑。贰：两属，即从属二主。

㉒公子吕：人名，郑国大夫，字子封。

㉓堪：忍受，容忍。

㉔无庸：不用。庸通“用”。

㉕廪延：郑国邑名，在今河南省延津县北。

㉖厚：指势力雄厚。

㉗昵：亲近，团结。

㉘完聚：完，坚固城郭；聚，聚集粮草。

㉙缮：修整。

㉚具：准备。

㉛启：开启，即开城门。

㉜乘：车一辆称为一乘。

㉝鄢：地名，在今河南省鄢陵县。

㉞五月辛丑：即五月二十三日。

㉟共：原诸侯国名，后为卫国别邑，在今河南辉县市。

㊱不弟：即不像兄弟。弟或通“悌”。

㊲郑志：即郑庄公的意志。

㊳城颍：郑国地名，在今河南省临颍县西北。

㊴封人：镇守边疆的地方官。封，疆界。

㊵献：送物于人。

㊶舍：放置。舍肉，即将肉放置一边。

㊷遗（wèi）：馈，给予。

㊸繄（yì）：语气助词。

㊹敢：谦词，有冒昧的意思。

㊺阙：同“掘”，挖。

㊻隧：用作动词，即掘作隧道。

㊼其：语气副词，此处表示疑问语气。

㊽赋：赋诗。

㊾融融：和乐的样子。

㊿泄泄（yì）：舒畅的样子。

51施（yì）：延及。

52《诗》：指《诗经》。下面两句引自《诗经·大雅·既醉》。

53匮：缺乏，尽。

54锡：通“赐”。

【译解】

从前，郑武公娶了申侯的女儿做妻子，称为武姜。她生了庄公和共叔段。庄公生时难产，吓了姜氏，所以叫他“寤（wù）生”，武姜很厌恶他。武姜很爱共叔段，想立他做世子，多次向武公要求，武公不肯。等到庄公继承了君位，姜氏就帮共叔段请求分封到虎牢。庄公说：“虎牢地势险要，过去虢叔就死在那里，不便分封给他，其他地方任您吩咐就是。”姜氏请求把京邑封段，庄公答应了，叫他住在那里，人称他为京城太叔。

大夫祭（zhài）仲对庄公说：“分封的城池范围超过三百丈，就会成为国家的大害。按照先王的制度，大都的城不能超过国都的城的三分之一，中都的城不超过五分之一，小都的城不超过九分之一。现在太叔住的京邑不合规定，不符合先王的制度，您将要受威胁的。”庄公说：“姜氏要这样，我有什么办法避免呢？”祭仲说：“姜氏哪有满足的时候，不如趁早想办法解决他。不要让他扩大势力，扩大了，就难对付了。繁殖的野草都不能一下子铲除，何况是您的骄贵的胞弟呢！”庄公说：“做多了坏事一定会自己垮台的，你暂且等着。”

后来太叔叫镇守西方北方两个边邑的官员暗地里归附于自己。公子吕对庄公说：“国家不能有两个君主，您究竟打算怎么办？要是想把政权交给太叔，就请让我去做他的臣子；要是您不想给，就请您消灭他，不要使郑国的人有别的想头。”庄公说：“用不着，他会自己垮的。”

太叔又公开把西方北方两个边邑变成自己的封地，一直扩大到廪延。公子吕说：“可以了，否则领土再扩大，他就要得到很多人的支持和拥护了”。庄公说：“他不仁不义，又背离自己的亲哥哥，这样的叛臣逆弟，领土再大也是会垮的。”

太叔修理城池，囤集粮草，修缮军备，准备好了进行车战的兵马，谋划偷打郑国的国都。姜夫人准备到时候打开城门接应他。庄公听到了他偷袭的时间，说：“现在可以动手了！"命令公子封做统帅，带了两百辆兵车去讨伐京城。京城的人反对太叔段。段转移到鄢邑。庄公亲自带兵去鄢邑讨伐他。五月二十三日，太叔离开郑国，逃亡到共国。

鲁史《春秋》上写道：“郑伯克段于鄢”。段不守弟道，所以不说他是庄公的弟弟；他和庄公像是郑国的两个君主，所以说庄公打了胜仗；称庄公为郑伯，是讽刺他没有正确地教导胞弟。史官把这一事件看成庄公的阴谋；不说段是逃亡，而说他被打败，这是不便明言庄公蓄意杀段。

庄公就把姜氏放逐到城颍，临行时对她发誓道：“咱们不到阴间，别想见面！”后来他又后悔了。颍考叔担任颍谷封人的官职，听到这件事，就亲自进贡礼物给庄公。庄公宴请他。他吃的时候单独挑出肉来放在一边。庄公问他。他回答道：“小臣有老母亲，我能弄到的好菜她都尝过了，就是没尝过您赏我吃的肉饼汤，请允许我带回去送给她尝尝。”庄公说：“你有母亲可以送食物，唉，我却没有！”颍考叔说：“请问这是什么意思？”庄公把发誓的事告诉他，并且说后悔不来。颍考叔说：“您耽什么心呢！要是把地挖深，挖成地道，然后您和姜夫人通过地道来见面，谁会说您违背了誓言呢？”庄公照他的话去办。庄公走进地道时朗诵着两句诗："走进地道里，快乐真无比！"姜氏走出地道时也朗诵两句诗："走出地道口，再高兴也没有！"从此母子两个就和好了。

君子认为：颍考叔，真是百分之百的孝子呀！他爱自己的母亲，也影响到庄公爱他的母亲。《诗经》上说："孝子的孝心无穷无尽，经常感化同类的人。"说的就是这个意思吧！

【赏析】

本篇揭露了春秋时代统治阶级内部矛盾斗争的一个侧面。文中所记载的姜氏、郑庄公和共叔段是母子兄弟，但为了争夺政权，彼此感情破裂以至互相残杀。通过这个故事，作者刻画了郑庄公的老谋深算和阴险狡诈、姜氏的偏私任性以及共叔段的骄纵贪婪。故事结构完整，人物形象鲜明，情节生动。

周郑交质 隐公三年

《左传》

【原文】

郑武公、庄公为平王卿士。王贰于虢[1]，郑伯怨王，王曰“无之”。故周郑交质[2]，王子狐为质于郑[3]，郑公子忽为质于周[4]。王崩，周人将畀虢公政[5]。四月，郑祭足帅师取温之麦[6]。秋，又取成周之禾[7]。周郑交恶。

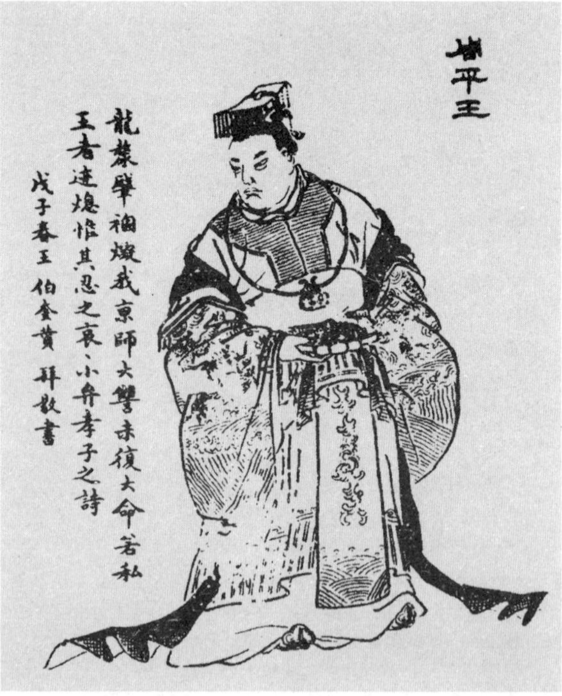

《东周列国志》版画之周平王像

君子曰：“信不由中[8]，质无益也。明恕而行[9]，要之以礼[10]，虽无有质，谁能间之[11]？苟有明信，涧溪沼沚之毛[12]，苹蘩蕴藻之菜，筐筥锜釜之器[13]，潢汙行潦之水[14]，可荐于鬼神[15]，可羞于王公，而况君子结二国之信，行之以礼，又焉用质？《风》有《采蘩》、《采苹》[16]，

《雅》有《行苇》、《泂酌》[17]，昭忠信也[18]。”

【注释】

①贰：不专一。虢：这里指西虢公（详见隐公元年注）。

②质：人质，以人为抵押品，春秋、战国时多盛行。

③王子狐：周平王的儿子。

④公子忽：郑庄公太子。

⑤畀：给予。

⑥祭足：即祭仲。温：周王畿内小国，在今河南省温县南。

⑦成周：周王的城邑，为周公所建，故城在今河南省洛阳市东。

⑧信：人言。中：同“衷”。

⑨恕：宽恕，体谅。

⑩要：约束。

⑪间：离间。

⑫毛：草木通称。此指野菜。

⑬筥（jǔ）：圆形竹筐。方者为筐，圆者为筥。锜（qí）：三足锅。有足者为锜，无足者为釜。

⑭汙：积水。刁者为潢，小者为汙。行潦（lǎo）：道路上所积的雨水。

⑮荐：进献。与下句“羞”同义。

⑯《风》：指《诗经·国风》。《采蘩》《采苹》：均为《诗经·国风》中篇名。

⑰《雅》：此指《诗经·大雅》。《行苇》、《泂酌》：均为《诗经·大雅》篇名。

⑱昭：显明。

【译解】

郑武公和郑庄公父子连续担任周平王的卿士，掌握周王室的政权。平王要分一部分权给虢公，郑庄公因而埋怨平王。平王说：“没有这回事。”于是周王室和郑国交换人质：王子狐到郑国做人质，郑公子忽到周做人质。平王逝世后，周王室的贵族们准备把政权交给虢公。四月，郑国大夫祭足率领军队割掉周属地温邑的麦子，秋天，又割掉洛阳的稻子。这么一来，周、郑双方就互相怀恨了。

君子评论这件事说：诺言没有诚意，有人质也没用。开诚布公，相互谅解，又能用制度来约束，即使没有人质，谁能离间他们？假使有发自内心的诺言，就是小溪小塘里的草、浮萍、白蒿一类的水藻，装在竹篮、铁锅一类器具里，用洼地里的水洗干净，也可以用来祭祀鬼神，进献王公。何况君子缔结两国间的盟约，按照规定的制度来执行，哪里需要人质呢？国风有《采蘩》《采蘋》两篇诗，大雅有《行苇》《泂酌》两篇诗，都是说明忠信的重要性的。

【赏析】

周朝自平王东迁以后，王室渐衰，控制不了诸侯国，以致发生了与郑国交换人质的事件。一方面揭示了郑庄公两度入侵东周之地，强逼平王立质，欺人太甚的面目；另一方面则反映了东周王室衰微，任人欺凌，委曲求全。都能反映出那个时代的面貌。

石碏谏宠州吁 隐公三年

《左传》

【原文】

卫庄公娶于齐东宫得臣之妹①，曰庄姜，美而无子，卫人所为赋《硕人》也②。又娶于陈③，曰厉妫，生孝伯，早死。其娣戴妫生桓公④，庄姜以为己子。

《东周列国志》版画之“卫石碏大义灭亲”图

公子州吁⑤，嬖人之子也⑥，有宠而好兵。公弗禁，庄姜恶之。石碏谏曰⑦：“臣闻爱子，教之以义方⑧，弗纳于邪。骄、奢、淫、泆⑨，所自邪也。四者之来，宠禄过也⑩。将立州吁，乃定之矣，若犹未也，阶之为祸⑪。夫宠而不骄，骄而能降，降而不憾⑫，憾而能眕者，鲜矣⑬。且夫贱妨贵⑭，少陵长⑮，远间亲⑯，新间旧，小加大⑰，淫破义，所谓六逆也[18]。君义，臣行，父慈，子孝，兄爱，弟敬，所谓六顺也[19]。去顺效逆，所以速祸也[20]。君人者将祸是务去[21]，而速之，无乃不可乎?”弗听。其子厚与州吁游[22]，禁之，不可。桓公立，乃老[23]。

【注释】

①卫庄公：卫国国君，名扬。东宫得臣：古时太子居东宫，故称太子为东宫。得臣，齐太子名，与庄姜同母，齐庄公嫡长子。

②《硕人》：《诗经·国风》篇名。

③陈：国名，妫姓，虞舜的后代，都城在今河南省淮阳县。

④娣：妹妹。

⑤州吁：卫庄公之子。

⑥嬖（bì）：宠妾。

⑦石碏：卫国大夫。

⑧义方：道义。

⑨泆：通“逸”，放荡。

⑩过：过分。

⑪阶：阶梯。这里用作动词，即为祸乱制造阶梯。

⑫憾：恨。

⑬眕（zhěn）：克制。鲜：少。

⑭妨：害。

⑮陵：驾凌。陵通“凌”。

⑯间：因离间而取代。

⑰加：凌驾。加通“驾”。

⑱六逆：六种违背道义的行为。即“贱妨贵，少陵长，远间亲，新间旧，小加大，淫破义”

⑲六顺：六种顺合道义的行为。即“君义，臣行，父慈，子孝，

兄爱，弟敬”。另据《管子·五辅》篇：“圣王饬此八礼，以导其民。八者名得其义，则为人君者中立而无私，为人臣者忠惠而不党，为人父者慈惠以教，为人子者孝弟以肃，为人兄者宽裕以惠，为人弟者比顺以敬，为人夫者敦懞以固，为人妻者劝勉以贞”，与此略同。

⑳速：动词，使动用法。速祸，即加速祸患到来。

㉑将祸是务去：即“将务去祸”的倒装句式。

㉒游：交往。

㉓老：告老退休。

【译解】

卫庄公从齐国娶了齐世子得臣的妹妹做夫人，称为庄姜，长得很美丽，但是没有生儿子。卫国的人因此做了一首《硕人》的诗。

庄公又从陈国娶一个夫人，称为厉妫，生了一个儿子叫孝伯，很早就夭折了。她的随嫁妹妹叫戴妫，生了一个儿子，就是后来的卫桓公，庄姜把他当成自己的儿子来教养。

公子州吁，是庄公爱妾生的儿子，很得庄公的喜爱，欢喜弄刀动枪，庄公并不禁止他，庄姜却厌恶他。

大夫石碏劝告庄公说：“我听说，疼爱儿子，要把正当道理教导他，别让他走上邪路去。骄傲、奢侈、享乐腐化、贪图安逸，这些就是邪路的开端。而这四点的产生，是由于您溺爱他，生活享受太过分了。您要是准备立州吁做世子，就宣布它；要是还没有决定，那样放纵他，等于是引导他将来去闯出大祸来。做儿子的，受到父母溺爱却能不骄傲，或者虽然骄傲却能虚心接受批评，受了批评能不埋怨，或者虽然埋怨却仍能安守本分，这样的人实在太少了。再说地位低的妨害地位高的，年纪小的压过年纪大的，关系疏的离间关系近的，新的离间旧的，小的欺负大的，道德败坏的攻击道德高尚的，这是人们所说的六种悖逆行为。君主照章办事，臣子坚决服从，父亲慈爱儿子，儿子孝顺父亲，哥哥友爱弟弟，弟弟敬重哥哥，这是人们所说的六种正确行为。您现在抛弃正确行为，却照着悖逆行为去做，这是加速大祸的到来啊！统治人民的君主，要尽一切力量消除祸害，可您却加速它，只怕不可以吧?”

庄公不听。石碏的儿子石厚，和州吁往来密切，石碏阻止他，他不听。于是卫桓公一即位，石碏就告老回家了。

【赏析】

“宠”字，乃此篇始终关键。自古宠子未有不骄，骄子未有不败的。公子州吁为卫庄公所溺爱。大夫石碏有见及此，故提出教以“义方”为爱子之法。无奈庄公不听，后来州吁作乱，杀了桓公自立。

臧僖伯谏观鱼 隐公五年

《左传》

【原文】

春，公将如棠观鱼者[①]。臧僖伯谏曰[②]：“凡物不足以讲大事[③]，其材不足以备器用，则君不举焉[④]。君将纳民于轨物者也[⑤]。故讲事以度轨量谓之轨，取材以章物采谓之物[⑥]，不轨不物谓之乱政。乱政亟行，所以败也。故春蒐，夏苗，秋狝，冬狩[⑦]，皆于农隙以讲事也[⑧]。三年而治兵，入而振旅[⑨]，归而饮至[⑩]，以数军实[⑪]，昭文章[⑫]，明贵贱，辨等列，顺少长，习威仪也。鸟兽之肉不登于俎[⑬]，皮革、齿牙、骨角、毛羽不登于器[⑭]，则君不射，古之制也。若夫山林川泽之实，器用之资，皂隶之事[⑮]，官司之守，非君所及也。”公曰：“吾将略地焉[⑯]。”遂往，陈鱼而观之[⑰]。僖伯称疾[⑱]，不从。书曰“公矢鱼于棠[⑲]”，非礼也，且言远地也。

【注释】

①棠：鲁国边远地区的地名。鱼：同“渔”，即捕鱼。

②臧僖伯：鲁臣，即公子彄，字子臧。

③讲：讲习。大事：指祭祀与战争。

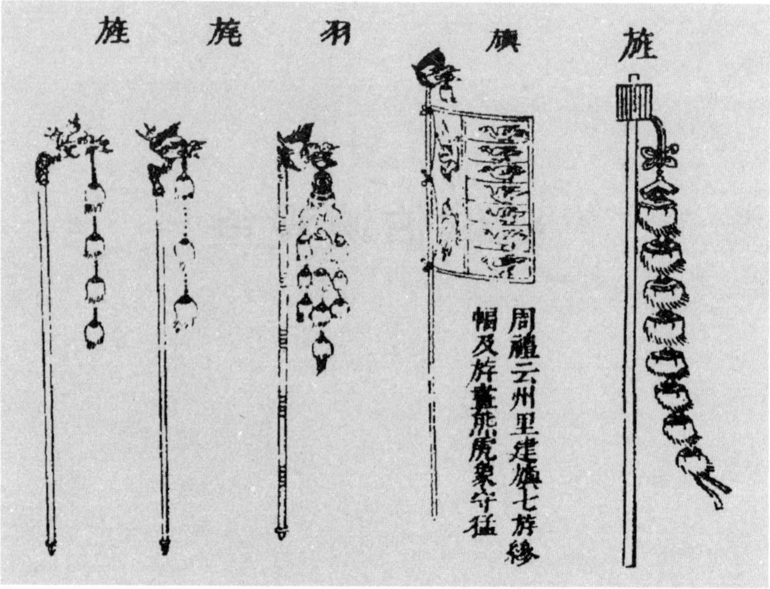

《诗经·干旄》插图

④举：举动，行动。

⑤轨：法度。物：事物。

⑥章：显明，通“彰”。采：通“彩”，

⑦蒐（gōu）、苗、狝（xiǎn）、狩：均为打猎，因四时不同而叫法不一。

⑧讲事：讲习武事。古时常以狩猎之机习武。

⑨振旅：整顿军队。

⑩饮至：古礼，凡国君出外，临行时一定要告于宗庙，归来时也要告于宗庙，同时要宴请臣下，犒赏随从，称为“饮至”。

⑪军实：战争中所有物资器械、兵员及俘获的战利品。

⑫文章：文彩。这里指车服旌旗。

⑬俎（zǔ）：祭器。

⑭器：器物。

⑮皂隶：奴隶中的等级。此泛指贱役。

⑯略：视察边境。

⑰陈：陈设。

⑱称疾：推托有病。

⑲矢：陈。

【译解】

鲁隐公在即位后第五年的春天，准备到棠国去看捕鱼。

臧僖伯劝告隐公说：“凡是鸟兽一类东西，够不上拿来作祭祀、战斗用的，它们的皮革齿牙、骨角毛羽，够不上拿来作军队、国家的材料的，那么，国君就不和它们打交道。国君是要率领人民守法律、走正路的。所以讲习祭祀与战斗的大事，按照规定的制度去做，这叫轨。选取鸟兽的材料，用来装饰祭器和军用物资，这叫物。国君如果不守制度，服色不当，这叫荒谬的取治活动。荒谬时政治活动多次进行，国家就会因此败坏。所以春夏秋冬四季定期打猎，都是利用农闲来进行军事训练。每隔三年还要大规模地操练一次，训练完毕，整好队伍回来。回到宗庙，举行会餐庆祝胜利，检查所有铠甲武器。通过这种演习，竖起各种军旗，显示贵贱身份，分清全部行伍，理清少长顺序，讲习行军纪律。鸟兽的肉不能放在祭器里面的，它们的皮革齿牙骨角毛羽不能用来装饰祭器和武器的，那国君是不会去猎取它们的，这是从古以来的老规矩。至于山里的木料，河里的菱藕鱼蟹之类，都是祭器和武器所需要的，但都是仆役们的事，有关官吏们的职责，不是国君需要过问的。”

隐公说：“我准备去检查一下边境。”就去到棠国，举行一次大规模的捕鱼活动给自己看。臧僖伯借口有病不跟去。

史书记载道：“鲁侯在棠国举行大型捕鱼活动。”这是说明这种活动不合礼制，并且指明是随便走到了边远的地方。

【赏析】

鲁隐公把游玩逸乐看做小节；而臧僖伯则认为国君的一举一动与国家的“治政”和“乱政”有关，所以极力劝阻他，臧僖伯谏隐公，指出统治者应该检点自身行为，我们可以从中看出古时候的等级森严。

郑庄公戒饬守臣　隐公十一年

《左传》

【原文】

秋，七月，公会齐侯、郑伯伐许。庚辰①，傅于许②。颖考叔取郑伯之旗蝥弧以先登③。子都自下射之，颠④。瑕叔盈又以蝥弧登⑤，周麾而呼曰⑥：“君登矣！”郑师毕登。壬午⑦，遂入许。许庄公奔卫。

《东周列国志》版画之“公孙阏争车射考叔”图

齐侯以许让公。公曰：“君谓许不共⑧，故从君讨之。许既伏其罪矣，虽君有命，寡人弗敢与闻。”乃与郑人。

郑伯使许大夫百里奉许叔以居许东偏⑨，曰：“天祸许国，鬼神实不逞于许君⑩，而假手于我寡人⑪。寡人唯是一二父兄不能共亿⑫，其敢以许自为功乎？寡人有弟，不能和协，而使胡其口于四方⑬，其况能久有许乎？吾子其奉许叔以抚柔此民也⑭，吾将使获也佐吾子⑮。若寡人得没于地，天其以礼悔祸于许，无宁兹许公复奉其社稷⑯。唯我郑国之有请谒焉⑰，如旧昏媾⑱，其能降以相从也。无滋他族⑲，实偪处此⑳，以与我郑国争此土也。吾子孙其覆亡之不暇，而况能禋祀许乎㉑？寡人之使吾子处此，不唯许国之为，亦聊以固吾圉也㉒”。乃使公孙获处许西偏㉓，曰：“凡而器用财贿㉔，无置于许。我死，乃亟去之㉕。吾先君新邑于此㉖，王室而既卑矣㉗，周之子孙日失其序㉘。夫许，大岳之胤也㉙，天而既厌周德矣㉚，吾其能与许争乎㉛？”

君子谓“郑庄公于是乎有礼。礼，经国家㉜，定社稷，序民人㉝，利后嗣也㉞。许无刑而伐之㉟，服而舍之，度德而处之㊱，量力而行之，相时而动㊲，无累后人㊳，可谓知礼矣。”

【注释】

①庚辰：初一日。

②傅：附着，靠近。

③蝥（máo）弧：旗名。

④颠：从城上坠下。

⑤瑕叔盈：郑国大夫。

⑥周：周遍。麾：挥动。

⑦壬午：初三日。

⑧共：法度。

⑨许叔：许庄公弟，名郑，谥桓公。

⑩逞：满意，快意。

⑪假：借。

⑫一二父兄：指同姓群臣。亿：安。共亿即相安无事。

⑬四方：四处。

⑭抚柔：安扶。

⑮获：公孙获，郑国大夫。

⑯无宁：宁可。无，句首词气助词，无义。兹：使。

⑰谒：请求，告诉。

⑱昏媾：婚姻亲戚。

⑲滋：同“兹”，使。

⑳偪：同“逼”，迫近。

㉑嗹：斋戒。

㉒聊：姑且。圉：边疆。

㉓西偏：即偏西部。

㉔而：同“尔”。

㉕亟：赶快。通“急”。

㉖新邑：指新郑一带。郑国原在陕西省华县东北，平王东迁之后，郑武公伐虢、桧，并其土地，立国于此。

㉗卑：衰微。

㉘序：绪业，即继承的功业。

㉙大岳：即太岳，四岳，上古官名，掌管四岳的祭祀。胤（yìn）：后代。

㉚厌：厌弃。

㉛其：同“岂”。

㉜经：经营，治理。

㉝序：使动用法，

㉞嗣：后代，继承人。

㉟刑：法度。

㊱度：揣度。

㊲相时：瞅准机会。

㊳累：牵累。

【译解】

鲁隐公九年秋七月，隐公联合齐僖公、郑庄公出兵讨伐许国。包围了许国的国都。颍考叔举起郑伯用的蝥弧旗首先爬上城墙上，子都从下面用箭射他，他中了箭，立刻跌下来，死了。瑕叔盈又举起蝥弧旗爬上城，向下面的郑国军队挥舞着，喊道：“咱们郑君上了城啦!”于是郑国的官兵全部爬上城了。八月三日，就进入许国国都。许庄公逃亡到卫国去。齐僖公把许国的领土让给鲁隐公，隐公说：“您说许君不服从，所以我跟着您来讨伐他。现在许君已经受到应有的惩罚了，虽然您有命令，我不敢过问这件事。”齐僖公于是把许国交给了郑国来管理。

《东周列国志》版画之颍考叔像

郑庄公派遣许国的大夫百里事奉许庄公的弟弟许叔住在许国东部，说：“上天惩罚许国，鬼神确实对许君不高兴，于是通过我的手来讨伐许国。我连同姓的臣子都不能相安无事，还敢把打赢许国看成自己的功劳吗？我有一个弟弟，不能团结，使他流浪在外面，还能长久占领许国吗？希望您事奉许叔安顿好这些百姓，我将派公孙获协助您。如果我死了，上天后悔不该惩罚许国，能够保佑你们，那么，就会使许公再回国执政。我们郑国经常和你们来往，像老亲戚一样，你们该会乐意这样办吧？千万别让其他国家的人挤进来，和我们郑国争这块土地。我的子孙拯救自己都来不及，还能祭祀许国的山川吗？我请您住在这里，不但为了许国，也是靠你们加强我的边境啊。”于是派公孙获住在许国西部，说：“你一切财产都不要放在许国，我一死，你就赶快离开。我父亲才迁居到河南新郑这地方；周王室东迁洛阳之后，势力越来越弱了；周的同姓子孙，祖业也一天天丧失了。许国，却是神农氏的后代。上天已经厌恶周王朝了，我们郑国是周的子孙，难道能和许国争夺这块土地吗?”

君子认为郑庄公在这件事情上很讲礼制。礼制，是治理国家、安定鬼神、团结人民、保佑子孙的。许国不按法制办事，就讨伐她，他服从了，就赦免他；根据自己的威望来处理他，衡量自己的实力来统治他；按照形势变化来采取行动，不连累后代子孙：郑庄公可说是懂得礼制的人了。

【赏析】

春秋时代，诸侯国之间，持强凌弱是常见现象，本篇说的是郑庄公联合齐、鲁两国攻克许之后，假意推让，终于得到了许国的托管权。

于是郑庄公对驻守许地的臣子作了两次训戒，告诫许国的大夫百里要他帮助郑国巩固这块土地，有机会将恢复许国；同时告诫自己的臣下公孙获要他作好撤离的准备。

文章成功再现了郑庄公老奸巨滑的形象。郑庄公的戒饬之词，能正确估计形势，考虑深远；虽处处为自己打算，却说得吞吐灵活，委婉曲折。

臧哀伯谏纳郜鼎 桓公二年

《左传》

【原文】

夏四月，取郜大鼎于宋。戊申[①]，纳于大庙，非礼也。臧哀伯谏曰[②]："君人者将昭德塞违[③]，以临照百官[④]，犹惧或失之。故昭令德以示子孙。是以清庙茅屋[⑤]，大路越席[⑥]，大羹不致[⑦]，粢食不凿[⑧]，昭其俭也。衮、冕、黻、珽、带、裳、幅、舄、衡、紞、紘、綖[⑨]，昭其度也。藻、率、鞞、鞛、鞶、厉、游、缨[⑩]，昭其数也[⑪]。火、龙、黼、黻[⑫]，昭其文也[⑬]。五色比象[⑭]，昭其物也[⑮]。钖、鸾、和、铃[⑯]，昭其声也。三辰旂旗[⑰]，昭其明也。夫德俭而有度，登降有数[⑱]。文物以纪之[⑲]，声明以发之[⑳]，以临照百官，百官于是乎戒惧而不敢易纪律[㉑]。今灭德立违[㉒]，而置其赂器于大庙[㉓]，以明示百官，百官象之[㉔]，其又何诛焉！国家之败，由官邪也。官之失德，宠赂章也。郜鼎在庙，章孰甚焉？武王克商，迁九鼎于雒邑[㉕]，义士犹或非之[㉖]，而况将昭违乱之赂器于大庙，其若之何？"公不听。

周内史闻之曰[㉗]："臧孙达其有后于鲁乎！君违不忘谏之以德。"

【注释】

①戊申：初九日。

②臧哀伯：鲁国大夫，名达，臧僖伯之子。

③君人者：统治百姓的人，即人君。塞违：堵塞邪恶。违，指违德背礼的行为。

④临照：监察。

⑤清庙茅屋：清庙，即太庙，又叫明堂，太室。茅屋，指屋顶用茅草覆盖。

⑥大路越席：大路，车子的一种，路即“辂”。越席，用蒲草结成的席子作为车垫。

⑦大羹：肉汁。不致：不加调料。古时祭祀用大羹。

⑧粢食：主食。粢，古代祭祀用的谷物。不凿：不舂。

⑨衮：古代天子及三公穿的礼服。冕：古代礼帽，大夫以上服用。黻（fú）：亦作韨或芾，古代用来蔽膝的祭服。珽（tǐng）：玉笏。古代天子以至士，朝见皆执笏。天子用玉笏，诸侯用象牙笏，大夫与士用竹笏，笏的用处是有事写在上面，以备遗忘。带：大带，用来束腰。裳：下裙。幅：古人以布缠足，上至膝，即今之绑腿。舄（xì）：鞋子，古人称鞋为履，鞋底用单层者称为屦，双层者称为舄。单层用皮，双层中间加木。古代天子、诸侯，逢吉事都穿舄，士以下穿屦。衡：横笄，即固定帽子的簪子。紞（dǎn）：古代冠冕上用来系瑱的带子，纮（hóng）：系于颔下的帽带。綖（yán）：冠冕上覆盖的装饰物。

⑩藻：即缫藉，荐玉的东西。率：帅的假借字，亦作帨即佩巾。鞞（bǐng）：刀鞘。鞛（běng）：刀把上的装饰。鞶（pán）：革带。厉：带上的装饰品。游（liú）：旌旗上的飘带。缨：马鞅。

⑪数：数量。以上八物各依地位高低不同而数量不同。

⑫火、龙、黼（fǔ）、黻（fú）：四者均为古代礼服上的花纹。火，半环形；龙，龙形；黼，黑白两色的一对斧头形刺绣；黻，用黑青两色所绣成的两个弓形相背的花纹。

⑬文：文采，花纹。

⑭五色：指青、黄、赤、白、黑，古时以这五色为正色。比象：即以五色绘成山、龙花、虫等形象。

⑮物：色。

⑯钖：马额上的一种饰物，用铜制成，行走时有响声。鸾：同“銮”，车铃。和：车上的小铃。铃：指挂在旌旗上的小铃。

⑰三辰：指日，月、星。旂旗：旗帜的总称。旂，一种有铃的旗帜，

⑱登降：即升降，意为增减。

⑲纪：记录，记载。通“记”。

⑳发：表现。

㉑易：违反。

㉒灭：消除。

㉓置：同“寘”。

㉔象：法式，榜样。意动用法。

㉕九鼎：角征国家政权的传国之宝。相传禹收九牧之金，铸九鼎，象九州。后成汤迁九鼎于商邑。周武王迁之于洛邑。雒邑：即王城，在今河南洛阳市。

㉖义士：指伯夷、叔齐。

㉗内史：周王室官名。

【译解】

鲁桓公元年夏四月，从宋国取来郜国所铸造的大鼎，放进鲁侯祖庙里，这是不合礼制的。

臧哀伯劝告桓公说：“统治人民的君主，应该显示美德，扫除歪风，像日月一样俯照大小官吏，还怕有失德而做不到的地方，所以把

自己最好的德行留传给子孙看。因此，清净的祖庙用茅草盖顶，祭天车上坐的是草席，喝的肉汁不用盐梅调味，吃的黄米和高粱是糙的，这样来显示他的俭德。政治地位不同的人，穿的衣服、戴的帽子、套的蔽膝、持的玉笏、系的皮带、着的下衣、用的裹脚、穿的套鞋、维持礼帽的玉块、礼帽两边挂瑱玉的绳子，礼帽下面打结的带子、礼帽上面蒙的那块黑布，都有区别，在这些方面来显示他遵守制度。盛玉的软牛皮、刀鞘上下的花纹、腰上围的大带、大带上下垂的部分、旗帜上的流苏、马颈下的红缨，在这些事物上来显示不同的规定。上衣画龙，下裳画火，或用黑白色，或用青黑色：这样来显示上下各有不同的文采。车子、衣服和各种器械，它们的颜色都仿照着天地四方（东青、南赤、西白、北黑、天玄、地黄）：这样采显示各种衣裳都不是随便着色的。马额上、马口两旁的镳上、马颈上、旗帜上，都挂着小铜铃：这样来显示各种铃声的自然节奏。各种旗帜，有画日月星的，有画一对龙的，有画熊和虎的，这样来显示天象的光明。总而言之，德行，使我们节约而不过分，长幼尊卑都有一定。用不同的文采、物象来表现它，用各种和谐的声音来说明它，这样来给大小官吏示范，他们因而小心谨慎而不敢目无法纪。

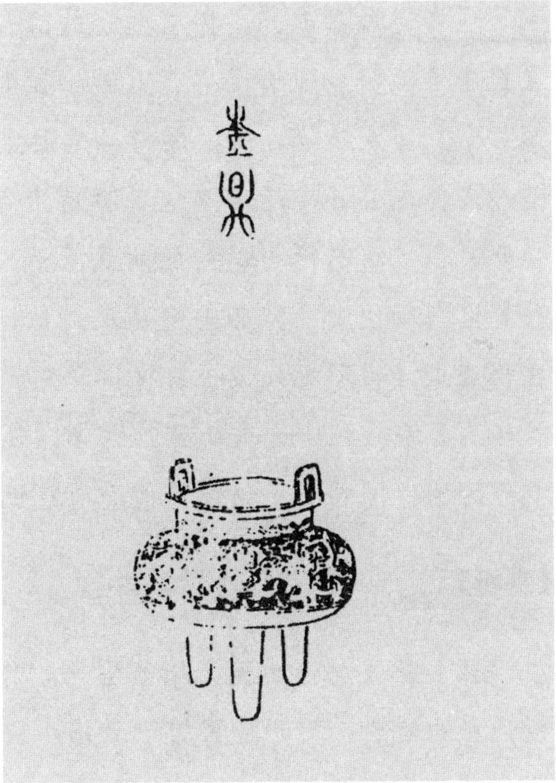

鼎图，出自《七十二朝人物演义》版画。

现在您抛弃道德，树立邪恶的榜样，把那贼子华督贿赂的祭器放在祖庙里，明显地给大小官吏看。官吏们向这种行为学习，您能处分哪一个？国家政治之所以黑暗，是因为官吏违法。而官吏们违法乱纪，必然表现在公开接受贿赂这件事情上。郜鼎摆在祖庙里，还有比它更公开表现受贿恶行的吗？从前武王消灭了商朝，把商朝的国宝九鼎迁移到洛阳，伯夷一类义士都还反对他；何况您公开陈列这邪恶的东西在祖庙里，明理的人又该怎样指责它呢！”桓公不听。

周王室一位中大夫听到这件事，说：“臧孙达的后人在鲁国一定大有作为啊！国君犯了错误，他没有忘记用道理去说服。”

【赏析】

君主应该发扬美德，堵塞邪恶，作百官表率，而不应该接受违礼叛乱者的贿赂，更不应该置于太庙，应厉行俭约，以免导致国家衰败，这一点却是可取的。

季梁谏追楚师 桓公六年

《左传》

【原文】

楚武王侵随[1]，使薳章求成焉[2]，军于瑕以待之[3]。随人使少师董成[4]。

斗伯比言于楚子曰：[5]“吾不得志于汉东也[6]，我则使然。我张吾三军而被吾甲兵[7]，以武临之，彼则惧而协以谋我[8]，故难间也[9]。汉东之国随为大，随张必弃小国[10]，小国离，楚之利也。少师侈[11]，请羸师以张之[12]。”熊率且比曰[13]：“季梁在[14]，何益？”斗伯比曰：“以为后图，少师得其君[15]。”王毁军而纳少师[16]。

少师归，请追楚师，随侯将许之。季梁止之，曰：“天方授楚[17]，楚之羸，其诱我也，君何急焉？臣闻小之能敌大也，小道大淫[18]。所谓道，忠于民而信于神也[19]。上思利民，忠也；祝史正辞[20]，信也。今民馁而君逞欲[21]，祝史矫举以祭[22]，臣不知其可也。”公曰：“吾牲□肥腯[23]，粢盛丰备，何则不信？”对曰：“夫民，神之主也。是以圣王先成民而后致力于神。故奉牲以告曰，‘博硕肥腯’，谓民力之普存也，谓其畜之硕大蕃滋也[24]，谓其不疾瘯蠡也[25]，谓其备腯咸有也[26]。奉盛以告曰，‘洁粢丰盛’，谓其三时不害而民和年丰也[27]。奉酒醴以告曰[28]，‘嘉栗旨酒[29]’，谓其上下皆有嘉德而无违心也。所谓馨香[30]，无谗慝也[31]。故务其三时，修其五教[32]，亲其九族[33]，以致其禋、祀。于是乎民和而神降之福，故动则有成[34]。今民各有心，而鬼神乏主，君虽独丰，其何福之有！君姑修政而亲兄弟之国[35]，庶免于难[36]。”随侯惧而修政，楚不敢伐。

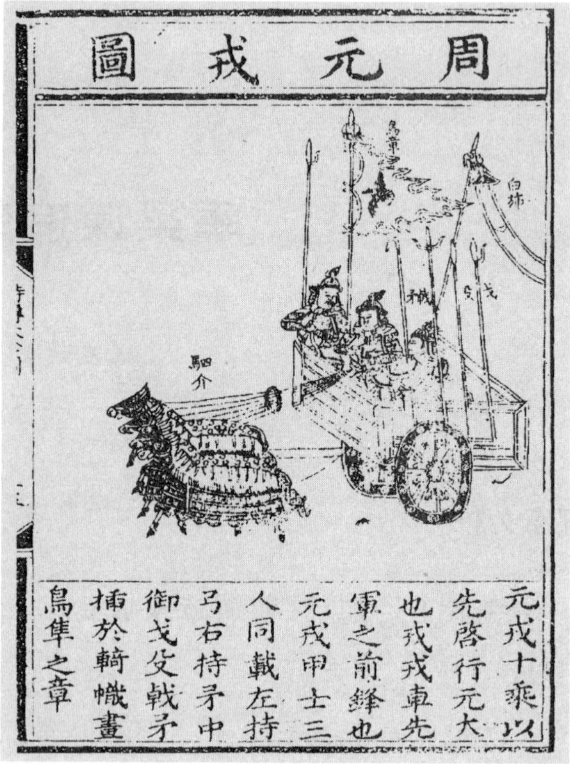

周元戎图

【注释】

①随：国名，姬姓。一说为神农之后，姜姓。故城在今湖北省随县南。

②薳（wěi）章：楚国大夫。

③瑕：随国地名。

④少师：随官名，其人不详。董成：主持和谈。董，主持。

⑤斗伯比：楚国大夫，令尹子文之父。楚子：即楚武王。

⑥汉：即今汉水，汉东多姬姓小国。

⑦张：扩大。被：装备。

⑧协：协力。

⑨间：离间。

⑩张：自大。弃：轻视。

⑪侈：骄傲，放肆。

⑫羸（léi）师：疲弱的士卒。

⑬熊率且比：楚国大夫。

⑭季梁：随国贤臣。

⑮得其君：即得到国君的信任。

⑯毁军：毁坏军容。纳：迎接。

⑰方：正当，正在。授：付予好运气，照顾。

⑱淫：过分，无节制。

⑲信：诚。

⑳祝史：主持祭祀祈祷的官史。正辞：诚实正直的言辞。

㉑逞欲：满足自己的欲望。

㉒矫举：诈称功德。矫，虚假。

㉓牲：祭祀所用的全牛等称为牲。牷：毛色纯一的牛等。腯：肥壮。

㉔蕃：繁殖。滋：滋生。

㉕瘯蠡（cù luǒ）：家畜病疫，瘦弱。瘯，借为瘦；蠡，借为羸。

㉖咸：都，全。

㉗三时：春、夏、秋三季。不害：无灾害。

㉘醴：甜酒。

㉙栗：通“冽”，清。旨：美好。

㉚馨香：芳香远闻。

㉛谗慝（tè）：谗，谗言；慝，邪恶。

㉜五教：五种教化，即父义、母慈、兄友、弟恭、子孝。

㉝九族：自高祖、曾祖、祖父、父、本身，至子、孙、曾孙、玄孙共九代，称为九族。一说九族包括异姓亲戚，除本族之外，另加外祖父、外祖母、岳父、岳母、姨母之子、姑母之子、姊妹之子、女之子共为九族。

㉞有成：成功。

㉟兄弟之国：指汉水流域诸姬姓国。

㊱庶：庶几。

【译解】

楚武王出兵侵略随国，却先派薳章去求和，自己带了兵驻扎在瑕地等待消息。

随国派少师来主持和议。

斗伯比对楚子说："我们不能在汉水以东各国达到目的，是自己失策使得它这样。我们尽量显示三军的威力，个个身穿军甲，手持武器，用军事力量去威胁他们；于是他们害怕，团结起来对付我们，所以我们很难逐个击破。汉水以东的国家，随国是最大的。随国骄傲自大，必定抛弃其他小国，其他小国和随国不团结，这是对我们楚国最有利的事。少师一贯自高自大，请您藏起精锐部队，把老弱残兵给他看，使他更骄傲起来。"

熊率且比说："季梁在随国，我们这样做有什么用？"

斗伯比说："我这个办法是为将来作打算。少师是受到随君的信任的。"

楚武王真的尽摆出一些老弱残兵，迎接少师。

少师一回国，就请随君赶快出兵去追击楚军。随侯正准备允许他，季梁阻止随侯说："上天正保佑楚国。楚国的老弱残兵，是骗我们的，您为什么这么不冷静呢！我听说，小国能敌得过大国，是因为小国的政治开明而大国的政治黑暗。所谓开明，就是政府对人民忠实，对神不欺骗。政府经常考虑怎样做才有利于人民，这就是忠；祝官、史官对神说老实话，这就是信。现在人民挨饿，而您一味满足个人的情欲，祝官、史官尽说些假话去祭神，像这样，我不知道我们怎么可以敌得过楚国。"

随侯说："我用来祭神的牛、羊、猪，都是毛色纯净、又肥又大的；祭器里装的黄米子和高粱，都很丰满，怎么说对神还不虔诚呢？"

季梁说："人民，是神依靠的。因此，圣明的先王首先把对人民有利的事做好了，然后用全副诚心去祭神。所以，祝官、史官奉献三牲向神祷告说：'又大又肥'，这是说人民精力普遍保持，喂的牲口不但肥壮，而且繁殖得又多又快，一点疥癣也不生，品种也应有尽有。祝官、史官又端起祭器祷告说：'黄米子和高粱，洗得干净，装得满'，这是说，春夏秋三季政府都没有妨害农业生产，因而人民高兴年成好。祝官、史官又端起浓浓的甜酒祷告说：'谨以致诚献上美酒'，这是说，我们君民上下都有好的品德，没有坏心眼。总而言之，所谓三牲、斋饭、甜酒都芬芳，其实是说我们这些人道德高尚，没有诬陷好人的、吹牛拍马的，做一切坏事的。所以，要把春夏秋三个农时放在第一位，经常进行父义、母慈、兄友、弟恭、子孝的教育，使每家每户都和睦相处，从而尽心尽意来祭神。这样一来，人民团结了，神也就会赐福给咱们，所以，不管干什么事都能成功。现在老百姓各有各的打算，因而鬼神也没有依靠了。您虽然一个人有丰满的祭品，又哪里能得到神的保佑呢！您还是暂且一方面搞好内政，一方面团结周围同姓的各国吧，只有这样，或许可能避免楚国给我们造成的灾难。"随侯听了这番话，引起高度警惕，连忙努力整顿内政，楚国果然不敢侵犯他。

【赏析】

本篇反映了春秋时代对民和神之间的关系的一种新的主张：民是主体，神是附属。好的君主必须做好对民有利的事情，才去致力于祭祀神祇之类的事。季梁先是忠民信神并提，然后深入论述应该以民为主，神为附，在谈到神的地方都是从民着眼，所以说服力很强，能使“随侯惧而修改”。

文中再现了季梁深谋远见、知己知彼，随少师妄自尊大的鲜明人物性格，文笔生动，别有风致。跃然纸上。

曹刿论战　庄公十年

《左传》

【原文】

齐师伐我。公将战，曹刿请见①。其乡人曰：“肉食者谋之②，又何间焉③。”刿曰：“肉食者鄙④，未能远谋。”乃入见。问：“何以战？”公曰：“衣食所安，弗敢专也⑤，必以分人。”对曰：“小惠未遍，民弗

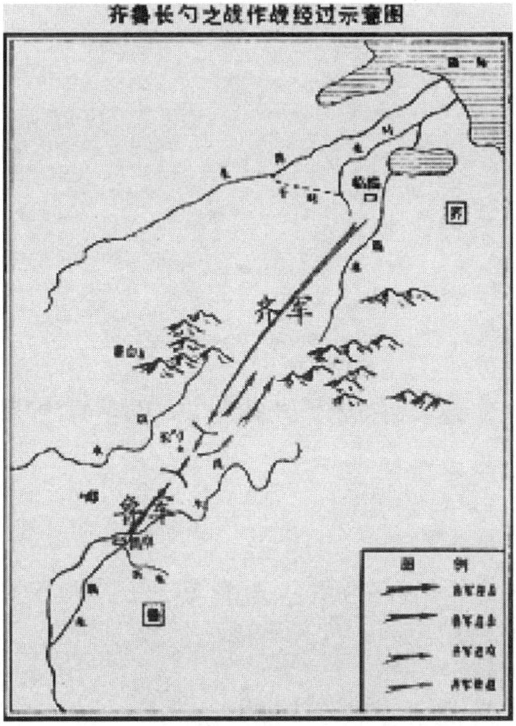

齐鲁长勺之战经过示意图

从也。”公曰：“牺牲玉帛[6]，弗敢加也[7]，必以信[8]。”对曰：“小信未孚[9]，神弗福也。”公曰：“小大之狱，虽不能察[10]，必以情[11]。”对曰：“忠之属也，可以一战，战则请从。”

公与之乘。战于长勺[12]。公将鼓之。刿曰：“未可。”齐人三鼓，刿曰：“可矣。”齐师败绩。公将驰之[13]。刿曰：“未可。”下，视其辙，登轼而望之[14]，曰：“可矣。”遂逐齐师。

既克，公问其故。对曰：“夫战，勇气也。一鼓作气。再而衰，三而竭。彼竭我盈，故克之。夫大国难测也，惧有伏焉。吾视其辙乱，望其旗靡[15]，故逐之。”

【注释】

①曹刿（guì）：鲁国人。又名曹沫。

②肉食者：即食肉者，指做官的人。

③间：参与。

④鄙：鄙陋不通。

⑤专：专享。

⑥牺牲玉帛：祭祀之物。

⑦加：变更。

⑧信：诚实。

⑨孚：覆盖，普遍，孚借为“覆”。一说孚即信用，信服。

⑩察：洞察，明察。

⑪情：实情。

⑫长勺：鲁地名，在今山东省曲阜县北。

⑬驰：追逐。

⑭轼：古代车厢前用作扶手的横木。

⑮靡：倒伏。

【译解】

庄公十年春天，齐国军队攻打我们鲁国，庄公准备应战。曹刿要求谒见鲁侯。他的同乡人说："大官们会考虑它，你何必插一手呢？"曹刿说："大官们见识浅陋，不能深谋远虑。"于是进到朝廷谒见庄公。

他先问："靠什么去打？"庄公说："我爱穿爱吃的，不敢一个人独占，一定要分给别人。"曹刿答道："这种小恩小惠并没有让每个人都得到，老百姓是不会跟您一道去拼命的。"庄公说："祭祀用的牛、羊、猪和宝玉、丝绸，不敢虚报，一定实事求是。"曹刿答道："这种小信用还不能取得神的信任，神是不会保佑您的。"庄公说："一切大大小小的诉讼案件，虽然我不能彻底调查，一定要处理得合情合理。"曹刿答道："这是忠于人民的表现，可以靠它去发动老百姓和敌人打这一仗。如果您决定要打，就请让我跟您去。"

庄公和他同坐一辆战车。在长勺，两军进行战斗。庄公正要下命令擂鼓进兵，曹刿说："还不行。"等到齐军已经擂过第三次鼓了，曹刿才说："现在可以了。"齐军大败而逃。庄公准备命令军队赶趋战车去追击，曹刿说："还不行。"他走下战车察看齐军战车的轮迹，又爬到车前扶手的横木上去眺望了一会儿，才说："现在可以了。"庄公就下命令叫鲁军去追击齐军。

已经打了胜仗之后，庄公问他为什么要这样。他答道："打仗，全靠战士们的勇气。齐军第一次擂鼓时，战士们鼓足了勇气；第二次擂鼓时，看到我方没有反应，他们的士气就低沉了；等到第三次再擂鼓时，他们的士气简直完全丧失了。正当他们丧失勇气时，我军却勇气百倍，所以把他们打败了。但是强大的国家是不容易估计的，我怕它有伏兵在那里。经过观察，我看见他们战车的轮迹都是乱七八糟的，望到他们的军旗都倒拖着跑，知道真是打败了，所以请您下命令追击他们。”

【赏析】

长勺之战是以弱胜强的著名战例。文章以“远谋”为主线，详细叙述了曹刿对战争胜败因素的分析。鲁庄公十年，齐是大国，鲁是小国。齐进攻鲁，是强国欺凌弱国。但结果是鲁胜齐败。通过肉食者的“鄙”衬托曹刿的“远谋”，肯定了曹刿“取信于民”的政治远见和“后发制人”的指挥艺术。

齐桓公伐楚盟屈完 僖公四年

《左传》

【原文】

春，齐侯以诸侯之师侵蔡[①]。蔡溃，遂伐楚。楚子使与师言曰：“君处北海[②]，寡人处南海，唯是风马牛不相及也[③]。不虞君之涉吾地也[④]，何故？”管仲对曰：“昔召康公命我先君大公曰[⑤]：‘五侯九伯[⑥]，女实征之[⑦]，以夹辅周室[⑧]。’赐我先君履[⑨]，东至于海[⑩]，西至于河[⑪]，南至于穆陵[⑫]，北至于无棣[⑬]。尔贡包茅不入[⑭]，王祭不共，无以缩酒[⑮]，寡人是征[⑯]。昭王南征而不复，寡人是问。”对曰：“贡之不入，寡君之罪也，敢不共给，昭王之不复[⑰]，君其问诸水滨。”师进，次于陉[⑱]。

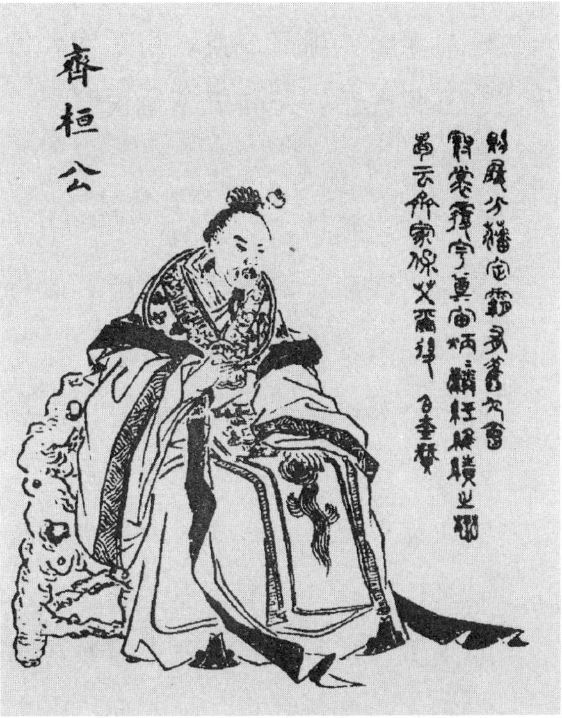

《东周列国志》版画之齐桓公像

夏，楚子使屈完如师[19]。师退，次于召陵[20]。

齐侯陈诸侯之师[21]，与屈完乘而观之[22]。齐侯曰："岂不谷是为？[23]先君之好是继。与不谷同好，如何？"对曰："君惠徼福于敝邑之社稷[24]，辱收寡君[25]，寡君之愿也。"齐侯曰："以此众战，谁能御之？以此攻城，何城不克？"对曰："君若以德绥诸侯[26]，谁敢不服？君若以力，楚国方城以为城[27]，汉水以为池[28]，虽众，无所用之。"

屈完及诸侯盟。

【注释】

①以：率领。

②北海：泛指北方。海，即荒远的地方。下文中"南海"亦同此。

③风：牛马雄雌相诱逐。

④不虞：没想到。虞，料想。

⑤召康公：即召公奭，周王室太保。大公：即太公望。

⑥五侯九伯：泛指天下诸侯。

⑦女：汝。

⑧夹辅：辅助。

⑨履：践踏。意为所到之处，此指征伐范围。

⑩海：大海，指东海。

⑪河：黄河。

⑫穆陵：地名，今山东临朐南的穆陵关即此。

⑬无棣：地名，在今河北省卢龙县一带。

⑭贡：贡品。包茅：即菁茅，古人用此滤酒。

⑮缩酒：以菁茅滤除酒中糟粕，称为缩酒。

⑯寡人：管仲自称。征：问。

⑰昭王：周成王之孙，到南方巡守，渡汉水，船坏溺死。

⑱陉：楚地名。

⑲屈完：楚臣。

⑳召陵：楚地名，在今河南省郾城县南。

㉑陈：列陈。

㉒乘：共乘一车。

㉓不谷：诸侯自谦的称谓。

㉔惠：副词，表示谦敬。徼（yāo）福：求福。徼，求，取。

㉕辱：副词，表示恭敬。收：安抚。

㉖绥：安抚。

㉗方城：方城山，即指桐柏山、大别山等山脉。

㉘池：护城河。

【译解】

僖公四年春天，齐桓公率领了宋公、鲁侯、陈侯、卫侯、郑伯、许男、曹伯的军队去打蔡国，蔡国军队被打垮了，就讨伐楚国。

楚子（楚成王）派人质问齐桓公说："您的国家在北方，我国在南方，两国相隔这么远，就是牛马跑失了群，也不会错跑到对方去。没想到您攻击到我国来了，到底是什么缘故呀？"

管仲代表齐桓公回答说："从前召康公代表周天子命令我齐国先君太公说：'天下诸侯，如果谁犯了罪，你可以声讨他，从而辅佐王室。'划定了太公的国界：东边到山东半岛一带的黄海和渤海，西边到黄河，南边到山东临朐县南的大岘山，北边到山东无棣县北。你楚国该进贡的裹束的青茅不送上去，以致天子祭祀时供应不上，没有东西用来滤酒，我现在就是来问你要这个。另外，周昭王南巡到汉水，却没有回去，我还要问这件事。"

楚国使者回答说："贡物没按时送上去，这是我们楚君的错误，敢不供应？至于周昭王没有回去，您还是向汉水边的人去打听这件事吧。”

联军前进，驻扎在河南偃城县境的陉地。

一直延到夏天，楚子派屈完到联军那里去。联军后撤，驻扎在偃城县东三十五里的召陵。

齐桓公命令各国军队整好队，自己和屈完同坐一辆车子去检阅。

桓公说：“难道诸侯这次联合是为了我吗？不，这是在继续发扬我先君的合作精神。贵国和我和平友好，怎么样？”

屈完回答说：“您一片好意为我国谋利，愿意接受我楚国做盟友，这是我楚君最大的愿望啊！”

桓公说：“用这种部队去打仗，哪个能抵得住它？用这种部队去攻城，什么坚固的城墙攻不下？”

屈完回答说：“您要是用道德安定诸侯，哪个敢不服从？您要是靠武力，那我们楚国把方城山做我们的天然城墙，把汉水做我们的池隍，您的人马虽然多，却没有地方可以用他们！”

最后，屈完代表楚子和诸侯签订了和约。

【赏析】

前 656 年齐桓公为称霸天下，率齐、鲁、宋、卫、郑、许、曹、陈八国军队伐楚，但楚也毫不示弱，派使者至齐军进行了一场唇枪舌战。齐国君臣咄咄逼人，管仲要在无理中寻找借口，齐恒公则是一副霸主神气，楚国使者是不卑不亢，委婉中带着强硬，真是绝好的外交辞令。始齐国终未达到目的，最后齐、鲁等国不得不和楚国在神前立誓，订立和约。

宫之奇谏假道 僖公五年

《左传》

【原文】

晋侯复假道于虞以伐虢，宫之奇谏曰："虢，虞之表也[①]。虢亡，虞必从之。晋不可启，寇不可玩[②]，一之谓甚，其可再乎？谚所谓'辅车相依[③]，唇亡齿寒'者，其虞、虢之谓也。"

公曰："晋，吾宗也[④]，岂害我哉？"对曰："大伯、虞仲[⑤]，大王之昭也[⑥]。大伯不从[⑦]，是以不嗣[⑧]。虢仲、虢叔[⑨]，王季之穆也[⑩]，为文王卿士，勋在王室，藏于盟府[⑪]。将虢是灭，何爱于虞？且虞能亲于桓、庄乎[⑫]，其爱之也？桓、庄之族何罪，而以为戮，不唯逼乎[⑬]？亲以宠逼，犹尚害之，况以国乎？"

《东周列国志》版画之"智荀息假途采虢"图

公曰："吾享祀丰洁[⑭]，神必据我[⑮]。"对曰："臣闻之，鬼神非人实亲[16]，惟德是依。故《周书》曰[17]：‘皇天无亲，惟德是辅。’又曰：‘黍稷非馨[18]，明德惟馨[19]。’又曰：‘民不易物[20]，惟德繄物[21]。’如是，则非德，民不和，神不享矣。神所冯依[22]，将在德矣。若晋取虞而明德以荐馨香[23]，神其吐之乎？”

弗听，许晋使。宫之奇以其族行[24]，曰：“虞不腊矣[25]，在此行也，晋不更举矣[26]。”

八月甲午，晋侯围上阳[27]。问于卜偃曰[28]：“吾其济乎[29]？”对曰：“克之。”公曰：“何时？”对曰：“童谣云：‘丙之晨[30]，龙尾伏辰[31]，均服振振[32]，取虢之旂。鹑之贲贲[33]，天策焞焞[34]，火中成军[35]，虢公其奔。’其九月、十月之交乎。丙子旦，日在尾[36]，月在策[37]，鹑火中，必是时也。”

冬十二月丙子朔[38]，晋灭虢，虢公丑奔京师。师还，馆于虞，遂袭虞，灭之，执虞公。

【注释】

①表：外围。

②玩：玩忽，轻侮。

③辅：车厢两边的夹板。

④宗：同宗。晋与虞为同姓国。

⑤大（tài）伯：即太伯，周太王长子。虞仲：太伯之弟，太王次子。

⑥大王：即太王。昭：古代庙次及墓次。始祖居中，其后第一、三、五代逢奇数者位在左，为昭；第二、四、六代逢偶数者位在右，为穆。

⑦不从：不跟随身边。

⑧不嗣：太伯为太王长子，与其弟虞仲远去吴国，未能继承父位，

由其幼弟王季继位。

⑨虢仲、虢叔：王季（季历）之子。

⑩穆：见昭注。周代以后稷为始祖，太王（古公亶父）为后稷第十二代孙，为穆，其子太伯、虞仲、季历皆为昭，而虢仲、虢叔为季历之子，故为穆。

⑪盟府：掌功勋盟约的官府。

⑫桓、庄：指曲沃桓叔和曲沃庄伯。详见桓公二年传注。

⑬逼：逼近，压力。

⑭享祀：祭品。丰洁：丰盛而洁净。

⑮据：依靠，依从。

⑯非人实亲：倒装句，即非亲人。

⑰《周书》：《周书》秦以后失传，即所谓《逸书》。

⑱黍稷：古代祭祀常用的谷物。馨：芳香。

⑲明德：光明之德。

⑳易物：改变祭物。

㉑繄（yi）：语气词。

㉒冯：同凭。

㉓荐：进献。

㉔以：率领。族：家族。

㉕腊：腊祭。

㉖更举：另外用兵。举，举兵。

㉗上阳：虢国都，在今河南省陕县南。

㉘卜偃：晋国卜官，偃，人名。

㉙济：成功。

㉚丙之晨：丙子日的早晨。

㉛龙尾：星名，即尾宿，为苍龙七宿的第六宿。伏辰：伏于辰，

日月相会为“辰”。此时龙尾星为日光所敝，伏而不见。

㉜均服：即戎服，军装。振振：盛美。

㉝鹑：鹑火星，又名柳宿星，为朱鸟七宿的第三宿，属长蛇星座。贲贲：如鸟状。

㉞天策：即傅说星。焞焞光暗弱。

㉟火中：鹑火星出现于正南方。

㊱尾：即龙尾星。

㊲策：天策星。

㊳丙子：即夏正初一日。

【译解】

晋献公又向虞公借路让军队通过去攻打虢国。宫之奇劝告虞公说：“虢国，是虞国的外围。虢国如果灭亡了，虞国必定会跟着他也被晋国灭掉。晋国的胃口是不可以打开的，这外来的敌人是不能够忽视的。上一次麻痹大意已经很危险了，还可以再来个第二次吗？俗话说嘴唇失掉了，牙齿就感到寒冷了’，这就是虞和虢的关系啊！”

虞公说：“晋侯是和我同一个祖宗的，难道他还会害我吗？”

宫之奇答道：“太伯和虞仲，都是太王的儿子。太伯不听从太王表面上叫自己嗣位的话，因此兄弟俩跑到南方，没有继承君位。虢仲和虢叔，都是王季的儿子，做过文王的掌握政权的卿士，他们在朝廷里立了大功，因功受封的典策藏在盟府里面。现在，晋国准备灭掉虢国，对虞国还有什么舍不得下手？再说，晋侯的爱虞国，能比对桓叔、庄伯的后代更爱吗？桓叔、庄伯的后代有什么罪，晋侯却把他们杀掉，不就是因为他们威胁他的统治权吗？近亲，由于地位高，权势大，威胁了自己，都还杀害他们，何况您以一个国家的势力去威胁他呢？”

虞公说：“我祭神的礼品丰盛清洁，神一定保佑我。”

宫之奇答道："我听说，鬼神不是随便亲近哪个人，只保佑那些有德的。所以《周书》说：'上帝不亲近哪个人，只帮助那些有德的。'又说：'黄黏米和黍子做的祭品不算香气远扬，伟大的德行才是香气远扬的。'又说：'人们不必变换自己的祭品，只有有德的人供的祭品才会被神享受。'这样看来，那么，不是有德的人，他的祭品再丰盛清洁，由于众叛亲离，神也不会来享受了。神依靠的，是有德的人。如果晋国占领了虞国，再来提高道德的修养，从而供献喷香的祭品，难道神会吐弃它吗?"

虞公不听，答应晋国使者的要求。

宫之奇带了全族离开虞国，说："虞国等不到举行腊祭了！就在这一次灭掉虞国，晋国不需要再另外出兵了。"

这年冬天，晋国灭了虢国，军队回国的时候，驻扎在虞国，就趁机会偷袭虞国，灭了她，抓住虞公。

【赏析】

本篇反映了春秋时代的民本思想。晋献公假道虞国伐虢，虞大夫宫之奇竭力劝阻虞公，虞公不听，终遭亡国之祸。宫之奇在劝谏过程中，有力地驳斥了虞公迷信宗族关系和神权的思想，指出存亡在人不在神，应该实行德政。又指出了"辅车相依，唇亡齿寒"的道理，保护邻国不受侵犯同时也是为了保护自己不受侵犯。

齐桓下拜受胙 僖公九年

《左传》

【原文】

会于葵丘，寻盟，且修好，礼也。

齐桓公像

王使宰孔赐齐侯胙，曰：“天子有事于文武[①]，使孔赐伯舅胙[②]。”齐侯将下拜[③]。孔曰：“且有后命。天子使孔曰：‘以伯舅耋老，加劳，赐一级，无下拜。’”对曰：“天威不违颜咫尺[④]，小白余敢贪天子之命无下拜[⑤]？恐陨越于下[⑥]，以遗天子羞。敢不下拜？”拜，登[⑦]，受。

【注释】

①有事：有祭事，即祭祀大事。文武：指周文王、武王。

②伯舅：天子称同姓诸侯为伯父或叔父，称异姓诸侯为伯舅。

③下拜：走下台阶，再拜稽首。

④天威：天子的威严。违颜：离于颜面。咫尺：言其很近。咫，古代以八寸为咫。

⑤小白：齐桓公名。贪：受。

⑥陨（yǔn）越：颠坠，即跌跤。

⑦登：升，即拜后升阶登堂。

【译解】

鲁僖公九年夏天，周天子的代表宰孔、齐侯、宋子、鲁侯、卫侯、郑伯、许男、曹伯，在葵丘集会，再一次订定盟约，而且互相联络，敦睦邦交，这是很合礼制的。

周天子派宰孔把祭肉赏赐给齐桓公，说：“天子正在文王和武王的庙里举行祭祀大典，派我把祭肉赐给伯舅。”桓公准备下阶拜受。宰孔忙说：“还有另外的命令。天子派我说：因为伯舅已经七十岁了，特别慰劳您，格外施恩，请你不用下阶拜受。”

桓公答道：“天子的威严形象就在我面前，小白我怎敢冒昧接受天子‘不用下拜’的宠命？只怕这么一来就会跌倒在阶下，使天子也感到羞辱。我敢不下阶拜受！”于是他躬身小步，走下台阶，拜跪如仪，然后走上厅堂，恭敬地接受祭肉。

【赏析】

周朝自平王东迁以后，王室渐衰。但春秋时代诸侯中想要成为霸主的，还必须打着新生周王室的旗号。本篇便反映了这种情况。

本文围绕“下拜”二字，一波三折，既反映了周王室的日渐衰落，也反映了当时还普遍存在的尊周意识。

阴饴甥对秦伯　僖公十五年

《左传》

【原文】

十月，晋阴饴甥会秦伯，盟于王城[①]。

秦伯曰：“晋国和乎？”对曰：“不和。小人耻失其君而悼丧其亲，不惮征缮以立圉也[②]，曰：‘必报仇，宁事戎狄。’君子爱其君而知其罪，不惮征缮以待秦命，曰：‘必报德，有死无二。’以此不和。”秦伯曰：“国谓君何？”对曰：“小人戚，谓之不免[③]。君子恕，以为必归。小人曰：‘我毒秦，秦岂归君？’君子曰：‘我知罪矣，秦必归君。贰而执之，服而舍之，德莫厚焉，刑莫威焉。服者怀德，贰者畏刑。此一役也，

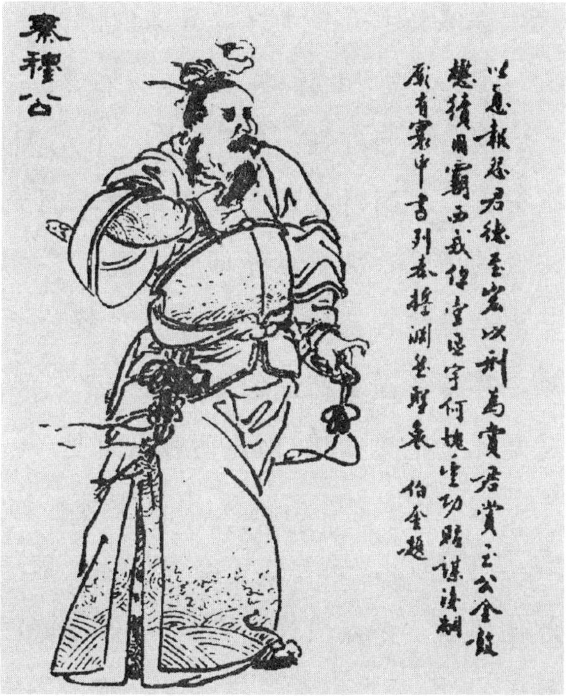

《东周列国志》版画之秦穆公像

秦可以霸。纳而不定，废而不立，以德为怨，秦不其然④。’”秦伯曰：“是吾心也。”改馆晋侯⑤，馈七牢焉⑥。

【注释】

①王城：当在今陕西省大荔县东。

②征缮：征税整装。

③不免：不被赦免。

④不其然：不会这样。

⑤馆：客馆，用作动词。

⑥七牢：诸侯之礼，牛一、羊一、豕一为一牢。详见《周礼·秋官·掌客》。

【译解】

鲁僖公十五年十月，晋国的阴饴甥会见秦穆公，在王城订立盟约。

穆公问：“晋国的人团结一致吗？”

阴饴甥回答说：“不一致。小人认为自己的国君被秦国俘虏去了，万分可耻；同时又悼念战争中被秦国杀死的亲人，所以他们不怕征兵练武的困难，拥护世子即位，说：‘一定要报仇，宁愿投降外族！’君子固然爱戴自己的国君，但也了解他的错误，所以不怕征兵练武的困难，等待秦国送回我们国君的命令，又说：‘一定要报答秦国的大恩，就是死也不变心！’因此两种人意见不一致。”

穆公问：“晋国的人认为我会把你们国君怎样处理？”阻饴甥说：“小人们担心，认为您不会原谅他。君子们却毫不担心，认为您一定会放他回国。小人们说：‘我们害苦了秦国，秦国难道会送回我们国君？’君子们说：‘我们承认错误了，秦国一定会送回我们国君来。我们国君对秦国有两样心，秦国就抓起他来；他承认错误了，秦国就原谅他。

恩德，没有比这更高的了；惩罚，没有比这更严的了。承认错误的怀念秦国的恩德，有两种心肠的害怕受惩罚。这样办，秦国可以成为诸侯的霸主。如果从前秦国曾经用军事力量送我们国君回到晋国，却不帮助他巩固政权；甚至因为这次战事就废掉他，不立他做晋君，这样把原先一片好意变成一个恶心，使晋国人怨恨秦国，我看您决不会这样。”

穆公说：“你说出了我的心里话啦!”于是更换晋侯的住所，并且送给他牛、羊、猪各七头。

【赏析】

阴饴甥借“君子”、“小人”的话回答秦穆公所提出的问题：他借小人代表国内强硬的一派，又借君子代表国内温和的一派，软硬兼施，一面说人民要坚决报仇，一面说群臣对秦国寄以希望。正反开合，不卑不亢，终于说服了秦穆公。此文是一篇出色的外交辞令。

子鱼论战 僖公二十二年

《左传》

【原文】

楚人伐宋以救郑。宋公将战，大司马固谏曰[①]：“天之弃商久矣[②]，君将兴之，弗可赦也已。”弗听。

冬十一月已巳朔，宋公及楚人战于泓[③]。宋人既成列，楚人未既济[④]。司马曰：“彼众我寡，及其未既济也请击之。”公曰：“不可。”既济而未成列[⑤]，又以告。公曰：“未可。”既陈而后击之，宋师败绩。公伤股，门官歼焉[⑥]。

国人皆咎公[⑦]。公曰：“君子不重伤[⑧]，不禽二毛[⑨]。古之为军也，不以阻隘也[⑩]。寡人虽亡国之余[⑪]，不鼓不成列[⑫]。”子鱼曰：“君未知战，勍敌之人，隘而不列[⑬]，天赞我也[⑭]。阻而鼓之，不亦可乎？犹有惧焉[⑮]。且今之勍者，皆吾敌也。虽及胡耇[⑯]，获则取之，何有于二毛？明耻教战[⑰]，求杀敌也，伤未及死，如何勿重？若爱重伤[⑱]，则如勿伤，爱其二毛，则如服焉[⑲]，三军以利用也[⑳]，金鼓以声气也[㉑]，利而用之，阻隘可也，声盛致志[㉒]，鼓儳可也[㉓]。”

【注释】

①固：人名，即公孙固。

②商：即宋。

③泓（hóng）：水名，在今河南省柘（zhè）城县北。

④未既济：尚未完全渡过河。既，尽。

⑤未成列：未摆成阵势。

⑥门官：国君亲兵，由卿大夫子弟充任。

⑦咎公：归罪于宋襄公。

⑧不重伤：对已受伤的敌人不再伤害。

⑨不禽二毛：禽，同“擒”。二毛，头发花白的人。

⑩不以阻隘：不扼敌于险隘之地。

⑪亡国之余：宋为殷商亡国的后裔。

⑫不鼓：不攻击。古时作战，击鼓为进军之号令。

⑬勍敌：强敌。

⑭赞：助。

⑮犹有惧：尚且害怕不能取胜。

⑯胡耇（gǒu）：老年人。

⑰明耻教战：明白什么是耻辱，教之以战术。

⑱爱重伤：怜惜伤兵。

⑲如服：应当降服。

⑳利用：有利而使用。

㉑金鼓以声气：金鼓，两种乐器，古代作为行军进退的号令。以声气，以声音激励士气。

㉒声盛致志：鼓声大作致使士气高昂。

㉓鼓儳（chán）：攻击阵列不整之敌。儳：阵列不整。

【译解】

楚国派军队攻打宋国来援救

郑国，宋襄公准备应战。大司马公孙固劝道：“上帝抛弃我们已经很久了，您想要复兴它，这种违背天命的罪是不可以赦免的！”襄公不听，和楚国军队在泓水边作战。

宋国的军队已经摆好了行列，做好了战斗准备，楚国的军队还没有完全渡过泓水。司马子鱼对襄公说：“他们人多，我们人少，趁着他们还没有全部渡过河来，请下命令攻打他们。”襄公说：“不可以。”楚军全部过了河，

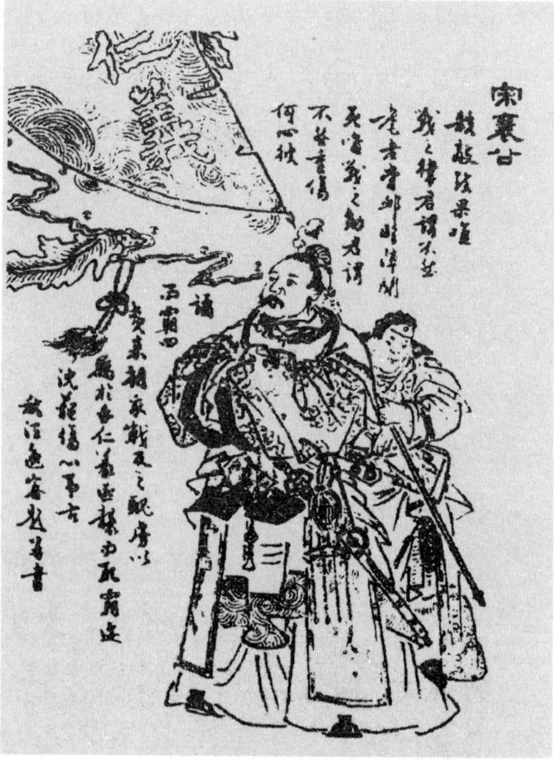

《东周列国志》版画之宁襄公像

还没有摆好行列，子鱼又把刚才的话告诉襄公。襄公说：“还不可以。”等到楚军已经摆好行列这才进攻，结果宋军大败，襄公的大腿受了伤，亲兵全部被杀死了。整个宋国的贵族和平民都埋怨襄公。襄公说：“有德的人对受了伤的敌人不忍心再伤害，看到头发斑白的年老敌人不忍心捉拿。古代圣人行军的原则，是不把敌人逼到险要地方来求得胜利。我虽然是纣王的后代，但是，不进攻还没摆好队伍的敌人。”

子鱼说：“您还不懂得怎样打仗。强大的敌人被逼在险要地方来不及摆好队伍，这是上帝保佑我们呀！逼住它狠狠地打，不可以吗？我还怕打它不赢呢！再说，现在这些全副武装的士兵，都是我们的敌人，其中有的人就是上了年纪，抓到了就叫他当俘虏，管他什么头发黑里夹白！训练士兵的时候，使他们懂得作战时必须勇敢，否则要受到严厉处分。这样做，是要求士兵尽量杀死敌人。如果敌人只是受伤，还

没有死，怎么不可以再补一刀？如果您不忍心补这一刀，不如干脆不杀伤他！您要怜惜他年老，不忍心捉住他，那不如干脆不打仗！车队的作用就是打仗求胜的，敲锣打鼓，是用它的声音来指挥进退、鼓舞士气的。既然军队的作用就是打仗求胜，那么，把敌人逼在险要地方打完全是可以的。既然洪亮的锣鼓声是鼓舞士气的，那么，在敌人还没摆齐队伍的时候就打鼓猛攻也是完全应该的啊！”

【赏析】

春秋时宋、楚两国为了争夺霸权而发生了一场战争，即泓水之战。由于宋襄公指挥不当，结果导致宋军惨败。战后，宋襄公不但未能正确吸引教训，反而强词夺理，为自己的愚昧辩护。子鱼针对他的错误观念，一开头就指出宋弱楚强，敌众我寡，反对轻率地和楚国作战。但在宋襄公决定作战之后，他就积极谋划，主张趁自己处于有利的地位和有利的时机，一举击溃楚军，争取战争的胜利。最后反驳宋襄公的一段话，驳中立论，有理有据，层层深入，句句斩截，颇有说服力。文章对宋襄公的愚昧无知和假仁假义进行嘲讽和批判。

寺人披见文公 僖公二十四年

《左传》

【原文】

吕、郤畏逼①，将焚公宫而弑晋侯②。寺人披请见③，公使让之④，且辞焉，曰："蒲城之役⑤，君命一宿，女即至。其后余从狄君以田渭滨⑥，女为惠公来求杀余，命女三宿，女中宿至⑦。虽有君命，何其速也。夫祛犹在⑧，女其行乎。"对曰："臣谓君之入也，其知之矣。若犹未也，又将及难。君命无二⑨，古之制也。除君之恶，唯力是视⑩。蒲人、狄人，余何有焉，今君即位，其无蒲、狄乎？齐桓公置射钩而使管仲相⑪，君若易之，何辱命焉⑫？行者甚众，岂唯刑臣⑬。"

公见之，以难告。三月，晋侯潜会秦伯于王城⑭。已丑晦⑮，公宫火，瑕甥、郤芮不获公，乃如河上，秦伯诱而杀之。

【注释】

①吕、郤（xì）：指吕甥、郤芮，二人均为晋怀公的亲信。

②晋侯：指晋文公。

③寺人披：见僖公五年传。

④让：责备。

⑤蒲城之役：指晋献公命寺人披攻蒲，收捕重耳，见僖公五年传。

⑥田：打猎。

⑦中宿：过了第二个晚上。

⑧祛（qū）：袖口，详见僖公五年传。

⑨无二：无二心。

⑩唯力是视：即唯视力，言竭尽其力。

⑪置射钩：把射钩一事放置一边。

⑫何辱命：何劳君主下命，意为我会自己走开。

⑬刑臣：受过宫刑的小臣。

⑭潜：偷偷地。王城：秦地。

⑮已丑晦：三十日，晦，每月最后一天。

【译解】

吕甥和郤芮害怕会受到晋文公的迫害，准备放火烧宫殿从而烧死文公。寺人披要求谒见文公。文公派人去责备他，并且拒绝接见。使者转达文公的话说："蒲城那一次，献公给你两天的期限，你当天就赶到了。后来我跟随狄国君主在渭河边打猎，你替惠公来狄国想找到我把我杀死；惠公命令你第四天赶到，你第二夜就赶到了。虽说是奉了君主的命令，为什么这样特别积极呢！那个割断的袖口还在这里呢，你还是走你的吧！"

寺人披答道："我以为您这次回国，大概懂得做君主的道理了；如果还不懂，又要倒楣了！君主的命令必须坚决执行，不能有其他打算，这是自古以来的规定。消灭君主的仇敌，只要自己的能力办得到就该尽量办到。当时您是蒲人、狄人，是献公、惠公的仇敌，我怎么能爱护您呢？现在您做了晋国的君主，难道就没有仇敌吗？从前齐桓公能够不记射带钩的仇，叫管仲做他的相国。您如果和桓公的做法相反，那我会自动离开，何必麻烦您下命令赶我走？您这样记仇，要走的人多着呢，岂但我这个受过肉刑的人！”

文公便接见了他，他把吕、郤的密谋告诉文公。文公秘密地跑到王城去和秦穆公会谈。三月底，文公的宫殿里突然发生火灾，瑕甥、郤芮没有抓到文公，就到黄河边上，秦穆公把他们骗到王城，然后杀掉。

【赏析】

本文的背景是：晋献公有子九人，因听信宠妾骊姬谗言，欲立骊姬之子奚齐，逼死太子申生，公子重耳出奔蒲，献公命寺人披至蒲城追杀重耳，重耳逃走时被砍掉一只衣袖。献公死后，重耳弟夷吾即位，又派寺人披至狄追杀重耳于渭滨。后重耳在秦穆公相助下，回到晋国夺得了君位，政权未稳之际，晋惠公旧臣吕甥、郤芮又密谋杀害他，幸好寺人被告密才避免了一场大灾难。

寺人披见谁得势就依附谁，本不值得称道；但他掌握着关系晋文公命运的机密，又能说出一番堂堂正正的道理，不由得晋文公不见他。晋文公能放弃前怨，接受意见，表现了一个政治家的胸怀，所以能避免祸害。

介之推不言禄　僖公二十四年

《左传》

【原文】

晋侯赏从亡者，介之推不言禄①，禄亦弗及。推曰：“献公之子九人，唯君在矣。惠、怀无亲，外内弃之。天未绝晋，必将有主。主晋祀者，非君而谁？天实置之，而二三子以为己力，不亦诬乎②？窃人之财，犹谓之盗，况贪天之功以为己力乎？下义其罪③，上赏其奸，上下相蒙④，难与处矣！”其母曰：“盍亦求之⑤，以死谁怼⑥？”对曰：“尤而效之⑦，罪又甚焉，且出怨言。不食其食⑧。”其母曰：“亦使知之，若何？”对曰：“言，身之文

《东周列国志》版画之“介子推守志焚绵上”图

也[9]。身将隐，焉用文之？是求显也。”其母曰：“能如是乎？与女偕隐。”遂隐而死。晋侯求之，不获，以绵上为之田[10]，曰：“以志吾过[11]，且旌善人[12]。”

【注释】

①介之推：人名、晋文公臣，又作介子推。禄，俸禄，禄位。

②诬：欺骗。

③下义其罪：下属把罪过当作义。

④蒙：欺骗。

⑤求之：求赏。

⑥怼（duì）：怨恨。

⑦尤：罪。

⑧不食其食：不吃其俸禄。

⑨身之文：身体的装饰。

⑩绵上：晋地名，在今山西省介休县东南。田：封田。

⑪志：记。

⑫旌：表彰。

【译解】

晋文公赏赐跟自己在外流亡的人；介之推不表白自己的功劳去要求赏赐，文公的赏赐也没给他。

介之推说：“献公的儿子一共九个，现在只有主君还活着。惠公、怀公不信任任何人，因此，国外诸侯和国内臣民，都抛弃他们。上天还不打算断绝晋君的后嗣，一定要有一个主祭的。主持晋国宗庙里的祭祀的人，不是主君还有谁呢？是上天立主君为晋国的君主，跟随流亡的那伙人却把这当做自己的力量，这不是欺骗吗？偷了人家的钱，大家还说他是盗贼；何况是贪图上天的功劳，把它当做自己的力量呢？下面的人把自己的罪行当成正确行为，上面的君主还奖励他们这种坏行为。上下互相欺骗，我很难和他们相处了！”

他的母亲说：“你何不也去请赏，否则就这样受苦到死能埋怨谁！”

介之推答道：“我指责了他们，又学习他们请赏，我的罪过就比他们更大了！并且我已经说了埋怨晋君的话，就不能再接受他赏给我的俸禄了。”

晋文公像

他的母亲说：“也让晋君晓得这件事，怎么样？”

介之推答道：“语言，是身体的装饰品。我这身体都要隐藏了，哪里用得着装饰它。要是我自己去表功请赏，这便是企图做官了。”

他的母亲说：“你能够这样吗？那好，我和你一道去隐居。”母子俩就这么隐居深山一直到死。

后来晋文公派人找他没有找到，便把绵上做他的祭田，说：“用它来标志我的错误，并且表扬他这个好人。”

【赏析】

晋文公为公子时，由于父子兄弟之间的冲突，被迫在国外流亡十九年，直到晋惠公死了，才在秦穆公的帮助下回国取得晋国君位。即位后赏赐跟随他一起流亡的人，唯独介之推不愿求赏，他认为晋文公得到君位是天意如此，与臣下无关。臣下不应该贪天之功为己功，于是就决定与母亲归隐起来。在那种社会中真可算是凤毛麟角。介之推跟他母亲的对话，深刻批判了争功请赏、猎取名利的行径；但他把文公能够回国做国君看成是上天安排的，却完全是迷信。

展喜犒师　僖公二十六年

《左传》

【原文】

齐孝公伐我北鄙。公使展喜犒师①，使受命于展禽②。齐侯未入竟③，展喜从之，曰："寡君闻君亲举玉趾④，将辱于敝邑⑤，使下臣犒执事⑥。"齐侯曰："鲁人恐乎？"对曰："小人恐矣，君子则否。"齐侯曰："室如县罄⑦，野无青草，何恃而不恐？"对曰："恃先王之命。昔周公、大公股肱周室，夹辅成王。成王劳之而赐之盟，曰：'世世子孙，无相害也。'载在盟府⑧，大师职之⑨，桓公是以纠合诸侯而谋其不协。弥缝其阙而匡救其灾⑩，昭旧职也。及君即位，诸侯之望曰：'其率桓之功⑪。'我敝邑用不敢保聚⑫，曰：'岂其嗣世九年而弃命废职⑬，其若先君何？君必不然。'恃此以不恐。"齐侯乃还。

【注释】

①展喜：鲁臣。犒师：犒劳军队。

②展禽：名获，字禽。一说食邑于柳下，或云居于柳下，故又称柳下惠。

③竟：同"境"。

④玉趾：即大驾。趾：脚。

⑤辱于敝邑：谦词，即光临敝国。

⑥执事：指左右侍从。

⑦室如县（xuán）罄（qìng）：即一无所有，县同“悬”。

⑧载：盟约。

⑨大师：太史。职：主管。

⑩弥缝：弥补。阙：缺失。

⑪率桓之功：遵循桓公的功业，率，循。

⑫用：因。保聚：保城聚众。

⑬嗣世：继承君位。

【译解】

鲁僖公二十六年夏，齐孝公出兵侵犯我们鲁国北部边境。僖公派展喜带牛羊等礼物去慰劳齐国的军队。出发前，先叫他向展禽学习劳军的外交辞令。

齐侯的军队还没进到鲁国境内，展喜就出境迎接，谒见齐侯，说：“我们鲁君听说您亲自前来，将要驾临我国，所以派我来慰劳您的部下。”

齐侯问：“鲁国人害怕吗？”

展喜答道：“无知的小人才害怕，有见识的君子却相反。”

齐侯说：“屋里空空的，粮食都吃光了；田野里光光的，连青草都没长出来，你们凭什么能不害怕？”

展喜答道：“依靠成王的命令。从前，我国的始祖周公，贵国的始祖太公，是周王室的两位最有力的助手，他们俩团结一致，辅佐成王。成王尊重他们俩的功劳，叫他们订立盟约，说：‘鲁、齐两国，世世代代，子子孙孙们都不要互相侵犯。’记载这盟辞的文件藏在档案机关，由贵国的太师负责保管。贵国先君桓公所以联合诸侯，有不团结的就通过会盟来调解，纠正诸侯的错误，解决他们的灾祸，这都是明显地继承了贵国太公的职责。等您继承君位后，诸侯都寄托希望到您身上，说：一定会继承桓公的职责。我们鲁国因而不敢聚众防守，大家都说：难道齐侯即位才九年，就背弃先王的命令，废除太公的职责吗？那怎样向太公、桓公的在天之灵作解释呢？有见识的君子认为您一定不会这样。他们就是依靠这个所以不害怕。”

于是齐侯带兵回去了。

【赏析】

齐大鲁小，齐强鲁弱，因此齐国总想侵略鲁国。形势危急，鲁僖公特命展喜至齐军犒劳，并以理说服齐孝公退兵。

展喜针对齐孝公欲承齐桓公之志争当诸侯霸主的心理，以齐桓公强盛之时亦不敢以征伐为事，而致力于和协诸侯，展喜的一席话，有理有据，大义凛然而又委婉动听，说得齐孝公无从措口，最后只得退兵。

烛之武退秦师 僖公三十年

《左传》

【原文】

晋侯、秦伯围郑，以其无礼于晋，且贰于楚也。晋军函陵[1]，秦军氾南[2]。

佚之狐言于郑伯曰[3]："国危矣，若使烛之武见秦君[4]，师必退。"公从之。辞曰："臣之壮也，犹不如人，今老矣，无能为也已。"公曰："吾不能早用子，今急而求子，是寡人之过也。然郑亡，子亦有不利焉。"许之。

夜缒而出[5]，见秦伯，曰："秦、晋围郑，郑既知亡矣。若亡郑而有益于君，敢以烦执事[6]。越国以鄙远[7]，君知其难也，焉用亡郑以陪邻[8]。邻之厚，君之薄也。若舍郑以为东道主[9]，行李之往来[10]，共其乏困[11]，君亦无所害。且君尝为晋君赐矣[12]，许君焦、瑕[13]，朝济而夕设版焉[14]，君之所知也，夫晋何厌之有？既东封郑[15]，又欲肆其西封[16]，若不阙秦[17]，将焉取之？阙秦以利晋，唯君图之[18]。"秦伯说，与郑人盟，使杞子、逢孙、杨孙戍之。乃还。

子犯请击之，公曰："不可。微夫人之力不及此[19]，因人之力而敝之[20]，不仁。失其所与，不知[21]。以乱易整[22]，不武[23]。吾其还也。"亦去之。

烛之武说秦王图

【注释】

①函陵：地名，在今河南省新郑县北。

②汜南：地名，在今河南省中牟县南。

③佚之狐：郑大夫。

④烛之武：郑大夫。

⑤缒：以绳悬之而下。

⑥烦：烦劳。

⑦越国：越过别国。鄙远：以远方之地为边境。

⑧陪邻：增加邻国（指晋国）的土地。陪通“倍”。

⑨东道主：东路的主人。

⑩行李：外交官员。

⑪共：通“供”。乏困；缺少的东西。

⑫为晋君赐：即有赐于晋君，指援助晋惠公。

⑬焦、瑕：晋国的二地名。晋惠公曾答应归秦。

⑭朝济：早晨渡过黄河回国。设版：筑城。版，筑城的夹版。

⑮东封郑：向东在郑国土地上封疆，即扩张领土。

⑯肆：任意，恣意。

⑰阙：损害。

⑱唯：希望。

⑲夫人：那个人，指秦穆公。

⑳因：凭借。敝：败坏。

㉑知：同“智”。

㉒以乱易整：秦、晋本结盟，内部完整一致。如攻秦则是以乱易整。

㉓不武：不具武德。

【译解】

晋文公和秦穆公带领军队包围郑国，因为他曾经对晋文公没有礼貌，并且现在对晋有二心并和楚国亲近。晋国的军队驻扎在函陵，秦国的军队驻扎在汜南。

佚之狐对郑文公说：“国家很危险了！如果派烛之武去见秦君，两国的军队都一定会撤退。”郑文公听从了他的话，叫了烛之武来商量。烛之武推辞说：“我在壮年的时候，都还比不上别人；现在老了，不能做什么啦！”郑文公说：“我不能早用你，现在事情危急了才来求你，这是我的错误。但是，郑国灭亡了，对你也不利呀！”于是烛之武答应了。晚上，用绳子绑住身体，从城上吊下去。

烛之武见了秦穆公，说：“秦、晋两国围攻郑国，郑国已经知道要灭亡了。如果灭亡了郑国对您有好处，那就麻烦你们也值得。请想一想，秦国要越过晋国的国土才能占领我们郑国，要使郑国成为秦国的边邑，您知道，这是很困难的。那又何苦灭了郑国去增加您的邻国

——晋国的领土呢？邻国的实力雄厚了，就是您本身的实力削弱了。如果您不进攻郑国，让他做东方大路上的主人，贵国外交官经过郑国时，如果资粮不足，郑国可以供给。这样，您也没有什么亏吃。再说，您曾经施恩给晋惠公，他答应把焦邑和瑕邑送给您作为报酬，可是他早上渡过黄河回到晋国，晚上就筑城加强守备。这是您了解的。晋国，他有什么满足？已经灭了郑国，把郑国做他东边的国界，必定要扩展他西边的国界。如果不侵占秦国的土地，还能到哪里去取得地盘呢？削弱秦国来使晋国得好处，只有请您考虑这件事了。”

秦穆公听了，很高兴，就和郑国订立友好盟约，派杞子、逢孙和扬孙带兵帮助郑国防守，自己带兵回去了。子犯请晋文公派兵追击秦军。晋文公说：“不行。没有那个人的帮助，我是不能有今天的。依靠那人的力量，又反过来伤害他，这是存心不良；如果追击秦军，就失掉了自己的盟国，这是不聪明的做法；以晋、秦的互相冲突来代替原来的步调一致，这是很丢脸的事。我们还是回去吧。”也带兵离开了郑国。

【赏析】

本文描述了郑国大夫烛之武利用秦、晋、郑三国的利害关系打动了秦穆公，利用秦晋之间的历史往事来劝说秦穆公，措辞得体，处处为秦国着想，而实质却是为了保全郑国，用词恳切，字句在理，终于使秦国和郑国订立盟约，收到预期的效果，使秦穆公撤兵。

蹇叔哭师 僖公三十二年

《左传》

【原文】

杞子自郑使告于秦，曰："郑人使我掌其北门之管[①]，若潜师以来[②]，国可得也。"穆公访诸蹇叔[③]，蹇叔曰："劳师以袭远，非所闻也。师劳力竭，远主备之[④]，无乃不可乎！师之所为，郑必知之。勤而无所[⑤]，必有悖心[⑥]。且行千里，其谁不知？"公辞焉[⑦]。召孟明、西乞、白乙[⑧]，使出师于东门之外。蹇叔哭之，曰："孟子[⑨]，吾见师之出而不见其入也。"公使谓之曰："尔何知？中寿[⑩]，尔墓之木拱矣[⑪]。"蹇叔之子与师[⑫]，哭而送之，曰："晋人御师必于殽[⑬]。殽有二陵焉[⑭]：其南陵，夏后皋之墓也[⑮]；其北陵，文王之所辟风雨也[⑯]。必死是间[⑰]，余收尔骨焉。"秦师遂东。

【注释】

①管：锁钥。

②潜师：秘密派兵。

③蹇（jiǎn）叔：秦大夫。

④远主：指郑国。

⑤勤而无所：疲劳而无处所。

⑥悖心：背离之心，即怨恨情绪。

⑦辞：不听从。

⑧孟明、西乞、白乙：即秦国将领百里孟明视、西乞术、白乙丙。

⑨孟子：指孟明视。

⑩中寿：中等寿命，约指六十岁以上，八十岁以下，说法不一。

⑪拱：拱手合围，即合抱。

⑫与师：参加军队。

⑬殽（xiáo）：或作崤，即殽山，在今河南省洛宁县西北。

⑭二陵：指殽之二峰，即东崤山和西崤山。二陵之间，山高路窄，下临深涧，为绝险之地。

⑮夏后皋：夏代君主，名皋，为夏桀之祖父。后，君主。

⑯辟：通“避”。

⑰是间：指二陵之间。

【译解】

杞子从郑国派人向秦穆公报告说：“郑国的官方派我掌管都城北门的钥匙，如果您秘密派军队来偷袭，郑国可以占领到手。”穆公把这件事拿来征求蹇叔的意见。蹇叔说：“辛辛苦苦地调动军队去偷袭远方的国家，我没听说过这种做法。我们的军队累得精疲力竭，远方的郑国对我们早作好了防备工作，这只怕不可以吧？我们军队做什么事，郑国一定会知道；军队受到不合道理的辛劳，一定会产生怨恨心理。再说，军队长征千里，还有谁不知道？”穆公不听他的话，召集孟明、西乞和白乙三员大将，叫他们带兵从东门外出发。蹇叔向他们哭着说：“孟明视呀！我看见军队出发，看不见你们回来啊！”

穆公派人对他说：“你懂得什么？如果你活到六十岁就死了的话，

现在你坟墓上的树都已经一拱粗了!”

蹇叔的儿子也参加了这支队伍。蹇叔哭着送他，说：“晋国的军队伏兵狙击我们军队，一定在崤山。崤山有两个山头。南边的那个山头，是夏王皋的坟墓；北面的那个山头，是周文王避过风雨的地方。你们一定会死在这两个山头中间，我将来就到那里收你的骨头!”秦国的军队就向东方出发了。

【赏析】

烛之武说退秦军后，秦穆公派杞子等人驻守郑国。晋文公一死秦穆公想趁杞子等戍守郑国之机出兵占领郑国，老臣蹇叔极力劝阻，坚持出兵袭郑，结果不出蹇叔所料，被晋军在殽山打得全军覆没。蹇叔哭师体现了他对秦军命运的关切和忧虑，更体现了他爱国之心的深切。突出了他的战略远见，同时暗示了后来秦晋殽之战秦军战败的原因。

卷二

周文

郑子家告赵宣子　文公十七年

《左传》

【原文】

晋侯蒐于黄父[1]，遂复合诸侯于扈[2]，平宋也[3]。公不与会，齐难故也。书曰“诸侯”，无功也[4]。

于是，晋侯不见郑伯，以为贰于楚也。郑子家使执讯而与之书[5]，以告赵宣子，曰：“寡君即位三年，召蔡侯而与之事君。九月，蔡侯入于敝邑以行。敝邑以侯宣多之难[6]，寡君是以不得与蔡侯偕[7]。十一月，克灭侯宣多而随蔡侯以朝于执事[8]。十二年六月[9]，归生佐寡君之嫡夷[10]，以请陈侯于楚而朝诸君。十四年七月，寡君又朝，以蒇陈事[11]。十五年五月，陈侯自敝邑往朝于君。往年正月，烛之武往朝夷也[12]。八月，寡君又往朝。以陈、蔡之密迩

《唐诗画谱》插图

于楚而不敢贰焉[13]，则敝邑之故也。虽敝邑之事君，何以不免？在位之中，一朝于襄[14]，而再见于君[15]。夷与孤之二三臣相及于绛[16]，虽我小国，则蔑以过之矣[17]。今大国曰：‘尔未逞吾志。’敝邑有亡[18]，无以加焉。

“古人有言曰：‘畏首畏尾，身其余几[19]。’又曰：‘鹿死不择音[20]。’小国之事大国也，德，则其人也，不德，则其鹿也，铤而走险，急何能择？命之罔极[21]，亦知亡矣。将悉敝赋以待于鯈[22]，唯执事命之。

“文公二年六月壬申[23]，朝于齐。四年二月壬戌，为齐侵蔡，亦获成于楚。居大国之间而从于强令[24]，岂其罪也。大国若弗图[25]，无所逃命。”

晋巩朔行成于郑[26]，赵穿、公婿池为质焉[27]。

【注释】

①黄父：晋地名，在今山西省翼城县东北。

②扈：郑地，在今河南原武县西北。

③平宋：平定宋乱以立宋文公。宋昭公无道，先一年十一月，被宋襄公的夫人派人杀了。

④无功：无成效。　⑤执讯：通讯官。

⑥侯宣多之难：事见僖公三十年传。

⑦偕：同行。

⑧克灭：灭绝。

⑨十二年：指郑穆公十二年，即鲁文公十一年。

⑩归生：子家名。夷：太子名，即郑穆公之子郑灵公。

⑪蒇（chǎn）陈事：完成陈国的事情。

⑫朝夷：使夷朝见晋。朝，使动用法。

⑬密迩：紧密连接。

⑭襄：指晋襄公。

⑮君：指晋灵公。

⑯孤：小国之君称孤。相及：一个接一个。

⑰蔑：无。

⑱有亡：只有被灭亡掉。

⑲身其余几：身体剩余多少。

⑳音：鸣叫声。

㉑命之罔极：命令没有准则，即反复无常。

㉒敝赋：敝国的军备。鯈：地名，在晋、郑边境处。

㉓壬申：二十日。

㉔从：屈服。强令：强加的命令。

㉕弗图：不考虑我们的处境。

㉖巩朔：晋大夫，即巩伯，又称士庄伯。

㉗公婿池：人名，见文公八年传。

【译解】

晋灵公以霸主身份在本国的黄父这地方，发柬贴邀请宋公、卫侯、蔡侯、陈侯、郑伯、许男、曹伯，为了平定宋国的内乱，在郑国的扈地会合。但是晋灵公不肯让郑穆公出席会议，认为他暗地里和楚国和好。

郑国的执政大夫子家派遣一个外交官到晋侯驻地，给了他一封信，叫他交给晋国的卿赵宣子。信上说：

“我们国君即位第三年，就找到本来不服从贵国的蔡侯，和他一道来接受晋侯的领导。九月，蔡侯来到我国准备和我们国君一道去朝见晋侯。我国因为发生了侯宣多的内乱，所以我们国君不能和蔡侯一道去。十一月，稍为平定了侯宣多的内乱，我们国君立刻跟着蔡侯朝拜

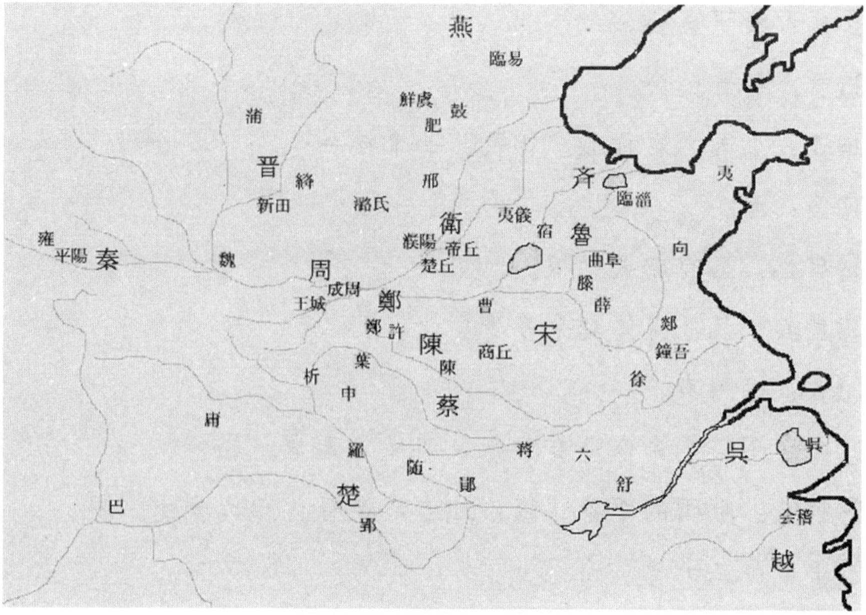

春秋地图

晋侯，访问你们各位。我们国君即位第十二年的六月，我陪同我们国君的世子夷先到楚国去要求楚君允许陈侯朝见晋侯，然后，我们国君朝见晋侯说明这事。第十四年的七月，我们国君又去朝见晋侯，为的是完成陈侯朝晋的工作。第十五年的五月，新即位的陈侯通过我国到晋国去朝见。去年正月，我国大夫烛之武辅佐世子夷去晋国朝见。八月，我们国君又去晋国朝见。像陈、蔡两国的国界和楚国靠得那么紧，可不敢背离您晋国，这都是我国做了大量工作的缘故。不说陈、蔡，就说我国这样的服事晋侯，为什么还不免有罪呢？我们国君即位以来，这些年内，一度朝见晋襄公，两度朝见现在的晋侯，世子夷和烛之武以及我自己，经常来往晋国首都绛邑。虽然我国是小国，服事晋国的礼节是没有谁能超过我们的。现在您大国说：‘你还没有满足我的愿望！’我国只有灭亡，没有办法再增加服事晋国的礼节了。古人有句话：‘又顾头来又顾足，身上还有哪里可以不顾呢！’又有句话说：‘鹿在快死时是顾不上发出好叫声音的。’小国服从大国，你对我好，我就按人的原则来对待你；不好，我就像鹿一样，一溜烟地跑，去找可以依靠的地方，形势紧急嘛，怎么有工夫来考虑呢？晋国的要求越来越苛刻，没有个止境，我们郑国也知道自己该灭亡了。准备全部集中军事方面的人力物力，在边境上儵地等候你们，一切只等待您的命令。我们文公即位的第二年，到齐国朝见；第四年，帮助齐国去打蔡国，可也得到楚国谅解，和我国订立了友好盟约。我国处在晋楚两个大国中间，服从强者的命令，难道是我国的错误？你们晋国如果不考虑我们的困难，那就由你们瞧着办吧，我们决不躲避任何责罚。”

晋国派大夫巩朔去郑国议和，晋卿赵穿和晋侯女婿名池的到郑国做人质。

【赏析】

郑国是夹在晋、楚两个对立的大国之间的小国，外交关系很难处理。郑子家的这篇书信形式的外交辞令，表面上用词谦卑，语气委婉，实则句句数落晋国的不是之处，饱含激愤之情，态度强硬，令晋难有回旋之地，甚至不惜以决裂相警告，终于迫使晋人让步，与郑国签定了和约。

王孙满对楚子 宣公三年

《左传》

【原文】

楚子伐陆浑之戎[1]，遂至于洛[2]，观兵于周疆[3]。定王使王孙满劳楚子。楚子问鼎之大小轻重焉[4]。对曰："在德不在鼎。昔夏之方有德也[5]，远方图物[6]，贡金九牧[7]，铸鼎象物[8]，百物而为之备，使民知神奸。故民入川泽山林，不逢不若[9]。螭魅罔两[10]，莫能逢之，用能协于上下以承天休[11]。桀有昏德，鼎迁于商，载祀六百[12]。商纣暴虐，鼎迁于周。德之休明[13]，虽小，重也。其奸回昏乱，虽大，轻也。天祚明德[14]，有所底止[15]。成王定鼎于郏鄏[16]，卜世三十[17]，卜年七百[18]，天所命也。周德虽衰天命未改，鼎之轻重，未可问也。"

鼎，鼎是古代的祭器。

【注释】

①陆浑之戎：少数民族部落名，在今河南省嵩县及伊川县境。

②洛：即洛水。

③观兵：陈兵示威。周疆：周王室境界内。

④鼎：周人以鼎为王权的象征。楚王问鼎，有取代周王的意图。

⑤方：正当。

⑥图物：描绘各种事物。图，用作动词。

⑦贡金九牧：为九牧贡金的倒装句。贡金，进贡青铜。九牧，九州之长，牧即地方长官。

⑧铸鼎象物：铸造九鼎，并将所画事物铸在鼎上。

⑨不若：不顺，即不利于自己的事物。

⑩罔两：木石的怪物。

⑪用：因。协：和协。天休：上天的福佑。

⑫载祀：即年。古人或称载，或称祀，或称年，或称岁。

⑬休明：美好光明。

⑭祚（zuò）：福。

⑮底（zhǐ）止：固定。

⑯郏（jiá）鄏（rǔ）：周地，即今河南洛阳市。

⑰卜世三十：占卜结果将传三十代。

⑱卜年七百：占卜预测将享国七百年。

【译解】

鲁宣公三年，楚庄王带兵讨伐陆浑部落的戎族，就走到洛水来，在周王室的边境上炫耀军事力量。周定王派大夫王孙满去慰劳楚王。楚王向他打听周王室的宝器九鼎究竟多大多重。王孙满答道：“统治天下的，在乎道德高尚，不在乎有没有九鼎。从前夏朝在道德高尚的禹王时代，远方各地把各种奇异的东西都画成图象，九州君长贡献铜，夏王用这些铜铸成九鼎，把各地所绘的奇物印在鼎上，使人民看到鼎上的各种好坏的物象，教人民知道神物和怪异。所以人民走进大川和山林，不会遇到不顺眼的怪物；山水和木石的鬼怪，人民都不会撞见。因此，能够团结上下，受到上天的保佑。夏朝末年，桀王无道，九鼎被迁移到商朝的首都亳邑来。商朝经历了六百年。商朝的纣王暴虐无道，九鼎又被迁到周朝的首都雒邑来。天子德行崇高时，九鼎虽然小，可搬不动；到了天子奸邪混乱时，九鼎即使很大，也被人家轻轻地搬走了。上天保佑德行好的天子，是有极限的。我们成王在雒邑安顿好九鼎时，曾经向上天占卜，卦象指出要传三十代，享国有七百年。这是上天的意志。现在我们周王室的德望虽然远不如从前，但是上天的意志还没有改变。所以，九鼎的轻重，您还不可以问。”

【赏析】

本文典型地体现了周代“天命”与“德政”结合的天命观，“在德不在鼎”为全篇纲领。

鲁宣公三年（前 607 年），楚庄王在周王直接统治区检阅部队，并向周问鼎的大小轻重，含有取代周王的意图。王孙满则从“德”、“天”二字入手，以“在德不在鼎”一句回答楚庄王，暗示着楚国德行有限，没有资格问鼎。

王孙满的回答妙在避开正面交锋，而用旁敲侧击的方法一语破的。从叙述鼎的传承历史，导出鼎的迁移全在“德”的结论。再以“天命”压倒楚庄王的嚣张气焰收束。

对此，清唐德宜评日：“在德不在鼎”一句，有单刀直入之势，以下遂成破竹。妙在通篇都说德，及入周，却说天命，此固文字变化处，亦词令圆妙处。盖德固足以祚楚。而周德既衰，又不足恃，所以反将德字撇开，归重天命，直使他开口不得。”

齐国佐不辱命　成公二年

《左传》

【原文】

晋师从齐师，入自丘舆[①]，击马陉[②]。齐侯使宾媚人赂以纪甗、玉磬与地[③]。不可，则听客之所为。宾媚人致赂，晋人不可，曰：“必以萧同叔子为质，而使齐之封内尽东其亩[④]。”对曰：’萧同叔子非他，寡君之母也。若以匹敌，则亦晋君之母也。君子布大命于诸侯，而曰：‘必质其母以为信。’其若王命何？且是以不孝令也。《诗》曰：‘孝子不匮[⑤]，永锡尔类。’若以不孝令于诸侯，其无乃非德类也乎[⑥]？先王疆理天下物土之宜[⑦]，而布其利，故《诗》曰：‘我疆我理，南东其亩[⑧]。’今吾子疆理诸侯，而曰‘尽东其亩’而已，唯吾子戎车是利，无顾土宜，其无乃非先王之命也乎？反先王则不义，何以为盟主？其晋实有阙[⑨]。四王之王也[⑩]，树德而济同欲焉[⑪]。五伯之霸也[⑫]，勤而抚之，以役王命[⑬]。今吾子求合诸侯，以逞无疆之欲[⑭]。《诗》曰：‘布政优优，百禄是遒[⑮]’子实不优[⑯]，而弃百禄，诸侯何害焉！不然，寡君之命使臣则有辞矣，曰：‘子以君师’辱于敝邑，不腆敝赋，以犒从者。畏君之震[⑰]，师徒桡败[⑱]，吾子惠徼齐国之福不泯其社稷，使继旧好，唯是先君之敝器、土地不敢爱[⑲]。子又不许。请收合余烬[⑳]，背城借一[㉑]。敝邑之幸，亦云从也。况其不幸，敢不唯命是听。’”

【注释】

①丘舆：齐邑名，在今山东省淄博南。

②马陉：齐国地名在今山东益都西南。

③宾媚人：即国佐。纪甗、玉磬：齐灭纪国时得到的珍宝。甗(yǎn)，礼器；磬，乐器。

④东其亩：使田垄变为东西方向。便于晋军进攻齐国。

⑤孝子不匮二句：见隐公元年传注。

⑥德类：道德法则。

⑦疆理：划分疆界，分其地理。物土之宜：因地制宜。

⑧我疆我理二句出：《诗经·小雅·信南山》。

⑨阙：过失。

⑩四王：指舜、禹、汤、武。王：统一天下。

⑪济同欲：满足共同愿望。

⑫五伯：指齐桓、晋文、宋襄、秦穆、楚庄。霸：霸主。

⑬役王命：为王命服役、效劳。

⑭无疆之欲：无止境的欲望。

⑮布政优优二句：出自《诗经·商颂·长发》。布政，施政。优优，宽舒和缓貌。百禄，各种福禄。遒，聚。

⑯不优：不宽和。

⑰震：威。

⑱桡败：失败。

⑲爱：怜惜。

⑳余烬：比喻残兵败将。

㉑背城借一：借使背城一战。

【译解】

鲁成公二年，晋国军队追赶齐国军队。从丘舆进去，直攻马陉。齐顷公派执政上卿宾媚人把灭纪所得的玉甑、玉磬以及侵略鲁、卫二国时所得到的土地作为礼物送给晋国，说："如果这样还不肯讲和，那就听客人的便，想怎样干就怎样干吧！"

宾媚人送了礼物去，晋国人果然不肯，说："一定要把肖同叔的女儿送到晋国来做人质；同时要使齐国境内的田亩全部改成东西向，道路沟渠也相应地变成东西向，我们才撤军。"

宾媚人答道："肖同叔的女儿不是别人，她是我们齐侯的母亲。如果按照两国国君的地位说，也就是你们晋侯的母亲。您向诸侯宣布晋侯代表周天子讨伐齐国的命令，却说一定要把齐侯的母亲做人质作为交换条件，怎能算是天子的命令呢？这简直是叫人们做不孝的事情！《诗经》上有两句话：'孝子爱父母的心没有穷尽，同时永远影响他的同类'。如果把不孝的事情向诸侯宣布，只怕不是以孝道影响同类吧？先代的圣王划分天下各国的疆界和田里，一定要根据该地区的自然条件，分布它该种植的农作物。所以《诗经》上说：'划分土地垄亩，必须顺着地理条件，有的东西向，有的南北向。'现在您给诸侯划分疆界和田里，却说'你们都要把田亩改为东西向。'您只顾自己的兵车便于长驱直入，不管人家的自然条件，只怕不是先代圣王的意图吧？违背先代圣王是不正确的，怎么能成为诸侯的领袖？看起来晋国实在是有缺点的！"禹、汤、文、武四位先王之所以能够统一天下，是因为他们不但本身树立好榜样，而且完成诸侯共同的愿望。五位霸主之所以能够成为诸侯的领袖，是因为他们努力工作，安定诸侯，从而贯彻执行天子的意志。现在您希望联合诸侯来满足自己无限的欲望。《诗经》上说：'商代汤王施政宽和，所以百福归聚。'您实在不宽和，自己抛弃百福，能够害到诸侯什么呢！您如果硬不答应讲和，那我们齐侯吩咐我的时候，本来还有另外几句话。他说：‘您率领晋侯的军队驾临我国，我国的军事力量很单薄，只不过用来慰问一下您的部下。害怕晋君的威力，我国军队挫败了。您如果愿意行个方便，让我国得到好处，不灭掉我国，使我国能和晋国维护一贯的友好关系，那么，我不敢爱惜祖先的一点破烂东西和土地。您如果还不答应，那就请让我收集残兵。我国就是打胜了，也还要向你们求和的；何况是打败了，还敢不服从你们的命令吗？’”

【赏析】

本篇一开头便交代了谈判形势。齐侯求和的指示“不可，则听客之所为”，定下了和谈基调，作为战胜国的晋所提出的两项媾和条件更是十分苛刻，实际等于拒绝与齐和谈。双方严重对立的形势，给宾媚人完成和谈使命带来极大困难。

宾媚人深知要达到既定不辱使命的和谈目标，其关键必须推翻晋提出的两个条件。应对之言其充分体现了《左传》外交辞令基本特点：以礼为先，不管如何舌剑唇刀，也决不会恼怒失礼。对此，清吴楚材、吴调侯有评：先驳晋人质母、东亩二语，屡称王命以折之，如山压卵，已令气沮。后总结之，又再翻起，将寡君之命从使臣口中婉转发挥，既不唐突，复不肯乞哀，即无鲁、卫之请，晋能悍然不应乎？

楚归晋知罃 成公三年

《左传》

【原文】

晋人归公子谷臣与连尹襄老之尸于楚，以求知罃。于是荀首佐中军矣，故楚人许之。王送知罃，曰："子其怨我乎？"对曰："二国治戎①，臣不才，不胜其任，以为俘馘。执事不以衅鼓，使归即戮，君之惠也。臣实不才，又谁敢怨？"王曰："然则德我乎②？"对曰："二国图其社稷，而求纾其民，各惩其忿以相宥也③，两释累囚以成其好。二国有好，臣不与及，其谁敢德？"王曰："子归，何以报我？"对曰："臣不任受怨，君亦不任受德，无怨无德，不知所报。"王曰："虽然，必告不谷。"对曰："以君之灵，累臣得归骨于晋，寡君之以为戮，死且不朽。若从君之惠而免之，以赐君之外臣首④；首其请于寡君而以戮于宗⑤，亦死且不朽。若不获命，而使嗣宗职⑥，次及于事⑦，而帅偏师以修封疆，虽遇执事，其弗敢违。其竭力致死，无有二心，以尽臣礼，所以报也。"王曰："晋未可与争。"重为之礼而归之。

【注释】

①治戎：交战。

②德：用作动词，感激。

③惩其忿以相宥也戒怒。相宥：互相原谅。

④外臣：当时卿大夫对外国国君自称为外臣。首：荀首，知罃之父。

⑤宗：宗庙。

⑥嗣宗职：继承宗子之职。

⑦次及于事：按次序承担政事。

【译解】

鲁成公三年，晋国的执政者送还楚国的公子谷臣和连尹襄老的尸体给楚国，以此为条件要求换回知罃。这时，知罃的父亲荀首担任中军的副帅，所以，楚国执政者答应了这个要求。

楚共王在给知罃饯行时，问他说："你可能埋怨我吧？"

知罃答道："两国交战，我没有能力，担任不了自己的工作，成了俘虏。您的部下不杀掉我，现在还让我回国去接受应有的处分，这是您的大恩。我实在没有能力，怎敢埋怨谁？"

共王说："那么，你感谢我吗？"知罃答道："楚、晋两国为了安定自己的国家，让老百姓喘口气，各自压制愤怒，互相谅解。双方释放扣压的俘虏，从而形成友好的关系。两

《唐诗画谱》插图

国建立友好关系，本来不是为了我个人，我感谢谁呢？”

共王说：“你回去以后，怎样来报答我？”

知䓨答道：“我不能担当怨恨楚国的名气，您也不能担当对我施德的名气，我们之间，没有怨恨，也没有恩惠，所以，我不知道怎样报答您。”

共王说：“虽则是这样，但是你一定要回答我。”

知䓨答道：“托您的福，我能把自己几根骨头带回到晋国去。回去以后，我们国君如果把我杀了，我就死在九泉也不会忘记您的好处。如果和您一样加恩给我，赦免我，把我交给我爸爸——您在国外的臣子荀首，荀首请示晋君以后，把我杀死在祖庙里，我就是死了也不会忘记您的好处。如果不能得到晋君的批准，还是叫我继承世袭的官职，轮到担任晋国的军职，带领一支军队参加边境的战事，即使碰上了您的将帅，我也不敢躲开，一定全力以赴，直到战死为止，决没有其他的想头。我这样完成一个臣子的职责，就是用来报答您。”共王听了，感叹说：“晋国是还不可以跟她较量的。”于是特别加以款待，然后送他回去。

【赏析】

鲁宣公十二年，晋楚战于䓨，晋军大败，知䓨被俘。十年后，晋楚想重新修好，晋国归还楚公子谷臣及连尹襄老尸首，楚国则释放知䓨。为何推迟到十年后才交换呢？文章开头对其原因已有暗示：“于是荀首佐中军矣，故楚人许之。”韩席筹据此分析说“盖非当初不求，虽求楚亦不许也”。清林云铭则从反面推测：“䓨父若不佐中军，楚必不许。通篇着眼在此。”

可见共王释放知䓨，乃为结交升为晋中军副帅的荀首，以为楚国谋利。基于此，共王与知䓨的对话几乎句句不离图报意思。共王四问，由隐而显渐渐露出本意，知罃回答，不卑不亢，妙言如珠，表现了他对晋国的忠心不二。

对此，清冯李骅、陆浩评曰："看来虽是四层，其实只归重在着末一层。妙在前路层层起，层层结，到不知所报，已是回复尽绝，已无转身处矣。而楚子必故问之，于是放开胡龙（即喉咙），索性说个畅快。而又妙在先作两开以摇曳之，盖一路层层蓄势，直至逼出以报怨为报德，而后乃爽然于晋之未可争也。沉郁顿挫，掷地金声。"

而清李骏岩对知罃的四个妙答更是给予了极高评价："此是辞令中极有机锋文字，凡四番问答。前三番答得极冷、极淡、极浑沦含蓄；后一番答得极热、极浓、极慷慨激昂。读之增长气概，懦夫为之变色，壮夫为之起舞，真绝世奇文。"

吕相绝秦 成公十三年

《左传》

【原文】

夏四月戊午[①]，晋侯使吕相绝秦[②]，曰："昔逮我献公，及穆公相好，戮力同心[③]，申之以盟誓，重之以昏姻。天祸晋国，文公如齐，惠公如秦。无禄[④]，献公即世，穆公不忘旧德，俾我惠公用能奉祀于晋。又不能成大勋，而为韩之师[⑤]。亦悔于厥心，用集我文公[⑥]，是穆之成也。"文公躬擐甲胄，跋履山川，逾越险阻，征东之诸侯，虞、夏、商、周之胤[⑦]，而朝诸秦，则亦既报旧德矣。郑人怒君之疆埸，我文公帅诸侯及秦围郑。秦大夫不询于我寡君[⑧]，擅及郑盟。诸侯疾之，将致命于秦[⑨]。文公恐惧，绥静诸侯，秦师克还无害，则是我有大造于西也[⑩]。无禄，文公即世，穆为不吊[⑪]，蔑死我君[⑫]，寡我襄公[⑬]，迭我殽地[⑭]，奸绝我好[⑮]，代我保城[⑯]，殄灭我费滑[⑰]、散离我兄弟[⑱]，挠乱我同盟，倾覆我国家。我襄公未忘君之旧勋，而惧社稷之陨，是以有殽之师。犹愿赦罪于穆公[⑲]，穆公弗听，而即楚谋我。天诱其衷[⑳]，成王殒命，穆公是以不克逞志于我。穆、襄即世，康、灵即位。康公，我之自出[㉒]，又欲阙翦我公室[㉓]，倾覆我社稷，帅我蝥贼[㉔]，以来荡摇我边疆。我是以有令狐之役。康犹不悛[㉕]，入我河曲，伐我涑川[26]，俘我王官[27]，翦我羁马。我是以有河曲之战。东道之不通，则是康公绝我好也。及君之嗣也，我君景公引领西望曰：‘庶抚我乎！’君亦不惠称盟[28]，利吾有狄难，入我河县[29]，焚我箕、郜[30]，芟夷我农功[31]，虔刘我边陲[32]。我是以有辅氏之聚[33]。君亦悔祸之延[34]，而欲徼福于先君献、穆，使伯车来[35]，命我景公曰：‘吾与女同好弃恶，复修旧德，以追念前勋。’言誓未就，景公即世。我寡君是以有令狐之会。君又不祥[36]，背弃盟誓。白狄及君同州[37]，君之仇雠，而我之昏姻也。君来赐命曰：‘吾与女伐狄。’寡君不敢顾婚姻，畏君之威，而受命于吏。君有二心于狄，曰：‘晋将伐女。’狄应且憎[38]，是用告我。楚人恶君之二三其德也，亦来告我曰：‘秦背令狐之盟，而来求盟于我，昭告昊天上帝、秦三公[39]楚三王曰[40]，‘余虽与晋出入[41]，余唯利是视。不谷恶其无成德[42]，是用宣之，以惩不壹[43]。’“诸侯备闻此言，斯是用痛心疾首，昵就寡人[44]。寡人帅以听命，唯好是求。君若惠顾诸侯，矜哀寡人，而赐之盟，则寡人之愿也。其承宁诸侯以退[45]，岂敢徼乱。君若不施大惠，寡人不佞[46]，其不能以诸侯退矣。敢尽布之执事，俾执事实图利之[47]！”

《东周列国志》版画之“穆公贰平晋乱”图

【注释】

①戊午：五日。

②吕相：即魏锜之子魏相。

③戮力：并力。

④无禄：不幸。

⑤韩之师：指秦晋韩原之战。

⑥集：成全，成就。

⑦胤：后代。

⑧秦大夫：实指秦穆公。此为委婉的说法。

⑨致命：拚命。

⑩有大造于西：有大功于秦国。西，指秦国。

⑪穆为不吊：秦穆公作事不善。

⑫蔑死我君：即蔑视我故去的国君。

⑬寡：弱小。用作动词。

⑭迭：借为轶，侵犯。

⑮奸绝：断绝。

⑯保城：城邑。保通堡，小城。

⑰费滑：即滑国。费为滑国都城。

⑱兄弟；指姬姓兄弟国家。

⑲赦罪：释罪，即和解。

⑳天诱其衷：详见僖公二十八年传注。

㉑康、灵即位：指秦康公、晋灵公做国君。

㉒我之自出：康公母为晋女，是晋之外甥。

㉓阙翦：损害。

㉔蝥贼：害虫。指秦送公子雍回晋国争位。

㉕不悛（quān）：不改。

㉖涑（sù）川：地名，在今山西省永济县东北。

㉗王官：见文公三年传注。

㉘不惠称盟：不愿施恩会盟。

㉙河县：疑为河曲之变文。

㉚箕、郜：二地名。箕，见僖公十三传注。郜，当距箕不远。

㉛农功：庄稼。

㉜虔刘：骚挠杀掠。

㉝辅氏之聚：即辅氏之战，此战役见宣公十五年传。聚，战。

㉞延：蔓延。

㉟伯车：秦桓公之子，名鍼。

㊱不祥：与“不吊”同义。

㊲同州：即同在雍州境。

㊳狄应且憎：狄人接受而又厌恶。应，受。

㊴秦三公：指秦穆公、康公、共公。

㊵楚三王：指楚成王、穆王、庄王。

㊶出入：往来。

㊷无成德：即反复无常。

㊸不壹：指言行不一。

㊹昵就：亲近。

㊺承宁：止息，安宁。

㊻不佞（jìng）：不才，不敏。

㊼图利：权衡利害。

【译解】

鲁成公十三年夏四月五日，晋厉公派吕相去和秦国绝交。吕相对秦桓公传达晋厉公的话，说："从前，在我国献公和贵国穆公时，互相和好，凡事合作，团结一致，多次订立盟约来加固这种友谊，又通过婚姻关系来加深它。上天降灾难到晋国，我国文公逃亡到齐国，惠公逃亡到秦国。不幸，献公逝世了，贵国穆公没有忘记原有的感情，大力相助，使我国惠公因而能回到晋国继承君位。但他不能始终成就援助惠公的大功，而发生了韩原那次战争。很快，他在心里后悔了，因而能送我们文公回国，帮助他巩固政权。这是贵国穆公的功劳。我们文公亲自戴盔披甲，跋山涉水，远征四方，历尽艰难，讨伐东方的诸侯——虞、夏、商、周的后代（陈、杞、宋、鲁诸国），率领他们朝见秦君。可以说，也已经报答了贵国原先的恩惠了。郑国人向贵国的边境挑衅，我们文公率领诸侯和贵国的军队共同包围郑国。贵国大夫不向我们文公征求意见，擅自和郑国订立和约。当时，其他诸侯痛恨贵国，准备和你们拼命。我们文公吓坏了，连忙劝解诸侯，把他们安定下来，秦国军队这才能平安回国，没受损失。这是我国对贵国有重大贡献的事件。不幸，文公又逝世了，贵国穆公不干好事，认为文公逝世了就不尊重他，认为我们襄公刚刚即位，年幼无知，就欺负他，突然侵犯我国的殽地，破坏原有的盟约，攻打我国边境上戒备森严的城邑，灭亡我们的同姓国费滑，离散我们这些兄弟国家，扰乱滑、郑这些盟国，这样干，目的是颠覆、消灭我们晋国。我国襄公并没有忘记贵国过去的恩德，可又担心国家的灭亡，因此发生了殽地这次战事。虽然侥幸胜利了，还是希望能得到贵国穆公的谅解。但是穆公不听，却和楚国勾结，打我国的主意。天有眼，使这一阴谋失败了，楚成王被儿子送掉了老命，因而贵国穆公不能在我国称心快意，为所欲为。

"贵国穆公、我国襄公相继逝世后，贵国康公、我国灵公即位。康公，是我们晋国的外甥，却又想要掘断我们公室，灭亡我们国家，带了那条小爬虫公子雍来动摇我们的边境。我国因此发动了令狐这次战役。

贵国康公吃了败仗，还不悔改，又派兵攻进我国的河曲，侵犯我国的涑川，掳掠我国王官的大量人口，占领我国的羁马，我国因此进行了河曲的战斗。由秦到晋的道路被阻塞，完全是由于贵国康公破坏了我们双方的友好关系。“等到您即位了，我们景公伸长脖子遥望西方的贵国，说：‘现在总该会抚恤我国了吧?’谁知您同样不肯满足我们的愿望而和我国和好，反而利用我们遭到赤狄潞氏制造的困难，攻进我国靠近黄河的县邑，焚烧箕、郜两邑，毁坏我们的庄稼，屠杀我国边区的人民，我国因此在辅氏集结军队进行抵抗。您也后悔不该使战祸延长这么久，希望向两国的先君晋献公、秦穆公祈求幸福，派伯车来吩咐我国景公说：‘我和你共同和好，消除成见，再恢复从前的友好关系，从而继承并发展献公、穆公的功勋。’盟约还没订立，我国景公逝世了，我们现在的国君因此和您进行了令狐的会见，订立盟约。您又不怀好意，背弃盟誓。白狄和贵国同属雍州，是你们的世仇，却是我们的亲戚。您派人来通知我们晋君说：‘我和你一同去打白狄！’我们晋君不敢照顾亲戚关系，尊重您的意见，从您的使者那里接受了命令。不料您对白狄抱了另外一种态度，倒去对他们说：‘晋国人准备侵略你们哩！’白狄口里答应你们，心里实在是憎恶你们，因而把你们的两面三刀情形告诉了我们。楚国人厌恶你们

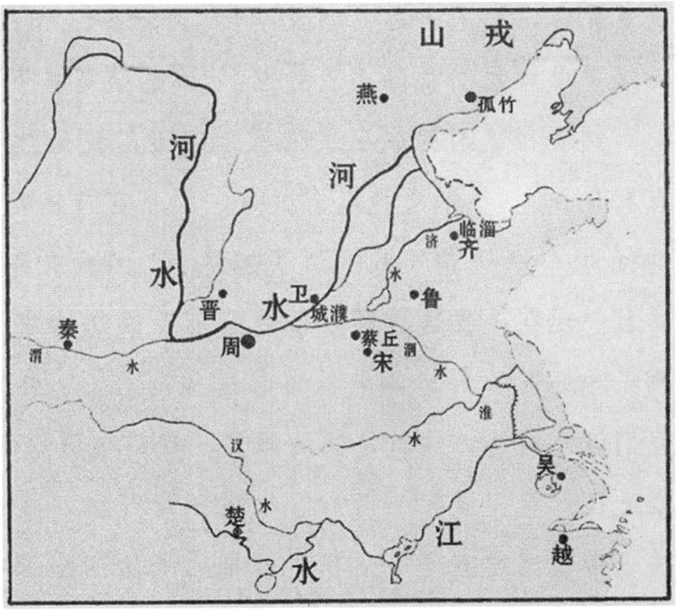

春秋战国长城地图

反复无常，也来告诉我们说：‘秦国背弃她和你们晋国在令狐的盟约，而来要求和我们联盟，盟辞说：「诚恳地祷告天帝以及秦国的穆公、康公、共公和楚国的成王、穆王、庄王：我虽然和晋国往来，但我只看有利与否。」我憎恶她没有诚意，因此宣布她的盟辞，惩罚那种不诚实的行为。’天下诸侯都听到了这番话，因而恨透了秦国，特别亲近我这晋君。现在，我这晋君率领他们来听候您的命令，只不过是要求和您真正和好罢了。您如果看得起这些国君，可怜我，赏我一个面子，和我们订立盟约，这就是我的愿望。我将按照您的意思，劝告诸侯撤军，难道还敢希望混战一场？您如果不肯开恩，我这人懦弱无能，可就没法子带领诸侯撤退了。我胆敢把内心的话全部向您的部下报告，让他们充分地考虑好利害关系，按照有利的方面去做。”

【赏析】

秦晋自殽之战以后，一直不和，双方成见愈来愈深。晋为与楚争霸曾几次力图与秦修好，但晋始终未达目的。

鲁成公十三年，晋厉公原定与秦桓公于令狐盟会。晋君先至，秦君临时改变了主意，违反盟约，后又召狄和楚，计划引导他们伐晋，晋改变主意，决定给秦以教训，遂统率诸侯军队进攻秦国，并派吕相为使，与秦绝交，宣布秦的罪状。这是一篇启战国时代策士之风的外交辞令。在历数秦国罪过时，有许多片面夸大甚至矫枉之辞，但文采飞扬，锋芒毕露，使人不容置辨。这篇绝交辞令采用编年史方式，按照秦晋两国君主更替分为三个时期叙述，秦穆公、晋献公、晋惠公、晋文公为第一时期，期间从秦晋盟誓，结为婚姻之好，至秦穆公产晋惠，两国关系进一步发展，但随之发生韩殽之战，关系在此恶化，至秦穆援立晋文，又趋于缓和，此期间两方关系以和为主旋律。秦康公、晋灵公是第二时期，殽之战后，双方关系恶化，后又爆发令狐、河曲两次战役，秦晋关系更加恶化，而责任全在秦康公。秦桓公与晋景公是第三个时期，晋待与秦改善关系，而秦却毫无诚意。晋灵公即位后，与秦约定在令狐会盟，桓公又失信背约。吕相所述两国之间发生的事，无不真假掺杂，甚至强词夺理，任意歪曲历史事实，把好事全记在晋的名下，一切过失罪责全加给秦。极力斥秦反覆无常、背信弃义，而晋则是负屈退让、顾全大局。正如清韩菼所说："述己之功，过为崇护；数秦之罪，曲加诋诬。"该辞令结构纵横开阔，语言犀利，故文中虽多矫枉之言，但仍被众多文人推崇传诵。正如清李骏岩所评："绝秦自作一首妙文读，绝秦以末段为主，但单责秦桓殊苦，寂寥远远，从穆、康公说来，便有波澜。若只说他不是，亦难醒豁，着着将自己好处相形，便有衬托。通篇大旨只是称己之是而饰其过，责人之非而没其善。称己则用重笔，而文过则用轻笔；没善则用轻笔，而责非则用重笔，段落甚多，总善于用开合顿挫、伸缩断续之笔，故虽繁而令人咀嚼不厌也。所以为绝妙好辞。三截文字千余言，而自己全不露半个"绝"字，却字字是"绝"。虽数罪多诬，而词令极妙。"

驹支不屈于晋 襄公十四年

《左传》

【原文】

会于向①，将执戎子驹支②。范宣子亲数诸朝③，曰：“来！姜戎氏，昔秦人迫逐乃祖吾离于瓜州④，乃祖吾离被苫盖⑤，蒙荆棘⑥，以来归我先君。我先君惠公有不腆之田，与女剖分而食之。今诸侯之事我寡君不如昔者，盖言语漏泄，则职女之由⑦。诘朝之事，尔无与焉⑧！与将执女！”对曰：“昔秦人负恃其众，贪于土地，逐我诸戎。惠公蠲其大德⑨，谓我诸戎是四岳之裔胄也⑩，毋是翦弃⑪。赐我南鄙之田，狐狸所居，豺狼所嗥。我诸戎除剪其荆棘，驱其狐狸豺狼，

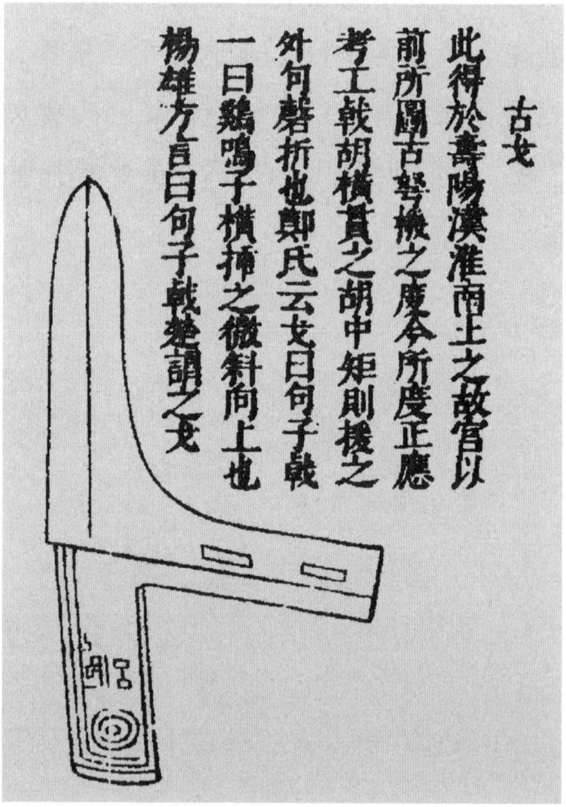

古戈图。戈是古代的一种兵器。

以为先君不侵不叛之臣，至于今不贰。昔文公与秦伐郑，秦人窃与郑盟而舍戍焉，于是乎有殽之师。晋御其上，戎亢其下，秦师不复[12]，我诸戎实然。譬如捕鹿，晋人角之[13]，诸戎掎之[14]，与晋踣之[15]，戎何以不免？自是以来，晋之百役[16]，与我诸戎相继于时[17]，以从执政，犹殽志也。岂敢离逿[18]？今官之师旅[19]，无乃实有所阙，以携诸侯[20]，而罪我诸戎！我诸戎饮食衣服，不与华同，贽币不通[21]，言语不达，何恶之能为？不与于会，亦无瞢焉[22]！”赋《青蝇》而退[23]。宣子辞焉，便即事于会，成恺悌也[24]。

【注释】

①会于向：鲁襄公十四年，各国的代表在吴国的向地会盟。

②驹支：戎子名。

③指：指责。

④乃祖：你的祖父。瓜州：即今甘肃敦煌。一说在今秦岭高峰的南北两坡。

⑤被苫盖：披着草编的遮身物，如今之蓑衣。

⑥蒙：冒。

⑦职女之由：当是由于你。

⑧与：参加。

⑨蠲（juān）：显明。

⑩四岳之裔胄：四岳的后代。四岳，尧时方伯，姜姓。

⑪毋是翦弃：倒装句，即毋翦弃是。翦弃，除去。

⑫不复：回不去。意为覆没。

⑬角之：抓住角。

⑭掎（jǐ）之：拉住后腿。

⑮踣（bó）之：使之仆倒。

⑯百役：泛指所有战役。

⑰相继于时：未尝间断。

⑱离逷：远离。

⑲官之师旅：外交辞令，即晋执政。

⑳携诸侯：使诸侯携贰。

㉑贽币不通：财货不相往来。

㉒瞢（méng）：闷，愧，忧。

㉓《青蝇》：《诗经·小雅》篇名。

㉔成恺悌：不信谗言。《青蝇》诗意如此。

【译解】

晋国的代表范宣子和鲁、齐、宋、卫、郑、曹、莒、邾、滕、薛、杞、小邾等国的代表在吴国的向地会盟，准备抓起姜戎氏的国君名叫驹支的。会前，范宣子在会议厅当驹支的面指责他的错误，说：“过来，姜戎氏！从前秦国人在瓜州威逼而且驱逐你的祖先吾离，你的祖先吾离披着草荐，钻着荆棘，来投靠我国先君惠公。我国先君惠公只有不多的土地，却和你对半分土里的出产来生活。现在，诸侯服事我们国君比不上过去，原因就是我国的机密被泄露了，而这主要就由于你。明天早上会盟的事，你不要参加了；如果参加，我就要抓起你来！”

驹支答道：“从前，秦国的执政者倚仗他的人多，想霸占土地，便驱逐我们这些戎族。贵国惠公显示了存亡继绝的大德，说我们这些戎族是四岳的后代，不应该削弱甚至消灭我们。于是赏给我们南方边境上的田，那本来是狐狸居住、豺狼咆哮的地方。我们这些戎族剪除它的荆棘，赶掉那些狐狸豺狼，做贵国先君最忠诚的臣子，从没内侵过，也没叛变过，直到现在没有两条心。从前贵国文公和秦国一道去讨伐郑国，秦国人暗地里和郑国订立盟约，还留下部队帮她防守。于是乎发生殽战事。当时，你们的军队打它的前面，我们打它的后面，秦国军队匹马只轮没回去，也由于我们出了力才使得它这样。就像抓一头鹿，你们从前面抓它的角，我们从后面扭它的脚，咱们一起把它打倒在地下。我们对贵国有功，为什么还不能免罪？从此以后，贵国一切艰险的战役，都是和我们合作来完成，一次又一次，我们总是紧跟着你们的执政，始终保持殽战中的态度，难道还敢和你们闹分裂？现在，贵国政府的将帅，只怕是本身确实有缺点，以致诸侯三心两意，你们却怪罪到我们这些戎族头上来了。我们戎族喝的吃的穿的戴的，都跟你们汉人不一样，汉族那些送见面礼、送玉马皮帛的礼，我们不清楚，说话也不懂，怎么能够做坏事来伤害贵国？您说不要我们参加会盟，我们是问心无愧的。”于是他朗诵了《青蝇》这篇诗后就退出去。

战国平周尖足布

范宣子对他表示道歉，请他以国君身份参加会盟。这样也就表现自己是“恺悌君子”。

【赏析】

本文写戎子驹支怎样以理折服范宣子。晋国大臣范宣子仗着晋国的强大，仗着晋国先人有恩于姜戎，对戎子驹支气势汹汹，把晋霸主地位的削弱归罪于驹支，不许驹支参加盟约活动，语气盛气凌人，不容申辩，“宣子责驹支之言，怒气相陵，骤不可犯。”（见吴楚材、吴调侯《古文观止》卷二）然戎子驹支毫不示弱，据理力争，逐层辩驳。首先说晋所赏赐的土地是荒芜不毛之地，不足以称大恩大德。其次说姜戎帮助晋国在殽地全歼秦军，可以说已经报恩了，之后更是鞍前马后，毫无二心。最后暗示晋国之所以众叛亲离，乃是你们自己一手造成的，与姜戎无关。全部辩辞语气委婉而正气凛然，使范宣子不得不服。正如清吴楚材、吴调侯言：“驹支逐句辩驳，辞婉理直，宣子一团兴致，为之索然。真辞令能品。”而清冯李骅、陆浩也给予较高评价：“此又一首绝妙辞令文字也。宣子亲数只是两层，先说晋恩，次说戎罪。驹支前后语语对针，中间重写一段有功无过处，字字精神。似此辞令，何地无才。”

祁奚请免叔向　襄公二十一年

《左传》

【原文】

栾盈出奔楚。宣子杀羊舌虎[①]，囚叔向。人谓叔向曰：“子离于罪[②]，其为不知乎[③]？”叔向曰：“与其死亡若何[④]？《诗》曰[⑤]：‘优哉游哉，聊以卒岁。’知也。”

《东周列国志》版画之“老祁奚力救羊舌”图。

乐王鲋见叔向曰[⑥]：“吾为子请！”叔向弗应。出，不拜。其人皆咎叔向[⑦]。叔向曰：“必祁大夫[⑧]。”室老闻之，曰：“乐王鲋言于君，无不行，求赦吾子，吾子不许。祁大夫所不能也，而曰‘必由之’，何也？”叔向曰：“乐王鲋，从君者也[⑨]，何能行？祁大夫外举不弃仇，内举不失亲，其独遗我乎？《诗》曰：‘有觉德行，四国顺之[⑩]。’夫子，觉者也。”

晋侯问叔向之罪于乐王鲋，对曰：“不弃其亲[⑪]，其有焉。”于是祁奚老矣，闻之，乘驲而见宣子[⑫]，曰：“《诗》曰：‘惠我无疆，子孙保之[⑬]。’《书》曰：‘圣有谟勋，明征定保[⑭]。’夫谋而鲜过，惠训不倦者，叔向有焉，社稷之固也。犹将十世宥之[⑮]，以劝能者[⑯]。今壹不免其身[⑰]，以弃社稷，不亦惑乎？鲧殛而禹兴。伊尹放大甲而相之[⑱]，卒无怨色。管、蔡为戮[⑲]，周公右王，若之何其以虎也弃社稷[⑳]？子为善，谁敢不勉？多杀何为？”宣子说，与之乘[㉑]，以言诸公而免之。不见叔向而归。叔向亦不告免焉而朝。

【注释】

①羊舌虎：晋大夫，栾盈之党。

②离：同“罹”，遭遇。

③知：同“智”。

④死亡：死、逃亡。

⑤《诗》曰：下二句为逸诗。

⑥乐王鲋（fù）：晋大夫，又称乐桓子。

⑦其人：叔向的下属。

⑧祁大夫：祁奚。

⑨从君者也：是顺从国君的人。

⑩有觉德行两句：出自《诗经·大雅·抑》篇。有觉，正直之貌。顺，归顺。

⑪亲：指羊舌虎，叔向之弟。

⑫驲（yì）：传车。

⑬惠我无疆，子孙保之：二句见《诗经·周颂·烈文》篇。惠我，施恩惠于我。

⑭圣有谟勋，明征定保：二句为逸书文。意为圣哲的人有谋略，有训诲，当相信保护。谟，谋略。勋，借为训。

⑮宥：宽恕。

⑯劝：勉励。

⑰壹：一经。

⑱伊尹：商汤之相。大甲：即太甲，商汤之孙。

⑲管、蔡：即管叔、蔡叔，二人与周公并为兄弟，因助殷叛乱，被周公所杀。

⑳虎：即羊舌虎。弃社稷：死，即被杀。

㉑与之乘：与之同乘一车。

【译解】

鲁襄公二十一年，晋国的大夫栾盈受到另一个贵族范宣子的迫害，离开晋国，逃亡到楚国去。范宣子杀掉栾盈的党羽羊舌虎，同时囚禁羊舌虎的异母哥哥叔向。

有人对叔向说：“你都受罪，大概是不聪明吧？早依附了范家就好了。”

叔向说：“和那些依附栾家而被杀死的人相比，我怎么样？《诗》上说：‘轻松愉快啊，就这么过完一辈子！’这才是聪明。”

乐王鲋特地来看叔向，说：“我帮你向国君请求赦免。”

叔向没有做声；乐王鲋走的时候，他也不拜谢。

叔向的随从人员都责怪他。

叔向说：“如果可以请求赦免，一定要祁大夫才办得到。”

叔向的总管家听到这话，便说：“乐王鲋对国君说话，没有不照办的，他主动提出要帮您请求赦免，您不答应；祁大夫已经退休，他的话是不能打动国君的，您却说一定要靠他，这是怎么一回事?”

叔向说：“乐王鲋是一味顺着国君的，他怎么能做到？祁大夫在推荐人才时，对外人，他不会丢下自己的仇人不推荐，只要那人真正德才兼备；对亲人，他也不会因为那是自己的亲属就避免嫌疑。像这样公正的人，还会丢下我不来解救吗?《诗》上说：‘一个人有正直的德行，天下人都会服从他。’祁老先生，他是个正直的人。”

晋平公向乐王鲋了解叔向的罪过。乐王鲋答道：“叔向一贯对亲属有深厚的感情，大概是会和他弟弟同谋。”

这时，祁奚已经退休了，听到叔向被囚禁，忙坐上快马车去找范宣子，说：“《诗》上说：‘文王、武王施给老百姓的恩惠太深广，周王室的子孙就依赖它得到老百姓的拥护。’《书》上说：‘圣人有谋略和功勋，应该公开证明，加以保护。’出谋划策很少错误，正是‘圣有谟勋’，不断地加恩给老百姓，正是‘惠我无疆’。叔向正具有这两种优点。这种人，国家就靠他来巩固。即使他第十代子孙犯了罪，都还要看在他的面上加以赦免，用这办法来勉励德才兼备的人。现在却因为他弟弟的事，使他自己也保不住，这是我们自己抛弃国家所依赖的人才，不是太糊涂了吗？从前，鲧被杀死了，可是禹被任命去治水，终于成功，尧和舜并不因为鲧这父亲有罪就不用禹这儿子。伊尹流放太甲，三年后，太甲悔改了，伊尹又接他回来做天子，仍然辅佐他。太甲也始终没有丝毫不满。管叔、蔡叔有罪被杀，周公和他们是亲兄弟，却仍然被成王留下来辅佐自己。怎么能因为羊舌虎有罪就抛弃叔向这种国家需要的人才呢？您推行良好的政治，谁敢不努力干，多杀人干什么?”

范宣子听了很高兴，和他同坐一辆车子去见晋平公，向平公说明道理，赦免了叔向。祁奚不去看望叔向，就回去了。叔向也不找祁奚道谢，就直接去朝见平公。

【赏析】

本文通过记述叔向被囚禁和营救的经过，充分展现了叔向和祁奚正直、无私、光明磊落的高尚品格。

叔向因连累而遭囚禁。乐王鲋是晋侯亲信，救叔向只是开口之劳，他先是主动要求为叔向求情，其目的无非是想从叔向处取得一些私人好处，然而叔向断然拒绝了他，便在晋侯面前落井下石，欲置叔向于死地，其小人行径昭然若揭。与之相反，祁奚纯粹出于为社稷着想的责任感，不辞辛劳去见执政者范宣子，对范宣子晓之以义终于使叔向获释，事成后又不肯去见叔向，比较之下，更显祁奚的君子襟怀。而叔向也能明辨善恶，对乐王鲋不予理睬，对祁奚也是不告不谢，但却能与祁奚心息相通，令人叫绝。

清材云铭对此有评：“羊舌虎以栾氏死，而叔囚以待罪，此生死关头也，有乐王鲋代请而不听，人咸知其拒小人而俟君子，而不知其所以拒小人之意，盖小人一饭之私，亦必责报。乐王鲋好货者也，既知叔向之不当坐，便应言之于公，乃私来见而许其代请，意欲何为？……纵令鲋不取货，以此为树恩之地，将来亦不免失身阿附。何者，扶危之德不可背也。止是受恩在先，无可奈何处。左氏言祁奚不见叔向而归，叔向亦不告免而朝。施受之间，彼此相忘如此，而谓乐王鲋其肯乎？读此篇知古人之见，非后人所能识也。古人之事，亦非后人所能学也。”

子产告范宣子轻币　襄公二十四年

《左传》

子产像。子产是春秋时期郑国政治家，图出自清·顾沅辑《古圣贤像传略》。

【原文】

范宣子为政，诸侯之币重。郑人病之。二月，郑伯如晋。子产寓书于子西以告宣子[1]，曰：

“子为晋国[2]，四邻诸侯，不闻令德，而闻重币，侨也惑之[3]。侨闻君子长国家者[4]，非无贿之患[5]，而无令名之难[6]。夫诸侯之贿聚于公室，则诸侯贰[7]。若吾子赖之[8]，则晋国贰。诸侯贰，则晋国坏[9]。晋国贰，则子之家坏。何没没也[10]！将焉用贿？夫令名，德之舆也。德，国家之基也。在基无坏，无亦是务乎[11]！有德则乐，乐则能久。《诗》云[12]：‘乐只君子，邦家之基。’有令德也夫！‘上帝临女，无贰尔心’[13]。有令名也夫！恕思以明德[14]，则令名载而行之，是以远至迩安。毋宁使人谓子[15]：‘子实生我，而谓子浚我以生乎[16]？’象有齿以焚其身[17]，贿也。”宣子说，乃轻币。

【注释】

①寓书：寄书。

②为：治。

③侨：公孙侨，即子产。

④长国家：领导国和家。

⑤非无贿之患：即不患无贿。

⑥无令名之难：患没有令名。难，患。

⑦贰：不一致，分裂。

⑧赖：利。

⑨坏：祸害。

⑩没没：即昧昧，不明白，糊涂。

⑪无亦是务：即不亦是务。务，致力，努力。

⑫《诗》云：以下二句见《诗经·小雅·南山有台》。

⑬上帝临女，无贰尔心：句出《诗经·大雅·大明》篇。临女，监监着你。

⑭恕思以明德：用宽恕来显明德行。

⑮毋宁：即无宁，宁可。毋、无均为语首助词。无义。

⑯浚（jùn）我以生：靠剥削我而生存。浚，剥削，榨取。

⑰焚：即偾，仆倒。

【译解】

鲁襄公二十四年，晋国的范宣子主持国政，诸侯会聘的礼物增多了，郑国贵族对这种负担很不满。二月，郑简公到晋国去，郑国大夫子产通过陪伴简公去晋国的子西，寄一封信劝告范宣子。信上说：

“您治理晋国，四方八面的诸侯，没听到您的革新措施，却听到增多礼物，我对这事闹不明白。我听说主持国政的君子，不是担心没有钱财，而是担心没有好名声。诸侯送来的钱财，如果积聚在晋国公室，那么，诸侯就会和晋国离心离德。如果是您占用了这些钱财，那么，晋国人就会对您离心离德。诸侯离心离德，晋国就保不住了。晋国人离心离德，您的家也就保不住了。为什么要这样一味追求钱财，这么多钱财用到哪里去呀？好名声，是道德的车子。道德，是国家的基础。有了牢固的基础，国家才不会崩溃。您还是首先注意这一点吧！自己有道德，就喜欢团结人；喜欢团结人，人家拥护你，你就能永远掌握政权了。《诗》上说：‘欢喜团结人，君子呀，您是国家的基石。’这是有好道德的啊！‘上帝在观察着，武王呀，您可别三心两意。’这是有好名声的啊！存心忠厚，对人能谅解，就会显示出崇高的道德，这么一来，好名声就装载着您这种崇高道德到处流传，所以，远方的人来归附您，附近的人也安定。我宁愿让人们说您：‘您实在能生养我们人民。’难道能让他们说‘您是掠夺我们的财物养肥自己的’？象有牙齿以致身体倒毙，就是因为它的牙齿值钱呀！”

宣子听了，很高兴，于是减轻了诸侯礼物的分量。

【赏析】

春秋时代，弱肉强食，中小诸侯国要向霸主定期缴纳财帛，负担十分沉重，郑国就是一个这样的不幸国。此时郑晋两国关系处于良好状态，故子产写信给范宣子，目的是为了减轻一些贡赋负担。这封信开门见山，首先指出宣子执政以来“不闻令德，而闻币重”；对照“君子”治国忧虑“无令名”，而不忧“无贿”，指出了范宣子“重币”的失误；接着便分析“重币”之害：一是诸侯离心，危胁晋霸主地位。二是晋人离心，毁坏统治根基，宣子自己的家业也难保，“重币”聚财有何用！再指出：有德则有“令名”，则能巩固统治，显扬美德。两者鲜明对比之下，突出了“重币”的危害，使范宣子心悦诚服的接受了子产“轻币”的建议，减轻了弱小诸侯国的贡赋负担。

晏子不死君难 襄公二十五年

《左传》

【原文】

崔武子见棠姜而美之，遂取之。庄公通焉，崔子弑之。

晏子立于崔氏之门外，其人曰："死乎？"曰："独吾君也乎哉？吾死也。"曰："行乎？"曰："吾罪也乎哉？吾亡也。"曰："归乎？"曰："君死，安归？君民者[①]，岂以陵民？社稷是主。臣君者[②]，岂为其口实[③]？社稷是养[④]。故君为社稷死，则死之；为社稷亡，则亡之。若为己死而为己亡，非其私昵[⑤]，谁敢任之[⑥]？且人有君而弑之[⑦]，吾焉得死之，而焉得亡之？将庸何归[⑧]？"门启而入，枕尸股而哭，兴[⑨]，三踊而出[⑩]。人谓崔子："必杀之！"崔子曰："民之望也！舍之得民。"

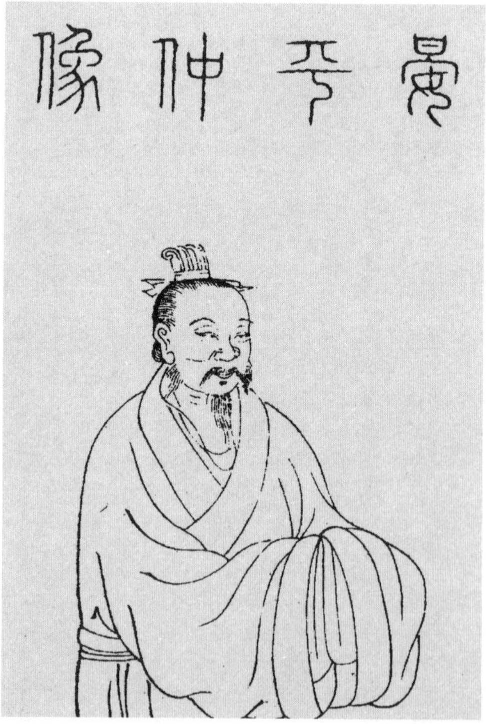

晏子像，图出自清·顾沅辑《古圣贤像传略》。

【注释】

①君民：作为民众的国君。

②臣君：作为国君的臣子。

③口实：指俸禄。

④养：保。

⑤私昵（nì）：个人所宠爱。

⑥任：承担。

⑦人有君：别人有君。别人，指崔杼。有君，立君。

⑧庸何：同义词连用。怎么？

⑨兴：站起。

⑩三踊：顿跳三次。

【译解】

事情发生在鲁襄公二十五年。齐国的大夫崔武子看见另一个大夫棠公（刚刚死去）的妻子棠姜，觉得她很美，就娶她做妻子。齐庄公和她发生不正当的男女关系。崔武子因而杀死了庄公。

听到庄公死在崔家的消息，晏子赶忙坐车跑到那里，门还没开，他就站在崔家的门外。

晏子的侍从问："您打算跟着国君一道死吗？"

晏子说："是我一个人的君主吗？我为什么要死？"

侍从说："那么，逃亡吗？"

晏子说："是我的罪过吗？我为什么要逃亡？"

侍从说："那就回家去吧？"

晏子说："国君死了，我回到哪里去！统治人民的君主，难道是要他白白地挂个名义？是要他主持国家的大政啊！我们这班做官的，难道只为了混碗饭吃？是要我们管理好国家啊！所以，国君为了国事牺牲，做臣子的就该跟他一道牺牲；他为了国事逃亡，做臣子的就该跟他逃亡。如果他是为了自己的私事而死亡、而外逃，不是他的亲信，专门引他干坏事的家伙，谁会去当这个灾？再说，姓崔的他有君主却要杀掉，我又不是正卿，只是一个普通的大夫，怎能为君主而死，又怎能为他而逃亡？但是，君主没有了，我又能回到哪里去？”

崔家的门开了，晏子进去，把庄公的尸体横放在自己的大腿上痛哭起来。哭了一顿，站起来，又十分哀痛地连连顿脚，然后出去。

崔武子的心腹对崔武子说：“一定要杀掉他！”

崔武子说：“他是人民所信赖的，不杀他，可以得到人民的拥护。”

【赏析】

齐庄公因为荒淫无耻而被崔杼杀死，作为大臣的晏婴既不愿为他殉死，也不愿为此出逃。因为他认为君臣均应以国家社稷为重，君主不是为国家社稷而死，自己也不必为君主而死，为君主而逃。同时他又不忘君臣之礼，冒着被杀死的危险进崔家哭吊一番，然后才伤心地离开。而崔杼因晏婴乃齐民望所在，也不敢杀他，这更衬托了晏婴的深得民心。

晏子的观点反映了春秋时代一种带民主色彩的思想，带有很大的进步性，同时他“以社稷为重”的观点也被传诵千古，清余诚有评曰：“认真社稷为重，则君臣死生之际辨析得自然精细，而以萧洒摆脱之笔出之。此在晏子为超越千古之识，在左氏为超越千古之文，然非此超越千古之文，何足以传超越千古之识。”

季札观周乐　襄公二十九年

《左传》

【原文】

吴公子札来聘[①]，请观于周乐[②]。使工为之歌《周南》、《召南》[③]，曰："美哉！始基之矣[④]，犹未也。然勤而不怨矣[⑤]。"为之歌《邶》、《鄘》《卫》[⑥]，曰："美哉，渊乎[⑦]！忧而不困者也[⑧]。吾闻卫康叔、武公之德如是[⑨]，是其《卫风》乎？"为之歌《王》，曰："美哉！思而不惧[⑩]，其周之东乎[⑪]？"为之歌《郑》，曰："美哉！其细已甚[⑫]，民弗堪也，是其先亡乎！"为之歌《齐》，曰："美哉，泱泱乎[⑬]，大风也哉[⑭]！表东海者[⑮]，其大公乎！国未可量也。"为之歌《豳》，曰："美哉，荡乎[⑯]！乐而不淫，其周公之东乎[⑰]？"为之歌《秦》，曰："此之谓夏声[⑱]。夫能夏则大，

周武王像，图出自明·天然撰《历代人物像赞》。

大之至也，其周之旧乎[19]？”为之歌《魏》，曰：“美哉，沨沨乎[20]！大而婉[21]，险而易行，以德辅此，则明主也。”为之歌《唐》，曰：“思深哉！其有陶唐氏之遗民乎？不然，何忧之远也。非令德之后，谁能若是？”为之歌《陈》，曰：“国无主，其能久乎？”自《郐》以下无讥焉[22]。为之歌《小雅》，曰：“美哉！思而不贰[23]，怨而不言[24]，其周德之衰乎？犹有先王之遗民焉。”为之歌《大雅》，曰：“广哉，熙熙乎[25]！曲而有直体[26]，其文王之德乎？”为之歌《颂》，曰：“至矣哉！直而不倨[27]，曲而不屈[28]，迩而不逼[29]，远而不携[30]，迁而不淫[31]，复而不厌[32]，哀而不愁，乐而不荒[33]，用而不匮，广而不宣[34]，施而不费[35]，取而不贪，处而不底[36]，行而不流[37]，五声和[38]，八风平[39]，节有度[40]，守有序[41]，盛德之所同也[42]。”

见舞《象箾》《南籥》者[43]，曰：“美哉！犹有憾。”见舞《大武》者[44]，曰：“美哉！周之盛也，其若此乎？”见舞《韶濩》者[45]，曰：“圣人之弘也，而犹有惭德[46]，圣人之难也。”见舞《大夏》者[47]，曰：“美哉！勤而不德[48]，非禹其谁能修之？”见舞《韶箾》者[49]，曰：“德至矣哉！大矣，如天之无不帱也[50]，如地之无不载也，虽甚盛德[51]，其蔑以加于此矣[52]。观止矣！若有他乐，吾不敢请已！”

【注释】

①公子札：又名季札，吴王寿梦第四子。

②观：观赏。

③《周南》、《召南》：《诗经》十五国风开始的诗歌。以下所歌诗篇均见《诗经》，不再一一注明。

④始基之：开始为王业奠定基础。

⑤勤而不怨：百姓勤劳而不怨恨。

⑥《邶》、《鄘》、《卫》：本为三国名，因叛周后为周公平定，并

入卫。

⑦渊：深。

⑧忧而不困：忧伤而不困窘。

⑨康叔、武公：康叔，周公弟。武公，康叔九世孙。

⑩思而不惧：忧思而不恐惧。

⑪周之东：指周东适以后的乐诗。

⑫细：琐碎。郑风多言男女间琐细之事。

⑬泱泱：宏大。

⑭大风：大国的音乐。

⑮表东海：为东方各国的表率。豳（bīn）“十五国风”之一，诗七首为陕西中部的诗歌。

⑯荡：荡然平易。

⑰周公之东：指周公东征。

⑱夏声：西方的乐声。古指西方为夏。

⑲周之旧：秦国为西周旧地。

⑳沨沨（fēng）：浮泛。

㉑大而婉：粗犷而婉转。

㉒郐：相传为祝融氏之后，在今郑州市南，为郑武公所灭。自郐以下，尚有曹风。讥：批评，评论。

㉓思而不贰：思文、武之德，无叛逆之心。

㉔怨而不言：有怨恨而不表达出来。

㉕熙熙：和乐。

㉖曲而有直体：抑扬曲折而本体刚正。

㉗直而不倨：正直而不倨傲。

㉘曲而不屈：婉曲而不屈折。

㉙迩而不逼：亲近而不侵迫。

㉚远而不携：疏远而不离心。

㉛迁而不淫：迁移而不淫乱。

㉜复而不厌：反复而不厌倦。

㉝乐而不荒：欢乐而不荒淫。

㉞广而不宣：宽广而不显露。

㉟施而不费：施舍而不耗费。

㊱处而不底：安处而不停滞。

㊲行而不流：行动而不流荡。

㊳五声和：宫、商、角、徵、羽五声和谐。

㊴八风平：八方之气协调。

㊵节有度：节拍有法度。

㊶守有序：音阶有规律。

㊷盛德：指盛德之人即文、武、成诸王。

㊸《象箾（shuò）》、《南箾》：象箾，奏箫而为角舞。箾，同“箫”。南籥（yuè）：奏南东以配籥舞。籥，乐器，似笛。

㊹《大武》：周武王乐舞。

㊺《韶濩（huò）》：成汤的乐舞。

㊻惭德：惭愧之德。季札或以商汤伐纣为犯上。

㊼《大夏》：夏禹的乐舞。

㊽勤而不德：勤劳而不自以为有德。

㊾《韶箾》：虞舜的乐舞。

㊿帱（dào）：覆盖。

51虽：同“唯”。

52蔑：无。

【译解】

鲁襄公二十九年，吴国公子季札来鲁国访问，要求欣赏鲁国乐工演奏的周乐。鲁国的执政者吩咐乐工给他演唱《周南》《召南》的歌谣。季札说："好听呀！周族建国的基础已经奠定了，尽管还不尽善尽美；但是人民虽然辛苦，却没有怨恨的感情。"

吴国公子季札像

给他演唱《邶》《鄘》《卫》三国的歌谣。季札说："好听呀，歌声深远啊，情调忧伤，却不至于困顿。我听说卫康叔、卫武公这两位贤君的德行就是这样感人，这大概是卫国的歌谣吧？"

给他演唱《王风》的歌谣。季札说："好听呀，表现出一种忧虑的心情，可并不恐惧，大概是周王室东迁洛阳以后的歌谣吧？"

给他演唱《郑风》的歌谣。季札说："好听呀！但是，太烦碎了，人民受不了。这个国家怕要最先灭亡吧！"

给他演唱《齐风》的歌谣。季札说："好听呀！洪亮啊，好洪亮的音响啊！成为东方诸侯表率的，是姜太公吧？他的国家大有希望啊！"

给他演唱《豳风》的歌谣。季札说："好听呀！坦荡平易得很。欢乐而不放荡，大概是周公的世子分封在鲁国时的歌谣吧？"

给他演唱《秦风》的歌谣。季札说："这是西周的声调。声调能够雅正，就显得雄伟。雄伟得很，大概是秦国，她是处在西周旧地域的。"

给他演唱《魏风》。季札说："好听呀！声调浮泛，雄伟而又婉曲，有节制，容易做到。如果君主有德，再加上这个有利条件，就是一位贤君啦。"

给他演唱《唐风》的歌谣。季札说："思想深刻呀！大概反映了唐尧时代的旧风俗，要不然，为什么忧虑得这么深远呢？不是圣君的后代，谁能达到这个水平？"

给他演唱《陈风》的歌谣。季札说："全是靡靡之音，说明国家没有一个好的君主，这样的国家还能长久存在吗？"

从《郐风》以下他再也不加以评论。

给他演唱《小雅》，季札说："好听呀！想念文王和武王的恩惠，却没有反叛纣王的心思；怨恨纣王的暴政，却能够忍住不说，这大概是周的影响还不大的时候，还有殷代先王的遗爱，人民还没有忘记。"

给他演唱《大雅》。季札说："伟大呀，声音多么和乐。婉顺而有正直的内容，大概是歌颂文王盛德的。"

给他演唱《颂》。季札说："尽善尽美啦！爽直而不倨傲，婉顺而不屈挠，亲近而不逼促，疏远而不离异，变异而不淫乱，反复而不厌倦，困苦而不忧愁，欢乐而不荒淫，消耗而不穷乏，广大而不夸张，施舍而不损失，征收而有节制，安处而不凝滞，行动而不放荡。五声和谐，八方的风气和平，八音协调，不会互相干扰。文王、武王、周公同有这种盛德。"

季札看见手上拿箾表演武舞的，手上拿籥表演文舞的，就说："跳得好呀，可还不完善。"

看见表演武王的乐舞的，他说："跳得好呀，周王室开始兴盛，就是这样吗？"

看见表演成汤的乐舞的，他说："圣人的道德宽宏啊！但还认为自己第一个通过战争取得天下是美中不足，可见圣人处理世事的艰难。”

看见表演禹王的乐舞的，他说：“跳得好呀，那样艰苦地治水，却不自夸功劳，不是禹王这样的圣人，谁能完成这样伟大的事业？”

看见表演虞舜的乐舞的，他说：“道德崇高到了极点了，伟大呀，像天空一样没有什么东西不覆盖着，像大地一样没有什么东西不承载着。即使有人具备很好的道德，大概也不能超过这个了。我看够了。如果还有别的乐曲，我也不敢再要求了。”

【赏析】

鲁襄公二十九年（前544年），吴国贤公子季札为替新任国君谋求友好，出使鲁国，随后又到齐、郑、卫、晋诸国。出访到鲁国时，请求演示周王室的音乐歌舞。从文中可看出，季札对音乐歌舞有很深的造诣，不仅能欣赏到其中的高深乐理，而且能对各地的音乐歌舞作出一个准确的判断和一个中肯的评价。《诗经》三百五篇皆是乐歌，颂诗还伴有舞蹈。季札观乐，实际是观赏诗、声、容三个方面，所以其评论包括评乐、评诗、评舞，而以评乐为主干。季札又能把音乐歌舞和政治联系起来，从各地的民歌中分析出各国的政治得失，从四代乐舞中体味舜、禹、汤、武王的政治教化。本篇虽为“观乐”，实际正如杜预所指出的“依声以参时政”、“论声以参时政”，从中观察、了解政治兴衰，阐明治国之道。

这是一篇难得的艺术鉴赏精品，清代冯李骅，陆浩给予了高度评价：“五国交游议论，大抵相类，独鲁夹入一篇大文。盖于经书来聘，以鲁为主也。然于章法得毋有头重之患，文妙于历聘处，亦整整作提笔以配之，遂令叙文叙事裁作一色章法。此炼石补天手段，于本传犹为仅见之作。况余子焉能望其项背耶？观乐、历聘两截，都用直收，不加结束，章法最奇。观乐篇，自成一番结构作两半读：上半论歌，下半论舞。歌有风、雅、颂之别，而归重在颂。舞有四代之别，而归重在韶。于颂以“至矣哉”起，盛德所同，煞于韶。亦以“德至矣”起，盛德蔑加，两两相对，而长短整散，各各不同。谋篇至此，亦观止矣。”

子产坏晋馆垣① 襄公三十一年

《左传》

【原文】

子产相郑伯以如晋，晋侯以我丧故，未之见也。子产使尽坏其馆之垣而纳车马焉②。士文伯让之③，曰：“敝邑以政刑之不修，寇盗充斥④，无若诸侯之属辱在寡君者何⑤？是以令使人完客所馆⑥，高其闬闳⑦，厚其墙垣，以无忧客使。今吾子坏之，虽从者能戒，其若异客何？以敝邑之为盟主，缮完葺墙⑧，以待宾客，若皆毁之，其何以共命⑨？寡君使丐请命。”对曰：“以敝邑褊小，介于大国，诛求无时⑩，是以不敢宁居，悉索敝赋，以来会时事。逢执事之不间⑪，而未得见，又不获闻命，未知见时⑫不敢输币⑬，亦不敢暴露⑭。其输之，则君之府实也，非荐陈之⑮，不敢输也。其暴

子产像，图选自明万历刻本《三才会图》。

露之，则恐燥湿之不时而朽蠹[16]，以重敝邑之罪。侨闻文公之为盟主也，宫室卑庳[17]，无观台榭[18]，以崇大诸侯之馆[19]。馆如公寝，库厩缮修[20]，司空以时平易道路[21]，圬人以时塓馆宫室[22]。诸侯宾至，甸设庭燎[23]，仆人巡宫，车马有所，宾从有代[24]，巾车脂辖[25]，隶人牧圉[26]，各瞻其事[27]，百官之属，各展其物。公不留宾[28]，而亦无废事[29]，忧乐同之，事则巡之[30]，教其不知，而恤其不足。宾至如归，无宁灾患？不畏寇盗，而亦不患燥湿。今铜鞮之宫数里[31]，而诸侯舍于隶人[32]。门不容车，而不可逾越。盗贼公行，而天疠不戒[33]。宾见无时，命不可知。若又勿坏，是无所藏币，以重罪也。敢请执事，将何所命之？虽君之有鲁丧，亦敝邑之忧也。若获荐币，修垣而行，君之惠也，敢惮勤劳？”文伯复命，赵文子曰：“信！我实不德，而以隶人之垣以赢诸侯[34]，是吾罪也。”使士文伯谢不敏焉。

晋侯见郑伯有加礼[35]，厚其宴好而归之[36]。乃筑诸侯之馆。叔向曰：“辞之不可以已也如是夫！子产有辞[37]，诸侯赖之[38]，若之何其释辞也？《诗》曰[39]：‘辞之辑矣，民之协矣。辞之怿矣，民之莫矣。’其知之矣。”

【注释】

①子产：郑国大夫，名公孙侨，亦称子美。是春秋时期著名政治家，执政二十余年，深受郑国民众爱戴，在当时颇有威望。坏：毁坏。馆：宾馆。垣：墙。

②坏其馆之垣：拆毁其宾馆的围墙。

③士文伯：即士丐。

④充斥：充满。

⑤辱在寡君：朝聘寡君。

⑥完：修缮。

⑦高其闬（hàn）：加高大门。闬，闳（hóng），皆指门。

⑧完：借为院。

⑨共命：供给所求。

⑩诛求无时：索求贡献无一定时候。诛，责。

⑪不间：即不闲，无暇。

⑫见时：进见的时间。

⑬输币：送交财礼。

⑭暴露：日晒夜露。

⑮荐陈：进献并陈列。

⑯朽蠹：腐朽败坏。

⑰卑庳：低矮。

⑱无观台榭：没有可供观望的台榭。

⑲崇大：又高又大。用作动词。

⑳库厩：仓库马棚。

㉑以时：按时。平易：平整使之平坦。

㉒圬人：泥工。塓：涂抹墙壁。

㉓甸：即甸师，官名。庭燎：大火把。一说烧柴于庭以照明。

㉔宾从有代：宾客的随从有人代为值班。

㉕巾车脂辖：巾车，主管车子的官员。脂辖：为车轴上油。辖，安在车轴末端的挡铁，以不使车轮脱落。此指车轴。

㉖隶人牧圉：隶人，掌客馆的洒扫。牧，养牛者。圉，养马者。

㉗各瞻其事：各尽其职。瞻，照看。

㉘公不留宾：文公不使宾客滞留，来到就接见。

㉙无废事：没有荒废其他事情。

㉚巡：安抚。

㉛铜□之宫：晋离宫，在今山西沁县南。

㉜舍于隶人：居于隶人之舍。

㉝天疠不戒：疾疫不能防备。

㉞赢：接受、接待。

㉟加礼：增加礼仪。

㊱宴、好：宴，即燕礼。好，好货，即在飨宴时馈送礼品。

㊲有辞：善辞令。

㊳赖：利。

㊴《诗》曰：以下诗句出自《诗经·大雅·板》篇。辑：辑睦。协：协同。莫：同瘼病。

【译解】

鲁襄公三十一年，郑国的执政子产陪同郑简公去到晋国。晋平公因为我国鲁襄公就在这个月逝世的缘故，没有接见他们。子产派人全部拆掉那宾馆的墙，把带来的车马放进里面。晋国的司空士文伯批评他，说："我国因为政治混乱、法纪松弛，盗贼到处都是；诸侯派遣的使者，来访问我们国君的，我们简直无法保证安全。所以，我们吩咐主持馆务的官员修理好宾客们居住的地方，加高馆门和巷门，加厚它的墙，从而免得外宾们操心。现在，您拆掉了它，虽然您的随从人员能够戒备，其他外宾怎么办呢？由于我国是主持会盟的，所以，修理馆墙，盖上茅草，来招待外宾。如果都拆掉，我们拿什么供应外宾的要求呢？我们晋君派我来请问拆墙的理由。"子产答道："因为我国狭小，处在大国之间，大国经常责求，所以，我们国君不敢在家偷闲，全部搜集我国的财赋，而来参加定期朝会的事。碰到你们没有空，不能接见，又不能得到准确的消息，不知道接见的时间。不敢交纳贡品，也不敢放在外面日晒夜露。说是交纳它吧，这是贵国府库收纳的财物，不经过逐件验收，不敢交库。说是放在外面让它日晒夜露吧，又怕干燥、潮湿，天气多变，弄得霉烂了，虫咬了，这就加重我国的罪过了！我听说，贵国晋文公担任盟主的时候，宫室矮小，没有台观亭榭的建筑，却加高加大招待诸侯的宾馆，馆舍像国君的宫室。仓库、马房修理得很好。负责土木建筑的司空按时修平境内的道路。泥匠按时涂饰房间。各国的外宾来到了，负责照明工作的甸人在院子里点起大蜡烛来，仆役们在宾馆周围来回检查，车马都有地方安放，外宾的仆从有人代替他们服役，管理车辆的官用油脂涂轮轴，仆役、马夫，各人关心自己的差事。全部官吏陈列各种物件招待外宾。贵国政府不会让外宾淹留，因而不会耽误事情。双方同忧共乐，事情没办妥的，你们给外宾指出；外宾不了解的，你们指教；外宾缺一少二，你们尽量照顾。所以，外宾来到贵国，就像回到自己家里一样，难道还有灾患？既不怕盗贼，也不担心气候变化。现在，贵国建在铜□的离宫宽广好几里，而外宾住在奴隶的屋子里，门庭狭小，容不下一部车子，想从墙上抬进去吧，墙又高，跨不过去。盗贼公开抢劫，瘟疫不能预防。外宾的接见没有一定的时间，召见的命令不能预测。如果不拆掉墙壁，没有地方保管好贡品，这就加重我们的罪过了！我要大胆地请问您，你们要我住到什么地方才适合？虽说贵国国君为了鲁君的丧事而悲伤，那也是我国悲伤的事情。如果能够进见晋君，献上贡品，我们一定修好墙壁再走。能这样，就是晋君最大的恩惠，我们还敢怕麻烦吗？”

文伯回去如实反映了。晋卿赵文子说：“说得对。我们实在做得不对，竟用奴仆们住的房子接纳外宾。这是我的严重错误！”随即派士文伯去到那里赔礼道歉。晋平公接见郑简公时礼节特别隆重，设最盛大的国宴款待他，然后送他们回去。于是另外建筑招待诸侯的宾馆。

晋国大夫叔向说：“外交辞令是这样地不可以忽视啊！子产擅长外交辞令，诸侯都托他的福。怎么能废弃辞呢令！《诗》上说：‘辞令和谐，人民团结；辞令愉快，人民安定。’这个道理子产是知道了。”

饕餮衔凤纹模

【赏析】

郑以从属国的身份到晋国纳贡，子产斗胆拆毁馆会围墙，以发泄心中的愤怒。等士文伯来兴师问罪时，更是针锋相对，理正辞强，不卑不亢，说得士文伯哑口无言，赵文子心服口服，叔向大加赞叹，取得了郑国对晋外交的一大胜利。

清林云铭评：晋为霸主非一世，诸侯之馆虽狭，从来藏币亦不止郑伯一人，何至于毁垣？即毁亦不须尽毁。子产只为晋侯以鲁丧不见客，若不如此一番作用，无以致其诘责而尽其辞，使得荐币而行耳。文伯之让，全在"寇盗"上立论，侃侃而谈，似难置对。子产则闲闲叙出朝晋从不敢宁居而来，何等敬慎！晋侯未见，亦不知见期，何等傲慢！以其无所藏币，输之既恐失已，暴露又恐招尤，何等进退两难！再将文公待诸侯处细细叙述，而以铜鞮隶人等语对看，件件霄壤，以能令继霸者无处生矣。然后说出鲁丧之忧，郑以同姓与晋无异，原不必为此留宾弗见，待既见荐币之后，以所馆之垣，自坏自修，不烦晋力，而隶人之馆自若，犹可羸诸侯。文伯所让之语不过为此，今已如此，他复何说？其词之委婉处，带有许多冷刺，宜赵文子之谢罪，晋侯之加礼也。至于筑馆一节，实出了产意外，故叔向云“诸侯赖之”，言其驰词之功，所及远者。非子产以毁垣欲使晋筑馆也，此毫厘千里之辨，细读叔向赞语当自得之。

子产论尹何为邑 襄公三十一年

《左传》

【原文】

子皮欲使尹何为邑[①]。子产曰："少，未知可否？"子皮曰："愿[②]，吾爱之，不吾叛也。使夫往而学焉[③]，夫亦愈知治矣。"子产曰："不可。人之爱人，求利之也。今吾子爱人则以政，犹未能操刀而使割也，其伤实多。子之爱人，伤之而已，其谁敢求爱于子？子于郑国，栋也，栋折榱崩[④]，侨将厌焉[⑤]，敢不尽言？子有美锦，不使人学制焉[⑥]。大官、大邑，身之所庇也[⑦]，而使学者制焉。其为美锦[⑧]，不亦多乎？侨闻学而后入政，未闻以政学者也[⑨]。若果行此，必有所害。譬如田猎，射御贯则能获禽[⑩]，若未尝登车射御，则败绩厌覆是惧[⑪]，何暇思获？"子皮曰："善哉！虎不敏。吾闻君子务知大者远者，小人务知小者近者。我，小人也。衣服附在吾身，我知而慎之。大官、大邑所以庇身也，我远而慢之[⑫]。微子之言，吾不知也。他日我曰：'子为郑国，我为吾家，以庇焉，其可也。'今而后知不足。自今，请虽吾家，听子而行。"子产曰："人心之不同，如其面焉。吾岂敢谓子面如吾面乎？抑心所谓危[⑬]，亦以告也。"子皮以为忠，故委政焉。子产是以能为郑国。

【注释】

①为邑：做邑宰。

②愿：谨慎。老实。

③夫：指尹何。

④榱：屋椽。

⑤厌：通压。

⑥学制：学习裁剪。

⑦身之所庇：自身的庇护。

⑧其为美锦：它与美锦相比。

⑨以政学：把做官作为学习。

⑩射御贯：即熟习射箭驾车。贯，今作惯。

⑪败绩厌覆是惧：老是担心翻车被压。

⑫远而慢之：疏远而轻视它。

⑬抑心所谓危：不过心里认为是危险的。抑，转折连词。

【译解】

鲁襄公三十一年，郑国的上卿子皮想要任命尹何担任私邑的大夫。子产说："他年轻，还不知道行政工作怎样做才妥当，怎样做不妥当。"子皮说："这人老实，我喜欢他，他不会反对我。派他到我的采邑去学习嘛，他也就越来越懂得怎样做行政工作了。"子产说："不行。我们喜欢一个人，总是希望帮助他得到好处。现在您喜欢一个人却把政权给他，就像叫一个还提不起刀的孩子去切肉，他一定会割伤自己好多地方。您喜欢一个人，却只是伤害他，那谁还敢希望得到您的喜爱？您在郑国，等于一幢屋子的栋梁。栋梁一断，椽皮就会坍塌，我也要被压死，敢不对您彻底说清吗？您有一匹漂亮的花缎，不会叫一个学做裁缝的人随手剪裁它。一个大的官职，一个大的采邑，是我们每人依靠的，您却叫一个毫无经验的人去学习做官，岂不是替漂亮的花缎考虑，超过替采邑的考虑吗？我听说，要先经过一番训练，然后才能实际从事行政工作，没听说拿实际的行政工作来进行训练的。如果真的这样做，一定会有所伤害（不是伤害自己，就是妨碍工作）。打个比方，就像打猎，射箭和驾车都很熟练，就能打到很多禽兽。如果从来没有站在车上射过箭，驾过车，那只会一味地担心翻车和被压，哪里还有时间来考虑怎样来打到野物呢？”

子皮说：“说得好呀！我太笨了！我听说，君子主要的是了解重大的事情，全国性的事情，小人却只注意小的事情，眼面前的事情。我，是一个小人。衣服穿在我身上，我知道爱惜它；官职和采邑是我依靠它们来生活的，我却看得满不在乎。不是您的话，我是不明白的。以前，我说：您管理整个国家，我在您的庇护下管理我的家，大概可以安安稳稳地过日子。现在才知道我连一个家也管不好。现在我要求：就是我的家事，也完全听从您的指示去做。”

子产说：“人心的不同，就像各人的脸孔一样。我怎么能说您的长相和我一样呢？只不过我心里认为这件事是不妥当的，所以就劝告您。”

子皮认为子产对自己确实忠诚，所以，把国家的政权全部交给他。子产因此能治理好郑国。

【赏析】

本文记叙执政元老子皮想让毫无政治经验的尹何担任自己封邑的长官，子产对此进行劝阻。文章的关键点是“学而后入政，未闻以政学”，全文前后都在反复阐述这一点。清吴楚材、吴调侯曾有语：“‘学而后入政，未闻以政学’二语是通体结穴，前后总是发明此意。”

本文长于分析利害关系，子产层层设喻，四个比喻用得生动、贴切、易懂：“操刀”比喻使所爱者受伤，与“爱之”愿望相反；栋折榱崩”比喻尹何管理不善伤害到子皮，进而牵连到子产；“爱惜美锦”与“轻贱官邑”喻“以政为学”的本末倒置；以“未尝登车射御”则“何暇思获”比喻“以政学”则必然失败。子产设身处地，态度诚恳，选择恰当比喻，把尹何为邑危害性剖析得一清二楚，子皮一听猛然醒悟，虚心接受，确实从善如流。

清林云铭有评：“以大官大邑关系庇身，使人学治，不但学者受伤，而且学者受害也不小。子产即其所言层层翻驳，妙在四引喻中，炼成一片，绝无痕迹，宜子皮之称善而自咎也。”

清过珙也给予了很高评价：“文莫难于设喻，此篇叠设六喻：操刀使割一喻也；栋折榱崩二喻也；制锦三喻也；田猎射御四喻也；子皮悦其言，以衣服附身为喻；子产申其说，又以子面吾面为喻。此种文字，最是难学。”

子产却楚逆女以兵 昭公元年

《左传》

【原文】

楚公子围聘于郑[①]，且娶于公孙段氏，伍举为介[②]，将入馆，郑人恶之。使行人子羽与之言，乃馆于外。既聘，将以众逆。子产患之，使子羽辞[③]，曰：“以敝邑褊小，不足以容从者，请墠听命[④]！”令尹命大宰伯州犁对曰：“君辱贶寡大夫围，谓围将使丰氏抚有而室[⑤]。围布几筵[⑥]，告于庄、共之庙而来。若野赐之[⑦]，是委君贶于草莽也[⑧]！是寡大夫不得列于诸卿也！不宁唯是[⑨]，又使围蒙其先君[⑩]，将不得为寡君老[⑪]，其蔑以复矣[⑫]。唯大夫图之！”子羽曰：“小国无罪[⑫]，恃实其罪[⑬]。将恃大国

《唐诗画谱》插图

之安靖己，而无乃包藏祸心以图之。小国失恃而惩诸侯[14]，使莫不憾者[15]，距违君命[16]，而有所壅塞不行是惧！不然，敝邑，馆人之属也，其敢爱丰氏之祧[17]？”伍举知其有备也，请垂櫜而入[18]许之。

【注释】

①公子围：即王子围，时为楚令尹。

②介：副手。

③辞：拒绝。

④墠：祭祀所用的平地。

⑤丰氏：即公孙段。抚有：有。抚、有为同义词连用。

⑥布：陈列。

⑦野：野外。墠仅是城外一处平地。

⑧委君贶于草莽：把国君的恩赐丢在草丛中。委，弃。

⑨宁：语中助词，无义。

⑩蒙：欺。

⑪老：卿老，上卿。

⑫复：返，或作复命。

⑬恃实其罪：意为恃大国而无备，则是罪。

⑭惩诸侯：使诸戒惧。

⑮憾：怨恨。

⑯距：同“拒”。

⑰祧：宗庙。

⑱垂櫜（gāo）：垂，倒悬。櫜，装弓箭的袋子，表示櫜中无兵器。

【译解】

鲁昭公元年，楚国的公子围奉命访问郑国，并且迎娶郑大夫公孙段的女儿做妻子。伍举担任副使。

正要进到宾馆去时，郑国的当局担心他们要阴谋，搞破坏，就派行人（接待外宾的官员）子羽去和他们说，于是他们住在城外。

国事访问结束以后，公子围准备派兵进城去接出新娘来。子产担心他们别有用心，便派子羽出面拒绝，说：“因为我国地方短小，没办法容纳您这么多的警卫人员，请在城外平出一块地方举行婚礼。”

公子围派太宰伯州犁答复说：“多蒙贵国君侯不嫌弃，加恩赏赐我国大夫围，对围说，将要叫丰氏姑娘管理你的家庭。围在家里摆设祭品，在庄王、共王的祠堂里向两位先王在天之灵报告了娶亲这件事，才到贵国来。如果现在叫我们在城外成亲，这是把贵国君侯的赏赐丢在草地上啦，这也是使得我们大夫围不能按照卿礼迎亲啦！不但这样，又使得围欺骗了他的先王，将不能再做楚国的大臣，简直没脸皮回去了！希望您大夫给我们考虑一下。”

子羽说：“小国没有什么错误，倚仗大国的保护，自己不设防，这就犯了大错误了。我国高攀贵国令尹这门亲事，本来是打算依靠贵国来安定自己的国家，现在你们派兵迎亲，莫非不怀好意想来偷打我国？你们真要这样干，我国固然失去了靠山，诸侯也就会引以为戒，没有哪一国不反对你们，再也不听从贵国君王的指挥，贵国君王的命令就会贯彻不下去，这才是我们最担心的。要不然，我国对贵国来说，就和看守房子的底下人一样，难道还敢爱惜丰氏的远祖祠堂，不让公子围进去举行婚礼吗？”

伍举知道郑国有准备，便要求让迎亲卫队倒挂弓衣（表示里面没有弓）进城，郑国方面这才答应了。

【赏析】

春秋时期，大国与小国的关系往往是，大国总想恃强凌弱，灭掉小国，小国则处处设防。随着晋国争霸力量的削弱，楚国野心越来越大。

首先，楚国想灭掉郑国。楚令尹公子围经精心策划，阴谋借聘问郑国并迎娶公叔段氏女儿的机会，用迎亲队伍袭击郑国。

对此，郑大夫子产已有察觉，他令子羽拒绝迎亲队伍入城，改在城外设墠举行婚嫁仪式。楚国则表示不能接受，派太宰伯州犁前往交涉，其言谈始终围绕着“礼”，强调郑采取“野赐之”的做法失礼，将给公子围带来不堪设想的后果。这将严重损害公子围的尊严，令他无脸回国，愧对祖先。伯州犁这番言辞，面和骨子硬。他强调野外迎亲后果严重，实质是警告郑国，宣布楚断然不能接受，郑非改变主意不可！面对伯州犁的种种责难，子羽在子产授意下针锋相对，单刀直入，直接揭露楚以军队迎亲是包藏祸心，企图借机灭郑，而郑作为小国，不可不防备。否则不但伤及郑，也有损楚的大国形象。并暗示造成目前这种局面的责任全在楚而不在郑，从根本上推翻了伯州犁的无端指责。最终楚国不得不做出让步，请求“垂櫜而入”，以挽回点面子。

子革对灵王 昭公十二年

《左传》

【原文】

楚子狩于州来①，次于颍尾②，使荡侯、潘子、司马督、嚣尹午、陵尹喜帅师围徐以惧吴③。楚子次于乾溪，以为之援。雨雪，王皮冠，秦复陶④，翠被⑤，豹舄，执鞭以出，仆析父从。右尹子革夕⑥，王见之，去冠、被，舍鞭。与之语曰："昔我先王熊绎⑦，与吕级、王孙牟、燮父、禽父，并事康王，四国皆有分，我独无有。今吾使人于周，求鼎以为分，王其与我乎？"对曰："与君王哉。昔我先王熊绎，辟在荆山，筚路蓝缕，以处草莽。跋涉山林，以事天子。唯是桃弧、棘矢，以共御王事。齐，王舅也。晋及鲁、卫，王母弟也。楚是以无分，而彼皆有。今周与

楚祖熊绎像。

四国服事君王，将唯命是从，岂其爱鼎！”王曰：“昔我皇祖伯父昆吾，旧许是宅[8]。今郑人贪赖其田[9]，而不我与。我若求之，其与我乎？”对曰：“与君王哉。周不爱鼎，郑敢爱田？”王曰：“昔诸侯远我而畏晋，今我大城陈、蔡、不羹，赋皆千乘，子与有劳焉。诸侯其畏我乎？”对曰：“畏君王哉。是四国者[10]，专足畏也，又加之以楚，敢不畏君王哉？”工尹路请曰：“君王命剥圭以为鏚柲[11]，敢请命。”王入视之。析父谓子革：“吾子，楚国之望也！今与王言如响[12]，国其若之何？”子革曰：“摩厉以须[13]，王出，吾刃将斩矣。”王出，复语。左史倚相趋过。王曰：“是良史也，子善视之。是能读《三坟》、《五典》、《八索》、《九丘》[14]。”对曰：“臣尝问焉。昔穆王欲肆其心[15]，周行天下，将皆必有车辙马迹焉。祭公谋父作《祈招》之诗[16]，以正王心。王是以获没于祗宫。臣问其诗而不知也。若问远焉，其焉能知之？”王曰：“子能乎？”对曰：“能。其诗曰：‘祈招之愔愔[17]，式昭德音[18]。思我王度，式如玉，式如金。形民之力[19]，而无醉饱之心。’”王揖而入，馈不食，寝不寐，数日，不能自克[20]，以及于难。

仲尼曰：“古也有志，克己复礼，仁也。信善哉！楚灵王若能如是，岂其辱于乾溪？”

晋伐鲜虞，因肥之役也。

【注释】

①狩：冬猎。

②颍尾：颍水入淮处，又称颍口。

③荡侯等：五人皆为楚大夫。

④秦复陶：秦国所赠羽衣。

⑤翠被：翠羽披肩。被同“披”。

⑥夕：晚上朝见。

⑦熊绎：楚始封君。

⑧旧许是宅：旧许，许国，地在今河南许昌市，后迁于叶，又迁于夷，故其地为郑所得，称为旧许。宅，居。

⑨赖：利。

⑩四国：四大都邑。或指陈、蔡、二不羹。

⑪剥圭以为鏚（qí）柲（bì）：破圭玉以装饰斧柄。

⑫响：回声。

⑬摩厉以须：磨刀剑而等待。摩厉，今作磨砺。须，等待。

⑭《三坟》、《五典》、《八索》、《九丘》：皆古书名，早已亡佚。

⑮穆王：周穆王。

⑯祭公谋父：周公之孙。

⑰愔愔：和谐。

⑱式：语首助词。

⑲形：同“刑”，成。

⑳自克：克制自己。

【译解】

鲁昭公十二年，楚灵王带了人马到州来举行冬猎，驻扎在颍口，派遣荡侯、潘子、司马督、嚣尹午、陵尹喜五位大夫率领军队包围吴国的友好国家徐国，从而威胁吴国。楚灵王自己驻扎在乾溪，对他们进行声援。这天，下着大雪，灵王戴上皮帽，穿上秦王送的羽衣，罩上翠羽编成的披肩，着了豹皮制成的鞋子，手拿鞭子走出营帐，准备发布命令。大夫仆析父跟随他出来。右尹子革来请晚安。灵王接见他，脱下帽子和披肩，放下鞭子，和他谈话。灵王说：“从前，我们先王熊绎和齐国的吕伋、卫国的王孙牟、晋国的燮父、鲁国的禽父，在周康王朝廷里同事，那四国都分得周王室的宝物，只有我国没得。现在我派人去到洛阳，要求周王室把九鼎送给我作为宝物，你说周王会给我吗？”子革答道：“当然给您罗！从前我们先王熊绎分封在偏远的荆山地区，坐着柴车，穿着破衣，住在荒凉的草地上，在深山密林里爬山过水，这样来服事周天子。由于土壤贫瘠，只有这些桃木做的弓、棘枝做的箭，贡献朝廷，挂在门上吓鬼。齐侯，是周天子的外祖父；晋侯和鲁侯、卫侯，是周天子的同胞弟弟。所以楚国没有分到宝物，而他们都有。现在周王室和那四国，都服事您，只要您说句话他们都会服从，难道还会爱惜那九鼎吗？”灵王说：“从前，我的始祖的大哥昆吾，住在原先许国的地方。现在，郑国占据了那地方，他们爱上了那里的田地，不给还我国。我如果要求他们退还，会给我吗？”子革答道：“当然给您罗！周天子不敢爱惜他的九鼎，郑伯还敢舍不得那些田地吗？”灵王说：“从前，诸侯都疏远我国而巴结晋国，现在，我大规模修建陈国、蔡国、东不羹、西不羹的城墙，它们按田赋计算，都有千辆兵车。这件事你也有功劳呀。我国这样强大，诸侯大概会巴结我吧？”子革答道：“当然巴结您罗！就凭这四国的兵力，已经足够叫人家害怕了，何况又加上楚国，谁还敢不巴结您呢？”工尹路上前请示道：“君王您吩咐破开圭玉来装饰斧柄，请指示制作的样式。”灵王进去看工官们的工作。析父对子革说：“您是楚国人民所信赖的，现在和我们君王谈话，一味顺着他的意思，国家怎么办呢？”子革说：“我把刀口磨得快快的等候着，呆会儿君王出来了，我这把刀就要斩断他的邪心了！”灵王出来了，继续谈着。左史倚相经过灵王面前，为了表示恭敬，他弯腰碎步小跑着走过去。灵王对子革说：“这是一个很好的史官，你要优待他。这人能读《三坟》《五典》《八索》《九丘》呢！”子革答道：“我曾经问过他：从前，周穆王想要放纵自己的狂想，说是走遍天下，要使每个地方都留下他的辙印和马迹。周王室的卿士祭公谋父，创作了一篇《祈招》的诗歌，用来抑制穆王的狂想，穆王听从了他的劝告，因而能在祇宫善终，不至被奸臣谋害。我问倚相这首诗的内容是什么，他都不知道；如果问古老的事情，他怎么能知道。”灵王说：“你能背得出吗？”子革答道：“我能背得出。那诗说：‘祈招虽然掌管甲兵，但他性情和平，不滥用武力，因而能显示周天子的好名声。想起我们周天子的德量，像玉石一般坚硬，像金子一般贵重。使用老百姓的人力和财力，就像喝酒、吃饭一样，不喝醉，不太饱，让老百姓过得下去。’”灵王听了，很受感动，向他作了一个揖就走进去了。炊食员送上食物，吃不下；睡在床上，也睡不着。思想斗争了好几天，但是，仍然不能克制自己，终于遭到了部下的杀害。

孔子说：“古书上有这么一句话：‘能控制自己的欲望，使自己的行为完全符合社会的规范，这就是一个真正的好人。’这话确实说得对呀！楚灵王如果能够这样，难道会在乾溪得到那种可耻的下场吗？”

【赏析】

历史上的楚灵王是靠勒死前任国王而自立为王的，一生专横跋扈，野心勃勃，最终由于树敌过多而众叛亲离，落个自缢身亡的悲惨下场。

他的一生可通过本文略见一斑。楚灵王继位后，楚在晋楚争霸中渐占上风，晋国由于内部纷争已无力量与楚抗争，楚实际上已经独霸中原，这更助长了灵王的野心膨胀，妄想代周而立，他先是提出向周索取传国宝鼎，然后又提出向郑国索取土地，最后又提出以武力屈服诸侯，由见他的不可一世和野心，突出了他强烈的占有欲和树威于诸侯的迫切的愿望。

作为回答，子革表面上看似顺应了灵王的心理，实则暗含深意，恭顺的言语中含有讽谏之意，最后借用祭公谋父劝谏穆王的历史事例去唤醒灵王，这样使灵王听来既不刺耳又易接受，其中可见子革的良苦用心。可惜灵王终因不能克制自己而个悲惨下场。

清吴楚材、吴调侯对此有评曰：“楚子一番矜张语，子革绝不置辩，一味将顺，固有深意。至后闲闲唤醒，若不相蒙者，既不忤听，又得易入，此其所以为善谏欤？惜哉灵王能听而不能克，以终及于难也。”

子产论政宽猛 昭公二十年

《左传》

【原文】

郑子产有疾，谓子大叔曰："我死，子必为政。唯有德者能以宽服民，其次莫如猛。夫火烈，民望而畏之，故鲜死焉。水懦弱，民狎而玩之，则多死焉。故宽难。"疾数月而卒，大叔为政，不忍猛而宽。郑国多盗，取人于萑苻之泽。大叔悔之，曰："吾早从夫子，不及此。"兴徒兵以攻萑苻之盗，尽杀之。盗少止。

仲尼曰："善哉，政宽则民慢，慢则纠之以猛。猛则民残[①]，残则施之以宽，宽以济猛，猛以济宽，政是以和。《诗》曰[②]：'民亦劳止[③]，汔可小康[④]。惠此中国，以绥四方。'施之以宽也。'毋从诡随[⑤]，以谨无良[⑥]。式遏寇虐，惨不畏明[⑦]。'纠之以猛也。'柔远能迩[⑧]，以定我

孔子像，图出自明·天撰《历代人物像赞》

王。’平之以和也[9]。又曰[10]：‘不竞不絿[11]，不刚不柔。布政优优[12]，百禄是遒。’和之至也。”

及子产卒，仲尼闻之，出涕曰：“古之遗爱也。[13]”

【注释】

①残：伤害。

②《诗》曰：以下所引诗句皆出自《大雅·民劳》篇，不再一一注明。

③止：语末助词。

④汔（qì）：庶几，但愿。

⑤毋从诡随：不要放纵违法者及其追随者。

⑥谨：约束，警戒。

⑦式遏寇虐，惨不畏明：应遏止那些侵掠残暴不惧怕明法者。式，助动词，应。惨。曾。

⑧柔远能迩：怀柔远方，安抚近地。

⑨平之以和：用和睦友好使国安安定太平。

⑩又曰：以下四句出自《商颂·长发》篇。

⑪不竞不絿（qiú）：不急不缓。竞，强。絿，缓。

⑫布政优优：施政从容。优，通“悠”。

⑬古之遗爱：其仁爱有古人的遗风。爱，仁。

【译解】

鲁昭公二十年，郑国执政大夫子产有病，对儿子太叔说：“我死了，你一定掌握政权。只有道德高尚的人能够采取宽大的政策去统治老百姓，否则只有采取严厉的政策。打个比方：火，烧得很猛烈，人们望着都害怕，不敢接近它，所以，很少有人自觉地烧死在火里。水很柔和，人们对它满不在乎，时常去水里游着玩，所以，很多人淹死在水里。因此，实行宽大政策是困难的。”病了几个月就死了。

太叔掌握郑国的政权，不忍心采用严厉的政策，而采用宽大的，结果，郑国出现了很多强盗，他们在葭苇丛生的湖泊里招集了一大伙人，势力越来越庞大。太叔很懊悔，说：“我早听了老前辈的话，不会乱成这个样子。”于是调动步兵去清剿湖泊里的强盗，全部杀死了。这么一来，强盗们稍为隐蔽了一些。

孔子说：“子产的政策真好呀！政策宽大，老百姓就轻视法纪，容易为非作歹；这样一来，就要用严厉的政策来纠正。但是，太严厉了，老百姓就容易受到惩罚，很不自由；因而必须实行宽大的政策来调和。用宽大来调和严厉，又用严厉来补充宽大，政治秩序因此就正常了。《诗》上说：‘老百姓太累了，应该可以休息一下啦！加恩给首都的老百姓，就能安定天下的老百姓。’这是说实行宽大政策来抚慰老百姓。这首诗又说：‘不要放纵犯小错误的，这就可以警告那些犯大错误的。必须镇压那班暴乱份子，因为他们根本不怕严明的法律。’这是说实行严厉的政策来纠正那种过于宽大的政策。这首诗又说：‘怀柔远方，亲如一家，这样来安定我们王室。’这是说用正常的政治秩序来统治老百姓，使大家过太平日子。又有一首诗说：‘汤王的政治是不过分紧张，要求不太高，不过于严厉，但也不是宽大无边，执行政策总是很温和，因而一切福禄都归聚到他那里。’这是赞美政治秩序正常到了极点啦！”等到子产逝世了，孔子听到这消息，不禁掉泪，说：“他是古代贤明政治家那样仁爱的人啊！”

【赏析】

子产是春秋时期著名的政治家，在郑国执政达二十年，深受郑民众拥戴，在诸侯中很有威望。他临终前向继任者太叔介绍自己的执政经验，告诫太叔施政“宽”难服民，而“猛”易奏效。他强调“猛”的一面，目的是要缺乏执政经验的太叔提高警惕，防止社会动乱。太叔没有听子产的话，表面上似乎仁慈，“不忍猛而宽”，其结果“郑国多盗”，“萑符之盗，尽而杀之”。反而招致社会的不安定，残酷镇压，被杀者更多。太叔的施政结果正好证明了他的论断。文章引用孔子的话，归纳出“宽以济猛、猛以济宽”的政治主张，成为后代封建统治者治国政策的一根主弦，影响深远。

清余诚对本文有评：“谓子太叔语意似主于猛，然亦相郑国之势、度太叔之德，知政之不容出于宽，而后为是言也。观次段“尽杀之，盗少止”六字，“多死”之说验，而“畏之”之说亦验矣。孔子赞之而引诗分证，并推及和之至，断非有德者不能，赞子产即以映太叔。末用“古之遗爱”一语作结，结出论政主猛之意，正所以爱民也。章法谨严而又绝无照应痕迹。至文至文。”

吴许越成　哀公元年

《左传》

【原文】

吴王夫差败越于夫椒[1]，报槜李也。遂入越。越子以甲楯五千，保于会稽[2]。使大夫种因吴太宰嚭以行成[3]，吴子将许之。伍员曰："不可。臣闻之：'树德莫如滋，去疾莫如尽。昔有过浇杀斟灌以伐斟鄩[4]，灭夏后相[5]。后缗方娠[6]，逃出自窦[7]，归于有仍，生少康焉[8]，为仍牧正[9]。惎浇[10]，能戒之。浇使椒求之[11]，逃奔有虞[12]，为之庖正[13]，以除其害[14]。虞思于是妻之以二姚[15]，而邑诸纶[16]。有田一成[17]，有众一旅[18]，能布其德，而兆其谋[19]，以收夏众，抚其官职。使女艾谍浇[20]，使季杼诱豷[21]，遂灭过、戈[22]，复禹之绩。祀夏配天，不失旧物[23]。今吴不如过，而越大于少康，

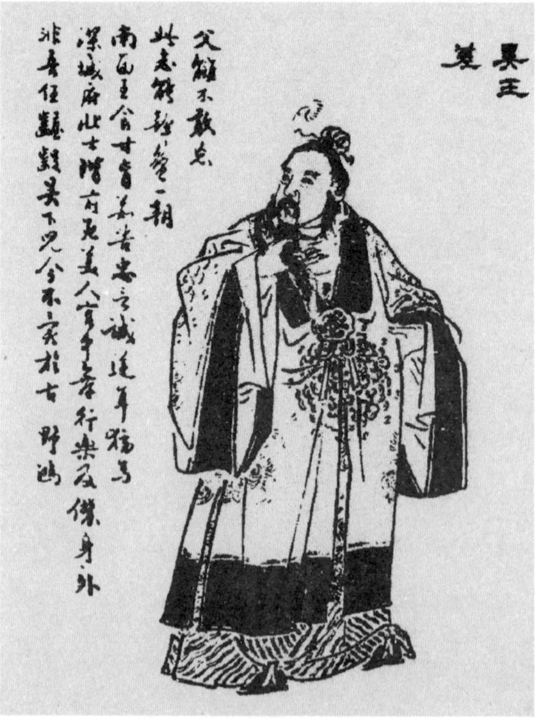

《东周列国志》版画之吴王夫差像

或将丰之[24]，不亦难乎？勾践能亲而务施[25]，施不失人，亲不弃劳，与我同壤而世为仇雠，于是乎克而弗取，将又存之，违天而长寇仇[26]，后虽悔之，不可食已[27]。姬之衰也[28]，日可俟也[29]。介在蛮夷，而长寇仇，以是求伯[30]，必不行矣。”弗听。退而告人曰：“越十年生聚[31]，而十年教训[32]，二十年之外，吴其为沼乎[33]！”

【注释】

①夫椒：越地，在今浙江绍兴县北。

②保于会稽：守住会稽。会稽，即会稽山，在今浙江绍兴县东南。

③种：文种，字禽，楚国南郢人。

④有过浇：襄公四年传云，寒浞杀羿，因其室而生浇，处浇于过。故此谓有过浇，详见襄公四年传。斟灌、斟鄩：皆部落名。

⑤夏后相：夏代国君，夏启之孙，名相。后相失国，依于二斟，复为浇所灭。

⑥后缗（mín）：后相妻，有仍氏女。

⑦窦：城墙洞。

⑧少康：后缗遗腹子，夏代中兴帝王。

⑨牧正：牧官之长。

⑩惎：心怀仇恨。

⑪椒：浇臣。

⑫有虞：部落名，虞舜之后。

⑬庖正：掌饮食之官。

⑭以除其害：以免除浇的危害。

⑮虞思：有虞酋长名，姚姓，以二女妻少康。

⑯纶：地名，在今河南虞城县东南。

⑰成：方十里为成。

⑱旅：五百人为旅。

⑲兆其谋：开始谋划复国计划。兆，始。

⑳使女艾谍浇：让女艾打入浇处做间谍。女艾，少康臣。

㉑季杼：少康之子。豷（yì）：浇弟。

㉒过、戈：过，浇之国名；戈，豷之国名。

㉓旧物：原来的天下。

㉔丰：壮大。

㉕勾践：越君。

㉖长寇仇：使仇敌增强壮大。

㉗不可食：吃不消。

㉘姬：吴姓，此指吴国。

㉙日可俟：计日可待。

㉚伯：霸主。

㉛生聚：生息积聚。

㉜教训：教育训练。

㉝沼：池沼。谓吴国将荡然无存。

【译解】

鲁哀公元年，吴王夫差在夫椒山把越国的军队打败了，这是为了报复槜李战役的仇恨。就这么一直打进越国境内。

越王勾践率领全副武装的士兵一共五千人，退守在会稽山上。派遣大夫文种通过吴国的太宰嚭而向吴王求和。吴王准备答应他。

吴国的大夫伍员说："不行。我听说：'培养优良品德越多越好，消灭歪风邪气越彻底越好。'从前，有过浇杀了斟灌国的君主，又去攻打斟鄩国，灭掉夏王相。相的妻子后缗正怀孕，从墙洞里逃出，回到娘家有仍国去，在那里生下了少康。长大以后，担任畜牧部门的长官。

他恨透了浇，时刻戒备着。浇使自己的臣子椒探访少康的踪迹。少康只好逃跑到有虞国，给有虞国君担任膳食部门的官，清除了虞国的内患。虞国君主姚思于是把两个女儿嫁给他，还把他分封在纶邑，但是田只十里见方，军队也只五百个人。然而他能尽量做好事，使自己的好名誉广泛传播，开始奠定了复国的基础。他逐渐收集了夏朝的遗民，恢复原有官吏的职务，重新把他们组织起来。派了臣子女艾去侦探浇的动静，又派儿子季杼去引诱浇的弟弟豷。终于灭亡了过国，杀掉了浇，又灭亡了戈国，杀掉了豷，恢复了禹王的传统，在宗庙里祭祀夏王室的先祖，并用以配享上帝，没有遗失夏朝的江山。现在，我们吴国的强大比不上过国，而越国的条件比少康优越，我们允许她讲和，可能会使她强大起来，将来不会成为我国最大的威胁吗？越王勾践这个人，善于团结人，特别注意施恩，他施的恩并不浪费，都是该受恩赐的人才。他对人亲爱，不放弃别人一点小功劳。越国和我国交界，可是世代是仇敌。在这时候打胜了她却不占领，还打算保存她，这是违背天意而帮助敌人强大起来，以后就是后悔，也没办法消除这个祸根了！我们吴国的衰亡，简直计日可待了！我国处在一些少数民族的地域，又让敌人日益强大，用这种办法来要求争霸中原，根本是不可能的。”

越王勾践

吴王不听。伍员退出朝廷后，告诉亲近的人说："越国用十年时间繁殖人口，积蓄财富，再用十年时间进行军事训练，二十年后，吴国必定会被越国灭亡，宫室都会毁坏，成为脏水塘啊！"

【赏析】

伍员是位眼光远大的政治家，他深知复仇情绪与力量的危害性，极力反对吴与越讲和。为说服夫差，伍员以夏少康中兴为历史借鉴，结合勾践的为人及吴越之间的利害关系，提出"去疾莫如尽"，坚决反对讲和，否则吴国将后患无穷。伍员苦口婆心，痛心疾首的劝谏夫差，希望他惊醒。越重新强大，反攻入吴，逼得夫差自尽，灭掉了吴，正应了伍员的预言，也证明了他"去疾莫如尽"几点的正确性。对比伍员与越国的范蠡，清韩菼引孙月峰评曰："吴有伍员，越有范蠡，两臣均忠于谋国者，但夫差与勾践有听与不听之异耳，然员不免于鸱夷，而蠡得霸越以扁舟五湖志，岂不谓智哉！"

卷三

周文

祭公谏征犬戎　《周语》

《国语》[1]

【原文】

穆王将征犬戎[2]。

祭公谋父谏曰[3]：“不可。先王耀德不观兵[4]。夫兵戢而时动[5]，动则威；观则玩，玩则无震[6]。是故周文公之《颂》曰[7]：‘载戢干戈，载櫜弓矢[8]。我求懿德，肆于时夏[9]，允王保之[10]。’先王之于民也，茂正其德而厚其性，阜其财求而利其器用[11]；明利害之乡，以文修之，使务利而避害，怀德而畏威，故能保世以滋大[12]。

周文王像，图出自明·天然撰《历代人物像赞》。

“昔我先世后稷，以服事虞、夏[13]。及夏之衰也，弃稷弗务[14]，我先王不窋用失其官，而自窜于戎、翟之间，不敢怠业[15]，时序其德，纂修其绪，修其训典；朝夕恪勤[16]，守以惇笃，奉以忠信[17]，奕世载德，不忝前人[18]。至于武王，昭前之光明，而加之以慈和，事神保民，莫不欣喜。商王帝辛，大恶于民，庶民弗忍，欣戴武王，以致戎于商牧[19]。是先王非务武也，勤恤民隐而除其害也[20]。

"夫先王之制：邦内甸服，邦外侯服，侯、卫宾服，蛮、夷要服，戎、翟荒服[21]。甸服者祭，侯服者祀，宾服者享，要服者贡，荒服者王[22]。日祭、月祀、时享、岁贡、终王，先王之训也[23]。有不祭，则修意[24]；有不祀，则修言[25]；有不享，则修文[26]；有不贡，则修名[27]。有不王，则修德，序成而有不至，则修刑[28]。于是乎有刑不祭，伐不祀，征不享，让不贡，告不王；于是乎有刑罚之辟，有攻伐之兵，有征讨之备，有威让之令，有文告之辞[29]。布令陈辞，而又不至，则又增修于德，无勤民于远[30]。是以近无不听，远无不服。

"今自大毕、伯仕之终也，犬戎氏以其职来王[31]，天子曰：'予必以不享征之，且观之兵[32]。'其无乃废先王之训，而王几顿乎[33]？吾闻犬戎树惇，能帅旧德，而守终纯固，其有以御我矣[34]！"

王不听，遂征之，得四白狼、四白鹿以归。自是荒服者不至。

【注释】

①《国语》：是一部国别体的历史著作。它由春秋时代各国史官记叙，经史家整理而。相传为左丘明所著，但文体、风格与《左传》显著不同。全书分为《周语》、《鲁语》、《齐语》、《晋语》、《郑语》、《楚语》、《吴语》、《越语》，共二十一卷，按国别编排，记事起于周穆王，终于鲁悼公。它重在记述一些历史人物的言论，记事相对简略。

②穆王：周康王之孙，昭王之子，名满。犬戎：古代西戎的一支，居于我国西部。犬戎从周武王克殷以后，一直臣服于周。

③祭（zhǎi）公谋父（fǔ）：周公之子祭伯之后，时为穆王的卿士。

谏：劝谏。

④耀德：明德，昭显德行。观兵：示兵，炫耀兵力。

⑤戢（jí）：藏聚，收藏。

⑥玩：戏，戏弄。这句话，炫耀武力等于戏弄，戏弄武力是没有威慑力的。

⑦周文公：即周公旦，周武王之弟，周初著名政治家。周文公之《颂》，指《诗经·周颂·时迈》篇，传说它是周公缅怀武王的功绩而作。

⑧载：句首语气词。櫜（gāo）：即韬，这里为收藏的意思。

⑨懿德：美德。肆：陈列，此为施布之意。夏：古人对中国之称。这句话，我们的武王只求将自己美德施布到整个中国。

⑩允：确实。

⑪茂：通“懋”，勉励。茂正其德而厚其性：勉励他们端正德行，使其性情归于诚厚。阜：大，这里有丰富满足之意。利：便利。器用：生产和生活上所需的器具。

⑫乡（xiàng）：通“向”可解释为关键所在。以文修之：用道德礼乐去教化他们。务利避害：致力于有益的事，避免做有害的事。保世滋大：保持王位世代传续不断而且日益强大。

⑬后稷：名弃，周人的始祖。在虞舜时期任后稷（农官），其子孙世袭此职故以称之。服事虞夏：指弃为后稷辅佐虞舜。

⑭弃稷弗务：废弃稷的官职，不再讲究务农。

⑮不窋（zhù）：弃的儿子。用：因，因而。窜：逃匿。戎：古代对西部少数民族之称。翟（dí）：一作“狄”，古代对北方少数民族之称。业：指农事。

⑯序：布，传布。纂：继续。绪：事业。 恪（kè）勤：恭谨勤劳。

⑰守以惇厚：谨守敦厚朴实的品德。奉以忠信：遵奉忠诚信实的准则。

⑱奕世：累世，世世代代。载：承。载世承德指不窋以后的子孙，世世代代都能继承他的功绩和美德。不忝：不辱。

⑲帝辛：即商纣。 欣戴：爱戴。戎于商牧：指在牧野与商军作战。牧：即牧野，在今河南省淇县南。

⑳勤恤民隐：体恤老百姓的痛苦。隐，痛苦。

㉑邦内：即畿内，天子都城五百里以内地区。甸服：以田赋朝贡天子。甸服离王都最近，因此要向天子贡纳田武。邦外：指离王畿五百里至一千里的地区。侯服：天子分封给诸侯土地。诸侯作为斥侯而服事天子。侯、卫：指侯圻、卫圻。在侯服之外五百里地区，分为侯圻、甸圻、男圻、采圻、卫圻等五圻。在这个区域内的诸侯向天子朝贡时应以宾客之礼相见，故称宾服。蛮、夷：指南方和东方的少数民族。蛮、夷住的地区称为“要（yāo）服”。戎、翟：指西方和北方的少数民族。戎、翟所处为边荒地区，因此称为荒服。

㉒甸服者祭：属于甸服的，要向天子供献祭祀祖考所需的物品。侯服者祀：属于侯服的，要向天子供献祭祀高祖、曾祖所需的物品。宾服者享：属于宾服的，要向天子供献祭祀远祖所需的物品。要服者贡：属于要服的，要向天子供献祭神所需的物品。荒服者王：属于荒服的，要进京。朝见周王。

㉓日祭：甸服者距京都最近，要每日供应天子祭祀祖考的物品。月祀：侯服者要每月供应天子祭祀高祖、曾祖的物品。时享：宾服者要每季向天子供献祭祀宴享的物品。时，指四时。岁贡：要服者要每年向天子行一次供献之礼。终王：荒服者终身只要在新的周王即位时进京朝见一次。

㉔修意：申明王意去感化。

㉕修言：用道理去教化。

㉖修文：用法令去教化。

㉗修名：用树立声威去感化。

㉘修德：用德行去感化。序成：指把上述修意、修言、修文、修名、修德五者依次做好。修刑：用刑法处罚。

㉙让：谴责。告：用书面的文字告知。让威之令：斥责的命令。文告之辞：告谕的文辞。

㉚无勤民于远：不劳苦百姓到远地打仗。

㉛大毕、伯仕：犬戎族的两个君主。终：去世。以其职来王：按照他们荒服者应守的职分来朝王。

㉜以不享征之：用“不享”的罪名征讨它。“不享”，本指宾服者不供时享，而犬戎作为“荒服”，是没有供时享的义务的，以“不享”征讨，属于罚不当罪。

㉝无乃：恐怕，只怕。王几顿乎：谓“荒服者王”的规定遭到破坏。

㉞树惇：树立敦厚的德行。　帅旧德：遵循先人的道德规范。帅，遵循。守终纯固：守卫其国家一直专心致志。

【译解】

周穆王将要出兵讨伐西方的犬戎族。

祭公谋父劝告说：“不可以，古代的圣王宣明教化，用道德去感化四夷，而不炫耀武力，威胁人家。军事力量平时应该积聚，到了需要动武的时候才使用，这样的用武就能发挥最大的威力。经常炫耀武力，大家习以为常，不当一回事，这样一来，到用的时候，就发挥不出最大的作用。所以，周公在《时迈》颂歌中说：‘收起干和戈，藏起弓和箭，追求文治和美德，把仁政施行到全国。所以武王能永远保有天命。’古代圣王对于人民，总是勉励他们端正自己的品德，从而加强他们的善良性格；充分供应他们的生活资料，使他们需要的器具用起来很便利；使他们明白什么是利，什么是害，用典章制度去约束他们，使他们专挑有利的事做而避免有害的，既感念天子的恩德，又害怕天子的威力，所以，古代圣王能世世代代享有天下，越来越强大。

周武王像，图出自《三才图会》。

“从前，我们周朝祖先世世代代担任稷这一官职，做虞舜和夏启的臣子。等到夏朝渐渐衰败了，就撤销了稷这一官职，不重视农业生产了。我们的先王不窋，因此丧失了他的官职，逃亡在戎狄之间。但他仍不敢丢掉农业，时时显示他的勤劳品德，继续奉行先王的事业，整理他的有关农业生产的方法，早晚小心谨慎，孜孜不倦，用诚实的态度坚守，用忠信的态度保持。从不窋到文王，累代继承，都能忠于本职，不辱没祖先。到了武王，他显示祖先的丰功伟绩，再加上本身的仁慈、温和，这样来服事上帝，统治人民，没有谁不爱戴他。商朝的纣王，被人民恨透了，广大人民再也忍受不了了，热烈地拥护武王，出兵到商朝首都的郊外牧野。这说明我们先代的圣王也不是一味使用武力，而是由于特别关怀人民生活上的痛苦，才出兵为他们清除祸害。

“古代圣王的制度：靠近首都东西各五百里的地区叫京畿，畿内王田上的人，按地域的远近，有等差地为天子服役。京畿以外方五百里的地区叫侯圻，这些诸侯每年朝见一次天子。从侯圻到卫圻，共有五圻，各五百里，这些地方应纳贡，宾见于天子。卫圻以外是蛮圻，距离首都三千五百里，夷圻距离首都四千里，他们只要接受约束就行。至于戎狄，他们离首都更远，处在荒凉落后地区，只要求他们服从，不侵略中国。京畿以内的要时常朝见天子，分别供应天子每日对祖先的祭祀。侯圻的供应天子的月祀，每年朝见一次。宾服的供应天子四季的祭祀，分别由二年到五年朝见一次。要服的供应天子每年的岁贡，每六年朝见一次。荒服的只要求一生来朝见一次。有的按日致祭，有的按月致祀，有的按季节供应祭品，有的按年进贡，有的一生来朝见一次，这是古代圣王的规定。有谁该日祭而不来，天子先检查自己的心意是否诚恳；有谁该月祀而不来，天子就检查国家的号令有没有不合理的地方；有谁该时享而不来，天子就检查国家的典礼法制有没有不妥当的地方有谁该岁贡而不来，天子就检查尊卑职责的名号是否安排不正确；有谁该终王而不来，天子就加强修养，提高自己的德行。以上五种情形，天子都依次序检查了，错误并不在朝廷，诸侯仍然有不来的，就可以加以惩罚了。于是乎有处分不日祭的，有攻打不月祀的，有讨伐不时享的，有批评不岁贡的，有劝告不终王的。于是乎有刑罚的条例，有攻打的武力，有征讨的军备，有谴责的命令，有劝谕的文件。宣布了命令，说明了道理，而要服、荒服还是不来朝见，天子就又进一步提高自己的德行，而不让人民艰苦远征。所以，附近的甸、侯、宾的诸侯没有不听命的，遥远的要、荒的诸侯也没有不服从的。

“从大毕到伯仕，他们这两代犬戎族的君主，都按照规定来朝见过。陛下现在说：“我一定要按照不履行宾服的礼节讨伐他，并且要显示我的强大军事力量给他看。”这样做，只怕取消了我们先王的规定，荒服来王的礼制将无形中销亡呢！我听说，犬戎的君主树惇能够遵循祖先的制度，坚守到底，上下齐心，他们一定有办法对付我们。”

穆王不听，还是出兵打犬戎，得到了四条白狼、四只白鹿回来。从此，荒服的诸侯都不来朝见了。

【赏析】

周王朝到了穆王执政时，周王室的统治能力日渐削弱，但由于国家比较安定，生产力有了一定的发展，社会经济繁荣，加上穆王野心勃勃，目空一切，便滋生了要“周行天下”，使他的车辙马迹遍及天下这样一种野心，不顾祭公谋父劝阻，征讨犬戎，借以炫耀自己的神武，正是实现他野心的一个表现，结果却无功而返，仅捕捉到四条白狼，四头白鹿，造成了“荒服者不至”的不良后果。本篇记述了祭公劝阻穆王不要征讨犬戎以及穆不听劝阻而征伐犬戎的后果。

文章主要记述祭公的谏词。谏词以“先王耀德不观兵”为全篇的主脑，分作两个部分加以阐释。前半部分简单说明“观（兵）则玩，玩则无震”不可取，主要阐述先王如何“耀德”。谏词的后半部分就“先王之制”作阐释，说明周之先王建制，依靠的并非靠观兵，而是强调德治，用“增修于德”来服众。最后，穆王不听劝阻征讨犬戎，落个“荒服者不至”的后果，也证实了祭公“耀德不观兵”观点的正确性。

本文结构严密，资料齐全，事实详实，论证层次井然，很具有说服力。

召公谏厉王止谤[1] 《周语》

《国语》

【原文】

厉王虐，国人谤王[2]。召公告曰[3]：“民不堪命矣[4]！王怒，得卫巫，使监谤者[5]。以告，则杀之[6]。国人莫敢言，道路以目[7]。

王喜，告召公曰：“吾能弭谤矣，乃不敢言[8]。”召公曰：“是鄣之也[9]！防民之口，甚于防川[10]。川壅而溃，伤人必多，民亦如之[11]。是故为川者决之使导，为民者宣之使言[12]。故天子听政[13]，使公卿至于列士献诗[14]，瞽献曲，史献书[15]，师箴[16]，瞍赋，矇诵[17]，百工谏[18]，庶人传语[19]，近臣尽规[20]，亲戚补察[21]，瞽、史教诲[22]，耆、艾修之[23]，而后王斟酌焉[24]，是以事行而不悖[25]。民之有口也，犹土之有山川也，财用于是乎出[26]；犹其

周厉王像

原隰之有衍沃也，衣食于是乎生[27]。口之宣言也，善败于是乎兴[28]；行善而备败，其所以阜财用衣食者也[29]。夫民虑之于心而宣之于口，成而行之[30]，胡可壅也？若壅其口，其与能几何[31]？”

王不听，于是国人莫敢出言。三年，乃流王于彘[32]。

【注释】

①召公：召穆公，名虎，国王的卿士。厉王：名胡，公元前878年至公元前841年在位。谤：责备。

②国人：指住在国都里的人口。

③告：禀告。

④民不堪命：人民忍受不了暴虐的政令。

⑤得卫巫：找到卫国的一个巫者。

⑥以告：把谤者告发给厉王。

⑦道路以目：在道路上相遇只能用眼来示意，不敢讲话。

⑧弭（mǐ）：止，消除。乃：终于。

⑨鄣：同障，本义为筑堤防水，这里用作动词，“堵塞”的意思。

⑩防：挡水的堤坝，此处作动词用，“堵塞”之意。川：河流。本句是讲堵塞人民的嘴巴，比堵塞江河的后果还要严重。

⑪壅：堵塞。溃：破堤决口。如之：像这样。

⑫为川者：治水的人。决：疏浚。导：流通。宣：开导。

⑬听政：处理政事。

⑭公卿：即三公九卿。太师、太傅、太保为三公。少师、少傅、少保、冢宰、司徒、宗伯、司马、司寇、司空为九卿。列士：又称元士，即上士。

⑮瞽（gǔ）：盲乐师。古代乐师都以盲人充任。曲：乐曲。史：史官，掌礼法的官。书：指史籍。这句话，史官为之提供记载往古事实

的史籍作借鉴。

⑯师：少师。箴：一种规谏的韵文。

⑰瞍：没有眸子的盲人。赋：带有一定音节腔调的诵读。矇：有眸子而失明的人。

⑱百工：百官。

⑲庶人：一般老百姓。

⑳近臣：国王身边的臣子。规：规劝。

㉑亲戚：指与国王同宗的大臣。补察：弥补国君的过失，监察国君的行为。

㉒瞽、史：乐师和史官。教诲：用歌曲、史籍对王进行教诲。

㉓耆、艾：六十岁的人称耆，五十岁的人称艾。修之：把各种规谏的意见加以整理。

㉔斟酌：考虑取舍。

㉕悖：违背。

㉖是：此，指山川。

㉗其：指土地。原隰：高爽平坦的原野和低下潮湿的土地。衍沃：低下平坦和水源充分的土地。

㉘宣言：发表言论。善败于是乎兴：政事的好坏都从这里反映出来。

㉙备：防备，防范。阜：增多，丰富。

㉚成而行之：意思考虑成熟就会自然流露出来。

㉛与：赞成。

㉜流：放逐。彘：在今山西省霍县境内。

【译解】

周厉王很残暴，朝野上下有人指责他。召穆公告诉他说："人民受不了这样暴虐的统治了！”厉王很生气，找到一个卫国的巫人，叫他监视指责自己的人；巫人把指责厉王的人报告上来，厉王就杀掉他。朝野上下没有人敢说话了，在路上碰到熟人，只用眼睛互相望望。

厉王很高兴，告诉召穆公说：“我能制止人民对我的毁谤了，现在他们竟不敢说话了。”

召穆公说：“您这是勉强堵住人民的嘴。堵住人民的嘴，比堵住洪水还难。洪水堵塞不通，最后泛滥，伤害的人一定很多。人民的情形也是这样。所以，治水的应该给水排除淤塞，让它畅通，治理人民的应该开导他们，让他们说出自己的意见。所以，皇帝办理国家大事时，命令三公九卿一直到列士献上讽谏的诗篇，乐师献上民间的歌谣，太史献上记录古代政治得失的史籍，少师献上劝戒的格言，盲人朗诵公卿列土所献的诗，另一种盲人配合音乐来唱劝戒的诗歌，百官分别从本职工作的角度对皇帝提意见，平民把对政事的意见间接地传达给皇帝，皇帝左右的臣子尽心规劝，皇帝家里的亲人补救他的过失，观察他的工作的好坏。总之，乐师和太史通过献曲献书来教导皇帝，元老大臣对各种问题加以归纳整理，提出意见，最后由皇帝考虑，因此，皇帝办的事没有不合理的。人民有嘴，好像大地上有高山大河，人类的财富都

西周文物

是由它们生产出来的；好像那高地和低处都有平坦和肥沃的田地，人类的衣食资源都是从这里产生出来。人民的嘴发表意见，政事的好坏才因此反映出来。实行人民所欢迎的，预防人民所反对的，就可以用这办法来增产财富，增多衣食。人民在心里考虑的，用嘴说出来，正确的就实行它，怎么可以堵住呢？如果堵住他们的嘴，那能堵住多久呢？”

厉王不听，从此，一般贵族和工商业者没有一个敢说话了。过了三年，就把这暴君放逐到山西霍县去了。

【赏析】

本文写出了西周后期统治者与广大人民之间的尖锐矛盾。在人民反抗日益高涨的形势下，周厉王采用暴虐残忍的统治方式，用肆意杀戮的方法压制国人的批评。召公在一定程度上认识到人民力量的强大，主张听取民意，体察民情，改进统治，来缓和人民的反抗。他用“防民之口，甚于防川”的道理规劝厉王，可惜厉王一意孤行，倒行逆施，最后落了个被“流于彘”的下场。

本文的重点是记述召公的谏词，谏词的主要特点是善于设喻，清金圣叹评：“前说民谤不可防，则比之山川；后说民谤必宜敬听，同比之山川原隰，凡作两番比喻。后贤务须逐番细续之，真乃精奇无比之文，不得止作老生常诵习而已。”

襄王不许请隧[1] 《周语》

《国语》

【原文】

晋文公既定襄王于郏，王劳之以地[2]。辞，请隧焉。王弗许，曰：“昔我先王之有天下也，规方千里，以为甸服[3]，以供上帝山川百神之祀，以备百姓兆民之用，以待不庭不虞之患[4]。其余以均分公、侯、伯、子、男[5]，使各有宁宇，以顺及天地，无逢其灾害，先王岂有赖焉[6]？内官不过九御，外官不过九品，足以供神祇而已，岂敢厭纵其耳目心腹，以乱百度[7]？亦唯是死生之服物采章，以临长百姓，而轻重布之，王何异之有[8]？

“今天降祸灾于周室，余一人仅亦守府[9]，又不佞以勤叔父[10]，而班先王之大物，以赏私德[11]，其叔父实应且憎，以非余一人，余一人岂敢有爱也[12]？先民有言曰：‘改玉改行’[13]。叔父若能光裕大德，更姓改物，以创制天下，自显庸也[14]，而缩取备物，以镇抚百姓[15]，余一人其流辟于裔土[16]，何辞之与有[17]？若犹是姬姓也，尚将列为公侯，以复先王之职，大物其未可改也！叔父其茂昭明德[18]，物将自至，余何敢以私劳变前之大章[19]，以忝天下，其若先王与百姓何[20]？何政令之为也？若不然，叔父有地而隧焉，余安能知之[21]？”

文公遂不敢请，受地而还。

【注释】

《东周列国志》版画之晋文公重耳像

①襄王：周惠王之子，名郑，公元前651年至前619年在位。《佐传·僖公二十四年》：襄王立狄女为后，不料狄女与王的异母弟王子带私通，王废狄女。狄人攻周，襄王被迫出居于汜。第二年，晋文公攻狄，杀王子带，纳王于郏（jiá）。襄王以阳樊、温、原、攒茅四邑之地酬谢文公。隧：地道，这里指墓道。此指天子的葬礼。古代天子死后埋葬，要在墓旁掘一斜的墓道，通过墓道把棺材送进墓穴，此种礼节称为“隧”。

②晋文公：即公子重耳。郏：周的王都，在今河南省洛阳市。劳：酬报。

③规：划分。以为：作为。甸服：畿内之地。

④兆民：万民。不庭：指不来朝贡称臣。不虞：指意外的事变。

⑤其余，指甸服以外的土地。据《周礼》：公之地五百里，侯四百里，伯三百里，子二百里，男一百里。

⑥宁宇：安居之所。顺：指顺应天地尊卑之义。岂有赖焉：哪有什么自私自利之心。赖，利。

⑦内官：宫中的女官。九卿：即九嫔。外官：朝廷的官员。九品：即九卿，指少师、少傅、少保、冢宰、司徒、宗伯、司马、司寇、司

空。神：天神。祇，地神。度：法度。

⑧服物：指吃穿用的物品。采章：彩色花纹。

⑨天降祸灾于周室：指王子带作乱引狄攻周之变。周室，周王室。一人：古代天子对自己的谦称。守府：保住先王的府藏。

⑩不佞（ming）：谦词，不才。这是对自己的谦称。叔父：天子对同姓诸侯之称，此指晋文公。

⑪班：分。大物：指隧葬这种大礼。私德：私人的恩惠。

⑫非：责怪。爱：吝惜。

⑬先民：前人。改玉改行：谓改换了身上的佩玉，必然随着要改变步行的节奏。比喻君臣尊卑不同，文公不应有隧葬。

⑭光裕：推广扩大。更姓改物：易姓、改正朔、易服色。指改朝换代。意思是改变姬姓的周王朝为他姓王朝。庸：功劳。

⑮缩取：收取。备物：指上面所说的“死生之服物采章”。

⑯流辟：流放杀戮。裔土：边远的地方。

⑰何辞之与有：还有什么话同你说呢。

⑱茂昭明德：勉力显示光明的德行。茂，通“懋”，勉力。

⑲私劳：私人恩惠。大章：指服物采章的规定。

⑳忝：辱，有愧于。若：对得住。

㉑余安能知之：我又怎么能知道呢。

【译解】

晋文公已经把逃亡在郑国的周襄王接回到首都洛邑，襄王把京畿内的阳樊等城邑赏赐给他表示慰劳。文公不受，要求让他死后用天子的葬礼——挖出地道，自平地下斜通到墓穴。襄王不允许，说：“从前，我的先王统治天下以后，画出首都周围千里见方的地方，作为京畿，用这里的田赋来供给祭祀上帝、山川和一切神灵的祭品，供应百官和亿万人民的用度，准备应付不来朝见的叛国和其他意外的变故。京畿以外的土地就分配给公、侯、伯、子、男各国，使五等爵位的诸侯各自有安宁的生活环境，有供祭、备患等物资，能顺天心，尽地利，而不会受到灾祸。先王难道有额外的好处吗？宫内的女官只不过九等妃嫔，朝廷的官职也不过九级的卿大夫，刚够供应祭祀罢了，难道还敢尽量满足、肆意放纵自己的耳、目、心、腹的欲望，而破坏一切法度吗？也只是这些送死养生的服饰器具有不同的彩色和花样，便于统治百官，分出贵贱等级，除了这点天子有什么特殊呢？现在，上天降下灾难到我王室，我只算看守王室的，毫无作为，偏偏又不争气，搞出了内乱，以致麻烦叔父您。如果我分赏先王的隧礼给您，报答您对我个人的恩惠，在叔父您这方面就是接受了这种赏赐，也会不满意，反对我这种做法。我难道敢吝惜它吗？古人有句话：'君和臣佩带不同的玉片，行动时发出不同的声响。'叔父您如果能够发扬伟大品德，更改姓氏，变易正朔和服色，成为天子，创建新王朝，使用天子送死养生的服饰器具，来统治百官，那时，我将被流放到边远地区，受到惩罚，还有什么可说的？如果还是我姓姬的做天子，那就还要分清公侯等级，按照我先王的制度办事，天子用的隧礼就还不可以改变。希望叔父您不断提高德行，扩大影响，隧礼总有一天会自然而然被您得到。我如果胆敢因为您对我的私恩而改变原有的制度，以致没脸见天下人，叫我对先王和百官怎么说？还谈什么发号施令呢？如果您认为我这话不对，那么，叔父您自己有地方，自己在上面挖地道，行隧礼，我怎么能干涉它？"文公就不敢要求，接受了赐地回去了。

【赏析】

春秋时期，周天子天下共主的地位已经名存实亡，完全失去了对诸侯的控制能力，各大诸侯国都有觊觎周室的野心。晋文公趁自己有大功于襄王的机会向襄王请求日后使用天子葬礼，遭到了襄王的拒绝。文章主要记述襄王的婉转拒绝之词。可分为四层：第一层从周先王分封建制说起，述说当初分封的时候，周天子除了“规方千里”作“为甸服”，“以供上帝山川百神之祀，以备百姓兆民之用，以待不庭不虞之患”以外，并未谋什么私利，唯一不同的是“服物采章”与诸侯略有区别，以显示天子的特殊身份，与诸侯百官有着上下尊卑之分。第二层是说晋文公虽有勤王之功，但也不能将“先王的大物”用来报私德，晋文公本身也会“憎”此“赏”，进一步作婉转拒绝。第三层是引先民“改玉改行”之说告诉晋文公，如果坚持要用隧葬这种大礼，只有更姓改物，但若还是列为诸侯，那么隧葬这种大礼是不可更改的。不许的口气进而转硬。最后是表示自己决不敢“以私劳变前之大章”，晋文公如果非要用天子之礼，自可实行无须请求。襄王言辞尽管非常婉转，但不许之意十分坚决。襄王的言辞，从头到尾都贯穿着“不许”之意，但却无一字直言“不许，而只婉转地言其“不可许”之故，请吴楚材、吴调侯评：“通篇只是不为天子，不得用隧意。却妙在俱用逆笔振入，无一笔实写不许，而不许之意，一步紧一步。自是使重耳神色俱沮。”

单子知陈必亡[1] 《周语》

《国语》

【原文】

定王使单襄公聘于宋，遂假道于陈，以聘于楚[2]。火朝觌矣，道茀不可行也[3]。候不在疆[4]，司空不视涂[5]，泽不陂，川不梁[6]，野有庾积，场功未毕[7]，道无列树[8]，垦田若蓺[9]，膳宰不致饩，司里不授馆[10]。国无寄寓，县无旅舍，民将筑台于夏氏[11]。及陈，陈灵公与孔宁、仪行父南冠以如夏氏，留宾弗见[12]。

单子归，告王曰："陈侯不有大咎，国必亡[13]。"王曰："何故？"对曰："夫辰角见而雨毕[14]，天根见而水涸[15]，本见而草木节解[16]，驷见而陨霜[17]，火见而清风戒寒[18]。故先王之教曰：'雨毕而除道，水涸而成梁，草木节解而备藏，陨霜而冬裘具，清风至而修城郭宫室[19]。'故夏令曰[20]：'九月除道，十月成梁。'其时儆曰[21]：'收而场功，偫而畚挶[22]。营室之中，土功其始[23]。火之初见，期于司里[24]。'此先王之所以不用财贿，而广施德于天下者也[25]。今陈国火朝觌矣，而道路若塞[26]，野场若弃，泽不陂障，川无舟梁，是废先王之教也。

"周制有之曰[27]：'列树以表道，立鄙食以守路[28]。国有郊牧，疆有寓望，薮有圃草，囿有林池[29]，所以御灾也。其余无非谷土[30]。民无悬耜，野无奥草，不夺农时，不蔑民功[31]。有优无匮，有逸无罢，国有班事，县有序民[32]。’今陈国道路不可知，田在草间，功成而不收，民罢于逸乐，是弃先王之法制也[33]。

《东周列国志》版画之“庄王仗义讨徵舒”图

“周之《秩官》有之曰[34]：‘敌国宾至，关尹以告，行理以节逆之[35]。候人为导[36]，卿出郊劳[37]，门尹除门[38]，宗祝执祀[39]，司里授馆[40]，司徒具徒[41]，司空视涂，司寇诘奸[42]，虞人入材[43]，甸人积薪[44]，火师监燎[45]，水师监濯[46]，膳宰致饔[47]，廪人献饩[48]，司马陈刍[49]，工人展车[50]，百官各以物至[51]。宾入如归，是故小大莫不怀爱。其贵国之宾至，则以班加一等益虔[52]。至于王使，则皆官正涖事，上卿监之[53]。若王巡守，则君亲监之[54]。’今虽朝也不才，有分族于周[55]，承王命以为过宾于陈，而司事莫至，是蔑先王之官也[56]。

“先王之令有之曰：‘天道赏善而罚淫，故凡我造国[57]，无从匪彝，无即慆淫[58]，各守尔典，以承天休[59]。’今陈侯不念胤续之常[60]，弃其伉俪妃嫔[61]，而帅其卿佐，以淫于夏氏，不亦渎姓矣乎[62]？陈，我大姬之后也，弃衮冕而南冠以出，不亦简彝乎[63]？是又犯先王之令也！昔先王之教，茂帅其德也，犹恐陨越[64]；若废其教而弃其制，蔑其官而犯其令，将何以守国？居大国之间，而无此四者，其能久乎[65]？”

六年，单子如楚[66]。八年，陈侯杀于夏氏[67]。九年，楚子入陈[68]。

《东周列国志》版画之“庄王仗义讨徵舒”图

【注释】

①单（shàn）子：指单襄公，名朝，定王的卿士。

②定王：名瑜，周襄王之子，顷王之弟，公元前 606 年至前 586 年在位。聘：通问修好。春秋时期，诸侯与天子和诸侯之间都有这种礼节。假道：借路。

③火朝觌：心星已经在早上出现。火：星名，即心星，是一颗恒星。觌：见。夏历十月心星便开始在早上出现于天空。道茀：道路被枯烂的野草阻塞。

④候：即候人，专司在边境上迎送宾客的官员。疆：边境。

⑤司空：掌管土木、水利工程的官。视涂：巡视道路。

⑥泽：湖沼。陂（bēi）：堤岸。梁：桥梁。

⑦庾：露。积：积聚之物。场功：指收割庄稼等农活。

⑧列树：种植在道旁用以作为道路标志的成行树木。

⑨垦田：指已经耕种过的田地。

⑩膳宰：即膳夫，掌管宾客饮食的官员。饩：活的牲畜。司里：即里宰，掌管宾馆的官。不授馆：不安排供客人起居休息的馆舍。

⑪寄寓：旅馆。夏氏：指陈大夫夏征舒。

⑫南冠：即楚国的帽子，因楚在南方，故称南冠。这里用作动词，意为戴着楚人的帽子。此句指陈灵公君臣三人到夏征舒家与其母淫乱。如：往。宾：指单襄公。

⑬咎：灾祸。

⑭辰角：星名，即角宿，二十八宿之一，辰角于夏历九月初寒露节的早晨出现在东方的天空。雨毕：雨气已尽。

⑮天根：即二十八宿中的氐宿，在寒露后五天的早晨出现在天空，此时雨水已少。涸：竭尽。

⑯本：即氐宿，寒露节后十天早晨在天空出现。此时阳气尽，因此草木开始凋谢。草木节解：草木的枝叶脱落。

⑰驷：又称天驷，即二十八宿中的房宿，九月中旬露降节早晨出现在天空。陨霜：降霜。

⑱火：二十八宿中的心宿，霜降节后早晨在天空出现。清风：凉风。霜降节后，清风先至。戒寒：告诫人们准备御寒。

⑲除道：整修道路。成梁：架设桥梁。备藏：预备收藏谷物。冬裘具：冬天的衣服都置办齐全。

⑳夏令：夏时的政令。

㉑儆：告诫。

㉒而：你，你们。偫（zhì）：备办。畚挶：盛土和抬土的工具。

㉓营室：星名，又名室星，农历十月的黄昏出现于南方的正中。土功：土木建筑工程。

㉔期：会。

㉕财贿：浪费财物。

㉖塞：隔绝。野场若弃：田野和场地上的庄稼就像被抛弃一样，无人过问。泽不陂障：沼泽和水塘都不修堤坝。

㉗周制：周人祖先定下的制度。

㉘表：标记。鄙食：四面边邑。古时，每隔十里设一庐舍，备有饮食，以接待往来的客人。

㉙郊牧：据《尔雅》："国外谓之郊，郊外谓之牧。"指都城外能放牧的地方。疆：边境。寓：指客舍。望：候望，接待。薮（sǒu）：水浅草茂的沼泽地。囿（yòu）：茂盛。囿：蓄养禽兽、种植树木的园林。

㉚谷土：种植谷物的土地。

㉛耜（sì）：一种起土的农具。奥草：深草。夺：侵占。蔑：无视，废掉。

㉜优：富裕。匮：不足。罢：通"疲"劳累。国有班事：国都里各行各业都井然有序。县有序民：指四郊百姓服役和休息很有秩序。

㉝道路不可知：指无列树以标识道路，人们难以分辨道路。功成而不收：指庄稼成熟了无人收割。罢：疲困。

㉞周之《秩官》：《周官》的篇名，今《周礼》无此篇。

㉟敌国：地位对等的国家。关尹：主管出入关口的官吏。掌管四方来宾。行理：官名，行人（主管外交事务）的助手。节：符节，古时使者的信物。逆：迎接。

㊱候人：在道路上迎送宾客的官员。

㊲卿：天子、诸侯所属的高级长官。郊劳：据《周礼·聘礼》："宾至于近郊，使卿朝服，用束帛劳之。"

㊳门尹：守门的官吏。除：打扫。

㊴宗：宗伯，掌管祭祀典礼的官员。祝：太祝，掌管祝辞祈祷之事的官员。

㊵授馆：安排宾客馆舍。

㊶司徒：掌管国家的土地和人口的官员。具徒：提供服役的人员。

㊷司寇：掌刑狱纠察的官员。诘奸：查问奸盗。

㊸虞人：管理山泽的官员。材：木材。

㊹甸人：管理薪蒸之事的官员。

㊺火师：监管火烛照明的官员。燎：庭燎，即庭中照明的火炬。据《周礼》记载，凡国有大事集会众人，都要设火炬以照明。

㊻水师：监管洗涤之事的官员。监濯：察看器具是否洗涤干净。

㊼饔：熟食。原文作“餐”，据《国语》改。

㊽廪人：管理粮米出纳的官员。

㊾司马：掌管养马的官员。刍：喂马的干草料。

㊿工人：管理工匠的人。展车：检查客人的车子。有损坏者要修好。

51各以物至：各自拿出自己所掌管的物资来。

52贵国：大国。班：位次。加一等：尊一级。

53王使：周天子的使者。官正：官长。涖事：亲自到场执行任务。上卿：国家最高官员。

54巡守：天子到诸侯境内巡行视察。守：同“狩”。

55朝：单襄公自称。分族：亲族的分支，指王之族亲。

56过宾：路过的使者。司事：主事的官员。蔑：轻视。先王之官：指先王所定的官制。

57造：建设。

58无从匪彝：不要跟着做那些不合伦常的事。彝，常法。非彝：不法。慆（tāo）淫：傲慢放纵。

59典：法制。休：吉庆。

60胤续：续嗣、后代。常：纲常，指当时的伦理道德。

61伉俪：配偶。

62卿佐：指孔宁、仪行义。渎姓：污辱妫姓。因陈灵公与夏征舒均姓妫，夏征舒之父夏御叔为灵公之叔祖父，而灵公淫于夏御叔之妻，实为乱伦，故说是渎姓。

⑥3大姬：即太姬，周武王之女，虞国胡公之妃，为陈之远祖妣。衮冕：周之礼服和礼帽。简彝：怠慢法度。

⑥4茂：勉力。帅：同“率”，遵循。陨越：坠落，即遭覆灭。居大国之间：指陈处在晋、楚两个大国中间。

⑥5此四者：指上文所说的先王的教诲、法规、官制、训令。

⑥6六年：周定王六年（前601年）。

⑥7八年：指周定王八年。陈侯杀于夏氏：指灵公被夏征舒所杀的事。

⑥8九年：指周定王九年。楚子入陈：指这年冬天楚庄王以讨伐夏征舒之名攻打陈国，入陈杀夏征舒，将陈置为楚县。

【译解】

周定王派卿士单襄公去宋国进行友好访问，顺便向陈国借路经过，到楚国去进行访问。这时是夏历十月，火星在早上出现了，一走进陈国，看见路上长满杂草，没法行走；负责迎送外宾的候人不在国境上，负责交通的司空不检查道路，池塘不修堤坝，河上没架桥梁，田野上的积谷放在露天里，庄稼没有及时收割，大路边没有成行的树，开垦了的田土质瘠薄，长的庄稼好像稀疏的茅芽，炊事员不送上活的牲畜，宾馆负责人不招待外宾住宿，全国没有旅馆，都城附近六十里内没有息歇地方，陈国的人民都忙着准备到夏大夫家里为陈侯筑一座游览风景的高台。到了陈国的都城，陈灵公正和大夫孔宁、仪行父轻佻地戴着楚国式样的帽子到夏家去，把外宾丢在一边不接见。

单襄公回到王城后，告诉定王说：“陈侯本身不遇到大灾难，陈国就一定要灭亡。”

定王问：“什么缘故？”

单襄公答道：“大辰苍龙的角星在九月初寒露节出现，这时，雨水没有了；再过五天，天根星早上出现，塘里的水全干了；又再过五天，氐星早上出现，草木的枝节都脱落了；九月中，房星早上出现，就降霜了；霜降后，心星早上出现，凉风吹来，警告人们该防寒了。所以，古代圣王总结经验说；九月雨水没有了，应该修平道路；十月水干了，应该建好桥梁；草木零落时节做好庄稼收藏工作；降霜时，过冬的皮衣该准备好；凉风起时，该修缮内城、外郭和宫室。所以夏令说；'九月修路，十月修桥。'到期又警告人民说：'结束你们打场的农活，准备好你们的土箕、扁担，小雪时节，定星在黄昏时出现在天中央，建筑工程可以开始。火星刚刚出现时，大家带好工具，在司理那儿集合。'古代圣王就是这样不花钱却普遍地给天下人民做了好事。现在陈国在火星早上出现的时节，道路却好像塞住了，'田野的庄稼好像都被抛弃了，池塘不筑堤坝，河上没有浮桥和桥梁，这是违背了古代圣王的教导啊！

周定王陵

"周制上有这么一段话：'在大路上等距离栽两排树，用它来标记道路的远近。四郊每隔十里就有客站，站里有食物，建立这种客站是用来守护道路上的旅客。都城四围有郊区，有牧地。边境上有宿舍和瞭望哨兵。干涸的薮泽中有茂盛的草。园子里有很多大树，池里有很深的水。这些是用来防备兵灾和饥荒的。其馀无非是种谷子的田地，农民没有挂起来的犁耙，田野都开垦了，没有很长的草。不妨碍农时，不浪费劳动力。这样一来，大家都富裕，没有贫穷的。大家都轻松，没有疲劳过度的。城市里有各级官员，各负其责。各县城乡居民有秩序地劳动着。’现在，陈国的道路上没栽树，根本不认识。田蒙在草里。庄稼熟了也不收割，就是割下的也没进仓。为了满足陈侯享乐的要求，人民成年累月被迫着去服劳役，简直累死了！这是废除了古代圣王的法制呀！

“我们周代的秩官篇上有这么一段话：‘等级相同的国家，她的外交人员到了，掌管城门的关尹把情况报告国君，小行人手持瑞节去迎接，候人引路，卿到郊外用一束帛慰劳客人，门尹扫除门庭，外宾到国君祖庙里致敬，宗伯、太祝掌握祭祀礼节，司里安置客人到宾馆，司徒召集仆役，清除路上的垃圾，司空视察道路是否平坦，司寇查禁奸盗，虞人送进各种兽肉和水产，甸人堆积燃料，火师照料照明的大烛，水师照料洗涤的事，膳宰送上熟食，廪人献上禾米，司马带领马夫铺好马吃的草，工人检查客人的车子，及时修补，百官分别带供应物品到宾馆。客人进到宾馆就像回到家里，所以，等级高或低的外宾没有一个不满意。如果大国的客人来了，就用高一级的官员接待，格外加敬。至于天子的外交官来了，那就都是官长负责接待，上卿检查他们的工作是否负责。如果天子来视察，那就由国君亲自检查接待工作。’现在虽然我无德无能，但系天子的亲族，是奉了天子的命令在陈国做路过的客人，而一般接待人员都没有一个到，这简直把先王的官不放在眼里。

“文王、武王的教令这样说：‘上天的原则是奖励好人而处罚坏人。所以，凡是我分封的诸国，不要做不合理的事，不要堕落到放荡淫乱的地步，应该各自遵守你们的制度，从而接受上天的赐福。’现在，陈侯不考虑后嗣的重要性，抛弃他的正式的妻妾，带了那伙无耻的大夫，在夏家乱搞男女关系，这不是混乱本家的行为吗？陈侯，是我周王室太姬的后代，现在，他却抛弃正式礼服而戴楚国式样的帽子外出，不是轻视了常规吗？这又是违犯了文王、武王‘无从非彝’的教训啦！

“对于文王、武王的教训，就是努力遵循那种原则去治国，都还怕会发生危险；如果不听那种教训，抛弃那种制度，蔑视那种职责，违犯那种命令，还怎样去保住国家？处于晋楚两个大国之间，而没有教、制、官、令这四点，还能长久存在吗？”

定王六年，单襄公到楚国去。定王八年，陈侯被夏征舒杀死了。定王九年，楚庄王出兵占领了陈国。

【赏析】

单襄公作为天子的使者假道而过陈国，亲眼目睹了陈国的腐败现象和混乱局面，预言“陈侯大有不咎，国必之”。并从四个方面进行论证：一是不修内政，原野荒凉，“废先王之教”；二是农业生产遭破坏，“弃先王之法制”；三是不务外交，冷落王臣，“蔑先王之官”；四是君臣荒淫，“犯先王之令”。四个方面娓娓道来，有条不紊，极具说服力。

全文从叙述开始，中间夹叙夹议，先叙所见，后议所叙，这是本文一大特色，清余诚对此有评曰：“议论全从叙事生出，犹是文家常法。叙事挨次顺写，一片浑成。议论依类推断，条分缕析。已自变化无端，况其叙事议论，又皆句调屡换，或对或不对，更觉参差处亦严整，严整处亦参差。至前以叙事为起伏，中以四段为照应，后以总束为收煞，章法复极紧密。锤炼之功，孰能逾此？后生家手笔平衍涣散者当熟玩之。”

展禽论祀爰居[1]　《鲁语》

《国语》

【原文】

海鸟曰“爰居”，止于鲁东门之外二日，臧文仲使国人祭之[2]。展禽曰：“越哉，臧孙之为政也[3]！夫祀，国之大节也[4]；而节，政之所成也[5]。故慎制祀以为国典[6]。今无故而加典，非政之宜也[7]。夫圣王之制祀也，法施于民则祀之[8]；以死勤事则祀之[9]；以劳定国则祀之[10]；能御大灾则祀之[11]；能捍大患则祀之[12]。非是族也[13]，不在祀典[14]。昔烈山氏之有天下也，其子曰柱，能植百谷百蔬[15]。夏之兴也，周弃继之，故祀以为稷[16]。共工氏之伯九有也，其子曰后土，能平九土，故祀以为社[17]。黄帝能成命百

黄帝像，图出自明·天然撰《历代人物像赞》

物，以明民共财，颛顼能修之[18]。帝喾能序三辰以固民[19]，尧能单均刑法以仪民[20]，舜勤民事而野死[21]，鲧障洪水而殛死[22]，禹能以德修鲧之功[23]，契为司徒而民辑[24]，冥勤其官而水死[25]，汤以宽治民而除其邪[26]，稷勤百谷而山死[27]，文王以文昭[28]，武王去民之秽[29]。故有虞氏禘黄帝而祖颛顼，郊尧而宗舜[30]；夏后氏禘黄帝而祖颛顼，郊鲧而宗禹[31]；商人禘舜而祖契，郊冥而宗汤[32]；周人禘喾而郊稷，祖文王而宗武王[33]。幕能帅颛顼者也，有虞氏报焉[34]；杼，能帅禹者也，夏后氏报焉[35]；上甲微，能帅契者也，商人报焉[36]；高圉、太王，能帅稷者也，周人报焉[37]。凡禘、郊、祖、宗、报此五者，国之典祀也。加之以社稷山川之神，皆有功烈于民者也[38]；及前哲令德之人，所以为民质也[39]；及天之三辰，民所以瞻仰也；及地之五行，所以生殖也[40]；及九州名山川泽，所以出财用也。非是，不在祀典。今海鸟至，己不知而祀之，以为国典，难以为仁且知矣。夫仁者讲功，[41]而知者处物[42]。无功而祀之，非仁也；不知而不问，非知也。今兹海其有灾乎？夫广川之鸟兽，恒知而避其灾也[43]。”

是岁也，海多大风，冬暖。文仲闻柳下季之言，曰：“信吾过也！季子之言，不可不法也[44]。”使书以为三策[45]。

【注释】

①展禽：即柳下惠，名获，鲁国的大夫。爰居：海鸟名，栖于海岛。

②臧文仲：名辰，鲁国的执政大夫。

③越：越礼。臧孙：指臧文仲。为政：处理政务。

④大节：大礼。古人把祭祀和打仗看作国家的两件大事。

⑤政之所成也：意为礼制是政治取得成功的关键。

⑥制祀：指制定祀典。典：常法。

⑦宜：合适。

⑧法施于民：创制的法规有恩惠于民众。

⑨以死勤事：为国事勤劳而死。

⑩以劳定国：为安定国家而有劳绩。

⑪御大灾：抵御大灾难。

⑫捍大患：阻止大祸患。

⑬族：类。

⑭不在祀典：不在祭祀法典之列。

⑮烈山氏：神农帝号，传说他生于烈山的石穴，因以称之。烈山：在今湖北省随县北。柱：烈山氏的后世子孙，因善于种植五谷和蔬果，因而做了农官。

⑯弃：周人的始祖，善于种植。稷：谷神。

⑰共工氏：传说中的部落首领，因任水官，故以共工氏称之。伯(bà)：通“霸”。九有：九域，即九州之地。传说共工氏在伏羲氏之后曾称霸九州，为高辛氏所灭。 后土：共工氏的后世子孙，名句龙，曾辅助黄帝做土官，后世祀他为土神。

⑱黄帝：传说中中原各族的共同祖先。少典之子，姓公孙，生于轩辕之丘，故又称轩辕氏。国于有熊，故又称有熊氏。他曾打败炎帝和蚩尤，被诸侯尊为天子。成命百物：定百物的名称。命，通“名”。明民：使百姓明白事理。共财：供给国家的财用。颛顼：传为古代帝王，黄帝之孙，号高阳氏。能修之：能继续完成黄帝的事业。

⑲帝喾（kù）：传为黄帝之曾孙，尧的父亲，号高辛氏，能通天文历法。三辰：指日、月、星。这句说，帝喾能将日、月、星运行的规律告知人民，使人民知道耕作和休息的时间，从而安居乐业。

⑳尧：传为帝喾之子，号陶唐氏，名敦勋。单：尽。均：平。仪：善。这句话，尧能尽力使刑法公平，让老百姓都能向善。

㉑舜：即虞舜，姓姚，名重华，又称有虞氏，传为颛顼六世孙，继尧即位。野死：指他因征有苗而死于苍梧之野。

㉒鲧（gǔn）：传为颛顼之后，禹的父亲。障：防，堵塞。殛：诛。传说尧命鲧治理洪水，鲧用筑堤的方法堵水，九年没治好，被舜诛杀于羽山。

㉓禹：即夏禹。传说鲧死之后，禹受命继续从事鲧的事业，采取疏通江河导流入海的方法，洪水治平。

㉔契：传为帝喾之子，虞舜时期任司徒，辅助禹治水有功、受封于商，为商人的始祖。司徒：掌教化之官。民辑：人民融洽相处。

㉕冥：契的六世孙，夏时任水官。勤其官：辛勤地尽其职守。水死：死于水。

㉖汤：即成汤，契的十四世孙。除其邪：指推翻夏桀，把桀流放到南巢。于是拥有天下，成为商代开国君主。

㉗稷：即周人的始祖弃，弃在夏代任农官，教民种植五谷，死于黑水之山，也称后稷。

㉘文王：弃的裔孙，姓姬，名昌。以文昭：以文德而著称。

㉙武王：文王之子，名发。秽：指残暴无道的纣王。

㉚有虞氏：此指舜的后代。禘：古代天子祭祀祖先的大祭典。有虞氏始祖所自出之帝为黄帝，故以禘礼祭祀黄帝。祖：祭名，指祭祀开国之祖的祭祀。颛顼能继承黄帝的功业，所以用祖祭之礼祭颛顼。郊：古时在郊外祭天，也配祭祖先。舜是受尧的禅让而为帝的，故郊祭尧。宗：指祭祀宗族长。舜崩后，其子孙宗舜。

㉛夏后氏：指禹的后代。夏后氏亦为黄帝、颛顼之后，故亦以禘礼祭黄帝、祖礼祭颛顼，而以郊礼祭鲧、宗礼祭禹。

㉜商人禘（dì）舜："舜"应作"喾"，因喾为契之父，契为商人的始祖。

㉝周人禘喾而郊稷：因喾为稷之父，稷为周人的始祖。

㉞幕：相传为舜的后代。帅：通“率”，遵循。报：报答恩德的祭礼。

㉟杼（zhù）：相传为禹的七世孙，即少康之子季杼。

㊱上甲微：相传为契的八世孙，汤的祖先。

㊲高圉：后稷的十世孙。太王：高圉之曾孙，即文王的祖父古公亶父。

㊳功烈：功绩。

㊴质：信，信任。

㊵五行：即金、木、水、火、土五种物质。

㊶讲功：讲求功德。

㊷处物：正确地对待事物、规律。

㊸恒：常常，经常。

㊹法：作动词，“以为法规”之意。信吾过也：这的的确确是我的过错啊。

㊺使书以为三策：命人把展禽的话用三枝简策分别记录下来。

颛帝像，图出自明·天然《历代古人像传》。

【译解】

有一只叫“爰居”的海鸟，飞到鲁国都城东门外，停落在那里整整两天。鲁国大夫臧文仲派遣贵族的人去祭它。

展禽说："臧孙负责政治工作，却不知道抓住要点。祭祀，是国家的大礼，而礼，是政治成功的根据。所以，必须小心地制定祭祀对象作为国家的常法。现在，无缘无故地增加国家的常法，不是政治上应该做的。

"古代圣王制定祭祀对象是这样：制定良法，对人民有好处。这样的人，就祭祀他；为国事操劳，一直到死，对这样的人，就祭祀他；用最大的努力安定了国家，对这样的人，就祭祀他；能够抗住大灾祸的，对这样的人，就祭祀他；能消除大害、保卫国家的，对这样的人，就祭祀他。不是这类情形的，不在祭祀对象之列。从前烈山氏统治天下的时候，他的儿子叫柱，能教导人民种植各种庄稼和菜蔬。夏朝兴起以后，周族的弃继承了柱的事业，所以，国家祭祀他，把他尊为谷神。共工氏成为天下霸主时，他的儿子叫后土，能够领导人民开垦天下的田地，所以，国家祭祀他，把他尊为土神。黄帝能够定出各种物件的名称，从而使人民认得清楚，能够供给国家的赋税。颛顼能继承黄帝的功业。帝喾能认识月、月、星运行的规律，制定历法，教导人民知道农业生产的节气，从而使人民安居乐业。尧能够全面公平地执行刑法，从而使人民守法向善。舜由于勤劳国事，远征有苗，死在苍梧的野地里。鲧由于修筑堤防阻挡大水，没有成功而被尧杀死。禹能发挥自己的能力来继承他父亲鲧的事业并加以发展，终于治好了大水。契在尧时担任司徒，善于教育人民，使大家和睦相处。冥在夏朝负责水利工程，由于对工作特别努力，最后淹死在水里。汤用宽大政策治理人民，赶走暴虐的桀王，为人民除害。稷辛苦地教导人民种植百谷，最后死在黑水之山。文王由于文德显著，天下归心。武王伐纣，铲除了人民的祸根。所以，有虞氏在园丘祭昊天时，以黄帝配享，同时在明堂祭五帝时，以颛顼配享；在南郊祭上帝时，以尧配享，同时在明堂祭五帝时，以舜配享。夏后氏祭昊天由黄帝配享，同时祭五帝由颛项配享；祭上帝以鲧配享，同时祭五帝以禹配享。商朝祭昊天以帝喾配享，同时祭五帝以契配享；祭上帝以冥配享，同时祭五帝以汤配享。周朝祭昊天以喾配享，祭上帝以稷配享，祭五帝时分别以文王和武王配享。舜的后代叫幕的，能继承颛顼的德业，有虞氏以报德的祭礼祭他。禹的七代孙季杼，能继承禹的德业，夏后氏以报德的祭礼祭他。契的八代孙上甲微，能继承契的德业，商朝以报德的祭礼祭他。稷的十代孙高圉，高圉的曾孙太王，都能继承稷的德业，周朝以报德的祭礼祭他们。总之，禘、郊、祖、宗、报，这五种祭礼，是国家法定的祭祀。

“再加上社、稷、五岳、四渎（江、河、淮、济）的神，都是对人民有大功的；以及古代哲人、道德高尚的人，祭他们，是把他们做人民的榜样；以及天上的日、月、星，它们是人民仰望的；以及大地上的金、木、水、火、土，是人民利用它们来进行生产的；以及九州的名山大河，是人民依靠它们生产木料和水产的。不是这一类，就不在祭祀对象之列。

“现在，海鸟飞来了，臧孙自己不知道而去祭它，还把这规定为国家的祭礼，很难说这种行为是忠厚和聪明。仁慈的人爱一个人必定要考虑这人的功绩，聪明的人对于事物必定要研究正确对待的方法。这头海鸟对人民没有任何功劳，却去祭它，这不是仁慈的行为；自己不知道又不去请教别人，这不是聪明的态度。今年海上大概将发生什么变故吧？大河大海上的飞禽走兽，常常会事先知道躲避那种变故的。”

这年，海上很多大风，冬季气候很暖。

臧文仲听到柳下季的话，说：“确实是我的错误，季子的话不可以不作为原则记下来。”吩咐史官写在三套竹简上，分送给司马、司徒和司空。

【赏析】

祭祀鬼神，是古人宗教迷信的产物，殷周时期，统治者把它作为“国之大事”纳入国家的制度，严格规定和选择所祭祀的鬼神以及祭祀的等级、程度、礼节，并排斥那种祭祀非被祭祀鬼神的做法。

本文记述的是一只海鸟爰居停留在鲁国东门之外不肯离去，执政大臣臧文仲让百姓祭祀它，展禽认为海鸟爰居为非被祭祀的鬼神，祭祀它是“无故加典”的行为而坚决反对。他首先提出祭祀的原则：“法施于民”、“以死勤事”、“以劳定国”、“能御大灾”、“能捍大患”，符合这五个条件之一才能进行祭祀。其次列举历代圣贤的业绩以及他们的祭祀情况。接着提出被祭祀的只能是“有功烈于民”的人或物，祭祀爰居是违背立祀的根本原则的。最后推测海鸟爰居来居海难的先兆。文章反映了后人对历史人物的敬仰和对自然现象的崇拜，同时也反映了春秋时期，人们对待鬼神的观点，已有了某种程度的变化，这点具有一定的历史进步性。

里革断罟匡君① 《鲁语》

《国语》

【原文】

宣公夏滥于泗渊②，里革断其罟而弃之，曰："古者大寒降，土蛰发③，水虞于是乎讲罛罶④，取名鱼，登川禽⑤，而尝之寝庙⑥，行诸国人，助宣气也⑦。鸟兽孕，水虫成⑧，兽虞于是乎禁罝罗，矠鱼鳖⑨，以为夏槁⑩，助生阜也⑪。鸟兽成，水虫孕，水虞于是乎禁罝罜⑫，设穽鄂，以实庙庖，畜功用也⑬。且夫山不槎蘖⑭，泽不伐夭⑮，鱼禁鲲鲕，兽长麑麇⑯，鸟翼鷇卵⑰，虫舍蚳蝝⑱，蕃庶物也⑲，古之训也。今鱼方别孕⑳，不教鱼长，又行网罟，贪无艺也㉑。"

公闻之曰："吾过而里革匡我，不亦善乎！是良罟也，为我得法㉒。使有司藏之，使吾无忘谂㉓。"师存侍㉔，曰："藏罟不如置里革于侧之不忘也。"

【注释】

①里革：鲁国大夫。断：割断。罟（gǔ）：网。

②宣公：指鲁国的君主，滥：沉浸，下网捕鱼。泗：泗水，流经鲁国都城曲阜。渊：深水。

③大寒降：谓大寒以后。大寒：二十四节气之一。土蛰发：指冬眠在土中的虫类，苏醒过来。

④水虞：掌管川泽的官员。讲：司。罛（gū）罶（liǔ）：大鱼网和捕鱼的竹篓。

⑤名鱼：大鱼。登：读“得”，搜求。川禽：指鱼鳖、水虫等水中动物。

⑥尝：秋祭的名称。据《礼记·月令》：孟秋之月（农历七月），五谷成熟，天子尝新，要先在宗庙供祭祖先。寝庙：古代宗庙有前殿和后殿，前殿称庙，为供祭祖先之所，后殿称寝，为藏祖先衣冠之所。

⑦诸：“之于”的合音。助宣气也：帮助疏通阳气。

⑧鸟兽孕，水虫成：指春季鸟兽怀孕生卵，水里的生物成长的时候。

⑨兽虞：掌管鸟兽的官员。罝（jiē）：捕兔的网。罗：捕鸟的网。矠：刺取。

⑩槁：指鱼干。

⑪阜：生长。

⑫罜（zhù）罷（lù）：应作“罜罷”，小鱼网。

⑬穽：陷阱。鄂：柞格，以柞木做成的捕兽机具，上面盖上乱草，使野兽不能分辨，误踏上去便被夹住。以实庙庖：用来充实宗庙的祭品和厨房的食品。

⑭槎：砍伐。蘖：被砍伐过的树木生出的嫩枝条。

⑮夭：指还未成长起来的草木。

⑯鲲（kūn）鲕（er）：小鱼苗。麑：幼鹿。麈：幼麋。

⑰翼：作动词，用翅膀遮护。鷇：尚待哺食的雏鸟。

⑱舍：同“捨”。蚳：蚁卵。蝝：未生翅的蝗子。

⑲蕃：繁殖。庶物：万物。

⑳鱼方别孕：谓雌鱼刚刚受孕而与雄鱼分开。

㉑艺：限度。

㉒匡：纠正。是良罟也：意为一张有良好教育意义的网啊。

㉓有司：指官吏，因古代设官分职，各有专司，故称官吏为“有司”。谂：规谏。

㉔师：乐师。存：乐师之名。

【译解】

鲁宣公夏天把鱼网浸在都城南门外泗水的深处捕鱼，大夫里革砍断了他的网抛掉，说：“古代的规定：十二月大寒过去之后，正月，蛰伏在土里的昆虫开始苏醒，渔师在这时整理好大鱼网、笼筍，捕捉大鱼，捞上甲鱼、大蛤蜊一类东西，国君用来祭祀宗庙，并命令全国的贵族和平民也用来祭祖，这样做是帮助地下的阳气宣泄出来。到了春天，雌性鸟兽都怀孕了，鱼类长大了，兽虞在这时禁止人们用兔网捉兔子，用鸟网捉鸟，但可以用叉子到水里叉鱼，夏天晒干。这样做是帮助鸟兽生育繁殖。夏天，鸟兽长大了，鱼类在怀孕，渔师在这时就禁止人们下网捕鱼，即使小网都不行；却派人装置柞格捉野兽，供应宗庙的祭品和宴会的食物。这样做，也让人民储藏水里的鱼，以便需要时使用。再说，到山上斫柴，不能斫树根刚长出的嫩枝，到水边割草，不能割掉还没长成的草；捕鱼，禁止捕鱼子；捕兽，该放开小鹿和小麋，让它们长大；捕鸟，要保护鸟孵的卵；捉爬虫，要丢开蚁卵和没生翅的蝗子：总之，为了繁殖一切生物。这是古代的经验总结。现在，雌的鱼刚刚和雄的分开，怀孕了，您不指示人民应该让鱼繁殖，反而下网捕鱼，真是贪心不足啊！”

宣公听到这番话，说：“我错了，里革纠正我，多么好啊！这破网真是一个好网，给我找到了古代许多好经验。”吩咐有关的官吏保藏它：“让我永远不会忘记里革的批评。”

一位叫存的乐师站在旁边伺候，说：“保藏这破网，不如把里革放在您身边，让您经常听到忠告，更加不会忘记啊！”

【赏析】

向来臣子为挽救君主的过失，敢于冒犯君威直言劝谏者有之，但像里革那样，以“断罟”的行动，直接针锋相对地反对宣公“夏滥于泗渊”的做法，却并不多见。结果他不但未遭到宣公的任何责难或处分还受到了赞扬。这可归功于里革借古讽今来劝谏宣公的一番谏词。谏词主要内容是详细介绍了古人对捕鱼猎兽原则的规定，强调捕鱼猎兽应取之有时，用之有度，直接指出在夏天捕捞正在繁殖的鱼是贪得无厌的行为。宣公听后深受启发，诚恳得接受了里革的意见。

里革的直言敢谏和宣公的虚心纳谏被传为一段佳话，清吴楚材、吴调侯对此有评曰：“述古训处，写得宾主杂然，具有错综变化之妙。入今事，只‘贪无艺也’四字，是极谏意。宣公闻谏，私心顿释；师存进言，意味深长，正堪并美。”

从本文可看出古人就已产生了对生态环境的保护意识，对现代人也具有一定的指导意义。

敬姜论劳逸①　《鲁语》

《国语》

【原文】

公父文伯退朝，朝其母，其母方绩②。文伯曰："以歜之家而主犹绩，惧干季孙之怒也③，其以歜为不能事主乎！"

其母叹曰："鲁其亡乎！使僮子备官而未之闻邪④？居，吾语女⑤。昔圣王之处民也⑥，择瘠土而处之，劳其民而用之，故长王天下⑦。夫民劳则思，思则善心生⑧；逸则淫，淫则忘善，忘善则恶心生⑨。沃土之民不材，淫也⑩；瘠土之民莫不向义，劳也⑪。是故天子大采朝日，与三公九卿祖识地德⑫；日中考政，与百官之政事，师尹惟旅、牧、相，宣序民事⑬；少采夕月，

孔子像

与太史、司载纠虔天刑[14]；日入监九御，使洁奉禘、郊之粢盛，而后即安[15]。诸侯朝修天子之业命[16]，昼考其国职，夕省其典刑[17]，夜儆百工，使无慆淫，而后即安[18]。卿大夫朝考其职[19]，昼讲其庶政，夕序其业[20]，夜庀其家事，而后即安[21]。士朝受业，昼而讲贯，夕而习复[22]，夜而计过无憾，而后即安[23]。自庶人以下，明而动，晦而休，无日以怠[24]。

王后亲织玄紞[25]，公侯之夫人加之以紘綖[26]，卿之内子为大带[27]，命妇成祭服，列士之妻加之以朝服[28]，自庶士以下，皆衣其夫[29]。社而赋事，烝而献功[30]，男女效绩[31]，愆则有辟[32]，古之制也。君子劳心，小人劳力，先王之训也。自上以下，谁敢淫心舍力[33]？

"今我寡也，尔又在下位，朝夕处事，犹恐忘先人之业[34]。况有怠惰，其何以避辟！吾冀而朝夕修我曰[35]：'必无废先人[36]。'尔今曰：'胡不自安？'以是承君之官，余惧穆伯之绝嗣也[37]。"

仲尼闻之曰："弟子志之，季氏之妇不淫矣[38]。"

【注释】

①敬姜：公父穆伯的妻子，其子公父文伯担任鲁国大夫。

②公父文伯：鲁大夫，名歜，鲁季悼子之孙，公父穆伯之子。退朝：朝见君主后回到家里。朝其母：拜见他的母亲敬姜。古代臣子拜见君主、儿子拜见父母都称朝。绩：绩麻。

③歜（chù）：文伯自称其名。主：主母，古代贵族家庭女主人之称。干：惹怒。季孙：指季康子，时为鲁国正卿。

④僮子：本指未成年的男子，此指不明事理的糊涂人。备官：居官，充任官职。未之闻：没听说过做官的道理。

⑤居：坐下。女：同"汝"，你。

⑥处民：对待百姓。

⑦王：统治。

⑧思：指思俭约。

⑨淫：放纵，放荡。

⑩沃：肥美。材：同“方”。

⑪向义：向往道义。

⑫大采：五采的衮服。朝日：天子以每年春分朝日。三公：指太师、太傅、太保三位最高长官。九卿：指朝中分管各个部门的长官少师、少傅、少保、冢宰、司徒、宗伯、司马、司寇、司空。祖识：熟悉了解。地德：指土地的性能。

⑬日中考政：白天考察朝政和各部官员的工作。师尹：大夫官，在卿士之下。旅：众士。牧：州牧。相：国相。宣序民事：部署民事。

⑭少采：三采的衮服。夕月：帝王在秋分之夜祭月。太史：专司记事与兼管天文历法的官。司载：掌管天文历法的官员，观察记载日月星辰的变化。纠：恭。虔：敬。天刑：上天的赏罚。

⑮日入：太阳下山以后。监：视察。九御：即九嫔，帝王宫中的女官。禘：大祭。粢（zī）盛（cheng）：置于祭器之内的供祭祀用的谷物。即：便。安：指就寝。

⑯修天子之业命：研究天子所交付的职责和颁发的政令。

⑰国职：国家大事。省：检查。典刑：常法，法规。

⑱儆：告诫。百工：百官。慆淫：怠慢放纵。

⑲职：职责。

⑳庶政：日常的政务。序其业：安排业务。

㉑庀（pǐ）：治理。

㉒贯：习。

㉓计过：反省有无过错。无憾：无悔恨的事。

㉔晦：夜晚。

㉕玄紞：黑色的帽带，悬于冠冕的两旁，用以悬挂玉石。

㉖紘（hóng）：从额下绕过的小丝带。綖：覆在冠冕上的布。

㉗内子：卿大夫的嫡妻。大带：祭服用的腰带。

㉘命妇：受有封号的妇女，古称大夫之妻为命妇。祭服：祭祀时穿的黑色礼服。列士：指天子的上士。周代的士分为元士、中士、下士三等，元士，即天子的上士。

㉙庶士：即下士。衣其夫：给丈夫做衣服。

㉚社：指春分时举行的社祭。赋事：布置农叠之事。烝：冬祭。献功：献上劳动成果，如谷物布帛等。

㉛效绩：奉献成果。

㉜愆（qiān）：过失。辟：罪。

㉝淫心：放荡心思。舍力：不努力工作。

㉞朝夕处事：早晚都工作。

㉟冀：希望。而：你。修：儆，告诫。

㊱无废先人：不要废弃祖先的功业。

㊲胡：为什么。承：担任。绝祀：断绝祭祀，即没有后嗣。

㊳志：记，记住。不淫：不越礼法。

【译解】

鲁国大夫公父文伯退朝回来，拜见他的母亲，他的母亲正在纺麻线。文伯说：“像我们这样的人家，您老太太还纺麻线，我怕会惹得季孙生气，他可能认为我不能孝顺您呢！”他的母亲叹口气说：“鲁国大概要灭亡了吧！让你这样不懂事的孩子在朝廷做官，竟没听说过这个道理吗？坐下，我告诉你。从前圣王安置老百姓，选择瘠薄土地安置他们，使自己的老百姓辛勤劳动，然后使用他们，所以能长久统治天

敬姜论劳逸图

下。老百姓勤劳就会想到节约，想到节约，好思想就形成了；游手好闲就会放荡；放荡就不记得做好事，不记得做好事，坏思想就形成了。肥沃土地上的人没有能力，就因为放荡，瘠薄土地上的人没有一个不趋向正义，就因为勤劳。因此，春分那天，天子戴上玄冕，穿上五采衣服，朝拜太阳神，和三公、九卿研究、了解土地的生产力，中午考查政治和百官的工作——大官、一般官吏和地方官吏宣慰和安定老百姓的工作。秋分那晚，天子穿着黑白相间的衣服朝拜月亮神，和太史官以及其他管理天文工作的官敬顺上天的法度。日落以后，监视天子的妃嫔，使她们把供奉祭祖和祭天的粮食和供品准备好，弄干净，然后休息。诸侯早上执行天子布置工作的命令，白天考察国内的各项工作，晚上检查法律制度，每晚警告百官，使他们不要怠慢和放荡，然后休息。卿大夫早上考察他的工作，白天研究一般例行公事，晚上检查自己的工作完成情形，每晚要理好了家务才去休息。士早上受教育，白天研究，晚上复习，每晚要检查自己的错误，没有什么缺点才休息。从平民以下的人，天亮了就工作，天黑了就休息，没有时间偷懒。王后亲自织王冠两边的黑色丝绳，王侯的夫人除织黑色丝绳，还要加上系王冠的带子和王冠前后的下罩，卿的正妻织黑帛的束腰带，大夫的妻子做祭祀穿的礼服，上士的妻子还要做丈夫上朝的礼服，从下士以下的妻子都要给丈夫做衣服穿。春分祭社时，分配任务；冬至祭祖时，呈献劳动成果。男男女女都要尽力工作，不能完成任务就要受到处分：这是古代的规定。士大夫以上的人是劳心的，老百姓是劳力的：这是古代圣王的指示。从上到下，谁敢放肆偷懒！现在，我是一个寡妇，你又担任下大夫，从早到晚就是认真做事，还怕遗失了先人的好传统；何况偷懒，那怎样去避免处分？我本来希望你早晚警告我说：'一定不要忘记先人！'你现在却说：'您为什么不自己吃碗轻快饭？'像你这样去担任国君的官职，我怕你爸爸要绝代呢！"

孔子听到了，说："同学们记住：季老太太是一个严格要求自己的人！"

【赏析】

古人教育子弟，大都偏在戒其防逸，本篇记述的是敬姜教子的一段话，她主张劳逸对举，以劳防逸。以"夫民劳则思，思则善心生；逸则忘善，忘善则恶心生。沃土之民不材，淫也；瘠土之民莫不向义，劳也。"来强调"劳"的重要性。并认为这是作为鲁国大夫的儿子必须懂得的道理，只有懂得这个道理，才可以更好地主持国政，为民做事。敬姜以"劳"字为主线，介绍了上至天子诸侯，下至士庶百姓，上至王后夫人，下至内子士妻，无一人不劳，无一时不劳，用"先王之训"教训儿子贪图安逸的思想。敬姜的这种尊重劳动、反对安逸的观点值得赞颂，同时体现了她的文化修养，成功得展示了一个勤劳俭朴，严于教子的光辉的良母形象。

本文结构紧凑，构思巧妙，用词恰当，称得上一篇佳文，借用孙执升的评价：“以‘劳’字为纲，以劳心劳力为目，以‘逸’字，‘安’字，‘怠’字为衬贴，以不淫反应逸则淫为关纽，天局宏大，结构精紧，措思细密，铸词典雅，极文章之美备。”

叔向贺贫[1] 《晋语》

《国语》

【原文】

叔向见韩宣子，宣子忧贫，叔向贺之[2]。宣子曰："吾有卿之名，而无其实，无以从二三子，吾是以忧，子贺我何[3]？"

对曰："昔栾武子无一卒之田[4]，其官不备其宗器[5]，宣其德行，顺其宪则[6]，使越于诸侯[7]，诸侯亲之，戎、狄怀之，以正晋国[8]。行刑不疚，以免于难[9]。及桓子骄泰奢侈[10]，贪欲无艺[11]，略则行志[12]，假贷居贿[13]，宜及于难[14]，而赖武之德以没其身[15]。及怀子改桓之行[16]，而修武之德，可以免于难[17]，而离桓之罪，以亡于楚[18]。

叔向像

"夫郤昭子[19]，其富半公室，其家半三军[20]，恃其富宠，以泰于国[21]，其身尸于朝，其宗灭于绛[22]。不然，夫八郤五大夫、三卿[23]，其宠大矣，一朝而灭，莫之哀也，惟无德也[24]。今吾子有栾武子之贫，吾以为能其德矣，是以贺[25]。若不忧德之不建，而患货之不足，将吊不暇，何贺之有[26]？”

宣子拜稽首焉，曰：“起也将亡，赖子存之。非起也敢专承之[27]，其自桓叔以下[28]，嘉吾子之赐[29]！”

【注释】

①叔向：复姓羊舌，名肸（xī），晋国大夫。

②韩宣子：名起，晋国的正卿。忧：发愁。

③实：指财富。二三子：指晋国其余卿大夫。子贺我何故：你为什么要庆贺我。

④栾武子：即栾书，晋国的上卿。一卒之田：古代上大夫的俸禄。一卒为一百人，一卒之田为一百顷。栾书为晋上卿，按规定有一旅之田（即五百顷）。

⑤官：有的版本为宫，指家中。宗器：宗庙中的祭器。

⑥顺：遵循。宪则：法制。

⑦越：超越。

⑧怀：怀念、归附。以正晋国：从而使晋国走上正轨。

⑨行刑：实行国家的法律。疚：病。

⑩以免于难：指栾武子曾杀晋厉公，立晋悼公，因其行为公正，有德于人，未受到“弑君”的责难。桓子：即栾黡（yǎn），栾武子之子。骄泰：骄傲放纵。

⑪无艺：无极，无厌。

⑫略则：违犯法纪。行志：任性而为。

⑬假贷：放债。居贿：囤积财货。

⑭宜及于难：本该遭到祸患。

⑮以没其身：直到身死。

⑯怀子：即栾盈，栾黡之子。

⑰修：继承。

⑱离：同“罹”，遭受。以亡于楚：因而逃亡到楚国。

⑲郤昭子：名至，晋国的正卿。

⑳半公室：指财富占诸侯家族的一半。半三军：指晋国上、中、下三军中的将佐，郤家的人占半数。

㉑泰：奢泰骄姿。

㉒其身尸于朝：指公元前574年，晋厉公杀三郤（郤癒、郤隼、郤至），皆陈尸于朝。宗：宗族。绛：晋的故都，在今山西省翼城县东南。

㉓八郤五大夫、三卿：指郤氏八人中郤文、郤豹、郤芮、郤谷、郤溱五人为晋大夫，郤錡、郤隼、郤至三人为晋卿。

㉔莫之哀也：没有人哀怜他们。

㉕能其德：能行栾武子的德行。

㉖不暇：来不及。

㉗稽首：古时一种跪拜礼，叩头至地，是九拜中最恭敬者。专承：单独承受。

㉘桓叔：韩氏的始祖，名成师。桓叔本为晋文侯之弟，生子万，受封于韩，因以为姓。

㉙吾子：对人亲密的称呼。

【译解】

晋国大夫叔向拜访晋国正卿韩宣子，韩宣子正为家中生活贫乏而发愁，叔向却向他道贺。

韩宣子说：“我有正卿的名义，却缺少应有的财产，没办法和各位卿大夫打交道，所以我发愁。你向我道贺，什么缘故呀？”

叔向答道：“从前，我国上卿栾武子连一百顷田也没有，弄得他家

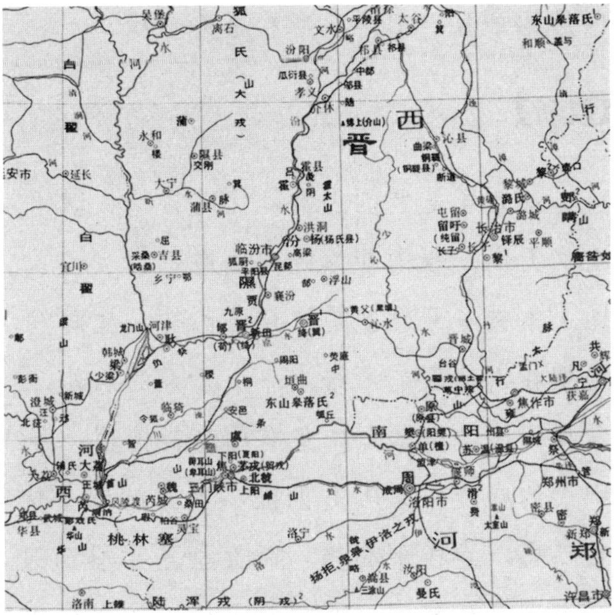

晋国形势图

里不能办齐祭祀的用具，但是他表现出崇高的德行，坚决执行国家的法令，使自己的好名声传播在各国，诸侯都亲近他，西、北方少数民族也归附他，从而治好了晋国，推行法律没有差错，也就因此没有受到弑君的严厉处分。到了他的儿子桓子担任上卿时，骄傲奢侈，贪心不足，违法乱纪，任意妄为，假公济私，拼命捞钱，这种行为本来应该垮台，可是托他父亲的福，平安地过完一辈子。到了怀子执政时，改变他父亲桓子的行为，而继承他祖父武子的德行，照说应该不会遭到垮台的危险；可是他受了他父亲的连累，遭了殃，逃亡到楚国去了。

“另外一位晋卿郤昭子，他的家财等于晋君公室财产的一半，他私家的军队等于晋国军队的一半，他倚仗自己有钱有势，在晋国骄横得很。结果，他本身被杀，尸首摆在朝廷大门外示众，整个宗族的人都在绛邑被消灭光。要不是有财无德，像八郤——五个大夫，三个上卿，地位算高了，一下子全部完蛋，没有谁同情他们，就因为他们缺德啊！

“现在，您有栾武子那样的贫穷，我以为也能具备他那样的德行，所以向您道贺。如果您不担心自己不能立德，只是愁自己的钱不够用，那我哀吊您还来不及哩，有什么可道贺的？”

韩宣子连忙五体投地拜下去，磕头说：“我本来就要完蛋了，靠您救了我。不只我一个人受到您的教诲，从我们始祖以下，历代祖宗和以后的子孙，都感激您的恩赐啊!”

【赏析】

韩宣子是晋国正卿，忧虑自己钱财不足，不能和其他卿大夫攀比，有名无实。叔向却为此向他道贺。

本文一开始就是“宣子忧贫，叔向贺之”，把两人对待贫的不同态度摆在人们面前，给人一个很大的意外，一般而言，“忧贫”乃是人之常情，而“贺贫”未免有些违背情理，令人不得其解。而叔向以栾氏、郤氏的盛衰作为历史见证，提醒韩宣子忧德不患贫的道理。栾武子由贫而盛，是在于有德，而栾桓子由盛而衰，是在于无德；郤氏由权倾公室到身死家亡，也在于无德。从中得出德行的重要。叔向认为韩宣子虽然家境贫困，但德行卓著，前途光明，所以值得祝贺。由此给人们解答了开头的不解。

清过珙有评曰：“写栾家三世得失，分明写郤家一门，暂时热闹。读至‘一朝而灭，莫之哀也’二语，辞气最为凄凉。如此看来，忧亦何必？叔向之贺，真是旷古奇识。柳子厚贺王参元失火，从此学来。”

王孙圉论楚宝[①] 《楚语》

《国语》

【原文】

王孙圉聘于晋，定公飨之[②]，赵简子鸣玉以相[③]，问于王孙圉曰："楚之白珩犹在乎[④]？"对曰："然。"简子曰："其为宝也几何矣[⑤]？"曰："未尝为宝[⑥]。楚之所宝者曰观射父，能作训辞，以行事于诸侯，使无以寡君为口实[⑦]。又有左史倚相[⑧]，能道训典[⑨]，以叙百物[⑩]，以朝夕献善败于寡君，使寡君无忘先王之业[⑪]；又能上下说乎鬼神，顺道其欲恶，使神无有怨痛于楚国[⑫]。又有薮曰云连徒洲[⑬]，金、木、竹、箭之所生也。龟、珠、角、齿、皮、革、羽、毛[⑭]，所以备赋[⑮]，以戒不虞者也[⑯]。所以共币帛，以宾享于诸侯者也[⑰]。若诸侯之好币具，而导之以训辞[⑱]，有不虞之备，而皇神相之[⑲]，寡君其可以免罪于诸侯，而国民保焉[⑳]。此楚国之宝也。若夫白珩，先王之玩也，何宝之焉？

"圉闻国之宝六而已：圣能制议百物，以辅相国家，则宝之[㉑]；玉足以庇荫嘉谷，使无水旱之灾，则宝之[㉒]；龟足以宪臧否，则宝之[㉓]；珠足以御火灾，则宝之[㉔]；金足以御兵乱，则宝之[㉕]；山林薮泽足以备财用，则宝之。若夫哗嚣之美，楚虽蛮夷，不能宝也[㉖]。"

【注释】

①王孙圉：楚国大夫。

②聘：出使通问修好。定公：晋国的君主，名午。飨：设宴招待。

③赵简子：晋大夫，名鞅。鸣玉：把身上的佩玉弄得叮当作响。相：相礼，在礼仪中的辅助国君。

④白珩：楚国贵重的佩玉。

⑤几何：指宝物价值多少。

⑥未尝为宝：并没有把它当做宝贝。

⑦观（guàn）射（yì）父（fǔ）：楚国的贤大夫。训辞：指外交辞令。行事于诸侯：往各诸侯国从事外交工作。口实：话柄。

⑧左史倚相：楚国的史官，“左史”为其官名。周代史官有左史、右史之分。左史记言，右史记事。

⑨训典：先王遗留下来的典籍。

⑩叙百物：有次序地安排各种事务。

⑪献善败：陈述善恶成败的道理。

⑫说：通“悦”。顺道其欲恶：指顺从神的爱恶行事。

⑬薮：大泽。云：即云梦泽，在今湖北。徒洲：洲名。

⑭箭：小竹。

⑮所以备赋：用来供给兵赋。赋：指兵赋，军用物资。

⑯戒不虞：防备意外之患。

⑰共：同“供”。币帛：缯帛，古代用来作为祭祀或馈赠的礼物。享：献。

⑱诸侯之好币具：与诸侯修好的币帛等礼物具备了。

⑲皇：大。相：助。

⑳保：安定。

㉑圣：指圣人。制议百物：谓能够裁决议酌各种事物。

㉒玉：指用作祭祀的玉器。庇荫：保护。嘉谷：好庄稼。

㉓龟：指用来卜筮的龟甲。宪：显示。臧否：吉凶。

㉔珠：珍珠之类。

㉕金：古人把金属制成的器物都叫金。

㉖哗嚣：指鸣玉发出的声音，带有讽刺之意。

【译解】

楚国大夫王孙圉到晋国去进行友好访问，晋定公设宴招待他。晋国大夫赵简子佩着发出轻脆撞击声的玉片，作赞礼官。他问王孙圉说："楚国的白珩还在吗?"

王孙圉答道："在"。

赵简子说："它作为一件宝物，价值多大?"

王孙圉说："它不曾成为我国的宝物。楚国最宝贵的，是一位叫观射父的大夫，他擅长外交辞令，和各国友好交往，使他们不拿我们国君作话柄。还有左史叫倚相的，能陈述先王的经典，安排一切事物，每天早晚向我们国君提供成功的经验和失败的教训，使我们国君不要忘记先王的功业。他又能博得天上的神和地下的鬼的欢心，顺从鬼神的意志去办事，使鬼神对于楚国没有怨恨。又有一个大湖叫云梦，它连接着徒洲，是出产金属、木材和大小竹子的地方，还出产龟壳、珍珠、兽角、象齿、虎豹皮、犀革、鸟羽和牦牛尾，这些是用来供应军事上的用途，防备意外的事件的，也是用来提供礼物，以便招待和赠送各位外宾的。如果和各国结好的币帛已经具备，又能用正确的外交辞令去进行交涉；作好了对付意外事件的准备，又有伟大的天神保佑，我们国君大约可以不会得罪各国国君，我国老百姓也可以安宁。这才是楚国的宝物。至于白珩，那是先王的玩物，有什么可宝贵的！我听说，一个国家的宝物，只有六件：圣人能创造和分析一切事物，来帮助国家，国家就把他看成最宝贵的；祭祀用的宝玉，完全能够保佑五谷丰收，使它们不至于遭到水旱灾，国家就把它看成最宝贵的；占卜用的龟壳，完全可以显示吉凶，国家就把它看成最宝贵的；珍珠完全可以防备火灾，国家就把它看成最宝贵的；铜可以制武器防御暴力进攻，国家就把它看成最宝贵的；深山密林，大小湖泊，它们的出产完全可以供给国用，满足民用，国家就把它们看成最宝贵的；至于那种杂乱的玉片撞击声，我们楚国虽然远在江南，文化落后，也不会把它看成宝物。”

【赏析】

本篇记述了晋国的正卿赵鞅和楚大夫王孙圉在以何为宝问题上的一次对话。作为晋国的正卿，赵鞅在楚使王孙圉来聘的时候一面鸣玉自炫，一面问楚之白珩所值几何？面对赵鞅鄙俗的行径，王孙圉针锋相对，首先提出楚国对宝的认识，说楚国以贤者为宝，贤者能辅佐君主，能补过行善，楚国以云梦为宝，云梦能出产万物，利国利民，从而归结为只有对国家和人民有利的人或物才能算是宝贝。最后针对赵鞅以玉为宝，直接指出这类东西不能算作宝贝，对赵鞅“鸣玉以相”进行讽刺。

对比赵鞅与王孙圉对待何为宝的态度，清过珙有评曰：“前以贤人为宝，后以地利为宝，俱从国家关系处立论，便令简子哗嚣之美，哑然失色，真可谓识宝之人。”

诸稽郢行成于吴　《吴语》

《国语》

【原文】

吴王夫差起师伐越[1]，越王勾践起师逆之江[2]。大夫种乃献谋曰[3]：“夫吴之与越，唯天所授，王其无庸战[4]。夫申胥、华登简服吴国之士于甲兵[5]，而未尝有所挫也[6]。夫一人善射，百夫决拾，胜未可成[7]。夫谋必素见成事焉而后履之，不可以授命[8]。王不如设戎，约辞行成[9]，以喜其民，以广侈吴王之心[10]。吾以卜之于天[11]。天若弃吴，必许吾成，而不吾足也[12]，将必宽然有伯诸侯之心焉[13]。既罢弊其民[14]，而天夺之食，安受其烬，乃无有命矣[15]。”

越王许诺。乃命诸稽郢行成于吴[16]，曰：“寡君勾践使下臣郢不敢显然布币行礼，敢私告于下执事曰[17]：‘昔者越国见祸[18]，得罪于天王，天王亲趋势玉趾[19]，以心孤勾践，而又宥赦之[20]。君王之于越也，繄起死人而肉白骨也[21]。孤不敢忘天灾，其敢忘君王之大赐乎[22]！今勾践申祸天良[23]，草鄙之人，敢忘天王之大德，而思边陲之小怨，以重得罪于下执事[24]？勾践用帅二三之老，亲委重罪，顿颡于边[25]。今君王不察，盛怒属兵，将残伐越国[26]。越国固贡献之邑也[27]，君王不以鞭箠使之[28]，而辱军士使寇令焉[29]。勾践请盟：一介嫡女，执箕帚以晐姓于王宫[30]；一介嫡男，奉槃匜以随诸御[31]；春秋贡献，不解于王府[32]。天王岂辱裁之？亦征诸侯之礼也[33]。

“夫谚曰：‘狐埋之而狐搰之[34]，是以无成功。’今天王既封殖越国，以明闻于天下[35]，而又刈亡之，是天王之无成劳也[36]。虽四方之诸侯，则何实以事吴[37]？敢使下臣尽辞，唯天王秉利度义焉！[38]。”

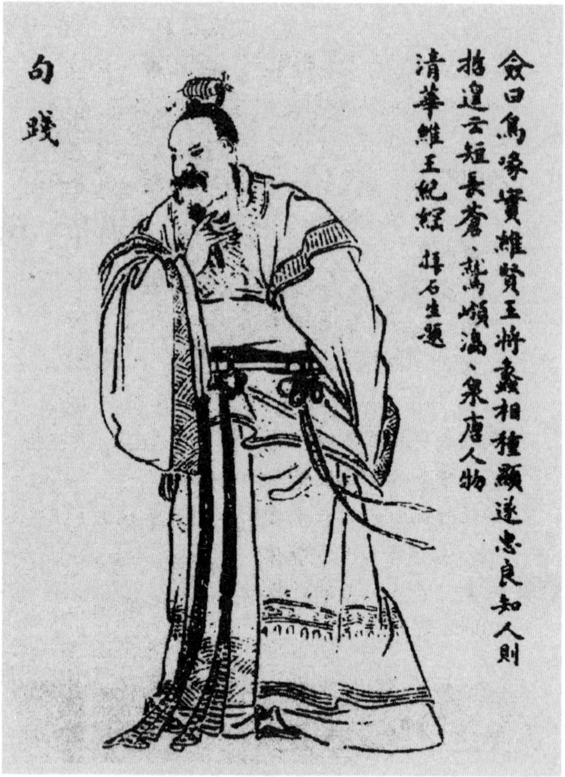

《东周列国志》版画之越王句践像

【注释】

①夫差：吴王阖闾之子。姬姓。鲁定公十四年（前496年），阖闾攻越，在槜李被越所败，伤足而死。后三年，夫差为报父仇起兵攻越，在夫椒打败越国。越遣大夫种求和，夫差许诺。这次吴又起兵攻越，越王只好派诸稽郢去再次求和。

②勾践：越王允常之子。句：一作勾。逆：迎战。江：指钱塘江。

③大夫种：即文种，勾践的谋士。

④唯天所授：只有看天老爷给予谁支持。庸：用。其，语气词。

⑤申胥：姓伍，名员，原本楚人，父兄无辜遭楚平王杀害，乃逃奔吴国，帮助吴王僚夺取了王位。不久攻破楚国，以功封于申地，故又称他申胥。华登：宋司马华费遂之子，华氏在宋作乱失败，华登遂逃奔至吴，做了吴国的大夫。简服：训练，谓他们两人挑选吴国之士

从事作战训练。

⑥挫：毁折，失败。

⑦百夫：百人。决拾：射箭所用之具。决，为骨制的扳指，射箭时把它套在右手大拇指上，用以钩弦。拾，用皮制成，射箭时把它套在左臂上，好像后世的护袖。成：必，一定。

⑧素：预。成事：谓能把事情做成功。履：实行。授命：付出生命。此指拼命。

⑨设戎：设兵自守。约辞：婉约卑顺的言辞。行成：求和。

⑩广侈：扩大放纵。

⑪卜之于天：向老天爷卜问吉凶。

⑫弃吴：抛弃吴国。不吾足：不以为我为足虑，瞧不起我们。

⑬宽然：放心地。伯：通“霸”，称霸。

⑭罢弊：疲劳困乏。

⑮天夺之食：指天降灾祸，使其歉收乏食。安受其烬：从容地收拾其残局。烬，火烧后的灰烬，指残留下来的东西。乃无有命：这样，吴就没有天命保佑了。意谓吴即灭亡了。

⑯诸稽郢：越大夫。

⑰布币：陈列玉帛等礼品。行礼：指举行朝见之礼。下执事：下面管理事务的官员。连接上句是说：他此次来吴，并不敢以同等国家使臣的身分会见吴王，陈献玉帛，行聘问之礼，只敢私下会见下面的有关官员，禀告自己的来意。

⑱越国见祸：指鲁定公十四年吴攻打越国。见祸，遭祸。

⑲玉趾：犹如说贵步。

⑳孤：弃。这句话，本来是心想废弃勾践的，后来又宽宥了他。

㉑繄：语气助词。起死人：使死人复生。肉白骨：使白骨上长起肉来。

㉒其：同“岂”。赐：恩惠。

㉓申祸无良：谓再次惹祸，实属于自己不善。申：重，再。

㉔重：再次。

㉕二三之老：二三个臣僚。诸侯的大夫称“老”。委：任，承担。顿颡（sǎng）于边：谓在边境上叩头请罪。顿颡，叩头而以额触地。

㉖属：合聚。

㉗贡献之邑：称臣纳贡的城邑。

㉘鞭箠（chuí）：马鞭和竹板。这句话，如今君王不用鞭箠敲打使唤我们。

㉙使寇令焉：用防御盗寇的命令来征伐我们。

㉚一介：一个。嫡女：正妻所生之女。晐姓：即备百姓。《礼记·曲礼》：“纳女于天子曰备百姓”。这里是纳女于吴的意思。

㉛嫡男：正妻所生之子。奉：捧着。槃匜：古代洗手所用器具。槃是用来接水的木盘，槃是用来倒水的器具，洗手时将匜中所盛的水倒在手上，下面则用槃把水接住。随诸御：跟随一般侍从以供使唤。诸御：近臣宦竖之属。

㉜解：同“懈”。这句话，毫不延缓地把贡赋送到吴王的府库里。

㉝岂：同“其”，表示期求的语气。辱裁之：请做决定。

㉞搰：掘出。

㉟封殖：同“封植”，栽培。封，培土；殖，种植。以明闻于天下：以明智的声名传闻天下。

㊱刈（yì）亡：翦灭。无成劳：劳而无功。

㊲何实以事吴：怎么会有诚心向吴称臣纳贡。实，信。

㊳尽辞：把要说的话无保留地讲完。唯：表示希望的语气词。秉利：权衡利害。度义：从义理上考虑。

【译解】

吴王夫差出兵去攻打越国，越王勾践出兵迎战于钱塘。

越国大夫文种提出计划说："吴国和越国接壤，不能并存，只看上天支持哪一方，您还是不用出兵去交战吧。申胥和华登选拔吴国的士兵进行军事训练，从来没有打过败仗。有一个人善于射箭，就有一百个人拿起决和拾这些射箭的用具来向他学习，吴国的情形正是这样，所以，我们和他们打仗，胜利是没有把握的。凡是计划一件事，必须预见到可以成功，然后去做它，不可以冒昧地死打硬拼。您不如一面进行军事防御工作，一面用好话去向吴国求和，这样既可以使吴国的人民高兴，又可以不断加强吴王的骄傲心理。我们正好把这件事探问一下天意，上天如果要灭亡吴国，吴王一定会允许我们讲和，不会彻底打垮我们；同时，他还必然会自高自大，产生霸天下的野心。这么一来，一方面把吴国人民搞得精疲力尽，一方面又有水旱天灾使吴国农业歉收。我们安安稳稳地等着收拾它的残局，吴国就再没有天命，非亡不可了。"

越王同意了，就派大夫诸稽郢向吴王去求和，说："我们国君勾践派小臣郢，不敢公然陈列礼物，分庭抗礼，只敢偷偷地向天王手下的有关官员禀告说：从前，越国被上天惩罚，一时胡涂，竟得罪了上一代天王，使得天王您亲自带兵讨伐我国，您狠狠地惩罚了勾践，但又赦免了他。天王您对于越国，真是起死回生，恩同再造。勾践不敢忘记上天的惩罚，难道还敢忘记天王您的大恩吗？现在勾践又受到上天惩罚，犯了大罪，以致天王您又来讨伐我国。我们这种边远地区的蠢人，怎敢忘记天王您的大恩，而记住边境上的小小纠纷，再得罪您的部下呢？勾践因此率领了几个家臣，亲自认罪，在边境上叩头。现在天王您不了解，大发雷霆，调派大军，准备打垮越国。越国本来是向天王您称臣纳贡的一个县，天王您不用鞭子、棍子来指挥我们，却麻烦您的军队用对付敌国的号令来讨伐我们。勾践请求讲和，订立盟约。有一个嫡妻生的女儿，派她拿着扫帚，端着土箕，在您的王宫里做一个小丫头；还有一个嫡妻生的儿子，派他捧着托盘，端着洗脸盆，跟在您那些仆役背后做一个小听差。每年春秋两季进贡，决不敢后一步上王府去。天王您是否肯作出决定呢？这也是天子讨伐诸侯应有的制度呀！俗话说：狐狸疑心重，刚刚把东西埋在土里，很不放心，又把它挖出来，因此事情做不成功。现在天王您既然像植树一样建立了越国，公开向天下宣布了，现在又铲除它，这是天王您没有成绩呀。就是天下的诸侯，能把什么做榜样去臣事吴国呢？勾践胆敢派遣小臣我全部说出内心话，恳求天王您掌握当前有利的时机，考虑采取适当的措施。”

【赏析】

公元前 496 年，吴败越国于夫椒之后，夫差又再一次兴师攻越，越王勾践听从大夫文种之谋，派诸稽郢向吴求和。本文前半部分，写在吴师压境、越王勾践准备发兵迎战，而大夫文种向勾践献策：认为吴国势力强大，越国暂时还不能与之抗衡，不如先委曲求全，以吴为尊，以助长吴王的骄奢之心，鼓动他去与中原诸侯争霸，然后趁吴国民弊兵疲的时候坐收渔翁之利。勾践听从了文种的话，派诸稽郢向吴求和。文章的后半部分写诸稽郢向吴约辞行成。诸稽郢的求成之辞，除了言辞上极尽恭维之能事外，在内容上还特别注意突出越对檇李之役表示诚心伏罪，表示不念旧怨，感激吴对越的“再造”之恩，越愿意臣服于吴，并提出勾践愿意以“一介嫡女”和“一介嫡男”为质，表示越王求和的诚意与不敢有背离之心，尽力使夫差麻痹大意，不以越为忧，放心大胆地去与诸侯争霸。最后告诫吴王既已扶植越国，如果再行讨伐，将失信于诸侯。言辞虽委婉动听，但却柔中有刚、绵里藏针，最终达到了求和的目的。文章写出了大夫文种的善断善谋，也写出了诸稽郢善于辞令，不辱使命。

有一些学者认为诸稽郢的求和之辞中亦有一些漏洞，如清吴楚材、吴调侯评曰："诸稽郢行成之词，虽只是广侈吴王之心，其中可罪者不少。如"不敢忘天灾"，自强之心露，"狐搰"无成功，藐吴之意见矣。纵多巧辞，皆玩弄也。使非天欲弃吴，其说能终行乎?"

申胥谏许越成 《吴语》

《国语》

【原文】

吴王夫差乃告诸大夫曰："孤将有大志于齐①，吾将许越成，而无拂吾虑②。若越既改，吾又何求③？若其不改，反行，吾振旅焉④。"

申胥谏曰："不可许也。夫越非实忠心好吴也，又非慑畏吾甲兵之强也⑤。大夫种勇而善谋，将还玩吴国于股掌之上，以得其志⑥。夫固知君王之盖威以好胜也⑦，故婉约其辞，以从逸王志，使淫乐于诸夏之国⑧，以自伤也。使我甲兵钝弊，民人离落，而日以憔悴⑨，然后安受吾烬。夫越王好信以爱民⑩，四方归之，年谷时熟，日长炎炎⑪。及吾犹可以战也，为虺弗摧，为蛇将若何⑫？"

吴王曰："大夫奚隆于越，越曾足以为大虞乎⑬？若无越，则吾何以春秋曜吾军士⑭？"乃许之成。

将盟，越王又使诸稽郢辞曰："以盟为有益乎？前盟口血未干⑮，足以结信矣。以盟为无益乎？君王舍甲兵之威以临使之，而胡重于鬼神而自轻也⑯？"吴王乃许之，荒成不盟⑰。

【注释】

①孤：王侯的自谦之词。有大志于齐：有攻打齐国，北上称霸的

大愿。

②而：同“汝”，你们。拂：违背。虑：打算。

③若越既改：如果越国改变了过去与吴国对抗的行为而诚心臣服于吴。又何求：又要求什么。

④反行：指伐齐回来。反，同“返”。振旅：整顿部队。

⑤慑畏：害怕，畏惧。

⑥还（xuan）玩：转动玩弄。还，通“旋”，转动。股掌：大腿和手掌。

⑦盖威：好逞威风。盖，崇尚。

伍子胥像，图出自清·孔继尧《吴郡名贤图传赞》。

⑧婉约：婉转谦卑。从逸：放纵。从，通“纵”。诸夏之国：指中原的诸侯国家。

⑨钝：不利。离落：离散流落。憔悴：困苦。

⑩好信：讲求信心。

⑪日长炎炎：气势一天比一天更盛。炎炎，热气强盛的样子。

⑫及：趁。虺（huǐ）：小蛇。摧：毁灭。

⑬奚：何。隆：尊崇，抬高。奚隆于越：为什么对越国这样看重。曾：岂，怎。虞：忧。

⑭春秋曜吾军士：指春秋二季检阅军队。曜，同“耀”，炫耀。

⑮口血未干：古人盟誓，双方口含牲口之血，或以手指蘸血涂在

口旁，以示诚信。口血未干，意即刚刚订盟不久。

⑯舍：放弃。临使：亲自来指使。

⑰荒成不盟：只凭空口讲和而未缔结盟约。

【译解】

吴王夫差对他的大夫说："我准备从攻打齐国开始实现我的理想，所以，我准备答应越国的求和，你们不要违背我的意志。如果越国已经悔改，归顺我们，我还要求什么？如果它不悔改，等我从齐国回来，就整顿军队去打它。"

申胥劝道："不可以答应越国的求和。越国不是真正抱着实心结好吴国的，也不是害怕我们武器的先进。越国大夫文种既勇敢而又善于想办法，他会像玩弄小孩一样把吴国放在手心上、大腿上玩弄，从而达到他的目的。他本来知道您爱撒威风，欢喜强过别人，所以故意说些恭维的话，使您趾高气扬，胡涂骄傲，对中原各国逞凶，最后伤害自己。使我们的武器破败，人民叛逃，一天天贫弱下去，然后越国安安稳稳地收拾我们的残局。那越王讲究信用，爱惜人民，全国人心都向着他。年年农业丰收，国势一天天兴旺。趁着我们现在还可以作战，就该抓紧时机。这条小蛇不打死，长成了大蛇该怎么办？"

吴王说："伍大夫，你为什么夸大越国的实力？越国难道够得上成为我们的大患吗？如果没有越国，那么，春秋检阅的时候，我向谁去炫耀我的军事力量呢？"就答应越国讲和。

将要向鬼神盟誓的时候，越王又叫诸稽郢去拒绝，说："认为盟誓有好处吗？上次盟誓还没过几天，顶够表示双方的信任了。认为盟誓没有用处吗？您有的是甲兵，随时可以控制越国，为什么重视鬼神而轻视自己呢？"吴王答应了他，白白地允许了越国的求和，并不歃血盟誓。

【赏析】

本篇是紧接着上篇而来，上篇写夫差听从诸稽郢的说辞，准备和越讲和，本篇则写夫差不听申胥的劝告，允许越国求和的经过。文章一开头就写夫差向诸大夫宣告，其志在攻占齐国，要允许越国求和，任何人不得拂他的意。表现了他狂妄自大、利令智昏，不把越放在眼里，为后面写他的拒谏埋下了伏笔。接着写申胥犯颜进谏，直接揭穿越国怂恿夫差征伐中原，与中原诸侯争霸，消耗国力，以便趁机灭吴的阴谋。申胥的分析，与上篇大夫文种向勾践所献之谋不谋而和，可见英雄所见略同。

可惜夫差贪功并且刚愎自用，拒纳申胥之言，最终落了个灭亡的下场。穆少春叹曰："申胥论越之祸，历历如在掌上，读之令千古动色。何夫差之贪功玩祸，拒而不听，以至于灭亡也。愚哉!"

春王正月 隐公元年

《公羊传》[1]

【原文】

“元年”者何？君之始年也[2]。“春”者何？岁之始也[3]。“王”者孰谓？谓文王也[4]。曷为先言“王”而后言“正月”？王正月也[5]。何言乎“王正月”？大一统也[6]。

公何以不言即位？成公意也[7]。何成乎公之意？公将平国而反之桓[8]。曷为反之桓？桓幼而贵，隐长而卑[9]。其为尊卑也微，国人莫知[10]。隐长又贤，诸大夫扳隐而立之[11]。隐于是焉而辞立，则未知桓之将必得立也[12]。且如桓立，则恐诸大夫之不能相幼君也[13]。故凡隐之立，为桓立也[14]。

隐长又贤，何以不宜立？立適以长，不以贤[15]；立子以贵，不以长[16]。桓何以贵？母

周文王像，图出自《三才图会》。

贵也。母贵，则何以子贵？子以母贵，母以子贵[17]。

【注释】

①《公羊传》：即《春秋公羊传》，相传为齐人公羊高所撰。本书主要在阐发孔子《春秋》的义例，开始只在公羊氏子孙之间口头流传，至汉景帝时其玄孙公羊寿与弟子胡毋生开始著录成书。书的格式大体上是先引经文，然后以自问自答的形式作解释。本篇是对《春秋·隐公元年》“元年春王正月”一句的“微言大义”作解释。题目是后人所加，但已略去“元年”二字。

②君之始年：人君即位开始的那一年，在这指鲁隐公元年。

③岁之始也：一年开头的一个季节。

④文王：即周文王，姬姓，名昌，周王朝的第一代君主。

⑤曷：何，什么。王正月：君主即位后改用新的历法那一年的第一个月。这句话，为什么要把“王”字放在上面而把“正月”二字放在下面？因为这个“正月”乃是君王即位改用新的历法的第一个月。

⑥大一统：指整个天下一统在天子下，服从天子的命令。

⑦公：指鲁隐公，名息姑，鲁惠公弗皇之子。

⑧平国：使国家平治。反：归还。桓：即桓公，隐公异母弟。

⑨桓幼而贵：谓桓公年纪虽小，但因为他的母亲为宋武公之女，其地位贵重。隐长而卑：隐公虽年长但不如桓公显贵。因为隐公的母亲声子只是鲁惠公嫡夫人孟子随嫁来的姐妹，所以地位较低一等。

⑩尊卑也微：意指隐公、桓公的母亲都是后娶的姬妾，贵贱差别区别微小。国人：国都内的人。

⑪扳：攀援，攀附。

⑫隐于是焉而辞立：如果隐公在这个时候辞让君位。

⑬相：辅助。

⑭为桓立：意指隐公同意立自己为君，乃是为了将来立桓公而考虑的。

⑮適：通“嫡”，正妻所生之子。

⑯子：指庶子，一般姬妾所生之子。

⑰子以母贵：做儿子的地位尊贵，是依靠他母亲地位尊贵得来的。

【译解】

“元年”是什么？是指鲁隐公即位的第一年。“春”是什么？是一年的第一季度。“王”指谁？指周文王。为什么先说“王”再说“正月”？因为是文王受命以改建的正月（和夏、殷两朝的正月不同）。为什么要说“王正月”？是赞美整个天下都统一在周王朝的政权下。隐公为什么不说是“即位”？尊重他原来的动机。为什么说尊重隐公原来的动机？因为隐公准备治理好了鲁国再交回给桓公。为什么要把鲁国交回给桓公？因为桓公年纪虽小地位却高，隐公年纪虽大地位却低。这种高低差别很小，鲁国一般贵族和平民没有谁知道。隐公年纪更大，人又贤明，鲁国所有的大夫都推举他，立他做鲁国的君主。隐公在这时候如果推辞不肯即位，就还不能断定桓公将来一定能够做鲁国的君主。再说，如果桓公现在就做，就怕那班大夫不能一心一意辅佐年轻的国君。所以，总之，隐公的做鲁国君主，是为了将来桓公能做鲁国的君主。隐公年纪更大，人又贤明，为什么不应该做鲁国的国君？因为立正室夫人的儿子做国君，就根据年龄挑最大的，不根据品德；如果立媵妾的儿子做国君，那就选地位高的而不根据年龄。桓公为什么地位高？因为他的母亲地位高。母亲地位高，儿子为什么也地位高？儿子由于母亲高贵而高贵，母亲也由于儿子高贵而高贵。

【赏析】

《春秋》鲁隐公元年第一句经文是“元年，春，王正月。”本文采用问答体的方式对这句经文进行逐层剖析，以便揭示经文中所含的尊周大一统的意义。清高嵣评曰：

“年则鲁君之年，月则周王之月也。大一统一语，大义炳如日星。盖春秋之作，率天下以尊周室。正月系王，示周德虽衰，天命未改。”

文章通过隐公摄政不即位这一历史事实说明“立嫡以长不以贤，立子以贵不以长”的宗法制度。清高嵣评曰：“隐实非卑，桓实非贵。然以贵以长，母贵子贵之说，实古今主嗣大法，又不专论隐、桓也。”

宋人及楚人平　宣公十五年

《公羊传》

【原文】

外平不书。此何以书①？大其平乎己也②。何大其平乎己？庄王围宋③，军有七日之粮尔④，尽此不胜，将去而归尔⑤。于是使司马子反乘堙而窥宋城，宋华元亦乘堙而出见之⑥。司马子反曰："子之国何如？"华元曰："惫矣⑦！"曰："何如⑧？"曰："易子而食之，析骸而炊之⑨。"司马子反曰："嘻！甚矣惫⑩！虽然，吾闻之也，围者柑马而秣之⑪，使肥者应客，是何子之情也⑫？"华元曰："吾闻之：君子见人之厄则矜之⑬，小人见人之厄则幸之⑭。吾见子之君子也，是以告情于子也。"司马子反曰："诺⑮。勉之矣⑯！吾军

《东周列国志》版画之华元登床劫子反图

亦有七日之粮尔，尽此不胜，将去而归尔。”揖而去之。

反于庄王[17]。庄王曰：“何如?”司马子反曰：“惫矣!”曰：“何如?”曰：“易子而食之，析骸而炊之。”庄王曰：“嘻！甚矣惫！虽然，吾今取此，然后而归尔。”司马子反曰：“不可。臣以告以矣，军有七日之粮尔。”庄王怒曰：“吾使子往视之，子曷为告之?”司马子反曰：“以区区之宋[18]，犹有不欺人之臣，可以楚而无乎？是以告之也。”庄王曰：“诺。舍而止[19]。虽然，吾犹取此，然后归尔。”司马子反曰：“然则君请处于此，臣请归尔。”庄王曰：“子去我而归，吾孰与处于此[20]？吾亦从子而归尔。”引师而去之，故君子大其平乎己也。

此皆大夫也，其称“人”何？贬[21]。曷为贬？平者在下也[22]。

【注释】

①外平不书：《春秋》是鲁史，对于他国的称外。外平是说鲁以外国家间的媾和，作为鲁史的《春秋》一般是不予记载的。书：记载。

此何以书：为什么这次楚宋媾和它又记载呢?

②大其平乎己也：意为要赞扬这次媾和是由两位大夫自己促成的。己：这里指宋国的华元和楚国的子反。

③庄王：楚庄王，名旅。围宋：据《左传》记载，鲁宣公十四年(前 596 年)，楚庄王使大夫申舟出使齐国，申舟路过宋境时未向宋提出过境要求，宋大夫华元认为这完全无视宋国的存在，就杀了申舟，楚庄王闻讯大怒，便于这年九月派兵围宋，直到第二年五月子反与华元讲和才结束。

④尔：而已。

⑤尽此：吃完这七日之粮。去：撤离。

⑥司马：主管军政和军赋的官员。子反：楚公子侧，时为围宋的主帅。乘：登上。堙（yīn)：为登上城墙而筑的土山。窥：暗中偷看。

华元：宋大夫。

⑦惫矣：疲乏极了。

⑧何如：谓疲困到什么样子。

⑨易子而食：作父母的不忍吃自己的孩子，彼此只好交换孩子吃。析骸而炊：没有柴烧，只好挖掘枯骨劈而做柴烧。析：分析。骸：尸骨。

⑩嘻：叹气声。甚矣惫：甚惫矣。

⑪围者：指被围困的人。柑马而秣：喂马时，把木片塞进马嘴让马衔住，然后用草料喂它，使人看起来马很饱，吃不下草料。柑(qián)：同钳，用东西夹住。秣：喂牲口。

⑫使肥者应客：把最肥壮的马给人看。是何子之情：意思是如今你把易子而食、析骸而炊的情况都说出来了，为什么这样诚实呢？情：诚。

⑬矜：怜。

⑭幸：庆幸，即幸灾乐祸。

⑮诺：犹“是啊”、“是的”。

⑯勉之：勉力坚守。

⑰反：同“返”，回到。

⑱区区：小小的。

⑲舍：作动词，修筑房舍。止：住下来。

⑳吾孰与处于此：为“我与孰处于此”的倒文，即我跟谁在这儿住呢？此：指子反和华元。

㉑这两句意为子反、华元都是大夫，而《春秋》为什么称他们为“宋人”、“楚人”呢？是贬低他们。

㉒平者在下也：是说主和的人都是在下的臣子。意谓他们僭越了君权，所以要贬低他们。

【译解】

鲁国以外的其他国家，它们相互之间停战讲和，《春秋》是不记载的。这里为什么记载呢？是赞美华元和子反自行决定停战讲和。为什么赞美他们自行讲和？楚庄王亲自带兵包围宋国的都城，军队只有七天的口粮了；吃完了这些粮食还攻不下宋国都城，楚军就要离开宋国回去了。庄王于是派司马子反登上堆得很高的土山上仔细观察宋国都城里的情形。宋国的将领华元也登上这座土山来和他见面。司马子反说：“你的国家怎么样了？”华元说：“困难到了极点了！”子反说：“怎样困难呢？”华元说：“互相交换儿子杀得吃，劈开死尸的骨头来烧饭。”子反说：“嘻！是到了极点啦，这个困难！事实虽然是这样，但我听过一句谚语：被包围的国家，钳住马的嘴，却放很多谷子在它面前，做给敌人看，表示自己谷子有多；还牵出膘肥的马招待客人。你为什么这样老实呢？”华元说：“我听说：君子看见别人的灾难就怜悯他，小人看见别人的灾难就幸灾乐祸。我看见你是君子，因此对你说老实话。”子反说：“好的。你们努力坚守吧！我们军队也只有七天的口粮了，吃完了粮食还攻不下，就准备离开这里回去啦。”向华元作了一个揖就离开他了。

子反回去向庄王报告观察的情形。庄王问：“怎么样？”子反说：“困难到极点了！”庄王说：“困难情形怎么样？”子反说：“他们交换儿子来杀得吃，劈尸骨来烧饭。”庄王说：“嘻！是到了极点了，这个困难！虽然是这样，我现在要拿下它然后再回去啦。”子反说：“不行，我已经告诉他了：我们的军队只有七天口粮了。”庄王发怒道：“我叫你去了解他们的情形，你为什么把我们的情形告诉他们？”子反说：“以一个小小的宋国，还有不欺骗人的臣子，能够以楚这么强大的国家反而没有吗？因此我告诉了他。”庄王说：“告诉就告诉吧！你传令军队，大家修建房子，准备长期住下来。虽然我们的粮食快吃完了，但是，我还是要攻下它然后回去。”子反说：“那么，您请住在这里，我可要请你答应让我回去。”庄王说：“你离开我回去，我和谁住在这里？我也跟你回去算了。”于是带了军队离开了宋国。所以作《春秋》的君子赞美他们自作主张来讲和。这两个人都是大夫，《春秋》却称为“人”，这是什么缘故？这是批评他们。为什么又要批评呢？因为决定讲和的是两个臣子。

【赏析】

本文是解释《春秋》中“宋人及楚人平”这一句话的。楚人围宋之战，自鲁宣公十四年九月到第二年五月，共达九个月之久，宋城到了“易子而食，析骸而炊”的地步，而楚军也只有七日之粮，围城之战再也继续不下去了，这种情况，楚国的大夫子反和宋国的大夫华元就作主言和了。记载这一历史事件，表现了史家对子反和华元以诚相见主张和谈的肯定，但文中用词却体现了史家，对子反和华元超越君主自作主张的批评。

文章采用对话口吻，不避重复，清吴楚材吴调侯对此言曰：“通篇纯用复笔，曰“惫矣”，曰“甚矣惫”，曰“诺”，曰“虽然”，愈复愈变，愈复愈韵。

末段曰“无犹取此而归”，曰“臣请归尔”，曰“吾亦从子而归”，尤妙绝解颐。”

吴子使札来聘 襄公二十九年

《公羊传》

【原文】

吴无君、无大夫[1]，此何以有君、有大夫？贤季子也[2]。何贤乎季子？让国也。其让国奈何[3]？谒也、余祭也、夷昧也，与季子同母者四[4]，季子弱而才[5]，兄弟皆爱之，同欲立之以为君。谒曰：“今若是迮而与季女国[6]，季子犹不受也，请无与子而与弟，弟兄迭为君，而致国乎季子[7]。”皆曰“诺”。故诸为君者，皆轻死为勇[8]，饮食必祝，曰：“天苟有吴国，尚速有悔于予身[9]！”故谒也死，余祭也立；余祭也死，夷昧也立；夷昧也死，则国宜之季子者也。季子使而亡焉[10]。僚者，长庶也，即之[11]。季子使而反，至而君之尔。

季子像

阖庐曰[12]：“先君之所以不与子国而与弟者，凡为季子故也。将从先君之命与，则国宜之季子者也；

如不从先君之命与，则我宜立者也[13]，僚恶得为君乎[14]？”于是使专诸刺僚[15]，则致国乎季子。季子不受曰：“尔弑吾君，吾受尔国[16]，是吾与尔为篡也[17]。尔杀吾兄，吾又杀尔，是父子兄弟相杀，终身无已也。”去之延陵，终身不入吴国[18]。故君子以其不受为义，以其不杀为仁。

贤季子，则吴何以有君、有大夫[19]？以季子为臣，则宜有君者也[20]。札者何？吴季子之名也。《春秋》贤者不名[21]，此何以名？许夷狄者，不壹而足也[22]。季子者，所贤也，曷为不足乎季子[23]？许人臣者必使臣，许人子者必使子也[24]。

【注释】

①吴无君、无大夫：就是说《春秋》记聘问，对吴国与中原国家不一样，一向只称其国，不言及其君与大夫，以表示它与中国（东周时期北方诸侯的自称）不同的意思。

②此何以有君、有大夫：谓此处“吴子使札来聘”的记载，何以有称其君（吴子）和其大夫（札）的情况呢：贤：赞美的意思。

③奈何：是什么样的情形。

④同母者四：同母的兄弟四人。

⑤弱而才：年纪小却有才能。

⑥迮（zé）：仓猝。与季子国：把国家交给季子。

⑦迭：轮流。致：给与。

⑧为勇：做冒险的事。意为轻死，以便让国于季子。

⑨尚：希望。悔：咎，灾祸。

⑩使而亡：出使到国外，逃避不回来。

⑪僚：即公子僚，夷昧的儿子。是三位国王的诸子中年龄最大的。长庶：在三位国王的儿子中年龄最大。

⑫阖庐：谒的儿子，即公子光。

⑬我宜立：阖庐是谒的儿子，谒是吴王寿梦的长子，按照当时立嫡以长的原则，那么阖庐应该继承他父亲的王位。

⑭恶（wū）得：何能。怎么能够。

⑮专诸：吴国堂邑人，春秋时著名刺客，阖庐所养的刺客。据《史记》记载，阖庐设宴请吴王僚，将匕首藏于鱼腹，命专诸进之，以匕首刺僚。

⑯尔：你、你的。

⑰篡：用阴谋或武力夺取地位或权力。

⑱延陵：季札的封地，在今江苏省武进县。国：指国都。

⑲贤：此处作动词，有“赞美”的意思，或解作“以为贤”、“认为贤”。

⑳以季子为臣，则宜有君者也：因为既然季子做了臣子，那就应该有国君了。

㉑《春秋》贤者不名：谓《春秋》记事之例，对于贤者是不直书他的名的。

㉒许：称赞。夷狄：指周边的少数民族。不壹而足也：意为赞美夷狄等少数民族，不能因为一事之美就认为他们十分完美。

㉓曷为不足乎季子：为什么还认为季子有什么不完美呢？

㉔许人臣者必使臣，许人子者必使子也：称赞一个做人臣人的，一定要使他能与人臣的角色相称，称赞一个做人子的，一定要使他能与做人子的角色相称。

【译解】

照《春秋》的原则，吴国是没有君主和大夫的，这一条为什么有“吴子”这君主，有“札”这大夫？是为了赞美季子。什么事赞美季子？他推辞国君不做。他推辞国君不做的情形怎么样？是这样：谒、馀祭、夷昧，和季子这四人都是同一个母亲生的。季子年龄最小，可是很有才能，几个哥哥都喜欢他，都想立他做国君。谒说：“现在这样匆促地把君位交给季子，季子还不会接受。请你们做国君后不要传给儿子而传给弟弟，我们几个兄弟轮流做国君，最后把国家交给季子。”馀祭、夷昧都说：“好。”所以，凡是做国君的，都轻视自己的生命，或者参加武斗。每餐饭都一定要祷告说：“上帝呀！您如果希望保存吴国，就赶快降下灾祸到我身上！”所以，谒死了，馀祭就即位；馀祭死了，夷昧就即位。夷昧死后，国家本来应该交给季子统治，可是季子利用出使列国的机会离开了吴国。僚是兄弟班辈里面年纪最大的，不过是妾生的，现在他就即位了。他表示：季子办完了外交工作回国来，一到就请他做国君。阖闾（即公子光）说：“我父亲不把国家交给儿子而交给弟弟的原因，一句话，是为了季子的缘故。要执行我父亲的命令嘛，那么国家应该给季子；如果不执行我父亲的命令嘛，那么我就应该即位，僚怎么能做国君呢？”于是派专诸刺死僚，把政权送给季子。季子不肯接受，说：“你杀了我的君主，我接受你交给我的政权，这是我和你一道篡位了；你杀了我的哥哥，我又因此杀掉你，这是父子兄弟互相残杀一辈子都杀不完啦！”他就离开吴国都城到延陵去，一辈子都不进吴的都城。所以君子认为他不接受公子光送的君位是“义”，认为他不杀公子光是“仁”。

赞美季子就赞美他一个人好了，为什么把吴国记载得有君主，有大夫？因为把季子看做臣子，就应该使他有君主。

“札”是什么？是吴季子的名。按照《春秋》的原则，贤人是不叫他的名的，这里为什么叫名？称赞文化落后的夷狄国家，不能因为它有一个贤人就赞美它的一切。季子这人是《春秋》作者赞美的，为什么对他不满呢？称赞那个国君的臣子，一定要使这臣子和这国君配得来；称赞那个父亲的儿子，一定要使这儿子和这父亲配得来。（把季子赞美得太好了，他的国君配不上啊！）

【赏析】

本文是解释《春秋》书上“吴子使札来聘”这一句的，侧重于解释经文为什么称“吴子”。为什么称“札”，既赞扬了季札“让国”行为，又强调了“内诸良而外夷狄”的所谓“华夷之辨”。全文分三个层次。第一层次是提出《春秋》记吴国的事，一向无称其君与大夫之例，此处何以有称其君“吴子”与大夫“札”的情况出现呢？原因是：“贤季子也”。第二层是进一步解释季子贤在哪里？叙述他让国的事，指出他贤能够让国。第三层是指出并解释“贤季子”为什么要让吴国“有君”、“有大夫”，而且对季札要直称其名的问题。

春秋时期，统治者为争权夺利，不惜骨肉相残，并给国家和社会带来极大的动乱。与之相比，季札兄弟却能相互让国以及季札对于阖庐的篡弑行为以不杀止杀显得极为难能可贵，文章记述他们的事迹也是为了宣扬这种美德，以维持国家与社会的安定。记述季札让国的事是文章的重点，但正面写季札之处并不多，笔墨主要都落在了他三位兄弟一心“致国季子”和“轻死为勇”、祈求速死以使季子早日继位的描写上。虽未写季札，但对季札之贤却起着烘托的作用。俞桐川对此评曰：

“欲叙季子之贤，却不在季子身上写，极写诸君之至情，则季子高一分；极写阖庐之戾气，则季子又高一分；使而亡焉，至而君之，写得淡淡漠漠，身分愈高。”

郑伯克段于鄢 隐公元年

《谷梁传》[①]

【原文】

“克”者何？能也。何能也？能杀也[②]。何以不言杀？见段之有徒众也[③]。

“段”，郑伯弟也。何以知其为弟也？杀世子母弟目君[④]。以其目君，知其为弟也[⑤]。

“段”，弟也，而弗谓弟；公子也，而弗谓公子，贬之也。段失子弟之道矣[⑥]！贱段而甚郑伯也[⑦]。何甚乎郑伯？甚郑伯之处心积虑，成于杀也[⑧]。

“于鄢”，远也，犹曰取之其母之怀中而杀之云尔，甚之也[⑨]。

然则为郑伯者宜奈何[⑩]？缓追逸贼，亲亲之道也。

【注释】

①《谷梁传》：为《春秋》三传（《左传》、《公羊传》、《谷梁传》）之一，《春秋谷梁传》的简称。内容在解释孔子《春秋》的义例，相传为谷梁赤所作，谷梁赤，鲁国人，是子夏的学生。本文是解释《春秋》隐公元年“郑伯克段于鄢”这句话的。

②“克”者何……能杀也：先解释“克”的本义为“能”的意思，

接着解释“能”含有“能杀”的深层意思。“能杀”，即善于处心积虑地巧妙杀害。

③何以不言杀……促众也：为什么不直接用“杀”字来表述而要用“克”字，原因是因为叔段有一些拥护者不容易杀害，而只有用计谋杀害他。用“克”更揭示庄公的用心。

穀梁赤像，图出自明·吕维祺《圣贤像赞》。穀梁赤是战国时期鲁国经学家，《春秋穀梁传》的作者。

④世子：指古时天子诸侯的长子，君位的合法继承人。母弟：同母弟。目君：称君。这句是说：按照《春秋》的义例，凡是杀了世子和同母弟的，都按国君称号。

⑤以其目君，知其为弟也：因为称他郑伯，所以知道他杀害的是亲弟弟。

⑥失子弟之道：抛弃了作人子和作弟弟的本份规矩。指段与兄郑伯争夺政权。

⑦贱：贬低。甚：极力、更加。这句话，贬责叔段，意在更加贬责郑伯。

⑧成于杀：犹言致于死地。

⑨于鄢：意为叔段逃至鄢，离郑已远，但郑伯仍追杀之。鄢：郑地名，在今河南鄢陵县境。取之其母怀中而杀之：郑伯杀害叔段就像是从母亲的怀中夺过来杀死一样。

⑩宜奈何：该怎么办。

【译解】

郑庄公像

鲁隐公元年夏季五月，郑庄公在鄢打败了共叔段。“克”是什么意思？是“能够”。能够什么？能够杀共叔段。为什么不说是“杀”？这样记载就可以看出共叔段有军队。共叔段，是郑庄公的弟弟。怎么见得他是弟弟？只有杀了世子的胞弟，《春秋》记载时才公开写明国君；根据这条经文公开写明“郑伯”，就见得他是弟弟。段是弟弟，却不称为“弟”；是公子，却不称“公子”，这是贬低他，因为共叔段丧失了子弟的身份，这样就贬低共叔段而且严厉地责备了郑庄公。为什么严厉责备郑庄公？严厉责备郑庄公的绞尽脑汁、千方百计，终于杀害了胞弟。“在鄢”，说明共叔段跑得很远了，还要追去杀他，这就等于说郑庄公是从他的母亲的怀里抢过段来杀死。这样写，是严厉责备他。那么，作为郑伯，应该怎样？应该放慢追赶共叔段的速度，让那贼子逃掉，这是爱自己亲人的正确方法。

【赏析】

《谷梁传》又称《春秋谷梁传》，与《公羊传》性质一样，是解释《春秋》的。本篇与《左传》的《郑伯克段于鄢》记述的是同一历史事实，但本篇重在义理说明，后者则重在史实叙述。本篇借解释隐公元年“郑伯克段于鄢”六字的含义，揭露了郑庄公兄弟骨肉相残的凶恶面目。文章从解释“克”开始，逐层评论庄公兄弟相残的事实，揭露得深刻彻底。俞桐川对此有评：“能字见深，杀字见辣。合能杀二字疏克字，乃见郑伯之忍，叔段之愚。逐层批驳，两下谳狱，绝无遁情。忽罪叔段，忽罪郑伯，变化不测。”

虞师晋师灭夏阳 僖公二年

《谷梁传》

【原文】

非国而曰“灭”，重夏阳也①。虞无师，其曰“师”，何也②？以其先晋，不可以不言师也③。其先晋何也？为主乎灭夏阳也④。“夏阳”者，虞、虢之塞邑也⑤。灭夏阳而虞、虢举矣⑥。

虞之为主乎灭夏阳，何也⑦？晋献公将欲伐虢，荀息曰⑧：“君何不以屈产之乘⑨，垂棘之璧⑩，而借道乎虞也⑪？”公曰：“此晋国之宝也，如受吾币，而不借吾道，则如之何？”荀息曰：“此小国之所以事大国也⑫。彼不借吾道，必不敢受吾币。如受吾币，而借吾道，则是我取之中府而藏之外府，取之中厩而置之外厩也⑬。”公曰：“宫之奇存焉⑭，必不使受之也。”荀息曰：“宫之奇之为人也，达心而懦，又少长于君⑮。达心则其言略⑯，懦则不能强谏，少长于君，则君轻之。且夫玩好在耳目之前，而患在一国之后，此中知以上乃能虑之⑰。臣料虞君，中知以下也。”

公遂借道而伐虢。宫之奇谏曰：“晋国之使者，其辞卑而币重，必不便于虞⑱。”虞公弗听。遂受其币而借之道。宫之奇又谏曰：“语曰：‘唇亡则齿寒’⑲，其斯之谓与！”挈其妻子以奔曹⑳。”

献公亡虢，五年而后举虞。荀息牵马操璧而前曰㉑：“璧则犹是也，而马齿加长矣[22]。”

【注释】

①夏阳：《左传》作“下阳”，春秋时虢国边邑名，靠近虞国。在今山西省陆县北。这句说，按照《春秋》说法，只有攻下一个国家才叫“灭”，而夏阳并非一个国家，为什么也叫“灭”呢？这是因为要强调夏阳的重要性。

②虞：国名，周文王时建立的诸侯国，姬姓，故地在今山西省平陆县东北。虞无师：晋灭夏阳，虞没有军队参加。

③以其先晋，不可以不言师：因为它在晋国之前把夏阳推到死地，所以不能不说“虞师”。

④其先晋何也：为什么说它在晋国之前把夏阳推到死地呢？

⑤塞邑：边境上的险要地方。

⑥虞、虢举矣：虞国和虢国都将被攻取。举：攻下。

⑦虞之为主乎灭夏阳：为什么说虞是灭夏阳的主要因素呢？

⑧晋献公：晋国国君，晋文公的父亲，公元前676～前651年在位。荀息：晋国大夫。

⑨屈产之乘：屈地所产的马。屈，地名，指北屈，在今山西省吉县东北，出产良马。

⑩垂棘之璧：垂棘所出的美玉。垂棘，地名，在今山西省潞城县北，出产美玉。

⑪借道于虞：虞夹在晋与虢之间，晋要攻打虢国，必须得向虞国借道。

⑫事：侍奉。

⑬中府：宫中藏财宝的府库。外府：宫外的府库。中厩：宫内的马厩。外厩：宫外的马厩。

⑭宫之奇：虞国大夫。存：在。

⑮达心：心中明白。达：通晓。懦：软弱，不坚强。少长于君：谓与虞君从小生活在一起以至长大成人。

⑯言略：说话简要。

⑰中知：中等智力。

⑱不便：不利。

⑲唇亡则齿寒：唇在外，齿在内，唇亡故齿寒，比喻体戚相关。

⑳挈（qie）：用手提，此指带领。曹：国名，在今山东省荷泽、定陶、曹县一带。

㉑操：拿着。

㉒马齿加长：马的年龄增大了。马一岁增一齿，故云。

【译解】

夏阳不是国家，《春秋》却说是“灭亡”了它，这是重视夏阳的缘故。虞国在这次战争中并没有出兵，《春秋》写成“虞国的军队”，为什么？这是因为它在晋国之前，所以不可以不说是它出了兵。说它在晋国之前是什么缘故？因为它在灭亡夏阳这一事件中是主谋者。夏阳这地方，是虞、虢两国边境上险要的地区，晋国灭亡了夏阳：虞、虢两国也就要被晋国吞掉了。

说虞国在灭夏阳这事件中是主谋者，是什么缘故？晋献公想侵略虢国，荀息说：“您为什么不把屈邑出产的骏马选出四匹，加上垂棘出产的白玉璧，作为礼物送给虞君，向虞国借路经过呢？”献公说：“这两种东西是我们晋国的宝物，如果虞国接受了我们的礼物，却不把路借给我们，那怎么办？”荀息说：“这种厚礼本来是小国用来献给大国的。虞君他不把路借给我们，一定不敢接受我们的礼物；如果接受我们的礼物，把路借给我们，那这种玉璧，我们不过是从内库拿出来，放在外库保藏；这种骏马，我们也是从宫内马栏里牵出来，放在宫外的马栏里罢了。”献公说：“宫之奇在虞国呢，他一定不会让虞君收下我们的礼物。”荀息说：“宫之奇他的为人哪，脑子非常聪明，可是胆子很小，加上从小就是和虞君一块长大的。恼子非常聪明的人，他说的话就提纲挈领，不会详细说明；胆子小就不能对虞君进行有力的劝告；从小跟虞君一块儿长大，虞君跟他亲热惯了，就不会尊重他，不会认真考虑他的意见。再说，诱惑力很强的宝物在虞君的面前，他看得明，听得清，而亡国的危险在虢国被灭之后，这要比较聪明的人才会考虑到，我估计虞君是个比较愚蠢的人，他是考虑不到这么远的。”

献公就向虞君借路经过去攻打虢国。宫之奇劝虞君说：“晋国的外交官，他的话十分谦虚，送的礼物又特别重，一定对我们虞国不利。”虞公不听，就接受了晋国的礼物，把路借给她。宫之奇又劝道：“俗话说：‘嘴唇缺了，牙齿就冷了’，说的就是现在这种情形呀！”（虞公仍然不听），宫之奇就带了妻子儿女跑到曹国去了。

宫之奇像

晋献公灭掉虢国的第五年，然后占领了虞国。荀息牵着那四匹骏马，端着玉璧，走到献公面前说：“玉璧倒还和原来的一样，马的年龄却大了几岁啦！”

【赏析】

本文是解释《春秋》僖

公二年“虞师、晋师灭夏阳”这一句的。第一段是解释在记述夏阳被灭这事上，为什么非国而曰“灭”，无师而称“师”的原因、用意。中间两段，叙述晋以屈产之乘与垂棘之璧假道于虞以伐虢的事。最后一段，写虢灭之后，虞不久亦为晋所灭。全文围绕对“灭”字和“师”字的解释而展开，并成功刻画了几个历史人物的生动形象，如虞君的贪图小利、鼠目寸光，晋献公的纳谏从流，荀息的老谋深算、洞察明辨，宫之奇的通达事理但又胆小怯懦，可谓个个栩栩如生。文章最后以荀息在献公面前打趣的话结尾，引人一笑之余，又是否更多的是让人寻味呢？

晋献公杀世子申生　《檀弓》

《礼记》

【原文】

晋献公将杀其世子申生，公子重耳谓之曰：“子盖言子之志于公乎？”[①]世子曰：“不可，君安骊姬，是我伤公之心也。”曰：“然则盖行乎？”世子曰：“不可。君谓我欲弑君也。天下岂有无父之国哉！吾何行如之？”使人辞于狐突曰[②]：“申生有罪，不念伯氏之言也[③]，以至于死。申生不敢爱其死[④]。虽然，吾君老矣，子少，国家多难，伯氏不出而图吾君[⑤]。伯氏苟出而图吾君，申生受赐而死。”再拜稽首，乃卒。是以为恭世子也。

《东周列国志》版画之“骊姬巧计杀申生”图

【注释】

①盖：同“盍”，何不。志，心意。

②辞：告诉。狐突：申生的

师傅。

③念：考虑。

④爱：吝惜，舍不得。

⑤图：谋。这里是“谋划”的意思。

【译解】

晋献公将要杀死自己的世子申生。公子重耳对申生说：“你为什么不向父亲说明你的实际情形呢？”申生说：“不行！父亲爱骊姬，没有她，吃不下，睡不好，我如果说明真情，骊姬一定要被处死，这么一来，是我使父亲伤心了。”重耳说：“这样说，那么，你就外逃吧？”申生说：“不行！父亲说我想杀他，天下难道有不要父亲的国家吗？我到哪里去！”派人向狐突告辞说：“我有罪，没有考虑您的话，弄到今天死的地步。我不敢爱惜自己的生命；但是，我父亲老了，骊姬的儿子奚齐又小，晋国一定会发生许多困难。您不出来帮助我父亲计划国事嘛，那就算了；您如果肯出来帮助我父亲把国家搞好，我就是死了也感激您的大恩！”他拜了两拜，叩头在地，半晌才起来，就自缢而死。因此，晋国贵族称他为“恭世子”。

【赏析】

晋献公的宠姬骊姬诬蔑世子申生要谋杀献公，献公听信谗言，要诛杀申生。这时的申生既不愿表明心志，也不愿出逃求生，反而处处为父亲国家着想，只要献公能安乐地度过他的晚年，他虽含冤负屈也是死而无怨，其至诚至厚的孝心与宽厚善良的本性极其感人。全文不落俗套，给人以全新的感受，而又短小精悍，真是声哀而词缓，催人泪下。清过珙曰：“一句一读，一字一读，语语伤心，令人堕泪。”

曾子易箦　《檀弓》

《礼记》

【原文】

曾子寝疾[①]，病[②]，乐正子春坐于床下[③]，曾元，曾申坐于足[④]，童子隅坐而执烛。童子曰："华而睆[⑤]，大夫之箦与[⑥]？"子春曰："止！"曾子闻之，瞿然曰[⑦]："呼！"[⑧]曰："华而睆，大夫之箦与？"曾子曰："然。斯季孙之赐也[⑨]。我未之能易也，元起易箦！"曾元曰："夫子之病革矣[⑩]，不可以变。幸而至于旦[⑪]，请敬易之。"曾子曰："尔之爱我也不如彼。君子之爱人也以德，细人之爱人也以姑息[⑫]。吾何求哉？吾得正而毙焉，斯已矣。"举扶而易之，反席未安而没。

【注释】

①疾：病。

②病：病重。

③乐正子春：人名。

④曾元、曾申：曾参的儿子。

⑤睆：（guǎn）光泽。

⑥箦（zé）：竹席。与：语气词。

⑦瞿：惊视。

⑧呼：呼气声。

⑨斯：这。季孙，鲁国大夫。

⑩革：急，重。

⑪幸：希望。

⑫细人：小人。姑息：得过且过以取得安宁。

【译解】

曾子生病睡在床上，已经病得很严重了。他的学生乐正子春坐在床下面，他的儿子曾元和曾申坐在他的足边，一个少年僮仆坐在角落里，手上端着蜡烛。这个僮仆说："多漂亮的花纹，多光滑的篾子，这是大夫用的席子啊！"乐正子春说："住口！"曾子听到僮仆的话，吃惊地说："吓！"僮仆又说："多漂亮的花纹，多光滑的篾子，这是大夫用的席子啊！"曾子说："是的，这是季孙送给我的，我还没有换掉它。元呀，起来换掉这床席子！"曾元说："您的病很重了，不能换。要是能挨到天亮，我一定给您换掉它。"曾子说："你关心我比不上他。君子关心人是坚持原则，小人关心人却企图苟且偷安。我还希望什么？我能够死得合乎正礼，这就行了！"于是大家抬起他来，换过席子，他在新的席子上还没睡平就死了。

【赏析】

这篇短文，记述的是孔子弟子曾子临终前发生的一幕感人的故事。鲁国正卿季孙氏曾送给曾子一个大夫专用的席子曾子接受了这一馈赠，但这在当时是不合乎礼制的。曾子处于弥留昏迷之际，依然命曾元为他更换，就在床席刚刚更换完毕之际，就无憾而终了。孔子弟子中，曾子以严守礼法，慎于做人而闻名，曾亲自说过"吾日三省吾身"，反映了曾子对礼法制度的重视和认真。

文章只用了152个字，短小精悍，但将曾子形象刻画得神情毕肖，给人以深刻印象，是一个情景动人而富有教育意义的故事。

清余诚曰："易箦以得正，小中见大，一生德行，于此完全无憾。而行文之妙，则针线细密，神情宛肖，简老之中，姿态横生。"

有子之言似夫子　《檀弓》

《礼记》

【原文】

有子问于曾子曰："问丧于夫子乎？"① 曰："闻之矣：丧欲速贫，死欲速朽。"有子曰："是非君子之言也。"曾子曰："参也闻诸夫子也。"有子又曰："是非君子之言也。"曾子曰："参也与子游闻之。"有子曰："然。然则夫子有为言之也？"曾子以斯言告于子游。子游曰："甚哉！有子之言似夫子也。昔者夫子居于宋，见桓司马自为石椁，三年而不成。夫子曰：'若是其靡也！死不如速朽之愈也。'死之欲速朽，为桓司马言之也。南宫敬叔反，必载宝而朝。夫子曰：'若是

子游像

其贷也！丧不如速贫之愈也。’丧之欲速贫，为敬叔言之也。”曾子以子游言告于有子。有子曰：“然。吾固曰非夫子之言也。”曾子曰：“子何以知之？”有子曰：“夫子制于中都②，四寸之棺，五寸之椁③，以斯知不欲速朽也。昔者夫子失鲁司寇，将之荆，盖先之以子夏，又申之以冉有，以斯知不欲速贫也。”

【注释】

①丧：丧失。这里指官职、禄位的丧失。

②制：制定法度、规则。

③椁（guǒ）

【译解】

有子问曾子道：“你向先生问过仕而失位的事情吗？”曾子说：“听说了：‘失位希望快些贫穷，死了希望快些腐烂。’”有子说：“这不是君子说的话。”曾子说：“我是从先生那里听到的。”有子又说：“这不是君子说的话。”曾子说：“我和子游同听的。”有子说：“我相信你的话。这样说来，那么，先生是为了特殊情况而这样说的。”曾子把这话告诉子游。子游说：“有子的话像先生的真是像得很啦！从前，先生住在宋国，看见桓司马用石板给自己做外棺，做了三年还没做成。先生就说：‘像这样的浪费，死了倒不如快些腐烂还好些！’死了希望快些腐烂掉，这是为桓司马说的。南宫敬叔失了官位，离开鲁国，后来又回来了，每次一定要用车子装着很多宝物去朝见鲁君，企图通过行贿来谋得复职。先生就说：‘像这样的行贿，失掉官位以后不如快些贫穷还好些！’失位希望快些贫穷，这是为敬叔说的。”曾子把子游的话告诉有子。有子说：“果然是这样！我本来说不是先生的话嘛。”曾子说：“你怎么知道？”有子说：“先生给中都的人制定礼法：内棺厚四寸，外棺厚五寸。根据这个就知道他是不希望死了快些腐烂掉的。从前，先生失掉了鲁国司寇的官职，准备到楚国去，是叫子夏先去打听情况，又派冉有再去了解。根据这种情形，我知道先生是急于谋求利禄，并不希望快些贫穷。”

【赏析】

本篇所记，为孔子弟子有子、曾子、子游如何理解孔子“丧欲速贫，死欲速朽”的话互相切磋的情况。孔子平时同学生谈话或回答学生的问题时，由于时间、地点、对象和所针对的情况有所不同，对同一个命题往往有不同的回答，要确切了解他说话的本意，就不能不了解他说话的背景和所针对的问题。孔子赞有子：“有子之言似夫子。”主要是因为有子能不片面地、不孤立地去了解那两句话的意思，而是把它与孔子的一贯思想言行联系起来，从而发现问题，提出自己的疑问。

本章的章法很别致：第一段写有子的否定，但不完全说出否定的根据；第二段写子游的解释；最后一段有子才把否定的根据说出来。

本文虽没有什么针锋相对的争论，但却写来文情跌宕，引人入胜。对人们的思想方法考虑问题有很强的启示作用。无怪清林云铭评曰：“文之层折相生，澹宕旖旎，如秋水春山，移人性情。”吴楚材、吴调侯又曰：“前二段，子游解欲速朽、速贫之故，后二段，有子自言所以知其不欲速朽速贫之故，章法极整练，又极玲珑。”

公子重耳对秦客 《檀弓》

《礼记》

【原文】

晋献公之丧，秦穆公使人吊公子重耳，且曰："寡人闻之，亡国恒于斯①，得国恒于斯。虽吾子俨然在忧服之中，丧亦不可久也，时亦不可失也。孺子其图之！"以告舅犯②，舅犯曰："孺子其辞焉！丧人无宝，仁亲以为宝。父死之谓何？又因以为利，而天下其孰能说之？孺子其辞焉！"公子重耳对客曰："君惠吊亡臣重耳，身丧父死，不得与于哭泣之哀，以为君忧。父死之谓何？或敢有他志，以辱君义。"稽颡而不拜，哭而起，起而不私。子显以致命于穆公③。穆公曰："仁

晋文公、狐偃、赵衰、介之推四人像

夫公子重耳！夫稽颡④而不拜，则未为后也，故不成拜。哭而起，则爱父也；起而不私，则远利也。”

【注释】

①恒：常常，经常。

②犯：狐偃，字子犯，重耳的舅舅。

③致命：复命。

④稽颡（qǐ sǎng）：古代丧礼，居父母之丧时跪拜宾客之礼。以额触地，表示极度悲痛。

【译解】

晋献公死后，国内办理丧事时，秦穆公派人慰问公子重耳，并且说：“我听说：失掉君位常常在这个时候，得到君位也常常在这个时候。虽然你恭恭敬敬地在居丧守孝的期间，但是这样失位流亡是不可以长久的，现在的时机也是不可以错过的，年轻人，希望你好好考虑一下！”

重耳把秦国使者的话告诉舅父子犯。子犯说：“年轻人，还是拒绝他吧！失位流亡的人没有什么贵重东西，只有把仁爱和孝顺这两种美德作为贵重东西。父亲逝世，这是一件什么样的事情？反而借它来谋取私利，天下有谁能为你辩护？年轻人，还是拒绝他！”于是重耳出来对着客人说：“感谢秦君慰问我这流亡的人！我本身流亡在外，父亲逝世，竟不能奔丧，参加到哭灵的行列里，使您替我操心。父亲逝世，这是一件什么样的事情？我还敢有别的想头来辜负您慰问的好心吗？”说完，跪伏地下，额触地面，半晌才抬头，并不拜谢；哭着站起来；起来以后并不和秦国使者谈什么秘密话。

秦国使者子显把这种情形向穆公汇报。穆公说：“真是一个好人呀，这个公子重耳！只磕头，不拜谢，是表示自己还没成为君位继承人，也就是表示拒绝我劝他乘机返国的意思，所以不行拜礼；哭着站起来，是热爱他的父亲的缘故；起来以后并不和我的使者讲一句秘密话，这是不贪求君位。”

【赏析】

晋献公在世时，由于骊姬的陷害，公子重耳逃亡国外，献公去世，穆公派了公子絷来狄，借吊唁重耳之机，劝他利用父死这一难得之机回国谋取君位。公子絷浅而露骨，毫不掩饰地叫人以父死为利，显得极浅陋。而狐偃则是另一种方式。他虽然希望重耳能够取得君位，但他老谋深算，要重耳通过对父亲之死表达哀思之情来争取人心。待到时机成熟时再夺回君位，这样胜券在握。

杜蒉扬觯　《檀弓》

《礼记》

【原文】

知悼子卒[①]，未葬。平公饮酒[②]，师旷、李调侍[③]，鼓钟。杜蒉自外来[④]，闻钟声，曰："安在?"曰："在寝。"杜蒉入寝，历阶而升[⑤]，酌曰[⑥]："旷饮斯!"又酌曰："调饮斯!"又酌，堂上北面坐饮之，降，趋而出。

平公呼而进之，曰："蒉！曩者尔心或开子[⑦]，是以不与尔言。"尔饮旷何也?"曰："子、卯不乐[⑧]。知悼子在堂，斯其为子、卯也大矣。旷也，大师也，不以诏，是以饮之也。""尔饮调何也?"曰："调也，君子亵臣也，为一饮一食，忘君之疾[⑨]，是以饮之也。""尔饮何也?"曰："蒉也，宰夫也非刀匕是共[⑩]，又敢与知防[⑪]，是以饮之也。"平公曰："寡人亦有过焉。酌而饮寡人!"杜蒉洗而扬觯[⑫]。公谓侍者曰；"如我死，则必无废斯爵也。"

至于今，既毕献，斯扬觯，谓之杜举。

【注释】

①知悼子：晋国大夫荀盈。

②平公：晋侯。

③师旷：晋国乐师。李调：平公嬖臣。侍：与君饮酒。

④杜蒉（kuì）：平公的膳宰。

⑤历阶：一步两级地登阶。

⑥酌：斟酒。

⑦曩（nǎng）者：刚才。

⑧子卯：子，甲子；卯，乙卯。这两个日子是殷纣自焚、夏桀被放逐的日子，后来成 为君王的忌日。

⑨疾：指过失。

⑩刀匕是共：宰夫份内之事。

⑪与：参与。知：主。防：谏争。

⑫觯（zhì）：酒器，酒杯。

【译解】

晋国的大夫知悼子死了，还没有安葬，晋平公就在宫里喝酒，师旷和李调陪伴着，乐工敲击着编钟。杜蒉从外面进来，听到悠扬动听的编钟声，就问："君侯在哪里？"寺人说："在寝宫。"杜蒉走进寝宫，踏着阶级走上去，倒满一杯酒，说："旷，你喝干这杯！"又倒满一杯酒，说："调，你喝干这杯！"又倒了一杯酒，在大厅上正对着晋平公坐下去，喝干了它，走下阶级，碎步地跑出去。平公喊他，要他进来，说："蒉呀，刚才你进来的时候，我以为你脑子里想，也许要开导我几句，所以不跟你说什么。你罚旷喝酒是什缘故？"杜蒉说："子、卯这两天不能奏乐；知悼子的棺材还没下葬，这比子、卯两天严重得多。旷是太师，却不把这道理告诉您，所以我罚他的酒。"平公问："你罚调又是什么缘故呢？"杜蒉说："调是您身边的小臣，为了贪图一点喝的吃的，竟忘记您该戒惧的疾日，所以我罚他的酒。"平公又问："你自己喝又是为什么呢？”杜蒉说：“我，是一个炊事员，不去磨快菜刀，洗干净调羹，却胆敢参与劝告国君惩前毖后的大事，所以罚自己的酒。”平公说：“我也有错误，你倒一杯酒来罚我！”杜蒉就先去洗干净手，然后端起平公的酒杯倒满了酒，高高举起献给平公。平公喝了以后，对侍从说：“如果我死了，一定不要丢掉这个酒杯！”一直到现在，晋国宫廷里举行宴会时，已经向宾客和国君敬了酒以后，还要高高举起酒杯，大家把这一仪式叫做“杜举”。

《唐诗画谱》插图

【赏析】

晋平公在大臣知悼子新丧未葬之际，偷偷地与师旷、李调饮酒作乐这是违反礼制的，杜蒉发现后，如果直接指出平公的不是，平公未必能接受。于是在罚酒三杯之后，即快步走出，引起平公的怪异；待平公主动问及，他才一一说出，平公也就爽然自失，不得不接受了。文章赞扬了杜蒉能够匡救君主失礼的过错，也赞扬了平公能够虚心纳谏，认真改过。最后解释“杜举”的由来，则赞扬了杜蒉能以一谏君主的过失，成为流传不衰的千秋佳话。

杜蒉敢于进谏，又而善于进谏。对于这种进谏的方式选择上，颇有现实意义，值得我们思考。本文二百多字充满了戏剧性，情节集中，而引人入胜，是一篇很有价值的文章。

清过珙有评曰："篑也宰夫也，不刀匕是供，而敢与知防，真奇人也。宜平公自罚，留此觯以为千秋之佳话。"

晋献文子成室 《檀弓》

《礼记》

【原文】

晋献文子成室①，晋大夫发焉②。张老曰③："美哉轮焉④！美哉奂焉⑤！歌于斯⑥，哭于斯⑦，聚国族于斯⑧。"文子曰："武也得歌于斯，哭于斯，聚国族于斯，是全要领以从先大夫于九京也⑨。"北面再拜稽首。君子谓之善颂、善祷⑩。

【注释】

①献文子：赵武。

②发：启。

③张老：晋国的大夫。

④轮：高大。

⑤奂：文采鲜明。

⑥歌：祭祀作乐。

⑦哭：居丧哭泣。

⑧聚国族：和国中僚友及宗族聚会饮食。

⑨全要领：脖子和腰都保全，没受刑戮，指善终。古时罪重腰斩，

罪轻颈刑。九京：即九原，晋国卿大夫的墓地。

⑩颂：赞美。祷：祈福。

【译解】

晋国的卿赵武建成了一幢新屋，晋国的大夫上门来道喜。一位叫张老的大夫说："好呀这么高大！好呀这么华丽！活着，就在这屋里祭祀鬼神，撞钟击鼓；死了，就在这屋里哭丧守灵，平时举行宴会招待国宾，聚集宗族，都在这里。"赵武说："我能够在这里撞钟击鼓来祭祀鬼神，让子孙在这里给我哭丧守灵，平时又能在这里招待国宾，宴请宗族，这就是说我能够保全身体到九京去跟随我的祖先。"于是他站在主位上向张老拜了两拜，伏下去，额头触地半晌才起，表示深深的谢意。君子认为他们俩一个善于祝福，一个善于求福。

【赏析】

赵武所处的时代社会动荡变化激烈。国家的衰落，宗族的灭亡，是非常常见的，至于个人就更是朝不保夕了。

在这样的环境下，献文子新屋落成本是喜事，而张老则称赞这是祭祀、哭丧、设宴的好地方，祝颂平平，还带上"哭于斯"这样不吉利的话，其中有很多深意。

一方面是说能在此祭祀、哭丧、设宴表示能保全身躯，不至于死于非命。这在当时的背景下就是大福。

另一方面，颂中还包含着勉励之意的，因为住上那"轮焉"、"奂焉"的新居，也可能居安而忘危，还当自知警悟，好自为之。否则，不但是"歌于斯"、"聚国族于斯"不可得，就是求"哭于斯"也是不可得的。

赵武，也是一个不平常的政治家，他有着冷静的头脑与敏锐的感觉，能够立即领会张老的深意，并且作出准备的诠释："是全要领以从先大夫于九京也。"

本文只七十余字，但却妙趣横生，张老、赵武二人都妙在不完全露出本意而又各自心领神会。张老谈一遍，文子述一遍，并不多费笔墨，自有无穷意味。不愧清人所评："善颂善祷"四字，为两人标名不朽。

卷四

秦文

苏秦以连横说秦

《国策》[1]

【原文】

苏秦始将连横说秦惠王[2]，曰：“大王之国，西有巴、蜀、汉中之利[3]，北有胡貉、代马之用[4]，南有巫山、黔中之限[5]，东有殽、函之固[6]。田肥美，民殷富[7]，战车万乘，奋击百万[8]。沃野千里，蓄积饶多，地势形便[9]，此所谓天府[10]，天下之雄国也[11]。以大王之贤，士民之众，车骑之用，兵法之教，可以并诸侯，吞天下，称帝而治。愿大王少留意，臣请奏其效[12]。”

秦王曰：“寡人闻之：毛羽不丰满者，不可以高飞；文章不成者[13]，不可以诛罚；

帝舜像，图出自明·天然《历代古人像赞》。

道德不厚者，不可以使民；政教不顺者，不可以烦大臣。今先生俨然不远千里而庭教之，愿以异日[14]。”

苏秦曰：“臣固疑大王之不能用也。昔者神农伐补遂[15]，黄帝伐涿鹿而禽蚩尤[16]，尧伐驩兜，舜伐三苗，禹伐共工，汤伐有夏，文王伐崇，武王伐纣[17]，齐桓任战而霸天下[18]。由此观之，恶有不战者乎[19]？古者使车毂击驰[20]，言语相结[21]，天下为一；约从连横，兵革不藏；文士并饬[22]，诸侯乱惑；万端俱起，不可胜理；科条既备，民多伪态[23]；书策稠浊[24]，百姓不足；上下相愁，民无所聊[25]；明言章理，兵甲愈起[26]；辩言伟服，战攻不息[27]；繁称文辞，天下不治；舌敝耳聋[28]，不见成功；行义约信，天下不亲。于是乃废文任武，厚养死士，缀甲厉兵，效胜于战场[29]。夫徒处而致利[30]，安坐而广地，虽古五帝三王五霸[31]，明主贤君，常欲坐而致之，其势不能，故以战续之。宽则两军相攻，迫则杖戟相撞，然后可建大功。是故兵胜于外，义强于内；威立于上，民服于下。今欲并天下，凌万乘[32]，诎敌国，制海内，子元元[33]，臣诸侯，非兵不可。今之嗣主[34]，忽于至道，皆惛[35]于教，乱于治，迷于言，惑于语，沉于辩，溺于辞。以此论之，王固不能行也。”

说秦王书十上而说不行。黑貂之裘弊，黄金百斤尽，资用乏绝，去秦而归。羸縢履蹻[36]，负书担囊[37]，形容枯槁，面目黧黑[38]，状有愧色[39]。归至家，妻不下纴[40]，嫂不为炊，父母不与言。苏秦喟然叹曰：“妻不以我为夫，嫂不以我为叔，父母不以我为子，是皆秦之罪也。”乃夜发书，陈箧数十[41]，得太公《阴符》之谋[42]，伏而诵之，简练以为揣摩[43]。读书欲睡，引锥自刺其股，血流至足。曰：“安有说人主不能出其金玉锦绣、取卿相之尊者乎？”期年[44]，揣摩成，曰：“此真可以说当世之君矣。”

于是乃摩燕乌集阙[45]，见说赵王于华屋之下[46]，抵掌而谈[47]，赵王大说[48]，封为武安君[49]，受相印[50]。革车百乘，锦绣千纯[51]，白璧百双，黄金万镒[52]，以随其后，约从散横，以抑强秦。故苏秦相于赵而关不通[53]。当此之时，天下之大，万民之众，王侯之威，谋臣之权，皆欲决于苏秦之策。不费斗粮，未烦一兵，未战一士，未绝一弦，未折一矢，诸侯相亲，贤于兄弟[54]。夫贤人在而天下服，一人用而天下从。故曰：式于政[55]，不式于勇；式于廊庙之内[56]，不式于四境之外。当秦之隆，黄金万镒为用，转毂连骑，炫熿于道[57]，山东之国，从风而服，使赵大重。且夫苏秦特穷巷掘门[58]、桑户棬枢之士耳[59]，伏轼撙衔[60]，横历天下，廷说诸侯之王，杜左右之口，天下莫之能伉[61]。

伏羲像，图出自明·天然《历代古人像传》。

将说楚王[62]，路过洛阳。父母闻之，清宫除道[63]，张乐设饮[64]，郊迎三十里。妻侧目而视，倾耳而听。嫂蛇行匍伏[65]，四拜自跪而谢。苏秦曰："嫂何前倨而后卑也[66]？"嫂曰："以季子位尊而多金[67]。"苏秦曰："嗟乎！贫穷则父母不子，富贵则亲戚畏惧。人生世上，势位富厚，盖可以忽乎哉[68]！"

【注释】

①《国策》：又称《战国策》，这是一部战国时代的史料汇编，作者不详。今本《战国策》是由西汉末年刘向校正、编次、定名的。全

书分东周、西周、秦、齐、楚、赵、魏、韩、燕、宋、卫、中山十二国策，共三十三卷，四百九十七章。它记事上起公元前458年知伯灭范中行氏，下至秦统一中国以后高渐离以筑击秦始皇，反映了240多年的历史，写下了众多能言善辩的策士们的言论及其政治活动，既具有史学价值，也具有很高的文学价值。

②苏秦：战国时东周洛阳人，著名纵横家。连横：与秦联合攻击他国称连横，若六国联合共同抗秦，称约从。说：劝说。

③巴：今四川省东部及湖北省西北部一带。蜀：今四川省西部地区。汉中：陕南地区及湖北省西北部。

④胡：指当时北方匈奴族所居之地。貉：兽名，形似狐，皮可制裘。代：今山西省东北部和河北蔚县一带，其地产良马。

⑤巫山：在今四川省巫山县以东。黔中：战国时楚地，今湖南省西部、北部及贵州省东部一带。限：险阻。

⑥殽：同“肴”，即殽山。一作“崤山”。在今河南省洛宁县西北部。函：函谷关，在今河南省灵宝县南。

⑦殷：盛，多。

⑧奋击之士：奋勇作战的武士。

⑨地势形便：指地势地形便于攻守。

⑩天府：自然条件优越，形势险固，物产富饶的地方。

⑪雄国：强国。

⑫奏其效：陈说秦国兵强地利的功效。奏，进言，向君王陈述。

⑬文章：指礼乐法度。

⑭俨然：严肃庄重的样子。庭教：在宫庭指数。愿：希望。

⑮神农：传说中远古的帝王，即炎帝，传说他最早教民耕种。补遂：传说中的上古部落名。

⑯黄帝：姓公孙，号轩辕氏。相传为我国中原各族的共同祖先。

涿鹿：山名，在今河北省涿鹿县西南。蚩尤：相传为九黎部落的酋长，与黄帝战，兵败被杀。

⑰尧：即陶唐氏，姓姬，名放勋，传位给舜。驩（huān）兜：传说中尧之恶臣，因作乱被舜放逐到崇山。舜：即有虞氏，名重华，传位给禹。三苗：部落名，其地在今江西九江、湖南岳阳、湖北武昌一带。禹：传说中鲧的儿子，初为舜臣，治水有功，受舜禅而为帝。共工：古代传说人物，本水官名，其人以官为氏。舜曾把这个部落的人放逐到幽州。有夏：即夏朝。有：加在专有名词前的字头，无义。崇：古诸侯国名，在今河南省嵩县。因崇侯虎助纣为虐，周文王灭之。

⑱任：用。

⑲恶：何，哪。

⑳毂：车轮中间车轴贯入处的圆木。使车毂击：使臣的车毂互相撞击，言使者来往频繁。

㉑结：指缔结盟约。

㉒文士：辩士。饬：修饰言辞。

㉓科条：规章制度。

㉔书策：文书简册。稠：繁多。浊：混乱。

㉕愁：怨。聊：依赖。

㉖章：同彰，显明。

㉗伟服：盛服。

㉘敝：疲惫。

㉙死士：不怕死的勇士。缀甲：用金属片连缀成的铠甲。厉兵：磨砺兵器。效胜：致胜。

㉚徒处：无所事事地坐着。

㉛五帝：说法不一，《史记·五帝本纪》以黄帝、颛顼、帝喾、尧、舜为五帝。三王：指夏禹、商汤、周文王（也有包括周武王一

说）。五霸：春秋时诸侯的五个霸主，一般指齐桓公、晋文公、秦穆公、宋襄公、楚庄王。

㉜凌：超过，压倒。万科：指古代能出兵车万辆的大国。

㉝诎敌国：使敌国屈服。子元元：以百姓为子，即统治天下。

㉞嗣主：继任的新君。暗指秦惠王。

㉟惛（hun）：昏暗不明。

㊱羸：同“缧”，缠束。滕：绑腿。

㊲囊：一车作“橐”。

㊳黧（lí）：黑而带黄的颜色。

㊴愧：一本作“归”。

㊵纴：纺织。此指织机。

㊶箧：小箱子，此指书箱。

㊷《阴符》：即《附符经》，相传为周初太公望（吕尚）著的一部兵书。

㊸简；选择。练：熟悉。揣摩：反复推测探求真正意义。

㊹期年：周年。

㊺摩：切近。燕乌集阙：赵都的关塞名。

㊻华屋：高大而富丽堂皇的宫室。

㊼抵掌：击掌。此句意为谈得非常投机。

㊽说：通“悦”。

㊾武安：在今河北省武安县。

㊿受：授。

51纯：束，捆。

52镒：古代重量单位，二十四两为一镒。

53关不通：指六国约纵，将秦兵堵塞在函谷关内。

54贤：胜过。

⑤⑤式：用。

⑤⑥廊庙：指朝廷。

⑤⑦炫熿（huáng）：辉煌显赫。熿：同“煌”。

⑤⑧特：只是。掘门：凿墙洞为门。掘，通“窟”。

⑤⑨桑户：用桑木作门。做门板。棬枢：以弯木为门轴。

⑥⓪撙：控制。衔：马勒。

⑥①伉：抗衡，匹敌。

⑥②楚王：指楚威王熊商，公元前339～前329年在位。

⑥③清宫除道：打扫住房，清除道路。除，治。

⑥④张乐设饮：设置音乐摆上酒宴。

⑥⑤蛇行：趴在地上像蛇那样爬行。匍伏：爬行。

⑥⑥倨：傲慢。

⑥⑦季子：古时嫂呼小叔为“季子”。一说苏秦字季子。

⑥⑧盖：通“盍”，怎么。

【译解】

苏秦当初用连横的主张去游说秦惠王，说：“大王的国家，西有巴蜀、汉中的出产之利，北有胡地的貉、代地的马供使用，南有巫山、黔中的险阻，东有殽山、函谷关的坚固。田地肥美，人民富足，战车万辆，勇士百万，肥沃的原野有千里之广，国家的积累很多，又得地势的险要和便利。这称得上是天然的府库，是天下的强国啊。凭着大王您的贤明，士民的众多，军队的效力，兵法的训练，您可以兼并诸侯，吞并天下，做皇帝而统治天下。请大王稍稍留意听，让我来陈述秦统一天下的办法！”秦王说：“我听说，羽毛没有长丰满的，不可以飞向高空；法令不完备的，不可以使用刑罚；道德不深厚的，不可以驱使人民；政教不和顺的，不可以劳烦大臣。现在先生郑重其事地不远千里来，在当朝上指教我，请您改日来谈吧。”

苏秦说：“我本来就怀疑大王不能用我的主张。从前神农讨伐补遂，黄帝攻打涿鹿而擒获蚩尤，唐尧讨伐驩兜，虞舜讨伐三苗，夏禹讨伐共工，商汤讨伐夏桀，周文王讨伐崇国，周武王讨伐商纣，齐桓公使用战争的手段而成为天下的霸主。从这些情况来看，哪有不进行战争的呢？古时候使者的车辆互相碰撞地频繁来往，用言语互相缔结和约，天下联为一体。后来进行合纵连横，不用武器，全凭辩士们用花言巧语进行游说，各国的诸侯产生混乱和疑惑，各种各样的事端都产生出来了而得不到治理，规章制度虽然制定得很完备，人民却多是虚伪地应付，文件和政令多而混乱，百姓衣食不足，举国上下互相忧愁，人民无所依靠。越是讲些冠冕堂皇的大道理，战争就愈是发生，辩士越是穿着漂亮的服装进行游说，战争就越是没有停息，越是用巧饰的言辞进行繁杂的说教，天下就越是得不到治理，游说的人舌头磨破了，听的人耳朵震聋了，却得不到成功，各国以礼仪相结以诚信相约，天下却不得相亲。于是就弃文用武，厚养不怕死的勇士，整治军服磨利武器，决胜于战场之上。空手等着而得到利益，安稳坐着而扩大土地，既使是古代的五帝三王五霸，以及别的贤明的君主，常常想坐着得到这些，但客观形势却不可能，所以便用战争来接替文治，两军相距得远时就互相攻打，相距得近时就用杖戟互相刺杀，然后才可以建立大的

苏秦像

功业。所以在国外打了胜仗，在国内加强礼仪，君主建立了威望，人民才会服从。现在想要兼并天下，超越拥有兵车万辆的大国，压服敌国，统制天下，抚育人民，臣服诸侯，非通过战争不可。现在继承王位的君主，忽视了通过战争统一天下的重要道理，都不懂得政教，把统治国家的工作搞乱了，被辩士的花言巧语弄迷惑了，沉溺于他们的辩论和言辞之中。照这样讲来，大王您本来就不能实行我的主张啊。”

苏秦劝说秦王的奏章上了十次，他的主张秦王不肯实行。苏秦的黑貂皮的衣服穿破了，黄金一百斤用光了，物资费用没有了，只好离开秦国回家去。他绑上裹腿，穿上草鞋，背着书箱，挑着行囊，模样憔悴瘦弱，脸色黑里带黄，看上去一副惭愧的样子。他回到家里，妻子不下织布机来接待，嫂子不煮饭给他吃，父母不同他说话。苏秦深深感慨地叹息说：“妻子不把我当丈夫，嫂子不把我当叔叔，父母不把我当儿子，这都是苏秦我的过错啊。”于是连夜把书找出来，把几十只书箱打开，得到姜太公吕望的兵书《阴符》，伏在桌上诵读它，熟记精要并仔细研究它的含意。读书读到想打瞌睡的时候，就拿锥子刺自己的大腿，鲜血流到脚上，他说：“怎么会有去游说君主，不能叫君主拿出他的金玉宝贝和锦绣衣物、让我取得公卿宰相的尊位的呢？”过了整整一年，他对兵法研究透彻了，说：“这次真可以去游说当代的君主了。”

于是苏秦来到燕乌集宫中，在华丽的房屋下会见和劝说赵国的国王，和赵王谈得很投机。赵王非常高兴，封苏秦为武安君，并授给相印。赵王拿出兵车一百辆，锦缎一千匹，白璧一百双，黄金一万镒，用来跟随在苏秦的身后。他带着这些东西去游说六国联合抗秦，解除各国和秦国的盟约，以此来抑制强大的秦国。所以，苏秦在赵国做宰相而使得六国与秦国断绝了交往。在那个时候，天下那样大，人民那样多，王侯那样有威风，谋臣那样有权势，都取决于苏秦的策略。没有耗费一斗粮饷，没有劳烦一个士兵，没有一位将士领兵打仗，没有断绝一根弓弦，没有损失一支箭镞，六国的诸侯友好相亲，胜过兄弟。任用贤人而使天下的人心都归服，重用一个有才能的人就使天下的人都听从。所以说："运用政治，不运用武力，运用在朝廷之内决策，不运用在国境之外打仗。"当苏秦隆盛得意之时，黄金一万镒供他使用，车轮飞转，马车相连，他威风凛凛地坐车显耀在大路上，华山以东的国家望风而从，使赵国大受其他国家的尊重。这个苏秦，只不过是出身在穷巷陋屋之中的一个书生罢了。后来他乘车骑马，游历天下，在朝廷上游说诸侯国的国君，把国君身边持反对意见的人说得哑口无言，天下没有人抵得过他。

苏秦将去游说楚王的时候，路过洛阳老家，他的父母听到这个消息，打扫房屋，清除道路，演奏乐器，摆设酒宴，到郊外三十里迎接他。他的妻子不敢正眼看他，侧着耳朵听他说话。他的嫂子伏在地上爬行，对他作了四个揖，自己跪在地上向他道歉。苏秦说："嫂子！你为什么以前那么傲慢而现在这样谦卑呢？"嫂子说："因为季子现在地位尊贵而且有很多金钱。"苏秦说："唉！贫穷的时候就父母不认儿子，富贵的时候亲戚也畏惧。一个人活在世上，对于权势地位和荣华富贵，怎么可以忽视大意啊！"

【赏析】

《战国策》是战国时代的一部资料汇编，它主要记载战国时代谋臣、策士在政治、军事、外交上的各种主张和策略，颇有史料和文学价值。

文章内容分两个部分：在第一部分，苏秦用秦国优越的地理条件和雄厚的势力鼓励秦惠王吞并天下，统一中国，并历举古代帝王无不用战的事实，鼓励惠王"废文任武"，但惠王以条件不成熟为由拒绝了苏秦的游说，苏秦以连横说秦王失败。第二部分，苏秦发愤读书，以合纵说游说赵王，一举成名，顷刻间权倾天下。

作者在行文辞令上有颇深的造诣，善于用对比的方法，笔墨繁简详略恰当自如，而且用夸张的手法渲染气氛，达到很好的效果。

作者在刻画人物、表现主题时善于用对比的方法。以苏秦先以连横之策说秦惠王不成功，与以合纵之策说赵成功作比。再以面容憔悴，负书担囊，落魄而归同车马相随，言听计从，意气风发相比。最后，以妻嫂父母冷眼相看同家人又转而谦卑至极比较。将对比之法运用得淋漓尽致。

作者还善于处理笔墨的繁简详略。苏秦说秦时，作者用大量篇幅表现了游说的全过程，而在苏秦说赵时只一笔带过，虚实相生，繁简相应。

另外，作者在渲染气氛时善于夸饰形容。在说秦不成时，描写得黯然魂消，而写得意处油然色舞。真是“写失意处，何等凄凉；写得意处，何等热闹。”

司马错论伐蜀

《国策》

【原文】

司马错与张仪争论于秦惠王前[①]。司马错欲伐蜀[②]，张仪曰："不如伐韩。"王曰："请闻其说。"

对曰："亲魏善楚，下兵三川[③]，塞轘辕、缑氏之口[④]，当屯留之道[⑤]，魏绝南阳，楚临南郑[⑥]，秦攻新城、宜阳[⑦]，以临二周之郊[⑧]，诛周主之罪[⑨]，侵楚、魏之地。周自知不救，九鼎宝器必出[⑩]。据九鼎，按图籍[⑪]，挟天子以令天下，天下莫敢不听，此王业也。今夫蜀，西辟之国[⑫]，而戎狄之长也。敝兵劳众，不足以成名；得其地，不足以为利。臣闻：'争名者于朝，争

张仪像，图选自《鬼谷四友志》。

利者于市。’今三川、周室，天下之市朝也，而王不争焉，顾争于戎狄⑬，去王业远矣。”

司马错曰：“不然。臣闻之：欲富国者，务广其地⑭；欲强兵者，务富其民；欲王者⑮，务博其德。三资者备⑯，而王随之矣。今王之地小民贫，故臣愿从事于易⑰。夫蜀，西辟之国也，而戎狄之长也，而有桀、纣之乱⑱。以秦攻之，譬如使豺狼逐群羊也。取其地，足以广国也；得其财，足以富民。缮兵不伤众⑲，而彼已服矣。故拔一国，天下不以为暴；利尽西海⑳，诸侯不以为贪。是我一举而名实两附㉑，而又有禁暴止乱之名。今攻韩劫天子㉒，劫天子，恶名也，而未必利也，又有不义之名，而攻天下之所不欲，危！臣请谒其故㉓：周，天下之宗室也㉔；韩、周之与国㉕也。周自知失九鼎，韩自知亡三川，则必将二国并力合谋，以因乎齐㉖、赵而求解乎楚、魏，以鼎与楚，以地与魏，王不能禁。此臣所谓危，不如伐蜀之完㉗也。”

惠王曰：“善！寡人听子。”卒起兵伐蜀㉘，十月取之，遂定蜀。蜀主更号为侯，而使陈庄相蜀㉙。蜀既属㉚，秦益强富厚，轻诸侯。

【注释】

①本篇选自《战国策·秦策一》。司马错：战国时秦将。张仪：战国时魏人，著名纵横家。秦惠王十年（前328年）为秦相，封武信君。

②蜀：国名，在今四川西部和北部，都城在成都（今成都市）。

③三川：今河南宜阳地。因境内有黄河、洛水、伊水三条河流而得名。

④轘（huán）辕：山名，在今河南偃师县东南，接巩县、登封两县境，道路险阨，凡十二曲，中有轘辕关。缑（gōu）氏：地名，在偃师东南，轘辕关西北，以地有缑山而名，为军事要地。

⑤屯留：地名，在今山西屯留县南。

⑥南阳：地名，在今河南南阳。战国时为韩地。南郑：今河南省新郑县西北。

⑦新城：韩地，在今河南伊川县西南。宜阳：韩地，在今河南宜阳县西。

⑧二周：指西周、东周。

⑨诛：讨。

⑩九鼎：传说禹收天下之金，“铸九鼎，象九州，”夏、商、周时奉为传国之宝。

⑪按：据有，掌握。图籍：地图和户籍。

夏桀像

⑫辟：通“僻”，偏僻。

⑬顾：却，反而。

⑭务：专力。

⑮王：称王，统治天下。

⑯资：钱财，这里犹言“条件”。三资者备，指上文所言的广地、富民、博德三者齐备。

⑰易：平易，与险对言。

⑱有桀、纣之乱：据《华阳国志》载，蜀王封其弟苴侯于汉中。苴侯与巴王友善，而巴与蜀为仇，蜀国伐苴，苴侯奔巴，并向秦求救。桀、纣之乱即指此。

⑲缮兵：整治军备。

⑳利尽西海：得利（的地域）达到西海边上。古人以为中国处于“四海”之内，蜀在西，故此提及“西海”。

㉑名实两附：犹言“名实两得”。附：归附。

㉒劫：胁迫。

㉓谒：告，陈述。

㉔宗：尊。周室为天下所宗仰，故称宗室。

㉕与国：同盟友好之国。

㉖因：依靠，利用。

㉗完：全。犹言与全。

㉘起兵伐蜀：据《史记·秦本纪》，事在秦惠王后元九年，即公元前316年。

㉙陈庄：战国时秦臣，为蜀相。

㉚属：归附。

【译解】

司马错和张仪在秦惠王面前争论。司马错要攻打蜀国，张仪说：“不如攻打韩国。”惠王说：“请你们把各自的道理说给我听。”

司马错像

张仪回答说：“我们和魏国、楚国亲善友好，向三川出兵，堵住轘辕、缑氏两山险道的口子，挡住通向屯留的要道，让魏国出兵断绝南阳的交通，让楚国出兵压在南郑的边境，我们秦国就进攻新城、宜阳，迫近东周、西周的城郊，声讨周王的罪行，然后再侵袭楚国、魏国的地方。周王自知不能挽救，必然把九鼎宝器交出来，我们占有了九鼎，考察了地图和户籍，就可以控制周天子而用天子的名义号令天下，天下没有谁敢不听从的，这是统治全中国的事业啊。至于蜀国，是西方的偏僻之国，是戎狄的首领，我们烦劳士兵和人民去攻打它，不能够成名，我们获得它的土地，不能够得利。我听说：争夺名声要在朝廷上，争夺利益要在市场上。现在三川和周室，就是天下的市场和朝廷，对此大王不去争夺，反而去争夺戎狄，这离开统一全中国的事业太远了。”

司马错说：“不是这样。我听说，要想富国，务必要扩大他的土地；要想强兵，务必要使他的人民富足；要想在全中国称王，务必要使他的德行广大；这三个条件具备了，称霸天下的事业就随之而来了。现在大王您土地少人民穷，所以我希望您先从容易办的事情做起。那个蜀国，是西方的偏僻之国，是戎狄的首领，又有夏桀、商纣那样的乱政，我们秦国去攻打它，就好像是豺狼去追逐一群绵羊那样轻而易举啊。我们夺取它的土地，可以扩大国土；得到它的财物，可以使人民富足。修缮军备不损伤民众，而蜀国就已经屈服了。所以我们消灭了一个国家，天下的人不会认为我们残暴；得尽西方的财物，各国的诸侯不会认为我们贪婪。这是我们做一件事而名、实两得，而且还有禁暴止乱的名声。现在，攻打韩国，就胁迫周天子，胁迫周天子，名声很坏又未必有利，而且落得个不义的名声，攻打天下所不愿攻打的周室，危险哪。请让我说明其中的道理：周室，是天下所尊崇的王朝；韩国，是周室的友好邻邦。如果周室自知要失去九鼎，韩国自知要失去三川，就一定会两国联合起来一起出力共同商量，并通过齐国和赵国，去向楚国和魏国求援解围，把九鼎给楚国，把三川给魏国，您大王是禁止不住的。这就是我认为攻打韩国胁迫周天子的危险之处，不如攻打蜀国，万全无失。”惠王说：“好！我听从您的意见。”

秦国就出兵去攻打蜀国。花了十个月的时间就把它平定了。蜀国的君主改帝号为侯，秦国派陈庄去当蜀侯的丞相。蜀国已经附属于秦国，秦国就更加富强，就更加轻视其他诸侯国了。

【赏析】

本文描述的是在秦国内部围绕战略问题而发生的宫廷论争。

论争的一方是名臣张仪，一方是悍将司马错。张仪主张挥师东进，伐韩劫周，挟天子以令诸侯，在短期建立王业，表现出一种急功近利的思想，这与秦国当时的实际不符。司马错则坚持应避难就易。先伐巴蜀，增强国力，再图进取，否则既遭恶名又无利可图，激怒诸侯，联手抗秦，必然对秦不利。司马错的攻战策略最终在实践中得到验证，由此也显示了他作为政治家、军事家的冷静沉着和思虑的深邃周密。

这篇文章几乎全由人物的论辩语言构成。文字处理得干净、洗炼。二人的论辩语言也始终平实、直朴，只在实质性内容上论英雄。以这种方式很好地表现了张仪的迂阔和急于求成，也很好地塑造了司马错这一“战国中求实落经济”（林云铭《古文析义》）第一人的政治家形象。

另外，结构精巧、完整也是本篇的特色。从交待事件起因，到互陈观点，最后做出裁定，结构完整严密。正如倪稼咸所评：“论事之文，指陈明快，听者安得不从。”

范雎说秦王

《国策》

【原文】

范雎至[①]，秦王庭迎范雎，敬执宾主之礼，范雎辞让。是日见范雎，见者无不变色易容者[②]。秦王屏左右[③]，宫中虚无人。秦王跪而进曰：“先生何以幸教寡人[④]？”范雎曰：“唯唯[⑤]。”有间，秦王复请。范雎曰：“唯唯。”若是者三。秦王跽曰[⑥]：“先生不幸教寡人乎？”范雎谢曰：“非敢然也。臣闻昔者吕尚之遇文王也，身为渔父，而钓于渭阳之滨耳[⑦]，若是者交疏也[⑧]。已[⑨]，一说而立为太师，载与俱归者，其言深也。故文王果收功于吕尚，卒擅天下[⑩]，而身立为帝王。即使文王疏吕

箕子像，图出自清·顾沅辑《古圣贤像传略》。

望[11]，而弗与深言，是周无天子之德，而文武无与成其王也[12]。今臣羁旅之臣也[13]，交疏与王，而所愿陈者，皆匡君臣之事[14]，处人骨肉之间[15]。愿以陈臣之陋忠，而未知王心也，所以王三问而不对者是也。臣非有所畏而不敢言也，知今日言之于前，而明日伏诛于后[16]，然臣非敢畏也。大王信行臣之言[17]，死不足以为臣患，亡不足以为臣忧，漆身而为厉[18]，被发而为狂[19]，不足以为臣耻。五帝之圣而死，三王之仁而死，五霸之贤而死，乌获之力而死，奔、育之勇而死[20]。死者，人之所必不免，处必然之势，可以少有补于秦，此臣之所大愿也，臣何患乎？伍子胥橐载而出昭关[21]，夜行而昼伏，至于菱夫[22]，无以糊其口[23]，膝行蒲伏[24]，乞食于吴市，卒兴吴国，阖闾为霸[25]。使臣得进谋如伍子胥，加之以幽囚不复见，是臣说之行也，臣何忧乎？箕子、接舆[26]，漆身而为厉，被发而为狂，无益于殷楚。使臣得同行于箕子、接舆[27]，可以补所贤之主，是臣之大荣也，臣又何耻乎？臣之所恐者，独恐臣死之后，天下见臣尽忠而身蹷也[28]，因以杜口裹足，莫肯向秦耳[29]。足下上畏太后之严，下惑奸臣之态[30]，居深宫之中，不离保傅之手[31]，终身暗惑，无与照奸[32]，大者宗庙灭覆，小者身以孤危，此臣之所恐耳。若夫穷辱之事，死亡之患，臣弗敢畏也。臣死而秦治[33]，贤于生也。”

秦王跪曰：“先生是何言也，夫秦国僻远，寡人愚不肖，先生乃幸至此，此天以寡人慁先生[34]，而存先王之庙也。寡人得受命于先生，此天所以幸先生，而不弃其孤也[35]。先王奈何而言若此。事无大小，上及太后，下至大臣，愿先生悉以教寡人，无疑寡人也。”范雎再拜，秦王亦再拜。

【注释】

①本篇选自《战国策·秦策三》。范雎：战国魏人，字叔，初事魏

国，随须贾出使齐国，私受齐襄王赏赐，须贾知之，归国后便诬陷睢里通外国，遭鞭打，佯死得脱。后随秦使王稽入秦，游说秦昭王，昭王用他为相。

②变色易容：惊异、恐惧得变了脸色。

③屏左右：遣退近侍。

④何以：即“以何”，用什么。

⑤唯唯：应诺的声音。

⑥跽（jì）：长跪，两膝着地，挺直腰板。

⑦渭阳之滨：渭水北岸的水边，指磻溪中兹泉，太公曾钓于此。

⑧交疏：交情不深。与下文“言深”相对，言深，即话谈得很深入。

⑨已：旋即。

⑩卒擅：终于据有。

⑪即使：假使。吕望：即吕尚，昔文王在渭水滨遇见吕尚，说：“吾太公望子久矣。”故又号“太公望”。

⑫与：王引之《经传释词》卷一“犹‘以’也”。无与成其王，意即不可能成就帝王的事业。

⑬羁旅：客居他乡。

⑭皆匡君臣之事：都是匡正君臣过失的事情。匡，匡正，纠正。

⑮处人骨肉之间：喻秦昭王与其母太后及母舅穰侯之间的矛盾。言范睢对他们亲属间的事不便进言。

⑯伏诛：受死刑。

⑰信行：果真实行。

⑱漆身而为厉：以漆涂身，使皮肤肿癞，改变形貌。厉（lài）：通“癞”，恶疮。

⑲被发：披散头发。为狂：装疯子。

⑳五帝：一般指黄帝、颛顼、帝喾、尧、舜。

㉑橐载：装在口袋里。指伍子胥从楚奔吴，藏身于口袋中，载而出楚关。昭关：春秋时吴楚边界，今安徽含山县北二十里小岘山。

㉒溧水，今江苏溧阳县溧水。

㉓糊：一作“饵”，饲。

㉔蒲伏：即“匍匐”，爬行。

㉕阖闾：吴国国君。

㉖箕子：名胥余，商纣王叔父，官拜太师，封子爵于箕，谏纣不听，被囚佯狂为奴。接舆：楚人陆通，字接舆，曾披发佯狂以避世。

㉗同行于箕子、接舆：意即和箕子、接舆一样漆身为厉，披发为狂。

㉘蹷：倒下，指身死。

㉙杜口裹足：闭口不语，停步不前。向秦：到秦国来。

㉚惑：迷惑。

㉛保傅：指女保女傅等宫内女官，宫中掌管侍奉养育等职务的女人。㉜暗惑：昏昧糊涂。

㉝治：太平。

㉞慁（hùn）：烦扰。

㉟孤：指秦昭王自己。

【译解】

范雎来到秦国，秦王在宫廷中迎接，恭恭敬敬地行宾主之礼，范雎表示辞让。这天，秦王接见范雎，在场观看的人没有不感到惊异而改变了脸色的。秦王屏退左右，宫中没有其他人。秦王跪着近前对范雎说：“请先生指教于我？”范雎答：“是的，是的。”过了一会儿，秦王又请他进行指教，范雎答：“是的，是的。”这样问答了三次。秦王直起身子来说："先生不愿意指教我吗?"范雎道歉说："不敢这样。我听说从前吕尚遇见文王的时候，他不过是个渔父，在渭水北岸边上钓鱼。这就是说吕尚和文王是没有什么交情的。后来，吕尚和文王一交谈，文王就立他为太师，用车子载着他一同回去，这是因为吕尚谈的道理很深切。所以文王果然得力于吕尚，结果占有天下，而被立为帝王。假使文王疏远吕望，而不肯同他深谈，那就是周室没有做天子的德行，而文王、武王就不能成就其王业。现在我是一个寄居在这里的臣子，和您大王没有什么交情，而我希望陈述的意见，都是关于匡正你们君臣之间的事情，处理你们骨肉亲人之间的关系。我想陈述内心的浅陋的意见，而不知大王之心。大王三次询问而我没有答复，原因就在这里。我不是有所畏惧而不敢说，我就是知道今天在大王面前说了，明天就受到诛杀，我也毫不畏惧。如果大王听信并实行我的主张，就是死，也不值得我忧患；流亡，也不值得我发愁；涂黑身体成为癞子、披散头发成为狂人，也不值得我羞耻。五帝那样的圣人也要死，三王那样的仁人也要死，五霸那样的贤人也要死，乌获那样的力士也要死，孟奔、夏育那样的勇士也要死。死亡，是人所不可避免的，是必然的趋势。可以对秦国稍有补益，这就是我最大的心愿，我怕什么呢！伍子胥从楚国到吴国去时装在口袋里而逃出昭关，夜晚走路，白天躲藏，到了菱夫的时候，饿得没有什么吃的，用膝盖着地伏在地上爬行，在吴国的街上讨饭吃，后来由于他的辅佐使吴国兴旺发达，使吴王阖闾成为天下的霸主。假使我向您献谋进策能像伍子胥向吴王献谋进策一样得到成功，就是把我关进监牢不再出来，这是我的主张实行了，我有什么忧虑呢！箕子和接舆，一个涂黑身体成为癞子，一个披散头发成为狂人，对殷朝和楚国没有什么益处。假使我同箕子、接舆一样涂黑身体成为癞子、披散头发成为狂人，对贤明的君主有所补益，这就是我最大的光荣，我又有什么感到耻辱呢！我所害怕的，只害怕我死了之后，天下的人看到我进尽忠言而身受残害，因而闭口不言裹足不前，没有人肯到秦国来了。您上怕太后的威严，下受奸臣的迷惑，住在深宫之中，不离保姆、老师，一生糊里糊涂，没有人帮您识别奸臣，这样下去，大则国家遭到覆灭，小则您自己身受危害，这才是我所害怕的啊。至于穷困和羞耻的事情，死去和流亡的忧患，我是不害怕的。我死了而秦国得到大治，胜过我活着。”

秦王跪下来说：“先生，您这是说什么话呀！秦国偏僻荒远，我又愚笨无用，先生有幸来到这里，这是天让我劳烦您，而使先王的宗庙可以得到保存啊。我一定听从先生的教诲，这是天宠幸先生，而不肯遗弃我呢。先生怎么说出这样的话来！事情无论大小，上至太后的事，下至大臣的事，都希望先生指教我，不要对我怀疑不信任。”范雎向秦王拜了两拜，秦王也向范雎拜了两拜。

【赏析】

太后、穰侯骄奢淫逸，独揽国政，而秦昭王深感大权旁落，急欲重振朝纲。本文记述的就是范雎在这样一种背景之下的一次游说。范雎巧妙地利用这一点，借机向秦昭王献策，欲以取代穰侯，但是以一个流亡者的身分去反对位尊势大而又是秦王至亲的贵族，这是很冒险的，弄不好就有杀头的危险。因此，首先不得不故作姿态不肯说，直到秦王一再追问时才以交疏言深试探秦王，然后又反复申明自己对秦王忠心耿耿，不避生死，最后巧妙地点出秦国统治者的内部矛盾，赶紧又申明“臣死面秦治，贤于生。”全部说辞翻来覆去，耸人听闻，就是不肯提具体建议，直逼秦昭王说出“上及太后，下及大臣，愿先生悉以教寡人”，才算是大功告成。全文层层揭示，平地生涛，危言耸听，切中要害，集中体现了战国时代策士的文风，也表现了他的胆识和口才。本文语言上特点犹为突出，潜词造句，行云流水，说理委婉，真切生动，涓涓细流，表白忠心时，铿锵高亢，一气呵成，又势如破竹。就在这滔滔的论说中，成功地勾勒了一位处事严谨，十分具有雄奇胆略和高超的论辩艺术的高士范雎形象，给读者的印象十分深刻。

邹忌讽齐王纳谏[1]

《国策》

【原文】

邹忌修八尺有余，而形貌昳丽[2]。朝服衣冠[3]，窥镜[4]，谓其妻曰："我孰与城北徐公美[5]？"其妻曰："君美甚，徐公何能及君也！"城北徐公，齐国之美丽者也。忌不自信，而复问其妾曰："吾孰与徐公美？"妾曰："徐公何能及君也！"旦日客从外来[6]，与坐谈，问之客曰："吾与徐公孰美？"客曰："徐公不若君之美也！"明日，徐公来。孰视之[7]，自以为不如；窥镜而自视，又弗如远甚。暮，寝而思之曰："吾妻之美我者，私我也[8]；妾之美我者，畏我也；客之美我者，欲有求于我也。"于是入朝见威王曰[9]："臣诚知不如徐公美，臣之妻私臣，臣之妾畏臣，臣之客欲有求于臣，皆以美于徐公。今齐地方千里，百二十城，宫妇左右[10]，莫不私王；朝廷之臣，莫不畏王；四境之内，莫不有求于王。此由观之，王之蔽甚矣[11]！"王曰："善。"乃下令："群臣吏民，能面刺寡人之过者[12]，受上赏；书谏寡人者，受中赏；能谤议于市朝[13]，闻寡人之耳者，受下赏。"令初下，群臣进谏，门庭若市。数月之后，时时而间进[14]。期年之后，虽欲言，无可进者。燕、赵、韩、魏闻之，皆朝于齐。此所谓战胜于朝廷[15]。

齐国“战胜于朝廷”图

【注释】

①本篇选自《战国策·齐策》。邹忌：战国时齐国人，做过齐威王的相，封于邳，号成侯。齐王：齐威王。

②修：长。这里指身高。尺：一周尺等于今市尺六寸四分。所以有身高八尺有余。

③朝：早晨。服：穿戴。

④窥镜：看镜端相。

⑤孰：谁、哪个。

⑥旦日：明天。

⑦孰视：仔细端相，看了又看。孰，同“熟”。

⑧私：偏爱。

⑨威王：指齐威王，名婴齐，亦作因齐。在位期间，改革政治，国力渐强。

⑩宫妇左右：宫庭里面的后妃以及左右侍候的太监宫女等。

⑪蔽：蒙蔽。

⑫面刺：当面提出批评。

⑬谤议：议论谴责。市朝：公共集会场所。

⑭间进：断断续续地进谏。

⑮战胜于朝廷：指身在朝廷之内就能战胜别的国家。意即内政修明，不用军事行动就能使敌国畏服。

【译解】

邹忌长得很高，而且容貌很漂亮。早晨，他穿好衣服，戴上帽子，照着镜子对他的妻子说："我和城北的徐公比较，哪个漂亮?"他的妻子说："您漂亮得很，徐公哪里比得上您呀!"城北的徐公，是齐国的一个长得很美的人。邹忌自己不相信比徐公美，再问他的小妾说："我与徐公比较，哪个漂亮?"他的小妾说："徐公哪里比得上您呀!"白天，有一个客人从外地来，邹忌和他坐着谈话，问客人说："我和徐公比较，哪个漂亮?"客人说："徐公不如您漂亮。"第二天，徐公来到邹忌家里，邹忌仔细端详他，自己认为不如徐公漂亮。照着镜子看自己，更觉得远不如徐公。晚上，他睡在床上思考道："我的妻子说我漂亮，是对我偏爱；我的小妾说我漂亮，是对我畏惧；客人说我漂亮，是有事想求我帮忙。"

因此，他进朝廷去拜见威王，说："我知道自己确实没有徐公漂亮，我的妻子偏爱我，我的小妾惧怕我，我的客人有事想求助于我，都说我长得比徐公漂亮。现在齐国的国土方园有一千里，城市有一百二十座，宫廷里的妻妾和身边的随从人员哪个不偏爱您，朝廷里的臣子哪个不惧怕您，全国的人哪个不有求于您：这样看来，您受蒙蔽很厉害啊!"威王说："您说得好。"

威王于是就下命令："各大臣、官吏和百姓，能够当面指出我的过失的，受上等奖赏；能够上奏章向我进谏的，受中等奖赏；能够在街市和朝廷议论我的过失、传到我的耳中的，受下等奖赏。"这个命令刚刚下达，许多臣子都来进谏，齐王的宫殿门前就像闹市一样。几个月之后，不定时地间或有人来进谏。一周年之后，虽然有人想来进谏，也没有什么意见可提了。燕国、赵国、韩国、魏国听到这种情况，都到齐国来朝见齐王。这就叫做在朝廷之上战胜了外国。

【赏析】

《邹忌讽齐王纳谏》以其精巧的构思，高明的比喻，深刻的寓意而脍炙人口。邹忌从家庭亲友间的微妙关系领悟到政治上的大道理。

邹忌和徐公相比自知“弗如远甚”，而妻、妾、客全都哄他，说他比徐公美。邹忌将自己亲身受蒙蔽的个人私事，运用类比联想手法，巧妙地与国家大事联系起来，指出：“今齐地方千里，百二十城，宫妇左右莫不私王，朝廷之臣莫不畏王，四境之内莫不有求于王，由此观之，王之蔽甚矣！”从而讽谏齐王，说明国君必须广开言路，虚心纳谏。这种现身说法的方式，类比真切，语言幽默又很具有说服力。

文章叙述简洁，层次分明，正如清金圣叹《天下才子必读书》卷三中所评的那样：“一段问答孰美，一段暮寝自思，一段入朝自述，一段下令受谏，一段进谏渐稀，段段简峭之甚。”

颜斶说齐王①

《国策》

柳下惠像，图出自清·顾沅《古圣贤像传略》

【原文】

齐宣王见颜斶曰：“斶前。”斶亦曰：“王前。”宣王不说。左右曰：“王，人君也；斶，人臣也。王曰‘斶前’，斶亦曰‘王前’，可乎？”斶对曰：“夫斶前为慕势②，王前为趋士③。与使斶为慕势，不如使王为趋士。”王忿然作色曰④：“王者贵乎？士贵乎？”对曰：“士贵耳，王者不贵。”王曰：“有说乎？”斶曰：“有。昔者秦攻齐，令曰：‘有敢去柳下季垄五十步而樵采者⑤，死不赦。’令曰：‘有能得齐王头者，封万户侯，赐金千镒。’

由是观之，生王之头，曾不若死士之垄也。”

宣王曰：“嗟乎！君子焉可侮哉，寡人自取病耳[⑥]。愿请受为弟子[⑦]。且颜先生与寡人游[⑧]，食必太牢[⑨]，出必乘车，妻子衣服丽都[⑩]。”颜斶辞去，曰：“夫玉生于山，制则破焉，非弗宝贵矣，然太璞不完[⑪]。士生乎鄙野，推选则禄焉，非不尊遂也，然而形神不全[⑫]。斶愿得归，晚食以当肉，安步以当车[⑬]，无罪以当贵[⑭]，清静贞正以自虞[⑮]。”则再拜而辞去。

君子曰：“斶知足矣，归真反璞[⑯]，则终身不辱。”

【注释】

①本篇选自《战国策·齐策四》颜斶（chù）：战国时齐国隐士。

②慕势：羡慕权势。

③趋士：接近贤士，意为礼贤下士。趋：疾行，表示恭敬。

④忿然：愤怒的样子。作色：变了脸色。

⑤柳下季：春秋时著名的高士。姓展名禽，字季，食邑柳下，故称柳下季。谥号惠，又叫柳下惠。垄：坟墓。樵采：打柴。

⑥自取病：自找苦吃，自讨没趣。

⑦愿：希望。

⑧游：交往，往来友好。

⑨太牢：一牛、一羊、一豕，三牲俱备叫“太牢”。

⑩丽都：华美。都，美。

⑪太璞：未经加工的含玉的石头。太璞不完：指璞弄破，取出玉，这样原来的面貌就不能复完了。喻隐士出仕，就失去了本色。

⑫鄙野：郊野。

⑬晚食以当肉：把饭吃得晚一点，虽没有好吃的，但因为肚子饿了吃起来就香甜，便当是吃肉一样。

⑭无罪以当贵：不做官就不易获罪，便算作是富贵了。

⑮清静：远避尘世，不受外界干扰。贞正：纯洁正直的节操。虞：通“娱”。

⑯归真反璞：去其外饰，还其本来面目。比喻颜斶辞归，恢复其布衣面目。

【译解】

齐宣王召见颜斶，说：“颜斶到我面前来！”颜斶也说：“您走到我面前来！”宣王听了很不高兴。宣王左右的官员说：“国王是国君，颜斶是臣子。国王说‘颜斶到我面前来’，颜斶也说‘您到我面前来’，这样说可以吗？”颜斶回答说：“我颜斶走近国王面前是羡慕权势，国王走近我的面前是礼贤下士，与其使我羡慕权势，不如使国王礼贤下士。”宣王很生气，变了脸色说：“国王尊贵呢？还是士人尊贵呢？”颜斶回答说：“士人尊贵哩，国王不尊贵。”宣王说：“这样说有根据吗？”颜斶说：“有根据。从前秦国攻打齐国的时候，下命令：‘有敢到距离柳下季的坟墓五十步之内打柴的，一律判处死刑，决不赦免！’还下命令说：‘有能够得到齐王的脑袋的，封他做万户侯，赏赐黄金一千镒！’由此看来，一个活着的国王的头，竟不如一个死了的士人的坟墓哩。”宣王说：“唉，君子怎么可以侮辱呢！我是自讨没趣啊。希望您接受我做您的弟子。如果颜先生和我交游，吃的一定是牛肉、羊肉、猪肉，出门一定乘车，妻子和儿女一定穿上漂亮的衣服。”颜斶表示拒绝，说：“玉出产在山中，经过玉工的制作凿开璞取出玉来，并非不宝贵了，然而已经失去了璞的本来面目。士人生长在穷乡僻壤，推选当官以后可以得到俸禄，并非不尊贵显达，然而他的形体和思想已经不能和原来一样得到保全。我颜斶希望回去，晚一些时间吃饭可以当作吃肉，安闲地走路可以当作乘车，不会获罪可以当作富贵，保持贞洁正直的节操而自得其乐。”颜斶说完就向齐王拜了两拜辞别而去。

君子说：“颜斶是一个知足的人啊，保持他的纯朴的本性，这样就终身不受侮辱。”

【赏析】

战国时代，新兴起“士”阶层，他们游说于诸侯以获取高官厚禄。但也有一些洁身自爱，不畏强权，不慕利禄的士存在，如本文的颜斶就是这种类型的士。本文通过一场言辞激烈的斗辩，成功地塑造了颜斶这么一位高士形象。全篇由对话组成，简洁精炼，“与使斶为慕势，不如使王前为趋士”一语，点出了颜斶不慕权势的可贵品质。“王前”、“斶前为慕势，王前为趋士”、“士贵耳，王者不贵”，寥寥数语，更是塑造出了一个不畏权势，敢与王侯分庭抗礼的高士形象。同时，他又断然拒绝齐王的高官厚禄，体现出他洁身自爱的高洁情操。当然，颜斶最终“归真返璞”，归隐避世的行为也体现了他思想上消极避世的一面。文中还塑造了另一个人物齐宣王，语句虽不多，但写得非常成功。“前”、“王不悦”、“忿然作色”几笔便勾画出了一位骄横的王者形象。文章以宣王最后态度的转变喻示颜斶在辩论中取得了胜利。本文主要为“士”阶层说话，反映战国时代，“士”阶层社会地位的提高，清储欣在《古文箐华录》中评曰：“通篇只‘士贵’二字，归真反璞，终身不辱，方是士之真贵处。著书者，殆发愤于士贱之世，而张大颜斶，以一舒其气乎！是耶？非耶？”

冯谖客孟尝君[1]

《国策》

【原文】

齐人有冯谖者[2]，贫乏不能自存[3]，使人属孟尝君[4]，愿寄食门下[5]。孟尝君曰："客何好[6]？"曰："客无好也。"曰："客何能？"曰："客无能也。"孟尝君笑而受之，曰："诺[7]。"

左右以君贱之也[8]，食以草具[9]。居有顷[10]，倚柱弹其剑，歌曰："长铗归来乎[11]，食无鱼！"左右以告[12]。孟尝君曰："食之比门下之客。"居有顷，复弹其铗，歌曰："长铗归来乎，出无车！"左右皆笑之，以告。孟尝君曰："为之驾，比门下之车客[13]。"于是乘其车，揭其剑[14]，过其友曰[15]："孟尝君客我[16]！"后有顷，复弹其剑铗，歌曰："长铗归来乎，无以为家[17]！"左右皆恶之，以为贪而不知足。孟尝君问："冯公有亲乎？"对曰："有老母。"孟尝君使人给其食用[18]，无使乏。于是冯谖不复歌。

后孟尝君出记[19]，问门下诸客："谁习计会，能为文收责于薛者乎[20]？"冯谖署曰[21]："能。"孟尝君怪之，曰："此谁也？"左右曰："乃歌夫长铗归来者也[22]。"孟尝君笑曰："客果有能也！吾负之[23]，未尝见也。"请而见之，谢曰："文倦于是，愦于忧[24]，而性懦愚，沉于国家之事，开罪于先生[25]。先生不羞，乃有意欲为收责于薛乎[26]？”冯谖曰：“愿之[27]。”于是约车治装，载券契而行[28]。辞曰：“责毕收，以何市而反[29]？”孟尝君曰：“视吾家所寡有者。”

驱而之薛[30]，使吏召诸民当偿者，悉来合券[31]。券遍合，起矫命[32]，以责赐诸民，因烧其券[33]，民称万岁。

长驱到齐[34]，晨而求见。孟尝君怪其疾也，衣冠而见之[35]，曰：“责收毕乎？来何疾也？”曰：“收毕矣。”“以何市而反？”冯谖曰：“君云‘视吾家所寡有者’。臣窃计，君宫中积珍宝[36]，狗马实外厩，美人充下陈[37]，君家所寡有者以义耳。窃以为君市义。”孟尝君曰：“市义奈何[38]？”曰：“今君有区区之薛，不拊爱子其民，因而贾利之[39]。臣窃矫君命，以责赐诸民，因烧其券，民称万岁，乃臣所以为君市义也。”孟尝君不说，曰：“诺。先生休矣[40]！”

后期年[41]，齐王谓孟尝君曰[42]：“寡人不敢以先王之臣为臣。”孟尝君就国于薛[43]。未至百里，民扶老携幼，迎君道中终日[44]。孟尝君顾谓冯谖：“先生所为文市义者，乃今日见之[45]！”

冯谖曰：“狡兔有三窟，仅得免其死耳[46]。今君有一窟，未得高枕而卧也[47]。请为君复凿二窟！”

孟尝君予车五十乘，金五百斤[48]，西游于梁[49]，谓梁王曰[50]：“齐放其大臣孟尝君于诸侯[51]，先迎之者，富而兵强。”于是梁王虚上位[52]，以故相为上将军[53]，遣使者，黄金千斤，车百乘，往聘孟尝君。冯谖先驱，诫孟尝君曰[54]：“千金，重币也；百乘，显使也[55]。齐其闻之矣！”梁使三反，孟尝君固辞不往也[56]。

齐王闻之，君臣恐惧，遣太傅赍黄金千斤[57]，文车二驷，服剑一[58]。封书谢孟尝君曰[59]：“寡人不祥[60]，被于宗庙之祟，沉于谄谀之臣[61]，开罪于君。寡人不足为也；愿君顾先王之宗庙，姑反国统万人乎[62]！”冯谖诫孟尝君曰：“愿请先王之祭器，立宗庙于薛[63]。”庙成，还报孟尝君曰：“三窟已就[64]，君姑高枕为乐矣！”

孟尝君为相数十年，无纤介之祸者[65]，冯谖之计也。

《春秋五霸七雄列国专传》版画“冯谖设酒焚约”图

【注释】

①本文节选自《战国策·齐策四》。冯谖（xuān）：孟尝君的食客。客：用如动词，这里当“作客”讲。孟尝君：姓田，名文，齐国的贵族，封于薛（故城在今山东滕县东南），孟尝君是他的封号。他是战国四公子之一，门下有食客数千人。本文写孟尝君的门客冯谖为他出谋划策来帮助他巩固政治地位。

②者：语气词，表提顿。

③存：存在，这里指生活。

④属：同嘱，嘱托。

⑤寄食：依靠别人吃饭。这里指到孟尝君门下作食客。

⑥何好：爱好什么。

⑦诺：表示同意的答应声。

⑧左右：指在孟尝君左右办事的人。以：因为。贱之：以之为贱，犹看不起他。

⑨食：给…吃。草具：装盛粗劣饮食的食具。

⑩居有顷：呆了不久。

⑪铗：指剑铗，即剑把。长铗：指长剑。

⑫以告：把（冯谖唱歌的事）告诉（孟尝君）。

⑬为之驾：给他准备马车。车客：有坐车的门客。

⑭揭：高举。

⑮过：拜访，探望。

⑯客我：以我为客，即把我当客人。

⑰无以为家：犹无法养家。

⑱给：供应。

⑲出：拿出。记：记帐的簿子。

⑳习：熟习。计会：即会计。责：同“债”。

㉑署：签名。

㉒乃：就是。夫：指示代词。

㉓负之：亏待了他。

㉔倦于是：为国事累坏了。是，指国是，国家大事。愦（kuì）于忧：被忧虑搞得心烦意乱。愦，心乱。

㉕懧（nuò）：同懦，懦弱。沉：沉溺。开罪：得罪。

㉖不羞：不以为耻辱。乃：却，竟。

㉗之：代词，指“为收责于薛”。

㉘约车：套车。约，束。治装：整理行装。券契：犹今之合同。关于债务的契约。

㉙毕：完全。以：用。市：买。反：同“返”。此句意为用收回的债款买什么东西回来。

㉚驱：赶车，这里指乘车。之：往。

㉛当偿者：应当还债的人。悉：都。

㉜遍合：普遍地合过了。起：站起来。原本为“赴”字，今据上海古籍出版社《战国策》汇校本改。矫命：假托孟尝君的命令。

㉝因：于是。

㉞长驱：一直赶车前进，中间不停留。

㉟疾：快。衣冠：用如动词，穿好衣服戴好帽子，以示恭敬。

㊱窃：私自，谦词。计：考虑。

㊲实：充满。厩：马房。下陈：犹后列。

㊳奈何：怎么样。

㊴区区：小小的。拊：同“抚”。子其民：意为把薛地的老百姓看成自己的子女。贾利之：用商贾手段向人民图利。

㊵休矣：算了。

㊶期：一周年。

㊷齐王：指齐湣王。

㊸就国：回到自己的封邑。

㊹未至百里：意即距薛尚有百里。君：指孟尝君。

㊺乃：副词，才。

㊻仅：只。

㊼高枕而卧：把枕头垫得高高的躺着，意为没什么可忧虑的了。予：给。

㊽金：战国时铜质货币的通称。斤：同釿，先秦的一种货币单位，重一两多。

㊾梁：指魏国都，时魏已迁都大梁（今河南开封）。

㊿梁王：即梁惠王。

51放：放逐。

52虚上位：把最高的职位（即相位）空出来。

53故：原来。

54先驱：先赶车回去。诫：告诫。

55显使：显贵的使臣。

56三反：往返三次。固辞：坚决推辞。

⑰太傅：官名，辅佐国君的最高官员之一。赍（jī）：携带。

⑱文车二驷：绘有文彩的四马拉的车两辆。驷，四匹马拉的车。服剑：指齐王自佩之剑。

⑲封书：封好了的书信。

⑳不祥：不善。

㉑被：遭受。宗庙：这里借指祖宗。祟：神祸。沉：沉迷。谄谀：阿谀逢迎。

㉒顾：顾念。姑：暂且。统：治理。万人：指全国百姓。

㉓立宗庙于薛：在薛邑建立齐国先王的宗庙。目的使齐王重视薛，又能巩固孟尝君的政治地位。

㉔就：完成。

㉕纤介：细小。

【译解】

齐国有个叫冯谖的人，穷得不能维持自己的生活，求人嘱托孟尝君，希望到他门下当一名食客。孟尝君问："他（冯谖）有什么爱好呢？"来人说："他没有什么爱好。"孟尝君又问："他有什么才能呢？"来人说："他没有什么才能。"孟尝君笑着应许了来人，说："好吧。"就收留了他。孟尝君身边管事的人，认为孟尝君看不起冯谖，就给冯谖吃一些粗糙的食物。

孟尝君像

冯谖在孟尝君门下住了些时

候，靠着柱子敲着他的长剑，唱道："长剑啊咱们回去吧，吃饭没有鱼！"孟尝君身边管事的人把这事报告了孟尝君，孟尝君说："给他吃鱼，让他吃一般门客的伙食标准。"又住了一些时候，冯谖又敲着他的长剑，唱道："长剑啊咱们回去吧，出门没有车！"孟尝君身边管事的人都讥笑他，把这事报告孟尝君。孟尝君说："给他车子坐，让他享受有车坐的门客一样的待遇。"于是冯谖坐着他的车子，举着他的长剑，高高兴兴地去拜访他的朋友，说："孟尝君以宾客的礼遇款待我。"又过了些时候，冯谖又敲着他的长剑，唱道："长剑啊咱们回去吧，我没有办法养家！"孟尝君身边管事的人都讨厌他，认为他十分贪心，不知满足。孟尝君问："冯先生家里有亲人吗？"有人回答说："有一个老母亲。"孟尝君派人给冯谖的母亲送去吃的、用的，不让她缺少什么东西。从此以后，冯谖不再敲剑唱歌了。

后来，孟尝君贴出一张文告，问门下诸位食客："哪位学过会计，能够替我去薛地收债吗？"冯谖签了名，说："我能够。"孟尝君感到奇怪，说："这是哪一个啊？"管事的人说："这就是那个唱'长剑啊咱们回去吧'的人啊。"孟尝君笑着说："这位门客果然有才能，我对不起他，还没有和他见过面。"孟尝君就请冯谖来相见，向他道歉说："我田文被一些事务纠缠得很疲倦，又被一些俗事搞得心烦意乱，并且生性懦弱愚笨，沉溺在国家的事务之中，得罪了先生，先生不见怪，竟愿意替我到薛地去收债吗？"冯谖说："我愿意去。"于是备好了车子和行装，把借据装在车上准备动身，临走前冯谖向孟尝君告辞说："收完债之后，买什么东西回来呢？"孟尝君说："你看我家里少什么就买什么吧。"

冯谖坐着车子到了薛地，叫官吏召集那些该偿还债务的老百姓，都来核对借据。借据都核对完了，冯谖就站起来，假借孟尝君的命令把全部债款赏赐给老百姓，并把所有的借据当众烧毁。老百姓都高兴地叫喊："孟尝君万岁！"

冯谖不停顿地赶着车子回到齐国，清晨就请求孟尝君接见。孟尝君对他回来得这么快感到奇怪，穿好衣服，戴好帽子，和他相见，说："债都收完了吗？回来得为什么这样快啊？"冯谖说："债收完了。"孟尝君问："买了什么东西回来？"冯谖说："您说'看我家里少什么就买什么'。我私下考虑：您的宫中积满了珍珠宝贝，宫外的马厩里尽是骏马好狗，漂亮的女子成群结队，您家所少有的，只是恩义罢了。我私下替您买了恩义回来。"孟尝君说："买恩义是怎么一回事？"冯谖说："现在您只有一块小小的薛地，您不像对待自己的子女一样去爱护那里的老百姓，还向他们放债求利。我私自传您的命令，把债款赏赐给那里的老百姓，把借据全烧掉了，老百姓称您'万岁'，这就是我替您买回来的恩义。"孟尝君听了，不高兴的说："原来如此，算了罢先生。"

过了一年以后，齐王对孟尝君说："我不敢用先王的臣子做我的臣子。"孟尝君只得回到他的封国薛地去。离薛地还有一百里，那里的老百姓扶老携幼，整天在路上迎接孟尝君。孟尝君回头对冯谖说："您替我买的恩义，我今天看见了。"

冯谖说："聪明的兔子有三个洞穴，仅能免除不被害死罢了。现在您只有一个洞穴，还不能把枕头垫得高高地睡安稳觉呢。让我替您再凿两个洞穴。"孟尝君给他五十辆车子，五百斤黄金，让他到西边的魏国去。冯谖到了魏国，对惠王说："齐国把它的大臣孟尝君放逐出来了，哪位诸侯先迎接他，他的国家就会富裕而且兵力强大。"因此魏王空出相国的高位，把原来的相国调做上将军，派遣使者带了黄金一千斤和车子一百辆去聘请孟尝君。冯谖比魏国的使者先到达薛地，告诫孟尝君说："黄金一千斤，是贵重的财礼啊，车子一百辆，是显要的使者啊。齐国大概听到这个消息了吧。"魏国的使者往返跑了三次，孟尝君坚决拒绝，不去魏国。

齐王听到这个消息，君臣都感到害怕，马上派了太傅送去黄金一千斤，华贵的车子二辆，佩剑一把，写了封信向孟尝君道歉说：“我倒了霉，受到神鬼降下的祸祟，被那些阿谀逢迎的臣子迷惑住了，得罪了您。我是不值得您扶助的，希望您顾念先王留下来的国家，姑且回到国都来治理人民吧?”冯谖告诫孟尝君说：“希望您要求国王把先王的祭器分出一份，在薛地建立宗庙。”宗庙在薛地建成了，冯谖回来报告孟尝君说：“三个洞穴已经凿好了，您姑且垫高枕头睡觉，安安稳稳地享乐吧!”

孟尝君任齐相几十年，没有遭受一点点祸害，全靠冯谖的计谋。

【赏析】

战国时代，诸侯纷争，各国贵族为维护自身利益，大量招聘人才，收养门客。其中齐国的孟尝君田文以好士著名，养有门客数千人。本文记述孟尝君门下一普通门客冯谖的故事。冯谖帮助孟尝君收债市义，游说诸侯，巩固了孟尝君的地位，使其为相数十年而无祸。充分表现了冯谖卓越的政治才能，也反映了“士”在当时政治生活中的重要作用。

全文是以冯谖的活动为中心而展开的，文章开头就用“贫乏不能自存”一句简单交代了冯谖的身份。

接着写冯谖三番弹铗而歌，分别向孟尝君要求食鱼、乘车、养其母，当其要求都得到满足后，便“不复歌”，冯谖别出心裁的举动，充分表现了他的豪放、自信、给人们留下了一个深刻的印象。正如清吴楚材、吴调侯所评：“三番弹铗，想见豪士沦落，胸中块垒勃不自禁。通篇写来波澜层出，姿态横生，能使冯公须眉浮动纸上。沦落之士，遂尔顿增气色。”

紧接着着重写冯谖的深谋远虑，首先他为孟尝君“市义”，取信于

冯谖收债

民，自告奋勇地赴薛为孟尝君收债。到薛地后，立即召集当偿债者，当众“矫命以责赐诸民”，烧其债券，收到了“民称万岁”的效果。他的“市义”，全是出于为孟尝君长远而计。当孟尝君失势被贬回到薛地，受到百姓的热烈欢迎时，才对冯谖“市义”的做法恍然大悟，对冯谖大存感激。而此时的冯谖却为孟尝君作了更长远的打算，他用“狡兔有三窟”作比喻，指出孟尝君仅有一窟，他还要为孟尝君营就两窟，才能使孟尝君“高枕而卧”。接着他运用高超的政治，外交手腕逐步达到了为孟尝君营就另两窟的目标。从而为我们刻画了一个深谙政治、外交，能说会道、栩栩如生的策士形象。

全文情节生动，波澜起伏，引人入胜，清余诚在《重订古文释义新编》卷四中评曰：“此文之妙，全在立意之奇，令人读一段想一段。真有武夷九曲，步步引人入胜之致。……反复相生谋篇之妙，殊属奇绝。若其句调之变换，摹写之工，顿挫跌宕，关锁照应，亦无不色色入神。变体快笔，皆以为较《史记》更胜。”

清康熙年间选编的一部供学塾使用的文学读本

古文观止

（清）吴乘权 吴调侯／编著

辽海出版社

贰

目　　录

卷四　秦文(续)

卷五　汉文

卷六　汉文

卷七　六朝唐文

赵威后问齐使

《国策》

【原文】

齐王使使者问赵威后①。书未发②，威后问使者曰："岁亦无恙耶③？民亦无恙耶？王亦无恙耶？"使者不说，曰："臣奉使使威后④，今不问王，而先问岁与民，岂先贱而后贵者乎？"威后曰："不然。苟无岁⑤，何有民？苟无民，何有君？故有问，舍本而问末者耶？"

赵威后像

乃进而问之曰："齐有处士曰钟离子，无恙耶⑥？是其为人也，有粮者亦食⑦，无粮者亦食；有衣者亦衣⑧，无衣者亦衣。是助王养民者也，何以至今不业也⑨？叶阳子无恙乎⑩？是其为人，哀鳏寡，恤孤独，振困穷，补不足⑪。是助王息其民者也⑫，何以至今不业也？北宫之女婴儿子无恙耶⑬？彻其环瑱⑭，至老不嫁，以养父母。是皆率民而出于孝情者也[15]，胡为至今不朝也[16]？此二士弗业，一女不朝，何以王齐国，子万民乎[17]？于陵子仲尚存乎[18]？是其为人也，上不臣于王，下不治其家，中不索交诸侯[19]。此率民而出于无用者，何为至今不杀乎？”

【注释】

①本篇选自《战国策·齐策四》。齐王：战国时齐王建，齐襄王之子。越威后：战国时赵惠文王的王后。惠文王死，其子孝成王立，因年幼由威后执政。

②发：启封。

③岁亦无恙耶：年成还好吧？岁：年成。亦，语助词，无义。无恙，无忧，犹言“平安无事”。

④奉使使威后：奉使命出使到威后这里来。

⑤苟：假如。

⑥处士：有才能、有道德而隐居不仕的人。钟离子：人名，齐国处士。钟离，复姓。子，古时对男子的尊称。

⑦食（sì）：拿食物给人吃。

⑧衣：拿衣服给人穿。

⑨不业：不使他做官以成就功业。

⑩叶阳子：齐国处士，叶阳，复姓。

⑪鳏：老而无妻的男子。恤：抚恤。独：老而无子。振：通“赈”，救济。

⑫息：安定，繁殖。

⑬北宫之女婴儿子：北宫氏的女子婴儿子，齐国有名的孝女。北宫，复姓。婴儿子是人名。

⑭彻：通“撤”，除去。环：指耳环、臂环之类饰物。瑱（tiàn）：作耳饰的玉。

⑮是皆率民而出于孝情者也：这些都是带领百姓行孝的行为。

⑯不朝：不使她上朝。古时妇人受封而有封号者为“命妇”，命妇即可入朝。此句意即：为什么至今不封婴儿子为命妇，使她上朝见君呢？

⑰子万民：以万民为子女，犹言“为民父母”。

⑱于陵子仲：齐国的隐士。于陵：齐邑名，在今山东省长山县西南。

⑲索：求。

【译解】

齐王派遣使者去问候赵威后，威后还没把问候的信拆开，就问齐王的使者说：“贵国的收成好吗？人民安乐吗？齐王健康吗？”齐王的使者听了，不高兴的说：“我奉齐王的使命来问候威后，现在您不先问候齐王而先问候年成和百姓，岂不是先问低贱而后问尊贵么？”威后说：“不是这样。假如没有收成，哪里有百姓？假如没有百姓，哪里有国君？照过去的旧例先问王而后问百姓，不是舍本求末吗？”

威后又进一步问使者说：“齐国有一个处士叫钟离子的，他还好吗？他的为人啊，对于有粮食的人他也给他们东西吃，对于无粮食的人他也给他们东西吃，对于有衣服的人他也给他们衣服穿，对于无衣服的人他也给他们衣服穿。这是一位帮助国君抚养百姓的人，为什么至今还没有官职呢？叶阳子还好吗？他的为人，怜悯鳏夫寡妇，抚恤孤儿和独身人，救济贫困者，补助缺吃少穿的人。这是一位帮助国君养育百姓的人，为什么至今还没有官职呢？北宫氏的女儿婴儿子还好吗？她摘除耳环等装饰品，到老不嫁人，为了在家里供养父母。这是一位带领百姓行孝道的人，为什么至今不让她朝见国君呢？这两位处士没有官职，这一位孝女不朝见国君，齐王怎么能够治理齐国、抚养万民呢？于陵子仲还活着吗？他的为人啊，对上不向国君称臣，对下不治理他的家业，对外不结交诸侯。这是一个带领百姓走向无所作为的道路的人，为什么至今不把他杀掉呢？”

【赏析】

这篇文章表现了赵威后的政治见解，同时也对齐国的政治状况有所批判。赵威后提出“苟无岁，何有民？苟无民，何有君”的思想，是与当时逐渐崛起的民本思潮相一致的。

全文围定一个“民”字，以赵威后对齐使的问话一贯到底，却问而不答，问而无答，问而不必答，充分提升了文势，引而不发，凭空制造出峭拔、险绝的独特气势。文章开头便以“今年的收成还好吗？百姓还好吗？齐王还好吗”三个问句，“斗问三语，如空陨石”（金圣叹语），剑拔弩张，形成尖峭的文势，奠定了文章的基调。当齐使对威后的问话表示不满时，赵威后并未一如常态以一般陈述句作解释，而是寓答案于反问句中，进一步助长壁立千仞式的奇绝之势。赵威后的“进而问之”，复将文章向深处推进一层。对于齐国三位贤才与有德之士，威后以三“无恙耶”发问，体现了她对士人的作用、价值的清醒认识。对于于陵子仲，威后一

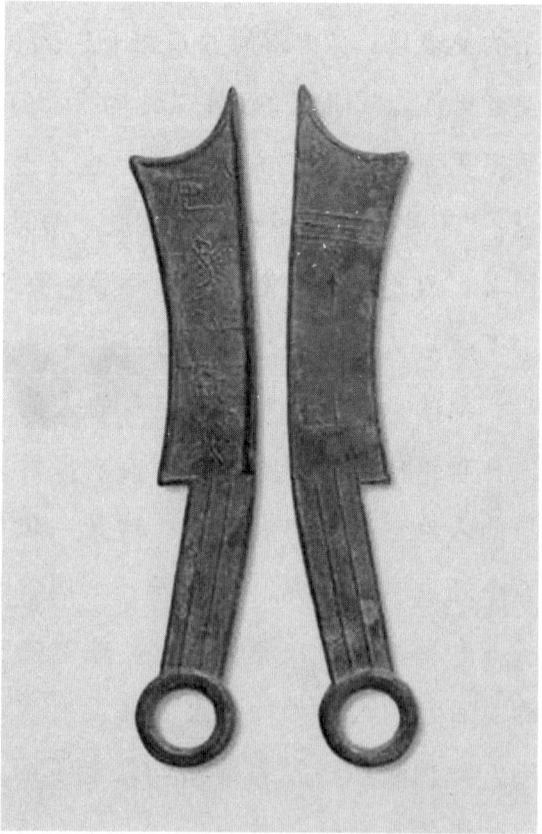

齐国刀币

变以“尚存乎”相询，明显表现出对“率民出于无用”的隐士的深恶痛绝。文章就在这种率直而尖锐的追求中戛然而止，文势却在循环往复的发问中蓄得十足，驻足不住，直冲出篇外，足令人回味！

全文围绕一个“民”字展开，赵威后连续七问，都充分表现了治国应以民为本的进步观点，此处引用清高嵣评：“民为治本，岁关民，君恃民。此前三问意也。后四问，皆有关于民事者，故连及之。晋人假清流以长傲，其弊中于伪儒，于陵一问，其识尤远。通篇俱叙问词，共七问，凡三法，错落疏古，自成局段”。

运用人物自己的话以及询问方式来表现文章主旨，这是本文写作的一大特点，也为文章增色不少。

庄辛论幸臣①

《国策》

【原文】

"臣闻鄙语曰[2]：'见兔而顾犬[3]，未为晚也；亡羊而补牢，未为迟也。'臣闻昔汤、武以百里昌，桀、纣以天下亡[4]。今楚国虽小，绝长续短，犹以数千里，岂特百里哉[5]？

"王独不见夫蜻蛉乎[6]？六足四翼，飞翔乎天地之间，俯啄蚊虻而食之[7]，仰承甘露而饮之，自以为无患，与人无争也。不知夫五尺童子，方将调饴胶丝[8]，加己乎四仞之上，而下为蝼蚁食也[9]。

"夫蜻蛉其小者也，黄雀因是以[10]。俯噣白粒[11]，仰栖茂树，鼓翅奋翼，自以为无患，与人无争也。不知夫公子王孙，左挟弹，右摄丸[12]，将加己乎十仞之上，以其类为招[13]。昼游乎茂树，夕调乎酸碱，倏忽之间[14]，坠于公子之手。

"夫雀其小者也，黄鹄因是以[15]。游乎江海，淹乎大沼，俯噣鳝鲤，仰啮蔆衡，奋其六翮[16]，而凌清风，飘摇乎高翔，自以为无患，与人无争也。不知夫射者，方将修其碆卢，治其缯缴[17]，将加己乎百仞之上。被䃴磻，引微缴[18]，折清风而抎矣[19]。故昼游乎江河，夕调乎鼎鼐[20]。

"夫黄鹄其小者也，蔡灵侯之事因是以[21]。南游乎高陂，北陵乎巫山[22]，饮茹溪流，食湘波之鱼[23]，左抱幼妾，右拥嬖女[24]，与之驰骋乎高蔡之中[25]，而不以国家为事。不知夫子发方受命乎灵王[26]，系己以朱丝而见之也[27]。

"蔡灵侯之事其小者也，君王之事因是以。左州侯，右夏侯，辇从鄢陵君与寿陵君，饭封禄之粟[28]，而载方府之金[29]，与之驰骋乎云梦之中[30]，而不以天下国家为事。而不知夫穰侯方受命乎秦王[31]，填黾塞之内，而投己乎黾塞之外[32]。"

【注释】

①本篇节选自《战国策·楚策四》，有的选本题名为《庄辛说楚襄王》。庄辛：楚臣，楚庄王的后代，故以庄为姓。幸臣：宠爱的臣子。楚襄王：即楚顷襄王，怀王被骗死在秦国，襄王继位。

②鄙语：俗语。

③顾：回头看。

④汤、武以百里昌：商汤王和周武王凭借百里之地昌盛起来。桀、纣以天下亡：夏桀和商纣王虽然拥有天下，却终于灭亡。

⑤绝长续短：即"截长补短"，拼凑起来计算。犹以：尚且有。特：但，只。

⑥独：岂，难道。蜻蛉：即蜻蜓。

⑦虻：似蝇的小昆虫。

⑧调饴（yí）胶丝：调和糖浆，粘在丝上（绑在长竿上以粘飞虫）。饴，糖浆。胶，粘。

⑨加：加害。仞：七尺或八尺为一仞。蝼：蝼蛄。蚁：蚂蚁。

⑩黄雀因是以：黄雀也是这样。因，犹。是，如此。以，同"已"，句末语气词。

⑪啮：同"啄"。白粒：指米粒。

⑫左挟弹：左手拿着弹弓。 右摄丸：右手持着弹丸。摄，拿着。

⑬以其类为招：类，同类；招，招诱。意为拿它的颈部作为射击的目标。

⑭调乎酸碱：指烹了。酸碱，是调味佐料。 倏（shū）忽：转眼之间。

⑮黄鹄：即天鹅。

⑯淹：停息。沼：水池。 鳝：鳝鱼。 啮：咬。蔆：同“菱”。衡：同“蘅”；即荇菜，一种水草。 翮（hé）：鸟羽的主茎，此代翅膀。凌：驾，乘。

⑰修：整治。碆（bo）：石制箭头。卢：黑弓。 缯缴：带丝绳的箭。

⑱被卤礌：被箭射中。被，遭受。卤（jiān），锋利。 引微缴（huó）：拖着细丝绳。

⑲折：逆着。抎（yǔn）：同“陨”，坠落。

⑳鼎鼐：烹煮的器具。鼐：大鼎。

㉑蔡灵侯：蔡国国君，景侯之子，名班，弑父自立为君。一作蔡圣侯。蔡国在今河南上蔡县。

㉒陂：高坡，高丘。 陵：登。

㉓茹溪：水名，在今四川巫山县北。流：指水。 湘波：湘水。

㉔嬖：宠爱。

㉕高蔡：地名，在今河南上蔡县。

㉖子发：楚大夫。据《左传·昭公十一年》和《史记·楚世家》载，受君王之命围攻蔡的是公子弃疾，不是子发。

㉗系己以朱丝而见之也：用红绳绑着蔡灵侯押去见楚灵王。

㉘州侯：楚襄王的宠臣。夏侯：楚襄王的宠臣。辇：上古指用人拉的车子，秦汉后才专指帝王坐的车子。 饭封禄之粟：吃的是从封

邑里进奉来的谷物。

㉙载方府之金：出游车上装的是从四方贡入府库的金银。

㉚云梦：云梦泽，即今湖北江陵至蕲春间大湖区域。

㉛穰侯：指魏冉，秦昭王母宣太后之弟，封于穰。

㉜填：同“镇”，镇守。黾塞：古隘道名，即平靖关，在今河南信阳市南。　投：抛掷。

【译解】

“我听到有一句谚语说：‘看见兔子再唤狗去追，还不算晚；失掉了羊而去修补羊圈，还不算迟’。我听说从前商汤、周武王凭借一百里的小地方而昌盛起来，夏桀、商纣王拥有天下而遭到灭亡。现在楚国虽然小，截长补短拼凑起来计算一下，还有几千里土地，岂止一百里呀！

“国王您难道没有看见过蜻蜓吗？蜻蜓有六只脚四个翅膀，飞翔在天地之中，向下可以啄食蚊子和牛虻，向上可以接饮清甜的露水，自以为没有什么祸患，与人没有什么可争的；不知道有一个小孩子，正在调好粘糊涂在长竿的丝线上，正在四仞高的空中飞翔的蜻蜓被粘糊粘住，落下来被蚂蚁吃掉。

“那蜻蜓还只是其中的小

《唐诗画谱》插图

动物，黄雀也是这样呢。黄雀向下啄食白米，向上可以飞到茂密的树林中栖息，展开翅膀奋力飞翔，自以为没有什么祸患，与人没有什么可争的；不知道那些公子哥儿，左手拿着弹弓，右手摄取弹丸，黄雀正在四仞高的空中飞翔而被弹丸加在身上，公子哥儿以黄雀这种鸟类作为射击的目标。黄雀白天在茂密的树林中游玩，晚上被就人捉去调以作料当菜吃了，顷刻之间，黄雀落在公子哥儿的手中。黄雀也还是其中的小动物，天鹅也是这样呢。天鹅游于江海之上，休息在大水池旁边，向下啄食鳝鱼和鲤鱼，向上可以吃到菱角和水草，奋力展开翅膀，在清风中自由自在地高高飞翔，自以为没有什么祸患，与人没有什么可争的；不知道射箭的人，正在修理他石制的箭头和黑色的弓，整治他的系有丝线的箭，天鹅正在百仞高的空中飞翔而被箭射在身上，它带着锐利的石镞，拖着箭上的丝线，逆着清风从空中掉下来了。所以天鹅白天游于江湖之上，晚上就被人在鼎鼐中烹调当菜吃了。

“天鹅自然也还是其中的小动物，蔡灵侯的事也是这样呢。蔡灵侯向南游玩于高丘之上，向北登上巫山观赏，马饮茹溪水，人食湘江鱼，左手搂抱着年幼的妾，右手拥抱着宠爱的女子，与她们骑马奔驰在高蔡一带，而不把国家的事情放在心上；不知道子发正在接受楚灵王的命令，把蔡灵侯用红绳子捆起来去见灵王。

“蔡灵侯的事还是其中的小的，国王您的事也是这样呢。您的左边跟着州侯，右边跟着夏侯，车子后边跟着鄢陵君和寿陵君，你们吃着从封地得来的粮食，载着从四方进贡来的金钱在出游的车中，您和他们骑马奔驰在云梦泽畔，而不把天下国家的事放在心上；不知道穰侯正在接受秦王的命令，带领大批军队占领了黾塞之南，而把您赶出在黾塞之北。”

【赏析】

故事的背景是战国末年，楚襄王宠信幸臣，不顾国政，拒纳庄辛之谏，致失郢都，才悔召庄辛至楚计事。本文记述的就是庄辛在这种境遇下的一次进谏。这篇劝谏之辞很有特点。它实为一篇寓言，运用一系列生动的故事进行类比，由小见大，长引曲喻，由物及人，由此及彼，说明居安应思危，若只图眼前享乐，丧失警惕，必将招致严重后果，直说得襄王惧然产生强烈的危机感和忧患意识，重新振作而后能"稍复故地也"。

本文整齐而错落有致的句式，华美而绚丽多彩的词藻，和引喻铺排手法的运用，早已有"策赋之流"、"后世七发"之美誉，可见其已达到相当高的艺术成就。文章以其清新婉丽的语言，婉转隐约的韵味，以及连环引喻，由物设人的修辞手法赢得了无数古今学者的喜爱、被推为《战国策》中的上品。现引用一些名人对本文的评说，以供读者欣赏：

清金圣叹《天下才子必读书》卷四："只起手一二行，极言未迟未晚，是正文。以下，一路层层递接而来，俱写迟者、晚者，事有如此。妙在闲说蜻蛉起，后来却劈面直取君王，使人读之骇然！"

清徐乾学《古文渊鉴》卷八："文近于赋，瑰丽可观。

自谓无患之念一萌，虽秦隋不能善其后，况楚襄乎？有《豳风》无送之，意而出之，婉逊纳牖之至善者。"

清吴楚材、吴调侯《古文观止》卷四："只起结点缀正意，中间纯用引喻，自小至大，从物及人，宽宽说来，渐渐逼入，及一点破题面，令人毛骨俱竦。《国策》多以比喻劝君，而此篇辞旨更危，格韵尤隽。"

清储欣《古文菁华录》卷八："谏书中辟一奇格，后世无仿佛者。"

清浦起龙《古文眉诠》卷十四："宋玉、唐勒、景差，祖屈原从容辞令，莫敢直谏，大史公云尔，是其楚风乎？庄辛殆其流也。纤约婉秀，下开建安。”

清高嵣《国策钞》卷上：“由小及大，由物及人，由彼及我，长引曲喻，比物类情。楚宋玉、屈原，从容讽纳，不以直谏，此乃其流亚与！”

触龙说赵太后①

《国策》

【原文】

赵太后新用事②，秦急攻之。赵氏求救于齐③。齐曰："必以长安君为质，兵乃出④。"太后不肯，大臣强谏⑤。太后明谓左右："有复言令长安君为质者，老妇必唾其面⑥。"

左师触龙愿见太后⑦。太后盛气而揖之⑧。入而徐趋，至而自谢⑨，曰："老臣病足，曾不能疾走，不得见久矣。窃自恕⑩，恐太后玉体之有所郄也⑪，故愿望见。"太后曰："老妇恃辇而行⑫。"曰："日食饮得无衰乎⑬？"曰："恃鬻耳⑭。"曰："老臣今者殊不欲食，乃自强步，日三四里，少益嗜食，和于身⑮。"曰："老妇不能。"太后之色少解⑯。

触龙说赵太后图

左师公曰："老臣贱息舒祺，最少，不肖⑰。而臣衰，窃爱怜之。愿令补黑衣之数，以卫王宫，没死以闻[18]。”太后曰：“敬诺[19]。年几何矣？”对曰：“十五岁矣。虽少，愿及未填沟壑而托之[20]。”太后曰：“丈夫亦爱怜其少子乎？”对曰：“甚于妇人。”太后曰：“妇人异甚[21]。”对曰：“老臣窃以为媪之爱燕后贤于长安君[22]。”曰：“君过矣[23]，不若长安君之甚。”左师公曰：“父母之爱子，则为之计深远。媪之送燕后也，持其踵为之泣[24]，念悲其远也，亦哀之矣。已行，非弗思也，祭祀必祝之，祝曰：‘必勿使反[25]’。岂非计久长，有子孙相继为王也哉？”太后曰：“然。”左师公曰：“今三世以前，至于赵之为赵，赵王之子孙侯者[26]，其继有在者乎？”曰：“无有。”曰：“微独赵[27]，诸侯有在者乎？”曰：“老妇不闻也。”“此其近者祸及身，远者及其子孙。岂人主之子孙则必不善哉？位尊而无功，奉厚而无劳，而挟重器多也[28]。今媪尊长安君之位，而封以膏腴之地，多予之重器，而不及今令有功于国。一旦山陵崩[29]，长安君何以自托于赵？老臣以媪为长安君计短也，故以为其爱不若燕后。”太后曰：“诺。恣君之所使之[30]。”于是为长安君约车百乘质于齐[31]，齐兵乃出。

子义闻之曰[32]：“人主之子也，骨肉之亲也，犹不能恃无功之尊，无劳之奉，而守金玉之重也，而况人臣乎[33]？”

【注释】

①本篇选自《战国策·赵策四》。触龙，原文作触詟。《史记》詟字作龙，据《史记》改作龙。太后：即赵威后。

②新用事：刚开始执政。

③赵氏：指赵国，先秦时对朝代、国名常用“氏”字，构成一个名字。

④长安君：赵太后宠爱的小儿子的封号。质：人质，以人作抵押。当时各国之间结盟，常要国君的儿子或兄弟留住在盟国，作为执行盟

约的人质。　兵：军队。

⑤强谏：极力规劝。

⑥唾：动词，吐唾沫。

⑦左师：官名，属闲散之官，所封之人大多为贵族，俸禄优厚。

⑧盛气：怒气冲冲。揖：《史记·赵世家》作“胥”。“揖”当是“胥”字传写之误。胥，同“须”，等待的意思。

⑨徐趋：慢慢地跑。古代臣见到君应快步走，以示恭敬。触龙托言足疾，不能急行，故做出“趋”的姿态，以表对太后的恭敬。　谢：告罪。

⑩窃自恕：私下原谅自己。

⑪玉体：贵体。郄（xì）：同“隙”。有所郄：有所欠缺，意为有些不舒服。

⑫恃：凭借。辇：古代帝、后所坐的车，由两人共挽。

⑬衰：减少。

⑭鬻：同“粥”。

⑮和于身：使身体舒畅和适。

⑯色少解：怒气稍微消了些。

⑰贱息：对人谦称自己的儿子。息，子。　不肖：原指不像父亲那样好，引申为不贤、不成材。

⑱愿令补黑衣之数：希望能让他补进黑衣卫生的数目里。黑衣，指王宫卫士，当时王宫卫士都穿黑色军衣。　没死以闻：冒着死罪把这个请求说给太后听。

⑲敬诺：遵命。

⑳及：趁着。填沟壑：这是古代谦称自己死的说法，意即死后无人埋葬，被扔在山沟里。

㉑异甚：特别厉害。

㉒媪：对年老妇人的敬称。燕后：赵太后的女儿，嫁给燕王为后，故称燕后。贤于：胜过，超过。

㉓过：错。

㉔持其踵为之泣：握住她的脚后跟为她哭泣，因燕后登车后，赵太后在车下，所以只能摸着女儿的脚后跟为之哭泣，表示舍不得女儿远嫁。

㉕必勿使返：一定别让她回来。古代诸侯的女儿嫁到别国后，只有亡国或被废弃才回到本国。这句意为赵太后祈祷女儿不要遭到不幸。

㉖三世：三代，指赵武灵王，赵惠文王，赵孝成王。 赵之为赵：言赵氏由一个大夫之家而建立赵国的时候。赵烈侯原是晋国大夫，后与韩、魏共分晋国，于公元前 403 年，才开始建为赵国。 赵主之子孙侯者：赵王的子孙封侯的。

㉗微独：不单。

㉘重器：古代把宗庙朝廷中的钟、鼎等礼器，当作国家权力的象征，叫重器。

㉙山陵崩：古时对国君、王后死去的避讳说法。

㉚恣：任凭。使之：派遣他。

㉛约：装束。

㉜子义：赵国的贤士。

㉝守金玉之重：保有大量的金玉财宝。

【译解】

赵太后刚刚执政，秦国就急于派兵来进攻赵国。赵国向齐国求援。齐国君主说："一定要以长安君做人质，我们才出兵。"赵太后不肯让长安君去做人质，大臣们都竭力进行劝谏。太后明确地告诉身边的人说："还有人再来劝说叫长安君去做人质，我老婆子一定往他的脸上吐唾沫。”

左师触龙要求拜见赵太后，太后很生气地接见他。触龙进来，慢慢地走着，到了太后面前，自己对太后道歉说：“我的脚有毛病，不能快步走，没有与您相见已经很久了，我私下自己原谅自己。恐怕太后的玉体不舒适，所以我要来看望您。”太后说：“我行动靠坐车子。”触龙说：“您每天的饮食没有减少吧?”太后说：“我靠吃粥。”触龙说：“我近来特别不想吃东西，但我自己强制自己走走路，每天走三四里，食欲稍微增强了，身体顺适了一些。”太后说：“我不能勉强自己走路”。太后生气的脸色稍稍缓和了。

左师公说：“我有个儿子叫舒祺，是我最小的儿子，长得没有出息，但是我已经衰老了，自己爱怜他，希望让他在宫廷中充当一名卫士，以便保卫王宫，我冒着死罪把这个请求向您提出。”太后说：“好吧。你的儿子年纪多大呢?”触龙回答说：“十五岁了。年纪虽然还小，希望在我死以前把他托付给您。”太后说：“男人也爱怜自己的小儿子吗?”触龙回答说：“比妇人还爱得厉害。”太后笑着说：“妇人对自己的小儿子爱得异常。”触龙回答说：“我私下以为您爱燕后，胜过爱长安君。”太后说：“您看错了，我爱燕后远远不如爱长安君”。左师公说：“父母热爱子女，就要为他们作长远打算。您送燕后出嫁的时候，拉着她的脚不让她去，并且对着她哭泣，这是惦念和悲伤她远离自己，也是爱她啊。她嫁走以后，您不是不想念她，祭祀的时候一定为她祷告，祷告说：‘千万不要让女儿回来’。您这无非是为她考虑得很长远，希望她有子孙世世代代相继为燕王吗?”太后说：“是这样。”左师公说：“从现在三世以前，一直上推到赵氏由大夫封为赵国国君的时候，赵国历代国君的子孙封为侯的，他们的后嗣继续封侯的还存在吗?”太后说：“没有了。”触龙说：“不单是赵国，其他诸侯国中国君的子孙继续封侯的情况存在吗?”太后说：“我没有听过有这种情况。”触龙说：

“这是诸侯们近则自身遭到祸害，远则连累他们的子孙。难道国君的子孙必定是不好的吗？这是由于他们地位尊贵而没有功勋，俸禄优厚而没有劳绩，并且占有很多金玉宝贝啊。现在您让长安君身居尊贵的地位，并且封给他肥美的土地，给他很多金玉宝贝，却不让他去为国家建立功勋，一旦您逝世之后，长安君凭什么依存在赵国呢？我以为您替长安君考虑得短浅，所以我认为您爱长安君不如爱燕后”。太后说：“好，任凭您把他派遣到什么地方去。”于是为长安君准备了一百辆车子，派他到齐国去做人质，齐国这才出兵救赵。

子义听到这件事，说：“国君的子女，与国君是骨肉之亲，他们还不能依靠没有功勋的尊位，不能依靠没有劳绩的厚俸而守住金玉宝器，何况一般的臣子呢！”

【赏析】

《触龙说赵太后》的主旨在于“父母之爱子，则为之计深远”。文章表现和讴歌了触龙的劝谏技巧，塑造了一个忠诚为国，深谋远虑，能言善辩的谋臣形象和一个偏执气盛、溺爱幼子的女统治者的形象。

赵太后用“用事”，秦便“急攻之”，形势危急，赵向齐求救，齐国提出赵以长安君为人质，否则不出兵，太后不肯将爱子作为人质，不顾国家安危，拒纳朝中大臣的多次进谏，盛怒之余不准左右“复言令长安君为质”。此时，劝谏是否成功，关系到赵国的安危大事。面对盛怒偏执的赵太后，触龙改变强谏的方式，用迂回说理的巧妙战术来说服赵太后。

首先避其所忌，求同存异，以同是老年人的共同点，关心太后的日常生活起居中及健康状况以消除赵太后的对立情绪，缓和气氛，使太后由“盛气”而“色少解”，为劝谏创造了条件。

然后投其所好，引起共鸣，利用赵太后的爱子心理，从自己为小儿子安排出路说起，逐渐引出对爱子女问题的讨论。提出什么才算是真正的爱子女。使太后无意识间接受了批评。

最后剖析历史上赵王、诸侯子孙不能继承祖业的教训，由远而近地从侧面展开进攻，摆出“一旦山陵崩，长安君何以自托于赵”的可怕现实，批评了赵太后不为子女“计深远”的短势行为。一席话，设身处地，高屋建瓴，使赵太后心悦诚服，终于慷慨地答应“诺，恣君之所使之。”

本文行文曲折，波澜起伏，结构严密，情节生动，引人入胜。同时文中体现的爱子女须为之“计深远”的思想，闪烁着进步思想的光芒，对今仍具有很大的教育意义。

鲁仲连义不帝秦①

《国策》

【原文】

秦围赵之邯郸②，魏安釐王使将军晋鄙救赵③。畏秦，止于荡阴④，不进。

魏王使客将军辛垣衍间入邯郸⑤，因平原君谓赵王曰⑥："秦所以急围赵者，前与齐闵王争强为帝⑦，已而复归帝，以齐故。今齐闵王益弱⑧，方今唯秦雄天下，此非必贪邯郸，其意欲求为帝。赵诚⑨发使尊秦昭王为帝，秦必喜，罢兵去。"平原君犹豫未有所决。

此时鲁仲连适游赵，会秦围赵⑩，闻魏将欲令赵尊秦为帝，乃见平原君，曰："事将奈何矣？"平原君曰："胜也何敢言事！百万之众折于外⑪，今又内围邯郸而不去⑫。魏王使客将军辛垣衍令赵帝秦，今其人在是。胜也何敢言事！"鲁连曰："始吾以君为天下之贤公子也，吾乃今然后知君非天下之贤公子也。梁客辛垣衍安在？吾请为君责而归之⑬。"平原君曰："胜请为召而见之于先生⑭。"

平原君遂见辛垣衍曰："东国有鲁连先生⑮，其人在此，胜请为绍介而见之于将军⑯。"辛垣衍曰："吾闻鲁连先生，齐国之高士也⑰。衍，人臣也，使事有职⑱，吾不愿见鲁连先生也。"平原君曰："胜已泄已矣⑲。"辛垣衍许诺。

鲁连见辛垣衍而无言。辛垣衍曰："吾视居此围城之中者，皆有求于平原君者也。今吾视先生之玉貌，非有求于平原君者，曷为久居此围城之中而不去也[20]？"鲁连曰："世以鲍焦无从容而死者，皆非也[21]。今众人不知，则为一身[22]。彼秦，弃礼仪而上首功之国也[23]，权使其士，虏使其民[24]，彼则肆然而为帝[25]，过而遂正于天下，则连有赴东海而死耳[26]，吾不忍为之民也！所为见将军者，欲以助赵也。"辛垣衍曰："先生助之奈何[27]？"鲁连曰："吾将使梁及燕助之，齐楚固助之矣[28]。"辛垣衍曰："燕则吾请以从矣[29]；若乃梁，则吾乃梁人也，先生恶能使梁助之耶[30]？"鲁连曰："梁未睹秦称帝之害故也；使梁睹秦称帝之害[31]，则必助赵矣。"辛垣衍曰："秦称帝之害将奈何？"鲁仲连曰："昔齐威王尝为仁义矣[32]，率天下诸侯而朝周[33]，周贫且微，诸侯莫朝，而齐独朝之。居岁余，周烈王崩[34]，诸侯皆吊，齐后往。周怒，赴于齐曰[35]：'天崩地坼，天子下席[36]，东藩之臣田婴齐后至，则斫之[37]！'威王勃然怒曰：'叱嗟！而母婢也[38]！'卒为天下笑。故生则朝周，死则叱之，诚不忍其求也！彼天子固然[39]，其无足怪。"

鲁仲连像，图出自清·顾沅辑《古圣贤像传略》。

辛垣衍曰："先生独未见夫仆乎？十人而从一人者，宁力不胜、智不若邪？畏之也。"鲁仲连曰："然梁之比于秦，若仆耶？"辛垣衍曰：

“然。”鲁仲连曰：“然则吾将使秦王烹醢梁王[40]！”辛垣衍怏然不说曰[41]：“噫！亦太甚矣，先生之言也！先生又恶能使秦王烹醢梁王？”鲁仲连曰：“固也[42]！待吾言之。昔者鬼侯、鄂侯、文王[43]，纣之三公也。鬼侯有子而好，故入之于纣[44]，纣以为恶，醢鬼侯。鄂侯争之急，辨之疾，故脯鄂侯[45]。文王闻之，喟然而叹，故拘之于牖里之库百日[46]，而欲令之死。曷为与人俱称帝王，卒就脯醢之地也？

“齐闵王将之鲁[47]，夷维子执策而从[48]，谓鲁人曰：‘子将何以待吾君？’鲁人曰：‘吾将以十太牢待子之君[49]。’夷维子曰：‘子安取礼而来待吾君[50]？彼吾君者，天子也。天子巡狩[51]，诸侯避舍[52]，纳筦键[53]，摄衽抱几[54]，视膳于堂下[55]，天子已食，而听退朝也。’鲁人投其籥，不果纳[56]，不得入于鲁。将之薛，假涂于邹[57]。当是时，邹君死，闵王欲入吊，夷维子谓邹之孤曰[58]：‘天子吊，主人必将倍殡柩[59]，设北面于南方[60]，然后天子南面吊也。’邹之群臣曰：‘必若此，吾将伏剑而死！’故不敢入于邹。邹鲁之臣，生则不得事养，死则不得饭含[61]，然且欲行天子之礼于邹、鲁之臣，不果纳。今秦万乘之国，梁亦万乘之国，交有称王之名[62]。睹其一战而胜，欲从而帝之，是使三晋[63]之大臣不如邹鲁之仆妾也。且秦无已而帝[64]，则且变易诸侯之大臣。彼将夺其所谓不肖[65]，而予其所谓贤[66]；夺其所憎，而予其所爱。彼又

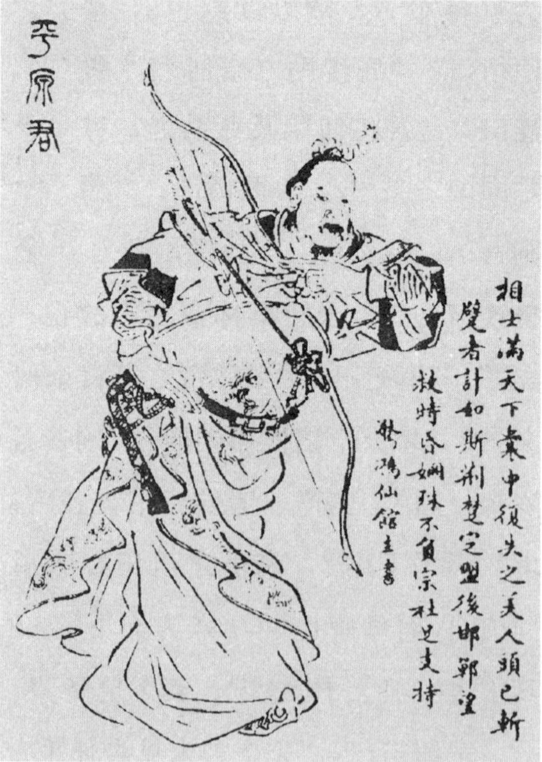

《东周列国志》版画之平原君像

将使其子女谗妾[67]，为诸侯妃姬，处梁之宫，梁王安得晏然而已乎[68]？而将军又何以得故宠乎[69]？”

于是辛垣衍起，再拜，谢曰：“始以先生为庸人，吾乃今日而知先生为天下之士也！吾请去，不敢复言帝秦！”

秦将闻之，为却军五十里。适会公子无忌夺晋鄙军以救赵击秦[70]，秦军引而去[71]。

于是平原君欲封鲁仲连，鲁仲连辞让者三，终不肯受。平原君乃置酒，酒酣，起前以千金为鲁连寿[72]。鲁连笑曰：“所贵于天下之士者，为人排患、释难、解纷乱而无所取也。即有所取者[73]，是商贾之人也，仲连不忍为也！”遂辞平原君而去，终身不复见。

【注释】

①本篇选自《战国策·赵策三》。鲁仲连：一称“鲁连”，战国时齐国高士。生平好为人排忧解难，不仕于诸侯，其高节为后世所称颂。不帝秦：不尊秦为帝。

②秦围赵之邯郸：公元前 258 年，秦军攻赵，围邯郸前后达三年之久。邯郸，赵国都，今河北省邯郸市。

③魏安鳌（xī）王：战国时魏国国君，魏昭王之子。晋鄙：魏国大将。

④荡阴：今河南汤阴县，是当时赵、魏两国交界处。

⑤客将军：原籍不在魏国而在魏国为将，故称客将军。辛垣衍：姓“辛垣”，名“衍”。间入：潜入，从小路进。

⑥因：通过。平原君：即赵胜，赵武王之子，赵孝成王叔父，时任赵相，战国四公子之一。赵王：赵孝成王。

⑦争强为帝：周赧王二十七年，齐闵王与秦昭王同时称帝，故说“争强为帝”。

⑧齐闵王：按周赧王二十一年，齐闵王在战争中死去，至此已二十余年。今齐闵王益弱：意指现在齐国的形势，比起齐湣王时更加衰弱了。

⑨诚：果真，如果。

⑩会：正赶上。

⑪百分之众折于外：指秦赵长平之役（前260年），秦军大破赵军，赵降卒四十万被坑杀，百万是夸大的说法。折：损伤。

⑫内：深入国都。

⑬责：斥责。归之：使之归，即让他回去。

⑭见之：使之见，引见。

⑮东国：指齐国。齐在赵之东。

⑯绍介：即介绍。

⑰高士：品德行为高尚之士。

⑱使事有职：任出使之事，有一定的职守。

⑲泄：泄露。

⑳玉貌：仪容相貌，古代称人的敬辞。曷为：何为，为什么。

㉑本句意：世上那些认为鲍焦由于心胸狭隘而死的人，都是不对的。鲍焦：春秋时的隐士，因为不满当时的社会，抱树绝食而死。无从容：指心地不开阔。

㉒今众人不知，则为一身：现在一般人不理解鲍焦，认为他只是为自身（而死的）。一说此二句意为：一般人不懂得坚持大义，只是为了个人打算。

㉓上首功：崇尚战功。上，同“尚”。首功，以作战时斩获敌人首级多少来计功。

㉔权使其士，虏使其民：运用权诈之术来使唤士人，像对待奴隶一样来役使百姓。权，权诈，权术。

㉕彼：指秦国。则：假如。肆然：肆无忌惮地。

㉖过而遂正于天下：甚至竟然控制了整个天下。过，甚。正，同“政”，指用政治力量控制。有：只有，但有。

㉗助之奈何：怎么样帮助它。

㉘固：本来。

㉙燕则吾请以从矣：燕国么，那我想它是会听从的。以，以为，认为。

㉚若乃：至于。恶：何，怎么。

㉛使：假使，如果。

㉜齐威王：齐桓公子，名婴齐，公元前356年至前320年在位。为仁义：行仁义之政。

㉝朝周：朝见周天子。

㉞周烈王：名喜，安王之子，在位七年。威王元年，周烈王已死十余年，齐威王不得朝之。崩：天子死曰崩。

㉟赴：同“讣”，讣告，报丧。

㊱天崩地坼：比喻天子死。坼：裂。下席：指孝子守丧时离开宫室，寝于苫席之上。

㊲斫（zhuó）：斩。

㊳叱嗟：怒斥声。而：通“尔”，你。这句是骂周显王的母亲是当奴婢的。

㊴固然：本来这样。

㊵烹醢（hǎi）：古代的酷刑。烹，煮杀。醢，斩成肉酱。

㊶怏然：不高兴的样子。说：同“悦”。

㊷固也：当然。

㊸鬼侯、鄂侯、文王：都是纣王的诸侯。鬼侯，又称九侯，封地在今河南省临漳县境。鄂侯，封地在今山西省宁乡县境。文王即周文

王，封地在今陕西省鄠县一带。公：指诸侯。

㊹子：此处指女儿。上古时，子为男女的通称。好：貌美。入：纳，进献。

㊺辨：通“辩”，争辩。脯：肉干。这里指一种古代酷刑，做成肉干。

㊻牖（yǒu）里：或作“羑里”，在今河南省汤阴县北。喟然：叹息的声音。

㊼齐闵王将之鲁：公元前284年，燕将乐毅率五国之师攻齐，闵王逃奔到卫，因态度傲慢，“卫人侵之”。又逃到邹、鲁，因意气骄人，“邹、鲁弗内”。齐闵王曾称东帝，在逃难途中。犹且如此傲慢无礼。鲁仲连引此说明帝秦之害。

㊽夷维子：齐闵王之臣，以邑为姓氏。夷维，即今之山东潍县。策：马鞭。

㊾十太牢：牛、羊、猪各十只。古时祭祀或宴会，牛、羊、猪各一称太牢，十太牢是待诸侯之礼。

㊿安取礼：从哪里取来这种礼节。

51巡狩：指天子视察诸侯国。

52避舍：把自己的宫室让给天子，自己避居在外。

53纳：交纳。筦键：钥匙。纳筦键：意把管理权交给天子。

54摄衽抱几：提起衣襟，侍立于几案之侧。摄，提。衽，衣襟。抱，环。几：古代设在桌侧的座侧的小桌子。

55视膳：伺候进餐。

56投其籥（yáo）：指闭关下锁。投，合。不果纳：没有接纳。果，表示行为已成事实。

57薛：在今山东省滕县东南。假涂：借道。涂，通“途”，道。

58孤：父死，则子称孤，此指已死邹君之子。

⑲倍殡（bèi）柩：把灵柩移到相反的方向，即从北面移到南面。倍，通“背”。

⑳设北面于南方：即把灵柩放在坐南朝北的位置。以便齐闵王行天子的吊唁礼节。

㉑饭舍：古时殡礼，把米放在死者口中叫“饭”，把珠玉放在死者口中叫“舍”。

㉒交：互，彼此。

㉓三晋：指赵、魏、韩三国。

㉔无已而帝：意为秦如果逞欲不止而终于称帝。

㉕夺：撤换、罢免。

㉖予：授予、任用。

㉗谗妾：惯于谗毁他人的妾妇。

㉘晏然：平安。地，安适地。

㉙故宠：原有的尊荣地位。

㉚公子无忌：即信陵君，魏安釐王的异母弟，战国四公子之一。

㉛引：后退。

㉜寿：报酬。《春秋繁露·循天之道篇》云：“寿之为言犹雠也。”雠与“酬”通。

㉝即：若。

【译解】

秦国的军队包围了赵国的国都邯郸，魏安釐王派将军晋鄙带兵去援救赵国，因为害怕秦军强大，晋鄙的军队停留在荡阴，不敢继续前进。

魏王另外派了在魏国当客位将军的辛垣衍，从小路潜入邯郸，通过平原君告诉赵王说：“秦军所以急于围攻赵国，是因为秦王早先与齐闵王争强斗胜，同时称帝，后来因为齐闵王先取消了帝号，秦王也取消了帝号。现在齐闵王的力量越来越弱小，当今只有秦国是天下的第一强国，秦军这次来围攻赵国不一定贪图占领邯郸，秦王的意思是想称帝。如果赵国派出使者到秦国去，尊秦昭王为帝，秦昭王必然高兴，就会收兵回去的。”平原君听了这番话，犹豫不决。

这时候，鲁仲连恰好来到赵国，碰上秦军包围赵国，又听说魏国派了将军来打算叫赵国尊秦王为帝，于是就去见平原君说：“局势怎样了啊？”平原君说：“我哪里敢谈什么局势啊！我国的百万大军已遭到损失，现在秦军又包围邯郸而不退兵，魏王派将军辛垣衍叫赵国尊秦王为帝，现在那位将军还在这里。我哪里敢谈什么局势啊！”鲁连说：“当初我以为您是天下一位贤德的公子呢，我现在才知道您不是天下贤德的公子啊。魏国来的客人辛垣衍在哪里？我替您责备他一顿，叫他回去。”平原君说：“我召他进来和您相见。”

平原君就去见辛垣衍，说：“齐国有一位鲁连先生，这位先生现在在这里，我作介绍，让他和您相见。”辛垣衍说：“我听说鲁连先生，是齐国的一位高尚的士人。我辛垣衍是一个臣子，出使到赵国来是有专职的，我不愿见鲁连先生。”平原君说：“我已经把您来这里的事告诉他了。”辛垣衍只得答应了。

鲁连见到辛垣衍，半晌不说话。辛垣衍说：“我看留在这个围城之中的人，都是想求平原君帮助的。现在我看您的尊容，不是求平原君帮助的人，您为什么老呆在这座围城之中而不离去呢？”鲁连说：“世上一般人以为鲍焦是心地狭窄郁闷而死的，这都是错误的看法。现在一般众人没有见识，都只为自己打算。那个秦国，是不讲礼仪而以杀人越多就功劳越大的国家，以权术对待有知识的人，像奴隶般地役使人民，那个秦王假如肆无忌惮地当了皇帝，进一步统治天下，那我鲁连就跳东海一死了之，我不能忍受做他的百姓。我这次来见您将军，

辛垣衍与鲁仲连

是想帮助赵国啊。”辛垣衍说：“您怎么帮助赵国呢？”鲁连说：“齐国和楚国本来就在帮助赵国的，我想叫梁国和燕国也帮助赵国。”辛垣衍说：“燕国嘛，我相信它会听从您的话帮助赵国。至于梁国，那我是梁国人，您怎么能使梁国帮助赵国呢？”鲁连说：“梁国不帮助赵国，是由于没有看见秦王称帝的害处的缘故。如果梁国看见秦王称帝的害处，就一定会帮助赵国。”辛垣衍说：“秦王称帝的害处是什么？”鲁仲连说：“从前齐威王曾经讲仁义，带领天下的诸侯朝拜周天子。当时的周是又贫穷又弱小，诸侯都不去朝拜，而齐国独个儿去朝拜。过了一年多，周烈王死了，诸侯都去吊丧，齐国去得迟了。周王就发怒了，向齐国发出讣告说：‘天崩地裂，我这个新天子在苫席上守丧，东方的属国之臣田婴齐吊丧迟到，罪该斩首。’齐威王勃然大怒说：‘呸！你的娘是个贱丫头！’这件事成为天下人的笑柄。周烈王活着的时候去朝拜，死后则进行叱骂，实在是齐国不能忍受周的苛求啊。那些天子总是那样要求苛刻，这是不足为怪的。”

辛垣衍说：“您就没有看见那些仆人吗？十个仆人服从一个主人，

难道是力气不如主人？智慧不如主人吗？是害怕主人啊。”鲁仲连说：“梁国对于秦国，好像仆人吗？"辛垣衍说：“是的。”鲁仲连说：“如果这样，我就叫秦王把你们梁王剁成肉酱放在锅里烹！”辛垣衍听了很不高兴，说：“嘻！您说的话，也太过份了！您怎么能够叫秦王把梁王剁成肉酱放在锅里烹？”鲁仲连说：“当然能够，我来说你听。从前鬼侯、鄂侯和文王，是商纣王的三个诸侯。鬼侯有一个女儿长得很漂亮，就进献给纣王，纣王却认为这个女儿长得丑陋，把鬼侯剁成肉酱。鄂侯替鬼侯竭力争辩，和纣王辩论得很激烈，结果纣王把鄂侯杀了作成肉干。文王听到这回事，深深地叹息，纣王就把他关押在牖里的监狱中坐了一百天牢，并想把他致于死地。为什么鬼侯、鄂侯、文王等与人家一起称王称帝，结果弄到任人宰割的地步呢？齐闵王要到鲁国去，夷维子拿着马鞭跟着他去，夷维子对鲁国人说：‘你们将怎样接待我们的国君？’鲁国人说：‘我们将用接待诸侯之礼接待你们的国君。’夷维子说：‘你们怎能用这种礼节接待我们的国君？我们的国君是一位天子。天子出来巡查，诸侯应该让出原来居住的宫舍给天子住，把宫舍的钥匙都交给天子，诸侯要卷起衣襟亲自为天子搬设几案，站在厅堂下面伺候天子用膳，等天子用完膳之后，诸侯才能够退下去。’鲁国人听了这话，就下锁把城门关上，拒绝齐闵王入境，他于是就不得进入鲁国。齐闵王要到薛国去，要从邹国借路经过。正当这个时候，邹国的国君死了，闵王打算去吊丧，夷维子对邹国国君的继承人说：‘天子前来吊丧，守灵的主人必须把灵柩倒转方向，把灵柩从坐北向南移到坐南向北，然后让天子坐北向南吊丧。’邹国的臣子都说：‘假如一定要这样做，我们就宁可用剑自杀！’结果齐闵王不敢进入邹国。邹国和鲁国的臣子，对待他们的国君，活着时没有好好地侍奉，死后也没有遵照殡礼进行，虽然这样，有人要对他们行天子之礼，他们还是不肯接受。现在秦国是拥有兵车一万辆的国家，梁国也是拥有兵车一万辆的国家，彼此都自称为王，梁国只看到秦国打了一次胜仗，就想尊秦为帝，这是使三晋这样大国的臣子，还不如邹、鲁那样小国的奴仆有骨气呢。再说，如果秦国野心不止而终于称帝，那就要撤换诸侯的大臣，秦王要撤掉他认为不好的臣子而任用他认为好的臣子，要撤掉他不满意的臣子而任用他喜爱的臣子。他还要把他家娇养的女儿和爱进谗言的小老婆送给诸侯去做妃子，住在梁王的宫中，梁王哪里能够安适地过日子呢？而将军您又怎能像原来那样得宠呢？”

于是辛垣衍站了起来，对鲁仲连拜了两拜，道歉说：“我当初把您看成一个庸庸碌碌的人，我今天才认识您是天下一位有见识的士人啊！我就离开赵国，不敢再谈尊秦为帝的事了！”秦国的将军听到这个消息，命令包围邯郸的军队撤离五十里。刚好碰到魏国的公子无忌夺掉晋鄙的军权，带领军队援助赵国抗击秦军，秦军就撤围而去了。

因为这件事，平原君要把土地封给鲁仲连，鲁仲连再三辞让，始终不肯接受。平原君就设酒宴款待鲁仲连，当饮酒饮到兴致最浓的时候，平原君站起来，走上前去，送上一千两黄金给鲁仲连表示敬意。鲁连笑着说：“天下有才识的士人的可贵之处，是替人排除患难、解决纠纷，而自己什么也不需要。如果想贪图什么东西，那就是做买卖的商人了，我仲连不愿做这种人。”鲁仲连就向平原君告辞走了，终身没有再和平原君相见。

【赏析】

这篇文章记叙了齐国高士鲁仲连坚持正义、坚决反对尊秦为帝的故事。

秦军围赵，魏派辛垣衍劝赵尊奉秦王为帝，鲁仲连挺身而出，反对投降，和辛垣衍进行了一场单刀直入的辩论。文章记述了鲁仲连力斥尊秦为帝的论调，表现出宁死不屈于秦的凛然正气和存赵之后鲁仲连不居功受赏的行动，生动体现了他反投降的坚定立场和功成不居的高尚品德，李白诗云：“谁道泰山高，下却鲁连节。谁云秦军众，摧却鲁连舌。”正是对鲁仲连品质精神的高度概括。

鲁仲连的议论，具有远见卓识；分析利害关系入情入理，并善于运用历史事实和生动比喻，极具说服力，宋真德秀评曰：“按鲁仲连之语，不皆粹以其反复言帝秦之害，有功于当时而雄俊明辩，可为论事之法，故取焉。”

文章还在艺术上塑造了数个性格鲜明，栩栩如生的人物形象，并形成鲜明的对比。如鲁仲连的见义勇为，临危不惧，大义凛然与辛垣衍的鼠目寸光。平原君的惊慌失措、优柔寡断形成对比，使人物表现得更加鲜明，清林云铭评曰：“篇中一人热，一人冷；一人扬眉张目，一人垂头丧气；针锋相对，曲曲尽致。”

鲁共公择言①

《国策》

【原文】

梁王魏婴觞诸侯于范台。酒酣，请鲁君举觞②。鲁君兴③，避席择言曰④："昔者，帝女令仪狄作酒而美⑤，进之禹。禹饮而甘之，遂疏仪狄，绝旨酒⑥，曰：'后世必有以酒亡其国者。'齐桓公夜半不嗛⑦，易牙乃煎熬燔炙⑧，和调五味而进之，桓公食之而饱，至旦不觉，曰：'后世必有以味亡其国者。'晋文公得南之威⑨，三日不听朝，遂推南之威而远之，曰：'后世必有以色亡其国者。'楚王登强台而望崩山⑩，左江而右湖⑪，以临彷徨⑫，其乐忘死，遂盟强台而弗登，曰：'后世必有以高台陂池亡其国者⑬。'今主君之尊，仪狄之

戒酒防微图，出自明·张居正《帝鉴图说》。

酒也；主君之味，易牙之调也；左白台而右闾须[14]，南威之美也；前夹林而后兰台[15]，强台之乐也。有一于此，足以亡其国，今主君兼此四者，可无戒与?”梁王称善相属[16]。

【注释】

①本篇选自《战国策·魏策二》。梁王：指魏惠王，也称魏罂。

②觞：古代喝酒用的器物。

③兴：起。

④避席：古人席地而坐，离开坐席而起表示敬意。择言：择善而言。即选择有意义的话。

⑤帝：指夏禹。仪狄：相传禹时发明酿酒的人。

⑥绝旨酒：戒绝美酒。旨，味美。

⑦嗛：通“慊”，快意。

⑧易牙：亦作“狄牙”，春秋时齐桓公的宠臣，善烹饪。燔：火烧。炙：火烤。

⑨南之威：即南威，春秋时美女名。

⑩楚王：指楚庄王。春秋五霸之一。强台：亦称荆台，即楚灵王所造的章华台，在今湖北监利县西北。崩山：又名京山，在今湖北武当山东南，汉水南岸。

⑪左江右湖：江，长江；湖，洞庭湖。

⑫彷徨：即方皇，水名。

⑬陂池：池塘。

⑭白台、闾须：皆美女名。

⑮夹林：楚国游览胜地。兰台：楚国台名，在今湖北钟祥东。

⑯称善相属：即连声说好。

【译解】

梁王魏婴在范台设酒宴请诸侯，大家饮酒饮得正高兴的时候，梁王请鲁国的国君举杯进酒。鲁国的国君站了起来，离开座位，说起敬酒的话："从前夏禹的女儿命令仪狄酿造美酒，进献给禹，禹饮了，觉得味道很美，于是就疏远仪狄，戒绝美酒，说：'后世的君主一定会有因为饮酒而使他的国家灭亡的。'齐桓公有一次在半夜里感到没吃到美味，易牙就煎熬烧烤食品，用五味调和美食进献给桓公，桓公吃得很饱，直到天亮还没有睡醒，于是他说：'后世的君主一定会有因为贪吃美味而使他的国家灭亡的。'晋文公得到美女南之威，三天不上朝听政，于是就把南之威推而远之，说：'后世的君主一定会有因为好色而使他的国家灭亡的。'楚王登上强台观看崩山的景色，左边是长江，右边是洞庭湖，他居高临下，流连忘返，快乐得忘其所以，于是就对着强台发誓不再登临了，说：'后世的君主一定会有因为迷恋山水的景色而使他的国家灭亡的。'现在，君王您的酒杯里，装的就好像是仪狄酿造的美酒；君王您吃的美味，就好像是易牙烹调的；您左边的白台、右边的闾须，就好像是南威那样的美人；您前游夹林、后游兰台，就好像有登临强台那样的乐趣。只要有其中的一件事，就足以使他的国家灭亡。现在君主您兼有这四件事，可以不警戒自己嘛！"梁王连连称善不止。

【赏析】

本文记录鲁共公在梁王魏婴宴席上的一段祝酒辞。在纸醉金迷的宫廷宴会上，鲁共公举出历史上明君对"酒"、"味"、"色"、"台"之乐浅尝辄止、敬而远之的四个事例，又列举今之状况与过去相对应，点出目前危机四伏的处境。语言委婉却又不失气度和力量。对耽于玩乐误国君王如当头棒喝，使之顿感泰山之将崩，河海之将倾。使人感觉到强烈的忧患意识与危机感。文章结构严谨，章法精巧。就内容而论，劝戒酒、味、色、乐，自有其意义；就语句而论，整齐重复而又注意变化。清金圣叹评曰："整炼之文，却是疏越之文；严重之文，却是点染之文。"清吴楚材、吴调侯也给予了较高评价："整练而有扶疏之致，严重而饶点染之姿。古人作文，不嫌排偶者，正在此也。不善学者，即失之板实矣。"

唐雎说信陵君[1]

《国策》

【原文】

信陵君杀晋鄙[2]，救邯郸[3]，破秦人，存赵国，赵王自郊迎[4]。唐雎谓信陵君曰[5]：“臣闻之曰：‘事有不可知者，有不可不知者；有不可忘者，有不可不忘者。’”信陵君曰：“何谓也？”对曰：“人之憎我也，不可不知也；吾憎人也，不可得而知也。人之有德于我也，不可忘也，吾有德于人也，不可不忘也。今君杀晋鄙，救邯郸，破秦人，存赵国，此大德也。今赵王自郊迎，卒然见赵王[6]，愿君之忘之也。”信陵君曰：“无忌谨受教。”

《东周列国志》版画之信陵君像

【注释】

①本文选自《魏策四》信陵君：

即魏公子无忌，魏昭王少子，安釐王的异母弟，封信陵君。

②晋鄙：战国时魏将。时率领大军救赵，到了边界又奉命停止前进。

③邯郸：赵国国都，今河北省邯郸市。

④赵王：赵孝成王，惠文王之子，名丹，赵国第八君，公元前265年～公元前245年在位。

⑤唐雎（jū）：战国魏人，安陵君之臣，此时为信陵君食客。

⑥卒：通“猝”，突然。

【译解】

信陵君杀死了晋鄙，解救了邯郸之围，抗击了秦军，保存了赵国，赵王亲自到郊外来迎接。唐雎对信陵君说：我听说：事情有不可以知道的；有不可以不知道的，有不可以忘记的，有不可以不忘记的。”信陵君说：“这是怎么说的呢？”唐雎回答说：“别人憎恶我，不可以不知道；我憎恶别人，不可以随便让别人知道；别人对我有恩德，不可以忘记；我对别人有恩德，不可以不忘记。现在您杀死晋鄙，救了邯郸，打垮了秦军，保存了赵国，这是您的一大功德。现在赵王亲自到郊外来迎接，突然见到赵王，希望您忘记这回事。”信陵君说：“我一定牢记您的教诲。”

【赏析】

做了点好事，不要居功自骄，这是本篇的大旨。信陵君窃符救赵，解了邯郸之围，赵王亲自到郊外迎接他，唐雎怕信陵君有居功自傲情绪，故劝谏他这席话。

唐雎的目的是劝信陵君将救赵之德忘掉，但他并不直接说出这句话，而是先用四个“不可”引起信陵君兴趣，然后进一步指出何为四个“不可”。文章远远道来却并不松散，语句多重复，却并不刻板。清吴楚材、吴调侯的评价十分恰当：“谓信陵君，只须说不可不忘，却先说不可忘。亦只须说不可忘，不可不忘，却又先说不可不知、不可得而知。文有宽而不懈者，其势急也。词有复而不板者，其气逸也。”

唐雎不辱使命①

《国策》

【原文】

秦王使人谓安陵君曰②："寡人欲以五百里之地易安陵③，安陵君其许寡人④。"安陵君曰："大王加惠⑤，以大易小，甚善。虽然⑥，受地于先王⑦，愿终守之⑧，弗敢易。"秦王不说⑨。安陵君因使唐雎使于秦⑩。

秦王谓唐雎曰："寡人以五百里之地易安陵，安陵君不听寡人，何也？且秦灭韩亡魏⑪，而君以五十里地存者，以君为长者⑫，故不错意也⑬。今吾以十倍之地，请广于君⑭，而君逆寡人者⑮，轻寡人与⑯？"唐雎对曰："否，非若是也。安陵君受地于先王而守之，虽千里不敢易也，岂值五百里哉⑰？"秦王怫然怒⑱，谓唐雎曰："公亦尝闻天子之怒乎⑲？"唐雎对曰："臣未尝闻也。"秦王曰："天子之怒，伏尸百万⑳，流血千里。"唐雎曰："大王尝闻布衣之怒乎㉑？"秦王曰："布衣之怒，亦免冠徒跣㉒，以头抢地耳㉓。"唐雎曰："此庸夫之怒也㉔，非士之怒也㉕。夫专诸之刺王僚也㉖，彗星袭月㉗；聂政之刺韩傀也㉘，白虹贯日㉙；要离之刺庆忌也㉚，仓鹰击于殿上㉛。此三子者，皆布衣之士也，怀怒未发，休祲降于天㉜，与臣而将四矣㉝。若士必怒，伏尸二人㉞，流血五步，天下缟素[35]，今日是也！”挺剑而起。

秦王色挠[36]，长跪而谢之[37]，曰：“先生坐，何至于此！寡人谕矣[38]。夫韩、魏灭亡，而安陵以五十里之地存者，徒以有先生也[39]。”

聂政、要离、专诸像

【注释】

①选自《战国策·魏策四》。一作《唐雎为安陵君劫秦王》，均是通用篇名。策文篇名为《秦王使人谓安陵君》。

②秦王：即秦始皇嬴政，因当时尚未称帝，故叫秦王。安陵君：战国时魏襄王曾封其弟为安陵君，此为其弟的后裔。安陵：魏的附庸小国名。其地在今河南鄢陵西北。

③易：换。

④其：表示推测，“大概”、“将”的意思。

⑤加惠：施予恩惠。

⑥虽然：虽然如此。

⑦先王：称死去的国君，指祖先。

⑧终：永远。

⑨说：同“悦”。

⑩唐雎：也作唐且。战国时有三人名唐且的，此为安陵君之臣。

⑪灭韩亡魏：指秦始皇十七年（公元前 230 年）灭韩国；二十二

年（公元前225年）灭魏国。

⑫长者：谨厚的人。

⑬错意：放在心上。错，通“措”，置。

⑭广：扩大。

⑮逆：违抗、不顺从。

⑯与：通“欤”，表疑问语气，“吗”的意思。

⑰岂直：难道只。直，只。

⑱怫然：愤怒的样子。

⑲尝：曾经。

⑳伏尸：尸体倒地。

㉑布衣：指平民。古代没有官职的平民不能穿丝织品制的衣服，只能穿粗布衣服，故称平民为布衣。

㉒免冠：摘掉帽子。徒跣：赤脚步行。

㉓抢：撞、碰。

㉔庸夫：平庸无能的人。

㉕士：此指智勇兼备的侠士。

㉖专诸：春秋时吴国勇士。王僚：春秋时吴王寿梦第三个儿子夷昧之子，名僚。他继位后，公子光想夺取王位，派勇士专诸刺杀王僚。

㉗彗星：俗名“扫帚星”。有光尾，形似扫帚，故名。袭月：指彗星光尾掩盖了月亮。这是说专诸刺王僚时，感应了上天，使得慧星袭月。

㉘聂政：战国时勇士，轵（今河南济原东南）人。韩傀（kuǐ）：韩烈侯的叔父，时为韩相。韩国大夫严遂（字仲子）与韩傀有仇，便结交了聂政，并派聂政刺杀了韩傀。聂政也毁容自杀。

㉙白虹贯日：白虹贯穿太阳。也是说因人事而引起天变的景象。

㉚要离：春秋时吴国勇士。

㉛仓：同“苍”，青黑色。击：扑。

㉜休：美善，指吉祥的预兆。祲：险的预兆。

㉝与臣而将四矣：加上我将成四个了。意即唐雎将效法专诸等人的行动，刺杀秦王。

㉞伏尸二人：指唐雎和秦王。因唐雎刺杀了秦王，自身也难免一死，故言伏尸二人。

㉟天下缟素：全国的人穿上丧服。缟素：未染色的白绢、白绸，借代白色的丧服。此句表示唐雎要刺杀秦王。因古代国君死，全国人要穿丧服。

㊱色挠：脸色沮丧屈服的样子。挠，屈服。

㊲长跪：古代没有凳椅，人坐在铺有席子的地面上，直身挺腰而跪，即臀部离开脚跟，双膝跪在地上，以示庄重。

㊳谕：明白。

㊴徒：只、仅。以：因。

【译解】

秦王派人对安陵君说：“我想用五百里的土地来换安陵，你能答应我吧！”安陵君说：“大王给我恩惠，用大块土地来换小地方，这是很好的；虽则如此，但我这块小地方是祖先传下来的，我打算一直守住它，不敢同别人交换。”秦王听到这样的回话很不高兴。安陵君就派唐雎出使到秦国去。

秦王对唐雎说：“我用五百里的土地来换安陵，安陵君不听从我的意见，为什么呢？再说，现在秦国已经消灭了韩国和魏国，而安陵君只有五十里的领土还保存着，是因为他是一个有德行的长者，所以我没有放在心上。现在我用十倍的土地，来扩大他的领土，而他却违背我的意愿，这是轻视我吧？”唐雎回答说：“不，不是这样。安陵君守着他从祖先继承下来的土地，即使用一千里土地来交换也不敢答应，岂只用五百里呢？”

秦王满脸怒色，对唐雎说：“您听说过天子发怒的事吗？”唐雎回答说：“我还没有听到过。”秦王说：“天子一怒，会使上百万人丧命，流血遍及千里之广的地方。”唐雎说：“大王曾经听过平民发怒的事吗？”秦王说：“平民发怒，不过是除掉帽子，打着赤脚，用头往地上乱撞罢了。”唐雎说：“这是庸俗的人发怒，不是勇士的发怒啊。当年专诸刺杀吴王僚的时候，扫帚星的光芒掩盖了月亮；聂政刺杀韩傀的时候，一道白气穿过太阳；要离刺杀庆忌的时候，苍鹰突然飞扑到殿上。这三个人，都是平民中的勇士，他们胸怀的怒气还没有发作，天上就降下了征兆，现在加上我就是四个人了。如果勇士当真发怒，只有两个人立即丧命，鲜血流在五步之内，全国的人都要穿白戴孝，今天就是这样啊！”唐雎说完，拔剑站了起来。

秦王神色沮丧，挺直上身跪下，对唐雎道歉说：“请先生坐下！何必这样啊！我现在明白了，韩国、魏国已经灭亡，而只有安陵君仅五十里的领土还保存着，是因为有您先生这样的贤士啊！”

【赏析】

这篇短文生动地记述了小国使者唐雎，敢在大国国君秦王面前，不卑不亢地进行针锋相对的斗争，并使骄横无比的秦王作出让步的历史事例。

秦王要求用五百里土地换安陵君的封邑，实际是要吞并安陵。面对强秦，唐雎要不辱使命，在当时是十分困难的，他只能凭着自己的机智勇敢制服秦王，取得安陵的暂时保存。

全篇不足四百字，然而前后层次井然而委婉跌宕。以“易地”起论，至“长跪而谢”，围绕着安陵的“易”与“不易”，通过“天子之怒”和“布衣之怒”的波澜起伏，展开了唇枪舌剑的激烈论战，塑造了唐雎这样一位不畏强暴、敢于斗争的使臣形象，同时揭露了骄横凶暴、色厉内荏的秦王丑恶的嘴脸，形成鲜明的对照。文章节奏紧凑，语言生动犀利，口吻神态毕肖，表现出很高的写作技巧，值得我们借鉴。清金圣叹对此文赞曰：“俊绝、宕绝、峭绝、快绝之文。”

乐毅报燕王书[1]

《国策》

【原文】

昌国君乐毅，为燕昭王合五国之兵而攻齐[2]，下七十余城，尽郡县之以属燕。三城未下[3]，而燕昭王死。惠王即位[4]，用齐人反间，疑乐毅，而使骑劫代之将[5]。乐颜奔赵，赵封以为望诸君[6]。齐田单诈骑劫[7]，卒败燕军，复收七十余城以复齐。

燕王悔，惧赵用乐毅，乘燕之敝以伐燕[8]。燕王乃使人让乐毅[9]，且谢之曰："先王举国而委将军，将军为燕破齐，报先王之仇，天下莫不振动。寡人岂敢一日而忘将军之功哉！会先王弃群臣，寡人新即位，左右误寡人。寡人之使骑劫代将军者，为将军久暴露于外[10]，故召将军，且休计事。将军过听，以与寡人有隙[11]，遂捐燕而归赵。将军自为计则可矣，而亦何以报先王之所以遇将军之意乎[12]？"

望诸君乃使人献书报燕王曰："臣不佞，不能奉承先王之教，以顺左右之心，恐抵斧质之罪[13]，以伤先王之明，而又害于足下之义，故遁逃奔赵。自负以不肖之罪[14]，故不敢为辞说。今王使使者数之罪[15]，臣恐侍御者不察先王之所以畜幸臣之理[16]，而又不白于臣之所以事先王之心，故敢以书对。

"臣闻圣贤之君，不以禄私其亲，功多者授之；不以官随其爱，能当之者处之[17]。故察能而授官者，成功之君也；论行而结交者，立名之士也[18]。臣以所学者观之，先王之举错[19]，有高世之心[20]，故假节于魏王[21]，而以身得察于燕[22]。先王过举[23]，擢之乎宾客之中[24]，而立之乎群臣之上，不谋于父兄，而使臣为亚卿[25]。臣自以为奉令承教，可以幸无罪矣，故受命而不辞。

“先王命之曰：‘我有怨深怒于齐，不量轻弱，而欲以齐为事[26]。’臣对曰：‘夫齐霸国之余教也，而骤胜之遗事也，闲于兵甲[27]，习于战功。王若欲伐之，则必举天下而图之。举天下而图之，莫径于结赵矣[28]。且又淮北、宋地[29]，楚、魏之所同愿也。赵若许约，楚、赵、宋尽力[30]，四国攻之，齐可大破也。’先王曰：‘善。’臣乃口受令，具符节，南使臣于赵。顾反命[31]，起兵随而攻齐。以天之道，先王之灵，河北之地[32]，随先王举而有之于济上[33]，济上之军，奉令击齐，大胜之。轻卒锐兵[34]，长驱至国。齐王逃遁走莒，仅以身免。珠玉财宝，车甲珍器，尽收入燕。大吕陈于元英[35]，故鼎反于历室，斋器设于宁台[36]。蓟丘之植，植于汶篁[37]。自五伯以来，功未有及先王者也。先王以为顺于其志，以臣为不顿命，故裂地而封之[38]，使之得比乎小国诸侯。臣不佞，自以为奉令承教，可以幸无罪矣，故受命而弗辞。

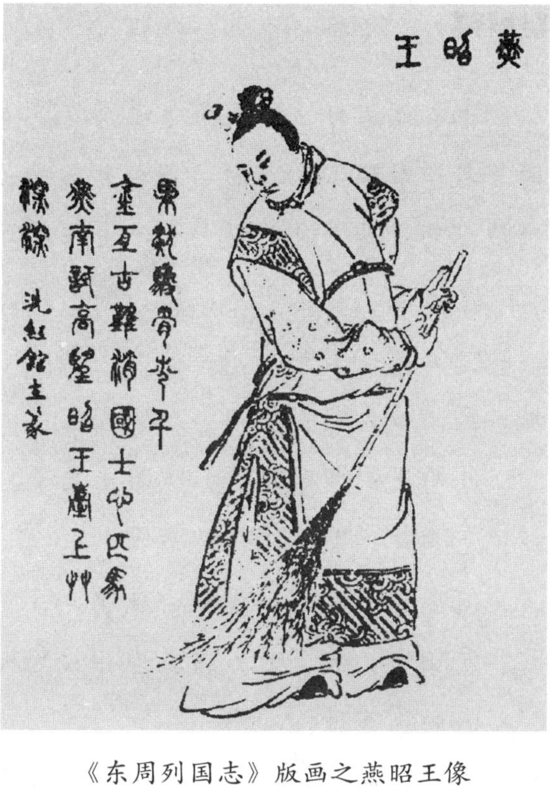

《东周列国志》版画之燕昭王像

“臣闻贤明之君，功立而不废，故著于春秋，蚤知之士[39]，名成而不毁，故称于后世。若先王之报怨雪耻，夷万乘之强国[40]，收八百岁之蓄积[41]，及至弃群臣之日，遗令召后嗣之余义[42]，执政任事之臣，所以能循法令，顺庶孽者[43]，施及萌隶[44]，皆可以教于后世。

“臣闻善作者[45]，不必善成；善始者，不必善终。昔者伍子胥说听乎阖闾[46]，故吴王远迹至于郢[47]。夫差弗是也，赐之鸱夷而浮之江[48]。故吴王夫差不悟先论之可以立功[49]，故沉子胥而弗悔。子胥不蚤见主之不同量[50]，故入江而不改。夫免身全功，以明先王之迹者，臣之上计也。离毁辱之非[51]，堕先王之名者[52]，臣之所大恐也。临不测之罪，以幸为利者[53]，义之所不敢出也。

“臣闻古之君子，交绝不出恶声；忠臣之去也，不洁其名[54]。臣虽不佞，数奉教于君子矣。恐侍御者之亲左右之说，而不察疏远之行也[55]。故敢以书报，唯君之留意焉。”

【注释】

①本篇选自《战国策·燕策二》乐毅：魏国名将乐羊之后。战国时著名军事家，入燕后，燕昭王任为上将，统五国兵伐齐，破齐七十余城，功封昌国君。昭王死，受齐反间计，乐毅奔赵。

②五国之兵：即赵、楚、韩、魏、燕五国之兵。

③三城：指聊城、莒城和即墨城。当时未攻下的实为莒和即墨二城，因聊城为燕将所守。三城皆在今山东。

④惠王：即燕惠王，燕昭王之子。

⑤骑劫：燕将。将：带领。

⑥望诸君：赵封乐毅于观津，号望诸君。

⑦田单：战国时齐将。为齐收复失地，封安平君。

⑧敝：衰败。

⑨让：谴责。

⑩暴：同“曝”。暴露：日晒雨淋，风餐露宿，很辛苦。

⑪过：错。隙：裂缝，不合。

⑫意：心愿。

⑬斧质：古代斩人的刑具，即铡刀。质：通“锧”，刀下的垫座。

⑭不肖：不贤。

⑮数：列举，列数。

⑯侍御者：侍奉国君的人。这里实指燕惠王，这是一种婉曲说法。察：明白。畜：养。幸：宠爱。

⑰处之：处在其位。

⑱论行而结交者：考量别人行为才跟他建立友谊的人。立名：树立名节。

⑲错：通“措”。措施，安排。

⑳高世之心：超出世上一般人的用心。

㉑假节：借用符节。符节是古代使者出使的凭证。乐毅凭着魏王的符节出使到燕。

㉒得察：得到赏识。

㉓过举：破格举用。

㉔擢：提拔。

㉕亚卿：次于正卿的官。上卿是当时的最高官位。亚，次。

㉖轻弱：微弱。以齐为事：把向齐国报仇作为任务。

㉗骤：屡次。闲：通“娴”，熟习。遗事：旧事。

㉘径：直捷。

㉙淮北：指淮河以北地区，楚国想得。宋地：宋国之地，辖今河南省东部及山东、江苏、安徽三省之间地区，魏国想得。故下文云楚、魏之所同愿也。

㉚宋尽力：意为宋国遗民对齐灭宋怨之，故能尽力伐齐。一说

“宋”为衍文。

㉛顾反命：回来报告。

㉜河北之地：指黄河以北的齐国土地。

㉝举：全部。之于济上：直到济水旁边。

㉞轻卒：轻装的士兵。锐兵：锋利的武器。

㉟大吕：齐国钟名。元英：燕国宫殿名。

㊱故鼎：燕国过去的鼎，为齐取去，今又复归燕。历室：燕国宫殿名。斋器：祭器。宁台：台名，在今河北蓟县西四里。

㊲蓟丘：燕都。在今北京城西南角。植：指所种的树。植于汶篁：种植在齐国汶上的竹田里。汶，汶水。篁，竹田。

㊳慊：快意、满足。不顿命：不辜负使命。顿：挫折。裂地而封之：指割地封乐毅为昌国君。

㊴蚤知：先见。蚤，通“早”。

㊵夷：平定。

㊶八百岁之蓄积：指从姜太公建国到齐湣王时约有八百年的齐国的积聚财宝。八百是约数。

㊷遗义：指燕昭王的遗训。此句意为乐毅是燕昭王的托孤之臣。

㊸顺庶孽：指昭王死前就预先安置了继位的事，使庶出的儿子安分守己。

㊹施及萌隶：延续到庶民百姓。意即使老百姓中也无庶孽之争。

㊺作者：指开创事业的人。

㊻伍子胥：即伍员，春秋时吴国大夫。阖闾：吴国国君，名光。夫差之父。

㊼郢：楚都，在今湖北省江陵西北。此句是指公元前505年吴国攻破楚都的事。

㊽鸱夷：皮革制的口袋。

㊾先论：预见。

㊿不同量：不同才量。

51离：通“罹”，遭受。

52堕：通“隳”，毁坏。

53以幸为利者：意即把侥幸免罪作为有利的事。

54不洁其名：不肯自己来洗刷自己的名声。意即不愿表白自己无罪。

55疏远：指自己是被燕惠王疏远了的人。

【译解】

昌国君乐毅，替燕昭王集合韩、赵、魏、楚、燕五国的军队去攻打齐国，攻下齐国七十多座城池，把攻下的这些城池都改为郡县而归属于燕国。还有三座城池没有攻下，燕昭王就死了。燕惠王即位，听信了齐国人的反间计，对乐毅产生怀疑，派骑劫去接替他的兵权。乐毅便逃奔到赵国去，赵国封他为望诸君。后来齐国的田单用诈术欺骗骑劫，终于打败燕军，收回七十多个城池，而复兴了齐国。

燕王感到后悔，怕赵国重用乐毅，乘燕国被齐国打败了的机会来攻打燕国。燕王就派人责备乐毅，并对他道歉，说：“先王把整个国家委托给将军您，将军为燕国打败齐国，替先王报仇，天下没有人不感到震动，我难道敢有一天忘记将军的功劳吗？正碰上先王抛弃群臣而逝世，我刚刚即位，左右的臣子误了我，我派骑劫代替将军，是因为将军长期在外作战辛苦，所以召回将军，暂且休息一下我共同商议国事。但将军误会了，认为我们之间有嫌隙，就抛弃燕国而投奔赵国。将军这样做为自己考虑是可以的，可是怎样来报答先王知遇将军的恩情呢？”

望诸君乐毅就派人送信去回答燕王说：“我没有才智，不能奉行先王的教诲，没能顺从您左右大臣的心意，恐怕受到杀身之罪，以致损伤先王知人之明，而且又会损害您的义气，所以逃奔到赵国。我自己蒙受了不贤的罪名，所以不敢为自己申辩。现在大王派遣使者来数说我的罪过，我恐怕侍候您的人不了解先王之所以要厚待他所亲信的臣子的道理，而且又不明白我奉事先王的一片忠心，所以想写这封信来回答。

“我听说，贤明的君主，不以俸禄私下给他的亲信，而给功劳多的人；不以官职随便给他偏爱的人，而让能够胜任的人去担任。所以审察谁有才能而授给谁以官职的君主，是能够成就功业的君主；按照谁品行好就和谁结交的士人，是可以建立名声的士人。凭我所学到的知识来看，先王的举止言行，高出于当今一般世人的用心，所以我凭借魏王的符节出使到燕国，而亲身受到燕国的赏识。先王的过分抬举，把我从宾客之中提拔上来，安置我的职位高于许多臣子，没有和父兄等宗族大臣商量，就任命我当亚卿。我自以为奉承先王的命令和指教，就可以幸免获罪，所以接受任命而不推辞。先王命令我说：‘我对齐国有积怨而深怀愤怒，不考虑自己力量的轻微薄弱，而想和齐国较量一番。’我回答说：‘齐国，还保持着称霸的遗业，而且有屡打胜仗的经验，对战争很熟习，经常进行军事训练。大王如果想讨伐它，就一定要联合各国诸侯来共同商量。联合各国诸侯来共同商量，莫过于和赵国联合最直捷了。而且齐国的淮北和宋地，是楚国和魏国所想得到的地方，赵国如果答应了，楚国、赵国、宋国一定尽力，四国共同攻打齐国，就可以大破齐国。’先王说：‘好。’我就接受先王亲口下的命令，带着符节，向南出使到赵国去。从赵国回来复命，就立即发兵进攻齐国。依靠上天的赞助，先王的威灵，以及河北便利的地形，跟着先王一举而打到了齐国的边境济上。燕国驻扎在济上的军队，奉命攻打齐国，获得了大的胜利。轻装而精锐的战士，一直打到齐国的国都。

齐王逃奔到莒城，仅仅身免于死。齐国的珠玉财宝，车辆、战甲和珍贵物品，全部收缴到燕国来了。大吕钟陈列在元英宫，故鼎收回到历室宫，齐国的珍器摆设在宁台上，而且燕国国都蓟邱的树木栽种在齐国汶水的竹田中。自从五霸以来，没有谁的功劳比得上先王的。先王感到如愿以偿，认为我不会败坏他交给的使命，所以划出地方来封给我，使我比得上小国的诸侯。我没有才智，自以为只要奉承先王的命令和指教，就可以幸免获罪，所以接受封命而没有推辞。

“我听说贤明的君主，建立了功业而不废弃，所以载入史册；远见卓识的士人，成了名而不毁坏，所以被后世称道。像先王那样报仇雪耻，削平了拥有兵车万乘的强国，收缴了齐国八百年以来积蓄的财物；待到抛弃群臣逝世之日，给子孙留下了意义深远的遗诏；主管政事的臣子，所以能够遵循法令，预防庶子争夺王位，德业达到老百姓身上。这些都是可以用来教育后代的。

“我听说善于耕作的不一定获得好的收成，有好的开端的不一定有好的结束。从前，伍子胥的劝说被吴王阖闾接受了，所以吴王阖闾能够远征到楚国的国都郢都。夫差不以伍子胥之说为然，他用一个皮袋装了伍子胥投入江中。吴王夫差不明白伍子胥的预见可以建立功业，所以把伍子胥沉入江中而不后悔；伍子胥没有及早认识阖闾和夫差两个君主的气量不同，所以直到被沉入江中也没有改变他的思想认识。所以，使自己免于一死，保全伐齐的功劳，以表明先王知人善任的贤名，是我的上策；遭受毁谤侮辱，败坏先王的名声，是我最害怕的；面临不可预测的大罪，想侥幸助赵伐燕以取利，按照道义，我是不敢这样做的。

“我听说古时的君子，与人绝交时也不说人家的坏话；忠臣离开朝廷的时候，也不诋毁君主而表明自己廉洁。我虽然没有才智，却经常受到君子的教导。恐怕您听信左右大臣的话，而不了解我这个被疏远了的人的品行，所以我冒昧地用这封信来回答，希望您仔细考虑吧！”

【赏析】

这是一篇自白心迹、感人肺腑的书信体散文，后人誉为“书牍之祖”。文章开头就扼要地将乐毅破齐以及奔赵的经过作了交代，为读者理解书信内容打下了基础。紧接着乐毅针对燕惠王提出“何以报先王之所以遇将军之意乎”的责难，委婉地、诚挚而有分寸地加以申辩，反复说明自己奔赵是为了顾全先王和惠王的名声着想，表达了自己对先王知遇之恩的感激。既反驳了惠王的巧言文饰和责难，又剖白了自己的心迹。全文由两部分构成，前一部分是史官记述，后一部分是书信，前后两部分构成了一个整体。乐毅的书信涵含着深沉的忧愤，表达了乐毅对燕昭王的赤枕忠心，对燕国的无限忠诚和热爱却被横加罪名的苦衷和悲愤，很具感人力量。《史记·乐毅传》载：“始齐之蒯通及主父偃读乐毅之《报燕王书》，未尝不废书而泣也。”高嵣在《公穀国语国策钞》中也说：“此文无一语遮盖，无一语粉饰，深厚平直，高明磊落，乃战国第一流人，第一等文。”

清徐乾学认为：“毅报惠王书，虽急于自明，其情志悱恻，文辞深婉，固书牍之祖也。”可见本文确实对后世影响很大。

谏逐客书

李斯[1]

【原文】

秦宗室大臣皆言秦王曰：“诸侯人来事秦者，大抵为其主游间于秦耳！请一切逐客。”李斯议亦在逐中。斯乃上书曰：“臣闻吏议逐客，窃以为过矣[2]。

《东周列国志》版画之百里奚像

“昔穆公求士[3]，西取由余于戎[4]，东得百里奚于宛[5]，迎蹇叔于宋[6]，求丕豹、公孙支于晋[7]。此五子者，不产于秦，而穆公用之，并国二十，遂霸西戎。孝公用商鞅之法，移风易俗，民以殷盛[8]，国以富强，百姓乐用[9]，诸侯亲服，获楚、魏之师，举地千里，至今治强[10]。惠王用张仪之计[11]，拔三川之地[12]，西并巴、蜀[13]，北收上郡[14]，南取汉中，包九夷，制鄢、郢[15]，东举成皋之险[16]，割膏腴之壤，遂散六国之从[17]，使之西面事秦，功施到今[18]。昭王得范雎[19]，废穰侯，逐华阳[20]，强公室，杜私门[21]，蚕食诸侯，使秦成帝业。此四君者，皆以客之功。由此观之，客何负于秦哉！向使四君却客而不内，疏士而不用，是使国无富利之实，而秦无强大之名也。

"今陛下致昆山之玉[22]，有随、和之宝，垂明月之珠，服太阿之剑，乘纤离之马，建翠凤之旗，树灵鼍之鼓[23]。此数宝者，秦不生一焉，而陛下说之，何也？必秦国之所生然后可，则是夜光之璧不饰朝廷，犀象之器不为玩好[24]，郑、卫之女不充后宫[25]，而骏马駃騠，不实外厩[26]，江南金锡不为用，西蜀丹青不为采[27]。所以饰后宫充下陈娱心意悦耳目者[28]，必出于秦然后可，则是宛珠之簪，傅玑之珥，阿缟之衣[29]，锦锈之饰不进于前，而随俗雅化[30]，佳冶窕窈赵女不立于侧也[31]。夫击瓮叩缶，弹筝搏髀[32]，而歌呼呜呜快耳目者，真秦之声也；郑、卫、桑间、《韶虞》、《武象》者[33]，异国之乐也。今弃击瓮叩缶而就郑卫，退弹筝而取《韶虞》，若是者何也？快意当前，适观而已矣[34]。今取人则不然。不问可否，不论曲直[35]，非秦者去，为客者逐[35]。然则是所重者在乎色乐珠玉，面所轻者在乎人民也。此非所以跨海内制诸侯之术也[36]。

"臣闻地广者粟多，国大者人众，兵强则士勇。是以太山不让土壤[37]，故能成其大；河海不择细流，故能就其深[38]；王者不却众庶，故能明其德[39]。是以地无四方，民无异国，四时充美[40]，鬼神降福，此五帝、三王之所以无敌也。今乃弃黔首以资敌国[41]，却宾客以业诸侯[42]，使天下之士退而不敢西向，裹足不入秦，此所谓'藉寇兵而赍盗粮'者也[43]。

"夫物不产于秦，可宝者多；士不产于秦，而愿忠者众。今逐客以资敌国，损民以益仇，内自虚而外树怨于诸侯[44]，求国之无危，不可得也。”

秦王乃除逐客之令，复李斯官。

【注释】

①李斯：战国末期楚国上蔡（今河南上蔡县西南）人。年少时做过郡小吏，后与韩非一起从荀卿学“帝王之术”。入秦，初为吕不韦舍人，后任郎中，说秦王政，后拜为客卿。他在秦始皇统一中国的过程中起了很大的作用。秦灭六国之后，李斯任丞相，积极建议废除分封制，推行郡县制，加强了中央集权的统治。始皇死后被赵高谮害遭腰斩，且夷三族。李斯的文章除《谏逐客书》外，还有《狱中上二世书》、《论督责书》、《苍颉篇》（仅存辑本）等。

②窃：私下。过：错。

③穆公：即秦穆公，名任好，春秋五霸之一。

④由余：春秋时亡命入戎任职，后被秦穆公看上，穆公设法使其投奔秦国，任为谋臣，助秦灭了十二个戎国，扩地千里。

⑤百里奚：楚国宛（今河南南阳）人。原任虞国大夫。晋灭虞后，把他作为晋献公女儿陪嫁的奴仆送往秦国，后逃亡入楚，为楚俘获。穆公闻其贤，用五张羊皮赎回他，并任用他为大夫。

⑥蹇叔：原是歧（今陕西岐山）人，旅居宋国。后经百里奚推荐，秦穆公聘他为上大夫。

⑦丕豹：原是晋国大夫丕郑之子，因父丕郑为晋惠公所杀，逃至秦国，穆公任他为大将。公孙支：字子桑。先在晋国，后入秦为谋臣，官任大夫。

⑧商鞅：原卫之庶公子，姓公孙，一称卫鞅。后入秦，辅佐秦孝公变法，使秦国富强。孝公以商于之地封鞅，号曰商君。殷盛：富足兴旺。

⑨百姓乐用：人民乐为国家效力。

⑩获楚魏之师：指秦孝公二十二年（公元前340年）商鞅率军打败魏军，俘魏公子卬，得魏河西地。同年，又打败楚国军队。　举：攻取、占领。　治强：安定强大。

⑪惠王：指秦惠王嬴驷。张仪：战国魏人，纵横家。后入秦，任为相。提出“连衡”主张，游说六国事秦，在秦统一中国过程中起过一定作用。

⑫三川：韩地，在今河南洛阳市西南一带。因境内有伊水、洛水和黄河三条河，故称三川。

⑬巴、蜀：国名。巴在今四川省东北部，蜀在四川省西部。秦吞并后设置为巴君和蜀郡。

⑭上郡：魏国郡名，在今陕西榆林一带。秦惠文王十年（公元前328年），魏以上郡十五县献秦求和。

⑮汉中：楚地，在今陕西西南和湖北省西北部。秦惠王二十六年（公元前312年），秦攻汉中，得地六百里，设为汉中郡。　包：囊括。九夷：泛指当时楚国境内的少数民族地区。　制：控制。鄢：楚地，在今湖北宜城县。郢：楚都，在今湖北江陵西北。

⑯成皋：又名虎牢，在今河南荥阳西北部，古代险要的军事重地。

⑰散：瓦解。六国之从：即赵、韩、魏、齐、楚、燕六国联合抗秦的合纵策略。

⑱施：延续。

⑲昭王：即秦昭王嬴则。范雎：战国时魏人，入秦后，秦昭襄王用为相。他提出的远交近攻策略，使秦在统一战争中连续取得胜利。

⑳穰侯：即魏冉。秦昭王母宣太后之弟，曾为秦相，封于穰，专朝政三十余年。

㉑杜私门：意为堵塞贵族豪门的特权。

㉒致：得到。昆山之玉，即昆仑山的美玉。

㉓随和之宝：即随侯珠及和氏璧。　明月之珠：指夜光珠，在夜间光如明月。　服：佩带。太阿：宝剑名，相传为春秋时吴国名匠干将和欧冶子合铸。　纤离：良马名。翠凤之旗：即用翠凤鸟的羽毛装饰的旗帜。　灵鼍（tuó）：俗名猪婆龙，其皮制鼓，声音宏亮。

㉔犀象之器：指用犀牛角和象牙制作的器物。玩好：供玩赏的东西。

㉕后宫：古代帝王后妃居住的宫室。充后宫：充当嫔妃。

㉖駃（jué）騠（tí）：骏马名。厩：马棚。

㉗丹青：两种可作颜料的矿物。采：彩色，颜料。

㉘所以：用来。下陈：说法不一。一说为古代统治阶级堂下陈放礼品、站立婢妾的地方。借指帝王的姬妾。一说下陈为“后列”，即侍妾。

㉙宛珠：楚国宛地出产的珠子。宛珠之簪：即嵌有宛珠的簪子。　傅玑之珥：镶着小珠的耳环。傅：附。　阿缟之衣：指用齐国东阿产的绢帛制成的衣裳。东阿：在今山东东阿。

㉚随俗雅化：随着时俗风尚，打扮得时髦漂亮。

㉛佳冶：美好艳丽。窈窕：文静漂亮。

㉜瓮：盛水的坛。缶：瓦钵。搏髀：拍着大腿打拍子。

㉝郑、卫：指郑国、卫国的乐曲。桑间：卫国地名（在今河南濮阳地区），在濮水之滨，相传为卫国男女欢聚唱歌的地方。这里指这个地区的音乐。《韶虞》：相传为舜时乐曲。《武象》：相传为周武王时舞曲。

㉞适观：欣赏起来舒适。

㉟曲直：邪正。

㊱跨海内：统一中国的意思。古人认为中国四周都是海，海内是

国土。跨，凌驾。比喻统一。

㊲太山：即泰山。让：舍弃。

㊳就：完成。

㊴却：拖绝。　明：显示。德：德行，指政治威望。

㊵充美：富裕美好。

㊶黔首：秦称百姓为黔首。

㊷业诸侯：成就其他诸侯的功业。

㊸藉：借。兵：兵器。赍：给与。

㊹外树怨于诸侯：意指把客籍人赶回各国，这些人会怨恨秦国，拼命辅佐诸侯攻秦。

【译解】

秦国的宗室大臣都对秦王说："各诸侯国来侍奉秦国的人，大都是替他们的君主来作说客、作间谍的，请一律驱逐客卿。"李斯也在他们所列被驱逐的对象之中。

李斯就对秦王写了一封信，说："我听说官吏们商议驱逐所有客卿，我私下认为这是错误的。从前秦穆公招募贤士，从西边的西戎得到了由余，从东边的宛地得到了百里奚，从宋国迎来了蹇叔，从晋国得到了丕豹、公孙支，这五个人，都不生在秦国，而穆公任用他们，结果兼并了二十个诸侯国，成了西戎地区的霸主。孝公用了商鞅的新法，移风易俗，人民因此富足，国家因此富强，老百姓都乐于为国家出力，各诸侯国都对秦国亲近服从，秦国战胜了楚国、魏国的军队，攻取了千里之广的土地，直到现在仍然安定强盛。惠王用了张仪的计策，攻取了三川的土地，西面兼并了巴国、蜀国，北面攻占了上郡，南面取得了汉中，吞并了楚国境内的许多少数民族。控制了楚国的鄢、郢二城，东边据有成皋的险塞，割取了肥沃富饶的土地，于是离散了韩、魏、赵、齐、楚、燕六国的合纵，使它们都尊崇、侍奉秦国，这功劳一直延续到如今。昭王得到范雎，废掉穰侯，驱逐华阳君，强化了朝廷的权力，限制了私家的势力，渐渐地吞并诸侯各国，使秦国建成了帝王的事业。这四个君主，都凭借了客卿的功劳。由此看来，客卿哪里辜负了秦国呢！假使这四个君主拒绝而不接纳客卿，疏远贤士而不任用，这就是使国家没有富足的实力，而秦国也就没有强大的名声

《东周列国志》版画之商鞅像

了。"现在陛下您得到了昆仑山的美玉，有随侯珠、和氏璧，垂挂着明月珠，佩带着太阿剑，乘坐着纤离马，树立着翠凤旗，摆设着灵鼍鼓。这几种宝贝，秦国不出产一种，而您陛下都喜欢用它们，这是为什么呢？如果一定要秦国出产的然后才可以用，那么这种夜光璧就不能装饰在朝廷，犀牛角和象牙制的器物就不能做您的玩物，郑国、卫国的美女就不能充满在您的后宫，而且骏马駃騠不能挤满在您的马厩，江南的金锡不能用来做器具，西蜀的丹青不能用来做颜料。用来装饰后宫的珠宝、充满台阶下面的姬妾、娱乐心意的器物、悦耳目的音乐图画等，如果一定要秦国出产的然后才可以用，那么这些嵌着宛珠的簪子、镶着珠子的耳环、东阿白绢做成的衣服、锦绣的饰物就不能进献到您面前，而且打扮时髦、艳丽苗条的赵国女子也不能侍立在您的身

边了。如果叩打瓮、缶，弹奏竹筝，拍腿打拍子，唱着呜呜的歌曲来娱人耳目的，才真正是秦国的音乐呢，那么郑、卫、桑间的音乐，以及《韶虞》、《武象》是别国的音乐，那么现在您不要听敲瓮而要听郑、卫的音乐，不要听弹筝而要听韶虞的乐曲，这样做的原因是什么呢？还不是为了使心情愉快、看得舒服罢了。现在您用人就不是这样，不问是非，不论曲直，凡不是秦国人都赶走，凡是客卿都驱逐。这样做就是重视美女、音乐、珍珠、宝玉，而轻视人民了。这不是用来统一天下、征服诸侯的办法。

“我听说土地广大的粮食才富足，国家强大的人民才众多，武器精锐的战士才勇猛。因此，泰山不舍弃土壤，所以能形成它的高大；河海不排除细流，所以，形成它的深广；君主不拒绝庶民，所以能显示他的德厚。因此，地方不分东西南北，人民不分本国别国，春夏秋冬都很美好，鬼神都来降福，这就是五帝、三王无敌于天下的原因。现在您竟然抛弃百姓以资助敌国，拒绝宾客以成就别国诸侯的事业，使天下的贤士，退避不敢向西边来，裹足不肯进入秦国，这就叫做借武器给敌人而送粮食给盗贼啊。

李斯像

“物品不出产在秦国的，可宝贵的很多；贤士不出生在秦国的，而愿效忠秦国的很多。现在驱逐客卿以资助敌国，损害人民而有益仇人，国内自己搞得很虚弱而国外又结怨于诸侯，想求得国家没有危险，是不可能的啊。”

秦土于是就撤消了逐客的命令，恢复李斯的官职。

【赏析】

公元前237年，韩国派水利专家郑国出使秦国，劝秦王修一条长三百里的大型灌溉渠，企图借此消耗秦国的人力、物力、财力，以缓和秦对韩的威胁。这一计谋，被秦国发觉，秦王接受宗室大臣建议驱逐所有外籍官员，李斯也在被逐之列。因此写了这篇有名的《谏逐客书》。

文章以“臣闻吏议逐客，窃以为过矣”开头，点出了全文的主旨，指出逐客是错误的。下文紧紧围绕这一论点，从三个方面对“逐客”的错误主张进行了驳斥。首先以秦国用客卿成功的史实来说明任用客卿对秦国有利，暗示逐客之非。其次，从秦王爱好的物质生活享受来自各国来比证。让秦王进一步领悟逐客的错误性。再次，从正反两面进行反复论证，阐明逐客必将招致的恶果。最后总结全文，阐明利害关系，归结到一点，逐客是错误的。从而说服了秦王，取消了逐客令。

行文多用排句，语言形象，文章结构衔接巧妙。“自首至尾，落落只写大意。初并无意为文，看他起便一直径起，往便一直径往，转便径转，接便径接。后来文人无数笔法，对此一毫俱用不着，然正是后来无数笔法之祖也。”（清金圣叹《天下才子必读书》卷五）

卜　居①

《楚辞》②

【原文】

屈原既放③，三年不得复见。竭智尽忠，而蔽障于谗④，心烦虑乱，不知所从。乃往见太卜郑詹尹曰⑤：“余有所疑，愿因先生决之⑥。”詹尹乃端策拂龟曰⑦：“君将何以教之？”屈原曰：“吾宁悃悃款款朴以忠乎⑧？将送往劳来斯无穷乎⑨？宁诛锄草茆以力耕乎⑩？将游大人以成名乎⑪？宁正言不讳以危身乎⑫？将从俗富贵以媮生乎⑬？宁超然高举以保真乎⑭？将哫訾栗斯⑮，喔咿嚅唲以事妇人乎⑯？宁廉洁正直以自清乎？将突梯滑稽⑰，如脂如韦以絜楹乎⑱？宁昂昂若千里之驹乎⑲？将氾氾若水中之凫

屈原像，图出自明·天然撰《历代古人像赞》

乎[20]？与波上下偷以全吾躯乎？宁与骐骥亢轭乎[21]？将随驽马之迹乎[22]？宁与黄鹄比翼乎[23]？将与鸡鹜争食乎[24]？此孰吉孰凶？何去何从？世混浊而不清：蝉翼为重，千钧为轻[25]；黄钟毁弃，瓦釜雷鸣[26]；谗人高张，贤士无名。吁嗟默默兮[27]，谁知吾之廉贞？”

詹尹乃释策而谢曰[28]：“夫尺有所短[29]，寸有所长；物有所不足，智有所不明；数有所不逮[30]，神有所不通。用君之心，行君之意，龟策诚不能知此事！”

【注释】

①《卜居》：《楚辞》篇名。王逸《楚辞章句》认为是屈原所作。但后人多怀疑此说。卜居，占卜自己该怎样处世，何去何从。

②《楚辞》：诗歌总集名，为西汉刘向所辑。收战国楚人屈原、宋玉及汉代人的辞赋。全书以屈原作品为主，作品运用楚地的文学样式和方言声韵，具有浓厚的地方色彩，故名楚辞。

③屈原（约公元前340年～前278年）：我国战国时代的伟大诗人。其生平参看本书《屈原列传》。放：放逐。

④蔽障：蒙蔽阻隔。

⑤太卜：官名，卜筮官之长。

⑥因：依靠。

⑦端策：放正筮草。拂龟：拂去卜龟壳上的灰尘。这是表示虔诚的准备动作。策，古代占卜用的蓍草。龟，古代占卜用的龟甲。

⑧宁……将……：选择句式。悃悃（kǔn）款款：诚恳忠实的样子。

⑨劳：慰劳。斯无穷：这样长远下去。

⑩诛锄草茆：剪除杂草。茆，通“茅”，茅草。

⑪游：遍谒。大人：指达官贵人。

⑫讳：避忌。

⑬媮（tōu）：同偷。媮生：苟且求生。

⑭高举：犹高蹈，指隐居。保真：保全自己真实的本性。一作“保贞”。

⑮哫訾（zú zǐ）：阿谀奉迎。栗斯：戒惧的样子。可能是当时的处方言。

⑯喔咿（wō yì）：强笑。嚅唲（rú ér）：强颜顺从的样子。妇人：指楚怀王宠姬郑袖。

⑰突梯：圆滑的样子。滑稽：原是一种酒器，转注吐酒不止。形容圆转自如。

⑱如脂：象油脂那样光滑。如韦：像熟牛皮那样柔软。如脂如韦，形容柔软而无骨气。比喻善于应付世俗环境。

⑲昂昂：气概轩昂的样子。

⑳氾：同“泛”。氾氾：浮游无定的样子。

㉑亢：通“伉”，匹敌。轭：车辕前套在马颈上的人字形曲木。亢轭：犹并驾。 骐骥：千里马。

㉒驽：劣马。

㉓黄鹄：天鹅。比翼：并飞。

㉔鹜：鸭。

㉕钧：三十斤为一钧。

㉖黄钟：古乐十二律之一，声调最洪大最响亮。比喻有才能的人。瓦釜：即砂锅，平常的炊具，比喻庸才。声音低沉的砂锅却发出雷鸣般的响声，比喻无才的庸人占据高位，显赫一时。

㉗默默：一作“嘿嘿”。无言的样子。

㉘谢：辞。

㉙尺有所短，寸有所长：意为尺比寸长，但与更长的东西比较就

显得不足；寸比尺短，但与更短的东西比较却显得有余。比喻人或事各有长处和短处，没有绝对标准。

㉚数有所不逮：指卦数有所不及知。即卜筮不能解决所有的疑问。逮，及。

【译解】

屈原已经被放逐，三年不能再见楚怀王。他用尽智慧来效忠楚国，却被谗人把他和楚怀王遮蔽阻隔了。他心烦意乱，不知道该走什么路才好。于是他就去见太卜郑詹尹说："我有些事情疑惑不解，希望通过您的占卜来决定。"郑詹尹就摆正蓍草、拂去龟壳上的灰尘说："您将用什么来指教我呢？"

屈原说："我宁可诚诚恳恳、朴实忠诚呢，还是去送往迎来使自己不致于穷困呢？宁可锄草开荒努力耕种呢，还是去游说达官贵人取得荣誉呢？宁可直言不讳使自己遭到危险呢，还是去追随世俗、贪图富贵而苟且偷生呢？宁可远走高飞以保持自己纯真的本性呢，还是阿谀逢迎、强作欢笑去侍奉那个妇人呢？宁可廉洁正直以保持自己的清白呢，还是察颜观色、见风使舵去趋炎附势呢？宁可昂首阔步像千里马呢，还是像浮在水中的野鸭随波逐流、苟且偷生以保全自己的性命呢？宁肯与骐骥并驾齐驱呢，还是跟着劣马的足迹走呢？宁肯与天鹅比翼齐飞呢，还是去和鸡鸭争食呢？以上这些，哪个属吉哪个属凶，应该舍弃什么遵从什么？当今的世道混浊不清，蝉翼被认为是重的，千钧被认为是轻的；黄钟遭到毁坏遗弃，瓦釜发出雷鸣般的声音；谗人趾高气扬，贤士默默无闻。唉，还是默不作声吧，谁了解我的廉洁忠贞！"

郑詹尹于是放下蓍草而辞谢说："尺比寸长也有它的短处，寸比尺短也有它的长处；世间的物件有欠缺不全的地方；人的智慧有不能明白的地方，卦数有占卜不到之处，神灵有不能通达之处。请您自己思考，照您的意志行事。我的龟壳和蓍草实在不能预知这些事。”

【赏析】

本文记叙了屈原人生道路的选择。诗人以排比拟问的方式，列出现实生活中两种对立的选择取向，再由占卜方式解答何选何弃。屈原忠直而遭放逐，痛恨“黄钟毁弃，瓦釜雷鸣，谗人高张，贤士无名”的混浊世道，借问卜来抒发自己的不平和苦闷。文中连用八对“宁……将……”的选择句式，正反面反复对照，爱憎分明，表达了诗人的高洁、正直、孤傲和哀愤，展示了人生道路的严峻选择。对后世产生震聋发聩的启迪作用。

宋玉对楚王问

《楚辞》

【原文】

楚襄王问于宋玉曰[1]："先生其有遗行与[2]？何士民众庶不誉之甚也[3]？"

宋玉对曰："唯[4]。然[5]。有之。愿大王宽其罪[6]，使得毕其辞。客有歌于郢中者[7]，其始曰《下里》、《巴人》[8]，国中属而和者数千人[9]。其为《阳阿》、《薤露》[10]，国中属而和者数百人。其为《阳春》、《白雪》[11]，国中属而和者不过数十人。引商刻羽，杂以流徵[12]，国中属而和者不过数人而已。是其曲弥高，其和者弥寡。

宋玉对楚王问图

"故鸟有凤而鱼有鲲[13]。凤凰上击九千里，绝云霓[14]、负苍天，足乱浮云，翱翔乎杳冥之上[15]。夫藩篱之鷃，岂能与之料天地之高哉[16]？鲲鱼朝发昆仑之墟[17]，暴鬐于碣石，暮宿于孟诸[18]。夫尺泽之鲵[19]，岂能与之量江海之大哉？

“故非独鸟有凤而鱼有鲲也，士亦有之。夫圣人瑰意琦行[20]，超然独处，世俗之民，又安知臣之所为哉？”

【注释】

①宋玉：战国时楚国著名辞赋家，生卒年不详。相传为屈原学生，曾为楚顷襄王的文学侍从。

②其：表示询问，大概。遗行：可遗弃的行为，即不检点的行为。

③士民：指古代四民中学道艺或习武勇的人。不誉：不称誉。实指人们议论他的不是。

④唯：独立成句，恭谨答应的意思。

⑤然：是的、对的。

⑥愿：希望。

⑦郢：楚都，在今湖北省江陵县西北。

⑧《下里》、《巴人》：楚国民间通俗歌曲名，当时认为是一种较低级的音乐。

⑨国中：即国都中。属：跟着。和：以声相应。

⑩阳阿：古歌曲名。《薤（xiè）露》：出殡时挽柩人唱的挽歌。

⑪《阳春》、《白雪》：楚国高雅的歌曲名。

⑫引商刻羽：意为拉长轻劲敏疾的商音降为低平的羽音。商，五音之一，其声轻劲敏疾。羽，五音之一，其声低平掩映。刻，减，犹下降的意思。流徵：意即流转着抑扬递续的徵音。徵，五音之一，其声抑扬递续。

⑬鲲：古代传说中的大鱼。

⑭绝云霓：穿透云雾。

⑮杳冥：指极高远看不清的地方。

⑯藩篱：篱笆。鷃（yàn）：小鸟。　料：估计。

⑰墟：山基。昆仑之墟：昆仑山。

⑱暴鬐：显露鱼脊。碣石：海畔山名，在今河北省昌黎县西北，靠渤海边。　孟诸：古泽名，在今河南省商丘县东北。

⑲尺泽：尺把大的小水塘。鲵：小鱼。

⑳瑰意：卓越的思想。琦行：奇伟的行为。

【译解】

楚襄王问宋玉说："先生您大概有不好的行为吧？为什么众多的士民那样不称誉您呀？"

宋玉回答说："是，是这样的，我有不好的行为。希望大王宽恕我的罪，让我把话说完。有一个在郢都唱歌的客人，他开始唱低俗的《下里巴人》，国都中跟着唱的有几千人；他唱《阳阿薤露》，国都中跟着唱的有几百人；他唱《阳春白雪》，国都中跟着唱的不过几十人；而当他唱着商音，降低羽音，再配上流利的徵音，国都是跟遂他唱的不过几个人罢了。这是说，他唱的歌曲愈高雅，跟着他唱的人就愈少。所以鸟中有凤凰，鱼中有鲲鱼。凤凰拍击翅膀腾空而上九千里，超越云霓，背负青天，踏乱了浮云，飞翔在极远的高空。那些飞翔在篱笆间的鷃

雀，怎能和凤凰来估量天地之高啊！鲲鱼早晨从昆仑山脚下出发，中午在渤海畔的碣石山边露鳍，晚上在孟诸湾住宿。那小池沼中的鲵鱼，怎么能和鲲鱼计量江海之大啊！所以不但鸟中有凤凰而鱼中有鲲鱼，士人中也有凤凰和鲲鱼，这就是圣人有宏大的志向和美好的德行。所以，圣贤者的高贵品德，庸俗的世人又怎能理解啊！"

【赏析】

本文抒发了宋玉孤芳自赏，不同凡俗的思想感情，同时流露了宋玉在政治上不得意的愤懑之情，字里行间，掺杂着淡淡的骚情雅思、耐人寻味！

本文通篇都用借喻是其一大特色。写歌曲、写鸟中的凤凰、鱼中的鲲虫，都是为了写自己。“阳春白雪”、“下里巴人”、“曲高和寡”等语流传至今，被赋予了新的含义，极有情趣。

文人们十分推崇本文中比喻的用法，此处引张文一评：“通篇俱是喻，细玩其顿挫处、出落处、细整处、变化处，机法相生，如环无端。至末一结，则又点睛欲飞矣。”

卷五

汉文

五帝本纪赞

《史记》

【原文】

太史公曰：学者多称五帝，尚矣。然《尚书》独载尧以来，而百家言黄帝，其文不雅驯[①]，荐绅先生难言之[②]。孔子所传宰予问《五帝德》及《帝系姓》[③]，儒者或不传。余尝西至空桐，北过涿鹿，东渐于海，南浮江淮矣，至长老皆各往往称黄帝、尧、舜之处，风教固殊焉，总之不离古文者近是。予观《春秋》、《国语》，其发明《五帝德》、《帝系姓》章矣，顾弟弗深考[④]，其所表见皆不虚[⑤]。《书》缺有间矣[⑥]，其轶乃时时见于他说。非好学深思，心知其意，固难为浅见寡闻道也。余并论次[⑦]，择其言尤雅者，故著为本纪书首。

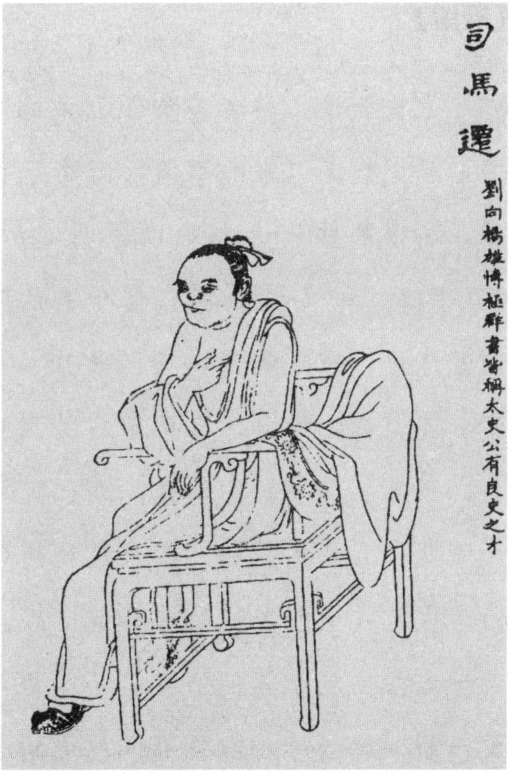

司马迁像，图选自清·上官周绘《晚笑堂画传》

【注释】

①雅驯：正确之训；“驯”通“训”。

②荐绅先生：古代指上大夫引用为有学问之人。荐绅指插笏垂绅，乃古代高级官吏的装束。

③宰予：字子我，春秋鲁国人，孔子弟子。

④顾：副词，不过。弟：通“第”，只是。

⑤表见：即表现。

⑥有间：年月久长。

⑦论次：论列。

【译解】

太史公说：学者多称颂五帝的事迹，那是很久远的事了。但《尚书》只记载尧以来的事情，而诸子百家讲述黄帝的文章不典雅，不顺妥，所以那些士大夫难以说明它的真假。由孔子所传下来的宰予问《五帝德》和《帝系姓》，儒生有的不肯传述。我曾经西到崆峒山，北访涿鹿山，东入大海，南游长江、淮水，到过那些老人家常常称颂黄帝、尧、舜的地方，那些地方的风俗教化确有与众不同之处。总而言之，不离《尚书》的记载，近于实际情况。我读《春秋》，《国语》，其中阐明《五帝德》和《帝系姓》的地方很明显，只是没有深入一步进行考查，其中所表述的都不是空话。《尚书》有残缺、脱漏，其所散失的地方往往见于其他书中。不是好学深思的人，就不能体会其中的意思，所以就很难对浅见寡闻的人讲述呢。我按照次序对五帝一起加以叙述，选择古书中那些典雅之言作资料，写了《五帝本纪》作为本纪的第一篇。

【赏析】

这篇文章的目的，在于阐《五帝本纪》史料来源及作者的取舍。文章虽不足二百字，却极尽曲折回环之妙。

对于本文历代文化评论甚多“此为赞语之首，古质奥雅，文简意多，转折层曲，往复回环；其传疑不敢自信之意，绝不作一了结语。乃赞语中之尤超绝者。”（见［清］吴楚材、吴调侯《古文观止》卷五）

项羽本纪赞

《史记》

【原文】

太史公曰：吾闻之周生曰[①]：“舜目盖重瞳子[②]”，又闻项羽亦重瞳子。羽岂其苗裔邪？何兴之暴也！夫秦失其政，陈涉首难，豪杰蜂起，相与并争，不可胜数。然羽非有尺寸[③]，乘势起陇亩之中，三年，遂将五诸侯灭秦，分裂天下，而封王侯，政由羽出，号为“霸王”，位虽不终，近古以来未尝有也。及羽背关怀楚，放逐义帝而自立，怨王侯叛己，难矣。自矜功伐[④]，奋其私智[⑤]而不师古，谓霸王之业，欲以力征经营天下[⑥]，五年卒亡其国，身死东城[⑦]，尚不觉寤[⑧]而不自责，过矣。乃引“天亡我，非用兵之罪也[⑨]”，岂不谬哉！

项羽像，图出自明·天然撰《历代古人像赞》。

【注释】

①周生：汉时儒生，生平不详。

②盖：副词，大概。重瞳子：一只眼睛里有两颗眸子。

③尺寸：指权势或土地。

④矜：夸耀。功伐：功劳。

⑤奋：逞。

⑥经营：筹划谋取。

⑦东城：地名，在今安徽定远东南。

⑧觉寤：即“觉悟”。

⑨引：援引，有“推托”之义。

【译解】

太史公说：我听周生说：“舜的眼睛据说有两个瞳孔。”我又听说项羽的眼睛也有两个瞳孔。项羽难道是舜的后代么？他为什么兴起得那样快啊？秦朝失政，陈涉首先发难，豪杰蜂涌而起，互相争夺天下，多得不可胜数。但是项羽没有一尺一寸的土地，他是乘势在乡野之中起义，经过三年，就率领五国的诸侯灭掉秦国，把天下分封给王侯，一切政令都从项羽那里发出，自己号称为霸王，他的王位虽然没有结果，但他是近古以来未曾有过的人物呢。后来项羽背弃关中，思念楚国，放逐义帝而自立，他既这样做，要怨恨王侯叛离自己，难哪！他自己夸耀自己的功勋，用他个人的见识而不效法古代的圣贤，说自己成就了霸王的事业，想用武力去统治天下，经过五年，结果亡了他的国家，自己死于东城。至此他还没有觉悟，不肯责备自己，这就错了！他竟然说“天要灭亡我，不是我用兵有什么过错”，这岂不是荒谬的吗！

【赏析】

《项羽本纪赞》是司马迁传记文学中的一篇杰作。文章通过对项羽一生经历的记叙，不但真实再现了秦汉之际风云变幻的历史画面，而且成功地描绘了项羽这一历史人物的典型性格。反映了司马迁有关历史变迁与人生沉浮的根本观点。该文选录的是该文篇末司马迁的总评，将项羽功过是非，作高度的总结，反映司马迁的卓越的历史见识。

清人林云铭在《古文析义》对本文作了形象评价“开手喝出“暴”字，是项羽一生定评，通篇以此字作骨。其引舜目重瞳，亦非闲话，乃借一至仁之主与至暴者相形耳。”

秦楚之际月表

《史记》

【原文】

太史公读秦、楚之际，曰：

初作难，发于陈涉[①]；虐戾灭秦，自项氏；拨乱除暴，平定海内，卒践帝祚，成于汉家。五年之间，号令三嬗，自生民以来，未始有受命若斯之亟也[②]。

昔虞、夏之兴，积善累功数十年，德洽百姓。摄行政事[③]，考之于天，然后在位。汤、武之王，乃由契、后稷修仁行义十余世。不期而会孟津八百诸侯，犹以为未可，其后乃放弑。秦起襄公，章于文、穆、献、孝之后，稍以蚕食六国[④]，百有余载，至始皇乃能并冠带之伦。以德若彼，用力如此，盖一统若斯之难也。

秦既称帝，患兵革不休，以有诸侯也，于是无尺土之封，堕坏名城，销锋镝，鉏豪桀，维万世之安。然王迹之兴，起于闾巷[⑤]，合从讨伐，轶于三代[⑥]，乡秦之禁，适足以资贤者为驱除难耳。故愤发其所为天下雄，安在无土不王。此乃传之所谓大圣乎[⑦]？岂非天哉，岂非天哉！非大圣孰能当此受命而帝者乎？

【注释】

①陈涉：名胜，字涉，阳城人，秦末农民起义领袖。

②亟：急剧。

③摄行：代理。

④稍：逐渐。

⑤闾巷：里巷，指民间。

⑥轶：超过。三代：指夏、商、周。

⑦传：典籍记载。

【译解】

太史公读秦楚之际的历史说：首先起来发难的，是陈涉；用暴力消灭秦王朝的，是项羽；消除混乱，诛杀凶暴，平定天下，终于登上帝位的，是汉朝的天子。五年之间，号令改了三次，自从有人民以来，未尝有接受天命像这样快的呢！从前虞舜、夏禹的兴起，积累了几十年的功德，功德施及老百姓身上。开初是代理君主管理政事，经过天意的考验，然后才登上帝位。商汤、周武王登上王位，是从他们的祖先契和后稷开始，修行仁义十多世，不约而同地和八百诸侯会集在孟津，当时还认为时机不许可，以后才放逐夏桀杀掉商纣。秦国是从襄公时兴起，在文公、缪公时名声显著，到了献公、孝公以后，才慢慢地吞并东方六国，经过一百多年，到秦始皇才能够统一习于礼教的人民。像虞、夏、商、周那样积累功德，像秦朝那样使用武力，才能逐渐统一天下，原来统一天下如此艰难啊！

秦始皇称帝之后，以为战争不休是因为有诸侯的缘故，于是废除封国，毁坏名城，销毁武器，诛杀豪杰，以图万世的安逸。可是帝王的兴起，起自小户小巷之中，东方六国联合讨伐秦国，其来势之凶猛超过夏、商、周三代对桀、纣的放弑。从前秦朝关于废除封国、毁坏名城等禁令，恰好足以帮助贤人去扫除困难而已，所以他能在成为天下豪杰的有利条件中愤发起来，怎能说没有封地就不能成就王业呢？汉高祖就是书上所说的大圣人吧？这难道不是天意吗？这难道不是天意吗？不是大圣人谁能够在这豪杰并起争夺天下的时候接受天命而做了皇帝呢？

【赏析】

本文是《史记·秦楚之阴月表》的序。作者叙述秦末历史风云，揭示秦亡汉兴原因。一正一反、反复咏叹、如黄河之水天上来，让人回味不尽。

后人对此文深表深叹："前三段一正，后三段一反，而归功于汉，以四层咏叹。无限委蛇，如黄河之水，百折百回，究未尝著一实笔，使读者自得之，最为深妙。"（见［清］吴楚材、吴调侯《古文观止》卷五）

高祖功臣侯年表

《史记》

【原文】

太史公曰：古者人臣功有五品，以德立宗庙定社稷曰勋，以言曰劳，用力曰功，明其等曰伐，积日曰阅[①]。封爵之誓曰："使河如带，泰山若厉，国以永宁，爰及苗裔。"始未尝不欲固其根本，而枝叶稍陵夷衰微也。

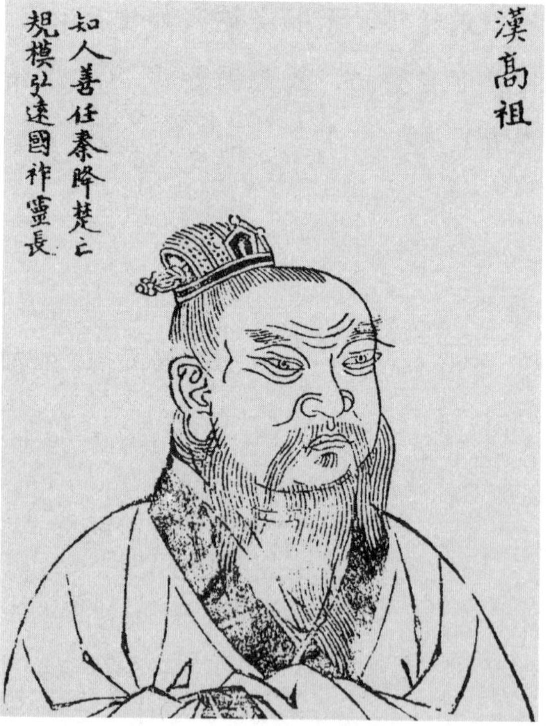

汉高祖刘邦像，图出自明・天然撰《历代人物像赞》

余读高祖侯功臣，察其首封，所以失之者，曰：异哉所闻！《书》曰"协和万国"，迁于夏商，或数千岁。盖周封八百，幽、厉之后，见于《春秋》。《尚书》有唐虞之侯伯，历三代千有余载，自全以蕃卫天子，岂非笃于仁义，奉上法哉[2]？汉兴，功臣受封者百有余人。天下初定，故大城名都散亡，户口可得而数者十二三，是以大侯不过万家，小者五六百户。

后数世，民咸归乡里，户益息[3]。萧、曹、绛、灌之属或至四万，小侯自倍，富厚如之。子孙骄溢[4]，忘其先，淫嬖[5]。至太初百年之间，见侯五，余皆坐法[6]，陨命亡国，耗矣。罔亦少密焉，然皆身无兢兢于当世之禁云[7]。

居今之世，志古之道，所以自镜也[8]，未必尽同。帝王者各殊礼而异务，要以成功为统纪，岂可绲乎？观所以得尊宠及所以废辱，亦当世得失之林也，何必旧闻？于是谨其终始，表其文，颇有所不尽本末；著其明，疑者阙之。后有君子，欲推而列之，得以览焉。

【注释】

①积日曰阅：逐日积累功绩称为阅。

②笃：忠实。

③息：繁育。

④骄溢：骄傲自满。

⑤淫嬖：放荡与邪恶。嬖，通“辟”。

⑥坐法：犯法获罪。

⑦兢兢：小心谨慎的样子。

⑧镜：照，借鉴。

【译解】

太史公说：古时候臣子的功劳有五种：用德行建立政权、安定国家的叫“勋”；用言论建立政权安定国家的叫“劳”；用力气建立政权安定国家的叫“功’；把功劳一级一级地积累下来的叫“伐”；按照任事时间的长久来计算功劳的叫“阅”。封爵的誓词说：“使黄河如衣带，使泰山如砥石，国家因此永远安宁，爵位传给后世子孙。”当初封爵的时候，未尝不想使功臣的基业坚固，但到他们的后代却渐渐地衰落了。我读高祖给功臣封侯的事迹，研究那当初封侯和后来失侯的缘故，我说：“与我所听到的不同啊！”

《书经》说：“万国的诸侯和睦团结。”一直延续到夏朝、商朝，有的已几千年。大概周朝封了八百诸侯，幽王、厉王之后，记载见于《春秋》。《尚书》记载唐尧、虞舜时的侯伯，经历了夏、商、周三代，有一千多年，他们保全自己并拱卫天子。难道他们不是笃信仁义、奉行国家的法令吗？汉朝兴起的时候，功臣受到封爵的有一百多人，当时天下初定，所以大城名都散失的户籍、逃亡的人口很多，可以计算到的户口只有十分之二、三。因此大侯的封邑不超过一万户，小侯只有五六百户。经过几代以后，人民都回到故乡，户口增多，肖何、曹参、周勃、灌婴之辈，有的增到四万户，小侯的封邑也增加了一倍，富足和大侯一样。他们的子孙骄奢淫逸，忘记了祖先的创业艰辛，专门干淫邪的事情。到武帝太初年间，只过了百来年，仍然为侯的只有五人，其余的都犯了法，丧了性命，亡了国家，已经完蛋了。朝廷的法网也稍微严密了一些，但都是他们自己不兢兢业业不遵守当代的法令。

生活在当今的时代，记得古代的治世之道，用它像镜子一样照照自己，当代的做法未必要和古代完全相同。做帝王的，各人所采用的礼教和奉行的事务并不相同，总要以成功的经验作指导，难道可以强求一致吗？看看高祖当初封侯时功臣们怎样受到尊贵宠幸，后来他们的子孙又怎样遭到废弃耻辱，也是当代得失的一个榜样呀，何必要古代的旧闻呢？我于是谨慎地记载高祖封功臣的始末，用文字列在表中记录下来，有很多功臣的始末弄不清楚，就记载那些弄清楚了的，疑惑不清的就缺而不载。以后如果有君子想推广这种做法，可以用它作参考呢。

【赏析】

西汉建国以后，论功行赏，高祖封了萧何等一百四十余人为侯。

司马迁考察了这些功臣侯者的历史资料，编成《史记》十表之一的《高祖功臣侯者年表》，本文是这篇表的序。在本文中，司马迁探究了那些被封为侯的功臣受封和后来衰微的发展过程，“靡不有初，鲜克有终”。认为他们之所以日趋没落，主要是他们的子孙因富贵而日益骄横，不能自我约束，以至犯法；其次是法网日趋繁荣。这些情况，可供后来学者参考。

清人李景星对此文赞不绝口“是表序论，纯从两面夹写，于汉待功臣之寡恩及功臣不善自处之故，曲曲传出，而却无一字呆板，用笔之妙，真不可思议。”（见［清］李景星《史记评议》卷一）

孔子世家赞

《史记》

【原文】

太史公曰：《诗》有之："高山仰止，景行行止[①]。"虽不能至，然心乡往之，余读孔氏书，想见其为人。适鲁，观仲尼庙堂车服礼器，诸生以时习礼其家，余祗回留之[②]，不能去云[③]。天下君王至于贤人众矣，当时则荣，没则已焉。孔子布衣，传十余世，学者宗之。自天子王侯，中国言"六艺"者[④]，折中于夫子，可谓至圣矣！

孔子像

【注释】

①止：句末语气词。景行：宽大的道路。景，大。行，路。

②祇回：徘徊。

③去：离开。云：句末语助。

④六艺：指《诗》、《书》、《礼》、《易》、《乐》、《春秋》。

【译解】

太史公说：《诗经》说过："高山可以仰望，大道可以行走。"虽然不能达到那种高度，但心里却向往它。我读孔子遗下来的书，就想见他的为人。我到鲁国去，参观了孔子的庙堂和车服、礼器，看见学生们按时在他家里学习礼仪，我徘徊留恋，舍不得离去。天下的君王，和那些贤人，多得很啦，当时则荣耀显贵，死后就完结了。孔子是一个平民，传了十多代，读书的人都崇拜他。上自天子王侯，中国谈六艺的人，都以孔夫子的学说作判断是非的标准。孔夫子可算是至高无上的圣人了！

【赏析】

《孔子世家》是《史记》三十篇世家之一，记载了孔子的生平活动和思想。本文是这篇世家末尾的赞。

赞语开篇以总评揭出自己对孔子的无限敬仰；随后从遗书、遗物、遗教三个方面，极言自己对孔子的向往；最后再以总评写自己对孔子的崇奉。

对于本文林云铭在其《古文析义》作了评价："为夫子作赞，若提起道德来，请问从何处说起？此惟引《诗》自述莫测高深，仅有向往之诚……忽以"至圣"两字作结，而道德之尊已在内，何等省力！此极轻极松之笔。"

外戚世家序

《史记》

【原文】

自古受命帝王，及继体守文之君，非独内德茂也，盖亦有外戚之助焉。夏之兴也以涂山[①]，而桀之放也以妺喜[②]。殷之兴也以有娀，纣之杀也嬖妲己。周之兴也以姜原及大任，而幽王之禽也淫于褒姒。故《易》基《乾坤》，《诗》始《关雎》，《书》美釐降，《春秋》讥不亲迎。夫妇之际，人道之大伦也。礼之用，唯婚姻为兢兢。夫乐调而四时和，阴阳之变，万物之统也。可不慎与？人能弘道，无如命何。甚哉，妃匹之爱，君不能得之于臣，父不能得之于子，况卑下乎[③]！既欢合矣，或不能成子姓[④]；能成子姓矣，或不能要其终。岂非命也哉？孔子罕称命，盖难言之也。非通幽明之变[⑤]，恶能识乎性命哉？

【注释】

①涂山：古代部落名。在今安徽寿县。传说夏禹娶涂山氏之女为妻，生夏启。

②妺喜：夏桀妃，有施氏女。夏桀对她宠爱有加，言听计从。商汤灭夏，桀和妺喜南奔而死。

③卑下：低下。

④子姓：犹子孙。

⑤幽明：泛指可见和不可见的，有形的和无形的，如生死，阴阳等。

【译解】

娥皇、女英像，图出自《百美新咏》。

自古以来，接受天命的帝王，和继位遵守先王法度的君主，不但他们自身的德行美好，大概还有外戚的帮助吧。夏朝的兴起，是因为禹娶了涂山氏的女儿；而夏桀的被放逐，是因为他宠幸末喜；商朝的兴起，是因为帝喾娶了有娀氏的女儿；商纣的被杀死，是因为他宠幸妲己；周朝的兴起，是因为他的始祖娶了姜原，后来又有文王的母亲大任；而周幽王的被擒是因为他淫于褒姒。所以《易经》以乾、坤二卦作基础，《诗经》的第一篇就是歌咏后妃之德的《关雎》，《书经》赞美尧女下嫁，《春秋》讥讽纪侯不亲自迎娶。夫妇之间的关系，是人道中最大的伦常；礼仪的使用，对婚姻最为谨慎。音乐协调才使四时和畅，阴阳的变化，是万物的总纲，可以不慎重吗？

人可以发扬道义，但对命运却无可奈何。夫妇之间的爱情，重要啊！君主不能从臣子身上得到，父亲不能从儿子身上得到，何况更卑下的人呢？夫妇已经欢乐地结合了，有的不能有子孙，有子孙的又不能保其终身，这难道不是命运吗？孔子很少讲命运，大概命运是很难讲的呢。不通晓天地间各种事物的变化，怎么能知道性命呢？

【赏析】

《外戚世家序》先论君国兴衰与外戚的关系，继论“命”这种无形的力量对妃匹之爱的规定。戒劝之深，感慨之诚，无不蕴含文中。

《史记·外戚世家》是叙述汉兴以来、自吕后开始的外戚的事。在《外戚世家》开头的这一段序中，作者阐述了夏、商、周三代的得失，以此说明帝王的后妃对国家治乱的影响，从而阐述了君国兴衰与外戚关系，继论“命”这种无形的力量对妃匹之爱的规定。从而认为慎重对待婚姻。

伯夷列传

《史记》

【原文】

夫学者载籍极博[①]，犹考信于六艺。《诗》、《书》虽缺，然虞夏之文可知也。尧将逊位[②]，让于虞舜，舜、禹之间，岳牧咸荐，乃试之于位，典职数十年，功用既兴，然后授政。示天下重器，王者大统，传天下若斯之难也。而说者曰尧让天下于许由，许由不受，耻之，逃隐。及夏之时，有卞随、务光者。此何以称焉？

太史公曰：余登箕山，其上盖有许由冢云。孔子序列古之仁、圣、贤人，如吴太伯、伯夷之伦详矣。余以所闻由、光义至高，其文辞不少概见，何哉？

孔子曰："伯夷、叔齐，不念旧恶，怨是用希。""求仁得仁，又何怨乎？"余悲伯夷之意，睹轶诗可异焉。其传曰：伯夷、叔齐，孤竹君之二子也。父欲立叔齐，及父卒，叔齐让伯夷。伯夷曰："父命也。"遂逃去。叔齐亦不肯立而逃之。国人立其中子。于是伯夷、叔齐闻西伯昌善养老，盍往归焉[③]。及至，西伯卒，武王载木主，号为文王，东伐纣。伯夷、叔齐叩马而谏曰："父死不葬，爰及干戈，可谓孝乎？以臣弑君，可谓仁乎？"左右欲兵之。太公曰："此义人也。"扶而去之。武王已平殷乱，天下宗周，而伯夷、叔齐耻之，义不食周粟，隐于首阳山，采薇而食之[④]。及饿且死[⑤]，作歌。其辞曰："登彼西山兮，采其薇矣。以暴易暴兮，不知其非矣。神农、虞、夏忽焉没兮，我安适归矣？于嗟徂兮，命之衰矣！"遂饿死于首阳山。

由此观之，怨耶非耶？

或曰："天道无亲，常与善人。"若伯夷、叔齐，可谓善人者，非耶？积仁洁行如此而饿死！且七十子之徒，仲尼独荐颜渊为好学。然回也屡空，糟糠不厌，而卒早夭。天之报施善人，其何如哉？盗跖日杀不辜，肝人之肉，暴戾恣睢，聚党数千人横行天下，竟以寿终。是遵何德哉？此其尤大彰明较著者也。若至近世，操行不轨，专犯忌讳，而终身逸乐，富厚累世不绝。或择地而蹈之，时然后出言，行不由径，非公正不发奋，而遇祸灾者，不可胜数也。余甚惑焉，傥所谓天道，是耶非耶？

子曰"道不同不相为谋"，亦各从其志也。故曰"富贵如可求，虽执鞭之士，吾亦为之。如不可求，从吾所好"。"岁寒，然后知松柏之后凋"。举世混浊，清士乃见，岂以其重若彼，其轻若此哉？

"君子疾没世而名不称焉。"贾子曰："贪夫徇财，烈士徇名，夸者死权，众庶冯生。""同明相照，同类相求。""云从龙，风从虎，圣人作而万物睹。"伯夷、叔齐虽贤，得夫子而名益彰。颜渊虽笃学，附骥尾而行益显。岩穴之士，趣舍有时若此，类名堙灭而不称，悲夫！闾巷之人，欲砥行立名者，非附青云之士，恶能施于后世哉[⑥]？

【注释】

①载籍：书籍。

②逊：让位。

③盍：何不。

伯夷像，图出自清·顾沅辑《古圣贤像传略》

④薇：一种野菜。

⑤且：副词，将。

⑥施：延续，留传。

【译解】

大凡是学者，阅读的书籍要非常广博，还要到六经中去进行考证。《诗经》、《尚书》虽有缺失，但记叙虞舜和夏朝的事情还可以从中看见。唐尧将要退位的时候，禅让给虞舜。虞舜和夏禹接受君位，是四岳和九牧都推荐，于是他们在君位上试政，掌管职务几十年，等到功业已经建立，然后才把国家的政权授给他们。这表示君位是极宝贵的，天子是最大的统治者，把天下传给他人是不容易的。而有的人却说："唐尧把天下让给许由，许由不接受，并以此为耻，逃去隐居了。到了夏朝的时候，又有卞随、务光不肯接受君位"。这话是根据什么说的呢？太史公说；我登箕山的时候，那上面据说有许由的坟墓。孔子依次记叙古代圣贤仁人的事迹，如吴太伯、伯夷之类的事迹，都记叙得很详细。从我所听到的，许由、务光的义气非常高，但记叙他们事迹的文辞却很少，这是为什么呢？

孔子说："伯夷、叔齐，不计较旧仇，所以怨气很少。他们求仁义而得到了仁义，又有什么怨气呢？"我对伯夷的用心感到悲苦，看了他们遗下来的充满怨气的诗句，又感到与孔子所说的不同呢。他们的传记上说：伯夷、叔齐，是孤竹君的两个儿子。父亲想立叔齐继承君位。当父亲死后，叔齐让伯夷继承君位，伯夷说："父亲的遗命是叫你继承君位。"伯夷就逃走了。叔齐也不肯继承君位而逃走。孤竹国人就立孤竹君的另一个儿子做国君。当时伯夷、叔齐听说西伯昌能够很好地奉养老人，就去归附他。当他们赶到，西伯昌死了，正碰上武王载着西伯昌的神主，追称他父亲为文王，向东出兵讨伐商纣。伯夷、叔齐扯住武王的马缰绳劝阻说："父亲死了没有埋葬，就大动干戈，可以算得孝吗？作为一个臣子去杀国君，可以算得仁吗？"武王左右的人想把他们杀掉。姜太公说："这是有义气的人啊！"就扶起他们来，让他们离去。武王已经平定了殷末之乱，天下的人都尊崇周朝，而伯夷、叔齐却耻于当周朝的百姓，为了保持义气而不吃周朝的粮食，于是隐居在首阳山，采野菜充饥。到饿得快要死的时候，他们作了一首歌，歌词说："登上西山，采那薇菜啊！用暴政代替暴政，还不知道自己的错误啊！神农、虞、夏之世，很快地过去了，我们去归附谁啊！唉，唉！死期到啦，命运这样衰薄啊！"他们就这样饿死在首阳山上。由此看来，伯夷、叔齐是怨呢还是不怨呢？

有人说："天是没有偏爱的，它常常帮助好人。"像伯夷、叔齐这样的人，可以算是好人，还是不算好人呢？他们讲仁义，品行高洁，却这样地被饿死。还有，七十名弟子，孔子单称颜渊是好学的人，可是颜渊经常贫困，连糟糠都吃不饱，而终于早死了。天施善好人，究竟怎样呢？盗跖天天杀死无罪的人，吃人的心肝，残暴凶横，肆无忌惮，聚集党徒几千人横行天下，而他竟然寿终正寝，这是遵循什么道德呢？这是特别明显的例子啊。就像近世，有些人操行不端正，尽干犯法的事，却终身安逸享乐，有钱有势接连几代不断。有的人选择好了地方才踏上去，选择好了时机才说话，走路也不走小道，不是公正的事情不发奋去做，而这种人遭遇灾祸的却多得数不清啊。我十分怀疑，若说这就是所谓天道，到底是正确呢还是错误呢？孔子说："主张不同，不要互相商量。"也就是说各人顺着自己的意志去办事吧。孔子又说："富贵如果可以求得到，就是替人执鞭当马夫，我也愿意干；如果富贵不可求得，那就顺着我的爱好去干。""天气严寒以后，才知道松柏是最后凋谢的。"整个世界都混浊了，品行廉洁之士才会显露出来。难道不是因为他们重视德行，而轻视富贵吗？

君子最恨死后名声不能称扬于世。贾谊说："贪利的人为财而死，壮烈的人为名而死，矜夸的人为权而死，一般的老百姓只知道保持自己的生命。"同是光明的就会互相照映，同是一类事物就会互相应求，云跟着龙，风跟着虎，圣人出现就能够看见一切事物。伯夷、叔齐虽是贤人，得到孔子的称赞才使名声更加昭著；颜渊虽然好学，因为追随孔子才使德行更加显明。乡野间的隐士，他们出仕和隐退都是因为时运的关系；像这类人，名声埋没而无人称扬，真是可悲啊！那些穷巷小户的人，想培养德行建立名声，不依附那些德高望重的人，怎能传名声于后世啊！

【赏析】

列传这种史书体裁，是司马迁在《史记》中的首创，一般是记叙帝王、诸侯以外的人物的事迹，也有少数记外国和少数民族的历史。本篇是《史记》七十列传首篇，以孔子等人的言论为线索，用许由、务光等的事迹作衬托。简略地记叙伯夷、叔齐兄弟都不愿继承王位、隐居首阳山、直至饿死等事迹；又借善人、恶人的不同遭遇，表示了作者对“天道”的怀疑。

吴楚材对此文作了评价：“传体，先叙后赞。此以议论代叙事，篇末不用赞语，此变体也。通篇以孔子作主，由、光、颜渊作陪客，杂引经传，层间叠发，纵横变化，不可端倪，真文章绝唱。”

管晏列传

《史记》

【原文】

管仲夷吾者①，颍上人也②。少时常与鲍叔牙游，鲍叔知其贤。管仲贫困，常欺鲍叔，鲍叔终善遇之③，不以为言。已而鲍叔事齐公子小白，管仲事公子纠。及小白立为桓公，公子纠死，管仲囚焉。鲍叔遂进管仲。管仲既用，任政于齐，齐桓公以霸，九合诸侯，一匡天下，管仲之谋也。

管仲像，图出自清·顾沅辑《古圣贤像传略》。

管仲曰："吾始困时，尝与鲍叔贾，分财利多自与，鲍叔不以我为贪，知我贫也。吾尝为鲍叔谋事而更穷困，鲍叔不以我为愚，知时有利不利也。吾尝三仕三见逐于君④，鲍叔不以我为不肖，知我不遭时也。吾尝三战三走⑤，鲍叔不以我为怯，知我有老母也。公子纠败，召忽死之，吾幽囚受辱，鲍叔不以我为无耻，知我不羞小节而耻功名不显于天下也。生我者父母，知我者鲍子也。”

鲍叔既进管仲，以身下之[⑥]。子孙世禄于齐，有封邑者十余世，常为名大夫。天下不多管仲之贤[⑦]，而多鲍叔能知人也。

管仲既任政相齐，以区区之齐在海滨[⑧]，通货积财，富国强兵，与俗同好恶。故其称曰：“仓廪实而知礼节，衣食足而知荣辱，上服度则六亲固。四维不张，国乃灭亡。下令如流水之原，令顺民心。”故论卑而易行。俗之所欲，因而予之；俗之所否，因而去之。

其为政也，善因祸而为福，转败而为功。贵轻重，慎权衡。桓公实怒少姬，南袭蔡，管仲因而伐楚，责包茅不入贡于周室。桓公实北征山戎，而管仲因而令燕修召公之政。于柯之会，桓公欲背曹沫之约，管仲因而信之，诸侯由是归齐。故曰：“知与之为取，政之宝也。”

管仲富拟于公室，有三归、反坫，齐人不以为侈。管仲卒，齐国遵其政，常强于诸侯。后百余年而有晏子焉。

晏平仲婴者，莱之夷维人也。事齐灵公、庄公、景公，以节俭力行重于齐。既相齐，食不重肉，妾不衣帛。其在朝，君语及之，即危言；语不及之，即危行[⑨]。国有道，即顺命；无道，即衡命[⑩]。以此三世显名于诸侯。

越石父贤，在缧绁中。晏子出，遭之涂，解左骖赎之，载归。弗谢，入闺。久之，越石父请绝。晏子戄然，摄衣冠谢曰：“婴虽不仁，免子于厄，何子求绝之速也？”石父曰：“不然。吾闻君子诎于不知己而信于知己者。方吾在缧绁中，彼不知我也。夫子既已感寤而赎我，是知己；知己而无礼，固不如在缧绁之中。”晏子于是延入为上客。

晏子为齐相，出，其御之妻从门间而窥其夫。其夫为相御，拥大盖，策驷马，意气扬扬，甚自得也。既而归，其妻请去。夫问其故。妻曰：“晏子长不满六尺，身相齐国，名显诸侯。今者妾观其出，志念深矣，常有以自下者。今子长八尺，乃为人仆御，然子之意自以为足，妾是以求去也。”其后夫自抑损。晏子怪而问之，御以实对。晏子荐以为大夫。

太史公曰：吾读管氏《牧民》、《山高》、《乘马》、《轻重》、《九府》，及《晏子春秋》，详哉其言之也。既见其著书，欲观其行事，故次其传。至其书，世多有之，是以不论，论其轶事。

管仲，世所谓贤臣，然孔子小之。岂以为周道衰微，桓公既贤，而不勉之至王，乃称霸哉？语曰“将顺其美，匡救其恶，故上下能相亲也”。岂管仲之谓乎？

方晏子伏庄公尸哭之，成礼然后去，岂所谓“见义不为无勇”者耶？至其谏说，犯君之颜，此所谓“进思尽忠，退思补过”者哉！假令晏子而在，余虽为之执鞭，所忻慕焉。

【注释】

①管仲：名夷吾，字仲，谥敬。又名管敬仲。春秋时期齐国著名政治家。

②颍（yǐng）上：地名，在今安徽颍上带。

③遇：待。

④见逐：被辞退。

⑤走：败逃。

⑥以身下之：使自身居人之下。下，方位名词用作动词。

⑦多：赞美，推重。

⑧区区：小貌。

⑨危行：谓正直行事。

⑩衡命：权衡命令而后行。

【译解】

管仲，名夷吾，是颍上人。他年轻时经常和鲍叔牙交游，鲍叔牙知道他有才干。管仲家里贫穷，经常要占鲍叔牙的便宜，鲍叔牙始终很好地待他，不因为管仲占便宜而说他的闲话。后来鲍叔牙侍奉齐国的公子小白，管仲侍奉公子纠。当小白立为齐国的国君桓公时，公子纠被杀，管仲被囚，鲍叔牙就向齐桓公推荐管仲。管仲被齐桓公任用，在齐国主持政事，齐桓公成就了霸业，多次召集各国的诸侯，一举整顿了天下，这都是依靠管仲的计谋。管仲说："我当初穷困时，曾和鲍叔牙一起做生意，分钱财时，我自己多拿，鲍叔牙不认为我贪财，因为他知道我贫穷。我曾经替鲍叔牙办事，结果使他处境很困难，鲍叔牙不认为我愚笨，他知道时运有利和不利。我曾经三次做官，三次被国君辞退，鲍叔牙不认为我没有才能，他知道我没遇到好时遇。我曾经三次作战，三次逃跑，鲍叔牙不认为我胆怯，他知道我家里有老母亲。公子纠失败了，召忽因之而死，我却被囚受辱，鲍叔牙不认为我不懂得耻辱，他知道我不为小节而羞辱，而耻于功名没有显露于天下。生我的是父母，了解我的是鲍叔牙呀。"鲍叔牙已经推荐管仲做宰相，自己甘愿做管仲的下属。管仲的子孙世世代代在齐国吃俸禄，得到了封地的有十多代，常常当上了有名的大夫。天下的人不赞美管仲的才干，而赞美鲍叔牙能够了解人。

管仲在齐国当宰相掌权，凭着小小的齐国在海边的条件，沟通货物往来，积蓄钱财，富国强兵，办事与百姓同好恶。所以他自己说："谷仓充实了才知道礼节，衣食充足了才知道荣辱，君主遵循法度才会使父母兄弟妻子和睦团结。礼、义、廉、耻不发扬，国家就会灭亡。下命令就像流水的源头，命令要顺从民心，这样命令的内容浅显而容易实行。符合百姓愿望的，就采用实行；不符合百姓愿望的，就抛弃废止。”管仲掌管政治，善于把坏事转变为好事，把失败转变为成功，重视区分事物的轻重缓急，谨慎地对事物进行衡量比较。齐桓公实际上是怀恨蔡国嫁了少姬，所以向南袭击蔡国，管仲就乘机讨伐楚国，责备楚国不向周天子进贡包茅。齐桓公实际上是北征山戎，而管仲就乘便命令燕国修复召公时候的政治。齐桓公与鲁国在柯地会盟，后来桓公想背弃和鲁国的曹沫盟约，管仲因此劝桓公坚守信用不要背约，各国诸侯因此归附齐国。所以说：“认识到给是为了取，这是为政的一个法宝。”

管仲的财富可以和王公大臣相比，有三归台和反爵之坫，齐国人不认为他奢侈。管仲死了以后，齐国遵循他的政令办事，常常比其他诸侯国强盛。一百多年以后，齐国又出了个晏子。

晏平仲，名婴，是莱地的夷维人。他侍奉齐灵公、庄公、景公，以节俭和身体力行受到齐国人的敬重。他当了齐国的宰相，每顿饭不吃两种肉菜，他的妾也不穿丝织品的衣服。他在朝廷上，国君有话问他，他就直言相告；国君没有话告诉他，他就正直行事。国君讲道理，他就遵照命令办事；国君不讲道理，他就要对命令考虑以后再办。因此，晏子在灵公、庄公、景公三朝办事都扬名于各国诸侯。

越石父是齐国的一个贤人，犯了法被拘捕。晏子外出，在路上遇见他，就解下左边驾车的马赎他，让他一同坐车回去。晏子没有向他辞别，进入内室很久，越石父就请求绝交。晏子大吃一惊，赶紧整理衣冠道歉说：“我虽然没有仁义，但是我也帮助你脱离了困境，为什么你这么迅速地要求和我绝交呢?”石父说：“不是这样。我听说君子受屈于不了解他的人，而伸冤于了解他的人。刚才我被拘捕，是他们不了解我。您已经感到这一点而赎了我，就是了解我的人，了解我而对我无礼，倒不如让我仍在拘禁之中。”晏子因此请他进去作为上客。

晏子当了齐国的宰相，乘车外出，他的车夫的妻子从门缝中偷偷地看她的丈夫。她的丈夫替宰相驾车，支起大的车盖，赶着四匹马，意气扬扬，显得非常得意。后来这个车夫回到家里，他的妻子请求离去。丈夫问她是什么缘故，妻子说："晏子身长不到六尺，身为齐国的宰相，名扬诸侯，刚才我看他外出，思想沉着，常有自居人下的样子。现在你身长八尺，竟替人当车夫，可是看你的意气，却自以为满足，我因此要求离去。"从此以后，她的丈夫就自己谦虚谨慎起来。晏子对他这种态度的改变感到奇怪，就问他，车夫如实地回答了晏子，晏子便推荐他当了大夫。

太史公说：我读了管仲的《牧民》、《山高》、《乘马》、《轻重》、《九府》和《晏子春秋》，他们的言论已记载得很详细了。已经看见他们著的书，还想看看他们的事迹，所以给他们编写传记。他们著的书，世上有很多，因此不再讲述，只讲述他们的轶事。管仲是世人所说的贤臣，可是孔子瞧不起他。难道这是因为在周朝的统治衰落时，齐桓公既然贤明，而管仲却不勉励他实行王道，竟帮助他称霸吗？古话说："帮助他发扬优点，改正缺点，所以上下能够互相亲近。"这岂不是讲管仲的吗？当晏子伏在庄公的尸体上痛哭，完成了哀悼的礼节而后离去的时候，岂不是孔子说的"见义不为就是没有勇气"的人吗？至于他进行劝谏，敢于冒犯君颜，这就是所谓"在朝当官就想着尽忠，退职回家就想着补过"的人吗！假使晏子还活着，我就是替他执鞭赶车，也是很羡慕的呀。

【赏析】

本篇是管仲、晏婴的合传。管仲、晏婴都是春秋时齐国的政治家。司马迁略去了他们两人的主要事迹，选择三件"轶事"，一是鲍叔牙冒险荐举管仲为相，而自己"以身下之"，管仲辅佐齐桓公"九合诸侯，一匡天下"；二是晏婴解左骖为贤能的越石父赎罪；三是晏婴的车夫知过能改，晏婴推荐他当大夫；晏婴的主要功绩在于敢于上谏，尽忠补过。三则轶事，都围绕着一个中心，就是点明荐贤任能的重要性。同时也表达作者强烈渴望知己和人间的温暖。清人林云铭对此作了如下评注：传中下语，俱有斟酌。将鲍叔牙之知、石父御妻之言（皆其轶事），叙得异样生动。赞语亦确切不易。

屈原列传

《史记》

【原文】

屈原者，名平，楚之同姓也。为楚怀王左徒。博闻强志，明于治乱，娴于辞令。入则与王图议国事，以出号令；出则接遇宾客[①]，应对诸侯。王甚任之。

上官大夫与之同列，争宠而心害其能。怀王使屈原造为宪令，屈平属草稿未定。上官大夫见而欲夺之，屈平不与。因谗之曰："王使屈平为令，众莫不知，每一令出，平伐其功，以为'非我莫能为也'。"王怒而疏屈平。

屈平疾王听之不聪也，谗谄之蔽明也，邪曲之害公也[②]，方正之不容也，故忧愁幽思而作《离骚》。离骚者，犹离忧也。夫天者，人之始也；父母者，人之本也。人穷则反本，故劳苦倦极，未尝不呼天也；疾痛惨怛，未尝不呼父母也。屈平正道直行，竭忠尽智以事其君，谗人间之，可谓穷矣。信而见疑，忠而被谤，能无怨乎？屈平之作《离骚》，盖自怨生也。《国风》好色而不淫，《小雅》怨诽而不乱，若《离骚》者，可谓兼之矣。上称帝喾，下道齐桓，中述汤武，以刺世事。明道德之广崇[③]，治乱之条贯[④]，靡不毕见。其文约，其辞微，其志洁，其行廉，其称文小而其指极大，举类迩而见义远。其志洁，故其称物芳。其行廉，故死而不容自疏。濯淖污泥之中，蝉蜕于浊秽，以浮游尘埃之外，不获世之滋垢，皭然泥而不滓者也。推此志也，虽与日月争光可也。

屈原像，图选自清·顾沅辑《古圣贤像传略》

屈平既绌，其后秦欲伐齐，齐与楚从亲，惠王患之，乃令张仪详去秦，厚币委质事楚，曰："秦甚憎齐，齐与楚从亲，楚诚能绝齐，秦愿献商、于之地六百里。"楚怀王贪而信张仪，遂绝齐，使使如秦受地[5]。张仪诈之曰："仪与王约六里，不闻六百里，"楚使怒去，归告怀王。怀王怒，大兴师伐秦。秦发兵击之，大破楚师于丹、淅，斩首八万，虏楚将屈匄，遂取楚之汉中地。怀王乃悉发国中兵以深入击秦，战于蓝田。魏闻之，袭楚至邓。楚兵惧，自秦归。而齐竟怒不救楚，楚大困。

明年，秦割汉中地与楚以和。楚王曰："不愿得地，愿得张仪而甘心焉。"张仪闻，乃曰："以一仪而当汉中地。臣请往如楚。"如楚，又因厚币用事者臣靳尚，而设诡辩于怀王之宠姬郑袖。怀王竟听郑袖，复释去张仪。是时屈平既疏，不复在位，使于齐，顾反，谏怀王曰："何不杀张仪？"怀王悔，追张仪不及。

其后诸侯共击楚，大破之，杀其将唐眛。

时秦昭王与楚婚，欲与怀王会。怀王欲行，屈平曰：“秦，虎狼之国，不可信，不如毋行。”怀王稚子子兰劝王行：“奈何绝秦欢！”怀王卒行。入武关，秦伏兵绝其后。因留怀王，以求割地。怀王怒，不听。亡走赵，赵不内。复之秦，竟死于秦而归葬。

长子顷襄王立，以其弟子兰为令尹。楚人既咎子兰以劝怀王入秦而不反也。

屈平既嫉之，虽放流，眷顾楚国，系心怀王，不忘欲反，冀幸君之一悟，俗之一改也。其存君兴国而欲反覆之，一篇之中三致志焉。然终无可奈何，故不可以反，卒以此见怀王之终不悟也。人君无愚智贤不肖，莫不欲求忠以自为，举贤以自佐，然亡国破家相随属，而圣君治国累世而不见者，其所谓忠者不忠，而所谓贤者不贤也。怀王以不知忠臣之分，故内惑于郑袖，外欺于张仪，疏屈平而信上官大夫、令尹子兰。兵挫地削，亡其六郡，身客死于秦，为天下笑。此不知人之祸也。《易》曰：“井泄不食，为我心恻，可以汲。王明，并受其福。”王之王明，岂足福哉！

令尹子兰闻之大怒，卒使上官大夫短屈原于顷襄王[⑥]，顷襄王怒而迁之。

屈原至于江滨，被发行吟泽畔。颜色憔悴，形容枯槁[⑦]。渔父见而问之曰：“子非三闾大夫欤？何故而至此？”屈原曰：“举世混浊而我独清，众人皆醉而我独醒，是以见放。”渔父曰：“夫圣人者，不凝滞于物而能与世推移。举世混浊，何不随其流而扬其波？众人皆醉，何不哺其糟而啜其醨？何故怀瑾握瑜而自令见放为？”屈原曰：“吾闻之，新沐者必弹冠，新浴者必振衣，人又谁能以身之察察，受物之汶汶者乎！宁赴常流而葬乎江鱼腹中耳，又安能以皓皓之白而蒙世俗之温蠖乎！”

乃作《怀沙》之赋。

于是怀石遂自（投）〔沉〕汨罗以死。

屈原既死之后，楚有宋玉、唐勒、景差之徒者，皆好辞而以赋见称。然皆祖屈原之从容辞令，终莫敢直谏。其后楚日以削，数十年竟为秦所灭。自屈原沉汨罗后百有余年，汉有贾生，为长沙王太傅，过湘水，投书以吊屈原。

太史公曰：余读《离骚》、《天问》、《招魂》、《哀郢》，悲其志。适长沙，观屈原所自沉渊，未尝不垂涕，想见其为人。及见贾生吊之，又怪屈原以彼其材，游诸侯，何国不容，而自令若是。读《服鸟赋》，同死生，轻去就⑧，又爽然自失矣⑨！

【注释】

①接遇：接待，接见。宾客：指诸侯国的使臣。

②邪曲：不正，邪恶。

③广崇：广大崇高。

④条贯：条理。

⑤如：往，到。

⑥短：毁谤。

⑦形容：形体容貌。枯槁：枯干。

⑧去就：指贬官放逐与在朝供职。

⑨爽然：茫然。

【译解】

屈原，名平，是楚国王族的同姓。担任楚怀王的左徒。他学识渊博，记忆力强，懂得国家治乱的道理，熟习外交应酬的辞令。对内他同怀王商议国事、发布号令，对外就他待外国使节、与各国诸侯交际。怀王很信任他。

上官大夫与屈原官位相当，为了在怀王面前争宠，心里很嫉妒屈原的才能。怀王叫屈原制定法令，屈原写的草稿尚未定稿，上官大夫看见就想把草稿夺去，屈原不给他，上官大夫便对怀王讲屈原的坏话：“大王叫屈原制定法令，众人没有不知道的。每一个法令颁布出来，屈原就炫耀他的功劳说：‘制定法令的事，除了我谁也干不了。’”怀王听了以后便发怒，于是就把屈原疏远了。

《东周列国志》版画之张仪像

屈原痛恨怀王的耳朵听不出好话坏话，谗谄的人遮蔽了他的眼睛，邪恶的小人陷害大公无私的人，端方正直的人为当世所不容，所以内心十分愁苦忧思而创作了《离骚》。——“离骚”，就是遭受忧患的意思。天是人的始创者，父母是人的本源。人在处境困难的时候就要追念本源。所以人在劳累、痛苦、疲倦、穷困的时候，没有不呼叫上天的；在身体和精神上感到痛苦的时候，没有不呼叫爹娘的。屈原的思想和行为正直，忠心耿耿地用尽自己的才智为他的国君效力，谗人却来挑拨离间，可以说是处境穷困啊！诚心诚意而被怀疑，忠心耿耿而受诽谤，能够没有怨恨吗？屈原的创作《离骚》，大概是由于怨恨而引起的。《国风》写男女相爱而不过分，《小雅》写失意的臣子讽刺政治而不犯上作乱，像《离骚》这样的作品，可以说是兼有《国风》和《小雅》的特色啊。在《离骚》中，远古讲到帝喾，近古谈到齐桓公，中古说到商汤、周武王，都是以古讽今、讥刺时政。对于道德的重要性，国家兴亡盛衰的道理，在《离骚》中作了充分的阐述。他的文章简练，他的辞意深刻，他的志向高洁，他的行为正直，他的文章讲一些小事情而含意重大，举一些眼前的事例而意义很深远。他的志向高洁，所以他的文章多引用芳香之物；他的行为正直，所以至死而不为奸佞之徒所容。他自己避开污泥浊水，像蝉脱壳一样摆脱污浊，遨游在尘世之外，没有被尘世的脏物所污染，是一个处在污泥之中而能保持清白品质的人呢。推断屈原这种高洁的志向，就是与日月争光也是可以的啊！

屈原已被罢黜免官。后来秦国想攻打齐国，齐国与楚国缔结了合纵友好联盟。秦惠王为这事担忧，就叫张仪假装离开秦国，以丰厚的礼物作为信物表示愿意效忠楚国，说："秦国最憎恨齐国。现在齐国和楚国有合纵友好关系，如果楚国真正能与齐国绝交，秦国愿意把商、于六百里土地进献给楚国。"楚怀王贪图六百里土地而听信了张仪的话，于是就和齐国绝交。楚国派遣使者，到秦国去接受土地，张仪欺骗楚国的使者说："我张仪与你们的国王约好只给六里地，没有听说给六百里。"楚国的使者生气地离开秦国，回国报告怀王。怀王发怒，发动大军攻打秦国。秦国出兵迎击，大破楚军于丹水、淅水，杀死八万人，俘虏楚国的将军屈匄，夺取了楚国的汉中地区。怀王就把国中的军队全部出动，深入抗击秦军，两军交战于兰田。魏国听到这个消息，乘机偷袭楚国，打到楚国的邓地。楚军害怕了，就从秦国回来。齐国一直为楚国与之绝交而发怒，不援救楚国，楚国处于极端困难的境地。

第二年，秦国愿意把汉中地区割回给楚国，与楚国讲和。楚怀王说："不希望得到土地，希望得到张仪就甘心了。"张仪听到了，就说："用一个张仪抵汉中的土地，我要求前往楚国。"张仪到了楚国，又利用丰厚的礼物贿赂当权的大臣靳尚，通过靳尚在怀王的宠姬郑袖面前说了一套诡辩之辞。怀王竟然听信了郑袖的话，把张仪释放了。当时屈原已被疏远，不再在朝廷做官，正出使在齐国，等他从齐国回来的时候，劝谏怀王说：“为什么不杀掉张仪?”怀王后悔了，派人追张仪，没有追到。

后来，各诸侯国共同来攻打楚国，把楚军打得大败，杀掉了楚国的将军唐昧。

当时，秦昭王与楚国通婚，想和怀王会见。怀王想去，屈原说：“秦国是像老虎豺狼一样凶狠的国家，不可相信，不如不去。”怀王最小的儿子子兰劝怀王去，子兰说：“怎能拒绝和秦国友好呢?”怀王终于去了。怀王进入武关，秦国的伏兵就截断他的后路，于是扣留怀王，要求楚国割让土地。怀王发怒，不同意割地，就逃走到赵国，赵国不接纳，又到秦国去，终于死在秦国而把尸体运回楚国埋葬。

怀王的长子顷襄王继位做国君，任用他的弟弟子兰做令尹。

楚国人很抱怨子兰劝怀王到秦国去而没有回来，屈原也痛恨他。即使放逐在外，屈原还是眷恋楚国，关心怀王，念念不忘回到朝廷，希望国君终有一天能醒悟，败坏了的风俗终有一天能改变。他那种爱护君主、振兴国家而使楚国从当时衰败的状态返回从前兴旺的局面的愿望，在一篇作品之中，再三地表现出来。然而终于无可奈何，他仍然不能返回朝廷，由此可见怀王始终没有醒悟啊。

国君无论是愚笨、聪明、贤的和不贤的，没有不希望求得忠臣来帮助自己，推举贤臣来辅佐自己，然而亡国破家的情况接连发生，贤明的君主、兴旺的国家却很多世代没有出现，其原因就在于国君认为是忠臣的其实不忠，国君认为是贤臣的其实不贤。怀王因为不懂忠臣的职分，所以在内受到郑袖的迷惑，在外受到张仪的欺骗，疏远屈原而信任上官大夫、令尹子兰，以致战争失利、国土削减，丧失了汉中六郡，自己死在秦国，被天下人耻笑，这是不知道用人的祸害啊！《易经》说："水井淘洗干净了还没有人来汲饮，这是使人难过的事，因为井水清洁可以汲饮；如果君主圣明使用贤人，人民就会共享幸福。"君主如果不贤明，怎么会有幸福啊！

令尹子兰听说屈原恨他，非常愤怒，终于叫上官大夫在顷襄王面前说屈原的坏话，顷襄王发怒而放逐屈原。

屈原来到江边，披散着头发，在水泽旁一边行走一边吟诵，脸色憔悴，身体瘦弱。一个渔父看见了，问他说："您不是三闾三夫吗？怎么到这个地方来了呢？"屈原说："举世混浊而只有我洁白，众人皆醉而只有我清醒，因此被放逐。"渔父说："聪明圣哲的人，对事物不拘泥而能随着时代的潮流转变自己的态度。举世混浊，你为什么不跟着大家随波逐流呢？众人皆醉，你为什么不吃他们的酒糟、喝他们的薄酒呢？你为什么坚守美好的节操，而自己招来被放逐的下场？"屈原说："我听说：'刚洗过头的人一定要弹掉帽子上的灰尘，刚洗过澡的人一定要抖掉衣服上的灰尘。'谁能让自己洁白的身躯，去接受外界事物的污染呢？我宁愿跳进长长的江水之中，葬身在江鱼的肚子里面。又怎么能让自己高洁的情操，蒙受世俗的玷辱呢？"屈原就写了一篇《怀沙》赋。于是他就抱着石头，自己投入汨罗江而死。

屈原死后，楚国有宋玉、唐勒、景差等人，都爱好文学创作而以善于作赋被人称赞。然而他们都只是效法屈原委婉的文辞，始终没有谁敢于直言进谏。从此以后，楚国的领土一天一天地削减，几十年以后终于被秦国消灭。从屈原投汨罗江一百多年以后，汉代有个贾谊，担任长沙王吴羌的太傅，路过湘江，写了一篇凭吊屈原的文章。

太史公说：我读《离骚》、《天问》、《招魂》、《哀郢》，悲叹屈原的志愿没有实现。我到长沙，寻访屈原投江的地方，不能不流下眼泪，追思他是一个品质高尚的人。等看到贾谊凭吊他的文章，又责怪屈原，凭着他的才能去游说诸侯，哪一国不能容纳他？而他自己招来这样的下场！读了《服鸟赋》，体会到他们把生和死看成一样，把做官和弃官看得很轻，这时心情才舒适起来，自己感到原来的想法错了。

【赏析】

本篇是节选《史记·屈原贾生列传》中写屈原的一部分，删了《怀沙》。屈原是战国后期伟大的爱国诗人，是我国古代第一个积极浪漫主义诗人。司马迁在本篇中以楚国命运为背景，展现了爱国政治家、伟大诗人屈原的悲剧一生，以及他对国家兴亡的巨大意义。使人了解屈原的杰出才能，对屈原留下深刻的印象。通过分析了《离骚》这部作品，展现了屈原在忠与奸、公与私、方正与邪曲的斗争中的鲜明立场和敢于抨击昏庸国君、黑暗统治的斗争精神。赞扬了屈原高超的艺术素养，突现了屈原这个政治家、文学家的形象。传记还历叙了屈原被诎以后楚国一系列的失败，借以说明排斥贤臣的恶果，也见出屈原“存君兴国”之志的可贵。司马迁的遭遇与屈原十分相似，所以本篇写得富于激情，令人回肠荡气。

本文善于用笔，开合如志。赞语层层转折，给人缭绕无际之感。清人金圣叹云：“先是倾倒其文章，次是痛悼其遭遇，次是叹诧其执拗，末是拜服其邈旷。凡作四折文字，折折都是幽窅、萧瑟、挺动、扶疏。所谓化他二人生平，作我一片眼泪，更不可分何句是赞屈，何句是赞贾”（金圣叹《天下才子必读书》）。

酷吏列传序

《史记》

【原文】

孔子曰：“导之以政，齐之以刑，民免而无耻。导之以德，齐之以礼，有耻且格。”老氏称：“上德不德，是以有德；下德不失德，是以无德。法令滋章，盗贼多有。”太史公曰：信哉是言也！法令者治之具，而非制治清浊之源也。昔天下之网尝密矣[1]，然奸伪萌起，其极也，上下相遁[2]，至于不振。当是之时，吏治若救火扬沸，非武健严酷，恶能胜其任而愉快乎[3]！言道德者，溺其职矣[4]。故曰“听讼，吾犹人也，必也使无讼乎”。“下士闻道大笑之”。非虚言也。汉兴，破觚而为圆，斫雕而为朴，网漏于吞舟之鱼，而吏治烝烝，不至于奸，黎民艾安[5]。由是观之，在彼不在此[6]。

老子像，图出自明·天然撰《历代古人像赞》

【注释】

①昔：这里指秦始皇时代。网：比喻法律。

②遁：犹欺。

③恶：疑问代词，哪里。愉：通偷”，苟且。

④溺其职：失其职，不尽其职。

⑤艾安：平安无事。艾，治理。

⑥彼：指道德与德治。此：指严刑酷吏。

【译解】

孔子说："用政令来统治人，用刑法来制约人，人民虽然避免了犯法却不懂得耻辱；用道德来引导人，用礼节来统一人，人民就会既懂得耻辱而又行为端正"。老子说："道德高尚的人不局限于形式上的'道德'，所以他是有道德的；道德低下的人只能死守形式上的'道德'，所以他是没有道德的；法令越多越，盗贼就越多。"太史公说：这些话是确实可信的啊！法令，是统治的工具，而不是把混浊的政治变为清明的政治的根本。从前天下的法网曾经十分严密了，然而奸诈欺骗的事情经常发生，最厉害的时候，上下互相营私作弊，以至于把国家弄得一蹶不振。那个时候，治理百姓就像扬汤止沸一样紧急，不是勇武刚健的官吏使用严酷的手段，怎么能够胜任其事而求得一时的苟安和快意呢？那时，讲道德的人失职了。所以说："审理诉讼，我和别人一样，一定要没有诉讼才好呢。""不懂道理的人，听到别人讲道理就大笑。"这不是空话吗。汉朝兴起的时候，把方的改成园的，变雕镂为朴素，法网粗疏得可以漏掉吞舟的大鱼，而吏治蒸蒸日上，不至于发生奸邪的事情，老百姓都安居乐业。由此看来，治理国家在于道德而不在于严酷的法网。

【赏析】

本文是《酷吏列传》的序，表明了司马迁反对严刑酷吏，实行德政的政治思想。这种思想，一方面来自儒家之礼治德政，一方面来自道家之无为而治。司马迁亲身体验过酷吏的残害。他用一种愤激之情，在文中写了十个酷吏。当然司马迁并没有完全否定他们，但展现了酷吏残酷的行为和他们所操持的森严的世界。他引用孔子、老子的话，又把秦朝法网严密、汉初法制宽仁进行对照，以阐明自己的观点。

对本文吴楚材作概括："意只是当任德而不当任刑，两引孔、老之言便见。又以秦法苛刻、汉治宽仁两两相较，明示去取。叹昔日汉德之盛，则今日汉德之衰，隐然自见于言外。语不多而意深厚也。"（见［清］吴楚材、吴调侯《古文观止》卷五）

游侠列传序

《史记》

【原文】

韩子曰："儒以文乱法，而侠以武犯禁。"二者皆讥，而学士多称于世云。至如以术取宰相卿大夫，辅翼其世主，功名俱著于春秋，固无可言者。及若季次、原宪[①]，闾巷人也，读书怀独行君子之德[②]，义不苟合当世，当世亦笑之。故季次、原宪终身空室蓬户，褐衣疏食不厌。死而已四百余年，而弟子志之不倦[③]。今游侠，其行虽不轨于正义，然其言必信，其行必果，已诺必诚，不爱其躯，赴士之阨困。既已存亡死生矣，而不矜其能，羞伐其德，盖亦有足多者焉。

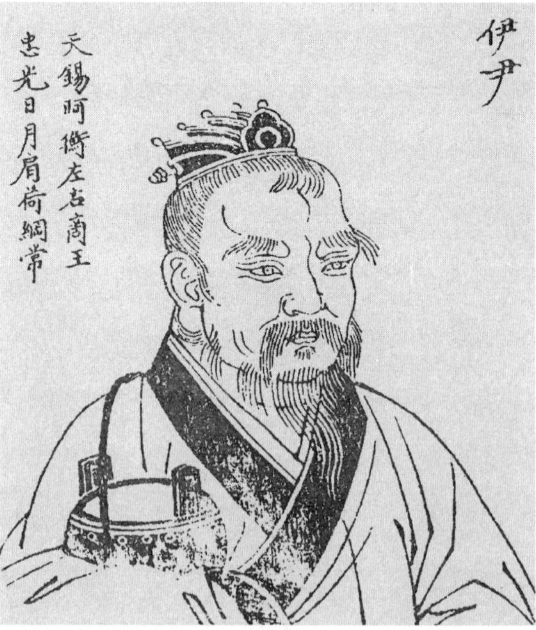

伊尹像，图出自明·天然撰《历代人物像赞》

且缓急，人之所时有也。太史公曰：昔者虞舜窘于井廪，伊尹负于鼎俎，傅说匿于傅险，吕尚困于棘津，夷吾桎梏，百里饭牛，仲尼畏匡，菜色陈、蔡[④]。此皆学士所谓有道仁人也，犹然遭此灾，况以中材而涉乱世之末流乎[⑤]？其遇害何可胜道哉！

鄙人有言曰："何知仁义，已飨其利者为有德。"故伯夷丑周，饿死首阳山，而文、武不以其故贬王；跖、蹻暴戾，其徒诵义无穷。由此观之，"窃钩者诛，窃国者侯，侯之门仁义存"，非虚言也。

今拘学或抱咫尺之义，久孤于世，岂若卑论侪俗，与世沉浮而取荣名哉！而布衣之徒，设取予然诺，千里诵义，为死不顾世，此亦有所长，非苟而已也。故士穷窘而得委命，此岂非人之所谓贤豪间者邪？诚使乡曲之侠，予季次、原宪比权量力，效功于当世，不同日而论矣。要以功见言信[⑥]，侠客之义又曷可少哉！

古布衣之侠，靡得而闻已。近世延陵、孟尝、春申、平原、信陵之徒，皆因王者亲属，藉于有土卿相之富厚，招天下贤者，显名诸侯，不可谓不贤者矣。比如顺风而呼，声非加疾，其势激也。至如闾巷之侠，修行砥名，声施于天下，莫不称贤，是为难耳。然儒、墨皆排摈不载。自秦以前，匹夫之侠，湮灭不见，余甚恨之[⑦]。以余所闻，汉兴有朱家、田仲、王公、剧孟、郭解之徒，虽时扞当世之文罔，然其私义廉洁退让，有足称者。名不虚立，士不虚附。至如朋党宗强比周，设财役贫[⑧]，豪暴侵凌孤弱，恣欲自快[⑨]，游侠亦丑之。余悲世俗不察其意，而猥以朱家、郭解等[⑩]令与暴豪之徒同类而共笑之也。

【注释】

①及若：至如。原宪：字子思，孔子弟子。

②独行：志节高尚，不随波浮沉。

③志：怀念。

④菜色陈蔡：指孔子在陈蔡之间曾断粮七日，饿得面有菜色。陈：

春秋时国名，在今河南长垣。蔡：春秋时国名，在今河南上蔡一带。

⑤中材：才能普通的人。末流：指末世即衰落时期。

⑥要：总之。功见言信：意为事情办得到，说话信得过。见，通“现”。

⑦恨：遗憾。

⑧设财：利用财物。

⑨恣欲：放纵私欲。

⑩猥：笼统。

【译解】

韩非子说：“儒生利用经书扰乱国家的法令，游侠使用武力违犯国家的禁令。”两种人都受到指责，可是儒生却大多数受到世人的称赞。至于那些用手段去取得宰相、卿、大夫等高位辅佐国君的儒生，使自己的功名都载入史册，这些就是不必说了。至于像季次、原宪那样的儒生，在乡间隐居不仕，他们读书，怀抱着独善其身的清高的德操，他们坚持正义，不肯与世俗同流合污，世人也讥笑他们。所以季次、原宪终身住在极其简陋的屋子里，连粗劣的衣食都得不到满足。他们已经死去四百多年了，后世的儒生却不断地怀念他们。那些游侠，他们的行为虽不合于国家的法制，但是他们说话守信用，办事有结果，应许了的事一定诚心诚意去办，不惜他们的生命，去解救士人的危难。等到助弱锄强之后，他们也不夸耀自己的才能，羞于称赞自己的德惠，也有值得赞美之处呢。

遭遇危难是人常有的事。太史公说：从前虞舜处于打井和修仓廪的窘况之中，伊尹背着锅子和砧板做伙夫，傅说隐居在傅岩做泥工，吕尚困在棘津卖食，管仲戴过手铐脚镣，百里奚给人家饲牛，孔子在匡地受围、在陈蔡绝粮，这些都是儒生所说的有道德的仁人啊，他们

西汉地图

尚且遭到种种灾难，何况普通的人而处在乱世的末期呢？他们遭遇的祸害哪里说得完啊！俗人说："哪里知道谁仁义谁不仁义？享受到他的利益，他就是有德的人。"所以伯夷羞于当周朝的百姓，情愿饿死在首阳山，而周文王、周武王不因为这个缘故而贬损其王号；盗跖、庄蹻虽然横行不法，他们的党徒却没有穷尽的称赞他们的义气。由此看来，"窃钩的人受到诛杀，窃国的人封为王侯。只要做了王侯，仁义就存在他的门下。"这不是无稽之谈哪。现在那些拘谨的儒生，死守着区区的仁义，长期孤立于世上，还不如把自己的论调降低到与世俗一般高，随俗合时而取得声誉啊！那些平民出身的游侠，建立了信义，相隔千里的人都称赞他们有义气，他们为别人牺牲生命，不顾世人的非难，这也是一种长处，并非随便可以做到的呢！所以士人遇到危难的时候往往把性命托付给他们，这样他们不是人们所说的圣贤豪杰一类杰出人物吗！如果让乡里的游侠，与季次、原宪比较权势和能力，比较对当时社会所作出的贡献，那是不能相提并论的。总之，从功劳的显著和说话守信用来看，游侠的义气，又哪里可以轻视呢？古代平民出身的游侠，他们的事迹不得而知了。近代延陵季子、孟尝君、春申君、平原君、信陵君这一班人，都因为是王侯的亲属，凭借他们有封地和卿相的高官厚禄，广招天下的贤士，从而扬名于诸侯，不能说他们不是贤人。这好比顺着风呼喊，声音并没有加快，是风势把喊声激荡到远处去了。至于乡间的游侠，修养自己的品德，从而名闻天下，没有谁不称赞，这就很难做到了。但是儒家、墨家都摈弃游侠而不记载他们的事迹。在秦朝以前，平民出身的游侠被埋没不见，我对此感到十分不满意。根据我所知道的，汉朝兴起以后有朱家、田仲、王公、剧孟、郭解一班人，他们虽然常常违犯当世的法纪，然而他们个人的道德作风是廉洁谦让的，有值得称赞之处。他们的名声不是凭空建立起来的，士人并没有白白地依附他们。至于那些结党营私的豪门贵族，他们互相勾结起来利用钱财去役使贫民，仗势去侵凌势孤力弱的人，纵情享乐，这是游侠们认为丑恶的。我不满于世俗之人，没有认清他们的意图，而把朱家、郭解等人和那些结党营私的豪门贵族混杂在一起，使朱家、郭解等人和那些暴徒同类而一起去讥笑他们。

【赏析】

本文是《游侠列传》的序。太史公一反世俗偏见，认为游侠之德值得称赞而不容忽视。这种识见主要是从百姓的命运着眼，主要是出于对乡曲、闾巷、布衣、匹夫的关注。

游侠，是指那些言必信，行必果，轻生重义，勇于救人急难之人，即后世所说的侠客。司马迁倾心于他们的高尚品质和作为，在《游侠列传》中记叙了他们的事迹，对他们作出了很高的评价，表现出了极大的同情。也给予他们以充分的肯定，表现作者不同凡响和胆识。

滑稽列传

《史记》

【原文】

孔子曰："六艺于治一也。《礼》以节人，《乐》以发，《书》以道事，《诗》以达意，《易》以神化，《春秋》以义。"太史公曰：天道恢恢，岂不大哉！谈言微中，亦可以解纷。

淳于髡者，齐之赘婿也。长不满七尺，滑稽多辩，数使诸侯，未尝屈辱。齐威王之时喜隐，好为淫乐长夜之饮，沉湎不治，委政卿大夫。百官荒乱，诸侯并侵，国且危亡，在于旦暮，左右莫敢谏。淳于髡说之以隐曰："国中有大鸟，止王之庭，三年不蜚又不鸣①，王知此鸟何也？"王曰："此鸟不飞则已，一飞冲天；不鸣则已，一鸣惊人。"于是乃朝诸县令长七十二人，赏一人，诛一人，奋兵而出。诸侯振惊，皆还齐侵地。威行三十六年。语在《田完世家》中。

威王八年，楚大发兵加齐。齐王使淳于髡之赵请救兵，赍金百斤，车马十驷。淳于髡仰天大笑，冠缨索绝。王曰："先生少之乎？"髡曰："何敢！"王曰："笑，岂有说乎？"髡曰："今者臣从东方来，见道傍有禳田者，操一豚蹄②，酒一盂，祝曰：'瓯窭满篝，污邪满车，五谷蕃熟，穰穰满家。'臣见其所持者狭而所欲者奢，故笑之。"于是齐威王乃益赍黄金千镒，白璧十双，车马百驷。髡辞而行，至赵，赵王与之精兵十万，革车千乘[③]。楚闻之，夜引兵而去。

威王大说，置酒后宫，召髡赐之酒，问曰："先生能饮几何而醉？"对曰："臣饮一斗亦醉，一石亦醉。"威王曰："先生饮一斗而醉，恶能饮一石哉！其说可得闻乎？"髡曰："赐酒大王之前，执法在傍，御史在后，髡恐惧俯伏而饮，不过一斗径醉矣。若亲有严客，髡帣鞠𦝼，侍酒于前，时赐余沥，奉觞上寿，数起，饮不过二斗径醉矣。若朋友交游，久不相见，卒然相睹，欢然道故，私情相语，饮可五六斗径醉矣。若乃州闾之会，男女杂坐，行酒稽留[④]，六博投壶，相引为曹，握手无罚，目眙不禁，前有堕珥，后有遗簪，髡窃乐此，饮可八斗而醉二参。日暮酒阑，合尊促坐，男女同席，履舄交错，杯盘狼藉，堂上烛灭，主人留髡而送客，罗襦襟解，微闻芗泽，当此之时，髡心最欢，能饮一石。故曰酒极则乱，乐极则悲，万事尽然。"言不可极，极之而衰。以讽谏焉。齐王曰："善。"乃罢长夜之饮，以髡为诸侯主客。宗室置酒[⑤]，髡尝在侧。

【注释】

①蜚：同"飞"。

②豚：小猪。

③革车：战车，又称重车；革车一乘，甲士步卒七十五人。乘：古代称一车四马为一乘。

④稽留：停留。

⑤宗室：皇族。尝：通"常"。

【译解】

孔子说："六艺对于治理国家都一样有作用。《礼记》用来节制人的行为，《乐经》用来抒发人的和平美好的情感，《书经》用来使人通晓往事，《诗经》用来表情达意，《易经》用奇妙的方法来发现事物的变化，《春秋》用正义来衡量是非。”太史公说：宇宙间的事物广阔无边，难道不大吗！那些滑稽人物在幽微的谈笑之间，替他人排解纠纷。

齐威王像

淳于髡，是齐国入赘的女婿，身长不满七尺，说话滑稽，善于辩论，屡次出使到诸侯之国，从来没有受过屈辱。

当时齐威王喜欢隐语，没有节制地追求快乐，常常通宵饮酒，沉溺于酒色之中，不理国事，把政事都委托给公卿大夫。国内的官吏政事荒疏、混乱，国外的诸侯纷纷入侵，齐国将要危亡，只在旦夕之间了。左右的大臣都不敢进谏。淳于髡用隐语对齐威王说：“国中有一只大鸟，停息在大王的宫庭上，三年不飞也不鸣，大王知道这只鸟为什么这样呢？”威王说：“这只鸟不飞便罢，一飞就要冲上天去；不鸣便罢，一鸣就要使人大吃一惊”。于是就召见全国各县的长官七十二人，赏了一人，杀了一人，发动士兵出去作战。各国的诸侯感到震惊，都把侵占的土地退还齐国，齐国威震天下三十六年。这事记在《田完世家》中。

威王八年时，楚国大规模地发兵进攻齐国。齐威王派淳于髡出使到赵国去，请求救兵，给了黄金百斤、车马十辆作礼物，淳于髡仰面朝天大笑，笑得系在下巴颏下的帽带子都断了。威王说：“先生觉得礼品太少了吗？”淳于髡说：“岂敢！”威王说：“你刚才的大笑难道有什么含意吗？”淳于髡说：“今天我从东方来，看见路旁有一个祈求田地丰收的人，他拿着一只小猪腿和一壶酒，祷告说：‘祝愿高坡上狭小的瘦地上收获的谷物装满竹笼，祝愿平原上的肥田里收获的谷物装满车子，祝愿五谷丰登啊，粮食堆满我家。’我看见他拿来祭祀的东西太少而希望得到的东西太多，所以嘲笑他。”因此，齐威王就把礼品增加到黄金一千镒，白璧十双，车马一百辆。淳于髡辞别威王而去，到了赵国，赵王给了齐国精兵十万，战车千乘。楚国听到这个消息，连夜把兵撤走了。

威王非常高兴，在后宫摆酒席，召见淳于髡，赐给他酒喝。威王问：“先生能饮多少酒才醉呢？”淳于髡答道：“我饮一斗酒亦醉，饮一石酒亦醉。”威王说：“先生饮一斗酒就醉了，怎么能饮一石呢！其中的道理可以说给我听吗？”淳于髡说：“在大王面前饮赏赐的酒，监酒官站在旁边，纠察失仪的官站在后面，我恐惧得俯伏着饮酒，饮不到一斗酒就醉倒了。如果父亲有尊严的客人来，我卷起袖子屈身跪着，在他们面前侍奉饮酒，他们常常赐给我饮剩下的酒滴，我奉着酒杯向他们祝酒，屡次起身应酬，饮不到二斗酒简直就要醉了。如果是朋友交游，好久不见，突然相逢，愉快地叙说旧日的情谊，互相倾诉内心的话语，我可以饮五六斗酒才醉呢。如果是乡里之间的宴会，男女混杂在一起坐着，斟酒没有时间限制，玩着六博、投壶的游戏，彼此相邀分组打赌，握了妇女的手也不责罚，目不转睛地注视她们也无人禁止，前面有掉下来的耳环，后面有遗落的发簪，我对此暗自高兴，可以饮八斗酒才有二三分醉。傍晚酒席将散，走掉了一批客人，还剩下一些客人，我们剩下的人把酒壶里的剩酒合在一起，挤在一块儿坐着饮，男女同席，鞋子、木屐交错地脱在地上，杯子、盘子杂乱地摆在桌上，厅堂上的烛光熄灭了，主人留下我而把其他的客人送走，妇女解开衣襟，可以微微地闻到一股香味，当这个时候，我心里感到最欢乐，能够饮一石酒。所以说，饮酒过分就会丧失礼节，享乐过分就会生出悲哀，世间的各种事情都是这样。”淳于髡这是说，万事不能做得过分，过分了就会招致衰败。他以此讽谏齐威王。齐威王听了以后说："说得好。"就下令取消通宵饮酒，任命淳于髡当接待诸侯的交际官。齐国的王族宗室设酒宴的时候，淳于髡常在旁边作陪。

【赏析】

《滑稽列传》是一篇专述滑稽人物的类传（同一类人物的传记），写了战国时齐国淳于髡、楚国优孟和秦朝优旃的事迹。在封建社会，臣子常常不敢明白、直接劝谏君主，有时就只好用说笑话之类的手段旁敲侧击，希望君主能醒悟，改正错误。本篇所写的三个人物，都是这样的滑稽人物。他们不同于那种油腔滑调、一味引人发笑的人，而是不随波逐流、又能通行上下。这里只选录了原文开头的短序和淳于髡传，其中有淳于髡的三个故事：以大鸟为比喻，用打哑谜的方式讽谏齐威王发愤图强，改变齐国家现状；通过述说道旁禳田者的贪吝，讽谏齐威王应多增财礼，以顺利地向赵国借兵；以自身饮酒的感受现身说法，讽谏齐威王"罢长夜之饮"。

货殖列传序

《史记》

【原文】

老子曰："至治之极，邻国相望，鸡狗之声相闻，民各甘其食，美其服，安其俗，乐其业，至老死不相往来。"必用此为务，輓近世，涂民耳目，则几无行矣①。

《二十一史通俗演义》版画之神农氏教民稼穑图

太史公曰：夫神农以前，吾不知已。至若《诗》、《书》所述虞夏以来，耳目欲极声色之好，口欲穷刍豢之味，身安逸乐，而心夸矜势能之荣。使俗之渐民久矣。虽户说以眇论，终不能化。故善者因之，其次利道之，其次教诲之，其次整齐之，最下者与之争。

夫山西饶材、竹、穀、𬙊、旄、玉石；山东多鱼、盐、漆、丝、声色；江南出楠、梓、姜、桂、金、锡、连、丹沙、犀、瑇瑁、珠玑、齿革；龙门、碣石北多马、牛、羊、旃裘、筋角；铜、铁则千里往往山出棋置②。此其大较也③。皆中国人民所喜好④，谣俗被服饮食奉生送死之具也。故待农而食之，虞而出之，工而成之，商而通之。此宁有政教发征期会哉？人各任其能，竭其力，以得所欲。故物贱之征贵，贵之征贱，各劝其业，乐其事，若水之趋下，日夜无休时，不召而自来，不求而民出之。岂非道之所符，而自然之验邪？

《周书》曰："农不出则乏其食，工不出则乏其事，商不出则三宝绝，虞不出则财匮少。"财匮少而山泽不辟矣。此四者，民所衣食之原也。原大则饶，原小则鲜。上则富国，下则富家。贫富之道，莫之夺予，而巧者有余，拙者不足。故太公望封于营邱，地□卤，人民寡，于是太公劝其女功，极技巧，通鱼盐，则人物归之，繈至而辐凑。故齐冠带衣履天下，海岱之间敛袂而往朝焉。其后齐中衰，管子修之，设轻重九府，则桓公以霸，九合诸侯，一匡天下；而管氏亦有三归，位在陪臣，富于列国之君。是以齐富强至于威、宣也。

故曰："仓廪实而知礼节，衣食足而知荣辱。"礼生于有而废于无。故君子富，好行其德；小人富，以适其力⑤。渊深而鱼生之，山深而兽往之。人富而仁义附焉。富者得势益彰，失势则客无所之，以而不乐⑥。夷狄益甚。谚曰："千金之子，不死于市。"此非空言也。故曰："天下熙熙，皆为利来；天下壤壤，皆为利往。"夫千乘之王，万家之侯，百室之君，尚犹患贫，而况匹夫编户之民乎！⑦

【注释】

①无行：无法行得通。

②棋置：如棋盘上的棋子密布。

③大较：大略，大概。

④中国：指中原地区。

⑤适其力：适当地使用自己的力气。

⑥以而：因而。

⑦编户：编入户籍。

【译解】

老子说："天下治理得最好的时代，邻国可以互相望见，鸡鸣狗吠的声音可以互相听到，人民都可以吃着美味的食物，穿着漂亮的衣服，安于他们的习俗，乐于他们的职业，直到老死都不互相来往。"如果一定要按这种主张去做，以此来改变近世的风气，堵塞人民的耳目，那大概是行不通的。

太史公说：神农以前的情形，我不了解。至于《诗经》、《尚书》所记叙的，从虞舜和夏朝以来，人们的耳目都想尽量享受美好的声色，人们的嘴巴都想尽量吃到味美的肉食，人们的身子贪图安逸舒适，而人们的心里以夸耀自己的权势和能力为光荣，这种风气浸入民心已经很久了，即使用老子高妙的言论挨家挨户去劝说，也终究不能感化他们。所以最好的办法是任其自然发展，其次是因势利导，其次是教诲他们，其次是用制度约束他们，最下等的办法是与民争利。

太行山以西地区盛产木材、竹子、楮树、野麻、旄牛尾、玉石等；太行山以东地区多产鱼、盐、漆和丝竹声色；长江以南出产楠木、梓木、姜、桂、金、锡、铅、丹砂、犀牛角、玳瑁、珠玉、象牙、皮革；龙门、碣石以北多出产马、牛、羊、毡裘、筋角；铜和铁则往往像棋子一样密布在千里之广的山中。这是各种物产的大略情况。这些物产都是中国人民所喜爱的，是供社会上的人们穿着、饮食、养生、送死的东西啊。所以吃的粮食要靠农民生产，山林资源要靠掌管山林的人开发，日常用品要靠工匠制成，货物交换要靠商人沟通。这难道有政令召集他们定期会集起来干的吗？这是人们各自发挥自己的才能，尽自己的力量，而求得他们所需要的东西。所以这里物价贱了就到物价贵的别的地方去卖，这里物价贵了就到物价贱的别的地方去买。人们各自勉力从事他们的工作，乐于做他们的事情，这就好像水向下流，日夜没有休止，不用召集，人们自己会来做这些事情，不用索求，百姓自己会把东西交出。难道这不符合生活规律的自然法则吗？

《周书》说：“农民不出来种田就缺乏粮食，工匠不出来做工就缺乏用具，商人不出来经商就使粮食、用具、钱财三样宝贵的东西断绝交流，管山的人不出来开发山泽资源就缺乏财货，财货缺乏就使山泽不得开辟了。”农、工、商、虞（山林开发）这四件事，是人民衣食的本源。本源大就使衣食的东西多，本源小就使衣食的东西少。农、工、商、虞发展了，上可以富国，下可以富家。贫和富的门路，没有谁夺去和给予，有办法的人就富裕，笨拙的人就不足。从前太公望封在营邱，那地方多是盐碱地，人民稀少，于是太公劝导百姓做女工，充分发挥各人的技巧，发展鱼业和盐业，因此各地的百姓和财物归附太公望，大人用带子背着小孩来，像车辐集中于车毂一样。齐国制造的帽子、带子、衣服、鞋子充满天下的市场，使东海和泰山之间诸侯国的人民接连不断的去齐国朝拜。以后齐国中途衰弱了，管仲出来修复了太公望的政治，设立了掌管财政的机构，就使桓公成为各诸侯国的霸主，多次召集诸侯，一举匡正天下；管仲也有三归台，他的官位虽然是一个陪臣，而他的财富比诸侯国的国君还多；从此齐国的富强一直延续到威王和宣王。

所以说：“谷仓充实了人们才知道礼节，衣食丰足了人们才知道荣辱。”礼节产生在富有的时候而废弃在贫困的时候。所以君子富有了，喜欢实行他们的德义；小人富有了，可以适当地使用他们的劳力。潭水深了，鱼才会在里面繁殖；山林深了，野兽才会去里面栖息；人富有了，仁义才会附着在他们身上。富有的人得势就更加显赫，失势就使门客无所依附，因而很不高兴。有句谚语说："家有千金的人，不会犯法处死在街市，"这不是一句空活。所以说："天下的人高高兴兴，都是为利而来；天下的人纷纷乱乱，都是为利而往。"那拥有兵车千乘的国王，那享有食邑万户的诸侯，那享有食邑百家的大夫，尚且还害怕贫穷，何况一般的百姓呢！

【赏析】

本篇是《史记·货殖列传》的序。货殖，是经营工商业以增加财富的意思。

在《货殖列传》中，叙述了一些有代表性的货殖家的事迹和社会影响。在这篇序里，司马迁阐述了他的经济思想。他认为，老子"小国寡民"的思想已经不能适应新的形势，只有通过农、虞、工、商的社会分工进行商品的生产和交换，人类社会的一切其他活动才有可能。

司马迁的上述思想具有鲜明的进步倾向，它对先秦以来儒、道等文化传统的偏失是一种难得的矫正。

太史公自序

《史记》

【原文】

太史公曰："先人有言：'自周公卒五百岁而有孔子。孔子卒后至于今五百岁，有能绍明世，正《易》传，继《春秋》，本《诗》、《书》、《礼》、《乐》之际？'意在斯乎！意在斯乎！小子何敢让焉。"

司马迁像，图出自清·顾沅辑《古圣贤像传略》

上大夫壶遂曰："昔孔子何为而作《春秋》哉？"太史公曰："余闻董生曰：'周道衰废，孔子为鲁司寇，诸侯害之，大夫壅之。孔子知言之不用，道之不行也，是非二百四十二年之中，以为天下仪表，贬天子，退诸侯，讨大夫，以达王事而已矣。'子曰：'我欲载之空言，不如见之于行事之深切著明也。’夫《春秋》，上明三王之道，下辨人事之纪[①]，别嫌疑，明是非，定犹豫，善善恶恶，贤贤贱不肖，存亡国，继绝世，补敝起废[②]，王道之大者也。《易》著天地阴阳四时五行，故长于变；《礼》经纪人伦[③]，故长于行；《书》记先王之事，故长于政；《诗》记山川溪谷禽兽草木牝牡雌雄，故长于风；《乐》乐所以立，故长于和；《春秋》辩是非，故长于治人。是故《礼》以节人，《乐》以发和，《书》以道事，《诗》以达意，《易》以道化，《春秋》以道义。拨乱世反之正，莫近于《春秋》。《春秋》文成数万，其指数千。万物之散聚皆在《春秋》。《春秋》之中，弑君三十六，亡国五十二，诸侯奔走不得保其社稷者不可胜数。察其所以，皆失其本已。故《易》曰‘失之毫厘，差以千里’。故曰‘臣弑君，子弑父，非一旦一夕之故也，其渐久矣’。故有国者不可以不知《春秋》，前有谗而弗见，后有贼而不知。为人臣者不可以不知《春秋》，守经事而不知其宜，遭变事而不知其权。为人君父而不通于《春秋》之义者，必蒙首恶之名。为人臣子而不通于《春秋》之义者，必陷篡弑之诛，死罪之名。其实皆以为善，为之不知其义，被之空言而不敢辞。夫不通礼仪之旨，至于君不君，臣不臣，父不父，子不子。夫君不君则犯，臣不臣则诛，父不父则无道，子不子则不孝。此四行者，天下之大过也。以天下之大过予之，则受而弗敢辞。故《春秋》者，礼仪之大宗也[④]。夫礼禁未然之前，法施已然之后；法之所为用者易见，而礼之所为禁者难知。”

壶遂曰：“孔子之时，上无明君，下不得任用，故作《春秋》，垂空文以断礼仪，当一王之法。今夫子上遇明天子，下得守职，万事既具，咸各序其宜，夫子所论，欲以何明？”

太史公曰：“唯唯[⑤]，否否，不然。余闻之先人曰：‘伏羲至纯厚，作《易》八卦。尧舜之盛，《尚书》载之，礼乐作焉。汤武之隆，诗人歌之。《春秋》采善贬恶，推三代之德，褒周室，非独刺讥而已也。’

汉兴以来，至明天子，获符瑞，封禅，改正朔，易服色，受命于穆清，泽流罔极，海外殊俗，重译款塞，请来献见者，不可胜道。臣下百官力诵圣德，犹不能宣尽其意。且士贤能而不用，有国者之耻；主上明圣而德不布闻，有司之过也。且余尝掌其官，废明圣盛德不载，灭功臣世家贤大夫之业不述，堕先人所言，罪莫大焉。余所谓述故事[⑥]，整齐其世传[⑦]，非所谓作也，而君比之于《春秋》，谬矣。”

于是论次其文[⑧]。七年而太史公遭李陵之祸，幽于缧绁。乃喟然而叹曰：“是余之罪也夫！是余之罪也夫！身毁不用矣。”退而深惟曰：“夫《诗》、《书》隐约者，欲遂其志之思也。昔西伯拘羑里，演《周易》；孔子厄陈、蔡，作《春秋》；屈原放逐，著《离骚》；左丘失明，厥有《国语》；孙子膑脚，而论兵法；不韦迁蜀，世传《吕览》；韩非囚秦，《说难》、《孤愤》；《诗》三百篇，大抵贤圣发愤之所为作也。此人皆意有所郁结，不得通其道也，故述往事，思来者。”于是卒述陶唐以来，至于麟止。自黄帝始。

【注释】

①纪：纲纪，秩序。

②补敝起废：补救、振兴衰敝。

③经纪：整顿。

④宗：根本。

⑤唯唯：语气词，顺应而不表示可否。

⑥故事：旧事，旧业。

⑦整齐：整理。

⑧论次：编排。

【译解】

太史公说：“前人说过，从周公死了以后，经过五百年而生出孔子。孔子死了以后，到现在五百年了，又有人能够继续叙述治世的历史，修正《易传》，继承《春秋》，本于《诗经》、《尚书》、《礼记》、《乐经》。这意思就在这里吧？这意思就在这里吧？我怎么敢推让啊！”

上大夫壶遂说：“从前孔子为什么创作《春秋》呢？”太史公说：“我听董仲舒说：‘周朝的政治衰微，孔子做鲁国的司寇，诸侯害他，大夫排挤他，孔子知道他的话没有人听，主张不能实行，于是就对二百四十二年的历史，论断是非，作为天下的标准，贬抑天子，斥退诸侯，声讨大夫，以此来阐明王道罢了。’孔子说：‘我如果把观点记载在空泛的言论中，还不如把观点表现在具体的历史事件上更为深切显明呢。’那部《春秋》，上则阐明夏禹、商汤、周文王治世的道理，下则辨明人事的纲纪，判别嫌疑，明确是非，消除犹豫，表扬好事，批判坏事，称赞贤人，鄙视坏人，保存灭国，继续绝世，补救敝坏，兴起废缺，这是王道的大端。《易经》说明天地、阴阳、四时、五行，所以擅长于讲变化。《礼记》阐述人伦关系，所以擅长于讲品行。《书经》记载先王的事迹，所以擅长于讲政治。《诗经》记述山川、溪谷、禽兽、草木、雌雄、男女，所以擅长于讲风化。《乐经》用来引人快乐，所以擅长于讲和谐。《春秋》辨明是非，所以擅长于讲治人。所以，《礼记》用来节制人的行为，《乐经》用来抒发和畅的感情，《书经》用来让人们通晓往事，《诗经》用来表情达意，《易经》用来让人们通晓事物的变化，《春秋》用来让人们懂得正义。把乱世挽回到正道上来，没有比《春秋》更有用的书了。《春秋》这部书字数有几万，意旨有几千，万事万物的聚散离合，都记在《春秋》之中。《春秋》这部书中，弑君的有三十六次，亡国的有五十二次，诸侯逃跑不能保住他的国家的多得无法计算：研究其中的原因，都是因为失去了根本。所以《易经》说：‘失之毫厘，差以千里’。又说：‘臣弑君，子弑父，不是一朝一夕的原因，是长久以来逐渐造成的。’所以做国君的，不可以不知道

《春秋》，不然，前面有谗人而看不见，后面有奸贼而不知道。做臣子的，不可以不知道《春秋》，不然，掌管日常事务而不知道适当地处理，遭逢事情变化而不知道权衡轻重缓急。做君主、做父亲的，如果不通晓《春秋》的意义，一定会蒙受首犯的罪名。做臣子、做儿子的，如果不通晓《春秋》的意义，一定会陷入篡位弑君弑父而受诛戮，得到一个死罪的名声。其实他们都认为是好事才去做，只是因为不懂得这些事的意义，结果做错了，被凭空加上一个罪名而不敢推托。不通晓礼仪的要旨，弄到国君不像国君，臣子不像臣子，父亲不像父亲，儿子不像儿子。国君不像国君就会受到臣子的侵犯，臣子不像臣子就会受到诛戮，父亲不像父亲就是无道，儿子不像儿子就是不孝。这四种行为，是天下最大的过错，用天下最大过错的罪名加在他们身上，只能接受而不敢推托。所以《春秋》这部书，是礼仪的本源呢。礼教是防备于坏事未发生之前，法纪是施行于坏事发生之后，法纪的作用容易被人们看见，而礼教的预防作用难得被人们知道。”

壶遂说：“孔子的时代，上面没有圣明的君主，下面的人才不得任用，所以创作《春秋》这部书，传下文章来断定礼仪，当作一种王法。现在，先生您上面遇到了圣明的天子，下面的人能够坚守职位，万事已经具备，都是各得其所。请问，先生著书，想用来阐明什么呢？”

太史公说：“阿，阿！不对，不对，不是这样的。我听前人说：‘伏羲的时代最纯厚，创作了《易经》的八卦；尧舜的时代很兴盛，《尚书》记载了它，《礼记》、《乐经》作于那时；商汤周武王的时代很兴隆，诗人作了诗来歌颂；《春秋》称赞善人，贬斥恶人，推崇夏、商、周三代的德义，褒扬周朝，不单是讥刺呢。’汉朝兴起以来，直到当今的圣明天子，捉获麒麟，筑坛祭祀，改正日历，变换服色，受命于上天，恩泽流传无穷；海外不同风俗的人，通过重重翻译而入关请求进献拜见的不可胜数。臣子百官，竭力颂扬天子的圣德，还不能说尽他们心中的情意。士人贤能而不任用，是国君的耻辱；天子圣明而他的德义不能广泛传播，是主管其事的官吏的过错。我曾经掌管过太史令这种官职，遗弃天子的明圣和盛德而不记载，埋没功臣世家贤大夫的功业而不记述，失记前人说过的话，罪过没有比这更大的啊！我是叙述过去的事情，整理他们的世家、传记，不是创作呢，而您把它和《春秋》相比，是错误的。”

这样编写《史记》七年，太史公遭到李陵之祸，被拘捕囚禁。太史公深深地叹息说：“这是我的罪过啊！这是我的罪过啊！身体毁伤没有用了！”太史公又退一步深思说：“那《诗经》、《书经》隐约其辞的原因，是想表达他们的思想呢。从前西伯被拘禁在羑里，才推演了《周易》；孔子在陈、蔡遭受困厄，才创作了《春秋》；屈原被流放，才著了《离骚》；左丘双目失明，才有《国语》；孙子被割掉膝盖骨，才写了兵法；吕不韦贬谪到蜀国去，世上才流传他的《吕览》；韩非囚禁在秦国，才有《说难》、《孤愤》；《诗经》三百篇，大都是有才能的人为了抒发他们的忧愤而作的。这些人都是意气郁结，心中很不舒畅，所以记述往事，希望未来的人借此了解自己。”因此，太史公终于记述了陶唐以来的事情，到当今捉获麒麟为止。从黄帝开始。

【赏析】

《自序》主要是说明司马迁撰写《史记》一书的目的。首先叙述司马氏家族及论述阴阳、儒、墨、名、法和道德六家的宗旨；接着叙述司马迁自己的经历及写作《史记》的原由旨趣；最后对《史记》全书每一篇依次作了简介。《史记》一书不仅记载着黄帝至武帝时期两三千年的历史，而且透示着司马迁的生活经历、生活背景，蕴含着司马迁的爱与恨、愤懑与不平、思想与操守，乃至整个精神。

本书选录的《自序》全用司马迁和壶遂的问答方式展开，以问答穿插结构全篇，这一方面使问题醒目，一方面也使论说明晰。有赞为证：观史迁以“述往事，思来者”自任处，抒感慨淋漓。臣杜讷言：洋洋大篇，一唱三叹，所谓文生于情。后此史多祖之，然俱瞠乎后矣。”（见［清］徐乾学《古文渊鉴》卷十三）

报任安书

司马迁

【原文一】

太史公牛马走司马迁再拜言①，少卿足下②：曩者辱赐书③，教以顺于接物，推贤进士为务，意气勤勤恳恳，若望仆不相师，而用流俗人之言，仆非敢如此也。仆虽罢驽④，亦尝侧闻长者之遗风矣。顾自以为身残处秽，动而见尤，欲益反损，是以独郁悒而与谁语。谚曰："谁为为之！孰令听之！"盖钟子期死，伯牙终身不复鼓琴。何则？士为知己者用，女为悦己者容。若仆大质已亏缺矣，虽才怀随、和，行若由、夷⑤，终不可以为荣，适足以见笑而自点耳。书辞宜答，会东从上来，又迫贱事，相见日浅，卒卒无须臾之闲，得竭志意。今少卿抱不测之罪，涉旬月，近季冬，仆又薄从上雍，恐卒然不可为讳，是仆终已不得舒愤懑以晓左右，则长逝者魂魄私恨无穷。请略陈固陋。阙然久不报，幸勿为过！

仆闻之：修身者，智之符也⑥；爱施者，仁之端也；取与者，义之表也；耻辱者，勇之决也；立名者，行之极也；士有此五者，然后可以托于世，而列于君子之林矣。故祸莫憯于欲利⑦，悲莫痛于伤心，行莫丑于辱先，诟莫大于宫刑。刑余之人，无所比数，非一世也，所从来远矣。昔卫灵公与雍渠同载，孔子适陈；商鞅因景监见[8]，赵良寒心；同子参乘，袁丝变色，自古而耻之。夫中才之人，事有关于宦竖，莫不伤气，而况于慷慨之士乎！如今朝廷虽乏人，奈何令刀锯之余，荐天下豪俊哉！

仆赖先人绪业，得待罪辇毂下[9]，二十余年矣。所以自惟：上之，不能纳忠效信，有奇策才力之誉，自结明主；次之，又不能拾遗补阙，招贤进能，显岩穴之士；外之，又不能备行伍，攻城野战，有斩将搴旗之功[10]；下之，不能积日累劳，取尊官厚禄，以为宗族交游光宠。四者无一遂，苟合取容，无所短长之效，可见于此矣。向者，仆常厕下大夫之列，陪外廷末议，不以此时引维纲，尽思虑，今已亏形为扫除之隶，在阘茸之中[11]，乃欲仰首伸眉，论列是非，不亦轻朝廷、羞当世之士耶！嗟乎！嗟乎！如仆尚何言哉，尚何言哉！

【注释一】

①太史公：司马迁自称官职。一说指司马迁的父亲司马谈，今不取。牛马走：像牛马一样奔走的仆人，犹言“马前走卒”。走：仆人。古人书信格式、先具列职官姓名于前。

②少卿：姓任，名安，字少卿，荥阳人，武帝征和年间，为北军使者护军，因戾太子事被斩。

③曩：从前。辱：以……为耻辱，谦词，书信习用套语。

④罢驽：自比为疲弱无用的劣马。罢：同“疲”。驽：劣马。

⑤由：许由。夷：伯夷。二人皆为廉洁高尚之士。

⑥符：信符，此指表现。此句与下四句的句式相同，义相近。

⑦憯（cǎn）：同“惨”。

⑧景监：秦孝公的宦官。

⑨待罪辇毂下：谦称自己侍候在皇帝周围。辇毂：皇帝的车驾。

⑩搴：拔取。

⑪阘（tà）茸：指地位卑贱之人。

【原文二】

且事本末未易明也：仆少负不羁之行[①]，长无乡曲之誉[②]。主上幸以先人之故，使得奏薄伎。出入周卫之中[③]。仆以为戴盆何以望天[④]，故绝宾客之知，亡室家之业，日夜思竭其不肖之才力，务一心营职，以求亲媚于主上。而事乃有大谬不然者！

夫仆与李陵，俱居门下，素非能相善也。趣舍异路，未尝衔杯酒，接殷勤之余欢；然仆观其为人，自守奇士。事亲孝，与士信，临财廉，取与义，分别有让，恭俭下人，常思奋不顾身，以徇国家之急。其素所蓄积也，仆以为有国士之风。夫人臣出万死不顾一生之计，赴公家之难，斯以奇矣。今举事一不当，而全躯保妻子之臣，随而媒孽其短[⑤]，仆诚私心痛之！且李陵提步卒不满五千，深践戎马之地，足历王庭，垂饵虎口，横挑强胡，仰亿万之师，与单于连战十有余日，所杀过半当[⑥]。虏救死扶伤不给，旃裘之君长咸震怖，乃悉征其左、右贤王，举引弓之人，一国共攻而围之。转斗千里，矢尽道穷，救兵不至，士卒死伤如积，然陵一呼劳军[⑦]，士无不起，躬自流涕，沬血、饮泣，更张空拳，冒白刃，北向争死敌者。

次乘灵公图

陵未没时，使有来报，汉公卿王侯，皆奉觞上寿。后数日，陵败书闻，主上为之食不甘味，听朝不怡，大臣忧惧，不知所出。仆窃不自料其卑贱，见主上惨怆怛悼⑧，诚欲效其款款之愚。以为李陵素与士大夫绝甘分少，能得人死力，虽古之名将不能过也。身虽陷败，彼观其意，且欲得其当而报于汉；事已无可奈何，其所摧败，功亦足以暴于天下矣。仆怀欲陈之而未有路，适会召问，即以此指推言陵之功，欲以广主上之意，塞睚眦之辞。未能尽明，明主不晓，以为仆沮贰师，而为李陵游说，遂下于理⑨。拳拳之忠，终不能自列，因为诬上，卒从吏议。家贫，货赂不足以自赎，交游莫救，左右亲近，不为一言。身非木石，独与法吏为伍，深幽囹圄之中，谁可告愬者！此真少卿所亲见，仆行事岂不然乎？李陵既生降，隤其家声⑩，而仆又佴之蚕室，重为天下观笑。悲夫！悲夫！事未易一二为俗人言也。

【注释二】

①负：缺少。不羁：不受约束。此句为：少年时没有出众的行为表现。

②乡曲：乡里。

③周卫之中：指宫禁之中。周卫：指宿卫环绕。

④戴盆何以望天：戴盆不敢望天，以免倾覆，喻自己全心全力谨慎奉职之状。

⑤媒孽其短：像酵母一样把李陵的罪状涨大起来。媒：媒介。孽：酵母。

⑥过半当：杀敌之数已超过自己人数的一半。

⑦劳：鼓励，慰问。

⑧惨怆怛：都是悲伤的意思。

⑨理：治狱官。

⑩隤：坠毁。

【原文三】

仆之先，非有剖符丹书之功[①]，文史、星历[②]，近乎卜祝之间，固主上所戏弄，倡优所畜[③]，流俗之所轻也。假令仆伏法受诛，若九牛亡一毛，与蝼蚁何以异！而世又不与能死节者比[④]，特以为智穷罪极，不能自免，卒就死耳。何也？素所自树立使然也。人固有一死，或重于泰山，或轻于鸿毛，用之所趋异也。太上不辱先，其次不辱身，其次不辱理色，其次不辱辞令；其次诎体受辱，其次易服受辱，其次关木索、被箠楚受辱[⑤]，其次剔毛发、婴金铁受辱，其次毁肌肤、断肢体受辱，最下腐刑，极矣。传曰："刑不上大夫。"此言士节不可不勉励也。猛虎在深山，百兽震恐；及在槛穽之中[⑥]，摇尾而求食，积威约之渐也。故士有画地为牢，势不可入；削木为吏，议不可对，定计于鲜也。今交手足，受木索，暴肌肤，受榜箠，幽于圜墙之中，当此之时，见狱吏则头抢地，视徒隶则正惕息。何者？积威约之势也。及以至是，言不辱者，所谓强颜耳，曷足贵乎！且西伯，伯也，拘于□里；李斯，相也，具于五刑；淮阴，王也，受械于陈；彭越、张敖，南面称孤，系狱抵罪；绛侯诛诸吕，权顷五伯，囚于请室；魏其，大将也，衣赭衣，关三木；季布为朱家钳奴；灌夫受辱于居室。此人皆身至王侯将相，声闻邻国，及罪至罔加，不能引决自裁，在尘埃之中，古今一体，安在其不辱也？由此言之，勇怯，势也；强弱，形也，审矣[⑦]，何足怪乎！夫人不能早自裁绳墨之外，以稍陵迟，至于鞭箠之间，乃欲引节，斯不亦远乎！古人所以重施刑于大夫者，殆为此也。

夫人情莫不贪生恶死，念父母，顾妻子；至激于义理者不然，乃有所不得已也。今仆不幸，早失父母，无兄弟之亲，独身孤立、少卿视仆于妻子何如哉？且勇者不必死节，怯夫慕义，何处不勉焉！仆虽怯懦，欲苟活，亦颇识去就之分矣，何至自沉溺缧绁之辱哉？且夫臧获婢妾[8]，由能此决，况仆之不得乎？所以隐忍苟活，幽于粪土之中而不辞者，恨私心有所不尽，鄙陋没世而文采不表于后世也。

古者富贵而名摩灭[9]，不可胜记，唯倜傥非常之人称焉。盖文王拘而演《周易》；仲尼厄而作《春秋》；屈原放逐，乃赋《离骚》；左丘失明，厥有《国语》；孙子膑脚，《兵法》修列；不韦迁蜀，世传《吕览》；韩非囚秦，《说难》、《孤愤》；《诗》三百篇，大抵圣贤发愤之所为作也。此人皆意有郁结，不得通其道，故述往事，思来者。乃如左丘无目，孙子断足，终不可用，退而论书策，以舒其愤，思垂空文以自见。

仆窃不逊，近自托于无能之辞，网罗天下放失旧闻[10]，略考其行事，综其终始，稽其成败兴坏之纪，上计轩辕，下至于兹，为十表，本纪十二，书八章，世家三十，列传七十，凡百三十篇。亦欲以究天人之际，通古今之变，成一家之言。草创未就，会遭此祸，惜其不成，是以就极刑而无愠色。仆诚以著此书，藏之名山，传之其人，通邑大都，则仆偿前辱之责，虽万被戮，岂有悔哉！然此可为智者道，难为俗人言也。

且负下未易居[11]，下流多谤议，仆以口语遇遭此祸，重为乡党所笑，以污辱先人，亦何面目复上父母丘墓乎？虽累百世，垢弥甚耳！是以肠一日而九回，居则忽忽若有所亡，出则不知其所往。每念斯耻，汗未尝不发背沾衣也。身直为闺阁之臣，宁得自引于深藏岩穴邪？故且从俗浮沉，与时俯仰，以通其狂惑。今少卿乃教以推贤进士，无乃与仆私心刺谬乎？[12]今虽欲自雕琢，曼辞以自饰，无益于俗，不信，适足取辱耳。要之死日，然后是非乃定。书不能悉意，略陈固陋。谨再拜。

【注释三】

①剖符丹书：汉代对于有功之臣特殊待遇的证件，后代子孙有罪可免。

②文史、星历：太史令的职业。星历：天文历法。

③倡优所畜：被当成乐师优伶一样畜养着。

④不与：不认为是。与：赞许，肯定。死节者：守节操而死者。

⑤关木索被箠楚：言带上刑具。关：贯，披戴。木：枷。索：绳。箠：杖。楚：荆木。

⑥槛穽：畜养野兽的圈栏和深池。

⑦审矣：明白了。

⑧臧获：古人骂奴婢的称呼，此泛指奴仆，与《婢妾》义同。

⑨摩：拭去。⑩放失：散亡。失：同“佚”。

⑪负：背负。下：低下。此指因受刑而带来的坏名声。

⑫刺谬：乖背。不合。

【译解】

掌牛马之仆太史公司马迁，再次叩拜少卿先生：

以前承蒙您给我写信，指教我应该谨慎地待人接物，把推荐贤才当作自己的任务。信中所表达的情意诚恳真挚，好像抱怨我不听您的指教，而用流俗人的话。我实在不敢这样。我虽然才能低劣，也曾经旁听过道德高尚的人的遗风。只是自己认为身体残缺，处在卑贱的地位，一行动就被人指责，想做好事反而把事情弄坏，所以独自愁苦郁闷，这种心情向谁去诉说呢？俗话说：“为谁去干这件事？叫谁听从这种意见？”钟子期死了之后，伯牙没有知音就终身不再弹琴。为什么呢？士人都为知己的人出力，女子都为喜爱她的人打扮。像我这样的人，身体已经残缺了，即使怀抱着像随侯珠、和氏璧一样的才华，有着像许由、伯夷那样的品行，终究不能以此为荣，正好还要被人讥笑而羞辱自己呢。您的来信应该答复，碰到我跟随皇帝东巡回来，又忙于卑贱琐碎的事务，彼此见面的时间很少，忙忙碌碌地没有一点儿空闲可以让我对您倾吐自己的心意。现在您犯下后果不可设想的大罪，过一个月，就到了处决犯人的十二月，我又要忙着跟随皇帝到雍地去祭祀，恐怕您的不幸突然降临，这就会使我终于不能向您抒发自己的愤懑之情，那您死后也会抱怨无穷。因此，现在请让我向您陈述一些偏狭浅陋的意见。隔了这么久没有给您回信，请不要见怪。

我听说：修身养性，是智慧的象征；乐于助人，是仁德的行开端；对待取舍，是义的表现；懂得耻辱，是勇敢的关键；树立美名，是品行的最高标志。士人具有这五种品德，然后可以立身于世，排在有道德的君子的行列。所以，祸害没有比想有而不可得更悲惨的，悲哀没有比伤心更难过的，行为没有比辱没祖先更丑恶的，耻辱没有比受宫刑更大的。受过宫刑的人，不能和别人并列在一起，这不是今世一个时代的事情，长久以来就是这样了。从前卫灵公与宦官雍渠同乘一辆车子，孔子就从卫国跑到陈国去了；商鞅因为依靠宦官景监的引见而做官，贤人赵良因此为之寒心；宦官赵谈与汉文帝一起坐车，大臣袁丝变了脸色。自古以来就是鄙视宦官的。就是那些普通的人，事情牵涉到宦官，没有谁不挫伤意气的，何况那些慷慨有志之士呢！如今朝廷虽然缺乏人才，怎么能让受过宫刑的人，去推荐天下的英俊豪杰啊！

我依赖祖先的遗业，能够在京城做官，已经二十多年了。我自己想：首先，我不能奉献自己的忠信，具有奇谋异才的声誉，以取得皇帝的信任；其次，又不能向君主进谏，推举贤才，使那些隐居岩穴的贤士得到任用；对外，不能参加军队的行列，去攻打城市，在野外作战，立下斩将拔旗的功劳；再次，不能在平日积下功劳，取得高官厚禄，为宗族亲友增光。这四样条件没有具备一样，就只能随便迎合皇帝的心意，无所建树，从这里可以看得很清楚了。从前，我也曾经参与下大夫的行列，奉陪在外廷讨论国事，没有在那时执引国家的政策法令，尽自己的一份心力；现在已经遭受宫刑，成为打扫台阶的皂隶，处在下贱的地位，竟想昂首扬眉，议论是非，这不是轻视朝廷、羞辱当代的士人吗？唉！唉！像我这样的人还有什么可说的啊！还有什么可说的啊！

事情的本末是不容易弄明白的。我少年时自恃有非凡的才能，但长期没有得到乡里人的称誉。幸蒙皇上因为我祖先的缘故，使我能够贡献自己微薄的技能，出入在宫廷之中。我认为，头戴木盆怎么可以望见天空呢，所以谢绝和宾客交游，丢掉家里的私事，日夜想着竭尽自己低劣的才力，一心一意地努力做好本职的事情，以便得到皇上的亲近和信任。然而事情出乎自己的愿望，竟出了大错误！

我和李陵，同在朝廷供职，平时相处并不亲密。我们的爱好和志趣不同，从来没有在一起饮一杯酒，很少殷勤地在一起欢乐相处。但是我看李陵的为人，是一个能够守住自己节操的奇士：他侍奉父母很孝顺，与士人交往守信用，处理钱财很廉洁，对待取舍讲义气，对尊卑长幼能分别以礼相待，态度恭俭，对人谦下，经常想着奋不顾身地奔赴国家的危难。这是他平日养成的，我认为他具有国士的好作风。像他那样的臣子不辞万死，不顾自己的性命，奔赴国家的危难，这是难得的人才了。现在办事一不恰当，那些平时只顾保全性命和妻子儿女的臣子，立即把他的过失加以扩大，我私下确实感到痛心。况且，李陵带领步兵不满五千人，深入敌人的兵马之地，足踏匈奴君王居住之处，诱敌出击，对强大的匈奴四处挑战，向处在高地的亿万敌军进攻，与匈奴单于接连交战十多天，所杀伤的敌军超过了自己的人数。敌人连救死扶伤都来不及，匈奴的君主和长官都感到震惊恐怖，于是全部征集左贤王、右贤王的兵士，发动会射箭的人，全国一起来进攻和包围李陵。李陵率领军队转战千里，箭射完了，没有路突围，救兵又没有来，死伤的士兵堆积遍地。然而李陵振臂一呼，勉励士兵，士兵没有一个不奋身而起的，大家流着眼泪，血流满面，暗暗哭泣，于是又张着空弓，冒着白刃，向着北面与敌人拼命。李陵的军队没有覆没的时候，使者来朝廷报捷，汉朝的公卿王侯都举杯为李陵祝贺。几天以后李陵失败了，战报传来，皇

西汉将帅军戎服饰图

上为之感到饮食无味，上朝听政也很不愉快，大臣们感到担忧害怕，一个个不知道该怎么办才好。我没有考虑到自己地位卑贱，看见皇上悲伤愁苦，确实想奉献自己诚挚的愚见。我认为李陵平时与士大夫交往，遇到好吃的东西尽量让给别人，遇到分财物时自己得最少的，因此可以使人为他效死卖力，就是古代的名将也不能超过他；他现在虽然因为战败而身陷匈奴，看他的意图，是想得到一个适当的时机来报效汉朝；他投降匈奴，是无可奈何的，相比他这次战争中所摧败匈奴之兵，其功劳也清楚地显示在天下人的眼前。我想把心中的这些愚见禀告皇上而没有机会，恰好碰到皇上召见询问，我就把这些意见禀告皇上，以说明李陵的功劳，想借此宽解皇上的思虑，堵塞怀恨李陵的人说坏话。我的意见没有完全说明白，皇上没有理解我的用意，以为

我是在诋毁副师将军李广利，是在为李陵辩护，就把我交给廷尉审判。我的一片耿耿忠心，终于不能表白出来。因为判我犯了污辱皇上的罪，结果皇上听从了狱吏的决议（定为宫刑）。我家里贫穷，没有财物可以用来赎罪，没有朋友来看望营救，左右亲近的人也不替我讲一句话。我不是木头石块，独自一人被投入狱中，深深地关押在监牢里，这种痛苦可以向谁诉说啊！这是少卿你亲眼看见的，我的遭遇难道不是这样吗？李陵已经活着投降，败坏了他家里的名声，而我随后又住在蚕室之中，再被天下人看着耻笑。悲痛啊！悲痛啊！这种事是不容易对俗人一一说清楚的。

我的祖先，没有立下不朽的功勋可以让子孙免罪，只掌管文史资料和天文历法，是近乎占卜和祭祀之间的官职，本来是国君所戏弄，像乐工伶人一样养起来的，是世俗的人所轻视的。假使我因为犯法被杀，就像九牛身上丢失一根牛毛，和弄死一只蝼蚁有什么不同？而世俗的人又不能把我的死与坚守气节而死的人相比，只以为我没有本事，罪恶极大，无法避免，结果只有一死罢了。为什么这样呢？是向来地位低贱所造成的。人本来都有一死，有死得重于泰山的，有死得轻于鸿毛的，这是因为死的目的不同。首先不能让祖先受侮辱，其次不能让身体受侮辱，其次不能让脸面受侮辱，其次不能被人用言辞来侮辱，其次不能被捆绑身体受侮辱，其次不能换上罪人的赭衣受侮辱，其次不能戴上木枷被人杖打受侮辱，其次不能剃光头发、颈戴铁圈受侮辱，其次不能毁坏肌肤、砍断肢体受侮辱，最后是不能被处腐刑受侮辱，这是最残酷的啊！传说：“刑罚不能加在大夫身上。”这是说士大夫的气节不可不自勉啊。猛虎在深山的时候，各种野兽见到它都震惊害怕，等到它被捕获关在兽圈中的时候，就摇着尾巴向人求食，这是长期的威力约制、渐渐使它驯服下来啦。所以士大夫有的在地上画一个监牢，坚决表示不能进去，有的削一块木头当作狱吏，决心不面对它，这是他们打定不必等到关进监牢、受到狱吏侮辱就自杀的主意。现在手足交叉，戴上木枷，暴露肌肤，遭受杖打，深深地关押在监牢之中。在这个时候，看见狱吏就用头撞在地上磕头，看见狱卒就心惊胆战。这是为什么呢？这是长期的威力约制造成的。到了这种地步，还说自己没有受侮辱，这是厚着脸皮说话，有什么可贵之处呢？西伯周文王，是诸侯的首领，曾被关押在羑里；李斯，是秦国的丞相，受尽了五种残酷的刑罚；淮阴侯韩信，封为楚王，在陈地戴上镣铐；彭越、张敖，身为王侯，被关入监狱抵罪；绛侯周勃，诛灭吕太后的家族，权势超过五霸，后来却被囚于请室；魏其侯窦婴，是一位大将军，后来却穿上了罪犯的赭衣，颈上手上足上都戴上了木枷；楚将季布受髡钳的刑罚后卖给朱家为奴；灌夫因为得罪丞相田蚡而在居室中受到侮辱。这些人都位至王侯将相，名声远扬邻国，等到犯了罪受处罚，不能下定决心自杀，结果落入到肮脏的尘埃之中。古代和当代是一样的，哪里在乎他是否遭受侮辱呢？由此看来可以这样说；勇敢和怯弱，是地位决定的；强大和弱小，是形势决定的。这是很清楚的！有什么值得奇怪的呢？一个人不能在被捕受辱之前趁早自杀，就比较卑下，等到受鞭打之时，才想到保全气节而自杀，这不是已经晚了吗？古人之所以对士大夫慎重施刑，原因大概就在这里吧。

人之常情是贪生怕死，思念父母，顾念妻子儿女。至于那些被义理激发起来的人，不这样，那是出于不得已的原因。现在我很不幸，父母早亡，没有兄弟，单身孤立。少卿，你看我对于妻子儿女的态度怎样呢？勇敢的人不必为了气节而死，怯弱的人仰慕义气，在什么情况下可以不勉励自己不要遭受侮辱啊？我虽然怯弱，想苟活下去，也颇懂得舍生就义的道理，为什么竟让自己落到关入监狱而遭受侮辱的地步呢？那些奴才和婢妾，还能够引颈自杀，何况我处在不得已的境况之中呢？我所以暗暗地忍受侮辱，苟且偷生，关闭在粪土一样肮脏的屋子里而没有拒绝的原因，是恨自己的理想没有完全实现，恨自己若在人们的轻视之中死去而那具有文采的著作不能传于后世啊。

古时候富贵而名声已经磨灭的人，多得没法记载，只有那些异常卓越的人才名垂后世。周文王拘囚于羑里，才推演《周易》；孔子遭受困苦，才写作《春秋》；屈原遭到放逐，才创作《离骚》；左丘明失掉视力，才编写《国语》；孙子割掉膝盖骨，才著述兵法；吕不韦放逐到蜀地，世上才流传他的《吕览》；韩非子被囚在秦国，才有《说难》、《孤愤》；《诗经》三百篇，大都是聪明贤智的人为了抒发胸中的愤懑而作的。这些人都是情意郁结，心中很不舒畅，因此记述往事，希望未来的人借此了解自己。就好像

韩非子像

李陵像

左丘明瞎了眼睛，孙子砍断双足，终于没有人任用，才退避起来著书立说以抒发他们心中的愤懑，希望留下这些文章来表现自己的观点和感情。我私下不谦逊，近来自己运用笨拙的文辞，搜罗天下的遗闻轶事，略微加以考订，综述它们的本末，考察它们的成功、失败、兴盛、衰亡的规律，上从轩辕黄帝开始，下至现在，写了表十篇，本纪十二篇，书八篇，世家三十篇，列传七十篇，共一百三十篇。我想通过这部书来研究自然和人事的规律，使人通晓古今的变化，成为有独立见解的一家之言。我写的草稿尚未完成，恰好遭到这个大祸，我惋惜这部书没有写成，因此受到最严厉的刑罚也没有怨恨。我如果著成这部书，藏在名山之中，传给同志之人，散布在大都市之中，那么我就偿还了先前忍受侮辱的旧债，那时杀我一万次，我难道有后悔吗！然而这些话只能对聪明的人讲，很难对世俗的人谈啊！

负罪的人不容易立身处世，下贱的人经常受到谤议。我因为替李陵讲了几句话，就遭遇这种大祸，深为乡里人和同僚所耻笑，污辱了祖先，我有什么面目再到父母的坟墓上去呢？就是经过百代，污辱会更加厉害呢！因此我感到好像肠子一日九回那样痛苦，在家里就恍恍惚惚若有所失，外出就不知到了哪里。每想到这种耻辱，没有不背上出汗沾湿衣裳的。我现在简直像一个宦官，哪里能够自己引退到深山之中去做隐士呢？所以只好从俗随时，随波逐流，使自己变成狂人和愚人。现在少卿你指教我推举贤士，这不是与我的心意相违背吗？现在我就是选用美丽的言辞来掩饰自己，也是无益的，世俗的人不会相信，正好还要自取耻辱呢。总之，死了之后是非才能论定。

信中不能完全表达我的心意，只是略微陈述一些浅陋的想法。谨再拜。

【赏析】

《报任安书》是司马迁答复任安的一封信，一方面在于说明自己

“身残处秽”，不能像任安希望的那样“推贤进士”；另一方面，以无限激愤的心情，述说了自己的一生悲剧，抒发了内心的痛苦和愤懑，揭露了武帝的喜怒无常、是非不明，提出了进步的生死观，表现了为实现理想不屈不挠的战斗精神。

文章基调悲愤沉郁，可歌可泣。其情思迂回处，如哽咽欷歔；其悲怆郁勃处，如气贯长虹。写自己身受腐刑之辱，使人觉柔肠寸断，而肝胆俱裂。读来只觉字字是泪，句句是血，委实为天下罕见的奇文大作。

清学者对此文作了形象概括：“通篇淋漓悲壮，如泣如诉，自始至终，似一气呵成。盖胸中积愤，不能自遏，故借少卿“推贤进士”之语，做个题目耳。读者逐段细绎，如见其慷慨激烈，须眉欲动。”（见［清］林云铭《古文析义》卷八）

卷六

汉文

高帝求贤诏[1]

西汉文

【原文】

盖闻王者莫高于周文[2]，伯者莫高于齐桓[3]，皆待贤人而成名。今天下贤者智能，岂特古之人乎[4]？患[5]在人主不交故也[6]，士奚由进[7]？今吾以天之灵、贤士大夫定有天下，以为一家。欲其长久，世世奉宗庙亡绝也[8]。贤人已与我共平之矣[9]，而不与我共安利之，可乎？贤士大夫，有肯从我游者[10]，吾能尊显之。布告天下，使明知朕意[11]。御史大夫昌下相国[12]，相国酂侯下诸侯王，御史中执法下郡守[13]。其有意称明德者[14]，必身劝为之驾[15]，遣诣相国府[16]，署行义年[17]。有而弗言，

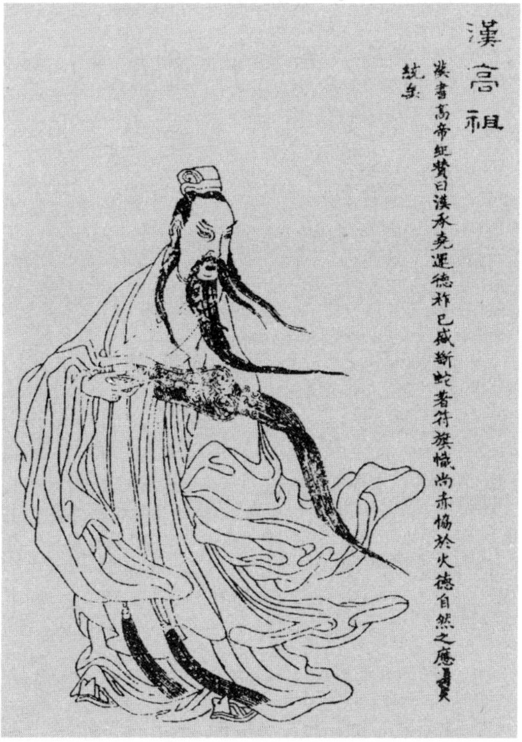

汉高祖刘邦像，图出自清·上官周绘《晚笑堂画传》。

觉，免⑱。年老癃病⑲，勿遣。

【注释】

①高帝：汉高祖刘邦，秦末沛县丰邑（今属江苏）人，西汉王朝的建立者，前206～前195年在位。诏：诏书，皇帝的命令或文告。

②周文：周文王。

③伯：通“霸”，春秋时诸侯盟主。齐桓：即齐桓公，姓姜乐小白，春秋五霸之一。

④岂特：难道仅仅。

⑤患：原因。

⑥人主：君主。

⑦奚由：从哪里。

⑧宗庙：祭祀祖先的庙堂，古人以天子宗庙为国家的象征。亡：通“无”。绝：断。

⑨平定。

⑩游：交往共事。

⑪朕：本为人之自称，自始皇起专用为皇帝的自称。

⑫御史大夫：汉朝仅次于丞相的行政官员，辅助丞相监察事务，掌管机要文书。昌：周昌，沛（今属江苏）人。跟随高祖起兵破秦，为中尉。刘邦即位后为御史大夫。封汾阴侯。

⑬相国：即丞相，处理国家政事的最高行政长官。酂侯：即萧何，汉沛人，“兴汉三杰”之一刘邦立，论功萧何第一，封侯。御史中执法：御史中丞，这里指诸侯国掌管监察、执法职务的官。

⑭其：连词，表假设，相当于“倘若”。意：好的声誉。称：符合。

⑮身劝：亲自前往劝说。

⑯诣：往，到。

⑰署：题写。义，通“仪”。

⑱觉免：发觉以后免职。

⑲癃（lóng）：衰弱多病。

【译解】

听说古代圣王中没有高出周文王的，霸主中没有高出齐桓公的，周文王、齐桓公都是依靠贤人的帮助而成名的。现在天下的贤人一定也很有智慧才能，难道只有古时候的人才有吗？怕的是君主不去和他们交结；不去交结，贤士怎么能够来呢？现在我靠着上天神灵的保佑，依靠贤士大夫的帮助，安定了天下，把天下统一了。我希望这个天下能长久地保持下去，世世代代奉祀祖先的宗庙永无尽绝。贤人已经与我共同平定天下了，怎可不与我共同治理天下而使人民幸福。贤士大夫有肯跟我交游的，我能够尊敬他重用他。特把这个诏令布告天下，让大家明白我的意思。

御史大夫周昌把这个诏令下达给丞相，丞相酇侯下达给诸侯王，诸侯的御史中丞下达给郡的太守。那些确实称得上德行贤明的人，郡守应该亲自去劝他们出来，并为之驾车，送他们到丞相府，登记其经历、容貌和年龄。如果有那样的贤人而郡守不上报，发觉之后就免他的官。年老体弱多病的贤人，不要送来。

【赏析】

这是汉高祖刘邦发布的一个求贤诏令。文章虽然短小精悍，却清楚地说明了诏令求贤的原因、目的和方法。诏令词意恳切谦恭，很清楚了道出：创业需要人才，守成更是需要人才。清余诚《古文释义新编》有评：“此诏期望殷勤，法制详细且能流丽端庄，跌宕劲峭，兼而有之。高帝之雄气伟略，殆具足见矣。”

文帝议佐百姓诏①

西汉文

【原文】

间者②，数年比不登③，又有水旱疾疫之灾，朕甚忧之。愚而不明，未达其咎④。意者⑤，朕之政有所失，而行有过与⑥？乃天道有不顺⑦，地利或不得，人事多失和，鬼神废不享与⑧？何以致此？将百官之奉养或费⑨，无用之事或多与？何其民食之寡乏也⑩？夫度田非益寡⑪，而计民未加益⑫，以口量地⑬，其于古犹有余，而食之甚不足者，其咎安在？无乃百姓之从事于末⑭，以害农者蕃⑮，为酒醪以靡谷者多⑯，六畜之食焉者众与⑰？细大之义，吾未能得其中⑱。其与丞相、列侯、吏

贾谊像，图选自清・顾沅辑《古圣贤像传略》

二千石、博士议之[19]。有可以佐百姓者，率意远思[20]，无有所隐。

【注释】

①文帝：汉文帝刘恒，高祖刘邦之子，前179～前157年在位。

②间者：近年来。

③比：接连。登：庄稼成熟。

④达：通晓。咎：罪过，灾祸。

⑤意者：料想。

⑥与：通“欤”，疑问语气词。

⑦乃：连词，表选择关系，抑或，还是。

⑧废：废弃，停止。享：祭献。

⑨将：连词，表选择。

⑩何其：为什么？

⑪度：量，计算。益：更加。寡，缺乏。

⑫益：动词，增加。

⑬量：计量，计算。

⑭无乃：莫非，表示委婉语气。末：古人常以农为本，以工商为末。

⑮蕃：繁多。

⑯醪（láo）：汁滓混合的酒。靡：通“糜”，浪费。

⑰六畜：马、牛、羊、猪、鸡、犬六种家畜。

⑱中：击中目标，适中。

⑲其：表示祈使语气。列侯：爵位名，汉制群臣异姓封侯者称列侯，汉初称彻侯，避武帝讳改通侯，又改列侯。二千石：汉代享受二千石俸禄等级的官吏。这里是郡守的通称。博士：官名，掌管书籍文献，通古今史事，出谋献策。

⑳率意：坦率地说出。

【译解】

近几年来，连续年成不好，又有水灾、旱灾和疫病，我非常为之忧虑。我愚昧不明，不知道自己错在什么地方。我在猜想，是我的政治有过失，行为有错误呢？还是不顺天道，不得地利，多失人和，废弃鬼神不祭祀呢？为什么弄到这个样子？也许是给官员们的俸禄太浪费，或者无用的事情办得太多了吧？为什么百姓吃的粮食这么缺乏呢？授给百姓的田地没有减少，而统计人口没有增加，以每个人口所得的土地数来计算，比从前还有所增加，而粮食非常不足，其中的过错在哪里呢？莫不是百姓从事于工商业而危害农业的人多了，酿酒浪费谷子多了，六畜吃掉的粮食多了？这些大大小小的原因，我没有找到其中最确切的。希望与丞相、列侯、二千石的官吏以及博士们来讨论这个问题，想出可以帮助百姓的办法，尽力地深入考虑，不要隐瞒自己的意见。

【赏析】

《仪佐百姓诏》是汉文帝要求大臣群策群力，解决人民粮食问题的诏书。诏书从各个方面探求了当时民间疾苦的原因，表现了文帝对黎民百姓的关心及渴望解决百姓现实问题的迫切心情。清浦起龙《古文眉诠》评曰“所言民食，皆其平日心口间密密求详者，故达之文句，竟成一篇策问体；篇终‘率意远思’四字，可作总赞。”

景帝令二千石修职诏[1]

西汉文

【原文】

周文刻镂[2]，伤农事者也；锦绣纂组，害女红者也[3]。农事伤，则饥之本也，女红害，则寒之原也[4]。夫饥寒并至，而能无为非者寡矣[5]。朕亲耕，后亲桑[6]，以奉宗庙粢盛祭服[7]，为天下先。不受献[8]，减太官[9]，省繇赋[10]；欲天下务农蚕，素有畜积[11]，以备灾害。强毋攘弱[12]，众毋暴寡[13]，老耆以寿终[14]，幼孤得遂长[15]。今岁或不登[16]，民食颇寡，其咎安在？或诈伪为吏，吏以货赂为市，渔夺百姓[17]，侵牟万民[18]。县丞，长吏也，奸法与盗盗[19]，甚无谓也[20]。其令二千石各修其

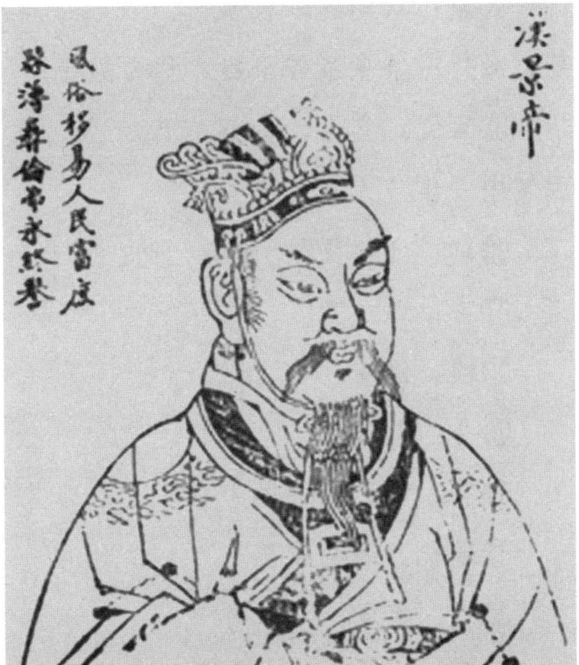

汉景帝刘启像

职。不事官职[21]，耗乱者[22]，丞相以闻[23]，请其罪。布告天下，使明知朕意。

【注释】

①景帝：汉景帝刘启前156～前141年在位，历史上称文帝、景帝时代为“文景之治”。

②雕文刻镂：在玉石、金属等器物上雕刻花纹。

③锦绣：织采为文为锦，刺采为文为绣。纂组：赤色的绶带。女红：即女工，指纺织、刺绣、缝纫等事。

④原：根源。

⑤无：不。

⑥桑：养蚕。

⑦粢（zī）盛：指盛在祭器内的黍稷和祭服等祭品。

⑧献：汉朝的一种赋税。百姓每年在向政府缴纳人头税、户赋之外，另外缴给皇帝若干钱，称为献费。

⑨太官：官名，秦汉有太官令、丞，掌皇帝饮食宴会，属少府。古智中一作“大官”。

⑩繇：通“徭”，徭役。省：减少。

⑪畜：通“蓄”。

⑫攘：侵夺。

⑬暴：欺压。

⑭耆：古称六十岁为耆，这里泛指老年人。

⑮遂长：顺利成长。

⑯岁：年成。

⑰渔夺：掠夺，贪取。

⑱侵牟：掠夺。牟：取。

⑲奸法：知法犯法。奸，违背，干扰。与盗盗：助盗为盗。第二个“盗”为动词，窃取财物。

⑳无谓：失去职责应引以为戒。

㉑不事官职：谓不尽职守。

㉒耗乱：昏乱胡行。耗，通“眊”，昏昧不明。

㉓闻：使闻，上报。

【译解】

在器物上雕龙刻凤，是伤害农事的；在锦绣上织花编绶，是伤害女工的。农事伤害了，就是饥饿的根子；女工伤害了，就是挨冻的本原。饥寒同时而至的时候，能够不干坏事的人便很少。我亲自耕田，皇后亲自种桑，用作祭祀宗庙时供奉的黍稷和祭服，给天下的人做个榜样。我不受供献，减少太官的费用，减轻徭役和赋税，要使天下的人努力耕田养蚕，在平时有积蓄，以便防备灾害。使强大的不能侵夺弱小的，人多的不能欺压人少的，老年人得以寿终，幼儿孤儿能够成长。

有的地方今年的年成不好，人民的粮食很少，那过失在哪里？有的地方以欺诈的人当官，当官的用财货作买卖，掠夺百姓，侵害人民。县丞是县吏中最大的，他们利用职权为非作歹，助长下面吏役的贪污，那确实失去了国家设置县丞的意义了。

现在我命令国相和郡的太守，各人都要负起职责。对那些不负责任、昏暗不明的，丞相来报告我，我要追究他们的罪责。

特此布告天下，使大家都知道我的意思。

【赏析】

汉景帝刘启认识到在饥寒交迫时不做坏事的人不多，就与皇后一起带头从事农桑，并且减少农民负担，要求官员忠于职守，以使百姓专心务农。诏书指出了人民遭受苦难的原因，说明了汉景帝治理天下的目标，即“欲天下务农蚕，素有畜积，以备灾害”，使天下“强毋攘弱，众毋暴寡，老耆以寿终，幼孤得遂长”，诏书同时也提出了实现目标的各种举措。诏书全文精悍犀利，充满刚健之气，同时穷极原委，切中时弊。清人徐乾学《古文渊鉴》评此诏“崇本抑末，语语切至；毋为墨吏所侵暴，尤深中民隐。”

武帝求茂材异等诏①

西汉文

【原文】

盖有非常之功，必待非常之人。故马或奔踶而致千里②，士或有负俗之累而立功名③。夫泛驾之马④，跅弛之士⑤，亦在御之而已⑥。其令州郡察吏民，有茂材异等可为将相，及使绝国者。⑦。

【注释】

①武帝：汉武帝刘彻，汉景帝子。我国历史上一位有作为的皇帝。茂材：即秀才，因东汉时避光武帝刘秀讳改。异等：特异出众。

②奔踶：奔驰。踶，通“驰”。致：到达。

③负俗：被世俗讥笑议论。累：过失、毛病。

④泛驾：翻车。喻马不

汉武帝像

受控制。

⑤跅驰：放荡不守规矩。

⑥御：驾驭。

⑦州：武帝把全国除京师以外的地区分为十三个监察区，称为十三州。绝国：极远的邦国。

【译解】

大凡要建立非常的功劳，必须依靠有非常才能的人。有的马很不驯服，驾之却可以日行千里；有的士人受到世俗的讥议，任用他却可以建立功名。那能够把车子拉翻的马，那行为放任的士人，全在于合理地驾御他们。命令州郡的长官，留心考察吏民中有才能出众，可以做将相和出使到远方国家去的人。

【赏析】

汉武帝在位五十多年，是一个雄才大略的皇帝。本文是他求贤的诏书。他认为有的贤人即使与世俗不相合，却也能够建功立业，关键在于如何利用他们。诏书隐隐流露出汉武帝强烈的自信心，把“使绝国”与“将相”表现出他致力于向外开拓、穷兵好武的思想。

过秦论（上）

贾　谊

【原文】

秦孝公据殽函之固[①]，拥雍州之地[②]，君臣固守，以窥周室[③]，有席卷天下，包举宇内[④]，囊括四海之意[⑤]，并吞八荒之心[⑥]。当是时也，商君佐之，内立法度，务耕织，修守战之具，外连衡而斗诸侯[⑦]，于是秦人拱手而取西河之外[⑧]。

孝公既没[⑨]，惠文、武昭，蒙故业[⑩]，因遗策[⑪]，南取汉中[⑫]，西举巴蜀[⑬]，东割膏腴之地[⑭]，北收要害之郡[⑮]。诸侯恐惧，会盟而谋弱秦，不爱珍器重宝肥饶之地，以致天下之士，合从缔交[⑯]，相与为一。当此之时，齐有孟

廉颇像

尝[17]，赵有平原[18]，楚有春申[19]，魏有信陵[20]，此四君者，皆明智而忠信，宽厚而爱人，尊贤而重士，约从离横[21]，兼韩、魏、燕、赵、宋、卫、中山之众[22]。于是六国之士，有宁越、徐尚、苏秦、杜赫之属为之谋[23]，齐明、周最、陈轸、召滑、楼缓、翟景、苏厉、乐毅之徒通其意[24]，吴起、孙膑、带佗、儿良、王廖、田忌、廉颇、赵奢之伦制其兵[25]。尝以什倍之地、百万之众，叩关而攻秦，秦人开关而延敌[26]，九国之师，遁逃而不敢进。秦无亡矢遗镞之费[27]，而天下诸侯已困矣。于是从散约解，争割地而赂秦[28]，秦有余力而制其弊[29]，追亡逐北[30]，伏尸百万[31]，流血漂橹[32]。因利乘便[33]，宰割天下，分裂河山，强国请服[34]，弱国入朝[35]。

施及孝文王、庄襄王[36]，享国之日浅[37]，国家无事。及至始皇，奋六世之余烈[38]，振长策而御宇内[39]，吞二周而亡诸侯[40]，履至尊而制六合[41]，执敲扑以鞭笞天下[42]，威震四海。南取百越之地[43]，以为桂林、象郡[44]。百越之君，俯首系颈[45]，委命下吏[46]。乃使蒙恬北筑长城，而守藩篱[47]，却匈奴七百余里[48]，胡人不敢南下而牧马[49]，士不敢弯弓而报怨[50]。于是废先王之道，燔百家之言[51]，以愚黔首[52]。隳名城[53]，杀豪俊，收天下之兵，聚之咸阳[54]，销锋鍉[55]，铸以为金人十二[56]，以弱天下之民。然后践华为城[57]，因河为池[58]；据亿丈之城，临不测之溪以为固。良将劲弩[59]，守要害之处，信臣精卒[60]，陈利兵而谁何[61]。天下已定，始皇之心，自以为关中之固[62]，金城千里，子孙帝王万世之业也。

始皇既没，余威震于殊俗[63]。然而陈涉[64]，瓮牖绳枢之子[65]，氓隶之人[66]，而迁徙之徒也[67]。材能不及中庸[68]，非有仲尼、墨翟之贤[69]，陶朱、猗顿之富[70]，蹑足行伍之间[71]，俯起阡陌之中[72]，率罢弊之卒[73]，将数百之众，转而攻秦[74]，斩木为兵，揭竿为旗[75]，天下云集而响应，赢粮而景从[76]，山东豪俊[77]，遂并起而亡秦族矣。

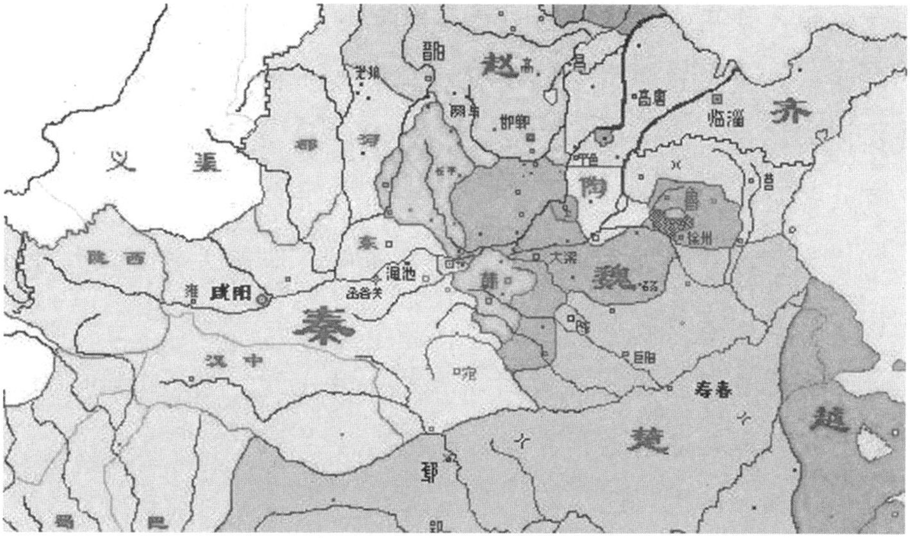

战国地图

且夫天下非小弱也。雍州之地，殽函之固，自若也⑱。陈涉之位，不尊于齐、楚、燕、赵、韩、魏、宋、卫、中山之君也；锄耰棘矜⑲，非铦于钩戟长铩也⑳，谪戍之众㉑，非抗于九国之师也㉒；深谋远虑，行军用兵之道，非及曩时之士也㉓。然而成败异变㉔，功业相反。试使山东之国，与陈涉度长絜大㉕，比权量力，则不可同年而语矣。然秦以区区之地㉖，致万乘之权㉗，招八州而朝同列㉘，百有余年矣。然后以六合为家，隳函为宫，一夫作难，而七庙隳㉙，身死人手㉚，为天下笑者，何也？仁义不施，而攻守之势异也㉛。

【注释】

①秦孝公：姓嬴，名渠梁秦献公之子。他任用商鞅变法，使秦富强起来。殽：同“崤”，即崤山，在今河南省洛宁县西北。函：函谷关，在今河南省灵宝县东北。

②拥：拥有。雍州：古代九州之一，包括今陕西、甘肃和青海部分地区。

③窥：暗中探察。

④包举：像用布包裹东西一样全部拿去。宇内：天下。

⑤囊括：像用口袋装东西那样全部装去。四海：指全国，古人认为我国四面环海。

⑥八荒：八方荒远之地。

⑦连衡：即连横，当时外交的一种策略，即西方的秦国与东方的个别国家联合起来攻打其他国家。

⑧西河之外：指魏国在黄河以西的一片土地。前340年，商鞅率秦军，打败魏军，获得西河之地，即指此。

⑨没：通“殁”，死。

⑩蒙：承受。故业：前人基业，指秦孝公的事业。

⑪因：沿袭遵循。遗策：指商鞅遗留下来的策略。

⑫汉中：在今陕西南部汉中地区。

⑬举：攻取。巴、蜀：当时两个小国，在今四川东部和西部。秦惠文王二十二年（316）司马错伐蜀而灭。

⑭膏腴：肥沃。

⑮要害之郡：山川险阻的州郡。这里指上郡，在今陕西省榆林县东南。秦惠王用张仪计，使魏献上郡。

⑯合从：指东方各国联合起来攻打秦国的外交策略。

⑰孟尝：即孟尝君田文。

⑱平原：即平原君赵胜。

⑲春申：即春申君黄歇。

⑳信陵：即信陵君魏无忌。

㉑离横：拆散连横。

㉒兼：联合。

㉓宁越：赵国人，仕西周君。徐尚：宋国人。苏秦：东周洛阳人，主张合从抗秦的倡导者。杜赫：周人。之属：这一类的人。

㉔齐明：东周臣，曾在秦、楚、韩三国做过官。周最：东周君的儿子。陈轸：夏人，曾在秦、楚做过官。昭滑：一作召滑，或邵滑，楚臣。楼缓：赵国人，魏相。翟景：魏国人。苏厉：苏秦之弟。乐毅：中山国人，燕昭王任以亚卿、上将军。通其意：沟通六国的意图。

㉕吴起：卫国人，战国前期军事家。孙膑：齐国人，战国中期著名军事家，著有《孙膑兵法》。带佗：楚国将军。儿良：军事家，著有兵书一篇。兒，同“倪”。王廖：军事家。田忌：齐国大将。廉颇、赵奢：都是赵国大将。伦：辈。制其兵：统制者六国的军队。

㉖延敌：迎击敌军。延：邀，指迎击。

㉗亡、遗：丢失的意思。镞：箭头。

㉘赂：贿赂。

㉙制其弊：利用六国的困弊弱点。

㉚追亡逐北：追赶战败逃亡的敌人。北：通“背”，败北。

㉛伏尸：倒在地上的尸体。

㉜橹：大盾牌。

㉝因利乘便：凭借有利时机，利用便利形势。

㉞服：顺服。

㉟入朝：到秦国朝拜。

㊱施及：延续到。孝文王：秦昭襄王之子，名柱，即位三天即死去。庄襄王：孝文王之子，名子楚，在位三年就死去。

㊲享国：享有国家权力，即在位的意思。

㊳六世：指秦孝公、秦惠王、秦武王、秦昭王、秦孝文王、秦庄襄王等六代，一代为一世。余烈：遗留下来的功业。

㊴振：挥动。策：马鞭。御：驾驭。

㊵二周：指东周末年周王朝分为两个小封国，即东周君（都洛阳）和西周君（都巩县）。

㊶履至尊：登上皇帝之位。六合：天地和四方称六合，这里指天下。㊷敲：刑杖。扑：刑杖。鞭笞：鞭打，驱使。

㊸百越：又称百粤，是当时散居在我国东南地区的各个越族部落的总称。

㊹桂林：郡名，在今广西壮族自治区北部及东部一带。象郡：郡名，在今广西壮族自治区南部及南以西等地区。

㊺俯首：低头，表示顺从。系颈：用绳子拴在颈上，表示降服。

㊻委命下吏：听从下级官吏的支配。

㊼蒙恬：秦国大将。秦始皇三十三年（公元前214年）命蒙恬统率三十万军队，渡黄河北逐匈奴，修筑长城，西起临洮（今甘肃岷县），东至辽东（辽宁辽阳县境），共长万余里。藩篱：篱笆。喻国家的屏障，这里指长城。

㊽却：击退。

㊾胡人：指匈奴人。南下而牧马：指匈奴南下侵扰。

㊿士：指征服各国的遗民。

(51)百家之言：当时各学派的著作。

(52)黔首：秦时对百姓的称呼。

(53)隳（huì）：毁坏。

(54)兵：兵器。咸阳：秦都，在今陕西省咸阳城东北。

陈涉像

⑤锁：熔化。锋鍉：刀刃、箭镞之类。

⑥金人：铜铸的人。

⑦践华为城：循着华山作为城墙。践：登，循，凭借。

⑧因：凭借。河：黄河。池：护城河。

⑨劲弩：强弓。

⑩信臣：忠实的臣子。

⑪谁何：呵问是谁，即严厉盘查。

⑫关中：指今以陕西西安市为中心的一带地方。因其地在东函谷关、西大散关、南武关、北萧关之中，故名。

⑬殊俗：风俗不同的地方，指边远地区。

⑭陈涉：名胜，阳城（河南登封）人。

⑮瓮牖：用破翁做窗户。绳枢：用绳子系门轴。形容陈涉家庭极其贫困。

⑯氓隶：泛指农民、徒役。

⑰迁徙：指被征发去守边。

⑱中庸：平常普通。

⑲仲尼：即孔子，儒家学派的创始人，我国杰出的思想家和教育家。墨翟：即墨子，墨家学派的创始人，战国初期的思想家。

⑳陶朱：即陶朱公范蠡，春秋时越国大夫，他辅助越王勾践灭吴后，弃官至陶（今山东定陶），经商致富，自号陶朱公。猗顿：春秋时鲁人。他向陶朱公学致富之术，后以经营盐业致富。

㉑蹑足：插足生活。行伍：古代军队编制，五人为伍，二十五人为行。这里指戍卒队伍。

㉒俯起：自下倔起。阡陌：田间小路，这里指田野。

㉓罢弊：疲劳乏力。

㉔转：转过来。

⑮揭：高举。

⑯赢：担负。景：同“影”。景从：如影随形那样跟随着。

⑰山东：泛指崤山以东广大地区。

⑱自若：依然如故。

⑲耰：平整土地的一种农具，形似榔头。

⑳铦：锋利。钩戟：带钩的戟。长铩：长矛。

㉑谪戍：以罪被罚戍边。

㉒抗：匹敌抵挡。

㉓曩时：过去。

㉔成败异变：成功与失败发生了异乎寻常的变化。故下句言功业相反。

㉕度长：量长短。絜大：衡量大小。

㉖区区：很小的样子。

㉗万乘之权：指天子的权力。周制，天子才拥有兵车万乘。

㉘八州：指秦国所占有的雍州以外的全国土地。朝同列：使同等权位的诸侯来朝拜。

㉙七庙：指祖庙。周制，天子宗庙奉祀七代祖先。

㉚身死人手：指秦二世被赵高杀死，秦王子婴被项羽杀死。

㉛攻守之势异也：意为攻取敌国和保有天下的形势已经不同的缘故。

【译解】

秦孝公占据着殽山函谷关的险固地势，拥有雍州的土地，君臣们牢固地守卫国土，暗中打算夺取周王朝的政权，怀有席卷天下、兼并全国、统一中国、吞并整个天下的野心。在那个时候，商鞅辅佐孝公，对内建立法令制度，使百姓努力耕田织布，修缮制造攻守的武器，对外使用连横的策略，使其他诸侯互相争斗。因此，秦国人很轻易地夺得了黄河以西一带土地。

孝公死后，惠文王、武王、昭襄王继承旧业，遵循孝公遗留下来的政策，向南夺取了汉中，向西攻取了巴蜀，向东割得了肥沃的土地，向北收取了地势险要的州郡。各国的诸侯很恐惧，开会结盟来商量怎样削弱秦国。他们不惜用珍稀的用具、贵重的财宝和肥沃的土地，来招揽天下有才能的士人。他们运用合纵的策略，缔结同盟，互相结为一体。在那个时候，齐国有孟尝君，赵国有平原君，楚国有春申君，魏国有信陵君：这四个公子，都很聪明而讲信用，既宽厚又爱人，尊重有才能的士人。他们相约合纵而破坏连横，聚集了韩、魏、燕、楚、齐、赵、宋、卫、中山等国的许多有识之士。于是六国的士人中，有宁越、徐尚、苏秦、杜赫等给他们出谋画策，有齐明、周最、陈轸、召滑、楼缓、翟景、苏厉、乐毅一班人给他们沟通意见，有吴起、孙膑、带陀、倪良、王廖、田忌、廉颇、赵奢之辈给他们训练军队。他们曾经凭借比秦国大十倍的地方，率领百万大军，逼近函谷关而进攻秦国。秦国人开关迎敌，九国的军队，逃跑而不敢前进。秦国没有损失一支箭，各国的诸侯就已经疲困了。于是合纵的盟约瓦解了，各国诸侯争先恐后地割让土地去贿赂、讨好秦国。秦国有余力来攻击各国诸侯的弱点，追赶失败逃亡的敌人，被杀死的士卒有一百万，流的血多得可以把盾牌漂浮起来。秦国利用有利的形势，乘机宰割天下，把各国的土地一块一块地夺了过来。诸侯国中的强国请求投降，弱国就去朝拜秦国。

到孝文王、庄襄王的时候，因为他们在位的时间短，国家没有发生什么大事。

到了秦始皇的时候，他发展了前面六代君主遗留下来的功业，像挥动长鞭驾驶牲口一样地驾御天下，吞并东周、西周，灭掉各国诸侯，

秦始皇下令焚书图

登上帝位，控制天下，他拿着棍子鞭打天下的人民，声威震动了四海。他在南面夺取了百越的土地，在那里设立了桂林郡和象郡，百越的君主自已低下头在颈上系上绳子表示投降，听命于秦朝的下级官吏。秦始皇还指使蒙恬在北面修筑长城以镇守边界，使匈奴后退了七百多里，匈奴人不敢南下到秦朝境内来牧马，他们的士兵也不敢弯弓来报仇。秦始皇于是废除先王的政令，焚烧诸子百家的书籍，使百姓愚昧无知；他毁坏有名的城市，屠杀英俊豪杰，把天下的武器全部收缴起来集中在咸阳；他把刀剑、箭镞等武器销毁，铸造成十二个铜人，以此来削弱天下人民的反抗力量。然后，沿着华山作为城墙，依靠黄河作为护城河，上据亿丈之高的城墙，下临深不可测的护城河，以为这样就十分坚固了。优秀的将领带着好的武器，守卫在要害的地方，忠实的臣子率领精锐的兵卒，拿着锋利的武器查问过往之人。天下已经安定，秦始皇自以为关中地区十分牢固，千里长的城郭就像铜铸铁浇似的，真是子子孙孙称王称帝万世不朽的基业啊。秦始皇死后，馀威还震动到边远地区。

然而，陈涉一个出身贫苦的农民，而且曾被征调去渔阳防守边地。

他的才能不如普通的人，没有孔子、墨子那样的贤能，没有陶朱、猗顿那样的富有。他参加在士卒的队伍之中，在田野中起义造反，率领疲惫的士卒，带领几百个人，掉转头来进攻秦国。斩断树木当武器，举起竹竿当旗帜。天下的百姓像乌云那样集拢起来响应他，农民们自己背着粮食像身影随形那样跟着陈涉起义。于是山东地区的英雄豪杰，就一同起兵把秦国消灭了。

那个秦国并没有缩小和削弱呀，雍州的土地，殽山、函谷关的险固，还是同以前一样呢。陈涉的地位，没有齐、楚、燕、赵、韩、魏、宋、卫、中山的国君那样尊贵；陈涉他们用的锄头木棍，没有九国之师的钩戟、长矛锋利；因为犯罪而被贬调去防守边地的几百个士卒，更不能和九国的军队相比；陈涉他们的智谋和用兵的策略，也比不上各诸侯国的谋士。然而陈涉取得了成功，九国之师遭到了失败，二者完全不同，功业正好相反。如果拿山东的九国，和陈涉比量长短和大小，比量权力，那是不可相提并论的了。然而秦国凭着一块小小的地方，夺得了拥有兵车万乘的帝王的权力，召令本来和秦国处于同等地位的八州诸侯入秦朝拜，已经一百多年了。此后秦国以天地四方当作私有产业，以殽山、函谷关作为宫墙。可是，陈涉一个人起来发难，秦朝的宗庙就遭到毁灭，国君死于他人之手，被天下的人耻笑。这是什么原因呢？因为秦朝的统治者不施行仁义，所以它的守天下和以前的攻天下，形势完全不同了。

【赏析】

《过秦论》是西汉杰出的政论文之一。

原文共有上、中、下三篇，本文是第一篇。这一篇分析了秦日益强大、及至统一天下的形势，总结了其灭亡的原因，目的在于批评秦的过失，为汉朝的统治提供借鉴。文章首先铺叙秦国如何走向强盛，轻而易举地击败九国诸侯，一统天下，又如何轻而易举地为农民起义军推翻，从而总结出“仁义不施，攻守之势异也”的结论。文章结构精巧、叙事严密，气势恢宏，文笔酣畅。吴楚材、吴调侯评此文：“《过秦论》者，论秦之过也。秦过只是末“仁义不施”一句便断尽，从前竟不说出。层次敲击，笔笔放松，正笔笔鞭紧，波澜层折，姿态横生，使读者有一唱三叹之致。”

治安策（一）[1]

贾谊

【原文】

夫树国固[2]，必相疑之势[3]，下数被其殃[4]，上数爽其忧[5]，甚非所以安上而全下也。今或亲弟谋为东帝[6]，亲兄之子，西向而击[7]，今吴又见告矣[8]。天子春秋鼎盛[9]，行义未过[10]，德泽有加焉，犹尚如是，况莫大诸侯[11]，权力且十此者乎？然而天下少安[12]，何也？大国之王幼弱未壮，汉之所置傅相方握其事[13]。数年之后，诸侯之王大抵皆冠[14]，血气方刚，汉之傅相称病而赐罢，彼自丞尉以上，遍置私人，如此，有异淮南、济北之为邪？此时而欲为治安，虽尧舜不治。黄帝曰：“日中必熭[15]，操刀必

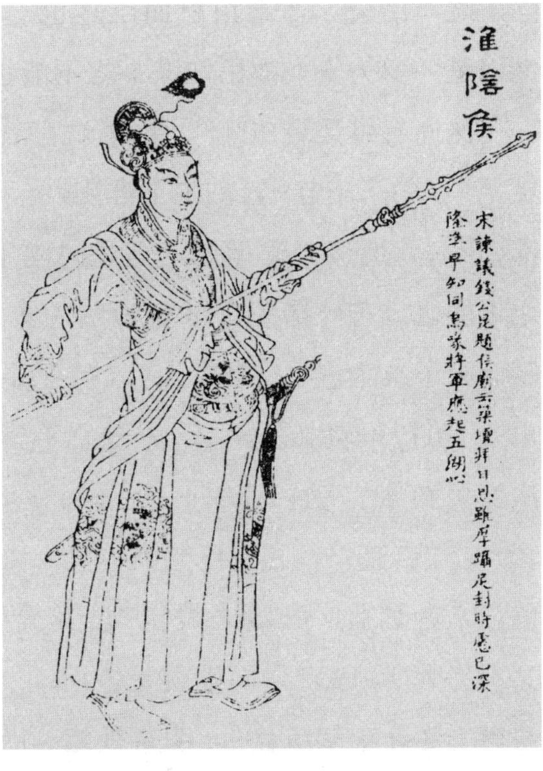

淮阴侯韩信像，图出自清·上官周绘《晚笑堂画传》

割。”今令此道顺而全安甚易[16]。不肯早为，已乃堕骨肉之属而抗刭之[17]，岂有异秦之季世乎[18]？

夫以天子之位，乘今之时，因天之助[19]，尚惮以危为安[20]，以乱为治。假设陛下居齐桓之处[21]，将不合诸侯而匡天下乎？臣又知陛下有所不能矣。假设天下如曩时[22]，淮阴侯尚王楚[23]，黥布王淮南[24]，彭越王梁[25]，韩信王韩[26]，张敖王赵[27]，贯高为相[28]，卢绾王燕[29]，陈豨在代[30]，令此六七公者皆无恙，当是时而陛下即天子位，能自安乎？臣有以知陛下之不能也。天下殽乱[31]，高皇帝与诸公并起，非有仄室之势以豫席之也[32]。诸公幸者乃为中涓[33]，其次廑得舍人[34]，材之不逮至远也。高皇帝以明圣威武，即天子位，割膏腴之地，以王诸公，多者百余城，少者乃三四十县，德至渥也[35]。然其后七年间，反者九起[36]。陛下之与诸公，非亲角材而臣之也[37]，又非身封王之也。自高皇帝不能以是一岁为安，故臣知陛下之不能也。

然尚有可诿者曰疏[38]。臣请试言其亲者。假令悼惠王王齐[39]，元王王楚[40]，中子王赵[41]，幽王王淮阳[42]，共王王梁[43]，灵王王燕[44]，厉王王淮南[45]，六七贵人皆无恙，当是时陛下即位，能为治乎？臣又知陛下之不能也。若此诸王，虽名为臣，实皆有布衣昆弟之心[46]，虑亡不帝制而天子自为者[47]。擅爵人[48]，赦死罪，甚至或戴黄屋[49]，汉法令非行也[50]。虽行不轨如厉王者[51]，令之不肯听，召之安可致乎？幸而来至，法安可得加？动一亲戚，天下圜视而起[52]，陛下之臣虽有悍如冯敬者[53]，适启其口，匕首已陷其胸矣。陛下虽贤，谁与领此[54]？故疏者必危，亲者必乱，已然之效也[55]。其异姓负强而动者，汉已幸胜之矣，又不易其所以然[56]。同姓袭是迹而动[57]，既有征矣[58]，其势尽又复然[59]，殃祸之变，未知所移[60]，明帝处之，尚不能以安，后世将如之何！

屠牛坦一朝解十二牛[61]，而芒刃不顿者[62]，所排击剥割[63]，皆众理解也[64]。至于髋髀之所[65]，非斤则斧[66]。夫仁义恩厚，人主之芒刃也；

权势法制，人主之斤斧也。今诸侯王皆众髋髀也，释斤斧之用，耐欲婴以芒刃[67]，臣以为不缺则折。胡不用之淮南、济北？势不可也。

臣窃迹前事[68]，大抵强者先反。淮阴王楚最强，则最先反；韩信倚胡[69]，则又反；贯高因赵资，则又反；陈豨兵精，则又反；彭越用梁[70]，则又反；黥布用淮南，则又反；卢绾最弱，最后反。长沙乃在二万五千户耳[71]，功少而最完[72]，势疏而最忠，非独性异人也，亦形势然也。曩令樊、郦、绛、灌据数十城而王[73]，今虽已残亡可也[74]。令信、越之伦列为彻侯而居[75]，虽至今存可也。

然则天下之大计可知已。欲诸王之皆忠附，则莫若令如长沙王；欲臣子之勿葅醢[76]，则莫若令如樊、郦等；欲天下之治安，莫若众建诸侯而少其力。少力则易使以义[77]，国小则亡邪心。令海内之势，如身之使臂，臂之使指，莫不制从[78]。诸侯之君，不敢有异心，辐凑并进[79]，而归命天子。虽在细民，且知其安，故天下咸知陛下之明。割地定制，令齐、赵、楚各为若干国，使悼惠王、幽王、元王之子孙，毕以次各受祖之分地[80]，地尽而止。及燕、梁他国皆然。其分地众而子孙少者，建以为国，空而置之，须其子孙生者[81]，举使君之[82]。诸侯之地其削颇入汉者[83]，为徙其侯国及封其子孙也[84]，所以数偿之[85]。一寸之地，一人之众，天子亡所利焉，诚以定治而已。故天下咸知陛下之廉。地制一定，宗室子孙，莫虑不王，下无倍畔之心[86]，上无诛伐之志，故天下咸知陛下之仁。法立而不犯，令行而不逆，贯高、利几之谋不生[87]，柴奇、开章之计不萌[88]，细民乡善，大臣致顺，故天下咸知陛下之义。卧赤子天下之上而安[89]，植遗腹[90]，朝委裘[91]，而天下不乱。当时大治，后世诵圣[92]。一动而五业附[93]，陛下谁惮而久不为此？

天下之势，方病大瘇[94]，一胫之大几如要[95]，一指之大几如股[96]，平居不可屈信[97]，一二指搐[98]，身虑无聊[99]。失今不治，必为锢疾[100]，后虽有扁鹊[101]，不能为已。病非徒瘇也，又苦跖戾[102]。元王之子[103]，帝之从弟也[104]，今之王者，从弟之子也[105]。惠王之子[106]，亲兄子也，今之王者，兄子之子也[107]。亲者或亡分地以安天下[108]，疏者或制大权以逼天子[109]。臣故曰：非徒病瘇也，又苦跖盭。可痛哭者，此病是也。

【注释】

①治安策：又名《陈政事疏》，是贾谊针对当时诸侯势力逐渐膨胀的形势，为汉王朝中央政权的集中统一和长治久安而献的一篇策论。本文选录的是其中的一部分。

②树国：分封诸侯国。固：强大。

③疑：猜疑。

④数：屡次。被：受。殃：祸害。

⑤上：指皇帝。忧：患难。

⑥亲弟谋为东帝：指汉文帝弟淮南王刘长，于文帝六年（公元前174年）勾结匈奴谋反。因其封地淮南在长安东面，所以说谋为东帝。

⑦亲兄之子西乡而击：指汉文帝兄悼惠王刘肥的儿子济北王刘兴居，于文帝三年（公元前177年）乘文帝去太原抗击匈奴，企图袭取荥阳。

⑧今吴又见告：指汉高祖刘邦的侄子吴王刘濞，在封国境内铸钱、煮盐，招纳天下亡人，扩张其势力，被人告发。

⑨春秋鼎盛：年富力强。

⑩过：过失。

⑪莫大：强大。

⑫少安：比较安定。

⑬傅、相：即太傅和相国，是汉中央王朝派往诸侯王国辅佐的最高行政长官。

⑭ 冠：古时男子二十岁举行冠礼，而天子、诸侯则十二岁进行

冠礼。

⑮熭（wèi）：曝晒。意为要抓紧时机。

⑯道：指机不可失的道理。顺：顺利进行。全安：保全诸侯，安定朝廷。

⑰已乃：以后就。堕：通“隳”，毁坏。抏刭：指杀头。

⑱季世：末世。

⑲因：依靠。

⑳惮：担心、顾虑。

㉑居齐桓之处：处在齐桓公的地位。

㉒曩（nǎng）时：从前，指汉高祖统一天下的时候。

㉓淮阴侯：指韩信。刘邦大将，初封齐王，又改封楚王，再降为淮阴侯。后为吕后所杀。

㉔黥布：即英布，汉初封为淮南王。于高祖十一年（前 196 年）谋反被诛。淮南：在今安徽淮南市、寿县一带。

㉕彭越：字仲，汉初封为梁王，于高祖十一年，因反叛被杀。梁：在今河南省商丘一带。

㉖韩信：指韩王信，战国时韩襄王的孙子，汉初封为韩王。于高祖七年（前 200 年）勾结匈奴，反叛当朝，被杀。韩：在今河南禹县、新郑一带。

㉗张敖：汉高祖的女婿，赵王张耳的儿子，父死继为赵王。后因他的国相贯高谋刺高祖受牵连，被降为宣平侯。赵：在今河北邯郸一带。

㉘贯高：赵王张敖的国相，因谋杀高祖被捕，自杀。

㉙卢绾（wǎn）：汉初封为燕王，于高祖十二年叛逃匈奴，被封为东胡卢王，死在匈奴。燕：在今北京市一带。

㉚陈豨（xī）：汉初封为阳夏侯，任代国相国。于高祖十年，勾结

匈奴反汉，自立为代王，兵败自杀。代：在今河北蔚县一带。

㉛殽乱：混乱。

㉜仄室：古代卿大夫嫡长子之外的儿子为侧室。仄，通“侧”。仄到之势：指很小的权势。豫：通“预”，预先。席：依靠、凭借。

㉝中涓：皇帝贴身的侍从官。指身边的大臣。

㉞廑：通“仅”，才。舍人：供奉宫中的近侍之臣。

㉟渥：深厚。

㊱反者九起：指汉高祖五年至十一年发生的黥布、彭越、韩王信、卢绾、陈豨、韩信、贯高、臧荼、利己的反叛，共为九起。

㊲角材：较量才能的高低。

㊳诿：推托。疏：疏远。

㊴悼惠王：刘邦的儿子刘肥，封为齐王，谥号“悼惠”。

㊵元王：刘邦的弟弟刘交，封楚王，谥号“元”。

㊶中子：刘邦的儿子刘如意，封赵王，谥号“隐”。

㊷幽王：刘邦的儿子刘友，封淮阳王，谥号“幽”。

㊸共王：刘邦的儿子刘恢，封梁王，谥号“恭”。

㊹灵王：刘邦的儿子刘建，封燕王，谥号“灵”。

㊺厉王：刘邦的儿子刘长，封为淮南王。

㊻布衣：平民，这里是“一般”的意思。这句意为：其实都把与天子的关系看作像普通百姓家的兄弟关系。

㊼亡不：即无不。帝制：皇帝的礼仪制度。这句意为他们没有一个不想采用皇帝的仪制，把自己看成天子一样的人。

㊽擅爵人：擅自授爵位封赐给人。 黄屋：古时皇帝车上丝织的黄色车盖，用以指帝王的车。

㊿非行：不能推行。

51不轨：不遵法制。

⑤②圜（huan）视：眼睛圆瞪着看，即怒目而视。圜：通“圆”。

⑤③悍：勇猛。冯敬：汉文帝时任御史大夫，曾揭发淮南王刘长的谋反阴谋，遭刺客所杀。

⑤④领此：治理这些诸侯王。

⑤⑤效：证明、验证。

⑤⑥不易其所以然：不改变造成动乱的原因和根源。

⑤⑦同姓袭是亦而动：同姓诸侯王沿袭异姓王的足迹进行反叛。

⑤⑧征：征兆。

⑤⑨尽：完全。复然：指恢复过去这样的叛乱局面。

⑥⓪未知所移：不知道怎么转移，意即不知哪个诸侯王发动叛乱。

⑥①屠牛坦：相传为春秋时善于宰牛的人，名坦。一朝：一天。解：剖割。

⑥②芒刃：锋利的刀刃。顿：通“钝”。

⑥③排：切除。

⑥④理：指肌肉纹理。

⑥⑤髋：胯骨。髀：大腿骨。

⑥⑥斤：砍刀。

⑥⑦婴：对付。

⑥⑧窃迹：私下追寻推究。

⑥⑨韩信：指韩王信。胡：指匈奴。

⑦⓪用梁：役使了梁国。

⑦①长沙：指长沙王吴芮。乃在：只才。

⑦②完：全。

⑦③樊：指樊哙，汉初封舞阳侯，后任左丞相。郦：指郦商，汉初封曲周侯，后任右丞相。绛：指绛侯周勃，汉文帝时为右丞相。灌：指颍阴侯灌婴，曾任太尉、丞相。

⑭虽已残：即使已经衰败灭亡了。亡可：不可。

⑮彻侯：亦叫通侯，是一种只有封爵而没有封地的诸侯。

⑯菹醢：剁成肉酱。

⑰义：道义。

⑱制从：顺从。

⑲辐凑：像辐条聚集于车毂。比喻归顺听命于中央。

⑳毕依次：全都按长幼的次序。分地：分内的土地，指诸侯王的封地。

㉑须：等待。

㉒举使君之：意为全部交给他们的子孙去统治。

㉓削：剥夺。颇：很多、大量。

㉔徙：搬动，这里是“调整”的意思。

㉕所以数偿之：意为把剥夺了的土地如数全部偿还给他们的子孙。

㉖倍：背。畔：通“叛”。

㉗利几：原为项羽部将，后降汉封为颍川侯，于公元前202年叛乱被杀。

㉘柴奇、开章：均是淮南王刘长的谋士，曾参与谋反。萌：发生。

㉙赤子：刚生的婴儿。这里指年幼的皇帝。

㉚植遗腹：立遗腹子。

㉛朝委裘：朝拜先帝的遗衣。

㉜诵圣：称颂圣明。

㉝一动：“指“众建诸侯而少其力”的这一措施。王业：指上文所述的明、廉、仁、义、圣等五项功业。

㉞瘇（zhǒng）：脚肿病。

㉟胫：小腿。要：通“腰”。

㊱股：大腿。

⑰平居不可屈信：平时不能弯曲和伸直。信，通“伸”。

⑱搐：抽搐。

⑲身虑无聊：全身感到难受。无卿，无所依靠。

⑳锢疾：不治之症。

㉑扁鹊：姓秦，名越人，战国时名医。

㉒跖戾（zhìlì）：脚掌扭折。

㉓元王之子：指汉高祖弟楚元王刘交之子刘郢。

㉔从弟：堂兄弟。

㉕从弟之子：指楚夷王刘郢之子刘戊。

㉖惠王之子：指齐哀王刘襄。因齐悼惠王是汉文帝的亲兄。

㉗兄子之子：指齐文王刘则。

㉘亲者：指同姓诸侯王中汉文帝的近亲。

㉙疏者：指同姓诸侯王中汉文帝的远亲，如刘戊、刘则等。制：控制。逼：威胁。

【译解】

建立强大的诸侯国，一定会产生他们和朝廷之间的互相疑忌，这样，地方上就会经常遭受祸殃，朝廷上就会经常为此担忧，这实在不是使朝廷平安而使地方保全的做法呢。现在，或者是天子的亲弟弟在东方阴谋称帝，或者是亲哥哥的儿子向西进攻朝廷；目前，吴王又被人告发要谋反了。天子正当盛年，办事适宜，没有超过本分，给了他们很多恩惠，他们尚且如此，何况权力比他们还大十倍的最强的诸侯呢？然而天下还稍为安定，这是什么原因呢？因为目前各大诸侯国的国君还年幼，朝廷任命的太傅和国相正在掌权。几年之后，诸侯国的国君大都长大了，他们血气方刚，朝廷任命的太傅和国相就会以有病的名义被辞退，他们会把从县丞和县尉以上的官职统统安排给亲信，这样，他们和淮南王、济北王的行为有什么不同呢？到那时要想使国家的政治安定，就是尧、舜也办不到了。黄帝说："太阳到正午的时候一定要晒东西，手里拿着刀的时候一定要割东西。"现在顺沿着这个道理实行，就很容易使地方保全和朝廷安定，如果不肯早日实行，将来却抛弃骨肉之亲而杀害他们，这难道和秦朝末年有什么不同吗？

处在天子的地位上，乘着现在的有利时机，依靠上天的帮助，还害怕采取转危为安、变乱为治的断然措施吗。假使陛下处在从前齐桓公的地位，难道不会纠合诸侯去匡正天下吗？但我知道陛下一定办不到呢。假设天下像以前一样，淮阴侯还在楚地为王，黥布在淮南为王，彭越在梁为王，韩信在韩为王，张敖在赵为王，贯高在赵为相，卢绾在燕为王，陈豨驻守代地，假使这六七个人还健在，当那个时候陛下即位当天子，能够自己得到安定吗？我有根据知道陛下不能够得到安定。从前天下混乱，高皇帝和他们同时起义，没有宗族的势力作为事先的依靠。他们中侥幸的人做到了中涓，其次的仅仅做到舍人，才能远不及高皇帝。高皇帝因为明圣威武，即位当皇帝，他把肥沃的土地分给他们，封他们做诸侯王，多的得到了一百多个城市，少的也有三、四十县，高皇帝对他们的恩德最厚了。但后来在七年之中，起来反叛的就有九起。陛下和他们，没有亲自较量才能而使他们臣服，他们也不是陛下亲自封的王侯，从高皇帝不能求得一年的安定，因此我知道陛下在那时即位当天子也不能够得到安定。

但是，还可以推托说，那些人都是和天子疏远的异姓王侯。那么就让我来讲讲和天子关系亲密的同姓王侯吧。假使让悼惠王在齐为王，元王在楚为王，中子如意在赵为王，幽王在淮阳为王，共王在梁为王，灵王在燕为王，厉王在淮南为王，这六七个贵人都健在，当那个时候陛下即位做皇帝，能使天下太平吗？我又知道陛下是不能的。像这样的诸侯王，虽然名义上是臣子，实际上都把自己和天子的关系看成是普通的兄弟关系，大抵没有不想实行帝制而自己做天子，擅自给人封爵，赦免死罪，甚至有的乘坐天子坐的黄盖车，朝廷的法令拒不执行，即使不遵守法制像厉王那样，命令都不肯听从，召他怎么肯来呢？幸而来了，又怎么可以依法定罪呢？触动一个亲属，天下的王侯就会怒目而起，陛下的臣子，就是有悍勇如冯敬的，他刚要开口说话，匕首已经刺进他的胸膛了。陛下虽然贤明，谁帮您管这种事？所以，疏远的异姓王侯一定会造成危险，亲密的同姓王侯一定会造成叛乱，历史已经是这样的表现出来了。那些异姓王侯凭着势力强大而起来作乱的，朝廷已经幸而战胜他们了，却又不铲除他们所以起来作乱的根源。同姓王侯沿着这条道路起来作乱，已经有征兆了，那种平息下去了的叛乱局面又将重新出现。祸殃的变化，不知道向什么方向发展，英明的皇帝处置它，尚且不得安定，后世的人将怎么办！

有一个名叫坦的宰牛的人，一天可以宰十二头牛，但他锋利的刀刃不钝，因为他排击剥割，都是从那骨肉的缝隙处下刀。遇到盆骨和大腿骨，他不是用砍刀就是用斧头。仁义恩惠，就是皇帝锋利的刀刃，权势法制，就是皇帝的砍刀和斧头。现在那些诸侯王，都是许多盆骨和大腿骨，放下砍刀和斧头不用，而想用锋利的刀刃去碰他们，我认为不是残缺就是折断。为什么对淮南王、济北王不始终使用仁义恩惠呢？那是形势不许可啊。

我私下考察从前的事情，大抵是势力强大的先起来叛乱：淮阴侯韩信在楚为王，力量最强，就最早起来叛乱；韩王信勾结胡人，就接着起来叛乱；贯高依靠赵国的资助，也接着叛乱；陈豨依仗兵精，也接着叛乱；彭越利用梁地的势力，也接着叛乱；黥布利用淮南的势力，也接着叛乱；卢绾的力量最弱，就最后叛乱。长沙王吴芮只有二万五千户人口，功劳少而最完整地保全下来，与天子的关系疏远而对朝廷最忠诚，这不只是吴芮的性情与为人不同，也是形势造成那样。从前如果让樊哙、郦商、周勃、灌婴占据几十个城市称王，现在就是已经伤残灭亡了也是可能的。假使让韩信、彭越之辈，封为彻侯而留在朝廷，他们至今还可能存在。

《前汉书续集》版画之吕后杀彭越图

从这里就可以懂得治理天下的大计了。想叫诸侯王都忠诚地依附朝廷，则不如都让他们像长沙王那样；想让臣子不要剁成肉酱，则不如都使他们像樊哙、郦商等人那样；想使天下安定太平，不如多封些诸侯而减少他们的力量。势力小就容易对他们施行仁义，封国小就不会产生叛乱的邪心。使天下的形势，就像身体支配手臂，手臂支配手指一样，没有不听从的。诸侯国的国君，不敢和朝廷有二心，就像车辐向车轴靠拢一样地靠拢朝廷，听命于天子。就是老百姓，也感到天下安定，所以天下的人都知道陛下贤明。分封土地，定下制度，把齐、赵、楚各分为若干个小国，让悼惠王、幽王、元王的子孙都依次得到祖先的一份封地，把地分完为止。至于燕、梁等其他诸侯国也这样处理。那些封地多而子孙少的，也建成若干个小国，先虚设在那里，等到他们生了子孙，全部让他们去做国君。诸侯的封地，因为犯罪而被朝廷没收的，就把侯国改封到别处，将来封给他的子孙，按原来的户数偿给他们。一寸地，一个人，天子都没有从中图利，真正是为了安定太平而已，所以天下的人都知道陛下的廉洁。封地的制度一确定下来，皇帝的宗室子孙没有谁担心不会封王，臣下没有背叛的想法，朝廷没有讨伐的意念，所以天下的人都知道陛下的仁爱。法律确立而没有人触犯，命令实行而没有人阻碍，贯高、利几那样的阴谋不会产生，柴奇、开章那样的诡计不会出现，百姓从善，大臣归顺，所以天下的人都知道陛下的义气。这样，就是幼主坐天下也会安定，立一个遗腹的太子做皇帝，先让臣子朝拜先帝的衣冠，天下也不会混乱，当时国家大治，后世的人称颂陛下的圣智。采取一种措施而得到明、廉、仁、义、圣五种功业，陛下怕什么而迟迟不这样做呢？

目前的天下形势，就像正在害着严重的肿足病，一只小腿肿得几乎有腰那么大，一只足指肿得几乎有大腿那么大，平时不能弯屈和伸直，一、二只足指抽搐，全身都感到难过。如果丧失现在的时机不去治疗，一定要变成难以治疗的痼疾，以后就是有扁鹊那样的名医，也不能治了。不仅仅患了肿足病呢，还患了足掌反背病。楚元王的儿子，是陛下的堂弟，今天为楚王的，却是堂弟的儿子。齐惠王的儿子，是陛下亲哥哥的儿子，今天为齐王的，却是陛下的哥哥的孙子。跟陛下关系亲的或者还没有分到封地来帮助您安定天下，跟陛下关系疏远的或者竟掌了大权来威逼天子。我所以说：不但患了肿足病，还患了足掌反背病。使人痛哭的，就是这种病啊！

【赏析】

《治安策》是贾谊给汉文帝上的著名奏疏。文中贾谊阐述了汉高祖刘邦大封诸侯王，又因为那些诸侯王威胁中央政权而将他们消灭。针对文帝时同姓诸侯势力逐渐膨胀，直至企图夺取皇位的情况，作者提出了削弱诸侯王的势力的建议。文章的主旨在于“众建诸侯而少其力”。它不仅从反面论述了如果不这样就难以长治久安，而且从正面论述了这样才容易实现长治久安，强调了削弱诸侯王的必要性和迫切性。

全文六千言，述“可为痛哭者一，可为流涕者二，可为长叹息者六”，为西汉第一长文，为后世万言之祖。文章痛切陈辞，用典精到，比喻贴切，辞锋凌历，确实是一篇波澜壮阔的政论华章，归震川评此文为“千古书疏之冠”。

论贵粟疏

晁错[1]

【原文】

圣王在上而民不冻饥者，非能耕而食之[2]，织而衣之也[3]，为开其资财之道也[4]。故尧、禹有九年之水，汤有七年之旱，而国无捐瘠者[5]，以畜积多而备先具也[6]。今海内为一，土地人民之众不避禹汤[7]，加以亡天灾数年之水旱，而畜积未及者，何也？地有余利，民有余力，生谷之土未尽垦，山泽之利未尽出也，游食之民未尽归农也[8]。民贫则奸邪生[9]，贫生于不足，不足生于不农；不农则不地著[10]，不地著则离乡轻家，民如鸟兽，虽有高城深池[11]，严法重刑，犹不能禁也。夫寒之于衣，不待轻暖；饥之于食，不待甘旨[12]。饥寒至身，不顾廉耻。

成汤像，图出自明·天然撰《历代人物像赞》。

人情，一日不再食则饥[13]，终岁不制衣则寒。夫腹饥不得食，肤寒不得衣，虽慈母不能保其子，君安能以有其民哉？明主知其然也，故务民于农桑[14]，薄赋敛[15]，广畜积，以实仓廪[16]，备水旱，故民可得而有也。

民者，在上所以牧之[17]，趋利如水走下，四方无择也。夫珠玉金银，饥不可食，寒不可衣，然而众贵之者，以上用之故也[18]。其为物轻微易藏，在于把握，可以周海内而亡饥寒之患[19]。此令臣轻背具主，而民易去其乡，盗贼有所劝[20]。亡逃者得轻资也[21]。粟米布帛[22]，生于地，长于时，聚于力，非可一日成也。数石之重，中人弗胜，不为奸邪所利，一日弗得，而饥寒至[23]。是故明君贵五谷而贱金玉。

今农夫五口之家，其服役者不下二人，其能耕者不过百亩，百亩之收不过百石。春耕，夏耘，秋获，冬藏，伐薪樵，治官府，给徭役[24]。春不得避风尘，夏不得避暑热，秋不得避阴雨，冬不得避寒冻，四时之间[25]，无日休息。又私自送往迎来、吊死问疾、养孤长幼在其中[26]。勤苦如此，尚复被水旱之灾、急政暴虐、赋敛不时、朝令而暮改[27]。当具有者[28]，半贾而卖[29]，亡者取倍称之息[30]。于是有卖田宅、鬻子孙以偿债者矣[31]。而商贾大者积贮倍息[32]，小者坐列贩卖[33]，操其奇赢[34]，日游都市，乘上之急，所卖必倍。故其男不耕耘，女不蚕织，衣必文采[35]，食必粱肉[36]，亡农夫之苦，有阡陌之得[37]。因其富厚，交通王侯[38]，力过吏势[39]，以利相倾[40]，千里游敖[41]，冠盖相望[42]，乘坚策肥[43]，履丝曳缟[44]。此商人所以兼并农人，农人所以流亡者也。今法律贱商人，商人已富贵矣；尊农夫，农夫已贫贱矣。故俗之所贵，主之所贱也；吏之所卑，法之所尊也。上下相反，好恶乖迕[45]，而欲国富法立，不可得也。

方今之务，莫若使民务农而已矣。欲民务农，在于贵粟；贵粟之道，在于使民以粟为赏罚。今募天下入粟县官[46]，得以拜爵，得以除罪。如此，富人有爵，农民有钱，粟有所渫[47]。夫能入粟以受爵，皆有余者也。取于有余以供上用，则贫民之赋可损[48]，所谓“损有余，补不足”，令出而民利者也。顺于民心，所补者三：一曰主用足，二曰民赋少，三曰劝农功。今令民有车骑马一匹者[49]，复卒三人[50]。车骑者，天下开武备也，故为复卒。神农之教曰：“有石城十仞[52]，汤池百步[53]，带甲百万[54]，而亡粟，弗能守也”。以是观之，粟者，王者大用，政之本务。令民入粟受爵，至五大夫以上[55]，乃复一人耳，此其与骑马之功相去远矣。爵者，上之所擅[56]，出于口而无穷；粟者，民之所种，生于地而不乏。夫得高爵与免罪，人之所甚欲也。使天下人入粟于边，以受爵免罪，不过三岁，塞下之粟必多矣[57]。

【注释】

①晁错（前？～154）：汉颍川（今河南禹县）人。文帝时任太常掌故，后为太子家令有辩才。景帝时贵幸用事，迁为御史大夫，曾多次上书主张削诸侯封地以尊汉室。吴、楚七国以“请诛晁错，以清君侧”为名发动叛乱，帝用袁盎言，斩错东市。

②食之：给他们吃。

③衣：动词，给……衣服穿。

④资财：积蓄财物。资，积蓄。

⑤捐：抛弃。瘠：瘦。

⑥以：因为。畜积：通“蓄积”。备：指备灾的物资。

⑦不避：不亚于。

⑧游食：不务农而食。

⑨奸邪：邪恶不正。

⑩地著：在一地定居，著，附著，固定。

⑪池：护城河。

⑫甘旨：甜美的食物。

⑬再食：吃两餐。

⑭务：在……中发展。

⑮薄：减轻，减损。

⑯实：充实，充满。

⑰牧：统治。

⑱以：因为。上：君主。

⑲周海内：指周游全国。

⑳劝：引发。这里是助长之意。

㉑轻资：易于携带的轻便财物。

㉒粟：谷子，去皮后为小米。布帛：泛指布匹。古代麻织品称布，丝织品称帛。这里指布匹所用的原料。

㉓石：古代重量单位，百二十斤为石。胜：力能担任。

㉔给：供应应付。

㉕四时：四季。

㉖吊死问疾：吊丧探病。长：使长大。

㉗被：遭受。急政：紧急的征收。政，通征。不时：指不按农时征收，随时摊派。朝令而暮改：即朝令夕改，指政令无常，使人不知所从。

㉘当具：有粮食的时候。

㉙贾：通“价”。

㉚倍称之息：成倍的利息。

㉛鬻：卖。

㉜商贾：行卖为商，坐贩为贾，泛指商人。

㉝坐列：坐在陈列货物的店铺之中，即开设店铺。

㉞奇：余物。赢：余利。

㉟文采：指有花纹色彩的华丽的衣服。㊱粱：上等米。

㊲阡陌：田界，借指田地。

㊳交通：交往，勾结。

㊴吏势：指官吏的势力。

㊵倾：倾轧。

㊶游敖：游历。敖，同“遨”。

㊷冠盖相望：指车辆前后不绝。冠，礼帽。盖，车盖。

㊸指坚车。肥：指肥马。

㊹履丝曳缟：穿着丝鞋，拖着精致的绸衣。缟，精致、洁白的丝织品。

㊺好恶：爱憎。乖迕：相违背。

㊻县官：官府朝廷。

㊼渫（xiè）：分散流通。

㊽损：减少。

㊾车骑马：指能驾战车的马。

㊿复卒：免除兵役。

51神农：传说中的古代帝王，即炎帝、烈山氏。

52仞：古代长度单位，七尺或八尺。

53汤池：指护城河。

54带甲：披甲的将士。

55五大夫：爵位名，汉制侯以下分二十级，五大夫在第九级；纳粟四千石，封五大夫。

56擅：专有。

57塞下：边地，指当时长城一带。

【译解】

圣明的君主在位时，百姓不会挨冻受饿。不是君主能够种出粮食给百姓吃，织布给百姓穿，而是能够给百姓开辟获得物资财富的路子。所以尧、舜时有过九年的水灾，商汤时有过七年的旱灾，而国内没有流离失所和饥饿的人，是因为积蓄很多而备灾的物资早就准备齐全了。现在全国统一了，土地和人口之多，不亚于夏禹和商汤的时代，加上没有多年的水旱天灾，而现在积蓄的物资却没有禹、汤时代的充足，这是什么原因呢？是因为土地没有充分利用，民众的潜力没有充分发挥，生长谷物的荒地没有完全开垦，山林水泽的资源没有完全开发，游游荡荡吃闲饭的人没有全部回来务农。百姓贫穷就会发生奸邪的事情。贫穷产生于物资不足，物资不足产生于不发展农业，不发展农业就使百姓不在农村扎根，百姓不在农村扎根就会离开家乡、轻视家庭。人就像鸟兽一样到处觅食，就是有高高的城墙、深深的护城河、有严厉的法令、残酷的刑罚，还是不能禁止他们的。人在寒冷的时候不会等又轻又暖的衣服才穿，人在饥饿的时候不会等甜美的东西才吃，人在饥寒交迫的时候就顾不得廉耻了。人的实际情况是，一天不吃两顿饭就会饥饿，一年到头不添置衣裳就会寒冷。肚子饿了没有饭吃，肌肤冻了没有衣穿，就是慈母也不能保住她的儿子，君主怎么能够拥有他的百姓呢？圣明的君主懂得这个道理，所以使百姓努力从事种田、养蚕，减轻赋税，扩大积蓄，用来充实粮仓，以备水旱之年使用，因此圣明的君主可以拥有百姓了。

百姓要靠君主来管理，他们追逐利益就像水向低处流，不选择东西南北的方向。珍珠、宝玉、黄金、白银，饿了不能吃，冷了不能穿，然而大家把它们看得很贵重，这是因为君主使用它们的缘故。这些财物又轻又小，容易收藏，可以握在手中，带着它们周游全国而不怕受冻挨饿。这样就会使臣子轻易地背弃他的君主，使百姓轻易地离开他的家乡，使盗贼得到鼓励，使逃亡的人得到便于携带的资财。粟、米、布、帛出产在地里，成长要依靠天时，聚集起来要花费人力，不是短时间可以完成的。几石重的粮食，气力平常的人搬不动，坏人不贪图，但一天没有这些东西就会受冻挨饿。因此，圣明的君主看重五谷而轻视金玉。

现在五口人的农民家庭，每户给官家服役的不少于二人，每户能耕种的土地不到一百亩，一百亩土地的收入不超过一百石。春天耕种，夏天锄草，秋天收获，冬天贮藏；还要砍柴，修官房，应公差；春天不得躲避风尘，夏天不得躲避酷热，秋天不得躲避阴雨，冬天不得躲避严寒，一年四季没有一天休息；还有私人之间的朋友来往，吊唁死者，慰问病人，抚养孤儿，养育儿童，费用都出在这里面。农民如此勤苦，还要遭受水旱灾害，遭受官府的横征暴敛，官府征收赋税没有节制，早上发出命令，晚上就得交纳。当交纳赋税的时候，有农产品的人家，半价把产品卖掉换钱交税；没有农产品的人家，按加倍的利息借债来交税，于是出现了卖田卖屋甚至卖子孙来偿还债务的。而那些商人，大商人就囤积货物谋取加倍的利润，小商人就在陈列着货物的店铺中贩卖，他们掌握着稀有的货物和余财，天天在街市上游来逛去，乘着朝廷急需这些物品的时机，所卖的物品一定要加倍提价。所以这些商人男的不耕田锄草，女的不养蚕织布，穿的一定要华丽的衣服，吃的一定要精米鲜肉，他们没有农夫的辛苦，却有田地上的收入。他们凭借财物的富厚，交往、勾结王侯，势力超过官吏，用财富来互相倾轧，在千里远的地方遨游，车队络绎不绝；他们乘着坚固的车子，驾着肥壮的马匹，脚上穿着丝鞋，身上拖着绸袍。这就是商人所以兼并农民的土地，农民所以四处流亡的原因啊。现在法律上轻视商人，商人已经富贵了，法律上尊重农民，农民已经贫贱了。因此，世俗所看重的，是君主所轻视的商人，官吏瞧不起的，是法律上所尊重的农民。上下相反，好坏颠倒，而想国家富强、法令建立，是不能办到的。

当前的任务，没有比使百姓努力从事农业生产更重要的事了。要想使百姓努力从事农业生产，在于重视粮食。重视粮食的办法，在于使百姓以粮食作为赏罚的标准。现在号召全国人民纳粮给政府，可以封给爵位，可以免除罪罚。这样，富人有了爵位，农民有了金钱，粮食有所分散了。那些能够纳粮受爵的，都是有余粮的人。向有余粮的人提取粮食，以供君主使用，那么贫民的赋税就可以减少了。这就叫做损有余而补不足，号令一出而百姓就可以得到利益。这是顺应民心的事，好处有三点：一是君主有充足的粮食使用，二是百姓的赋税减少，三是鼓励农业生产。现在的法令规定，百姓出了驾战车的马一匹的，就可以免除三个人的兵役。战车是国家的武器装备，所以可以用来免除兵役。神农教导说："有石头砌的城墙七八丈高，有装满沸水的护城河五六百尺宽，有穿了战甲的士兵一百万，如果没有粮食，也是不能守住的。"由此看来，粮食，对君主有很大作用，是施政的根本。号召百姓纳粮受爵，封一个五大夫以上的爵位，才免除一个人的兵役。这比出一匹战马可以免除三个人兵役的功效，相差太远了。爵位是君主所专有的，君主开口说了就算，没有穷尽；粮食是农民种出来的，出产在地里，没有穷尽。求得高的爵位和免除罪罚，是人们最大的欲望。叫全国人民纳粮到边疆上去，用来授爵和免罪，不要过三年，边塞地区的粮食一定很多了。

【赏析】

本文是晁错给汉文帝的一个奏议书。他着重分析论证了农业的重要性，提出了重农抑商、奖励粮食生产的主张和入粟授爵的办法。文章开篇明义，论述"五谷当贵，金玉当贱"，层层推进，一气相引。

文章不但有宏观上的说理，还有细节上的描绘。使文章叠浪层波，气势雄厚。

狱中上梁王书

邹阳[①]

【原文】

邹阳同梁孝王游。阳为人有智略，忼慨不苟合[②]，介于羊胜、公孙诡之间[③]。胜等疾阳[④]，恶之孝王[⑤]。孝王怒，下阳吏，将杀之。阳乃从狱中上书曰：

"臣闻'忠无不报，信不见疑'，臣常以为然，徒虚语耳。昔荆轲慕燕丹之义[⑥]，白虹贯日，太子畏之。卫先生为秦画长平之事[⑦]，太白食昴[⑧]，昭王疑之。夫精变天地[⑨]，而信不谕两主[⑩]，岂不哀哉！今臣尽忠竭诚，毕议愿知[⑪]，左右不明，卒从吏讯，为世所疑。是使荆轲、卫先生复起，而燕、秦不寤也[⑫]，愿大王熟察之。昔玉人献宝，楚王诛之[⑬]；李斯竭忠，胡亥极刑[⑭]。是以箕子阳狂[⑮]，接舆避世[⑯]，恐遭此患也。愿大王察玉人、李斯之意，而后楚王、胡亥之听[⑰]，毋使臣为箕子、接舆所笑。臣闻比干剖心[⑱]，子胥鸱夷[⑲]，臣始不信，乃今知之[⑳]。愿大王熟察，少加怜焉[㉑]。

"语曰：'有白头如新，倾盖如故[㉒]。'何则？知与不知也[㉓]。故樊于期逃秦之燕，藉荆轲首以奉丹事[㉔]；王奢去齐之魏，临城自刭，以却齐而存委托魏[㉕]。夫王奢、樊于期非新于齐、秦，而故于燕、魏也，所以去二国死两君者[㉖]，行合于志，慕义无穷也。是以苏秦不信于天下，为燕尾生[27]；白圭战亡六城，为魏取中山[28]。何则？诚有以相知也。苏秦相燕，人恶之燕王，燕王按剑而怒，食以駃騠[29]。白圭显于中山，人恶之魏文侯，文侯赐以夜光之璧[30]。何则？两主二君，剖心析肝相信，岂移于浮辞哉[31]！

“故女无美恶[32]，入宫见妒[33]；士无贤不肖，入朝见嫉。昔司马喜膑脚于宋，卒相中山[34]；范雎拉胁折齿于魏，卒为应侯[35]。此二人者，皆信必然之画[36]，捐朋党之私[37]，挟孤独之交[38]，故不能自免于嫉妒之人也[39]。是以申徒狄蹈雍之河[40]，徐衍负石入海[41]，不容于世，义不苟取比周于朝[42]，以移主上之心。故百里奚乞食于道路，缪公委之以政[43]；宁戚饭牛车下，桓公任之以国[44]。此二人者，岂素宦于朝[45]，借誉于左右，然后二主用之哉？感于心，合于行，坚如胶漆，昆弟不能离[46]，岂惑于众口哉！故偏听生奸[47]，独任成乱[48]。昔鲁听季孙之说逐孔子[49]，宋任子冉之计囚墨翟[50]。夫以孔、墨之辩，不能自免于谗谀[51]，而二国以危。何则？众口铄金，积毁销骨也[52]。秦用戎人由余而伯中国[53]，齐用越人子臧而强威宣[54]。此二国岂系于俗，牵于世，系奇偏之浮辞哉[55]？公听并观[56]，垂明当世。故意合则吴、越为兄弟，由余、子臧是矣；不合则骨肉为雠敌，朱、象、管、蔡是矣[57]。今人主诚能用齐、秦之明，后宋、鲁之听，则五伯不足侔，而三王易为也[58]。

“是以圣王觉寤[59]，捐子之之心[60]，而不说田常之贤[61]，封比干之后，修孕妇之墓[62]，故功业覆于天下。何则？欲善无厌也。夫晋文亲其雠，强伯诸侯[63]；齐桓用其仇，而一匡天下[64]。何则？慈仁殷勤，诚加于心，不可以虚辞借也[65]。至夫秦用商鞅之法，东弱韩魏，立强天下，卒车裂之[66]；越用大夫种之谋，禽劲吴而伯中国，遂诛其身[67]。是以孙叔敖三去相而不悔[68]，于陵子仲辞三公为人灌园[69]。今人主诚能去骄傲之心，怀可报之意，披心腹[70]，见情素[71]，堕肝胆[72]，施德厚，终与之穷达，无爱于士[73]，则桀之犬可使吠尧[74]，跖之客可使刺由[75]。何况因万乘之权[76]，假圣王之资乎[77]？然则轲湛七族[78]，要离燔妻子[79]，岂足为大王道哉！

“臣闻明月之珠，夜光之璧，以暗投人于道，众莫不按剑相眄者[80]。何则？无因而至前也。蟠木根柢[81]，轮囷离奇[82]，而为万乘器者，以左右先为之容也[83]。故无因而至前，虽出随珠、和璧[84]，秪怨结而不见德[85]；有人先游[86]，则枯木朽株树功而不忘。今夫天下布衣穷居之士[87]，身在贫羸[88]，虽蒙尧、舜之术，挟伊、管之辩[89]，怀龙逢、比干之意[90]，而素无根柢之容，虽极精神[91]，欲开忠于当世之君，则人主必袭按剑相眄之迹矣[92]。是使布衣之士，不得为枯木朽株之资也[93]。是以圣王制世御俗[94]，独化于陶钧之士[95]，而不牵乎卑乱之语，不夺乎众多之口[96]。故秦皇帝任中庶子蒙嘉之言以信荆轲[97]，而匕首窃发[98]；周文王猎泾渭[99]，载吕尚归，以王天下。秦信左右而亡，周用乌集而王[99]。何则？以其能越挛拘之语[100]，驰域外之议[102]，独观乎昭旷之道也[103]。今人主沉谄谀之辞，牵帷墙之制[104]，使不羁之士[105]，与牛骥同皂[106]。此鲍焦所以愤于世也[107]。

吕尚磻溪垂钓图，选自清·马骀《百将传图》。

“臣闻盛饰入朝者[108]，不以私污义；底厉名号者[109]，不以利伤行。故里名‘胜母’，曾子不入[110]；邑号‘朝歌’[111]，墨子回车。今欲使天下寥廓之士[112]，笼于威重之权，胁于位势之贵，回面污行[113]，以事谄谀之人，而求亲近于左右，则士有伏死堀穴岩薮之中耳[114]，安有尽忠信而趋阙下者哉[115]？”

【注释】

①邹阳（前206～前129）：汉临淄（今山东东部）人，最初在吴王刘濞门下任职。吴王欲反，邹阳作《上吴王书》谏之，不听，改投梁孝王刘武门下。以见谗于羊胜等，下狱将死，因上书自陈冤屈，后获释，为梁孝王上客。

②忼慨：同“慷慨”。

③羊胜、公孙诡：皆梁孝王门客，两人曾与孝王谋划刺杀大臣袁盎等，被景帝发觉后，自杀。

④疾：恨，妒。

⑤恶：诽谤，诋毁。

⑥荆轲：战国卫人，避祸于燕，受燕太子丹礼遇，后入秦刺秦王，未成被杀。

⑦卫先生：秦国人。白起为秦伐赵，破长平军，并欲灭赵，派卫先生请秦昭王增兵。传说当时出现太白食昴的天象使得昭王犹疑不定。画：谋划。

⑧太白：即金星，主兵革；昴：二十八宿之一，当赵分地。食：通“蚀”，这里有“侵犯”的意思。

⑨精变天地：精诚使天象发生变化

⑩信：诚。谕：理解、明白。

⑪毕议愿知：把计议的话说完，愿王知道。

⑫寤：通“悟”，觉悟。

⑬玉人献宝：传说春秋时楚人卞和得一块玉石，献给楚武王。玉

工不识说是石头，武王砍掉卞和右足。文王即位，卞和又献玉石，玉工仍称石头，文王又砍断他左足。成王时，令玉工治理，果然得宝玉，称和氏璧。诛，责罚。

⑭李斯：楚人，曾任始皇丞相。始皇死，参与赵高的阴谋，矫诏杀公子扶苏而立胡亥，因赵高谗毁，被腰斩。

⑮箕子：名胥余，殷纣王的叔父，封国于箕，故称箕子。纣王荒淫暴虐，箕子谏之不听被囚，于是装疯避祸。阳：通“佯”，假装。

⑯接舆：春秋时楚国隐士，曾讽谏孔子。避世：指隐居不出仕。

⑰后楚王、胡亥之听：不要走楚王、胡亥听信谗言的老路。

⑱比干：殷纣叔伯父（或谓庶兄），传说殷纣淫乱，比干强谏，纣王怒，剖其心而死。

⑲子胥：伍子胥，名员，春秋时楚国人。父、兄为平王杀害，故出奔吴国，助阖闾杀吴王僚夺得王位，并战胜楚国。后因劝谏吴王夫差触怒吴王而遭杀害，尸体被装入皮袋扔进江中。鸱（chī）夷：皮口袋。

⑳乃今：而今。

㉑少：稍。怜：爱。

㉒“有白头如新”句：不相知的人，即便同处一处，依然等于陌生人，相知的人，即便是路上相遇，短时接触，也一见如故。倾盖，行道相遇，停车而语，车盖接近；这里指初交。

㉓知：相知，相契。

㉔樊于期：秦将，获罪逃到燕国，秦王杀其全家，并悬赏重金缉捕樊于期。荆轲入秦刺秦王之前，樊于期自杀以使荆轲用自己的头邀信秦王。

㉕王奢：齐臣，因得罪逃到魏国，其后齐伐魏，王奢登城谓齐将曰：“今君之来，不过以奢故也，义不苟生以为魏累！”于是自杀。

㉖死：为……而死。

㉗苏秦：他主张合纵抗秦，为六国纵约长。后纵约遭到秦国破坏，也就失去各国的信任，只有燕昭王还信任他。尾生：传说他与一女子相约在桥下见面，女子未到，河水猛涨，他坚守信约，抱柱淹死。

㉘白圭：战国时中山国将领，因战败失掉六城，君欲杀之，遂逃至魏国；魏文侯厚待他，后来帮助魏国灭了中山。

㉙"苏秦相燕"句意思是苏秦在燕为相，有人说苏秦坏话，燕国君大怒，不仅不怀疑苏秦，还把良马宰了给他吃。駃騠：良马名。

㉚显于中山：因拔中山而尊显。夜光之璧：宝玉名。

㉛移：动摇，改变。浮辞：诈伪不实的语言。

㉜美恶：美丑。

㉝见：被。

㉞司马喜：战国时宋人，传说在宋受膑脚之刑，后逃至中山，被任用为相。

㉟范睢：魏人。曾随魏大夫须贾使齐。后须贾怀疑范睢与齐勾结，进行审讯，打断骨，折脱牙齿。于是范睢逃秦，被作用为相，封应侯。拉：摧折。

㊱画：计划。

㊲捐：弃。

㊳挟：拥有。孤独之交：指不与人结党。

㊴免于嫉妒之人：即避免别人的嫉妒。

㊵申徒狄：殷末人，传说谏君不听，不忍见纣乱，抱石投雍水而死。蹈：投。

㊶徐衍：周末人，因不满乱世，负石自沉于海。

㊷比周：结党营私。

㊸百里奚：春秋时虞人。关于他的故事流传不一。这里取的是：

百里溪听说秦缪公贤明，欲往拜见，家贫，一路乞食，后受缪公重用，委以国政。缪（mù），通“穆”。缪公，即穆公。

㊹宁戚：春秋时卫人，曾为人喂牛，齐桓公听到他夜里敲牛角而歌，知其贤，便任之为大夫。

㊺向来，一向。宦：做官。

㊻昆弟：兄弟。昆，兄。

㊼偏听：听信一面之辞。

㊽独任：只任用一个人。

㊾季孙：即季桓子，春秋末年以上卿专鲁国之政。齐人馈以女乐，季氏受之，三天不朝，于是孔子离开了鲁国。

㊿宋任子冉之计囚墨翟：其事不详。

51谗谀：谗毁谄媚。

52众口铄金，积毁销骨：大家传谣，虽是金石也会被熔化，众多的毁谤积累起来可以销熔坚硬的骨头。

53由余：春秋时晋人，为穆公筹划征服西戎，成就霸业。伯：通“霸”，称霸，为诸侯盟主。

54子臧：春秋时越人，齐威王、宣王任用子臧，国势强盛。

55系：束缚。奇偏：片面。浮辞：片言巧语。

56公听并观：公正地听取和全面地考察。

57雠：仇敌。朱：尧的儿子丹朱，居于丹水而名朱，故称；尧因丹朱不肖，禅位于舜。象：舜异母弟，曾与父母多次图谋害舜。管、蔡：管叔、蔡叔，均为周武王弟，曾与殷纣子武庚发动叛乱，周公东征，杀武庚与管叔，流放了蔡叔。

58五伯（bà）：即春秋五霸，包括齐桓公、晋文公、秦穆公、宋襄公、楚庄王。侔：相等。三王：指夏禹、商汤、周文王和武王。

59觉寤：即觉悟。

⑥捐：弃子。子之：战国时燕王哙的相，曾骗燕王让位于他，导致燕国动乱。

⑥说：通“悦”。田常：春秋时齐简公相，简公四年弑简公拥立平公，自任齐相，齐国之政尽归田氏。

⑥修孕妇之墓：相传殷纣为了跟妲己戏笑，剖孕妇之腹观看胎儿；武王灭纣后，为被害孕妇修墓。

⑥晋文：晋文公重耳。重耳为公子时，晋献公听信谗言要加害于他，逃到蒲城，献公派寺人披攻蒲，文公越墙而逃，衣袖被砍下。后文公回国即位，宽容了寺人披。时遇吕甥等企图谋反，寺人披向文公告密，从而平定了这次叛乱。雠：仇敌。

⑥齐桓：齐桓公（公子小白）。当他为公子时，与公子纠争国主位。时管仲辅佐公子纠，并奉命与公子小白战，箭中小白衣带。后小白立为桓公不计前仇，任管仲为相，成就霸业。

⑥借：代替。

⑥商鞅：商鞅辅佐秦孝公变法而富国强兵，但也因此得罪了一些宗室贵族，孝公死，商殃被车裂。

⑥大夫种：春秋时越国大夫文种，帮助越王勾践平吴，成就霸业。后越王听信谗言，文种被迫自杀。禽：通“擒”。

⑥孙叔敖：春秋时楚人，楚庄王的相（令尹）。相传他三为令尹而不为之高兴三次被免亦不为之烦恼。

⑥于陵：在今山东长山县南。子仲：即陈仲子，战国时齐人，传说楚王欲以重金聘他为相，他带全家逃走去潜人家灌园。三公：秦汉时指丞相、太尉、御史大夫。

⑦披心腹：犹开诚布公。

⑦情素：真实的情意。素，通“愫”。

⑦堕肝胆：披肝沥胆。

⑬爱：吝啬。

⑭桀之犬可使吠尧：比喻忠于主子，不管什么人都可以对他狂叫。

⑮跖：传说中的大盗。许由：相传为古代德行高洁之士。

⑯因：依靠，凭借。

⑰假：凭借。

⑱轲：指荆轲。湛：同“沉”，消灭七族：从曾祖至曾孙。荆轲为燕太子丹刺秦王，未成而死，其族坐之。

⑲要离：吴人。燔：烧。吴王阖闾派他去刺杀庆忌，他假装犯罪让阖闾砍断右手，烧死妻子，然后单身逃出，乘机接近庆忌，随即自杀。

⑳眄：斜着眼睛看。

㉑蟠木：屈曲的树木。柢：树根。

㉒轮囷（qun）：盘绕曲屈的样子。

㉓容：雕刻装饰。

㉔随珠：即随侯珠。据说随侯救了一条蛇，后来蛇衔一颗大珠报答他，名为随侯珠。

㉕秖：同“只”。见德：被感激。

㉖游：宣扬。

㉗穷居：居处僻陋。

㉘羸：瘦弱。

㉙伊：伊尹，原是商汤妻陪嫁的奴隶。后佐汤伐夏桀有功，被委以国政。

㉚龙逢：姓关，传说是夏的贤臣。夏桀荒淫，作酒池糟丘，关龙逢极谏，遭囚杀。

㉛极精神：殚精竭虑。

㉜袭：重复。迹：行径。

⑨③资：才用。

⑨④制世御俗：统制，治理国家。御；驾御。

⑨⑤陶钧：陶陶工使用的轮转。比喻帝王对国家政权的控制和运转。

⑨⑥夺：乱。

⑨⑦中庶子：太子的属官。蒙嘉：人名，荆轲至秦，由蒙嘉引见秦王。

⑨⑧匕首窃发：荆轲事先将匕首藏在燕国督亢地方的地图里，献之秦王，秦王展示，图穷而匕首现，荆轲就拿起藏在图中的匕首去刺秦王。

⑨⑨泾渭：即泾水和渭水，在今陕西境内。文王出猎，遇吕尚垂钓渭滨，载与同归，后来吕尚辅武王伐纣灭商，建立周朝。

⑩⓪乌集：喻偶合，指任用吕尚。

⑩①挛拘：拳曲，这里是固执的意思。

⑩②驰域外之议：指听取外界的意见。

⑩③昭旷：光明豁达。

⑩④帷墙：指妻妾宠臣。

⑩⑤不羁：不受约束。

⑩⑥阜：同“皂”，喂牛马的木槽。

⑩⑦鲍焦：古代隐士，怨愤当时世乱，耕田而食，穿井而饮，非妻所织不服，曾受到孔子学生子贡的讥笑，最后抱木而死。

⑩⑧盛饰入朝：衣冠整齐，到朝中办事。指严肃对待国事。

⑩⑨底厉：通“砥砺”，磨刀石，引申为磨炼。

⑪⓪曾子：即曾参，孔子学生，他事亲至孝。有次遇一里巷名叫“胜母”，他认为这个名字违反孝道，因而不走进去。

⑪①朝歌：殷都城，在今河南淇县。墨子：即墨翟，墨家学说创始人。他提倡“非乐”，有次去朝歌，觉得这一名字与自己主张不合，便

掉转车头走开。

⑫堀穴岩薮：指山泽隐居之处。堀，通“窟”。薮，湖泽。

⑬阙下：宫阙之下，帝王居住的地方，借指朝廷。

⑭堀穴岩薮：指山泽隐居之处。堀，通“窟”。

⑮阙下：宫阙之下，帝王居住的地方，借指朝廷。

【译解】

邹阳在梁孝王那里做门客。他为人有智谋，性格慷慨，不肯苟合，与羊胜、公孙诡处于相当的地位。羊胜等人嫉妒他，在孝王面前谗毁他。孝王发怒，把邹阳交给狱吏判罪，准备杀死他。邹阳于是从狱中给孝王上书说：

“我听说‘忠心的人不会得不到好的报应，讲信用的人不会被人怀疑’，我平常以为真的是这样，现在才知道这不过是一句空话罢了。从前荆轲羡慕燕太子丹的义气，为他去刺秦王的时候，天上白色的长虹贯穿太阳，但太子丹还怕他不去；卫先生为秦国谋画长平灭赵的事情，天上的太白星吃掉了昴星，但秦昭王却怀疑他。荆轲和卫先生的精诚感动了天地，但太子丹和秦昭王却不理解他们的诚信，岂不可哀吗！现在我竭尽忠诚，把计议全部说出来希望大王了解，可是大王左右的人不明白我的意思，终于使我到狱吏那里受审讯，从而被世人所怀疑。这是使荆轲、卫先生复活，而燕太子丹、秦昭王仍然不了解他们啊，希望大王仔细考虑这件事。从前玉人卞和向楚王进献宝玉，楚王砍断了他的脚；李斯竭尽忠诚劝谏秦王胡亥，胡亥用酷刑把他杀死；所以箕子假装疯癫，接舆隐居避世，就是害怕遭受这样的祸害呢。希望大王考察卞和、李斯的心意，而不要像楚王、胡亥那样偏听偏信，不要使我被箕子、接舆嘲笑。我听说比干被纣王剖心，伍子胥的尸体被吴王装在皮袋里投入江中，我当初不相信，现在才知道确实会这样。希望大王仔细考虑，对我稍加怜惜吧。

“俗话说：‘有些人相识多年，直到头发白了，还和新结交时一样友情淡薄；有些人在路上相遇，停车交谈，就像相识多年的老朋友一样友情深厚。’为什么呢？这是相知与不相知的缘故。所以樊于期从秦国逃到燕国，用自己的脑袋帮助太子丹报秦王之仇；王奢离开齐国逃到魏国，齐国为此而来攻打魏国时他就登城自刎，因而退了齐兵而保存了魏国。王奢和樊于期，并非和齐国、秦国是新交而和燕国、魏国是旧交，他们所以离开齐、秦二国而为燕、魏两君而死的原因，是这种行为合乎他们的志向，他们非常仰慕道义啊。所以苏秦不被天下的许多诸侯所信任，而燕国却把他当作尾生一样信任；白圭在战争中失掉中山国的六城，因为魏文侯信任他而为魏攻取中山。为什么呢？实在是因为相知啊。苏秦当燕国的宰相，有人在燕王面前谗毁他，燕王按着宝剑对进谗言的人发怒，反而用骏马的肉招待苏秦；白圭因为攻取中山而在魏国处于尊显的地位，有人在魏文侯面前谗毁他，文侯反而赐给他夜光璧。为什么呢？燕、魏两君主和苏秦、白圭二臣，能够互见心肝似地相信，怎么会因为谗言而改变态度啊！

《东周列国志》版画之“咸阳市五牛分商鞅”图

“所以女子无论美丑，一进入皇帝的后宫便被人嫉妒；士人无论有没有才能，一进入朝廷受到重用便被人嫉妒。从前司马喜在宋国受到割去膝盖骨的酷刑，结果在中山国当了宰相；范睢在魏国被打得断了肋骨脱了牙齿，结果在秦国被封为应侯。这两个人，都相信自己实事求是的计划，抛弃朋党的私情，坚持独立的交往，所以他们自己不能避免嫉妒之人的谗毁。因此申徒狄自沉于雍州的河里，徐衍背着石头自投入海，他们不为世俗所容，但仍然坚持正义，不肯在朝廷中随便结党，去转移国君的心意。因此百里奚在路上乞食，秦缪公却委托他掌管国政；宁戚在车下饲牛，齐桓公把国家的大事叫他担任。这两个人，难道向来在朝廷当官，靠左右的人说好话，然后两位国君才重用他们吗？他们是思想相应，行为相合，像胶漆一样坚固，亲兄弟都不能离间他们，怎么会迷惑于众口之辞啊！所以只听一面之辞就会生出奸邪的事情，独自信任一人就会出现混乱的局面。从前鲁国国君听信季孙的话而赶走了孔子，宋国国君采用子冉的计策而囚禁墨翟。凭着孔子、墨子的辩才，竟不能自免于谗毁，而鲁、宋二国因此危亡。为什么呢？因为众人的议论可以熔化金子，积久的谗言可以销毁骨肉之亲。秦国任用戎人由余而称霸中国，齐国任用越人子臧而威、宣二王因而强盛。秦、齐二国怎么会受到世俗的牵制，而束缚于一面之辞呢？公正地听取意见，全面地观察事物，成为当世明察的典范。所以意见相合，那么结下冤仇的吴国、越国可以变为兄弟，由余、子臧就是这样的；意见不合，那么亲骨肉可以变为仇敌，丹朱、象、管叔、蔡叔就是这样的。现在的君主如果能够像齐王、秦王那样明察事物，不像宋、鲁两国国君那样偏听偏信，那么五霸不值得相比，而三王也容易做到呢。

“所以圣王觉悟了，抛弃听信子之的心意，而不欣赏田常那样的才能，封爵给比干的后代，为纣王杀死的孕妇修墓，那么功业就可以盖天下。为什么呢？因为求善之心没有止境。晋文公亲近他的仇人，而强大称霸于诸侯；齐桓公任用他的仇人，而匡正整个天下。为什么呢？因为他们心地仁慈，殷勤恳切，一片诚意，不可以用谗言去转移。至于秦国采用商鞅之法，东面削弱韩国、魏国，成为天下的强国，结果却车裂了商鞅；越国采用大夫文种的计谋，打败了强大的吴国而称霸中国，却杀掉了文种。所以孙叔敖三次免去宰相而不后悔；于陵子仲辞掉三公的爵位，替人家浇灌园地。现在的君主如果能够去掉骄傲之心，怀着让人可以报答之意，披露心腹，表现真情，肝胆相见，广施恩德，始终与士人同甘苦，对士人不吝惜，那么桀的狗可以使它去吠尧，盗跖的客可以使他去刺杀许由。何况凭恃国君的权势，借助圣王的能力呢！这样，荆轲为了燕太子丹刺秦王而任凭诛杀七族的事，要离为了吴王阖闾杀王子庆忌而甘愿烧死妻子儿女的事，哪里值得对大王说呢？

“我听说，明月珠，夜光璧，暗地里在路上投给人，人们没有不按着剑怒目相看的。为什么呢？因为这些珠玉无缘无故地来到面前。屈曲的树根，盘绕弯折，之所以被天子看重，是因为左右的人先给它雕刻修饰了。所以无缘无故地来到面前，就是随侯珠、和氏璧，也只会结怨而不会受到感谢；有人先去介绍、赞美，那么就是枯木朽株，也可以建立功劳而不被忘记。现在天下那些平民出身的士人，处于贫困之中，就是有尧、舜的治国之术，有伊尹、管仲的辩才，怀着龙逢、比干的忠心，若是没有像树根那样得到雕饰，虽然使尽精力，想表忠心于当世的君主，那么君主必然会走上按剑怒目相看的老路。这就使平民出身的士人，不能起到枯木朽株的作用了。所以圣王统治天下，应该像制陶时按照自己的规律旋转一样有独立的主张，而不被卑乱的谗言所牵制，不因为众多的议论而改变主张。秦始皇听信了中庶子蒙嘉的话而相信荆轲，结果遭到藏在地图中的匕首袭击；周文王猎于泾渭，载吕尚同车回去，因此称王于天下。秦始皇听信左右宠臣的话而亡国，周文王任用偶然相识的贤人而称王于天下。为什么呢？因为周文王能够超出片面固执的言辞，摆脱肆无忌惮的议论，独自观察光明正大的道理。现在的君主沉溺在逢迎奉承的话里，受到近臣妻妾的牵制，使那些不受羁缚的才识高超的士人，和牛马同槽共食。这就是鲍焦愤世嫉俗的原因啊。

"我听说穿戴整齐进入朝廷的人，不用私心去玷污道义；努力修身立名的人，不为私利而伤害德行。所以村名叫'胜母'，曾子就不进去；城名叫'朝歌'，墨子就回转车头。现在想使天下胸怀远大的士人，被威重的权力所笼络，被高贵的地位所胁迫，改变节操，不讲品行，去事奉献媚取宠的人，而求得亲近于君主左右，那么士人只有伏在深山湖泽之间死去罢了，哪里有尽忠守信而到宫廷里来的呢！"

【赏析】

邹阳被羊胜谗毁而被下狱，他在狱中给梁孝王写了这封信。信中列举了大量历史人物的事迹来表白自己的忠信，申诉自己无罪。梁王看过这封信后就将他释放了，并尊为上客。文章运用丰富的历史典故和比喻，骈散并行，感情沉郁。

上书谏猎

司马相如[①]

【原文】

相如从上至长杨猎[②]。是时天子方好自击熊豕，驰逐野兽。相如因上疏谏曰：

“臣闻物有同类而殊能者，故力称乌获[③]，捷言庆忌[④]，勇期贲、育[⑤]。臣之愚，窃以为人诚有之，兽亦宜然[⑥]。今陛下好陵阻险[⑦]，射猛兽，卒然遇逸材之兽[⑧]，骇不存之地，犯属车之清尘[⑨]，舆不及还辕[⑩]，人不暇施巧，虽有乌获、逢蒙之技不得用[⑪]，枯木朽株尽为难矣[⑫]。是胡越起于毂下，而羌夷接轸也[⑬]，岂不殆哉[⑭]？虽万全而无患，然本非天子之所宜近也。且夫清道而后

司马相如像

行，中路而驰[15]，犹时有衔橛之变[16]，况乎涉丰草，骋丘墟，前有利兽之乐[17]，而内无存变之意[18]，其为害也不难矣！夫轻万乘之重，不以为安，乐出万有一危之途以为娱，臣窃为陛下不取。盖明者远见于未萌，而知者避危于无形，祸固多藏于隐微，而发于人之所忽者也。故鄙谚曰：'家累千金，坐不垂堂'[19]，此言虽小，可以喻大，臣愿陛下留意幸察。"

【注释】

①司马相如（179～118 年）：西汉著名辞赋家。所著《子虚赋》、《上林赋》为武帝看重，用为郎。曾出使西南，后为孝文园令。

②上：指帝王。长杨：秦宫名，故址在今陕西周至县东南。据说内有长杨树，故名。

③乌获：战国时秦国大力士，据说能力举千钧。

④庆忌：春秋时吴王僚的儿子，阖闾刺杀吴王僚后，想杀庆忌，骑马也没追到他。

⑤贲（bēn）：孟贲，战国秦武王时的勇士，齐国人。育：夏育，战国时勇士，齐人，传说能力举千钧。

⑥宜：应当。

⑦陵：越过。阻险：即"险阻"。

⑧卒然：突然。"卒"通"猝"。逸材：一作逸才，才能出众。

⑨属车：皇帝的侍从车子。清尘：车后扬起的灰尘。

⑩还辕：掉转车头。

⑪逢蒙：古代善射者。

⑫为难：成为灾难。

⑬"是胡越"二句：这里意指遇到危险情景，犹如外患发生在身边。胡、越、羌、夷：当时四方少数民族。轸：车后横木。

⑭殆：危险。

⑮中路：大路中间。

⑯衔橛之变：指发生脱衔、断橛，人仰马翻那样的意外。衔橛，勒在马口中的爵子。

⑰利兽：又获兽为利。

⑱存变之意：防备祸患或变故的心思。

⑲鄙谚：俗谚。垂堂：靠近屋檐之处，屋瓦可能落下来砸伤人，所以把它喻为危险之处。

【译解】

相如跟从皇上到长杨宫打猎，这时天子正爱好亲自射击熊豕，追逐野兽。相如因此上了一个奏疏劝谏说：

“我听说物有同类而能力不同的，所以力气的有乌获，跑得快的有算庆忌，勇敢的有孟贲、夏育。以我的愚见，认为人类中确实有这种情况，兽类中也会这样。现在陛下喜欢登上险阻的地方，射猎猛兽，突然遇到凶猛超群的野兽，惊骇在没法退避的地方，侵犯随从车辆的清尘，车子来不及旋转车辕，人没有工夫巧妙地应付，即使有乌获、逢蒙那样高超的技能也不得使用，路上的枯木朽株都成为障碍物了。这就好像胡、越一样的敌人起兵于车轮之下，而羌、夷一样的敌人紧挨着车后，难道不危险吗！

“既使是十分安全而无危险的地方，也本来不是天子所应该接近的。扫清了道路而后出行，在路的中间奔驰，还有时会发生马勒断、车钩出的事故。何况跋涉于深草之中，驰骋在邱坟之间，眼前贪图猎获野兽的快乐，心中没有预防发生事故的思想准备，那遭遇祸害也不难啊！轻视天子的极重要的地位，不以皇宫为安乐之地，出游到有万分之一危险的道路上当作快乐，臣以为陛下不应当这样做。

"明察的人能预见没有发生的事情，机智的人能避开危险于危险没有露形的时候，灾祸本来就多藏于隐微之中，而且往往发生在人不留心的时候。所以有句俗话说：'家里积了千金，不坐在离屋瓦近的堂边。'这句话说的事情虽小，但可以比喻大的道理。我希望陛下留意审察。"

【赏析】

这篇文章是司马相如为劝阻武帝出猎而写的。文中作者从打猎可能遇到危险出发劝谏，先说逸材之兽之险，再说人主不意之险，最后指出应该在危险尚未出现之前及早防备。文章语气婉转诚恳，可算谏猎疏中的佳品。

答苏武书

李陵[①]

【原文】

子卿足下[②]：

勤宣令德，策名清时，荣问休畅[③]，幸甚，幸甚！

远托异国，昔人所悲；望风怀想，能不依依[④]！昔者不遗，远辱还答，慰诲勤勤，有逾骨肉，陵虽不敏，能不慨然[⑤]！

苏武像，图出自清·顾沅辑《古圣贤像传略》。

自从初降，以至今日，身之穷困，独坐愁苦。终日无睹，但见异类[⑥]。韦鞲毳幕[⑦]，以御风雨；膻肉酪浆，以充饥渴；举目言笑，谁与为欢[⑧]？胡地玄冰[⑨]，边土惨裂，但闻悲风萧条之声。凉秋九月，塞外草衰，夜不能寐，侧耳远听，胡笳互动，牧马悲鸣，吟啸成群，边声四起。晨坐听之，不觉泪下，嗟乎，子卿！陵独何心[10]，能不悲哉！

与子别后，益复无聊。上念老母，临年[11]被戮；妻子无辜，并为鲸鲵[12]；身负国恩，为世所悲。子归受荣，我留受辱，命也何如！身出礼仪之乡，而入无知之俗；违弃君亲之恩，长为蛮夷之域，伤已[13]！令先君之嗣，更成戎狄之族，又自悲矣！功大罪小，不蒙明察，孤负陵心区区之意[14]。每一念至，忽然忘生。陵不难刺心以自明，刎颈以见志，顾国家于我已矣[15]，杀身无益，适足增羞，故每攘臂忍辱，辄复苟活[16]。左右之人，见陵如此，以为不入耳之欢[17]，来相劝勉。异方之乐，只令人悲，增忉怛[18]耳！

嗟乎子卿！人之相知，贵相知心。前书仓卒，未尽所怀，故复略而言之。昔先帝授陵步卒五千，出征绝域，五将失道，陵独遇战。而裹万里之粮，帅徒步之师，出天汉之外[19]，入强胡之域，以五千之众，对十万之军，策疲乏之兵，当新羁之马。然犹斩将搴旗，追奔逐北，灭亦扫尘，斩其枭帅[20]。使三军之士视死如归。陵也不才，希当大任。意谓此时，功难堪矣。

匈奴既败，举国兴师，更练精兵[21]，强逾十万，单于临阵，亲自合围。客主之形既不相如[22]，步马之势又甚悬绝。疲兵再战，一以当千，然犹扶乘创痛，决命争首。死伤积野，余不满百，而皆扶病，不任干戈。然陵振臂一呼，创病皆起，举刃指虏，胡马奔走；兵尽矢穷，人无尺铁，犹复徒首奋呼，争为先登。当此时也，天地为陵震怒，战士为陵饮血！单于谓陵不可复得，便欲引还。而贼臣[23]教之，遂使复战，故陵不免耳。

昔高皇帝以三十万众困于平城[24]。当此之时，猛将如云，谋臣如雨，然犹七日不食，仅乃得免。况当陵者，岂易为力哉？而执事者云云[25]，苟怨陵以不死。然陵不死，罪也。子卿视陵，岂偷生之士而惜死之人哉？宁有背君亲、捐妻子、而反为利者乎？然陵不死，有所为也。故欲如前书之言，报恩于国主耳。诚以虚死不如立节，灭名不如报德也。昔范蠡不殉会稽之耻，曹沫不死三败之辱，卒复勾践之雠，报鲁国之羞[26]。区区之心窃慕此耳。何图志未立而怨已成，计未从而骨肉受刑。此陵所以仰天椎心而泣血[27]也。

足下又云："汉与[28]功臣不薄。"子为汉臣，安得不云尔乎！昔萧樊囚絷，韩彭菹醢，晁错受戮，周魏见辜[29]；其余佐命立功之士，贾谊亚夫之徒，皆信命世之才，抱将相之具，而受小人之谗，并受祸败之辱，卒使怀才受谤，能不得展[30]。彼二子之遐举[31]，谁不为之痛心哉！陵先将军[32]，功略盖天地，义勇冠三军，徒失贵臣之意，刭身绝域之表。此功臣义士所以负戟而长叹者也！何谓"不薄"哉？且足下昔以单车之使，适万乘之虏，遭时不遇，至于伏剑不顾[33]；流离辛苦，几死朔北之野[34]；丁年奉使，皓首而归[35]；老母终堂，生妻去帷[36]。此天下所希闻，古今所未有也。蛮貊之人尚犹嘉子之节[37]，况为天下之主乎？陵谓足下当享茅土之荐[38]，受千乘之赏。闻子之归，赐不过二百万，位不过典属国[39]，无尺土之封加子之勤。而妨功害能之臣尽为万户侯，亲戚贪佞之类悉为廊庙宰。子尚如此，陵复何望哉？且汉厚诛陵以不死[40]，薄赏子以守节，欲使远听之臣望风驰命，此实难矣。所以每顾而不悔者也。陵虽孤恩[41]，汉亦负德。昔人有言"虽忠不烈，视死如归[42]。"陵诚能安，而主岂复能眷眷乎[43]？男儿生以不成名，死则葬蛮夷中，谁复能屈身稽颡，还向北阙，使刀笔之吏弄其文墨耶[44]？愿足下勿复望陵。

嗟乎，子卿！夫复何言！夫复何言！相去万里，人绝路殊，生为别世之人，死为异域之鬼，长与足下，生死辞矣！幸谢故人[45]，勉事圣君。足下胤子[46]无恙，勿以为念！努力自爱。时因北风，复惠德音。李陵顿首[47]。

【注释】

①李陵：字少卿，西汉陇西成纪（今甘肃秦安北）人，名将李广之孙。武帝时为骑都尉。天汉二年，陵率步卒五千出击匈奴，在士卒死伤殆尽的情况下，败降匈奴，在匈奴二十几年。

②子卿足下：苏武，字子卿，西汉天汉元年（前100年）出使匈奴被扣留，坚贞不屈，留匈奴十九年，始获释回汉。足下：尊称。

③宣：发扬。令德：美德。策名，古代官员的姓名都写在官府的简策上，称为策名，此处指做官。清时：政治清明之时。荣问：美好的声名，问，通“闻”。休畅：意即广为播扬。

④望风：瞻仰风采，此处指怀念其风采。依依：怀念的样子。

⑤不遗：不弃，意即“蒙您不弃”。远辱还答，委屈您老远地给我来信。不敏：不聪敏，谦词。

⑥异类：异族的（人、景物）。

⑦韦韝毳幕：韦韝，皮臂套，用来束衣袖。毳幕，毡帐。

⑧谁与为欢：与谁为欢，即“和谁谈笑”。

⑨玄冰：厚重的冰雪。

⑩独何心：自个是什么样心情。

⑪临年：等到老年之时。

⑫鲸鲵：鲸鱼，用如动词，即作为鲸鱼而被杀戮之意。

⑬伤已：伤心极了。已，通“矣”。

⑭不蒙明察：没有蒙受到皇上的明察。孤负：辜负。

⑮“顾国家”句：意即顾念国家对我已经恩断义绝了。

⑯攘臂：捋袖伸臂，表示振奋或发愤的样子。辄复苟活：却又苟且活下去。

⑰“以为”句：说些令人不爱听的话。

⑱忉怛：忧伤。

⑲天汉之外：指汉朝统治地区之外。

⑳枭帅：骁猛的将领。

㉑更练精兵：又挑选精锐军队。练：通“拣”。

㉒“客主”句：客，指外来部队，此处指汉朝军队。主：指本地部队，此处指匈奴军队。不相形：形势不相当，意谓敌我力量悬殊。

㉓贼臣：指李陵部下的下级军官管敢。管敢投降匈奴，把李陵部队的战斗力情况告知匈奴单于，并让匈奴集中精兵死死缠住李陵，直至包围歼灭。

㉔高皇帝困于平城：高祖七年（前200年），韩王信与匈奴勾结谋反，高祖率师亲征，到平城（山西大同市东）被匈奴围困七天。

㉕执事者云云：执事，对对方委婉的称呼，此处指汉武帝刘彻。云云，议论纷纷。

㉖范蠡：字少伯，春秋越国大夫。吴越交战，越国战败，濒临灭亡。越王勾践用范蠡计谋，与吴国讲和；范蠡在吴国当人质二年。回国后助勾践刻苦图强，终于灭吴报仇。曹沫：春秋时鲁庄公的武士。齐鲁交战，鲁国三次战败，丢失不少土地。庄公十三年，鲁庄公和齐桓公在柯（齐邑，今山东阳谷县东北）会盟。曹沫持匕首劫桓公，逼他归还三次侵占的鲁地。有些史学家认为这故事是战国人撰造的，不可信。

㉗椎心而泣血：捶胸痛哭，眼睛流出血，形容极度悲痛。

㉘与：对待。

㉙“昔萧樊”四句：萧，萧何，汉初重臣，高祖时任相国。萧何曾建议开放“上林苑”中空地让百姓耕种，触怒刘邦，被捕入狱。樊：樊哙，官至左丞相。刘邦听信人言，以为樊哙和吕后勾结，想害死赵王如意（刘邦的儿子），被高祖逮捕，后被吕后释放。絷：捆绑。韩：

韩信。彭：彭越。韩彭二人俱为汉初功臣，后均以谋反罪被杀。菹醢：古时一种把人剁成肉酱的酷刑。晁错：汉景帝时御史大夫，曾为景帝出谋划策，建议削去各诸侯的势力。后由于吴王刘濞等以“清君侧”为由，发动七国叛乱，逼迫景帝杀了晁错。周：周勃，任右丞相，文帝时被人诬告谋反，被捕入狱。魏：魏其侯窦婴，西汉大臣，破七国之乱因功封魏其侯。因和丞相田蚡有仇，被诬，杀害。

㉚贾谊：汉初著名政治家、文学家，受到贵族大臣的排挤诬陷，被文帝疏远贬谪到长沙当王太傅，抑郁而死。亚夫：周亚夫，汉初名将，景帝时为太尉，因其子私买御物，被捕入狱，绝食而死。

㉛二子：指贾谊和周亚夫。

㉜先将军：指李陵已故的祖父李广。李广有“飞将军”之称，以英勇善战而著名。

㉝“且足下”四句：单车之使：即单车使臣。万乘之虏：指兵力强盛的匈奴。伏剑：用剑自杀。匈奴单于曾审讯苏武，苏武不愿受辱，拔剑自杀，经抢救未死。

㉞溯北之野：溯北：北方，此指匈奴之地。苏武拒绝单于的劝降，被遣送至荒无人烟的北海牧羊，粮食断绝，几将饿死。

㉟丁年：丁壮之年，壮年。皓首：白首，指年老。

㊱终堂：死去的委婉说法。生妻：年轻的妻子。去帷：指改嫁。

㊲蛮貊（mò）：泛指四方少数民族，这里指匈奴。嘉：赞誉。

㊳茅土之荐：分封诸侯的待遇。茅土：分茅裂土，分封诸侯的仪式。

㊴典属国：官名，管理少数民族事务。

㊵厚诛陵以不死：因我不死节而过份诛杀我一家人。

㊶孤恩：孤：通“辜”。辜负汉朝的恩典。

㊷“虽忠”二句意即：虽然未曾死节，但只要有忠心，也能做到

视死如归。烈：节烈。

㊸“陵诚”二句：意即我如果安心死节了，但主上还能够念叨着我吗？

㊹稽颡（sǎng）：古代一种最恭敬的行礼方式，屈膝下拜，叩额至地。北阙：宫殿北面的门楼，此处借指朝廷。这三句的意思是：谁还能够屈身请罪，回到朝廷，让那些舞弄笔墨的官吏们去随意评说呢？

㊺故人：老朋友。此处指大将军霍光和左将军上官桀等人。武帝死后，昭帝立，霍、上官二位曾派李陵的好友任立政到匈奴召回李陵，李陵不肯回归。

㊻胤子：嗣子。是苏武在匈奴时与匈奴女子所生。

㊼顿首：叩头。古时常用于书信的一种表示恭敬用语。

【译解】

子卿先生：

您积极地宣扬美德，建立名声在政治清明之时，美好的名声广泛传扬，真是好得很，好得很。我远远地寄身在外国，这是前人所悲叹的，我经常临风远望，怀念故人，依依不舍。以前承您不弃，远远地给我回信，勤勤恳恳地安慰我教诲我，超过了自己的骨肉之情，我虽然迟钝，能不感动！

霍光像

从我当初投降，直至今

日，一身穷困潦倒，独坐忧愁苦闷。整天没有什么东西可看，只看见异族的人物，皮衣毡帐用来抵御风雨，羶肉乳浆用来充饥解渴，抬起头来想说说笑笑，能和谁愉快地谈笑？胡地结着厚厚的黑冰，边地严重地冻裂，只听到悲风萧条的声音。凉秋九月的时候，塞外的野草衰枯，夜晚睡不着觉，侧着耳朵听着远处的声音，听见了胡笳互相吹奏，牧马悲哀地鸣叫，悲吟和长啸汇在一起，边声从四方兴起，早晨坐起来听着，我不知不觉地流下眼泪。唉，子卿！我的心难道与众不同，能不悲伤吗？

我和您相别之后，更加感到无聊，想到自己的老母亲，到了垂暮之年还被杀戮；妻子没有罪过，一起遭到杀害；我自己辜负了国家的恩情，被世人所悲叹。您回国受到尊荣，我留在匈奴受到耻辱，这是命啊，真是无可奈何！我出身在礼仪之乡，却到了无知的俗地，遗弃了君主和父母的恩情，永远留在蛮夷之邦，真是悲伤极了！使先君的后代，变成戎狄的族人，更加感到自悲了！我的功劳大罪过小，没有受到君主的明察，辜负了我一片诚挚的心意，每一想到这里，恍恍惚惚地便忘记了自己还活着。我不难剖开心腹来表白自己，割断脖子来表现志气，但想到国家对我已是恩断义绝了，自杀没有好处，只是增加羞耻，所以常常奋臂忍辱，就又苟且活着。我身边的人，看见我这样，就用不可入耳的欢乐之曲，来对我进行安慰。异方的乐曲，只使人悲哀，增加我的忧伤罢了。

唉，子卿！人的相知，贵在知心。我给您的前一封信写得很匆促，没有说完我心里的话，所以再简略地来说一说。从前，先帝给我步兵五千，派我出征到远国，同我一起出征的五位将军，迷失了道路，没有及时赶到约好的地点，我独自遭遇匈奴的军队与之交战。我带了可供行军万里的粮饷，领了徒步行走的兵卒，出征到汉朝管辖之外的地区，进入到强大的匈奴的领地，用五千名步兵，去对付匈奴的十万大军，指挥疲劳困乏的步兵，去抵抗具有新式装备的骑兵，虽然这样，我们还是斩将夺旗，追逐逃跑失败的敌人，像打扫尘埃一样地打退敌人，斩掉他们的勇将，使得全军的士兵，都视死如归。我虽然没有才能，很少担当过这种重大责任，但心里想，这时的功劳大得无可比拟了。匈奴失败之后，全国兴师动众，更加训练精兵，战士超过十万之多，单于临阵指挥，亲自进行包围。我们和匈奴军队的数量，既不能相比，我们的步兵和匈奴的骑兵的势力，又相差十分悬殊。我们疲劳的士兵再次进行战斗，一个要抵挡一千个，然而大家带着创伤忍住痛苦，坚决地争着向前冲锋，死伤的战士积满了郊野，剩下的不满一百人，而且都患病在身，不能胜任打仗。但是我振臂一呼，受伤的和患病的战士都一跃而起，高举刀刃指向敌人，吓得匈奴的骑兵赶快逃走，直到兵器和箭完全用尽了，手无寸铁，大家还空手高呼着奋力出击，争先恐后地向前冲去。当这个时候呀，天地为我震怒，战士为我饮泪。单于认为我不能被他们俘获，便打算领兵回去，但是贼臣管敢告诉他们，说汉无伏兵，促使单于再来交战，所以我不免被俘了。从前高皇帝带领三十万兵众，在平城被匈奴所围困，那个时候，高皇帝的猛将如云，谋臣如雨，然而还难免七日不得食，最后只能只身逃脱，免于被俘。何况遇上我这样的情况，难道容易用力免于被俘吗？

汉朝管事的人议论纷纷，埋怨我不死而降。我没有死，是有罪，子卿您看我，是一个苟且偷生之士、怕死的人么？难道有背弃君主父母，抛弃妻子，反而认为对我有利么？我不死，是想有所作为的，正如我给您的前一封信中所说，是想等待机会对国君报恩呢。实在是认为白白地死掉不如建立节操，消声灭名不如报答恩德呢。从前范蠡没有为越国在会稽的失败之耻而殉身，曹沫没有为三次被齐国打败之辱而死去，结果范蠡为越王勾践复了仇，曹沫为鲁国雪了耻。我诚挚的心中，私下仰慕他们罢了。哪里想到志气没有建立而怨恨已经形成，计划没有实现而骨肉亲人已经受刑被杀，这是我仰天椎心而哭出血来的原因啊。

您又说："汉朝对待功臣的恩情不薄。"您是汉朝的臣子，哪能不这样说呢？从前肖何、樊哙被囚禁捆绑，韩信、彭越被剁成肉酱，晁错受到杀戮，周勃、窦婴被判罪。其馀辅佐天命建立功劳的人士，像贾谊、周亚夫之辈，都确实是名高一世的人才，具有将相的才能，但是受了小人的谗言，都遭祸受辱，终于怀才受谤，能力不得施展，那贾谊和周亚夫的遭遇，谁不为之痛心呢？我的祖父，功劳才略笼盖天地，忠义勇敢冠绝三军，只是失意于贵戚卫青，被迫自杀于绝远的域外，这是使有功之臣和正义之士负戟长叹的事啊，怎么能说汉朝对待功臣的恩情不薄呢！况且，您从前以一个乘单车的使臣，出使到拥有兵车万乘的敌国，遭遇到不好的时候，竟至于不顾惜生命而伏剑自杀，后来颠沛流离，历尽辛苦，几乎死于北方的荒野。您壮年奉命出使，年老发白才回来，老母死去，妻子改嫁，这是天下很少听说的从古到今所没有的事啊。那些外族的人，尚且还称赞您的节操，何况作为天下的君主呢？我认为您应当享受封国的恩典，受到兵车千乘的奖赏。可是我听说您回去之后，赏赐不过二百万钱，官位不过拜为典属国，没有一尺的封地奖赏您的劳苦。而那些妨害别人建立功劳和发挥才能的臣子都做了万户侯，亲戚贪佞之流都当了朝廷的大官。您回汉朝之后还是这个样儿，我又能有什么希望呢！汉朝对于我的不死给予了严厉的惩罚，对于您的守节只给了轻微的奖赏，想使在远地听到这些消息的臣子，望风归于汉朝，这实在困难啊！所以我常常想起这些而不后悔。

我对汉朝虽然负恩，汉朝对我也负德。前人有句话说："忠君虽然不激烈，看待死亡像回家。"我就是真正能安于死而不负恩，汉朝的君主难道又能够眷眷地怀念我而不负德吗？男子汉活着不能成名，死了就葬在外族中。谁又能够屈身叩头，回来向着北阙，让那些狱吏去舞文弄墨呀？希望您不要望我回来。

唉，子卿！还有什么话说呢？我们相隔万里，交往断绝，道路不同，我活着做另一世界的人，死了做远方异域的鬼，我永远和您生死隔绝了。敬告我的老朋友，希望他们努力事奉圣君。您在匈奴的儿子很好，不要挂念，但愿努力自爱。时常通过来北方的使者，再给我写信来。李陵叩拜。

苏武像

【赏析】

据说苏武从匈奴回汉朝后，曾写信给李陵，本文就是李陵写给苏武的回信。文章重点在于揭露汉王朝对“妨功害能之臣”和“亲戚贪佞之类”备加优容，而对某些有功之人则刻薄寡恩。北宋苏轼等则认为文章并非李陵所撰，而是后人伪托而作。全文感情激愤，读来让人心头抑郁，感慨不尽。

吴楚材、吴调侯评此文：“一以自白心事，一以咎汉负功。文情感愤壮烈，几于动风雨而泣鬼神。除子卿自已，更无余人可以代作，苏子瞻谓齐梁小儿为之，未免大言欺人。”

尚德缓刑书

路温舒[①]

【原文】

昭帝崩[②]，昌邑王贺废，宣帝初即位[③]。路温舒上书，言宜尚德缓刑。其辞曰：

“臣闻齐有无知之祸，而桓公以兴[④]；晋有骊姬之难，而文公用伯[⑤]；近世赵王不终，诸吕作乱，而孝文为太宗[⑥]。由是观之。祸乱之作，将以开圣人也[⑦]。故桓、文扶微兴坏[⑧]，尊文、武之业[⑨]，泽加百姓，功润诸侯，虽不及三王，天下归仁焉[⑩]。文帝永思至德，以承天心，崇仁义，省刑罚，通关梁[⑪]，一远近[⑫]，敬贤如大宾[⑬]，爱民如赤子，内恕情之所安[⑭]，而施之于海内，是以囹圄空虚，天下太平。夫继变化之后，必有异旧之恩，此贤圣所以昭天命也。

“往者昭帝即世而无嗣[⑮]，大臣忧戚，焦心合谋，皆以昌邑尊亲，援而立之。然天不授命[⑯]，淫乱其心，遂以自亡。深察祸变之故，乃皇天之所以开至圣也。故大将军受命武帝[⑰]，股肱汉国[⑱]，披肝胆，决大计，黜亡义[⑲]，立有德，辅天而行，然后宗庙以安，天下咸宁。臣闻《春秋》正即位，大一统而慎始也[⑳]。陛下初登至尊，与天合符，宜改前世之失，正始受命之统[㉑]，涤烦文[㉒]，除民疾，存亡继绝，以应天意。

"臣闻秦有十失，其一尚存，治狱之吏是也。秦之时，羞文学[23]，好武勇，贱仁义之士，贵治狱之吏，正言者谓之诽谤[24]，遏过者谓之妖言[25]。故盛服先生不用于世[26]，忠良切言皆郁于胸[27]，誉谀之声日满于耳，虚美熏心，实祸蔽塞[28]。此乃秦之所以亡天下也。方今天下赖陛下恩厚，亡金革之危、饥寒之患，父子夫妻，戮力安家[29]。然太平未洽者[30]，狱乱之也。夫狱者，天下之大命也[31]。死者不可复生，绝者不可复属[32]。《书》曰：'与其杀不辜，宁失不经'[33]。今治狱吏则不然，上下相驱[34]，以刻为明[35]，深者获公名[36]，平者多后患[37]。故治狱之吏，皆欲人死。非憎人也，自安之道，在人之死。是以死人之血，流离于市[38]，被刑之徒[39]，比肩而立[40]，大辟之计[41]，岁以万数，此仁圣之所以伤也。太平之未洽，凡以此也[42]。夫人情安则乐生，痛则思死。棰楚之下，何求而不得？故囚人不胜痛，则饰辞以视之[43]；吏治者利其然，则指道以明之[44]；上奏畏却[45]，则锻炼而周内之[46]。盖奏当之成，虽咎繇听之，犹以为死有余辜[47]。何则？成练者众，文致之罪明也[48]。是以狱吏专为深刻[49]，残贼而亡极[50]，偷为一切[51]，不顾国患，此世之大贼也[52]。故俗语曰：'画地为狱，议不入；刻木为吏，期不对'[53]；此皆疾吏之风，悲痛之辞也[54]。故天下之患，莫深于狱；败法乱正，离亲塞道[55]，莫甚

汉武帝刘询像，图选自明万历刻本《三才图会》。

乎治狱之吏。此所谓一尚存者也。

"臣闻乌鸢之卵不毁，而后凤皇集[56]，诽谤之罪不诛，而后良言进[57]。故古人有言：'山薮藏疾[58]，川泽纳污；瑾瑜匿恶[59]，国君含诟[60]'。唯陛下除诽谤，以招切言，开天下之口，广箴谏之路[61]，扫亡秦之失，尊文、武之德，省法制，宽刑罚，以废治狱[62]。则太平之风，可兴于世；永履和乐，与天亡极。天下幸甚。"上善其言。

【注释】

①路温舒：字长君，汉巨鹿东里（今河北平乡）人。历任廷尉奏曹掾、临淮太守。宣帝时，上书言尚德缓刑。尚德缓刑。崇尚道德，放宽刑罚。

②昭帝：汉昭帝刘弗陵。崩：古代称帝王或皇后死曰崩。

③昌邑王贺：昌邑王刘贺，昭帝无子，立武帝孙子昌邑王为帝。贺淫乱无道，被大将军霍光奏明太后将其废黜，迎立武帝曾孙刘病已称宣帝。

④无知：春秋时齐国公子公孙无知。襄公无道，无知杀襄公自立，很快又被国人所杀。桓公：春秋时齐襄公弟小白，襄公被杀后，立为桓公，以管仲为相，国势日强，终成霸业。

⑤骊姬之难：骊姬，春秋时晋献公的宠姬。献公本立长子申生为太子；骊姬欲立自己的儿子奚齐，陷害申生，申生被逼自杀。献公死，奚齐立为国君，即被国人杀死。晋国乱。文公用伯：文公，春秋晋文公重耳。伯，通霸。重耳是申生的异母弟，骊姬谗毁申生时，重耳亦被迫出亡，十九年后回国执政，成为春秋五霸之一。

⑥赵王：汉高祖的儿子刘如意，戚夫人所生。高祖死后，吕后专权，将戚夫人和如意害死。诸吕：指吕后家族。汉惠帝死后，吕后临朝称制，大封吕氏家族的人。吕后死，吕氏家族叛乱。太尉周勃、丞

相陈平等人平定诸吕。孝文：汉文帝刘恒。原封代王，周勃、陈平讨平诸吕后，迎立代王为帝。太宗，文帝的庙号。

⑦作：兴，起。开；启发，引导。

⑧桓：指齐桓公。文：指晋文公。扶微兴坏：扶起弱国，振兴之国。

⑨文：指周文王。武：指周武王。

⑩天下归仁：天下归服于仁德。语见《论语·颜渊》。

⑪关：交通要道。梁：桥梁。

⑫一：统一。

⑬大宾：贵宾。

⑭恕情：推己及人。

⑮即世：死，去世。嗣：后代。

⑯授命：授于帝王使命。

⑰大将军：指霍光。汉武帝时霍光为奉车都尉。武帝死，昭帝年幼，霍光与桑弘羊遵武帝遗诏共辅昭帝。后来立废昌邑王。辅佐宣帝事均由其主持。

⑱股肱：大腿与手臂，喻国君的辅助大臣。

⑲黜：废。亡：通“无”。

⑳正：整顿。大一统：以一统为大，即重视一统。

㉑正始受命之统：整顿现在开始受命的纲纪。

㉒涤烦文：清除烦琐的法令条文。

㉓羞文学：以文章博学为耻。

㉔正言者，正直、公正而言者。

㉕遏：抑止。

㉖盛服先生：指尽忠于国事的大臣。

㉗切言：恳切的言论。郁：积。

㉘蔽塞：隐蔽。

㉙戮力：同心合力。

㉚洽：和美、完满。

㉛大命：命脉。

㉜绝：断。属：连接。

㉝“与其杀不辜”句：见《尚书·大禹谟》，意谓：与其错杀没有犯罪的人，不如放掉不守常道之辈。

㉞相驱：互相勾结。

㉟以刻为明：以苛刻为明察。

㊱深：指严峻。公名：公正的名声。

㊲平：公平。

㊳流离：淋漓。

㊴被刑：遭刑。

㊵比肩：肩并肩。

㊶大辟：死刑。

㊷凡：大概，大致。

㊸胜：堪。饰辞：粉饰言辞。视：通“示”，指招供。

㊹利其然：利用他们的这种假招供。指道：谓引证法律条文。

㊺畏却：怕被驳回。

㊻锻炼：指琢磨文字。周内：指罗织罪状。

㊼奏当：上奏判罪。成：理由完备。咎繇（gāo yáo）：即皋陶，传说中虞舜时掌刑官。听：判断，处理。

㊽成练：罗织罪名。文致：玩弄法律条文使人入罪。

㊾深刻：指严峻。

㊿残贼：残酷陷害。亡极：没有穷尽。

51愉：通“偷”，苟且，只顾眼前。

⑫贼：害。

⑬“画地为狱”句：画地作牢狱，也不想进去；以木头作狱吏，也一定不要和他去对质。议：决计。期：必。

⑭疾：痛恨。风：指民谣。

⑮离：离散。塞道：堵塞道义。

⑯乌鸢（yuān）：乌鸦和老鹰。凤皇：即“凤凰”。集：鸟栖树上。

⑰诛：责罚。进：上达。

⑱疾：指毒害的东西，如猛兽毒虫之类。

⑲瑾瑜：美玉。恶：指瑕疵。

⑳诟：诟骂。

㉑箴谏：规谏劝戒。

㉒治狱：指刑狱。

【译解】

昭帝逝世之后，昌邑王刘贺接着又被废弃，宣帝刚刚即位。路温舒上书给宣帝，说应当崇尚道德减轻刑罚。那封奏书说：

“我听说齐国有公孙无知杀襄公自立的事，桓公才得以兴起；晋国有骊姬作难，文公才因而成就霸业；近世赵王不得善终，诸吕作乱，孝文帝才成为功德卓著的太宗皇帝。由此看来，祸乱的发作，是给圣人开辟路。所以齐桓公、晋文公扶植弱小的国家，尊崇文王、武王的事业，恩泽加给百姓，功劳润及诸侯，虽然比不上三王，可是天下的人都归附他们的仁义了。孝文帝经常想到道德崇高的先王，能够秉承上天的旨意，崇尚仁义，减轻刑罚，沟通道路，统一远近，像对待贵客那样尊敬贤人，像对待幼子那样爱护人民，把自己心中感到安适的事情推行到全国，因此监狱空虚，天下太平。在祸乱变化之后继位的君主，一定有和旧时不同的恩惠，这就是圣贤用来昭明上天的意旨。

“从前昭帝去世而没有儿子继位，大臣们很忧虑，大家焦急地共同商量，都认为昌邑王尊贵亲近，就援用旧例立他，但是上天不肯授命，淫乱了他的心，就因此自己消亡。深入地考察祸乱变化的原因，这是上天用来给至圣至明的君主开辟道路呢。所以大将军霍光受了武帝的遗命，辅佐汉朝，披肝沥胆，决定大计，废黜无义的昏君，另立有德的圣主，按照天道行事，然后宗庙才得安定，天下都得太平。我听说《春秋》很重视君主即位，这是尊重统一天下而谨慎于开始的时候。陛下刚刚登上天子之位，与天意相符合，应该改掉前代的过失，重视开始受命的传统，革除烦文苛法，解除民生疾苦，保存灭国，继承绝世，以此来应合天意。

“我听说秦朝有十种过失，其中的一种现在还存在，这就是治狱的官吏。秦朝的时候，轻视文学，爱好武勇，看不起讲究仁义的士人，看得起治狱的官吏，讲正直话被诬为诽谤，谏阻过失被诬为妖言，所以尽志于国的人不能用于当世，忠良恳切的话都闷在胸中，谄谀逢迎的话天天充塞耳朵，虚假的赞美熏满心中，而实际的祸患被遮蔽阻塞了。这就是秦朝所以亡天下的原因啊。当今的天下，依靠陛下恩德深厚，没有战争的危险和饥寒的忧患，父子夫妻同心协力整治家庭。但是，太平还没有实现，原因就是刑狱扰乱了太平。刑狱是天下的司命，处死了的人不能复活，斩断了的肢体不能再接起来。《书经》说：‘与其杀死没罪的人，宁可失之宽大。’现在治狱的官吏则不是这样，上下互相争逐，把刻薄当作明察，治狱严厉刻薄的人获得了公正的名声，治狱公平合理的人多有后患。所以治狱的官吏，都希望把人处死，他们并不是与人有仇恨，而是一种求得自己安全的办法。因此，死人的血漂流在街市上，受刑的人并肩而立，每年处斩的人数以万计，这就是讲仁义的圣人之所以悲伤的原因。太平还没有实现，都是因为这个缘故。人之常情是，生活安定则乐于生存，生活痛苦则希望死去，在鞭打之下，有什么要求达不到呢？所以囚犯忍受不了痛苦，就用假话来招供；狱吏利用这些供辞，就引证法律来说明他的罪孽；上奏的时候怕被批驳退回来，就精细而周到地列成罪状；判罪上奏之后，就是皋陶听了，也认为是死有馀辜。为什么这样呢？因为经过许多精细地推敲，致人之罪的文状写得明明白白。因此狱吏专门讲究严厉刻薄，残害人没有止境，马马虎虎地办一切事情，不顾国家的祸患，这是世上的大害啊。所以俗话说：'在地上画一个监狱也不进入，刻一块木头当狱吏也决不正面看他。'这都是憎恶狱吏的风俗，都是悲痛的话语啊。所以天下的忧患，没有比刑狱更深；败坏法纪，扰乱正道，离间亲人，闭塞道义，没有比治狱的官吏更厉害：这就是所说的秦朝的一种过失还存在啊。

"我听说不毁坏老鹰产在树上的卵，然后凤凰才会聚集在树上；犯了诽谤之罪的人不诛戮，然后才会有良言进谏。所以古人说：'高山大泽隐藏毒物，河川湖泽容纳污物，美玉藏匿瑕点，国君忍受辱骂。'希望陛下除去诽谤之罪，以此招纳恳切的言论，打开天下人的嘴巴，扩大劝戒进谏的道路，扫除秦朝灭亡的过失，尊崇文王、武王的德行，减省法制，宽放刑罚，以此来废置治狱的官吏。那么，太平的风气就可以兴起于世上，永远进入和平快乐的境地，与天的存在一样没有止境。天下的人幸福极了。"

宣帝认为路温舒说得好。

【赏析】

"尚德缓刑"乃全篇的文眼，文中极具说服力地揭露了治狱之吏的危害，最后归结到"扫亡秦之失，尊文武之德"，用意在于说服宣帝改变当时法令烦苛，冤狱四起的情况。作者关注民生困苦，为文切中时弊，故其心中有一气鼓荡，成文则刚健有力，恳挚激切，读来令人为之动容。

报孙会宗书

杨恽[①]

【原文】

恽既失爵位家居，治产业，起室宅，以财自娱。岁余，其友人安定太守西河孙会宗，知略士也[②]。与恽书谏戒之。为言大臣废退[③]，当阖门惶惧[④]，为可怜之意[⑤]；不当治产业，通宾客[⑥]，有称誉。恽宰相子，少显朝廷，一朝暗昧[⑦]，语言见废[⑧]，内怀不服。报会宗书曰：

“恽材朽行秽[⑨]，文质无所底[⑩]，幸赖先人余业，得备宿卫[⑪]。遭遇时变，以获爵位[⑫]，终非其任，卒与祸会。足下哀其愚，蒙赐书，教督以所不及[⑬]，殷勤甚厚[⑭]。然窃

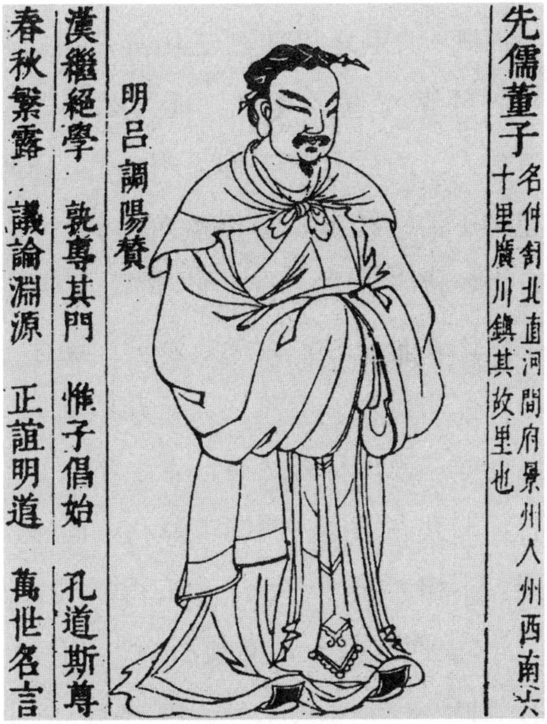

董仲舒像，图出自明·吕维祺《圣贤像赞》。

恨足下不深推其终始[15]，而猥随俗之毁誉也[16]。言鄙陋之愚心，若逆指而文过[17]；默而息乎[18]，恐违孔氏‘各言尔志’之义[19]。故敢略陈其愚，唯君子察焉。

“恽家方隆盛时，乘朱轮者十人，位在列卿，爵为通侯，总领从官，与闻政事[20]。曾不能以此时有所建明[21]，以宣德化，又不能与群僚同心并力，陪辅朝廷之遗忘[22]，已负窃位素餐之责久矣[23]。怀禄贪势[24]，不能自退，遭遇变故，横被口语[25]，身幽北阙，妻子满狱。当此之时，自以夷灭不足以塞责，岂意得全首领，复奉先人之丘墓乎？伏惟圣主之恩[26]，不可胜量。君子游道[27]，乐以忘忧；小人全躯，说以忘罪。窃自私念，过已大矣，行已亏矣，长为农夫以没世矣[28]！是故身率妻子[29]，戮力耕桑，灌园治产，以给公上[30]。不意当复用此为讥议也[31]。

“夫人情所不能止者，圣人弗禁。故君父至尊亲[32]，送其终也，有时而既[33]。臣之得罪已三年矣，田家作苦，岁时伏腊[34]，烹羊炰羔[35]，斗酒自劳[36]。家本秦也，能为秦声[37]，妇赵女也，雅善鼓瑟[38]，奴婢歌者数人。酒后耳热，仰天拊缶[39]，而呼乌乌[40]。其诗曰：‘田彼南山，芜秽不治；种一顷豆，落而为萁[41]。人生行乐耳，须富贵何时[42]？’是日也，拂衣而喜，奋袖低昂[43]，顿足起舞，诚淫荒无度，不知其不可也。恽幸有余禄，方籴贱贩贵，逐什一之利[44]。此贾竖之事[45]，污辱之处，恽亲行之。下流之人，众毁所归，不寒而栗。虽雅知恽者，犹随风而靡，尚何称誉之有？董生不云乎[46]：‘明明求仁义，常恐不能化民者，卿大夫意也；明明求财利，尚恐困乏者，庶人之事也’；故‘道不同，不相为谋’[47]。今子尚安得以卿大夫之制而责仆哉？

“夫西河魏土，文侯所兴[48]，有段干木、田子方之遗风[49]，漂然皆有节概[50]，知去就之分。顷者[51]，足下离旧土，临安定。安定山谷之间，昆戎旧壤[52]，子弟贪鄙，岂习俗之移人哉？于今乃睹子之志矣！方当盛汉之隆，愿勉旃[53]，毋多谈。”

【注释】

①杨恽（前？～前 54）：汉华阴（今陕西华阴）人，字子幼，司马迁的外孙，丞相杨敞之子。宣帝封平通侯，迁中郎将。遭近臣戴长乐陷害，罢官为民，后有人告他骄奢不悔过，下廷尉审理，查出他写给友人孙会宗的这封信，宣帝见而恶之，判杨恽大逆无道，腰折。

②知略：智识，谋略。

③废退：废黜，罢官。

④阖：关。

⑤可怜：值得怜悯。

⑥通：往来交好。

⑦一朝：一时。暗昧：指言行不光明正大。

⑧语言见废：戴长乐告发他语言不敬因而被罢免。

⑨材朽：才能低劣。材，通“才”。行秽：品行污秽。

⑩文质：文采与品质。无所底：没有什么成就。底，招致。

⑪备：聊：聊以充数，谦词。宿卫：在宫中值宿，充当皇帝待卫。

⑫“遭遇时变”：指密奏霍氏谋反而被封平通侯。

⑬督：指正。

⑭殷勤：恳切的情意。

⑮恨：憾。推其终始：推究事情的首尾经过。

⑯猥：轻易，随便。

⑰逆指：违背旨意。指，通“旨”。文过：掩饰过失。

⑱默而息：指沉默不言语。

⑲各言尔志：见《论语·公冶长》各自说说自己的志向，这是孔子对他的学生说的。

⑳朱轮：用丹漆涂饰的车子，汉代规定只有公卿列侯以及二千石

以上的官员才能乘坐朱轮。列卿：朝廷主管各个官署的官员。通侯：汉代异姓功臣封侯的称“通侯”，也称“列侯”或“彻侯”。从官：皇帝的侍从官。杨恽为光禄勋，管辖所有侍从官，故称“总领从官”。与闻政事：参与政事。

㉑曾：乃，却。

㉒陪：辅佐。遗忘：忘记，这里指考虑不周之处。

㉓窃位：这里指在其位而不谋其事。素餐：无功受禄，不劳而食。素，空。

㉔怀：留恋，贪图。

㉕横：意外，突然。被口语：指以毁谤、诬陷遭祸。

㉖伏惟：下对上的敬辞。惟，想。

㉗游道：在正道上行走，即修养道德。

㉘没世：终身。

㉙身：亲身。

㉚以给公上：用以供给官府赋税。

㉛当：值，恰恰正是。用：因为。

㉜君父至尊亲：君至尊，父最亲。

㉝既：尽，终了。

㉞伏腊：伏，夏天的伏日，夏至后的第三个庚日叫初伏。腊，冬天的腊日，冬至后第三个戌日称腊。

㉟炰羔：烤乳羊肉。

㊱劳：慰劳。

㊲家本秦也：杨恽家在华阳，战国时属秦地。

㊳雅：素，平素。

㊴拊：拍，击打。缶：一种腹大口小的瓦器，秦人作乐器。

㊵乌乌：指歌声。

㊶萁：豆茎。

㊷须：等待。

㊸奋袖：挥舞衣袖。低昂：低高起伏。

㊹“籴贱”两句：即买贱卖贵，追逐十分之一的利润。

㊺贾：商人。竖：童仆。

㊻董生：指董仲舒。引文出自《对贤良策》。明明：犹黾黾，勉力。

㊼“道不同”句：引自《论语·卫灵公》。

㊽西河魏土：战国时魏地西河，在今陕西郃阳一带。文侯，指魏文侯，以贤明著称。孙会宗家在西河，但这个西河郡治所在平定（内蒙古东胜县境）。杨恽有意把两个西河混为一谈，以便借机引出古代贤明的人，与今人作对照。

㊾段干木：战国魏人，隐居，不受仕禄。魏文侯请他为相，坚决辞谢。文侯以礼事之，乘车经过他的门前时，必致敬。田子方：战国魏人，魏文侯曾师事之，与段干木齐名。

㊿漂：即飘。

51顷者：近来，不久。

52昆戎：指殷及西周时代的少数民族西戎。

53旃（zhān）：语气词，“之焉”的合音。

【译解】

杨恽失掉爵位住在家里，治理产业，建造房屋，用钱财来行乐。过了一年多，他的朋友、安定太守、西河人孙会宗（一个有知识的士人）给杨恽写了一封信，对他进行劝戒。孙会宗在信中说：大臣废退回家，应当闭上门，诚惶诚恐，表现出一种可怜的样子，不应当治理产业，和宾客来往，受人家的称赞。杨恽原是一个宰相的儿子，年轻时就在朝廷做大官，一时倒霉，因为言语不谨慎而被免除爵位，心中不服。于是他给孙会宗写了一封回信说：

“我才能低劣，品行卑下，外表和内才都没有什么值得称道的。幸而靠了父亲遗下的功业，才充当了一个侍卫官，恰巧碰上霍氏叛乱，才获得封爵。但终于不能胜任，结果遭受祸害。您同情我的愚笨，写信来教导我不懂的事情，情意十分恳切。但是，我私下埋怨您，没有深入了解这事的始终，而错误地随从世俗的毁誉。向您说出我鄙陋的愚见吧，好像是以反对您的看法而使自己显得文过饰非；沉默不言吧，则又恐怕违背孔子的‘各言尔志’的教义。所以还是大着胆子简略地陈述我的愚见，请您仔细深察吧。

“我家里正当兴盛的时候，乘坐朱轮车的有十人，地位在九卿之列，爵位是通侯，率领手下的官员，参与讨论国家大事。我竟不能在那时有所建树，既不能宣扬圣上的德化，又不能与各位官员同心协力，去补救朝廷的过失，已经受到窃取官位吃白饭的责备很久了。我贪恋俸禄和权势，不能自己引退，遭逢了变故，横受告发，自己幽禁在北阙，妻子儿女被关进了监狱。当这个时候，自己认为夷灭家族不足以抵偿罪责，哪里想到能够保全脑袋，再去奉祀祖先的坟墓呢？我伏在地上想到圣主的恩惠，大得无法计量。君子心想着道义，快乐得忘记了忧愁；小人保全了性命，高兴得忘记了罪过。我私下考虑：过失已经很大了，品行已经污损了，永远当一个农民到死算了！因此，我就率领妻子儿女，努力耕田种桑，浇灌田园，治理产业，交纳赋税给政府。想不到又因此而受到指责和非议。

“大凡人情所不能避免的，圣人也不能禁止。所以君最尊、父最亲，给他们送终以后，哀痛的感情到了一定的时间也会完结。我的获罪，已经三年了。农民的劳动很辛苦，逢上伏日、腊日等节日，便烹大羊烤小羊，斟上一壶酒自己慰劳自己。我的家本来在秦地，我能够唱秦地的歌曲。我的妻子是赵地的妇女，很善于奏瑟。奴婢中会唱歌的也有几个人。饮酒之后耳朵发热，抬起头来敲打着乐器，口里‘呜呜’地唱起歌来。歌词是：‘种田在那南山下，一片荒芜未治理。种了豆子一百亩，豆子落下只剩茎。人生世上快行乐吧，等待富贵在何时？’有的时候，我高兴得摆动衣服，一高一低地抖动袖子，踏着脚跳起舞来，实在是荒淫无度，不知道那样做有什么不可以呢。我幸而有一些积馀下来的俸禄，就贱买贵卖，追求十分之一的利润，这是商人的事情，污辱的处所，我亲自去做了。地位低下的人，是众人毁谤的对象，使人不寒而栗。就是很了解我的人，尚且随风倒，还有谁来称誉我呢？董仲舒不是说过吗：‘急急忙忙求仁义，常常担心不能教化百姓，这是卿大夫的心情。急急忙忙求财利，还担心穷困贫乏，这是平民的事情。’所以志向不同的人不得互相商讨问题。现在您还怎么能用卿大夫的要求来责备我呢？

“那西河原是魏国的土地，是魏文侯兴建的，有段干木、田子方的遗风，他们都有高超的节操，懂得仕与不仕的本分。前不久，您离开故乡西河，到安定去。安定在山谷之间，是西戎的旧地，那里的人贪婪鄙野，难道是安定的风俗改变了您的节操吗？现在我才看出您的思想了。

“现在正当盛汉兴隆的时候，希望您自己努力，不要多谈了。”

【赏析】

这封信辞气怨激，表现了作者因“以口语被祸”、“身幽北阙”、“妻子满狱”事对朝廷的不满。全信放言无忌，沉郁虽不及司马迁《报任安书》，但怨激则有过之无不及。清余诚《古文释义新编》评此文：“满腹牢骚，触之倾吐。虽极蕴藉处，皆极愤懑。所谓诚忠形外，不能掩遏者也。篇中有怨君王语，有恨会宗语，皆足取祸，至行文之法，字字翻腾，段段收束。直平处皆曲折，疏散处，皆紧密，则酷似其外宜。”

光武帝临淄劳耿弇[1]

东汉文

【原文】

车驾至临淄[2]，自劳军，群臣大会。帝谓弇曰："昔韩信破历下以开基[3]，今将军攻祝阿以发迹[4]。此皆齐之西界，功足相方[5]。而韩信袭击已降[6]，将军独拔勍敌[7]敌，其功乃难于信也[8]。又田横烹郦生[9]，及田横降，高帝诏卫尉，不听为仇[10]。张步前亦杀伏隆[11]，若步来归命[12]，吾当诏大司徒释其怨[13]，又事尤相类也。将军前在南阳[14]，建此大策[15]，常以为落落难合[16]，有志者事竟成也[17]。"

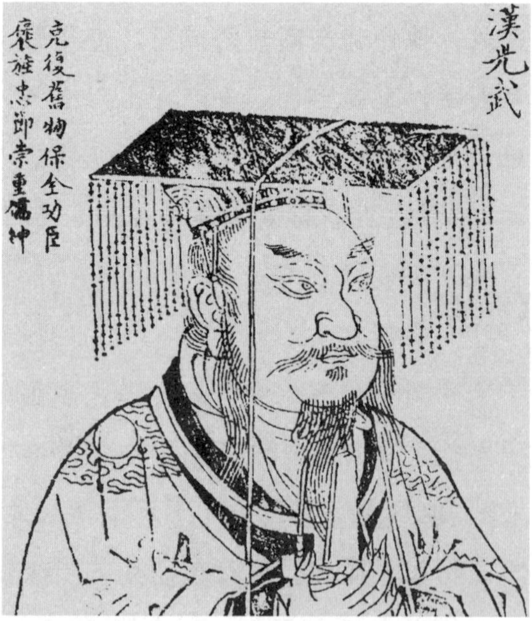

汉光武帝刘秀像，图出自明·天然撰《历代人物像赞》

【注释】

①光武帝：即汉光武帝刘秀（25～57 年在位），刘秀是

东汉开国皇帝。临淄：原齐国国都，在今山东淄博市西北。耿弇：字伯昭，扶风茂陵（今陕西兴平东北）人，由偏将军、大将军，拜建威大将军，击败齐地割据势力张步，定齐地城阳、琅邪等十二郡，为东汉开国功臣，封好畤侯。

②车驾：车，代指光武帝刘秀。

③韩信破历下：汉高帝三年，韩信袭击历下军，平定临淄。历下，今山东历城县。

④祝阿：县名，在今山东历城西南。发迹：意为立功扬名。

⑤相方：相比。

⑥韩信袭击已降：韩信挥师东进，尚未渡黄河，汉王已派郦食其说服齐王投降。

⑦勍敌：强大的敌人。勍，强，有力。

⑧乃：却。

⑨田横烹郦生：田横，战国齐国贵族之后。秦末，田横和其兄田儋起兵，割据齐地。后为汉所灭。田横率所部五百余人逃亡海岛。汉高祖命他到洛阳朝见，他不愿称臣，于途中自杀。郦生，即郦食其，刘邦的谋臣，去齐劝降，说齐归汉，已定议，而韩信从蒯通计袭历下，田横以为郦生出卖他，便将郦生烹杀。

田横像

⑩卫尉：官名。西汉卫尉掌管宫门警卫，统领宫廷屯卫兵。这里的卫尉是郦商，郦食其的弟。齐亡后，齐王被俘，田横流亡的海岛，汉高祖召田横。田横说：我烹了郦食其，现在郦食其的弟弟郦商身居卫尉之职，我不敢回归。刘邦就对郦商说：如果田横回来，谁伤害他就要给以灭族的惩处。

⑪张步：字文公，琅邪人。西汉末，割据齐地。光武帝派伏隆使齐，任命张步为东海太守。梁王刘永亦遣使立张步为齐王，于是张步欲留伏隆，伏隆不听，求反命，张步遂杀之。伏隆：字伯文，光武时任大中大夫。

⑫归命：归顺。

⑬大司徒：官名，东汉时改称司徒，与太尉、司空并称三公，主管教化。这里指伏隆的父亲伏湛。释：消除。

⑭南阳：郡名，治所在宛（今河南南阳市）。

⑮大策：庞大的军事部署。

⑯常：通“尝”，曾经。落落难合：意即迂远、疏阔，难以实现。

⑰竟：终。

【译解】

光武帝的车驾到临淄，亲自慰劳军士，许多臣子隆重地聚会。光武帝对耿弇说：“从前，韩信攻破历下，开创了汉朝的基业；现在，将军攻下祝阿，发展了伟大的事业。这两个地方，都是齐国的西部边界，功劳完全相等。但韩信袭击的是已经投降的人，将军是独力攻下强大的敌人，这功劳的建立，比韩信还更难呢。另外，田横烹杀郦食其，当田横归降的时候，高帝命令卫尉郦商，不准报仇；张步从前杀死了伏隆，如果张步来归顺，我也会命令大司徒伏湛，消除他们之间的怨仇——这是非常类似的事情。将军从前在南阳地区，创建那么大的策略，还经常以为自己疏阔难以成功，现在可以看到，有志气的人终于会得到成功啊。”

【赏析】

文章是光武帝刘秀表彰大将军耿弇的一段讲话。

刘秀先以韩信作比，表彰耿弇的功劳，再用“有志者事竟成”勉励耿弇。讲话文字简短，层次分明，语言生动，意蕴闳富。

吴楚材、吴调侯评曰：“前一段，表弇之功。末一段，佳弇之志。中间将自己处张步与高帝处田横比方一番，以劝步归诚之意；英主作用，全在此数语。”

诫兄子严敦书

马援[①]

【原文】

援兄子严、敦并喜讥议，而通轻侠客[②]。援前在交阯[③]，还书诫之曰[④]：

马援像，图出自清·顾沅辑《古圣贤像传略》。

“吾欲汝曹闻人过失[⑤]，如闻父母之名，耳可得闻，口不可得言也。好议论人长短，妄是非正法[⑥]，此吾所大恶也[⑦]，宁死不愿闻子孙有此行也。汝曹知吾恶之甚矣，所以复言者，施衿结缡，申父母之戒[⑧]，欲使汝曹不忘之耳。

“龙伯高敦厚周慎[⑨]，口无择言[⑩]，谦约节俭，廉公有威。吾爱之重之，愿汝曹效之。杜季良豪侠好义[⑪]，忧人之忧，乐人之乐，清浊无所失[⑫]，父丧致客[13]，数郡毕至。吾爱之重之，不愿汝曹效也。效伯高不得，犹为谨敕之士[14]，所谓‘刻鹄不成尚类鹜’者也[15]；效季良不得，陷为天下轻薄子[16]，所谓‘画虎不成反类狗’者也。讫今季良尚未可知[17]，郡将下车辄切齿[18]，州郡以为言[19]，吾常为寒心，是以不愿子孙效也。”

【注释】

①马援（14～49 年）：东汉扶风茂陵（今陕西兴平东北）人，字文渊。曾任职于新茂之时，后归顺刘秀，封伏波将军、新息侯。生前尝言：“丈夫立志，穷当益坚，老当益壮”；又言：“男儿要当死于边野，以马革裹尸还。”

②通：交结。轻：轻浮。

③交阯：汉郡名，一作“交趾”，辖今越南北部；公元 42 年，光武帝派马援到交趾镇压征侧、征贰起义。

④还书：回信。

⑤汝曹：你们。曹，辈。

⑥妄：胡乱。是非：褒贬，评论。正法：正常的法制。

⑦恶：厌恶。

⑧施衿结缡，申父母之戒：古代女子出嫁，父母亲自为她系上带子、佩巾，并告诫一番。衿，带子。缡（lí），即褵，女子出嫁时所系的佩巾。申，申述，表明。

⑨龙伯高：名述，汉京兆（今陕西西安市西北）人。初任山都长。光武帝看到马援的信后，把他提升为零陵郡太守（治所在今湖南零陵）。

⑩口无择言：谓说话无可挑剔。

⑪杜季良：名保，京兆人，光武时任越骑司马，后因“为行浮薄，乱群惑众”罢官。

⑫清浊：谓善恶。无所失：俱与交好。

⑬致客：招致宾客。

⑭谨敕：谨慎敕饬，谨慎严肃。

⑮鹄：天鹅。鹜：鸭子。

⑯陷：堕落。

⑰讫今：至今。讫，通“迄”。

⑱郡将：即郡守，地方行政区划的最高长官，兼掌全郡军事，故又称郡将。下车：到任。辄：总是，就。切齿：痛恨的样子。

⑲州郡以为言：州郡的人把这件事说给我听。

【译解】

马援哥哥的儿子马严和马敦，都喜欢讥笑议论别人，而且常和一些轻薄的侠客交游。马援在交趾的时候，给家里写信告诫他们说：“我希望你们听到别人的过失，就像听到父母的名字一样，耳朵可以听见，口里不能讲出。喜欢议论别人的长短，随意褒贬正当的法则，这是我最厌恶的事情，我宁愿死去也不愿听见子孙有这样的行为。你们知道我对这样的行为厌恶得很，所以再次向你们说起，这就像女儿出嫁时给她挂上佩带结上佩巾以申述父母的训诫一样，想使你们不要忘记罢了。龙伯高为人诚恳、厚道、周详、谨慎，口里不议论别人的短处，谦逊节俭，廉洁公正，很有威信，我敬爱他，尊重他，希望你们学习他。杜季良为人豪爽、任侠、讲义气，把别人的忧愁当作自己的忧愁，把别人的快乐当作自己的快乐，不论好人坏人都与之交游，父亲死的时候招待宾客，几个郡的人都来了，我敬爱他，尊重他，但不希望你们学习他。学不到龙伯高，还可以成为一个谨慎勤勉的士人，所谓刻不成天鹅还刻得像一只野鸭呢。学不到杜季良，落得成为天下的轻薄子，所谓画不成老虎反而画得像一只狗了。到现在为止，杜季良的前途还不能预料，郡将刚刚上任就对他切齿痛恨，州郡的人都把他当成话柄。我常常替他寒心，所以不愿子孙学习他。”

【赏析】

马严、马敦为马援的侄儿，二人喜欢议论、讥笑别人，喜欢结交轻浮放浪的侠客。

马援作诫兄子书，抓住马严、马敦弱点，谆谆告诫，同时马援还举龙伯高和杜季良加以比较，规劝侄儿要学忠厚谨慎，而不要去学那些华而不实的东西，陷于轻薄。作者在信中反复致意，殷殷叮嘱，语语俱带宽厚长者风范。文中“画虎不成反类狗”等语形象生动，常为后世引用。有论者以为马援此书可为天下万世诫。

前出师表

诸葛亮[1]

【原文】

臣亮言：先帝创业未半[2]，而中道崩殂[3]。今天下三分[4]，益州疲敝[5]，此诚危急存亡之秋也[6]。然侍卫之臣[7]，不懈于内，忠志之士，忘身于外者，盖追先帝之殊遇[8]，欲报之于陛下也。诚宜开张圣听[9]，以光先帝遗德[10]，恢宏志士之气[11]。不宜妄自菲薄[12]，引喻失义[13]，以塞忠谏之路也。宫中府中[14]，俱为一体，陟罚臧否[15]，不宜异同[16]。若有作奸犯科[17]，及为忠善者，宜付有司[18]，论其刑赏，以昭陛下平明之治，不宜偏私，使内外异法也。

诸葛亮像，图出自明·天然撰《历代人物像赞》

侍中、侍郎郭攸之、费祎、董允等[19]，此皆良实，志虑忠纯，是以先帝简拔以遗陛下[20]。愚以为宫中之事，事无大小，悉以咨之[21]，然后施行，必能裨补阙漏[22]，有所广益。将军向宠[23]，性行淑均[24]，晓畅军事[25]，试用于昔日，先帝称之曰能，是以众议举宠以为督[26]。愚以为营中之事[27]，事无大小，悉以咨之，必能使行阵和穆[28]，优劣得所也[29]。亲贤臣，远小人，此先汉所以兴隆也[30]；亲小人，远贤臣，此后汉所以倾颓也[31]。先帝在时，每与臣论此事，未尝不叹息痛恨于桓、灵也[32]。侍中、尚书、长史、参军[33]，此悉亮死节之臣也，愿陛下亲之信之，则汉室之隆，可计日而待也。

臣本布衣，躬耕于南阳[34]，苟全性命于乱世，不求闻达于诸侯[35]。先帝不以臣卑鄙[36]，猥自枉屈[37]，三顾臣于草庐之中[38]，咨臣以当世之事。由是感激，遂许先帝以驱驰[39]。后值倾覆[40]，受任于败军之际，奉命于危难之间，尔来二十有一年矣[41]。先帝知臣谨慎，故临崩寄臣以大事也[42]。受命以来，夙夜忧叹[43]，恐托付不效[44]，以伤先帝之明，故五月渡泸[45]，深入不毛[46]。今南方已定，兵甲已足，当奖帅三军[47]，北定中原，庶竭驽钝[48]，攘除奸凶[49]，兴复汉室，还于旧都[50]。此臣之所以报先帝而忠陛下之职分也[51]。至于斟酌损益[52]，进尽忠言，则攸之、祎、允之任也。愿陛下托臣以讨贼兴复之效，不效，则治臣之罪，以告先帝之灵。若无兴德之言，则责攸之、祎、允之咎，以彰其慢[53]。陛下亦宜自谋，以咨诹善道[54]，察纳雅言，深追先帝遗诏[55]。臣不胜受恩感激。今当远离，临表涕零，不知所云。

【注释】

①诸葛亮（181～234 年）：字孔明，东汉末琅邪阳都（今山东沂南县）人。辅助刘备兴蜀汉，与魏、吴形成鼎足三分之势。刘备死后，诸葛亮辅佐后主刘禅，以丞相封武乡侯，兼领益州牧。生前图谋恢复汉朝统治，几次出兵北伐曹魏，未成。建兴十二年卒于五丈原军中。

谥忠武侯。本文为诸葛亮出兵第一次上表，世称《前出师表》。

②先帝：指刘备。

③崩殂：古代天子死亡称崩，也称殂。

④三分：当时魏、蜀、吴三分天下，鼎足而立。

⑤益州：汉置，包括今四川大部分及云贵一部分，乃蜀汉的根据地。疲敝：也作“疲弊”，穷困贫乏。

⑥秋：时刻。

⑦侍卫：侍从护卫。

⑧殊遇：特别的知遇，指恩宠、信任。

⑨开张圣听：广泛听取意见。开张，扩大。圣，古时对帝王的尊称。

⑩光：光大。

⑪恢宏：发扬。

⑫妄自菲薄：随便看轻自己，毫无道理地自贬。

⑬引喻失义：说话不合宜。

⑭宫中府中：指皇宫内苑，朝廷上下。

⑮陟罚臧否：奖善惩恶。陟，奖励，提拔。臧，善。否，恶。

⑯异同：偏义复词，重于“异”。

⑰作奸犯科：为非作歹，违反律条法令。

⑱有司：专管某种事情的官吏。因为古代设官分职，事各有专司，所以称有司。

⑲侍中、侍郎：都是官名，指皇帝亲近的侍臣。郭攸之：字演长，南阳人，时为侍中。费祎：字文伟，江夏人，时为侍中。董允：字休昭，枝江人，时为黄门侍郎。

⑳简拔：选拔。

㉑悉：全，都。咨：询问。

㉒裨补阙漏：弥补过失、疏漏。阙，通“缺”。

㉓向宠：宁巨违，襄阳宜城（今湖北宜城）人。原任牙门将，刘禅时封亭侯，任中部督。

㉔性行淑均：性格品行善良、公正。

㉕晓畅：精通熟悉。

㉖督：谓中部督，统领禁卫军。

㉗营中：军中。

㉘行阵：指军队。和穆：和睦。穆，通“睦”。

㉙优劣得所：意指能力大者与能力小者各得其所。

㉚先汉：指西汉。后文中“后汉”指东汉。

㉛倾颓：倾覆、衰亡。

㉜桓、灵：指桓帝刘志灵帝刘宏，东汉末年的两位皇帝，昏庸无能，宠用宦官，政治腐败，造成东汉末年天下大乱。

㉝尚书：官名，协助皇帝处理政务。指陈震。长史：辅佐丞相、三公处理政事。指张裔。叁军：丞相或诸王府中的重要幕僚。指蒋琬。

㉞躬耕：亲自耕作。诸葛亮躬耕之地在今湖北襄阳西二十里邓县隆中。

㉟闻达：闻名显达。诸侯：指当时的割据者。

㊱卑鄙：出身卑微，自谦之词。

㊲猥：辱，委屈。枉屈：屈尊。

㊳顾：访问。

㊴驱驰：奔走效劳。

㊵值：碰上。

㊶尔来：自那时以来。

㊷临崩寄臣以大事：蜀汉章武三年（223年），刘备病危白帝城（今四川奉节东），召诸葛亮托以大事：“君才十倍曹丕，必能安国，终

定大事。若嗣子可辅，辅之；如其不才，君可自取。”诸葛亮涕泣云：“臣敢竭股肱之力，效忠贞之节，继之以死。”刘备又告诫刘禅：“汝与丞相从事，事之如父。”

㊸夙夜：早晚。

㊹不效：不见成效，不能实现。

㊺泸：水名，金沙江支流，据说那里有瘴气，三四月渡水会致病而死。

㊻不毛：五谷草木不生之地。

㊼奖帅：奖励、率领。

㊽庶：希望。驽钝：自谦之词，谓才能低劣。驽，劣马。钝，刀刃不锋利。

㊾攘除：铲除。

㊿旧都：指长安或洛阳，西汉的都城。蜀汉以继承汉统自视，故把这两个地方称为旧都。

51职分：职责所在。

52斟酌损益：衡量利弊得失，掌握分寸。

53慢：怠慢、疏忽。

54咨诹：询问。

55追：追念。

【译解】

臣诸葛亮有话启奏：

先帝创建大业还没有到一半，却中途逝世了。现在天下分成三国，我们益州贫困匮乏，这实在是危急存亡的紧要时刻啊。然而侍奉陛下的臣子们，在内毫不懈怠，在外的将士忠心耿耿奋不顾身，这是追念先帝对他们特别优厚的待遇，想报答这种恩情在陛下身上呢。陛下实在应该广泛地听取意见，以发扬先帝遗留下来的美德，激励志士们的志气，不应该随便看轻自己，说一些不该说的话，以致堵塞忠诚进谏之路啊。

皇宫内和丞相府内，都是一个整体，提升、处罚、表扬、批评，不应该有所不同。如果有作奸犯法的人，或者为国尽忠做好事的人，应该交给主管部门的官员论定对他们的处罚和奖励，以显示陛下公平而英明的法治，不应该有偏见和私心，使宫中、府中有不同的法规啊。

侍中郭攸之、费祎，侍郎董允等，这些人都是善良诚实，思想忠诚专一的，所以先帝选拔出来留给陛下。我认为宫廷中的事情，无论大小，都应先问他们，然后再实行，一定能够补救缺点和疏忽之处，获得更大的收益。

将军向宠，和善公正，通晓军事，往日试用过他，先帝称赞他能干，所以大家推举他做都督。我认为军营中的事情，都先问他，一定能够使军队内部协调一致，将士才能的大小和军队的强弱得到合理的调配使用。

亲近贤臣，疏远小人，这是西汉兴隆的原因啊；亲近小人，疏远贤臣，这是东汉倾败的原因啊。先帝在世的时候，每次跟我谈论这件事，没有不对桓帝、灵帝感到惋惜痛心的。侍中、尚书、长史、参军，这些都是坚贞诚实、能为节义而死的臣子，希望陛下亲近他们，信任他们，那么汉朝王室的兴隆，就指日可待了。

我本来是个平民，亲自在南阳种田，在动乱的时代中只想苟且保全性命，不要求在诸侯之中做官扬名。先帝不因为我卑贱鄙俗，不惜降低身份，委屈自己，三次到茅屋之中来看望我，把当代的大事来和我商讨。我因此感动了，就答应先帝愿意为他奔走效劳。后来遭到失败，我接受任务在战败之际，承受使命在危难的时刻，从那时以来已经二十一年了。

先帝了解我为人谨慎，所以临死的时候把国家大事托付给我。我接受使命以来，日夜忧虑，担心先帝托付给我的大事没有成效，以致损伤先帝知人之明，所以五月里渡过泸水，深入到草木不生的荒凉之地。现在南方已经平定，兵力已经充足，应当奖励和统帅全军，北面平定中原地区，希望能竭尽我低下的能力，铲除奸诈凶恶的敌人，复兴汉朝王室，回到原来的京都，这就是我用来报答先帝和尽忠于陛下的职责啊。至于对国家政事的反复考虑，增减兴废，尽量提出忠直的意见，那就是郭攸之、费祎、董允的责任了。

希望陛下把讨伐奸贼、兴复汉室的任务委托给我，如果没有成效就给我判罪，以告先帝的在天之灵。如果没有发扬德行的忠言，就责备郭攸之、费祐、董允等人的过失，以显示他们的怠慢。陛下也应该自己多加考虑，征求正确的意见，采纳人们的建议，深切地追念先帝的遗诏。那我对陛下的恩德就感激不尽了！

我现在就要远离陛下，面临着刚写的表文不断地落下眼泪，不知道自己说了些什么。

【赏析】

这篇文章是诸葛亮出师北伐前写给刘禅的奏表。表中先陈述蜀汉当前正处于形势危急之际；紧接着反复劝勉刘禅继承先主遗志，“亲贤臣，远小人”，顾全大局，不偏私左右亲信；最后陈述自己对蜀汉的忠诚和北取中原的决心。作者以亲贤远佞为核心展开论述，反复引“先帝”提示“陛下”，一片丹心，溢于言表。全文语言质朴，叙事说理周密，感情真诚，为历代传颂。

清余诚《古文释义新编》有评：“生此汉中，以图中原，此番大事，固所难已。而后帝资禀昏懦，比昵劈倖，关系不小，又难离，计惟荐入自代，上匡主德，下昭平明，一片忠心，千古如见。其文笔之古茂，亦且突过西京，昔人谓诸葛君真名士也，自是定评。”

后出师表

诸葛亮

【原文】

先帝虑汉、贼不两立①，王业不偏安②，故托臣以讨贼也。以先帝之明，量臣之才，固知臣伐贼，才弱敌强也。然不伐贼，王业亦亡；惟坐而待亡，孰与伐之③？是故托臣而弗疑也。臣受命之日，寝不安席，食不甘味，思惟北征④，宜先入南⑤。故五月渡泸，深入不毛，并日而食⑥。臣非不自惜也⑦，顾王业不可偏安于蜀都⑧，故冒危难以奉先帝之遗意。而议者谓为非计⑨。今贼适疲于西⑩，又务于东⑪，兵法乘劳⑫，此进趋之时也⑬。谨陈其事如左：

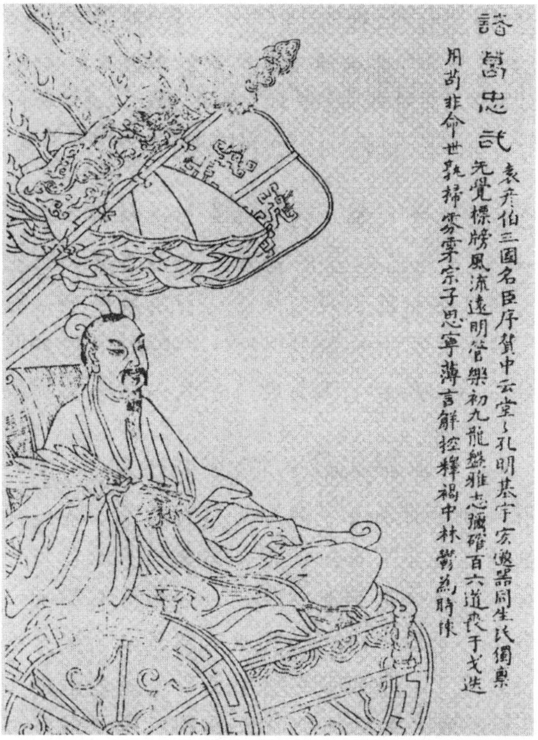

诸葛亮像，图出自清·上官周绘《晚笑堂画传》。

高帝明并日月，谋臣渊深[14]，然涉险被创，危然后安[15]。今陛下未及高帝，谋臣不如良、平[16]，而欲以长策取胜，坐定天下[17]，此臣之未解一也。

刘繇、王郎[18]，各据州郡，论安言计，动引圣人[19]，群疑满腹，众难塞胸，今岁不战，明年不征，使孙策坐大[20]，遂并江东[21]，此臣之未解二也。

曹操智计，殊绝于人[22]，其用兵也，仿佛孙、吴[23]。然困于南阳[24]，险于乌巢[25]，危于祁连[26]，逼于黎阳[27]，几败北山[28]，殆死潼关[29]，然后伪定一时尔[30]。况臣才弱，而欲以不危而定之，此臣之未解三也。

曹操五攻昌霸不下[31]，四越巢湖不成[32]，任用李服而李服图之[33]，委用夏侯而夏侯败亡[34]。先帝每称操为能，犹有此失，况臣驽下[35]，何能必胜？此臣之未解四也。

自臣到汉中，中间期年耳[36]，然丧赵云、阳群、马玉、阎芝、丁立、白寿、刘郃、邓铜等，及曲长、屯将七十余人[37]，突将无前[38]；賨叟青羌[39]，散骑武骑[40]，一千余人。此皆数十年之内，所纠合四方之精锐，非一州之所有。若复数年，则损三分之二也，当何以图敌？此臣之未解五也。

今民穷兵疲，而事不可息[41]。事不可息，则住与行，劳费正等[42]。而不及早图之，欲以一州之地，与贼持久，此臣之未解六也。

夫难平者，事也[43]。昔先帝败军于楚[44]，当此时，曹操拊手[45]，谓天下已定。然后先帝东连吴、越[46]，西取巴、蜀[47]，举兵北征，夏侯授首。此操之失计，而汉事将成也。然后吴更违盟[48]，关羽毁败[49]，秭归蹉跌[50]，曹丕称帝[51]。凡事如是，难可逆料[52]。臣鞠躬尽瘁[53]，死而后已。至于成败利钝[54]，非臣之明所能逆睹也[55]。

【注释】

①汉：指蜀汉。贼：指曹魏。立：存在。

②偏安：偏居于一个角落。

③惟：只。孰与：何如。

④思惟：考虑。

⑤南：益州南部诸郡。

⑥并日而食：两天只吃一天之饭。

⑦惜：爱惜。

⑧顾：但。

⑨非计：不是上策。

⑩适：才。疲于西：后主五年，诸葛亮率军攻祁山（今甘肃和县西北），南安、天水、安定三郡皆叛魏应汉，关中震动，魏明帝不得不亲自西镇长安。

⑪务于东：同年秋天，是将陆逊大破曹魏将领曹休于石亭。

⑫乘劳：趁敌人疲劳的时候。

⑬进趋：进攻。

⑭渊深：谓深谋远见。

⑮被创：身受创伤。刘邦与项羽作战时，尝为流矢所伤。

⑯良、平：指张良与陈平。

⑰坐：谓坚守，常驻不动。

⑱刘繇（yóu）：东汉末扬州（治所在今安徽合肥）刺史，为孙策所败。王郎：东汉末会稽（治所在今浙江绍兴）太守，为孙策所败。

⑲动：动不动就。

⑳孙策：字伯符，孙权之兄。东汉兴平二年，孙策率兵击破刘繇，据有江东。后又入据会稽，孙策的征战为吴国打下了根基。

㉑坐大：自然而然地强大起来。江东：长江在芜湖、南京间作西南南、东北北流向，习惯上称自此以下的长江南岸为江东地区。

㉒殊绝：超群绝伦。

㉓孙、吴：指孙膑、吴起。

㉔困于南阳：建安二年（197），曹操在南阳郡治宛城为张绣所败，中流矢，长子曹昂等战死。

㉕险于乌巢：建安五年，曹操与袁绍在官渡相持，当时操军势力弱，且一度绝粮。后来曹操出奇兵夜袭袁绍屯粮之处乌巢，扭转战局，取得胜利。

㉖危于祁连：史实未详。

㉗逼于黎阳：袁绍子袁谭据黎阳，曹操用兵吴蜀，谭兵逼迫其后；建安八年，曹操尝攻黎阳，不胜。

㉘几败北山：建安二十四年，留守汉中的曹操大将夏侯渊为刘备所斩。曹操为了争夺汉中，运送军粮经过北山。曹操兵与赵云遭遇，军败，死伤甚众。

㉙殆死潼关：建安十六年，曹操与马超战于潼关，将渡河，超军突然至，箭如雨下，曹操几被射死。

㉚伪：诸葛亮以蜀为正统，故指曹魏为伪。

㉛昌霸：东汉末年东海郡（今江苏邳县以东）太守，背叛曹操，归附刘备，曹操派刘岱、王忠数次击之，不胜。下：攻陷，降服。

㉜剿湖：曹操曾多次从巢湖进攻孙权，都无功而还。

㉝李服：前人考订为“王服”之误。王服曾与车骑将军董承等密诏，谋杀曹操未成。

㉞夏侯：曹操起兵，夏侯渊以别部司马骑都尉从；后任征西将军，守汉中。建安二十四年为蜀将黄忠袭击，战死。

㉟驽下：才能低下。

㊱期年：周年。

㊲曲长、屯将：军队里曲、屯的长官；曲、屯都是古代军队的编制单位。

㊳突将无前：勇往直前的勇士。

㊴賨（cóng）叟青羌：指蜀汉军中西南少数民族将士。賨叟，巴賨之兵；賨，古巴人赋税之称，有时也用以称巴人。

㊵散骑武骑：骑兵。

㊶事：指战事。息：停。

㊷劳费：消耗的劳力与费用。

㊸平：衡量，此处指预测。

㊹败军于楚：指建安十三年刘备败于当阳长坂事。当阳，古为楚地，今属湖北。

㊺拊手：拍手。

㊻连：联合。吴、越：指孙吴。

㊼巴、蜀：指当时璋统治的益州地区，古巴国在今四川东部，古蜀国在今四川西部。

㊽更：又。

㊾关羽毁败：关羽，蜀汉名将。守荆州时忽视联结孙权的战略意义，致使孙刘联盟破裂。建安二十四年，吴将吕蒙袭取荆州，杀关羽。

㊿秭归：在今湖北秭归。蹉跌：失足跌倒，引申为失败。刘备因为关羽复仇，挥师伐吴，至夷陵为吴将陆逊所败，逃至秭归，收拾残兵回蜀。

51曹丕称帝：曹丕于董初元年（202）废汉献帝自立。

52逆料：预料。

53鞠躬尽瘁：指为国事竭尽心力。鞠躬，弯腰表示恭敬、谨慎。

⑭利：顺利。钝：这里指受挫。

⑮逆睹：预见。

【译解】

先帝考虑到汉朝和魏贼不能并立，帝王的事业不能偏安于一隅之地，所以托付我去讨伐魏贼。凭着先帝的圣明，估量我的才能，本来就知道我去讨伐魏贼，我的才能弱小而魏贼的力量强大。但是，不讨伐魏贼，汉朝的王业也要灭亡；与其坐在这里等待灭亡，还不如去讨伐它呢？因此，先帝托我讨伐魏贼就毫不犹豫。

我接受使命以来，寝不安席，食不甘味。想到，向北面去讨伐，应该先安定南方，所以五月渡过泸水，深入不长草木的荒凉之地，两天只能吃到一天的饭食。我不是不爱惜自己，是想到汉朝的王业不可以偏安在蜀都，所以冒着危险和艰难，去实现先帝的遗志。但是，议论的人却说这是不正确的计策。现在魏贼恰好疲惫于西方，又忙着在东方作战，兵法说，要乘敌人疲劳之时进攻，所以这是进攻的好时机啊。我现在恭恭敬敬地把这些事情陈述如下：

高帝的圣明好像日月，出谋划策的臣子好像潭水一样清深，但是他也历尽艰险，受过创伤，经过了许多危险，然后才得到安定。现在陛下的圣明比不上高帝，出谋划策的臣子不如张良、陈平，而想用长远的计策取得胜利，坐在这里等着统一天下，这是我不理解的第一件事情。

刘繇、王朗，各人占据州郡，议论安危、谈论计策，动不动就引用圣人的言论，但他们的腹中全是疑虑，胸中充满畏难情绪，今年不战，明年不征，使得孙策安然强大起来，于是并吞了江东，这是我不理解的第二件事情。

曹操的谋略，确实高超过人，他的用兵就像孙膑、吴起，但是他也困败于南阳，遇险于乌巢，遭危于祁连，被逼于黎阳，几乎失败于北山，差点儿战死在潼关，然后才建立伪政权于一时之间罢了。何况我的才能薄弱，却想着不遭遇危险而去安定天下？这是我不理解的第三件事情。

曹操五次攻打昌霸不下，四次越度巢湖不成，任用李服而李服反而谋害他，委任夏侯渊而夏侯渊战败被杀。先帝常常称赞曹操能干，曹操还有这样的失败，何况我才能低下，哪里能够一定取胜？这是我不理解的第四件事情。

从我出师到汉中以来，才经过一周年罢了，但是已经丧失了赵云、阳群、马玉、阎芝、丁立、白寿、刘郃、邓铜等大将，以及部曲的长官、屯兵的将领七十多人，他们都是冲锋陷阵所向无敌的将士，还丧失了賨族、羌族年老年轻的骑兵一千多人，这都是几十年之内从四方纠集起来的精锐兵力，不是一个州所有的。如果再过几年，就要损失三分之二了，还用什么去消灭敌人？这是我不理解的第五件事情。

现在百姓穷困战士疲累，而战事不能停息。战事不能停息，那么驻守和进攻，其劳苦和费用是相等的。既然如此，而不及早攻打敌人，想凭着一州的地方，与敌人长久相持，这是我不理解的第六件事情。

天下的事情很难料定啊。从前先帝战败于长坂，曹操拍手称快，认为天下已经安定。后来先帝东面联合吴越，西面夺取巴蜀，兴师北伐，夏侯渊被斩首，这是曹操的失计，而兴复汉朝王室的事情将要成功了。后来东吴违背了盟约，关云长败死，先帝在秭归又失误，曹丕做了皇帝。凡事都是这样，难以预料。我小心谨慎地贡献全部力量，死了之后才算完结。至于成败得失，不是我的眼光所能预见的啊。

【赏析】

魏将曹休为东吴所败，魏军精锐东下，关中空虚，诸葛亮想乘机出兵击魏，但群臣疑虑，后主动摇，就写了这个奏疏。文中分析了当时形势，指出蜀汉不能以长策取胜，不能以一州之大与曹魏相持，不能迁延时日，致使无人以图敌。作者最后还表明了自己“鞠躬尽瘁，死而后已”的心迹。文章光明磊落、正气堂堂，因而能与诸葛亮其人其事一道流芳千古。

卷七

六朝唐文

陈情表[1]

李　密[2]

【原文】

臣密言：臣以险衅[3]，夙遭闵凶[4]。生孩六月[5]，慈父见背[6]；行年四岁，舅夺母志[7]。祖母刘，愍臣孤弱[8]，躬亲抚养[9]。臣少多疾病，九岁不行[10]。零丁孤苦，至于成立[11]。既无伯叔，终鲜兄弟[12]，门衰祚薄[13]，晚有儿息[14]。外无期功强近之亲[15]，内无应门五尺之僮[16]，茕茕孑立[17]，形影相吊[18]。而刘夙婴疾病[19]，常在床蓐[20]，臣侍汤药，未尝废离[21]。

逮奉圣朝[22]，沐浴清化[23]。前太守臣逵[24]，察臣孝廉[25]；后刺史臣荣[26]，举臣秀才[27]。臣以供养无主[28]，辞不赴命。诏书特下，拜臣郎中[29]；寻蒙国恩[30]，除臣洗马[31]。猥以微贱[32]，当侍

陈密像

东宫[33]，非臣陨首所能上报[34]。臣具以表闻[35]，辞不就职。诏书切峻[36]，责臣逋慢[37]；郡县逼迫，催臣上道；州司临门[38]，急于星火。臣欲奉诏奔驰[39]，则刘病日笃[40]；欲苟顺私情[41]，则告诉不许[42]。臣之进退，实为狼狈[43]。

伏惟圣朝以孝治天下[44]，凡在故老[45]，犹蒙矜育[46]，况臣孤苦，特为尤甚。且臣少仕伪朝[47]，历职郎署[48]，本图宦达[49]，不矜名节[50]。今臣亡国贱俘，至微至陋，过蒙拔擢[51]，宠命优渥[52]，岂敢盘桓[53]，有所希冀[54]？但以刘日薄西山，气息奄奄，人命危浅[55]，朝不虑夕。臣无祖母，无以至今日；祖母无臣，无以终馀年。母孙二人，更相为命[56]；是以区区不能废远[57]。

臣密今年四十有四，祖母刘今年九十有六，是臣尽节于陛下之日长，报刘之日短也，乌鸟私情[58]，愿乞终养[59]。臣之辛苦，非独蜀之人士及二州牧伯所见明知[60]，皇天后土[61]，实所共鉴[62]。愿陛下矜愍愚诚[63]，听臣微志[64]。庶刘侥幸，卒保馀年[65]。臣生当陨首[66]，死当结草[67]。臣不胜犬马怖惧之情[68]，谨拜表以闻。

【注释】

①表：古代奏章的一种，是臣子上给皇帝的书信。

②李密（224～287），一名虔，字令伯，西晋武阳（今四川省彭山县东）人。父早亡，母何氏再嫁。祖母刘氏将其抚养成人，祖孙二人相依为命，感情笃深。密少时以文学见称。在蜀汉曾任尚书郎。蜀亡后，晋武帝征他为太子洗马，他以祖母年迈多病、无人奉养为由，上《陈情表》辞不应征，武帝嘉其孝行。刘氏去世，密服丧期满，出仕晋朝，官至汉中太守。后遭谗怀怨，老死家中。

③险衅：恶兆，此处指命运不好。

④夙：早年。闵凶：不幸。这里指父丧。

⑤生孩：指婴儿。

⑥见背：弃我而去，这是死去的委婉之词。

⑦舅夺母志：舅父不让母亲守节，逼其改嫁。

⑧愍（mǐn）：怜悯。孤：幼年丧父。

⑨躬亲：亲自。

⑩行：走路。

⑪至于：直到。成立：成人自立。

⑫终：又。鲜（xiǎn）：少。

⑬祚（zuò）：福气。

⑭儿息：即儿子。

⑮外：自己一房以外的亲戚。期（jī）功：二者为古代丧服的名称。古代按亲属关系的远近穿不同的丧服。期服穿一年，功服有大小之分，大功服穿九个月，小功服穿五个月。这里的期功，指血缘关系较近的亲属。强近：比较亲近。

⑯应门：照看门户，接应客人。僮：童仆。

⑰茕茕（qióng）：孤独无依。孑（jié）：单独。

⑱吊：安慰。

⑲婴：缠绕。

⑳蓐（rù）：褥子。

㉑废：停止、中断。

㉒逮：及至。奉：侍奉。圣朝：指晋朝。

㉓沐浴清化：蒙受清明的教化。

㉔太守：郡最高行政长官。逵：太守名。

㉕察：举荐。孝廉：汉晋选拔官吏的两种科目名。

㉖荣：刺史名。

㉗举：推荐。季才：汉晋时代选拔人才的一种科目，由地方官推

举优秀人才给朝廷。与后世科举考试中的秀才含义不同。

㉘供养无主：供奉赡养祖母之事无人料理。

㉙拜：授予官职。郎中：晋至南北朝时为尚书曹司的官员。

㉚寻：不久。

㉛除：免去旧官授新官。系（xiǎn）马：即太子洗马，太子的侍从官。

㉜猥：鄙贱，自谦词。

㉝东宫：太子居处，借指太子。

㉞陨（yǔn）首：掉脑袋。报：报恩。

㉟具：通“俱”，全。

㊱切峻：急切、严厉。

㊲逋（bū）慢：逃避、怠慢。

㊳州司：州官。

㊴奔驰：为朝廷奔走效劳。

㊵笃：沉重。

㊶苟：随便。

㊷告诉：报告申诉。

㊸狼狈：进退两难。

㊹伏惟：敬语，伏地思量。

㊺故老：年高德劭多阅历的人。

㊻矜：怜悯。育：养育。

㊼伪朝：指蜀汉。

㊽历职：连续任职。郎署：尚书台的衙署。

㊾宦：做官。达：显贵。

㊿矜：爱惜。

51拔擢：提拔。

㊷宠命：皇帝给予臣子特殊的恩宠或任命。优渥（wò）：优厚的待遇。

㊸盘桓：徘徊。

㊹希冀：非分的希望。

㊺危浅：指生命垂危。浅，不长。

㊻更相为命：相依为命。更（gēng），轮流。

㊼区区：犹“拳拳”，情意恳切。废远：放弃奉养而离开。

㊽乌鸟私情：传说乌鸦老时，幼鸦便捕食喂它。这里比喻赡养老人的孝心。

㊾乞：求。终养：养老送终。

㊿二州：指梁州、益州。牧伯：指州郡长官。

61皇天后土：天神地祇。

62鉴：明察。

63矜愍：怜悯。

64微志：小小的要求。

65庶：庶几，可能。卒保馀年：安享天年。

66生当陨首：活着时应当杀身以报效朝廷。

67结草：意为死后也要报恩。据《左传·宣公十五年》载：晋大夫魏武子临终时，嘱咐其子魏颗将其爱妾殉葬，魏颗没有从命，并将其出嫁。后来魏颗与秦将杜回交战，见一老人结草绊倒杜回，因而将杜回擒获。夜里梦见老人自称是魏武子爱妾的父亲，前来报恩。

68不胜（shēng）：十分，非常。犬马怖惧：古代臣子对皇帝的谦卑之词。

【译解】

臣李密表奏：

我因为命运不好，很早就遭遇不幸。我生下来才六个月，慈父就去世了；我到四岁的时候，舅父就强迫母亲改嫁。祖母刘氏怜悯我孤苦弱小，亲自将我抚养。我小时候经常生病，到九岁还不能走路，危弱孤苦，直到长大。我既无叔叔伯伯，又无哥哥弟弟，门户衰微，福祚浅薄，很晚才有儿子。家外没有比较亲近的亲族，家里没有照应门户的童仆，孤独无依地独立生活，身体和影子互相安慰。而祖母早就被疾病纠缠，经常卧床不起，我侍奉汤药，未曾停止和离开。

到了圣朝，蒙受清明的政治教化。以前名逵的太守推举我做孝廉，后来名荣的刺史推举我做秀才，我因为供养祖母的事无人主持，就推辞没有接受任命。诏书特地下来，任命我做郎中，不久又蒙受国恩，任命我做洗马。以我这样微贱的人，来侍奉太子，不是我杀身所能报答皇上的恩情。我都写了奏表上报，推辞不能就职。诏书急切严峻，责备我回避傲慢；郡县的官员前来逼迫，催我启程上路；州官亲自登门，逼得急于星火。我想道奉诏书奔驰上任，却因为祖母的病情一天天加重；想苟且顺从私情，却多次陈诉得不到许可。我的进退，实在艰难。

我低头沉思，圣朝是以孝道治天下的，凡是故旧遗老，还受到怜惜、养育，何况我的孤苦，实在特别厉害。而且我年轻时曾经事奉伪朝，历任尚书郎等官职，本来就是希图官位显达的，不以保持名誉和节操自夸。现在我是一个亡国的贱虏，最微贱最鄙陋，受到过分的提拔，哪里敢徘徊不前，存有更高的希望呢？只因为祖母的生命就像太阳落到西山，气息微弱，活不长久，朝不保夕。我没有祖母，不能到今日；祖母没有我，不能终馀年。我们祖孙二人相依为命，诚挚相爱不能抛弃而远离。我今年四十四岁，祖母刘氏今年九十六岁。我尽节于陛下的日子长，而报答刘氏的日子短。乌鸦有反哺之情，我乞求奉养祖母到底。我的苦处，不但蜀地的人士和梁、益二州的长官看见了，知道了，就是天地神明实在也都看得清清楚楚。希望陛下怜悯我愚拙的诚心，准许我实现微小的志愿，也许祖母能够侥幸地终其天年。我活着当舍身图报，死去也当结草报恩。

我表达不尽犬马一般恐怖畏惧的心情，恭恭敬敬地以这道表章禀告陛下。

【赏析】

《陈情表》是李密写给晋武帝的奏章，请求恩准他在家侍奉祖母，暂不出仕朝廷。全文共四段。第一段叙述自己幼年的不幸遭遇和目前家庭的难处，说明请求辞官是因为祖孙情深，相依为命，希望能侍奉送终。第二段叙述朝廷多次征召的全过程以及自己进退两难的处境。第三段再次述说祖孙相依为命的感情，委婉曲折地表明自己一再辞官乃是出于孝心，并非标榜名节，怠慢新朝。第四段正面点明主旨，恳请皇上准许自己为祖母养老送终，并表明自己报效朝廷的忠心。李密的《陈情表》行文流畅委婉，叙事具体生动。另外，文章最突出的特色是情真意切，感人肺腑。宋真德秀《文章正宗》有评：按令伯之表，反复谆笃，出于真诚。至今读之，犹足使人感动，况当时之君乎！

兰亭集序①

王羲之②

【原文】

永和九年，岁在癸丑③，暮春之初④，会于会稽山阴之兰亭⑤，修禊事也⑥。群贤毕至，少长咸集。此地有崇山峻岭，茂林修竹⑦；又有清流激湍⑧，映带左右⑨。引以为流觞曲水⑩。列坐其次⑪，虽无丝竹管弦之盛，一觞一咏，亦足以畅叙幽情⑫。是日也，天朗气清，惠风和畅。仰观宇宙之大，俯察品类之盛⑬，所以游目骋怀⑭，足以极视听之娱⑮，信可乐也。

王羲之像，图出自明·天然撰《历代古人像赞》

夫人之相与⑯，俯仰一世⑰，或取诸怀抱⑱，晤言一室之内⑲；或因寄所托⑳，放浪形骸之外㉑。虽取舍万殊㉒，静躁不同㉓，当其欣于所遇，暂得于己[24]，快然自足，曾不知老之将至。及其所之既倦[25]，情随事迁，感慨系之矣[26]。向之所欣，俯仰之间，已为陈迹，犹不能不以之兴怀[27]。况修短随化[28]，终期于尽[29]。古人云："死生亦大矣。"[30]岂不痛哉！

每览昔人兴感之由[31]，若合一契[32]，未尝不临文嗟悼[33]，不能喻之于怀[34]。固知一死生为虚诞[35]，齐彭殇为妄作[36]。后之视今，亦犹今之视昔，悲夫！故列叙时人[37]，录其所述。虽世殊事异，所以兴怀，其致一也[38]。后之览者，亦将有感于斯文。

【注释】

①《兰亭集序》：也作《兰亭序》、《兰亭宴集序》。

②王羲之（321～379），字逸少，东晋琅琊临沂（今山东临沂）人，我国历史上著名的书法家和文学家。他的字飘若浮云，矫若惊龙，人们尊其为"书圣"。他的诗文也很出色，《兰亭集序》长期以来一直脍炙人口，此文的墨迹，被誉为"天下第一行书"，现有摹本传世。

③岁在癸丑：古代用干支纪年，东晋穆帝永和九年（353）为癸丑年。

④暮春之初：这里指阴历三月三。

⑤指永和九年谢安、孙绰、王羲之等四十一人在会稽郡山阴县兰亭宴聚修禊一事。

⑥修禊（xì）：古代风俗，每年阴历三月第一个巳日，人们去水边祭拜、洗濯，以消除不祥，称为修禊。因在春天，也称为春禊。曹魏以后定为三月三日。

⑦修：长。

⑧激湍：水流急。

⑨映带：萦绕。左右：两旁。

⑩流觞（shāng）：修禊时的一种活动，用耳杯盛酒放在溪水上游的水面，任其顺水飘浮，停在谁的面前，谁就持杯饮酒。

⑪列坐其次：列坐在弯曲的溪水旁边。次，处所、地方。

⑫幽情：发自内心的感情。

⑬品类：物类，指万物。

⑭游目：放眼远望。骋怀：敞开胸怀。

⑮极：尽。

⑯相与：相互交往。

⑰俯仰世：一低头一抬头间一生就过去了，喻时间短暂。

⑱诸："之于"的合音。怀抱：胸怀抱负，指内心的感受。

⑲晤言：会晤谈话。

⑳因：凭借。指所爱好的事物。

㉑放浪：放纵。

㉒万殊：千差万别。

㉓静躁：性格的安静和躁动。

㉔暂得于己：自己内心暂时得到满足。

㉕所之既倦：（对）所经历的事物已经厌倦。之，到达。倦，厌倦。

㉖系：随着。

㉗以之兴怀：因此引起感慨。

㉘修短随化：生命的长短随着自然的造化。

㉙终期于尽：最后都归于消亡。

㉚死生亦大矣：死生也是人生的大事。语出《庄子·德充符》。

㉛兴感之由：产生感慨的原因。

㉜若合一契：古代契有左右两半，各执其一，相合为信。

㉝临文：写文章之时。

㉞喻之于怀：自己心里明白。

㉟固：原来。一死生：将死生看成一样。虚诞：虚妄的话。

㊱齐：等同。彭：彭祖，帝尧时人，传说他活了八百岁。殇：夭折短命的人。妄作：胡说。“一死生”、“齐彭殇”，语出《庄子·齐物论》。

㊲列叙时人：逐个地记录参与宴游的人。

㊳其致一也：引起感慨的情景是一样的。致，情致。

【译解】

永和九年，即癸丑年三月初，我们聚会在会稽郡山阴县的兰亭，在一起做春禊洗礼。许多贤人都到了，年轻的年老的都聚集在一起。这个地方，有高峻的山岭，有高高的树木和茂盛的竹林，又有清清的急流，像带子一样辉映环绕在左右，引来作为流觞的曲水，大家列坐在曲水之旁，虽然没有弦乐和管乐演奏的热闹，但饮一杯酒，咏一首诗，也足以畅快地抒发心中的深情。这一天呀，天气晴朗，空气清新，春风平和舒畅。抬头观看天地的广大，低头审察物类的繁盛，这样来纵目流览，舒展胸怀，足以尽情地享受看和听的乐趣，确实很愉快呢。

人们相处在一块儿，低头抬头之间吐诉着人生。或者抒发自己的抱负，相聚畅谈在室内；或者寄情于山水，放纵无羁地生活。虽然取舍有差别，性情有安静和好动的不同，而当他高兴地接触所遇到的事物，自己暂时得到了满足，就感到高兴和知足，竟不知道老年将要到来；等到他对所向往的事物已经厌倦，感情随着事物的变化而转移，感慨就随之而生了。过去所喜爱的事物，顷刻之间已经成为陈迹，还不能不因此发生感慨；何况人的寿命长短，听凭自然的变化，终于要归于消灭。古人说：“死生是件大事哩。”岂不令人悲痛吗！

常常看见古人发生感慨的原因，就像符契一样相合，未尝不面对古人的文章而悲叹，心里不能理解为什么这样。现在才知道，把死和生等同起来的说法是虚假的，把长寿和短命等同起来的说法是妄造的。后代的人看今天的人，就像今天的人看从前的人一样，想起来真可悲啊！所以，这里一个一个地记叙当时参与兰亭集会的人，记录他们所著述的诗篇。虽然时代不同事情相异，但所以发生感慨，其情致是一样的。后代的读者，也会从这些诗文中引起感慨。

【赏析】

东晋穆帝永和九年（公元 353 年）三月三日，王羲之与当时名流孙统、孙绰、谢安、支遁等四十一人，宴集于会稽山阴之兰亭。与会者饮酒赋诗，各抒怀抱，王羲之为这次兰亭集会赋诗诗集写了这篇序，记下了宴会盛况和观感。

文章着眼于如何看待生死这一主题逐步展开论述。

作者从“修短随化，终期于尽”的观点出发，自然地引出对死生这一大事的看法。在一定程度上批判了当时士大夫之中盛行的“一死生”、“齐彭殇”的老庄哲学观点，在感慨悲歌之中流露出对生活的热爱之情。本文清新俊逸，文如其人、其字。

吴楚材、吴调侯评这篇文章：“通篇着眼在死生二字。只为当时士大夫务清谈，鲜实效，一死生而齐彭殇，无经济大略，故触景兴怀，俯仰若有余痛。但逸少旷达人，故虽苍凉感叹之中，自有无穷逸趣。”

归去来辞

陶渊明[①]

【原文】

陶渊明像，图选自清·上官周绘《晚笑堂画传》。

归去来兮，田园将芜[②]，胡不归？既自以心为形役[③]，奚惆怅而独悲？悟已往之不谏[④]，知来者之可追。实迷途其未远，觉今是而昨非[⑤]。

舟摇摇以轻飏，风飘飘而吹衣。问征夫以前路，恨晨光之熹微[⑥]。乃瞻衡宇，载欣载奔[⑦]。僮仆欢迎，稚子候门。三径就荒[⑧]，松菊犹存。携幼入室，有酒盈樽。引壶觞以自酌，眄庭柯以怡颜[⑨]。倚南窗以寄傲，审容膝之易安[⑩]。园日涉以成趣[⑪]，门虽设而常关。策扶老以流憩，时矫首而遐观[⑫]。云无心以出岫[⑬]，鸟倦飞而知还。景翳翳以将入[14]，抚孤松而盘桓。

归去来兮，请息交以绝游[15]。世与我而相遗，复驾言兮焉求[16]？悦亲戚之情话[17]，乐琴书以消忧。农人告余以春及，将有事于西畴[18]。或命巾车，或棹孤舟[19]。既窈窕以寻壑，亦崎岖而经丘[20]。木欣欣以向荣，泉涓涓而始流[21]。羡万物之得时，感吾生之行休[22]。

已矣乎[23]！寓形宇内复几时[24]，曷不委心任去留[25]？胡为遑遑欲何之[26]？富贵非吾愿，帝乡不可期[27]。怀良辰以孤往，或植杖而耘耔[28]。登东皋以舒啸[29]，临清流而赋诗。聊乘化以归尽[30]，乐夫天命复奚疑[31]！

【注释】

①陶渊明（365～427）：一名潜，字元亮、渊明，卒后朋友私谥“靖节”，故后人称“靖节先生”。晋、宋时期著名文学家，浔阳柴桑（今江西九江）人。陶渊明出生于贵族世家，年轻时怀“大济苍生”之志，因家境贫寒，自29岁起，几度出仕，曾先后担任江州祭酒、镇军参军、建威参军、彭泽令等官职，每次时间都很短。405年陶渊明因不愿为五斗米而折腰，而从彭泽令上解职，赋《归去来兮辞》，自此还家归隐田园。陶渊明长于诗文辞赋，有《靖节先生集》传世，其作品风格独特，对后世影响不小。

②归去来：归去之意。来：语气词。

③以心为形役：心灵为躯体所累。形，躯体。这句是说：为了免受饥寒，不得不违心去做官。

④不谏：意为难以挽回。谏，劝止。

⑤其：语助词，大概。今是：指现在退隐为是。昨非：指过去出仕为非。

⑥征夫：行人。前路：通往家乡的路径。熹微：天色微明。

⑦衡宇：横木为门的房屋。载：又。

⑧三径：指隐士居住的庭园。据晋赵岐《三辅决录·逃名》：汉代兖州刺史蒋诩因王莽专权，辞官归家，在院子里竹林下开出三条小路，只和两个知己往来。就荒：接近荒芜。⑨引壶觞：举起酒壶酒杯。眄(miǎn)：斜视、流盼。庭柯：院内的树木。怡颜：容色和悦。

⑩寄傲：寄托傲然自得的心情。审：深知。容膝：形容居室狭小只能容下双膝。易安：简易安适。

⑪涉：涉足。趣：兴趣、爱好。

⑫策：持着。扶老：拐杖。流憩（qì）：游览休息。矫首：抬头。通观：远望。

⑬无心：自然而然。岫（xiù）：山峰。

⑭景：日光。翳翳：昏暗不明的样子。

⑮息交、绝游：停止、断绝与世俗中人的交游。

⑯驾：驾车。言：语助词。驾言：代指出游。焉求：何所求。

⑰亲戚：乡里故人。情话：真心话。

⑱春及：春天来到。事：农事。畴：田亩。

⑲巾车：有帐幕的车。棹：桨，用如动词，划。

⑳窈窕：幽深曲折的样子。壑：山谷。丘：小山。崎岖：高低不平的样子。

㉑涓涓：细水慢流的样子。

㉒得时：正得其时。行休：行将结束。

㉓已矣乎：算了吧。

㉔寓形：寄身。

㉕曷：何。委心：随心。任去留：任其自然地死、生。

㉖胡为：为什么。遑遑：匆忙的样子。何之：去哪儿。之，往。

㉗帝乡：天帝所居之处，指仙境。

㉘怀：希望。孤往：独自出游。植杖：把拐杖直插在田边。耘：

除草。耔：培土。

㉙东皋：东边的山冈。舒啸：放声长啸。

㉚聊：姑且。乘化：顺应自然的变化。归尽：至死。

㉛复奚疑：还有什么可疑虑的呢？

【译解】

回去呀！田园快要荒芜了，为什么还不回去呢？既然自己让心智被形体所役使，为什么还愁苦而独自悲伤呢？明白过去的事情不能改正，知道将来的事情还可以追寻，实在是误入迷途还没有很远，认识到现在的道路走对了而过去走错了。船儿摇荡着轻快地前进，风儿飘飘地吹动着衣襟，向行路的人询问前面的道路，可惜晨光还只微微亮。

远远望见自家简陋的房屋，我高兴得往前直奔；童仆欢喜我前来迎接，幼儿在门口等候。院里的小路快要荒芜，松树菊花还长在那儿，我携着幼儿走进屋里，家里的酒坛里装满了酒。拿起酒壶酒杯来自斟自饮，观赏着院里的树木感到高兴，靠在南面的窗子上寄托高傲的感情，认识到住在简陋的小屋里容易得到安逸。在园子里天天散步很有趣味，住宅虽然有门也常常关闭，拄着拐棍游玩休息，时常抬起头来向远处观望。云气自然而然地从山峰出来，鸟儿飞倦了就知道回来休息，日光阴暗下来，太阳就要落山了，我抚摩着孤独的松树在那里徘徊。

回去呀！让我断绝同外人交游吧。世俗同我合不来，我还乘车出去干什么呢？高兴地同亲戚们谈谈知心话，快乐地弹琴读书以消愁解闷，农人告诉我春天来了，就到西边的田里去耕种。有时坐着蓬布车，有时划着一只小船，既曲曲折折地进入山沟，又高高低低地经过山丘。树木长得欣欣向荣，泉水开始涓涓奔流，我羡慕万物那样按时生长，感叹自己的一生将要休止。

算了吧！寄身在世上还有多久，何不随心任意地生活，为什么那样遑遑终日，干什么呢？求得富贵不是我的志愿，飞升仙境又没有希望。到了天气好的日子我独个儿出去，有时把拐杖插在田边去除草培土，登上东边的高岗放声长啸，面临清清的流水吟诵诗篇。姑且顺着自然的变化回到生命的尽头，乐天安命，还有什么疑虑！

【赏析】

本文写于东晋义熙元年（405）。文章前面还有一个序，叙述作者因家贫出仕，后在彭泽令任上因不愿为五斗米折腰而弃官归田的经过。

全文抒发了作者远离污浊官场，欣然归隐的喜悦心情，赞美了农村的自然景象和劳动生活，表明了诗人不愿受官场生活的束缚，不愿和世俗官僚同流合污的高尚情操。与此同时，文章也流露出感叹人生无常，逃避现实，乐天知命的消极情绪。

全文韵律优美，意境空灵，语言朴素，同时又富有抒情和浪漫气息，千多年来广为传诵。

归有光评价这篇文章："论古今人物风流，惟两晋为盛，故发之文章，神思自然飘逸。如陶元亮《归去来辞》，于举业虽不甚亲切。观其词义，萧洒夷旷，无一点风尘俗态。两晋文章，此其杰然者。"

桃花源记

陶渊明

【原文】

晋太元中①，武陵人捕鱼为业②。缘溪行③，忘路之远近。忽逢桃花林，夹岸数百步，中无杂树，芳草鲜美，落英缤纷④。渔人甚异之。复前行，欲穷其林⑤。林尽水源⑥，便得一山。山有小口，仿佛若有光。便舍船⑦，从口入，初极狭，才通人⑧。复行数十步，豁然开朗。土地平旷，屋舍俨然⑨，有良田、美池、桑竹之属⑩。阡陌交通⑪，鸡犬相闻。其中往来种作，男女衣着，悉如外人⑫。黄发垂髫⑬，并怡然自乐⑭。见渔人，乃大惊，问所从来⑮，具答之⑯。便要还家⑰，设酒

《唐诗画谱》插图

杀鸡作食。村中闻有此人，咸来问讯[18]。自云先世避秦时乱，率妻子邑人来此绝境[19]，不复出焉，遂与外人间隔[20]。问今是何世，乃不知有汉，无论魏、晋[21]。此人一一为具言所闻[22]，皆叹惋。馀人各复延至其家[23]，皆出酒食。停数日，辞去。此中人语云："不足为外人道也[24]。"既出，得其船，便扶向路[25]，处处志之[26]。及郡下[27]，诣太守[28]，说如此。太守即遣人随其往，寻向所志[29]，遂迷，不复得路。南阳刘子骥[30]，高尚士也，闻之，欣然规往[31]。未果[32]，寻病终[33]。后遂无问津者[34]。

【注释】

①太元：东晋孝武帝司马曜年号（376～396）。

②武陵：郡名，治所在今湖南省常德县。

③缘：沿着。

④落英：落花。缤纷：乱舞。

⑤穷：尽。

⑥林尽水源：树林的尽头便是溪水发源之地。

⑦舍：离开。

⑧才通人：仅仅只能让一个人通过。

⑨俨然：整齐的样子。

⑩良田：肥田沃土。美池：清秀的池塘。属：类。

⑪阡陌（qiān mò）：田间小路。南北方向叫阡，东西方向叫陌。交通：相互通连。

⑫悉：都，全。

⑬黄发：指老人。因为老年人发色自白转黄。垂髫（tiáo）：指儿童。髫，小孩头上下垂的短发。

⑭并：都。怡然：安适愉快。

⑮问所从来：问渔人从哪里来。

⑯具：通“俱”，全。

⑰要（yāo 腰）：通“邀”。邀请。

⑱咸：都。问讯：打听消息。

⑲妻子：妻子和儿女。邑人：同县的人。绝境：与外界隔绝的地方。

⑳外人：指桃花源以外的人。间隔：隔绝不通音信。

㉑乃：竟。无论：更不必说。

㉒具言：详细陈述。

㉓延：邀请。

㉔不足：不要。

㉕扶：顺着。向路：进来时的路。向，先前。

㉖志：记，作标记。

㉗及：到了。

㉘诣（yì）：前往拜见。太守：一郡最高行政长官。

㉙寻向所志：寻找先前回来时所做的标记。

㉚南阳：郡名，在今河南省南阳市。刘子骥：名驎之，字子骥，好游山泽，是当时著名隐士。

㉛规往：打算前往。规，计划。

㉜未果：尚未实行。

㉝寻：旋即，不久。

㉞问津：询问渡口，引申为“访求”、“寻找”。

【译解】

晋朝太元年间，武陵地方有一个以捕鱼为业的人，沿着一条溪水捕鱼，忘记了走了多远的路。忽然碰到一片桃花林，这片桃花林夹着两岸有几百步宽，中间没有别的树，香草新鲜美好，落在地上的桃花彩色缤纷。渔人对此很诧异。他再向前行，想走完这片桃花林看一个究竟。

陶渊明像，图出自明·天然撰《历代古人像赞》。

桃林尽头是溪水的发源地，那里有一座山。山上有一个小洞，洞里面好像有光。渔人便离开船，从那个洞口走进去。起初非常狭窄，只能容一个人通过。再向前走几十步，变得既开阔又敞亮。里面的土地平坦开阔，房屋整齐分明，有肥沃的田地、美好的池塘和桑树、竹林之类。田间的小路四通八达，可以听到鸡鸣狗吠交鸣的声音。里面的人来来往往地耕田种地，男男女女穿的衣服，都和外面的人一样。无论老年人和小孩子，都很安适愉快。

洞里面的人看见渔人，便大吃一惊，问他是从哪里来的。渔人全部回答了。里面的人便邀请渔人一同回家，备了酒，杀了鸡给渔人吃。村里的人听说来了这么一个渔人，便都来打听消息。他们自己说，祖先为了躲避秦朝的乱世，带领妻子儿女和同乡来到这个与世隔绝的地方，不再出去了，就这样同外面的人断绝了来往。他们问现在是什么朝代，竟然不知道有汉朝，更不要说魏、晋了。这个渔人把他所知道的事情一件一件详细地告诉他们，里面的人听了以后都惊叹。其余的人也各自再请渔人到他们家里去作客，都用酒饭款待他。住了几天，渔人便告辞回去。这里面的人说："不必把这里的情况对外面的人说呀”。

渔人出来以后，找到他的船，便顺着原路回去，一路上处处作了记号。他到了武陵郡，来到太守处报告了这些情况。太守立即派人跟他去，寻找以前作的记号，结果迷失了方向，再也找不到那条去路。南阳刘子骥，是一个高尚的读书人，听到这件事，高兴地打算前去寻找，没有去成，不久他就病死了。以后就没有人再去寻找了。

【赏析】

这篇文章是陶渊明《桃花源诗并记》中的序言。作者运用其独特的记叙技巧，虚构一些情节，塑造了一个幽美的世外桃源。作者生活在军阀割据、战乱频仍、民不聊生的晋宋交替时代，作者虚构了一个没有压迫、没有等级、没有战乱，风俗淳朴、安乐宁静、小国寡民的桃源世界，表达了他对现实的批判和对憧憬的社会生活的向往。文章语言简洁精练，笔触细腻，把幽美的挑源描绘得亲切逼真，宛然如画，使读者似乎身临其境。

文中“世外桃源”一语，千百年来成为我国人民心目中理想国的代名词，至今读来仍使人心驰神往！

吴楚材、吴调侯评此文：“桃源人要自与尘俗相去万里，不必问其为仙为隐。靖节当晋衰乱时，超然有高举之思，故作记以寓志，亦《归去来辞》之意也。”

五柳先生传

陶渊明

【原文】

先生不知何许人也①，亦不详其姓字。宅边有五柳树，因以为号焉。闲静少言，不慕荣利。好读书，不求甚解②；每有会意③，便欣然忘食。性嗜酒，家贫不能常得。亲旧知其如此，或置酒而招之。造饮辄尽④，期在必醉，既醉而退，曾不吝情去留⑤。环堵萧然⑥，不蔽风日；短褐穿结⑦，箪瓢屡空⑧，晏如也⑨。常著文章自娱，颇示己志。忘怀得失，以此自终。

赞曰：黔娄有言⑩：“不戚戚于贫贱⑪，不汲汲于富贵⑫。”其言兹若人之俦乎⑬？衔觞赋诗⑭，以乐其志。无怀氏之民欤？葛天氏之民欤⑮？

【注释】

①何许：什么地方。

②不求甚解：不刻意、过分穿凿字句。

③会意：心领神会。

④造：到。辄（zhé）：就。

⑤曾不：从不。吝情：拘泥、在意。

⑥堵：墙。萧然：冷落空荡的样子。

⑦褐（hè）：粗布衣服。穿：破损。结：连缀、打补丁。

⑧箪（dān）：古代盛饭的圆形竹器。瓢：饮器。

⑨晏如：安然。

⑩黔娄：战国时齐国名士，清贫自守，不求仕进。著有《黔娄子》四篇。

⑪戚戚：忧愁的样子。

⑫汲汲：急切的样子。

⑬兹人：此人，指五柳先生。俦（chóu）：同类。

⑭觞（shāng）：酒杯。

⑮无怀氏、葛天氏：二者都是传说中的上古帝王。

【译解】

先生不知道是什么地方人，也不知道他姓什么叫什么名字，他的住宅旁边有五棵柳树，因此就用“五柳先生”来称呼他。这位五柳先生爱好闲静，很少讲话，不羡慕荣华利禄。他喜欢读书，不死抠字眼，每当有心得体会的时候，便高兴得忘了吃饭。他特别喜爱喝酒，因为家里贫穷不能常常得到酒喝，亲戚朋友知道他的这种情况，有时备了酒招待他。他到亲友家去喝酒，总是一饮而尽，希望一定喝醉，喝醉以后就回去，从不徘徊滞留。他家里空空的，房屋破败得遮不住风雨和太阳，他穿的粗布短衣也是穿洞打补钉的，经常缺吃少喝，但他感到很安乐自在。他常常写文章来娱乐自己，文章中颇能表达自己的志趣。他忘掉了患得患失的世俗之情，就这样度过了自己的一生。

赞语说：黔娄的妻子有句话：“不忧愁于贫贱，不追求于富贵。”仔细体会这句话，这五柳先生就是黔娄一类的人吧？饮酒写诗，以抒发他的志趣。他是无怀氏的百姓吧？是葛天氏的百姓吧？

【赏析】

梁萧统《陶渊明传》说："渊明少有高趣，博学，善属文。颖脱不群，任真自得。尝著《五柳先生传》以自况，时人谓之实录。"《五柳先生传》是陶渊明托名五柳先生自述生平的一篇文章。

文章虽然只有短短一百七十余字，却用极质朴、平实的语言，漫不经意的笔触塑造了一个性格旷达率直，品德廉洁高尚，不慕富贵名利，安心读书写作的五柳先生形象。表达作者不慕荣利，读书、著文、赋诗、自娱，清贫乐适，忘怀得失的性格志向。流露了作者逃避现实，羡慕上古的思想情怀。

吴楚材、吴调侯评此文曰："渊明以彭泽令辞归。后刘裕移晋祚，耻不复仕，号五柳先生。此传乃自述其生平之行也。潇洒澹逸，一片神行之文。"

北山移文[1]

孔稚珪[2]

【原文】

钟山之英[3]，草堂之灵[4]，驰烟驿路[5]，勒移山庭[6]。

夫以耿介拔俗之标[7]，萧洒出尘之想[8]，度白雪以方洁[9]，干青云而直上[10]，吾方知之矣。若其亭亭物表[11]，皎皎霞外[12]，芥千金而不盼[13]，屣万乘其如脱[14]，闻凤吹于洛浦[15]，值薪歌于延濑[16]，固亦有焉。岂期终始参差[17]，苍黄反覆[18]，泪翟子之悲[19]，恸朱公之哭[20]，乍回迹以心染[21]，或先贞而后黩[22]，何其谬哉！

呜呼！尚生不存[23]，仲氏既往[24]，山阿寂寥[25]，千载谁赏？

世有周子[26]，隽俗之士[27]，既文既博[28]，亦玄亦史[29]。然而学遁东鲁[30]，习隐南郭[31]，窃吹草堂[32]，滥巾北岳[33]，诱我松桂，欺我云壑。虽假容于江皋[34]，乃缨情于好爵[35]。

其始至也，将欲排巢父，拉许由[36]，傲百氏[37]，蔑王侯，风情张日[38]，霜气横秋[39]。或叹幽人长往[40]，或怨王孙不游[41]。谈空空于释部[42]，核玄玄于道流[43]。务光何足比[44]，涓子不能俦[45]。

及其鸣驺人谷[46]，鹤书赴陇[47]，形驰魄散，志变神动。尔乃眉轩席次[48]，袂耸筵上[49]，焚芰制而裂荷衣[50]，抗尘容而走俗状[51]。风云凄其带愤[52]，石泉咽而下怆[53]。望林峦而有失，顾草木而如丧。

至其纽金章[54]，绾墨绶[55]，跨属城之雄[56]，冠百里之首[57]，张英风于海甸[58]，驰妙誉于浙右[59]。道帙长摈[60]，法筵久埋[61]，敲扑喧嚣犯其虑[62]，牒诉倥偬装其怀[63]。琴歌既断，酒赋无续。常绸缪于结课[64]，每纷纶于折狱[65]。笼张赵于往图[66]，架卓鲁于前箓[67]。希踪三辅豪[68]，驰声九州牧[69]。使其高霞孤映，明月独举，青松落荫[70]，白云谁侣？涧户摧绝无与归[71]，石径荒凉徒延伫[72]。至于还飙人幕[73]，写雾出楹[74]，蕙帐空兮夜鹤怨[75]，山人去兮晓猿惊[76]。昔闻投簪逸海岸[77]，今见解兰缚尘缨[78]。

于是南岳献嘲，北陇腾笑，列壑争讥，攒峰竦诮[79]。慨游子之我欺，悲无人以赴吊[80]。故其林惭无尽，涧愧不歇，秋桂遣风[81]，春萝摆月[82]。骋西山之逸议[83]，驰东皋之素谒[84]。

今又促装下邑[85]，浪栧上京[86]。虽情投于魏阙[87]，或假步于山扃[88]。岂可使芳杜厚颜[89]，薜荔蒙耻，碧岭再辱，丹崖重滓，尘游躅于蕙路[90]，污渌池以洗耳[91]？宜扃岫幌[92]，掩云关[93]，敛轻雾，藏鸣湍，截来辕于谷口[94]，杜妄辔于郊端[95]。于是丛条瞋胆[96]，叠颖怒魄[97]，或飞柯以折轮[98]，乍低枝而扫迹[99]。请回俗士驾，为君谢逋客[100]。

【注释】

①北山：又名钟山，即今南京紫金山。移文，文书的一种，近于檄文。

②孔稚珪（guī）（447～501）：字德璋，南齐会稽山阴（今浙江省绍兴）人。曾为齐太祖记室参军，与江淹对掌文牍奏记。官至太子詹事加散骑常侍。为人不乐世务，喜文咏，好山水。有《孔詹事集》一卷传世。

③英；精灵，指山神。

④草堂：指草堂寺。文中受指摘的人物周颙曾游蜀之草堂寺，后来在钟山仿造了一座。

⑤驰烟驿路：驾着云雾，在驿道上奔走。

⑥勒：刻。移：即移文。山庭：山居的庭院。

⑦耿介：光明正大。拔俗：超脱流俗。标：风度。

⑧出尘：超出尘世。

⑨度（duó）：衡量。方：比。

⑩干：触，凌驾。

⑪亭亭：耸立的样子。物表：万物之上。

《唐诗画谱》插图

⑫皎皎：洁白的样子。

⑬芥千金：以千金当作小草。芥，用作动词。眄：顾。

⑭屣（xǐ）：草鞋。这句是说摆脱天子之位如脱破鞋一样容易。

⑮凤吹：《列仙传》有："王子乔，周灵王太子晋也。好吹笙作凤鸣，游伊、雒（同洛）之间。"洛浦：洛水边。

⑯值：遇。延濑：长河沙岸。《文选》引吕向说："苏门先生游于延濑，见一人采薪，谓之曰：'子以此终乎？'采薪人曰：'吾闻圣人无怀，以道德为心，何怪乎而为哀也。'遂为歌二章而去。"

⑰终始参差：前后不一致。

⑱苍黄反覆：青色和黄色变化不定。

⑲泪：用作动词，流泪。翟子：指墨翟。《淮南子·说林训》有：“墨子见练丝而泣之，为其可以黄，可以黑。”

⑳恸（tòng）哭：痛哭。朱公：指杨朱。据《淮南子·说林训》：“杨子见歧路而哭之，为其可以南，可以北。”

㉑乍：刚才。回迹：指隐居。心染：心想着世俗。

㉒贞：坚贞，指洁身自好。黩（dú）：污浊，指同流合污。

㉓尚生：指尚长，东汉隐士。据《后汉书·逸民传》：“尚长，字子平，隐居不仕。”

㉔仲氏：指仲长统。《后汉书·仲长统传》：“仲长统，字公理，……统性俶傥，敢直言，不矜小节，默语无常，时人或谓之狂生。每州郡命召，辄称疾不就。”

㉕山阿：山之弯曲处。

㉖周子：即周颙。

㉗隽俗：才智出众。

㉘文：有文采。

㉙玄：指老庄玄学。史：史学。

㉚学遁东鲁：指学习鲁国隐士逃官。《庄子·让王》记载：鲁国国君派人用重金聘请隐士颜阖出世。颜阖对使者说，恐怕听错了，回去问问清楚。等到使者问清了再回来时，颜阖已经不见了。

㉛习隐：学着隐居。南郭：即古时隐士南郭子綦。习隐南郭：意即学习南郭子綦的超然物外，忘情于一切。

㉜窃吹：窃取吹竽的位置。借用《韩非子·内储说》中“滥竽充数”的典故，说周子是伪装的隐士。

㉝滥：不得当。巾：指隐士头巾。北岳：即北山。这句话的意思是说周子在北山草堂冒充隐士。

㉞假容：指装做隐士的样子。江皋：江边高地。

㉟缨情：系心。爵：官爵。

㊱巢父、许由：都是尧时拒不做官，坚持隐居的高士。

㊲百氏：指诸子百家。

㊳风情：气概。张（zhàng）日：比太阳还要伟大。

㊴霜气：指凛若严霜的神气。横秋：横贯寒秋。

㊵幽人：指隐士。长往：指久离尘世，长期隐遁。

㊶王孙：贵族子弟。

㊷空空：佛家语，佛家认为一切事物都没有实体，叫做空。释部：指佛经。

㊸核（hé）：考核。玄玄：道家语，谓道的微妙幽深。《老子》："玄之又玄，众妙之门。"道流：道家者流。

㊹务光：《列仙传》："务光者，夏时人也。"

㊺涓子：齐国人，隐于宕山。俦（chóu）：匹敌。

㊻鸣驺（zōu）：古时显贵出行，随从的骑卒吆喝开道。

㊼鹤书：指诏书。陇：指北山。

㊽尔乃：于是。眉轩：眉飞色舞。轩，高扬。席次：座次。

㊾耸：高举。

㊿芰制、荷衣：用菱、荷制成的隐者衣服。

51抗：显现出。尘容：世俗小人的样子。走：驰骋，这里指恣意表现。

52凄：悲哀。

53咽（yè）：呜咽。下怆（chuàng）：犹生悲。

54纽：系，挂。金章：铜印。

55绾（wǎn）：系。墨绶：即黑色的带子。汉制，万户以上之县的长官为令，秩千石至六百石，秩在六百石以上，则铜印黑绶。这里以"金章"、"墨绶"象征县令，指周颙做了海盐县令。

⑯跨：超越。属城：指一郡所属的各县。雄：杰出的人。

⑰冠：位居第一。百里：汉制，县大约方百里，这里用来代表县。

⑱英风：英名威风。海甸：海边地区。指海盐县。

⑲浙右：钱塘江之南，即海盐县所在地。

⑳道帙：指道家书籍。帙（zhì），书套。摈：抛弃。

㉑法筵：讲佛法的坐席。

㉒敲扑：敲打，鞭笞。喧嚣：打犯人时的喧哗声。虑：心思。

㉓牒：公文。诉：诉状。倥偬（kǒng zōng）：繁忙。

㉔绸缪（móu）：纠缠。结课：指考核官吏政绩。

㉕纷纶：繁乱，忙碌。折狱：断案。

㉖笼：笼盖。张、赵：张敞、赵广汉，二人都曾做过京兆尹，是西汉名臣。往图：过去的功绩记录。

㉗架：凌驾、超越。卓鲁：卓茂、鲁恭，两人曾当过县令，颇有政绩。前箓（lù）：与“往图”义同。箓，簿籍，指功劳簿。

㉘希踪：希望赶上。三辅：指西汉治理京畿地区的职官。

㉙驰声：传播名声。九州：古时天下分九州。牧：州的军政长官。

㉚落：余下。

㉛涧户：涧两边的山构成门户形状。摧绝：破坏。

㉜延伫（zhù）：长久站立。

㉝还（xuān）飙：旋风。

㉞写：同泻，吐。楹：堂前柱子。

㉟蕙帐：用香草做的帷帐，多为隐士所用。

㊱山人：指隐士。

㊲簪：官吏用来别住头发的簪子。投簪：指弃官。这里是借用东汉疏广辞官归隐东海事。疏广，东海兰陵人，兰陵近海，所以说“逸海岸”。逸：隐遁。

⑱兰：指兰佩。《离骚》："纫秋兰以似佩。"这里指隐士的服饰。尘缨：世俗的冠带。缚尘缨：指走入仕途。

⑲攒（cuán）峰：聚在一起的山峰。

⑳游子：指周颙。吊：慰问。

㉛遣：打发。

㉜萝：女萝。这两句意思是说秋桂春萝，也因惭愧而打发风不要传播其香，不要月衬其美。

㉝骋：迅速传布。西山：泛指隐士所居之地。逸议：隐逸之士的清议。

㉞皋：水边高地。素谒：指布衣之士的言论。

㉟促装：急治行装。下邑：对京都来说，县称下邑。这里指海盐县。

㊱浪栧（yì）：摇船。上京：对县来说，京都称上京。这里指建康（今南京）。以上两句指周颙任海盐县令期满，正奔赴建康，等候升迁。

㊲魏阙：指朝廷。

㊳假步：路过。山扃（jiōng）：山门。

㊴芳杜：即香草杜若。

㊵尘：用作动词，污染。游躅（zhuó）：游迹。蕙路：长着蕙草的山路。

㊶渌（lù）池：清水池。

㊷扃：用如动词，关上。岫（xiù）：山洞。

㊸云关：指云出处。

㊹来辕：指周□的车。

㊺杜：堵住。妄，狂乱。辔，马缰，这里指代马。

㊻丛条：聚在一起的树枝。瞋（chēn）：怒目相视。

㊼颖：指草木穗。

⑱柯：树枝。

⑲扫迹：指扫除周颙走后留在路上的污迹。

⑳君：指北山山神。谢：辞绝。逋（bū）客：逃客，指周颙。

【译解】

紫金山的山神，草堂的守护神，在大路上腾云驾雾地奔驰，把这篇讥讽假隐士的移文刻在山前：

那性格正直、超越流俗的仪表，那无拘无束、超出尘世的态度——和白雪相比，等于它的洁白，志气轩昂，高出青云。这种隐士，我知道他在这世界上，可还没见过。像他这种人，直立世外，品格洁白；把千金看成一粒草籽，根本不理它；摆脱皇帝的宝座，像脱掉一双破鞋子；听到王子乔在洛水边吹笙，像凤鸟长鸣；在长河边碰到一边打柴一边唱歌的隐士。这种隐士，世界上本来也有。谁料得到有人前后不一，变化无常，我们真要为墨翟的悲痛而流泪，为杨朱的哭泣而哀号。因为那个人暂时隐居山林，实际一心想当官；他开头倒洁身自好，后来却同流合污，多么虚伪呀！唉！尚先生早已逝世了，仲先生也已经离开了我们，深山的角落里已经没有真正的隐士，千年之久，有谁值得我们欣赏？

《唐诗画谱》插图

世界上有一位周先生，他是

流俗中才智不凡的人，有文彩，又渊博；既懂老庄哲学，又懂各种史书。他却学习颜阖隐居在东方的鲁国，学习南郭子綦超然物外，滥竽充数在草堂充当隐士，戴着隐士的头巾在北山冒充，欺骗我们的松树和桂树，以及深藏在云雾里的山谷，虽然在长江边的紫金山里装扮隐士，一个心眼却总是关注着美好的官职。

他刚来的时候，简直要超过巢父，压倒许由，轻视诸子百家，蔑视王公贵人，风度开朗得像太阳，神气严肃得盖过秋霜。他有时赞叹古代隐士的长期隐逸，有时埋怨贵族子弟贪恋富贵，不来隐居。他用佛经来说明佛家的义理，又和道士们研究高深的道家学说。哪里值得和务光比，涓子更是比不上他。

等到皇帝的使者带着前呼后拥的卫队进入山里，皇帝征召的诏书送到山中，他立刻兴奋得魂不附体，于是坐在座位上眉飞色舞，坐在筵席上袖子也高高飘起来，烧掉用芰荷做的隐士的衣服，显现出尘世的仪容，恣意表现出俗人的状态。风云悲痛而又愤怒，山石中的泉水呜咽生悲，遥望长满树木的山峦，好像它们也丢失了什么似的，回头看看草木也若有所失。

到他佩带铜印，系挂黑绶，当上县官了，拥有郡属的首县，政绩数各县的第一，在滨海地区传播好声望，在浙水北边一带流传好名誉。道教的经典永远埋葬了，讲佛法的坐位也长期地罩满灰尘。鞭打犯人的喧哗声侵占着他的心思，繁多的文书和讼状塞满了他的胸怀。弹琴唱歌，饮酒写诗，这种隐士的生活早已停止，经常纠缠在考核政务等级的事情上，总是在审判案件的事情上忙碌着。他要做到书上记载的张敞、赵广汉的政绩，还要超过书上记载的卓茂、鲁恭的成就。他希望赶上三辅中杰出的人物，传播声名到天下的地方长官那儿。使得我们山上半天云霞孤独地映照大地，皎洁的月亮一个儿升在天边，青松白费了一片清荫，白云飘浮着，能和谁作伴？涧户渐渐破坏了，没有人在那儿走动了，山石上的小路也荒凉了，尽管长期等待，周先生也不来了。晚上，旋风吹进窗帘；早上，轻雾散在堂前柱子边，隐士的帷帐里空空的，只有夜晚的鹤在哀鸣；隐士离开了，早上蹦来的猴子惊诧地寻找着。从前听说汉朝的疏广丢掉官不做，隐居到海边去；现在却看见周先生放弃隐居生活甘愿让仕途的绳索捆绑着。

于是南岳向我们北山草堂投来了嘲讽，北垄任情地讥笑，所有山谷都争先恐后地讽刺我们，密聚着的山峰也伸长脖子来讥诮。我们只有慨叹那位周先生欺骗了我们，对于没有谁来同情并慰问，我们也感到悲哀。所以，我们的树林惭愧的不得了，我们的涧溪也羞愧得很，秋天的桂花、春天的茑萝，都因为惭愧而打发清风和明月回去。我们只有赶快传布伯夷、叔齐的隐居言论，和阮籍安贫乐道的话，谴责周先生的背叛行为。

现在，周先生又从山阴县匆匆地整理行装，急忙坐船来到南京。虽然他一个心眼儿记挂着朝廷，却又要经过我们北山的山门。难道能让我们山上的香草杜若感到羞耻，薜荔受到污辱，碧绿山岭再被欺侮，红色山岩重新被糟踏；在长满香草的路上，被他的脚步所沾污；听了他说话的声音，赶快去洗耳，因而弄脏我们的清水池塘吗？应该关上山窗，让云掩蔽北山，收起轻纱般的雾气，藏起琮琮作响的山泉；在谷口堵住他进山的车子，在山外拦住他狂奔的马。这时，聚在一起的树枝，肝胆都被他气坏了；重重叠叠的草穗，魂魄都发怒了。有的飞出树枝打断他的车轮，有的突然弯下树枝扫除他的足迹。它们对我们山神和草堂守护神说：“叫那个政客快滚吧！我们给你们拒绝这个逃兵！”

【赏析】

《北山移文》是南齐孔稚珪的传世名篇。

文章通篇以北山神灵的口吻行文，诙谐戏谑地揭露了封建社会以隐居为出仕捷径的知识分子的丑陋形象。作者把自然人化，群山、石泉、飞柯、低枝、青松、明月、白云、高霞等在作者笔下无不是有正义感。而周□之流先道貌岸然隐，而后得意非凡应诏出仕的卑劣行径。“身在江海之上，心居魏阙之下”，有隐居之名而无隐居之实，汲汲以求仕进的虚伪面目则被揭露和讽刺得淋漓尽致。

本文是骈体文的典范之作，语言形象优美，属对精工，笔锋犀利，运用拟人化手法描绘山灵景物，更使文章活泼生动，讽刺辛辣。

谏太宗十思疏[1]

魏征[2]

【原文】

臣闻求木之长者[3]，必固其根本；欲流之远者，必浚其泉源

唐太宗李世民像，图出自明·天然撰《历代人物像赞》。

④；思国之安者，必积其德义。源不深而望流之远，根不固而求木之长，德不厚而思国之安，臣虽下愚⑤，知其不可，而况于明哲乎⑥？人君当神器之重⑦，居域中之大⑧，不念居安思危，戒奢以俭，斯亦伐根以求木茂，塞源而欲流长也。

凡昔元首⑨，承天景命⑩，善始者实繁，克终者盖寡⑪，岂取之易，守之难乎？盖在殷忧⑫，必竭诚以待下；既得志。则纵情以傲物⑬。竭诚，则吴越为一体⑭；傲物，则骨肉为行路⑮。虽董之以严刑，振之以威怒⑯，终苟免而不怀仁，貌恭而不心服。怨不在大，可畏惟人⑰；载舟覆舟⑱，所宜深慎。

诚能见可欲，则思知足以自戒；将有作，则思知止以安人⑲；念高危，则思谦冲而自牧⑳；惧满盈，则思江海下百川㉑；乐盘游，则思三驱以为度㉒；忧懈怠，则思慎始而敬终㉓；虑壅蔽，则思虚心以纳下㉔；惧谗邪，则思正身以黜恶㉕；恩所加，则思无因喜以谬赏㉖；罚所及，则思无以怒而滥刑。总此十思，宏兹九得㉗。简能而任之㉘，择善而从之，则智者尽其谋，勇者竭其力，仁者播其惠，信者效其忠㉙；文武并用，垂拱而治㉚，何必劳神苦思，代百司之职役哉㉛！

【注释】

①谏：古代下对上直言规劝。疏：奏疏，奏议的一种，是封建时代臣子向皇帝陈述意见的一种文体。

②魏征（580～643）：字玄成，巨鹿（今河北省）曲城人。初唐著名政治家，唐太宗时拜谏议大夫，以敢于犯颜直谏著称，先后陈事二百余次，多被太宗所采纳。魏征死后，唐太宗亲制碑文，并对侍臣说：“以铜为镜，可以正衣冠；以古为镜，可以知兴替；以人为镜，可以明得失；朕尝宝此三镜，以防己过。今魏征殂逝，

遂亡一镜矣。”

③长（zhǎng）：生长。

④浚：疏通。

⑤下愚：最愚笨的人。自谦之词。

⑥明哲：明智，洞察事理。与“下愚”相对，指唐太宗。

⑦神器：帝位。

⑧域中：指国家。

⑨元首：指帝王。

⑩承天景命：受了上天的大命。古代帝王都自称是受了天意的委托来管辖人民的。景命，大命。

⑪克终者盖寡：能够始终好的少有。

⑫殷忧：深忧。

⑬傲物：瞧不起人。物，人物。

⑭吴越为一体：吴国和越国能团结如一家。吴、越是春秋时期有世仇的两个国家。

⑮骨肉为行路：骨肉之亲的关系也会如同路人一样，各不相关。行路，路人，指与己漠不相关之人。

⑯董：监督，督责。振：震慑、镇压。

⑰人：民。因避李世民讳，改“民”为“人”。

⑱载舟覆舟：《荀子·王制》：“君者舟也，庶人者水也。水则载舟，水则覆舟。”

⑲有作：指兴建宫室之类。作，兴建、造作。知止：克制自己。

⑳高危：地位高随时有危险。谦冲：谦和、谦虚。自牧：自我修养。牧，养。

㉑满盈：骄傲自满。下：容纳。

㉒盘游：盘乐游玩。三驱以为度：一年田猎三次为限度。《礼记·

王制》载天子诸侯若无征战、凶丧之事，“则岁三田”，打猎三次。

㉓懈怠：懒惰、懒散。慎始而敬终：慎始慎终。

㉔壅蔽：上下隔阂。纳下：接受下面的意见。

㉕谗邪：指不正派的人。谗，说别人坏话。黜恶：排斥邪恶。

㉖谬赏：乱加赏赐。

㉗宏兹九得：发扬光大所陈述的十思，必可得到很多的补益。

㉘简能：选择贤能之人。简，选择。

㉙信者：忠实的人。

㉚垂拱而治：垂衣拱手，无为而治。

㉛百司：百官。职役：职务。

【译解】

我听说要使树木长得好，必定要加固它的根本；希望江河流得远，必定要疏通它的来源；想要国家太平，做皇帝的，必定要不断提高自己的道德和仁义。来源不深却希望水流得远，根不牢却要求树长得好，皇帝的道德不高却想要国家太平，我虽然非常愚蠢，却知道这办不到的，何况像陛下这样聪明的人呢！做皇帝的承受着帝王的重任，处在天下最伟大的地位，不考虑在平安时候要想到危险时候，力戒浪费，厉行节约，这就像用斧头砍树根却要求树长得茂盛，堵塞了水源却想要水流得很远呀！

过去所有的帝王，承受上天的大命，开始时表现好的很多，能够坚持到底的却很少。难道是得到天下容易而守住天下却困难吗？原来，处在非常困难时期的创业者一定会十分诚恳地对待部下；已经达到目的得到天下了，就会任意妄为，轻视别人。待人十分诚恳，本来是仇人也能团结起来；轻视别人，任意妄行，就是亲骨肉也会变成毫不相干的路人。即使用残酷的刑罚镇压他们，用严厉的权势警戒他们，始终是但求无罪，并不感念皇帝的恩德，表面恭顺，内心并不服从。别人对自己的怨恨并不需要在重大的事情上，最可怕的是人们反对自己。古人说：皇帝是船，老百姓是水；水能浮起船来，也能淹没它。这话是应该特别警惕的。

真正能够看得见可爱的东西就想到应该知足，从而警戒自己；准备大兴土木就应该想到不要太过分，从而安定人民；想到君位高而险，就要注意谦虚待人，从而培养自己的品德；害怕自己会骄傲自大，就想到江海之所以伟大，是因为处在一切河流的下面；喜欢打猎，就想到围住三面，让开出一条路让野兽逃出一些，拿这个作限度；担心自己会偷懒，就想到不但开头要认真，而且还要坚持到底；怕自己被封锁，就想到虚心接受下级的意见；怕有坏人陷害好人，就想到自己要坚持原则，撤换那些奸臣；施恩典给某人的时候，就想到不要因为自己一时高兴便乱赏；处罚某人的时候，就想到不要因为自己一时发脾气就随便处罚别人。完全做到这十点，再扩大九德的修养，选择有才能的人使用他们，辨别出正确的意见照着办，那么，聪明的人就会全部献出他们的计策，勇敢的人就会彻底用出他们的力量，仁爱的人就会散布他们的恩惠，忠诚的人就会贡献他们的忠心。文武人才都能充分发挥才干，皇上您只管安安稳稳地坐着，天下自然治好了，何必要您费神，脑子转个不停，事事过手，代替百官的职务呢！

【赏析】

唐太宗李世民在隋末跟随父亲李渊作战，奋发有为，最能容人用人，生活艰苦，于民无扰。唐立国之初，太宗还能励精图治，刚出现“贞观之治”的盛象。唐太宗也就此志得意满，不像以往那样兢兢业业，生活也趋奢靡。魏征引以为忧，几次上疏进谏，本文是其中的一篇。文中主要指出，国君必须“居安思危”、“戒奢以俭”，如果能这样，国家就能“垂拱而治”。作者运用比喻和对比的手法，运用排偶句式以及简法、明朗、生动的语言来论述这一中心要旨，具有很强的说服力。全文意恳辞切，思深语温，确实是一篇很动人的奏疏。

古文观止

清康熙年间选编的一部供学塾使用的文学读本

（清）吴乘权　吴调侯／编著

辽海出版社

叁

目　　录

卷七　六朝唐文(续)

卷八　唐文

卷九　唐宋文

卷十　宋文

为徐敬业讨武曌檄[1]

骆宾王[2]

【原文】

伪临朝武氏者[3]，性非和顺，地实寒微[4]。昔充太宗下陈[5]，曾以更衣入侍[6]。洎乎晚节[7]，秽乱春宫[8]。潜隐先帝之私[9]，阴图后房之嬖[10]。入门见嫉[11]，蛾眉不肯让人[12]；掩袖工谗[13]，狐媚偏能惑主[14]。践元后于翚翟[15]，陷吾君于聚麀[16]。加以虺蜴为心[17]，豺狼成性；近狎邪僻[18]，残害忠良[19]；杀姊屠兄[20]，弑君鸩母[21]。人神之所同嫉，天地之所不容。犹复包藏祸心，窥窃神器[22]。君之爱子，幽之于别宫[23]；贼之宗盟，委之以重任[24]。呜呼！霍子孟之不作[25]，朱虚侯之已亡[26]。燕啄皇孙，知汉祚之将尽[27]；龙漦帝后，识夏庭之遽衰[28]。

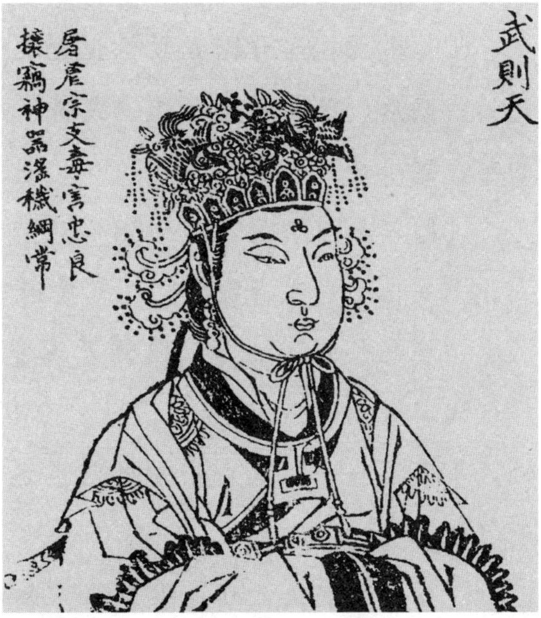

武则天像，图出自明·天然撰《历代人物像赞》。

敬业皇唐旧臣，公侯冢子[29]，奉先君之成业，荷本朝之厚恩。宋微子之兴悲[30]，良有以也[31]；袁君山之流涕[32]，岂徒然哉！是用气愤风云，志安社稷。因天下之失望，顺宇内之推心[33]。爰举义旗，以清妖孽。南连百越[34]，北尽山河，铁骑成群，玉轴相接[35]。海陵红粟[36]，仓储之积靡穷；江浦黄旗，匡复之功何远[37]。班声动而北风起[38]，剑气冲而南斗平[39]。暗鸣则山岳崩颓[40]，叱咤则风云变色[41]。以此制敌，何敌不摧！以此图功，何功不克！公等或居汉地[42]，或叶周亲[43]，或膺重寄于话言[44]，或受顾命于宣室[45]。言犹在耳，忠岂忘心。一抔之土未干[46]，六尺之孤何托[47]？倘能转祸为福，送往事居[48]，共立勤王之勋[49]，无废大君之命。凡诸爵赏，同指山河[50]。若其眷恋穷城[51]，徘徊歧路，坐昧先几之兆[52]，必贻后至之诛[53]。

请看今日之域中，竟是谁家之天下！

【注释】

①徐敬业：唐开国元勋徐世勣之孙，武后废中宗，徐敬业起兵扬州讨伐武后，不久兵败而死。武曌（zhào）：武则天。曌是武则天自造的字，意思是日月当空。

②骆宾王（公元619～687年）：唐婺州义乌（今浙江省义乌县）人。七岁作“白毛浮绿水，红掌拨清波”《咏鹅》诗，誉满乡间，称为神童。曾任长安县主簿、临海县丞等职。徐敬业起兵时聘他为幕府，作《代李敬业传檄天下文》，檄文传出，朝野震撼，名声大振。敬业兵败，下落不明。骆宾王是初唐四杰之一，开唐朝诗文风气之先，著有《骆临海集》。

③伪临朝武氏：伪：僭越者。临朝：君临朝廷，当政。武氏：武则天。武则天，李世民时入宫为才人，太宗死后，削发为尼，高宗李治又立为皇后。高宗死，临朝称制，废中宗为庐陵王，改国号曰

“周”，在位二十一年。

④地实寒微：出身贫贱。地，门第。

⑤下陈：下列。指被太宗选为才人。

⑥更衣入侍：更衣：更换衣服，古时上厕所的婉词。入侍：指得太宗幸。此处借用，汉武帝皇后卫子夫的典故。汉武帝过平阳公主，遇歌女卫子夫，卫子夫侍候武帝更衣而得幸。

⑦洎（jì）：及，至。晚节：指后来的行为。

⑧秽乱春宫：淫乱东宫。春宫：东宫，太子居住的宫殿。这里指武则天为太宗才人时，就与尚为太子的高宗发生淫乱关系。

⑨潜隐：掩盖，隐瞒。这句指高宗即位之后，武则天隐瞒了曾是太宗才人的身分。

⑩阴图后房之嬖：暗中图谋高宗后宫的宠幸。嬖（bì），宠幸。古时指贱而得幸曰嬖。

⑪入门见（xiàn）嫉：被选入宫的嫔妃都遭到武则天的嫉妒。

⑫蛾眉：蚕蛾触须细长而曲，古用以比喻美人之眉。后蛾眉遂为美人的代名词。

⑬掩袖工谗：典出《战国策·楚策》。魏王送给楚怀王一美人，楚怀王异常宠爱，王妃郑袖心怀嫉妒，她对美人说：大王爱你的美貌，但不喜欢你的鼻子，以后见了大王，最好是以袖掩盖着鼻子。美人照她说的做了，楚怀王问郑袖这件事时，郑袖却说：美人讨厌闻到怀王身上的臭味。于是楚怀王大怒，把美人的鼻子割了。这里是指武则天工于进谗。

⑭狐媚：传说狐狸善于媚惑人。指武则天迷惑高宗。

⑮践元后：指废王皇后，立武氏为皇后。元后，正宫皇后。翚翟（zuī dí）：雉羽。五色花纹的雉称翚，长尾雉称翟。这里指它们的羽毛。古代皇后礼服装饰有翚翟的图案。

⑯聚麀（yōu）：麀，雌鹿。父子共一配偶，作出乱伦之事。武则天同事太宗、高宗二帝，故言“陷吾君于聚麀”。

⑰虺蜴（huǐ yì）：蝮蛇和蜥蜴。

⑱邪僻：奸邪不正。这里指小人，如李义府、许敬忠等。

⑲忠良：指长孙无忌、褚遂良等人。高宗废王皇后时，长孙无忌、褚遂良等力谏不可，武则天得势后，他们都被迫害致死。

⑳杀姊屠兄：武则天姊之女贺兰氏在宫中受宠，结果被武则天毒死；并将此事归罪于伯父之子惟良、怀远，二人也被杀害。又武则天立为皇后以后，其兄武元庆、武元爽都被流配而死。

㉑弑君鸩（zhěn）母：君指高宗。鸩，毒鸟，其羽沥酒，饮之立死。

㉒神器：指国家政权。

㉓君之爱子：指高宗的次子睿宗李旦。幽之别宫：高宗死，中宗继位，武氏废中宗，改立睿宗。“时睿宗虽立，实囚之，而诸武擅命。”（《新唐书·后妃传》）“政事决于太后，居睿宗于别殿。”（《资治通鉴·唐纪十九》）

㉔宗盟：同宗，同姓。指武则天重用武承嗣、武三思等。

㉕霍子孟之不作：西汉霍光，字子孟。汉武帝时为大司马大将军。武帝死后，辅佐年幼的昭帝，昭帝死后又迎昌邑王刘贺即位，刘贺荒淫，霍光废之，改立宣帝，安定了汉朝基业。作：兴起。

㉖朱虚侯之已亡：刘章，封朱虚侯。汉高祖死后，吕后专权，任用诸吕，排斥元老及诸大臣。吕后死，吕禄、吕产等欲作乱，刘章与周勃、陈平等起事，尽杀诸吕，迎立汉文帝，安定基业。“已亡”与前句“不作”，感叹唐宗室没有像霍光、刘章这样的人物挽救唐朝的危亡。

㉗燕啄皇孙：《汉书·五行志》载：汉成帝时有童谣：“木门仓琅

根，燕飞来，啄皇孙，皇孙死，燕啄矢。”后来，成帝宠幸赵飞燕，并立为皇后。相传赵飞燕害死后宫中许多皇子。这里用来借指武则天残害皇子皇孙。祚（zuò）：指国家命运。

㉘龙漦（lí）帝后：漦，龙的口涎。帝后，指夏帝。传说夏代衰亡时，有两条龙降于宫中，夏帝问卜于神，以为将龙漦藏起来，便吉祥。于是用木盒将龙漦封起来。周厉王末年，木盒被打开，龙漦溢出化为元鼋，进入后宫，生褒姒。周幽王宠褒姒，立为皇后，并废掉太子，招致亡国之祸。

㉙公侯冢子：徐敬业的祖父徐世勣是唐开国元勋，封英国公，卒赠太尉。冢子，长子。

㉚宋微子：微子，是殷纣王的庶兄，周灭殷后，被封于宋地。微子朝周时，路经殷墟，一片荒凉，已生禾长草，悲伤感慨，作《麦秀歌》：“麦秀渐渐兮，禾黍油油，彼狡童兮，不与我好兮！”

㉛良有以也：确实是有原因的。

㉜袁君山：袁安。袁安因汉主年幼，外戚专权，每言及国事，常呜咽流涕。

㉝失望：指武后失望于天下。推心：指国人对徐敬业的信任。

㉞百越：古时对南方各部族的总称。

㉟铁骑：谓军事强悍。玉轴相接：指车辆众多。

㊱海陵红粟：海陵，指扬州地区。红粟，米陈变红，指霉米。意思是说军粮异常充足。

㊲江浦：今江苏江浦县。与海陵都是徐敬业起兵之地。

㊳班声：班马鸣声。班声动而北风起：谓闻班马声动，若北风之起。指征讨大军已整装待发。

㊴剑气冲而南斗平：谓宝剑的光气冲天，灿然像南斗的光亮。指武器精良。

㊵喑呜（yīn wū）：呼喊声。

㊶叱咤（chì zhà）：怒喝。

㊷公等：指地方与中央各级官员。汉地：汉朝的封地，借指世代受唐室的封爵。指异姓的臣子。

㊸周亲：至亲。指皇室或同姓的臣子。

㊹膺重寄：受重托。膺，受。

㊺顾命：皇帝临死的遗命。宣室：汉宫殿名，这里指受顾命的地方。

㊻一抔（póu）：一掬，一捧。一抔土：指坟墓上的土。未干：高宗死于八月，徐敬业九月起兵，期间月余，故云一抔之土未干。

㊼六尺之孤：幼少之君，指中宗。孤，幼而无父称孤。古代帝王临死时，遗诏令大臣辅佐年幼太子继位，称托孤。这时中宗已被武则天废为庐陵王，软禁于房州，所以说“六尺之孤何托”。

㊽送往事居：往，指已死的，指高宗；居，现存的，指中宗。

㊾勤王：古代诸侯、大臣为解除天子的祸难而起兵，称勤王。

㊿同指山河：这是封赏的誓言。《汉书·孝文功臣表序》载：“汉兴，封爵之誓曰：使黄河如带，泰山若厉，国以永存，爰及苗裔。”

51卷恋穷城：留恋没有希望的孤城。

52先几之兆：事先的征兆。坐昧：坐失。

53后至之诛：《国语·周语下》：传说大禹会诸侯，防风氏后至，禹杀而戮之。贻：招至。

【译解】

非法临朝执政的武氏，本性不良，出身寒微。从前充当太宗的才人，曾经乘着太宗更衣的机会入侍得宠。到了后来，和太子发生暧昧关系。隐瞒和太宗的私情，暗中图谋成为高宗后宫的嬖幸。她对入宫的妃嫔都心怀嫉妒，凭着她的美色不肯让别人得宠；她掩袖作态，巧于谗言，以狐狸般的媚态迷惑主上。她登上了元后之位，使高宗陷于禽兽之行。加上她有毒蛇一般的心肠，豺狼一般的本性，亲近奸邪的小人，残害忠良的大臣，杀害姐姐，屠戮兄弟，谋害君主，毒死母亲。这是人神都痛恨，天地不能容忍。她还包藏着祸心，想窃取帝位。她把君主的爱子，幽禁在别宫；她对自己的亲信、党羽，都委之以国家的重任。唉！能够扭转国家危亡的霍子孟不能再世，曾经诛杀奸臣贼党的朱虚侯已经亡故。从赵飞燕杀死皇孙，知道汉朝的天下将要完结；从龙吐的涎沫生出褒姒作帝后，知道夏朝的王业很快要衰败。敬业是大唐的旧臣，是公侯的长子。继承祖父、父亲立下的功业，承受本朝深厚的恩德。宋微子看见殷朝的废墟而引起悲伤，实在是有道理呀；桓君山被贬谪而痛哭流涕，难道是徒然的吗？因此，气愤激励风云，志在安定社稷。乘着天下人心的失望，顺着国内百姓的心意，于是高举起义的大旗，来清除妖孽。南连百越，北达三河，铁骑成群结队，车辆远近相接。海陵的陈米，仓库里积蓄无穷；长江边上出现黄旗，匡复国家之功怎么会远？班马之声动而使北风起，剑气冲上云霄而使南斗平。悲咽就会使山岳崩倒，怒吼就会使风云变色。用这种

骆宾王像，图出自清·上官周《晚笑堂画传》。

力量来制服敌人，什么敌人不被摧败？用这种力量来谋图功劳，什么功劳不能成功？诸位或者是异姓的功臣，或者是唐朝的宗室，或者接受重托分封在外，或者接受遗命于朝廷。高宗的遗言还在耳边，忠诚的誓言难道就忘记了？埋葬高宗的一抔黄土还没有晒干，嗣位的幼君何所依托！如果能够把祸害转变为幸运，送别高宗而事奉中宗，共同建立勤王的功勋，没有废弃高宗的遗命，有功的一定受爵，可以共指山河立誓。如果留恋穷城，徘徊在歧路上，不看清必将发生的变化，以后必然遭到诛戮。请看今日的国中，竟是谁家的天下！

【赏析】

这篇檄文有理有据有文采，感动人心，富有号召力量。文章以封建君臣之义作依据，前半篇斥责武则天的罪行，后半篇号召各方面起来响应，表明唐室必胜，武后必败的信心。《新唐书》本传说，武则天初读此文，“但嘻笑。至‘一抔之土未干，六尺之孤安在’，矍然曰：‘谁为之?’或以宾王对。后曰：‘宰相安得失此人!’”

滕王阁序①

王勃②

【原文】

南昌故郡，洪都新府③，星分翼轸，地接衡庐④，襟三江而带五湖⑤，控蛮荆而引瓯越⑥。物华天宝，龙光射牛斗之墟⑦；人杰地灵，徐孺下陈蕃之榻⑧。雄州雾列，俊彩星驰⑨。台隍枕夷夏之交⑩，宾主尽东南之美⑪。都督阎公之雅望，棨戟遥临⑫；宇文新州之懿范，襜帷暂驻⑬。十旬休暇，胜友如云⑭；千里逢迎，高朋满座。腾蛟起凤，孟学士之词宗⑮；紫电清霜，王将军之武库⑯。家君作宰，路出名区，童子何知，躬逢胜饯⑰。时维九月，序属三秋⑱。潦水尽而寒潭清，烟光凝而暮山紫⑲。俨

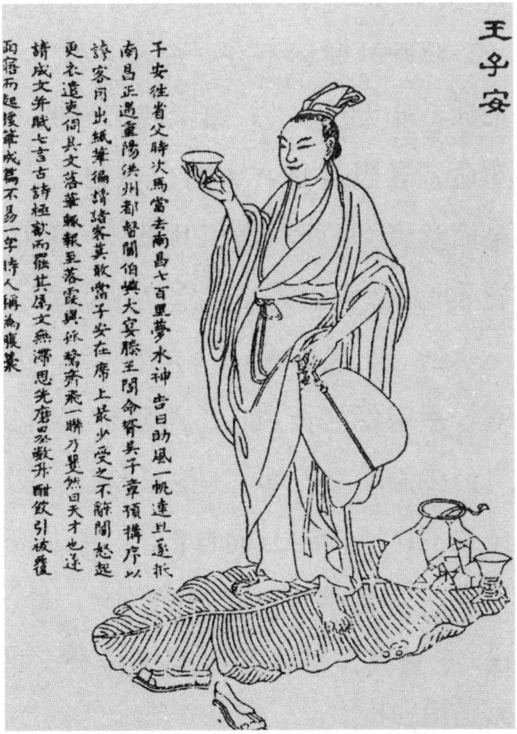

王勃像，图选自清·上官周绘《晚笑堂画传》。

骖騑于上路，访风景于崇阿[20]，临帝子之长洲，得仙人之旧馆[21]。层峦耸翠，上出重霄；飞阁流丹，下临无地[22]。鹤汀凫渚，穷岛屿之萦回[23]；桂殿兰宫，列冈峦之体势[24]。披绣闼，俯雕甍，山原旷其盈视，川泽盱其骇瞩[25]。闾阎扑地，钟鸣鼎食之家[26]；舸舰迷津，青雀黄龙之舳[27]。虹销雨霁，彩彻云衢[28]。落霞与孤鹜齐飞，秋水共长天一色[29]。渔舟唱晚，响穷彭蠡之滨[30]；雁阵惊寒，声断衡阳之浦[31]。遥吟俯畅，逸兴遄飞[32]，爽籁发而清风生，纤歌凝而白云遏[33]。睢园绿竹，气凌彭泽之樽[34]；邺水朱华，光照临川之笔[35]。四美具，二难并[36]，穷睇眄于中天，极娱游于暇日[37]。天高地迥[38]，觉宇宙之无穷，兴尽悲来，识盈虚之有数[39]。望长安于日下，指吴会于云间[40]。地势极而南溟深，天柱高而北辰远[41]。关山难越，谁悲失路之人[42]；萍水相逢，尽是他乡之客[43]。怀帝阍而不见，奉宣室以何年[44]！

呜呼！时运不齐，命途多舛[45]，冯唐易老，李广难封[46]。屈贾谊于长沙，非无圣主[47]；窜梁鸿于海曲，岂乏明时[48]？所赖君子安贫，达人知命。老当益壮，宁知白首之心；穷且益坚，不坠青云之志[49]。酌贪泉而觉爽[50]，处涸辙以犹欢[51]。北海虽赊，扶摇可接[52]；东隅已逝，桑榆非晚[53]。孟尝高洁，空怀报国之心[54]；阮籍猖狂，岂效穷途之哭[55]？

勃，三尺微命，一介书生[56]。无路请缨，等终军之弱冠[57]；有怀投笔，慕宗悫之长风[58]。舍簪笏于百龄，奉晨昏于万里[59]；非谢家之宝树，接孟氏之芳邻[60]。他日趋庭，叨陪鲤对[61]；今晨捧袂，喜托龙门[62]。杨意不逢，抚凌云而自惜[63]；钟期既遇，奏流水以何惭[64]！呜呼！胜地不常，盛筵难再；兰亭已矣[65]，梓泽丘墟[66]！临别赠言，幸承恩于伟饯[67]；登高作赋，是所望于群公。敢竭鄙诚，恭疏短引[68]，一言均赋，四韵俱成[69]。

滕王高阁临江渚[70]，佩玉鸣鸾罢歌舞[71]。

画栋朝飞南浦云[72]，珠帘暮卷西山雨。

闲云潭影日悠悠，物换星移几度秋。

阁中帝子今何在？槛外长江空自流！

【注释】

①滕王阁：唐高宗永徽年间洪州（今江西南昌）都督李元婴建。李元婴为唐高祖二十二子，曾封滕王，故称其阁为滕王阁。

②王勃（650～676）：字子安，绛州龙门（今山西河津）人。唐初著名文学家，“初唐四杰”之一。近20岁应举及第，授朝散郎，任沛王李贤府修撰。后任虢州参军，因自负才高，不媚权贵而被革职，他的父亲王福时亦受牵连贬交趾（今越南河内市西北）令。王勃前往探视，渡海溺水而死，年仅26岁。著有《王子安集》。

③南昌：一作豫章。汉时曾设豫章郡，郡治在南昌。隋曾改为洪州，不久又恢复旧名。所以称“故郡”。唐又改为洪州，设大都督府。所以称“新府”。

④星分翼轸（zhěn）：古时用天上二十八宿星座的方位和地上几个大区域对应，叫“分野”。翼、轸，是二星宿名，其分野是楚地。南昌古属楚境，所以说“星分翼轸”。衡庐：衡山、庐山。

⑤襟三江：以三江为衣襟，即居三江之上游。关于三江，说法不一，一般谓荆江、淞江、浙江。带五湖：以五湖为衣带。关于五湖，说法亦不一，一般谓太湖、鄱阳湖、青草湖、丹阳湖、洞庭湖。因其都在南昌周围，如衣带束身，故称。

⑥蛮荆：荆州，古称南蛮之地。瓯越：指东瓯闽越一带。

⑦物华：物之光华。天宝：天之宝物。龙光：龙泉宝剑的光。据《晋书·张华传》：张华见斗、牛之间有紫气，向雷焕询问原因。雷焕说是丰城（属洪州）宝剑之精上通于天的缘故。张华就派雷焕为丰城令，寻找宝剑。雷焕到县后，从牢狱的屋基下掘到一个石匣，内有宝

剑两把，一名龙泉，一名太阿，光芒耀目。牛、斗：二星宿名。

⑧徐孺：即徐孺子，名稺，东汉豫章南昌人。家贫，但不肯作官，以耕种为生。陈蕃做豫章太守，向来不接待宾客，只肯接待徐孺子一个人。他为徐孺子特设一榻，徐去后就悬挂起来，不准别人用。这句话是说洪州自古有人才。

⑨雄州：指洪州之雄伟。雾列：形容洪州繁华，房屋如雾一样环集罗列。俊彩：俊，指人才。彩通寀，指官吏。星驰：形容人才众多如繁星奔驰于前。

⑩台隍：指豫章城。台：亭台。隍：护城河。枕夷夏之交：处于荆楚与中原来往要冲。枕：据。

⑪宾主尽东南之美：参加宴会的人，主人和宾客，都是东南一带人才。

⑫都督阎公：指洪州都督阎伯屿。雅望：崇高的名望。棨（qǐ）戟：有衣套的戟，衣用赤黑缯缝制。古时官吏出行，骑使带剑持棨戟作为前驱。

⑬宇文新州：时宇文钧新任澧州牧，道经于此。懿：美德。范：模范，楷模。襜（chān）帷：车帷，指车马。

⑭十旬休暇：旬：十天。休暇：休假。唐代官吏逢旬休沐，即所谓“旬休”。胜友：良友。

⑮腾蛟起凤：形容才华如蛟龙腾空，凤凰起舞。孟学士：宾客中孟姓学士。学士，官名，掌管著述等事。词宗：文章领袖。

⑯紫电清霜：紫电，宝剑名。清霜，形容剑刃锋利。王将军：宾客中王姓将军。

⑰家君：对自己父亲的称呼。作宰：当时王勃父亲在交趾作县令。路出名区：王勃是到交趾省亲路过南昌。童子：与会之人，王勃最年少，故自称童子。躬逢盛饯：亲自参加这样盛大饯别宴会。

⑱时：时序。维：乃，是。三秋：指九月，秋季的第三个月。

⑲潦（lǎo）水：雨后积水。潭：大的深水池。烟光凝：雾气凝聚。暮山：傍晚的山色。

⑳俨（yǎn）：整齐貌。骖騑（cān fèi）：驾在车辕两边的马，左边称骖，右边称騑。这里泛指车马。上路：路上。崇阿：高大的丘陵。

㉑帝子：指滕王。得：得见。仙人：指滕王。旧馆：指滕王阁。句谓来到了滕王阁上。

㉒飞阁：指滕王阁状如飞翔。流丹：泛出红光。无地：几乎看不到地。

㉓鹤汀（tīng）：鹤栖止的水边地。凫（fú）渚：野鸭聚集的小洲。萦回：盘旋回绕的样子。

㉔桂殿兰宫：以桂木构殿，以兰木筑宫。形容建筑高贵。列冈峦之体势：指宫殿建筑高低起伏错落有致，排列如山峦。

㉕披绣闼（tà）：打开雕着花纹的门。俯雕甍（méng）：俯视雕饰华美的屋栋。盈视：满眼。盱：张目。瞩：极视。

㉖闾（lú）阎：里巷的门，这里指房屋。扑地：遍地。钟鸣鼎食：指富贵人家。

㉗舸（gě）：大船。舰：战船。迷津：塞满渡口。青雀黄龙之舳：彩绘青雀黄龙的船。舳（zhú），指船。

㉘虹销：彩虹消失。雨霁（jì）：雨止天晴。彩彻云衢：阳光照彻天空。

㉙鹜（wù）：野鸭。共：同。长天：辽阔的天空。

㉚唱晚：傍晚时的歌唱。彭蠡：即鄱阳湖。滨：水边。

㉛衡阳：湖南衡阳。旧说衡阳南有回雁峰，雁南飞不过峰。浦：水边。

㉜遥吟：长吟。俯畅：低唱。逸兴：超逸的意兴。遄：急。

㉝爽籁（lài）发：指箫管齐作。爽，参差不齐。籁，箫的一种。这里泛指乐器。纤歌：轻柔清细的歌声。凝：余音袅袅。遏（è）：阻、留。

㉞睢（suī）园绿竹：据《水经注》载："睢水又东南流，历（经过）于竹圃，水次（滨）绿竹荫渚，菁菁实望。世人言梁王竹园也。"梁王，西汉梁孝王。他常和宾客在竹园中饮宴赋诗，故址在睢阳（河南商丘县东），亦称梁园。彭泽：陶渊明。他曾任彭泽令，故称。这里借梁孝王、陶渊明来赞美座中宾主善饮。樽：酒器。

㉟邺水朱华：邺：邺郡（今河南临章），曹操有园池在此。曹植《公宴诗》中有"朱华冒绿池"句。朱华，荷花。临川：指南朝宋谢灵运，他曾做过临川内史。

㊱四美：良辰、美景、赏心、乐事。谢灵运《拟魏太子邺中集诗序》中有："天下良辰、美景、赏心、乐事，四者难并"语。二难：指贤主、嘉宾。

㊲睇眄（dì miǎn）：极目而视。中天：天空中。

㊳迥（jiǒng）：远。

㊴盈虚：月圆月缺。数：定数。

㊵长安：唐代京都。吴会：指苏州。

㊶极：远。南溟：南海。天柱：传说昆仑山上有铜柱，高入云天，称为天柱。北辰：北极星。

㊷失路：不得志。

㊸萍水相逢：比喻素不相识的人偶然相遇。萍，浮萍，随水飘泊，聚散无定。

㊹帝阍：指帝王居处。阍，宫门。宣室：汉未央宫前殿正室，汉文帝曾在这里召见贾谊。

㊺舛（chuǎn）：不顺。

㊻冯唐：西汉人有才能而得不到重用，文帝时年老官低，武帝访求人才，有人荐举冯唐，他已九十余岁了。李广：汉代名将，屡立大功，但终生未能封侯。

㊼贾谊：汉文帝本想重用贾谊，但因听信了谗言，便疏远了他，让他去当长沙王太傅。屈：委屈，贬谪。

㊽梁鸿：东汉扶风人，因不满现实，耻事权贵，与妻子孟光改易姓名过隐居生活。窜：隐匿。海曲：海隅，指滨海一带。

㊾青云之志：远大的志向。

㊿贪泉：《晋书·吴隐之传》称：广州北边的石门有水叫贪泉。喝了那水就会贪得无厌。吴隐之到了那里，喝了泉水，赋诗说："古人云此水，一歃怀千金。试使夷齐（伯夷、叔齐）饮，终当不易心。"

(51)涸辙：水枯竭了的车辙。《庄子·外物篇》有小鱼处在涸辙中的寓言。这里用涸辙喻人的困境。

(52)赊（shē）：远。扶摇：自下而上盘旋的暴风。《庄子·逍遥游》讲大鹏鸟"搏扶摇而上者九万里"。

(53)东隅：日出的地方。这里指早晨。桑榆：落日余晖照在桑榆上。这里指黄昏。

(54)孟尝：汉朝人，操行高洁。曾任太守，后因病辞官。桓帝时，有人上书推荐孟尝，但终没有被用，老死家中。

(55)阮籍：晋尉氏人，竹林七贤之一。个性解放，放荡不羁。常驾车乱走，车无路可行，则痛哭而回。

(56)三尺，指童子。介：个。

(57)请缨：指投军报国。西汉终军在武帝时任谏议大夫，后奉命赴南越。他自请："愿受长缨，必羁南越王而致之阙下。"弱冠：古时男子二十岁行冠礼。

(58)投笔：指班超投笔从戎事。班超，汉人，初任抄写之职，有一天，投笔叹道："大丈夫当立功异域，怎能久事笔砚间乎？后来从军，因通西域有功，封定远侯。宗悫（què）：南朝宋人。年少时，叔父问他的志向，他说："愿乘长风破万里浪。"后来功大封侯。

㊾簪笏：指官禄。古时士大夫冠用簪，手持笏。百龄：百岁。一生的意思。奉晨昏：晨昏定省，晚间服侍父母就寝，早晨对父母请安。这是古时为人子侍奉父母的礼节。

㊿谢家之宝树：比喻子弟佳美。《世说新语·言语篇》载晋朝谢玄为叔父谢安所钟爱，谢安曾问："子弟亦何预人事，而正欲使其佳？"谢玄答："譬如芝兰玉树，欲使其生于庭阶耳。"（见《世说新语·言语篇》）孟氏之芳邻：指有贤德的人。孟氏之芳邻：孟子母亲曾三次搬家，为了要找个好邻居，以便让儿子得到良好的成长环境。

(61)趋庭：快步走过庭院。鲤：孔鲤，孔子的儿子。"鲤对"指孔鲤在父亲面前回答提问，接受教导。

(62)捧袂：捧着衣衿，表示恭敬的样子。今晨捧袂，意谓受到名人接见。喜托龙门：东汉李膺，桓帝时曾任司隶校尉，声名甚高，士子有被他容接的，如登龙门身价百倍。王勃把自己得到邀请，称为依傍了龙门。

(63)杨意：杨得意，西汉人，他曾推荐司马相如于汉武帝，武帝读司马相如《大人赋》后，"飘飘然有凌云之气"。这句谓叹息无人推荐，怀才不遇。

(64)钟期：即钟子期，春秋时楚人。据《列子·汤问》：伯牙善鼓琴，只有钟子期能知音。伯牙鼓琴，志在高山，钟子期说："善哉，巍巍乎若泰山！"后来志在流水，子期说："善哉，洋洋若江河！"钟子期死后，伯牙碎琴绝弦不复鼓琴，谓世无知音。这句是说既遇知己，愿意在宴会上赋诗作文。

(65)兰亭：在今浙江绍兴西南，东晋穆帝永和九年三月三日，王羲之等四十余人在此临水修禊，曲水流觞，饮宴欢畅。

⑥梓泽：西晋石崇金谷园的别名，故址在今河南洛阳西北。

⑦赠言：指作序。伟饯：盛宴。

⑧恭疏短引：恭谨地写出这篇短小的引文。

⑨一言：指诗一首。四韵：诗一般两句一韵，四韵即八句。这两句意思是大家都来作诗，我的四韵八句诗已经写成了。

⑩临：靠近。渚（zhǔ）：水中小洲。

⑪佩玉：古时贵族身上配带的一种玉饰。鸣銮：贵族马勒上的銮铃在马跑时丁当作响。

⑫画栋：即雕梁画栋。

【译解】

滕王阁在旧时的豫章郡，在新设的洪都府，这里是天上翼、轸二星的分野，地方和衡山、庐山相接；处三江之上而居五湖之中，控制着南蛮而接连闽越。物的光华焕发为天上的宝气，宝剑的光辉直射牛斗之区；地有灵秀而人才的俊杰，所以高士徐孺子才能得到陈蕃的特殊礼遇。洪州的房屋像云雾一样布列，英俊的人才像流星般的飞驰。洪州的台池处在荆楚和杨州的交通要道，宴会的客人主人包括了所有东

梁鸿像，图出自清·孔继尧《吴郡名贤图传赞》。

南地区的英俊人物。都督阎公享有美好的声望，在持戟的仪仗队护卫下远远地降临；新州的宇文刺史具有美好的风范，乘的车驾在这里暂时停驻。恰好逢到十天一次的休假，好朋友像云一样众多；千里之远的宾客相逢在一起，高尚的朋友坐满了坐位。文采像蛟龙腾空、凤凰起舞，是孟学士那样的文章大师；身佩紫电、清霜的宝剑，是王将军那样的胸有韬略。家父在南方作县令，我因为探亲而路过这有名的地区；我这个年轻的晚辈知道什么，竟然亲自遇上这样盛大的宴会。

时间正是九月，季节属于三秋；地上的积水已尽，而寒冽的潭水十分清澈，天空的云烟凝集，傍晚的山色青紫斑驳。马车在高高的道路上前进，到高大的山陵上寻访名胜风景；到达了滕王建阁的长洲之上，登上了滕王所建的滕王阁。层层的楼台闪耀着青绿，高高地耸入云霄；向上翔起的楼阁涂饰的丹漆鲜艳欲流，好像下临无底的深渊。白鹤、野鸭栖息的水岸沙洲，极尽岛屿萦回曲折之致；用桂树和木兰建造的宫殿，和冈峦的高低起伏自然地配合。打开雕刻花纹的阁门，俯视雕镂华丽的屋脊，辽阔的山岭平原尽收眼底，纡回的河流大泽令人看了惊异。房屋到处都是，有不少击钟列鼎而食的富贵人家；大船停满渡口，有许多画着青雀、黄龙。彩虹消散，雨后新晴，灿烂的阳光照彻云衢之间；天上的落霞和水边的孤鹜一齐在飞翔，碧绿的秋水和高远的天空同一种颜色。傍晚时候渔船上发出歌声，那歌声一直传到鄱阳湖畔；成群的大雁因天寒而受惊，从水边传来断断续续的悲鸣。广阔的胸襟因登高而随即舒畅，超逸豪迈的兴致勃然而生；箫管声起就仿佛清风徐来，纤细的歌声袅袅而使白云为之停飞。绿竹掩映的睢园宴饮，豪气超过陶彭泽的酒量；邺水公宴上的名诗，光彩照耀着谢临川的文笔。良辰、美景、赏心、乐事四样美好的事物都具备了，贤主、嘉宾两种难得的人欢聚在一起；放眼纵观天地间的美景，在休假的日子里尽情娱乐嬉游。天高地远，感觉到宇宙无穷无尽；兴尽悲来，认识到成败是由命运决定。遥望长安于太阳之下，指点苏州在彩云中间；地势尽于南而以南海为最深，天柱非常高而以北极星为最远。关山难以逾越，谁来可怜失意之人？浮萍水上相逢，尽是异乡的客人。怀念朝廷而不得召见，在宣室侍奉皇帝能在哪一年？

唉！时运不好，命运不顺；冯唐容易老去，李广不得封侯。委屈贾谊做长沙王太傅，不是没有圣明的君主；驱逐梁鸿到海岛之间，难道没有遇上清明的时代？所依赖的是道德高尚的君子安于贫贱，通达事理的人知道命运。年纪越老，志气应当更加旺盛，难道能在白了头的时候改变节操？处境穷困应当更加坚强，不能丧失自己高尚的志气。喝了贪泉的水反而觉得清爽，处在涸辙之中仍然心情欢畅。北海虽然很远，但乘着大风可以到达；早晨的时光已经过去，但抓紧黄昏的时光还不算晚。孟尝操行高洁，空怀着一腔报国的热情；阮籍狂放不羁，难道能够效法他在无路可走时就痛哭回头？

我地位低微，是一个卑不足道的书生。我没有门路向皇帝请缨报国，而年龄已经和终军二十多岁请缨报国时相等；我有心投笔从戎，羡慕宗悫乘长风破万里浪的志气。我只好舍弃簪笏终身不再做官，去万里之外早晚侍奉父亲；我不是谢玄那样的好子弟，但荣幸地能和许多嘉宾相接近。过些日子去接受父亲的教导，要仿效孔鲤趋庭时的对答；今天在这里作揖拜见阎公，高兴得好像登上了龙门。我没有碰上乐于推荐人才的杨得意，只能诵凌云之赋而自己惋惜；已经遇上了钟子期那样的知音，奏一奏流水的曲子又有什么羞愧？

唉！风景优胜的地方不能常有，盛大的宴会难以再遇；王羲之等人举行宴会的兰亭已经完了，石崇华丽的金谷园成了废墟。面临分别之时大家以言相赠，因为在这盛大的宴会上承受了主人的盛恩；登上高阁写诗作赋，这就期望参与盛会的诸公。敢竭尽我鄙陋的诚意，恭恭敬敬地写出这篇短短的序文；大家都要赋诗一首，要写成四韵八句。

滕王建的高阁面临江渚，佩玉鸣鸾声中散罢歌舞。
画栋之间飘浮南浦朝云，朱帘之内卷进西山暮雨。
云映深潭日子悠悠过去，物换星移经历多少春秋？
阁中的帝子如今在何处？槛外的长江水依然东流！

【赏析】

王勃二十七岁时去交趾探望父亲，途经洪州，参与阎都督宴会，即席作成此文。文中作者用生动的文笔，从山川物产到人物再到宴会，层层铺叙，描绘滕王阁四周景物的华美壮丽，宴饮游娱的豪华场面，同时即景生情，抒发了作者的羁旅之情和怀才不遇的愤懑与感叹。在技巧上，文章的辞藻极为丰富华丽，用语贴切而不晦涩杂芜，结构精巧，意境优美，气势浩荡，读来如临万顷波涛，实为骈文中的珍品。文中“落霞与孤鹜齐飞，秋水共长天一色”等句千百年来被人们一直传诵不已。

吴楚材、吴调侯有评：“唐高祖子元婴为洪州刺史，建此阁，后封滕王，故曰滕王阁。咸淳二年，阎伯屿与洪州牧重修。九月九日宴宾僚于阁，欲夸其婿吴子章才，令宿构序。时王勃省父，次马当，去南昌七百里，梦水神告曰：助风一帆。达旦，遂抵南昌与宴。阎请众宾序，王勃不辞，阎恚甚，密令吏得句即报，至“落霞”二句，叹曰：“此天才也！”想其当日对客挥毫，珍词绣句，层见叠出，洵是奇才。”

与韩荆州书①

李白②

【原文】

白闻天下谈士相聚而言曰③：生不用封万户侯④，但愿一识韩荆州。何令人之景慕一至于此⑤！岂不以周公之风，躬吐握之事⑥，使海内豪俊奔走而归之⑦。一登龙门，则声价十倍⑧。所以龙蟠凤逸之士⑨，皆欲收名定价于君侯⑩。君侯不以富贵而骄之，寒贱而忽之。则三千之中有毛遂⑪，使白得颖脱而出，即其人焉。

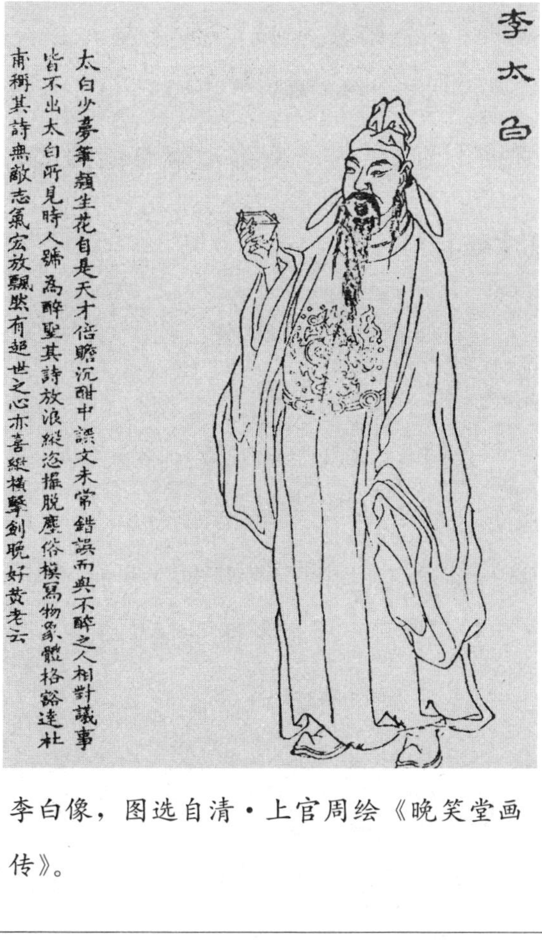

李白像，图选自清·上官周绘《晚笑堂画传》。

白，陇西布衣⑫，流落楚汉⑬，十五好剑术，遍干诸侯⑭；三十成文章，历抵卿相⑮。虽长不满七尺，而心雄万夫。皆王公大人许与气义⑯！此畴曩心迹⑰，安敢不尽于君侯哉！君侯制作侔神明[18]，德行动天地，笔参造化，学究天人。幸愿开张心颜，不以长揖见拒[19]。必若接之以高宴[20]，纵之以清谈，请日试万言，倚马可待[21]。今天下以君侯为文章之司命[22]，人物之权衡[23]。一经品题[24]，便作佳士。而今君侯何惜阶前盈尺之地，不使白扬眉吐气，激昂青云耶[25]！昔王子师为豫州，未下车，即辟荀慈明，既下车，又辟孔文举[26]。山涛作冀州[27]，甄拔三十余人，或为侍中尚书，先代所美。而君侯亦一荐严协律[28]，人为秘书郎，中间崔宗之、房习祖、黎听、许莹之徒，或以才名见知，或以清白见赏[29]。白每观其衔恩抚躬[30]，忠义奋发，白以此感激，知君侯推赤心于诸贤之腹中[31]，所以不归他人，而愿委身国士[32]。倘急难有用，敢效微躯。且人非尧舜，谁能尽善。白谟猷筹画[33]，安能自矜[34]？至于制作，积成卷轴，则欲尘秽视听[35]，恐雕虫小技，不合大人。若赐观刍荛[36]，请给纸笔，兼之书人[37]，然后退扫闲轩[38]，缮写呈上。庶青萍结绿，长价于薛卞之门[39]。幸推下流[40]，大开奖饰，唯君侯图之！

【注释】

①韩荆州：韩朝宗。唐玄宗时为荆州长史，故称韩荆州。韩常推荐贤士，为士人所景慕。

②李白（701～762)：字太白，号青莲居士，陇西成纪（今甘肃秦安）人。幼年随父亲居住绵州（今四川省绵阳县），青年时期出川漫游，足迹几遍中国。四十二岁时被唐玄宗召为供奉翰林，故后世称为“李翰林”。不久即遭磷去职。安史之乱中受永王璘事株连获罪，被流放夜郎，途中遇赦而还。晚年潦倒，依靠朋友接济度日，六十二岁投靠族叔李阳冰，卒于当涂。李白性格豪放，向往建功立业，对唐玄宗后期权贵当国，政治腐败，深为不满。其诗多强烈抨击当时的黑暗政治，关心时局安危，热爱祖国山河，同情下层人民，鄙视世俗，蔑视

权贵；但也往往流露一些饮酒求仙，放纵享乐的消极思想。他善于从民间文学中吸取营养，想象丰富奇特，风格雄健奔放，色调瑰玮绚丽，语言清新自然，为继屈原之后我国伟大的浪漫主义诗人，人称诗仙。著有《李太白集》。

③谈士：游谈之士。指当时奔走功名的一些人。

④万户侯：食邑万户的侯爵。

⑤景幕：景仰，倾慕。

⑥周公之风：周公，姓姬名旦，周文王的儿子。他辅佐周武王建立周朝；武王死后，儿子成王年幼，周公摄政。他具有礼贤下士、爱惜人才的美德。为了接待连续求见的人，曾在吃饭时三次吐出口中食物；洗沐时三次握住正在梳洗的头发。

⑦豪俊：才智杰出的人。

⑧一登龙门：据说鲤鱼跃过龙门就能变成龙，后以之比喻被名人援引而增长声望为登龙门。

⑨龙蟠凤逸：意思是蛟龙潜于深渊，时机一到，便像凤凰一样飞翔。蟠，盘踞。逸，飞动。

⑩君侯：东汉以来对州牧的敬称。这里指韩荆州。

⑪毛遂：战国时赵国平原君的三千食客之一。据《史记·平原君列传》载：秦国侵犯赵国，平原君奉命使楚求救，需选二十名精干的门客跟随，毛遂自荐。平原君说：贤士处世，如锥子处囊中，其末立见。你在我这里三年了，还是默默无闻，没表现出什么才能来。毛遂说："使遂早得处囊中，乃颖脱而出，非特其末立见而已。"于是随行立了大功被奉为上客。颖，刀锥之末。颖脱，比喻有才能的人，得到机会便能显示出来。

⑫陇西：今甘肃陇西县西南。布衣：平民。

⑬楚汉：指荆州。荆州处楚地汉水流域，故称。

⑭遍干诸侯：谒见各郡州长官。干，干求，谒见。诸侯，各郡州长官。

⑮历抵：一一拜访。抵，拜谒。

⑯许与：赞许。气义：气概道义。

⑰畴曩：往昔，从前。

⑱制作：指政绩。

⑲开张心颜：和颜悦色、真诚相待。长揖：相见时，拱手自上至极下以为礼。古时对尊长行跪拜礼，长揖为平行不拜之礼。

⑳高宴：上等筵席。

㉑倚马可待：指文思敏捷。东晋桓温北伐，命袁宏作军用公文，袁宏倚马起草，“手不辍笔，俄得七纸。”

㉒司命：指文昌星，神话中主宰功名禄位的神。

㉓权衡：衡量、评定。

㉔品题：品评。

㉕激昂：振奋昂扬。青云：指天上。

㉖王子师，即王允，东汉人。汉灵帝时为豫州刺史。下车：旧时官吏初到任为“下车”。辟：征辟，聘请。荀慈明，名爽；孔文举，名融，都是东汉末的名士。

㉗山涛作冀州：西晋山涛，“羊祜执政，出为冀州刺史……甄拔隐屈，搜访贤才，旌命三十余人，皆名显当时。”甄拔：甄别人材并推举使用。

㉘协律，官名，掌管乐律的官。

㉙崔宗之、房习祖、黎昕、许莹之：皆为韩荆州所接引的后进。崔宗之曾任侍御史，杜甫《饮中八仙歌》称“宗之潇洒美少年，举杯白眼望青天，皎如玉树临风前。”其他之人事迹不详。清白：指操行完美无瑕疵。

㉚衔恩：感恩。

㉛推赤心于诸贤之腹中：即推心置腹。

㉜委身：托身，以身事人。国士：国中最杰出人士。这里指韩荆州。

㉝谟猷（mò yóu）：谋划。

㉞矜（jīn）：矜持，此处意为自负。

㉟制作：指诗文。尘秽视听：玷污耳目。这是谦言。

㊱刍荛：割草砍柴，谓草野之人。

㊲书人：缮写的人。

㊳闲轩：空闲的房子。

㊴青萍：宝剑名。结绿：宝玉名。薛卞：薛烛善于鑑定宝剑，卞和善辨识宝玉。

㊵推：推奖。下流：指地位低微的人，作者谦称。

【译解】

我听到天下谈论世事的读书人在一块儿闲谈时说："活在世上不愿封为食邑万户的侯，只希望能和韩荆州见一面。"为什么使人敬仰爱慕您竟然达到这个地步呢？难道不是因为您有周公的作风，亲身做他那吐哺、握发以待贤者的事，使天下有才德的人争先恐后地依附于您，一受到您的推荐，名誉就立刻提高十倍，所以，隐居待时的豪杰，都想要从您这里得到名誉、确定身价？您不因为自己富贵而对他们骄傲，也不因为他们贫贱而轻视，那么，众多的门客中自然有毛遂这种人才，假使我能有机会表现才能，也就是毛遂自荐的那种人了。

李白是陇西的平民，流落在湖北、湖南一带。十五岁就喜欢舞剑，研究军事学，到处结识地方军政长官；三十岁已经写得一手好文章，普遍拜访朝廷上的大官。虽然身高不到七尺，可是雄心壮志超越在万

李白像，图出自明·天然撰《历代古人像赞》。

人之上。王公大人都称赞我有气节，守正义。这是我过去的心事，怎么敢不完全告诉您呢？

您建立的功业等同于神明，您的伟大品德感天动地，您的文章造极，学问究研天道人事。希望您推心置腹，和蔼接待，不因为我行长揖之礼就拒不接见。如果用盛大的宴会来招待我，任我自由谈论，请您一天让我写上万字的长文，我在短时间内就可以写成。现在全国的读书人都把您看成是评定文章优劣、衡量人物高下的权威，一经过您的称赞，便被大家公认为品学兼优的人。您何必舍不得台阶前面一尺大的地方，不让我扬眉吐气，意气凌云呢？

从前东汉的王允做豫州刺史，还没到任，就聘请荀爽出来做官；到任以后，又聘请孔融出来做官。晋朝的山涛做冀州刺史，考察选拔三十多个人，有的人甚至做侍中、尚书等大官。这是前代的美赞事。您也曾经推荐过严武，进到朝廷做秘书郎。这当中您还推荐了崔宗之、房习祖、黎昕、许莹一类人，他们有的因为有才名而被人们知道，有的因为清廉而被人们尊重。我每次看见他们感恩戴德，感激奋发，大力发扬忠义之气，总是因此而十分感动，知道您用真心对待严武这班优秀人才，所以，他们不依附别人，而愿意把自己托付给国内杰出的人物。假使有什么危难用得着我，我愿意献出自己的生命。

再说，人不是尧、舜，哪个能一切都好。政治上的谋略和军事上的策划，我怎么敢自己夸口，至于诗文的创作，已经积下很多稿子，本想拿来沾污您的耳目，恐怕这种微不足道的技能，不合您的口味。如果您肯看看我的浅陋的诗文，那就请您把纸和笔给我，并且请派给抄写的人。然后我回到安静的小房间里，抄录诗文呈献给您。或许青萍剑、结绿玉，能在薛烛和卞和的赏识下提高价值。希望您推荐我这地位低下的人，大大地加以鼓励和称赞，请您考虑吧。

【赏析】

李白天生有才，才华横溢，又个性解放，傲岸不羁。《与韩荆州书》是他的自荐书。开篇就借用"谈士"的话："生不用封万户侯，但愿一识韩荆州"，抬高韩朝宗，同时也抬高自己。这便是这封自荐书的基本格调。书中虽然对韩朝宗不无奉承，但因为作者始终将自己放在英杰的位置，而文字又笔势宏伟，豪气逼人，占《与韩荆州书》是唐玄宗开元二十一年左右，李白给韩荆州写的一封请求引荐的信。这封信表现出李白具有远大的政治抱负，迫切希望得到施展才能的机会——想通过韩荆州的推荐，能得到当朝的赏识和重用，可以有一番作为。信中不可避免地夹杂一些奉承之言，但李白以英杰自视，毫无穷寒乞态和谀颜媚骨。全文造语精美，洒脱跌宕，清雄奔放，豪气逼人。

春夜宴桃李园序

李白

【原文】

夫天地者，万物之逆旅[1]；光阴者，百代之过客[2]，而浮生若梦[3]，为欢几何？古人秉烛夜游[4]，良有以也[5]。况阳春召我以烟景[6]，大块假我以文章[7]。会桃李之芳园，序天伦之乐事[8]。群季俊秀[9]，皆为惠连[10]。吾人咏歌，独惭康乐[11]。幽赏未已，高谈转清。开琼筵以坐花[12]，飞羽觞而醉月[13]。不有佳作，何伸雅怀，如诗不成，罚依金谷酒数[14]。

【注释】

①逆旅：客舍。

②过客：过路的旅客。

③浮生：人生。《庄子·刻意》：“其生若浮，其死曰休。”以为人生变化无常，飘浮无定。

④秉烛夜游：犹言作长夜之游。《古诗十九首》中有“生年不满百，常怀千岁忧。昼短苦夜长，何不秉烛游！”

⑤良有以也：确实是有原因的。

⑥烟景：春天烟雾朦胧的景色。

⑦大块：天地。文章：春日景物如锦绣交织成文。

⑧天伦之乐：家庭团聚的欢乐。

⑨群季：诸弟。

⑩惠连：南朝宋大诗人谢灵运的族弟，工诗文，能书画，谢灵运极为嘉许其才。作者借以赞喻诸弟才华。

⑪康乐：谢灵运。谢灵运袭祖爵，封康乐侯，世称谢康乐。

⑫琼筵：华贵的筵席。坐花：在花丛中开筵。

⑬羽觞：椭圆形两边有耳的酒杯。觞，酒杯。醉月：醉酒于月下。

⑭金谷酒数：晋石崇有金谷园，常宴客赋诗，不能成者罚酒三杯。

【译解】

天地是万物的旅馆，光阴是历代的过客。人生在世就像做梦一样，欢乐的时间能有多久？古人夜里拿着烛光夜游，实在是有道理的啊！

况且和暖的春天用艳丽的景色召唤我，广阔的天地给我提供了绚烂的文采。我们会集在桃李芬芳园之中，一起畅叙天伦乐事。诸位弟弟人才俊秀，一个个都像谢惠连；我们作诗吟咏，只是我自己感到不如谢康乐而惭愧。幽雅的赏玩没有休止，从高谈阔论转为婉言清谈。坐在鲜花丛中摆开华美的筵席，在明亮的月光下醉醺醺地频频举杯。没有好的作品，怎能抒发高雅的情怀？如果诗歌没有即席赋成，就依照金谷的成例罚酒三杯。

【赏析】

这是一篇脍炙人口的骈体抒情小品。作者在春光明媚的月夜，与弟兄们聚会于桃李芬芳的名园，饮酒赋诗，畅叙天伦之乐作者作了这篇序，抒写了当时的怀抱。文章风格清新俊逸，笔调婉转自如，但也流露了浮生若梦。及时行乐的消极思想。

吴楚材、吴调侯有评："发端数语，已见潇洒风尘之外。而转落层次，语无泛设，幽怀逸趣，辞短韵长。读之增人许多情思。"

吊古战场文

李华[①]

【原文】

浩浩乎平沙无垠[②]，敻不见人[③]。河水萦带，群山纠纷[④]。黯兮惨悴，风悲日曛[⑤]。蓬断草枯，凛若霜晨[⑥]。鸟飞不下，兽铤亡群[⑦]。亭长告余曰[⑧]：“此古战场也，尝覆三军[⑨]。往往鬼哭，天阴则闻。”伤心哉！秦欤！汉欤！将近代欤！

吾闻夫齐魏徭戍，荆韩召募[⑩]，万里奔走，连年暴露[⑪]。沙草晨牧，河冰夜渡，地阔天长，不知归路。寄身锋刃，腷臆谁诉[⑫]？秦汉而还，多事四夷[⑬]；中州耗斁，无世无之[⑭]。古称戎夏，不抗王师[⑮]。文教失宣，武臣用奇[⑯]。奇兵有异于仁义，王道迂阔而莫为[⑰]。呜呼噫嘻！

吾想夫北风振漠，胡兵伺便[⑱]。主将骄敌，期门受战[⑲]。野竖旄旗，川回组练[⑳]。法重心骇，威尊命贱[㉑]。利镞穿骨，惊沙入面[㉒]；主客相搏，山川震眩[㉓]；声析江河，势崩雷电[㉔]。至若穷阴凝闭，凛冽海隅[㉕]；积雪没胫[㉖]，坚冰在须；鸷鸟休巢，征马踟蹰[㉗]；缯纩无温，堕指裂肤[㉘]。当此苦寒，天假强胡，凭陵杀气，以相剪屠[㉙]。径截辎重，横攻士卒[㉚]；都尉新降，将军覆没；尸填巨港之岸，血满长城之窟[㉛]。

无贵无贱，同为枯骨。可胜言哉[32]！鼓衰兮力尽[33]，矢竭兮弦绝，白刃交兮宝刀折，两军蹙兮生死决[34]。降矣哉，终身夷狄！战矣哉，骨暴沙砾[35]！鸟无声兮山寂寂，夜正长兮风淅淅[36]，魂魄结兮天沉沉[37]，鬼神聚兮云幂幂[38]，日光寒兮草短，月色苦兮霜白，伤心惨目，有如是耶！

李牧雁门纵牧图，图选自清·马骀《百将传图》。

吾闻之，牧用赵卒，大破林胡[39]；开地千里，遁逃匈奴[40]。汉倾天下，财殚力痡[41]，任人而已，其在多乎？周逐猃狁[42]，北至太原，既城朔方[43]，全师而还。饮至策勋[44]，和乐且闲，穆穆棣棣[45]，君臣之间。秦起长城，竟海为关[46]；荼毒生灵，万里朱殷[47]。汉击匈奴，虽得阴山[48]，枕骸遍野，功不补患[49]。

苍苍蒸民[50]，谁无父母？提携捧负，畏其不寿。谁无兄弟？如足如手；谁无夫妇？如宾如友。生也何恩？杀之何咎[51]？其存其没，家莫闻知。人或有言，将信将疑；悁悁心目，寝寐见之[52]。布奠倾觞，哭望天涯[53]。天地为愁，草木凄悲。吊祭不至，精魂何依？必有凶年，人其流离[54]。呜呼噫嘻！时耶命耶？从古如斯！为之奈何，守在四夷[55]。

【注释】

①李华（715～766）：字遐叔，唐赵州赞皇（今河北省赞皇县）人。开元二十三年进士，官至吏部员外郎。初唐著名古文家，主张文学改革，反对六朝浮靡文风，与萧颖士齐名，世称“萧李”。

②平沙：平旷的沙漠。垠（yín）：边际。

③敻（xiòng）：远。

④萦带：像带子一样弯曲环绕。纠纷：交错杂乱。

⑤惨悴：凄怆。曛（xūn）：落日的余光，这里指天色昏暗。

⑥蓬：蓬草，枯后根断，随风飞舞。凛：凛冽。

⑦铤（tǐng）：疾走。

⑧亭长：秦汉制度，十里置一亭，设亭长一人，掌管捕劾盗贼。这里指地方小吏。

⑨三军：春秋时大国多设左、中、右三军。后遂以三军为军队的通称。

⑩齐、魏、荆、韩：战国时四国名。徭戍：劳役与守边。召募：召募兵员。

⑪暴（pù）露：指连年征战，不分寒暑，流落在外。

⑫腷（bì）臆：郁闷的心情。

⑬四夷：四方外族。

⑭中州：指黄河中下游汉族居住地区，即中原。耗斁（dù）：耗损破坏。

⑮戎夏：外戎中夏，指中原与四境各民族。王师：天子之兵，帝王的军队。

⑯文教：指古代用以统治天下的礼乐典章制度。失宣：不提倡宣扬。武臣用奇：指武将以奇诡用兵。

⑰王道：儒家宣扬的以仁义礼乐等统治天下的法则。迂阔：迂远不切实情。

⑱伺便：伺察其便而入侵。

⑲期门：军门，兵营大门。

⑳旌旗：军旗。组练：组甲与练袍。

㉑法，指军法。威，指军威。谓军法军威严峻，战士畏骇，不得不轻贱其性命以奉军法。

㉒入面：指沙子乘风扑面，几能裂肤。

㉓主客：敌我双方。

㉔“声析”二句：形容战斗激烈，声如江河喧泻，雷电轰鸣。

㉕至若：至于。穷阴：天色极为阴沉。凛冽：寒气逼人。

㉖胫（jìng）：小腿。

㉗鸷（zhì）鸟：凶猛的鸟。休巢：躲在巢中不出。踟蹰：徘徊不进。

㉘缯纩（zēng kuàng）：丝织品称缯，棉絮称纩。此泛指丝、棉做成的衣服。

㉙凭陵：凭借。杀气：肃杀之气，指苦寒的气候。

㉚径截：恣意掠取。辎（zī）重：军用物资。

㉛巨港：大川。窟：孔穴。

㉜胜言：尽言。

㉝鼓衰：战鼓声渐息。

㉞蹙（cù）：迫近，相接触。

㉟沙砾（lì）：指沙漠、荒野。砾，碎石。

㊱淅淅：风声萧瑟凄凉。

㊲沉沉：昏暗无光。

㊳幂幂（mì mì）：阴森惨淡貌。

㊴牧用赵卒，大破林胡：战国时赵国名将李牧率领赵国士兵，击败林胡族。林胡，匈奴的一支，战国时分布在今山西朔县北至内蒙古自治区内，以畜牧为业，擅骑射，后归附于赵国。

㊵匈奴：我国古代北方民族。

㊶倾：倾动。殚（dān）：尽。痡（pū）：病，这里指疲劳。汉倾天下指汉朝从文帝到武帝，积蓄全国力量发动三次大规模抗击匈奴入侵战争。

㊷猃狁（xiǎn yǔn）：我国古代北方民族之一。周朝称猃狁，秦汉称匈奴。周逐猃狁：《诗经·小雅·六月》："薄伐猃狁，至于太原。"周宣王时曾击败猃狁进犯。

㊸既城朔方：语出《诗经·小雅·出车》："天子命我，城彼朔方。"城：筑城以守。朔方：北方。指今山西内蒙一带。

㊹饮至：古时出征凯旋，告之于庙而饮宴，称饮至。策勋：记功。

㊺穆穆：和敬貌。棣棣：闲习貌。

㊻起：筑。竟：至。关：山海关。

㊼荼毒生灵：残害人民。朱殷：流血。朱，红色。殷，赤黑色。

㊽汉击匈奴：汉武帝时，大将军卫青、霍去病出击匈奴，控制了现河套平原以北阴山山脉一带。

㊾枕骸：骸骨相枕。功不补患：谓得不偿失。

㊿苍苍：盛多的样子。蒸民：平民百姓。

51咎：罪过。

52悁悁（juān juān）：忧愁的样子。寝寐：睡梦。

53布奠倾觞：洒酒祭奠。

54凶年：荒年。《老子》："大军之后，必有凶年。"流离：流离失所。

55守在四夷：《左传·昭公二十三年》："古者天子，守在四夷。"

古时天子实行王道，教化广被，四方外族归顺，为天子守卫边境，中原就没有战祸。

【译解】

浩浩荡荡的平旷的沙漠，无边无际，荒远得不见人迹。河水像带子一样地萦绕着，群山杂乱地耸立着。气象黯淡愁惨，风声悲鸣，日光昏暗。飞蓬折断，野草枯黄，寒气凛冽像下了霜的早晨。鸟儿惊飞不敢停下，野兽疾走离群失散。亭长告诉我说："这是古时候的战场啊，在这个地方常常覆没三军的人马。往往有鬼的哭声，在天阴的日子里就可以听见。"真令人伤心啊！这是秦时的战场呢？汉时的战场呢？还是近代的战场呢？

我听说从前齐国、魏国派人服徭役去戍守边地，楚国、韩国召募兵员去打仗。士卒奔走在万里途中，连年流落在外面。清晨放牧战马在沙草之上，夜晚渡过结冰的河流。离家远了，日子久了，不知道回家的路途。寄身在枪锋刀刃之间，苦闷的心情向谁倾诉？秦朝、汉朝以来，四方边境上战事频繁，中原遭受损失破坏，没有哪一代没有发生这种情形。古人认为无论是外族还是中原，都不和帝王的军队相抗拒。后来礼乐不再被宣扬提倡，武将就用奇诡之计发动战争。出奇制胜的战争不同于仁义之师，人们认为王道迂阔而不实行。唉！唉！

我想北风振起沙漠的时候，胡人的士兵便乘机入侵。主将骄傲轻敌，敌人袭到营门前才仓皇应战。原野上竖起了战旗，平川上来回奔驰着士兵。军法严厉而使战士心中害怕，军威尊重而使战士不顾生命。锋利的箭头穿入骨中，惊飞的沙石扑打脸颊。主客两军互相搏斗，山川震得天昏地暗。杀声连天可以分裂江河，交战的威势好像雷鸣电闪。至于极其阴暗的日子，彤云凝聚密闭，海隅寒气凛冽，积雪深得没腿，坚冰冻结胡须，猛鸟躲在巢中，征马徘徊不前，棉衣没有暖气，指头和皮肤冻得断裂。当这严寒的时候，天助强横的胡人，胡人凭着肃杀的天气，前来大肆屠杀，恣意截击军用物资，野蛮地攻杀士卒。都尉刚刚投降，将军覆没死亡。死尸填塞在大河的岸上，鲜血流满了长城的孔穴。不分贵贱，都变成了枯骨。这种悲惨的情形可以说得尽吗？战鼓声低沉了，战士的气力使尽了；箭矢射尽了，弓弦断绝了；白刃交加，宝刀砍折；两军相迫，拼个死活。投降吧，终生要做夷、狄之人。战斗吧，尸骨要暴露在沙石之上。鸟儿没有声音，山上十分静寂；黑夜漫长，风声萧瑟。魂魄相结啊，天空昏昏沉沉；鬼神聚集啊，乌云惨淡阴森。日光寒凉，草木短折；月色凄苦，霜露洁白。世间伤心惨目的事情，有象这样的吗？

我听说：李牧只用赵国的士卒，大破林胡的军队，开拓地方有千里之大，匈奴赶快逃跑。汉朝使尽天下的力量攻打匈奴，结果弄得财尽力疲。这是用人是否得当罢了，岂在人数的多少吗？周朝驱逐猃狁，北面打到太原，在朔方筑了城墙，就保全军队班师回朝。祷告太庙，记载功勋，和乐安闲，君臣之间是和顺恭敬，雍容娴雅。秦朝修筑长城，到海边筑关塞，残害了无数百姓，死人的血流遍万里。汉朝攻击匈奴，虽然得到了阴山，但是漫山遍野尸骸相枕，功劳抵不过损失。

天生众民，谁无父母？父母精心抚养，怕儿女不得长寿。谁无兄弟？兄弟就像手足一般亲近。谁无夫妇？夫妇就像宾客、朋友一样相处。他们活着时受到了帝王的什么恩惠？杀害了他们他们又犯了什么罪过呢？他们的存亡死活，家里人都不知道。有人传来消息，家里人还半信半疑。心忧目愁，梦中相见。倒酒祭奠，哭望天涯。天地为之忧愁，草木为之凄悲。吊祭不到，死者的精魂何所归依？大军之后必有荒年，人民又要流离失所。唉！唉！这是没有遇时呢？还是命运不好呢？从古以来都是这样的。怎样才能避免这种祸害呢？只有实行王道，使四夷各为天子守土。

【赏析】

这是一篇为历代传诵的骈体文。

文章以“亭长告余”“吾闻”、“吾想”、“吾闻”展开叙述，将秦汉以来，上下数千年边境问题，娓娓叙来，最后提出自己宣文教、施仁义、行王道以统天下、守在四夷的主张。

有关这篇文章，《新唐书·李华传》记有这么一个故事：

华文辞绮丽，少宏杰气。（萧）颖士健爽自肆，时谓不及颖士，而华自疑过之，因作《吊古战场文》。极思研榷。已成，汙为故书，杂置梵书（佛书）之庋，它日，与颖士读之，称工，华问今谁可及？颖士曰：“君加精思，便能至矣。”华愕然而服。

陋室铭[①]

刘禹锡[②]

【原文】

山不在高，有仙则名。水不在深，有龙则灵。斯是陋室，惟吾德馨[③]。苔痕上阶绿，草色入帘青。谈笑有鸿儒[④]，往来无白丁[⑤]。可以调素琴，阅金经[⑥]。无丝竹之乱耳[⑦]，无案牍之劳形[⑧]。南阳诸葛庐[⑨]，西蜀子云亭[⑩]，孔子云：“何陋之有？”[⑪]

刘禹锡像，图选自《吴郡名贤图传赞》。

【注释】

①铭：一种文体。

②刘禹锡（772～842）：字梦得，洛阳（今河南省洛阳市）人。二十二岁中进士，顺宗永贞元年，三十三岁时与柳宗元等辅佐王叔文革新朝政，失败后，被贬朗州、连州等地，任地方官二十余年，晚年

被召回朝，官终太子宾客，世称刘宾客。

刘禹锡是中唐著名的文学家和思想家。他长于诗文，和柳宗元交谊很深，人称“刘柳”；与白居易唱和甚多，并称“刘白”。他的诗沉着隐练，风格自然，格律精切。他的散文，接受韩柳古文运动的观点，具有精练深刻、耐人寻味的特点。有《刘梦得文集》传世。重要的哲学著作有《天论》三篇。

③馨（xīn）：能散布到远处的香气。德馨：品德美好。《书·君陈》：“明德唯馨。”

④鸿儒：大儒，指学识渊博的学者。汉王充《论衡·超奇》：“能精思著文，连结篇章者为鸿儒。”

⑤白丁：白衣，即平民。这里指缺少文化修养的人。

⑥素琴：朴实无华的琴。金经：指用泥金书写的佛经。

⑦丝竹：泛指音乐。丝，弦乐器。竹，管乐器。

⑧案牍：指官府文书。

⑨南阳诸葛庐：诸葛亮未出山前曾隐居南阳郡草庐中。

⑩西蜀子云亭：扬雄字子云，成都人，故称“西蜀子云”，他在成都少城西南筑有扬雄宅，亦称草玄堂。

⑪何陋之有：《论语·子罕》：“子欲九夷。或曰：‘陋，如之何？’子曰：‘君子居之，何陋之有？’”

【译解】

山不在于高，只要有仙就有名气。水不在于深，只要有龙就有灵异。这是一间陋室，只有我住了才使美好的德行远闻。青苔长上台阶，使台阶都绿了；草色映入竹帘，使室内呈现青色。在一起谈笑的是学问渊博的学者，来来往往的人中没有平民。在这间陋室中可以以弹弹朴素无华的琴，可以安安静静地阅读佛经。没有那些嘈杂的音乐声来扰乱我的听觉，没有那些公事文书来劳累我的身体。这是南阳诸葛亮的草庐，也是西蜀扬子云的玄亭。孔子说：“这有什么鄙陋呢？”

【赏析】

《陋室铭》是一篇脍炙人口的小文章。文章通过对陋室的描写和歌颂，抒发了作者甘居陋室，安贫乐道的思想感情，表现了作者不慕富贵，不与世同流合污的高洁志行。

全文仅八十一字，构思新颖，表达空灵。

吴楚材、吴调侯评此文：“陋室之可铭，在德之馨，不在室之陋也。惟有德者居之，则陋室之中，触目皆成佳趣。末以何陋结之，饶有逸韵。”

阿房宫赋[1]

杜牧[2]

【原文】

六王毕，四海一[3]；蜀山兀，阿房出[4]。覆压三百余里，隔离天日[5]。骊山北构而西折，直走咸阳[6]。二川溶溶，流入宫墙[7]。五步一楼，十步一阁；廊腰缦回[8]，檐牙高啄[9]；各抱地势，钩心斗角[10]。盘盘焉，囷囷焉，蜂房水涡[11]，矗不知其几千万落[12]！长桥卧波，未云何龙[13]？复道行空，不霁何虹[14]？高低冥迷[15]，不知西东。歌台暖响，春光融融[16]；舞殿冷袖，风雨凄凄[17]。一日之内，一宫之间，而气候不齐。

杜牧像，图出自清·上官周绘《晚笑堂画传》。

妃嫔媵嫱，王子皇孙，辞楼下殿，辇来于秦，朝歌夜弦，为秦宫人[18]。明星荧荧，开妆镜也[19]；绿云扰扰，梳晓鬟也[20]；渭流涨腻，弃脂水也[21]；烟斜雾横，焚椒兰也[22]。雷霆乍惊，宫车过也[23]；辘辘远听，杳不知其所之也[24]。一肌一容，尽态极妍[25]；缦立远视，而望幸焉[26]。有不得见者，三十六年[27]。

燕赵之收藏，韩魏之经营，齐楚之精英，几世几年，取掠其人，倚叠如山[28]。一旦不能有，输来其间[29]。鼎铛玉石，金块珠砾，弃掷逦迤[30]，秦人视之，亦不甚惜。

嗟乎！一人之心，千万人之心也。秦爱纷奢[31]，人亦念其家；奈何取之尽锱铢[32]，用之如泥沙？使负栋之柱，多于南亩之农夫[33]；架梁之椽[34]，多于机上之工女；钉头磷磷，多于在庾之粟粒[35]；瓦缝参差，多于周身之帛缕；直栏横槛，多于九土之城郭[36]；管弦呕哑[37]，多于市人之言语。使天下之人，不敢言而敢怒；独夫之心，日益骄固[38]。戍卒叫，函谷举[39]；楚人一炬，可怜焦土[40]！

呜呼！灭六国者，六国也，非秦也。族秦者，秦也，非天下也[41]！嗟夫！使六国各爱其人，则足以拒秦。秦复爱六国之人，则递三世[42]，可至万世而为君，谁得而族灭也？秦人不暇自哀，而后人哀之；后人哀之而不鉴之[43]，亦使后人而复哀后人也。

【注释】

①阿房（ē páng）宫：秦始皇所建宫苑，《史记·秦始皇本纪》载："三十五年（212），始皇以为咸阳人多，先王之宫廷小……乃营作朝宫渭南上林苑中。先作前殿阿房，东西五百步，南北五十丈，上可以坐万人，下可以建五丈旗。"整个工程到项羽放火焚宫之前其实还没有完成，现在在西安市阿房村故址还能见到夯土台基。

②杜牧（803～852）：字牧之，京兆万年（今陕西西安）人。其祖父杜佑曾任唐德宗、顺宗、宪宗三朝宰相。杜牧二十六岁进士及第，

历任黄州、池州、湖州刺史。晚年入朝，官至监察御史、司勋员外郎。故后世称“杜司勋”。

杜牧在晚唐诗坛与李商隐齐名，后人称“小李杜”，其诗清新俊逸，影响深远。他又是散文家，杜牧处晚唐多事之秋，好谈国政，《阿房宫赋》为历代传诵。

③六王：指楚、齐、韩、燕、魏、赵六国君主。毕：灭亡。四海：即全国。一：统一。

④蜀山兀：蜀地出木材，却都被砍伐尽了。兀：山秃。

⑤覆压：覆盖。《三辅黄图》载：阿房宫“规恢三百余里”。隔离天日：指宫殿的高大遮天蔽日。

⑥骊山：在今西安市临潼县东南。北构：指向北建造。咸阳：秦代都城，故址在今陕西省咸阳市东。

⑦二川：指渭水、樊水。溶溶：河水流动貌。

⑧廊腰：游廊的转折处。缦回：形容游廊曲折，如绸带回环萦绕。

⑨檐牙高啄：指飞檐尖耸，如群鸟争啄。

⑩各抱地势：各楼阁依地形而建。钩心斗角：谓各建筑向中心攒聚，相互钩连；各建筑的檐角并出相接，重迭交错。

⑪盘盘：盘结旋绕。囷囷（jūn）：曲折回旋。蜂房：蜂窝。水涡：水流的漩涡。以上皆是形容房屋的稠密。

⑫落：院落。

⑬“长桥”二句：阿房宫跨渭水直至咸阳，建长桥于上，如卧波之龙。《易·乾卦》：“云从龙，风从虎。”但未有云彩，怎么有游龙？如此设问，极言长桥似龙。

⑭“复道”二句：复道指楼阁之间空中通道。霁（jì）：雨后初晴。

⑮冥迷：迷糊。指房屋忽高忽低，使人迷茫，分不清东西。

⑯“歌台”二句：台上歌声温柔荡漾，让人感觉好象是融在柔和

的春光中。响：音响。

⑰“舞殿”二句：谓殿中舞袖飘拂，使人感到象风雨交加时那样凄冷。

⑱妃：皇帝之妾或太子、王之妻称妃；嫔（pín）、嫱（qiáng）：宫中女官。媵（yìng）：陪嫁女子。王子皇孙：六国诸侯的子女。辇：帝王或皇后坐的车。这里用如动词，乘辇。

⑲荧荧：光亮的样子。

⑳绿云：形容妃嫔宫女乌黑的头发。扰扰：纷乱的样子。鬟：将头发梳成环状以为装饰，似髻。

㉑渭流：渭水。涨腻：增添一层脂膏。

㉒椒兰：两种含有香气的植物。指香料。

㉓霆：疾雷。乍：突然。

㉔辘辘：车声。杳（yǎo）：无影无踪。

㉕一：所有的，每一个。肌：肌肤。容：容貌。妍（yán）：姿容美丽。尽、极：非常，无以复加。

㉖缦立：久久地站立。望幸：盼望皇帝到她那里去，得到皇帝的宠爱。

㉗三十六年：秦始皇在位共三十六年，这句话意思是说许多宫女从来也没有见过秦始皇的面。

㉘收藏、经营、精英：指金玉珠宝。人：民。避唐太宗李世民讳故用“人”字。倚叠：堆积。

㉙其间：指阿房宫。

㉚鼎：宝鼎。古时传国宝器。铛：铁锅。石：石头。块：土块。砾：碎石子。逦迤（lǐ yǐ）：绵延不断。意谓秦人把鼎当锅，视玉如石，把黄金当土块，珍珠当碎石，随地乱丢。

㉛纷奢：奢侈。

㉜锱（zī）铢：古代重量单位。铢为二十四分之一两。六铢为一锱。

㉝负：担负，支撑。

㉞椽：架在梁上支撑屋顶的木条。

㉟磷磷：形容钉头密排的样子。庾：露天的谷仓。

㊱九土：即九州，指全国。

㊲呕哑（ōu yǎ）：指管弦乐声。

㊳独夫：众叛亲离的统治者，对暴君的贬称。这里指秦始皇。骄固：骄横顽固。

㊴戍卒叫：指陈涉、吴广在大泽乡起义。函谷举：指刘邦攻破函谷关，秦亡。

㊵楚人一炬：指项羽焚烧秦宫室事。项羽为楚国人，故称楚人。《史记·项羽本纪》载："项羽引兵西屠咸阳，杀秦降王子婴，烧秦宫室，火三月不灭。"可怜：可惜。

㊶族秦：灭秦。

㊷递三世：秦统一后仅传三代。致万世：《史记·秦始皇本纪》："始皇帝二十六年，统一之业成，更号为皇帝，诏曰：'自今以来，除谥法，朕为始皇帝，后世以计数，二世三世至千万世，传之无穷'。"

㊸鉴：借鉴。指引以

大营宫室图。选自明·正《帝鉴图说》。

为鉴。

【译解】

六国灭亡，四海统一；蜀山的树木砍得精光，阿房宫才建了起来。它覆盖着三百多里土地，高得把天上的太阳都障住了。宫殿从骊山的北面建起而曲折地向西延伸，一直通向咸阳。渭川、樊水两条河流波光荡漾，浩浩荡荡地流进宫墙。宫内每隔五步有座楼，每隔十步有个阁；走廊像绸带一样回环曲折，飞檐像向空中啄食的鸟嘴；楼阁随着地势的高低建成，回廊曲折相连，飞檐高耸像鸟嘴钩斗。盘旋回环，曲曲折折，这些楼阁多得像蜂房，曲得像漩涡，高高地耸立着，不知有几千几万座。长长的大桥躺在水面上，没有云哪里来的龙；复道高高地架在空中，不是雨后初晴怎么会出现彩虹？高低不辨，也分不清是西是东。歌台上传出柔和的歌声，使人仿佛沉醉在融融的春光之中；殿中的舞袖冷飕飕地飘拂，使人仿佛处在凄凄的风雨之中。就在同一天之内，同一个宫殿之中，而气候竟然如此不同。

六国的妃嫔媵嫱，王室公主，辞别了故国的宫殿，一车车被送到秦国，日夜唱歌弹琴，成了秦国的宫人。像似明亮星光闪烁的，是她们打开了妆台的镜子；像似碧云缭绕的，是她们在清晨梳理鬓发；渭河中涨起一层油腻，是她们丢弃的胭脂水粉；空中弥漫着的烟雾，原来是她们在用椒兰熏香。一阵雷声突然惊起，原来是秦皇的宫车驶过；听那车轮声辘辘地远去，杳无踪影地不知它驶往何处。宫女们的肌肤和容貌，都打扮得极其娇妍；她们久久地站在那儿远望着，希望皇帝到来；有些宫女，三十六年都没有见过皇帝一面。

燕国赵国收藏的珠宝，韩国魏国积聚的珍奇，齐国楚国搜集的精华，不知经过多少年代，从老百姓那里掠夺得来，堆积得像山一样；一旦国家灭亡不能保有，这些珍宝都输送到秦国来了。秦国把宝鼎当作铁锅，把美玉当作石头，把黄金当作土块，把珍珠当作沙砾，丢得到处都是，秦国人看见了，也不觉得有什么可惜。

唉！一个人的心，和千万人的心是一样的呀。秦人爱豪华奢侈，天下人也顾念他们自己的家庭；为什么从老百姓那里一点一滴搜刮得来的财物，秦人用起来就像泥沙一样毫不爱惜？阿房宫中那些架梁的大柱子，比田里的农夫还要多；那架梁的椽木，比织布机上的女工还要多；那闪闪发光的钉子，比仓库里的谷粒还要多；那一层一层的瓦缝，比全身衣服上的丝缕还要多；那纵横的栏槛，比九州的城墙还要多；那管弦奏出来的嘈杂的音乐声，比闹市里的人说话的声音还要多。这就使天下的老百姓，嘴里不敢说而心中怀着无比的愤怒；秦始皇这个独夫的心，越来越骄横。戍卒陈涉振臂一呼而天下响应，刘邦就攻下了函谷关；项羽放了一把火，阿房宫就变成了一片可怜的焦土。

唉！灭六国的是六国自己，不是秦国；灭秦朝的是秦朝自己，不是天下的百姓。唉！假使六国国君都爱护他们的百姓，就有足够的力量来抵抗秦国。假使秦皇又爱护六国的百姓，就可以传三世，甚至传到万世，都能保住帝位，谁能够把它消灭呢？秦人无暇哀叹自己的灭亡，而后人替他们哀叹；后人哀叹秦朝的灭亡为而不引为鉴戒，也要使更后世的人再为他们而哀叹

【赏析】

《阿房宫赋》的主要内容是通过对阿房宫建筑的宏伟富丽及宫中声色繁华的描绘，揭露了秦始皇骄奢淫逸的生活，指出了由此带来的灭亡后果。文章是有所指而为的，杜牧在《上知己文章启》中曾说：“宝历大起宫室，广声色，故作《阿房宫赋》。”文章的目的是告诫统治者要吸取历史教训，避免重蹈秦之覆辙，这在当时很有现实意义，对后世也极有借鉴作用。全文骈散错落，叙议结合，为赋中精品。

清李扶九的《古文笔法百篇》对文章的评解是：以文论，一起突兀，一结无穷，中间细写层次，藻丽流动，是佳文也。以理论，前半极写其丽，正为后灭亡作地，而后半极痛悼，乃为炯戒尤有关治体，不似《上林》、《子虚》徒逢君之恶也。以赋论，扬子云云：文人之赋"丽以则"，此其有焉。古来之赋，比为第一，所以家传户诵，至今犹新也。

原　道

韩愈

【原文】

博爱之谓仁①，行而宜之之谓义②，由是而之焉之谓道③，足乎己无待于外之谓德。仁与义为定名④，道与德为虚位。故道有君子小人，而德有凶有吉。老子之小仁义，非毁之也，其见者小也。坐井而观天，曰天小者，非天小也。彼以煦煦为仁，孑孑为义，其小之也则宜。其所谓道，道其所道，非吾所谓道也；其所谓德，德其所德⑤，非吾所谓德也。凡吾所谓道德云者，合仁与义言之也，天下之公言也。老子之所谓道德云者，去仁与义言之也，一人之私言也。

韩愈像，图出自明·天然撰《历代古人像赞》。

周道衰，孔子没，火于秦，黄、老于汉⑥，佛于晋、魏、梁、隋之间，其言道德仁义者，不入于杨，则入于墨；

不入于老，则入于佛。入于彼，必出于此。入者主之，出者奴之；入者附之，出者污之。噫！后之人其欲闻仁义道德之说，孰从而听之？老者曰：孔子，吾师之弟子也；佛者曰：孔子，吾师之弟子也。为孔子者，习闻其说，乐其诞而自小也，亦曰：吾师亦尝师之云尔。不惟举之于其口[7]，而又笔之于其书。噫！后之人虽欲闻仁义道德之说，其孰从而求之？

甚矣，人之好怪也，不求其端，不讯其末，惟怪之欲闻。古之为民者四，今之为民者六[8]。古之教者处其一，今之教者处其三。农之家一，而食粟之家六；工之家一，而用器之家六；贾之家一，而资焉之家六[9]，奈之何民不穷且盗也？

古之时，人之害多矣。有圣人者立，然后教之以相生养之道。为之君，为之师，驱其虫蛇禽兽，而处之中土。寒，然后为之衣；饥，然后为之食。木处而颠，土处而病也，然后为之宫室。为之工以赡其器用，为之贾以通其有无，为之医药以济其夭死，为之葬埋祭祀以长其恩爱，为之礼以次其先后，为之乐以宣其湮郁[10]，为之政以率其怠倦，为之刑以锄其强梗。相欺也，为之符玺斗斛权衡以信之；相夺也，为之城郭甲兵以守之。害至而为之备，患生而为之防。今其言曰："圣人不死，大盗不止；剖斗折衡，而民不争。"呜呼，其亦不思而已矣。如古之无圣人，人之类灭久矣。何也？无羽毛鳞介以居寒热也，无爪牙以争食也。

是故君者，出令者也；臣者，行君之令而致之民者也；民者，出粟米麻丝，作器皿，通货财，以事其上者也。君不出令，则失其所以为君。臣不行君之令而致之民则失其所以为臣，民不出粟米麻丝，作器皿，通货财，以事其上，则诛[11]。今其法曰：必弃而君臣，去而父子，禁而相生养之道，以求其所谓清净寂灭者。呜呼！其亦幸而出于三代之后，不见黜于禹、汤、文、武、周公、孔子也。其亦不幸而不出于三代之前，不见正于禹、汤、文、武、周公、孔子也。

帝之与王，其号虽殊，其所以为圣一也。夏葛而冬裘[12]，渴饮而饥食，其事殊，其所以为智一也。今其言曰：曷不为太古之无事？是亦责冬之裘者曰：曷不为葛之之易也？责饥之食者曰：曷不为饮之之易也？

传曰："古之欲明明德于天下者，先治其国；欲治其国者，先齐其家[13]；欲齐其家者，先修其身；欲修其身者，先正其心；欲正其心者，先诚其意。"然则古之所谓正心而诚意者，将以有为也。今也，欲治其心而外天下国家，灭其天常，子焉而不父其父，臣焉而不君其君，民焉而不事其事。孔子之作《春秋》也，诸侯用夷礼，则夷之，进于中国[14]，则中国之。《经》曰："夷狄之有君，不如诸夏之亡。"《诗》曰："戎狄是膺[15]，荆楚是惩。"今也，举夷狄之法而加之先王之教之上，几何其不胥而为夷也？

夫所谓先王之教者何也？博爱之谓仁，行而宜之之谓义，由是而之焉之谓道，足乎己无待于外之谓德。其文，《诗》、《书》、《易》、《春秋》。其法，礼、乐、刑、政。其民，士、农、工、贾。其位，君臣、父子、师友、宾主、昆弟、夫妇。其服，麻丝。其居，宫室。其食，粟米果蔬鱼肉。其为道易明，而其为教易行也。是故，以之为己，则顺而祥；以之为人，则爱而公；以之为心，则和而平，以之为天下国家，无所处而不当。是故，生则得其情，死则尽其常，郊焉而天神假[16]，庙焉而人鬼飨。曰：斯道也，何道也？曰：斯吾所谓道也，非向所谓老与佛之道也。尧以是传之舜，舜以是传之禹，禹以是传之汤，汤以是传之文、武、周公，文、武、周公传之孔子，孔子传之孟轲，轲之死，不得其传焉。荀与扬[17]，择焉而不精，语焉而不详。由周公而上，上而为君，故其事行。由周公而下，下而为臣，故其说长。然则如之何而可也？曰：不塞不流，不止不行。人其人[18]，火其书，庐其居，明先王之道以道之，鳏寡孤独废疾者有养也，其亦庶乎其可也。

【注释】

①博爱：泛爱。

②宜：合乎理义。

③由是而之：指遵循博爱仁义的标准去立身行事。

④定名：固定的道德原则。

⑤德其所德：指追求其所遵循的道德。

⑥黄、老于汉：指黄帝老子的道家学说在汉代文帝景帝时十分流行。

⑦举：称述。

⑧为民者六：指四民之外又加上和尚与道士，即佛与老。

⑨资焉：依赖于此。

⑩湮郁：心情压抑。

⑪诛：责罚。

⑫葛：麻布衣服。

⑬齐：整治。

⑭进于中国：指夷人服膺汉族礼俗。

⑮膺：攻击。

⑯郊：祭天。假：通“格”，到，来。

⑰扬：指扬雄，西汉末年的思想家，文学家。

⑱人其人：使他们成为人。指让僧尼道士一类还俗。

【译解】

泛爱大众叫做仁，做事适宜叫做义，沿着仁义的路走叫做道，自己的心中充满仁义而不求之于外叫做德。仁和义是由具体内容定名的，道和德则是不大具体的虚名。所以道有君子之道和小人之道的分别，德有凶德和吉德的不同。老子的轻视仁义，不是毁谤仁义，是他所看见的仁义很渺小。这就像是坐在天井中观天，说天很小，其实并不是天很小。老子把施小惠当作仁，把做小事当作义，他轻视仁义就是理所当然的了。他所说的道，是讲他的道，不是我所说的道；他所说的德，是讲他的德，不是我所说的德。凡是我所说的道德，包括了仁和义在内，这是天下的公论。老子所说的道德，去掉了仁和义的内容，这是他一个人的偏见。

周道衰微，孔子死了，秦焚诗书，黄、老之学盛行于汉，佛教盛行于晋、魏、梁，隋之间。于是那些讲仁义道德的人，不是归附杨朱，就是归附墨翟；不是归附于老庄，就是归附于佛教。归附于那家，必定要排斥另一家。归附那家就把它看作是主人，排斥这家就把它看作是奴仆；归附那家就加以吹捧，排斥这家就加以污蔑。唉！后世的人想知道仁义道德的学说，到底听从谁的呢？崇奉老子学说的人说：“孔子是我的老师的弟子。’崇奉佛教的人说：“孔子是我的老师的弟子。”信奉孔子学说的人，听惯了这些说法，喜欢这些怪诞的说法而轻视自己，也说：“我们的老师是曾经向老子、佛教学习呢。”

有巢氏构木为巢图，图出自《二十一史通俗演义》。

不但说在嘴上，而且写在书上。唉！后世的人虽然想听到仁义道德的学说，他们从谁那里去求得呢？

太厉害了！人们的爱好怪诞之说，不探求它的开端，不讯问它的结果，只要是怪诞之说就听信。古时候的百姓只有四种，现在的百姓有六种；古时候教民者只有儒家，现在的教民者有儒释道三家。农民只有一家，而吃粮食的有六家；工匠只有一家，而使用器具的有六家；商人只有一家，而需要物资的有六家。这样，怎么能使百姓不穷困而去偷盗啊！

古时候，害人的事物很多。有圣人出来，然后教给人生养的办法，做他们的君长，做他们的老师，替他们驱走虫、蛇、禽兽而定居在中原。身上寒冷然后给他们做衣服，腹中饥饿然后给他们食物吃。宿在树上怕他们掉下来，住在穴中怕他们生病，然后给他们建造房屋。教他们做工以供给使用器具，教他们做买卖以互通有无，教他们用药治病以挽救夭亡，教他们葬埋、祭祀以增长恩爱，教他们礼节以排列先后，教他们音乐以抒发心中的忧郁，给他们进行政治管理以带动怠惰的人，给他们设立刑法以诛戮强横的人。人们互相欺骗，就给他们做符玺、斗斛、权衡共同遵守；人们互相攻夺，就给他们筑城墙、制武器来防守。祸害将到来圣人给他们先作了准备，患难将发生而圣人给他们先作了预防。现在《老子》的书上说："圣人如果不死，大盗就不会终止。打碎了斗斛，折断了秤杆，老百姓就不会争夺。"唉！这都是没有仔细思想罢了！如果古时候没有圣人，人类早已消灭了。为什么这样说呢？因为人类没有羽毛、鳞甲可以抵御寒热，没有爪牙去争夺食物。所以，君长是发布命令的，臣子是奉行君长的命令而施行到百姓身上的，百姓是生产粟米麻丝、制作器皿、沟通货物钱财来事奉统治者的。君长不发布命令，就失去了他做君长的职责；臣子不奉行君长的命令而施行到百姓，就失去了他做臣子的职责；百姓不生产粟米麻丝、制作器皿、沟通货物钱财来事奉上面的统治者，就要诛戮。现在的佛法说："一定要抛弃和禁止君臣父子的生养之道，以此来求得所谓的清净、寂灭。"唉！他们幸而出于夏、商、周三代之后，没有被夏禹、商汤、文王、武王、周公、孔子等圣人所贬斥。他们也不幸，而没有出于夏、商、周三代之前，没有被夏禹、商汤、文王、武王、周公、孔子等圣人所纠正。

五帝和三王，他们的名号虽然不同，他们所以成为圣人是一样的。夏天穿粗麻布衣服，冬天穿皮袄，口渴了就饮水，肚子饿了就吃饭，这些事情虽然不同，这些事情做得很聪明是一样的。现在《老子》说："为什么不像太古时代那样无为而治呢?"说这种话，就好像是指责冬天穿皮袄的人说："为什么不像夏天穿粗麻布衣服那样简单容易呢?"这也就好像是指责肚子饿了要吃饭的人说："为什么不像口渴时饮水那样简单容易呢?"《礼记》说："古时候想表现大德于天下的人，先要治理他的国家；想治理他的国家的人，先要整理他的家庭，想整理他的家庭的人，先要修养他自身；想修养他自身的人，先要端正他的思想；想端正他的思想的人，他先要有诚意。"因此，古时候所谓端正思想而有诚意的人，是将要有所作为哩。现在崇奉佛教、老子学说的人，也想整治他们的思想，可是他们抛弃天下国家的事情，消灭他们的天伦；儿子不把他的父亲当父亲，臣子不把他的国君当国君，百姓不从事他们所应做的事情。孔子写作《春秋》，诸侯使用外族的礼节就把他们当作外族看待，外族人用中国的礼节就把他们当中国人看待。《论语》说："夷狄之人有国君，不如中国的没有国君。"《诗经》说："要攻击夷狄，要惩罚荆舒。"现在却把夷狄的办法，加在先王的教导之上，这岂不是大家都差不多要变成夷人了吗?

所谓先王的教导，是什么呢?泛爱大众叫做仁，做事适宜叫做义，沿着仁义的路走叫做道，自己的心中充满仁义而不求之于外叫做德。

先王之教的文字是《诗经》、《书经》、《易经》、《春秋》，治国的办法是礼节、音乐、刑法、政治，百姓是士人、农人、工人、商人，名位是君臣、父子、师友、宾主、兄弟、夫妇，衣服是麻布和丝绸，住宅是宫室，食物是小米、大米、瓜果、蔬菜、鱼肉。先王的道理容易明白，先王的教导容易实行。因此，用来治己，就和顺而吉祥；用来治人，就仁爱而公正；用来治心，就和平而舒畅；用来治理天下国家，就没有什么事情处理不恰当。因此，人活着就能够顺他的情意生活，人死时就可以享尽他的天年，祭天神就使天神感动，祭祖庙就使祖宗享受。有人问："这种道，是什么道啊?"我说："这就是我所说的道，不是前面说的老子和佛教的道。"尧以此道传给舜，舜以此道传给禹，禹以此道传给汤，汤以此道传给文王、武王、周公，文王、武王、周公传给孔子，孔子传给孟轲，孟轲死，此道就没有传下来。荀卿和扬雄，选择得不精细，说明得不详细。从周公以上的圣人，在上做君长，所以他们能够得位以行道；从周公以下的圣人，在下做臣子，所以他们只能立言以明道。

那么，怎样做才可以呢？我说：不堵塞住佛、老之道，圣人之道就不流，不止住佛、老之道，圣人之道就不行。应该使僧道还俗，焚烧他们的书，把寺观改作民房，阐明先王之道以教导他们。鳏夫、寡妇、孤儿、年老无依靠者、残废和患病的人都得到抚养。这样做下去大概也就可以了吧！

【赏析】

《原道》是体现韩愈政治思想和文风特点的代表作之一。原道，意为探求道之本原，作者意图是要为儒家"仁义"之道正名，并以此来排斥佛老之道。中唐时期，佛道两教盛行，脱离生产的宗教徒大量增加，他们享有免租、免役等特权，占有大量土地，成为有用阶级中的一部分。崇儒学、辟佛老，是韩愈一生志事所在。本文系统地阐述所谓“先王之教”，即封建的伦理、教化和等级制度，以与道家去仁与义、返于“太古无事”，佛家治心而“外天下国家”之说进行斗争，并抨击当时宗教活动严重地影响到国计民生，有其现实意义和进步作用。作者博古通今，说理雄浑，气势磅礴，如“长江大河，浑浩流转”。

原　毁[1]

韩愈

【原文】

古之君子，其责己也重以周[2]，其待人也轻以约[3]。重以周，故不怠[4]；轻以约，故人乐为善。闻古之人有舜者[5]，其为人也，仁义人也；求其所以为舜者，责于己曰："彼人也，予人也，彼能是，而我乃不能是[6]！"早夜以思，去其不如舜者，就其如舜者[7]。闻古之人有周公者[8]，其为人也，多才与艺人也；求其所以为周公者，责于己曰："彼人也，予人也，彼能是，而我乃不能是？"早夜以思，去其不如周公者，就其如周公者。舜，大圣人也，后世无及焉；周公，大圣人也，后世无及焉。是人也，乃曰："不如舜，不如周

帝尧像

公，吾之病也[9]。”是不亦责于身者重以周乎！其于人也，曰：“彼人也，能有是，是足为良人矣[10]。能善是，是足为艺人矣。”取其一不责其二，即其新不究其旧，恐恐然惟惧其人之不得为善之利[11]。一善易修也，一艺易能也，其于人也，乃曰：“能有是，是亦足矣。”曰：“能善是，是亦足矣。”不亦待于人者轻以约乎！

今之君子则不然。其责人也详，其待己也廉[12]。详，故人难于为善；廉，故自取也少。己未有善，曰：“我善是，是亦足矣。”己未有能，曰：“我能是，是亦足矣。”外以欺于人，内以欺于心，未少有得而止矣。不亦待其身者已廉乎！其于人也，曰：“彼虽能是，其人不足称也。彼虽善是，其用不足称也[13]。”举其一不计其十，究其旧不图其新[14]，恐恐然惟惧其人之有闻也[15]。是不亦责于人者已详乎！夫是之谓不以众人待其身，而以圣人望于人，吾未见其尊己也[16]。

虽然，为是者有本有原：怠与忌之谓也。怠者不能修，而忌者畏人修[17]。吾尝试之矣，尝试语于众曰：“某良士，某良士。”其应者，必其人之与也[18]；不然，则其所疏远，不与同其利害者也；不然，则其畏也。不若是，强者必怒于言，懦者必怒于色矣[19]。又尝语于众曰：“某非良士，某非良士。”其不应者，必其人之与也；不然，则其所疏远，不与同其利者也；不然，则其畏也。不若是，强者必说于言，懦者必说于色矣[20]。是故事修而谤兴，德高而毁来[21]。

呜呼！士之处此世，而望名誉之光[22]，道德之行，难已！将有作于上者[23]，得吾说而存之，其国家可几而理欤[24]！

【注释】

①原毁：原，推究。毁，毁谤。原毁，推究毁谤的根源。

②君子：指士大夫阶级。重以周：严格而全面。

③轻以约：宽厚而简略。

④怠：松懈，懒惰。

⑤舜：虞舜，传说中的我国远古时代的帝王，史家称颂为帝君。《孟子》说舜“善于人同，乐取于人以为善。”所以作者把他作为君的代表。

⑥是：这样。乃不能是：难道不能这样。乃，岂，难道。

⑦就：趋，追求。

⑧周公：姬旦，西周政治家，周文王的儿子，周武王的弟弟，相传他制订礼乐，多才多艺，史家称颂为贤相。所以作者把他作为臣的代表。

⑨病：缺点，不足之处。

⑩良人：好人。

⑪恐恐然：小心谨慎的样子。

⑫其责人也详：指求全责备。其待己也廉：廉，少。待己廉，对自己要求很少，不严格。

⑬其用不足称也：他的这一套没有用处，不值得称道。上文。

⑭究其旧不图其新：专门追究别人原先的过失，而不想到别人新的成就和进步。

⑮有闻：出名。

⑯不以众人待其身，而以圣人望于人：不拿一般人的标准要求自己，却拿圣人的标准去要求别人。

⑰修：追求上进。

⑱其应者：那些随声附和的人。必其人之与也：必定是那人的党与、朋友等人。

⑲怒于言：用言辞表示愤怒。怒于色：以脸色表示愤怒。

⑳说：同“悦”，高兴。

㉑事修：事情办好了。谤兴：毁谤随之而兴起。

㉒光：光大，显著。

㉓有作于上者：有作为而又居上位的人。

㉔几而理：几，庶几，差不多。理，治理。理即治，避唐高宗李治违而用。

【译解】

古时候的君子，他要求自己严格而全面，他对待别人宽厚而简约。对自己的要求严格而全面，所以自己不怠惰；对待别人宽厚而简约，所以别人乐于做好事。（有这样一个人）他听说古人中有个叫舜的，舜的为人，是一位实行仁义的人；他探求舜所以成为舜这样圣人的原因，要求自己说："他是一个人，我也是一个人。他能够这样，而我竟不能这样！"于是早晚思考，改掉那些不如舜的缺点，发扬那些像舜的优点。他又听说古人中有个叫周公的，周公的为人，是一位多才多艺的人；他探求周公所以成为周公这样圣人的原因，要求自己说："他是一个人，我也是一个人。他能够这样，而我竟不能这样！"于是早晚思考，改掉那些不如周公的缺点，发扬那些像周公的优点。舜，是一位大圣人，后世没有人比得上；周公，是一位大圣人，后世没有人比得上；这个人竟说："不如舜，不如周公，是我的毛病。"这不是要求自

周公旦像，图出自清·顾沅辑《古圣贤像传略》。

己严格而全面吗！他对待别人，说：“那个人能够有这种优点，这就足够算作好人了；能够擅长做这种事情，这就足够算作有才能的人了。”取他一样，不要求他全面；只看他的现在，不追究他的过去；提心吊胆地惟恐那个人得不到做好事的利益。一种优点是容易养成的，一种技艺是容易学会的。他对待别人，竟说：“能够有这种优点，这也就足够了。”又说：“能够擅长做这种事情，这也就足够了。”这不是对待别人宽厚而简约吗？

现在的君子就不是这样，他要求别人全面，他对待自己随便。要求别人全面，所以别人就难于做好事；对待自己随便，所以自己得到的东西很少。自己没有什么优点，却说：“我有这种优点，这也就足够了。”自己没有什么本领，却说：“我能够做这种事情，这也就足够了。”对外欺骗了别人，对内欺骗自己的良心，没有一点收获就停止不前了。这不是对待他自己太随便了吗？他对待别人，说：“他虽然有这种优点，但他的人品不值得称赞；他虽然擅长做这种事情，但他的才能不值得称赞。”举出别人的一点，不考虑别人的其馀；追究别人的过去，不考虑别人的现在；提心吊胆地惟恐别人享有声誉。这不是要求别人太全面了吗！这就叫不以一般人的标准来要求自己，而以圣人的标准来要求别人，我看不出他是尊重自己呢！

虽然这样说，但这样做的人是有根源的，这根源就是怠惰与妒忌。怠惰的人不求上进，而妒忌的人怕别人上进。我曾经试过，曾经试着对大家说：“某某是好人，某某是好人。”那些附和的人，必定是那个人的朋友；不然，就是和他很疏远、不跟他有利害关系的人；不然，就是怕他的人。要不然，强硬的人必定要在言语中表示愤怒，懦弱的人必定要在脸色上表示愤怒了。我又曾经对大家说：“某某不是好人，某某不是好人。”那些不附和的人，必定是那个人的朋友；不然，就是和他很疏远、不跟他有利害关系的人；不然，就是怕他的人。如果不是上面三种情况，强硬的人必定要在言语中表示高兴，懦弱的人必定要在脸色上表示高兴了。所以事情做好了，毁谤就发生了，道德高尚了，毁谤就随着来了。唉！士人处在这种时代，而希望名誉的光大，道德的传播，实在困难哪！

居上位而打算有所作为的人，听到我的议论而牢记心中，那么，国家大概有希望可以治理好吧！

【赏析】

《原毁》是一篇针砭时弊的论文。韩愈所处的时代正是朋党纷争，世人倾轧的中唐。韩愈本人也屡遭排挤和贬斥。他正是针对这种现实写了这篇文章。作者以儒家的道德观点为理论依据，比较了“古之君子”和“今之君子”待人待己的两种迥然不同的态度，分析了“事修而谤兴，德高而毁来”的思想根源在于怠惰和嫉妒。高度赞扬了严以律己、宽以待人的“古之君子”，有力地抨击了习惯于“怠”与“忌”、好指摘别人长短的“今之君子”，呼吁社会改变风气。文章构思严谨，说理透辟。通篇采用对比排句，环环相扣，层层深入且能够波澜变幻，跌宕生姿，气势不凡。

金圣叹《天下才子必读书》有评：“《原毁》乃始于责己者。其责己则怠，怠则忌，忌则毁。故原之必于此焉始，并非宽套之论也。此文段段成扇，又宽转，又紧峭；又平易，又古劲，最是学不得到之笔，而不知者乃谓易学。”

获麟解①

韩愈

【原文】

麟之为灵昭昭也②，咏于《诗》③，书于《春秋》④，杂出于传记百家之书⑤，虽妇人小子，皆知其为祥也。然麟之为物，不畜于家，不恒有于天下，其为形也不类⑥，非若马牛犬豕豺狼麋鹿然；然则虽有麟，不可知其为麟也。角者，吾知其为牛；鬣者⑦，吾知其为马；犬豕豺狼麋鹿，吾知其为犬豕豺狼麋鹿，惟麟也不可知。不可知，则其谓之不祥也亦宜。虽然，麟之出，必有圣人在乎位。麟为圣人出也。圣人者，必知麟⑧，麟之果不为不祥也。

又曰：麟之所以为麟者，以德不以形，若麟之出不待圣人，则谓之不祥也亦宜。

【注释】

①解：一种论辩性的文体。

②麟：麒麟。古代传说中的动物，形似鹿，独角，身上有鳞甲，尾似牛。古人把麟看作仁兽，作为吉祥的象征。昭昭：明显。

③咏于《诗》：指《诗·周南》有《麟之趾》篇。

④书于《春秋》：指《春秋·哀公十四年》记“西狩获麟”。

⑤传记：指史书。

⑥不类：不相似。

⑦鬣（liè）：颈上的长毛。

⑧圣人者必知麟：《左传·哀公十四年》记：这年春天叔孙氏在西部郊野打猎，御者鉏商猎得麒麟，大家认为不吉利，赏给了虞人。孔子看后说：这是麒麟，就收下了。

【译解】

麒麟是一种神灵的动物，这是很明白的了，《诗经》中有吟咏，《春秋》中有记载，在历史传记和诸子百家的书上也往往谈到。即使是妇女和小孩子，都知道麒麟是一种祥瑞的动物。

但是麒麟这种动物，不养在家里，天下也不常有，它的形状也与别的动物不同，不和马、牛、狗、猪、豺狼、麋鹿一样。那么即使有麒麟，也不能知道它是麒麟。长了角的我知道它是牛，长了鬣毛的我知道它是马；狗、猪、豺狼、麋鹿，我知道它们是狗、猪、豺狼、麋鹿，只有麒麟的形状不能知道。既然不能知道，就说它不是祥瑞的动物也可以。

虽然这样，麒麟的出现，一定要有圣人在君位，麒麟是为圣人而出现的。成为圣人的人，一定知道麒麟。麒麟果然不是不祥的动物啊。

又有人说：“麒麟之所以成为麒麟这样祥瑞的动物的缘故，是凭着它的德行而不是凭着它的形状。”如果麒麟的出现没有等到圣人在君位的时候，就说它是不祥的动物也可以。

【赏析】

这是一篇托物寓意的文章。春秋时周敬王西狩，为叔孙氏驾车的鉏商，捕获了一只怪模怪样的动物，大家都认为不吉利。孔子看到后，认出是仁兽麒麟。韩愈这篇文章就是为这次麒麟出而不见识于俗眼而作“解”。

文中通过对麒麟的述说婉转地表达了，空有满腹才华却不能为人赏识和理解的感慨，语含牢骚，借题发挥，客观上抨击了当时社会压抑人才的通病。

杂说（一）①

韩愈

【原文】

龙嘘气成云②，云固弗灵于龙也。然龙乘是气，茫洋穷乎玄间③，薄日月④，伏光景⑤，感震电，神变化⑥，水下土⑦，汩陵谷⑧，云亦灵怪矣哉！

云，龙之所能使为灵也，若龙之灵，则非云之所能使为灵也。然龙弗得云，无以神其灵矣，失其所凭依，信不可欤⑨！异哉！其所凭依，乃其所自为也。

《易》曰：“云从龙⑩。”既曰龙，云从之矣。

韩愈像，图出自明·吕维祺《圣贤像赞》。

【注释】

①杂说：指一种随感性的议论文。

②嘘气：吹气，吐气。

③茫洋：深远广大的样子。穷：极尽，到达。玄：幽远。古有“天玄而地黄”之说。穷玄间：是说到了宇宙间至幽至远之处。

④薄，迫近。

⑤伏：遮蔽。伏光景：是说日月的光辉被云遮住了。

⑥神：变化莫测。

⑦水下土：水，作动词用。是说云化为雨，润泽大地万物。

⑧汩（gǔ）：水流。陵：山陵高丘。

⑨信；实在。

⑩云从龙：《易·乾卦·文言》：“云从龙，风从虎，圣人作而万物睹。”

【译解】

龙吐出气来成为云，云本来没有龙那样灵异。然而龙乘了这种云气，腾云驾雾地游遍天空，接近太阳和月亮，遮蔽日月的光辉，撼动那雷电，变化那风雨，下雨到地上，淹没丘陵山谷，那么云也是灵异的哩！云，是龙使它变为灵异的。而龙的灵异，就不是云能够使它变为灵异的。

但是龙没有得到云，就无法显示它的灵异。失掉它所依靠的，实在不行哩。奇怪啊！它所依靠的，就是它自己吐出来的。《易经》说：“云是跟着龙的。”既然是龙，要云跟着它呢。

【赏析】

这是一篇寓言式的小品文，以云龙作比喻，说明两者之间相辅相成的关系。文章虽短，却写得跌宕起伏。

关于这篇文字的寓意，众说纷纭，清李光地认为“此篇取类至深，寄托至广。”

确实，细细咀嚼全文，让人感到余味无穷，联系作者当时的境遇，文章的寓意是说君臣际会、还是说英雄造时势等等，只能仁者见仁、智者见智了。

杂说（四）

韩愈

【原文】

世有伯乐，然后有千里马[①]。千里马常有，而伯乐不常有。故虽有名马，只辱于奴隶人之手[②]，骈死于槽枥之间[③]，不以千里称也。

马之千里者，一食或尽粟一石。食马者，不知其能千里而食之；是马也，虽有千里之能，食不饱，力不足，才美不外见，且欲与常马等不可得，安求其能千里也！

策之不以其道[④]，食之不能尽其材，鸣之而不能通其意[⑤]，执策而临之曰："天下无马。"呜呼！其真无马邪！其真不知马也？

马

【注释】

①伯乐：秦穆公时人，善于相马。

②辱：委屈。奴隶

人：低贱的人，这里指马夫。

③骈：两马相并曰骈。骈死：和一般马一起死去。枥：马棚。

④策：马鞭，这里指驾驭。

⑤通其意：指了解知晓千里马鸣叫的意思。

【译解】

世上有伯乐，然后才有千里马。千里马常有，而伯乐却不常有。所以即使有名马，只是辱没在普通的马夫手里，和一般的马同死在马厩之中，不被人称为千里马。

马之中能日行千里的，一顿有时要吃完一石小米，饲马的人不知道它能日行千里而不喂饱它。这匹马，即使有日行千里的才能，没有吃饱，力气不足，才能和优点不能显露出来，甚至想和普通的马相等都办不到，怎么能要求它日行千里呢？

驾驭它不能掌握它的特性，饲养它不能满足它的食量，吆喝它不能了解它的心意，拿着马鞭对着它，说："天下没有好马！"唉！是真的没有好马呢？还是真的不能识别好马呢！

【赏析】

这篇随感性的小品文与《杂说一》一样也是通篇设喻，以伯乐借喻当路者，以千里马喻有才能之士，表达的主题则与《获麟解》基本一致。

开篇第一句"世有伯乐，然后有千里马"说尽千古人才之谜，为后人引用不已。韩愈少年时曾多次投书于当道而未获知遇，踏入仕途，又屡受压抑。文中作者以千里马自视抒发了落寞失意的感叹。

《杂说四》通篇仅百字，气势却雄长，波澜跌宕，读来让人感觉回肠荡气，由此足见韩文之造诣。

卷八

唐文

师说

韩愈

【原文】

古之学者必有师[①]。师者，所以传道、[②]受业、[③]解惑也[④]。人非生而知之者，孰能无惑？惑而不从师，其为惑也，终不解也。

生乎吾前，其闻道也固先乎吾，吾从而师之；生乎吾后，其闻道也亦先乎吾，吾从而师之。吾师道也，夫庸知其年之先后生于吾乎？[⑤]是故无贵无贱，无长无少，道之所存，师之所存也。

嗟乎！师道之不传也久矣，欲人之无惑也难矣。古之圣人，其出人也远矣，犹且从师而问焉；今之众人，其下圣人也亦远矣，而耻学于师；是故圣益圣，愚益愚。圣人之所以为圣，愚人之所以为愚，其皆出于此乎！

爱其子，择师而教之；于其身也，则耻师焉，惑矣！彼童子之师，授之书而习其句读者，非吾所谓传其道解其惑者也。句读之不知，惑之不解，或师焉，或不焉；小学而大遗，吾未见其明也。

巫医、乐师、百工之人[⑥]，不耻相师；士大夫之族[⑦]，曰师曰弟子云者，则群聚而笑之。问之，则曰："彼与彼年相若也，道相似也。位卑则足羞，官盛则近谀。"[⑧]呜呼！师道之不复可知矣！巫医、乐师、百工之人，君子不齿，今其智乃反不能及，其可怪也欤！

圣人无常师。孔子师郯子、[9]苌弘、[10]师襄、[11]老聃；郯子之徒，其贤不及孔子。孔子曰："三人行，则必有我师。"是故弟子不必不如师，师不必贤于弟子；闻道有先后，术业有专攻，如是而已。

李氏子蟠，年十七，好古文，六艺经传，皆通习之，不拘于时，学于余。余嘉其能行古道，作《师说》以贻之。

【注释】

①学者：这里指求学的人。

②传道：传授道理。这里的道指儒家之道。

③业：此指"六艺"，即《诗》、《书》、《易》、《礼》、《乐》、《春秋》。

④解惑：解答疑问。

⑤庸知：何必知道。

⑥巫：巫师。乐师：以歌唱、演奏乐器为职业的人。百工：各种有专门技术的工业者。

⑦族：类。

⑧官盛：官位显达。

⑨郯子：春秋时郯国国君。

⑩苌弘：周敬王时大夫。孔子曾向苌弘学习过音乐。

⑪师襄：春秋时鲁国乐师，孔子曾向师襄学琴。

【译解】

古时候求学的人一定有老师。老师，是传授道理、教授学业、解答疑难问题的。人不是生下来就懂道理、有知识的，谁能够没有疑难问题呢？有疑难问题却不请教老师，那些成为疑难的问题，终究得不到解决了。出生在我前面的，他懂得道理本来比我早，我向他学习；

孔子问礼老聃图

出生在我后面的，他懂得道理如果也比我早，我也向他学习。我学的是道理，哪里用得着管他出生在我之前、还是在我之后呢？因此，不论地位高贵还是卑贱，不论年龄大还是年龄小，道理在哪里，老师也就在哪里。

唉！从师学习的风气失传已经很久了，要人们没有疑难问题确是很困难的。古时候的圣人，他们超出一般人很远，尚且跟着老师学习请教；现在的一般人，他们低于圣人也很远，却把从师学习当作羞耻。因此，圣人就更加圣明，愚人就更加愚笨。圣人之所以成为圣人，愚人之所以成为愚人，大概都是由于这个原因吧？人们爱他们的孩子，就选择老师来教他；对于他自己，却把从师学习当作羞耻，这太糊涂了。那些儿童们的老师，是教给儿童们读书和学习书中句读的，不是我所说的那种传授道理、解释疑难问题的。读书不懂得断句，疑难问题不得解释，有的（指前者）从师学习，有的（指后者）却不向老师学习，小事学习，大事却反而丢弃了学习，我看不出他们明理的地方。巫、医、乐师、各种手工业工人，不把从师学习当作耻辱。士大夫等一类人，若是称谁是“老师”、谁是“学生”等等，就有许多人聚集在一起讥笑人家。问他们为什么这样，他们就说：“他和他年纪差不多，学问也相仿。”称地位低的人为师，就感到可耻，称官职高的人为老师，就近于奉承。唉！从师学习的风气不能恢复，从这里可以知道了。巫、医、乐师和各种手工业工人，是士大夫们看不起的。现在士大夫们的智慧反而不如他们，真是太奇怪了啊！

圣人没有固定的老师。孔子向郯子，苌弘、师襄、老聃请教。郯子这些人，他们的贤能不如孔子。孔子说："三个人一起走，一定有可以作为我的老师的。所以，学生不一定不及老师，老师不一定比学生高明。懂得道理有先有后，技能、业务各有专长，不过这样罢了。

李蟠十七岁，爱好古文，六经的经文和传，全都学了，他不受时俗的拘束，来向我学习。我赞许他能实行古人从师学习的正道，写一篇《师说》来赠给他。

【赏析】

《师说》是历代传诵阐述从师之道的名篇。"说"是古代一种文体，从说辞发展而来。它是要表达作者对某一事物的看法、见解，常常是破旧立新。《师说》便是韩愈对于师道的新看法。新看法，自然带有反世俗的色彩。在当时，韩愈的好朋友柳宗元《答韦中立书》中就说："今之世不闻要师，独韩愈不顾流俗、犯笑侮，收召后学，作《师说》，以抗颜为师。愈以是得狂名。"千百年来，沧桑巨变，韩愈当时阐明的观点却依然熠熠生辉。"传道、授业、解惑"、"道之所存，师之所存"、"弟子不必不如师，师不必贤于弟子"等，不仅在当时有针砭时弊，促进社会进步的积极作用，对今天也依然有借鉴的意义。文章主要论点是"学者必有师"，"道之所存，师之所存"，来强调老师的重要和从师的必要。韩愈提出师道在于"传道、授业、解惑"，主张不分年龄、身份向比自己有专长的人学习，明确表明老师和弟子的关系是相对的，这对历史的发展，具有很大贡献。

本文思想明确，论证逻辑严密加上生动的对比手法，使文章具有很强的逻辑性和说服力，宋黄震在《黄氏日钞》中曾有评："前起后收，中排三节，皆以轻重相形。初以圣与愚相形，圣且从师，况愚乎？次以子与身相形，子且择师，况身乎？末以巫医、乐师、百工与士大夫相形，巫、乐、百工且从师，况士大夫乎？公以提诲后学，亦可谓深切著明矣，而文法而自然而成者也。"

进学解[1]

韩愈

【原文】

国子先生晨入太学[2]，招诸生立馆下，诲之曰："业精于勤荒于嬉，行成于思毁于随[3]。方今圣贤相逢，治具毕张[4]。拔去凶邪，登崇俊良。占小善者率以录，名一艺者无不庸。爬罗剔抉，刮垢磨光。盖有幸而获选，孰云多而不扬？诸生业患不能精，无患有司之不明；行患不能成，无患有司之不公。"

言未既，有笑于列者曰："先生欺余哉！弟子事先生，于兹有年矣。先生口不绝吟于六艺之文，手不停披于百家之编；记事者必提其要，纂言者必钩其玄；贪多务得，细大不捐；焚膏油以继晷[5]，恒兀兀以穷年。先生之于业，可谓勤矣。抵排异端，攘斥佛老，补苴罅漏[6]，张皇幽眇；寻坠绪之茫茫，独旁搜而远绍；障百川而东之，回狂澜于既倒。先生之于儒，可谓有劳矣。沉浸浓郁，含英咀华[7]。作为文章，其书满家。上规姚、姒，浑浑无涯；周《诰》殷《盘》，佶屈聱牙[8]；《春秋》谨严，《左氏》浮夸；《易》奇而法，《诗》正而葩；下逮《庄》、《骚》，太史所录，子云、相如，同工异曲。先生之于文，可谓闳其中而肆其外矣。少始知学，勇于敢为；长通于方，左右具宜。

先生之于为人，可谓成矣。然而公不见信于人，私不见助于友，跋前踬后，动辄得咎。暂为御史，遂窜南夷。三年博士，冗不见治。命与仇谋，取败几时。冬暖而儿号寒，年丰而妻啼饥。头童齿豁，竟死何裨？不知虑此，而反教人为？”

先生曰：“吁！子来前！夫大木为杗[9]，细木为桷[10]，欂栌侏儒[11]，椳闑居楔[12]，各得其宜，施以成室者，匠氏之工也。玉札丹砂，赤箭青芝，牛溲马勃，败鼓之皮，俱收并蓄，待用无遗者，医师之良也。登明选公，杂进巧拙，纡余为妍，卓荦为杰[13]，校短量长，惟器是适者，宰相之方也。昔者孟轲好辩，孔道以明，辙环天下，卒老于行；荀卿守正，大论是弘，逃谗于楚，废死兰陵。是二儒者，吐辞为经，举足为法，绝类离伦，优入圣域，其遇于世何如也？今先生学虽勤而不由其统，言虽多而不要其中，文虽奇而不济于用，行虽修而不显于众。犹且月费俸钱，岁靡廪粟。子不知耕，妇不知织。乘马从徒，安坐而食。踵常途之促促，窥陈编以盗窃。然而圣主不加诛，宰臣不见斥，兹非其幸欤？动而得谤，名亦随之，投闲置散，乃分之宜。若夫商财贿之有亡，计班资之崇庳，忘己量之所称，指前人之瑕疵，是所谓诘匠氏之不以杙为楹[14]，而訾医师以昌阳引年，欲进其豨苓也。”[15]

亚圣孟子像，图出处明·吕维祺《圣贤像赞》。

【注释】

①进学：使学问精进。解：辨析。

②国子先生：作者自称。当时他任国子博士。

③随：不加思索，随波逐流。

④治具：治国之具，指法令。毕张：尽数施行。

⑤焚膏油：点燃灯烛。晷：日影。这句是夜以继日的意思。

⑥补苴罅漏：指弥补缺缝、填修漏洞的工作。

⑦含英咀华：指细细品尝精华。含、咀：品味、咀嚼。英、华：指古书中的精华。

⑧佶屈聱牙：形容文句艰涩难读，很不顺口。

⑨杗：房梁。

⑩桷：房椽。

⑪欂栌：短柱。侏儒：指短椽。

⑫椳：门枢。闑：门中央所立的短木，在两扇门交处，以阻止门扇，俗称门橛。居：门闩。楔：门两旁竖立的长木柱，是用来防止车碰坏门的。

⑬卓荦：超绝、杰出。

⑭杙：小木桩。楹：柱。

⑮豨苓：猪苓，菌类植物，是一种泻药。

【译解】

国子先生早上走进太学，召集全体学生站在舍下，教导他们说："学业的精通由于勤勉，而它的荒废由于嬉戏；品德由于思考而成就，而它的败坏则由于因循苟且。现在圣君有贤臣辅佐，法令完全施行，除掉凶恶奸邪的人，提拔英俊善良的人。有极小优点的人都已录取，有一技之长的人无不任用。搜罗选拔和磨炼造就人才。大概也有侥幸而选上的，谁说多才反而不被荐举的呢？你们只怕学业不能精通，不要怕主管官署看不清；只怕品德没有成就，不要怕主管官署不公正。”

话还没有说完，有人在行列里笑着说：“先生骗我们吧！我们跟先生学习，到现在已经有好几年了。先生嘴不停地朗诵六经的文章，手不停地翻阅百家的书籍，对于记事的史传一定作出提要，对于说理的文章一定探索它的深奥的道理。不厌其多，务求取得，不论大小都不舍弃。经常点着灯烛，夜以继日，一年到头不辞辛苦地读书。先生对于学业，可以说够勤奋了。抵制异端邪说，排斥佛教和道教；弥补儒学的缺漏，阐明圣道的精微。寻找茫无头绪的断绝了的道统，独自广泛地搜求圣人的遗绪，远接孔、孟的事业。防堵泛滥的百川，使它东流入海，把倾泻出来的狂澜挽转过来。先生对于儒学，可以说很辛劳了。沉浸在意味浓厚的典籍中，细细地体味着书里的精华。写起文章来，书籍堆满了屋子。向上学习虞夏之书，深远无边；《尚书》的《诰》、《盘庚》，艰深难读；《春秋》文辞简约，寓有褒贬；《左传》记事铺张而扩大；《周易》变化奇妙而事理正常；《诗经》义理正大而辞藻华美。往下一直到《庄子》、《离骚》和太史公的《史记》，杨雄和司马相如的著作，同样工妙而各有特色。先生的文章，可以说内容博大而文辞奔放流畅了。先生少年时代开始懂得学习，就勇于实践；成年以后通达事理，处理问题到处适宜。先生的为人，可以说完备了。但是，在公的方面不被人们信任，在私的方面得不到朋友的帮助。进退两难，动一动就遭受指责。才担任了御史，就被降职到边远的南方。做了三年的博士闲官，无法显出治理的才能。拿命运和仇敌打交道，随时会倒霉。在暖和的冬天，孩子却喊冷；在丰收的日子，妻子却叫饿。头顶秃了，牙齿脱落，直到老死，有何补益？自己不知道考虑这些，反而教训别人吗？”

先生说："喂，你到前面来！那些大木料做房梁，小木料做檩椽，做柱子、门板、窗扇以及门闩等等，各各得到适宜的用场，用来建成房屋，这是木匠的工巧。地榆、朱砂，天麻、青芝，牛溲，马勃，败鼓之皮，兼收并蓄，等待需要时取用而无遗漏，这是医师的高明。用人明智，选拔公正，各种人物，都能进用，厚重和缓为美好，旷达豪放为杰出，比较优劣，按照他们的才能所适合的工作来任用，这是宰相用人的方法。从前孟轲善于辩论，孔子之道因此得以阐明，他周游列国，车辙遍天下，最后在奔走中过了一生。荀卿信守孔子之道，把儒家的学说发扬光大，他为了逃避毁谤到了楚国，最后还是丢了官，老死在兰陵。这两个大儒，他们的言论成为经典，行为成为模范，超越所有的儒者，达到圣人的地步。可是他们在社会上的遭遇又怎样呢？现在我对学业虽然勤奋，但不能遵循儒家的道统；言论虽多，却不能把握要点；文章虽然写得好，可是对于实际应用却没有帮助；品行虽然重视修养，可是不为人们所了解和重视。尚且每月领取俸钱，每年消耗禄米；儿子不懂种田，妻子不知织布；乘着马跟着仆人，安坐着不劳而食；拘谨地走着寻常的道路，看些古书抄袭一点。然而圣主不加责罚，宰臣不加斥逐，这不是我的幸运吗？动一动就遭到毁谤，名声跟着被毁，我被放在闲散的职位，也实在是应该的。至于考虑利禄的有无，计较官职的高低，已忘记了自己的才能和什么位置才相称；若指责前人的毛病，这就是所谓责问工匠不把小木桩做柱子，指责医师用菖蒲作长寿药，想进献豨苓呀。"

【赏析】

从文学形式上讲，《进学解》属于赋的一类。它押韵，是韵文，而且还是骈文，基本上做到两句与两句对偶；其次，文中运用了夸张、铺排的描写方法，这些正是赋的重要特征。本文是对增进学业问题的辨析。韩愈几次遭贬后，模仿汉代东方朔《答客难》、扬雄《自嘲》一类的文章，假设师生对话，借学生之言为自己鸣不平。既表达了自己不受重用的不满，也表达了朝廷应该“拔去凶邪，登崇俊良”的主张。文章揭露了统治者不以德才选人的错误，同时反映了作者当时所处的困境。

全文分三段，第一段是韩愈的一段训话，这是文章的发端。提出了问题。第二段是驳。借学生之言来反击第一段提出的观点。第三段是解，是韩愈自己的回答，在学生之言的基础上，进一步宣泄自己怀才不遇的愤懑。

值得特别一提的是文章造语精警。“业精于勤，荒于嬉，行成于思，毁于随”，已成为千百年来莘莘学子治学的座右铭。唐孙樵评此文：“拔地倚天，句句欲活。”

清金圣叹给本文很高的评价：“其雄奇高浑，似较《客难》、《宾戏》为过之。逐句逐段细细读。”

圬者王承福传

韩愈

【原文】

圬之为技，贱且劳者也①。有业之，其色若自得者②。听其言，约而尽③。问之：王其姓，承福其名，世为京兆长安农夫④。天宝之乱⑤，发人为兵，持弓矢十三年，有官勋⑥，弃之来归，丧其土田，手镘衣食⑦，余三十年，舍于市之主人，而归其屋食之当焉⑧。视时屋食之贵贱，而上下其圬之佣以偿之⑨，有余，则以与道路之废疾饿者焉。

唐玄宗李隆基像，图出自明・天然撰《历代人物像赞》。

又曰：粟，稼而生者也⑩，若布与帛，必蚕绩而后成者也。其他所以养生之具，皆待人力而后完也，吾皆赖之。然人不可遍为，宜乎各致其能以相生也[11]。故君者，理我所以生者也[12]；而百官者，承君之化者也[13]。任有小大，惟其所能，若器皿焉[14]。食焉而怠其事[15]，必有天殃，故吾不敢一日舍镘以嬉[16]。夫镘易能，可力焉，又诚有功，取其直[17]，虽劳无愧，吾心安焉。夫力易强而有功也，心难强而有智也[18]。用力者使于人，用心者使人[19]，亦其宜也。吾特择其易为而无愧者取焉。嘻！吾操镘以入贵富之家有年矣，有一至者焉，又往过之，则为墟矣[20]。有再至三至者焉，而往过之，则为墟矣。问之其邻，或曰：噫！刑戮也。或曰：身既死，而其子孙不能有也。或曰：死而归之官也[21]。吾以是观之，非所谓食焉怠其事，而得天殃者邪！非强心以智而不足，不择其才之称否而冒之者邪[22]！非多行可愧[23]，知其不可，而强为之者邪！将富贵难守，薄功而厚飨之者邪[24]！抑丰悴有时[25]，一去一来，而不可常者邪！吾之心悯焉，是故择其力之可能者行焉，乐富贵而悲贫贱，我岂异于人哉！

又曰：功大者其所以自奉也博[26]，妻与子皆养于我者也，吾能薄而功小，不有之可也。又吾所谓劳力者，若立吾家而力不足，则心又劳也，一身而二任焉[27]，虽圣者不可为也。

愈始闻而惑之，又从而思之，盖贤者也，盖所谓"独善其身"者也。然吾有讥焉[28]，谓其自为也过多，其为人也过少，其学杨朱之道者邪[29]。杨之道，不肯拔我一毛而利天下，而夫人以有家为劳心[30]，不肯一动其心，以蓄其妻子[31]，其肯劳其心以为人乎哉！虽然，其贤于世之患不得之而患失之者[32]，以济其生之欲[33]，贪邪而亡道以丧其身者[34]，其亦远矣！又其言有可以警余者[35]，故余为之传，而自鉴焉[36]。

【注释】

①圬（wū）：涂抹、粉刷墙壁。贱：卑贱。劳：辛劳。圬者，粉刷墙壁的工人，即泥瓦匠。贱且劳：卑贱而且劳苦。

②有业之，其色若自得者：有个从事这个职业而模样看起来却很自我满足的人。

③约而尽：简略但却全面。

④京兆长安：长安（唐代国都所在地。今西安市）属京兆尹管辖，故称京兆长安。

⑤天宝之乱：天宝是唐玄宗李隆基年号。天宝十四年，安禄山起兵范阳叛唐，攻洛阳陷长安，叛乱前后历时七年。唐朝曾募兵十一万人而讨之。

⑥官勋：官，官职；勋，勋级。唐制，官分九品，勋有十二级。此言其有战功。

⑦手镘衣食：镘，泥水匠的工具。手，当动词用。手镘衣食，拿着“镘”做工来养活自己。

⑧舍：住宿。屋食之当：屋，指房租；食，指饭钱。当，相当，相称。屋食之当，相当于房租饭钱的价格。

⑨视时：看当时。上下：犹言增减。佣：佣金、工钱。偿：付与。

⑩稼：耕种，耕稼。稼而生：由人种植才能生长收成。

⑪遍为：工作全由自己去做。各致其能以相生：致，尽。能，技能，能力，才干。各致其能以相生，即谓各人尽自己的能力去劳动，互通有无，以求生存。

⑫故君者，理我所以生者也：君，指皇帝。生，生活，生存。

⑬承君之化：奉行皇帝的教化政策。

⑭“任有小大”三句：所担任的事情有大小不同，能力大的做大事，小的做小事，就如器皿，虽形状不一，却各有各的用处。

⑮怠：懈怠，懒散。

⑯舍镘以嬉：丢下工作去游玩。

⑰直：同“值”。

⑱力：指用力气的活，指体力劳动一类事。心：动脑筋的工作，指脑力劳动一类事。强：勉强。功：功效。智：智慧。两句是说，体力劳动的事，勉力去做，能收到功效；脑力劳动的事，却难以勉强做得好。

⑲用力者使于人，用心者使人：使于人，被人使用。使人，使用别人。这两句源于《孟子》："劳心者治人，劳力者治于人。"

⑳墟：废墟。

㉑归之官：收归官有。

㉒不择其才之称否而冒之者：冒，冒进，不管自己能力配得上配不上，一味盲目求进取。称：适合。

㉓多行可愧：尽做昧良心的事。

㉔薄功而厚飨：飨同"享"。功劳微薄，享受丰厚。

㉕丰悴：丰满与憔悴，指家境的兴盛衰落。有时：有一定时限。

㉖自奉也博：自己享受也多。

㉗二任：指劳力与劳心。

㉘讥：批评。有讥，有所批评。

㉙杨朱：字子居，战国时思想家。主张"为我"学说，与墨子"兼爱"说相反对。《列子》有《杨朱》篇，记载他与墨家的辩论。《孟子》等亦载有他的事迹与议论。

㉚夫（fú）人：犹那个人。指王承福。

㉛蓄其妻子：养活妻子儿女。

㉜患不得之而患失之者：患得患失的人。患不得之，以得不到富贵为忧愁；患失之，既得富贵之后又忧虑其难保长久。语出《论语》。

㉝以济其生之欲：济，成全，满足。欲，欲望。句谓要满足他生活上的欲望。

㉞亡：同"无"。亡道，无道。

㉟警余：使得我有所警惕。

㊱自鉴：鉴，镜子。自鉴，像照镜子一样，自我省察，看是否有毛病。

【译解】

泥瓦匠这种手艺，是卑贱而劳苦的。有一位干这项职业的人，他的神色好像很满足似的。听他的话，简洁而透彻。问他，知道他姓王，名承福。他家世代是京兆长安的农民。天宝之乱的时候，招募人当兵，他就拿了十三年的弓箭，立了可以当官的战功；他放弃当官，回到了自己的家乡。家里的土地已经丧失了，他就拿起泥刀来维持生活。三十多年来，他住在雇他干活的主人家里，付给主人房租和伙食的费用。根据当时房租伙食费的贵贱而增减作泥水匠的工价来偿还他。如有多余的钱，他就拿来给路上的残废、患病和饥饿的人。

他又说："谷子，是经过耕种而后生长的。至于布和绸，一定要养蚕纺织才能得到的。其他用来维持生活的东西，都是要依赖人力才能制成的。我都依赖它。但是一个人不可能全部去做，应当各自尽他的能力，互通有无而生活。所以做君主的，是治理我们，使我们得以生存的。而各级官吏，是辅佐君主推行教化的。责任有大小，看他们的能力来决定，就像容器一样。人如果只知道吃用却又懒于做事，那么就一定会有天降的灾祸。所以我不敢一天放下泥刀去玩乐。那抹灰涂墙是简易的技能，只要肯用气力就能做好。确实做出了成绩，就能拿到报酬，虽说劳苦，却没有什么惭愧的，我的心是安稳的。那体力活是容易强行发挥并做出成绩来的，那心智就难以强行使它聪明了。劳力的人，被人役使；劳心的人，役使人家，这也是应该的。我不过拣那些容易做而得了报酬又问心无愧的事情来做。

"唉！我拿着泥刀进出富贵人家已有多年了。有到过一次，后来再走过那里，就已变为废墟。有到过两次三次，后来再走过那里，就已变为废墟的。问他们的邻居，有的说：‘唉！因犯法而被杀了。’有的说：‘主人已经死去，他的子孙不能保住产业啊。’有的说；‘主人死后，产业归公了。’我从这里看到，他们不就是只吃不做因而遭到天灾的吗？不是强使心智聪明而智力又够不上，不加选择地盲目去做与他的才能不相称的工作的吗？不是那种多干问心有愧的事，明知不应该做而硬是要干的吗？是富贵难以守住，微薄的功劳反而得到丰厚的享受呢？还是兴旺和衰败有一定的时运，一来一去，不能久长的呢？我心里忧愁，所以就选择我力所能及的事情来做。为富贵而高兴，为贫贱而忧愁，我难道同人家两样的吗？”圬者又说：“功劳大的，他用来供养自己的物资就多。老婆孩子都是要靠我养活的，我能力微薄，功劳又小，不要老婆孩子也可以。我是所谓从事劳力的人，如果成了家而力量不够，那么心就要劳苦了。一个人肩挑两副担子，即使圣人也是不能做到的。”

我开始听到这话感到怀疑，接着再想了一下，这个人可能是一个贤人，也许是人们所说的独善其身的人。但是我也要批评他，说他为自己考虑得太多，为人家考虑得太少，他也许是学习杨朱学说的人吧？杨朱的学说，就是不肯拔自己一根毫毛做对天下有利的事。而这个人把有家作为劳心，不肯费一点心来养活他的老婆孩子，难道肯为人家劳心吗？虽然这样，他比世界上那些既担心不能得到利益，又担心失去利益的人，为满足自己生活中的欲望，贪图不义之财而忘记道义，因此丢掉性命的人，又相去很远了。他的话又有可以警戒我的地方，所以我给他立传，自己引为借鉴。

【赏析】

题目虽是“传”，但未必真有其人，其事，只不过是作者有感而发罢了。本文塑造了一个不谋官勋，自食其力，而又能“与道路之废疾饿者”，这样一位平凡而又高尚的，鲜明生动的泥瓦工人形象。作者用对比的手法，通过泥瓦工人的高尚显现统治阶层的丑恶。圬者王承福是长安城一泥瓦匠，原有过官勋，却放弃俸禄做了一个自食其力的泥瓦匠。文章用传记形式，借王承福之口，提出了“各致其能以相生”的主张；文章结尾进行了评论，提出了自己的看法。肯定了自食其力的人，与当时社会上的“富贵之家”对比，认为王承福的事可以“自鉴”。但韩愈，“用力者使于人，用心者使人”的观点，却是为维护封建统治的一个错误认识。

借他人之口言自己心声，本篇韩文真可算得上此中佳文，清储欣在《唐宋八大家类选》中有评曰：“人有以言传者，王承福是也。详尽流利，熟之最宜举止。议论本《孟子》，借圬者口中发出便奇。”

讳　辩

韩愈

【原文】

愈与李贺书[①]，劝贺举进士。贺举进士有名，与之争名者毁之，曰：贺父名晋肃，贺不举进士为是，劝之举者为非。听者不察也，和而唱之，同然一辞。皇甫湜曰[②]：“若不明白，子与贺且得罪。”愈曰：“然”，律曰[③]：“二名不偏讳”[④]。释之者曰：“谓若言征不称在，言在不称征是也。”律曰：“不讳嫌名。”释之者曰：“谓若禹与雨，丘与蓲之类是也。”[⑤]今贺父名晋肃，贺举进士，为犯二名律乎？为犯嫌名律乎？父名晋肃，子不得举进士，若父

夏禹像，图出自明·天然撰《历代人物像赞》。

名仁，子不得为人乎？

夫讳始于何时，作法制教天下者，非周公、孔子欤？周公作诗不讳；孔子不偏讳二名，《春秋》不讥不讳嫌名。康王钊之孙实为昭王[⑥]。曾参之父名晳，曾子不讳昔。周之时有骐期[⑦]，汉之时有杜度[⑧]，此其子宜如何讳？将讳其嫌，遂讳其姓乎？将不讳其嫌者乎？汉讳武帝名彻为通，不闻又讳车辙之辙为某字也！讳吕后名雉为野鸡，不闻又讳治天下之治为某字也。

今上章及诏，不闻讳浒、势、秉、机也，惟宦官及宫妾乃不敢言谕及机[⑨]，以为触犯。士君子立言行事，宜何所法守也？今考之于经，质之于律[⑩]，稽之以国家之典，贺举进士为可耶，为不可耶？

凡事父母得如曾参，可以无讥矣。作人得如周公、孔子，亦可以止矣。今世之士，不务行曾参、周公、孔子之行[⑪]，而讳亲之名，则务胜于曾参、周公、孔子，亦见其惑也。夫周公、孔子、曾参卒不可胜，胜周公、孔子、曾参，乃比于宦官宫妾，则是宦官宫妾之孝于其亲，贤于周公、孔子、曾参者耶？

【注释】

①李贺：字长吉，河南昌谷（今河南省宜阳县）人。

②皇甫湜：字持正，睦州新安（今浙江省淳安县）人。

③律：这里指《礼记》中记载的规定。

④二名：即规定遇到君主或尊长的名字是两个字时，只避讳其中一个字。

⑤蓝：草名。

⑥康王：西周康王名钊，其孙为周昭王。“钊”与“昭”同音，《春秋》对此并未提出异议。

⑦骐期：春秋时楚国人。

⑧杜度：东汉章帝时齐国之相。

⑨谕：唐代宗名豫。机：唐玄宗名隆基。故当时宦官、宫妾不敢说“谕”和“机”。

⑩质：对照、参照。⑪务：努力，追求。

【译解】

我写信给李贺，劝他去参加进士考试。李贺去参加进士考试就会考中，同李贺争名的人就攻击这件事，说：“李贺父亲名晋肃，李贺不参加进士考试是正确的，劝他去参加考试的人是不对的。”听的人也不加仔细考虑，就随声附和，众口一词。皇甫湜对我说：“如果这件事不分辨清楚，您和李贺将蒙受坏名声。”我说：“是这样。”

《礼记》说：“两个字的名字不避讳其中的一个字。”解释的人说：“孔子的母亲名‘征在’，这是说如果说‘征’字就不说‘在’字，说‘在’字就不说‘征’字，”《礼记》又说：“不避讳声音相近的字。”解释的人说：“这是说像‘禹’字和‘雨’字，‘丘’字和字一类那样。”现在李贺的父亲名晋肃，李贺去参加进士考试，是犯了“二名律”的礼法呢？还是犯了“嫌名律”的礼法呢？父亲名晋肃，儿子就不能考进士，如果父亲名“仁”，儿子就不能做人吗？

避讳从什么时候开始？订立法律制度来教导天下的人，不就是周公、孔子吗？周公做诗不避讳，孔子也不偏讳二名，《春秋》也不讥讽那不避讳人名声音相近的。周康王钊的孙子，谥号为昭王。曾参的父亲名叫皙，曾参不避讳“昔”字。周朝时候有个人叫骐期，汉朝时候有个人叫杜度，他们的儿子应当怎样避讳？是因为避讳和名字声音相近的字，就连他们的姓也避讳呢？还是不避讳和名字声音相近的字呢？汉朝为了避讳武帝的名，就改“彻”为“通”，但没有听说又为了避讳，改车辙的“辙”作什么字。为了避讳吕后的名，改“雉”为“野鸡”，但没有听说又为了避讳，改治天下的“治”作什么字。现在上奏章和下诏谕，没有听到避讳“浒”、“势”、“秉”、“机”这几个字。只有宦官宫妾，才不敢说“谕”字和“机”字，认为说了这几个字就是触犯皇上。君子著书做事，应当遵守什么礼法呢？现在考察经典，对照礼法，考核前代有关避讳的记载，李贺去考进士是可以的呢？还是不可以的呢？

凡是侍奉父母能够像曾参那样，可以不受到指责了。做人能够像周公、孔子，也可以说是到极顶了。现在的读书人，不致力学习曾参、周公、孔子的品行，却在避讳亲人的名字上就一定要超过曾参、周公、孔子，也可以看到他们的糊涂了。周公，孔子，曾参，毕竟是不能超过的。要是在避讳上超过周公、孔子、曾参，就和宦官宫妾一样了。这些宦官宫妾对他们亲人的孝顺，还能胜过周公，孔子、曾参吗？

【赏析】

李贺是唐代一名杰出的诗人，韩愈与皇甫湜曾专门拜访过这位比他们卑年少的少年才子，李贺当场作《高轩过》诗相赠，深得韩、皇甫的赏识，所以劝举进士，李贺的父亲名为晋肃，“晋”与进士的“进”同意，嫉妒他才华的人就扬言李贺考进士犯了他父亲的名讳，因此不宜参加进士的考试。这篇《讳辩》是韩愈特地写来为李贺辩护的，毋宁看作是对一种世俗的观点的抨击。文章以驳论形式出现，先引律，后引经，再引国家之典，指出李贺考进士合情合理合法。文章气势极盛，辩驳有力，且语言幽默，实为一篇难得的佳文。

清过珙在《古文评注》中评论这篇驳论：“昌黎此辩，质之于律，考之于经，稽之于典，三段中反复曲折，如蛇龙之不可羁络。一总处最有归宿。至于末后转愈奇，如虞人虎网，一动一紧，尤妙在总不直说出一句。似庄似谑，可以一哂，真是以文为戏。”

争臣论①

韩愈

【原文】

或问谏议大夫阳城于愈②：可以为有道之士乎哉？学广而闻多，不求闻于人也。行古人之道，居于晋之鄙③。晋之鄙人，薰其德而善良者几千人④。大臣闻而荐之，天子以为谏议大夫⑤。人皆以为华，阳子不色喜⑥。居于位五年矣，视其德如在野⑦，彼岂以富贵移易其心哉？愈应之曰：是《易》所谓"恒其德贞"，而"夫子凶"者也⑧，恶得为有道之士乎哉！在《易·蛊》之"上九"云："不事王侯，高尚其事⑨。"《蹇》之"六二"则曰："王臣蹇蹇，匪躬之故⑩。"夫亦以所居之时不一，而所蹈之德不同也⑪。若蛊之"上九"，居无用之地，而致匪躬之节⑫；以《蹇》之"六二"，在王臣之位，而高不事之心⑬；则冒进之患生⑭，旷官之刺兴⑮，志不可则，而尤不终无也⑯。今阳子在位不为不久矣；闻天下之得失，不为不熟矣；天子待之，不为不加矣。而未尝一言及于政，视政之得失，若越人视秦人之肥瘠，忽焉不加喜戚于其心⑰。问其官，则曰谏议也；问其禄，则曰下大夫之秩也⑱；问其政，则曰我不知也。有道之士，固如是乎哉？且吾闻之：有官守者⑲，不得其职则去；有言责者⑳，不得其言则去㉑；今阳子以为得其言乎哉？得其言而不言，与不得其言而不去，无一可者也。阳子将为禄仕乎㉒？古之人有云：仕不为贫，而有时乎为贫，谓禄仕者也。宜乎辞尊而居卑，辞富而居贫，若抱关击柝者可也[23]。盖孔子尝为委吏矣，尝为乘田矣[24]，亦不敢旷其职。必曰“会计当而已矣[25]，”必曰“牛羊遂而已矣[26]”。若阳子之秩禄，不为卑且贫，章章明矣[27]，而如此其可乎哉？

或曰：“否，非若此也。夫阳子恶讪上者[28]，恶为人臣招其君之过而以为名者[29]，故虽谏且议，使人不得而知焉。《书》曰：“尔有嘉谟嘉猷，则入告尔后于内，尔乃顺之于外。”[30]曰：“斯谟斯猷，惟我后之德[31]。”夫阳子之用心，亦若此者。愈应之曰：若阳子之用心如此，滋所谓惑者矣[32]！人则谏其君，出则不使人知者，大臣宰相之事，非阳子之所宜行也。夫阳子本以布衣隐于蓬蒿之下[33]，主上嘉其行谊[34]，擢在此位[35]。官以谏为名，诚宜有以奉其职，使四方后代，知朝廷有直言骨鲠之臣[36]，天子有不僭赏从谏如流之美[37]。庶岩穴之士[38]，闻而慕之，束带结发，愿进于阙下而伸其辞说[39]，致吾君于尧舜，熙鸿号于无穷也[40]。若《书》所谓，则大臣宰相之事，非阳子之所宜行也。且阳子之心，将使君人者，恶闻其过乎？是启之也[41]！

或曰：阳子之不求闻而人闻之，不求用而君用之，不得已而起，守其道而不变，何子过之深也？愈曰：自古圣人贤士，皆非有求于闻用也。闵其时之不平、人之不乂[42]，得其道，不敢独善其身，而必以兼济天下也。孜孜矻矻[43]，死而后已。故禹过家门不入[44]，孔席不暇暖[45]，而墨突不得黔[46]。彼二圣一贤者，岂不知自安逸之为乐哉？诚畏天命而悲人穷也！夫天授人以贤圣才能，岂使自有余而已[47]？诚欲以补其不足者也！耳目之于身也，耳司闻而目司见[48]，听其是非，视其险易，然后身得安焉。圣贤者，时人之耳目也；时人者，圣贤之身也。且阳子之不贤，则将役于贤以奉其上矣[49]；若果贤，则固畏天命而闵人穷也，恶得以自暇逸乎哉[50]？

或曰：吾闻君子不欲加诸人[51]，而恶讦以为直者[52]，若吾子之论，直则直矣，无乃伤于德而费于辞乎？好尽言以招人过[53]，国武子之所以见杀于齐也[54]。吾子其亦闻乎？愈曰：君子居其位，则思死其官；未得位，则思修其辞以明其道，我将以明道也，非以为直而加人也；且国武子不能得善人[55]，而好尽言于乱国，是以见杀。《传》曰：“惟善人能受尽言。”谓其闻而能改之也。子告我曰：“阳子可以为有道之士也。”今虽不能及已，阳子将不得为善人乎哉？

【注释】

①争臣：直言诤谏的官员。争（zhèng）同诤。

②谏议大夫：官名。秦时设谏大夫，后来历代设此官职，掌侍从规谏。阳城：字亢宗，定州（今河北定县）人。唐德宗时，由宰相李泌推荐，由隐士而任谏议大夫。

③晋之鄙：晋，古国名，在今山西省大部，河北省西南部及河南省北部。鄙，边远地方。阳城中进士后，隐居中条山，所以说他居晋之鄙。

④薰其德：受到他的道德的熏陶。阳城曾在集贤院做书写吏，博览官书，无所不通。隐中条时，远近慕其学问，多从之学。

⑤大臣：指李泌。李泌做陕虢观察使时，闻阳城大名，任宰相后推荐了他。天子：指德宗。

⑤华（huá）：荣耀。不色喜：不喜形于色。

⑦在野：隐居田野。与在朝相对而言。

⑧恒其德贞：语出《易·恒》：“恒其德贞，妇人吉，夫子凶。”意思是说：永久地保持一种道德节操，是妇人的美德，对于男子来说，不能通时权变，却是不好的。

⑨《易·蛊》：“不事王侯，高尚其德。”意思是说：隐居的贤士，不为王侯所役使，力求使自己的行为高尚。

⑩《易·蹇》：“王臣蹇蹇，匪躬之故。”蹇蹇（jiǎn jiǎn），险艰危

难之貌。意思是说，臣子能不顾艰难地去辅助国君，是因为他能不顾自身的缘故。

⑪蹈：遵循，信守。

⑫居无用之地：指身处没被录用的地位。

⑬高不事之心：指在王臣的地位，却怀高尚不事之心。

⑭冒进：指贪求利禄。

⑮旷官：居官而放弃职守。刺：批评。

⑯不终无：犹言最终会有的。

⑰忽焉：不经意的样子。戚：忧愁。

⑱秩：官吏的品级。下大夫之秩：唐代谏议大夫为正五品，年俸二百石，相当于先秦时期的下大夫。

⑲官守：官职。

⑳言责；进言、进谏的责任。　21不得其言：意即不能提出规劝意见。

㉒为禄仕：为了利禄而做官。

㉓抱关击柝（tuò）者：指把守关门、巡夜的人。抱关：守关。柝：巡夜打更用的梆子。击柝：打更。

㉔委吏：管理粮仓的官吏。《孟子·万章下》记“孔子尝为委吏矣，曰会计当而已矣。”乘田：管理放牧牲畜的官吏。《孟子·万章下》记孔子“尝为乘田矣，曰牛羊茁壮长而已矣。”

㉕会计：管理财物及出纳等。当：合适。

㉖遂：顺遂，顺利地成长。

㉗章章：同“彰彰”，明显的样子。

㉘讪上：讥讽君上。

㉙招（qiáo）：此处为检举。

㉚《书》曰六句：语出《书·君陈》。谟：计谋，谋略。猷：道，

法则。

㉛后：君主。顺：附和。

㉜滋：愈益，更加，惑：迷惑失方向。

㉝布衣：平民百姓。蓬蒿：指偏僻乡村山野。

㉞行（xíng）谊：品行、道义。

㉟擢（zhuó）：提拔，选拔。

㊱直言骨鲠之臣：骨鲠：比喻刚直。谓直言敢谏的臣子。

㊲不僭（jiàn）赏：赏赐没有不妥当。僭：超越本分，过分。从谏如流：形容能乐于接收意见，像水从高处流向低处那样自然。

㊳岩穴之士：指隐居不仕的有道之人。

㊴束带结发：整束衣带，盘结头发，表示庄重。阙下：指朝廷。辞说：主张，见解。

㊵熙鸿号于无穷：意谓流广其大名于千秋万世。熙：光大。鸿号：大名。无穷：指万世之后。

㊶启：开启，促成。

㊷乂（yì）：治理、安定。

㊸孜孜矻矻（kū kū）：勤劳不息的样子。

㊹禹过家门不入：《孟子·离娄下》记大禹治水，“三过其门而不入。”形容忠于职守，公而忘私。

㊺孔席不暇暖：孔子当年周游列国传播济世之道，回到家中席子未曾坐暖，便又起程了。

㊻墨突不得黔：指墨子抱济世之才，回到家，烟囱未曾烧黑，便又离家了。突：烟囱。黔：黑。

㊼自有余：自己生活优裕。

㊽司：掌管。

㊾役于贤以奉其上：意指应该服从贤人来奉侍君主。

㊿自暇逸：自己闲散安逸。

51加诸人：谓过分责备人。加：施加。

52恶讦（jié）：讨厌攻击别人短处，揭发别人的阴私。恶讦以为直：讨厌攻击别人不足来表现自己的正直。

53尽言：说话不留余地。招（qiáo）人过：指谪，显示别人的过失。

54国武子：名佐，春秋齐国国卿，好言正谏，因坦率指责齐灵公母与人私通而被杀。

55善人：贤人。

【译解】

有人向我询问谏议大夫阳城："这个人可以认为是有道德的人吗？他学问渊博，见识也广，又不想出名。学习古人的立身处世的道理，隐居在晋国的边境上。那里的乡人，受到他的道德薰陶而品行善良的上千人。大臣听到了，就荐举他，天子派他当谏议大夫。大家都认为荣耀，而阳城并没有得意的表情。他任职已经五年了，看他的品德如同在野时一样。他哪里会因为富贵就改变自己的意志呢？"我回答说："这就是《易经》所说的长久地保持一种德操，而不能因事制宜，对男子说来是危险的，哪里能够说是有道德的人呢？在《易经·蛊》的'上九'里说：'不去侍奉王候，只求自己的节操高尚。'《易经·蹇》的'六二'里说：'王臣屡屡直谏，不是为了他自己，而是为君为国。'那也是因为所处的时代不一样，所实行的道德也不相同。假如像《易经·蛊》的'上九'所说那样，处在没有任用的地位，却表现出不惜自身的节操；而像《易经·蹇》'六二'所说的那样，处在大臣的地位，却以不侍奉天子和诸侯的心情作为高尚，那么忧患就会产生，旷废职守的责难就会兴起，这样的志向不能效法，而他的过失终于不可避免的。现在阳城身居官位，不是不长久了；听到朝政的得失，不是不熟悉了；天子对待他，不是不重视的了。可是他没有一句话关系到朝政。他看待朝政的得失，像越国人看待秦国人的胖瘦一样，毫不在意，在他的心中引不起什么高兴和忧愁。问他的官位，就说谏议大夫；问他的官俸，就说下大夫的俸禄；问他朝政情况，却说我不知道。有道德的人，难道是这样的吗？况且我听说：有官职的人，不能尽职就辞去；有进言责任的人，不能提出规劝意见就辞去。现在阳城认为能够提出规劝的意见吗？能提出规劝意见而不说，和不能提出规劝意见而不辞去，没有一种是对的。阳城是为了俸禄做官的吗？古人说过：‘做官不是因为贫穷，但有时是因为贫穷的。’说的是那些为俸禄做官的人。应当辞去高位而担任卑贱的职务，放弃富贵而安处贫贱的生活，像当个看门、打更的小吏可以了。孔子曾经当过管粮仓的小吏，曾经当过管饲养牲畜的小吏，也不敢旷废他的职守。一定说：‘财物账目相符才行’。一定说：‘牛羊顺利成长才行’。像阳城的等级俸禄，不算低下和微薄，这是很明白的，可是他这样办事，难道是可以的吗？”

《二十一史通俗演义》版画之夏禹治水图

有人说，“不，不是这样的。阳城是厌恶毁谤皇上的，厌恶做臣子的人揭露君主的过失而因此出名。所以虽然规谏和议论，却不让人家知道。《书经》说：‘你有好计谋好策略，就进去告诉你的君主，你就到外面附和着说，这个计谋这个策略都是我们君主作出的。’那阳城的存心，也像是这样的。”我回答说：“如果阳城的存心是这样，那就更是所谓糊涂的了。进去规劝君主，出来不使人知道，这是大臣宰相的事情，不是阳城所应当做的。那阳城本是平民，隐居草莽之中，主上赞赏他的品行，提拔到这个位置上。官职既名为谏议，实在应当有所作为来奉行他的职守，让天下的人和他们的后代，知道朝廷有直言敢谏的刚正臣子，天子有不滥赏赐和从谏如流的美名。这样就可使山野隐士，闻风羡慕，束好衣带，结好头发，自愿来到宫阙陈述他们的意见，使我们君主的仁德和尧舜并列，美名光耀到千秋万代。至于《书经》所说的，是大臣宰相的事情，不是阳城所应当做的。而且阳城的用意，不是将使作君主的人厌恶听到自己的过失吗？这岂不是开了君主厌恶听到自己过失的先例。

有人说：“阳城不求出名而人家都知道他，不求任用而君主任用了他，不得已才出来做官的，保持他的德行而不改变，为什么您要那样厉害的指责他呢？”我说：“自古以来的圣人贤士，都不是要求闻名和任用的，只是怜悯时世不太平，百姓不安定，有了道德学问，不敢独善其身，一定要用来普救天下，勤奋努力，到死方休。所以夏禹三过家门而不入，孔子回家坐席还没有坐暖，墨子回家，烟囱还来不及烧黑，就又出行了。那两位圣人，一位贤人，难道不知道自己过安逸的日子是快乐的吗？实在是畏惧天命而怜悯人民穷困啊。上天把道德、智慧和才能授给人，难道只是让他自己有馀而已，实在要用他弥补人家的不足。耳目对于人身，耳朵管听，眼睛管看，听清是非，看明安危，而后身体才得到安全。圣人贤人，就好比是世人的耳目；世人，就好比是圣人贤人的身体。再说，阳城假若不贤明，就应当为贤人所役使来奉事他的君主；假若果真贤明，那么本来就应当畏惧天命而怜悯人民的穷困。怎么能够只图自己闲适安逸呢？”

有人说：“我听说君子不想把自己所不要的东西加在人家身上，而且憎恨那种把揭发别人的短处自以为直率的人。像您的议论，直率是直率了，只怕伤害道德，多费口舌了吧？喜欢直言不讳来揭发别人的过失，这就是国武子在齐国被杀的原因，您大概也听说过吧？”我说：“君子有了官职，就想到以身殉职。没有做官，就想到修饰文辞来阐明道理。我要用言辞来阐明道理，不是自命正直而把自己所不要的东西加在他人身上。况且国武子是因为没有遇到善良的人，却喜欢在乱国直言不讳，所以被杀。古书上说：‘只有好人能接受直言规劝’，这是说他听到规劝的意见后能够改正。你告诉我说：‘阳城可以认为是一个有道德的人。’现在虽然还没有达到，难道阳城将来就不能做一个有道德的人吗？”

【赏析】

本文从忠于封建帝王，维护封建统治出发，针对德宗时谏议大臣阳城不认真履行自己的职责，对工作采取敷衍了事态度的不良表现，对其人其事进行了直截了当的批评。文章开头便是诘问，全篇共四问四答，自设问自回答。辨论的中心是谏官在其位应尽其职。阳城不尽职似有种种理由，文章分为在位如在野、恶讪上而出名、不官而官故不司谏、谏招人过四题，逐一加以反驳。“截然四问回答，而首尾关键如一线。”（明茅坤《唐宋八大家文钞》评）文章共用十一个反问句，气势如虹，既是诘问，又是论断，不求答而答自在其中，增加了说服力。这是这篇文章的一大特色。

文章有的放矢，确也使阳城改变了作风，敢于直言上谏，表现出一名谏官的高尚品德，并因此名声大振。

后十九日复上宰相书

韩愈

【原文】

二月十六日[①]，前乡贡进士韩愈[②]，谨再拜言相公阁下[③]：

向上书及所著文，后待命凡十有九日[④]，不得命，恐惧不敢逃遁，不知所为，乃复敢自纳于不测之诛[⑤]，以求毕其说，而请命于左右[⑥]。

周公像

愈闻之：蹈水火者之求免于人也，不惟其父兄子弟之慈爱，然后呼而望之也；将有介于其侧者[⑦]，虽其所憎怨，苟不至乎欲其死者，则将大其声疾呼而望其仁之也[⑧]。彼介于其侧者，闻其声而见其事，不惟其父兄子弟之慈爱，然后往而全之也；虽有所憎怨，苟不至乎欲其死者，则将狂奔尽气，濡手足，焦毛发救之而不辞也[⑨]，若是者何哉？其势诚急，而其情诚可悲也。

愈之强学力行有年矣[10]，愚不惟道之险夷[11]，行且不息，以蹈于穷饿之水火，其既危且亟矣[12]，大其声而疾呼矣，阁下其亦闻而见之矣，其将往而全之欤？抑将安而不救欤？有来言于阁下者曰：有观溺于水而热于火者[13]，有可救之道，而终莫之救也，阁下且以为仁人乎哉？不然，若愈者，亦君子之所宜动心者也。

或谓愈：子言则然矣，宰相则知子矣，如时不可何[14]？愈窃谓之不知言者，诚其材能不足当吾贤相之举耳，若所谓时者，固在上位者之为耳，非天之所为也。前五六年时，宰相荐闻[15]，尚有自布衣蒙抽擢者[16]，与今岂异时哉？且今节度观察使及防御营田诸小使等[17]，尚得自举判官[18]，无间于已仕未仕者[19]，况在宰相，吾君所尊敬者，而曰不可乎？

古之进人者，或取于盗[20]，或举于管库[21]。今布衣虽贱，犹足以方于此[22]。情隘辞蹙[23]，不知所裁[24]，亦惟少垂怜焉[25]。愈再拜。

【注释】

①二月十六日：指唐德宗贞元十一年二月十六日。

②乡贡：唐代不经学馆考试由地方荐举出来参加科举考试而考上进士科的人，称为乡贡进士。

③再拜：一拜而又拜，表恭敬的礼节。相公：宰相。

④侍命：等待回音。

⑤自纳：自取。不测之诛：意料不到的责怪。

⑥请命：请求指示。左右：指宰相左右执事的人。敬辞，实指宰相本人。

⑦介于其侧者：站在他身边的人。

⑧望其仁之：希望他能施行仁义来解救。仁，动词，实行仁义之

举，即救助。

⑨濡（rú）：湿。焦：烧焦。

⑩强学：勤奋刻苦地学习。有：多年。

⑪不惟：不曾考虑、思索。险夷：艰险和平坦。

⑫亟（jí）：急迫。

⑬热（ruò）：焚烧。

⑭如时不可何：意为时势不允许，又有什么办法呢。

⑮荐闻：向上推荐。

⑯抽擢：提拔。

⑰节度观察使：节度使、观察使。节度使是一道（地区单位）或数州的行政长官，执掌军、政、财、民等大权。观察使主要是考察州县官吏的政绩。

⑱判官：唐代节度使、观察使、防御史、营田使等的僚属，协助其工作。中唐以后，判官人选不再由吏部任命，多由节度使等自行挑选任用。

⑲间：区别。

⑳或取于盗：《礼记·杂记》记载孔子说，齐国宰相管仲曾选用二位原来做强盗的人做官，后来齐王还委任其为公臣。

㉑或举于管库：《礼记·檀弓》记载晋赵文子曾从晋国管理仓库的人员中，挑选了七十余人材。

㉒方：相当。

㉓情隘辞蹙：心情郁塞辞气迫急。

㉔不知所裁：裁，定夺，斟酌。意谓因为求请急迫，不知如何是好。

㉕垂怜：施以爱怜之心。

【译解】

二月十六日，前乡贡进士韩愈，恭敬地向相公阁下再拜进言：

前些日子我曾呈上书信和所作文章，以后一直恭候您的回信，已经十九天了，没有得到回音，我心里惶恐，不敢离去，不知道怎么办。于是宁可蒙受不可预料的责备，来说完我的意见，并向您请教。

我听说，陷在水火中的人向人求救时，不只因为他和自己有父兄子弟般的慈爱，而后才呼喊并希望他来救援。而是希望在他附近的人，即使与自己有过什么怨恨，只要还不至于希望自己死掉的，就会大声而急切地呼喊，希望他发善心来救援。那个在他附近的人，听见这声音，看见这情况，也不只因为和他有父兄子弟般的慈爱，而后才奔过去救援他。即使和他有什么怨恨，只要还不至于希望他死掉的人，就将尽力狂奔过去，弄湿手足，烧焦毛发，救起他来，而不会躲避或推托。这样做是为什么呢？是为那情势实在危急，而那情况实在可悲啊。

我勤奋学习，并且身体力行已经多年了。我不考虑道路的艰险和平坦，一直向前走，没有停止，以至于陷在穷困饥饿的水深火热之中，又危险又急迫，我也大声地疾呼了，您也许听到和看到了吧。您是前来救助我呢？还是坐视不救呢？有人来向您说："有人看到被水淹和被火烧的人，他有可以救的办法却终于不去救他，您认为他是个仁人君子吗？"如果认为不是，那么像我这种人，也是仁人君子应该动心的吧。

有人对我说："你的话是对的，宰相也了解你，但是时机不许可怎么办呢？"我以为他是个不懂道理的。事实上是他的才能不值得我们贤相的推举罢了，至于所谓时机，本来就是在上位的人造成的，不是上天造成的。前五、六年时，宰相向上推荐，尚且有从平民中提拔出来的，那时和现在难道有什么不同吗？况且现在的节度使，观察使及防御，营田等小使，还可以自己选用判官，不用区分他有没有职位。何况是宰相，我们君主所尊敬的人，却说不可以吗？古时候向上推荐人才的，有的从盗贼中选取，有的从管理仓库的人员中选拔，现在我这个无官无职的人虽然卑贱，但还是足够和这些人相比的。我的境况窘迫，言语急切，不知讲些什么好，只是希望稍微赐予一点爱怜罢了。

韩愈再拜。

【赏析】

韩愈在唐德宗贞元九年中进士，后又参加了礼部的考试，但一直没有得到官职，贞元十一年，韩愈连续三次给宰相上书求仕，本文是韩愈继第一次上书后未被理睬后的又一次上书。这次上书，确实是“情隘辞蹙”，以至于“大其声疾呼”。

文章开头先设一喻：“蹈水火者”，并将救援的人分为父兄子弟与非父兄子弟，以及有“所憎恶”者与无“所憎恶”者，认为这些人都会尽力救助的。特别点到“虽有所憎怨，苟不至乎欲其死者，则将狂奔尽气，濡手足，焦毛发，救之而不辞”，说明身居高位之人应动怜才之心，解救穷困危难中的士子。文章的中段是正论，论宰相提携后辈是不可推诿的责任。重点在驳“时不可”，说明是否提拔后进之士并不因时而异，人才招用的时机是在位的人造成的。全文紧扣“势”、“时”二字着笔，步步深入；又善于设事立言，词恳意切。本文在客观上表现了当时统治集团不能举贤授能的社会现实，同时也表现了封建文人为求官禄而对统治者“俯首贴耳，摇尾而乞怜”的可怜相。

文章起伏跌宕，萦回反复，叙述通畅，单就文章本身而论，确为一篇佳文。清吴楚材、吴调侯在《古文观止》中有评曰：“前幅设喻，中幅入正文，后幅再起一议，总以“势”字、“时”字作主，到底曲折，无一直笔。所见似悲戚，而文则宕逸可诵。”

后廿九日复上宰相书

韩愈

【原文】

三月十六日，前乡贡进士韩愈，谨再拜言相公阁下：

愈闻周公之为辅相[①]，其急于见贤也，方一食三吐其哺，方一沐三捉其发[②]。当是时，天下之贤才皆已举用，奸邪谗佞欺负之徒皆已除去[③]，四海皆已无虞，九夷八蛮之在荒服之外者皆已宾贡[④]，天灾时变、昆虫草木之妖皆已销息[⑤]，天下之所谓礼乐刑政教化之具皆已修理[⑥]，风俗皆已敦厚，动植之物、风雨霜露之所沾被者皆已得宜[⑦]，休征嘉瑞[⑧]、麟凤龟龙之属皆已备至[⑨]。而周公以圣人之才，凭叔父之亲，其所辅理承化之功，又尽章章如是[⑩]，

韩愈像

其所求进见之士岂复有贤于周公者哉？不惟不贤于周公而已，岂复有贤于时百执事者哉[11]？岂复有所计议能补于周公之化者哉？然而周公求之如此其急，惟恐耳目有所不闻见，思虑有所未及，以负成王托周公之意，不得于天下之心。如周公之心，设使其时辅理承化之功，未尽章章如是，而非圣人之才，而无叔父之亲，则将不暇食与沐矣[12]，岂特吐哺捉发为勤而止哉？维其如是，故于今颂成王之德而称周公之功不衰[13]。

今阁下为辅相亦近耳，天下之贤才，岂尽举用？奸邪谗佞欺负之徒岂尽除去？四海岂尽无虞[14]？九夷八蛮之在荒服之外者岂尽宾贡？天灾时变，昆虫草木之妖岂尽销息？天下之所谓礼乐刑政教化之具岂尽修理？风俗岂尽敦厚？动植之物、风雨霜露之所沾被者岂尽得宜？休征喜瑞、麟凤龟龙之属岂尽备至？其所求进见之士，虽不足以希望盛德，至比于百执事，岂尽出其下哉？其所称说，岂尽无所补哉？今虽不能如周公吐哺握发，亦宜引而进之，察其所以而去就之，不宜默默而已也。愈之待命四十余日矣，书再上而志不得通，足三及门而阍人辞焉[15]。惟其昏愚，不知逃遁[16]，故复有周公之说焉。阁下其亦察之！

古之士三月不仕则相吊[17]，故出疆必载质[18]，然所以重于自进者[19]，以其于周不可，则去之鲁；于鲁不可，则去之齐；于齐不可，则去之宋、之郑、之秦、之楚也。今天下一君，四海一国，舍乎此则夷狄矣，去父母之邦矣；故士之行道者[20]，不得于朝，则山林而已矣。山林者，士之所独善自养[21]，而不忧天下者之所能安也；如有忧天下之心，则不能矣。故愈每自进而不知愧焉。书亟上[22]，足数及门而不知止焉。宁独如此而已，惴惴然惟不得出大贤之门下是惧[23]，亦惟少垂察焉[24]，渎冒威尊[25]，惶恐无已！愈再拜。

【注释】

①辅相：宰相。周公是周文王的儿子，周武王的弟弟，武王死后成

王即位后，由周公摄政，辅佐成王管理国家。故后文有“叔父之亲”。

②一食三吐其哺：吃一顿饭（为接待贤人）三次吐出所吃的东西。哺，口中所含的食物。一沐三捉其发：洗一次头，三次握着头发（出来接待来访贤人）。周公礼贤下士，传说曾在一顿饭中二次吐哺，一次洗头间三握其次来与宾客会面。表明周公殷勤待士，招揽人才的恳切和诚心。

③奸邪谗佞：奸诈邪恶讲人坏话，谄谀虚伪。佞：献媚。

④荒服：荒远地区。古时将天下分为五服：甸服、侯服、绥服、要服、荒服。荒服为王畿以外的边远地区。宾贡：归顺纳贡。

⑤销息：清除灭绝。销同“消”。时变：指时令季节的一些反常现象。

⑥修理：整顿制订。

⑦沾被：湿润。

⑧休征嘉瑞：指美好吉祥的征兆。

⑨麟凤龟龙：古时称麟、凤、龟、龙为四灵。

⑩辅理承化：治理，承行教化。章章：章章同“彰彰”，明显的样子。

⑪百执事：执事，官吏。百执事，指周公手下众多的官员。

⑫不暇：来不及，没空闲。

⑬成王：指周成王。周武王之子，周公辅佐的天子。

⑭虞：担忧。

⑮阍（hūn）人：守门人。辞：拒绝。

⑯逃遁：意为擅自离开。

⑰吊：吊慰，安慰，即慰问丧家或遭遇不幸的人。

⑱出疆：离开自己的国家，到其它国家去。质：初见面所赠的东西。

⑲自进：自己争取。

⑳行道：实行自己的理想和抱负。

㉑独善自养：独善其身。

㉒亟（qì）：屡。

㉓惴惴然：发愁不安的样子。

㉔垂察：垂顾考查。

㉕渎冒：亵渎冒犯。威尊：威严尊贵。

【译解】

三月十六日，前乡贡进士韩愈，恭敬地再拜上书相公阁下：

我听说周公担任宰相的时候，他急于接待贤士，在吃一顿饭时，要多次吐出口中的食物；在洗一次头时，要多次把解开的头发握在手里。在这时候，天下的贤才都已荐举任用；狡诈邪恶、巧言谄媚、反复无常、背信弃义的人都已清除掉；天下已没有什么忧虑的了；边远地区的蛮夷民族都已归顺进贡；天灾时变、昆虫草木的各种妖孽都已消失灭迹；天下称为礼乐、刑政、教化的各种制度，都已整治；风俗都已经诚朴宽厚；受着风雨霜露普遍滋润的动植物等都已得其所宜；麟、凤，龟，龙等祥瑞征兆都已出

《唐诗画谱》插图

现。而周公凭着他那圣人的才能，依靠他是天子叔父的至亲，他辅助天子治理周室，继承奉行先王的德化和功绩，又都是这样显著。那些要求进见的人，难道还有超过周公的吗？不仅不能超过周公，难道再有胜过当时百官的吗？难道还有谋略对周公的德化可以补益的吗？然而周公求贤士是这样地急迫，只怕自己的耳目有所听不到、看不到的，思考有所顾不到的，以致辜负成王托付自己的心意，失去天下的人心。按照周公的心意，假使那时辅佐天子治理国家，继承奉行先王的德化的功绩，没有这样显著，而他既没有圣人的才能，又没有天子的叔父这种至亲关系，就要连吃饭和洗头都没时间了，哪里只是吐哺握发这样的勤劳就够了呢！正因为他这样，所以人们至今还歌颂成王的德行，而且不停地称赞周公的功德。

现在您担任宰相，和周公的地位相比也相近。天下的贤才，难道都已荐举任用？狡诈邪恶、巧言谄媚、反复无常、背信弃义的人难道都已经清除掉？天下难道已完全没有什么忧虑的了？边远地区的蛮夷各民族难道都已归顺进贡？天灾时变、昆虫草木的各种妖孽，难道都已消失？天下称为礼乐、刑政、教化的各种制度，难道都已整治？风俗难道都已诚朴宽厚？受风雨霜露普遍滋润的动植物，难道都已得其所宜？麟、凤、龟、龙等祥瑞征兆，难道都已出现？那些请求进见的人，虽然不能期望有您这样的盛德，但和那些办事官吏相比，难道都在他们之下吗？他们所陈述的意见，难道对您都没有什么补益吗？现在您即使不能像周公那样吐哺握发，也应该引进他们，考察他们的才能而后决定去留，不应该采取默默然的冷漠态度。

我等候您的回示，已经四十多天了。书信呈上两次，可是我的心意不能上达。三次登门，都给守门的挡住。只因为生性愚昧，不知道离开，所以又有关于周公的一番议论。希望您也仔细地看看它。

古代的士人，三个月没有官职就相互慰问，所以出境就要带上礼物。但是他们所以重视自我推荐，是因为他在周国如果不被任用，就到鲁国去；在鲁国不被任用，就到齐国去；在齐国不被任用，就到宋国，到郑国，到秦国，到楚国去。现在天下只有一个君主，四海之内只有一个国家，离开这里就是夷狄那些地方，离开自己的祖国了。所以要实行自己的主张和抱负的士人，不能在朝廷供职，就只有到山林隐居去了。山林里边，是士人中那些独善其身、自我修养、不为天下担忧的人才能安心的。如果怀有为天下担忧的一颗心，就不能安心在山林里了。所以我才常常自我推荐而不感到羞愧，信屡次呈上，脚步屡次到门上也不知道停止。难道只是这样吗？不，我的诚恐诚惶只怕不能出身在您的门下，希望您能够稍微留意审察！亵渎触犯您的威严和尊贵，十分惶恐。

韩愈再拜。

【赏析】

本文为韩愈三上宰相书的第三封，与前封书信相比，虽同出于求职动机，但内容和表现方法大有不同，前封信重在叙述处境的困窘，说自己“以蹈于穷饿之水火，其既危且亟矣，大其声而疾呼矣”，动之以情。而本封信则引典析理以求“垂察”，重在以理服人。立意的角度也从个人利益得失转变为朝廷的用人得失，把宰相对待他上书的态度是否重视人才的高度，信首先赞诵周公“吐哺握发”，求贤若渴的正面典范。接着将今之宰相与周公的两种用心作比，指出宰相的错误态度，虽非直陈时弊，却狠狠地数落了当时的宰相一番，妙得是还不卑不亢地表达了求职之意。

文章主要是维护自己，通过当时情况与古代情况，自己行为与隐士作风相比较中，说明一再上书是出于“忧天下之心”。

与于襄阳书①

韩愈

【原文】

七月三日，将仕郎守国子四门博士韩愈②，谨奉书尚书阁下③：

士之能享大名显当世者，莫不有先达之士，负天下之望者为之前焉④；士之能垂休光照后世者⑤，亦莫不有后进之士负天下之望者为之后焉⑥。莫为之前，虽美而不彰；莫为之后，虽盛而不传。是二人者，未始不相须也⑦，然而千百载乃一相遇焉。岂上之人无可援，下之人无可推欤？何其相须之殷而相遇之疏也。其故，在下之人，负其能不肯谄其上⑧；上之人，负其位不肯顾其下⑨。故高材多戚戚之穷，盛位无赫赫之光，是二人者之所为皆过也⑩。未尝干之，不可谓上无其人⑪；未尝求之，不可谓下无其人。愈之诵此言久矣，未尝敢以闻于人。

侧闻阁下抱不世之才⑫，特立而独行⑬，道方而事实，卷舒不随乎时⑭，文武惟其所用。岂愈所谓其人哉？抑未闻后进之士有遇知于左右，获礼于门下者，岂求之而未得邪？将志存乎立功，而事专乎报主，虽遇其人，未暇礼邪？何其宜闻而久不闻也？愈虽不材，其自处不敢后于恒人⑮，阁下将求之而未得欤？古人有言："请自隗始⑯。"

《春秋五霸七雄列国志传》版画之燕昭王立黄金台招贤图

愈今者惟朝夕刍米仆赁之资是急⑰，不过费阁下一朝之享而足也。如曰吾志存乎立功，而事专乎报主，虽遇其人，未暇礼焉，则非愈之所敢知也⑱。世之龊龊者⑲，既不足以语之，磊落奇伟之人⑳，又不能听焉，则信乎命之穷也㉑！

谨献旧所为文一十八首，如赐览观，亦足以知其志之所存。愈恐惧再拜㉒。

【注释】

①于襄阳：于頔（dí），襄阳人，以郡望称，故称于襄阳。于頔当时由工部尚书出任山南东道节度使。

②将仕郎：文官名。隋置，从九品文官阶，唐、宋沿相设置。守：署理的意思。品级低的人担任较高的官称守，官阶高的人担任较低的官、称行。国子：国子监是当时朝廷最高的教育机关。四门博士：学官名。韩愈时任此职。四门博士管教七品以上侯伯子男的子弟以及有才干的庶民子弟。

③尚书：对于頔的称呼。因其做过工部尚书。和襄阳大都督（故称于襄阳）。

④先达：有德行学问的前辈。前：指导引荐。

⑤休光：盛美的光华。垂休光：意即流传功业，光照后世。

⑥后进：后辈。

⑦相须：相互需要、期待。未始不相须：未尝不相互在等待着。

⑧负其能：以他的才能而自负。谄：奉承，此处意为“请示”。

⑨负其位：以他的地位而自负。顾：关心照顾。

⑩戚戚：忧虑的样子。穷：窘困。

⑪干：干求、拜见。其人：指推荐后进的官员。

⑫侧闻：从旁听说。

⑬特立而独行：才能杰出而德行出众。

⑭卷舒：弯曲和伸直，此指仕途的进退。时：时俗、风尚。

⑮自处：处身立世，道德修养。恒人：常人，一般的人。

⑯请自隗（wěi）始：请从郭隗开始。隗：郭隗。《史记·燕昭公世家》记载：燕昭王欲招揽天下人才，问计于郭隗。郭隗说：“王必欲致士，先从隗始，况贤于隗者，岂远千里哉！”燕昭王为郭隗建造了宫邸，并以师事之，后乐毅、邹衍、剧辛等贤能之士纷纷来到燕国，燕昭王重用了他们，使燕国富强了起来。“请自隗始”在此的意思就是拿我做一个榜样，来吸引其他人才。

⑰刍米仆赁：刍，饲养牲口的草。米，指食粮。仆，仆役。赁，租用。一朝之享：一顿早饭，比喻要求极低。

⑱知：赞成，理解。

⑲龊龊者：指那些气量狭小并拘泥于小节的人。

⑳磊落奇伟：心胸坦白，不同一般。

㉑信：确实，真是。

㉒恐惧：恐惶不安。再拜：一拜而又拜。表示对对方的尊敬。

【译解】

七月三日，将仕郎守国子四门博士韩愈，恭敬地上书尚书阁下：

读书人能够享有大名，显扬于当代的，没有一个不是靠有德行有学问的先辈有天下声望的人替他做先导的。读书人能够流传美名，照耀后代的，也没有一个不是靠后辈有天下声望的人做他的后继的。没有人做先导，虽有大才也不会显扬；没有人做后继，虽有盛德也不会流传。这两种人，未尝不互相等待，但是千百年才相逢一次。难道上面没有可以攀援的人、下面没有可以推荐的人吗？为啥他们互相期待如此殷切，而相遇的机会却如此稀少呢？原因在于在下的人倚仗他的才能，不肯向上请求举荐；在上的人凭借他的高位，不肯照顾在下的。所以才高的人多为不得志而忧愁，位尊的人没有显赫的声誉，这两种人的作为都是不对的。不曾去请求，不能说上面没有可以攀援的人，不曾去寻访，不能说下面没有可以推荐的人。我念叨这些话已经很久了，从来不曾冒昧地把这话告诉别人。

我从旁听到阁下抱着非常的才能，人品出众而操行独特，道德方正而处世务实，进退能不随时俗，文武官员能按照才能录用，难道我所说的那种先达之士就是您吗？但还不曾听说有为您所赏识而得到以礼相待的后辈，难道是求而未得吗？还是你立志于建立功业，而办事专心于报答君主，即使遇到后进之士，也没有空闲以礼相待呢？为什么应该听到却长久没有听到呢？

我虽然才能平庸，但对自己的要求还不敢落在一般人的后面。阁下要寻求人才却没有得到吗？古人说过：“请从我郭隗开始。”我今天只为每天的柴米和雇用仆役等费用着急，这不过花费阁下一餐的享受就够了。您如果说：“我的志向在于建立功业，而办事专心于报答主上，即使遇到后进之士，也没有空闲以礼相待。”那就不是我所敢知道的了。世上那些器量狭窄的人，既不足以向他们谈这些；心胸坦白、光明正大的人，又不能听我的话。那就确实是命中注定该穷困的了。谨献上以前所做的文章十八篇，如蒙阅览，也能够知道我的志向所在。

韩愈诚惶诚恐再拜。

【赏析】

《古文观止》所选韩愈的上宰相二、三书、《给陈给事书》、《应科目时与人书》，连同此篇，共五通，都是谋求官职的文字。这篇文字与其他篇的不同就在于开头先讲了番大道理，即先达与后进相辅相承的高论：无先达为之前，虽美不彰；无后进为之后，虽盛而不传。文章接着分析二者不能“相须”的原因。最后希望于頔做个名符其实的“先达”，能赏识提拔自己。文章道理讲得透辟、练达，文中好多至理名言，流传至今，再见其影响。

信从先达和后进两方面展开，相互映照，曲折灵转。信中处处回护自己，并自视极高，因此后世文人对此略有微词，清过珙《古文评注》中，评曰：“退之上诸当事书，皆各有自占地步处。人每不之察，而徒以其言词之逊，其为指摘，抑独何哉？谢枋得评此谓韩公自处最高。如‘下之人负其能，不肯谄上’，不害为君子；‘上之人负其位，不肯顾其下’，不免为小人。‘高材多戚戚之穷’，则是君子而安贫贱；‘盛位无赫赫之光’，则是庸人而为富贵。是何等占地步处最确，后之君子，幸勿轻议为也。”

与陈给事书[1]

韩愈

【原文】

愈再拜：愈之获见于阁下有年矣[2]。始者亦尝辱一言之誉[3]。贫贱也，衣食于奔走[4]，不得朝夕继见。其后阁下位益尊，伺候于门墙者日益进[5]。夫位益尊，则贱者日隔[6]；伺候于门墙者日益进，则爱博而情不专。愈也道不加修而文日益有名[7]。夫道不加修，则贤者不与；文日益有名，则同进者忌[8]。始之以日隔之疏，加之以不专之望，以不与者之心[9]，而听忌者之说[10]。由是阁下之庭，无愈之迹矣。

孟郊像，图出自明·天然撰《历代古人像赞》。

去年春，亦尝一进谒于左右矣[11]，温乎其容若加其新也[12]，属乎其言若闵其穷也[13]，退而喜也，以告于人。其后如东京取妻子[14]，又不得朝夕继见，及其还也，亦尝一进谒于左右矣，邈乎其容若不察其愚也[15]，悄乎其言若不接其情也[16]，退而惧也，不敢复进。

今则释然悟，翻然悔[17]曰：其邈也，乃所以怒其来之不继也；其悄也，乃所以示其意也。不敏之诛无所逃避[18]，不敢遂进，辄自疏其所以[19]，并献近所为《复志赋》以下十首为一卷，卷有标轴[20]；《送孟郊序》一首生纸写[21]，不加装饰，皆有揩字注字处[22]。急于自解而谢[23]，不能俟更写[24]，阁下取其意而略其礼可也。愈恐惧再拜。

【注释】

①陈给事：陈京，字庆复，代宗大历元年中进士第。韩愈写此信时，陈京任给事中，故称陈给事。给事，即给事中，职在皇帝左右侍从以备顾问应对等事。

②阁下：敬词，尊称对方。

③尝辱一言之誉：曾承蒙您的一声夸奖。辱：蒙受，谦词。

④衣食于奔走：为衣食而奔走。

⑤伺候于门墙者：指干谒奉迎的人。门墙：旧称师长之门。进：增多。

⑥日隔：一天比一天隔膜。

⑦道不加修：道德修养方面没有增加。

⑧同进者：同辈的人。

⑨不与：不相交往。与，许，交往。

⑩忌者之说：忌妒者的话，指谗言。

⑪进谒：拜见，谒见。进谒于左右矣：拜访过您一次了。

⑫温乎其容：你的面容温和可亲。新：新交。指比先前为好。

⑬属乎其言：以言相嘱。指相互亲切叙谈。闵其穷：同情其困厄未能得发达。

⑭东京：洛阳。汉代称洛阳为东京，后历代因之。

⑮邈乎其容：指形容表情冷淡。邈，远。

⑯悄乎其言：指沉默寡言似无话可说。悄，静，无声。接：理解。

⑰翻然：迅速改变貌。

⑱不敏之诛：不聪敏的责怪。

⑲自疏：自我说明，自我疏通。

⑳标轴：指卷轴上作的标记。

㉑孟效：唐代诗人，字东野，作者的朋友。生纸：唐时纸有生熟之分。

㉒揩字：涂抹的字。注字：添加注记的字。

㉓自解而谢：自我解释，谢罪致歉。

㉔俟（sì）：等待。

【译解】

愈再拜。

我同阁下认识已经好几年了。开始的时候也曾经得到过阁下的一些称赞。由于我贫贱，为了生活东奔西走，不能早晚经常拜见。此后阁下的地位越来越高，伺候在门下的人一天天地增加。地位越来越高，跟贫贱的人就会一天天地隔膜；伺候在门下的人一天天地增加，阁下的爱就会广泛，情意不能专一。我的品德没有完善，文章却一天天地出名。品德没有完善，贤明的人就不赞赏；文章一天天地出名，同进的人就会妒忌。开始，和阁下是日渐隔膜疏远，加上阁下对门下人感情不专，以及阁下不再赏识，而且听信妒忌者的坏话。从此阁下的门庭，就没有我的足迹了。

去年春天，我也曾经进见过一次，阁下脸色温和，似乎赏识我的最近表现；说话接连不断，似乎同情我的穷困处境。告辞回来，心里非常高兴，就把这些情况告诉给别人。打那以后，我到东京去接家属，又不能够早晚经常拜见，等到回来，也曾经进见过一次，阁下脸色冷淡，似乎不理会我的私衷；说话很少，似乎不领受我的情意。告辞回来。心里十分惶恐，不敢再到门上。

如今我才恍然大悟，很快地懊悔起来。心里想：阁下的脸色冷淡，是恨我不经常去拜见的缘故；说话很少，也是暗示这种不满的意思。不聪敏的责备，我是无法逃避的了。因此，我不敢马上进见，就自动申述原故，并且呈上近来做的《复志赋》等十篇文章，作为一卷，卷上都有标记。《送孟郊序》一篇，是用生纸写的，不加装饰，而且都有涂改字或者增加字的地方。因为我急于解释误会从而向阁下道歉，所以等不及重新誊写清楚。阁下收下我的心意，不计较我的礼节，我就心满意足了。

愈诚惶诚恐，再拜。

【赏析】

唐德宗贞元十九年，韩愈被贬为阳山县令。在离开南京之前，给新迁给事中的陈京写了这封信。全篇以“见”与“不见”为关节，分而叙之。首段，叙见一笔带过，叙不见则曲折逶迤。陈述首次谒见后不得复见的缘由，即日隔之疏、不专之望、不与者之心、忌者之说，“由是阁下之庭，无愈之迹矣！”次段陈说去年两次进见后不敢复见的原因。末段及复检讨，自责谢罪以求能再度获见。全信围绕一个“见”字，历叙几次进见情况，诉说自己的苦衷，以求对方的谅解，不卑不亢，即处处维护自己，又处处给陈给事留有余地，真可谓妙笔生花。清金圣叹在《天下才子必读书》中对本文有评曰：“此等文字，何曾是有意必作如此章法，只是起手一行，偶然写得见与不见，后遂因风带火，不自觉笔笔入妙也。作文，固以心空为第一矣。”

应科目时与人书①

韩愈

【原文】

月日愈再拜②。天池之滨，大江之濆③，曰有怪物焉，盖非常鳞凡介之品汇匹俦也④。其得水，变化风雨，上下于天不难也；其不及水，盖寻常尺寸之间耳⑤。无高山大陵旷途绝险为之关隔也⑥；然其穷涸⑦，不能自致乎水，为猵獭之笑者⑧，盖十八九矣⑨。如有力者，哀其穷而运转之，盖一举手一投足之劳也⑩。

然是物也，负其异于众也⑪，且曰：烂死于沙泥，吾宁乐之；若俯首帖耳⑫，摇尾而乞怜者⑬，非我之志也。是以有力者遇之，熟视之若无睹也⑭。其生其死，固不可知也。今又有有力者当其前矣，聊试仰首一鸣号焉，庸讵知有力者不哀其穷而忘一举手一投足之劳⑮，而转之清波乎？

其哀之，命也⑯；其不哀之，命也；知其在命而且鸣号之者，亦命也。愈今者实有类于是。是以忘其疏愚之罪⑰，而有是说焉。阁下其亦怜察之。

【注释】

①科目：分科取士的项目。唐制取士之科，有秀才、明经、进士、

俊士、明法、明算等，又有大经小经之目，故称科目。

②月日：在写书信时有具体的月份和日期。再拜：一拜而又拜。表示对对方的尊敬。

③天池：古代寓言中所说的海。《庄子·逍遥游》：“南溟者，天池也。”濆（fén）：水边，水涯。

④常鳞凡介：普通的长鳞长壳的水中动物。鳞：鱼龙之类。介：鱼鳖之类。品汇：种类。匹俦：相当、相比。

⑤寻常：古时的长度单位；八尺为寻，十六尺为常。寻常尺寸：指范围狭小。

⑥旷途：宽广的道路。关隔：屏障。

⑦穷涸（hé）：因干涸而困窘。

⑧獱（bīn）獭：水獭。獱：小水獭。

⑨十八九：十有八九，形容多。

⑩一举手一投足：举一下手，迈一下步，比喻毫不用费力。

⑪负：凭恃。异于众：意即和一般事物不一样。

⑫俯首帖耳：低着头，耷拉着耳朵。形容恭顺驯服的样子。

⑬摇尾而乞怜：似狗摇着尾巴讨主人的欢喜。

⑭熟视之若无睹：看惯了就像不曾看见一样，形容对事极不关心。

⑮庸讵（jù）：岂，哪儿。

⑯命：命运，命中注定。

⑰疏愚之罪：意即对我粗疏、冒昧的怪责。

【译解】

某月某日，韩愈再拜。在大海的旁侧，长江的边上，传说有一个怪物，它不是平常的水族所能相比的。如果它得到了水，就能兴风作雨，在天空中上上下下一点也不困难。如果它得不到水，就只能在极小的地方活动了。并没有高大的山、辽阔的路和非常危险的地方成为它的阻碍，可是它处在水枯的困窘境地，不能自己找到水，十有八九被小小的水獭所嘲笑。也假如有一个有力量的人，怜惜它的穷困处境，就送它到水里去，只不过一动手、一抬脚之劳罢了。可是这个怪物，依恃它比一般水族的特殊，却说：“就是在沙泥中烂死，我也情愿把它当作高兴的事，至于低下头，耷拉着耳朵，摇着尾巴去向人家乞求怜悯的做法，我从来没有这样想过。”因此有力量的人遇到它，虽然经常看见，却跟没有看到一样。它是死还是活，自然是不能够料到了。

《唐诗画谱》插图

如今，又有一位有力量的人在它前面，姑且抬起头来向他呼喊一声吧，哪里晓得有力量的人不哀怜它的穷困，忘记了一动手一抬脚的辛苦就可以送它到清水中去呢？有力量的人同情它，是命运；有力量的人不同情它，是命运；明晓得这都由命运决定，却还要向他呼救，这也是命运。现在，我的确同这个怪物有些相像，因此不顾自己粗疏愚笨的过错，说了这些话。希望阁下也能够怜悯我，考虑我的处境。

【赏析】

这又是一篇谋求官职的文字，写于德宗贞元九年。当时韩愈参加博学宏词科考试时，由于求仕心切而写信。给当时主试博学宏词的韦舍人的，又称《与韦舍人书》。这篇文字的独特，在于托物为喻，采用诗歌比兴手法，将“直道则丑”的许多意思借物喻尽行说出。表现了一个怀才不遇之人的困窘、忧愤和渴望得人赏识、一展抱负的迫切心情。虽为请托求荐，但作者态度不卑不亢，拿捏极有分寸。

这篇文章与三上宰相书，以及给于襄阳、陈给事书主旨相同，写法上却别出心裁。前五书都是直言陈事，此文则是设喻打比；前五书求仕心切，自比盗贼管库，乞怜悲戚的感觉很浓，本文在把谋职之意表达得清清楚楚之余，通过托物而言，显得不卑不亢，自重身价。像本文这种写法，若胸无丘壑，往往会弄巧成拙，莫要轻易仿效。

韩愈文，语言生动，词汇丰富，造语新颖。流传至今的成语有：俯首帖耳、摇尾乞怜、十有八九、熟视无睹、举手之劳等，而见其对文字所做出的贡献。

送孟东野序

韩愈

【原文】

大凡物不得其平则鸣。草木之无声，风挠之鸣[①]。水之无声，风荡之鸣。其跃也[②]，或激之[③]；其趋也，或梗之；其沸也，或炙之[④]。金石之无声[⑤]，或击之鸣。人之于言也亦然，有不得已者而后言。其歌也有思，其哭也有怀。凡出乎口而为声者，其皆有弗平者乎！

乐也者，郁于中而泄于外者也，择其善鸣者而假之鸣。金、石、丝、竹、匏、土、革、木八者[⑥]，物之善鸣者也。维天之于时也亦然，择其善鸣者而假之鸣。是故以鸟鸣春，以雷鸣夏，以虫鸣秋，以风鸣冬。四时之相推夺，其必有不得其平者乎！

孟郊像，图出自清·顾沅《古圣贤像传略》。

其于人也亦然。人声之精者为言，文辞之于言，又其精也，尤择其善鸣者而假之鸣。其在唐、虞，咎陶、禹[7]，其善鸣者也，而假以鸣。夔弗能以文辞鸣[8]，又自假于《韶》以鸣。夏之时，五子以其歌鸣[9]。伊尹鸣殷[10]，周公鸣周[11]。凡载于《诗》、《书》六艺，皆鸣之善者也。周之衰，孔子之徒鸣之[12]，其声大而远。《传》曰："天将以夫子为木铎。"其弗信矣乎？其末也，庄周以其荒唐之辞鸣[13]。楚，大国也，其亡也，以屈原鸣[14]。臧孙辰、[15]孟轲、荀卿，以道鸣者也。杨朱、墨翟、管夷吾、[16]晏婴、[17]老聃、申不害、[18]韩非、慎到、[19]田骈、[20]邹衍、[21]尸佼、[22]孙武、[23]张仪、[24]苏秦之属[25]，皆以其术鸣。秦之兴，李斯鸣之。汉之时，司马迁、相如、[26]扬雄[27]，最其善鸣者也。其下魏、晋氏，鸣者不及于古，然亦未尝绝也。就其善者，其声清以浮[28]，其节数以急，其辞淫以哀，其志弛以肆[29]，其为言也，乱杂而无章。天将丑其德，莫之顾邪？何为乎不鸣其善鸣者也？

唐之有天下，陈子昂、[30]苏源明、元结、[31]李白、杜甫、李观[32]，皆以其所能鸣。其存而在下者，孟郊东野，始以其诗鸣。其高出魏、晋，不懈而及于古；其他浸淫乎汉氏矣。从吾游者，李翱、[33]张籍其尤也[34]。三子者之鸣信善矣。抑不知天将和其声而使鸣国家之盛邪？抑将穷饿其身、思愁其心肠而使自鸣其不幸邪？三子者之命，则悬乎天矣。其在上也奚以喜？其在下也奚以悲？东野之役于江南也，有若不释然者，故吾道其命于天者以解之。

杜甫像，图出自明·天然撰《历代古人像赞》。

【注释】

①挠：搅动。

②跃：跳，这里指激起浪涛。

③或激之：指因物体阻碍水流，形成波浪。

④炙：烧。

⑤金石：指钟、磬一类乐器。

⑥金：钟。石，指磬。丝：指琴。竹：指箫。匏：指笙竽。土：指埙。革：指鼓。木：指柷敔一类打击乐器。

⑦咎陶：又作皋陶、咎繇，相传为舜臣，舜时掌司法。

⑧夔：传说中舜的乐官。《韶》：夔所作的乐曲。

⑨五子：传说夏王太康荒淫无道，失去权位，他的五个弟弟怨太康失国，作歌以表示心中的怨恨。

⑩伊尹鸣殷：伊尹名挚，商朝贤相，曾助商汤伐桀。汤死，又辅助汤的孙子太甲。

⑪周公鸣周：周公为周武王之弟，曾辅佐成王。

⑫孔子之徒鸣之：传说孔子周游列国失败后，晚年致力于教育。

⑬庄周以其荒唐之辞鸣：意为庄子的学说与文辞汪洋恣肆，无所拘束。

⑭以屈原鸣：屈原，战国时楚国伟大诗人，曾屡受放逐，著《离骚》、《九章》以抒发内心忧愤。

⑮臧孙辰：即臧文仲，春秋时鲁国大夫。

⑯管夷吾：即管仲，齐桓公的宰相。

⑰晏婴：春秋时齐国大夫。

⑱申不害：战国时韩国人。

⑲慎到：战国时赵国人，著有《慎子》一书。

⑳田骈：战国时齐国人。

㉑邹衍：战国时齐国人，阴阳家的代表人物。

㉒尸佼：战国时鲁国人。

㉓孙武：战国时齐国人。

㉔张仪：战国时魏国人，倡连横之说。

㉕苏秦：战国时周人，倡合纵之说。

㉖相如：司马相如。

㉗扬雄：字子云，西汉成哀之时人。

㉘清以浮：浅薄而轻浮。

㉙弛以肆：松懈而放肆。

㉚陈子昂：初唐著名诗人，文学复古运动的开创者。

㉛元结：字次山，唐代文学家。

㉜李观：字元宾，唐代文学家。

㉝李翱：字习之，散文家。

㉞张籍：字文昌，唐代著名诗人。尤：最优异的人。

【译解】

所有东西得不到平静就会发出声音。草木原来没有声音，风搅动它们发出声音。水原来没有声音，风吹动它发出声音。水的腾涌是有东西阻碍了它，水的奔流是有东西堵住了它，水的沸腾是有东西在燃烧它。钟磬等乐器原来没有声音，有人敲它才发出声音。人对于言论也是如此，有了不可抑制的感情这才表达出来。他们歌咏是有了思念的感情，他们哭泣是有了怀念的感情。一切从嘴里发出来成为声音的，可能都有不平的缘故吧！音乐，是人们在心里有郁结然后向外面发泄出来的，它常常选择那些善于发声的东西借助它们来发出声音。金、石，丝、竹，匏、土，革、木八种乐器，是东西中善于发出声音的。

自然界对于时令也是如此，它常常选择那些善于发声的东西借助它们来表示。所以，用鸟声表示春季，用雷声表示夏季，用虫声表示秋季，用风声表示冬季。四个季节的递相推移，可能一定有不得平静的缘故吧！

这种情况对于人来说也是如此。人的声音的精华是语言，文辞对于语言，又是其中的精华所在，特别是那些善于抒发感情的人借助他们来表示。在唐、虞时代，咎陶、大禹是善于鸣的人，就借助他们来发表时代的声音。夔不能用文辞表达，自己就借助于《韶》乐来发表时代的声音。夏朝的时候，太康的五个弟弟用他们的歌来表达当时的声音。伊尹表现了商王朝的声音。周公表现了周王朝的声音。所有记载在《诗经》、《书经》等六经中的，都是表现时代声音的优秀人物。周朝衰弱时，孔子这班人大声疾呼起来，他们的声音宏大而且长远。《论语》说："老天爷打算把孔子当作周王朝的木铎。"难道不是真实的吗？到了周朝后期，庄周用他的无拘无束、无边无际的言辞来表示。楚国是一个大国，到了灭亡的时候，屈原用楚辞来表示。臧孙辰、孟轲，荀卿是用学说来表达的。杨朱、墨翟、管夷吾、晏婴、老聃、申不害、韩非、慎到、田骈、邹衍，尸佼，孙武、张仪，苏秦这批人，都是用他们的主张来表达的。秦朝兴起时，李斯发出了秦王朝的声音。汉朝的时候，司马迁，司马相如，扬雄，是特别善于表现时代声音的人。汉代以下的魏、晋两朝，鸣的人都赶不上古代，但也从来不曾间断过。就是拿其中最好的来说，他们的声音轻清而且浮夸，他们的节奏繁密而且急促，他们的文辞放荡而且哀怨，他们的思想空虚而且放纵，他们作的文章，杂乱而没有条理。也许是老天爷以为他们的德行丑恶，不肯照顾他们吧！那么，为什么不出现那些善于表达的人呢？

唐朝得天下以后，陈子昂、苏源明、元结、李白、杜甫，李观，都用他们所擅长的来鸣。那些活着而地位低下的人中，孟郊字东野者开始用他的诗来鸣。他的诗超出魏、晋的作品，某些无懈可击的已经达到古代作品的高度，其他的也逐渐接近汉代作品的水平了。同我交往的人，李翱和张籍是其中突出的。三个人的鸣，的确是好极了。但是不晓得老天爷准备使他们鸣国家的兴旺发达呢？还是打算使他们因身体贫穷饥饿、心情忧愁苦恼而鸣自己的不幸呢？三个人的命运是掌握在老天爷的手里的。那么，如果做了大官，有什么可喜？如果做了小官，又有什么可悲呢？东野这次到江南去就职，似乎不大开怀，所以我说了这些命运掌握在老天爷手里的话来安慰他。

【赏析】

这是一篇赠别朋友的序文，也是反映韩愈文观点的重要论文之一。全篇以“物不得其平则鸣”立论，由物及人，从古到今，举了一系列例子论证一切文章多为“不平则鸣”的产物，推出“有不得已者而后言”的结论，同时还指出鸣善与否跟时世密切相联，强调了文学作品与社会时代的密切关系。文章通篇叙议结合，作为送别序文，则情深意厚，作为著名文论，则说理透彻。

吴楚材、吴调侯评价这篇：“此文得之悲歌慷慨者为多。谓凡形之声者，皆不得已；于不得已中，又有善不善，所谓善不善，又有幸不幸之分。只是从一“鸣”中发出许多议论。句法变换，凡二十九样。如龙之变化，屈伸于天，更不能逐麟逐爪观之。”

送李愿归盘谷序

韩愈

【原文】

太行之阳有盘谷。盘谷之间，泉甘而土肥，草木丛茂，居民鲜少。或曰：“谓其环两山之间，故曰盘。”或曰：“是谷也，宅幽而势阻②，隐者之所盘旋。”友人李愿居之。

《唐诗画谱》插图

愿之言曰：“人之称大丈夫者，我知之矣。利泽施于人，名声昭于时。坐于庙朝③，进退百官，而佐天子出令。其在外，则树旗旄④，罗弓矢，武夫前呵，从者塞途，供给之人，各执其物，夹道而疾驰。喜有赏，怒有刑。才畯⑤满前，道古今而誉盛德，入耳而不烦。曲眉丰颊，清声而便体，秀外而惠中，飘轻裾，翳长袖[⑥]，粉白黛绿者，列屋而闲居，妒宠而负恃[⑦]，争妍而取怜。大丈夫之遇知于天子，用力于当世者之为也。吾非恶此而逃之，是有命焉，不可幸而致也。

“穷居而野处，升高而望远，坐茂树以终日，濯清泉以自洁。采于山，美可茹；钓于水，鲜可食。起居无时，惟适之安。与其有誉于前，孰若无毁于其后；与其有乐于身，孰若无忧于其心。车服不维，刀锯不加，理乱不知，黜陟不闻[⑧]。大丈夫不遇于时者之所为也，我则行之。

“伺候于公卿之门，奔走于形势之途，足将进而趑趄[⑨]，口将言而嗫嚅[⑩]，处秽污而不羞，触刑辟而诛戮[⑪]，侥幸于万一，老死而后止者，其于为人贤不肖何如也？”

昌黎韩愈，闻其言而壮之，与之酒而为之歌曰：“盘之中，维子之宫；盘之土，可以稼；盘之泉，可濯可沿；盘之阻，谁争子所？窈而深，廓其有容[⑫]；缭而曲，如往而复。嗟盘之乐兮，乐且无央[⑬]！虎豹远迹兮，蛟龙遁藏；鬼神守护兮，呵禁不祥；饮且食兮寿而康，无不足兮奚所望？膏吾车兮秣吾马[⑭]，从子于盘兮，终吾生以徜徉。”[⑮]

【注释】

①李愿：隐士名，隐居盘谷，生平事迹无考。盘谷：在今河南省济源县北。

②宅幽：环境幽深。势阻：形势险阻。

③庙朝：指朝廷。

④旄：指以旄牛尾饰于旗竿上的一种旗。

⑤才畯：同才俊，才能出众的人。

⑥翳长袖：用长袖遮着身子。

⑦负恃：倚恃。

⑧黜陟：降职与升官。

⑨趑趄：踌躇不前的样子。

⑩嗫嚅：想说又说不出的样子。

⑪刑辟：刑罚。

⑫窈：深远，幽深。廓其有容：宽阔而物产丰富。

⑬无央：没有穷尽。

⑭膏：这里用作动词，指涂油脂于车轴之处。

⑮秣：喂养。

【译解】

太行山的南面有一个盘谷。盘谷的中间，水甘土肥，草木茂盛，居民稀少。有人说："因为它环绕在两座山的中间，所以叫做'盘'。"有人说："这个山谷所以叫'盘'，是因为地方幽静，形势险阻，是隐士盘桓的地方。"我的朋友李愿就居住在这里。

李愿的话是这样说的："一个人被称为大丈夫，我晓得他的原因了。他对百姓施加恩泽，在当代名声显赫。他在朝堂上办事，升降百官，辅助皇帝发号施令。他在外面，就树起旗帜，排列弓箭，武士在前面吆喝开路，跟随的人塞满道路，服役的人各自拿着应用的器物，在路两边快速地奔走。他喜悦时就有赏赐，发怒时就有处罚。有才能的人聚集在面前，说古道今，赞扬他的美德，这些声音经常进入耳朵里，他也不厌其烦。那些弯弯的眉毛，丰腴的面颊，清脆的嗓音，轻盈的体态，秀丽的外貌，聪明的内心；飘动着薄薄的衣襟，拖曳着长长的衣袖，浓妆艳抹的美人在一排排的房子里闲住着，她们妒忌被宠幸的人，依仗自己的才貌，争妍斗艳地博取怜爱。这是得到皇帝重用，在当代掌权的大丈夫的所作所为啊。我不是讨厌这些因而避开它，这是命运安排的，不是能侥幸地取得的。穷困地居住在荒野的地方，登上高山眺望远处，坐在茂密的树荫下度过每一个整天，在清水中沐浴以保持自身的清洁。到山上去采摘，甘美的果蔬都很可口；到水边去下钓，新鲜的鱼也很好吃。起居没有定时，只安于舒适。与其在当面受到称赞，倒不如在那背里没有毁谤；与其在形体上享受欢乐，倒不如在那心中无忧无虑。官职不能束缚，刑罚不会加在身上，国家的治乱可以不管，官吏的升降可以不问。这是当代不得志的大丈夫的所作所为，我就是这样做的。到大官僚的门上去伺候，在通往权势者的路上奔走，脚想前进而又迈不开步，嘴想说话而又讲不出来，处在龌龊的地位也不感到耻辱，触犯了刑法就要受到杀戮。就是有一万分之一的侥幸活下去，直到老死为止，他们在做人方面倒底是贤明的还是不贤明的呢？”

《唐诗画谱》插图

昌黎韩愈听到他的话，认为很豪迈，一边给他斟酒，一边替他作歌说：“盘谷的中间，是你的家室。盘谷的土地，可以耕种；盘谷的水，可以洗去肮脏，还可以顺着水边散步。盘谷的地形险阻，谁来争您居住的地方？盘谷幽静深远，广阔而宽敞。盘谷纡回曲折，似乎向前走，却绕了回来。啊！盘谷的乐趣啊，真是其乐无穷。虎豹离得远啊，蛟龙逃走，都躲起来。有鬼神守卫啊，赶走了灾殃。有吃有喝啊，长寿而且健康。没有什么不满足的啊，还有什么愿望？保养好我的车子啊，喂好我的马，跟您到盘谷去啊，让我毕生在这里自由自在地游玩。”

【赏析】

这是一篇送人隐居的序。文章写于贞元十七年，作者当时求官于京师，世人百态，目见耳闻，感慨系之。

文章对比了三种人的生活，通过李愿之口，对声势显赫、穷奢极欲的达官贵人作了辛辣嘲讽，以热衷于功名利禄、投机钻营的人们作了无情鞭挞，对怀才不遇而退隐山林的高洁之士结予由衷赞美。文章从正反两方面着笔，嬉笑怒骂，层见叠出。

苏东坡评这篇文章：“欧阳文忠公尝谓：晋无文章，惟陶渊明《归去来》一篇而已。余亦谓：唐无文章，惟韩退之《送李愿归盘谷》一篇而已。平生愿效此作一篇，每执笔辄罢，因自笑曰：‘不若且放，教退之独步。’”

送董邵南序①

韩愈

【原文】

燕赵古称多感慨悲歌之士②，董生举进士，连不得志于有司③，怀抱利器④，郁郁适兹土⑤，吾知其必有合也⑥。董生勉乎哉！夫以子之不遇时，苟慕义强仁者⑦，皆爱惜焉，矧燕赵之士出乎其性者哉⑧！

然吾尝闻风俗与化移易⑨，吾恶知其今不异于古所云邪⑩！聊以吾子之行卜之也⑪。董生勉乎哉！

吾因之有所感矣，为我吊望诸君之墓⑫，而观于其市，复有昔时屠狗者乎⑬，为我谢曰⑭："明天子在上，可以出而仕矣。"

【注释】

①董邵南：寿州安丰（今安徽寿县西南）人。贞元年间多次投考未中，不得志，想前往河北投靠藩镇势力，寻找进身之阶。

②燕赵：今河北一带。感慨悲歌之士：指战国时荆轲、高渐离等一类豪侠人物。

③有司：官吏。古代设官分职，各有所司。这里指主持科考的官员。

④利器：比喻杰出才能。

⑤郁郁：郁闷的样子。适：往。兹土：指燕赵之地。

⑥有合：有所遇合。

⑦慕义强仁：慕义且以仁自勉。

⑧矧（shěn）：况且。

⑨化：教化。移易：改变，变易。

⑩恶（wū）知：怎么知道。古所云：指文章开头“古称多感慨悲歌之士。”

⑪聊：姑且。卜：卜卦，是决疑、判断的意思。

⑫望诸君：即乐毅。战国时燕国人，后因被谗，逃奔赵国，赵封于观津（今河北省武邑县），号称“望诸君”。

⑬屠狗者：借指隐于市井的有为之士，语出《史记·刺客列传》，为荆轲、高渐离好友。

⑭谢：致意。

【译解】

燕赵一带，古代传说那里有很多意气慷慨愤激不平的人。董生应考进士科，一再没有被主考官录取，怀藏着优异的才能，沉闷地到那个地方去。我预料他一定会有合意的遭遇的。董生好好地努力吧！

照你的才能却碰不上好时机，假如是向慕正义、力行仁道的人都会爱惜你的，何况燕赵一带的侠义人物的爱心，是从他们的本性发出来的呢！可是我曾经听说过，风俗是随着教化转变的，我怎么料得定今天那里的风俗比古代传说的不会是两样呢？暂且拿你这次的出行来检验它吧。董生好好努力吧！

我因此有些感触。请你替我凭吊一下望诸君的坟墓，并且到那里的市上去看看，还有没有从前那样的隐藏在屠夫中间的有才能的人呢？替我告诉他们说：“英明的皇帝在位，可以出来做官了。”

【赏析】

韩愈好友董邵南屡试不中，欲往河北一带投靠藩镇，寻找进身之阶。韩愈宣扬儒家正统思想，主张统一，反对藩镇割据分裂，因而做了这篇送行文章，委婉地希望董邵南不要前去。文章第一段慰勉董生，说此去必有机遇；第二段笔锋一转，说此去是否有好机遇还不一定；末段借临别嘱托表明：有才能之士应该效力朝廷，建功立业，不要为藩镇所用。

文章欲抑先扬，话外有音，委婉动人。吴楚材、吴调侯有评：

“董生愤已不得志，将往河北求用于诸藩镇，故公作此送之。始言董生之往必合，中言恐未必合，终讽诸镇之归顺，及董生不必往。文仅百十余字，而有无限开合，无限变化，无限含蓄，短章圣手。”

送杨少尹序①

韩愈

【原文】

昔疏广、受二子以年老一朝辞位而去②，于时公卿设供帐③，祖道都门外④，车数百辆，道路观者多叹息泣下，共言其贤。汉史既传其事⑤，而后世工画者又图其迹，至今照人耳目，赫赫若前日事。国子司业杨君巨源⑥，方以能诗训后进⑦，一旦以年满七十，亦白丞相去归其乡⑧。世常说古今人不相及⑨，今杨与二疏其意岂异也？

疏广和疏受像

余忝在公卿后⑩，遇病不能出，不知杨侯去时，城门外送者几人？车几辆？马几匹？道边观者亦有叹息知其为贤与否？而太史氏又能张大其事，为传继二疏踪迹否⑪？不落莫否⑫？见今世无工画者，而画与不画固不论也。然吾闻杨侯之去，丞相有爱而惜之者，白以为其都少尹[13]，不绝其禄，又为歌诗以劝之[14]，京师之长于诗者亦属而和之。又不知当时二疏之去有是事否？古今人同不同未可知也。

中世士大夫以官为家[15]，罢则无所于归。杨侯始冠，举于其乡[16]，歌《鹿鸣》而来也[17]。今之归，指其树曰：某树吾先人之所种也，某水某丘吾童子时所钓游也。乡人莫不加敬，诫子孙以杨侯不去其乡为法[18]。古之所谓“乡先生没而可祭于社”者[19]，其在斯人欤！其在斯人欤[20]！

【注释】

①杨少尹：即杨巨源，字景山，贞元中进士第，官至国子司业。少尹：官名，相当于郡守的副职。

②疏广、受二子：西汉东海兰陵人。宣帝时，疏广任太子太傅：疏受是疏广的侄子，同时任太子少傅。在职五年，疏广对疏受说：“知足不辱，知止不殆。宦成名立，如此不去，惧有后悔。”于是同时称病告退。

③供帐：陈设帷帐摆宴。

④祖道：饯行。都门：指长安东郭门。

⑤汉史：指《汉书》。其中有《疏广传》。

⑥国子司业：国子监的副长官，协助正职祭酒掌管儒学训导之务。

⑦训：教诲。

⑧白：禀告，告诉。

⑨不相及：不能一个样。

⑩忝：愧于。自谦之词。在公卿后：作者当时任吏部待郎，故言“在公卿后”。

⑪太史氏：指史官。

⑫落莫：冷落。莫，通“寞”。

⑬白：禀告皇上。都少尹：都，中都。唐以河中府为中都，杨巨源家乡在河中府。

⑭劝：勉励。

⑮中世：这里指殷、周时期。

⑯始冠（guàn）：刚成年。

⑰鹿鸣：《诗经·小雅》有《鹿鸣》篇，是宴会时用的歌。唐代乡举考试后，州县长官宴请中举者，宴会上歌《鹿鸣》诗，后因称鹿鸣宴。

⑱诫：告诫，教训。

⑲乡先生：古时称辞官归故里乡居或在乡教读的老者。社：祭礼的处所。

⑳其在斯人欤：杨侯就是这样的人呵！

【译解】

从前疏广和疏受叔侄两人，因为年老，有一天，他俩辞去官职，离开京城。在那时，官员们设了筵席，在都城的城门外替他们饯行，车子有几百辆。路上观看的人都赞叹流泪，全都称赞他们的贤德。汉朝的史书已经记载了他们的事迹，后代善于绘画的人，又描画了他们的故事，到现在还照耀着人们的耳目，显著得似乎就在前天发生的事情那样。国子监司业杨君巨源，刚刚拿出他擅长诗歌的本领来教导后辈的时候，有一天，因为年满七十岁，也禀明宰相，离开京城回到他的家乡去。社会上常常说现代人和古代人不能相比，现在杨君和二疏，他们的去官思想难道有什么两样吗？

我很惭愧，也算排列在公卿的后面，当时刚好碰到生病不能去送行。不知道杨君离开时，城门外送行的有多少人，车子有多少辆，马有多少匹，路旁观看的是不是也有人赞叹着说他的贤德？史官是不是也能够广泛宣传他的言行，接着二疏的事迹给他作传，不让他寂寞？现在世上没有擅长绘画的人，画或者不画，先不去管它吧。不过，我听说杨君离开的时候，宰相有爱惜他的意思，就向皇帝申请任命他做家乡的少尹，不停止他的官俸，还写诗歌来劝勉他，京城里的善于写诗的人，也跟随着作诗应和宰相。我又不知道当时二疏离开的时候，是不是也有这样的事？古代人和现代人究竟相同或者不相同，看来还不能判断。

中古时候的士大夫是以官为家的，一旦罢免就没有地方可以回去。杨君刚刚成年，就在自己的家乡参加考试被录取，参加了鹿鸣宴，然后前来做官的。现在回去，可以指着乡间的树说："某棵树是我的先辈种的。某条水，某座小山，是我儿童时期钓鱼和游玩的地方。"家乡的人没有哪一个不加倍尊敬他，而且告诫子孙们要把杨君不离开故乡作为学习的楷模。古人说的死后可以进入祠堂享受祭祀的乡先生，可能就是指杨君这样的人吧！可能就是指杨君这样的人吧！

【赏析】

本文是作者送同僚杨巨源告老还乡而写的一篇赠序。文章开头劈空先叙述西汉疏广、疏受叔侄二人告老辞官、百官送行、路人泣下的故事；紧接着将杨巨源与二疏相提并论，两相映衬以突出杨巨源的贤德；最后说杨巨源归乡定会受到乡人景仰。文章用语无多，却能在反复咏叹中抒发出作者惜别与仰慕之情，在写法上富于变化同时还能前后呼应，实为送别文字中之佳作。

送石处士序①

韩愈

【原文】

河阳军节度御史大夫乌公为节度之三月②，求士于从事之贤者。有荐石先生者，公曰：“先生何如?”曰：“先生居嵩、邙、瀍、谷之间③，冬一裘，夏一葛④，食，朝夕饭一盂，蔬一盘⑤。人与之钱，则辞；请与出游，未尝以事免；劝之仕，不应。坐一室，左右图书，与之语道理，辩古今事之当否，论人高下，事后当成败，若河决下流而东注⑥，若驷马驾轻车就熟路，而王良造父为之先后也⑦，若烛照数计而龟卜也⑧。”大夫曰：“先生有以自老，无求于人，其肯为某来耶?”从事曰：“大夫文武忠孝，求士为国，不私于家。方今寇聚于恒⑨，师环其疆，农不耕收，财粟殚亡⑩。吾所处地，归输之途，治法征

唐宪宗李纯像，图出自明·天然撰《历代人物像赞》。

谋[11]，宜有所出。先生仁且勇，若以义请而强委重焉[12]，其何说之辞？”于是譔书词，具马币[13]，卜日以授使者，求先生之庐而请焉。

先生不告于妻子，不谋于朋友，冠带出见客，拜受书礼于门内。宵则沐浴，戒行李[14]，载书册，问道所由，告行于常所来往。晨则毕至，张上东门外[15]，酒三行[16]，且起，有执爵而言者曰：“大夫真能以义取人，先生真能以道自任，决去就。为先生别。”又酌而祝曰：“凡去就出处何常，惟义之归。遂以为先生寿[17]。”又酌而祝曰：“使大夫恒无变其初，无务富其家而饥其师，无甘受佞人而外敬正士，无昧于谄言[18]，惟先生是听，以能有成功，保天子之宠命[19]。”又祝曰：“使先生无图利于大夫，而私便其身图。”先生起拜祝辞曰：“敢不敬蚤夜以求从祝规[20]。”于是东都之人士咸知大夫与先生果能相与以有成也[21]。遂各为歌诗六韵，遣愈为之序云。

【注释】

①石处士：即石洪，字濬川，洛阳人。处士，隐士。

②河阳：今河南孟县。乌公：乌重胤，张掖人，时月为河阳节度使。

⑧嵩：也作“崧”，山名，古称中岳，又名嵩高。在河南登封县北。邙（máng）：山名，在河南省西部。瀍（chán）：水名，即瀍河。谷：水名。出河南渑池县，经绳池合渑水。

④裘：皮衣。葛：葛布制成的衣服。冬一裘夏一葛，极言生活俭朴。

⑤盂：古代一种圆口器皿。

⑥河：指黄河。东注：东流入海。

⑦王良造父：王良，春秋晋国大夫。造父，周穆王时人。这两个人都是驭马驾车的能手。

⑧烛照：比喻见事之明。数计、龟卜：古时两种卜卦形式；数计指用蓍草计数算卦，龟卜指用火灼龟甲，依据裂纹推测吉凶。

⑨寇聚于恒，师环其疆：敌寇集结在恒州，军队布防在边境。此事指唐元和四年成德节度使王士真之长子王承宗叛乱事。恒：治所在今河北省正定县。

⑩殚（dān）亡：殚，竭，尽。亡，无。

⑪吾所处地：指河阳军管辖的地区。归输：来往运输。治法征谋：指治理河阳的办法，征讨叛军的计谋。

⑫强委重：强，恳切地敦请。委重，委以重任。

⑬譔书词：譔，同撰。指撰写聘请的书信。具马币：具，备办。马币，指马匹和财物。

⑭戒：预备。

⑮张：通“帐”，指为饯别而摆设的宴席。上东门，洛阳城北门。

⑯酒三行：行酒、斟酒三次。

⑰惟义之归：只以道义为标准。寿：祝贺。

⑱外敬正士：外敬是表面上尊敬而实际上不真正发挥其才能。正士，正直、才德高尚之士。

⑲宠命：光荣的使命。

⑳蚤：通“早”。祝规：希望和规劝。

㉑东都：指洛阳。

【译解】

河阳军节度使、御史大夫乌公，就任节度使以后的第三个月，向属员中访求贤才，有人推荐石先生。乌公问：“石先生为人怎么样？”回答道：“石先生住在嵩、邙两山和瀍、谷两水之间，冬天穿一件皮衣，夏天穿一件粗布衫，吃早饭晚饭，总是一碗饭、一盘蔬菜。人家给他钱，他就谢绝；请他一道出去玩，他从来不曾借故推却。劝他出去做官，他不答应。他坐在一个房间里，两旁都是图书。同他谈道理，辨别古今事情的正确还是不正确，评论人品的高下，事情的结局是成功还是失败，他的说话就好比黄河的决口向东倾注那样滔滔不绝；又好比四匹马驾着轻车子走上了熟路，而且又像是王良、造父在帮助驾驭那样准确无误；又好比用烛光照、用数理算、用龟甲卜那样丝毫不错。”乌大夫说：“石先生有志隐居到老，对人没有什么要求，怎么肯为我出来呢?”那位幕僚说：“大夫能文能武，亦忠亦孝，是为国求贤，不是为自身图谋私利。如今贼寇集结在恒州，军队部署在边界，农民无法耕种收获，钱粮都快用光。我们所处的地方，是军队往来和物资转运的要道。不管是政治上的办法或是军事上的计谋，都应当有出主意的人。石先生又仁爱，又勇敢，假使用大义去请，并且竭力把重任委托给他，他用什么话推辞呢?”这样，乌公就叫人写好书信，备好马匹、礼物，选了好日子，交给使者，寻到石先生的家里去聘请他。

《唐诗画谱》插图

石先生没有向家属说起，也没有跟朋友相商，就整顿冠带出来会见客人，在家门内恭敬地接受了聘书和礼物。当夜就洗了澡，整理好行李，装好书籍，问清路上经过的地方，然后到经常往来的亲友处告辞。第二天，亲友们一清早就统统来到东门外面，设宴为他饯行。酒喝过三遍，石先生就要动身的时候，有人举杯上前说："乌大夫真正能够按照大义访求人才，石先生真正能够按照道义担当起自己的重任而决定去留。这杯酒为先生送别。"又有人斟了一杯酒祝福说："凡是做官或者隐居，哪儿有什么常规？只要趋向大义就行。我就用这杯酒祝先生长寿。"又有人斟了一杯酒祝愿说："希望乌大夫永远不要改变他的当初想法，务必不要致力于自身的富裕而使军队挨饿，也不要内心喜爱那些善于吹拍的人而只在表面上敬重正直的人，也不要被讨好奉承的话所蒙蔽，只愿他听从石先生的话，从而获得成功，保持皇帝加恩特赐的任命。"又有人祝祷说："希望石先生不要从乌大夫那里谋取私利，不要有方便自己的打算。"石先生站起身来拜谢祝词，说："我怎敢不恭敬小心地从早到晚都按照诸位祝愿和规劝的话去做呢？"因此，东都地方的人全都料定乌大夫和石先生一定能够彼此配合，从而取得成功。于是客人们各自写了一首六个韵脚的诗歌，教我写了这篇序。

【赏析】

这是一篇以记叙手法发表评论的赠序。文章前半部分记叙乌公和从呈的对话，通过几问几答，石处士的品德才学，跃然纸上；后半部分写饯别宴席上东都士人的祝辞和石洪的答辞，肯定了"大夫真能以义取人，先生真能以道自任"，实际上寄托了韩愈对乌重胤和石洪的期望。

送温处士赴河阳军序①

韩愈

【原文】

伯乐一过冀北之野②，而马群遂空。夫冀北马多天下，伯乐虽善知马，安能空其群邪？解之者曰③：吾所谓空，非无马也，无良马也。伯乐知马，遇其良辄取之，群无留良焉。苟无良，虽谓无马，不为虚语矣。

东都，固士大夫之冀北也④。恃才能深藏而不市者⑤，洛之北涯曰石生，其南涯曰温生⑥。大夫乌公以鈇钺镇河阳之三月⑦，以石生为才，以礼为罗，罗而致之幕下。未数月也，以温生为才，于是以石生为媒，以礼为罗，又罗而致之幕下。东都虽信多才士⑧，朝取一人焉，拔其尤⑨；暮取一人焉，拔其尤。自居守河南尹以及百司之执事⑩，与吾辈二县之大夫⑪，政有所不通，事有所可疑，奚所谘而处焉⑫？士大夫之去位而巷处者，谁与嬉游⑬？小子后生于何考德而问业焉⑭？缙绅之东西行过是都者⑮，无所礼于其庐。若是而称曰：大夫乌公一镇河阳，而东都处士之庐无人焉，岂不可也！

夫南面而听天下，其所托重而恃力者，惟相与将耳。相为天子得人于朝廷，将为天子得文武士于幕下，求内外无治，不可得也。愈縻于兹[16]，不能自引去[17]，资二生以待老[18]。今皆为有力者夺之，其何能无介然于怀邪[19]？生既至[20]，拜公于军门，其为吾以前所称为天下贺，以后所称，为吾致私怨于尽取也[21]。

留守相公首为四韵诗歌其事[22]，愈因推其意而序之。

【注释】

①温处士：名造，字简舆，并州祁（今山西祁县）人。

②伯乐：传说中善于相马的人。冀：冀州，今河北省一带。

③解：解释，说明。

④东都：指洛阳。

⑤深藏不市：指隐居不出仕。市：出售。

⑥石生：指石处士。温生：即温处士。

⑦鈇钺（fǔ yuè）：同斧钺。这里代指节度使身份。

⑧信：的确。

⑨拔其尤：选拔其中杰出者。

⑩居守：指东都留守郑庆余。百司之执事：指各部门的官吏。

⑪二县：指洛阳城郊的洛阳县、河南县。

⑫谘（zī）：商议、咨询。处：处置。

⑬嬉游：嬉戏游玩。

⑭考德：研求道德修养。问业：请教学业。

⑮缙绅：指士大夫。

⑯縻（mí）：羁留。

⑰自引：指告老引退。

⑱资：凭借、依靠。

⑲介然于怀：指耿耿有怀。

⑳生：指温处士。

㉑尽取：指乌重胤将洛阳地区的贤能之士都聘请走了。

㉒留守相公：指东都留守郑庆余。郑庆余曾两度为相，故称其为相公。

【译解】

伯乐一经过冀北的原野，马群就空了。冀北的马比天下的马多，伯乐虽然擅长识马，怎么能使那里的马群空呢？解答这个问题的人说：“我说的空，不是没有马，而是没有良马了。伯乐识马，只要一碰到良马就把它挑去，马群中没有留下一匹良马。假使没有一匹良马，就说没有马，也不能算是假话吧。”

东都洛阳，原本是士大夫的“冀北”。有真才实学却隐居不肯出仕的人，住在洛河北边的叫做石生，住在洛河南边的叫做温生。御史大夫乌公凭节度使的身分镇守河阳的第三个月，认为石先生是个人才，就用礼节作为招聘的手段，把他招聘到幕府中。没有几个月，乌公又认为温生是个人才，于是叫石生作介绍，用礼节作为招聘的手段，又把他招聘到幕府中。东都虽然的确有不少真才实学的人，可是早晨选拔其中一个突出的；晚上选拔其中一个突出的，这样一来，从东都留守、河南尹起，直到各部门的主管和我们两县的官吏，如果政事上碰到为难之处，或者案件上碰到可疑之点，到什么地方找什么人去商量从而得到解决呢？辞官回家的乡绅们同谁去游玩？年青一代又到什么地方去考究德行、请教学业呢？东来西往经过这个地方的官员们，也没有办法到他们的住所去拜访。像这样，就说：“御史大夫乌公一到河阳，东都处士的住屋中就没有人了。”难道不行吗？

皇帝处理天下的事情，委托重任，依靠出力的人，不过是宰相和将军罢了。宰相替皇帝访求人才到朝堂上，将军给皇帝选取能文能武的人到幕府中。这样，想使内外不安定，那是不可能的了。我牵制束缚在这里，不能自己引退，想依靠二生的帮助过完晚年。如今统统被有力的人夺走了，怎么能不耿耿于怀呢？温生在军门拜见乌公的时候，用我前面所说的话向天下人祝贺，把我后面所说的，替我对选尽贤人这件事表示私人的抱怨。东都留守相公首先写了一首四韵的诗来赞美这件事情，我推广他的诗意写了这篇序。

【赏析】

这篇文章是韩愈在河南县令任上写的。

作者开篇以“伯乐一过冀北之野，而马群遂空”来写“大夫乌公一镇河阳而东都处士之庐无人”，把温处士比作良骥，把乌重胤比作伯乐，以此来赞扬温处士贤能和乌重胤慧眼识贤，善于荐拔人才。

本文与《送石处士序》意旨相近，但写法却各有千秋。

清过珙《古文评注》评这篇文章：“温处士好处，通篇绝不一道，而第从居守者，去位而巷处者，考德而问业者，缙绅之东西行过是都者，说得一无所靠。则温处士之所重于名卿巨公，其人品当居何等？同是一样序，《送河南石处士》篇纯用实叙，《温处士》篇，纯用虚叙，而文各极其妙。此昌黎之所以不可测也。”

祭十二郎文

韩愈

【原文】

年月日①，季父愈闻汝丧之七日②，乃能衔哀致诚③，使建中远具时羞之奠④，告汝十二郎之灵：

鸣呼！吾少孤，及长，不省所怙，惟兄嫂是依。中年，兄殁南方，吾与汝俱幼，从嫂归葬河阳；既又与汝就食江南⑤，零丁孤苦，未尝一日相离也。吾上有三兄，皆不幸早世。承先人后者，在孙惟汝，在子惟吾，两世一身，形单影只。嫂尝抚汝指吾而言曰：“韩氏两世，惟此而已！”汝时尤小，当不复记忆；吾时虽能记忆，亦未知其言之悲也。

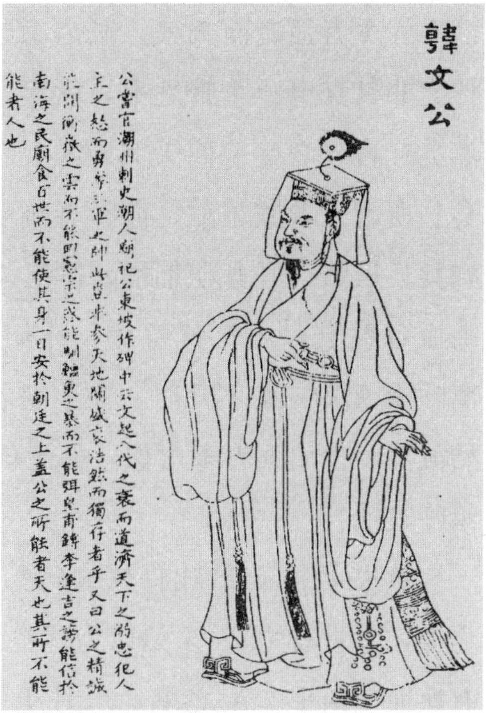

韩愈像，图选自清·上官周绘《晚笑堂画传》。

吾年十九，始来京城。其后四年，而归视汝。又四年，吾往河阳省坟墓，遇汝从嫂丧来葬。又二年吾佐董丞相于汴州，汝来省吾，止一岁，请归取其孥。明年，丞相薨[⑥]，吾去汴州，汝不果来。是年，吾佐戎徐州，使取汝者始行，吾又罢去，汝又不果来。吾念汝从于东，东亦客也，不可以久；图久远者，莫如西归，将成家而致汝。呜呼！孰谓汝遽去吾而殁乎！吾与汝俱少年，以为虽暂相别，终当久相与处，故舍汝而旅食京师，以求斗斛之禄[⑦]；诚知其如此，虽万乘之公相，吾不以一日辍汝而就也！

去年，孟东野往，吾书与汝曰："吾年未四十，而视茫茫，而发苍苍，而齿牙动摇。念诸父与诸兄，皆康强而早世，如吾之衰者，其能久存乎？吾不可去，汝不肯来，恐旦暮死，而汝抱无涯之戚也。"孰谓少者殁而长者存，强者夭而病者全乎？呜呼！其信然邪？其梦邪？其传之非其真邪？信也，吾兄之盛德而夭其嗣乎？汝之纯明而不克蒙其泽乎？少者强者而夭殁，长者衰者而存全乎？未可以为信也。梦也，传之非其真也？东野之书，耿兰之报，何为而在吾侧也？呜呼！其信然矣！吾兄之盛德而夭其嗣矣！汝之纯明宜业其家者[⑧]，不克蒙其泽矣！所谓天者诚难测，而神者难明矣！所谓理者不可推，而寿者不可知矣！虽然，吾自今年来，苍苍者或化而为白矣，动摇者或脱而落矣，毛血日益衰，志气日益微，几何不从汝而死也！死而有知，其几何离？[⑨]其无知，悲不几时，而不悲者无穷期矣！汝之子始十岁，吾之子始五岁，少而强者不可保，如此孩提者，又可冀其成立邪？呜呼哀哉！呜呼哀哉！

汝去年书云："比得软脚病[⑩]，往往而剧。"吾曰："是疾也，江南之人，常常有之。"未始以为忧也。呜呼！其竟以此而殒其生乎？抑别有疾而至斯乎？汝之书，六月十七日也。东野云：汝殁以六月二日。耿兰之报无月日。盖东野之使者，不知问家人以月日。如耿兰之报，不知当言月日，东野与吾书，乃问使者，使者妄称以应之耳。其然乎？

其不然乎？

今吾使建中祭汝，吊汝之孤与汝之乳母。彼有食可守以待终丧，则待终丧而取以来；如不能守以终丧，则遂取以来；其余奴婢，并令守汝丧。吾力能改葬，终葬汝于先人之兆，然后惟其所愿。

呜呼！汝病吾不知时，汝殁吾不知日，生不能相养以共居，殁不得抚汝以尽哀，敛不凭其棺，窆不临其穴[11]。吾行负神明而使汝夭，不孝不慈，而不得与汝相养以生，相守以死；一在天之涯，一在地之角，生而影不与吾形相依，死而魂不与吾梦相接，吾实为之，其又何尤[12]！彼苍者天，曷其有极！自今已往，吾其无意于人世矣！当求数顷之田，于伊颍之上，以待余年，教吾子与汝子幸其成，长吾女与汝女待其嫁，如此而已！

呜呼！言有穷而情不可终，汝其知也邪？其不知也邪？呜呼哀哉！尚飨[13]！

【注释】

①年月日：写祭文的时间，当时大约贞元十九年。

②季父：古时称父亲的最小弟弟为季父。

③衔哀：含哀。

④建中：人名，与下文中的耿兰大约为韩愈的家人。远具：从远方采办。时羞：应时的鲜美食品。

⑤就食：谋生。

⑥薨：唐代二品以上官员死亡称“薨”。

⑦斗斛之禄：微薄的俸禄。古代以十斗为斛。

⑧业其家：继承其家业。

⑨其几何离：即分离能有多久。

⑩比：近来。软脚病：即脚气病。

⑪窆：葬时下棺入穴。

⑫尤：怨恨。

⑬尚飨：亦作“尚享”，为祭文常用的结束话。

【译解】

某年某月某日，你叔叔愈听到你去世稍息后的第七天，方才能够含悲忍痛来表示心意，派建中从远道送来时新美味的祭品，祭告你十二郎的灵魂：

唉！我从小死去父亲，等到长大，早已不记得父亲的样子，只是依靠哥哥和嫂嫂抚养。哥哥于中年时死在南方，我和你都很小，跟着嫂嫂把哥哥的棺木送回河阳安葬。后来又和你到江南谋生，孤苦零丁，从来不曾有一天彼此离开过。我上面有三个哥哥，都不幸很早就逝世。继承先人后代的，在孙子一辈中只剩下你，在儿子一辈中只剩下我，两代单传，连身影也感到孤单。嫂嫂曾经一边抚摸着你一边指着我说：“韩家两代，只剩下你们这两个人了！”你那时比我更小，当然不再记得；我当时虽然已经能够记忆，可是也不懂得她这说话的悲痛啊！我十九岁的时候，方才到京城里来。打那以后过了四年，才回去看望你。又过了四年，我到河阳去扫墓。碰着你送嫂嫂的灵柩来安葬，又过了两年，我在汴州辅助董丞相，你来探望我，住了一年，要求回去接家眷。第二年，董丞相去世，我离开汴州，结果你没有来成。这一年，我在徐州协理军务，派去接你的人刚走，我又离职，结果你又没有来成。我考虑，你跟我到东边，东边也是客地，不可能长久住下去。如果作长远的打算，倒不如回到西边去，准备安顿好家庭，然后来接你。唉！谁想到你会很快地离开我就去世呢？先前，我和你都是青年，认为虽然暂时彼此分别，终归要长久在一起住的。所以我离开你到京城去，旅居以求得微不足道的俸禄。假使真的晓得事情会发展到现在这样，即使让我做极其显赫的公侯卿相，我也不愿意有一天离开你而去就职的！

去年，孟东野捎去我给你的一封信，说："我年龄还不满四十岁，视力就模糊，头发就花白，牙齿就动摇。想起伯父、叔父和哥哥们，都是在身强力壮的中年就相继逝世，像我这样衰弱的人，怎么能够长久地活着呢？我不能离开职守，你又不肯来，只怕早晚间我死去，你就要抱着无穷的悲哀了。"谁想到，年轻的人会死去，年长的人反而活着，强壮的人会早死，老病的人反而生存呢？唉！难道确实是这样吗？是做梦呢？还是传来的消息不真实呢？假使确实是这样，那么我哥哥有很好的德行却使他的儿子短命吗？你有忠厚聪明的品质却不能承受他的德泽吗？年轻的强壮的却早死，年长的衰弱的却生存吗？不能够认为这是真实的。也许是做梦，也许是传来的消息不确实，那么东野的信，耿兰送来的消息为什么在我身旁呢？哎呀！可能是确实的了！我哥哥有很好的德行却使他的儿子短命死了！你有忠厚聪明的品质应当继承他的家风的，如今却不能承受他的德泽了！所说的天命的确难以猜测，神意的确难以明白了！所说的事理不能推究，寿命不能预料了！虽然如此，但是我从今年以来，花白的头发有的变成全白了，动摇的牙齿有的脱落了，身体一

《唐诗画谱》插图

天天地更加衰弱，精神一天天地更加衰败，还有多少时候不跟着你死去呢！死了以后假使有知觉，那么我们现在又能分别多少时候呢？假使没有知觉，我的悲伤也就不会有多久，可是不悲伤的时候就没有穷尽了。你的儿子才十岁，我的儿子才五岁，年轻而强壮的人不能保全，像这样的小孩子，还能希望他们成立吗？哎呀，伤心啊！哎呀，伤心啊！

你去年来信说："近来得了软脚病，常常发作，而且很厉害。"我说："这种病是江南人常常有的。"不曾把它当作可虑的事。唉！难道竟然因为这种病就丧失了你的生命吗？还是另有毛病才弄到这样的呢？你的来信，是六月十七日发的。东野说：你死在六月初二；耿兰报来的消息没有你死的日期。可能东野的使者不知道问家里人日期，耿兰的报告，又不懂应该讲明日期。也许东野在给我写信时，才问使者，使者就胡乱说个日期来应付罢了。大概是这样还不是这样的呢？

如今，我派建中来祭你，慰问你的孩子和你的乳母。他们假如还有粮食能守到丧期结束，就等到丧期结束以后接他们来；假如不能守到丧期结束，就马上接他们来。其馀的奴婢，都叫他们守你的丧。我有力量能够改葬，最终要把你葬在祖先的墓地上，这样才了却我的心愿。

唉！你生病我不晓得时间，你死亡我不晓得日期，活着不能互相照顾，在一起生活，死时又不能抚着你的遗体，充分表达我的哀痛，入殓时不能靠在你的棺旁，安葬时不能亲临你的墓穴。我的行为对不起神灵，因而使你短命死亡，我不孝不慈，不能和你互相照顾着生活，厮守着死去。一个在天边，一个在地角。你活着的时候身影也不同我形体互相依傍，死亡以后魂灵又不跟我的睡梦互相接触，我是自己造成这种情况的，还能怨恨谁呢？那苍苍的天啊，悲痛怎么会有尽头！从今以后，我对人世没有什么留恋了！还是回到故乡去，在伊水或者颍水旁边买几顷地，来度过我的晚年。教育我的儿子和你的儿子，希望他们成长；抚养我的女儿和你的女儿，等待她们出嫁；这样罢了。唉！话有说完的时候，可是哀痛的心情不可能完结。你大概知道？还是不知道呢？唉呀，伤心啊！希望你的灵魂来享用祭品！

【赏析】

韩愈三岁丧父，由兄嫂抚养长大，从小就和侄老成生活在一起，两人感情深厚。后来韩愈的大哥、大嫂、二哥又及二哥的长子百川都相继去世，只剩下韩愈和老成。当时韩愈任监察御史、刚结束漂泊困顿的生活，正筹划与侄儿久相共处之计时，突然传来十二郎去世的噩耗。韩愈悲痛万分，写下了这篇凄楚动人的祭文。文章诉说两人共同的孤若身世，所经历的动荡生活，他们之间生死离别的痛苦，以及对死者身后事的安排。表达了作者深挚和骨肉之情和对宦海浮沉的人生感叹。文章叙事和抒情结合，情注笔端，句句肺腑，如泣如诉，感人至深。

吴楚材、吴调侯评此文：“情之至者，自然流为至文。读此等文，须想其一面哭一面写，字字是泪。未尝有意为文，而文无不工，祭文中千年绝调。”

祭鳄鱼文

韩愈

【原文】

维年月日，潮州刺史韩愈，使军事衙推秦济[1]，以羊一猪一投恶溪之潭水[2]，以与鳄鱼食，而告之曰：

《唐诗画谱》插图

昔先王既有天下，列山泽[3]，罔绳擉刃[4]，以除虫蛇恶物为民害者，驱而出之四海之外，及后王德薄，不能远有，则江，汉之间，尚皆弃之以与蛮、夷、楚、越，况潮岭海之间，去京师万里哉？鳄鱼之涵淹卵育于此[5]，亦固其所。今天子嗣唐位，神圣慈武，四海之外，六合之内，皆抚而有之，况禹迹所揜，扬州之近地，刺史县令之所治，出贡赋以供天地宗庙百神之祀之壤者哉？鳄者其不可与刺史杂处此土也！

刺史受天子命，守此土，治此民，而鳄鱼睅然不安溪潭[⑥]，据处食民畜熊豕鹿獐，以肥其身，以种其子孙，与刺史亢拒，争为长雄[⑦]，刺史虽驽弱，亦安肯为鳄鱼低首下心，伈伈睍睍[⑧]，为民吏羞，以偷活于此邪！且承天子命以来为吏，固其势不得不与鳄鱼辨。鳄鱼有知，其听刺史言：

潮之州，大海在其南，鲸鹏之大，虾蟹之细，无不容归，以生以食，鳄鱼朝发而夕至也。今与鳄鱼约：尽三日，其率丑类南徙于海，以避天子之命吏。三日不能，至五日；五日不能，至七日；七日不能，是终不肯徙也，是不有刺史，听从其言也。不然，则是鳄鱼冥顽不灵[⑨]，刺史虽有言，不闻不知也。夫傲天子之命吏，不听其言，不徙以避之；与冥顽不灵而为民物害者，皆可杀。刺史则选材技吏民[⑩]，操强弓毒矢，以与鳄鱼从事，必尽杀乃止。其无悔！

【注释】

①军事衙推：官名，州刺史的属官。掌管州内狱讼诸事。秦济：人名，推文章内容看，为当时任军事衙推的人。

②恶溪：指当时鳄鱼出没的河流。

③列：同“烈”，放火焚烧。列山泽：指放火烧荒。

④罔绳：同“网绳。”擉同“戳”。

⑤涵淹：潜伏暗藏。

⑥睅：目大而突出。睅然：瞪大眼睛、穷凶极恶的样子。

⑦长雄：指首领、雄。

⑧伈伈：小心恐惧的样子。睍睍：不敢睁眼看。

⑨冥顽：愚昧顽固。

⑩材技吏民：有才干、有技艺的官吏的百姓。

【译解】

某年某月某日，潮州刺史韩愈派遣军事衙推秦济，用一口羊、一头猪，投入恶溪的深水里，来给鳄鱼吃，并且警告它说：

从前先王统治天下，封闭山林湖泽，用罗网捕，用利刃刺，来消灭成为老百姓大害的虫蛇一类恶物，把它们赶往四海之外。后代帝王，德泽微薄，不能保有边远地区，即使长江、汉水一带，还都放弃了，把它们让给蛮、夷、楚、越等族。何况潮州在五岭和南海之间，离开京城极其遥远呢？鳄鱼在这里潜藏繁殖，当然也是它适于生存的场所。但是，当今皇上继承大唐帝位，既神圣，又仁慈，又威武，四海之外，宇宙之内，都在安抚统治之下。何况潮州是神禹足迹所到的地方，处在古扬州的境内，刺史县令管理之地，是出贡品、赋税来供给天地、宗庙、百神祭祀所用的地方呢！鳄鱼不能在这块土地上跟刺史混杂居住！

刺史接受皇上的命令，守卫这个地方，管理这里的百姓，可是鳄鱼凶狠地不肯在深潭里安居，盘踞在这里吃掉百姓的家畜和熊、猪、鹿、獐等野兽，来养肥自己，来繁殖它的后代，和刺史对抗争雄。刺史虽然平庸懦弱，又怎么肯向鳄鱼低声下气，小心恐惧，不敢张目，被百姓和官吏所耻笑，在这里偷生苟活呢？再说，奉了皇上的命令来任职，在那情势上当然不得不同鳄鱼讲明道理。

鳄鱼假使有灵性，要听刺史的话：潮州这地方，大海就在它的南边，庞大的鲸鱼和鲲鱼，细小的鱼虾和螃蟹，没有哪一种不被容纳的，可以在那里一边繁殖，一边生活，鳄鱼早晨出发，晚上就可到达。现在我跟鳄鱼约定：在三天之内，要带领你的一伙向南搬到大海里去，避开皇上任命的官吏。三天不能，就延到五天；五天不能，就延到七天。七天不能，是鳄鱼始终不肯搬走了，这是鳄鱼心目中没有刺史，不肯听从刺史的话了。假使不是这样，那么，就是鳄鱼愚钝无知，刺史虽然有言在先，但是鳄鱼不会听，也不能理解。傲视皇上的命官，不听他的话，不肯搬走以回避他，如此愚钝无知而成为百姓的祸害的，都该杀掉。刺史要挑选有才能有武艺的官吏和民丁，拿起强弓毒箭，来同鳄鱼周旋，一定要杀完才停手。可不要懊悔！

【赏析】

今读《祭鳄鱼文》，别有滋味。韩愈初贬潮州刺史，为除鳄鱼患，命属官秦济用一羊一猪投入鳄鱼出没的溪水中，并作比祭文，对鳄鱼晓之以理，威之以势，限定时日，命其迁徙南海。

作者郑重其事，令人捧腹。捧腹之余，又令人感动，毕竟作者生为父母官还是送心民生困苦，勇于为民除害的。难怪韩愈虽在潮州为官不久，却能获潮州人民为其建祠立庙的尊荣。

柳子厚墓志铭

韩愈

【原文】

子厚讳宗元[1]。七世祖庆[2]，为拓跋魏侍中[3]，封济阴公[4]。曾伯祖奭[5]，为唐宰相，与褚遂良、韩瑗俱得罪武后，死高宗朝。皇考讳镇，以事母，弃太常博士，求为县令江南。其后以不能媚权贵，失御史；权贵人死，乃复拜侍御史。号为刚直，所与游，皆当世名人。

柳宗元像，图出自明·天然撰《历代古人像赞》。

子厚少精敏，无不通达。逮其父时，虽少年已自成人，能取进士第，崭然见头角，众谓柳氏有子矣。其后以博学宏词[6]，授集贤殿正字。隽杰廉悍，议论证据今古，出入经史百子，踔厉风发[7]，率常屈其座人。名声大振，一时皆慕与之交，诸公要人争欲令出我门下，交口荐誉之。

贞元十九年，由蓝田尉拜监察御史。顺宗即位，拜礼部员外郎。遇用事者得罪，例出为刺史；未至，又例贬永州司马。居闲，益自刻苦，务记览，为词章，泛滥停蓄，为深博无涯涘[8]，而自肆于山水间。

元和中，尝例召至京师，又偕出为刺史，而子厚得柳州。既至，叹曰："是岂不足为政邪！"因其土俗，为设教禁，州人顺赖。其俗以男女质钱，约不时赎，子本相侔，则没为奴婢。子厚与设方计，悉令赎归；其尤贫力不能者，令书其佣[9]，足相当，则使归其质。观察使下其法于他州，比一岁，免而归者且千人。衡、湘以南为进士者，皆以子厚为师；其经承子厚口讲指画为文词者，悉有法度可观。

其召至京师而复为刺史也，中山刘梦得禹锡亦在遣中，当诣播州。子厚泣曰："播州非人所居，而梦得亲在堂。吾不忍梦得之穷，无辞以白其大人；且万无母子俱往理。"请于朝，将拜疏[10]，愿以柳易播，虽重得罪，死不恨。遇有以梦得事白上者，梦得于是改刺连州。呜呼，士穷乃见节义！今夫平居里巷相慕悦，酒食游戏相征逐，诩诩强笑语以相取下[11]，握手出肝肺相示，指天日涕泣，誓生死不相背负，真若可信；一旦临小利害，仅如毛发比，反眼若不相识，落陷阱，不一引手救，反挤之，又下石焉者，皆是也。此宜禽兽夷狄所不忍为，而其人自视以为得计。闻子厚之风，亦可以少愧矣！

子厚前时少年，勇于为人，不自贵重顾藉，谓功业可立就，故坐废退[12]。既退，又无相知有气力得位者推挽，故卒死于穷裔。材不为世用，道不行于时也。使子厚在台省时，自持其身已能如司马、刺史时，亦自不斥；斥时，有人力能举之，且必复用不穷。然子厚斥不久，穷不极，虽有出于人，其文学辞章，必不能自力以致必传于后如今，无疑也。虽使子厚得所愿，为将相于一时，以彼易此，孰得孰失，必有能辨之者。

子厚以元和十四年十一月八日卒，年四十七。以十五年七月十日归葬万年先人墓侧。子厚有子男二人，长曰周六，始四岁；季曰周七，子厚卒乃生；女子二人，皆幼。其得归葬也，费皆出观察使河东裴君行立。行立有节概⑬，重然诺，与子厚结交，子厚亦为之尽，竟赖其力。葬子厚于万年之墓者，舅弟卢遵。遵，涿人，性谨慎，学问不厌。自子厚之斥，遵从而家焉，逮其死不去。既往葬子厚，又将经纪其家⑭，庶几有始终者。铭曰：

是惟子厚之室，既固既安，以利其嗣人。

【注释】

①讳：指名讳。

②庆：指柳庆，仕周为宜州刺史，被封为平齐公。

③拓跋魏：南北朝时拓跋氏建立的北魏王朝，称拓跋魏。

④济阴公：封济阴公的是柳庆之子柳旦，韩愈这里弄错了。

⑤奭：柳奭，贞观中任中书舍人。

⑥博学宏词：即博学宏词科，唐代于进士、明之外特设的不定期举行的考试科目。

⑦踔厉：腾跃奋起的样子。

⑧涯涘：边际。

⑨书其佣：记下做抵押品的人每天的劳动所得。

⑩拜疏：上疏，即向皇帝上书。

⑪诩：谄媚讨好的样子。

⑫顾藉：爱惜自己。

⑬节概：节操。

⑭经纪：经营。

【译解】

子厚，名叫宗元。他的第七世祖名叫庆，担任过北魏的侍中，受封为济阴公。曾伯祖父名叫奭，担任过唐朝的宰相，同褚遂良、韩瑗都因为得罪了武后，在唐高宗时被害。父亲名叫镇，因为要侍奉他的母亲，辞掉太常博士之职，到江南去做县官。以后，又因为不能讨好当权大臣，丢掉了御史。当权大臣死后，才又被任命为侍御史，是个出名的刚强正直的人。同他交往的，都是些当代的知名人士。

《唐诗画谱》插图

子厚年轻时就精明敏捷，没有什么事不明白通晓。当他父亲还在世时，他虽然年轻，但已经像个大人，能够考中进士，突出地显露出超人的才华，大家都称赞柳家出了个好儿子。以后又因为考取博学宏词科，被任命为集贤殿正字。他才能出众，有骨气，勇敢，发表议论时引古证今，运用经史和诸子百家的学说，见识高超，精神奋发，常常能够使在座的人心悦诚服，名气大大地响起来了，当时人们都仰慕他同他交往。许多显要人物抢着想叫他做自己的门生，众口一辞地推荐他，赞扬他。

贞元十九年，他从蓝田县尉升任监察御史。顺宗继承帝位后，改任礼部员外郎。碰上当权的人出了事，照例被贬谪出去做刺史。还不曾到任，又照例加贬为永州司马。他在闲暇的时候，更加刻苦，努力记诵和阅览书籍，写作的诗文，像水一样，有时汪洋泛滥，有时停止积聚，使人感到又深又广，无边无际，自己则任意地游山玩水。

元和年间，曾经按规定被召回到京城，又同其他的人一道出去做刺史，子厚被派到柳州。到任以后，他慨叹说："这里难道不能推行政治教化吗?"他依据当地的风俗，替他们规定了教化禁令，全柳州人民都顺从、信赖他。那里有个风俗习惯，拿儿女作抵押向人借钱。约定：假使不按时赎回，只要利息和本钱相等，就把人质没收，充当奴仆或者婢女。子厚给他们想尽办法，使他们都赎回去。其中特别穷苦、力量够不到的，就命令债主记下他们应得的工资，等到工资和借款相抵，就责令债主归还那个人质。观察使把子厚的办法推广到别的州，等到满一年，解放回家的人质将近一千人。衡山、湘水以南打算考进士的，都拜子厚做老师。其中经过子厚亲自讲授指点的，写文章都符合规范，值得观赏。

他被召回到京城又出去做刺史时，中山刘梦得名禹锡的，也在被遣出去的人当中，该去播州。子厚流着泪说："播州不是人住的地方，而且梦得的老母亲还健在，我不忍心看到梦得这样穷困，弄到没有话去宽慰他的母亲的境地。再说，也万万没有母子一道遗往边远恶州去的道理。"准备向朝廷请求，呈递奏章，情愿拿柳州换播州，纵使再次得罪，送了命也不悔恨。碰巧有人把刘梦得的困难情况奏明朝廷，刘梦得以因此改任连州刺史。唉！人在穷困时才显得出节操和道义。今天，有些人平时居住在里巷的时候，彼此仰慕交好，吃喝玩乐互相邀请往来，融洽地聚在一起，假惺惺地有说有笑，互相表示谦逊，握手言欢时像要掏出心肝给对方看，指着天日流泪，发誓不管死活都不做谁对不起谁的事，真像可以信得过一样。一旦碰着极小的利害，不过像毛发那样细微，就反转脸皮像不认识似的；掉下陷阱，不但不肯伸一伸手去援救，倒反挤他下去，再丢下石头。这种人，到处都是啊。这些连禽兽和野蛮人都不忍心做的坏事，而那些人自己却以为做得很对。他们听到了子厚的风格，也可以因此稍微有一点惭愧吧！

子厚年轻时，勇于帮助别人，自己不晓得保重和爱惜自己，认为功业可以立刻成就，所以受累遭贬斥。贬斥以后，又没有一个知己、有权力、有地位的人推荐提拔他，所以终于死在荒凉的边远地方。才能不能被世上使用，理想也不能在当时实现。倘使子厚在当御史、员外郎的时候，自己约束自己，已能像做司马刺史时那样，也自然不会被贬斥。倘使被贬斥时有个有力的能够保举他，也一定会重新起用，不至于穷困终身。然而，假使子厚被贬斥的时间不长，穷困不到极点，虽然才能比别人高，但是他的文学词章，必定不能靠他自己的刻苦努力像今天这样传到后代，这是毫无疑义的。即使让子厚得到了自己所希望的，在一个时期内做了大官，拿那种想象的情况来换取这种现实的情况，哪一种合算，哪一种失算，必定有能分清它的。

子厚于元和十四年十一月初八日逝世，终年四十七岁。于元和十五年七月初十日，安葬在万年县祖坟旁边。子厚有两个儿子：大的名叫周六，刚四岁；小的名叫周七，子厚逝世后才出生。两个女儿，都还幼小。他的灵柩能够运回万年县安葬，盘费都是观察使河东裴行立君出的。裴行立有气节，重信用，同子厚结交，子厚也为他尽过心力，终于依靠了他的力量。安葬子厚在万年县墓地的是他的表弟卢遵。卢遵，涿州人，性格谨慎，研究学问不知厌倦。从子厚被贬斥时起，卢遵就跟着他并且安家在他那里，直到他死去也不离开。已经安葬好子厚，又打算安排料理好他的家事，大概是个有始有终的人。

铭文说：这是子厚的墓穴，既坚固，又安静，有利于他的后代子孙。

【赏析】

韩愈和柳宗元同为中唐古文运动的倡导者，两人交谊深厚。文章首先叙述柳宗元的家世和早年事迹，紧接着作者着重记叙柳宗元被贬十四年之事，从政治和文学两方面肯定了柳宗元的成就。

一方面，文章记叙柳宗无遭贬谪后关心人民疾苦，解救被当作抵押品而没为奴卑的人，充分肯定了他的政绩。另一方面，作者认为柳宗元“居闲，益自刻苦，务经览，为词章，泛滥停蓄，为深博无涯之涘”，文学成就斐然。韩愈深切同情柳宗元“材不为世用，道不行于时”，但由于政治观点不一，韩愈也认为柳宗元参与叔文集团政治革新是个污点。文章感情浓厚，影响深远。

清储欣《唐宋八大家类选》评此文：“昌黎墓志第一，亦古今墓志第一。以韩志柳，如太史公传李将军，为之不遗余力矣。”

卷九

唐宋文

驳《复仇议》

柳宗元

【原文】

臣伏见天后[1]时，有同州下邽[2]人徐元庆者，父爽为县尉赵师韫[3]所杀，卒能手刃父仇，束身归罪。当时谏臣陈子昂建议诛之而旌其闾[4]；且请“编之于令，永为国典”[5]。臣窃独过之。

臣闻礼之大本，以防乱也。若曰无为贼虐，凡为子者杀无赦。刑之大本，亦以防乱也。若曰无为贼虐，凡为理者杀无赦。其本则合，其用则异，旌与诛莫得而并焉。诛其可旌，兹谓滥；黩刑甚矣。旌其可诛，兹谓僭[6]，坏礼甚矣。果以是示于天下，传于后代，趋义者不知所向，违害者不知所立，以是为典可乎？盖圣

武则天像，图出自《百美新咏》。

人之制，穷理以定赏罚，本情以正褒贬，统于一而已矣。

向使刺谳其诚伪，考正其曲直，原始而求其端，则刑礼之用，判然离矣。何者？若元庆之父，不陷于公罪，师韫之诛，独以其私怨，奋其吏气，虐于非辜，州牧不知罪，刑官不知问，上下蒙冒，吁号不闻，而元庆能以戴天为大耻，枕戈为得礼，处心积虑，以冲仇人之胸，介然自克[⑦]，即死无憾，是守礼而行义也。执事者宜有惭色，将谢之不暇，而又何诛焉？

其或元庆之父，不免于罪，师韫之诛，不愆于法，是非死于吏也，是死于法也。法其可仇乎？仇天子之法，而戕奉法之吏[⑧]，是悖骜而凌上也。执而诛之，所以正邦典，而又何旌焉？

且其议曰："人必有子，子必有亲，亲亲相仇，其乱谁救？"是惑于礼也甚矣。礼之所谓仇者，盖其冤抑沉痛而号无告也；非谓抵罪触法，陷于大戮。而曰彼杀之，我乃杀之。不议曲直，暴寡胁弱而已。其非经背圣，不亦甚哉！

《周礼》："调人，掌司万人之仇。凡杀人而义者，令勿仇；仇之则杀。有反杀者，邦国交仇之。"又安得亲亲相仇也"《春秋·公羊传》曰[⑨]："父不受诛，子复仇可也。父受诛，子复仇，此推刃之道，复仇不除害。"今若取此断两下相杀，则合于礼矣。且夫不忘仇，孝也。不爱死，义也。元庆能不越于礼，服孝死义，是必达理而闻道者也。夫达理闻道之人，岂其以王法为敌仇者哉？议者反以为戮，黩刑坏礼，其不可以为典，明矣。

请下臣议附于令。有断斯狱者[⑩]，不宜以前议从事。谨议。

【注释】

①伏见：看见。表示对对方的敬意。天后：指武则天，名曌，唐高宗李治的皇后。曾一度废去唐朝皇帝中宗李哲，自立为皇帝，并改

国号为周。当时被称为“测天大圣皇帝”，后人也称武则天或天后。

②同州：包括今陕西渭水以北、洛水以东、黄梁河以南地区。下邽：今陕西渭南。

③赵师韫：当时的下邽县尉。

④陈子昂：字伯玉，梓州射洪（今四川射洪县）人。武则天时，曾任右拾遗，属于谏诤之官。旌其闾：在徐元庆家所在的里巷立牌坊或赐匾额以表示称扬。

⑤国典：国法的准则。

⑥僭：超越本分。

⑦介然：坚贞。自克：下定决心。

⑧戕：杀害。

⑨《公羊传》：解释《春秋》的书，相传为孔子弟子公羊高所作。

⑩斯狱：此类案件。

【译解】

小臣看到，天后执政时，有个同州下邽县人徐元庆，他的父亲徐爽被县尉赵师韫杀死，他终于能够亲手刺死杀父的仇人，自己捆绑起来投案认罪。当时谏官陈子昂建议，杀掉他，但在他的里巷给以旌表，并请在法令中编进这种处理办法，永远作为国家法典。小臣私自认为这个建议是错误的。

小臣听说礼的根本，是用来防乱的。比如说不要做行凶杀人的事，凡是为了替父报仇杀了不该当作仇人的人都要抵命，不能赦免。刑法的根本，是用来防乱的。比如说不要做行凶杀人的事，凡是当官的杀死了没有罪的人，也要抵命，不能赦免。它的根本是一致的，而它的手段却不一样，表彰和处死不能同时使用。处死可以表彰的，这就叫做滥刑，太亵渎刑法了。表彰应该处死的，这就叫做越礼，破坏礼制太严重了。真的把这种做法向天下明白宣告，传到后代，就会使寻求正义的人不晓得正确方向，躲开祸害的人不晓得怎样立身处世，把它作为法典，可以吗？本来圣人的制礼立法，是要穷究事理来决定赏罚，根据情况来作出褒贬，不过是把礼和法结合在一块罢了。

《唐诗画谱》插图

当初假使能够查明案情的真假，判定它的是非，推究它的发生，进而寻找它的原由，那么刑法和礼制的功用就清楚地区分开来了。为什么呢？假如徐元庆的父亲对于国法不构成犯罪，赵师韫把他处死，仅仅是为了报他的私仇，滥用官势，对无罪的人肆意残害，州郡长官不晓得治赵师韫滥用刑法借机报怨的罪，执法官吏也不去过问，上下蒙蔽掩饰，对呼冤叫屈不闻不问。可是徐元庆能够把跟父亲的仇人共同活在世上作为极大羞耻，把枕着兵器时刻准备报杀父之仇作为符合礼制，处心积虑，用刀刺进仇人的胸膛，坚定地克制自己，就是牺牲也不怨恨。这就是遵守礼制，实行正义啊。管事的官吏应当有所惭愧，去向他表示歉意都来不及，为什么还要处死他呢？或者徐元庆的父亲的确是犯了罪不能赦免，赵师韫的处死他并不违背法令，这就不是死在官吏的手中，而是死在国家的法令上面。国家的法令怎么可以仇视呢？仇视国家的法令，杀害执法的官吏，这是逆乱犯上啊。逮捕起来处死他，是为了整肃国家的法令，为什么还要表彰他呢？

并且，陈子昂的建议说：“人一定有儿子，儿子一定有父母，为了热爱各自的亲人就互相仇杀，这样的混乱情势谁能纠正呢？”这种对礼制的糊涂观念实在是太严重了。礼所说的报仇，原来是说那种因为有冤屈，很沉痛，而又没有地方申诉的人，不是说触犯刑法，已经构成该判死刑的人。假使说他杀了人，我就杀他。不问对还是错，这仅仅是不论是非曲直，威压弱小者罢了。这种违反经典，背离圣人的做法，不也太过分了吗！

《周礼》说：“调人主管调解百姓的怨仇。凡是杀人而合乎情理的，规定不准报仇，报仇的人就处死刑。假使有反过来杀人的，全国人民就共同把他当作仇人。”又哪儿会热爱亲人因而互相仇杀呢？《春秋·公羊传》说：“父亲不该处死刑却处死了，儿子报仇是可以的。父亲应该处死刑而处死了，儿子报仇，这是一往一来互相杀的办法。这样的报仇是免不了相互仇杀的祸害。”如今，假使根据这个标准来判断双方仇杀的是非曲直，就符合礼制了。再说，不忘父仇，这是孝；不惜一死，这是义。徐元庆能够不超越礼制，遵循孝道，恪守正义，那肯定是个通晓事理、懂得道义的人。通晓事理、懂得道义的人，难道会把王法当作仇人吗？议罪的官吏倒反以为应该把他处死，滥用刑法，破坏礼制，这种建议不能把它作为国家法典是很明显的了。

请把小臣的意见发下去，附在有关法令的后面。以后凡有审判类似案件的，不应再照以前的建议办理。恭恭敬敬地提出上述意见。

【赏析】

这篇文章针对谏臣陈子昂“诛之而旌其闾”之说而发表自己的见解“旌与诛莫得而并”的。在柳宗元之前，盛唐玄宗时，也曾有过如徐元庆一般的张锽、张琇案，玄宗勒令：“国家设法，期于止杀，备申为子之志，谁非徇孝之人，展转相仇，何有限极。”柳认为：“州牧不知罪，刑官不上问，上下蒙冒”情况下手刃父仇是“守礼”、“行义”，是“达理闻道之人”、“执事者宜有惭色”。这里显然寓寄着作者对统治者的不满，愤世疾恶。文章结构严整，中间两段论理，一正一反，双翼齐飞；末段论事，有理有据，掷地有声。说理透辟，逻辑严密，文字简捷明快。宋黄震在《黄氏日钞》里也对此事作了评价：“武后时，徐元庆手刃父仇，陈子昂建议诛之而旌其间，著为令。驳谓旌与诛，莫得而并，当改正其曲直，所论甚精。合与昌黎《复仇议》参看。”

桐叶封弟辨

柳宗元

【原文】

古之传者①，有言成王以桐叶与小弱弟戏曰②："以与汝。"周公入贺③。王曰："戏也。"周公曰："天子不可戏。"乃封小弱弟于唐④。吾意不然。王之弟当封耶？周公宜以时言于王，不待其戏而贺以成之也。不当封耶？周公乃成其不中之戏，以地以人与小弱者为主，其得为圣乎？⑤且周公以王之言，不可苟焉而已，必从而成之耶？设有不幸，王以桐叶戏妇寺⑥，亦将举而从之乎？凡王者之德，在行之何若。设未得其当，虽十易之不为病。要于其当，不可使易也。而况以其戏乎？若戏而必行之，是周公教王遂过也。吾意周公辅成王，宜以道，从容优乐，要归之大中而已⑦。必不逢其失而为之辞。又不当束缚之，驰骤之，使若牛马然。急则败矣。且家人父子尚不能以此自克，况号为君臣耶？是直小丈夫䟽䟽者之事，非周公所宜用，故不可信。或曰，封唐叔，史佚成之⑧。

【注释】

①传者：史传作者。传，指《吕氏春秋》和《说苑》。

②成王：周成王，姓姬名诵。

③周公：姬旦，周武王之弟，周成王之叔。成王年幼，周公摄政。

④唐：古地名，今山西省翼城县西。

⑤其：难道。

⑥妇：宫廷中的妃嫔等。寺：宦官，太监。

⑦大中：适当，适度，不走向极端。

⑧史佚：西周时的史官，名佚。

周成王像，图出自《三才图会》。

【译解】

古书上记载：周成王把削成珪形的桐树叶跟小弟弟开玩笑，说："把它封你。"周公进去祝贺，成王说："我是跟他开玩笑呀。"周公说："天子不可以开玩笑。"于是把小弟弟封在唐地。

我认为不可能这样。成王的弟弟应该受封的话，周公就应该及时向成王说，不应该等到他开玩笑时才用祝贺的方式来促成这件事。不应该受封的话，周公居然促成这种不恰当的玩笑，把土地，把人民，交给一个小弟弟让他去做那里的君主，周公这样做怎么能够称为圣人呢？而且周公认为君主的话，不能随便说说就算了，一定要遵照着办成这件事吗？假使不幸，成王用桐叶当珪跟宫女和太监开玩笑，周公也准备提出来照着办吗？凡是帝王的德行，在于办事怎么样。假定他做得不合适，那么就是多次改变也不算错；重要的在于是不是适当，适当就不能使它改变，何况是拿它来开玩笑呢！假若开玩笑的话也一定要实行，这是周公在教成王成就错误啊。

玉珪

我想周公辅助成王，应该拿不偏不颇的道理引导他，使他的举止行动直到玩笑作乐都要纳入“中庸”的轨道上来就行了，肯定不会迎合他的错误还替他解说的。也不应该束缚他，劳累他，使他像牛马一样，逼得过分，就会坏事。而且在一家人中父子之间，还不能用这种办法来管束，何况是称为君臣的呢！这仅仅是玩弄小聪明的小丈夫做的事，不是周公应当做的，所以不能相信。

有的书上说：封唐叔的事，是史佚弄错的。

【赏析】

此文是针对“桐叶封弟”一事进行辨正，批驳所谓“天子不可戏”的谬说。前人评为“大篇短章”，篇幅虽小，意义宏深。借题批判群主言论绝对化的谬论。提出“凡王者之德，在行之何苦，设未得其当，虽十易之不为病。”这实际上是为政治革新制造舆论，评击阴挠社会进步的旧势力，意义深远。

这篇文章结构严紧，破立结合，说理透彻，是古文中的佳作。宋代谢枋得在《文章轨范》中曾赞扬此文：“七节转换，义理明莹，意味悠长。字字经思，句句著意，无一句懈怠，亦子厚之文得意者。”

箕子碑①

柳宗元

【原文】

凡大人之道有三：一曰正蒙难②，二曰法授圣③，三曰化及民④。殷有仁人曰箕子，实具兹道以立于世。故孔子述六经之旨，尤殷勤焉⑤。

当纣之时，大道悖乱⑥，天威之动不能戒⑦，圣人之言无所用。进死以并命，诚仁矣，无益吾祀，故不为⑧。委身以存祀，诚仁矣，与亡吾国，故不忍⑨。具是二道⑩，有行之者矣是用保其明哲，与之俯仰⑪；晦是谟范⑫，辱于囚奴⑬；昏而无邪⑭，陨而不息⑮；故在《易》曰

《易》

“箕子之明夷”[16]。正蒙难也。及天命既改[17]，生人以正[18]，乃出大法，用为圣师[19]。周人得以序彝伦而立大典[20]；故在《书》曰“以箕子归作《洪范》[21]”。法授圣也。及封朝鲜[22]，推道训俗[23]，惟德无陋，惟人无远[24]，用广殷祀[25]，俾夷为华[26]。化及民也。率是大道，丛于厥躬[27]，天地变化，我得其正，其大人欤？

于乎[28]！当其周时未至，殷祀未殄[29]，比干已死，微子已去，向使纣恶未稔而自毙[30]，武庚念乱以图存[31]，国无其人，谁与兴理？是固人事之或然者也。然则先生隐忍而为此[32]，有其志于斯乎？

唐某年，作庙汲郡[33]，岁时致祀，嘉先生独列于《易》象[34]，作是颂云[35]。

【注释】

①箕子：名胥余，殷纣王的叔父。曾官太师，因封国于箕，故称箕子。

②正蒙难：遭受危难而能保持正道。

③法授圣：把治理国家的法典交给圣明之君。

④化及民：施教化使人民接受。

⑤殷勤：情意恳切。

⑥悖乱：悖逆混乱。

⑦天威之动：古人相信“天人感应”之说，以为天有意志体现于许多自然现象中。戒：制止。

⑧“进死”：指比干冒死进谏，被纣王剖心而死。

⑨“委身”四句因微子数谏纣王不听，便离开了殷朝。武王灭纣，称臣于周，周公让他统率殷族，封于宋，为宋国始祖。委身：以身事人，指微子臣周。与亡：参与灭亡。

⑩二道：指牺牲生命以维护国祚和委身投降以保个人宗庙香火的

两种处世之道。

⑪其：指箕子。明哲：贤明。之：乱世。

⑫晦：隐藏。谟范：谋略的典范。

⑬辱于囚奴：受辱与囚徒奴隶生活在一起。

⑭无邪：没有邪恶的行为。

⑮隤（tuí）：跌倒。不息：自强不息。

⑯明夷：《周易》卦名。夷：伤。日出地上，其明乃光，至其明则伤，故曰明夷。象征暗主在上，贤人退避。

⑰天命既改：指武王灭纣。

⑱生人：百姓，黎民。人：民。因避唐太宗李世民讳而改。

⑲用为圣师：指箕子所作的《洪范》，对后世圣明之君有指导作用。

⑳彝伦：人伦，人与人间的道德准则。序：调整。

㉑《洪范》：《尚书》篇名。篇中记载了箕子与周武王的对话。

㉒封朝鲜：到朝鲜受封。

㉓推道：推行道义。训俗：改变社会习俗。

㉔德无陋：道德无小大简繁。人无远：人民无疏亲远近。

㉕殷祀：殷朝的宗绪。

㉖俾夷为华：使夷狄变为中华。

㉗丛：集聚。厥躬：他自己身上。

㉘于乎（wū hū）：同“呜呼”。

㉙殄（tiǎn）：指灭绝。

㉚稔（rěn）：原指庄稼成熟，引申为满盈、达到极点。

㉛武庚：殷纣王的儿子，殷亡后为周隤封，后因叛乱被杀周武王封他为殷君。成王时，武庚作乱，被周公所灭。

㉜先生：指箕子。隐忍：指箕子见纣无道而隐退，以待起事。

㉝汲郡：今河南汲县。

㉞嘉：佩服。独列于《易》象：指前之《易》曰："箕子之明夷。"

㉟是颂：这篇颂文。

【译解】

凡是有高尚德行的人，他的立身处世之道有三点：第一是坚持正义，不惜蒙受苦难；第二是陈述大法，授给圣王；第三是推行教化，施及人民。殷代有个仁人名叫箕子，他的确具备这种立身处世之道，在当时很有成就。所以孔子说明六经的大义时，特别恳切地讲起他。

在殷纣王的时候，道德颠倒混乱，上帝的震怒不能使他警惕，圣人的教导也没有什么作用。这时候，冒死进谏，不怕牺牲生命，这的确是可以称为仁人了，不过对自己的宗族没有好处，所以不这样做。献身新王朝来保存宗族，这也的确是可以称为仁人了，不过先要抛开自己的国家而逃跑，所以又不忍心这样做。况且以上两种办法，已经有人实行过了。因为这样，箕子保持自己的明智，跟局势周旋，把自己的良谋善策隐藏起来，在囚犯奴隶的中间受屈辱。生在黑暗的时代，却没有奸邪的行为，处在衰败的国家，却能够自强不息。所以在《易经》上说："箕子的明智没有显露出来。"这就是坚持正义，不惜蒙受苦难啊。等到天意已经改变，百姓已经走上正轨，于是陈述大法，因而成为圣王的师傅。周朝统治者能够依据它整顿人与人之间的道德关系，从而制定重大法典。所以在《书经》上说："由于箕子归降才制定了大法。"这就是陈述大法，授给圣王啊。等到他受封在朝鲜以后，推行礼义，转变风俗，有德行就不怕风气鄙陋，有人民就不怕地方僻远，因而推广了殷朝的政治文化，使边远民族同华夏民族一样。这就是推行教化，施及人民啊。遵循这种圣人之道，使它在自己的身上集中，天地万物虽然变化无常，自己却能够坚守正道，这大概就是有高尚德行的人吧！

唉！在那周朝兴起的时机还不曾到来，殷朝的宗祀还没有断绝，比干已经被害，微子已经出走的时候，倘使殷纣的罪恶没有达到极点就自然地死去，武庚关心动乱企图保存统治，国家没有那种杰出的人才，将同谁来振兴和治理呢？这原本是人事方面可能出现的情况啊。那么，先生隐忍着这样做，也许是对这方面有所打算吧！

唐朝某年，在汲郡建立了先生的庙，按时致祭。我欣赏箕子独能在《易经》的卦像中列名，就作了这篇颂。

【赏析】

本文是为箕子庙写的碑文。纣王无道，箕子劝谏不从，反遭迫害，却能忍辱负重，建立功业，作者对他推崇备至。作者以伟大人物三个标准“正蒙难”、“法授圣”、“化及民”为评价箕子的出发点，依次展开论述，见前人之未见，彰扬箕子的品格、功绩，也表达了对自己、对一切仁人志士的勉励。

宋文人谢枋得也对此文作了评价“此等文章，天地间有数，不可多见，惟杜牧之绝句诗一首似之，《题乌江项羽庙》云：‘胜败兵家不可期，包羞忍耻是男儿。江东子弟多豪俊，卷土重来未可知。’”

捕蛇者说

柳宗元

【原文】

永州之野产异蛇，黑质而白章①，触草木尽死，以啮人，无御之者。然得而腊之以为饵②，可以已大风、挛踠、瘘、疠③，去死肌，杀三虫④。其始，太医以王命聚之，岁赋其二，募有能捕之者，当其租入，永之人争奔走焉。

柳宗元像，图选自清·上官周绘《晚笑堂画传》。

有蒋氏者，专其利三世矣。问之，则曰：“吾祖死于是，吾父死于是，今吾嗣为之十二年，几死者数矣。”言之，貌若甚戚者。余悲之，曰：“若毒之乎？余将告于莅事者⑤，更若役，复若赋，则何如？”

蒋氏大戚，汪然出涕，曰：

"君将哀而生之乎？则吾斯役之不幸，未若复吾赋不幸之甚也。向吾不为斯役，则久已病矣。自吾氏三世居是乡，积于今六十岁矣。而乡邻之生日蹙。殚其地之出，竭其庐之入，号呼而转徙，饥渴而顿踣[6]，触风雨，犯寒暑，呼嘘毒疠，往往而死者相藉也。曩与吾祖居者，今其室十无一焉；与吾父居者，今其室十无二、三焉；与吾居十二年者，今其室十无四、五焉；非死则徙尔，而吾以捕蛇独存。悍吏之来吾乡，叫嚣乎东西，隳突乎南北[7]，哗然而骇者，虽鸡犬不得宁焉。吾恂恂而起[8]，视其缶，而吾蛇尚存，则弛然而卧。谨食之，时而献焉。退而甘食其土之有[9]，以尽吾齿。盖一岁之犯死者二焉，其余，则熙熙而乐。岂若吾乡邻之旦旦有是哉！今虽死乎此，比吾乡邻之死，则已后矣，又安敢毒耶？"

余闻而愈悲。孔子曰："苛政猛于虎也！"吾尝疑乎是，今以蒋氏观之，犹信。呜呼！孰知赋敛之毒有甚是蛇者乎！故为之说，以俟夫观人风者得焉[10]。

【注释】

①质：质地，底子。章：花纹。

②腊：晾干，做成肉干。饵：药饵。

③已：止，治疗好。大风：麻风病。挛踠：手脚弯曲不能伸展的病，即痉挛症。瘘：脖子肿大。疠：恶疮。

④三虫：三尸虫，道家把人的脑、胸、腹叫做三尸，使三尸得病的虫叫三虫。

⑤莅事者：管事的，地方官员。

⑥顿踣：劳累得倒下去。

⑦隳突：破坏，骚扰。这几句是互文见义的写法，表现悍吏的横行霸道、耀武扬威。

⑧恂恂：小心谨慎的样子。

⑨有：产品。

⑩俟：等待。人风：民风，民情。这句是说：我把这事写下来，希望了解民风民情的人采集进去，呈献给皇帝。

【译解】

永州的野外出产一种奇异的蛇，黑的质地，白的花纹。它只要一接触到草木，草木就要枯死。假如咬了人，没有能够医治好的。可是人们捉到它把它风干制成药物，可以治好麻疯、四肢弯曲、脖子肿和各种恶疮，还可以除去坏死的肌肉，杀死人体内的各类寄生虫。开始时，太医奉皇帝的命令征集这种蛇，每年征收两次。招募有人能捉到毒蛇的，就以之抵他的应交的赋税。永州的贫民都为这件事竞相奔走。

有一个姓蒋的，独享这种捕蛇免税的好处已经三代了，我问他，他就说：“我祖父死在捕蛇这件事上，我父亲死在捕蛇这件事上，如今我接着干这件事已经十二年，几乎送命的也有过很多次了。”谈起这件事，脸色似乎很悲痛的样子。我可怜他，并且对他说：“你怨恨这件事吗？我准备告诉管这

捕蛇者说

件事的官吏，更换你的差使，恢复你的赋税，怎么样?”姓蒋的更加悲痛，眼泪汪汪地说：“您打算可怜我让我活下去吗？那么，我这个差使的不幸，还不如恢复我赋税的不幸厉害呀！假使我以前不干这个差使，我早就困苦不堪了。自从我家三代住在这个乡里，到现在已经六十年了。乡邻们的生活一天比一天困苦。他们使完了自己地里的出产，用尽了自己家里的收入，哭喊着到处流亡，饥渴劳累得倒下来，冒着风雨，犯着寒暑，呼吸着瘟疫毒气，往往因而死掉的尸体一具一具地相互叠压着。过去同我祖父住在一村的，今天十家中没有一家了；同我父亲住在一村的，今天十家中没有二三家了；同我住在一村十二年的，今天十家中没有四五家了。不是死光就是搬走了。可是我们家因为捕蛇单独保存下来。蛮横的公差到我们乡里来的时候，到处吵闹，到处骚扰，老百姓就吓得乱嚷嚷的，就是鸡狗也不得安宁呀。我担心地起来，看看那只瓦罐，我捉到的蛇还在里面，就放心地去睡觉。平时谨慎地饲养它，按时献上它。回家来就津津有味地吃着自己地里出产的东西，来度过我的余年。大概一年中冒着死亡危险的时候只有两次。其馀时间就舒服地过着安乐的日子，怎么会像我的乡邻们天天受这种死亡的威胁呢？如今我即便死在捕蛇这件事上，比我的乡邻们的死已经算是死得晚的了，又怎么敢怨恨呢?”

我听完这一席话，更加悲伤了。孔子说：“苛刻的政令比老虎还凶啊!”我曾经对这句话怀疑过。现在拿姓蒋的事情来看，还是可信的。唉！谁知道赋税的毒害，比这种毒蛇更厉害呢！所以，我写了这篇文章，来等待那些视察民情的人采集到它。

【赏析】

此方乃用者被贬永州时军的一篇文章，寓政治见解于叙事之中，在“说”体文中独树一帜。本文通过对捕蛇者的悲惨遭遇，揭示出

“赋敛之毒有甚于蛇毒”的主题，并证以孔子“苛政猛于虎”的名论，抨击中唐统治者横征暴敛、荼毒人民的苛政，表达了对劳动人民的同情，也寓寄柳宗元要求政治改革的思想。

在写法上，对比和反衬，使文章生动显赫，有较强的艺术感染力量。

难怪时文人林次崖对此文作了如下评价：“抑扬起伏，宛转斡旋，含无限悲伤凄惋之态。”

种树郭橐驼传

柳宗元

【原文】

郭橐驼[①]，不知始何名。病偻[②]，隆然伏行[③]，有类橐驼者，故乡人号之“驼”。驼闻之曰：“甚善，名我固当。”[④]因舍其名，亦自谓橐驼云。

其乡曰丰乐乡，在长安西。驼业种树，凡长安豪富人为观游及卖果者，皆争迎取养[⑤]。视驼所种树，或移徙，无不活，且硕茂蚤实以蕃。他植者虽窥伺效慕，莫能如也。

有问之，对曰：“橐驼非能使木寿且孳也[⑥]，能顺木之天[⑦]，以致其性焉尔。凡植木之性，其本欲舒，其培欲平，其土欲故，其筑欲密[⑧]。既然已[⑨]，勿动勿虑，去不复顾。其莳也若子[⑩]，其置也若弃，则其天者全而其性得矣。故吾不害其长而已，非有能硕茂之也；不抑耗其实而已[⑪]，非有能蚤而蕃之也。他植者则不然，根拳而土易[⑫]，其培之也，若不过焉则不及。苟有能反是者，则又爱之太恩，忧之太勤[⑬]，旦视而暮抚，已去而复顾，甚者爪其肤以验其生枯，摇其本以观其疏密，而木之性日以离矣[⑭]。虽曰爱之，其实害之；虽曰忧之，其实仇之。故不我若也。吾又何能为哉？”

问者曰："以子之道，移之官理[15]，可乎？"驼曰："我知种树而已，官理非吾业也。然吾居乡，见长人者好烦其令[16]，若甚怜焉，而卒以祸。旦暮吏来而呼曰：'官命促尔耕，勖尔植[17]，督尔获，早缫而绪[18]，早织而缕[19]，字而幼孩[20]，遂而鸡豚[21]。'鸣鼓而聚之，击木而召之[22]。吾小人辍飧饔以劳吏者[23]，且不得暇，又何以蕃吾生而安吾性邪？故病且怠[24]。若是，则与吾业者其亦有类乎？"

问者曰："嘻，不亦善夫！吾问养树，得养人术[25]。"传其事以为官戒也[26]。

【注释】

①橐驼：骆驼，这里指驼背。

②偻：脊背向前弯曲。

③隆然伏行：驼背低头走路。

④名我固当：这样称呼我本来就恰当。

⑤争迎取养：争着迎接和奉养。

⑥孳：繁殖快。

⑦天：天性，本性，自然属性。

⑧筑：夯土，捣土。

⑨既然已：已经这样做好了。

⑩其莳也若子：栽种时要像对待子女一样。莳：栽种。

⑪不抑耗其实：不抑制损耗它的果实。

⑫拳：拳曲。

⑬恩：关切，爱惜。勤：劳累。

⑭日以离：一天比一天地丧失。

⑮官理：当官治理政事。

⑯长（zhǎng 掌）人者：做官的。

⑰勖（xù 绪）：勉励。

⑱绪：丝头。

⑲缕：线。

⑳字：抚养。

㉑遂：生长。豚（tún 屯）：猪。

㉒击木：指敲梆子。

㉓飧（sūn 孙）：晚饭。饔：早饭。

㉔病：困苦。怠：疲乏。

㉕养人术：指治民的办法。

㉖传（zhuàn 赚）：记载。

【译解】

郭骆驼，不晓得他原先叫什么名字。害了曲背的毛病，背部高耸，身体前倾，面向下走路，好像骆驼的样子，所以乡里的人叫他“骆驼”。驼子听到这个浑号，就说：“很好，这样叫我本来很适当。”于是，他就丢掉他的名字，也自称为“骆驼”。他住的乡叫丰乐乡，在长安城的西面。骆驼把种树作为职业，所有长安的豪富人家要种花木供玩赏的，以及卖水果的，都抢着接他到家里养着。人们看见骆驼栽种的树，或者移植的树，没有哪一棵不成活的，而且长得又高又茂盛，果实结得早而且多。别的种树的人即使偷看仿效，也没有哪一个能够赶上他的。

有人问他是什么缘故，他回答说：“骆驼并不能够使树木活得长久而且繁殖得快的，不过能够顺着树木的生长规律，让它的本性得到充分发展罢了。大凡种树的方法，树木的根要舒展，树根的土要培得平，根旁的土要用原来的，根周围的土要砸结实。种好以后，别动它，也别担心它，离开了就不再管它。树木栽种的时候应该像爱护子女一样，栽下以后应该像丢弃一样。那么，它的天性能够保持不变，它的本性也就能够充分发展了。所以，我仅仅是不妨害它们的生长罢了，不是有能力使它们长得又高大又茂盛啊；仅仅是不压抑、不损坏它们的花果罢了，不是有能力使果实结得早而且多啊。别的种树的人却不是这样。栽种时，树根拳曲，泥土又换了新的；他们培土，不是过多，就是不够。假如有人能够不这样做，但又爱护它们太深厚，忧虑它们太过分，早上看看，晚上摸摸，已经离开，又回来望望；严重的，抓破树皮来验看它们是死还是活，摇动树根来观察培的土是松还是实，于是树木的本性就一天天地受到损害了。虽说是爱它，其实是害它；虽说是担心它，其实是仇视它。所以他们栽的树不如我。我又有什么别的特殊的本领呢?”

问的人说：“按照你说的种树的方法，搬到做官治民方面去可以吗?”骆驼说，“我只晓得种树罢了，做官治民不是我的事啊。可是我在乡下，看到当官的老是喜欢烦琐地发布政令，好像很爱百姓那样，结果却给他们带来了灾祸。一天到晚，差役一到就呼喊，‘官府命令，催促你们耕耘，勉励你们种植，督促你们收割，早些缫好你们的丝，早些织好你们的布，养育好你们的孩子，饲养好你们的家禽和牲畜!’一会儿，擂起鼓来集合他们，

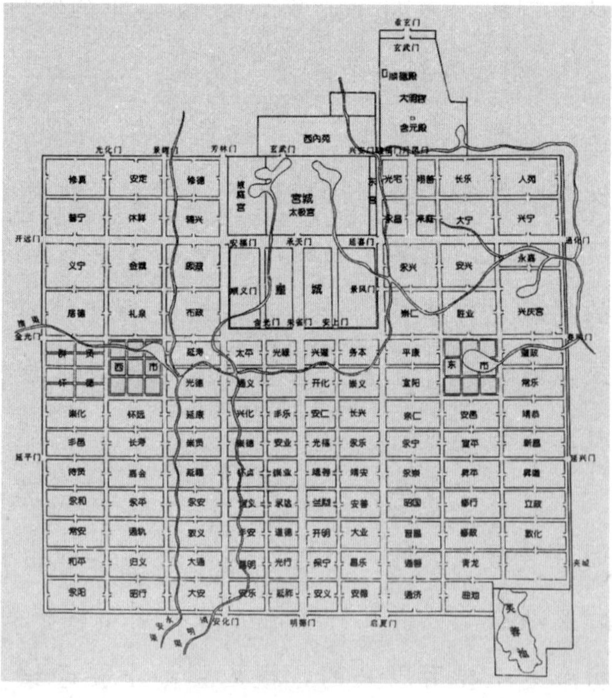

唐长安城

一会儿，敲起梆子来召唤他们。我们小百姓不吃早晚饭来慰劳公差还来不及，又靠什么来增加我们的生产、安定我们的生活呢？所以困苦而且劳累。像这样，那和我种树或许也有些类似吧！”。

问的人赞叹着说：“这不也很好吗！我问种树，得到了治民的方法。”于是记下这件事，把它作为官戒。

【赏析】

这篇文章属寓言体政论性散文。借种树喻居官治民，以“顺木之天，以致其性”的种树之道“移之官理”，阐明为官治民，也须顺应百姓要求，去烦除扰，人民方能安居生息，表明作者对当局政令的不满。

把种树与治国摄撮成文，构思奇妙，对比生动，富含哲理，耐人回味。对此篇文章清吴楚材、吴调侯也给邓了很高评价：

“前写橐驼种树之法，琐琐述来，涉笔成趣，纯是上圣至理，不得看为山家种树方。末入官理一段，发出绝大议论，以规讽世道。守官者当深体此文。”

梓人传①

柳宗元

【原文】

裴封叔之第②，在光德里③，有梓人款其门，愿佣隙宇而处焉④。所职寻引、规矩绳墨⑤，家不居砻斫之器⑥。问其能，曰："吾善度材⑦，视栋宇之制⑧，高深圆方短长之宜，吾指使而群工役焉⑨。舍我，众莫能就一宇。故食于官府，吾受禄三倍⑩；作于私家，吾收其直大半焉⑪。"他日，入其室，其床阙足而不能理⑫，曰："将求他工。"余甚笑之，谓其无能而贪禄嗜货者⑬。

其后京兆尹将饰官署⑭，余往过焉。委群材，会众工⑮，或执斧斤，或执刀锯，皆环立向之⑯。梓人左持引，右执杖，而中处焉。量栋宇之任，视木之能举⑰，挥其杖曰："斧！"彼执斧者奔而右；顾而指曰："锯！"彼执锯者趋而左。俄而斤者斫，刀者削⑱，皆视其色，俟其言，莫敢自断者。其不胜任者，怒而退之，亦莫敢愠焉⑲。画宫于堵⑳，盈尺而曲尽其制㉑，计其毫厘而构大厦，无进退焉㉒。既成，书于上栋曰："某年某月某日某建。"则其姓字也。凡执用之工不在列㉓。余圜视大骇㉔，然后知其术之工大矣㉕！继而叹曰㉖："彼将舍其手艺，专其心智，而能知体要者欤㉗？

吾闻劳心者役人，劳力者役于人[28]，彼其劳心者欤？能者用而智者谋[29]，彼其智者欤？是足为佐天子相天下法矣[30]，物莫近乎此也。彼为天下者，本于人[31]。其执役者，为徒隶，为乡师里胥[32]，其上为下士，又其上为中士，为上士；又其上为大夫，为卿，为公。离而为六职[33]，判而为百役[34]。外薄四海，有方伯连帅[35]；郡有守，邑有宰，皆有佐政[36]。其下有胥吏，又其下皆有啬夫版尹[37]，以就役焉，

傅说像，图出自明·天然《历代古人像赞》。

犹众工之各有执技以食力也。彼佐天子相天下者，举而加焉，指而使焉[38]，条其纲纪而盈缩焉[39]，齐其法制而整顿焉，犹梓人之有规矩绳墨以定制也。择天下之士，使称其职；居天下之人，使安其业。视都知野，视野知国，视国知天下，其远迩细大，可手据其图而究焉，犹梓人画宫于堵而绩于成也。能者进而由之[40]，使无所德[41]；不能者退而休之，亦莫敢愠。不炫能，不矜名，不亲小劳[42]，不侵众官，日与天下之英才讨论其大经[43]，犹梓人之善运众工而不伐艺也[44]。夫然后相道得而万国理矣[45]。相道既得，万国既理，天下举首而望曰："吾相之功也。"后之人循迹而慕曰"彼相之才也。"士或谈殷周之理者，曰伊、傅、周、召[46]，其百执事之勤劳[47]，而不得纪焉[48]，犹梓人自名其功，而执用者不列也。大哉相乎！通是道者，所谓相而已矣。其不知体要者反此，以恪勤为公，以簿书为尊[49]，炫能矜名，亲小劳，侵众官，

窃取六职百役之事，听听于府庭[50]，而遗其大者远者焉。所谓不通是道者也。犹梓人而不知绳墨之曲直、规矩之方圆、寻引之短长，姑夺众工之斧斤刀锯，以佐其艺，又不能备其工，以至败绩[51]，用而无所成也，不亦谬欤？

或曰："彼主为室者[52]，傥或发其私智[53]，牵制梓人之虑，夺其世守[54]，而道谋是用[55]，虽不能成功，岂其罪邪？亦在任之而已。"余曰不然。夫绳墨诚陈，规矩诚设，高者不可抑而下也，狭者不可张而广也，由我则固，不由我则圮[56]。彼将乐去固而就圮也，则卷其术[57]，默其志，悠尔而去，不屈吾道，是诚良梓人耳。其或嗜其货利，忍而不能舍也；丧其制量[58]，屈而不能守也。栋挠屋坏，则曰："非我罪也。"可乎哉？可乎哉？

余谓梓人之道类于相，故书而藏之。梓人盖古之审曲面势者[59]，今谓之都料匠云[60]。余所遇者杨氏，潜其名。

【注释】

①梓人：木工。

②裴封叔：名谨，柳宗元的妹夫。今山西闻喜县人，曾任长安县令。第：宅第，住宅。

③光德里：里弄名，今西安西安郊。

④佣：受人雇用。隙宇：空闲的房子。

⑤职：执掌。寻、引：古代长度单位。一寻为八尺，一引为一丈。规矩：圆规与矩尺。绳墨：用以画直线的墨斗墨线。

⑥不居：没有积存。砻斫（lóng zhuó）之器：指木工备用的磨刀石与刀斧之类工具。

⑦度（duó）：度量。

⑧栋宇之制：指房屋的结构制度。

⑨指使：指挥。役：服役，指具体的工作。

⑩食于官府：受官府雇用。受禄三倍：指所拿工钱是普通工人的三倍。

⑪直：同“值”。指报酬、工钱。

⑫阙：同“缺”。

⑬贪禄嗜货：贪图钱财。禄，俸禄。货，钱币。

⑭京兆尹：管理京城的地方长官。饰：修理。

⑮委：堆积。会：集聚。

⑯环立向之：围上一个圆圈向着他。

⑰任：规模，指栋宇的大小。举：适合，指木材是否合乎要求。

⑱斤者：持斧头的人。刀者：持刀的人。

⑲愠（yùn）：怨怒。

⑳画宫于堵：画房子的图样在墙上。

㉑盈尺：一尺见方。指施工图样仅一尺见方。曲尽其制：详尽地描绘了房屋的规模。

㉒进退：误差，出入。

㉓执用之工：指具体操作的工人。

㉔圜：同“环”。

㉕其术之工：他的技术的作用。术，指技艺，技术。

㉖继而：接下来。

㉗体要：大体纲要。

㉘劳心者役人，劳力者役于人：语出《孟子·滕文公上》：“劳心者治人，劳力者治于人”。脑力劳动者使唤人，体力劳动者被人使唤。

㉙能者用而智者谋：有技能的人干活而有智慧的人出谋献策。

㉚佐：辅佐。相：治理。法：仿效，效法。

㉛本于人：靠的是众人。

㉜徒隶：指从事体力的人。乡师：乡长。里胥：一里之长。

㉝六职：指吏、户、礼、兵、刑、工六部。

㉞判：划分。百役：多种职业。

㉟薄：迫近。方伯：古地方长官。连帅：诸侯之长。

㊱邑：县。佐政：辅佐处理政事的副长官。

㊲胥吏：处理文书的小吏。啬（sè）夫：掌管诉讼、赋税的小吏。版尹：掌管户口的小吏。

㊳举而加：推举任用。指而使：指使。

㊴条：调整，整理。纲纪：法令制度。盈缩：增减。

㊵能者进：有才能的人得到重用。由之：得到他的推荐。

㊶使无所德：使得到任用的人不特别感恩戴德。

㊷不亲小劳：不亲自做无足轻重的事情。

㊸大经：经邦济世的纲纪。

㊹伐艺：夸耀才能。

㊺相道：做宰相的方法、艺术。

㊻伊、傅、周、召：伊尹、傅说、周公、召公。殷周的贤臣。

㊼百执事：指众多执行具体事务的人。

㊽纪：记载。

㊾恪勤：敬谨劳苦。簿书：公文书牍。

㊿听听（yǐn yǐn）：斤斤计较，争辩不休。府庭：相府庭堂。

51败绩：事业失败。

52主为室者：造屋的主人。

53发其私智：使用个人的主张。

54世守：世代遵循的法则。

55道谋：路人的意见。

56圮（pǐ）：坍塌。

57卷（juǎn）：收藏，收起。

⑱制量：指设计、规划。

⑲审曲面势：审察材料的曲直及向背之势。

⑳都料匠：总管木料的工匠。

【译解】

裴封叔的住宅，在光德里。有个木匠师傅叩开他的大门，要求租赁空屋在那里居住。他随身带的只是些量尺，圆规、曲尺、墨线和墨斗等东西，家里不备木工用的磨刀石和刀斧等工具。询问他的技能，他说："我善于计算建筑材料。看房屋建筑的规模，考虑用料怎样适合高低、深浅，方圆和长短的需要，随后我就指挥工匠们操作。假如离开了我，工匠们就没有谁能够建成一座房屋的。所以，到官府干活，我获得的工资是工匠们的三倍；如果到私家工作，我获得的工钱是总收入的大半。"有一天，我走进他的屋，看见他睡的床缺一只脚，自己却不会修理，说："准备请别的木工来修。"我觉得他非常可笑，以为他是个没有技术却贪图工钱、喜爱财物的人。

打那以后，京兆尹要修建衙门，我经过那里，看到许多建筑材料已经集中了，工匠们也都集合了。他们有的拿着斧头，有的拿着刀锯，都围成圈子站着，面对那个木匠师傅。

召公像，图出自清·顾沅《古圣贤像传略》。

木匠师傅左手拿着计算工具，右手拿着一根棒站在中间。他估量房屋的规格，观察哪根木头能够胜任，然后挥着手里的那根木棒说：“砍！”那拿斧头的工人们就奔向右边。回过头去指着说；“锯！”那拿锯子的工人们就奔向左边。一会儿，拿斧头的在砍，拿刀子的在削，都看他的脸色，等他的说话，没有哪一个敢自己决定怎样干的。其中有个别担当不起任务的，他就恼火地斥退那个工匠，也没有谁敢怨恨他。他在墙上画了一座房屋的图样，只有一尺见方的地位，却能够把房屋结构丝毫不差地全部勾画出来，照着图样的尺寸计算来建造大厦，不会有出入。房屋落成以后，在正梁上题字说：“某年某月某日某人建造。”就是他的姓名。所有实际动手造房子的工匠们都不列名。我向四周看看，大吃一惊，这才知道那个木匠师傅的技术确实是高超得很。

接着，我叹口气说：那个木匠师傅可能是放弃了他的手艺，专门发挥他的智力，而且能够了解、掌握建筑学的关键的人吧！我听说用脑力的人指挥人，用体力的人被人指挥，他大约就是用脑力的人吧！有手艺的人使用他的技能，有智慧的人出计谋，他或许就是有智慧的人吧！这完全可以成为辅佐皇帝，治理国家的法则，事情没有什么比这更近似的了。

那治理国家的根本，就在于用人。那些干工作的人，最低是服劳役的，稍高的是乡长、里长。在他们上面是下士，再上面是中士，是上士。再上面是大夫，是卿，是公。分开来说，上头是从下士到公，有六种官职，下面是各类搞具体工作的人。在京城外面，远地有方伯、连帅。郡有郡守，邑有邑宰，他们都有协助工作的副职。在他们下面，有胥吏，再下面还有啬夫、版尹，各按职务来搞工作。这就像工人们各自拿出一技之长来从事劳动那样。那辅佐皇帝治理国家的宰相，选拔、任命官吏，指挥、使用官吏，分别按照国家的大法来升降他们，一律根据政府的制度来整顿他们，如同那个木匠师傅依靠规矩绳墨来决定房屋的规格一样。选择天下的官吏，使他们适合担任的职务；安定天下的百姓，使他们专心从事的职业。观察了京城就了解郊区，观察了郊区就了解各地，观察了各地就了解全国。那些远的近的小的大的各样事情，都可以用手按着那图纸来研究决定怎样处理它们。这就像那个木匠师傅在墙上画一幅房屋草图照着它建造到完成一般。有才能的人提拔上来重用他们，使他们不感激自己的恩德；没有才能的人辞退他们，停止他们的工作，也没有人敢怨恨自己。不炫耀自己的才能，不夸张自己的名气，不亲自参加琐碎的事务，不干预官吏们的职权，每天同国家的有高尚德才的人，商讨那些有关国计民生的大事，就像那个木匠师傅的善于使用每个工匠而不卖弄自己的才艺一样。只有这样，才真正掌握了做宰相的方法，全国各地也就能治理好了。

做宰相的方法真正掌握好了，全国各地真正治理好了，天下的人就会抬头仰望着说："这是我们宰相的功劳呀！"后来的人也会根据史书记载的事迹向往着说："这是那个宰相的才能呀！"读书人有时谈论殷、周两代的政绩，总是说伊尹、傅说、周公、召公，那许许多多的官吏的功劳却不能记载在史书上。好像那个木匠师傅把自己的劳绩写明在梁上，而实际动手造房子的工匠们却不能列名一样。宰相实在是伟大呀！懂得这个道理的，这才是我们所说的宰相。

那些不晓得宰相职务的人正相反。他们把谨慎勤劳当作惟一的美德，把批阅文件当作最高的职务，炫耀自己的才能，夸张自己的名气，亲自参加琐碎的事务，干预下属官员们的职权，侵夺大大小小内外官吏的本职工作，在朝堂上争论不休，却把那些重大的深远的国家政事丢开了。这就是我们所说的不晓得做宰相的方法的人。好比当了木匠师傅却不晓得：绳墨的作用是校正曲直、规矩的作用是确定方圆、寻引的作用是计量长短，随便地夺去工匠们的斧头和刀锯，来帮助他们干活，又不能完全替代他们所干的各个工种，以致破坏功用而没有成就，这不是很荒谬吗？

有人说：“那主管造屋的人，倘然拿出他的个人偏见，牵制木匠师傅的设计，迫使他放弃固有的经验，听用外行人的意见，虽然不能成功，难道是那个木匠师傅的错误吗？不过是任用他的人怎样罢了。”

我以为不能这样说。想那绳墨已经确实完备、规矩已经真正定下来，高的就不能压成低的，狭的就不能扩成宽的。照我的设计，房屋就坚固；不照我的设计，房屋就会倒塌。他假使乐意不要坚固而要倒塌，那么，我就藏起自己的技术，收起自己的设计，心安理得地离去，不使我的法则遭受屈辱，这才是真正优秀的木匠师傅。或者贪图那些钱财，忍受着不愿意离开他；抛弃自己的正确设计，甘受委屈不能坚持；等到梁断屋塌的时候，却说：这不是我的错误。可以吗？可以吗？

我以为做木匠师傅的道理跟做宰相的道理类似，所以写了这篇文章并且把它保存起来。

梓人，大约就是古代的审察木材曲直正反形状的人，现在把他叫做“都料匠”。我所碰到的梓人，姓杨名潜。

【赏析】

本文借梓人（建筑师）的故事说明做宰相的道理。作者认为做宰相要抓大事，顾全局，不宜事必躬亲，陷入事务、文牍的圈子里去；做宰相还应坚守其道，合则用，不合则去，不应贪恋爵禄，苟忍屈从。文章前半部细写梓人体尊望重、运筹帷幄，句句为论述埋下伏线；后半部剖析相道，句句照应前文的描写，以事论理，别具一格。清学者金圣叹在解读此文时评道“段段字字句句精练，无一懈字懈段。”

本章末后，忽地又补充人主任相和为相自处的两个方面，使梓人喻相业的文意更为完备。亦见出作为思想家和政治家的柳宗元思考的是何等深入。

愚溪诗序

柳宗元

【原文】

灌水之阳有溪焉[①]，东流入于潇水[②]。或曰："冉氏尝居也，故姓是溪曰冉溪。或曰：可以染也，名之以其能[③]，故谓之染溪。余以愚触罪[④]，谪潇水上，爱是溪，入二三里，得其尤绝者家焉[⑤]。古有愚公谷[⑥]，今余家是溪，而名莫能定，土之居者犹龂龂然[⑦]，不可以不更也，故更之为愚溪[⑧]。

颜回像，图出自明·吕维祺《圣贤像赞》。

愚溪之上，买小丘，为愚丘。自愚丘东北行六十步，得泉焉，又买居之，为愚泉。愚泉凡六穴，皆出山下平地，盖上出也，合流屈曲而南，为愚沟。遂负土累石，塞其隘为愚池。愚池之东为愚堂，其南为愚亭，池中为愚岛。嘉木异石错置，皆山水之奇者，以余故，咸以愚辱焉。

夫水，智者乐也[9]。今是溪独见辱于愚，何哉？盖其流甚下，不可以灌溉；又峻急[10]，多坻石[11]，大舟不可入也；幽邃浅狭[12]，蛟龙不屑，不能兴云雨，无以利世；而适类于余，然则虽辱而愚之，可也。

宁武子，邦无道则愚，智而为愚者也[13]；颜子终日不违如愚，睿而为愚者也[14]；皆不得为真愚。今余遭有道，而违于理，悖于事，故凡为愚者莫我若也。夫然，则天下莫能争是溪，余专得而名焉。

溪虽莫利于世，而善鉴万类；清莹秀澈[15]，锵鸣金石；能使愚者喜笑眷慕，乐而不能去也。余虽不合于俗，亦颇以文墨自慰[16]，漱涤万物，牢笼百态[17]，而无所避之。以愚辞歌愚溪[18]，则茫然而不违，昏然而同归[19]，超鸿蒙[20]，混希夷[21]，寂寥而莫我知也[22]。于是作《八愚诗》，纪于溪石上。

【注释】

①灌水：潇水支流，在今广西壮族自治区东北部。阳：水的北面。水的南面称阴。

②潇水：湘江的支流，源出潇山，故名潇水。

③能：胜任的。

④以愚触罪：指柳宗元因参加“永贞革新”失败，被贬永州。愚，指此事。

⑤尤绝：指风景极更美的。家：居住。

⑥愚公谷：在今山东淄博市。《说苑·政理篇》载道：传说春秋齐桓公打猎进一仙谷，询问一老翁此谷的名称，老翁回答是愚人谷，并说是按照自己的情况命名的。

⑦龂龂（yín yín）然：争辩不休的样子。

⑧更：易，改换名称。

⑨乐（yào）：喜好。《论语·雍也》："知（智）者乐水，仁者乐山。"

⑩峻急：湍急。

⑪坻：水中高地。坻石：指大石头。

⑫幽邃：幽深。

⑬宁武子：卫国大夫宁俞。《论语·公冶长》记，宁武子在国家太平盛时表现得聪明，在动乱时便装糊涂，即"邦有道则智，邦无道则愚。"

⑭颜子：颜回。《论语·为政》："子曰：'吾与回言终日，不违如愚。退而省其私，亦足以发，回也不愚。'"意思是说颜回终日不提不同意见，像是愚笨，其实那是通达人假装愚笨，其实并不笨。睿（ruì）：通达。

⑮清莹（yíng）：形容水如玉色光洁。澈：清澄。

⑯文墨：指写文章。

⑰漱涤：洗涤。牢笼：囊括。

⑱愚辞：指所作序的《八愚诗》，诗已失传。

⑲不违、同归：此处都是谐合的意思。两句谓茫茫然昏昏然好像同愚溪融为一体。

⑳鸿蒙：指宇宙形成以前的混沌状态。

㉑希夷：指一种空旷寂静的境界。混希夷指融合于太空之中。

㉒寂寥：寂静空阔。寂寥而莫我知也指进入一种忘我的境地。

【译解】

灌水的北面有一条溪，向东流注入潇水。有人说，从前有个姓冉的曾经住在溪边，所以把他的姓作为这条溪的名称，叫做冉溪。也有人说，这条溪可以用它来染色，就拿它的性能称呼它，所以叫它染溪。我因为愚蠢犯了错误，被贬到潇水边。我爱上这条溪，沿着它走进二、三里路，找到了一个景致特别好的地方，就在那里安下家来。古时有个愚公谷，现在我住在这条溪边，溪的名称却不能肯定，当地的居民还在那里争论不休，不能不换个名称了，所以把它改个名称叫愚溪。

《唐诗画谱》插图

在愚溪的上面，我买了一个小丘，就叫它愚丘。从愚丘向东北走大约六十步，发现了一处泉水，我又买下来占为已有，就叫它愚泉。愚泉共计有六个泉眼，都在山下平地上，原来是向上涌出来的。泉水合流后弯弯曲曲地流向南边成为一条沟，我就叫它愚沟。于是挑土叠石，堵塞它的狭窄的地方，建成一个池，就叫它愚池。在愚池的东面又造了一间厅堂，我就叫它愚堂。堂的南面又造了一座亭子，我就叫它愚亭。愚池的当中有座小岛，我就叫它愚岛。溪边生长着好看的树木和一些畸形的石头，参差错落，都是山水中特出的，可是因为我的缘故，它们全被一个愚字屈辱了。

水，是聪敏人喜爱的。如今这条溪偏偏被愚字所屈辱，是什么道理呢？因为它的水道太低，不能用它来灌溉农田；水势又湍急，中间多石头，大船不能进来。幽深浅窄，蛟龙看不上眼，觉得在这里不能兴云致雨，没有什么对世人有益的。可是这些情况刚好跟我类似，那么，即便屈辱它称它为愚，也是可以的啊。

以前，宁武子在国家骚乱时就表现得愚蠢，那是聪明的人装作蠢人。颜子整天唯唯诺诺，从来不提跟老师相反的意见，似乎很愚蠢，那是通达的人装作蠢人。他们都不能算是真的愚蠢。今天我碰上太平盛世，却违反世故，背离人情，所以凡是称为愚蠢的人没有哪一个能比得上我的。既然这样，那么天底下没有人同我争夺这条溪，我就能够专擅地给它起名字了。

溪虽然对世上没有什么利益，可是它善于鉴别各种事物，清洁通明，能发出像金石那样的铿锵之声，能使愚蠢的人欢笑爱慕，快乐得不肯离开。我虽然对人情世故不适应，但也很能用文章来自己抚慰自己，荡涤各种事物，包罗各种形态，而无所顾忌。我拿愚蠢的歌辞来歌唱愚溪，就茫茫地不会相互违背，昏昏地相安在一块，超出自然之气，融合在虚无缥渺、形神俱忘的境界中，清静冷落，没有一个人会知道我。因此，我写了《八愚诗》，镌刻在溪边的石头上。

【赏析】

本文是作者被贬永州期间为其所作《八愚诗》写的序。

作者借愚溪而自我写照，表达自己济世之愿不能实现的满腔悲愤孤愁之情。通篇紧扣“愚”字，点次成章。开首叙述冉溪改为愚溪的原因。“余以愚触罪”，将一肚子不合时宜，归咎于“愚”，寓意深刻。自己愚而及溪则以愚命名，将一溪山水全拉到了浑水之中，指点如画，八愚尽出。愚如潮水，发泄着作者在美丑智愚颠倒的社会现实下，自己因“违理”、“悖事”而被贬斥的郁抑和呜咽。

文章构思精妙，虚实相间，人物相向，三十个“愚”字贯穿全篇，以自嘲自讽的笔法，忽而写景，忽而抒情，忽而议论，转换变化。难怪清人蔡铸在其《蔡氏古文评注补正全集》当中如此评价：“按此文通篇俱就一“愚”字生情，写景处历历在目，极佳。而末后仍露身份，景中人，人中景，是二是一，妙极。盖柳州所长在山水诸记也。”

永州韦使君新堂记

柳宗元

【原文】

将为穹谷、堪岩、渊池于郊邑之中[①]，则必辇山石，沟涧壑，陵绝险阻[②]，疲极人力，乃可以有为也。然而求天作地生之状，咸无得焉[③]。逸其人，因其地，全其天[④]，昔之所难，今于是乎在。

永州实惟九疑之麓[⑤]，其始度土者[⑥]，环山为城。有石焉，翳于奥草[⑦]；有泉焉，伏于土涂[⑧]。蛇虺之所蟠[⑨]，狸鼠之所游。茂树恶木，嘉葩毒卉，乱杂而争植[⑩]，号为秽墟[⑪]。

韦公之来[⑫]，既逾月，理甚无事，望其地，且异之。始命芟其芜[⑬]，行其涂，积之丘如[⑭]，蠲之浏如[⑮]，既焚既酾[⑯]，奇势迭出，清浊辨质，美恶异位[⑰]。视其植，则清秀敷舒[⑱]；视其蓄，则溶漾纡余[⑲]。怪石森然，周于四隅[⑳]，或列或跪，或立或仆，窍穴逶邃[㉑]，堆阜突怒[㉒]。乃作栋宇，以为观游。凡其物类[㉓]，无不合形辅势，效技于堂庑之下[㉔]；外之连山高原，林麓之崖，间厕显隐[㉕]；迩延野绿，远混天碧[㉖]，咸会于谯门之内[㉗]。

已乃延客入观，继以宴娱。咸赞且贺曰：见公之作[㉘]，知公之志。公之因土而得胜[㉙]，岂不欲因俗以成化[㉚]？公之择恶而取美[㉛]，岂不欲除残而佑仁？公之蠲浊而流清，岂不欲废贪而立廉？公之居高而望远，岂不欲家抚而户晓[32]？夫然，则是堂也，岂独草木土石水泉之适欤？山原林麓之观欤？将使继公之理者[33]，视其细，知其大也。

宗元请志诸石[34]，措诸壁[35]，编以为二千石楷法[36]。

【注释】

①穹谷：深谷。堪（kān）岩：悬崖峭壁。渊池：深池。

②辇：挽，运来。沟：通，开挖。凌：跨越。三字皆作动词用。

③天作地生之状：天造地设自然形成的山水景观。咸无得：都没有得到。

④因：依据。全其天：保持山水景致的原始面貌。

⑤九疑：山，在湖南宁远县。麓：山足。

⑥度（duó）：度量，测量。

⑦翳（yì）：遮蔽。奥草：荒草。

⑧土涂：泥土。

⑨虺（huí）：毒蛇。蟠：盘踞。

⑩植：生长。

⑪秽墟：荒芜之地。

⑫韦公：韦宙，永州刺史。

⑬芟（shān）：铲除。芜：杂草。

⑭丘如：山丘耸起的样子。

⑮蠲（juān）：清除。浏如：泉水清澈的样子。

⑯釃（shī）：疏导。

⑰辨质：指有了分别。异位：换了位置。

⑱植：指花草树木。敷舒：舒展，开放。

⑲蓄：蓄水，水池。溶漾：水盛而波动的样子。纡余：曲折萦绕。

⑳周：布满，罗列。

㉑窍穴：指山洞。透邃（suì）：曲折深远。

㉒堆阜：土丘。突怒：高耸的样子。

㉓物类：指自然景物。

㉔效技：献技，指景物各自展现其美色。堂庑：指厅堂廊屋。

㉕间厕：谓夹杂、交错。

㉖远混天碧：与极远的蓝天融为一体。

㉗谯（qiáo）门：建有望楼的城门。

㉘作：指兴建新堂。

㉙胜：胜景。

㉚化：教化。

㉛择：放弃。

㉜家抚：家家得到抚爱和保护。

㉝继公之理者：指韦公的继任者。理，治理，管理。

㉞宗元：人名，不详。志诸石：镌刻在石板上。

㉟措：措置，置放。

㊱二千石：指刺史。因汉代郡守俸禄为二千石，而以二千石为州郡太守刺史的代称。楷法：楷模法式，榜样。

【译解】

假使在郊邑之间，人为地建造幽深的山谷、陡峭的崖壁和深深的池塘，那就一定要搬运山石，开凿溪涧，历尽艰险，费尽人力，这才可能有成功的希望。但是，要寻求天造地设的模样，向来都没有得到过。不用花那些人力，顺着那里的地形，保全它的自然状态，从前难以做到的事情，现在却在这里出现了。

永州是在九疑山的山脚下。那最初勘测这个地方的人，环山筑了一座城。这儿有岩石，遮蔽在深草之中；有泉水，埋没在泥土里面。于是它成为毒蛇盘踞的场所，狸鼠出没的地方。长得很好的树和长得不好的树、美丽的花和有毒的草，交错纷乱地争着生长，所以人们把这里叫做废墟。

韦公来到永州就任，已经过了一个月，政事治理好了，没有什么事情。一天，他望着那块地方，觉得它和别处两样。这才派人割去那里的荒草，挖掉那里的泥土。堆积起来的荒草和泥土像小山那样，显露出来的泉水清澈见底。荒草烧掉了，泉水疏通了，奇特的景色就不断地呈现出来。清洁和污浊有了区别；美景代替了荒芜。看那生长的树木，是清秀舒展；看那蓄积的泉水，是荡漾回旋。奇异的石头繁密地分布在四周：有的像排列，有的像跪下，有的像站立，有的像卧倒；洞穴曲折幽深；堆出来的石山，高耸突出。于是在这里建造房屋，把它作为游览的地方。各种东西在那里的一切，布置得没有什么不配合天然形势，在厅堂之下，各自呈献它们的特色。再看厅堂外面，连山和高原，树林覆盖的山脚，穿插交错，或隐或现；近处连接着碧绿的原野，远处融于苍翠的蓝天，所有景色全部聚集到门楼的里面。

《唐诗画谱》插图

新堂建成以后，韦公就邀请客人进去参观，接着是设宴娱乐。有人一边称赞一边祝贺说："看到公的新堂，就知道公的志向。公顺着地势取得美景，难道不是想要顺着当地风俗来形成教化吗？公剔除丑恶选取美好，难道不是想要除去残暴保护善良吗？公挖去污泥使清泉流泻，难道不是要废弃贪鄙恶习，来树立廉洁风气吗？公站在高处，来眺望远处，难道不是想要使每家每户都受到安抚而且了解公的志向吗？如果是这样，那么建造这座厅堂，难道只是为了欣赏草木土石水泉的适意吗？难道只是为了观赏山峦高地和林麓的美景吗？这是打算让接替韦公管理永州的官员们，看到游览景色的小事从而体会到安抚百姓的大事啊！"

宗元请把这意思刻在石头上，把石头嵌在墙壁上，并且编进地方志，作为刺史们学习的楷模。

【赏析】

本文作于元和七年（公元 812 年），又名《永州新堂记》，作者通过赞美新刺史和新堂发表自己的政见，即希望州郡刺史能够做到因俗成化，除残佑仁，废贪立，抚谕百姓。

该文言简意赅，意到笔随，长于表达；体物精微，善于描绘。尤以千古流传的名句"迩延野绿，远混天碧"，将无限景色与新堂与主人和观游者同融为一体，如诗如画，令人心旷神怡。

钴鉧潭西小丘记[1]

柳宗元

【原文】

得西山后八日[2]，寻山口西北道二百步[3]，又得钴鉧潭。潭西二十五步，当湍而浚者为鱼梁[4]。梁之上有丘焉，生竹树，其石之突怒偃蹇[5]，负土而出，争为奇状者，殆不可数。其嵚然相累而下者[6]，若牛马之饮于溪；其冲然角列而上者，若熊罴之登于山[7]。

丘之小不能一亩[8]，可以笼而有之。问其主，曰："唐氏之弃地，货而不售[9]。"问其价，曰："止四百。"余怜而售之。李深源、元克己时同游[10]，皆大喜，出自意外。即更取器用[11]，铲刈秽草，伐去恶木，烈火而焚之。嘉木立，美竹露，奇石显。由其中而望，则山之高，云之浮，溪之流，鸟兽之遨游，举熙熙然回巧献技[12]，以效兹丘之下[13]。枕席而卧，则清泠之状与目谋[14]；瀯瀯之声与耳谋[15]；悠然而虚者与神谋[16]；渊然而静者与心谋[17]。不匝旬而得异地者二[18]，虽古好事之士，或未能至焉。

噫！以兹丘之胜，致之沣、镐、鄠、杜[19]，则贵游之士争买者，日增千金而愈不可得。今弃是州也，农夫、渔夫过而陋之[20]，价四百，连岁不能售。而我与深源、克己独喜得之，是其果有遭乎？书于石，所以贺兹丘之遭[21]也。

【注释】

①钴鉧（gǔmǔ）潭：在湖南永州。记：因其形状如熨斗而得名。

②西山：永州的西山，在今湖南零陵县西。柳宗元贬为永州司马，写了一组游览山水的小品文，共八篇，首篇是《始得西山宴游记》。

③寻：沿，顺。道：经过。

④湍（tuān）：急流。浚：深。鱼梁：用土石筑堤，当中留有缺口，用来放置捕鱼的工具竹笱（gǒu），用以捕鱼，称为鱼梁。梁，水堰。

⑤突怒：形容山石突出如怒的样子。偃蹇（yǎn jiǎn）：形容山石高耸起伏的样子。

⑥嶔（qīn）然：山石耸立的样子。累：叠。

⑦冲然：向前突出的样子。角列：向兽角一样排列。熊罴（pí）：熊类兽。

⑧不能：不满，不足。

⑨货而不售：出卖而没有卖出。售：卖出。

⑩李深源、元克己：皆为柳宗元同游者，生年不详。

⑪更：轮流。器用：指工具，如锄、铲之类。

⑫举：皆，都。熙熙然：和悦的样子。回巧献技：运巧献技。

⑬效：呈献。

⑭谋：相接触。

⑮潆潆（yīng yīng）：水流回荡声。

⑯悠然而虚者：指幽远空阔的意境。

⑰渊然而静者：指渊深恬静的意境。

⑱匝旬：满十天。匝，周。旬，十日为一旬。

⑲ 致：移，放。沣(fēng)：沣邑，今陕西省鄠县东。镐（hào）：镐京，今陕西省长安县西南。鄠（hù）：在今陕西省长安县西南。杜：杜棱，在长安县东南。沣、镐、鄠、杜都是唐代京城长安附近有名的地区。

⑳陋之：看不起它。

㉑遭：遭遇，遇合。

《唐诗画谱》插图

【译解】

找到西山以后的第八天，我们沿着山口向西北走了约二百步，又找到一个钴𬭁潭。潭的西面约二十五步，在流急水深处有一座鱼梁。鱼梁上面有个小土山，生长着不少竹和树。小土山上面的石头，有的突起，有的仰卧，它们背着泥土钻出来，争先恐后地做出各种奇形怪状，几乎数都数不清。那些高高耸起、互相重叠挤压而向下的石头，如同牛马在溪旁喝水；那些冲突着要想排到上面行列中去的石头，就像熊罴向山上攀登。

土山很小，不到一亩，简直可以用一个小笼子全部把它装下。我们打听这个小土山的主人是谁，当地的人说；“这是唐家废弃的土地，要卖却卖不掉。”再问它的价钱，说：“只要四百文。”我爱惜小土山，就买下它。李深源、元克己当时和我一道游玩，他们都很高兴，认为出于意料之外。我们就一次次地拿着器具铲除杂乱的草，砍去不好的树，点燃大火烧毁它们。于是美好的树木站出来了，漂亮的竹子露出来了，奇怪的石头显出来了。从其中眺望，山的高峻，云的飘浮，溪水的流动，以及飞鸟走兽的游嬉，都和乐地在这个小土山下面，呈现巧妙的姿态，尽力献出它们各自的特色。如果在这里垫着枕头、铺上席子睡下，那么，清凉的景色就会和眼睛接触，潽潽的水声就会跟耳朵接触，遥远而虚寂的境界就会同精神接触，深沉而安静的气氛就会与思想接触。在不满十天的时间里就找到了两处景色优异的地方，即使古时爱好山水的人，恐怕也不能做到吧！

唉！照这个小土山的美好景致，把它搬到沣、镐、鄠，杜等地方，那么，富贵而又爱好游赏的人争相购买，就是每天加价一千金也还不能买到。如今抛弃在这个州里，来往路过的农民和渔夫都轻视它。价钱不过四百文，一连几年不能卖去。我和李深源、元克己却偏偏高兴地买下它，这个小土山果真有所谓运气吗？把这些话写在岩石上面，用来祝贺这个小土山的好运气。

【赏析】

柳宗元被贬永州后，郁郁不得志，于是寄情于山水，写下了千古吟颂的山水游记《永州八记》，本文是其中一篇。作者借小丘的遭遇来抒发自己的遭遇：小丘虽奇，却处于僻地，又为秽草恶木所蔽，故不被人重视，贱价且久不能售；自己虽有才能抱负，却被贬荒远小州，为人所轻视。本文文字虽平平叙来，但却用笔精妙绝伦，使人回味不尽。难怪吴楚材、吴调侯说："前幅平平写来，意之寻常，而立名造语，自有别趣。至末从小丘上发出一段感慨，为兹丘致贺。贺兹丘，所以自吊也。"

小石城山记

柳宗元

【原文】

自西山道口径北[①]，逾黄茅岭而下，有二道，其一西出，寻之无所得；其一少北而东[②]，不过四十丈，土断而川分[③]，有积石横当其垠。其上为睥睨梁欐之形[④]，其旁出堡坞[⑤]，有若门焉。窥之正黑，投以小石，洞然有水声，其响之激越[⑥]，良久乃已。环之可上，望甚远。无土壤而生嘉树美箭，益奇而坚。其疏数偃仰，类智者所施设也。

噫！吾疑造物者之有无久矣。及是，愈以为诚有。又怪其不为之于中州，而列是夷狄[⑦]。更千百年不得一售其伎，是固劳而无用。神者倘不宜如是，则其果无乎？或曰："以慰夫贤而辱于此者。"或曰："其气之灵，不为伟人，而独为是物，故楚之南[⑧]，少人而多石。"是二者，余未信之。

【注释】

①径北：径直向北，一直往北。

②少北而东：稍偏北然后向东。

③土断：指黄茅岭北至小石城山前突然断落，形成一个峡谷。

④睥睨：同“俾倪”，城墙上的小墙，又叫女墙。梁欐：栋梁，此处指房屋。

⑤堡坞：堡垒，小城墙。

⑥激越：响亮清脆。

⑦夷狄：古代称边远地区的少数民族，这里指永州。

⑧楚之南：指永州。

【译解】

从西山的路口一直往北，爬过黄茅岭然后向下走，有两条路：其中的一条路向西伸展出去，沿路搜寻景色，没有什么收获；其中的另一条路稍微偏北又转向东，朝前走不超过四十丈，山路中断，被水流分开，有一座石头堆成的小山横亘在路边。小山的上面，有些石头环绕着像城墙上的小墙那样，有些石头搁在上边像屋梁的形状；小山的旁边突出一座天然的碉堡，中间有像门之类的。朝里看黑魆魆的，拿小石块投进去，洞的一声，似乎落在水里发出来的音响，那音响的清脆响亮，过了很长时间才停止。绕着它可以走上去，可以眺望得很远。上面没有泥土，却在石缝中长着不少美好的树木和竹子，看上去格外奇异而且结实。它们长得疏密相间，高低适宜，就像聪明的人安排布置的一般。

唉！我很久就怀疑究竟有还是没有创造万物的上帝。等到看了这里的景物，我才越发认为它是的确有的。可是，又责怪它不在中原地区创造这种美景，却安排在这边远地区。使它们经过了千百年也得不到一次机会向人们贡献出它的优美的姿态，这实在是花了劳动却没有功效。有灵的上帝恐怕不应该这样，那么上帝果真是没有的吧！有人说：“这是用它来宽慰那些有才能却辱没在这里的人的。”也有人说：“这里地气的灵秀，不创造伟大人物，却偏偏创造这种优美景色，所以古楚国的南部缺少人才而多怪石。”这两种解释，我都不信它。

【赏析】

本文记述小石城山奇异的景致，并感叹这样奇妙的山水，不在繁华的大都市附近，却置于偏远荒凉的地方。寄寓着作者身世的感慨，“不得售其伎”济世不得志的愤满。明代茅坤就指出了这一点：“借石之瑰玮，以吐胸中之气。”文章写景实而叙意虚，虚实相生。因为作者是借景抒情，其情亦因实景而赋于着落，虽空灵却有实感。

正如金圣叹所写“笔笔眼前憬，笔天外奇情。”《小石城山记》是永州八记中的最后一篇，作者贬永州八年，被弃遗八年，作者只能放浪山水以排遣心中郁抑，这造物的有无之论，笼盖八记，情满山水。

贺进士王参元失火书

柳宗元

【原文】

得杨八书[1]，知足下遇火灾，家无余储。仆始闻而骇，中而疑，终乃大喜。盖将吊而更以贺也[2]。道远言略，犹未能究知其状，若果荡焉泯焉而悉无有[3]，乃吾所以尤贺者也。

足下勤奉养，乐朝夕，惟恬安无事是望也[4]。今乃有焚炀赫烈之虞[5]，以震骇左右，而脂膏滫瀡之具[6]，或以不给。吾是以始而骇也。凡人之言皆曰：盈虚倚伏[7]，去来之不可常。或将大有为也。乃始厄困震悸[8]，于是有水火之孽[9]，有群小之愠。劳苦变动而后能光明。古之人皆然。斯道辽阔诞漫[10]，虽圣人不能以是必信。是故中而疑也。

以足下读古人书，为文章，善小学[11]，其为多能若是，而进不能出群士之上，以取显贵者，盖无他焉。京城人多言足下家有积货[12]。士之好廉名者，皆畏忌不敢道足下之善，皆独得是心，蓄之衔忍[13]，而不出诸口。以公道之难明，而世之多嫌也。一出口，则嗤嗤者以为得重赂[14]。仆自贞元十五年见足下之文章[15]，蓄之者盖六七年未尝言，是仆私一身而负公道久矣，非特负足下也。及为御史尚书郎[16]，自以为幸为天子近臣，得奋其舌，思以发明足下之郁塞[17]，然时称道于行列[18]，犹有顾视而窃笑者。仆良恨修己之不亮[19]，素誉之不立[20]，而为世嫌之所加[21]。常与孟几道言而痛之[22]。乃今幸为天火之所涤荡，凡众之疑虑，举为灰埃。黔其庐，赭其垣[23]，以示其无有。而足下之才能，乃可以显白而不污。其实出矣，是祝融回禄之相吾子也[24]。则仆与几道十年之相知，不若兹火一夕之为足下誉也。有而彰之[25]，使夫蓄于心者，咸得开其喙[26]。发策决科者[27]，受子而不栗[28]。虽欲如向之蓄缩受侮[29]，其可得乎？于此，吾有望于子。是以终乃大喜也。

古者列国有灾，同位者皆相吊。许不吊灾[30]，君子恶之。今吾之所陈若是，有以异乎古，故将吊而更以贺也。颜、曾之养[31]，其为乐也大矣，又何阙焉[32]！

【注释】

①杨八：名敬之，排行第八。

②吊：慰问。更（gēng）：改换。

③荡：涤除。泯：尽，没灭。

④恬安：恬静安闲。

⑤焚炀赫烈之虞：大火烈焰的灾难。炀（yàng），指焚烧猛烈。赫：火势凶猛。

⑥滫瀡（xiǔ suǐ）：古代烹饪法，用植物淀粉拌和食品使其柔滑可口。脂膏滫瀡：指普通的三餐饭食。

⑦盈虚倚伏：指盛衰祸福是相互依存的。倚伏：《老子》："祸兮福所倚，福兮祸所伏。"指祸福相互转化。

⑧厄困：危险困难。悸：惊恐。

⑨孽（niè）：灾祸。

⑩辽阔诞漫：辽远深阔放诞散漫。

⑪小学：旧时对文字学、音韵学、训诂学的通称。

⑫积货：指家道殷实。

⑬衔忍：指憋在心里而不说出来。

⑭嗤嗤：嘻笑的样子。赂：贿赂。

⑮贞元：唐德宗年号。

⑯御史尚书郎：京官名，指监察御史和尚书礼部员外郎。

⑰发明：表明。郁塞：蔽塞阻滞。

⑱行列：指同僚。

⑲亮：发光。指修养、造诣高深。

⑳素誉：纯洁高尚的声誉。

㉑世嫌：世上的猜忌。

㉒孟几道：名简，平昌人，官御史中丞。

㉓黔：黑色。赭：赤色。二者皆用如动词。

㉔祝融、回禄：传说中的火神。

㉕宥而彰：宽宥而赞扬。

㉖喙：鸟兽的嘴，此处借指人的口。

㉗发策决科：唐代科试，明经取士，必为问难疑义，书写于简策，以试考生，然后评定名次。

㉘栗：害怕。

㉙蓄缩：受人猜忌之事。

㉚许不吊灾：据《左传》记载，鲁昭公十年，宋、卫、陈、郑遭到火灾，陈国不去救火，许国不去慰问，当时有识之士认为陈国、许国将要灭亡。

㉛颜、曾之养：颜回、曾参皆为孔子的高徒，二人皆家贫而能孝养父母。

㉜何阙：有何缺憾，有何不满意。阙，通“缺”。

【译解】

《唐诗画谱》插图

接到杨八来信，知道您遭到火灾，家里没有剩下一点财物。我刚听到时非常惊骇，中间又有些怀疑，最后却大大地高兴。原来准备慰问您的，现在却改为祝贺您了。因为路远，信中的话简略，还不能详尽了解您那里的情形。假使真的烧得干净彻底，什么都没有了，那就是我更要向您祝贺的理由啊！

您一向辛勤地供养父母，安宁地过日子，只盼望平安无事。现在竟然发生了烈火焚烧的意外事情，使您受到极大震惊，甚至饮食方面的必需品，也可能因而供给不上，因此我刚听到时非常惊骇。

大体上，人们的话都这样说：吉凶祸福是互相依存，可以转化的，来来去去，不可能永恒不变。有的人将要大有作为，开始却遭到艰难，受到惊吓，也会有水火的祸殃，有坏人的怀恨。经历了不断的劳苦变动，这才能够见到光明，取得成绩。古代的人都是这样的。这个道理，深远而不可捉摸，即使圣人也不能认为这是一定可信的，因此我到中间又怀疑起来。

照您的情况来看，平时攻读古人的书，会写文章，擅长小学，您确实是这样，有多方面的才能。可是做官不能超出众人之上，来取得显赫尊贵的地位，这没有别的缘故啊。因为京城里的人大都说您家中广有钱财；士人中爱惜自己清白名声的，都害怕和顾忌，不敢称赞您的高才；只是自己了解您，藏在心里，强忍着不让它从嘴里说出来。这是由于公正的道理难以说清楚，而且社会上有不少多疑的人啊。只要称赞您的话一说出口，那些喜欢讥笑别人的人就以为他一定得了您许多贿赂。

我从贞元十五年看见您的文章，赞美的话藏在心里大约有六、七年了，从来不曾讲过。这是我偏爱自己因而辜负公道已经长久了，不只是辜负您啊。等到我当上御史台的尚书郎，自以为侥幸做了皇帝的近臣，可以使用我的嘴巴，想趁此推荐您，消除您的郁闷。但是，有时在同事中称赞了您，还有相视而暗笑的人。我深恨自己修养不高，平素的声誉没有树立，因而遭到世人的猜疑。我常常跟孟几道谈起这件事就感到痛心。

现在幸而被一场大火烧得精光，所有众人的怀疑顾虑全部变为灰烬。大火烧黑了您的房屋，烧红了您的垣墙，表示了您的一无所有。这样，您的才能才可以显示明白，不被污辱，那真相也就表露出来了。这是祝融、回禄在帮助您啊。那么，我同孟几道十年来对您的了解，还不如这场大火，一夜之间给您树立的清白名誉。大火帮助您，让您的真情实况显现出来，使那些把称赞您的话藏在心里的人，都能够张开他们的嘴巴；主持考试的人，授予您官职也不再提心吊胆。即使想要像以前那样畏忌世嫌，受人讥笑，难道还可能吗？在这方面我对您有很大的希望，所以最后却大大地高兴起来。

古代诸侯国中发生了灾祸，同等地位的国家都去慰问它。许国不派人去慰问受灾的国家，主持公道、明白事理的人就憎恶它。如今我说的情况是这样，跟古代的有所不同，所以我把慰问改成祝贺。

颜回、曾参对父母的供养，那种天伦之乐是非常大的，如果和他们相比，您又失去了什么呢？

【赏析】

朋友遭火灾不予安慰同情，反而听后写了一封祝贺信，且火大使家产“荡焉，泯焉”而“尤贺”，前所未闻。柳宗元这通贺书，立意确乎奇特，匪夷所思。王参元富有学问，富有才干，然却不能“出群”，不能“显贵”，虽英雄无能用武，似平庸浑噩辈无所作为。何以如此？只因“家有积货”，为万贯家财所累。如今好了，瓜已腐，李已烂，“积货”一焚而尽，障碍扫除，“足下之才能，乃可以显白而不污”，自然可喜可贺。作者分析了坏事变好事的道理。既快语惊人，又入情入理，十年相知，不如一夕大火之助，充分显示了作者愤世嫉俗和不向厄命屈服的精神。同时人与物关系的认识上也展现了柳宗元作为思想家哲学家的睿智。

待漏院记

王禹偁[①]

【原文】

天道不言[②]，而品物亨、岁功成者，何谓也[③]？四时之吏，五行之佐，宣其气矣[④]。圣人不言[⑤]，而百姓亲、万邦宁者，何谓也？三公论道，六卿分职，张其教矣[⑥]。是知君逸于上，臣劳于下，法乎天也[⑦]。古之善相天下者[⑧]，自咎、夔至房、魏[⑨]，可数也。是不独有其德，亦皆务于勤耳。况夙兴夜寐，以事一人[⑩]。卿大夫犹然，况宰相乎！

房玄龄像，图出自明·天然撰《历代人物像传》。

朝廷自国初因旧制[⑪]，设宰相待漏院于丹凤门之右[⑫]，示勤政也。乃若北阙向曙[⑬]，东方未明，相君启行，煌煌火城[14]。相君至止，哕哕鸾声[15]。金门未辟，玉漏犹滴[16]。撤盖下车，于焉以息[17]。待漏之际，相君其有思乎？

其或兆民未安，思所泰之[18]；四夷未附，思所来之[19]；兵革未息，何以弭之[20]；田畴多芜，何以辟之[21]；贤人在野，我将进之[22]；佞臣立朝，我将斥之；六气不和，灾眚荐至，愿避位以禳之[23]；五刑未措，欺诈日生，请修德以厘之[24]。忧心忡忡，待旦而入[25]。九门既启，四聪甚迩[26]。相君言焉，时君纳焉[27]。皇风于是乎清夷，苍生以之而富庶[28]。若然，则总百官，食万钱，非幸也，宜也[29]。

其或私仇未复，思所逐之；旧恩未报，思所荣之；子女玉帛，何以致之；车马器玩，何以取之；奸人附势，我将陟之[30]；直士抗言[31]，我将黜之；三时告灾[32]，上有忧色，构巧词以悦之[33]；群吏弄法，君闻怨言，进谄容以媚之[34]。私心慆慆，假寐而坐[35]。九门既开，重瞳屡回[36]。相君言焉，时君惑焉[37]。政柄于是乎隳哉，帝位以之而危矣。若然，则死下狱，投远方，非不幸也，亦宜也[38]。

是知一国之政，万人之命，悬于宰相，可不慎欤？复有无毁无誉[39]，旅进旅退[40]，窃位而苟禄[41]，备员而全身者，亦无所取焉[42]。

棘寺小吏王禹偁为文，请志院壁，用规于执政者[43]。

【注释】

①王禹偁（954～1001）：字元之，济州巨野（今山东巨野县）人。宋代文学家。进士及第曾任左司谏、知制诰、翰林学士等职。后因直言诤谏，三次被贬为地方官。王禹偁是宋代最早吟咏琅琊风光的著名诗人，这对后来的欧阳修等人喜爱琅琊山水，有着明显的影响。王禹偁又是北宋初年的进步文人。他反对当时流行的浮靡文风，诗宗杜甫、白居易，文崇韩愈、柳宗元，其主张及文学成就对北宋诗文运动起了开拓作用。有《小畜集》、《小畜外集》。

②天道：指自然的规律。古人认为天道体现了天神的意志。

③品物：万物。亨：亨通。指生长顺利。岁功：一年农作物的收获。成：丰盛。何谓：为什么。

④四时：四季。五行：金、木、水、火、土。宣：疏通。这三句意指有四时的天神和五行的辅助，阴阳四时之气得到畅通。

⑤圣人：指皇帝。

⑤三公：指辅助君主治理国事的高级官员。六卿：指分官朝廷政事的官员。《周礼》：以冢宰、司徒、宗伯、司马、司寇、司空为六卿。张：弘扬。教：教化。

王禹偁像，图出自清·孔继尧《吴郡名贤图传赞》。

⑦君逸：指君主安逸，不用劳神。臣劳：指大臣应勤于国事。法乎天：遵循天理。

⑧相（xiàng）：辅佐。这句指古时善于辅助君主治理天下的大臣。

⑨咎（gāo）：咎繇，即皋陶。夔（kuí）：后夔。此二人为舜时贤臣。房、魏：房玄龄、魏征，唐太宗时的名相。

⑩夙（sù）兴夜寐：早起晚睡。夙，早。以事一人：用来侍奉皇帝。

⑪国初：指宋王朝建国初年。因旧制：指沿袭唐朝的制度。据

《唐国史补》载：待漏院始设于唐宪宗元和初年。

⑫丹凤门：北宋汴京（今开封市）皇城的南门。

⑬北阙：古代宫殿北面的望楼，是大臣等待朝拜或上书奏事的地方。向曙：接近曙光。

⑭相君：宰相的尊称。煌煌：明亮辉煌。火城：百官朝会时的灯火仪仗。《唐国史补》载："每大朝会，百官已集，宰相方至，至列烛多至数百炬，谓之火城。"

⑮哕（huì）哕：铃声。鸾：通"銮"，古代一种车铃。

⑯金门：金马门，汉代宫门名。这里指宋代宫门。辟：开。玉漏犹滴：指漏壶中水尚未滴完，意即还不到上朝时刻。

⑰撤盖：撤去车盖。于焉以息：在这里休息。

⑱兆民：亿万民众。即天下之民，极言其多。泰之：使人民得到安定。

⑲附：归附。来之：使他们前来归附。

⑳兵革：指战争。弭（mǐ）之：使战争停止。

㉑辟之：使荒芜田地得到开垦。

㉒进之：使在野贤人得到进用。

㉓六气：指阴阳、风雨、晦明六种自然现象。不和：不顺。灾眚（shěng）：灾祸。荐至：连续发生。避位：辞去职位。禳（ráng）：祈祷消灾。

㉔五刑：指墨刑、劓刑、剕刑、宫刑、大辟等五种刑罚。未措：没有废止。厘：治理。

㉕忡（chōng）忡：忧虑不安的样子。旦：天明。

㉖九门：古代宫殿有九门。此处泛指宫门。既启：已经打开。四聪：广听四方信息。《舜·尧典》："明四目，达四聪。"孔颖达《疏》："达四方之聪，使为己远听四方也。"迩：近。

㉗纳焉：皇帝就采纳了宰相的意见。

㉘皇风：朝廷的德化、治绩。清夷：清顺太平。苍生：人民。富庶：物产富饶。

㉙“若然……宜也”句：假若这样，那么宰相统辖百官，受禄万钱，不是出于侥幸，而是应该得到的。

㉚附势：指坏人依附权势。陟（zhì）之：进用提拔他。

㉛抗言：高声直言。指忠正地进谏。

㉜三时：指春、夏、秋三个农产季节。告灾：上报灾害。

㉝构巧词：编造虚假欺骗之词。悦之：使皇上高兴。

㉞弄法：营私舞弊。谄容：奉承、讨好的面容。

㉟慆（tāo）慆：长久。此处指个人无限的私欲。假寐：不解衣冠而睡。

㊱重瞳：眼睛有两个瞳仁。这里代指皇帝的目光。屡回：时时顾盼。

㊲惑焉：指皇帝被奸相的谄言所迷惑。

㊳“若然……亦宜也”句：假如这样，那么下狱而死，或流放边疆也并非偶然，亦是应得的下场。

㊴无毁无誉：既无败政可指责，也无美政可称道。

㊵旅进旅退：随着众人进退。指政治上随大流，缺乏己见，无所建树。

㊶窃位：窃居宰相职位。苛禄：贪求利禄。

㊷备员：徒有其位，不作实事，滥竽充数。无所取焉：像这种宰相也是不可用的。

㊸棘（jí）寺：即大理寺，古代掌管刑狱的官署。小吏：王禹偁谦称。这时王禹偁以知制诰兼领大理寺廷尉。志院壁：记录在待漏院的厅壁上。规：劝戒。

【译解】

上天不会讲话，各种东西却能够顺利生长，每年农业却能够获得丰收，这是为什么呢？这是因为掌管四季和五行的天神，疏通了那股自然之气。皇帝不讲话，百姓却能够和睦，万邦却能够安定，这是为什么呢？这是因为三公经常研讨治国的方法，六卿严密分工，宣扬了那种合理的教化。从这里，我们可以知道君主在上面安安逸逸，臣子在下面辛辛苦苦，是效法上天呀。古代善于辅佐君主治理天下的大臣，从皋陶、后夔到房玄龄、魏征，是屈指可数的。他们不单是有那种美德，也都能勤奋耐劳。况且早起晚睡，来辅佐皇帝，一般卿大夫尚且如此，何况宰相呢？

朝廷从开国初期遵循前代的制度，在丹凤门的右边设置了宰相待漏院，这是表示对政事必须勤劳。当殿北望楼上有些亮光、东方还没有发白的时候，宰相已经从家里出来了，一路上火炬通明，像座火城一样。宰相来到以后，哕哕的车铃声经久不息。那时候，宫门还不曾开，计算更次的漏壶还在滴水。车上的顶篷撤去了，宰相下车，在这里休息。在等待上朝时间到来的时候，宰相也在有所考虑吧！

或者想的是亿万人民还没有完全安定，考虑用什么方法使他们安定下来；四方民族还没有完全归附，考虑用什么方法使他们归附过来；战事还不曾完全停止，用什么办法使它平息；土地还有不少荒芜的，用什么办法开垦它；贤能的人还有在民间的，我要提拔他；奸邪的人还有站在朝堂上的，我要罢免他；六种自然现象失调，灾害接连发生，我愿意辞职来祈求上天消除灾难；五种刑法还不曾废置，诈骗案件时有发生，愿意勤修德行来整顿它。忧虑的心感到忐忑不安，等到天大亮就入朝。宫门开了，皇帝离得很近。宰相奏上一件件大事，皇帝采纳了这些意见。国家的政风从此达到清平，天下百姓因此就富裕起来。

如果是这样，那么，统辖无数官员，享用优厚俸禄，并非侥幸，而是应该的。

或者想的是私人的仇恨还不曾报复，考虑怎样斥逐他；从前的恩德还不曾报答，考虑怎样使自己的恩人荣华富贵；奴仆，美女、宝玉和丝绸，用什么方法弄到它们，车、马和古董玩器，用什么方法取得它们；奸邪的人依附自己的权势，我要提拔他；刚正的人直言进谏，我要贬斥他；春、夏、秋三个季节出现灾害，皇帝有了愁容，我就虚构巧妙的话语来使他高兴；官吏们弄权枉法，皇帝听到了来自下面的怨言，我就装出一副谄媚的容貌来讨好他。个人的打算没完没了，似睡非睡地坐着。宫门开了，皇帝一再注视。宰相讲了些甜言蜜语，皇帝被这些话所迷惑。政权从此弄到败坏，帝位因此就危险了。假使是这样，那么，关死在牢监里，放逐到远方去，并非不幸，也是应该的。

从这里，我们可以知道一个国家的政治，千百万人的生命，掌握在宰相手里，可以不慎重对待吗？还有另一种，既没有坏名气也没有好名声，跟着众人进退，窃取高贵的职位，偷享优厚的俸禄，在大臣中充数，只想保全自身的宰相，也是没有什么可取之处的。

大理寺小吏王禹偁做了这篇文章，请写在待漏院墙上，作为对执政者的一种劝戒。

【赏析】

待漏院是宰相与百官上早朝时，等候召见的休息场所。作者抓住宰相待漏时的心里活动，以对比的手法描绘了三种宰相的形象：贤相一心为国，磊落光明。奸相一心为私，龌龊卑鄙；庸相占据高位，随俗浮沉。从而歌颂了公忠体国的宰相，鞭挞了祸国殃民的奸相及无所作为的庸相。

因此前人称《待漏院记》“将千古贤相奸相心事，曲曲描出。辞气严正，可法可鉴。尤妙在先借勤字立说，后将慎字作收。盖为相者，一出于勤慎，则所思自有善而无恶。末又说出一种苟禄全身之庸相，其害正与奸相等，尤足以为后世戒。虽名为记，极似箴体。”（［清］吴楚材、吴调侯《古文观止》卷九）

黄冈竹楼记

王禹偁

【原文】

黄冈之地多竹，大者如椽①。竹工破之，刳去其节②，用代陶瓦，比屋皆然③，以其价廉而工省也。

竹楼

子城西北隅④，雉堞圮毁⑤，蓁莽荒秽⑥。因作小楼二间，与月波楼通⑦。远吞山光，平挹江濑⑧，幽阒辽夐⑨，不可具状⑩。夏宜急雨，有瀑布声；冬宜密雪，有碎玉声；宜鼓琴，琴调和畅；宜咏诗，诗韵清绝；宜围棋，子声丁丁然；宜投壶，矢声铮铮然。皆竹楼之所助也。

公退之暇，被鹤氅衣⑪，戴华阳巾⑫，手执《周易》一卷，焚香默坐，消遣世虑。江山之外，第见风帆沙鸟、烟云竹树而已⑬。待其酒力醒，茶烟歇⑭，送夕阳，迎素月，亦谪居之胜概也⑮。

彼齐云、落星，高则高矣⑯！井干、丽谯，华则华矣⑰。止于贮妓女，藏歌舞，非骚人之事，吾所不取。

吾闻竹工云：“竹之为瓦，仅十稔⑱，若重覆之，得二十稔。噫！吾以至道乙未岁⑲，自翰林出滁上，丙申移广陵⑳，丁酉又入西掖㉑，戊戌岁除日有齐安之命㉒，己亥闰三月到郡。四年之间，奔走不暇，未知明年又在何处，岂惧竹楼之易朽乎？后之人与我同志，嗣而葺之㉓，庶斯楼之不朽也。

【注释】

①椽（chuáng）：椽子，梁上支架屋瓦的木条。

②刳（kū）：剖，削。此处指刮去竹节。

③代：替代。比屋：房屋连房屋，借指家家户户的意思。皆然：都是如此。

④子城：大城附属下的小城。《资治通鉴》载：“子城已洞开，惟牙城拒守。”《注》：“凡大城谓之罗城，小城谓之子城，又有第三重城以卫节度使居宅，谓之牙城。”

⑤雉堞（dié）：城墙上呈凹凸形的女墙。圮（pǐ）毁：塌毁。

⑥蓁（zhēn）莽：杂草丛生。荒秽：荒芜秽浊。

⑦月波楼：作者建造的城楼。作者《月波楼咏怀》：“兹楼最轩豁，旷望西北陬。”“月波之名，不知得于谁氏，图缀故老，皆无闻焉。”

⑧挹（yì）：汲取此处为观赏。濑：湍激的水。

⑨幽阒（qù）：静寂无声。辽敻（xiòng）：遥远。

⑩具状：详细描述出情状。

⑪被（pī）：同“披”，穿着。鹤氅（chǎng）：鸟羽制成的裘。此

处指道袍。《新五代史·卢程传》："程戴华阳巾，衣鹤氅，据几决事。"

⑫华阳巾：隐士所戴的帽子。

⑬第见：只见。

⑭茶烟：指烹茶炉火的烟气。

⑮胜概：优美的景观。

⑯齐云：楼名。唐曹恭王所建，旧址在旧吴县（今江苏苏州）。白居易有《齐云楼晚望偶题十韵》诗。落星：楼名。旧址在今南京市东北落星山，三国吴孙权所建。

⑰井干（hán）：楼名。在长安汉武帝所建。《史记·孝武纪》："乃立神明台、井干楼，度五十余丈，辇道相属焉。"汉张衡《西京赋》："井干叠而百层。"即指此楼。因其形似井干，故名。丽谯：一种楼名。《庄子·徐无鬼》："君亦必无盛鹤列于丽谯之间。"晋郭象《注》："丽谯，高楼也。"又唐颜师古注《汉书·陈胜传》曰："楼，一名谯，故谓美丽之楼为丽谯。"

⑱稔（rěn）：谷物一熟称稔。此处引申为一年。

⑲至道乙未：公元 995 年。

⑳丙申：即至道二年。广陵：今扬州市。

㉑丁酉：即至道三年。西掖：中书省的别称。这年太宗死，真宗即位，作者回朝，复知制诰。

㉒戊戌：公元 998 年。除日：除夕。齐安：即黄州。

㉓嗣（sì）：继续。葺（qì）：修理。

【译解】

黄冈这个地方盛产竹子，大的像椽子一样。竹工劈开它，挖去它的节，用它替代土制的瓦片；家家房屋都是这样，因为它价钱便宜，而且人工节省。

子城的西北角上，女墙塌坏，杂草丛生，一片荒凉肮脏的景象。我就叫人稍加整理，造了两间小楼，同原有的月波楼衔接起来。登上这座小楼，远望可以尽览山色，平视可以看到江滩波浪。幽雅、寂静、辽阔、遥远的景色，不能详尽地描绘出来。这里到了夏天，适宜听急骤的雨，有些像瀑布冲泻的声音；到了冬天，适宜听密集的雪，有些像洒下碎玉屑的声音；平时，适宜弹琴，琴的声音和谐流畅；适宜吟诗，诗的声韵清新高远；适宜下围棋，棋子的声音丁丁的；适宜玩投壶，箭筹的声音铮铮的。这些动听的声音都是由竹楼助成的。

《唐诗画谱》插图

在公事办完后的空闲时间里，披上一件羽毛织成的衣服，戴上一顶道士的帽子，手里拿着一本《周易》，烧一炉香，静静地坐着，消除一切世俗的杂念。眼里除了江山的景色以外，只看到趁风的帆，沙洲上的鸟和烟云、竹树罢了。等到那酒力消失，清醒过来，茶尽烟消，送走傍晚的太阳，迎来皎洁的月亮，也算是贬官在外的良好的境况吧！

那齐云楼和落星楼，高是高了；井榦楼和丽谯楼，美是美了；可是，它们只是安置一些美女和能歌善舞的人，这不是风雅的人所干的事，我以为是不足取的。

我听竹工说：竹做的瓦，差不多可以用十年；如果加盖一层，就可以用二十年。唉！我在至道乙未年，从翰林学士被降职到滁州，丙申年改任广陵，丁酉年又回京在中书省任职，戊戌年除夕，又有齐安的任命，已亥年闰三月来到齐安郡。四年之间，奔走跋涉，没有什么空闲，不知道明年又在哪里，怎么会害怕竹楼的容易腐朽呢？只希望后来的人跟我有共同的想法，继续维修它，或者能够使这座竹楼永久不坏。

【赏析】

宋真宗咸平元年（998），王禹偁因编写《太祖实录》触犯朝廷忌讳而被贬为黄州刺史，第二年修建了黄冈竹楼，本文是楼成后写的。这是一篇出色的散文作品，描绘了竹楼的景致以及登楼赏玩的种种乐趣，抒发谪居的情怀，道出自己唾弃歌舞繁华之地，乐于当前清闲守道的逆境，充分体现了作者"屈于身兮不屈其道，任百谪而何亏"的可贵精神。文章的最后，又由竹楼的易朽，联系到自己接连遭贬"奔走不暇"的不幸，产生感慨，余韵不歇。

本文在描绘景物时多用偶句，情景相生；在叙述中又多用散行，文从字顺，简洁流畅，已初具宋代文风的特色。甚至有学者赞扬此文，"荆公谓王元之《竹楼记》胜欧阳《醉翁亭记》，鲁亦以为然。曰：公论文，常先体制而后辞之工拙。予谓：《醉翁亭记》虽涉玩易，然条达迅快，如肺腑中流出，自是好文章。《竹楼记》虽复得体，岂足置欧文之上乎！"（语出金王若虚《滹南老集》）

书《洛阳名园记》后

李格非[①]

【原文】

洛阳处天下之中，挟殽、黾之阻[②]，当秦、陇之襟喉[③]，而赵、魏之走集[④]，盖四方必争之地也。天下当无事则已[⑤]，有事则洛阳必先受兵[⑥]。予故尝曰：洛阳之盛衰，天下治乱之候也[⑦]。

唐贞观、开元之间，公卿贵戚开馆列第于东都者，号千有余邸[⑧]。及其乱离[⑨]，继以五季之酷[⑩]，其池塘竹树，兵车蹂蹴，废而为丘墟[⑪]，高亭大榭，烟火焚燎，化而为灰烬[⑫]，与唐共灭而俱亡，无余处矣。予故尝曰：园圃之废兴，洛阳盛衰之候也。

且天下之治乱，候于洛阳之盛衰而知；洛阳之盛衰，候于园圃之废兴而得。则《名园记》之作，予岂徒然哉[⑬]？

呜呼！公卿大夫方进于朝[⑭]，放乎一己之私自为之[⑮]，而忘天下之治忽[⑯]，欲退享此得乎[⑰]？唐之末路是已[⑱]。

【注释】

①李格非：生卒年不详，字文叔，济南（今山东济南市）人。著名女词人李清照的父亲。神宗熙宁年间进士，曾官任校书郎、著作佐

郎、礼部员外郎等职。李格非以文章受到苏轼的赏识，后被视为元祐党人罢职。李格非文章严谨，主张“文不可以苟作”。著有《礼记说》、《洛阳名园记》等。

②挟（xié）：拥有。殽（yáo）：通“崤”，山名，在今河南省洛宁县北。黾（miǎn）：指黾厄，古隘道名，在今河南信阳西南的平靖关。阻：险阻。

③秦：指秦地，今陕西省大部分地区。陇：指陇地，今甘肃一带及陕西西部。襟喉：衣襟和咽喉。此处借喻要害之地。

④赵、魏：战国时国名。赵地：今河北省南部山西省东部和河南省北部一带。魏地：今河南省北部、山西省西南部一带。走集：往来必经之地。《左传》昭二三年：“夫正其疆场，修其土田，险其走集，亲其民人，……以待不遇，又何畏矣。”《注》：“走集，边境之垒辟（通“壁”）。

⑤无事则已：指没有发生祸乱事故就好。

⑥必先受兵：一定是最先受到战害。

⑦候：征候，即标志。

⑧贞观（627～649）：唐太宗的年号。开元（713～741）：唐玄宗的年号。公卿：原指三公九卿，后泛指朝中高级大臣。贵戚：帝王的内外亲族。开馆列第：兴建馆舍第宅。东都：指洛阳。号：号称。邸（dǐ）：此处泛指贵族官僚的府第。

⑨乱离：自安史之乱以后，唐朝战乱不断，忧患不止。

⑩五季：指后梁、后唐、后晋、后汉、后周五代。酷：指五代在相继兴亡中遭到严重破坏。

⑪兵车蹂蹴：兵马战车相互蹂躏践踏。废：倒塌。丘墟：荒地。

⑫榭：台上盖的高屋。此处指名园中的亭阁台榭。焚燎：焚烧。烬：经火焚烧后剩下的灰。

⑬予岂徒然哉：我作洛阳名园记岂是没有道理的。

⑭方进于朝：当受到朝廷提拔重用之时。进，进用。

⑮放：放纵。一己：独自一人。

⑯治忽：治理战乱。

⑰退：退隐归甲。

⑱是已：正是这样。

【译解】

洛阳处在全国的中心，依仗殽、黾的险要，正当秦、陇两地的要害，通往赵、魏的交通要冲，本来是四方势力一定要争夺的地区。全国在太平无事的时候便罢，假使发生动乱，那么洛阳必定首先遭受战祸。所以，我曾经说过：洛阳的兴旺或者衰败，是全国太平或者动乱的征兆。

在唐朝贞观、开元之间，高官贵族在洛阳建筑馆舍住宅的，号称一千多家。等到全国动乱，接着就是五代的残酷战争，那些池塘竹树，经过兵车践踏，荒废成为土堆空地；高亭大榭，经过烟火焚烧，变成灰烬。这一切，跟唐朝共同灭亡，一起消失，已经没有剩下痕迹了。所以，我曾经说过；园林的兴起或者荒废，是洛阳兴旺或者衰败的征兆。

全国的太平或者动乱，只要从洛阳的兴旺或者衰败来观察，就可知道；洛阳的兴旺或者衰败，只要从园林的兴起或者荒废来观察，就可知道。那么，《洛阳名园记》的写作，我难道是白费了力气吗？

哎呀！大人先生们刚在朝堂上做官，就放纵个人的私心，大兴土木，忘掉国家的治乱，想要在不做官的时候享受这种优游林泉的乐趣，能够做到吗？唐朝的灭亡就是如此。

【赏析】

李格非所作的《洛阳名园记》共有十九篇，分别描述了北宋时期洛阳十九座名园的情况。本文即十九篇之后所附的跋语。

唐时沿汉俗称洛阳为东都，极为繁华，一时公卿大夫于此“开馆列第”的“号千有余邸”，并广建“池塘竹树”和“高亭大榭”，尽情享乐。可是经安史之乱和五代连续的兵祸，有的废为丘墟，有的化为灰烬，进而得出“园圃之废兴，洛阳盛衰之候”的结论。从而告诫当时在朝的公卿大夫：切不可放纵于一己之私利，贪图享受，而忘却了天下兴亡的责任，应时刻牢记“唐之末路”的历史教训。劝戒之意，写得凝重显豁，见微知著，立意高远。充分体现了作者“文不可以苟作”的思想。

清人金圣叹也不禁对此发出感叹：“幺幺小题，发出如许大论。大儒眼中，固无细事；大儒胸中，固无小计；大儒手中，固无琐笔，定当如此。”

严先生祠堂记[1]

范仲淹[2]

【原文】

先生，光武之故人也[3]。相尚以道[4]。及帝握《赤符》[5]，乘六龙[6]，得圣人之时[7]，臣妾亿兆[8]，天下孰加焉[9]，惟先生以节高之[10]。既而动星象[11]，归江湖[12]，得圣人之清[13]。泥涂轩冕[14]，天下孰加焉，惟光武以礼下之[15]。

严光像，图出自明·天然撰《历代人物像赞》。

在《蛊》之上九[16]，众方有为，而独不事王侯[17]，高尚其事[18]，先生以之[19]。在《屯》之初九[20]，阳德方亨[21]，而能以贵下贱[22]，大得民也，光武以之[23]。盖先生之心[24]，出乎日月之上[25]；光武之量，包乎天地之外[26]。微先生[27]，不能成光武之大[28]；微光武，岂能遂先生之高哉[29]？而使贪夫廉，懦夫立[30]，是大有功于名教也[31]。

仲淹来守是邦[32]，始构堂而奠焉[33]。乃复为其后者四家[34]，以奉祠事[35]。又从而歌曰：“云山苍苍，江水泱泱[36]，先生之风[37]，山高水长！”

范仲淹像，图选自《吴郡名贤图传赞》。

【注释】

①严先生：名严光，又名遵，字子陵，本姓庄，因避汉明帝（刘庄）讳，改姓“严”。东汉余姚（今浙江余姚县）人。年轻时与汉光武帝刘秀同学。刘秀登基后，他改名隐居。后被召到京师洛阳，任为谏议大夫，但不肯接受，归隐于富春山。祠堂：旧时祭祀祖宗或先贤的庙宇。

②范仲淹（989～1052）：字希文，苏州吴县（今江苏吴县）人。北宋著名政治家、军事家和文学家。宋真宗年间（公元1015年）进士，官至参知政事（副宰相）。曾提出十条改革朝政的建议，引起了腐朽官僚势力的不满，被迫离朝。后于赴颍州途中病死，死后赠兵部尚书，谥“文正”。范仲淹是北宋诗文改革运动的先驱，工于诗词散文，文章思想性强，议论风发。著有《范文正公集》。

③光武：东汉开国皇帝刘秀，字文叔。故人：旧友。

④相尚以道：即“以道相尚”，意指他们之间的交往以道义相互推

崇。尚：尊重。以道：凭道义。

⑤赤符：《赤伏符》。据《后汉书·光武帝纪》记载：光武至鄗(今河北高邑县)，儒生疆华奉《赤伏符》奏上，遂即帝位。

⑥乘六龙：《易经·乾》卦："时乘六龙以御天。"君主凭借六爻的阳气来驾驭天地。六龙，指《乾》卦的六爻。《易经》以六十四卦为目。每卦由六条单或双横线组成。"——"是阳爻，"— —"是阴爻。这六条横线叫六爻。《乾》是六十四卦中的第一卦。

⑦圣人之时：《孟子·万章下》："孔子，圣之时者也。"是说登基的时机。

⑧臣妾：原指男女奴隶，此处指被统治的人民。亿兆：数词，泛指众多。

⑨孰：谁，哪一个。加：超过。焉：代词，指代光武帝。

⑩惟：只，只有。以节高之：凭节操超过他。高，高出、超过。

⑪既而：不久，后来。动星象：触动了天上的星象。据《后汉书·严光传》记载：帝与光共卧，光以足加帝腹。明日，太史奏客星犯帝座甚急。帝笑曰："朕与故人严子陵共卧耳。"

⑫归江湖：光武帝授严光谏议大夫，严光不受，而情愿归隐于富春山下。后其处被称为严陵濑。江湖：泛指乡间。

⑬圣人之清：《孟子·万章下》："伯夷，圣之清者也。"伯夷在殷朝灭亡后，耻食周粟，饿死在首阳山，故孟子说他"清"。此意指达到圣人清净的境界。

⑭泥涂：象污泥一样。轩冕（xuān miǎn)：古代达官贵人坐的车子和戴的礼帽，借指显贵的身份。

⑮下：与地位低的人交往。

⑯蛊（gǔ)：《易经》上的卦名。上九：指《蛊》卦的第六爻中的阳爻。

⑰事：侍奉。

⑱高尚其事：表独善其身。第六卦象辞说“不高王侯，高尚其事”。

⑲以：有。

⑳屯：《易经》上的卦名。初九：指《屯》卦的第一爻中的阳爻。“以贵下下贱，大得民也”，是屯卦第九爻的卦辞。

㉑阳德方亨：帝王正当德高望重时。亨：通达，亨通。这里是旺盛的意思。

㉒下贱：降低身份与卑贱的人结交。

㉓光武以之：意思是光武以礼下士，深合《屯》卦初九之爻辞。“以贵下贱，大得民也”。

㉔盖：因为，由于。

㉕乎：同“于”，在。

㉖乎：同“于”，到。

㉗微：如果没有，假如不是。

㉘成：完成，实现。

㉙岂：难道。遂：成就。

㉚贪夫廉：使贪利的人廉洁而不苟取。懦夫立：使懦弱的人变得自立而奋发有为。

㉛名教：正名的封建礼教。

㉜守：官吏试职称守。是邦：指严州，治所在今浙江桐庐县。

㉝构堂：建筑祠堂。焉：指代严光。

㉞复：免除摇役。后：后代，后裔。

㉟以奉祠事：让他们来料理祠堂的一切事务。

㊱泱泱（yāng yāng）：水深而广。

㊲风：品德，作风。这里指严光的高风亮节。

【译解】

先生是光武帝的老朋友。他们凭道义互相尊重。等到光武帝接受《赤符》，乘着六龙的阳气，获得了做皇帝的时机，统治着亿万人民，天下哪一个能够超过他，惟独先生能凭节操来超出他。后来先生惊动了星象，回到乡间，做到了圣人那样的清高，把官爵看作泥土，天下哪一个能够胜过他，惟独光武帝能按礼节来下交他。

在《蛊》卦爻辞的“上九”：正当人们大有作为的时候，却独自不愿侍奉王侯，使自己的气节更加高尚。先生就是这样。在《屯》卦爻辞的“初九”：帝王的威德正当旺盛时，却能以自己极贵的身分去下交卑贱的人，是大得民心的。光武帝就是如此。这是因为先生的胸怀超出在日月之上，光武帝的气量包含到天地以外。假如没有先生，就不能助成光武帝的恢宏气度；假如没有光武帝，难道能够成就先生的高尚节操吗？从而使贪婪的人转化为廉洁，胆小的人能够振作起来，这对于名分和礼教是大有帮助的呀。

仲淹来到这个地方任职，才建筑祠堂来祭奠先生。于是免除了先生后代的四户人家的劳役和赋税，让他们负责管好祠堂的一切事务。随后我又写了一首歌，歌唱先生：“云山青苍，江水深广。先生的高风亮节，像山一样高，水一样长！”

【赏析】

此文乃作者在严光故乡任职时，为修建严光祠堂所写的一篇“记”。文章开头以“相尚以道”中的一个“道”字，点出了严子陵与光武帝两人交情笃厚。光武帝做了皇帝，严子陵不愿侍奉王侯，视爵禄如粪土，归隐江湖间，表现了他高尚的节操。不仅如此，严子陵还以他的行动，助成了光武帝的恢宏气度，以他的节操促使“贪夫廉，懦夫立”。颂扬蔑视功名富贵、保持清高自律的高尚品德，批评追求功名利禄的恶习。

本文在取材营构上，突出的特点是映衬手法的运用。题目是“严先生祠堂记”，原该着力写严子陵，但作者却将光武帝与严子陵骈写对出，交互辉映。以“相尚以道”笼括全篇，而后分别赞颂二人。先赞严子陵归隐江湖，学得圣人的清高，视功名富贵如粪土，后赞光武帝屈尊俯就，礼贤下士。

有学者对此文作了如下评价：“一起一结，中间整整相对。有发挥，有佐证，有咏叹。有交互。此今日制义之所自出也。”（[清] 金圣叹《天下才子必读书》卷十三）

岳阳楼记[1]

范仲淹

【原文】

庆历四年春[2]，滕子京谪守巴陵郡[3]。越明年[4]，政通人和[5]，百废具兴[6]。乃重修岳阳楼，增其旧制[7]，刻唐贤今人诗赋于其上，属予作文以记之[8]。

予观夫巴陵胜状[9]，在洞庭一湖。衔远山，吞长江，浩浩汤汤[10]，横无际涯[11]；朝晖夕阴[12]，气象万千。此则岳阳楼之大观也[13]。前人之述备矣。然则北通巫峡[14]，南极潇湘[15]，迁客骚人[16]，多会于此，览物之情，得无异乎[17]？

范仲淹像，图出自《群英杰》。

若夫霪雨霏霏[18]，连月不开[19]，阴风怒号，浊浪排空[20]；日星隐曜[21]，山岳潜形；商旅不行，樯倾楫摧[22]；薄暮冥冥[23]，虎啸猿啼。登斯楼也，则有去国怀乡，忧谗畏讥，满目萧然，感极而悲者矣[24]。

至若春和景明[25]，波澜不惊[26]，上下天光，一碧万顷[27]；沙鸥翔集[28]，锦鳞游泳[29]；岸芷汀兰[30]，郁郁青青[31]。而或长烟一空[32]，皓月千里；浮光耀金，静影沉璧[33]，渔歌互答，此乐何极[34]？登斯楼也，则有心旷神怡，宠辱皆忘，把酒临风[35]，其喜洋洋者矣。

嗟夫！予尝求古仁人之心[36]，或异二者之为[37]，何哉？不以物喜，不以己悲[38]；居庙堂之高[39]，则忧其民；处江湖之远[40]，则忧其君。是进亦忧，退亦忧[41]。然则何时而乐耶？其必曰："先天下之忧而忧，后天下之乐而乐"欤[42]。噫！微斯人，吾谁与归[43]？

【注释】

①岳阳楼：在今湖南岳阳市，面对洞庭湖。相传唐开元年间建造。

②庆历四年：公元 1044 年。庆历，宋仁宗（赵祯）的年号。

③滕子京：名宗谅，宋河南（今河南洛阳市）人。与作者是同年进士，受人诬陷，贬官至岳州。谪（zhé）：旧时京官受处分降职出任外官或犯罪流放。守：做州郡的长官。巴陵郡：唐改为岳州。在今湖南岳阳市。

④越：及，到。明年：第二年。

⑤通：顺利。和：和乐。

⑥百废：许多废弛的事。具：同"俱"。皆，全。兴：兴办。

⑦增其旧制：扩大岳阳楼原来的规模。

⑧属（zhǔ）：通"嘱"。嘱咐，委托。

⑨夫（fú）：指示代词，那。胜状：美景，好景色。

⑩洞庭：洞庭湖，在湖南省岳阳市西。衔：用嘴含。引申为包含、含有。浩浩：水势盛大的样子。汤汤（shāng shāng）：水流很急的样子。

⑪横无际涯：宽阔无边。际涯：边际。

⑫朝晖夕阴：早上阳光明媚，黄昏却天气昏暗。晖，日光。

⑬大观：壮观的景象。

⑭然则：既然这样，那么……。巫峡：长江三峡之一，在今湖北巴东县西，四川省巫山县东。

⑮极：尽，直达。潇湘：潇水和湘水，均在湖南省中部。都流入洞庭湖。

⑯迁客：降职远调的人。迁，左迁，即贬官。骚人：诗人。

⑰得无：怎能不，表示诘问语气。

⑱若夫（fú）：发语词，用在一段话的开头引起论述，近似于“像那”。霪（yín）雨：连绵的雨。霏霏（fēi fēi）：形容雨细而密的样子。

⑲开：开朗，放晴。

⑳排空：冲向天空。

㉑隐曜（yào）：隐藏了光辉。曜，日光。

㉒樯（qiáng）：桅杆。倾：倒。楫（jí）：划船的桨。摧：断折。

㉓薄（bó）暮：太阳落山的时候。薄，迫近。冥冥（míng míng）：昏暗的样子。

㉔有……者：发生……的情况。去：离开。国：国都，京都。萧然：凄凉萧条的样子。

㉕至若：连词，至于，又如。景：日光。

㉖澜：大波。不惊：不动。意即平静。

㉗万顷：虚指，指非常广阔。

㉘翔集：或飞翔，或停歇。集，栖止，鸟停在树上。

㉙锦鳞：美丽的鱼。

㉚岸芷（zhǐ）汀（tīng）兰：岸上的香芷，沙滩上的兰花。芷，香草。汀，水中或水边的平地。

㉛郁郁：形容香气很浓。

㉜长烟：大片的烟雾。一空：完全消散。

㉝影：月影。璧：圆形的玉。

㉞何极：哪有尽头。

㉟把酒：举着酒杯。把，持，执。临：面对。

㊱求：探求。古仁人：古代品德高尚的人。

㊲或：或者，也许。二者：指上文说明的两种心情。

㊳不以物喜，不以己悲：不因外物（好坏）和自己一时得失而或喜或悲。

㊴庙堂：指朝廷。高：指高位。

㊵江湖：指贬谪在外做闲官或在野不做官。远：指僻远的地方。

㊶是：这，这样。

㊷先：在……之前。后：在……之后。

㊸微：无，没有。斯人：这种人。谁与归："与谁归"的倒置即归向谁。归，归依。

【译解】

庆历四年的春季，滕子京被贬谪到巴陵郡做太守。到了第二年，政事推行顺利，百姓和睦相处，许多以前废置的事情统统兴办起来了。于是重修岳阳楼，扩大了它的原有规模，在楼上镌刻了唐朝和当代名人的诗赋，嘱托我写文章，记下重修岳阳楼这件事。

我看那岳州的壮丽景色，集中在一个洞庭湖上。它含着远山，吞吐长江，滔滔滚滚，宽广得无边无际；清晨的阳光和傍晚的夕照，气象千变万化。这就是岳阳楼上的大好风光啊，前人的描述已经很详尽了。然而，这儿北面通向巫峡，南面直达潇水和湘江，受处分被降职的官员，多愁善感的诗人，大多数在这里聚会，他们看到这自然景色所产生的情绪，只怕会不同吧？

至于阴雨连绵，一连几个月不放晴；阴森森的风愤怒地号叫着，混浊的浪头翻滚着直扑到天空；太阳和星星都隐没了光辉，高山也潜藏起形体；船桅倒下，船桨折断，经商和旅行的人都不能坐船航行了。傍晚天色昏暗，只听见老虎在长啸，猿猴在悲啼。如果在这个时候登上这座楼，就会产生远离京城、怀念家乡、担心诽谤、害怕讥笑的心情，满眼凄凉，感慨到极点，就悲伤起来了。

到了春天，气候温和，景物鲜明，洞庭湖上波浪平静；天空和它在水里的倒影连成一片碧绿的颜色，非常广阔；沙鸥时而飞翔，时而停歇聚拢，美丽的鱼时而浮出水面，时而潜入水底；岸旁的芷草，和沙洲上的兰花，气味浓郁，生长茂盛。有时湖面上的雾气完全消失，皎洁的月光一泻千里，水面上闪动着金色的光辉，月影映在静静的水里，宛如沉在水中的一块玉璧。捕鱼人的歌声此起彼伏，互相应答，这种乐趣哪里会有穷尽的呢？如果在这个时候登上这座楼，就会心情舒畅、精神愉快，荣宠耻辱全都忘却，对着清风端起酒杯，高兴到极点而得意扬扬的了。

唉！我曾经探求过古代品德高尚之人的思想感情，有的跟上面两种思想感情不同，这是为什么呢？他们不因为环境称心而快乐，也不因为个人失意就悲哀。处在朝廷的高位上，就担忧那些百姓；处在偏远的江湖上，就担忧他的君主。这样，入朝做官要担忧，退处江湖也要担忧，那么什么时候才能享受欢乐呢？他们一定会说："要在天下人担忧之前先担忧，在天下人享乐以后才享乐"吧！唉！假使没有这种人，我跟谁一道呢！

【赏析】

《岳阳楼记》是一篇千古传诵的著名散文。在这篇文章中，范仲淹以巧妙的手法向世人袒露了自己“先天下之忧而忧，后天下之乐而乐”的胸襟与抱负。这种人生理想，对后世有志之士有永久的鞭策和鼓舞作用。作者在文中把高远的情志与洞庭湖壮丽的景色相表里，不仅新颖秀特，而且给人以悠悠不足之感。前人对歌咏洞庭和岳阳楼的名篇佳作，不计其数，包括孟浩然《望洞庭湖赠张丞相》、杜甫《登岳阳楼》等千古绝唱，但作者在文中自勉而不事矜张，规劝而不露锋芒，显示了作者构思之精妙。全文以“谪”字开篇，借“迁客骚人”承转，假“览物之情”生发，用“古仁人之心”结穴。表现了作者独到之处：“岳阳楼大观，已被前人写尽，先生更不赘述，止将登楼者览物之情，写出悲喜二意。只是翻出后文忧乐一段正论。以圣贤忧国忧民心地，发而为文章，非先生其孰能之？”（见［清］吴楚材、吴调侯《古文观止》卷九）

谏院题名记

司马光[1]

【原文】

古者谏无官，自公卿大夫至于工商，无不得谏者[2]。汉兴以来，始置官[3]。夫以天下之政，四海之众，得失利病，萃于一官使言之[4]，其为任亦重矣。居是官者，当志其大，舍其细，先其急，后其缓[5]。专利国家，而不为身谋。彼汲汲于名者，犹汲汲于利也[6]。其间相去何远哉[7]！

天禧初，真宗诏置谏官六员，责其职事[8]。庆历中，钱君始书其名于版[9]。光恐久而漫灭，嘉祐八年，刻著于石[10]。后之人将历指其名而议之曰：某也忠，某也诈，某也直，某也曲[11]。呜呼！可不惧哉？

司马光像，图出自明·天然撰《历代古人像赞》。

【注释】

①司马光（1019～1086）：

字君实，北宋陕州夏县（今山西夏县）人。仁宗宝元元年进士。曾官至翰林学士、御史中丞。在政治上，他是保守派的领袖，反对王安石变法，强调祖宗之法不可变。在史学上，他用十九年时间主编了《资治通鉴》，是我国最为重要的编年体通史。死谥文正，追封温国公。著有《司马文正公集》。

②古者：古时。谏：进谏，上书。无不得谏者：没有人不能向朝廷劝谏的。

③始置官：从汉代开始设置谏官。汉、唐有谏议大夫，唐又有补阙、拾遗，宋有左右谏议大夫、司谏、正言等。

④利病：利与弊。萃于一官：集中在某一官吏身上，让他说出话来。

⑤居：位于。是官：此官。当志其大：应当铭记有关朝政得失利弊的大事。志：铭记。舍其细：舍弃那些细微的小事。先其急：首先要启奏那些急待解决的事。后其缓：然后再启奏那些可以延缓的事。

⑥“彼汲汲……利也”句：急切追求名声的人，就好象追求利禄一样。汲汲，急切追求。

⑦“其间”句：指“专为国家而不为身谋”的谏官和那些汲汲于名和利的谏官相对照，他们之间相距多么远呵。

⑧天禧初：真宗天禧（1017～1021）初年。置谏官六员：宋设谏院，以左、右谏议大夫、左、右司谏、左、右正言为谏官。责其职事：要求谏官忠实地执行他们所承担的规劝朝政得失利病的事。责，要求。

⑨庆历中：宋仁宗庆历年间（1041～1048）。钱君：其生平不详，知谏院的官吏。版：通“板”。版筑的土墙。此处指谏院的厅壁。

⑩光：司马光谦称。嘉祐：宋仁宗年号（1056～1059）。刻著于石：指把历任谏官的姓名，由原来的壁上转刻到石头上，以保存纪念。

⑪“某也忠”四句：后人将会对此评论说：某人忠于职守，某人

虚伪奸诈，某人刚正不阿，某人心怀不诡。

【译解】

古时，没有专职规劝君主的官员，从公、卿、大夫一直到工匠、商人，没有谁不可以规劝君主的。汉朝开国以后，才设置专职的谏官。把天下的政事，全国的人民，一切好的、坏的、有利的和有害的事情，统统集中在一个官员的身上，要他讲清楚，他担任的职务是很繁重的了。而且做这种官的人，应当牢记那些大事，丢开那些小事；先办那些必须急办的事，后办那些可以缓办的事；专门为国家谋利，却不给自身打算。那些对个人名誉迫切追求的人，如同那些对私人利益迫切追求的人一样。这二者之间的距离何等遥远啊！

天禧初年，真宗皇帝下诏设置六名谏官，规定他们负责那些事务。庆历年间，钱君开始在册子上写下他们的姓名。我恐怕时间一长就会磨灭，到嘉祐八年，叫人刻记在石碑上。后来的人会一边逐个指着他们的姓名一边议论他们说：某人忠诚，某人奸诈，某人正直，某人邪恶。哎呀！能够不令人戒惧吗？

石碑

【赏析】

本文为司马光任谏院时所写的一篇文章。作者通过把谏官的名人刻在石人，留诗后人评说一事，就是好让后人指点着他们的姓名，去评议他们在担任谏官时的所作所为，看看究竟谁忠、谁诈、谁直、谁曲。常人习以题名为荣，这样一来，不又是令那些专图私利的人感到惶恐不安吗？意在说明谏官的职责重大，同时也告诫谏官们为后世留下忠直的清名。这就将前人“题名”的本意，升华到更高的阶段，发人猛省。全文仅百余字，却就谏官之事，由古及今，说得头头是道，又无所不包，曲折尽意。可见作者高超的见识和驾驭文字的非凡工力。

《古文观止》也对此作释析：“文仅百余字，而曲折万状，包括无遗。尤妙在末后一结。后世以题名为荣，此独以题名为惧。立论不磨，文之有关世道者。”（见［清］吴楚材、吴调侯《古文观止》卷九）

义田记

钱公辅①

【原文】

范文正公，苏人也②。平生好施与，择其亲而贫、疏而贤者，咸施之③。方贵显时，置负郭常稔之田千亩，号曰义田，以养济群族之人④。日有食，岁有衣，嫁娶凶葬皆有赡⑤。择族之长而贤者主其计，而时共出纳焉⑥。日食人一升，岁衣人一缣⑦。嫁女者五十千⑧，再嫁者三十千。娶妇者三十千，再娶者十五千。葬者如再嫁之数，葬幼者十千。族之聚者九十口，岁入给稻八百斛⑨。以其所入，给其所聚，沛然有余而无穷。屏而家居俟代者与焉，仕而居官者罢莫给⑩。此其大较也⑪。

范仲淹像

初，公之未贵显也，尝有志于是矣，而力未逮者二十年[12]。既而为西帅，及参大政，于是始有禄赐之人，而终其志[13]。公既殁，后世子孙修其业，承其志，如公之存也[14]。公虽位充禄厚，而贫终其身。殁之日，身无以为敛，子无以为丧[15]。惟以施贫活族之义遗其子而已。

昔晏平仲敝车羸马[16]。桓子曰："是隐君之赐也。"[17]晏子曰："自臣之贵，父之族，无不乘车者；母之族，无不足于衣食者；妻之族，无冻馁者；齐国之士，待臣而举火者三百余人[18]。如此而为隐君之赐乎？彰君之赐乎[19]？"于是齐侯以晏子之觞，而觞桓子[20]。予尝爱晏子好仁，齐侯知贤，而桓子服义也[21]。又爱晏子之仁有等级，而言有次第也。先父族，次母族，次妻族，而后及其疏远之贤。孟子曰："亲亲而仁民，仁民而爱物。"[22]晏子为近之[23]。今观文正公之义田，贤于平仲[24]。其规模远举，又疑过之[25]。

呜呼！世之都三公位，享万钟禄[26]，其邸第之雄，车舆之饰，声色之多，妻孥之富，止乎一己而已[27]。而族之人不得其门者，岂少也哉？况于施贤乎！其下为卿，为大夫，为士，廪稍之充，奉养之厚[28]，止乎一己而已。而族之人，操壶瓢为沟中瘠者[29]，又岂少哉？况于它人乎！是皆公之罪人也。

公之忠义满朝廷，事业满边隅，功名满天下，后世必有史官书之者，予可无录也。独高其义，因以遗其世云[30]。

【注释】

①钱公辅（1023～1074）：字君倚，常州武进（今江苏县名）人。仁宗时进士。曾官任天章。他与王安石雅善，后因政治意见不合，罢谏职，出任江宁府，后又转任扬州，因病请求辞官，改任提举崇福观，不久病终，终年五十二岁。

②范文正公：范仲淹，参见《严先生祠堂记》。

③好（hào）施与：喜欢以财物救济穷人。亲：指同族中的亲族。疏：指远房族亲。咸：皆，都。

④置：购置。负郭：背向城区的近郊。常稔（rěn）：常年谷物成熟。义田：用来救济穷人而置的田地。以：用来。

⑤日：每天。嫁娶凶葬：遇到嫁女、娶妇以及丧葬的事。赡（shàn）：供给，抚养。

⑥族之长而贤者：族中年长又有贤能的人。主其计：主管义田收支帐目。计：帐簿。出纳：财物的付出和收入。

⑦升：容量单位。古代十合为一升，十升为一斗。缣：这里指一匹织织物。

⑧五十千：即五十贯。古时一千钱称一贯。

⑨斛（hú）：古代计量单位，十斗为一斛；南宋末，又改五斗为一斛，两斛为一石（dàn）。

⑩屏（bǐng）而家居俟代者：受到排挤失去官职而退隐在家等待重新召用的人。与（yù）焉：在供给范围之内。与，参与。

⑪此其大较：上述内容就是义田的大致情况。大较，大概，大致。

⑫初：从前。尝：曾经。是：此。指购置义田以救济族中贫人。未逮：未及。

⑬为西帅：指范仲淹公元1040年任陕西经略副使。参大政：指范仲淹曾官参知政事。终其志：意谓终于实现了自己的愿望。

⑭殁（mò）：死。修：遵循。存：生存，即在世之时。

⑮敛：同“殓”，殓藏。丧（sāng）：哀葬死者的礼仪。

⑯晏平仲：名婴，齐国大夫，著名的政治家。今山东高密人。《史记·管晏列传》“事齐灵公、庄公、景公，以节俭力行重于齐。既相齐，食不重肉，妾不衣帛”。敝车羸（léi）马：晏婴外出乘坐的是破车和瘦马。

⑰桓子：姓田，名天宇，齐国大夫。是隐君之赐：晏婴乘坐敝车羸马是有意隐瞒齐国国君的赏赐。

⑱馁（něi）：饥饿。待臣而举火者：等待我的援助才能生火烧饭的。举火：生火烧饭，喻指维持生活之意。

⑲彰：显明。与“隐”相对。

⑳以晏子之觞（shāng），用晏子的酒杯。觞桓子：指让桓子把酒喝下去。

㉑“予尝爱”三句：我曾经赞赏晏子乐善好施，齐君善于了解贤士，而桓子也能够佩服对方正确的言论。义，同“议”。

㉒“孟子曰”二句：出自《孟子·尽心上》。君子亲爱自己的亲人，从而进一步仁爱百姓；做到仁爱百姓，从而进一步爱惜万物。

㉓“晏子”句：晏子的行为能够体现孟子所说“亲亲而仁民，仁民而爱物”这两句话的含义。

㉔“今观”二句：现在仔细考察范仲淹创置的义田，胜于晏平仲所做。贤，胜于。

㉕“其规模”二句：范仲淹购置的千亩良田用来“养济群族之人”，又“嫁娶凶葬皆有赡”，其子孙又这样继承下去，其规模之大，时间之长，影响之广，估量起来，又都超过了晏平仲。疑：估量。

㉖都：居。三公：泛指掌军政大权的官员。周代称太师、太傅、太保为三公；西汉以大司马、大司徒、大司空为三公。万钟：指极其优厚的俸禄。钟，古代用来测量容积的一种仪器，六斛四斗为一钟。

㉗舆（yú）：车厢。饰：指华丽的装饰。声色：歌舞和女色。妻孥：妻与子的合称。止：停留。一己：自己一人。

㉘廪稍：官府发给的粮食，奉：通“俸”，即俸禄。

㉙操：持、拿着。壶：通“瓠”，即“葫芦”。为沟中瘠：指由于穷困潦倒而无葬身之地的人。

㉚高其义：敬重他的义举。因以遗其世：因此写了这篇《义田记》，让它流传于世间。云：语末助词，无义。

【译解】

范文正公是苏州人。他平生喜欢施舍，选择同族中亲近而穷困的人，或者疏远而贤能的人，都救济他们。

范公刚做大官的时候，就买了一千亩近郊经常丰收的田，叫作“义田”，靠它来养活、周济许多同族的人。每天有饭给他们吃，每年有衣服给他们穿，碰到嫁女、娶媳、受灾、丧葬等事情都有供给。挑选族里年纪大、品行好的人主管那些经济账，定期公布收支。每天施舍的饭米，每人一升；每年施舍的衣服，每人一匹绢。嫁女的施予五十千钱，再嫁的三十千钱。娶妇的施予三十千钱，再娶的十五千钱。埋葬死者的施予数目同再嫁的数目一样，埋葬孩子的施予十千钱。同族住在一道的有九十个人，义田年收入有八百斛稻。拿这些收入，给那些聚居的人，充足有余，不会穷乏。丢官回家、等候任用的人也在供给之列，出仕做官的人停止供给。这是“义田”的大致情况。

早先，范公还没有做大官的时候，就已经立下这种志向，可是力量上还不能做到，就这样过了二十年。后来他做了陕西经略安抚副使和参知政事，这时候才有俸禄和赏赐的收入，终于实现了他的志向。范公逝世以后，他的后代子孙经管着他的事业，继承着他的遗志，像范公活着一样。范公虽然官职崇高，俸禄优厚，自己却始终安于清贫。到他逝世的时候，遗体没有好衣服收殓，儿子没有钱办理丧事。范公仅仅把救济贫穷、养育同族的正义事业留给他的后代罢了。

从前，晏平仲乘坐的是破车加瘦马。陈桓子说他：“这是借以隐瞒君主给他的赏赐。”晏子回答说：“自从我做了大官，父亲的一族没有人不乘坐车子的，母亲的一族没有人不丰衣足食的，妻子的一族没有人挨冻受饿的，齐国的士子等待我的接济才能烧火煮饭的有三百多人。像这样，是隐瞒君主的赏赐呢？还是显示君主的赏赐呢？”于是齐侯拿晏子的酒罚陈桓子喝。我曾经欣赏晏子施行仁德，齐侯认识贤臣，桓子服从正义；又曾经欣赏晏子的仁慈有等级，说话有次序。他先说父族，其次说母族，再次说妻族，然后说到那些疏远的有才能的人。孟子说：“对亲族亲近，对百姓就仁慈；对百姓仁慈，对万物就爱惜。”晏子的行事是近于这句话的。如今我看到范文正公的“义田”，觉得比晏平仲的好；那规模的远大，恐怕还要超过晏平仲。

唉！世上处在三公的高位、享受优越俸禄的人，那住宅的雄伟，车轿的华美，音乐女色的众多，妻妾儿女的富有，不过在一个人身上享用罢了。而他族里的人不能进他大门的难道还少吗？何况要他施舍给疏远而贤能的人呢？再如，那些做卿、做大夫，做士的，粮食的充足，生活的优裕，也不过在一个人身上享用罢了。但是，他族里的人拿着葫芦瓢讨乞、结果倒在沟里做饿鬼的难道还少吗？何况对待非亲非故的旁人呢？这些人在范公面前都是有罪的人呀！

范公的忠义，满朝文武都钦佩；范公白事业，整个边境地区都念诵；范公白功名，全国人民都知道。后代一定有史官记录他的事迹的，我可以不写。只是敬慕他的道义，就把这篇文章留给后代的人吧。

【赏析】

范仲淹是北宋名臣，其立身大节，已为世人所熟知，所景仰。但人们对于他的乐善好施，救济族中穷苦之人的事迹却知之甚少。

本文正是记载范仲淹设置义田的事，赞扬他救济亲族与贤人的高尚行为，同时也斥责了那些身居高位，享受厚禄却只顾自己享乐的达官。

文章构思布局，最讲法度。文中处处在写义田，处处在颂范公，或直接描述义田，或纵谈义田创置前后范公之志，或以古人作烘托，或以当世之显达者作反衬，爱憎分明，说透事理。笔墨简练，繁简得体。范公形象，完美高大。金圣叹对此评道：“最有法度之文，宋人中难得。”（见［清］金圣叹《天下才子必读书》卷十五）

袁州州学记

李觏[1]

【原文】

皇帝二十有三年，制诏州县立学[2]。惟时守令，有哲有愚[3]。有屈力殚虑，祗顺德意[4]；有假官借师，苟具文书[5]。或连数城，亡诵弦声[6]。倡而不和，教尼不行[7]。

宋仁宗赵祯像，图出自明·天然撰《历代人物像赞》。

三十有二年，范阳祖君无择知袁州[8]。始至，进诸生，知学宫阙状[9]。大惧人材放失，儒效阔疏，亡以称上意旨[10]。通判颍川陈君侁，闻而是之，议以克合[11]。相旧夫子庙，狭隘不足改为，乃营治之东[12]。厥土燥刚，厥位面阳，厥材孔良[13]。殿堂门庑，黝垩丹漆举以法[14]。故生师有舍，庖廪有次，百尔器备，并手偕作[15]。工善吏勤，晨夜展力，越明年成[16]。

舍菜且有日[17]，盱江李觏谂于众曰[18]：惟四代之学，考诸经可见矣[19]。秦以山西鏖六国，欲帝万世[20]，刘氏一呼，而关门不守[21]，武夫健将，卖降恐后，何耶？诗书之道废，人惟见利而不闻义焉耳[22]。孝武乘丰富，世祖出戎行，皆孳孳学术[23]。俗化之厚，延于灵、献[24]。草茅危言者，折首而不悔[25]。功烈震主者，闻命而释兵[26]。群雄相视，不敢去臣位尚数十年[27]。教道之结人心如此[28]。今代遭圣神，尔袁得贤君，俾尔由庠序，践古人之迹[29]。天下治，则谭礼乐以陶吾民[30]；一有不幸，尤当仗大节，为臣死忠，为子死孝[31]。使人有所赖，且有所法[32]。是惟朝家教学之意[33]。若其弄笔墨以徼利达而已，岂徒二三子之羞，抑亦为国者之忧[34]。

【注释】

①李觏（1009～1059）：字泰伯，南城（今江西南城县）人。一生以教学为主，人称“盱江先生”。皇□元年，经范仲淹推荐，特授将仕郎试太学助教，后升直讲。李觏博学通识，潜心著书，极研治乱之道。著有《潜论》等，有《李直讲先生集》。

②皇帝二十有三年：指宋仁宗即位第二十三年，即公元 1045 年。制诏：皇帝颁布的命令文告。立学：设立学校。

③“惟时”：当时。惟，句首助词，无义。

④屈（jué）力：竭尽全力。屈，竭尽。殚（dàn）虑：尽心谋划。

殚，尽。祇（zhī）顺德意：恭敬地顺从君主的旨意。

⑤假官借师：假借名义设学官与师。苟具文书：随便写下奉诏办学有名无实的公文。

⑥或：指有的地方。亡（wú）：通“无”。诵弦声：诵读和弦歌之声，即学校读书声。

⑦倡而不和（hè）：皇帝倡导州县办学而地方官吏却不积极响应。尼（nǐ）：阻碍。

⑧范阳：古郡名。故城在今河北涿县。祖君无择：祖无择，字择之，今河南汝南县人。著有《龙学文集》。知袁州：任袁州知州。袁州，今江西省宜春市。

⑨进诸生：接见求学的士子。阙：通“缺”。这句了解到当地学校残缺破废的状况。

⑩大惧：非常担心。人材放失：人材被丢弃、耽误了。失，耽误。儒效：儒学的功效。阔疏：稀缺。称（chèn）：符合。上：皇上。

⑪颍川：秦置郡名。治所在今河南省许昌市。陈侁（shēn）：颍州人，当时任袁州的通判，生平不详。是之：以之为是。议：意见、言论。克：能。这句意谓见解正好相合。

⑫相（xiàng）：观察。夫子庙：即孔夫子庙。营：筹建。治：治所，即地方州郡长官的官署。

⑬厥（jué）：其。燥刚：土质干燥坚硬。面阳：方位朝南。孔良：所用材料都很精良。孔，甚、很的意思。

⑭庑（wǔ）：堂下周围的走廊、廊屋。黝垩（yǒu è）：涂以黑色和白色。丹：红色。漆：涂漆。举以法：完全依照规矩办事。

⑮庖廪：仓库。百尔：所有的。并手偕作：一齐动手，齐心协力。

⑯工善吏勤：工人技术好，官吏勤督促。展力：出力。越明年：指动工的第二年。

⑰舍（shì）菜：即释菜。舍，通“释”。古时入学祭祀先圣先师的一种仪式。有日：指进行“释菜”典礼的日子都选定了。

⑱盱（xū）江：即抚河，在江西省东部。谂（shěn）：告知。

⑲四代：指虞、夏、殷、周。

⑳秦以山西：秦国凭借崤山以西的险阻。鏖（áo）：激战。欲帝万世：想世世代代称帝。

㉑刘氏：指刘邦。关门：指函谷关的门。

㉒见利而不闻义：只看到私利而不懂得儒家做人的道义。

㉓孝武：即西汉武帝刘彻。他上承“文景之治”，进行一些进步改革，成为西汉盛世。世祖：东汉开国皇帝光武帝刘秀的庙号。孳（zī）孳：同“孜孜”，勤勉不懈。学术：指儒家的学问。

㉔灵、献：指汉灵帝刘弘、汉献帝刘协。刘协为刘弘之子。献帝先受制于董卓，后受制于曹操。曹丕称帝，建立魏王朝，废献帝，东汉遂亡。

㉕草茅：隐居未出仕之人。危言：直言。折首：断首，即杀身之祸。

㉖功烈：功劳，业绩。释兵：放弃兵权。

㉗去臣位：即去臣位称帝。

㉘教道：指儒学的教诲引导。道，通“导”。

㉙今代：今世。遭圣神：遇上圣明君主。尔袁：你们袁州人民。贤君：意谓贤能的知州。君，这里用作下对上的敬称。俾：使。庠（xiáng）序：古代地方所设的学校。此指学校的教育。践：承袭。

㉚治：指天下安定。谭：通“诞”，发扬，光大。礼乐：指儒家经典。陶：喻造就、培育。

㉛一有不幸：指国家一旦发生意外祸患。仗：凭依。大节：指临危不苟的节操。死忠：臣子死于忠义。死孝：人子因父母之丧悲痛欲

绝而死于孝道。

㉜有所赖：有了依靠力量。有所法：即有了学习的榜样。

㉝朝家：旧指朝廷、国家。教学之意：指朝廷令州郡尊教兴学之本意。

㉞徼（yāo）：招致。通“邀”。利达：顺利与显贵。二三子：即诸位、诸君之意。为国者：指治理国家大事之重臣。

【译解】

皇上登基二十三年，下诏书在各州各县设立学校。那时的州官、县令，有贤明的，有昏庸的。有的费尽力气，绞尽脑汁、毕恭毕敬地遵循皇上的恩德意旨办事；有的空设官职，假借教化，马马虎虎地做些官样文章。有的接连几座城内没有教学的声音。皇上在上面提倡，官吏在下面不响应，教化停滞，不能顺利推行。

到了三十二年，范阳祖君无择来做袁州的长官。刚到任，他就召集学生谈话，了解到学校荒废败坏的情况。他很怕人才散失，儒家学说的作用会逐渐淡漠，不能符合皇上的意旨。通判颍川陈君侁听了他的话，认为确是如此，重建学校的意见因而能够及时统一。于是察看了原来的夫子庙，太狭窄不能改建，就在州衙的东面找到一块地开始营建。那里土地干燥坚实，那里地势向阳，那些建筑材料都很好。所有厅堂门廊的结构，涂抹粉饰和油漆颜色，全部按规定处理。所以，学生和老师都有宿舍，厨房和仓库都有次序。一切器具全都完备，大家动手一道操作。由于工匠技术好，官吏督促勤，日夜出力，过了一年就落成了。

举行祭孔的开学典礼日子即将到来，盱江李觏告诉大众说：虞，夏、商、周四个朝代的办学情况，只要从经书上查考它们就可以了解。秦朝依赖崤山以西地区的力量，跟六国激烈战斗，消灭了它们，想要使子孙万代做皇帝；可是姓刘的一声号召，函谷关门就不能守住，勇将强兵，投降惟恐落后。这是为什么呢？是因为诗书上讲的道理久已废弃，人们只看见私利却听不到正义的声音罢了。后来西汉的孝武帝靠着国家富裕，东汉的光武帝出身行伍，却都孜孜不倦地提倡儒家学说。风俗教化忠厚朴实，一直延长到灵帝、献帝的时候。因此，那些身在民间却敢于直言的人，即使杀头也不懊悔；功绩很大使皇帝感到不安的人，一听到命令就交出兵权；许多割据称霸的人互相观望，不敢公开丢掉臣子的地位，还经历了几十年。教化就是这样能够团结人心。今天，国家碰上了圣明的皇帝，你们袁州地方遇到了贤明的长官，要使你们通过学校教育继承古人的优良传统。天下太平，就讲习礼乐来感化我们的百姓；一旦发生动乱，更加应该依靠高尚的节操，做臣子的要为忠而死，做儿子的要为孝而死。要使人们有所信赖，而且有所取法。这就是朝廷办学的意旨。假使在学校里玩弄笔墨只是为了谋求富贵，这不仅仅是你们的羞耻，也是掌权者的忧患。

《唐诗画谱》插图

【赏析】

本文乃李觏感于当时教育状况而写的一篇文章。当时各地儒学不兴，教化难施，而袁州知州祖无择到任之后，筹建学宫，教诲学子，以行圣贤之道。当新学宫落成，作者为之作记，既赞扬祖君之功，亦强调教育“治人心”治天下的巨大政治作用。宋代诸儒均作有学记，如欧阳修、曾巩、王安石诸家，但大多“叙三代之事甚详”。而本文“独点明一笔，从忠孝大节发明，朱子谓其从大处起议论者也”（《古文雅正》）。本文所以能感人之深，传诵不歇，皆因“其立论高远宏大”（《文章轨范》）。

朋党论

欧阳修

【原文】

臣闻朋党之说，自古有之，惟幸人君辨其君子小人而已[1]。大凡君子与君子以同道为朋，小人与小人以同利为朋，此自然之理也。

然臣谓小人无朋，惟君子则有之，其故何哉？小人所好者利禄也[2]所贪者财货也。当其同利之时，暂相党引以为朋者，伪为。及其见利而争先，或利尽而交疏[3]，则反相贼害，虽其兄弟亲戚不能相保。故臣谓小人无朋，其暂为朋者，伪也。君子则不然，所守者道义，所行者忠信，所惜者名节。以之修身，则同道而相益，以之事国，则同心而共济，终始如一。此君子之朋也。故为人

欧阳修像，图出自明·吕维祺《圣贤像赞》。

君者，但当退小人之伪朋[4]，用君子之真朋，则天下治矣。

尧之时，小人共工、讙兜等四人为一朋[5]，君子八元、八凯十六人为一朋。舜佐尧退四凶小人之朋，而进元、凯君子之朋，尧之天下大治。及舜自为天子，而皋、夔、稷、契等二十二人并列于朝[6]，更相称美，更相推让，凡二十二人为一朋，而舜皆用之，天下亦大治。《书》曰："纣有臣亿万，惟亿万心；周有臣三千，惟一心。"纣之时，亿万人各异心，可谓不为朋矣，然纣以亡国。周武王之臣三千人为一大朋，而周用以兴。后汉献帝时，尽取天下名士囚禁之，目为党人。及黄巾贼起，汉室大乱，后方悔悟，尽解党人而释之，然已无救矣。唐之晚年，渐起朋党之论。及昭宗时，尽杀朝之名士，或投之黄河，曰此辈清流，可投浊流[7]，而唐遂亡矣。

夫前世之主，能使人人异心不为朋，莫如纣；能禁绝善人为朋，莫如汉献帝；能诛戮清流之朋，莫如唐昭宗之世。然皆乱亡其国。更相称美推让而不自疑，莫如舜之二十二臣，舜亦不疑而皆用之。然而后世不诮舜为二十二人朋党所欺，而称舜为聪明之圣者，以辨君子与小人也。周武之世，举其国之臣三千人共为一朋，自古为朋之多且大莫如周。然周用此以兴者，善人虽多而不厌也。

夫兴亡治乱之迹，为人君者可以鉴矣[8]。

【注释】

①惟幸：只希望。辨：分辨，区分。

②利禄：私利与禄位。

③交疏：交情疏远。

④退：摒退，排斥。

⑤共工、讙兜：传说尧时晋人，与三苗、鲧等被称为"四凶"。

⑥皋：皋陶，相传舜的狱官长。

⑦清流：指朝中正直士人。

⑧鉴：鉴戒。

【译解】

臣听得，朋党的说法，从古以来就有，只能希望君主区别他们是君子的还是小人的罢了。大体上说，君子和君子是由于共同的道义结成朋党的；小人和小人是由于共同的私利结成朋党的。这是极其自然的道理。但是，臣以为，小人没有朋党，只有君子才有朋党。这是什么缘故呢？小人喜爱的是俸禄，贪图的是财物，在他们利益一致的时候，暂时彼此勾结形成朋党，那是假的；等到他们看见有利就争先勾结，如果无利就相互疏远，甚至反而彼此伤害，就是他们的兄弟亲戚，也不能互相保全。所以，臣以为小人没有朋党，他们暂时结成朋党是假的。君子却不是如此。他们所坚持的是道义，所实行的是忠信，所爱惜的是名誉气节。拿这些来修养身心，就能共同坚守道义而且互相得益；拿这些来治理国家，就能同心合力而且获得成功。自始至终一个样子，这就是君子结成的朋党。所以，作为君主，只要斥逐小人结成的假朋党，进用君子结合的真朋党，天下就会太平了。

后梁太祖朱温像，图出自《残唐五代史演义》。

唐尧的时候，小人共工、驩兜他们四个人结成一个朋党，君子八元、八恺十六个人结成一个朋党。虞舜辅佐唐尧，斥逐了四凶小人的朋党，进用了八元、八恺君子的朋党，唐尧的天下因此非常太平。等到虞舜自己做了天子，皋陶、后夔、稷、契等二十二个人一起在朝堂上做官，互相尊重，互相谦让，共计二十二人结成一个朋党，虞舜都信用他们，天下也因此非常太平。《书经》上说："殷纣王有无数个臣子，就有无数颗心；周武王有三千个臣子，却只有一颗心。"殷纣王的时候，无数的臣子各自怀着不同的心思，可以说没有结成朋党了，但是殷纣王终于因此亡国。周武王的三千个臣子形成一个大朋党，周朝却因此兴盛起来。后汉献帝时，全部逮捕了天下的著名人士把他们囚禁起来，看作是一伙党人。待到黄巾军起义，汉朝大乱，才后悔醒悟，完全解除了所谓党人的囚禁，并且释放他们，可是已经没有办法挽救了。唐朝的末年，渐渐兴起了朋党的论调。到了昭宗的时候，把朝堂上的名臣斩尽杀绝，有些人被扔进黄河，说什么："这些人自称'清流'，可以把他们投进'浊流'。"唐朝却就此灭亡了。

那些前代的君主，能够使人人怀着不同的心思不结成朋党的，没有谁能赶得上殷纣王；能够禁止贤能的人结成朋党的，没有哪一个赶得上汉献帝；能够杀光"清流"结成朋党的，没有哪一代赶得上唐昭宗时代的。可是他们的国家都亡于动乱。互相尊重、谦逊而且不自相疑忌的，没有人赶得上虞舜时的二十二个臣子；虞舜也不怀疑他们，并且都重用他们。但是后代的人不讥笑虞舜被二十二人结成的朋党所欺骗，反而称赞虞舜是耳聪目明的圣人，因为他能够区分君子和小人呀。周武王的时候，让他国家的三千个臣子合起来结成一个朋党。从古以来结成朋党的人数多、范围广，没有哪一代赶得上周朝，但是周朝因此兴盛，这是由于贤能的人虽然多却还不满足啊。

唉！历史上的太平或者动乱，兴旺或者衰亡的事迹，做为君主的，是可以借鉴的！

【赏析】

本文是欧阳修批驳保守派攻击范仲淹等革新派“引用朋党”的政治论文。文章列举各个朝代事例，论述兴亡治乱和朋党的关系，提出“朋党”“自古有之”，只有“退小人之伪朋，用君子之真朋”，才能治理好国家。文章正反事理兼备，逻辑严密，说理平和但却具有鲜明的战斗性。

故明代茅坤说：“朋党之祸，至唐而极；朋党之文，至欧阳子而极。”

纵囚论

欧阳修

【原文】

信义行于君子，而刑戮施于小人[①]。刑人于死者，乃罪大恶极，此又小人之尤甚者也。宁以义死，不苟幸生[②]，而视死如归，此又君子之尤难者也。

方唐太宗之六年，录大辟囚三百余人[③]，纵使还家，约其自归以就死[④]，是以君子之难能，期小人之尤者以必能也。其囚及期而卒自归无后者[⑤]，是君子之所难，而小人之所易也。此岂近于人情？或曰："罪大恶极诚小人矣，及施恩德以临之，可使变而为君子。盖恩德入人之深而移人之速，有如是者矣。"曰："太宗之为此，所以求此名也。然安知夫纵之去也，不意其必来以冀免，所以纵之乎？又安知夫被纵而去也，不意其自归而必获免，所以复来乎？夫意其必来而纵之，是上贼下之情也[⑥]；意其必免而复来，是下贼上之心也。吾见上下交相贼以成此名也，乌有所谓施恩德与夫知信义者哉！不然，太宗施德于天下，于兹六年矣，不能使小人不为极恶大罪，而一日之恩，能使视死如归而存信义，此又不通之论也。"

"然则何为而可？"曰："纵而来归，杀之无赦，而又纵之，而又来，则可知为恩德之致尔。然此必无之事也。若夫纵而来归而赦之，可偶一为之尔，若屡为之，则杀人者皆不死，是可为天下之常法乎？[⑦]不可为常者，其圣人之法乎？是以尧、舜、三王之治，必本于人情，不立异以为高，不逆情以干誉。”[⑧]

【注释】

①刑戮：刑罚、杀戮。

②不苟幸生：不苟且偷生。

③录大辟囚：登录死刑囚犯。大辟：古代刑罚的一种，即砍掉脑袋。

④约其自归以就死：约定时间让他们自动回到监禁地接受死列。

⑤卒自归无后者：终于都按期自动归来，没有一人滞后。

⑥上贼下之情：上面人窥探下面人的心理活动。

⑦常法：恒常之法条。

⑧立异：特别地与一般人不同。逆情：违背一般人情，干誉：求取荣誉。干：求。

【译解】

信用、道义应该体现在品德好的人身上，徒刑、死罪应该施加在品德坏的人身上。刑罚重到判处死罪的，一定是罪大恶极，这又是品德坏的人当中特别坏的人。宁肯为正义而死，不肯随便侥幸地活着，因而把牺牲性命看作回家那样自然，这又是品德好的人当中尤其难得的人。

当唐太宗继位后的第六年，审查了判处杀头罪的三百多名罪犯，下令释放他们回家，约定他们到时候自己归来接受死刑。这是拿品德好的人难能做到的事情，要求品德最坏的人一定要做到。那些罪犯到了期限，终于自动归来，没有一个过期的，这是品德好的人难以做到的事，却成为品德不好的人容易做到的事。这难道跟人情相近吗？

有的人说：罪大恶极，的确是品德坏的人了；但是，等到施行恩德来对待他，可以使他转化成为品德好的人。因为恩德进入人的思想深，改变人的行为就快。是有这样的例子的。

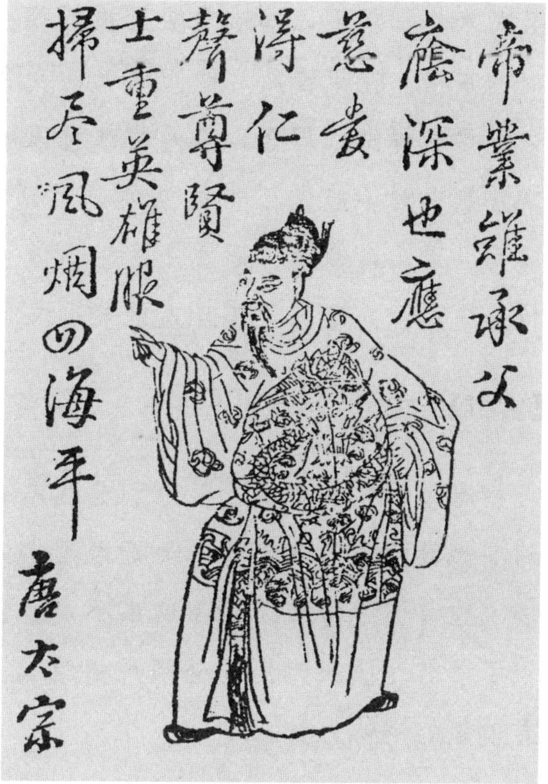

唐太宗像，图出自《异说征西演义全传》。

我说：唐太宗之所以做这件事，正是因为追求这种以德服人的好名气呀。然而，怎么知道唐太宗在释放罪犯的时候，没有想到他们一定会回来希望赦免，所以，释放他们的呢？又怎么知道罪犯们在被释放回去的时候，没有想到他们只要自动归案就必定获得赦免、所以又归来的呢？如果是唐太宗料到罪犯们一定会归来才释放他们，这就是上面窥测下面的心情；如果是罪犯们料到唐太宗一定会赦免他们才又归来，这就是下面窥测上面的心思。我只看到上面和下面互相窥测来凑成这种美名，哪儿有所谓施舍恩德的皇帝和那知道信义的罪犯呢？否则，唐太宗对全国人民施行恩德，到这时已有六年了，不能使品德坏的人不干最坏的事，不犯最大的罪；却用一个短时间的恩德，就能使罪犯们视死如归，而且坚守了信用和道义。这又是讲不通的论调呀。

既然如此，那么怎样做才对呢？我说：释放一批罪犯，如果他们到期归来，就杀掉他们，不要赦免。然后再释放一批罪犯，如果他们又归来，那就可以知道确实是被恩德所感召的了。然而，这是肯定没有的事情。至于释放后能归来就赦免他们，可以偶尔这样做一次；假如一再这样做，那么，杀人的都可以不偿命了。这能作为治天下的正常法制吗？不能做正常的法制，难道是圣人的法制吗？因此，唐尧、虞舜、夏禹、商汤、周文王的法制，一定要植根在人情之中，不标榜特殊来显示高明，不违背人情来追求名誉。

【赏析】

唐太宗在公元632年为了显示其仁德，竟然放三百死囚出狱探亲，到期如数回到狱中就死，于是得到太宗的大赦，史称德政，此事一直被人称赞。欧阳修则认为这事不足为法，甚至批评唐太宗这个举动是为了求名。他认为治国必须严肃法治。文章反复辨驳，逐层深入，具有较强的论辩力量。

释秘演诗集序

欧阳修

【原文】

予少以进士游京师[①]，因得尽交当世之贤豪。然犹以为国家臣一四海，休兵革，养息天下以无事者四十年，而智谋雄伟非常之士，无所用其能者，往往伏而不出，山林屠贩，必有老死而世莫见者，欲从而求之不可得。其后得吾友石曼卿[②]。

欧阳修像

曼卿为人，廓然有大志[③]。时人不能用其材，曼卿亦不屈以求合[④]。无所放其意，则往往从布衣野老，酣嬉淋漓，颠倒而不厌[⑤]。予疑所谓伏而不见者，庶几狎而得之[⑥]，故尝喜从曼卿游，欲因以阴求天下奇士[⑦]。

浮屠秘演者[⑧]，与曼卿交最久，亦能遗外世俗，以气节自高。二人欢然无所间[⑨]。曼卿隐于酒，秘演隐于浮图，皆奇男子也。然喜为歌诗以自娱。当其极饮大醉，歌吟笑呼，以适天下之乐，何其壮也！一时贤士，皆愿从其游，予亦时至其室。十年之间，秘演北渡河⑩，东之济、郓⑪，无所合，困而归。曼卿已死，秘演亦老病。嗟夫！二人者，予乃见其盛衰，则予亦将老矣。

夫曼卿诗辞清绝，尤称秘演之作，以为雅健，有诗人之意。秘演状貌雄杰，其胸中浩然，既习于佛，无所用，独其诗可行于世，而懒不自惜。已老，胠其橐⑫，尚得三四百篇，皆可喜者。

曼卿死，秘演漠然无所向，闻东南多山水，其巅崖崛峍⑬，江涛汹涌，甚可壮也，遂欲往游焉。足以知其老而志在也。于其将行，为叙⑭其诗，因道其盛时，以悲其衰。

【注释】

①以进士：凭借考中进士的身份。作者在24岁中进士。

②石曼卿（994～1041）：名延年，宋城（今河南商丘市）人。曾任太子中允、秘阁校理。

③廓然：指胸襟广阔。

④不屈以求合：不愿委屈自己来迎合当权者。

⑤“酣嬉”句：喝酒时的形态。欧阳修在《石曼卿墓表》说他“自顾不合于时，乃一混以酒。然好剧饮，大醉，颓然自放，由是益于时不合”。

⑥庶几（jī）：或许可以。表示希望之辞。狎而得之：指亲近石曼卿这样的人，从而找到那些“伏而不见者”。

⑦阴求：暗中寻求。

⑧浮屠：指“佛”。《后汉书·楚王英传》：“晚节更喜黄老，学为浮屠斋戒祭祀。”《注》：“浮屠，佛也，西域天竺国有佛道焉。”本文指

和尚。

⑨无所间（jiàn）：即亲密无间的意思。间：隔阂。

⑩河：指黄河。

⑪之：往。济：济州，宋时治所巨野（今山东巨野县）。郓（yún）：郓州，宋时治所须城（今山东东平县）。

⑫胠（qū）：打开。橐（tuó）：装东西的口袋。

⑬崛嵂（lǜ）：高峻突起貌。

⑭叙——通“序”，指为诗集作序。

【译解】

我年轻时凭进士的身分在京城游历，因而能够普遍地结识当代的著名人士。但是，我还认为国家统一，没有战事，使全国人民休养生息，从而太平无事的时间已经四十年；那些智谋杰出、志向雄伟的不寻常的人，没有地方发挥他们的才能，往往隐居不出，山林间或者屠夫商贩中必定有直到老死而没有被世人发现的人才，想寻找他们却找不到。以后，我找到了我的死去的朋友石曼卿。

曼卿为人，心胸开阔，有伟大的志向。当时掌权的人不能用他的才能，曼卿也不肯委屈，去求得苟合。因此，他没有时机发挥他的意愿，就常常同老百姓、老农民一起，尽情地喝酒嬉乐，醉倒了也不知厌倦。我怀疑所说的隐居而没有发现的，可能由于接近曼卿就能找到他们，所以我经常喜欢跟曼卿交往，想通过他来暗地里寻求天下杰出的人才。

有个和尚名叫秘演的，同曼卿结交最久，也能超脱世俗，讲求气节，自视很高。两个人欢娱地没有丝毫隔阂。曼卿藏身在酒店中，秘演隐居在庙宇里，都是天下的奇男子。然而，他们都喜欢做诗来自己消遣取乐。当他们尽情喝酒、酩酊大醉的时候，唱歌吟诗，欢笑呼喊，来追求天下的最大快乐，气势何等雄壮啊！当时的著名人士都愿意跟他们交往，我也经常到他们的住所去。在十年当中，秘演向北渡过黄河，向东到达山东的济、郓一带，没有什么遇合，穷困地回来。如今曼卿已经去世，秘演也年老多病。唉！这两个人，我竟然看到他们从壮盛到衰老，那么我也快要老了。

曼卿的诗歌清新极了，可是他特别称赞秘演的作品，认为它是高雅刚健，有诗人气息。秘演相貌雄伟，他的心里有一股正气，但已经皈依佛法，没有地方施展他的抱负和才能了，只有他的诗可以流传于世，可是他懒散，不珍惜自己的作品。到了晚年，打开他的诗囊，只得到三，四百篇，都是令人喜爱的。

曼卿死后，秘演孤单寂寞，他听说东南多美丽的山水，那山顶崖岸突出高峻，江涛汹涌澎湃，非常壮观，就想到那里去游览。从这里可以知道他年纪虽老雄心还在啊。当他将要远行的时候，我给他的诗写了一篇序，顺便说说他壮年时期的豪放，并为他现在的衰老而悲伤。

【赏析】

本文是欧阳修给友人秘演和尚的诗集所写的序文，是欧阳修众多序文中的一篇“旷而逸”的奇文。作者一反诗序俗套，对诗只数笔带过，却通过述说石曼卿、秘演两人的境遇，表现他们的高风亮节，并明确指出他们“伏而不出”的原因是“时人不能用其材”，表达了对他们的强烈同情。吴楚材编《古文观止》中对此文作了深动而准确的概括：“写秘演，绝不似释氏行藏；序秘演诗，亦绝不作诗序套格。只就生平始终盛衰叙次，而以曼卿夹入写照，并插入自己。结处说曼卿死，秘演无所向。秘演行，欧公悲其衰，写出三人真知己。”

卷十

宋文

梅圣俞诗集序

欧阳修

【原文】

予闻世谓诗人少达而多穷①，夫岂然哉？盖世所传诗者，多出于古穷人之辞也②。凡士之蕴其所有，而不得施于世者，多喜自放于山巅水涯之外，见虫鱼草木风云鸟兽之状类，往往探其奇怪。内有忧思感愤之郁积，其兴于怨刺，以道羁臣寡妇之所叹，而写人情之难言，盖愈穷则愈工③。然则非诗之能穷人，殆穷者而后工也④。

梅尧臣像，图出自清·孔继尧《于越先贤像传赞》。

予友梅圣俞，少以荫补为吏⑤，累举进士，辄抑于有司⑥，困于州县⑦，凡十余年。年今五十，犹从辟书，为人之佐⑧。郁其所积，不得奋见于事业。其家宛陵，幼习于诗。自为童子，出语已惊其长老。既长，学乎六经仁义之说。其为文章，简古纯粹，不求苟说于世[9]。世之人徒知其诗而已。然时无贤愚，语诗者必求之圣俞。圣俞亦自以其不得志者，乐于诗而发之。故其平生所作，于诗尤多。世既知之矣，而未有荐于上者。昔王文康公尝见而叹曰："二百年无此作矣!"虽知之深，亦不果荐也[10]。若使其幸得用于朝廷，作为雅、颂[11]，以歌咏大宋之功德，荐之清庙[12]，而追商、周、鲁颂之作者，岂不伟欤？奈何使其老不得志而为穷者之诗，乃徒发于虫鱼物类、羁愁感叹之言[13]？世徒喜其工，不知其穷之久而将老也，可不惜哉！

圣俞诗既多，不自收拾。其妻之兄子谢景初[14]，惧其多而易失也，取其自洛阳至于吴兴以来所作，次为十卷[15]。予尝嗜圣俞诗，而患不能尽得之，遽喜谢氏之能类次也，辄序而藏之[16]。

其后十五年，圣俞以疾卒于京师[17]。余既哭而铭之[18]，因索于其家，得其遗稿千余篇，并旧所藏，掇其尤者六百七十七篇[19]，为一十五卷。呜呼！吾于圣俞诗，论之详矣，故不复云[20]。

【注释】

①达：显达，指官运亨通。穷：穷困潦倒，指仕途失意。

②穷人：指穷困不得志的人。

③工：精妙。此句指诗人仕途上越失意，其诗歌就有可能越精妙。

④殆（dài）：大概。

⑤以荫补为吏：因上辈的功绩而推恩被封为官吏。欧阳修《梅圣俞墓志铭》："圣俞初以从父荫，补太庙斋郎，历桐城、河南、河阳三县主簿。"

⑥累举进士：多次参加进士考试。抑于有司：为主考官所压抑，而没有考中进士。

⑦困于州县：被迫在州县里作基层小吏。欧阳修《梅圣俞墓志铭》："历桐城、河南、河阳三县主簿，以德兴县令知建德县，又知襄城县，监湖州盐税……"

⑧辟（bì）书：征召的文书。为人之佐：替地方长官作幕僚。

⑨说（yuè）：通"悦"，高兴之意。

⑩王文康公：王曙，字晦叔，河南人，曾官至枢密使、同中书门下平章事，卒谥"文康"。二百年无此作：指二百年以来没有人写出这样的诗作了。不果荐：终于没有举荐。

⑪雅、颂：指《诗经》中的《雅》（《大雅》、《小雅》）、《颂》（《周颂》、《鲁颂》、《商颂》）。

⑫荐之清庙：奉献给宗庙。清庙：皇帝祭祀的庙堂。

⑬徒发：徒然发出。

⑭谢景初：字师厚，富阳（今属浙江）人，庆历进士，他是梅圣俞的内侄。

⑮自洛阳至于吴兴：指梅圣俞任河南县主簿到任吴兴监湖州盐税期间。次为十卷：编排成十卷。

⑯遽：突然意思。类次：分类编排。辄序：便为这个诗集作序。

⑰以疾卒于京师：欧阳修《梅圣俞墓志铭》："嘉祐五年（公元1060年），京师大疫，四月乙亥，圣俞得疾，卧城东汴阳坊。明日，朝之贤士大夫往问疾者，驺呼属路不绝。……居八日癸未，圣俞卒。于是贤士大夫又走吊，哭如前日益多。"

⑱铭之：替梅圣俞作墓志铭。

⑲择其尤者：选择其中最好的作品。

⑳吾于圣俞诗论之详矣：我在《梅圣墓志铭》当中已经对梅圣俞的诗作作了很详尽的评述了。

【译解】

我听得社会上传说，诗人总是很少显贵的，很多穷苦的，难道真的是这样吗？那是因为世上流传的诗歌，大都是从穷苦人手里写出来的作品呀。凡是读书人怀抱着他们的学问，却不能在社会上施展的，多数喜欢放浪在山顶水边，看到了那些虫、鱼、草、木、风、云、鸟、兽的情状，往往要去探求他们奇怪的原由。或者心里有忧伤、思念、感慨、愤怒的郁抑情绪，他们就从怨恨讽刺出发，来诉说贬官在外的臣子和死了丈夫的妇人所哀叹的衷曲，抒写世事人情所难以表达的心理，大概是人越穷苦，诗就做得越好。所以，并非做诗能够使人穷苦，大概是穷苦的人才能够把诗做好吧！

我的朋友梅圣俞，年轻时靠上一辈的功绩出来做官，屡次考进士，每次都被主考官所压抑，又被州、县小官的职位所拘束，总共有十多年。如今年纪快要五十了，还接受聘书做人家的幕友；蕴藏着他的所有才学，不能在事业上奋发有为。他的家在宛陵，从小就学习做诗。他在孩童的时候，写出来的诗已经使长辈们吃惊。长大以后，学习了六经上仁义的学说。他做的文章，简炼、高古、纯正、精深，不肯迎合世俗以求世人的喜欢，因此，当代的人只知道他的诗，不知他的为人。然而，当时不论是会做诗的人还是不会做诗的人，一谈起做诗就必定要向圣俞讨教。圣俞也喜欢把自己那种不得志的心情在诗中表达出来，所以他平生创作的，在诗歌方面尤其多。社会上既已了解他的才学，可是还没有向上面推荐他的人。过去，王文康公曾经看到他的诗文，赞叹说："二百年来没有这种好作品了！"虽然了解他的才学这样深，也还是没有推荐他。假如他侥幸能够被朝廷重用，写作雅、颂体的乐章，来歌唱大宋朝的功德，奉献给宗庙，因而赶上《商颂》、《周颂》和《鲁颂》的作者，岂不伟大吗？怎么能使他老是不得志，去做穷苦人的诗，只不过发表虫鱼物类，羁旅忧伤，感慨叹息的语言。社会上仅仅喜欢他的诗做得好，不知道他穷苦已久并且快要老了，能够不使人惋惜吗？

圣俞的诗做得多了，自己不收集整理。他的内侄谢景初怕他诗太多，容易散失，就选取他从洛阳到吴兴这段时间内的作品，编成十卷。我一向酷爱圣俞的诗，担心不能全部读到它，现在出乎意料地读到了；我很欣赏谢君能够分类编排圣俞的诗集，就为它写了一篇序，并且保存它。

打那以后过了十五年，圣俞因病在京城逝世。我在哭吊他并且给他写了墓志铭之后，就向他的家属索取遗作，得到他的遗稿一千多篇，连同过去收藏的，选录其中优秀的六百七十七篇，编成一十五卷。唉！我对圣俞的诗，评论得很详细了，所以在这里不再多讲。

【赏析】

欧阳修在其好友梅圣俞死后，将他的诗编为《梅圣俞诗集》，并写了这篇序。序中对梅尧臣穷困潦倒的一生表示深切的痛惜和不平，对他的诗给予了很高的评价，认为他的诗文“简古纯粹，不求苟说于世”，然而“时无贤愚，语诗者必求之圣俞”。并提出了“诗穷而后工”的理论，较为深刻地概括了我国古代优秀诗人创作和生活的关系。

对老友一生的不幸遭遇，不禁发出“奈何使其老不得志而为穷者之诗，乃徒发于虫鱼物类、羁愁感叹之言”的深沉叹息。在朴实的叙述中，曲折低昂，充满了挚友的悼念之情。

对此篇文章清人吴楚材作了这样的评价：“‘穷而后工’四字，是欧公独创之言，实为千古不易之论。通篇写来，低昂顿折，一往情深。若使其幸得用于朝廷一段，尤突兀争奇。”（见［清］吴楚材、吴调侯《古文观止》卷十）

送杨寘序

欧阳修

【原文】

予尝有幽忧之疾[①]，退而闲居，不能治也。既而学琴于友人孙道滋，受宫声数引[②]，久而乐之，不知其疾之在体也。

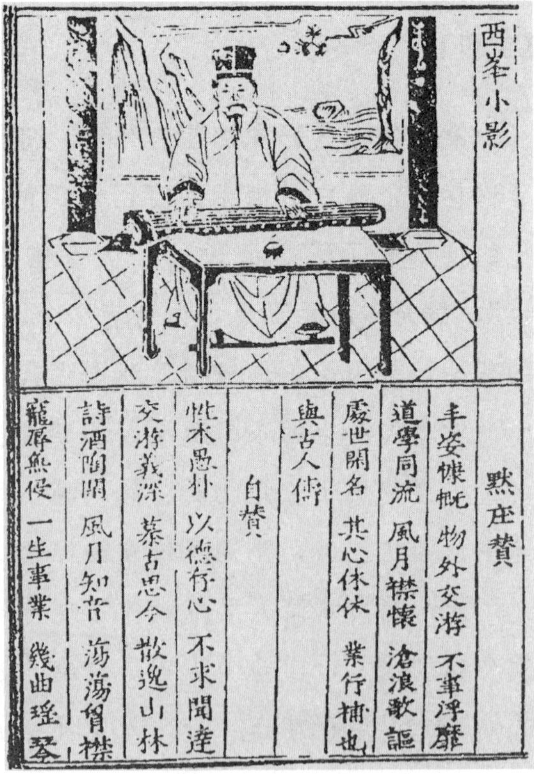

《琴谱传真》插图，明·杨表正撰。

夫琴之为技小矣[③]。及其至也，大者为宫，细者为羽[④]。操弦骤作，忽然变之[⑤]。急者凄然以促，缓者舒然以和[⑥]。如崩崖裂石，高山出泉，而风雨夜至也[⑦]。如怨夫寡妇之叹息，雌雄雍雍之相鸣也[⑧]。其忧深思远，则舜与文王、孔子之遗音也[⑨]。悲愁感愤，则伯奇孤子、屈原忠臣之所叹也[⑩]。喜怒哀乐，动人必深。而纯古淡泊，与夫尧舜三代之言语、孔子之文章、《易》之忧患、《诗》之怨刺无以异[11]。其能听之以耳，应之以手[12]。取其和者，道其堙郁，写其忧思[13]。则感人之际，亦有至者焉[14]。

予友杨君，好学有文，累以举进士，不得志。及从荫调为尉于剑浦[15]。区区在东南数千里外，是其心固有不平者[16]。且少又多疾，而南方少医药，风俗饮食异宜[17]。以多疾之体，有不平之心，居异宜之俗，其能郁郁以久乎？然欲平其心以养其疾，于琴亦将有得焉[18]。故予作琴说以赠其行，且邀道滋酌酒、进琴以为别[19]。

【注释】

①幽忧之疾：内心深处忧郁的疾病。

②学琴于友人：向友人学习琴术。孙道滋：作者朋友，善于演奏，生平不详。受宫声数引：指接受了琴师演奏琴曲的技能。宫声：指古代（宫、商、角、徵、羽）中以宫声为主的调式。引：琴曲的数量单位。

③琴之为技：演奏琴的技能。小：微小。

④至：极，指达到绝妙境界。大、细：指乐声的强弱。宫、羽：概指宫、商、角、徵、羽五声。

⑤操弦：调弦。骤作：指乐声骤然奏起。变：指声调缓急的变化。

⑥凄然以促：情调凄凉而节奏急促。舒然以和：情调舒畅而节奏和婉。

⑦“如崩崖”三句：形容声调激越时的各种不同乐声。

⑧“如怨夫”二句：一会儿琴声哀怨；一会儿琴声和悦。雍雍：鸟的和鸣声。

⑨舜：据《礼记·乐记》：“昔者舜作五弦之琴，以歌南风。”按《史记·乐书》集解引有此诗：“南风之薰兮，可以解吾民之愠兮；南

风之时兮，可以阜吾民之财兮。”文王：周文王姬昌。据《琴操》：“拘幽操，文王拘于羑里而作也。”孔子：子学琴于师襄，作《龟山操》等琴曲。

⑩伯奇孤子：指周宣王大臣尹吉甫的儿子。吉甫听从后妻挑拨，把伯奇驱逐。伯奇自伤无罪被害，乃投河死。屈原：忠而被谤，作《离骚》咏叹。

⑪无以异：没有什么不同。指琴的质朴纯正之音，也能起到如圣人之语、经典之言的忧患怨刺的效果。

⑫听之以耳，应之以手：形容弹奏的技巧和琴声的感染力。

⑬和：和谐的声音。《礼·中庸》：“发而皆中节谓之和。”道：通“导”，发泄之意。堙（yīn）郁：胸中郁闷不畅。写：通“泻”，倾泻之意。

⑭至者：指优扬的琴声已达到绝妙的境地。

⑮荫：指承袭祖先的官爵而做官。剑浦：县名，在今属福建南平市。

⑯区区：微小。官职卑微。是：这样。固：必定。

⑰少又多疾：年少多病。少医药：缺少医药。异宜：不适宜，即不习惯。

⑱于：取。有得：有得到益处。此句指取琴弹奏也将会有所裨益的。

⑲作琴说：写下这篇谈论琴的文章。邀道滋酌酒、进琴：意指邀请自己学琴的老师孙道滋斟酒并且向其敬酒的同时奉上一张琴作为离别的纪念。

【译解】

我曾经得过过度忧劳的病，辞职回家静居休养，也不能治好。不久，向朋友孙道滋学弹琴，学会了宫调的几个曲子，时间一长就爱上它，也就不知道那种病在自己身上了。弹琴作为一种技艺是小技艺，可是，如果达到了极高的造诣，音响宏大的是宫声，尖细的是羽声，只要你抚着琴弦急骤地弹奏，就能在突然之间变更声调，快速的曲调能够使人凄凉地感到迫促，缓慢的曲调能够使人舒畅地感到平和。有时像倒塌了崖壁，断裂了石头，高山上涌出了瀑布；忽然又像狂风暴雨在夜里到来。有时像失去配偶的男人或者死了丈夫的妇女在悲哀地叹气，突然又像一双小鸟在融洽地此唱彼和。那忧深思远的琴声，简直就是虞舜和周文王、孔夫子留下来的声音；那悲哀愤慨的琴声，简直就是尹伯奇那样的孤儿、屈原那样的忠臣的嗟叹声音。喜怒哀乐的曲调，感动人心必定很深；而纯正、质朴、恬淡和明净的曲调，同尧、舜和三代的言语、孔子的文章、《易经》上的担忧的心思、《诗经》上的怨恨讥刺的歌声没有什么两样。假如能够用耳朵仔细聆听它，用手指认真学好它，选取其中平和的曲调，来疏导那些郁闷的心情，抒发那些深埋的思想，那么，感动人心之处也一定能够到达极其深刻的程度。我的朋友杨君，爱好学习，能写文章，屡次应进士考试不能称愿。到后来靠了上代的功勋，才到剑浦去做县尉，那里地方很小，又在东南方几千里路以外，这样，他的心里当然是不平的。再说，他又从小多病，可是南方缺医少药，加上风俗、生活有不同的习惯。凭他多病的身体，怀着不平的心情，留在不同习惯的环境里，怎么能够闷闷不乐地长久下去呢？可是，要使他的心平静下来，从而治好他的病，弹琴也是会有好处的。所以，我写了这篇琴说，来送他远行，并且邀请孙道滋来一起喝酒，送给他一张琴作为临别纪念。

【赏析】

杨寘因长期感伤怀才不遇，年轻时就患上“幽忧之疾”，身体羸弱。欧阳修知道杨是一个非常有才华的人，同情其遭遇，故当杨寘离京远赴剑浦数千里外就任时，作者写下这篇序文送行，对友人表现出无限的关切。

序中着力描写琴声陶冶感情的力量，以自己弹琴疗疾的体会，解除友人对所患之疾的隐患。劝慰杨寘用弹琴来寄托情怀，“欲平其心以养其疾，于琴亦将有得焉”。排遣愁绪，去战胜病魔。度过异乡的艰难岁月。文章写得含蓄真切，对琴声的描写形象生动，带有浓厚的感情色彩。

清人储欣对此篇文章评价极高：“千秋绝调，此移我情。风雨如晦，取公此序，朗诵数通，亦足解幽忧之疾。”（见［清］储欣《唐宋十大家全集录·六一居士全集录》卷五）

五代史伶官传序[1]

欧阳修

【原文】

鸣呼，盛衰之理，虽曰天命，岂非人事哉！原庄宗之所以得天下[2]，与其所以失之者，可以知之矣。

世言晋王之将终也，以三矢赐庄宗而告之曰："梁，吾仇也；燕王吾所立，契丹与吾约为兄弟，而皆背晋以归梁。此三者，吾遗恨也。与尔三矢，尔其无忘乃父之志。"[3]庄宗受而藏之于庙。其后用兵，则遣从事以一少牢告庙，请其矢，盛以锦囊[4]，负而前驱，及凯旋而纳之。方其系燕父子以组，函梁君臣之首，入于太庙，还矢先王，而告以成功，其意气之

后唐庄守李存勖像

盛，可谓壮哉！及仇雠已灭[5]，天下已定，一夫夜呼，乱者四应[6]，苍皇东出，未及见贼，而士卒离散，君臣相顾，不知所归，至于誓天断发，泣下沾襟，何其衰也！岂得之难而失之易欤？抑本其成败之迹而皆自于人欤？

《书》曰："满招损，谦得益。"忧劳可以兴国，逸豫可以亡身，自然之理也，故方其盛也，举天下之豪杰莫能与之争；及其衰也，数十伶人困之，而身死国灭，为天下笑[7]。夫祸患常积于忽微，而智勇多困于所溺，岂独伶人也哉[8]！作《伶官传》。

【注释】

①伶官：帝王宫廷中的乐官。古代称演戏的人为伶人，在宫廷中授有官职的伶人，称为伶官。

②原：推究，即探求事情的本原。庄宗：指后唐国主李存勖。李存勖是李克用的长子，断父为晋王。公元九二三年灭掉后梁，称帝，定国号唐，史称后唐。

③无忘乃父之志：不要忘记了你父亲的心愿。乃：你，人称代词。

④锦囊：丝织的袋子。

⑤仇雠：指敌人。

⑥一夫：一个人。此指军士皇甫晖，他因赌博不胜，乘机作乱，结果引起一连串兵变。

⑦身死国灭：李存勖灭梁后，志得意满，纵情声色，朝政日坏，上、下离心。公元九二六年，近卫军指挥使原伶官郭从谦趁机作乱，李存勖死于乱箭之中，后唐政权归于他人之手。

⑧岂独伶人也哉：哪里只限于宠幸伶人这样的事呢?!

【译解】

唉！国家兴盛和衰败的道理，虽说同天命有关，难道不是人为的吗？推究后唐庄宗取得天下和他失掉天下的原因，就可以明白这个道理了。

世上传说晋王临死的时候，拿三支箭交给庄宗，并且告诫他说："梁王朱全忠是我的仇敌；燕王刘仁恭是我扶植起来的，契丹的耶律阿保机同我结拜过兄弟，可是他俩都背叛了我去归附梁王。这三桩是我放心不下的恨事。我给你三支箭，你可别忘了你的父亲的心愿！"庄宗接过箭就把它们藏在祖庙里。从那以后，只要出兵打仗，就派官员拿"少牢"到祖庙祭祀并祷告，请出那三支箭，拿丝织的箭袋盛着它们，背着在前面走，等到胜利归来，又把它们送进祖庙。

当他用绳索捆绑燕王父子，用木匣装上后梁末帝和他的臣子皇甫麟的头送进太庙，还先王的箭，拿成功的喜讯向先王报告，他意气昂扬，可以说极其雄壮啊！等到敌人已经消灭，天下已经平定，只有一个军士在夜里一声叫喊，叛乱的人就到处响应。庄宗慌慌张张地向东逃走，还没有看见叛军，士兵们就纷纷溃散。庄宗和臣子们面面相觑，不知道逃往哪里，落得对天发誓，剪去头发，眼泪掉下来沾湿衣襟的下场，是何等的衰颓啊！难道是取天下困难，失天下容易吗？不，从那成功和失败的事迹来考究，都是由于人为的关系啊！

《书经》上说："自满会招致祸害，谦虚能得到好处。"忧虑、勤劳可以使国家兴旺，安逸、舒适可以使自身衰亡，这是当然的道理呀。所以，当后唐庄宗兴盛的时候，整个天下的英雄豪杰没有谁能够跟他对抗；等到他衰败的时候，几十个伶人包围他，就使自己死亡，国家消灭，被天下人耻笑。看来，祸害常常是在细微的事情上积累形成的，聪明勇敢的人却有不少在癖好上受了累，难道单单乐官的事是这样吗？

【赏析】

本文是欧阳修编撰《五代史》中的一篇。记载后唐庄宗李存勖宠幸伶官，沉弱酒色，最后死于兵变的史实。这篇序便是对此而发的评论。作者通过后唐盛衰过程的分析，总结出“忧劳可以兴国，逸豫可以亡身”和“祸患常积于忽微，而智勇多困于所溺。”的历史教训，得出国家的成败得失全在于“人事”，而非“天命”的论断，以为后世治国者戒鉴。

本文结构谨严，叙事说理紧密结合。以感叹入论，总挈全文；以叹语作结，归出正义；反复运用盛衰对比、欲扬先抑的手法。语言简洁流畅，婉转自然。在警语、要语处，采用整饬句式，而又杂以散句相承，凝重而不板滞。文中多用叹语，风调委婉，更具有一唱三叹之妙。使论理之文，显神采之致，赢得后世读者赞赏不已。“此文章，千年绝调”（见明·茅坤《唐宋八大家文钞》）

五代史宦者传论

欧阳修

【原文】

自古宦者乱人之国，其源深于女祸。女，色而已；宦者之害，非一端也[①]。盖其用事也近而习，其为心也专而忍[②]。能以小善中人之意，小信固人之心，使人主必信而亲之[③]。待其已信，然后惧以祸福而把持之[④]。虽有忠臣硕士列于朝廷[⑤]，而人主以为去己疏远，不若起居饮食、前后左右之亲为可恃也。故前后左右者日益亲，则忠臣硕士日益疏，而人主之势日益孤。势孤，则惧祸之心日益切，而把持者日益牢。安危出其喜怒，祸患伏于帷闼，则向之所谓可恃者，乃所以为患也[⑥]。

欧阳修像，图选自清·上官周绘《晚笑堂画传》。

患已深而觉之，欲与疏远之臣，图左右之亲近⑦，缓之则养祸而益深⑧，急之则挟人主以为质⑨。虽有圣智，不能与谋⑩。谋之而不可为⑪，为之而不可成⑫。至其甚，则俱伤而两败⑬。故其大者亡国，其次亡身，而使奸豪得借以为资而起。至抉其种类，尽杀以快天下之心而后已⑭。此前史所载宦者之祸常如此者，非一世也。

夫为人主者，非欲养祸于内，而疏忠臣硕士于外，盖其渐积而势使之然也。夫女色之惑，不幸而不悟，则祸斯及矣⑮。使其一悟，捽而去之可也⑯。宦者之为祸，虽欲悔悟，而势有不得而去也。唐昭宗之事⑰是已⑱。故曰“深于女祸”者，谓此也。可不戒哉？

【注释】

①非一端：宦者的危害，后患无穷。

②近而习：指宦官每天亲近皇帝对其爱好非常了解。专而忍：指宦官专横而残忍。

③中人之意：指迎合君主的喜好。固人之心：指稳固君主对自己的信任。必信而亲之：指让君主必然信任而宠幸他。

④惧以祸福：利用祸患使皇帝感到恐惧。

⑤硕士：学识渊博的人。

⑥伏于帷闼：指祸患潜伏在帷幕宫门之间，即在皇帝身边。向：原先。乃所以为患：却就是为患作乱的人。

⑦图左右之亲近：指图谋除掉皇帝左右的宦官亲信。

⑧缓之：行动迟缓了。

⑨急之：操之过急。挟人主以为质：挟持君主作为人质相对抗。

⑩与谋：参与谋划。

⑪“谋之”句：就是计划好了也无法付诸实践。

⑫“为之”句：就算实施了计划也不可能取得成功。

⑬俱伤而两败：会出现两败俱伤的不可收拾的局面。

⑭抉其种类：将为害的宦官及其党羽全部挖取出来。以快天下之心：使天下人心大快。

⑮斯及矣：就会到来了。

⑯捽而去之：揪住并把她除掉。

⑰唐昭宗：即李晔。唐昭宗是被宦官拥立为帝的，由此宦官势力日渐强大，当昭宗与宰相崔胤谋诛臣官时，却反遭软禁，直到第二年才复位。

⑱是已：正是如此。

【译解】

从古以来，太监搅乱人们的国家，那根源要比女人造成的祸害深。女人不过靠容貌漂亮罢了，太监的祸害不止一桩。因为他们在宫里做事，跟君主接近而且亲昵，他们的存心，专横而且凶狠。他们能够耍小聪明迎合君主的意旨，靠小信用抓牢君主的心理，使君主必然信任他们，而且亲近他们。等到他们已经取得君主的信任，然后借祸福来恫吓君主，从而把持君主。这时候，虽然有忠心耿耿的大臣和学问渊博的谋士在朝堂上做官，君主却认为他们是距离自己疏远的人，不及生活在前后左右的亲近的太监可靠。所以，君主同生活在前后左右的太监一天天地更加亲密，就会跟忠心耿耿的大臣和学问渊博的谋士一天天地更加疏远，因而君主的势力就一天天地更加孤单。君主的势力孤单，害怕祸事的心理就一天天地更加急切，因而太监把持的权力一天天地更加牢固。君主的安宁或者危险，出自太监的欢乐或者恼怒，祸殃潜伏在宫廷内部，那么先前的认为可以依靠的人，竟然是造成祸害的根源了。祸患已经很严重才觉察他们的奸邪，想要同疏远的臣子设谋除去生活在左右的亲近的太监，事情办得慢一点就会养成祸乱而且加深祸乱，事情办得快一点就会挟持君主把他作为人质。这时，即便有圣人的智谋，也不能参与想办法了。就是想出了办法也不能实行，实行也不能成功，弄到那最厉害时就两败俱伤。所以，祸患大的就丧失国家，小一点就毁灭自身，从而使奸雄能够把它作为借口乘机起来。直到挖出那些太监们及其党羽，把他们全部杀死让天下人的心里痛快方才罢休。这是过去史书上记载的，太监造成的祸害，常常如此，并不是一个朝代啊。

那些作为君主的，并不会想在内部养成祸害，在外面疏远忠臣和有大学问的谋士，而是太监们逐渐积累权势造成的。至于女色的蛊惑，不幸的是君主不觉悟，祸事这才降临；假使君主一觉悟，只要揪出她而且抛弃她就行了。而太监造成的祸事，君主就是想悔悟，有时也有着不能丢开他们的局势和种种原因。唐昭宗的事情就是如此。所以我说“太监造成的祸害要比女人造成的祸害深”，正是指这种情况，作为君主的可以不引起警惕吗？

【赏析】

这是《新五代史·宦者传》评论中的一部分，题目是后人加的。主要是讲宦官乱国，深于女祸。文章详细分析了宦官怎样通过小善、小信而逐步把持政权的过程。他们先以“小善”、“小信”来固人之心，求得君主的信赖；一遇君主信任之后，即时进谗言，用祸福之事吓唬君主，离间重臣，以达到把持君主之目的。

本文就前代宦者乱国的史实，条分缕析，层层演进，“犹如引绳，环环而转”（金圣叹语），从而指出了宦官专权的严重后果，从而警告帝王们不要渐积养祸。不过，宦官专政是中国封建专制主义的必然产物。本文把王朝衰亡的原因归咎于宦官、女祸，显然还未触及问题的本质。这也说明作者在处于当时条件的本身局限性。